自由中國

FREE CHINA

合訂本 第十集

(第十一卷)

中華民國四十四年三月一日出版

社址：臺北市和平東路二段十八巷一號

自由中國合訂本第十集要目

定價：精裝每期六十元　平裝每期五十元

自由中國

FREE CHINA

第十一卷 第一期

要目

十一卷卷首號

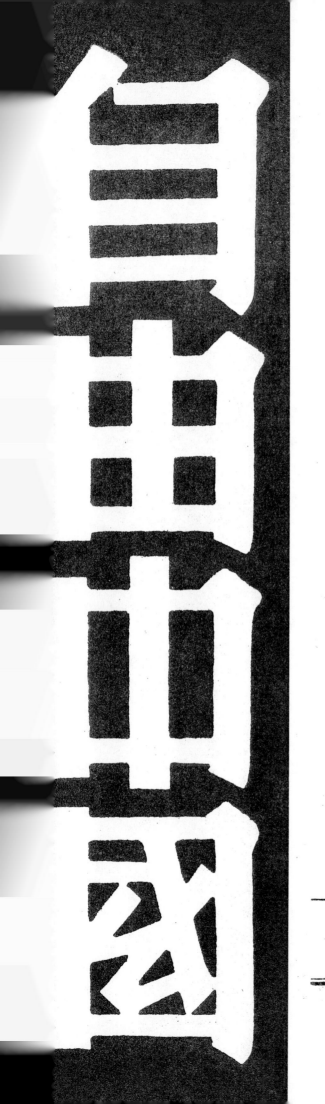

中華民國四十三年七月一日出版
社址：臺北市和平東路二段十八巷一號

半月大事記

六月九日(星期三)

日內瓦會議中俄外長莫洛托夫要求索取越南的四分之三，寮國約一半，和高棉的一部份作為結束越戰的領土條件。

法國眾院外交委員會通過報告，敦促眾院拒絕批准歐洲軍公約。

美總統艾森豪要求國會撥款八千餘萬元，以完成商船建造計劃。

法駐越南最高統帥艾雷將軍的副手薩蘭將軍抵河內，從事緊急措施，以保衛紅河三角洲。

六月十一日(星期五)

民國四十三年度中央政府總預算案完成立法程序。

出席亞洲人民反共會議，我代表團啓程赴韓國。

法國正自北非以及法國趕運三千增援部隊前往河內。

六月十二日(星期六)

臺灣電力公司立霧水力發電廠竣工典禮。

法眾院舉行信任投票，以三零六對二九三擊敗蘭尼爾政府。

美、英、法、澳、紐五國東南亞軍事情報會議結束。

美海軍助理次長史密斯說，美第六第七艦隊已裝備有能攜帶原子彈的飛機。

六月十三日(星期日)

美國務院官員稱：東南亞防衛組織將包括日本、巴基斯坦及印度等國。

英外相艾登、美副國務卿史密斯及法大使蕭佛爾會談對遠東會議的將來戰略。

六月十四日(星期一)

蔣總統明令公佈總預算案施行條例。

法前財政部長孟德法朗士，試組新內閣。

美國舉行對抗全面原子攻擊的民防演習。

六月十五日(星期二)

亞洲人民反共會議在鎮海開幕。

行政院長俞鴻鈞鄭重宣佈，政院決保證實踐憲法第八、第九兩條有關保障人身自由以及非現役軍人不受軍事審判的規定，並禁止治安機關干涉司法。

美國與約但成立經援協定。

六月十六日(星期三)

陸軍軍官學校三十週年校慶。

在韓作戰十六盟國發表聯合聲明，宣稱日內瓦韓國和平談判已告破裂。

西方三强領袖討論如何中止越南和平的高級階層會議。

六月十七日(星期四)

亞洲人民反共會議閉幕，最後決議成立亞洲人民反共同盟。

匪共油輪柏拉薩號及其所裝物資，經我國防部裁定全部沒收。該輪波蘭籍船長船員十二人請求政治庇護，業經我政府批准。

六月十八日(星期五)

法眾院多數票通過，支持孟德法朗士組閣。

聯合國安全理事會討論泰國所提派遣「和平調查團」建議，被俄國代表否決。

法眾院國防委員會反對歐洲防衛組織。

六月十九日(星期六)

菲總統麥格塞塞簽署零售商菲化案。

我外交部長葉公超發表聲明，謂該項法律違反中菲友好條約，並妨礙兩國間現存友好關係。

西方三强協議將被俄國在安理會否決的泰國建議交聯合國大會討論。

危地馬拉反共軍隊發動攻擊，向危國都城逐步推進。

「自由中國」的宗旨

第一、我們要向全國國民宣傳自由與民主的真實價值，並且要督促政府(各級的政府)，切實改革政治經濟，努力建立自由民主的社會。

第二、我們要支持並督促政府用種種力量抵抗共產黨鐵幕之下剝奪一切自由的極權政治，不讓他擴張他的勢力範圍。

第三、我們要盡我們的努力，援助淪陷區域的同胞，幫助他們早日恢復自由。

第四、我們的最後目標是要使整個中華民國成為自由的中國。

六月二十日(星期日)

日內瓦越南會議進入技術討論階段，美英俄等國代表紛紛離去。

危地馬拉反共軍已深入國土二十五哩。聯合國安理會開特別會議，商討危國情勢。

六月二十一日(星期一)

蔣總統明令桂永清繼任參謀總長。

泰國總理鑾披汶表示願與友邦聯合行動，以抵抗共黨侵略。

危地馬拉反共軍已進抵首都郊外，其領袖阿瑪斯上校將組織臨時政府。聯合國安理會中蘇俄否決將危國案交由美洲國家組織處理的建議。

鎮海會議全體代表在兩決議案上正式簽字。

六月二十二日(星期二)

危國反共軍隊已攻佔十八個市鎮，阿瑪斯上校已正式宣佈他的反共政府為危地馬拉的唯一合法政府。

六月二十三日(星期三)

美總統艾森豪邀國會兩黨領袖聽取副國務卿史密斯關於日內瓦會議的報告。

危國反共軍總部已自洪都拉斯移至危國境內。政府軍與反共軍正醞釀大戰。危國代表要求安全理事會開會，對危國情勢採取行動。

法總理孟德法朗士與共匪周恩來會談兩小時。

六月二十四日(星期四)

蔣總統任命陸、海、空各軍總司令，任命孫立人為總統府參軍長。

美眾院外委會通過三十五億援外方案。

危地馬拉反共革命似趨萎縮，原因是缺乏組織、運輸、和興趣。

社論

(一) 建議中韓日同盟

自由世界對付共產主義威脅的鬪爭，是一個整體性的鬪爭，所以，最理想的安全制度，應該是世界性的。聯合國組織的原始動機，本在於消弭來自任何方面的侵略，以維持世界的和平秩序。聯合國組織如能健全，一切在此組織以外的安全體系，都無必要。但今天我們顯然已不能存此奢望。聯合國的行動，已爲蘇俄所擁有的否決權所癱瘓，甚至它的各級機構亦已爲國際綏靖主義所盤據。十年以來，它幾乎沒有能眞正的解決過一個問題，甚至連細微而局部的紛爭都非例外。

聯合國之失敗，說明了世界性安全體系之組織，尚非其時。歐洲國家之成立北大西洋公約，就是因爲歐洲各國都已看到照目前的情勢，實祇可能以區域安全，來代替世界性的組織。北大西洋公約成立至今，雖說建立防禦力量的工作，進行得異常遲緩，但它的存在，對蘇俄共產集團畢竟是一個强烈的警告，使它在歐洲方面，從此不敢越雷池一步。

歐洲之劃定鴻溝，使共產侵略的兇燄，移向亞洲。亞洲國家，爲什麼不能也像歐洲國家那樣的成立一個防禦同盟呢？這是因爲亞洲的情形，事實上遠較歐洲爲複雜。歐洲多爲自主國家，政策與行動，可以不受人家的牽掣，而亞洲的極大部分地區，仍未能擺脫二三百年來西方殖民主義的影響。亞洲各國或則其政策仍受制於西方，或則發展着一種褊狹的民族主義，致爲共產黨徒的煽動所乘。亞洲國家的地理與歷史條件，以至文化背景，彼此距離太遠，欲求意志之齊一，難乎其難。

加以美國的世界政策從來就是重歐輕亞，近雖力言雙方之必須並重，事實上究竟是否如此，仍有待將來的發展來證明。美國爲自由世界的領導國家，世界所有地區的防禦組織，不僅需要美國參加，而且還需要美國來做一個動力，來做一個核心。歐洲防禦組織就是如此，亞洲豈能例外。美國不能及早倡導，也是亞洲集體安全無法形成的重要原因之一。

目前，全世界受共產侵略最嚴重的地區，莫過於東南亞。美國會企圖直接支援越戰而未果，現在似已被迫退轉，祇想成立一個東南亞聯盟，來保全越南以外的其它地區。這個擬議中的東南亞聯盟，必須取得英國的同意與協助。美國爲遷就英國，不得不把這個聯盟的範圍縮小，無法使之與太平洋上的防線結合一起，所以中華民國、大韓民國、與日本，都被置於同盟的範圍以外。我們完全諒解美國遷就英國的苦心，但仍不能不明白指出，像這樣的同盟，縱能成立，效力也微乎其微，我們祇要把被包含在同盟以內的那些國家的實力加起來算一算，就可以看出這是一個何等不現實的計劃。美國是想要發揮亞洲人的力量來保衞亞洲，這個理想，顯然無法經由如此一個聯盟來達到，何況這整個計劃的進行，仍處處要受西歐殖民主義的牽累！

而今天，就是連這樣一個難以期望其發揮偉大效力的聯盟，它是否能夠實現，都成問題。即令在日內瓦會議失敗以後，英國仍沒有改變它與共產集團謀取妥協的基本態度。英國雖沒有無條件反對東南亞聯盟，却仍提出了與共產集團締結洛迦諾式公約之類的辦法，以爲抵制。美國固然不會接受洛迦諾式公約的建議，但東南亞聯盟，可能又被延擱，如果美國不顧英國亦進行其計劃，則聯盟的範圍，可能竟縮小到僅包含美國與泰國菲律賓三國。美國的亞洲政策，如此一籌莫展，是已到了非找尋新路而不可的時候了。

最近，曾在韓國樹立赫赫戰功的美國符立德將軍，以總統特使的身份，一再往來於中韓日本。有一個消息說：符立德前來遠東的主要任務，是要從成建立一個中韓日三國的共同防禦同盟，將以日本的工業，來供應中韓兩國地面部隊的需要；美國將以專家技術協助，建立現代化的遠東區地面部隊及空軍，而使東京成爲新的補給中心。這是一項未曾證實的消息。但如消息屬實，則我們可以說，美國在亞洲政策方面，已找到了正確的努力方向。

就美國自身的安全說，太平洋上的防線，拱衞了美國的西海岸，美國實無法接受英國及其它歐洲國家的觀點，把這個地區看成無足重輕。而且，在整個亞洲，祇有中韓兩國，具備堅强的反共意志，和一枝完整可用的軍隊；在整個亞洲，祇有日本具備人力與工業基礎的條件，可以到達高度的發揮。萬一世界有變，美國無法把它的力量，分散在所有地區使用，太平洋上的攻守任務，由中韓日三國聯合擔當，實爲一個最理想的方案。過去，美國曾爲歐洲的團結花費如許心血，而歐洲的現況竟依然如此，連一個軍約之批准，都遭逢那麼許多困難。美國當局，如早能分一部分精力於亞洲，今天的局面可能不會如此暗淡。但畢竟現在還來得及，我們望美國急起直追。

也有人說，中韓日三國，今天都與美國維持着某種單線的軍事聯繫，這種單線聯繫，也可以替代正式的同盟。我爲認爲此種單線聯繫，自然有其用處，但並非全然沒有流弊。我們亞洲國家，變成分別的祇把眼睛望住美國，一切唯美國的馬首是瞻，而自身之間，則缺乏相互的責任感，平日鬆弛了自身的努力，萬一有事，就很難分擔美國的重荷。如果容許我們率直指出，菲律賓就是由於具有太多的安全感而對集體行動少有興趣的一個國家。美國的單線聯繫政策，事實上不是使亞洲國家團結，却正足以分散了我們的陣容。

中韓日三國的聯盟，不會與美國現正倡導的東南亞聯盟有所衝突。雖說我們對這個聯盟的期望不高，但畢竟有勝於無，我們仍然樂觀其成。東南亞聯盟如能成立，與中韓日的同盟，可以取得聯繫，至少也不致在行動上互相妨礙。中韓日三國的聯盟，不致遭逢外來的重大阻力。這一地區，並未受到西歐

(下轉第19頁)

社論

(二) 諾言貴實踐

「我們中華民國的自由與民主，乃是在法律保障之下，任何人都能發揮其完全自由的意志；在憲法的尊嚴之前，任何人都能享有其充分平等的權利。我們爲了保證自由與民主的發展，第一、要厲行法治；第二、要建立制度。就是每個國民的權利與義務，都能受到法律與制度的保障，不論其言論、出版與結社，都有充分的自由，不受任何非法的干涉」。這是蔣總統本年五月廿日就職時的宣示。我們聽到這番話，眞是興奮極了。但我們的興奮，是有一個前提的：諾言要實踐。

六月八日行政院兪院長在立法院報告施政方針，說到要「加强民主與自由的措施，遵守憲法，保障人權」的時候，也引述了總統的這幾句話。我們聽到，又一度感到興奮。但我們的興奮，也同樣有這麼一個前提：諾言要實踐。

基於兪院長的報告，立法委員紛紛提出質詢，兪院長一一給以答覆（截至本文屬稿時——六月廿八日止，兪院長已答覆三十五位立委的質詢，還有五十九位的質詢，等待提出）。兪院長的答覆，比施政方針中那些原則性的話更具體，更實際，因而帶給我們更大的興奮。但我們的興奮，仍免不了要有那麼一個前提：諾言要實踐。

我國古語所說的「人言之謂信」，也就是諾言要實踐的意思。「信」，在我國固有道德中，爲五常之一。所謂「常」，是永恒不變而又不可須臾離的。「信」這一條做人的規律，當然也適用於政治場合，而且政治上的諾言，還要負政治上責任的。

一個半月以來，我們所聽到的可貴的政治諾言，已不算少。現在我們要求的是實踐。尤其是行政院長所作的諾言，立法院有權有責而且可以有效地督責其一一見諸事實。質詢與答覆，不能止於質詢與答覆，說得出就應當做得到，否則說不上是負責任。

但在責成行政院向立法院負責以前，我們須拿總統所說的「厲行法治、建立制度」這兩句話，敬請總統首先實踐。我們憲法明文規定行政院爲國家最高行政機關。要厲行法治、建立制度，第一件要事就是尊重行政院在憲法上的地位，使其在實際政治中眞正是一個「最高的」行政機關。如何才可以做到這一點呢？很簡單。只要總統，居國家元首崇高地位的總統，對於一切政務，除憲法另有規定者外，均經由行政院長來推行，總統決不越級指示，也決不越級接受請示；命令要有法律作根據，決不以手諭代法律。這樣，才可以進而做到「厲行法治、建立制度」；這樣，行政院才可以在實際上對立法院負責，而立法院才可以責成行政院長把他的諾言兌現。

現在、我們再看行政院長最近所作的諾言：

「新閣的一切施政均將依照憲法的規定與精神，一切要切實做到。」「過去許多問題發生在沒有制度，保證今後必將努力朝樹立制度的方向上走。」「政府在遵守憲法，保障人權的原則下，一定要做到憲法第八條、第九條的規定。」「如有治安機關干涉司法的情形，決當查明嚴辦。」「政府對言論自由、絕對予以尊重。」這些話是兪院長被立委質詢時所作的答覆。我們已就其語氣堅定者選錄一部份在這裏（請注意兪院長這些話當中所用的「切實」、「保證」、「一定」、「決當」、「絕對」等字樣），玆再舉一二事例如下，以待諾言的兌現。

一、兪院長說，憲法第八條、第九條一定要做到。這兩條都是保障人民身體自由的。第八條是規定逮捕、拘禁、審問、處罰等程序；第九條規定非現役軍人不受軍事審判。兪院長所以提及憲法這兩條，是由於楊寶琳委員的質詢中說到這兩條在事實上似乎已被删掉，並以立法委員馬乘風兩年前被捕到現在還沒有經過司法審判以爲例。兪院長現在既說要把憲法第八第九兩條「一定」做到，我們就不妨以馬乘風這個事例來看新政府的新作風是否言行一致。

二、說到言論自由的絕對尊重，使我們想起了龔德柏事件。龔德柏在大陸辦救國日報的時候，是以激烈反日反共而又大罵孔宋著名的。來臺後，在某一次公開講演中，因批評時政而失掉了身體自由。當時是如何逮捕，如何拘禁，以及後來如何審問處罰，局外人都無從知道。憲法第八第九兩條的規定，對於這個案件，也是等於具文。一年兩年下來，他所犯的「言論罪」還不知何時才可受滿。現在兪院長既說絕對保障言論自由，又說一定做到憲法第八條第九條。我們也無妨以龔德柏這個案子爲例，來看新政府的新政風是否言行一致。

我們舉出上面這兩個例子，並不是特爲馬乘風或龔德柏講話，像同樣未依法定程序而關在監牢的，當不止馬龔二人。我們只能就我們所知道的以概其餘，爲他們全體要求法律的保障。

身體自由，是一切自由的基礎。言論自由，是民主政治的必需。兪院長的諾言中對這兩項自由所給的保障，可否切切實實地見諸行動，關係於一切諾言的實際價值。所以我們在這篇文字中只說到這兩點，同時因篇幅關係，也只能說到這兩點。其實兪院長所作的其他諾言，我們同樣地是拭目以待其實現。立法院本其權責，對於兪院長的一切諾言，更當像債權人一樣，隨時憑券催索。

灰色的英國

程滄波

如果顏色能代表或者象徵一國的國性，代表中國的顏色必然是藍色或青色（青出於藍）。蔚藍的天空，反映在青天白日滿地紅的國旗。那種色素，表明這一個東方古國的明朗與肅穆。我們國旗上的青色，佔着全面國旗的極大的面積。我們民間的服色，藍袍青褂更是普徧的現象。從顏色與國性的關係來看英國，使我們對英國的國性，容易得着進一步的了解。英國是近代列强中最不易了解的國家。二百年來英國掌握世界的霸權。兩次世界大戰，英國的霸權消歇了，而英國在國際上的左右的力量不變。今天對英國瞭解的需要，並不減於五十年前。

一

除開歷史、政治、社會、經濟各方面的因素，而從自然環境及生活狀態來研究英國。引用上述的語意來剖析英國。我想英國是灰色的。英倫三島的雲彩是自然界一個奇觀。在英國看雲，這是英國風光的一個奇景。英國天空常常浮罩着大層的雲彩。這種雲層是從大西洋吹移過來。大西洋上的大雲層，常常帶着陣雨吹到英國上空。在此大陣雲層中，射出某種質地的光。這種光常常夾着煙霧。這種光，不是乾燥的光，而是潮濕的光。也是灰色或是藍灰色而不是白色的光。這種灰色，潮濕而帶烟霧的光，是模糊而不十分清確的。夏天過後，英國的濃霧，籠罩全國各地的一片灰色煙霧，有時伸手不見五指，這種一團灰黑，更是住過倫敦的人共有的觀感。一位來到英國遊歷的朋友，常常會對英國朋友說：「英國的風景，常常被一層模糊的灰色烟靄弄得不甚清楚」。英國自然風景中的灰色模糊，正可同樣引用到英國的思想界。英國思想常常留着一種不精確的邊際 a margin of imprecision。也就處處留着調和與通融的餘地。聖德耶挪 Santayana 對英國，會經講他的觀察：「像各種的衝突一樣，光明與黑暗的衝突，結果是調和。在英國，一切是拖下去，一切在拖下去中修改。一切是有光的，一切的光是灰色的。』

英國人兩種特性，一種是調和 compromise；一種是「拖泥帶水混過去」muddle through，都與英國的自然環境有關。在遠古時期，英國人民多數是農民，要靠耕稼爲生。他們要在各種不同的或變化的天氣下面耕作。後來英國工業化了。城市中許多勞工，仍舊來自田間。他們先天性格上，已深深遺傳那種經驗主義。各種事情先去試探，慢慢地作最後的決定。拖泥帶水混過去，在英國人看來，這種性格與其說是一種弱點，毋寧說是一種優點。因爲這種性格的本身，實在是自助自立的一種方式或表現。各種各色的人，用他們自己的方法，對自己負責任，去處理各種橫在眼前的問題。拖泥帶水混過去；是形容一個人在泥水的困厄中，運用經驗的習慣，去摸索，去渡過難關。所以「拖泥帶水混過去」這一種性格，並不像中國人一般觀念中所謂糊裏糊塗渾日子。英國人所謂「拖泥帶水混過去」，是運用經驗與智慧，在困難棼亂中摸索而渡過去。因爲困難的重重，因爲應付困難，不易有誇大的所謂全盤計劃，或錦囊妙計。對困難只有渡過一關是一關。英國政治上有一個格言，“make do”「對付過去」。這是政治上的拖泥帶水混過去。從此等成語及國民性格，我們可以窺見這個島國立國的艱難。個人與政府應付其處境，是步步爲營，渡過一關是一關。並不是顢頇糊塗。

二

英國人掛在口頭的一句成語，是「可憐」It is a pity。「可憐的意識」，是灰色英國一種特性。一位挪威國詩人會經說：「當你航行將近紐約港口，你遠遠看見的是自由女神的大石像。當你航行將到英國，你在渡阜 Dover 山壁上，遙遙看見的是站立着一個老而盲的人像。」這說明在灰色的英國中，可憐的意識是和環境相配合的。英國人對已經被擊敗的敵人，常常易於寬恕。英國文學家史谷脫會說：「英國與並世各國有一點特別不同之處，便是對於懲罰的容易滿足，即使受罰者罪有應得。」在英國文學上，我們發現幾種有關民族性的呼號：「如最後關頭的號聲」；「對優勢敵人的頑抗」；「堅强的退却」；「死在最後一條戰壕中。」從恩格魯薩克遜時代的文學中，即充滿這種調子，千餘年中未會改變。英國人在危難中，全國上下的口頭禪：如「面臨事實最險惡的場合。」「告訴我們最險惡的局面。」當九九一年莫爾屯大戰時，Battle of Maldon，當時的民歌：「當我們的力量逐漸減退時，精神要格外堅强，心要格外銳厲，態度更要嚴肅。」拿破崙戰爭時是如此。一九四〇年戰爭時，英國全國也是如此。英國人在危難時，教大家忍受，但亦教人家含笑地忍受。英國人的幽默，是忍受艱苦中的幽默。幽默可能是忍受艱苦性格的一部份及一種表現。黑暗與危險，能使幽默益加銳利。幽默也能使危險黑暗中站着的人，得着寬慰。英國戲劇界，獨創一種悲喜劇混合劇本，也許由於此種國民性。英國的國民性，誠如聖德耶挪所說：處處是有光，但是灰色的光。英國歷史家說英國歷史上許多重大轉變及改革，是英國國家的懺悔。譬如伊麗莎白第一世末期國內的宗教紛爭，後來因爲宗教容忍法案而終止。這是英國國家一種懺悔。維多利亞時代，因爲失去北美殖民地的教訓，賫赫姆報告 Durham Report 1839 發表後，英國在各殖民地推行自治。這是英國又一種懺悔。而懺悔之根原，則因可憐意識之始終存在。

三

讓我們簡單談談英國的宗教及思想界。聖德耶挪曾經說：「對英國人談宗教，宗教必須是英國的。英國人所不喜歡的，很難勉强英國的教徒的接受。」英國的宗教，同樣受着英國氣候的影響，也可說是灰色的。就英國宗教兩大派別而言，英國國教帶着灰色的煙霧，不太精確，充分富於調和性。在另一方面，反對國教的獨立新教 Nonconformity，表現其自願的習慣，業餘的性質，另加多量的實驗主義。因爲這兩派教徒都受了英國氣候的影響，他們同樣地影響英國人的生活。宗教是透過階級深入社會。英國國教與獨立新教的對立，也許是替代或消弭英國社會中階級的對峙。英國國內兩派的宗教，雙方同樣認爲基督教要改良，不過雙方對於改革的範圍及方法，不能一致。這就是英國兩黨政治的精神背景。英國的宗教問題，是政黨政治中一個爭執的大問題。譬如對宗教容忍問題，宗教戒律解放問題，宗教在教育的地位問題，都是君權黨與民權黨雙方多年爭辯的政綱之一。英國國內爲着自由的鬭爭，自來與宗教生活不能分離。對於自由的奮鬭，宗教和政治團體，常常聯在一起，駢肩作戰。英國的宗教，如果說受着英國氣候的影響，那末英國的思想界，也同樣受着氣候的支配而呈現其灰色。就英國許多大作家而論，他們的思想是多種源流的。在他們的作品中，可以發現其調和與通融的特性。十七世紀初期的霍克 Hooker，十八世紀末期的潑萊 Paley，都是這種類型。他們是調和而不是獨創的思想家。當然，不能說英國從來不出獨創而原始的大思想家。可是，培根 Francis Bacon 尙不足以語此。牛頓與達爾文，實是英國思想家中特異之人物。霍布思 Hobbes 或可勉强附麗於此。至於洛克 John Locke，實在是十足的英國本地風光。英國思想界一涉及哲學的範圍，終不能格物致知到於極處。英國的哲學家，跳來跳去，跳不出經驗的範圍。所以英國人自己解釋，英國在哲學方面，紬於散文而申於詩。英國人的哲學思想，在散文方面不能發展，轉而在詩的方面發抒。英國詩的哲學，是英國人十分引以自負的。譬如莎士樂府許多劇本中的莎士比亞，「失去的天堂詩」集中的密爾登，潑利魯特集中的華茲華斯 Wordsworth，愛唐納集中的雪莉 Shelley of Adonais，都是英國詩集中的大哲學家。英國是一個詩人民族，英國詩集之豐富，在歐洲各國中是少見的。單就十九世紀而言，英國的大詩人，足以影響時代思想者，足有十幾位大詩家。英國的思想努力，在於詩歌。這是灰色英國又一種特點。

四

有幾個對於英國國性流行的名辭或性格，我想順便作一個簡單介紹及解釋：

（甲）紳士 gentleman。有人這樣講：要談英國國性而不談英國所謂紳士，是無法了解英國國性的。但是如何對英國紳士有一個明確的觀念，也幾乎是不可能的。這是英國國性中另一種灰色！所謂英國的「紳士」，並不是一個階級。這種紳士階級，早在十六世紀已不存在了。英國的「紳士」，不是一個階級，而是一種性格觀念。其觀念也因時而變遷。譬如說在十八世紀，一個英國紳士必熟悉他的佃傭、耕地以及狩獵的野獸。他在地方上或預問地方政治，或進而被選爲國會議員。此外他也許喜歡研究建築或繪畫，或盡心研究音樂。他是一位多才多藝的業餘者。英國紳士觀念的要素，是一種行爲規律：儀容整齊；沉默寡言笑；說話含蓄不多發議論。在許多地方，所謂規律也是十分奇突的。這種規律，並不根據宗教，但有時亦受講道的影響。它是希臘制慾主義與中古騎士精神的混合。再於不知不覺中加進英國本國的清教徒及民間精神。英國紳士是害羞的。但是他十分自信。他具有十分高雅化的丈夫氣概。有時丈夫氣概比他的高雅還要明顯。英國紳士是害羞的，有人注視他，他會偪促不安。但是紳士到一處地方，必爲衆目所注視。英國紳士是講有爲的，但是亦「有所不爲」。英國紳士與人深刻的印象，常在他們的「不爲」方面！這是一種極模糊的行爲典型。不管你贊成或反對，英國近年教育普及，這種典型正在擴展。

（乙）業餘的風氣 the vogue of the amateur。英國是專門職業十分發達的國家，但是英國是反對職業化的。在運動、在政治、在農業管理各方面，英國的業餘精神常常表現。當世界日漸繁聚而複雜，業餘精神是有其缺陷，但亦有其優點。它能防止生活的過於嚴肅，而稍留情趣及幽默的餘地。提倡業餘風氣，能使社會中個人的創造力增高，也同時能減消社會的緊張。一個富於業餘氣質的社會，能使社會的血脈易於流通，而不致血液壅塞凝滯。英國社會中多「業餘者」。英國學術界中，儘有許多業餘自修而成的大學者，如史學家之吉朋 Gibbon，與麥皐萊 Macaulay，科學家之加文迭栩 Cavendish 及達爾文 Darwin。業餘的政治家，亦許他失之於見聞太狹。但是業餘政治家必然比較超脫。不以政治爲職業，其營私謀利之心亦將大減。克林威爾在政治及軍事方面，都是一個業餘者。十九世紀英國名相如格蘭斯頓，及賚培 Lord Derby，都寢饋不忘荷馬的詩 Homer。至於邱吉爾，更是多方面的業餘者，他愛繪畫、愛建築、愛寫文章，然無一而非以業餘者之態度出之。邱吉爾於史學，更是他業餘方面特別成功的部門。業餘者也許在效力方面不如專門職業家，但是業餘者是事業活動的愛好而主動的人，不是事業活動的奴僕。

（丙）怪僻脾氣 eccentricity。英國人的怪僻脾氣，是外國觀察家對英國國性的一個發現。外國人常常說：「瘋狗和英國人。」“mad dogs and Englishmen” 說得客氣一點，「英國人常常被他靈魂中的氣候所管束。」英國人是最怕宣傳，看見宣傳會發慌驚訝。英國人說話最忌高聲，極力訓練個人的鎮靜。英國人衣服喜歡穿灰色的，雨衣要穿得滿身油污，帽子也是灰色的最流行，他們住屋及所有傢俱，最怕鮮明的顏色。這許多特性，英國人自已也覺費解。一個最重形式和最穩重的民族，會對世俗反抗最烈，這是十分可奇的矛盾。這是英國個人主義潛在的力量，在一切灰色的外貌下，有時不期然而激發出現了本性的眞相。

（丁）志願的習慣 voluntary habit。在志願投效的基礎上，什麼事情人民自己來做，自己結合志同道合的來做，不希望國家或政府來包攬一切。這是英國人的傳統習慣。在英國社會顯而易見的，許多事業，如教育，公共衞生，醫院，工人生活的改良，宗教團體，聖經會等，都是民間自己去做。英國人的思想及行動中，充分表現社會與國家的分野。穆勒在他自傳中說：「我們國內十分之九的事業，在別國都由政府去辦理，而在英國則由與政府無關的社會團體去辦。」現在還是這種趨勢。英國的政府與黨，聯在一起，但是政府與黨，各守分際，並不使那一方面吞了另一方面。英國雖講調和，而常能使政府與社會兩種元素，互相平衡，各得其所。大英帝國及不列顚共和邦，都是這個精神的實現。

（戊）少年精神。這與運動精神有關。這是英國與希臘一個共同之點。在英國社會，年齡觀念算是最淡薄的。英國人最能忘年。英國人發育時期較長，成熟時期也較遲，所以比較不易衰老。習慣於運動，養成整潔的習慣。英國人到暮年，還是運動不輟。英國人的運動，一方面使他們常保青春，同時也使成年人老年人容易與青年混在一起。這樣使社會不易脫節，各種行業的傳授方便。在英國，各種年齡的人，都是友好而平等的。成年老年對青年，絕無依老賣老，更少裝着道貌。英國許多書籍，七歲的兒童和七十歲的老頭，都喜歡讀。英國人是最看重常織 common sense，但是英國人也最喜歡「無意識」nonsense。這是英國社會中的少年精神。少年精神是樂於運動的原因。運動幫助英國人建造品格，公平角逐，fair play；體隊精神 team spirit，勝利時的寬大，generosity in victory；失敗時保持快樂；尊敬比我技術好的人。這許多品格，在運動場上養成，而影響到整個社會。

（己）勢利與奸詐 snobbery and perfidy。英國人自己不承認社會中有階級，而不否認有「地位」position。莎士比亞稱之爲「程度」degree。英國人的「地位」是流動的，商人之子不必定爲商人。「地位」的基礎在能力。英國人的勢利，喜歡攀附摹倣地位比自己高的人；另一方面看不起比自己地位低的人。英國人無論如何想辯護這一個國民性，終是遮掩不過而承認是一種惡德。勢利與虛僞是相因的。英國人勢利，英國人也是虛僞。這是國際上一種流行的觀念，英國人自己亦極難辯護的。奸詐是英國在外交上的聲名。奸詐的英國 Perfidious Albion，是歐洲習聞的名詞，英國人自己解釋，這是英國民族性矛盾的一種。他們說「英國的傳統，不僅僅是清教徒的德性。」灰色英國的性格，夾雜模糊，正與英國的濃霧一樣。

五

聖德耶挪在他「關於英國的答話」Soliloques on England」書序文中說：『意象是英國的意象，情感是對英國的愛，而在英國背後的，是對希臘的愛。』他說他在希臘及在英國所愛的，是他們對於「限定環境的滿足」，「外表的整美，雄武的完美及簡單。」這幾句話是英國人最愛聽的。英國人最喜自比於希臘。不錯，希臘學問在英國，研究得普徧而標準甚高。從中世紀後，亞里斯多德幾乎變成歸化英國的哲人。亞里斯多德愛講中庸之道，提示習慣的價值，與政治上的混合憲法。正合英國人的胃口。英國的國性是多元的。希臘，希伯萊羅馬的影響同樣底深厚。灰色是英國國性一個象徵。灰色是保護自己，同時對外面待機而動。英國雜湊的各種特性，隨着時間空間而發揮。幾百年來，英國做過極聰明的事，也做過極蠢的事。英國做過極光明的事，也做過極卑惡的事。我們懂得灰色與陰性的英國國性，然後能了解英國歷史上許多事與人。狄思雷利，格雷，張伯倫，邱吉爾，都可作如是觀。今天的英國，與過去的英國是一樣的。淸明晴朗的中國人，看不懂灰色陰性的英國，是不足怪的。看不懂英國者，又豈止中國人而已。同文同種的美國人，還是不容易看淸英國的。（四三・六・十四。）

（上接第28頁）

。那間房裏容不下大件的傢俱，沒有衞生設備，也沒有一間獨用的厨房，但是那四個舒軟的踢踢米却像有魔力一樣地吸引着碧漪。

她買完東西後慢慢地向回家的路走去，想着那些空虛的大房，那幽雅的秋香色，她不覺縐了一下眉心。怎樣的人才配住在那裏呢？那一定不會快活。她突然覺得他們自己鞋盒一樣的房間可愛起來，那眞是一個令人愉快的地方。

當她捧着大包小包走進房間的時候，逸民已經在家裏了，他顯得很尷尬的樣子。

「你沒有租下那公寓嗎，逸民？」

「沒有，」他搖了下頭。「那兩個傢伙要我先付六個月的房租，我還能說什麼呢？」他的聲調很失望。

「謝謝上帝。」她簡單的回答着。

逸民以疑惑的眼光望着她。「碧漪！」他說：「你難道說情願住在這兒嗎？」

「是的，我情願住在這兒。當我有這個念頭的時候，也和你一樣的驚奇呢，但是我情願住在這兒。」

「爲什麼呢？」

她把手理了一下散在腦後的頭髮，得意地說：「啊！太多的理由了，我不只是因爲喜歡光着脚在踢踢米上走，我在想從我們結婚以來，就沒有離開過這間房子，它好像和我們的生命一起成長一樣。並且我們在這兒非常愉快，我想別人住在這兒也會一樣地愉快。」當她想起那秋香色空漠的房間，她就顫抖了一下。「這間房給人帶來了溫暖，它決不會使兩個生命感到寂寞，就像我們一樣。」

「你難道不覺得我們像兩隻被關在火柴盒裏受訓的跳蚤嗎？」

她搖着頭，大笑起來。

「假使我們有了孩子怎麼辦呢？」逸民問。

「我想我們只有把那只貓趕出去了。」碧漪回答着，一面把那幅畫拿起，預備將那撕壞的一角用漿糊補起來。

西方「國家」概念的演變

曾子友

一

「國家」這一概念，在我們固有文化的意義上和我們直覺的意識上；都是指「國民全體」而言的，正如國父說：「國家的命運，在於國民之自決」，而民元中華民國臨時約法第一條卽訂明「中華民國主權屬於國民全體」，就是顯明的昭示，因此我們慣常的用語：「爲國家」，比說「爲人民」或「爲社會」，還具有更深刻而精確的含義。

但在西洋自近代國家形成以來，國家 state 的含義，最初原是指「統治者的地位」，嗣變爲指「統治者集團」，最後演變而爲與「民族」相當，復蛻變而爲與「社會」的含義相若，但自二次世界大戰以來，爲打倒法西斯依據黑格爾國家觀的「國家至上」爲標榜的宣傳，於是美英的言論界，不但以「爲社會」一詞，代替了「爲國家」的觀念，而且轉而咀咒「國家」 state 一詞了，我們倘不明瞭西方「國家」概念演變的歷程，恐難免因辭而害意，且將不能明瞭我們「爲國家」一詞的眞諦。今將 state 一辭在西方歷史上的嬗變及各家著述中的涵義，略爲說明，以供國人參考。

二

西洋近代最初使用「國家」這個字的學者，是文藝復興時期意大利的馬基亞維利 Machiavelli，它在所著的「霸術」 The Prince 中，把「國家」解作「權力」的意義，它所說的權力，是指「握某處的權力」的意思，因爲「國家」 (state, e'tat, staat) 這個字，是從拉丁語的 stato 卽「立」的意義轉變而來的，stato 最先轉注而爲 status，卽「地位」或「身份」的意義，最後才變成 state e'tat, staat，卽現今所用的「國家」的意義。所以在十六七世紀英法德諸國，開始使用「國家」這個字的時候，當時大概是指「主權者」「支配者」或「大領主」的意義。

因爲「主權者」「支配者」或「大領主」是一種「地位」或「身份」，而其所握有的權力，是「政治的權力」，這是與西洋中世紀的「教會權力」有別的，所以又演化而爲「統治集團」或「政治機構」的意義。如佛蘭西斯培根 Francis Bacon 就把 state 與 sovereign (主權) 看成同一意義。路易十四說的「朕卽國家」，其中的「國家」也就是含有「主權者」或「大領主」的意義，這與中國人的傳統意識上和現今常識上的國家意義，迥然有別。

但在西方的國家發展史上看，「朕卽國家」一語，縱在憲政之母的英國，自一〇六六年諾曼 Norman 王朝完成弛鬆統一以來，在制度上至少是認「國王卽爲國家」的，至一二一五年約翰王 King John 臨朝時，因財政的窮困，遭高僧的反抗，「國家」(權力者)的意義，才從此包含高僧和貴族於其中，轟動歷史的「大憲章」，它的政治意義就是如此。甄克斯 Jenks 說：「凡是基督教的國家，其僧正及普通的僧侶等，均爲國王最信賴的顧問，且均爲國王之最熱心的擁護者。……初期的國王與樞密會議(The Council)的關係，我們可敍說的，只是國王縱冒不孚衆望的危險，想作一種行動時，它也是可以任其自由的。」(見所著「國家與民族」)。

所以近代歐洲各國尙在專制時代，對於「朕卽國家」一語，視爲慣常，法人波緒亞 Bossuet 且把「朕卽國家」的思想給與神聖化，他說：『王的權力是絕對的。……王的行爲，對任何人也不負責任的。「我勸你遵守王的命令，旣指上帝起誓，理當如此。不要急躁離開王的面前，不要固執行惡，因爲他凡事都隨自已的心意而行。王的話本有權力，誰敢問他說，你作什麼呢？凡遵守命令的，必不經歷禍患，智慧人的心，能辨明時候和定理。」(聖經第八章)要是沒有這種絕對權力，王就不能懲惡而獎善。……神卽無限，神卽一切，王非私人，而爲公人，國家的一切事物，均合體於王的體，人民的一切意志，均合體於王的心，所有的完全和所有的力量，都合體於神之中，同樣個人所有的力量，也結合於王一人。』

波緒亞雖然把「朕卽國家」的思想神聖化了，但也把「王」(國家)公體化了，這個意義在當時無異是把「絕對專制的君主」思想轉化而爲「開明專制的君主」思想了。因此「國家」的意義，經這一過渡，且於十八世紀西方的民主思潮，復受中國儒家思想的鼓盪，於是有把「國家」的意義，離開與「國王」合體，而使之與一般社會或人民合體的民主理論。近代民主導師的盧梭 Rouseau 在民約論 (Social Contract) 中的理論，就是影響最大也是最顯明的。

民約論裏說：『社會契約，代表參加契約的諸人格，造成一個聚合的人格體，同時對此人格體且與以統一和普遍的我，及其自身的生命與意思，此種多數個人的集合，我們名之爲公共的人格體，從前叫做「城市」，現在則稱爲「共和國」或「政治團體」。更把此種集合當成消極的主體，而從各員以稱之時，則爲「國家」；若當成活動的主體以觀察，且以比較於主權者或與此同樣的團體時，則稱爲「勢力」。構成此種結合的各員，叫做「人民」；人民得參與國家的主權時，叫做「國民」；人民須服從國家法律時，則叫做臣民。』

盧梭民約論這種國家的含義，原是指理想的國家而言，但是十八世紀以來的個人主義的民主制，却無法實現這種「國家」的理想，所以信奉民主政治的人士，乃循十八世紀型的民主制的發展，把「國家」這個字解作與「一般社會」或「政府」同一意義，如十九世紀的黑格爾和斯賓賽等，就把「國家」與「政府」看作同一事物，他們之所謂「國家干涉」或「國家意志」，其實不外是「政府干涉」或「主權者的意志」；又如穆勒承認「個人社會」及「政府」的存在，而不承認「國家」有其特別的存在，它是把「國家」解作「一般社會」的，所以它認爲個人利益的總和，就等於國家的全部利益。

三

把「國家」解作與「政府」同一意義的，經黑格爾的理想主義國家觀，轉到馬克思恩格斯的階級國家論，已回復到盧梭以前的認「國家爲支配集團」的意義，所以共產黨徒是把「國家」當作「壓迫的工具」。黑格爾把國家置於個人及社會之上，認國家爲自由之終結的表現，爲完全理性的東西，爲個人意志與普遍意志的結合，爲主體自由與客體自由的綜和。他以爲：要是沒有國家，個人也沒有完全的自由與完全的人格，因普遍的與個別的融和，慨須有國家的實體，始能求其實現，完全的自由精神，也須以個人意志與普遍意志綜和時，才能顯現。黑格爾這種國家的理想主義，倘專從這一主要意義說，是把盧梭的國家普遍意志說，給與更具體的理論化了，但已經是歷史上實際的國家，不是理想的國家了。

可是黑格爾既把國家與政府混爲一談，於是以政府的一切措施，就是國家意志的實踐，這與中國儒家認爲：國家的普遍意志，爲政府施政必須遵循的準繩，因而有「天視自我民視，天聽自我民聽」和「天命無常，惟德是輔」的警惕意義，完全乖離。而且黑格爾是辯證法的集大成者，所以它把辯證法應用到國家的作用上，它竟認爲國家不經過階級的分裂，不能產生國家普遍意志的自覺。因此自然易於導引馬、恩的階級國家論。

而且階級國家論，當時在德國已是普遍的思想，如斯泰因 L. Stein 則把代表人類生活之人格方面的國家，與代表人類生活的非人格之利己的衝動方面的社會相對立，認爲國家與社會是時常繼續鬬爭的，因而他認爲現代的國家，已爲社會所壓倒而成爲階級國家了。干普洛韋茲 Gumprowiz 從社會學立場的觀點，也說：「在一方爲主權者，在他方爲臣民——即支配者與被支配者——的存在，實爲國家之永遠不易的特徵，維持一定法律秩序的權力之生存的組織，我們就叫做國家」。又說：「社會學的國家觀，是認國家爲由上下兩層之諸社會集團形成的複數，且第一諸社會集團之交錯的鬬爭，是以國家存在爲條件；第二其發達是趨向於各集團之生活條件與全體生活條件之可以調和的方向的。」

所以德國思想界雖盛行着偏差的階級國家概念，可是德國人民對於「國家」的認識，確仍以國家的存在爲第一條件，並以各集團生活條件，與全體生活條件，是趨於可調和的方向，這是德國自俾斯麥以至希特拉都能獲得當時德國人民愛戴的文化思想的基因，同時也是馬克斯當年在德國作共產主義運動的勢力，遠不及拉沙剌 Lasalle 的社會主義的勢力，而希特拉也於第一次大戰後，終能克服德共的原因。現在東西德問題的總結，民主國家欲圖爭取德國的人心，恐仍有賴於德國人民的國家思想吧！

因爲共黨的國家觀，如恩格斯在所著「家庭、私有財產和國家的起源」裏，不但否認了黑格爾所斷言的什麼「道德觀念的現實」或「理性的外形和現實」，而且他說：「國家是社會陷入自身不可解決的矛盾中，並分裂爲不可調和的對立方面，而又無力擺脫這種對立情勢的表現。……這個由社會中產生出來，但使自己駕於社會之上，而日益與社會脫離的力量，便是國家。」「由此可知國家不是自古就有的，曾經有過不必需要國家，而且根本就不知『國家』和『國家政權』爲何物的社會。在經濟發展到一定階段，而必然使社會分裂爲各階級時，國家就因分裂而成爲必要的了。在我們現在正在迅速走近之生產發展底更高階段上，這些階級存在不僅不復必要，而且還成爲對於生產的直接障碍，階級將不可避免地歸於消滅，正如他們從前不可避免地產生了出來一樣，階級一經消逝，則國家也會不可避免地歸於消逝。」馬克思在所著「法蘭西內戰」一書中，論述巴黎公社的經驗時說：「公社制度定會把那些寄生於社會而阻滯社會自由發展的寄生贅瘤——國家——所吞噬的一切力量，歸還給社會機體」。

馬、恩的國家意義，也即是指「政府權力」，但由於馬、恩的國家凋謝說的迷醉，而列寧竟認爲經過無產階級革命後的舊國家的職務，將變得非常簡單，而可以簡化到只是登記、歸檔與查對的工作，然而今日的蘇俄政府的機構與權力，却爲任何時代的專制政體所沒有的龐大與橫暴，這是給與馬克思所夢想的國家力量歸還給社會機體的一種强烈的諷刺，可是匪黨正在利用國家凋謝的謬說，掩飾其附庸的醜態，並圖消滅國人的國家意識了。

四

主張民主政治的理論家，却大都把國家意義認爲與一般社會相若，如斯賓格勒 Spengler 就把國家看成爲一般社會的形式，在他所著的「國家論」裏說：「我們以爲歷史即是大的文化，國民即是運動體，但同時我們又把國家認爲是一種狀態。……國家是靜止的歷史，歷史是流動的國家。……凡運動是有形態的。即運動體於取有某種形式或形態時才活動，完全的運動體，須取有充分的組織。……人民取得形態而爲國家，血族取得形態而爲家族，於此遂生政治史與宇宙史及公生活與私生活的區分。」斯摩爾 A. W. Small 在所著「一般社會學」General Sociology 裏說：「現代國家是含有政治組織與經濟組織的，但現代國家的本身，却爲此二種以上的東西，國家爲人類之進程的縮圖，國家爲國民伸張自己所意識之一切利益的團體。」

斯賓格勒的國家觀，頗能承接黑格爾的歷史哲學的觀點，闡論國家的意義，而斯摩爾的理論，更能上承盧梭的普遍意志的原意，而闡論國家爲羣體的意義，但是這種意義的國家事實上無從實現，所以認國家的本質爲强力構成說的理論，仍佔優勢，如狄驥 L. Duguit，拉斯基 H. J. Laski，藿蘭 Holland 乃至麥西維 Maciver 都持這種見解。

但是如就麥西維來說，他雖認强制權力爲現代國家的特質，但他是主張現代國家爲職能團體說的，這與馬克斯及干普洛韋茲等認「國家權力」爲「某階級的」相反，麥西維却認爲「國家權力」是屬於「全團體的」。

麥西維在所著「社會」(公共團體 Community) 一書裏說：『爲我們相互的善，我們是要求着相互服務，相互寬容，相互自制的。在社會所存在的地方，義務與權利的關係，亦隨之而存在。社會是在人們之間創造着這些相互關係，有時這些關係，並不由於組織或制定，而由於傳統所遺留下來的，如原始社會之爲不成文法律所支配，就是屬於這類的。』

『然而這些關係，其關於權利及義務之最主要的部份，差不多常爲政治的法律，而由明確的形式以設定，並由擁有集團權力中央權力而保護着的。「中央制度(卽政府)卽爲維持並發展人們所共承認之權利及義務的主要組織而組成的人們之一集團，我們可以適切的呼之爲國家。」故國家爲社會秩序之維持並發展的根本團體，爲着這個目的，中央制度(卽政府，也卽是國家)是被我們賦與以社會之統一權利的。』

但是麥西維緣於西方對「國家」的歷史傳統的觀念，仍把「國家」與「政府」混爲一談，所以雖然他認「國家」爲人們所共認之權利及義務的主要組織而組成的人們之一集團，卽是賦與國家之爲一般社會的性質，但在另一面，他又强調「國家和社會，必須區別分明」，以爲「國家不是社會，而是社會的政治組織」，因爲「國家是政治組織的一種形式，所以爲達到社會的某種目的，但不是爲達到一切的目的」。這樣仍不免因國家的字源關係，未將它的兩種意義分別清楚，而致陷於思想上的混淆。

五

在民主國家尤其是英語民族的觀念，却已把「國家」的意義，完全轉化到與「民族」或「社會」的含義相一致了。如巴爾喀 Ernest Barker 在一九二〇年九月在倫敦時報的文學附刊 (London Times Literary Supplement Sept 23, 1920) 卽曾說：「國家這個字有兩種意義，在國家的干涉時，是社會之政府的意義，在一政府之下而組織的人們之團體的社會時，國家就是社會自身的意義。但前者好像還含着國家本來的意義的，卽所有者對於他的土地，有他的立場和地位。一階級的某人對於他的階級，也有他的立場和地位；同樣國王或社會支配機關，對於他的權力，也有他的立場和地位(卽 state)的。

「因此，在最初，國家是一種附於國王或社會之支配機關的權力之地位(卽表示莊嚴地位的 state)；到後來，才是指稱國王或支配者的機關及其自身的意義。這個過程恰與在最初不過是意謂某階級的成員之地位的 state，到後來乃變成階級自身的意義同樣。至從國王或社會的支配機關的自身，以至在一政府之下，而組織的集團之社會的自身，國家是極易轉化的。」

巴爾喀是就「國家」的原義之爲「地位」或「立場」，而闡論「國家」意義之由國王遞變而爲支配集團，再演展而爲「國家就是社會自身意義」的質變。另一方面麥都葛則自「支配權力」的轉移，而闡論現代國家與民族合一的意義，他在所著「不可毀滅的合衆體」(The Indestructible Union)書中說：「國家卽爲支配的權力者，此權力者卽爲專制君主，專制君主之左右大臣，只執行專制君主一人之意志，故如路易十四所說，可謂君主卽是國家，在這樣的國度裏，國家與一般社會或民族是完全相異的，在路易十四之下，法蘭西的人們可以說是民族，但不可謂爲國家，因爲他們既不是支配的權力者，又沒有拿着支配的權力。」又說：「在實行政治民主的民族裏，民族卽是國家，國家與民族是合一的，故不能輕易區別出來。」

國家與民族並不是同一範疇，這是因爲形成國家或民族的原動力有其區別；國家與社會並不是同一性質，這是因爲國家與社會的作用，不無差異。但在西方因民主政治的發展，促使「國家」意義的質變，也卽是由王冠下的國家定義轉變到爲人民合衆體的意義，無論它們稱之爲「民族」或稱之「社會」，但自其質變後的國家意義言，却更能接近中國人民直覺上的國家含義，也更能接近中國傳統的國家意識，這是無疑義的。

因爲英美已着重於「國家卽民族」的意義，所以在現代正式用語中，已把 nation 代替 state。如國際聯盟是 The League of Nations，聯合國是 United Nations，但在「不列顚民族共和國 British Commonwealth of Nations」一詞中的 nations，則爲「民族」的意義。現今英文書刊中，頗多抨擊 state 的，乃是緣於歷史性的憎惡，我國人士也有因此而厭惡的，且有人以爲沿用日本人譯 state 爲「國家」殊欠妥當者。其實概念的涵義有嬗變，宜於古者未必宜於今，只要認清其涵義，便可以不受其累。state 之意義和我們常識上「國家」的意義固然未必盡同，卽 nation 亦復如此，求之英文，則 commonwealth 一辭表示「人民全體的國度」的意思，似更與現今我們中文的「國家」相當。但是要兩方完全翕合而無間也未必如此，還是各就其上下文脈來決定其意義爲是。

安全與自由

——海耶克著「到奴役之路」(The Road to Serfdom, by F.A. Hayek) 之第八章

海耶克著
殷海光譯

> 社會主義一經實行，則整個社會會變成一個單一的機關，和一個單一的工廠。在這單一的機關和工廠裏，所實行的是同工同酬。
>
> 在一個國家裏，如果政府是唯一的雇主，那末，誰要反對這一雇主，他就得準備慢慢餓死。古老的原則是說：不工作者不得食。可是，時至今日，這個原則却為一個新的原則所代替：凡不服從政府者，即不能得食。

許多人往往認為，經濟安全，像虛擬的『經濟自由』一樣，是實現眞實自由之不可少的條件；並且更較公正。這種看法，在一種意義之下，是眞的，而且頗為重要。凡不能確實自主自立的人，其心靈很少能够獨立，其人格亦難發揮何種力量，但是，我們必須弄清楚，在這種場合，所謂「經濟安全」這一名詞，其意義之含混，較之大多數其他名詞，或尤過之。正因如此，一般人對于經濟安全的要求，可能就威脅着眞正的自由。(可見語意是否清楚，與實踐利弊底關聯之大。此理不獨於經濟為然。同樣，世之不明語意學 Semantics 而高談「文化」與「哲學」者，鮮不製造糊塗語言。以糊塗語言臨糊塗界域，豈有不越弄越糊塗之理？——譯者)的確，當着我們把經濟安全一詞底意義看得絕對狹隘時，那末，我們為經濟安全所作的奮鬥，並不能增進自由的機會；恰恰相反，這類行動反而會重大地威脅着自由。

我們現在開始討論的時候，最好將經濟安全分作不同的兩個種類：第一、有限度的經濟安全。所有的人都應該得到這種經濟安全。在這種經濟安全之下，誰都沒有特權可言，大家只能滿足合法的物質需求。第二、絕對的經濟安全。在一個自由社會中，並非所有的人都能得到絕對的經濟安全，而且這種經濟安全不應視作一項特權——當然，除了少數特殊例子以外；例如，法官可以享有絕對的經濟安全。在自由社會中，最重要的事，便是各人底經濟完全獨立。上面所列舉的兩種經濟安全是具有不同的作用的。第一種經濟安全，可以抵抗嚴重的物質貧乏；第二種經濟安全，是規定生活水準，或者規定一人或一個團體與另外一人或一個團體之相對的生活地位。或者，簡單地說，前種經濟安全乃保障各人最低限度的收入之安全；後種經濟安全乃規定一個人所應享的特殊收入之安全。話說到這裏，我們可以看出，這兩種經濟安全之間的區別，與下面所說的兩種經濟安全之間的區別，大部符合。有一種經濟安全，可以給市場制度以外但却對于這種制度有所助益的一切人以經濟維繫。另一種經濟安全，祇能維持一部份人底利益；而且這一部份人底經濟安全之獲致，祇靠着控制市場，或者消滅自由市場。(所以，如果說自由競爭不够經濟公平，那末控制經濟則是以人為的方法造成更大的經濟不公平。——譯者)

在一個社會中，如果大家獲致了一般的財富水平，那末，我們便得到第一種經濟安全。我們想不出任何理由來說，在這樣的社會中，我們也可以在不危害普遍自由的條件之下，不能保證所有的人得到這種經濟安全。當然，至于我們大家應該得到的經濟安全之精確的標準是些什麼，這一點是有許多困難問題的。在這個世界上，有許多人特別信賴社羣。這些人是否應該像其餘的人一樣，也無限制地享受同樣的一切自由，這是一個特別值得討論的問題。對於這類問題，如果我們不小心處理的話，也許會產生嚴重的政治問題；也許甚至產生危險的政治問題。當然，無論怎樣，最低限度的食物，住宅，衣服，換句話說足够保持健康和維持工作能力的經濟條件，是應能確實保證給予每一個人。

在人生的過程中，我們常可遇見許多困厄的事件。這類事件，其來也恆起於不意之間，於是很少有人能够應付裕如。如果有人以為政府不應協助私人解決這類事件，我們實在是想不出任何理由。假定我們碰上疾病與意外之事，並且想要避免它，或努力克服它所產生的惡果。在這種種情形下，如果政府予以協助，並不見得一定會削弱我們在這些事情上努力底程度，也不見得會妨害我們底基本自由。事實上，對于這類底情況，我們極其需要設立一種廣泛的社會保險制度。

時至今日，有些人想保存自由競爭制度；有些人則不同意自由競爭制度之下的某些細節，而想別立制度來超過自由競爭制度。關于這些問題，有許多細節尚待討究。不過，無論怎樣，在目前所用社會保險制度的名義之下，採用了許多計劃與方法；而這類計劃與方法使用起來，可能使自由競爭日趨失效。但是，從原則上來看，政府藉着這類方法給個人以較多的經濟安全，與個人自由之保持，二者是沒有什麼太大的衝突的。同樣，如果藉政府底力量來幫助私人免於像地震與水災這類的災禍，個人底安全固然因之而增加，但也無妨於個人自由。假若只有靠集體行動才可減免災害而個人則無能為力時，那末，毫無疑問，這樣的集體行動是應須採取的。(可見集體行動並非在一切情況之下有害。問題主要在把集體行動看作目標還是看作手段。如果把集體行動看作目標，那簡直是現代的人為災禍。如果把集體行動看作一種手段，那末也得明文規定集合人衆底方式以及所須從事的種類。如其不然，

三彎兩枴，也很容易變成極權統制。「集體」與「極權」，乃如影隨形之兩親家也。如欲保障民主，吾人得隨時防制二者之結合。——譯者）

有人常說及經濟行爲之一般的波動，以及這種波動一再引起大量失業現象。關于這類問題，一直引起廣泛的論戰。這些論戰，是我們這個時代最嚴重的和最緊逼的問題之一。雖然，我們要解決這個問題，必須採取在好的意義之下的許多計劃行動，但是却不需照着許多人底想法，拿別的制度來替代自由市場制度。有許多經濟學家希望在貨幣政策範圍裏來求此問題之最後的解救。這種解救辦法，與十九世紀自由主義不相衝突。另外有些經濟學家相信，要眞正解決這個問題，只有以高度的技巧大規模地調整公共事業。這種辦法，也許會嚴重地限制自由競爭制度；並且，在實驗這種辦法時，如果我們要使一切經濟活動免於日趨倚賴政府之管制與津貼之弊，那末我們就得寸步留心。不過，照我看來，這種辦法，既非解決對經濟安全之威脅的唯一辦法，又非有成功希望的辦法。談到這裏，我們底討論就歸到一個重點：在任何情形之下，我們一方面要採取種種措施來防禦經濟波動；可是，在另一方面，我們又得設法防制這些措施，使之不致引起那些威脅自由的計劃。（這也須在一民主的建構上才有實行之可能——譯者）

我們不難看出，有許多經濟安全計劃足以徐徐危害自由。這種安全計劃所要實現的經濟安全，實在是另一種經濟安全。這種經濟安全計劃，係爲了保障少數人所不應享受的特權。在這種經濟安全計劃之庇護下，有許多人底享受和收入，在自由社會中，是不配享有的。（所以，在自由世界以外，高談「社會主義」和「計劃經濟」的，多爲官方。這與强調「計劃教育」，如出一轍。「計劃」一詞，只是文飾的字眼而已。一究其實，不過是蛇纏蛙罷了。統治機構藉着「計劃」把社會纏着動彈不得，供其徐徐吞食。「計劃教育」則爲蛇口裏放出的毒液。貽禍百代！——譯者）他們底享受，在自由社會中，得不到道德上的證明。而這種道德上的證明，又與自由競爭制度是不可分的。認眞說來，像這個樣子的經濟安全之要求，不過是要求酬報底另一形式而已。這種酬報，係由其主觀的功績而定，而非依各人底努力所產生的客觀價值而定。（譯者按：在泛政治主義的建構之下，經濟安全，更明文地作爲政治酬報之一。例如，共產黨徒在所謂「革命成功」以後，一切衣、食、住、行，甚至配偶，都由「組織上照顧」。「高級共幹」，更是享受超凡。在一個自由競爭的社會中，這些人配嗎？一點也不配。因爲，他們祇會陰謀、搗亂、煽動、破壞、呼口號、講主義、搞組織。這些玩意，在自由社會中，一點價值也沒有。大家避之有若蛇蝎，誰還會予以酬報？但是，從共產組體看來，這些玩意，大有政治價值，所以幹這些玩意的人得到經濟安全作爲酬報。其他依此類推。）

在各人得以各依自己底志願從事行業的任何制度中，各該行業內各人所得酬報，係依其工作對社會其他分子的用處而定。即使他們底酬報與主觀所要求的功績無關，也是如此。大致說來，我們工作所得酬報往往依努力之程度而定；可是，並非在一切形式的社會中皆係如此。吾人需知，在許多情形之下，某種行業，或專門技藝，其用途係依不能預見的情境而定。在這樣的社會，我們底努力之酬報爲何，頗不易定奪。如果某種發明新出，並對社會其餘部份的人大爲有利。但是，這樣一來，却使科學訓練極好的人原有的高强技巧立刻失去價值。在這種情形之下，此人處境之悲慘，實不難想象。過去百年來的歷史，充滿了這類事件。有許多多人底發明，曾煊赫一時，影響着千千萬萬的人；但時過境遷，後來居上，便顯得黯然無光了。

在社會上，如果一個人並沒有犯什麼錯失，但其收入銳減，而且因而陷入失望的深淵；即使他工作勤苦而且技術優異，他還是不能逃出這種厄運。這類情況，無疑是我們底正義感所不許的，在這種情況之下，受苦難的人之需要，合法利得之保障，如由政府來協助解決，當然會獲得大多數人底同情和支持。政府之採取這類行動，不僅保護了生活艱困的人，並且助使他們繼續得到從前的收入；同時又保障他們，使他們免於因市場波動而遭受損失。

吾人須知，即使每個人可以自由選擇行業，並不足以保證他們底收入穩定。如果政府設法保證這些人底收入穩定，那末他們底收入之穩定就變成一項特權了。而此項特權之獲得，難免建立於他人底損失之上。這樣一來，他人底經濟安全便爲之減少。如果我們希望大家獲致收入穩固不變之安全，那末只有在選擇就業時犧牲一切個人自由。這是一件顯而易見的事。不過，這件事祇是常常被當作一項理想來看待，並沒有認眞地全面嘗試過。在一般情形之下，許多人以枝枝節節的辦法來獲得這種安全，即從這一部份做到那一部分。結果，大家所得到的這種安全，是枝枝節節，顧此失彼的。這麼一來，難免有一部份人得不到安全，而暴露於風寒之下。暴露於風寒之下者，其不安全，必與日俱增。這樣發展下去，我們爲安全所需付予的代價時常增加，而安全之需要也就日趨迫切。馴至到了後來，支付任何代價以求安全，亦在所不惜；即使付出自由的代價，也在所不惜了。（由此可知，在這樣的情境以內，袖手玄談「性理」，更是不明事理。其愚不可及也！——譯者）

在人底社會中，許多人底用處係起於那既不能預見又無法控制的情況。這些人底用處是須受到保障的。因爲，如果不予保障，便會遭受損失。可是，在另一方面，又有許多人底用處也是由同樣的情況而得到。但是，他們却常常沒有受到相同的保障。在這樣的對比之下，這兩種人所得到的酬報，與他們底實用價值便是毫不相干。於是，酬報之給予，及其價值爲何，全憑官方底看法而定。官方認爲一人應作什麼，他底動機是好是壞，乃決定酬報之條件。

我們必須明白，官方作這些決定，大部分不過是行使專斷權力而已。運用專斷權力底結果，必至同工者不得同酬。如果同工者不得同酬，那末就不復能激勵大家作有益於社會之事，甚至使各個人不能判斷作什麼事才值得去招惹官家底麻煩。（眞是「天下烏鴉一般黑」！祇要官方實行專斷權力——什麼事都是自作自主，則地無分東西，結果都是如此。在官方底專斷權力束縛之下，人人如墜入蛛網之蚊，動彈不得，做任何一件小事都是碍手碍脚的。如果說這個樣子的社會眞會發生什麼力量，來從事什麼大的作爲，那等於說月亮光會曬死人！——譯者）

金錢方面的酬報和懲處，與各人主觀的功績沒有必然的關聯。任何社會常需變更不同行業的人之分配情形。但是，這種變更，如不復能藉金錢方面的「酬報」或「懲處」來實現，便須直接出於命令。饑不擇食者流，常希望得到有穩定收入的職位。然而，他不知道，當一個人底收入有了保證以後，他既不能僅因他喜歡其職業而被允准長留其位，也不能因他喜歡別的工作而自行選擇別的工作。這是因爲，他移動其位置或不移動其位置時所造成的利益或損失並不由他負擔。既然如此，那末，他是否可以轉業，其權當然操之在控制分配的人之手。（譯者按：在蘇俄等等實行所謂「計劃經濟」的地區就是如此。）

在這個樣子的世界裏，事實上，除非一項工作與我們自己底利益直接悠關，否則很少人願意在這項工作中貢獻全部的力量。至少，就大多數的人而言，如果要他們在工作上作最佳的貢獻，那末也需要某些外在壓力。因此，在這種意義之下，外界的刺激問題，無論是在尋常的工作範圍裏，或者是在經理部門中，都是一個重要的問題。一般所謂計劃經濟，就是將工程技術應用於整個國家。假若將工程技術應用於整個國家，便會引起許多不易解決的問題。對于工作人員和工人的訓練問題，便是其中之一。

關于這個問題，一位美國工程師描寫得很好。這位工程師在政府部門中工作，對於實行計劃之事很有經驗。因此，他把這個問題看得很清楚。他說：「爲了要實施一項工程，必定有許許多多未會計劃到的經濟行動圍繞此項工程。因此，我們必須留出一個地位，使工人源源而來。可是，當一個工人被開除時，他便失掉工作，並且得不到酬報。如果沒有種種自由的旋廻餘地，那末對待工人就必須像對待奴工一樣，要施以體罰才行。否則不能維持工作紀律。」

在行政工作範圍裏，懲戒怠忽工作者的問題，形式雖有不同之處，但究都屬嚴重。有人說，自由競爭經濟之最後的歸宿是執行吏，計劃經濟之最後的制裁便是絞刑吏。任何一種經濟中，經理部門所掌握的權力仍然是很大的。但是，在計劃經濟的制度中，經理人員工作所獲盈利或所遭風險都不關他自己的事。既然如此，他個人不能判斷採取何項工作方針才好。他所面臨的問題，只是他是否應依既定規律行事。至於他「應否」避免某項錯誤，這就不是他自己底事了。因爲，在這樣的社會，個人自作主張，乃違反團體之事。他只要謹守本分，就可以較在資本制度的企業之下能保牢他底地位和收入。因爲，眞正的失敗，對他所引起的危險和威脅，比在自由社會宣告破產要嚴重得多。在一個被管制的社會中，祇要他把上司逢迎得好，他在經濟上總歸可以得到安全的。當然，他這種安全所付代價，乃自由與生命之安全。（這一番話，說盡了管制的社會內層之辛酸。在世界任何角落，凡依照這種方式來導演社會活動者，遲早一定把這個社會變成一個標準的奴隸社會。——譯者）

從一種角度看來，我們可以把社會分作兩種。一種社會可以叫做商業性的社會；另一種社會可以叫做軍事性的社會。我們現在要對於兩種類型底社會之間的衝突加以研究。的確，這兩種類型底社會之間的衝突，是兩種不相容的社會組織之間的基本衝突。大體說來，商業性的社會是自由社會；軍事性的社會是被管制的社會。我們今日確乎面臨一項選擇，卽是，不選擇自由制度，便是選擇管制制度，此外別無他途可循。在軍事的社會組織之中，工作爲官方所規定；而且，如果官方行事時所可選擇的便利之餘地很少的話，那末就把大家置于困窘之境。（此言的是千眞萬確。因爲，一個不受人衆控制的管制機構，其行事也，當然以便利一已爲基本着眼點。在事實上便於官者，常不便於人。所以，人常被置于困窘之境。在情勢不利或經濟不豐時，水落石出，此點尤易顯露。例如，增發紙幣，對官有利對人則爲橫征；再如，官家要出國旅行，易于反掌。人要出國旅行，則難如上青天……。——譯者）當然，在這種社會制度之中，個人是具有「經濟安全」的。可是，大家卽使得到這種經濟安全，各人底自由一定大受限制。所謂「階級服從」的軍事生活，就是如此。這種安全，乃兵營式的安全。（譯者按：階級服從的軍事生活，乃施之一部分的人之一必要的惡 necessary evil。若以此施之于社會上的人，則此社會不是弄得非常僵固，便是弄得非常麻木。這樣的社會，可能外表整齊壯觀，內容一定冷酷乾枯。）

當然，我們可能在軍事原則之上組織另一種形式的生活。這種形式的生活也必至限制個人底自由。不過，我們沒有理由說，如果有人願意入彀的話，這種形式的生活不可加諸其身。的確，有許多工人會自動服役疆場。類似這種情形的情形，也許是政府使人工作並且給予最低酬報的最佳示範。過去有許多人贊同這種形式的生活。然而，就事實看來，這種形式的生活究竟不大爲一般人歡迎。在事實上，願意犧牲其自由以獲致安全者，常常要求，如果他們放棄其全般的自由，那末必須取之於那些未準備放棄自由的人。（一語中的。所以，奴隸常被編組着與自由人爲敵。奴隸之所以敵視自由人，在潛意識中，係嚮往自由而不可得。此與貧人無綢衫可穿便扯破紳士底綢衫相似。——譯者）

就我們所知，軍事型式的組織，如果擴及社會全體的話，其結果何如，實不堪設想。祇要社會底一部分被納入軍事組織之中，那末在此軍事組織中不自由的分子，常要設法緩和其不自由。在軍事組織之中，如果種種限制太令人厭憎的話，那末許多人總要設法找些旋廻的餘地。（很多人昧於此理，瞎搞一陣。所以，所得結果，適得其反。——譯者）

許多社會主義者受一項理想所騙，他們想把我們底社會組成一個單獨的大工廠。照我們看來，假若我們所想的社會遠景是這麼一幅圖象的話，那末我們最好回溯古代的斯巴達，或者看看現代的蘇俄。像蘇俄的邦國，目前的情形，眞是夠瞧了。照這個樣子發展下去，再過兩三代，將不知成何光景！

在過慣了自由生活的社會裏，也許並沒有太多的人處心積慮拿自由來換取安全。可是，現在有許多强調經濟安全重要的地方，有時在這個團體中實行安全措施，有時在那個團體中實行安全措施。這種政策產生了許多條件，使爲安全之實現而奮鬪的情形遠較爲愛好自由所作努力之進度迅速。之所以如此，係因如對某一團體畀予完全的安全，必至增加其他團體之不安全。至於自由競爭制度，則可滋生經濟安全底某些基本要素。而且在自由競爭制度之下，經濟上的重大變動，可以慢慢減少。（至于在統制經濟之下，經濟上的變動，可藉政治力量之操縱，突發於一夜之間。但是，奇怪得很，許多人寧願送走自由經濟之下較少的痛苦，而迎來統制經濟之下較大的痛苦。之所以如此，其唯「理想」在作怪乎？「主義」在作怪乎？恐怕根本是理知不夠所致。理知不發達的地區，「理想」與「主義」才能代替神話以作怪。有而且唯有理知發達，才能因減少無謂的安想而減少無謂的犧牲。要理知發達，厥惟發展科學。其他都是旁門左道。——譯者）

在管制的社會中，所謂經濟「控制」，意卽限制生產，俾生產品可以賣得「適當的」價錢。這種辦法是生產者在市場經濟中保證獲得某種程度的收入之唯一的方法。可是，這種辦法一行，固然可使特殊行業得到安全，却減少了別人收入之機會。如果生產者必需受到保護，以免受到別人殺價的影響，那末，這就無異于說，處境不利的人，在管制的工業中不應享受較大的利益。（在所謂「國有」與「國營」的經濟中亦然。——譯者）吾人須知，對于加入任何行業的自由之每一限制，便是減少所有在這行業以外的人之經濟安全。復次，由于限制政策而得到收入的人數增加，則因不被保護而沒有收入的人謀生的機會便愈來愈少。（這種現象，在一個實行統制社會中，只有愈來愈加嚴重。——譯者）如果某一行業所享條件日趨優良，而且其中分子可以排斥他人以便自己獲得優厚的利益，那末其他行業之營業不振者，勢必走頭無路；並且，每一次變動便產生大量失業者。無疑，這些結果，乃近年來用限制政策這一類底辦法以求經濟安全所弄成的。

在英國，諸如此類的限制，尤其是那些影響社會中層結構的限制，其全般的後果何如，我們還沒有充分的認識。在一個日趨嚴酷的社會中，職業無着的人最後失望之情，祇有切身經歷的人才能領受。這樣的人，與因受到保護而不從事自由競爭的人之間的距離之大，也只有身歷其境者才明白。所以，實行限制政策，統制政策，一究其結果，我們所遭遇的問題，是如何使得大家在不肥彼而瘦此的條件之下獲得經濟安全，並且又能夠徐圖改進。有些人以爲他們底「生活水準」應該受到保障，出品底價格和職業收入也應該受到保護。果眞如此，就業問題和生產問題便會起激烈波動（一點也不錯——譯者）。吾人需知，對自由競爭一行「管制」，則一羣有勢力的人便得以藉機剝削一羣弱小的生產者。一個階層之剝削另一階層，從無如此之殘酷者。（譯者按：實行統制經濟，就是一羣人藉着政治力量剝削他人的制度。這種制度一行，則昔日游離性的經濟反抗行動，彈性的改善辦法，將一掃而光。誰說實行統制經濟能實現公平經濟？）

所以，我們愈是想藉干涉自由市場制度來獲致全般的經濟安全，則所得結果愈不安全。尤爲惡劣者，官方給予特權者之經濟安全愈多，則未給予特權者之不安全益愈多。於是，這二種人之間的不和將益愈大。經濟安全之事，如愈成爲一項特權，則得不到經濟安全者底危險將益愈增加。（在極權暴政之下，經濟安全與政權構造有直接的關聯。在類似蘇俄的地區，有而且祇有擁護或至少不反對共黨政權者才獲有經濟安全。共黨政權拿擁護其政權作爲唯一而且最高的尺度，來形成一個經濟安全底級序：經濟安全底程度與人對共產政權底效用價值之大小成正比——愈是對共產政權底效用價值大者，其經濟安全愈大；反之則愈小。至於對于共產政權稍示不滿或反抗者，則剝奪其生存權，打入奴工營，榨盡其僅餘的體力，折磨以死。在蘇俄，大特殊任務人物，大黨棍，大「歷史博士」，大將軍，對其政權之效用價值最高，因而待遇最好，有最豪奢的享受。中等人物次之；小人物更又次之。其間級序分別之明，儼如北平天壇之石階，歷歷可數。這樣看來，統制經濟，是現代極權暴政最厲害的對內武器。凡屬反共的人，都應毫不遲疑地棄絕這種經濟制度。——譯者）這樣一來，安全之代價，勢將益愈增高。復次，如果享有特權者之數目增加，而且他們底安全與別人之不安全二者間的距離增加，那末就有一種全新的社會價值觀念慢慢成長起來。在這樣的社會裏，個人地位之獲致，並不靠着自我獨立，而係有賴於安全。因此，一個年青人想要結婚，並不靠他有否爲社會謀福利的能力，祇問他能否得到贍養費。（此法一行，天下皆然——譯者）

在許多地方，藉着管制方式來獲得經濟安全的辦法，爲政府所容忍，或爲政府所支持。這一類底辦法，在時間過程中，可以逐漸改變社會結構。這種改變社會結構之發展，因社會主義之推動而加速。馴至今日，年青的一代大都唯選擇安全是務。很少人願意去冒經濟活動所可能產生的風險，年青的一代選擇安全，我們是不能加以責備的。當他們從前一輩的人那裏獲悉拿薪水比自己從事企業穩當時，而且拿薪水又並非自利自私之舉時，他們當然不肯去冒從事企業的風險而選擇有薪給的職業。時至今日，年青的一代，是生活在另外一種世界裏。在這種世界裏，無論在學校中，或報章上，都流行一種空氣，認爲商業上的進取精神是不名譽的，獲取利潤是不道德的事，僱用許許多多的人是剝削的行爲。但是，在另一方面，對千千萬萬的人下命令，則又認爲是榮譽的事。（妙哉！——譯者）大學教授們憑其日常的經驗可以告訴我們，由于反資本制度，結果在社會上原來的價值觀念已經大爲改變，因而社會建構也就朝着與原來不同的方向發展。

（下轉第27頁）

巴黎通訊

日內瓦會議與東南亞防禦問題(上)

龍平甫

由四月二十六日開幕的日內瓦會議到六月八日莫洛托夫大放厥詞，提出西方所不能接受的條件以後，已陷於無法再進行談判的狀態。六月十二日法國國會拒絕了蘭尼爾內閣的信任案，政府辭職，閣潮再起。這些事件表示日內瓦會議第一階段的結束，同時象徵國際局勢未來的可能嚴重演變。因此，此時此際我們得對日內瓦會議的第一階段經過及有關國際局勢，予以分析，以爲關心時局發展的人士們之參考。——作者

一、日內瓦會議的目標及組織

日內瓦會議是根據本年初柏林四外長會議的決定而召開的。根據二月十八日四外長公報，日內瓦會議的目標爲：㊀韓國問題的和平解決，以求重建統一獨立的韓國；㊁研討如何恢復越南的和平。

關於韓國問題的談判，公報規定由美、英、法、蘇、中共、南韓、北韓、及其他參加韓戰的國家參加。換言之，除共產集團的蘇俄、中共及北韓外，尚有十七國參加，但以南非聯邦拒絕出席，結果聯合國方面參加的有十六國，計爲：美、英、法、南韓、加拿大、澳大利亞、紐西蘭、菲律賓、泰國、土耳其、希臘、比利時、荷蘭、盧森堡、阿比西尼亞、哥倫比亞。

關於越南問題的談判，公報規定除英、美、法、蘇及中共參加外並邀請其他有關國家出席。法國不承認越盟的國家地位，故起先不讓它來參加。但是在越南會議準備階段，奠邊府的戰事已臨最嚴重的關頭，地下醫院收容大批傷兵，亟待轉地治療。法政府因要求莫洛托夫出面「調停」，希望越盟本人道立場給予衞生休戰，俾將傷兵運走。法國要求的另一有力理由，卽是奠邊府之戰初期，守軍曾給越盟短期的休戰使其運走傷兵。法國外交部長皮杜這次和莫洛托夫秘密會談，原希望以衞生休戰作爲允許越盟出席日內瓦會議的交換條件。但是莫洛托夫違反既定諒解，將談判內容公佈，並且說不能出面「停調」，要求法國和越盟直接談判。奠邊府戰事的嚴重使法國失去運用的自由，結果無條件的允許越盟參加會議。並由召集國決定由蘇俄邀致越盟到會，法、英、美則邀請越南、寮國及高棉參加。結果參加越南和平重建問題談判的，限於美、法、英、蘇、中共、越南、寮國、高棉、及越盟。

蘇俄及中共在日內瓦會議之前大肆宣傳，曲解柏林會議的公報，硬說日內瓦會議是「五强」會議，西方三强則堅決拒絕，不予中共以「邀請國」的資格，換言之，卽不承認它的「五强」之一的地位。中共雖不滿意，終於接受以「被邀請國」資格參加會議。

出席日內瓦會議的英、美、法、蘇代表團人數和出席柏林會議一樣的衆多。而中共則以第一次在國際會議中露面，也派了一個人數衆多的代表團。茲將各代表團的主要人選略述於後：

（甲） 美國代表團，由國務卿杜勒斯領導，杜勒斯返國後，由副國務卿史密斯 (Bedell Smith) 代理。其下有：①特別助理歐康樂 (Roderic O'Connor)；②配合者：美駐捷克大使約翰生 (Alexis Johnson)；③特別顧問：阿契爾 (Theordore Achilles)，波維 (Robert R. Bowie)、海軍少將戴維士 (Arthur C. Davis)、美駐越南大使赫士 (Donald R. Heath)、小麥克阿瑟、麥喀德爾 (Carl W. McCardle)、傅奈格 (Herman Phleger)、遠東事務助理國務卿羅伯森 (Walter S. Robertson)。

（乙） 英國代表團，由艾登率領，團員有李定侯爵 (Reading)、外務部次長納丁、助理外次阿倫 (Denis Allen)、外部東南亞司 司長 達乎定 (John Tahourdin)、駐北平 代辦崔維良 (Trevelyan)、駐漢城公使葛納罕 (Walter Graham)。

（丙） 法國代表團，由皮杜率領，包括外交部秘書長巴洛底、法駐瑞士大使紹維爾 (Chauvel)、外交部政務處正副處長杜賴爾 (Guy de la Tournelle)、馬熱理 (Roland de Margerie)、會議司司長布魯斯特拉 (Vincent Bronstra)、公使拉科斯特 (Francis Lacoste)、部長辦公廳主任法來士 (Falaize)、新聞處主任巴衍士 (Jacques Baeyens)、葛羅 士敎授、亞澳司司長茹氏，此外協合邦事務署署長夏克德 (Marc Jacquet)、(夏克德最近辭職，由協合邦事務部部長 腓德烈杜朋 Frédéric-Dupont 接任)。

（丁） 蘇俄代表團，由莫洛托夫領導，團員有外交部次長葛羅米柯、庫次奈佐夫 (V. V. Konznetsov)、駐北平大使育定 (Joudine)、駐美大使查魯濱、駐法大使維努格拉多夫、駐平壤大使蘇士達奈夫 (Souzdalev)、亞洲司司長費德林、駐奧大使伊里車夫兼發言人。此外有前駐印度大使諾維柯夫 (Cyrille Novikov) 及前駐土耳其大使勞利車夫 (Alexaudre Lavritchev)。

（戊） 中共代表團，頭子是周恩來，其下有張聞天、王稼祥、李克農、王炳南等人，以黃華爲發言人。

（已） 南韓代表團，由外交部部長卞榮泰率領。

（庚） 北韓代表團，由「外交部長」南日領隊。

（辛） 越南代表團，團長爲外交

部部長阮國定。

（壬） 越盟代表團，由范文同率領，團員有駐北平大使黃文歡等人。

關於會議的組織與進行。經討論後決定，韓國問題的會議主席由英、泰、蘇三國代表輪值，越南問題會議的主席由英蘇代表分任。會議進行的方式，在韓國方面是半公開式的，換言之，不許新聞記者旁聽，但是事後發表會議紀錄；越南方面則是半公開與秘密兩種方式並行。事實上所謂秘密會議也不甚秘密，會議經過的大部份仍由參加會議的代表團向新聞記者非正式的披露。

共產集團的代表來到自由世界仍帶着濃厚的鐵幕心理，處處疑神疑鬼，怕有人暗算（或者故意作出恐懼的姿態），使瑞士政府不得不加意保護他們的安全，特別爲他們調來許多軍隊，並應其請在住所的四週佈置了鐵絲網。這當然是很可笑的，因爲在瑞士連中央政府及國會也沒有一個衞兵或警士守衞。使一些記者們讚嘆道：「這好像是一座集中營」。後來還是莫洛托夫膽子大一點，也許識大體一點，下令拆去他住所的鐵絲網，於是中共及北韓的代表也依樣而行。此外新聞記者甚至報道：北韓代表團派人監視瑞士麵包店給他們烤製麵包。這不會是有意挖苦他們的謠言。李克農的出席也表示中共的庸人自擾的心理，同時也爲了預防隨行人員的選擇自由吧？

二、韓國問題的談判

日內瓦會議於四月二十六日開幕，首先便談判韓國問題的和平解決，至六月十一日爲韓國問題共開全體大會十三次（註二）。自會議開幕後，各代表團紛紛發表意見，申述對韓國問題的立場：

（甲） 南韓外長卞榮泰首先發言，其要點爲：㈠在北韓進行自由選舉，而在南韓無再度進行選舉的必要；㈡聯合國係來韓抵抗侵略，沒有理由要它和中共同時撤兵，因爲這種要求等於竊賊要警察放下武器纔願放下自已的武器一般。卞榮泰態度平和，出乎一般人意料。

（乙） 北韓代表南日提出許多提案，歸納起來可爲：㈠進行全韓選舉，以構成新國會並組織統一政府；㈡由南北韓議會及「民主」組織推選代表組織委員會監督選舉；㈢由全韓委員會制定選舉法以求保障選舉的「民主」性；㈣過渡時期的辦法以求重建南北韓的貿易，經濟及往來等關係；㈤外國軍隊在六個月之內撤離韓國。南日這個方案是莫洛托夫在柏林會議的所謂解決德國問題方案的改頭換面而已。其目的，積極的是赤化全韓，消極的是長期的分裂韓國。

（丙） 杜勒斯拒絕南日的提案，他說美國並不願在韓國駐兵，但是在過去因撤兵太早，引起北韓的侵略，今後如再撤兵，而再度發生類似變故，中共祇須一越邊界即可到達韓國，而聯合國則距離遼遠，干預不易。他又說，共產集團自一九四七年起即阻撓韓國的統一，要解決韓國問題，還得依照一九五〇年十月聯合國所通過的方案去進行。

（丁） 周恩來發言時提出許多與韓國無關的問題，例如禁止西德武裝，根據莫洛托夫方案組織所謂「歐洲集體安全」，他說中共不能容許美國「佔領」臺灣，要制止日本的「軍國主義」，並要求所有的外國軍隊自亞洲撤退。他並說美國之所以要成立太平洋公約是企圖奴役全亞洲。關於韓國問題，他不承認反共戰俘問題的處理，要求這次日內瓦會議予以討論。莫洛托夫在柏林會議中提出共產黨的歐洲門羅主義，這次周恩來奉命提出鐵幕式的亞洲門羅主義，他的全部演詞祇是莫洛托夫在柏林會議中演詞的再版，僅將歐洲改爲亞洲，將大西洋公約改爲太平洋公約而已。關於亞洲外國軍隊撤退問題，事後有新聞記者問黃華，是否包括佔據旅順大連的蘇俄軍隊，黃華避不答覆。

（戊） 莫洛托夫則說蘇俄同情亞洲的「解放」運動，指責美國對中共的政策，並攻擊美國的東南亞集體安全計劃。莫洛托夫爲了引誘亞洲的中立國家，說日內瓦會議沒有更多的亞洲國家參加引爲遺憾。

（己） 加拿大外交部長皮爾遜對周恩來和莫洛托夫的謬論一一駁斥。他說加拿大和其他自由國家一樣的希望亞洲國家自由，但不希望這種自由在事實上成爲蘇俄的附庸。至於美國的政策，如它是侵略的帝國主義的話，它的最近鄰邦加拿大在今日早不應成爲獨立國了。皮爾遜又問周恩來，所謂亞洲外軍的撤退是否包括旅順、大連的蘇俄軍隊。並且指出南日提案中的全韓委員會採取決定時要雙方同意纔行，等於給共產黨以否決權，使委員會的工作不能推動。

韓國問題本以撤兵、選舉、及組織統一政府爲主要議題，現在中共既不願撤兵而要求聯合國退出亞洲，而聯合國軍隊是爲抵抗侵略而來，在侵略威脅未消除前，自然不能撤兵，問題是中共撤兵而已。

關於韓境自由選舉問題，澳洲外交部長喀塞（Casey）主張在聯合國監視下進行全韓選舉。爲了研究選舉問題，在韓國作戰的聯合國家成立小組委員會，由美、英、法、澳、哥倫比亞、菲律賓、南韓、泰國、土耳其九國代表參加。

後來艾登在五月十三日提出如下的解決方案：㈠爲組織全韓政府而進行選舉；㈡選舉應顧及南韓的更多的人口；㈢選舉應爲普泛的、秘密的、自由的；㈣聯合國監視選舉；㈤安全恢復後外軍撤退。艾登並指出，共產黨所提議的辦法絕不能獲致統一、民主、自由的韓國。

法國外交部長對韓國問題的解決辦法着重於兩個原則：㈠代議機構應反映南北韓的人口比例；㈡中立觀察家應有充分權力以控制並核驗選舉，觀察家的選派應以聯合國爲最適宜。

共產集團則怕聯合國的監視，而由周恩來（五月二十一日）拒絕接受，藉口是聯合國具有交戰者的資格。他提議由中立國管制，南日雖接受未來的全韓議會可以根據人口比例，但是堅持籌備選舉的全韓委員會由南北韓各一半，並由立法機關指派，換言之，即企圖使委員會的委員有一半共產黨員，藉以破壞選擧的籌備，使其無限期的不能擧行；如果擧行，也是要在對共產黨有利的情形下進行，使自由選擧變質。

接着南韓外長卡榮泰提出十四點統一計劃；其要點爲：㊀建議案採取後六個月期間由聯合國監督進行南北韓的自由選擧；㊁候選人、其助手及其家屬得享有完全的行動與言論自由，監督選擧的聯合國官員亦然；㊂根據成人普選原則進行秘密投票；㊃根據聯合國普查結果的人口數比例分配國會議員名額；㊄全韓議會應在選擧後即刻在漢城召集；㊅新議會應決定：(A)全韓總統是否爲現行南韓總統；(B)是否得修改南韓憲法；(C)裁編軍隊；㊆中共於選擧前一個月撤兵出境；㊇聯合國軍隊於選擧前開始分期撤退，但須在統一的韓國政府有效控制全韓，並經聯合國證實之後，始完全撤退；㊈韓國的完整與獨立由聯合國擔保。南韓外長並堅決反對由中立國委員會監督選擧，因爲韓國停戰的中立國委員會竟容許蘇俄附庸國波蘭捷克的代表加入，他們使用否決權使中立委員會不能完成其任務。

五月二十八日韓國問題全體大會，美、澳等六國支持南韓代表的五月二十二日提案，但並未說明這是聯合國方面的最後提案。六月五日韓國問題全體大會再度開會，莫洛托夫提出一些所謂全韓自由秘密投票選擧辦法，對於：㊀全韓選擧籌備委員會的組織與任務，選擧前外軍撤退細節，國際監督委員會的組織，由何國(或權威)擔保韓國的和平等問題，仍堅持其原有立場。六月十一日又開了一次會議，仍是沒有結果。至記者署稿之日爲止，韓國問題的談判已入僵局，沒有打開的希望。西方意欲在最近幾日之內結束韓國問題的談判，十六國代表擬起草一個議決案將韓國問題移交聯合國辦理。共產集團方面始終不願以民主自由和平統一的原則解決韓國問題，以參加會議作爲一種國際宣傳，蘇俄及其附庸自然不願擔負會議失敗的責任，因此有人預料共產方面企圖表演一些花樣使失敗的責任落在西方。

三、奠邊府、哥倫坡、與巴黎

日內瓦會議的另一目標便是越南和平的獲致。但是共產集團的慣技是一面高唱和平，一面加强戰爭的進行。爲了配合日內瓦會議，於是有奠邊府戰事的發動。三月十三日開始的奠邊府之戰，到四月初已達到嚴重階段，守軍已感不能支持，因此突圍的問題成爲四月四日法國內閣會議的主要議題。美國駐法 大使狄隆 (Douglas Dillon) 破例被邀出席，法國內閣託他轉請美國政府派飛機轟炸奠邊府附近的越盟軍隊，俾守軍能在混亂之際突圍。因此杜勒斯在四月六日發表中共援助越盟的情報，並提議「統一行動」。接着有杜勒斯的英法之行，先後有英及美法公報的發表。但是美國政府對於派兵干預越戰提出下述先決條件：㊀須獲得美國國會的允許；㊁越南的獨立；㊂成立東南亞防禦公約的共同宣言。這三點中尤以最後一點在當時最難實現；杜勒斯和英法外長談判此點沒有獲得具體結果，不過艾登在原則上已同意。及至四月二十四日蘭尼爾鑒於奠邊府情勢危急，親自向杜勒斯提出美軍援助的要求。當時杜勒斯祇要求實現一個條件：英國的同意和支持。於是艾登在夜間趕回倫敦。次日(星期日)英內閣開非常會議，並由軍事領袖出席，討論越南戰局，會議的內容不得而知。但據最近報載，當時的結論是：若無地面部隊參加，則海空軍援助並不能獲得預期的效果，於是決定不出動援助。二十六日法駐英大使馬西里 (Massigli) 返巴黎報告，旋奉命再向英政府交涉，二十七日晨邱吉爾終於拒絕，並在同日向英國下議院宣佈：「英政府在獲知日內瓦會議結果之前，不對越南問題方面採取任何軍事的承諾」。同時認爲「東南亞的共同行動應在和平解決辦法之內」。

英國政府不但拒絕干預，使援助奠邊府守軍的計劃不能執行，同時邱吉爾還公開聲明，使法國當局感覺非常難堪。邱吉爾此擧固然是根據內政上的需要，爲未來的大選作宣傳，但仍是一種可怕的自私。邱吉爾的聲明使杜勒斯的聯合陣線崩潰；使美國放棄執行援助奠邊府守軍的計劃(註二)；同時迫使艾森豪作緊急退却。艾森豪在四月二十九日在記者招待會上說：「希望日內瓦會議能獲得一個 Modus Vivendi 的解決，這種解決辦法雖不能使美國完全滿意，但至少是可以接受的。」不過他同時聲明無意接受越南的分治計劃。Modus Vivendi 可說是一種維持暫局彼此過得去的一種辦法。艾森豪在事先似未向杜勒斯說明他的意向。這句話使法國當局不安，認爲美國改變政策，使法國在日內瓦會議中談判更感棘手，後來皮杜獲得杜勒斯轉來的艾森豪解釋函件，總算暫時安心。

然而西方陣營自邱吉爾演說發表後發生空前混亂，而美國的自由世界領導地位亦大受動搖。華盛頓郵報 (Washington Post) 甚至說這是美國外交史上最大屈辱之一。美國民主黨對政府的外交失敗也大加攻擊。杜勒斯在這樣情形下於五月三日匆匆離日內瓦返國。報界對他的離會紛紛揣測，最有理由的解釋恐怕是爲了避免日後美國國會對日內瓦會議結果不滿意而加諸的攻擊，同時他素來主張積極的外交行動，現在既然無法積極，祇有一走了事。

英美對東南亞政策的岐見日深，使「太晤士報」不得不尋找一些理由來解釋英國的立場。據它說：㊀英國不同意法國對越國三邦局勢的悲觀看法，同時認爲奠邊府不重要；㊁英政府以其信心寄託於日內瓦會議（即使其成功希望極微）；㊂英國輿論不能同意在東南亞作軍事冒險；㊃某些英自治領如印度等對於參加一個具有「殖民性」的戰爭表示不安。

自四月二十八日起，印度正在和巴基斯坦、緬甸、印尼及錫蘭開哥倫坡會議。印度代表提出美、英、蘇、中共不干預越戰的提案，印尼支持印度的提議，緬甸不表示意見，巴基斯坦和錫蘭則反對，因爲越盟勢力强大，不干涉越戰等於幫助共產黨。於是印度聲明取消其對反對共產主義的同意，而巴基斯坦與錫蘭接着撤銷其對反殖民主義的支持。大家對公報的擬稿發生很大的爭執，最後仍是在反共及反殖民主義兩點上獲得妥協。印度曾提出哥倫坡會議國家執行以地域爲基礎的越南停戰協定，但另一首相反對，因爲自身的問題尚未解決，不能多管閑事。尼赫魯的中立主義可以說在哥倫波會議上失敗了。經過長時間的爭辯，哥倫波會議的公報終於五月二日發表，除了申述反殖民主義及反共產主義外，並提及輕氣彈的試驗問題，巴勒斯坦及北非問題。對於越南三邦問題則主張：㈠即速停火；㈡由有關方面參加，會商解決；㈢法國應承認越南三邦的完全獨立；㈣日內瓦會議應使聯合國明瞭其進展，俾使聯合國對日內瓦會議目標的實現有所貢獻。此外並說美、英、蘇、中共談判防制越南戰事的再起將有助於雙方的直接談判。由這個公報我們可以說：哥倫坡會議祇是提出一個希望，一個建議，它所能發生的力量祇是道義上的，對越南問題實際的解決尚難發生重大影響。

哥倫波會議閉幕後，奠邊府的戰事已達到最緊急的關頭，堡壘的失陷祇是時間問題，由於戰事的緊急，法國國會的若干反對派議員如香布安 (de Chambrun 親共的進步派)、加沙諾瓦 (Casanova 共產黨)、呂西 (Lussy 社會黨)、達拉第 (激進黨) 等人提出質詢，政府認爲此時開會辯論法國的軍事外交政策並不適宜，不但影響前線軍隊的士氣，並且防害日內瓦會議的進行。因此提出信任投票案，許多議員不願法國因閣潮的發生而在日內瓦會議期間沒有政府，沒有合格的代表。於是對蘭尼爾政府仍加擁護。信任案在五月六日以三百十一票對二百六十二票通過。

次日奠邊府失守，蘭尼爾在國會報告，說「法國在日內瓦會議中的政策並不因之變更，越南問題的解決辦法應包括法蘭西聯邦軍隊的安全及越南各民族的獨立與自由。」但是奠邊府的失守又成爲若干議員的質詢對象，他們要求追究奠邊府失利的責任問題，六件質詢案子有五件來自擁護政府的多數黨集團，問題在表面上雖是越南，但在骨子裏却針對着歐洲軍。前戴高樂正統派 (社會行動共和聯盟 U.R.A.S.) 以奠邊府的失利打擊歐洲軍計劃者國防部長蒲來萬 (Pleven) 及推行歐洲統一運動最力的人民共和黨。

五月十一日法國國會開會，蘭尼爾要求國會不舉行辯論，但接受國會軍事委員會主席柯尼格將軍(Koenig)等人的建議，成立「印支協合邦有關問題研究之配合委員會」(Commission de Cordination pour examen des problémes intéressant les Etats Associés d'Indochine)、由共產黨以外的各黨派議員組成，可以調閱政府的各種有關文件。但是質詢者並不滿意。議員福拾 (Fouchet 前戴高樂正統派) 說：政府應被國會推翻，否則辭職。他並提及一八八五年諒山之役後，克里孟梭 (Clemenceau，後來的「老虎總理」) 推翻茹非禮 (Tules Ferry) 內閣的前例(註三)。他又說奠邊府的失守已在北非摩納哥發生嚴重的影響。加掖 (Caillet) 要求結束戰爭，米特朗要求國會對和戰問題有所抉擇，應規定和平與戰爭政策的道德的、政治的、及軍事的必要條件。於是蘭尼爾再度提出信任案。

五月十三日蘭尼爾出席國會演講，他說：「政府爲現時局勢負責，內閣總理爲各部部長負責。」他說：「奠邊府之戰是中共援助越盟的結果，奠邊府的失守固然慘痛，但不應擴大其後果。在第二次大戰期間，英國在香港、新加坡、多布魯克 (Tobruk 兩師人防守，在數小時之內撤守)，相繼失守之後，有如何反應？英國人是否指責其將帥或部長？不！英國以沈默及決心答覆。」蘭尼爾之後又有幾位議員發言，最後維基爾 (Vigier 獨立共和派)說：『眞正的失敗負責者應該是杜克略 (Jacques Duclos 法國共產黨秘書長)，因爲他公開說：「我們爲法國在越南的失敗而工作」。但今日發言者竟沒有一人攻擊他！』最後大家投票，結果信任案以二百八十九票對二百八十七票通過。法內閣以兩票的多數再度渡過難關。據云皮杜曾說：這較我們所希望的仍多一票(註四)。事實上法內閣現在職已快滿一年，在平時可能已因一件不甚重要的事故倒臺，現在則因日內瓦會議，使它避免奠邊府的難關。但是一個兩票的多數是維持皮杜不長久的。(未完)　六月十五日署稿

(註一)　高麗問題各次會議在下列日期舉行：四月二十六日、四月二十七日、四月二十九日、五月一日、五月三日、五月四日、五月十三日、五月二十二日、五月二十八日、六月五日、六月十一日。

(註二)　美國政府內部對越南問題意見相當紛歧，聯合參謀總長雷福德及副總統尼克森主張干預，而國防部長威爾森及財政部長亨夫利 (Humhdey) 則主張愼重，艾森豪與杜勒斯則遊移其間。

美國海空軍已擬定以原子彈轟炸奠邊府四週盟越軍的計劃，但是後來以陣地日狹，恐傷及友軍，而李奇威又持異議，遲未舉行。據最近華盛頓郵報記者 Roberts 云：美空軍已準備參戰，艾森豪決定在四月二十六日向國會請求授權干預，美空軍並定四月二十八日出動，但因英國反對而中止。

(註三)　此爲清末中法戰役末期故事，一八八五年三月下旬法軍進攻鎭南關，爲馮子才、王孝祺諸軍戰敗；法軍旋撤退諒山。敗報到巴黎，輿論大警，法政府要求國會增派一萬援軍，追加軍費二億法郎，並請以此案爲優先，被國會以三〇六票對一四九票拒絕，時在三月三十日。擁護政府者較三月二十八日減一百名，茹斐禮遂辭職。

(註四)　此次政府所失去之支持者主要爲激進黨及前戴高樂正統派。後來蘭尼爾內閣的跨台，實由於多數黨集團的解體。

巴基斯坦通訊・六月五日

美巴簽訂軍事協定

王曾善

巴基斯坦自同意接受美國軍援以來，美國方面曾派一軍事調查團來巴，實際視察巴基斯坦軍事方面之需要。該團返美後，即着手草擬美巴軍事協定條文。現在美巴共同防衛援助協定業於五月十九日在巴京克拉其簽字，巴國外長扎福來爵士(Sir Mohd Zafrullah Khan)於簽字後宣稱：①此項協定並非兩國防衛性或進攻性的軍事同盟；②此協定並無附帶巴基斯坦允許美國在巴建立軍事基地的條件。

協定內容包括七項，其前言謂：美國軍援巴基斯坦的目的乃在遵照聯合國憲章以促進世界和平及保障世界安全。美巴兩國將在聯合國範圍內有效地參加單獨或共同自衛的各項組織。協約主要條欵規定：

（一）美國將予巴基斯坦以軍事援助，包括軍品供應，武器配備，及由美國方面派遣一駐巴軍事顧問團來巴，協助訓練巴國軍隊。

（二）美國軍援將只用於保持巴國內部的安全，合法的自衛，區域的防衛及在聯合國指揮下的集體安全措施。

（三）軍援範圍與數量將基於巴基斯坦的需要及美國國會之批准，由兩國政府每年協商釐定，首批軍援即將於最近運巴。

（四）巴基斯坦將以其出產之各種原料及半製成品，依照美國需要供給美國，並在對威脅世界和平國家的禁運及貿易管制上與美國合作。

（五）美國將派一軍事顧問團駐巴，以監督管理條欵的執行。

（六）協定有效期間並無規定，但如任何一方欲廢約時則應於一年前通知對方。

美駐巴大使館代辦伊邁遜(J. K. Emmerson)代表美方簽字。彼於簽字後發表談話謂：今天簽字的美巴協定正表現了自由世界與日俱增的對巴基斯坦的友好關係。至今已有卅多個國家與美國有同樣性質的協定，美巴協定更進一步表現了兩國對自由世界聯防的興趣及關懷。最近的巴土友好互助協定可資證明。故巴土兩國已對各國起了模範及領導作用。

美國國務院於協定簽字之日發表聲明，除對此協定有所說明外，並贊揚巴基斯坦加入自由世界聯防的決心。據報華盛頓國防當局現正對美軍事援巴數量加以愼重考慮，相信前曾來巴之美國軍事調查團在對美政府的調查報告中建議，在未來一年中美國應准巴基斯坦以七千五百萬美元的軍援，此項大宗軍援不久將以船艦運巴，以改良並加强巴國軍隊之裝備，使其現代化，以抵抗可能的共黨侵略。

美巴軍事同盟自談判以來，不但爲蘇聯屢次抗議，即印度也是始終反對，同時亦爲少數回教國家所不贊同，其中以埃及之不贊同爲最明顯。回教各國反對共產主義，乃天經地義，始終不變，盡人皆知之事實；而西方所倡之中東聯防，却因埃及不感興趣，迄無成效，其癥結端在蘇伊士之駐軍問題未得合理解決。此中原因，明眼人自會索解。共產黨常指責西方國家爲殖民地主義與帝國主義。對世界落後地區的人民，這種說詞，是很有煽惑作用的。民主國家在這方面應該拿事實出來，以對抗共黨的宣傳。否則將何以剖白於世人？

此次美巴軍事協定未簽字前，巴國外交部長扎福來爵士曾於五月十七日獨飛開羅，晤見埃及首要，十八日飛返巴京後，協定於次日即行簽字，因此一般人據以推則，說巴外長此行，對於美巴協定已獲得了埃及政府的諒解的。

（上接第3頁社論一）

殖民主義的影響，英法等國於此，俱無重大的利害關係。關於這裏的特殊問題，它們實處於一個無可發言的地位。美國的世界政策，到處受制於英國，那是因爲世界各地，至今仍到處有英國的勢力。中韓日這一帶地區，已成了美國唯一能够保持主動的處所，美國總不會連在這一地區的主動，都輕易放棄吧。

這個聯盟計劃所將遭逢的阻力，是在韓日兩國內部。韓國曾經日本統治，至今反日排日的心理，依然濃厚，而現政府的政策仍是處處不願與日本合作，這是阻力之一。日本國民，至今意志尙未能齊一，一部人幻想與中共貿易，因而不敢明白表示其反共的態度。日本可能認爲，與我中華民國聯盟，將使其國民經濟喪失了一個出路。這也是阻力之一。爲此我們很難期望中韓日三國，會自動的團結一起。而且，也正因爲如此，三國同盟，若無美國之從中奔走拉攏，就難以實現。但，我們却不能說，有此類阻力存在，三國同盟就完全是一個空想。三國有識之士，都已能瞭解：一天天加緊的共產侵略威脅，終必有一天使我們非站在一起不可。而且，合則存而分則亡，這個號召，可以訴諸一般人的常識，各種褊狹的成見，可以在這個響亮的號召下逐漸消除。這是我們終必走上，而且又是不得不走的一條路，實沒有多事瞻顧的必要。我們希望三國當局與人民，爲自己的生死存亡計，有此共同的醒覺。

中韓日同盟，可能已在美國計劃之中，誠如此，我們希望美國加緊努力。假若美國尙未作此打算，則我們願在此向美國提出此一建議。無論如何，這總比與共產國家進行談判更有意義，美國當局值得爲此花費一番心力。

長篇連載

幾番風雨（一）

孟瑤

摸魚兒　　辛棄疾

更能消幾番風雨、匆匆春又歸去、惜春長怕花開早、何況落紅無數、春且住、見說道、天涯芳草無歸路、算只有殷勤、畫簷蛛網、盡日惹飛絮。……

一

暮春的江南：

太陽偷偷地探出了頭，把光彩照射到人世的舞臺上，冷觀着一切悲歡離合的上演，它是無私的，只要被允許，那怕是一條縫隙，便不怕費力地穿了過去。

這正是時代的大悲劇——對日抗戰還沒有爆發的前幾年，人民過着最平靜與舒適的日子，在上海，太陽正從一座富人的華廈中一扇紫紅色窗幔的狹縫邊鑽了進去，這是小薇的寢宮，它四周的玻璃窗都被帷幔遮蔽得嚴密得很，唯有這靠床的一頁，是快天亮的時候，小薇忽然興奮得從睡夢中醒來把它拉開的；如今，太陽正不怕費力地爬到小薇的臉上，親吻着她那白晳紅潤的臉，靜臥着的雙眉，濃黑的長睫毛，圓挺的鼻子，細小的嘴。太陽似乎偏愛小薇，依戀着她，久久不肯離去。是的，太陽是在偏愛着她，因爲她——這蓓蕾初綻的十七歲少女，正在開始扮演那人生戲劇的第一幕。

這一個被寵壞了的獨生女被强光刺激醒了，她想起來梳洗，好進行這一日的遊樂，但她忽然想到昨日與媽媽的談判還沒有結果哩，這，她不能失敗，她要撒嬌示威，來贏得她母親的投降，於是，她翻了一個身，却依然不肯起來。

時間挨到十點了，與她同年紀的侍女阿梅，不得不躡手躡脚地走了進來，看見小薇醒在床上，便輕輕地踱到床邊說：「小姐，我侍候你起來嗎？」

「不要！」小薇裝出生氣的樣子。

「太太早起來了！」

「那關我什麼事？」

「太太說，要你下去陪她吃早點。」

「你去告訴太太，我今天根本不起來。」說完，小薇把被一拉，蒙住頭，就不說話了。

阿梅把一切看到眼裏，便笑笑說：「我知道太太又非投降不可了！」

「小鬼，不要你多嘴！」小薇這樣駡了一句。

慧黠而忠心的阿梅，便笑着出去回話了。

沒有十分鐘，小薇的媽媽李瑰薇便只得親自進來了，她是一位四十多歲的貴婦，穿着一件藏青色的嗶嘰旗袍，淺灰色的薄毛衣，淡施脂粉，態度溫靜，眉宇間尚未能掩盡年青時的動人美麗。她走到小薇的床邊，不自覺地笑起來說：「怎麼？又撒嬌了？」

小薇回頭看了她媽一眼，又蒙起頭來不肯作聲。

「薇薇，」瑰薇坐到床邊，輕輕拉開被子，低下頭說：「快起來，陪媽媽吃早點去！」

「不要！」

「不是媽不答應你唱戲，孩子！」瑰薇一面撫摸着小薇的頭髮，一面沉重地說：「這是你爸爸的遺命！你太美，知道不知道，不能再加强誇張這一部份，太危險，懂嗎？孩子，別的都行，就是不許唱戲！」

「不許唱，那爲什麼讓我學？」

「這是你死纏着我要呀！」

「登臺彩排我也要！」

「那不行，原先我化錢讓你學戲，你答應我是唱着玩！」

「媽忘了我今年畢業，學校有擴大遊藝會了！」

「我忘不了，你畢業是喜事，媽願意化錢你幹別的！」

「媽，」小薇從床上爬到她媽的膝蓋上，用手抱着她媽的腰說：「就答應我這一次，我角兒也約了，行頭也製了，你再不讓我唱，我丢不起這個人。」

「甚麼？」瑰薇推開小薇的手，眞有點生氣地說：「你簡直一點都不和我商量？」

「媽！」小薇一臉孩子氣地：「我太愛這個了！」

「薇薇，」瑰薇眼睛紅紅地捧起小薇的臉問：「你不知道你長得太漂亮嗎？」

「長得太漂亮幹麼不叫我給人看？」

「怕惹禍，孩子！」瑰薇沉住臉說：「你爸爸常提到，孩子長得太漂亮了，並不是福氣！」

「那媽更漂亮，媽有福氣！」

「媽的那個時代不同，女孩子根本不許出門，而且，我正好遇到你那專情的爸爸，現在不同了，你成天打扮得花枝招展地往外跑，我就不放你這個心！」

「那你把我關到監牢裏得了！」小薇一說完，翻個身躺下，就再也不說話了。

瑰薇沒有再理她的愛女，爲了想降服這一個日漸驕橫的孩子，這一次她想下最大的決心來對付她。於是，她站了起來，下了樓，獨自坐在桌前吃起早點來；當然她食不下嚥，腦筋裏却幻想出她的小薇永遠是站在下臨萬丈深淵的索橋上，她必須追隨在身後，萬一孩子要是掉了下去，她也必須得跟着。她忘不了她丈夫何其偉在世的時候，常情不自禁地把小薇摟在懷裏說：「美麗又多情，這不好，爲什麼你不美麗又多刺呢？」對了，這孩子就缺少保衞自身安全的刺，玫瑰有刺還要被人摘去呢！像她這樣的還不該多加防範嗎？但望能以母愛爲欄楯，靜靜地把孩子渡了過去，將來只要把孩子送到婚姻的保護下，自己的責任便算盡了，戲，無論如何是不能唱的了。

當瑰薇有了這個決定以後，心裏便比較寧貼些，她決定要堅持自己的主張。

她沒有再理小薇。小薇也賴在床上沒肯起來。這一場冷戰僵持到吃晚飯的時候，母愛的針芒便起始虐待起瑰薇來，她無由矜持，便急躁地喊了一聲：「阿梅！」

這善伺人意的阿梅答應了一聲，便進來了。

「小姐在幹甚麼？」瑰薇裝出若無其事的樣子。

「睡着沒起來！」

「一整天嗎？」

「是的！」

「飯都沒有吃？」

「是的！」

「這小丫頭越來越不成話了！」瑰薇雖然這樣罵了一句，却依然無計可施地在室內踱了半天，終於對站在一旁的阿梅說：「你想法去騙騙她！」

「方才要吃飯的那一會，我已經勸過許多次了，小姐根本不理我！」

「這塊魔星！」瑰薇無可奈何地罵着，終於，她向小薇的房裏走了過去，到了床邊，她輕輕地對小薇說：「怎麼？眞的和媽媽過不去嗎？」

小薇裝睡，沒有作聲。

「孩子，起來！」瑰薇拖了愛女一把：「別跟媽過不去，只怪我從小把你慣壞了，現在我也管不了你，媽答應你唱，只這一次，可是……」瑰薇說到這裏，不免有點哽咽：「你可別叫我對不起你的爸爸！」

「您這不是自尋煩惱嗎？」小薇從床上坐起來說：「怎麼我唱一次戲就會壞事？我又不是小孩子，誰還能把我吃了不成？」

「對了，我也希望別人吃不了你！」瑰薇這樣接着說：「起來吧！從早上蹩扭到晚上，現在可該陪媽下樓吃一頓晚飯了吧？」

小薇勝利地從床上下來，她的美麗是不假的，美在那一對眼睛，這裏面，除了像一切聰明的女孩子，充滿了折磨人的光芒而外，似乎還翻騰着更多的感情浪潮，它能隨時捲許多人進去，或者泛濫得淹沒了自己。一張會說話的嘴，永遠瀰漫着嫵媚的笑意。她能逗引人，這張嘴，和這對眼睛該是最大的兩個力量，那端正的鼻子，只顯得伶俐，那窈窕的身材，正代表活潑，她從床上下來，披起一件晨衣，站到媽媽的面前，完全一付作女兒的嬌癡，拉起她母親的手說：「您該站起來了呀！我陪您吃飯去！」

母女下樓坐定，瑰薇才又開口說：「我還弄不清，你這演戲，到底是怎麼回事？」

「學校歡送我們畢業同學，又慶祝新禮堂落成典禮，所以演四天戲，兩天平劇，兩天話劇，話劇是茶花女！」

「茶花女？」瑰薇立刻有了悔意。

「都是同學自己演，媽，你說那有什麼關係？」

小薇先發制人地撒着嬌。

「當然是你演那個茶花女了？」瑰薇望着她的女兒。

「就是我！」小薇望着媽媽，怪自負地一笑。又問：「行嗎？」

「你別把媽看成一個老古董，我接受的西洋教育比誰都早，你外祖父是個老外交官，我從七歲上外國，廿五歲才回來，我和你爸爸在倫敦結婚，你也是出世以後才和我們回國的，我見的市面比誰都大，但是，咱們中國的社會和人家不一樣，女孩子一直沒有放出來過，一放出來準亂，而且……」

「而且爸爸早就說過，叫把我看得嚴一點！」小薇立刻把媽媽要說的話接了下去，然後，才又一撇嘴，望了一望她的母親說：「是不是？」

「你別和媽調皮，我既答應了你，當然讓你去！」瑰薇停了一停又問：「那麼戲呢？唱什麼？」

「能仁寺的十三妹！」

「不成，這是多重的戲，玩是玩，可別累壞了！」

「你瞧媽，原先你找師傅教我些武把子，不是說可以讓我的身體練得結實點嗎？怎麼又怕我累着了呢？」

「練着玩，累了可以歇着，在臺上那怕喘不過氣來也得跑呀！」

「這又有什麼關係？」

「薇薇，你也想讓媽媽舒舒服服地活兩年唦？」瑰薇眞的有點生氣，放下筷子，望着小薇。

「那麼媽的意思怎麼樣吧？」小薇只得讓步。

「青衣戲可以。」

「可是，我十三妹的行頭都做了！」

「那是小事，沒關係，擱着。」

「好吧！」小薇故意無可奈何地抿了一抿嘴：「那我就唱宇宙鋒，您得跟我製新行頭，鳳冠霞帔，女官衣，女繡花披，才成！」說完，轉動那靈活的眸子，偷覷她媽媽的神色。

「那都好辦，」瑰薇說：「只是你得記着，只此一次，下不爲例！」

「您還得把王少卿找來跟我托腔！」小薇得寸進尺。

「他在這兒嗎？」

「在，只要媽派人去，一喊就來！」

瑰薇不覺抬頭，仔細地端詳起小薇來，這枝含苞初放的鮮花似已迫不急待地要展露她的濃艷了！這隻羽毛逐漸豐滿的幼雛，早已躍躍欲試去那寬濶的太空振翅了！自己似應早點硬朗起來那失去她以後的感情，這花，這鳥，雖由自己撫育栽培才能長成，却不能捧在自己的手上把玩呢！

「媽幹麼老看我呀？」

「你好多地方太像你爸爸了！」

「哪些地方，媽？」

「想要什麼，非到手不可！」瑰薇停了一停才又說：「這在男人，是事業成功的根本，一個女孩子也這樣，可太危險了！」

「現在男女平等，怕什麼？」

「平等那只是一句話！」

「那我要做到，也不難的！」小薇有一些自負。

「好吧，甚麼你也有辦法，暑假以後，好好地考上大學再吹這個牛吧！」瑰薇說：「玩的事，再不許提了，晚上胡先生來，乖乖地跟我讀兩點鐘的書！」

晚餐結束，七時已過，母女在書房裏喝茶閒聊，小薇的英文老師胡令德便已經來了。

胡令德，這個廿七歲的北方青年，黝黑的皮膚，高壯的身材，出身於寒苦的農家，却畢業於一個貴族教會學校的外文系，在學校是一個請領獎學金的苦讀學生，入社會以後是一位想專門從事於寫作的文學愛好者。畢業三年了，他一直沒有固定的職業，也沒有想去找一個固定的職業，他生長在農村，生長在大自然，他因而酷愛自自由由、無拘無束的生活。從小，他沒有了父親，所以他和母親一直生活在被凌侮與欺壓之中，這環境逐漸使他懂得怎樣在惡劣的情況下求生存，也更因為不可能有物質欲望而習慣於追求永恆的眞、善、美。在大學，他幾乎整整坐了四年圖書館，讀完了數量可觀的中西名著，他發誓，要作一個文學家，把心裏所想的，眼中所見的，寫出來，給大家看，更留作自己的紀念。如今，老母已逝，剩下這孑然一身，他更熱愛着浮萍一樣的飄泊生活，他從北方逐漸流轉到南方。在上海，他居然定居下來，幾乎一年，他沒有想離開。這原因是很容易被發現的。

在寫作上，他還沒有成名，零星地寫點東西換稿費以維持生活，另外還幫一個朋友編一版副刊，所以生活很淸苦，他在一個弄堂裏租到一小亭子間，但他自滿地把自己關了進去，伏案寫出那飄浮的夢幻與詩境。但，稿費的收入是不定的，有時窮到連吃燒餅油條的錢都沒有，便不得不多找一點工作做為貼補，何小薇的家庭教師的位置就是在報上看到應徵而至的。原來的意思，他只想度過那靑黃不接的難關就放棄這職業，再專致於寫作；但，當他看到了何小薇以後，才發現這個女孩子眞正的吸引了他，他莫可名狀地傾慕着她。當然，這情感是被他認為萬分可笑而深藏着的，這無言的傾慕對他是一種習慣的快樂，而不是難制的痛苦。他出身寒微，他習慣於無言地欣羨他所喜愛的東西，譬如小的時候，看見別人身上穿的花衣服，別人桌上擺的好吃食；長大以後，看見別人毫不費力地升學，深造，坐享高官厚祿……這一切對於他都是無法高攀的幸福。如今對於小薇亦復如是，她在他面前閃着光，但她太高了，他無法攀援。因此，只能抬頭看她，能抬頭看到她就已經很够了，他很滿足。

瑰薇的親友不少，她找家庭教師而用徵報的方法是有深意的，她把握有丈夫留給她的一份叫人妬羨的財產和一個聰明美麗的女兒，她不缺少錢，却怕女兒結婚離去。因此，她一直有招婿入贅的意思，她希望能有一天遇到一個品學兼優、出身寒苦的青年，他奮勉力學，却無法深造，自己便可以財力造就他的事業與地位，假若女兒也同意，這婚姻將是她認為最美滿的，因為這樣，他們便都不會離開她。胡令德應徵而至，她第一眼就相中了，敦厚誠實，對女兒不會負心，而那一對大而黑的眼睛所射出來的光芒，又為他刻劃出內在的聰明，聰明又正說明他是可造之材。

瑰薇深具機心地為女兒安排到這一步，至於發展如何，她是不肯委屈她孩子的。就這樣，賓主間的溫厚情誼，維持了一年。這就是為什麼，喜歡萍飄生活的令德，會流到這個淺碧的暖水灣裏久久不肯離去。

現在令德正從外面進來，見了她們母女，便說：「何太太剛吃完飯嗎？」

「可不是，你的學生你可得好好地管教了！」瑰薇笑指着她的愛女說：「對我發了一天脾氣，這剛起來！」

「是嗎？」令德說又望着小薇：「為什麼？」

「媽不許我參加學校的遊藝會！」

「考大學的事一點也不急，盡惦記着玩！」瑰薇說：「臨了敲我一大筆竹槓，才算完事！」

「怎麼，為了唱戲嗎？」令德紅臉笑着問小薇。

「媽既然答應了我唱，當然得做行頭！」小薇撒嬌似地抿起嘴。

「好啦！」瑰薇站起來說：「戲的事算是定局了，再好好地向胡先生討教一點學問，考取了大學，你要天上的星，我也想法替你摘去！」然後，她又笑盈盈地對令德說：「你們讀書吧，我不奉陪了！」

從書室裏出來，瑰薇高興地踱上了樓，回到寢處，坐到靠窗的躺椅上，想到方才令德對小薇羞赧而愛慕的神情，不覺意緒洋洋地獨自燃起一隻煙。

二

歐陽修自稱為六一居士，因為他藏書一萬卷，金石遺文一千卷，琴一張，棋一局，酒一壺，老翁一人。胡令德仿照這個典故為他的小亭子間命名三一齋，因為他的寢處簡陋得只有一桌一榻和一人。三一齋中，了無陳設，除那張掛在牆上廿四寸放大的小薇照片而外。這張像是小薇新近最得意的傑作，她送給她的胡老師，是毫無深意的，上款寫的是「令德吾師惠存」，下款則是「生小薇敬贈」，這贈送或者出自她母親的示意，而令德則視若拱璧地高擧在上。這張像片為這單身漢的陋室增添無限生意，就如同在無垠的沙漠中忽然出現一株鮮花似的使人欣悅。每次由小薇處教罷歸來，令德總要在這明眸善睞的倩影前凝立多時。從華厦返陋室，所載回的，當然是無邊的寂寞，但，也有那餘不盡的追戀，令德常緊握住這微醺的情緒到這照片前去努力凝注。直至這俏麗的小薇從上面盈盈而下為止。

這晚，課罷獨返，令德的心情很顯凌亂，因為小薇的精神特別昂揚，却並不能專致於書本上；於是她那不易掩飾的美麗，更如春日郊野似的，但覺百花爭艷，目不暇接。這一切都太多，淳質的令德無法把握；這一切也太廣泛，敦厚的令德，想築藩籬以護之，便也覺得無從着手。不知爲什麼，自從令德認識小薇以後，在直覺上，他總認爲她像一個連城之璧而輕置於毫無戒備的桌上，不是會倏焉失去，便是要驟毀於一旦。美色與財富都易予人覬覦之心。但財富是被保護的，而美色是有生命與行動，假若自己不懂得如何收斂，如何愛惜的話，那便會被强者所奪。令德習慣於站得遠遠地，但却知道別人不會如此。一如大商店的橱窗一樣，它表現的是最耀眼的東西，但它却沒有忘記在觀衆的視線與獲得慾之間隔上一張透明的玻璃。小薇一點也不明白這些，而且，她的純潔與多情，爲她拆盡了圍垣，把一切最惑人的豐姿，慷慨地呈現了出來。

「多危險！多危險！」令德焦躁地想：「誰能擔保這第一個能摘取她的人，是爲這花的生命而終身溉培，不是爲花的美麗而萎蔫棄之呢？爲了美麗，把玩以後就算了，這不行；得愛她生命的精華，那聰明，那感情……但，沒有誰懂得！」令德在室內搓着手，一會又坐下來，拿起小薇的像片目不轉睛地看，他忽然又說：「我懂，我懂得怎樣愛你！」但他看看這間陋室，習慣的自卑使他情緒冷靜下來，放下照片，他閉上了眼睛，他只覺情緒激動得非常厲害，立刻拿起一隻筆，便寫了一首詩，書後，平靜得多，便倒在床上睡了。

經過這一番周折，時間已經很晚了。

第二天，令德尚在朦朧中，就有人敲門，他由夢中醒來，睡眼惺忪地起來開門，進來的是他的叔父胡貫一。

「叔叔，是您！」令德把手直往裏讓。

「怎麼，還沒有起？」

「昨天睡得太晚了！」

胡貫一，不足四十歲的中年人，高大雅潔，器宇軒昂，這一斗室顯得有點容納不了他，令德把那張唯一的椅子移了一移說：「您這兒坐，我坐床上！」說完，又把床上的被胡亂地推了過去。

「別忙，你先洗臉去，我坐着等你！」貫一靜靜地坐了下來說。

令德只得拿起臉盆出外去了，匆匆梳洗回來，貫一正對着牆上那張照片出神，見他進來就問：「這是你的學生？」

令德臉紅紅地把昨晚那首詩收到口袋裏，才結結巴巴地說：「是，補習英文！」

「眞漂亮！」貫一像漫不經意地說着，却把目光向令德身上探索而來。

貫一是目前胡家這一族中最有成就的人物，這一族的遠祖，據說，也曾出現過些知名的人物，不過近百年來，不僅衣食不周，而且人丁零落，多在鄉間躬耕隴畝，貧困以生，貫一小的時候，曾與人放過牛，但他天資聰明，穎悟過人，當他有機會接受那啓蒙教育以後，他立刻發現，除了這貧瘠的農村而外，還有一個更遼濶的世界在引誘他。於是，他從家鄉跑了出來，以他那筆寫得秀麗的楷書，謀得一個書局裏的抄寫工作。他勤勉自勵，不但工作一絲不苟，而且得暇便在書堆中自修起來，他以一個不够小學畢業資格的學歷，却用勤奮爲自己的事業打下基礎。在他事業前途已顯眉目的時候，他曾衣錦榮歸一次，就在這時，他發現這遠房族侄的令德，令德也發現了他，在一次特別機會中，令德曾向他敍述一些孩子似的夢，這使貫一很感動，於是他把令德帶到北平求學，並且竭力幫助他。令德天生一付狷介脾氣，當他學程修到初中以後，就能在半工半讀下維持自己，只是對於貫一的提携照顧之恩，依然是銘感於心的。所以叔侄的關係，密切而深厚。如今，貫一在南京做官，有機會到上海，總不忘記看看令德。

「叔叔這一次來上海，有什麼公務嗎？」

「公務有，私務也有！」貫一望着令德笑了笑，才又說：「這話很長，現在也該吃午飯了，你陪我去吃頓小館子，咱們順便談談家常，行嗎？」

「好！」令德說着，就立刻穿好衣服。

貫一從椅子上站了起來，目光無意中又接觸到小薇那張照片上面，他看了半天，忽然對令德說：「你這位學生是不是姓何？」

「是的！」令德說：「叔叔您認識？」

「這又是說來話長，讓我慢慢告訴你，我現在先問你一句，她的父親是不是何其偉？」

「是的！叔叔說得一點也沒錯！」

貫一獨自點頭，到了馬路上以後，叔侄併肩而行，貫一才又說：「這位何其偉先生待人極厚，對我尤其有提拔之恩，在我廿歲左右的時候，一直還是一個小錄事，空的時候讀點書，並幫別人抄寫點什麼，那時，別人就把我介紹給何家，整理他的藏書，編號，並在舊書頭上寫些仿宋字，隨後他看我筆下不壞，就爲我介紹了許多好機會，我們賓主相處年餘，十分相得，他的太太我也見過，美得驚人，那照片上的小薇很像她，所以我忽然記起來了，那時這孩子才一歲左右，奶媽帶着，我彷彿記得她叫小薇似的！」說到這裏，貫一像無限感慨似的太息一番才又說：「後來我們一直各奔前程，見面的機會也少了，如今何其偉去世這些年了，這位小姐怎麼樣？」

「極好，極聰明伶俐！」

「百足之蟲，死而不僵，這樣的家庭，子弟不會錯的！」

叔侄閒聊間已經找到一家飯館坐定，貫一點了幾樣菜，要了一瓶酒，酒菜上齊以後，令德把兩個人的杯中斟滿，貫一喝了一口酒，才慢慢地又接下去說：「我方才對你說這次來上海是爲了公務，也爲了私務，所謂私務是什麼，怕你再也不會想到。」

「恐怕是想不到！」令德只好這樣接上一句。

「我和你嬸嬸離婚了！」說完這句，話貫一看了令德一眼，接着呷了一口酒。

「是嗎！」令德感到一驚，又問：「爲什麼？」

「問題不簡單！」貫一說：「她是個中等之家的

小姐，從骨子裏看不起我這個貧寒出身的人，事業上事倍功半，每天忙得馬不停蹄，不免太冷淡了她一些。這個人各方面說都不壞，不過，我衷心厭恨瞧不起我的人，這件事我早就想解決，但是，為了省却無味的化費，我要等待她的主動。她一提出，我立刻簽字。」

「那麼現在孀孀呢？」令德想到那位相當溫靜的婦人，不覺心中大感不忍地問。

「她回娘家了，也許不久就會結婚！」貫一皺了一皺眉，終於說：「女人有許多地方簡直愚蠢得不可理喻，又要馬兒好，又要馬兒不吃草，這隻手向丈夫要愛情，那一隻手又向丈夫要事業。你想，整日為前途而奔走的男兒，那裏有時間對妻子談情說愛？這樣地就罵你冷淡無情；假若你成天守着她呢？她又該罵你沒出息了！所以孔子說唯女子與小人為難養也，近之則不遜，遠之則怨，眞對！」

令德並不以貫一的議論為然，因為他腦海中根本沒有事業這個觀念，他從不勉強自己的興趣去達到任何目的；而所謂愛情，則又是他認為可以犧牲一切努力以赴的。這一套思想，他覺得很不容易用語言表白，要說服對方，則尤不可能，於是他張口結舌了半天，却一個字也沒有說出來。

「你喝酒，吃菜！」貫一看見他這神情，於是舉起了杯子向他，同時自己也喝了一口。才又說：「天涯何處無芳草，我要再找一個像她那般姿色的女人，怕也並不是什麼難事，對於這件事，我倒看得很透，金屋藏嬌，能築金屋，自能藏嬌，只要事業上有成就，還怕找不到太太？」

「不過這樣的太太不是嫁丈夫，倒是嫁事業了！」

「事業兩個字還太抽象，倒不如說汽車洋房還更具體一些！」貫一立刻作進一步的解釋：「有幾個女人不嫁汽車洋房？」

「我不能同意叔叔這一種看法！」令德說完，像是有點着急似的猛喝了一口酒。

「當然，當然，」貫一通透地一笑，又接着說：「你現在還正在寫詩的年齡呢！不必多，十年以後，你方知我言之不謬！」

想到桌上的那首詩，令德有點心跳，他不斷地用筷子夾着碗裏的菜往嘴裏送。

「對了，我倒忘了，還有一件正經事找你！」貫一看見令德不安的神氣，便立刻打破這沉寂。

「叔叔什麼事找我？」

「我最近官運不錯，事業越來越有眉目了，很想找一個中英文都精通的秘書，我想，你倒頂合式。」

「這個……」令德從來都不願意受任何職業的約束，何況他覺得貫一完全一付官僚習氣，和自己的興趣越來越不相投，因此不免大大地猶豫起來。

「我知道你也許對這一方面根本沒有興趣，」聽明的貫一看出令德的神氣，便這樣接了下去：「人各有志，倒也勉強不來，我原來的意思是覺得你這種不安定的生活，總不能永遠這樣繼續下去，能有機會在政治圈裏混出點關係來，也是很值得的事！」

「那麼，」令德終於這樣問：「另外的人選好找嗎？」

「如今人浮於事，這倒沒什麼困難。」

叔侄們的話題，又轉移別方，舒服的吃完一頓飯，便從餐館分手，貫一有點莫名的振奮，趁着酒興獨自徜徉於一條僻靜的馬路邊。

他與令德都來自農村，且皆有所成，但兩個人的內在與外表則毫不相同：他理智，令德熱情；他健談，令德口訥；他願為自己的生活立一個目標，努力追了過去，令德則從心所欲，從不肯委屈自己的身心；他把出身寒微看成一個很大的弱點，因而特別注意自己的紳士風度，令德則始終保留這點來自農村的淳樸，衣飾不修邊幅；所以，他雖然比令德大上十歲，却處處表現得比令德更年青更有為更和易近人些。

當他一人在馬路上施施然而行的時候，室家新破的空虛，忽然被令德牆上的那張照片塞滿了。

「假若我要能得到她的話，」他偷偷地這樣想着：「倒是一筆了不起的政治資本，她們的財富，以及過去在政治圈裏所留下的關係……那，那太好了！」但是，他接着又想到兩個人的年齡距離，社會關係的距離，不覺又說：「不行，至少目前不行，齊大非偶，齊大非偶。」他聽見自己的喃喃低語，接着又笑着說：「這簡直是 匪夷所思，匪夷所思了！」

望望沒有人的馬路，他不免縱聲大笑起來。

二

瑰薇在萬般無奈的情形下，允許她的孩子，盡情展露她的美麗，一次，只准一次，然而，天下許多事情，一次已經太多了。

這是遊藝會的第四天了，小薇這一次算是出盡了鋒頭，觀衆像潮水一樣的湧至，有慕名而來的，譬如胡貫一；有僅為排遣一個無聊的晚上，隨興而往的，譬如李嘉謨。

李嘉謨，從北平來，大學剛畢業，奉父母之命沿途拜訪久別的親友，並觀光這遠東的大都會，隨即赴美深造。一個標準的濶公子，絕對驕傲與自負的年青人。昨天，他無意中來看了一場「茶花女」，他萬沒有想到這一個十幾歲的女孩子竟然這樣懂得劇情，把一個戀愛至上的女人活化，甚至於神化了。他幾乎逐漸自己上了臺，代替了那個假扮阿蒙的女孩子，總之，他完全與劇中人滙合，直至幕落。從會場回來，他萬分後悔不該多此一行，那臺上的女孩子顯然擾亂了他，而他却並不願被女孩子攪擾，假若自己的一切都還沒有奠基的時候。但是，這又有什麼辦法？那一對在深長睫毛下所覆蓋着的眼睛，只須那麼輕輕地一流轉，便像洪流似的整個地淹沒了他的心靈、意向、與決定。他很覺煩躁，因為他不願意別人侵犯到他。為什麼見了這個女孩子以後，一切屬於自己的都被她不攻而取，致使自己淪為赤貧？這一夜，他很難度過，緊接着而來的白天，更像一張膠布似的，那麼頑固地依附在他的背上，久久不肯揭去，好不容易等到黑夜，他又不得不於昏暗中再去尋求那盞生命的明燈。

這夜，她演的是「宇宙鋒」，嘉謨來自北平，多少有一點懂戲，但，當他坐着聽的時候，情緒却很亂，他目光四射着，看到旁座的一位觀衆，是一位五十左右的老者，他似在那裏細心吟味，一會兒點頭，一會兒閉眼，樣子煞是有趣。這時，臺上正唱着反二簧的那一句：「隨奴到紅羅帳倒鳳顚鸞……」

「好！」那老者輕輕地喝了一口彩。

「是眞唱得好嗎？」嘉謨趁機問了一句。

「唔！」老者只點了一點頭，沒來得及說話。

嘉謨知道此人戲癮太大，也就不肯再多嘴，這沉默一直延長到第一場演完，那老人才像鬆了一口氣，喝了一口面前擺着的茶，才慢慢地望了嘉謨一眼，說「不容易，這麼一個十七八歲的小女孩子，居然許多地方體貼得這麼傳神……身上尤其好，這一場完全是最好的舞！」

「唱得呢？」嘉謨故意找話搭訕。

「當然火候差一點！」老者說：「聽這一種戲，要看她的長處，爲別人所不及的，那種儀態萬方的閨秀氣，還有一種抽象的，爲伶人所無法辦到的高貴氣，這不是出自名門的小姐決辦不到！」

「那麼這位小姐……？」嘉謨緊接着問。

「難道你不認識？」老者奇怪地看了他一眼：「她就是何其偉的女兒何小薇呀！」

「何其偉？」嘉謨幾乎叫了起來，但他立刻克制住，却偷偷地告訴自己：「他是我的九姑丈，他太太正是我離家時，爸爸再三叮嚀叫我拜訪的九姑母呀！我太幸福了，太幸福了！」

從戲院裏出來，嘉謨完全沉緬於幻想裏，小薇的影子，一顰一笑，完全征服了他的所有。

第二天，他以何家至戚的身份，作了一次有意義與目的的拜訪。

他給何家門房一張名片，反面是這樣寫的：

九姑：

奉　家嚴慈命，專誠拜謁，祈　撥冗賜見。

瑰薇出身簪纓名門，家裏兄弟子侄很多，這一個名叫嘉謨的孩子，在她腦筋裏幾乎沒有印象，因爲她一直隨夫遊宦各地，北平的大本營，婚後只回去過一兩次，以後便定居在上海。她看了名片，隨即對傭人說：「請！」

被引進來的，是一位衣着非常考究的青年，神情有點唯我獨尊，看見了瑰薇，便禮貌地一鞠躬說：「您是九姑！」

「你是嘉謨了，別客氣，坐！」

「是，九姑！」嘉謨在下邊的一張沙發上坐了下來。

「我離家早，你是……？」瑰薇笑着說。

「我是三爸的老五……」嘉謨恭敬地回答：「我小的時候，您回來過一次，也許您不記得了，前幾年，我和爸爸在青島，所以您一直沒見過我，這次來上海，爸爸叫我千萬來看看您！」

「三爸三媽好？」

「托福！」嘉謨欠身回答。

「你這一房還有幾兄弟姐妹？」瑰薇與嘉謨的父親是同曾祖的堂兄妹，關係較疏，所以一切也較隔膜。

「只我一人，老五是大排行。」

「到上海來玩？」

「不，爸爸叫我到美國學工程！」

「大學都畢業了？」瑰薇不覺笑着搖頭說：「眞快！」說完她端起茶杯，慢啜了一口，才望了嘉謨一眼說：「你一個人來上海，萬事陌生，不如搬到這兒來住好！」

「不了！」嘉謨猶豫了一下，終於說：「我留在這裏的時間短，事情多，這樣太吵您！」

「也沒關係，這樣大一所屋子，只我和小薇住，你搬來那裏就會吵着我？」

「九姑不客氣了，假若我最近不走，一定要再來看您。」說着嘉謨站了起來，又說：「我還要去辦點事，不吵您了！」

「有空來玩！」瑰薇也沒有多留。

從瑰薇那裏出來，謨嘉心裏有點悵然若失，因爲這一次拜訪，他並沒有能看見小薇。

「就要出國了，何必多此一舉？」他這樣埋怨着自己：「以後不必再去了。」

這一天他很失意，整天藏在家裏，那兒也沒有去，他要用出最大力量，堵住將要潰泛的感情堤防，他很自負，他不願意把自己的前途賠了進去。但是這一種强力的克制，所產生的一種相反的力，好像變成一股閃光似的，把小薇的影子，更明晰地投射到他的記憶上。他整個腦子裏，就只裝進了這麼一點東西！你要驅除她，她向你笑；你閉上眼睛，她就幾乎已經站到了你的面前。嘉謨第一次這樣無能處理自己的事，他氣得猛擊了兩下頭殼，倒到床上，一動也不許自己動。

第二天，他雖然是個善御者，也勒抑不住那怒馬似的熱情，他以一個投降者的心情，換了一套最稱心的西服，向何家走來，這是午後三點左右，氣候有一點初夏的燥熱，嘉謨覺得時間還早，先去理髮店把面容修整了一番，事畢，無論如何也忍耐不住，且不去考慮時間是否合式，便直奔何家而來。

瑰薇依然在前客廳接待他。

「九姑睡午覺嗎？我來吵了您吧？」嘉謨笑着問。

「早起來了，四點多了吧？」瑰薇說，她看看嘉謨，態度比昨日自然，因此更顯瀟灑英挺。

「快五點了！」嘉謨看看錶，回答說。

「今天天氣很熱吧？」瑰薇像是自語着：「我們家裏的那個野丫頭，不知瘋到那兒去了，還沒回來。」

「媽別罵，我不是在這兒嗎？」接着一陣匆促的脚步聲，小薇已經站到門口了。

嘉謨不覺站了起來，臉色緋紅，他所看到的小薇更漂亮，因爲比在臺上更活潑，更自然，更無拘束。

小薇剛從外面得到一些關於這次演戲後的好評，與高采烈地往家跑，準備上媽媽面前窮吹一番的，一看客廳裏坐着生客，不覺怔住了。

「瞧你這一臉汗，大熱天往外面跑什麼？」瑰薇笑着埋怨她的孩子，接着又說：「來，我替你們介紹，這是你表哥嘉謨，三舅的兒子，這就是我的寶貝丫頭小薇。」

嘉謨機伶地上前一步，禮貌地握住小薇的手說：「你好！」

小薇被一隻男孩子粗大的手握住，立刻一陣電流幾乎把她震暈過去，半天說不出一句話來。接着，她便看見兩道黑刷刷的眉毛，似乎要割裂她那處女的尊嚴；深黑的眼睛閃着奕奕的光彩，似乎立刻要强索她的愛情；而混身所發射出來的力量，却毫不客氣地在支配着她。

「別又盡想往別處跑！」媽媽的聲音提醒了她：「乖乖地來跟我陪陪遠客！」

小薇驚醒地奪回了手，紅着臉說：「您請坐！」

「一整天，都到那兒野去了？」瑰薇慈愛地望着她的孩子。

「同學家裏！」小薇的態度有點拘泥。

「畢業考試完了嗎？」嘉謨找機會與小薇說話。

小薇看了他一眼，才點了一點頭。

「畢業考完了，成天玩，考大學的事一點也不着急！」瑰薇像是在責備她的孩子，却笑着說。

「媽急什麼？我準成！」說到這裏，小薇的態度，才逐漸地活潑了起來，室內的空氣也自然了，這樣閒談了半小時後，嘉謨便站起來告辭。

「什麼話？」瑰薇像是生氣地：「吃晚飯再說，家常便飯，飯後讓這個上海通陪你逛逛這不夜城！」說完，又指指小薇。

「要我陪可以，不過得聽我的！」小薇說着，故意望着嘉謨，目不轉睛的。

「當然，小姐第一！」嘉謨使出很幽默的態度。

「我看把胡令德也找來吧！」瑰薇岔嘴說：「約他來吃晚飯，然後大家再盡一夜之歡！」

小薇看着母親，有點想反對這意見，但瑰薇立刻又接着說：「嘉謨，我可以介紹你認識這個朋友，品德修養都够標準，將來是你們在社會上的好幫手！」這樣說着，瑰薇就叫阿梅通了一個電話給令德，約他即刻來吃晚飯。

不一會，令德已如約而至，穿了一條白帆布長褲。白襯衫，風度本色而脫俗，嘉謨萬沒想到小薇的老師，竟是和自已差不多年紀的人，不覺多看了他兩眼，經過介紹以後，嘉謨立刻問：「胡先生那裏公忙？」

「沒有固定的職業！」

「我們老師是一位文學家，報上常有他的文章！」小薇看了令德一眼，顯出調皮的樣子。

「小薇是開玩笑，」令德有點難爲情：「我寫的那點東西，只够資格補白！」

「那倒是胡先生太客氣了！」瑰薇接着說：「胡先生的作品不多也不長，但却極富哲學意味！」

「將來倒眞要多領敎！」嘉謨說。

席間，菜很豐盛，嘉謨坐在小薇的右邊，小薇不自覺地常常爲他佈菜，斟酒，態度活潑而親切。這情形相當引起令德的忌妒，言談間，嘉謨有掩飾不盡的盛氣凌人的富貴氣；而且，雖然克制，不時也能看得出他個性的跋扈。再加上有時因一個決定皺皺眉頭，因一點小的異議而在嘴角露出一陣不屑與譏誚的笑意……總之，在令德眼裏，嘉謨竟然是一個混身滿佈着稜角的人。

這一餐晚飯，吃得令德相當不好消化，席終，他藉口有要事待辦，堅決地謝絕了瑰薇的邀約而逃了出來，路上，晚涼襲來，他冷靜了一下他的激動，而情緒却顯出少有的脆弱，幾乎使他放聲大哭。他在過去的一段生活中，曾經表現過無比的頑强，可怕的貧窮沒有壓倒他，社會的冷漠沒有吞噬他，他像一粒傲岸的種子，從石頭縫裏鑽了出來，且顯出無限生機。越是孤零零地，越懂得生存，愛惜生存。他慣於在風雨中挺立，但如今却被一個少女的豐姿俘虜了去，不僅俘虜了去，而且被冷淡在一邊。

這就是愛情的微妙處，不幸的熟視無睹，幸運的，瞬息間便通了電流。

四

自從小薇遇到嘉謨以後，她心靈上遍佈着朝霞似的絢爛光彩。就在那個時候：當她傲然地展開少女的心幕，在萬紫千紅的人間，爭取到最高聲譽而欣然色喜的一刹那，嘉謨以一個突然的拜訪闖了進來！她毫不吝嗇地把純眞的感情交了出來，讓他仔細品味；她更慷慨地把整個生命奉獻出來，由他盡情安排。時間並不長，僅只短短的半個月，他倆出入歌臺舞榭，他倆漫遊山嶺水際，各處都滿印着他倆的足跡，這足跡都是輕盈跳躍的。

瑰薇把這一切盡收眼底，她看出她孩子的青春碧流，已經開始走向巉岩亂石中，漣漪起伏，浪花飛濺了。

每一個生活在青春期中的女孩子，都是她父母加意保護的對象，何況小薇在她母親心靈上無可代替的地位？瑰薇原來的計劃，是把小薇的未來交給令德，這是最穩妥的辦法；但，小薇對令德似沒有類似異性傾慕的感情。至於說嘉謨，在瑰薇心目中並沒有中選，那是因爲他雖然有屬於敎養方面的禮貌，而在性格方面，總覺得氣燄太高，怕將來孩子會受委屈。但是，母親的神聖一票，總是會投向女兒的，她慣於以她孩子的意見爲意見。再說，嘉謨短期內就要出國，她更希望她們彼此是玩玩而已，自已千萬別「大驚小怪」。

這天，氣候有一點炎夏的悶熱，似有變天或來陣雨的可能，嘉謨與小薇正作江灣之遊。這一帶正是新上海市區計劃開始着手的地方，他倆在五角場一帶閒步，四周的行人極少，這使他倆沉緬在夢境中幾乎忘掉了現實。

一輛汽車從他們身旁平穩如矢地疾馳而過，小薇吃了一驚，不免更與嘉謨靠得緊些，忽然，她像想到了什麼，便望了一望嘉謨說：「你不要出國好不好？」

「這……」嘉謨沉吟半晌終於說：「那除非脫離家庭，我父親在這一方面是沒有商量餘地的。」

小薇癡癡地望着嘉謨，半天沒說話。

嘉謨的臉原來望着前面的一遍平野，覺得小薇沒有答話，便轉過頭來看她，却被那一對清澈見底的眼光懾住了，不覺問：「你這樣看我幹什麼？」

「我從來沒有發現一個人的眉毛像你這一對似的充滿了生命，直如兩條烏龍，盤旋在你那黑亮的眼睛上面。」

「漂亮嗎？」他故意把眉毛揚了一揚問。

「當然，這兩條烏龍整個把我的生命捲食去了！」小薇忽然深深地嘆了一口氣說：「這怎麼辦呢？」

「什麼怎麼辦？」

「你走了以後？」

「你跟我一塊出去吧！」

「除非帶上我的母親！」小薇幾乎要哭的樣子：「那我們就太自私了，爲了我們放不下的感情，讓她奔波跋涉。」

「你看，」嘉謨不願意討論一個解決不了的問題，於是故意往前面指了一指：「好大一片黑雲，恐怕要下雨了呢！」

「還是痛快地下一場好，我心裏都煩死了！」小薇忽然不向前走，停住步，輕輕地跌着脚。

「你這是何苦？」嘉謨笑着拖了她一把，於是又繼續向前，嘉謨懂得把握目前，他珍惜這已獲得的享受，這髮香，這手溫，這均勻的呼吸，這衣光鬢影……一切美化女孩子的字眼，如今便如此凸出而具體地呈現在他的眼前，他能不放棄一切而沉醉？

天氣是逐漸地壞了起來，陰雲四合，接着一陣驟風，黃豆般的雨點便稀稀落落地掉下來了。

「眞糟，大雨要來了，找個地方躲雨吧！」嘉謨說着，把手撫在小薇的肩上，又四外找尋那合式的所在，但，四周綠野平疇，附近竟然沒有人家。

「我不在乎，我願意淋一淋！」小薇的情緒像是非常惡劣，皺了一皺眉頭說。

「跟我來，快想辦法吧！這可不是開玩笑！」嘉謨拖着小薇說：「那兒像是有房子，快些跑還來得及！」

小薇還待說什麼，一陣焦雷，吓得她什麼似的，她反而催着說：「快呀！這可要糟！」

這兩個人拚命向前跑，幾有五分鐘，才看見一所矮屋，是座破廟，閴寂無人，却足蔽風雨，他倆躲了進去，混身已被淋濕，外面的雨却越來越大了。

「累死我了！」小薇一面擦着額上的雨點與汗滴，一面喘着氣說。

「就在地下坐一坐吧！」嘉謨也上氣不接下氣地指着前面一塊平地說。

就在這時，一串雷聲響了起來，附近地面都發生起伏的震動，小薇發抖地扶住那土墩，身子縮做一團，嘉謨上前一把攔住她說：「不要怕，不要怕！」

小薇無法支持的回過身來，投到嘉謨的懷裏，喃喃地唸道：「你不要走，不要離開我！」

「我不走，我什麼都不要了！」嘉謨看看依偎着他的小薇，不覺非常激動地說。

「眞的，你聽我的，不要放棄這難得的幸福，我什麼都肯犧牲，我什麼都交給你！」小薇微微抬起頭望着嘉謨的臉說。

「我聽，我聽你的！」嘉謨捧起小薇的臉，很放縱地的吻了上去。

一股奇怪的電流通過他倆全身，倆個人都毫無抗拒地屈服在這最原始的力量之下……。

外面的雨越下越大，地面上的水縱橫交錯地泛濫着。

（未完）

（上接第14頁）

社會結構變化，安全的理想獲勝，獨立自由生活的觀念失敗。這一變化，與三四十年前英國或德國型式底社會比較一下，便最足以說明。自由精神是否在任何地方可被暴力撲滅，這是一件值得懷疑的事。但是，任何人不易抗拒會在德國慢慢施行的那一套辦法，則爲無可置疑之事。（作者所見，較之玄談「心性」與觀念世界中的「人格」者流之所玄談者，切合實際得多。過去散漫社會的道德律令及依之而決定的行爲準則，根本不適用於今日之世。今日猶要個人以血肉之軀而與「魔鬪」，或如過去時代之本着「氣節」與「良心」與現代極權統治技術作以卵擊石式的周旋，這完全是在觀念構成的雲端裏唱高調。這種高調之不適于今日之世，從唱之者從無一人能够親身實行可得證明。人不是爲觀念活着。觀念是服務人生的工具。我們今日所需要的，是適應新情勢的新價值觀念，和可行的道德倫理標準。——譯者）當着一個人只有做政府底薪給僕役才能得到社會地位時，他做政府所指派的事，較之做對自己有用處的事，要來得受人稱許些。反之，如果他所做的事未得官方承認，那末便被認爲沒有價值，甚至是可恥的。這樣一來，一般人就更談不到選擇自由而不選擇安全了。如果我們大家過着這種俯仰隨人的生活，那末只有少數人才不去犧牲自由以換取安全。一旦事勢發展到了這個地步，則所謂自由也者，不過成一笑柄而已。因爲，到了這個地步，所謂自由，祇有犧牲世上許多美好的事物才能購得。在這種情況之下，無怪乎一般人越來越覺得，如無經濟安全，自由是「不値得有的」東西，而且必需犧牲自由以獲安全。（這是人生底大悲哀——譯者）

毫無問題，實行適度的經濟安全以免除過分的物質貧困，並且設法減少經濟範圍中那些可以減少的錯誤因素，以及令人失望的結果，凡此等等，仍爲我們所應採取的政策之主要目標。但是，假若我們要使這些努力得到成功，而且又不致犧牲個人自由，那末，實現經濟安全的措施，必須在不破壞自由市場制度的原則之下行之；而且同時應該聽任自由競爭制度繼續發生其作用。現在，知識界有許多領袖人物讚揚犧牲自由換取安全。事之可悲，孰甚於此！時至今日，我們必須坦白面對一項事實，即是，自由之保持，必須我們各個人準備犧牲相當的物質利益。如果要保持自由，我們必須記取自由國家賴以建立的信念。這一信念，富蘭克林 (Benjamin Franklin) 說得很明白：「凡出賣基本自由以冀獲得暫時經濟安全的人，既不配享有自由，又不配享有安全。」自由邦國及自由個人，應三復斯言。

附記：本章有所刪節。

小室之春

何琤

逸民突然站起來，那低矮的天花板上的汚穢泥灰，就像一頂破襤的桂冠蓋在他的黑髮上。他每天要注意的事，便是克服房內的低矮和幽暗。這一年來，他已懂得像這樣突然站起來的時候，如何避免碰痛頭臚，他以前在學校裏是個運動員，所以對這些小動作，還能應付得恰到好處。他的太太望着他，不止一次地想着她該是多麼愉快，在這小得像個鞋盒的房間裏整整地渡過了他們十二個月的新婚生活。

「做什麼？」逸民問，他看到她那愛慕的目光。

「我們要不要爲這間小鴿籠再簽半年合同？這兒也不算太壞。喔！我認識一個朋友，他用帆布蓬在路邊搭了一個買雜貨的攤棚，當他要睡覺的時候，便把蓆子鋪在地下，睡在那堅硬的水門汀上，他說現在他再也無法以別的方式來生活了。」

「我們最好還是簽合同吧！」碧漪說。

「我也這樣想，」逸民說：「但是，碧漪，我眞不想讓你再在這兒受半年的罪。現在晚上，」他愉快地繼續着：「比較寧靜些，因爲那隻討厭的貓睡熟了。房間被燈光照耀後好像大了一些，我覺得這四個蹋蹋米使每樣東西都襯托得漂亮起來。但是對于你，旣沒有衞生設備，也沒有掛旗袍的壁橱和獨用的厨房。」

碧漪嘆了口氣：「我覺得很好。」她回答着，免强地提高着嗓子。

「不，你並不如此。」逸民說，他做了個鬼臉，輕撫着她的鬈髮。

碧漪撐着頭在想，她的少女時代在大陸家鄉寬敞的屋子中過的生活是多舒適呀！但是，在這兒，她只感到像一只大象關在衣橱中一樣。

突然，一個可怕的打碎東西的巨大的聲音，像一大疊紙盒在颷風中崩倒了下來，他們倆個都驚跳了起來，看見那隻貓將掛着的畫由牆壁上撕了下來，一個角被撕壞了。這是一幅唐代的名畫，結婚時的禮物，現在却扭曲着躺在地上。

「咪糊？」那貓叫着，好像一個得勝的拳擊家。

逸民和碧漪注視着那幅殘破的圖畫，像一隻折斷了的飛蛾翅膀，散亂在地上，碧漪哀怨地把它拾起，扔在床上。

「我告訴你，」逸民決心地說。「讓我們另外找一間房子吧！」

在一個明朗的初秋早晨，他們整裝齊全，開始出發，碧漪對那房間投了最後的一瞥，並且把那隻貓惡狠狠地推進房間裏去。

走在街上，她想到那私自安排的家務程序，一定會惹起別的主婦們哂笑。碧漪並非是一個職業婦女，她只是個躲在家裏計算着角子的女人，她希望積聚些錢，盡早在可能範圍之內有一個孩子。一個孩子！想到這兒她不覺把脚步停了下來。

「幹什麼？」逸民問。

「沒有什麼。」碧漪繼續走着，其實她心裏在想，那四個蹋蹋米上擺着一隻僅够放些內衣和襪子的小櫥，一張幾乎只能容一個人睡的小床，還有兩張細長的籐椅子，除此而外，就別無一物，僅這幾件東西已擠滿了整個的房間。所以這一年來，他們都在恐懼着孩子的降臨。

他們找到了一座招租的西式房子，當他們在門前的電鈴上按了一下的時候，兩個年青人便出現在面前，說明來意之後，那兩個人便熱心地招待他們進室內，領他觀看每一個房間。他們對那些房間只看了一眼，就使他們心怯了起來！

這房子太大了，大得不知如何來形容它好。厨房大得可以作飯廳，那光線充足的新浴室裏面，裝置着一隻奶白色的大浴缸，起坐室的後端有一個精緻的書齋，臥室裏還有一個裝璜華貴的壁橱，牆上都油着幽雅的秋香色，房內完全是打臘的地板，假使鋪上蹋蹋米的話，起碼要放七八十個之多呢！

那兩個年青人離去了。

「我的天！」逸民抽了口冷氣。

「一定貴得嚇死人！」碧漪說。

「也不一定，這兒不是熱鬧地區。」

「這地板多麼光滑呀！」碧漪說着，貪婪地望着那壁橱和厨房。

「可以省却進出脫鞋穿鞋的麻煩。」逸民憂慮地說：「在這樣的一個地方，你如何來操持家務呢？」

「當然要化費許多時間。」碧漪說。

「這種顏色倒是不常見的，你說這是什麼顏色？」逸民看着牆壁說。

「秋香色，」碧漪很肯定地說。

「我也能漆，」逸民有把握地說。「我曾經漆過一間小房，啊！其實那也不是什麼房子，只不過比鷄棚略大些罷了。」

「我可以想像得出，你所漆的是間怎樣的房子。」碧漪說。「姆！」她在想他們原有的那些傢俱放在這幾個大房間內，顯得多凄涼呀！她不覺縐了一下眉。

「這麼多房間足够給孩子住了。」逸民說。

「好吧，就這樣決定，」碧漪說：「去見見那房東吧。但是，逸民，不要超出我們的預算，假使你供給不起一罐奶粉，你就沒有理由爲想有一個孩子而住這個地方。」

逸民笑着，在她那豐潤的臉頰上擰了一下。

「我不會那麼鹵莽。」他回答着。

「我要到店裏去買些東西，」碧漪在他後面說道；「等一會我們在『公寓』裏碰頭。」

他們常常稱他們的住處是「公寓」，就像說家鄉語那樣成了習慣，顯然的，這是很可笑的事。因爲那住處並非如此，而在租契上也沒有說它是「公寓」

（下轉第7頁）

一點邏輯問題的討論

一、編者按語

關於勞思光君來函(見下文)所示種種，吾人茲將其中必須指明者略陳於下：

㈠殷海光先生在『從一點邏輯問題說起』一文中，主要只涉及勞君錯引邏輯及錯弄邏輯之處；言明不再涉及『自由問題』。勞君又把二者混爲一談，似有擴大論點及轉移論點之嫌。

㈡勞君函中，題外話太多。例如，拉扯若有其事的『人事關係』。這犯了邏輯傳統中所謂訴諸人身的辯式 (Argumentum ad hominem) 之謬誤。

㈢勞君函中，處處觸及種種心理狀態。這犯了邏輯傳統中所謂訴諸情緒的辯式 (Argumentum ad misericordiam) 之謬誤。

㈣勞君對於殷先生之指陳其錯誤，報以『吵』等等字樣；其動機似不在求眞。既謂之曰『吵』等等，似意在引起他人於不經意之間發生一種錯覺，以爲『公說公有理，婆說婆有理』，以轉移大家對其所犯錯誤之注意力。勞君所用這類字眼尙多，不及一一指出。這種愚迷讀者的『術法』，是否爲某路人物所慣用，吾人不得而知；然而，至少不是剛剛離開學校的讀書人所應採用的。此點有關求學的根本態度，故吾人願予指出。

㈤勞君旣引 P.M. 系統，就得始終一貫地根據其約定 (convention)。依此，在一個語句前面說『肯認』，如不相當於符號『⊦』，還能是什麼？

㈥勞君在該原文中明明寫着 $\beta\cup\gamma$，現在此函中改寫作 $\beta\cap\gamma$·，將∪輕輕換成∩。這種手法之使用，用意安在？勞君又說：『$\beta\cap\gamma$ 是一個語句函數』。邏輯上那有這等語句函數？勞君這一翻弄，錯的更遠了。

㈦邏輯，正如任何一門科學一樣，『必須』遵守簡單原則。本此，在邏輯中，若兩個語句彼此不『獨立』，則必須消除一個。但是若兩個語句各有其不同的形式資財，則不可互相化約 (not mutually reducible)，而必須以不同的符號來表示。『包含關係』與『分子關係』的表示語句就是如此。理至顯然。這樣不成問題的道理，勞君還要嘮嘮而辯，實在令人惋惜。

從以上的陳示看來，勞君在這封信裏，又提供 (offer) 了許多基本而又基本的錯誤。『人非聖賢，孰能無過』。錯誤之觸犯，並非什麼嚴重的事。然而，吾人深致疑慮的，是勞君信中所展露的某種動機。一篇作品，出於辯飾，抑出於求知，語言文字跡象之間，判若雲泥，分若涇渭。除『other useful propositios』這一點外，若勞君之詞辯果能成立，則不獨人間學問之最低成規將盪然不存；且等於說每一讀者皆可欺弄於勞君筆尖之下。『君子之過也，如日月之失。』初學者犯一點點小錯算不了什麼。虛心承認則麗日晴空。如果要狡展掩飾，所花代價恐怕就太大了。

吾人以爲：論時論政的刊物上不必擺弄一般讀者莫名其妙的東西以眩世。任何人必須有『免於虛榮之自由 (freedom from vanity)』，然後才可以『尊理』。任何人必須自身對學問有最低限度之誠信 (Sincerity)，始可言『正學風』。

依據以上的解析，吾人可知，從內容上說，勞君此信，實無刊登之必要。然而，編者仍樂於爲之刊登。其所以如此，僅因勞君於寫此信時煞費苦心而已。

關於這一方面底討論，編者認爲到此已足。從編輯計劃言，以後關于這一方面底言論，不擬刊載。

二、答殷海光先生

勞思光

我不願過份侮辱別人，尤其不贊成談問題談到惡聲相向的地步，因此，我打算對殷海光先生對我寄徐復觀先生的信上所表示的意見所作批評，略予辯正；倘若殷海光先生因此再發雷霆之怒，則我只好勸殷先生凡事看開一點。別爲這些小事影響健康。

殷先生在自由中國十卷十二期上所發表的「從一點邏輯問題說起」。開頭到末尾凡兩頁，對我原文的批評大概可分幾點：我下面分別談談。

㈠雷函中所說問題本來可就兩方面解釋：如果就『類』與『類的包括關係』及『分子與類的係屬關係』說，則如是云云。如果意思是說『性質謂詞』用於國家者不定能用於個人，則我在致徐第二函中就談到這一點：殷海光先生看時大約未注意我後面所說的那一段，因此纔以爲我只模着問題的邊沿；其實，倘若形容國家的『自由』與形容個人的『自由』本是不同意義，則 F_1 與 F_2 何必在甚麼『眞自由』字樣下合起來說？平心靜氣想，這是極明白的道理。

我談那個問題，並無動刀斧之意；我只是推想雷函所談的究竟是甚麼道理而已。我就那兩層意思想，因此我說，倘若自由應用在描述個體或描述類時，係同一意義，則雖然不能由類的包括關係去推到分子係屬關係(不能把分子看成類的一種特殊情形)。可是假定“$\beta\cap\gamma$”時，依不同的過程，可以對兩面分別作推演。如果說描述國家的『自由』和描述個人的『自由』根本意義不同，那麼，從頭起就不能混着說。

說到這裏，我想起另一點，不由得失笑了。當那一期民論寄來的時候，(2)式的 “$\gamma : \beta \subset \gamma \cdot x \in \beta \cdot \supset \cdot x \in \gamma$”，“$\beta$” 錯成 “$\alpha$”，我便爲之大笑，當時寫信給民論要求更正。原因是這樣一來，上下不連。那眞是叫人糊塗了。不過我當時想不到殷先生會據此而嘲笑我的『頭腦』；因爲這裏的排錯、人一看便知；何況『勞先生在後來自己也是這麼寫的』；殷海光先生原文中既這樣說，如非過份輕視別人，應該明白既然全文一直那樣說下來，這裏必定是 “β” 而不是 “α”，何致那樣『前後不符』？

這一點再說下去，未免小氣，讓我再說第二點。

㈡有用命題就是 “useful propositions”。羅素原書二百〇七頁在 22,44 的上面寫着 “other useful propositions”；我沒說『其他有用命題』；只談了『有用命題』，其實羅素原書中既有(1) those embodging the formal rules；下面接着(2) other useful propositions；眞去翻一下，查一遍，斷無查不出來的道理。至於所謂『有用』的意義，我想殷先生不會不懂。他所以要揭出『無用的』來和我大吵一番，不過是爲吵駡而吵駡；我對於朋友這種發脾氣的事屢見不鮮。除了躭心朋友健康之外，倒沒有什麼感想。殷先生又似乎說我不該引羅素書，其實我那是開玩笑的手法，在致徐函中就說過『故作嚴重卽甚輕鬆』。這一點何必認眞？性急的人眞是不識耍；早知害得殷先生用顯微鏡而找不着二〇七頁上那樣大一行標類的字，我一定不開這種玩笑。

㈢關於 Tautology，殷先生以英德文混合起來寫出 “Entscheidungs process” 一詞，足以表現目前在美的德奧專家的作風。說類演算的命題不是同語反覆；我只好問殷先生該說是甚麼。同語反覆一詞在我用時祇是就形式的必然說。金岳霖先生曾把 Toutology 譯爲『必然』；我說『二者皆是 Toutology』，也是就此說。倘若以爲不能如此用，儘可指出來。何必發火呢？

其次，『肯認』的意思，指我們對於一符號定義說；倘若我們純作形式推演，當然不能寫出：“γ: $\beta \subset \gamma$” 來。但我說的肯認就是承認的意思，並不等於『⊢』號。正因爲 “$\beta \subset \gamma$” 是一個語句函數、可眞可假；換言之、可承認可不承認，所以我纔談，假使承認——卽可謂肯認——便如何如何；誰說過據 “$\beta \subset \gamma$” 來『推出同語反覆』；所謂『據(1)……云云，便不是據 “$\beta \subset \gamma$” 殷先生在此點又大吵，比我原文要『妙』得多了。

㈣我所謂『形式效力無異』，就是說(1)和(2)都可以成立：那些 “α”，“β” 等等代以一定的東西，都可以用。這與『混而言之』並無關係。『形式命題』不是指某一個命題、是泛說。(1)是形式命題，(2)也是形式命題：『並非不能同時適用於二者』；意思是說，就類與類的包括或就分子與類的係屬說，都有形式問題表其蘊涵關係。只要不混，便沒有嚴格意義的錯誤。至於爲什麼要『分開說』，是否與邏輯的簡單的原則抵觸，那是殷先生早已明白的。『形式屬性』不同所以要分開呀，與『簡單』何干？

總之，我所說形式效力無異，祇是說各有各的範圍，在各自範圍中『無分高下』。這用不着什麼『法力』的。

以上是殷先生所指出的『毛病』；其實我初看時以爲他必有以敎我；看完以後，我却只發覺殷海光先生駡我而已。『他又在發脾氣了』。我不禁慘然久之。本來殷先生邏輯造詣之深，人人知道；倘平心地談問題，正是我所願的事。但這樣駡一陣却使我大感失望。

對於『妨害科學與民主底展進』的罪名，我看後爲之騳然。戴帽子的作風，難道竟傳染到我這位可敬的友人身上？我想不是的，他不過發脾氣而已。

『自由的討論』所涉及的主題，確實『陳述得够淸楚了』不必再說。我之所以寫這篇東西，主要還是解釋那幾點誤會(例如說『有用命題』找不着之類)。學問各有短長，彼此補益自是最好；開口駡人，對量狹的人或者會引起不必要的反感。我說過我不以爲意。不過殷先生數年不見面，火氣如此大，不知道是甚麼理由。宋儒程明道和王安石辯論新法問題，王安石盛氣凌人，程則徐徐說：『願公平氣聽之』，我現在略爲談談我的意思；末了也願意向殷先生說：

道理歸道理，脾氣是脾氣。殷先生發火我無法阻止：但是關於道理和事實我不能不說；還是『願公平氣聽之』。

質詢和答覆

一、侯庭督先生來信

編者先生：頃閱貴刊第十卷第十二期有「立法院給憲政開一惡例」一文，甚佩卓見；不過，我的看法却和您有不同之處，爰就教於高明。

總統提名俞鴻鈞為行政院長，咨請立法院行使同意權。根據立法院議事規則第五十九條之規定：「全院委員會審查時，如認為必要，得由本院咨請總統，通知所提人提出施政意見。」五月廿五日立法院開全院審查會時，夏委員濤聲，就根據這一條提議先請俞鴻鈞到院報告施政意見，然後行使同意權。當時我是發言反對這個提議的。不過我並未想到會像貴刊所說：「給憲政開一惡例」。我的理由也並是貴刊所歸納的三點。（見「立法院給憲政開一惡例」原文。）

所謂民主政治，就是政黨政治的運用。依照政黨政治的常軌，應該由議會裏多數黨的領袖來組閣。國民黨在立法院（議會）裏是絕對多數黨，俞鴻鈞是國民黨提名的。在邏輯上說，俞鴻鈞的施政意見應該先向他本黨的立法委員報告，然後方能得到他本黨委員的支持。立法院的反對黨（民靑兩黨及無黨派人士，俗稱反對黨）提議請俞鴻鈞到院報告施政意見，站在反對黨的立場，是應該的；但是立法院裏國民黨籍立委却無理由支持這個意見。夏委員的提議不會被多數黨通過，自在意料中。

至於俞鴻鈞曾否向他本黨的立委，報告過施政意見，這是國民黨本身的事。老實說，國民黨籍立委附議夏委員濤聲的提議，已經暴露國民黨的弱點，若竟爾通過，那眞給民主政治「開一惡例」了。

貴刊既為憲政而呼籲，我希望能有雅量把我的信給發表，訴諸讀者明智的判斷。此頌

撰祺

侯庭督 拜啓

六月十九日

二、答侯庭督湯亮吉兩先生

編者

本刊上一期那篇社論「立法院給憲政開一惡例」發表以後，除掉立法委員侯庭督先生給我們這封信以外，六月二十三日出版的「自由人」半月刊，登了湯亮吉先生一篇文章「民主憲政是有希望的——併質自由中國記者」。我們一併奉答如下：

一、侯庭督先生對本刊那篇社論表示異議，而其所持的理由，我們歉難同意。「民主政治，是政黨政治的運用」，這句話是可以說的。但政黨政治的運用，也要有一個合乎我國憲法精神的制度才行。當此憲政實行的初期，一個忠於憲政的政黨，其黨員對於憲政制度的確立，應該看得特別重要。

立法院對行政院長行使同意權之前，必須聽取他的施政意見。我們如此主張，是根據我國的憲法精神。這正是有關憲政制度的事體。至於黨內的報告，是政黨政治下另一層次的事，說得更明白一點，黨內的報告是政黨內部的事，向立法院報告是國家的事。我們如果對於「黨」與「國」兩者的層次，看得不馬馬虎虎，我們就不能同意以黨內的事代替國家的事。這一點，我們認為是最重要的一點，不知侯先生能否和我們同一看法？

二、湯亮吉先生這篇文章，其小雖題標出「併質自由中國記者」的字樣，但其內容，對於本刊那篇社論的主要論點，並未指出甚麼不對的地方。有之，也只有不太關重要的一點。即認為本刊社論的標題不免叫人吃驚。因為行憲六年，立法院已經行使這種同意權六次之多，過去均未請被提名人來院報告施政方針，這次不邀請，算不得是開惡例（湯文在一段中，意思的表達不太清晰，其本意當係如此）。關於這一點，我們要聲明的是，過去六次內閣更迭，除行憲第一次內閣外，均在戎馬倥傯的動亂之際，提名內閣未經報告施政，乃屬情有可原。然而第二次民選總統的六年任期，應是我們建立憲政制度的時候。蔣總統就任之際，便曾一再强調此點。我們之所以在社論中責備求全者，其理由亦正在此，這篇社論的標題也許有點觸目，至於文中的論據和主張，我們相信是不錯的。

第十一卷　第一期　內政部雜誌登記證內警臺誌字第三八二號　臺灣省雜誌事業協會會員　三二

給讀者的報告

自由與極權的鬥爭是一個全面的整體的鬥爭，最理想的安全制度應是世界性的。但在聯合國組織已為蘇俄癱瘓了的情形下，勢不能不代以區域性的防衛組織，於是有北大西洋公約之產生。現在亞洲方面正遭受共黨不斷的侵略，而至今仍無一個共同的防禦體系。對於越南局勢美國政府固然一籌莫展；即其倡議的東南亞聯盟，也在英法兩國的掣肘下，極有流產可能。日內瓦會議以後的美國，日陷於孤立的窘境；反共形勢的前途令人十分憂慮。因此，我們建議從速建立中韓日三國同盟，以捍衛遠東的安全。在社論(一)裏，我們瀝陳成立中韓日三國同盟之必要，籲請三國當局與人民，泯棄成見，為自身的生死存亡而共同合作；並屬望美國從中努力，以促其成。

本期第二篇社論是：「諾言貴實踐」。單從題義上看，便已明白表示了我們這篇社論的意旨。自從總統、行政院長就職，新政府成立以來，總統與俞院長均先後表示，今後將厲行法治、建立制度，保證民主自由之發展。這些諾言，是全國人民所樂聞的，誠足振奮人心。然而更重要的是如何在今後一一實踐這些諾言。必須如此，才能提高政府的威信，增強反共抗俄的力量。在這篇社論裏我們特別指出人身自由與言論的保障，並舉出一二具體的實例，以促請政府之力行。

程滄波先生的大文旨在幫助我們了解英國。在當前國際情勢下，英國所扮演的是一個灰色的角色。覇才橫溢、曾經是一世之雄的邱吉爾，似隨着英國的衰老，已失却了生命的活力與銳氣。此老現正作客華府，不知他這番葫蘆內賣的什麼藥？但望不要再自誤誤人。讓我們為自由世界的命運祈禱吧！

曾子友先生的論著，是從政治學的觀點，分析西方國家概念的演變。作為一個現代國民，對國家一詞的眞確含義是必須分辨清楚的；歷史上不知多少暴君俱曾假國家之名以荼毒人民！

「安全與自由」一文是「到奴役之路」一書之第八章。本文對安全與自由之間的分際，解析之透闢，無出其右者。為安全可以犧牲自由，這觀念是人類災害的主要根源之一。

「日內瓦會議」一文是我們要特別推介的。作者對這次會議的縱橫捭闔，以及越南局勢的推演，分析至詳，讀之可了然於當前的世界局勢。

本期開始連載孟瑤女士為本刊特撰之長篇小說「幾番風雨」。孟瑤女士以她智慧鋒利的筆描寫一個美麗純潔的女孩(何小薇)，因不知自築藩籬以自衞而毀於一旦。人，常常因為他一點弱點，一輩子就够他受了！何小薇，這朵早熟的蓓蕾就是因為「人」的那一點可悲的弱點，幾番風雨，便凋落了，惹人一滴悵惘的淸淚。書中的角色全是我們眼前活生生的人，在這裏，我們可以看到一副如萬花筒般的人生眞相。全文共十五萬言，當可飽饗愛好孟瑤女士作品的讀者了。

「一個邏輯問題的討論」與「質詢與答覆」兩文，編者已各在文前按語，不再贅。

本刊售價		
地區	幣別	每册價目
臺灣	臺幣	4.00
香港	港幣	.50
日本	日圓	100.00
美國	美金	.30
菲律賓	呂宋幣	.50
馬來亞	叻幣	.50
暹羅	暹幣	4.00
越南	越幣	8.00
印尼	印尼盾	9.00

自由中國 半月刊 第十一卷 第一期 總第一一二號

中華民國四十三年七月一日出版

發行人兼主編　『自由中國編輯委員會』

出版者　自由中國社
社址：臺北市和平東路二段十八巷一號
電話：二八五七〇

航空版
香港辦事處　香港時報社　香港高士打道六四號
菲律賓辦事處　岷市怡干洛街五〇二號三樓　3rd Floor, 502 Elcano St. Manila, Philippines

總經銷
臺灣　自由中國發行部
美國　中國書報發行所　中國國民日報社　Chinese Daily Post 809 Sarcamento St., San Francisco, Calif. U.S.A.
加拿大　醒華日報　Shing Wah Daily News 12 Hageeman St., Toronto, Canada

經售者
日本　東京僑豐企業公司
韓國　釜山草梁洞新泰行
馬尼剌　大中華日報社
印尼　椰嘉達天聲日報　棉蘭新中華報
越南　西貢中原文化印刷公司　越南華僑文化事業公司
暹羅　曼谷藝多社十二號
緬甸　仰光振成書報店
印度　孟買梅亞號　加爾各答塔梅學校
澳洲　雲梨瑞由公司
北婆羅洲　西利亞坡青年書店
新加坡　檳榔嶼、吉打邦均有出售

印刷處　精華印書館
廠址：臺北市長沙街二段六〇號
電話：二三四二九

本刊經中華郵政登記認為第一類新聞紙類　臺灣郵政管理局新聞紙類登記執照第五九七號　臺灣郵政劃撥儲金帳戶第八一三九號

自由中國

FREE CHINA

第十一卷 第二期

要目

中華民國四十三年七月十六日出版
社址：臺北市和平東路二段十八巷一號

半月大事記

六月二十五日(星期五)
英首相邱吉爾與美總統艾森豪在華府開始會談。
行政院新聞局長吳南如對我海軍在臺灣附近海面截獲資匪油輪陶甫斯號事發表談話。
聯合國安全理事會集會討論危地馬拉戰事。

六月二十六日(星期六)
邱吉爾與艾森豪會談對東南亞防務問題的歧見。
行政院會議通過國防組織法修正案。
危地馬拉反共軍佔領吉奎姆拉鎮，並宣佈該地為臨時政府所在地。聯合國安全理事會投票反對干涉危地馬拉戰事。

六月二十七日(星期日)
美總統特使符立德三度來華訪問。
白宮宣布：法總理孟德法朗士願與美總統就越南局勢及西歐六國軍公約等重要問題舉行「機密而親切」的會談。
泛美十國外長宣佈將定期集會，討論應付危地馬拉局勢。

六月二十八日(星期一)
邱吉爾與艾森豪會談後發表聯合公報。
美特使符立德將軍與駐華美官員竟日舉行會談。
危地馬拉親共總統阿本茲辭職政權交由陸軍參謀長狄亞斯上校。

六月二十九日(星期二)
危地馬拉狄亞斯政府解體，蒙松成立新的軍人執政團，立即表示願與汎美和平委員會合作，調查該國的敵對行動。
法軍宣佈放棄越南中部要塞安溪及南定省。

六月三十日(星期三)
邱吉爾與艾森豪發表聯合聲明。
危地馬拉蒙松政府接受反共軍領袖阿瑪斯上校的停火條件，已赴薩爾瓦多與阿瑪斯談判。
邱吉爾抵加拿大與加總理聖勞倫特會談。

七月一日(星期四)
蔣總統任命周至柔為國防會議秘書長。
美衆院通過三十三倍的共同安全法案。但決議禁止援助凡參加洛迦諾式協定的國家。
法國宣佈，正自紅河三角洲南部撤退。

『自由中國』的宗旨

第一、我們要向全國國民宣傳自由與民主的真實價值，並且要督促政府(各級的政府)，切實改革政治經濟，努力建立自由民主的社會。

第二、我們要支持並督促政府用種種力量抵抗共產黨鐵幕之下剝奪一切自由的極權政治，不讓他擴張他的勢力範圍。

第三、我們要盡我們的努力，援助淪陷區域的同胞，幫助他們早日恢復自由。

第四、我們的最後目標是要使整個中華民國成為自由的中國。

七月二日(星期五)
西班牙大使單佐律呈遞國書。
美巡邏艇三艘在紐約海軍船塢移交我國。
我海軍在浙海擊沉匪艦兩艘。
危地馬拉蒙松政府已與反共軍領袖阿瑪斯達成協議，成立五人執政團，於兩週內選出總統。

七月三日(星期六)
中央政府新任政軍各機關首長就職。
美國對法軍撤退紅河三角洲南部事，向法國及越南表示嚴重關切。法越聯軍總司令艾雷將軍稱，決保衞紅河三角洲。
英國取銷食物配給制。

七月四日(星期日)
美特使符立德將軍離華返美，他個人認為中美間聯防協定有必要。
法總理孟德法朗士稱：法軍撤退紅河三角洲南部，旨在改進戰略形勢。法越聯軍與越共軍官在河內討論停戰的技術性問題。

七月五日(星期一)
葉公超外長發表聲明，如容中共進入聯合國，不啻自毀神聖憲章。
英美兩國外交人員集會商討恢復西德主權。
東巴基斯坦宣佈共黨為非法。

七月六日(星期二)
立法院通過外國人投資條例案。
美英法澳四國軍事代表在新加坡集會商討東南亞防務。
危地馬拉新政府宣佈反共政策。

七月七日(星期三)
英美兩國就東南亞防禦公約計劃開始初步會談。
美陸軍部長史蒂文茲稱，美駐歐陸軍即將裝備附有原子彈頭的新式超音速電導飛彈。

七月八日(星期四)
美國務卿杜勒斯稱，美將以否決權阻止中共進入聯合國。
英美商定對俄禁運戰略物資的改進辦法。
法機出動猛襲紅河三角洲地區共軍據點。

七月九日(星期五)
美遠東軍統帥赫爾宣佈：將北海道防務逐漸移交日本的新武器部隊。
危地馬拉反共軍領袖為軍人執政團選出為該國總統。
越共壓力增强，河內已聞砲聲。法越聯軍總司令艾雷否認河內將不戰而棄守的謠言。

七月十日(星期六)
教育部學術審議會舉行全體會議。
美參院通過諾蘭建議，反對中共進入聯合國。
河內局勢緊張，法國勸告平民撤離。

社論

(一) 美國在亞洲要有積極的政策

自六月八日莫洛托夫在日內瓦的長篇演說發表後，法國的蘭尼內閣立刻倒下，孟特法蘭斯上臺，揚言以越南停戰爲第一要務，跟着紅河三角洲自動撤守，將幾個大城市及一千餘方哩的土地拱手讓敵，一心一意去求和，惟恐共黨不肯應允的樣子。美國當局雖曾經强調越南地位的重要，欲以聯合行動阻止共黨的擴張，但是時至今日却束手無策，杜勒斯國務卿竟謂卽使越南失陷，東南亞尚有可爲，可見不獨解放政策徒託空言，卽圍堵政策也不能貫澈，任令共黨衝開一個缺口了。說者謂共和黨上臺以來，其外交政策已有三次大失敗——卽韓國停戰，日內瓦會議，與越南戰事，而實以此次爲最慘。結束韓戰是共和黨的競選諾言，但是艾森豪總統當時說過，如果韓國停火，而共黨又向越南或其他地區侵略，則停火亦毫無意義。何以杜勒斯在巴黎竟贊成日內瓦會議之召開，使越戰與韓戰同時討論，而不堅持其歷來的主張——待韓戰政治會議有結果再談及其他地區呢？說者以爲杜勒斯蓋欲以此換取法國對歐洲軍條約的批准，果然則其失敗乃是雙重的，因爲孟特法蘭斯內閣是反對歐洲軍的。如果美國對於越南戰事能劍及履及，實行參加，則韓戰停火雖屬徒然，而阻止共黨的侵略還是沒有兩樣，日內瓦會議雖然召開，而蘭尼內閣未必因此毋臺，歐洲軍條約也還有批准之望。只因法國鬪志不堅，英國只謀苟安，遂致聯合行動無法實現，而美國過去的宣傳盡成空言，共黨在亞洲乃氣焰萬丈，第二次大戰以後美國外交的慘敗無有如今日之甚者。這是甚麼緣故呢？我們可以總括地答覆一句道：由於美國對亞洲實沒有政策。

越南的軍事問題，法國惟望停火，共黨或亦適可而止，故暫時的和議或可達成。但是共黨又要求同時談判政治問題，莫洛托夫六月八日的演說仍堅持此點。所謂政治問題大概卽是各國要承認中共及允許中共進聯合國罷了。法國自然願意以此爲交換越南和平的代價。英國早已承認中共，艾登在下院報告又盛讚莫洛托夫與周恩來，說者謂，邱吉爾決心追隨尼赫魯之後，在美蘇之間作超然的中立，期望能與共黨和平相處。這究竟是否事實姑且不論，但英國之贊同中共進入聯合國自無疑義。且看近日美國朝野上下的表示，可見英法的壓力之强，大有難以抵禦之勢了（艾森豪所謂「將奮鬪到底」，極可玩味）。如果承認中共的國家在聯合國中已超過半數，而又有人提出允許中共加入的議案，美國將如之何？固然美國也可使用否決權以阻止之，但是當作領導自由世界的美國竟要用否決權來對抗過半數國家的意志，還有甚麼意義？果若此，共黨孤立美國的陰謀不是完全實現了嗎？可是中共一經加入，則聯合國的憲章變成一紙空文，聯合國本身將和國際聯盟一樣，不久便要壽終正寢了。我們記得國際聯盟的垮臺便是英法二國的傑作，今日之對中共亦猶當年之對日本，諾蘭以美國退出聯合國來對抗，正是參透了其中的奧妙。但是我們還要說一句，美國只有此消極的政策是無法打開局面的。

現在美國因爲對亞洲之無政策，(更正確地說只有消極的政策)而演出越南問題之慘敗，它在亞洲的威望已是一落千丈，中立與觀望的國家將越來越多，而決心反共的國家也覺得徬徨迷惑。其在歐洲雖有建立歐洲軍的政策，但因首倡此議的法國延不批准，遂致遷延不決。英法二國是否決心中立，我們雖沒有充分的資料來作判定，然而它們的對美關係日益疏遠，則是不可爭辯的事實。到了這步田地，美國如向共黨投降則已，苟不甘屈服，則其外交政策已是非變不可的時候了。那麼究應如何改變呢？歐洲方面，可得英國的支持，或可不顧法國的態度，而恢復西德的主權，援助其建軍，以謀解決，茲不具論，特就亞洲方面而一論之。

上面檢討美國在亞洲的失敗在乎沒有積極的政策，則今後必須訂立積極的政策始能挽回頹勢，已無疑義。本來一國的外交政策並不是紙上空談，必有行動以謀其實現，才說得上政策。韓國的戰爭，美國有堅決的行動，故直至今天聯合國的會員國中，除共黨集團外，均站在美國的一邊，雖小有歧見而無傷大體。今次越南的戰事，因爲行動不能符合宣傳，便演成如此的慘敗。將兩次對照而比較之，其得失不是明白易見了嗎？故今後須將亞洲堅決反共的國家團結一致，積極行動，說到做到。那些要中立的由它們去中立，要觀望的由它們去觀望，不必拖泥帶水，多方牽掣。像軍援巴基斯坦一樣，不管尼赫魯說些什麼，還是我行我素，着着邁進。現在澳紐菲泰中日韓都是堅決反共的，越南三邦雖有法國作梗，而當地的政府與人民還是樂意接受美國領導的，卽將這些國家團結起來，軍事經濟雙管齊下，訂定步驟，着着進行，便是當前的急務。只要美國有決心，有辦法，前途的勝利是有把握的。

社論

(二) 民主憲政的又一試金石

四十三年七月二日報載中央社訊：「總統七月一日令：特任陸軍一級上將周至柔爲國防會議秘書長。」消息傳來，關心我國憲政的人士，不勝其惶惑。這則消息，從表面看來，不過是常有的人事任命；然而，稍一究詰，吾人立刻發現其有觸及憲政常軌與責任內閣這類民主建國基本程序之處。吾人茲就這一方面略抒所見。

依理推斷，既有國防會議的秘書長，當然就該有國防會議。這也就是說，國防會議的存在，應先於國防會議的秘書長之存在，斷無國防會議的秘書長先於國防會議而出現之理。但據立法委員透露，國防會議，是要依據國防組織法而成立的，國防組織法修正草案，是四十三年六月三十日由行政院送請立法院審議，現在尚在立法院國防小組委員會審議之中。立法院對於行政院送審案件，當然有修正或否決之權的。又據七月二日中央社訊：行政院已將國防組織法草案送請立法院審議。立法院程序委員會已於二日下午開會，決定建議全院會議交有關委員會審查。因立法院預定本月二十日休會，國防組織法在本會期內恐已來不及完成立法程序。

國防組織法既尚未依法通過，國防會議當然還沒有產生，但國防會議的秘書長却已任命了。這眞是件怪事！

有人說，關於這一類的問題，事關軍事機密，輿論界不應過問。這種說法，流行不止一日。吾人誠知，民主國家不能說沒有『機密』。當今之世，邪魔環伺，如果沒有『機密』，是不能生存的。不過，民主國家的『機密』祇限制於最低限度的必要程度。極權國家如蘇俄等則大謬不然。它們把『機密』二字漫無限制的使用，馴至『機密』變成唬嚇人的東西。這種辦法非民主國家之所取。『機密』必須有確切的範圍與限制。這條原則，對於軍事當然適用。軍事之所以成爲『機密』，主要在於軍事行動。未聞有將關係乎國家民主憲政根本大法的軍事機構的問題，視作『軍事機密』，而不容許國人討論之理。而且就這件事說，中央社既把國防會議秘書長的任命公開發表了，可見政府對於這個建制並不視爲秘密。

一談到國防組織法所產生的國防會議，我們就不能不想到它與行政院的關係。而這個問題正是與憲政常軌和責任內閣不可分的。從邏輯的觀點來看，國防會議與行政院的關係可能有三種：一，國防會議的地位在行政院之上；二，國防會議的地位與行政院平行；三，國防會議隸屬於行政院之下。如果國防會議的地位在行政院之上，那末就等於在行政院之上，再設一個太上會議。這麼一來，豈不是事實上取消了行政院的責任內閣地位？如果國防會議的地位與行政院平行，那就是國家行政權發生了二元性的變化。這麼一來，也就是破壞了行政院的責任內閣之完整性。如果國防會議隸屬於行政院之下，那末豈不等於畫蛇添足？

據說，在國防會議中，行政院長爲委員之一。其地位當與那些同爲國防會議委員的外交部長，財政部長，國防部長是一樣的。然而在行政院中，行政院長是外交部長、財政部長、及國防部長的首長。一人之地位，如此不確定，豈不尷尬？總而言之，國防會議如果成立，它將是一個根本不合邏輯的產物。

也許有人說，美國政府中現在不也有一個由總統主持的國家安全委員會嗎？我們爲何不可傚效呢？要知道，我們的憲法與美國的不同。美國是總統制，我們是近似內閣制。在總統制下，國家行政權屬於總統一人，所以他可以在行政範圍以內，設立某些機構而不違憲。至於在近似內閣制的我國憲政下，行政院的地位和權力是決不容許動搖或侵犯的。這一點，本刊曾一再指出。如果說爲適應戰時需要，必須設置國防會議。那也只能由純粹軍事人員組織，而其職權也只能限於純軍事範圍，不應該讓我國憲法精神，由這一國防會議的成立而澈底破壞。

國防會議如其產生，不僅在理論上完全說不通；而且在實際上所產生的結果尤足威脅剛在萌芽中的民主憲政。在民主國家，任何政治機構的任務，必須依據憲法而作明文的規定，並且盡可能地避免包羅萬象的字眼。這是爲了防制政治權力之不依憲法而肆行擴張。政治權力如不依憲法而擴張，未有不威脅民主政治者。道路傳聞，國防會議的任務，所包範圍極廣，而且負有執行的責任。這樣一來，如果國防組織法修正草案通過，而且國防會議成立，那末行政院勢必處處聽命於國防會議。如果行政院處處必須聽命於國防會議，那末行政院就不是國家『最高』行政機關，從而行政院也就不能向立法院負責，立法院也就有名無實了。這樣一來，我們這部憲法在政府組織這方面又是等於具文，而我們的政府事實上就成爲軍政府了。蔣總統在本年五月二十日就職時曾明白向國人宣示：『第一，要厲行法治；第二，要建立制度。』此理如日經天，無可懷疑。國防會議果眞產生，將置蔣總統的宣示於何地？

民國開國以來，已有四十三年。這四十三年的歷史，從法治的觀點看來，可以說是一部建法者對毀法者的奮鬥史。四十多年來，私心自用罔顧民國的人無不毀法壞法；愛護民國的人則無不建法護法。袁世凱爲了帝制自爲，悍然毀棄約法。共黨匪徒竊據大陸以後，更是背棄憲法，爲所欲爲。國父孫中山先生以護法爲其奮鬥目標之一。今日千萬軍民，退守臺灣，從事滅共倒俄，也就是爲要守護住我們的憲法。良以守護住了我們的憲法，我們的立國建國才有所根據。守護憲法在具體的實踐上，就是要維護憲法上所予行政院責任內閣的地位。這一點能否做到，正是我們民主憲政的試金石。

亞洲人民反共的最終目的

張佛泉

由中韓兩國所發起的亞洲人民反共會議，已經於六月內在韓國鎭海舉行。這次會議曾通過「亞洲人民反共聯盟組織原則」及「亞洲人民反共會議宣言」兩個文件。我讀過這兩個文件之後，願在這裏另提一些意見。我覺得我們亞洲人民反共，首應確定並强調最終目的。

亞洲人民反共的最終和最高的目的何在呢？在建立基本人權制度！

今天亞洲人民當前的和直接的目的固然在反共，但我們祇嚷反共却仍是不中用的。因爲祇喊反共，恐怕仍反不出一個好結果來。一如過去我們曾反抗西洋人傳教，曾反抗帝國殖民的蠶食，曾抵制經濟的剝削，曾大規模的抵抗武力侵略。但繼續這一連串「反抗」運動之後的，却是最殘暴無比的共產專制政權的興起！這豈不是一個絕大的諷刺！何以會發生這種情形呢？這正由於我們始終沒有能夠徹底醒覺，沒有能夠說出「不可讓出的權利」(inalienable rights)的話來！「不可讓出的權利」乃是人與人之間的生活中最緊要，最不可缺的保障！有這些權利，纔有民主可言，纔有「內新主義」(nationalism)可言，纔有最低的生活保證(national minimum)可言，纔有學術自由可言。亞洲多少年來的外侮內患以及一切禍災的紛至沓來，全是由於我們自身的脆弱，而更主要地，是由於我們沒有徹底的醒覺。我們昨天「反」此，今天「抗」彼，反抗的目標正似無窮，反抗的對象却一個比一個兇狠。今日的共匪不但竊據了大陸，並滲入了全部亞洲，更由此正式威脅到全世界的和平與安全！這不是偶然的。這正由於我們始終未能把握住十八世紀以來的自由時代的最基本的前提，沒有把握到懷特海教授所謂「理智與人權的時代」("The Age of Reason and the Rights of Man")的意義，沒有把握到「不可讓出的權利」或天賦權利(natural rights)的意義。沒有把握到這近代的第一義或最高義，我們乃始終以病狀當了病源，錯認了奮鬪的目標。撲一個空，隨着又撲一個空，連續撲空下來，我們先已耗盡了一切精力，而竟落個兩手空空。有此痛苦經驗，所以我說，今天我們反抗共匪雖是直接而當前的目的，却非我們最高和最終的目的。我們今天反共却不能祇喊反共。

我們今天甚至不能祇喊自由。自由的口號並沒有錯。但自由一詞的意義却有待於界定。何謂自由？這已是幾百年來一個大爭論。艾克頓伯爵(Lord Acton)在五十年前即集有二百個有關自由的定義。他並說，除了「神學」(theology)，沒有其他的字比「自由」一詞使人類流了更多的血。祇提「自由」一字，玄學家們首先與高彩烈地辯論到意志自由、德性自由、自由與上帝、自由與必然等等的問題來。辯論此問題的人，都可以很自豪地爲已有的幾百個自由的定義再添加一個。祇提「自由」一字，蘇聯的宣傳家們更是振振有詞。他們一向在誇稱祇有他們所追求的纔是「眞正的自由」(real freedom)、「積極的自由」(positive freedom)。他們並指摘英美人所講求的祇是「形式的」、「消極的」自由。祇提「自由」一字，更有許多統治者或道學先生們會震怒或驚惶。他們以爲侈談自由，便是不聽指使，便是恣肆放蕩。作者近來特別覺得在我東方祇提「自由」一字是不够的。東方人對於西方自由制度是如此陌生，如此想像不到它的規模，幾乎完全不能相信何謂自由制度。因之，祇要一提及「自由」時，我們東方人第一個聯想便是些玄天玄地的問題，並堅決地拒絕將它看作日常生活的方法。作者去年曾初步介紹英美人幾百年來所講自由之確鑿的意義。我的話尙未得說完，便已經有人開始向我辯論道德自由的問題，並抗議我將自由「退限」(delimit)到政治範圍，抗議我將政治與道德「界劃」爲二。這種爭論之起，乃由於很簡單的道理，這祇是由於對西方自由制度太陌生，而東方的「意理」(ideology)却牢結而不可破。由於這種辯論，使我感覺到，欲使我東方人徹底了解英美人之自由民主，實附帶着更多一層的困難。我們許多先入爲主的觀志永在作祟。我們的讀者，不都是 bona fide 的讀者。譬如我從來未曾反對人在道德界去談德性自由或不自由。我祇是說，在政治或法制範圍內，諸權利便等于自由或諸自由。我祇是說，不分道德界與法制界而混談自由，或由道德界談自由起，一直貫穿到政治界，都是不可以的。這樣談自由，不是以「必然」否定了自由，亦必在至終認爲政治上的自由爲不必要。但偏有些人以爲將自由看作權利制度便是否認了道德自由。因爲有這些情形，我纔想到，今日我們反共，不能祇喊自由。特別在我們亞洲，有將反共的目標說得更清楚一些的必要。

我們反共既不能祇喊反共，亦不能祇喊自由，然則要喊甚麼呢？要喊出「人權」來！我們須知在政治的或法制的範圍之內，諸人權便等于自由或諸自由。自由在此範圍內的意義是很確鑿的。自由的一般定義，或許有二三百個。但在法制意義下的自由却祇有一個，而沒有第二個。一個權利亦即一個自由。諸權利亦即諸自由。權利又何所指？回答這問題，便無須躑躅。爲基本權利，各國都可以開出一張清單來。這就叫作「人權清單」(a bill of rights)。這個單內的基本權利大約可列爲三數十條。這些權利便是現代社會的立國條件。這些權利一朝被訂入憲法，便成爲一切立法的標準，無論行政機構或立法機構都不能隨意加以限制或變更。如此方稱作基本權利。

獲致基本人權，乃是我們亞洲人民政治更新的目標，同時亦正是我們反共的最高、最後、和最具體的目標。

人權的觀念對我亞洲人本最爲陌生。但是我們如嚷不出、或不知强調人權這個名詞，便始終不能算達到「了悟」(enlightenment)普通譯爲「启蒙」)的階段(註一)。人權的觀念要亞洲各國的人民自己把握住，也要我們利用機會共同喊出來。而「亞洲反共會議」便應該是我們亞洲人民共同强調人權的最好機會。我們要向世人證明，我們已醒覺到了一個程度已能抓住自由時代的最高的前提。我們要藉這個亞洲人民反共會議的機會向世人證明，我們在人權方面的瞭解，至少已能隨得上聯合國的憲章和人權普偏宣言。我們曉得聯合國憲章共有七次提到「人之權利與基本自由」(human rights and fundamental freedoms)，普偏宣言中更有十次運用「人之權利與基本自由」或「諸權利與諸自由」(rights and freedoms)。「人之權利與基本自由」尤其是「諸權利與諸自由」這兩個表詞，已成爲近年來聯合國文件中固定而習慣的用語。(請參閱「人權公約草案」)。我認爲這是聯合國在十年來最大的成就之一：它能十分强調「諸人權與諸自由」，並能相當成功地將此觀念播佈到「黑暗王國」以外的一切人民。這是一個劃時代的擧動，以前沒有一個國際組織曾如此認眞地作過此種努力。我們如以聯合國的憲章與國際聯盟盟約相比，立刻可以發現這種區別。聯合國之如此提倡諸人權與諸自由，可以說是全人類之開始步入「了悟」(「启蒙」)階段。在這樣一個新的世界性的發展中，我們亞洲人便尤不應有落後的表現。我們要向全世人表明，我們已牢握住諸人權與諸自由的意義。我們要聯合宣告全世，亞洲各國的二十世紀中葉的維新(也可以說是「再維新」)的目標乃在以人之基本權利爲建國的條件，我們的反共和反統制的最後目標亦正在人權制度的確立。我們亞洲人民自己要用各自的語言將人權觀念播送到亞洲每一原爲蔽塞的角落，我們要用各自與合作的力量將人權制度在亞洲每一原爲落後的角落樹起。祇有這樣，我們方能希望少爲世界製造問題，少爲世界引起災禍。也祇有這樣，我們方能希望從此一下子杜塞了共產主義的地下滲透，使我們的祖國不再作共產主義的溫床。至此，我們方能在實際上對世界永久和平有所貢獻！

我們不但要在亞洲人民反共宣言中强調諸人權與自由，還要標列出我們所認爲必不可少的基本權利，例如：言論自由、人身自由、以選擧更換政務官員，以平民的官員控制武裝部隊和情報機構、人民對生產工具和生產品(尤其是食物)的控制和享用等等。同時我們更要在亞洲人民反共宣言中一條條例擧出共產黨對基本權利的侵害，藉以更徹底宣揚諸人權和諸自由的意義。例如我們要指出：

共產黨之祇承認公民權，乃是從根本處否認了「人」權；他們得隨意指人爲人民之敵，這實等于否認了人人之生而爲人的資格；共黨治下的人得否稱爲人，有無生存的資格，必待共黨的批准。這實是亙古以來未有的荒謬！

共黨之將土地及生產工具據爲「國」有，祇是古時「據有」(dominium)與「統治」(imperium)混合制的恢復。國之據有人同時亦是人民之據有人。人民及土地均成了共黨獨裁者之財產與生財。這種 dominium 與 imperium 混合制之變本加厲的實施，乃是人權之最嚴重損害之一。

共黨之「清算」乃是「追溯既往」(ex post facto) 的法律之大規模的實行(註二)。

共黨之「洗腦」「坦白」乃是「自我加罪」("self-imcrimination")或「自做不利於己的見證」("to be a witness against oneself")。

共黨之「人民公審」乃是最壞的形式的「暴民私刑」(lynching)。

共黨以「訪問」爲名，隨意侵入人之家庭或住所，完全不懂何謂「無理由的搜索與佔取」("unreasonable searches and seizures")。

共黨之「再鬪爭」或「再清算」可比爲「重複治罪」("double jeopardy")。

共黨無限制地施用「殘酷而非常的刑罰」("cruel and unusual punishment")。

共黨以政治力量建立馬列「國教」。

共黨藉義務教育美名，規定並製造人人之良心。

我們如此列擧下去(還能再擧二三十條)，可以證明共黨實實在在已侵害了民主邦國所長期爭取的每一項人權或基本自由。

或謂：以亞洲人民反共竟唱出人權的高調來，又如何能望依此實行呢？

對此我有兩點回答：

基本人權一面爲「現實」(reality)，一面爲「法範」(legal norms)。在今日亞洲，基本人權主要祇能當爲「法範」，當爲最高的政治目標。大凡一種重要行動，特別是一種共同的重要行動，必先確定最後目標。亞洲人民所最需要的即爲基本人權，共黨和野心統制者所最怕的亦正爲基本人權。亞洲人民反共會議實是最好和最適宜的機會將人權的理想確定下來，並由此竭力宣揚出去。亦必如此，方能證明這是亞洲「人民」在反共，而不是亞洲幾個「政府」在反共。所以我們必須趁此良機大聲喊出「人權」來。我們不要害羞，不要再遲疑。我們不要輕輕提及人權，便又放鬆它。我們正要反覆强調諸人權與諸自由，肯切確定諸人權和諸自由爲反共的最終和最高的目標。

至於亞洲反共陣線的實際形成，我更認爲祇有在一個眞正崇高而正大的目標下，方能實現。照現在這樣，我們不對人權的重要加以强調，總最難號召起一種偉大的共同行動。若祇計較利害或當前的安危，我們今日亞洲的人民便幾乎無望能實際聯合起來。亞洲人民有的已是談「共」色變，有的還在對共黨抱着幻想，有的却得有一種依賴性的安全感，有的則已在屢戰屢敗中喪失了意志。祇有幾國的人民和政府尙保有百折不撓的精神或規復舊河山的雄圖。祇就短視的利害論，亞洲的聯合陣線之形成比在歐洲還要難得多。我們今日所最先需要的實爲崇高而正大的號召。這號召不可能是其它，祇有是人權！

註一：閱 Ernst Cassirer, The Philosophy of the Enlightenment，Ch. VI. 此書原爲德文，名 Die Philosophie der Aufklärung，一九三二年出版。Fritz C. A. Koelln 與 James P. Pettegrove 於一九五一年譯爲英文。故教授卡西瑞爾在論及弗洛泰爾 (Voltaire) 對自由的見解時，有這樣的一段話：『但弗洛泰爾對于自由之純玄學問題之無固定不移的見解，祇表示他對于這方面的問題並不感覺與趣。在他看來，自由不祇是理論或抽象定義的問題，而是當時的一個最迫切的實際問題。他的自由觀念乃來自他的具體的政治觀察，來自對各式政府之比較與評價。在當時的歐洲，弗洛泰爾認爲英國憲法差不多最能實現了他的理想，因祇有英國憲法能對每一公民之財產及個人安全給予實在的保護。……弗洛泰爾對自由的主要觀念因之與人權觀念相同("synonymous"亦卽同義)。「事實上，自由 (to be free) 有何意義？了解人之權利卽謂自由，因了解此諸權利卽必保衞此諸權利」』。卡西瑞爾最後所引弗洛泰爾的兩句話，原見 Lettres sur Les Anglais 第九函，及 "Gouvernement" 一文。此文載 Voltaire 之 Dictionnaire Philosophique, sect. VI, Oeuvres, XXVI, 40 ff.; XL, 101 ff. (見英譯本 P. 251 及卡氏原註二十五)。

弗洛泰爾原語及卡氏論弗氏的話都是特別值得我們注意的。必待能將制度中的所謂自由扣到「人權」上面，我們纔算得在政治法律方面達到「了悟」(啓蒙)的階段。我們之開始「了悟」較之法國已差兩百年，我們必須急起直追。

註二：共匪之「淸算」有時追溯至乾隆時代，甚至可追溯至大明。此時馬列尙未降生，我中國人怎得知道已犯了共匪的「法律」？故「淸算」與大革命混亂期中之「報復」不同。「報復」尙可言。獨「淸算」乃極野蠻之行爲且更加以「理由化」(rationalisation) 者。

(上接第18頁)

黨過活的。冷酷、剛愎、缺乏幽默，以苦笑出名的阿本茲有四百條考究的領帶，衣櫃中盡是名裁縫製做的灰色西服。賭博時一擲千金。演說時，講的全是共產黨員古拉・伯奇寫的鬼話。去年十二月到任的美國駐危大使裴立斐和他一夕談以後。報告國務院：「他不是共黨，將來引共產黨徒進來的一定是他。」

赤魔的滲透

大使的報告轉變了美國的外交政策。國務卿杜勒斯促使美洲國家召開外長會議，商權阻止共黨滲入新大陸。危地馬拉的回答則是用瑞典貨船，從波蘭的司德汀港運來購自捷克的二千噸軍火，這數字超出了中美三十年來的總輸入量。今年六月一日，在孟地危多開外長會議時，美國提供五十六頁長的文件，報告危國共黨情況。

內部混亂

農工界曾分得土地，就向阿本茲表示忠誠，紅人保持沉默和不合作態度。一九五一年危京選出了反共的市長。阿本茲訓練的軍官不滿意共黨的專横，處在高壓手段下，敢怒不敢言。阿馬斯在邊界上待機擧伐，政見相左的人們紛紛逃難。阿本茲實施嚴密的郵電檢查，便衣警察密佈各地，荷槍車隊巡邏着街道，獄中充滿囚犯，放回的多是缺手斷足的尸體，官報說是自殺，而惟一的傷痕是頭上一個彈洞。

第六十次否決權

聯合國會議上，危代表指摘：「這次侵略，顯然是美國敎唆的。」蘇俄代表希望組織小組調查，以便拖延時日混水摸魚，諾奇吼着：「告訴你蘇俄代表，西半球不干你的事。」當十個會員國要接受巴西和哥倫比亞的建議時，蘇代表用第六十次否決權，癱瘓了安理會的進行。

(節譯自時代週刊)

一個符合美國立國精神的判決

劉慶瑞

一

美國最高法院在五月十七日，以九比零的全體一致，作了一個歷史性的判決。這個判決宣告公立學校的黑白分校制度(segregation in the public school)有牴觸美國憲法修正第十四條的平等精神而違憲。這不但是美國憲法史上的一個劃時代的判決，亦是美國民主政治史上，值得特書大書的一件大事。它不但否定了近一百年來南部各州的有牢固根底的教育制度，而且推翻了最高法院五十八年來所維持的先例。筆者欲從研究美國憲法的立場，對于這次判決，略作介紹。

二

自南北戰爭之後，黑奴雖已解放，但社會上南部各州白人歧視黑人的觀念，依然牢不可破。有許多地方，不但公立國校黑白分校，火車、旅社、酒店、戲院等等，往往黑白分座，不相混淆。這種舊習，至今相襲不改。這種黑白分別制度是否違反憲法修正第十四條的平等保護權，最高法院在五十八年前的 Plessy v. Ferguson 案件中，確立了一個「雖分別，但仍平等」(separate but equal)的理論。就是說，黑白雖分別，但如果其設備同等，則無碍於平等，從而並不違反修正第十四條的平等保護權。最高法院將這理論應用于黑白分校制度，以爲所分別的黑人學校若有與白人學校同等的設備——例如同等的校舍、同等的教員、同等的經費——，則無不可(Berea College v. Kenlucky)。

不過，同等的設備要到如何的程度，關于這一問題，最高法院最初採取了相當寬大的解釋。國民學校是國民基本教育的機關，所以各州政府若有設立公立的白人學校，亦應替黑人辦理設備相當同等的國校。不過，關于中等教育和高等教育，最高法院却認爲各州政府不一定要替極少數的黑人或其他有色人種開辦與白人相似的教育機關。例如，在一八九九年的 Cumming v. County Board of Educations 案件中，最高法院判決：南部某區沒有爲其區內的六十名有色人種兒童開辦中學，雖然該區有白人中學，亦不能視爲違反修正第十四條的平等保護權。又在 Gong Lum v. Rice 案件中，判決：自已區內若無適當的學校，可要求有色人種子弟到隣區有色人種學校讀書，與其讓她進入自已區內的白人學校。在這段時期，黑人在事實上，不但與白人分別，而且亦祇能享受比白人較劣的設備。

但是，到了二十世紀初，最高法院對于同等設備一事，開始採取了較嚴格的解釋，在一九一四年的 Mc Cabe v. Atchison T. & S. F. Ry. Co. 案件中，判決：黑白分座的火車若白人車有臥車餐車等設備。黑人車亦應有同等的設備。在一九三八年的 Gains v. Canada 案件中，判決：州內若無黑人法學院的設備，州政府在尚未設立這種學校以前，應允許黑人進入白人法學院。又在一九四〇年的 Allston v. School Board of the City of Norfolk 案件中，聯邦控訴院判決：黑人學校教師的待遇須與白人學校教師相同。這些判決遂迫使南部各州不得不採取二者擇一：不是爲了黑人設立與白人同等設備的學校，就是允許黑人進入白人學校。在公立國民學校這一方面，大多數的州都採取第一條的路線，儘量地設立和改善黑人國校，使其符合于「雖分別，但仍平等」的理論。例如密士失必州，自從一九四六年以後，就由六千萬美元教育經費中，劃出二千萬美元的巨金，以供建設黑人學校之用。但在高等教育這一方面，例如大學研究院、法學院、醫學院等等，因格于經費上的困難，有一些南部的州，已經慢慢地，但是很不願意地踏上了第二條的路線。

三

如上所述，南部各州，在法律上爲了符合最高法院的判決，並在政治上爲了順應社會潮流，近年來雖然對于黑人學校大加改善，使其設備能與白人學校相比，但是這裏仍存在着一個根本問題尚未解決。這就是分別制度(segregation)本身是否平等的問題。最近美國國內、國外的人士都很激烈攻擊分別制度，指責分別制度實爲美國民主政治的一大汚點，根本違背獨立宣言的精神，且違反修正第十四條的平等保護權。當去年華倫(Warren)就任最高法院主席法官時，已有五個案件排在最高法院面前。這些案件，雖來自不同的州——Clarendon County, s.c.; Prince Edward County, Va.; Topeka, Kans.; Wilmington, Del.; District of Columbia——，但同樣都是向公立國校分別制度挑戰的。所以這個問題是最高法院早晚應作決定的一個迫不可緩的急務，而社會人士亦很囑目新任主席法官華倫對此難題究竟採取如何的態度。

現在以華倫爲首的美國最高法院，共有法官九人。就黨別而言，民主黨員有七名，共和黨員有二名，由羅斯福總統任命的，有五名，杜魯門總統任命的，有三名，而艾森豪總統任命的，祇有現任主席法官華倫一人。就經歷而言，差不多全部法官都曾擔任過聯邦政府或州政府職務，而政治經驗比法律經驗豐富。就年齡而言，平均年齡六十四歲，比羅斯福總統時代的最高法院法官年青得多。這九個年青而富于政治經驗的法官，就是對于「分別是否平等」這個重大問題，要作一個歷史性決定的主角。

四

這一歷史性的判決，是在今年五月十七日上午十二時五十二分，由主席法官華倫所宣讀的。在這判決中，最高法院說：「我們的結論是：在公立學校，『雖分別，但仍平等』(separate but equal)的理論，沒有站住的餘地。分別教育施設本身原來就是不平等的。……所以我們以爲這種黑白分校制度是侵犯修正第十四條所保障的平等權利。我們相信：祇根據種族的不同而採取分校制度，只管這兩種學校的物質設備或其他有形因素相同，亦可視爲剝奪少數種族兒童的平等教育的機會。」在這判決，最高法院，與其採取純法律上的看法，寧根據教育學者、心理學者、社會學者、精神病學者和人類學者的見解，而注重國民學校兒童的精神上和情緒上的平等。最高法院說：「分校制度可能養成少數種族的自卑觀念而損害他們的情緒和精神。」最高法院肯定專家的報告，承認分校制度可能損害黑人的才能，阻礙他們人格的發展，剝奪他們在社會上的平等地位，破毀他們的自尊心，阻止他們對民主社會的貢獻。最高法院又說：「今日，教育是州和地方政府的最重要事務。義務教育制的採用和教育經費的龐大支出，都證明我們承認教育在民主社會的重要性。……教育包括發展和訓練人類的精神，身體和道德上的能力，而這些能力，若在分校制度之下，雖然有堂皇的教學設備，也不能十分發揮的。」這個判決，推翻了五十八年來最高法院一直所維持的「雖分別，但仍平等」的理論，而在種族平等的發展史上，建立了一個很令人興奮的里程碑。

五

這個判決，頗受了法學家、教育家以及歷史家的稱讚。耶魯大學法學院院長 W. A. Sturges 說：「這是一個富于人性的賢明判決。」賓夕法尼亞大學法學院院長 J. B. Fordhom，佛吉尼亞大學法學院院長 F. D. G. Ribble，和普林斯敦大學憲法教授 E. S. Corwin 等，亦極力稱讚最高法院的賢明措置。許多歷史家很興奮地稱這判決爲美國歷史上的一個記念塔。例如威斯康新大學歷史教授 M. Curti 說：「法院竟支持了人類之權威和機會平等的原則。」又如哈佛大學歷史教授 A. M. Schlesinger 說：「這是值得驚異的判決。最高法院已將憲法的規定融合於獨立宣言的精神。」

不過，對于判決的反應最强烈的當然是南部的各州。目前，美國四十八州中，規定公立學校必須黑白分校者，有十七州——得克薩斯、路易斯安納、俄克拉何馬、阿肯色、密士失必、亞拉巴馬、弗羅里達、喬治亞、田納西、南卡羅來納、北卡羅來納、佛吉尼亞、肯塔西、西佛吉尼亞、馬里蘭、德拉瓦、密蘇里——，規定得准許黑白分校者，有四州——新墨西哥、亞利桑那、堪薩斯、懷俄明。此外，美國聯邦政府所在地的美國京城區(Washington D.C.) 也採用黑白分校制。所以，這次判決不但直接影響于南部二十一州一千二百萬公立學校學童，而且間接影響于南部各州的整個社會生活。這個判決可能引起南部各州的一點不安的情緒和紛亂，是勢所難免的。可是，據一般人士的觀測，南部各州人民大都是安分守法的，雖然一時也許有紛亂現象，但從大局觀之，則不會造出何等嚴重的局面。

雖然大局如此，但其間亦有一部份有力的南方人士，激烈地攻擊最高法院的判例。南卡羅來納州州長 Byrnes——曾任最高法院法官，而爲「雖分別，但仍平等」理論的熱烈擁護人——說：「對于這次判決，我感覺很驚愕，因爲最高法院竟推翻了它自己先例所確立的原則。」他並且威脅最高法院說：他將計劃把南卡羅來納州內的所有公立學校全部改爲私立學校，以逃避最高法院判決的拘束。因爲這判決明文上祇禁止公立學校分校制度，並無禁止私立學校分校制度之故。擬採取這種路線的，除了南卡羅來納州而外，尚有喬治亞、密士失必等州。喬治亞州州長 Talmadge 更憤慨，他說：「祇要我在任一天，我絕對不許喬治亞州內有黑白混合學校的存在。」他指責美國最高法院忽視一切的法律和先例而把法院自己的崇高地位降到一般政治的水準。又說：「我們並不打算從美國聯邦脫離，但喬治亞州民不會服從最高法院的判決。……假使聯邦派遣軍隊，也無法强制我們。」這種强硬的反對，將來如何發展，現在尚無法預測，但筆者相信在今日美國國內情勢和國際關係之下，美國人民當能作賢明的抉擇。

六

最後，筆者欲對這個判決，作二三的註解。第一、這一次判決是全體一致的。就是拖病住院中的 Jackson 法官亦在判決當日的早晨出院，趕上了這個歷史性的判決。在美國最高法院的重要判決中，全體一致是很難得的。例如，一九三七年判決「華格納法案」(Wagner Act) 有效的三個判決—— National Labor Relations Board v. Johnes & Laughlin Steel Corp., National Labor Relations Board v. Fruehauf Trailer Co., National Labor Relations Board v. Friedmen-Harry Marks Clothing Co.——都是五比四，一九五一年判決杜魯門總統的「忠誠調查命令」(Loyalty Order) 合憲的 Bailey v. Richardson 案件是四比四，而一九五一年判決「史密斯法案」(Smith Act) 合憲的 Dennis v. u. s. 案件是六比二。所以這個全體一致的判決，正表示現在美國最高法院對于人權平等的根本原則，有一致的見解，而在一方面也暗示新任主席法官華倫的領導能力。

第二、這個判決所根據的，是憲法修正第十四條的平等保護權。該條規定：「無論何州均不得對該州管轄區內之任何人拒絕法律上之平等保護。」根據最高法院的傳統解釋 (Civil Rights Cases)，這規定祇拘束州政府的行爲，就是說，祇禁止州政府對州內人民作不平等的待遇。所以這次判決亦祇宣告公立學校分校違憲，而對私立學校分校事並未提到。純粹從修正第十四條的規定和這次判決的拘束力而言，私立學校黑白分校並不能視爲違憲。這可以說是美國憲法中的一大漏洞。因有這個漏洞，才能發生南部一三州擬改公立學校爲私立學校之議。

第三、這個判決在國際政治上的意義，不但不亞于國內政治上的意義，甚且尤有過之。因爲許多國家，特別是共產集團常常以美國的黑白分別制度爲辭，譴責美國尚不够民主。這次判決可杜絕這種責難。在最高法院宣讀判決後不到一小時，「美國之聲」(Voice of America) 已用三十四種語言將這判決的內容和意義廣播于世界各國，特別是東歐國家，這一段消息很可以證明這判決的國際性。

(附註) 本文所參考的資料如左：

Cushman, Leading Constitutional Decisions, 9th ed., New York, 1950.
Dodd, Cases on Constitutional Law, 4th ed., Minnesota, 1949.
Dodd, 1952 Supplement to Dodd's Cases on Constitutional Law, Minnesota, 1952.
U.S. News and World Report, Oct., 9, 1953.
Time, May 24, 1954.
News Week, May 24; May 31, 1954.
New York Times, May 18, 1954.

蘇俄消費品增產計劃下的人民生活

劉一樵

自馬倫可夫繼承史達林掌握政權，繼之貝利亞被黜以來，蘇俄內部確已漸呈不安狀態；尤其是克里姆林宮忙於準備新的戰爭，在生產上積極擴充重工業，特別是軍需工業，致使輕工業和消費品生產大大地落後，結果，人民的生活水準始終無法提高，造成了工人和農民的普遍的反感。蘇俄政權對於這種潛在的危機，當然不會不了解。迫使馬倫可夫最近也不得不公開承認：

『生產情況日形惡化，消費品的生產不足，肉類、牛奶、鷄蛋等等都不能滿足人民的需要。這種情況正在破壞國家的安全。』

由馬倫可夫的這幾句坦白供狀，我們當可以明瞭蘇俄的消費品缺乏的嚴重情形；也可以看清克里姆林宮的焦慮心情。蘇俄政權爲着安撫人民，爲着掩蓋內部的不安，爲着鞏固政權，爲着轉移西方的視線，就不能不籌謀應付的辦法。最近數月來，蘇俄宣傳擴充消費品生產，提高人民生活水準，確是作得有聲有色。他們不單在表面上演給人民看，如最近莫斯科紅場對面開幕的大百貨公司（G. U. M.），在報紙上大吹大擂，刋出巨幅廣告，有『身心口腹所需，本店無不齊全』之語；而且實際上的確也開始作有計劃的準備，這可以從蘇俄政府詳細規定消費品增產計劃中看得出來。由於克里姆林宮的巧妙的宣傳，不但蘇俄國內一部近視的人民生出了幻想和希望，甚至連邱吉爾先生也信以爲眞，表示樂觀，認爲『國內的繁榮，比諸對外的勝利更爲重要，這不但是俄國人民心裏的一致要求，也是俄國歷朝統治者的經濟願望。』

可是，依照蘇俄的計劃，會不會確能改善蘇俄的國民經濟，提高人民的生活水準？我們絕不像邱吉爾那樣樂觀。這裏我們先來看一看蘇俄的計劃內容。爲使便於比較起見，我們也將英美的一部分消費品生產附錄在內。

種類	蘇俄計劃中一九五五年完成的消費品生產	美國在一九五三年的消費品生產	英國在一九五三年的消費品生產
肉類	每人可得三二·四磅	每人可得一五五·二磅	每人可得五五磅
牛油	每人可得五·四磅	每人可得一〇·一磅	每人可得一六磅
鞋	每人可得一·五雙	每人可得三·一雙	每人可得二·五雙
襪	每人可得三·八雙	每人可得二·三雙	每人可得九雙
植物油	每人可得一三磅	每人可得一三磅	每人可得二八碼
棉織品	每人可得三三·一碼	每人可得六〇·八碼	每人可得四二碼
毛織品	每人可得一·四碼	每人可得二·一碼	每人可得七·五碼
針織內衣褲	每人可得一·八套	每人可得三·八套	（缺資料）
鋁製器皿	每人可得一五盎司	每人可得一四盎司	（缺資料）
電氣冰箱	每六二七人可得一隻	每四六人可得一隻	（缺資料）
無線電或電視機	每四六人可得一架	每八人可得一架	（缺資料）
自動清潔機	每四一四人可得一具	每五八人可得一具	每七三人可得一具
縫衣機	每七九人可得一架	每一三四人可得一架	（缺資料）
腳踏車	每六〇人可得一輛	每九〇人可得一輛	每二五人可得一輛
汽車	全年出產四萬二千輛	全年出產六百萬輛以上	（缺資料）

（備註）本表內蘇俄及美國的數字，均根據「美國新聞和世界報告」；英國的數字一部分根據「經濟學人」週刊。

從上列的數字，幾乎用不着說明，我們就可明瞭一切。假定蘇俄到一九五五年確能不折不扣完成計劃，拿來同英美在去年（一九五三年）已達到的生產數字比較，其間的距離，還是不能以道里計的。不用說無法趕上美國，連二次大戰中遭受那樣重大破壞損失的英國，也是望塵莫及。脚踏車雖超出美國，但拿汽車生產來對照，眞是小巫見大巫；美國在一九五三年就出產汽車六百萬輛以上。蘇俄到一九五五年才能出產四萬二千輛，在一九五二年僅出產二萬八千輛；蘇俄人口爲二億，每二千三百八十一人才有一輛，且還要到一九五五年才實現！不管克里姆林宮如何宣傳，蘇俄經濟上的落後事實，總是無可否認的。美國人的主要交通工具是汽車，這是物質生活提高的象徵；蘇俄人民的主要交通工具是脚踏車，可是就連這一種落後的交通工具，蘇俄尙不及英國。至於縫衣機和鋁製器皿的生產增加，決不是表示蘇俄人民生活水準的提高，剛剛相反，這正是暴露蘇俄的共產主義經濟遠落在英美的資本主義經濟之後。

我們要衡量一個國家的人民生活水準，單只看消費品的生產，還是不够的。一個國家的平均物價和工資如何，換句話說，一般人民的購買力如何，是佔着重要因素的。消費品生產縱使增加，人民的購買力低，生活水準仍是無法提高的。我們且再來看一看蘇俄的物價。

一九五三年蘇俄主要消費品官價

品名	單位	盧布價格	品名	單位	盧布價格
白麵包	每一公斤	一·七	馬鈴薯	每一公斤	〇·九
麥粒	每一公斤	一·七	白糖	每一公斤	一一·〇
牛油	每一公斤	三四·〇	蔬菜	每一公斤	〇·六
乳酪	每一公斤	三四·〇	茶葉	每一公斤	五七至一二〇
肉類	每一公斤	一三至二八	牛奶	每一公升	二·四至三·四
麵粉	每一公斤	四·〇	鷄蛋	每打	七至一〇

西裝	每套	一、五〇〇	眞絲襯衫	每件	二二五
皮鞋	每雙	二六〇至四五〇	棉布床單	每條	七五至八二
人造絲襯衫	每件	一二〇	兩房住屋	每月	六〇至九〇
棉織襯衫	每件	七五			

（備註）本表資料取自一九五二年十一月「經濟學人」週刊及一九五四年二月「生活雜誌」。每四盧布合美金一元。

上表所列物價，是以莫斯科、列寧格勒等大城市爲標準。至於偏僻的地方，由於運輸費用的增加，物價較上表還高。過去兩年中，蘇俄當局曾有過六次宣佈減低物價，但這只是赤色宣傳家們的謊話。據美國「新聞週報」及「生活雜誌」駐莫斯科記者最近的報導，莫斯科大百貨公司開幕後，曾宣傳「物資充沛，物價狂瀉」，但所陳列的貨品，百分之七十以上是價格高昂驚人。一個桔子售二個盧布，照官價合美金五角；一小瓶蘇產威士忌（一品脫裝）售二十四個半盧布，合美金六元一角二分五；一個咖啡壺售九十二盧布，合美金二十三元；最便宜的公事皮包售一百盧布，合美金二十五元。難怪蘇俄人民只有望櫃窗而興嘆！

此外，蘇俄政府的財政收入，是以間接稅爲大宗，占全部收入百分之四十五（一九五三年蘇俄國家預算所列之百分比）。間接稅爲轉嫁消費者身上去的捐稅，高的間接稅自然影響到物價的高漲。蘇俄在過去兩年中，間接稅提高得驚人。普通食用品須按照零售價格課稅百分之四十二至七十三不等；棉織品須按照零售物價課徵百分之五十五；香煙按零售價格課稅百分之八十一；伏特加酒按零售價格課稅百分之八十四，這就是說，每個人花一百盧布購伏特加酒，其中有八十四盧布是捐稅。

蘇俄的物價既如上述，我們再來看看蘇俄每人每年平均工資如何。依據蘇俄政府所發表的一九五〇年的平均工資，應爲每人每年六千盧布，但這只是蘇俄公開發表的計劃上的平均工資，是不足爲憑的。一九五一——五三年，未見蘇俄政府正式公佈過。我們在研討蘇俄的工資，不能忽視蘇俄的薪給制度（工資制度）。牠是採用差別待遇的原則。差別程度之大，出人想像之外。蘇俄之所以施行差別待遇制，目的顯然是用以刺激生產的增加和鞏固共產獨裁政權。根據蘇俄官方統計及英美方面的報導，關於蘇俄的薪給差別，約略可以作下列的估計：

工作種別	每人每月薪給（單位盧布）	工作種別	每人每月薪給（單位盧布）
雜役女工	二五〇—三〇〇	普通護士	四〇〇
淸道夫	二五〇—三〇〇	小學教師	四二五—七〇〇
石匠、木匠、電氣匠	五〇〇	卡車司機	七〇〇
速記員、打字員等	四〇〇—五〇〇	普通工人	六〇〇—六五〇
熟練工人	八五〇—一、一〇〇	中級黨政幹部	一、七〇〇
集體農場及國立農場農民	六〇〇—六五〇	高級黨政幹部及優秀科學家、藝術家	八、五〇〇
民航機駕駛員	一、四〇〇	政治局委員、軍事首長及中央委員、秘密警察高級官員	八五、〇〇〇
工程師	一、七〇〇—二、四〇〇		

從上面所列的統計數字和事實，我們可以大略看出，一個普通工人或農民的家庭，如爲一妻二子，假定夫妻二人均有工作，月入亦不過僅一千二百至一千三百盧布。照上引物價統計，每月收入除繳强迫儲蓄百分之六（蘇俄的强迫儲蓄是採取購買國家債券形式，並無利息）外，至少需百分之五十五以上充購買主要食料，其餘百分之三十幾，僅可添置極少數日用必需品，高價的衣服皮鞋，事實上無法添製，一月工資尙不足購買一套西裝；有兩個以上孩子的家庭，孩子的皮鞋換着穿是極普通的事。至其他較爲奢侈的日用東西如香烟、伏特加酒、婦女用尼龍絲襪等等（事實上這類物品在現代人類生活中已成爲主要消費品），更無法享用。

所以，蘇俄最近宣佈的消費品增產計劃，到一九五五年縱能完成，蒙受其利的，決不是一般人民，而是圍繞克里姆林宮的一羣收入豐富的新興共黨官僚特權階級。據估計，這一階級約有六百萬人，連同家屬約爲二千萬人。消費品的增加，只是更使這一階級的人的生活更趨糜爛，享受更趨豪華，而其餘一億九千萬人民（蘇俄一九五三年全部人口爲二億一千萬）仍將是度其衣不暖食不飽的奴役生活。

我們若再拿美國的物價和工資來比較，蘇俄一般人民的生活水準眞是低得可怕。在美國，肉類每公斤僅需美金一元五角至一元七角之間，鷄蛋每打僅美金一角六分，西裝一套普通都在美金四五十元左右，皮鞋一雙不過十元而已。較之蘇俄，物價的低廉，可想而知。至於美國一般人民的薪給，據一九五三年六月的調査，各工廠普通工人週薪爲美金七十元另四分；油煤等鑛工週薪高至美金八十八元九角七分；交通工人美金八十五元六角九分；煙草工人最低，也有週薪四十七元四角九分。普通一個工人的家庭，以三口計算，食品消費僅佔百分之三十四左右，其他百分之六十六可用充衣服、房租、娛樂及其他享樂品之需。

克里姆林宮的統治者，一向誇稱蘇俄共產主義的計劃經濟是爲人民謀利益幸福的制度；譏笑美國資本主義的自由經濟爲少數資本家壟斷的沒落制度。可是鐵的事實，證明他們的僞辯。蘇俄共產主義的計劃經濟，完全是一種降低人民生活的奴役制度；而資本主義的自由經濟，反是一種提高人民生活，普及人民利益的平等制度。全世界的所有共產獨裁政權，本質上原是一個奴役人類的政權。在這一政權下所派生的經濟制度以及一切生產計劃，必然是專謀少數新興共黨特權階級的利益，專爲鞏固這個政權而設，一般人民總是永久陷於被奴役的慘境。

壞人為何得勢？

海耶克著
殷海光譯

海耶克著「到奴役之路」(The Road to Serfdom, by F.A. Hayek) 之第九章

權力趨於腐壞，絕對的權力則絕對地趨於腐壞。——阿克頓 (Acton)

在『壞人爲何得勢 (Why the worse get on top)？』這一章裏，海耶克教授對於極權統治底形成提出許多看法 (visions)。我們從他所提出的看法，可以對於極權統治底形成得到原則上的了解。依照海耶克教授底解析，至少從一方面看來，極權統治底形成是順着『惡貨幣驅逐良貨幣』這條法則而發展的。凡極權統治之形成，無不藉助于人性之醜惡的一面。因而，它拿壞人制服好人；拿愚人來管轄明白的人；拿阿附的人排斥骨梗的人；拿黑良心的人對付善良的人；拿應聲蟲來掩沒諤諤之士；拿短視之徒來阻抑遠見之士；拿無志氣的人來挫磨有志氣的人；拿流行的官腔來堵塞智者之口；……。凡此諸般「美德」，俱可自蘇俄類型的社會分析出來。

極權統治是最原始野蠻險惡的思想，利用現代科學技術來推行的統治。試想虎狼如能使用原子武器，其危害將爲何如？今日自由人所遭逢的厄運是空前的，因而自由人所需之振奮程度也應是空前的。

——譯者

當今之世，有許多人以爲極權主義之來臨，乃一項無可避免的事情。既然極權主義之來臨無可避免，因此我們只得逆來順受。這種看法，係從一項信仰裏產生的。這項信仰，却嚴重地削弱了許多人對於極權主義的反抗勇氣。如果許多人充分認淸了極權主義底眞面目，那末他們會出全力來反對極權主義的。可是，旣然有一種信仰很嚴重地削弱了許多人對於極權主義的反抗勇氣，因此我們必須對于這一項信仰加以考察。這項信仰就是說，極權統治最可惡的地方，在於歷史上偶發的事件；而與極權制度底本身無涉。所謂歷史上的偶發事件，即極權統治迄今乃由流氓惡棍和刺客兇手建立起來的。有許多人說，極權統治之在德國建立，如果致令像希姆萊這一流的人當權，這只能證明德國人底品質惡劣，不足以證明極權制度惡劣。如果有的政治制度與極權制度相似，而且它又是達到吾人重要的目標之所須者，那末爲什麼因噎廢食，不可讓那些爲整個社會謀福利的君子人來實行呢？

然而，我們不要自欺，我們不要以爲一切好人必定是民主思想者，而且他們必定是想在政府中佔有一個地位的人。毫無疑問，有許多人無寧要把這種達到良好目標的極權制度付託給比較勝任的人。雖然，這種辦法也許是不智之擧，可是，贊助一個好的獨裁或極權制度，並非一件壞的或不名譽之事。我們老是聽到人說，無論把極權制度用來行好事或行壞事，極權制度乃一種强有力的制度。至於行極權制度時所要達到的目標是什麼，完全唯獨裁者是賴。（危險就發生在這裏。任何種類底政治機構，如果不受人民底控制，則將如脫繮之馬，牠高興跑到那裏就跑到那裏，甚至把主人扔下來，踏於脚下。——譯者）有許多人以爲極權制度底本身並不可怕，只怕它落入壞人之手。他們甚至怕這種制度將來操諸好人之手時也會發生這種危險。所以，他們要搶先一步，壟斷這種制度。

我們可以想像得到，如果美國或英國實行『法西斯制度』，那末將會與意大利或德意志型模的『法西斯制度』大不相同。無疑，如果從民主制度過渡到極權制度而且不經過那施用暴力的階段，那末可望出現一種較佳型式的領袖人物。而且，如果我們被注定了不得不生活於法西斯制度之下的話，那末我們無疑一定選擇由英國人或美國人所建立的法西斯制度，而不願生活於任何其他的人所建立法西斯制度之下。然而，無論我們是生活在英美人士所建立的法西斯制度之下也好，還是生活在任何其他的人所建立的法西斯制度之下也好，從我們現在所定立的標準來看，二者俱不足以表示，一旦我們實行法西斯制度時，到頭來比法西斯制度底原基型式有什麼大的差異，或者更較富有寬容精神。許多强有力的證據可以證明，目前呈現於我們眼前的極權制度之種種惡劣的特點，並非極權制度偶然發生的副產物，而是極權制度遲早必至發生的結果。吾人須知，即令是民主的政治家，如果在一開始的時候就爲一般人底經濟生活而實行計劃，那末，演變所及，他必至面臨一項抉擇，即是，要麼他僭取獨裁權力，要麼他放棄計劃經濟。同樣的，一個人如果實行極權統治，他馬上也會面臨一項抉擇。即是，他要麼不顧通常的道德肆行無忌，他要麼坐待失敗。(但是，沒有實行獨裁極權的統治者自願選擇失敗的，所以他鐵定地要選擇敗壞道德或一切倫理建構這一條道路。因此，只要極權制度一行，無論以什麼政治組織底形式出現，社會道德一定日趨敗壞。推廣來看，極權統治與社會自發的生機也是不相容的：社會自發的生機洋溢，則極權統治枯萎。所以，只要極權制度一行，則社會生機一定日趨枯萎。因此，只要極權統治風俗習慣常爲極權統治之障礙。因此，只要極權統

治一行，也必至破壞該地風俗習慣。獨立的思想判斷與極權統治下之毒格碼 dogma 不能並存。所以，祇要極權統治一行，獨立自由的思想也一定歸於消滅，至少不能發展。……總而言之，極權統治猶如癌症。癌症靠着破壞人體良好體素而擴延。同樣，極權統治靠着對社會處處敗壞與毁滅以維持其存續。所以，任何社會開始讓極權者統治的一天，即是敗壞與毁滅發端之時。癌症致人於死才止。同樣，極權統治必置社會於敗盡毁絕之境才止。——譯者）因着這種理由，所以，在一個趨向於極權制度的社會之中，魯莽粗放和肆行無忌的人比較容易得勢。（眞是一語中的。近五六十年來許多政治的激變中所表徵者，地無分東西，幾乎全係如此。這等人物，固可造成煊赫之聲勢，掀起巨大之波瀾，甚至樹立巍峩之殿宇，然而，一究其實，多爲表面之熱閙，或個人之勳業，及團體之榮枯盛衰。彼等從來不知如何妥善解決問題。恰恰相反，彼等之得勢，祇有加深並擴大原有的病疾。不僅如此，彼等自身不旋踵又成爲問題。一波未平一波又起，巧說競立，勢力競張，旗幟競樹，覆雨翻雲，禍亂不已，如何得了？——譯者）如果我們不了解這一點，便不能了解極權制度與自由制度之間的鴻溝，也不能了解在集體制度之下的整個『道德』氣氛與個人思想盛行的西方文明中道德空氣二者之間的基本差異。

所謂『集體主義底道德基礎』究竟是什麼，在過去曾有熱烈的討論。但是，我們現在所要研究的，不是集體主義之道德基礎，而是其道德的實際結果。一般人對於集體主義之倫理的層面之討論，涉及一個問題，即集體主義是否爲現存的道德信念之所需。或者說，如果集體主義可以產生大家所希冀的實際結果，那末我們所需要的道德信念是些什麼。時至今日，我們所面對的問題是，集體主義組織的社會可以產生什麼樣的道德觀；或者，什麼樣的道德觀才能維繫集體主義組織的社會。道德與制度是交互影響的。（一點也不錯。『獨立而不改，周行而不殆』的道德，只是藉抽離作用而得到的道德觀念而已。這種不受任何實際情況染色與分殊的道德，在實際世界裏是不存在的。如果以爲它存在，那末就是把『道德的先驗』與『邏輯的先驗』混爲一談。有而且唯有具經驗事實基礎的道德才可爲大家浸潤於其中的道德。如其不然，便是唯心玄談者之囈語。當然，囈語並非全無用途。至少，唯心玄談者可以自我逍遙於其中。——譯者）道德與制度之交互影響，使集體制度所產生的倫理，與引起我們需要有一集體制度的那些道德理想，二者完全相異。有許多人常常以爲，我們之所以需要一個集體制度係出自一個高尚的動機，於是這種制度可以孕育出最高的德目。然而，在事實上，我們沒有理由來證明任何制度必定跟着我們底理想走。（世之唯心玄談狂人昧於此理。彼等喜馳幻念，以爲世界——非地球——係精神發展之形跡。既然如此，吾人可依照一理想圖樣或線索以建構一實際世界；或者，實際世界可依其單一的幻想曲而發展，亦若建屋者之依據藍圖然。這種單思病之形成，係昧於所謂『歷史文化』乃過去主、客、內、外交互決定、反應、影響所成之實際，而單只把『精神』元素在思維中抽出以構成一單一的解釋體系所致。當然，這種蜘蛛網之編織，既可省事，又可自我陶醉於其中，收娛樂心身之效。惜乎不情之詞，或可以之愚愚衆，但無補於時艱也！——譯者）

現在，有許多人貶抑民主制度，並且實際在提倡極權制度。這一路底作爲，是從另一種主張出發的。我們現在要把這種主張討論一下。在現階段中，大家最具決定性的看法，是要求政府採取迅速而果斷的行動。許許多多人不耐煩看那迂緩而笨滯的民主程序。若干人以爲，實行極權制度的個人或政黨常强而有力，判斷果決，足以『迅赴事機』。因而，這種人或黨受到大家歡迎。這裏所謂的『强而有力』，不僅意指擁有數量上的多數而已。在議會政治中，衆口囂囂，效率低落，大爲一般人所不滿。大多數人所渴望的，是出現一個獲得有力支持的人，他能鼓起大家信賴，使他能遂行他所要做的事，這麼一來，依照軍事形式而組成的新型政黨，遂崛然而起。

在中歐許多國家，社會主義諸黨拿半軍事性的政治組織來訓練人衆。他們要用這類方法，儘可能地打消黨員底私生活。（譯者按：凡極權性的組織無不干涉私人生活。）在這類制度之下，一個團體掌握着淹蓋一切的權力。（於是，大家只有兩條路可走：反對，或者任其擺佈。——譯者）之所以要如此，就是爲了把軍事化的原則更加推行。這種團體不在選舉時經大多數人底支持而得到力量；只藉着較小團體之毫無保留的絕對支持而得到力量。這種較小的團體是經過澈底的組織和訓練的。這類底團體一經建立，必定把它底力量科諸全體人民頭上。極權的首領首先集結這羣效忠於他的人在身邊，然後作爲統治工具，大家底災難就會臨頭。這樣，極權統治就形成了。（人爲的災禍也就形成。——譯者）

舊式的社會主義政黨曾爲其民主的理想所固蔽。他們沒有具備那些實現他們底目標所需要的狠氣。在德國和意大利底法西斯成功以前，社會主義諸政黨不會掌握到政權。這是一件富有意義的事。他們不願全心全力地採用他們所指責過的那些不光明的方法。他們依然希望出現一個奇跡，大多數人會贊同他們組織整個社會的特別計劃。另外有一部份社會主義者則已經得到一項教訓，即是，在一個從事計劃的社會中，組織社會的問題已經不復是大多數人是否同意的問題；而是一個最大的單一團體中之份子是否同意並且力足採取統一的步驟來處斷一切事情之問題。（譯者按：前者即西歐早期的自由社會主義者；後者就是自列寧以來所取一黨專權的辦法。）

吾人須知，在一個社會中，一個人數衆多，强而有力，並且具有統一看法的團體，並不常爲社會中較好的人所組成，而常爲社會中較差的人所組成。之所以如此，有三種主要的理由。我們現在分述如下：

第一，一般說來，各個人底教育程度和理知愈高，則各人底看法和品鑑力也愈不相同，因此各個人也就愈不容易產生一項共同一致的價值觀念。這樣一來，如果我們要求大家具有高度齊一的意志和相似的看法，勢必降低道德標準。這樣便合乎一般人比較原始的和『尋常的』本能及品鑑力。我們說這樣的話，並非表示，大多數的人只有較低的道德水準；而只是說，價值標準相似的最大多數的人底道德水準是較低的，而且品鑑力也是較差的。如果推行集體制度時所需要的是多數人，並且要把這些人底人生觀科諸別人頭上，那末這類底人永遠不是品鑑力極高和極特殊的人。這類底人往往最缺乏原創能力，不能獨立思考和行動。他們實在別無所長，只是以人多取勝而已。（這可以說明共產赤魔採取所謂『羣衆路線』爲何得以橫決大地。在實際上，非自由民主的地域，常常是較低劣的人跨在較優秀的人肩上。所以，這種社會不能進步，只有日漸淪落腐壞。——譯者）

如果一個隱伏的獨裁者必須完全靠着某一羣人才能取得他底力量，而那一羣人又都頭腦簡單，祇有些原始的本能，並且可巧他們底頭腦和本能都是極相類似的，那末他們在人數上雖佔優勢，實不足懼。彼等人數雖衆，不過被此獨裁者玩於股掌之上而已。此獨裁者不難藉着使更多的人信仰同樣簡單的教條來增加其徒從之數量。（所以，凡實行極權統治者，必加緊宣傳『主義』，加緊『訓練』，以製造信徒。——譯者）

第二，在這個世界上，大多數的人自已並沒有堅强的信念。因此，如果有一個現成的『思想體系』，一再有人對他們灌輸，他們就會信以爲眞。這一類底人多半是馴良的，易受欺弄的，所以，相對于這類底人而言，獨裁者之計易于得售，因而也就易于得到他們底支持。在社會上，許許多多人觀念模糊，而且充滿了耳食。這種人底思想最易動搖，同時其情緒最易被激動。獨裁者利用這些弱點，可以擴大政治組織，並且提高其個人地位。（不獨現代極權統治者是耍弄這套手法；在歷史上，許多乘勢創『教』的人也是利用人衆這些弱點的。甚至到了現在二十世紀六十年代，還有人想利用一般人常有的這些弱點來創『人文教』。照有科學頭腦的人看來，不如把它叫做『新白蓮教』更適合。——譯者）

第三，手法精煉的政治陰謀家之處心積慮製造一個組織嚴密和頭腦一致的團體來支持他，這也許是使壞人抬頭的一個最重要的因素。（因爲，政治陰謀家爲達到鞏固權力之目標而選擇份子的標準，邏輯地，當然只問是否『忠誠』，而不問賢愚，賢智而不『忠誠』，反爲其死敵。於是，社會上任何品類底人，只要對他獻效『忠誠』，一概可以隨他『成佛』而『登天』。這樣一來，滿天飛者，盡是鷄犬。到了這個地步，人衆要求活命，祇好奉鷄犬爲神仙。最顯著的例子，是艾思奇居然可以當『哲學敎授』；大學只念過兩年的學生可以作『大學校長』。其他依此類推。——譯者）就一般人底心理傾向說，比較容易支持反面的方案，而較少支持正面的方案。仇恨敵人，嫉妒比我們境遇較好的人，種種等等，也都是我們平常易於發生的心理傾向。極權的首領常常强調『我們』與『他們』之間的鴻溝，鼓動大家仇視團體以外的人。凡此等等，都是爲了把自己底團體緊密聯繫起來，以從事一個共同的行動。政治陰謀家往往在羣衆面前强調『敵人』如何如何可惡。他們所說的敵人，是一個變數，早晚市價不同。因此，無論是『猶太人』也好，『富農』也好，或外來的人也好，對於極權的領袖而言，似乎都是不可少的武庫。

在德國納粹當權的時期，希特勒提倡排斥猶太人。於是，德國許多人把猶太人視作仇敵，直到猶太人底地位被德國財閥取代才罷手。這種行動，與俄國共黨之憎惡資本家因而選擇富農爲打擊之對象，如出一轍。在德奧二國，猶太人被看作資本制度底代表。德國人在傳統上不喜歡大部份人經商。因此，如果有人反猶，這種想法很容易被那些得不到較高位置的人所接受。德國人之反閃族主義（anti-semitism）和反資本主義係起於同一根源。這一方面的知識，對於了解德國當時的情形非常有幫助。可惜，國外的觀察家很少把握到這一方面。

在許多地區，集體主義的趨勢又日漸國家化。我們必需研究，如果撇開任何形式的特殊主義（particularism），集體制度能否實行。我們在這裏所說的特殊主義，也許是國家主義，也許是種族主義，也許是階層主義（classism）。（近之歷史主義者之提倡『歷史文化』，在思想路數上，也是一種特殊主義。這類做工，也許可替某類人打强心針；但其效果却與紅燈照類似。——譯者）

假若有人相信集體底目標和利益與個人底目標和利益一致，那末似乎是預見假定人與人之間的看法和想法相似之程度較大。在實行極權的地區，如果支持獨裁的團體內有的份子不是獨裁的首領所親自熟悉的，那末獨裁的首領便從事訓練，使這些份子與一天到晚跟隨他的人是一樣的：一樣地想，一樣地說，並且所想所說是同樣的題材。這樣，獨裁者便可使這些份子與他自己同化，使他們都和他自己一致。當然，這類底辦法，要施之于精選的幹部是可能的；如果要在世界規模上來施行，則似乎不可思議。同樣，要在世界規模上實行集體制度，勢必困難重重。所有的社會主義者一致認爲，資本不應屬于個人，而祇應屬於國家所有。（但是，彼輩不知，在實際上，這類所謂的『國家』，常爲一個專政的黨所壟斷，或爲一個獨裁的人所刼持。結果，所謂『財產收歸國有』，無異于收歸黨有或私有。——譯者）即使在國家以內，很少社會主義者敢於主張，應須剝除比較富有的區域之一部份資財，來幫助比較貧困的區域。復次，社會主義者對于國內人民所提出的諾言，並不能施諸國外的人。（英國就是如此——譯者）

集體主義的哲學有一項內發的矛盾。這項矛盾就是，當集體制度以人道主義爲根據時，充其量只能在比較小的團體以內實行。因爲，人道主義的哲學是從個人主義裏發展出來的。（嚴格言之，一强調集體，就無人道可言。有而且祇有從個人出發才能講人道。——譯者）直到現在爲止，在理論方面，社會主義是國際思想的。然而，一旦社會主義付諸實踐，無論是在蘇俄或是在別的國家，社會主義立即蒙上强烈的國家主義的色彩。當最大多數西方人士想像『自由的社會主義』不過是純理論方面的東西時，在實際上任何地方的社會主義都是極權主義的。一行極權主義，當無人道主義可言了。爲什麽如此，理由之一，乃如前述，吾人須知，集體主義不能容忍自由主義的廣泛的人道主義；而只能容忍極權的特殊主義。（特殊主義，乃今日世界各部份隔膜、誤解、猜忌之一源；對內而言，則爲進步之一大障礙。——譯者）

如果有人認爲『社羣』或邦國先於個人，如果有人認爲社羣或邦國有其自己底目標，而且這一目標獨立於個人底目標，並且又超越於個人底目標，那末，只有爲與社會或邦國底目標相同的目標而作工的個人，才能被認爲是這個社羣或國家之一份子。如果有人對人採取這一種看法，那末一定得到一種結果。即是，只有這個人爲政府所承認的共同目標而工作時，那末他才被尊重爲團體之一員，而且，他整個的尊嚴，並非因他僅僅是一個人而得來，而是因他乃此團體之一員而得來。（這就是個人在極權邦國中的適當位置。這，在思想背境上，與黑格爾底邦國理論若合符節。黑格爾在此所提暗示，對于極權統治之建立，誠有不可沒之功也！——譯者）人性底概念，以及各種形式底國際主義，幾乎全爲個人主義的思想之產物。可是，在集體主義的思想系統裏，是沒有這種思想容身之地的。一個社羣要實行集體制度，只能擴張到各個人目標都相同的那一範圍。我們又須明瞭，助使集體制度擴張的因素，都是特殊主義的因素，而且這種因素是具有排他性的。

一個人在偉大團體之中，往往感到自卑。所以，只要在一團體中有些份子於某些方面比團體以外的人優越，他便感到滿足。一人加入集體性的團體之中，有許多本能是必須抑制的。可是，在以集體行動來對付團體以外的人時，則某些本能可以盡情發揮。這麼一來，一個人底人格便在集體性的團體中湮沒了。尼波 (Reinhold Niebuhr) 寫了一本書，叫做『道德的人和不道德的社會 (Moral Man and Immoral Society)』。儘管我們不太同意他底結論，可是，在那本書裏，尼波把這一方面的眞理表示得很深刻。尼波在另一處又說：『在現代人之間，有一趨勢與日俱增。現代人總以爲他們自己是合乎道德的。因爲，他們一天一天地把他們自己底過惡往大的和更大的集團頭上推。』（眞是至理名言。凡推行集體制度的地方，一定都產生這類現象。許多談玄說幻者不明此一基本事實，還要『遵古炮製』，寄扭轉刼運於抬起一顆一顆的『心』。彼輩不知一顆一顆的心早已給集體制度壓扁了，如何抬得起來？這樣叫下去，再叫一萬年，還是白費氣力。——譯者）事實的確是如此的。在集體的名義之下，我們似乎可以不負許多道德的責任。

計劃主義者常常心胸狹窄。大多數計劃主義者缺乏一種國際的普遍懷抱。之所以如此，因爲在現存的世界中，一個團體對外的一切接觸都足以阻礙其有效地執行計劃。最大多數的計劃者都是軍事性的國家主義者。這並非一件偶然的事。（所以，實行計劃者必須組成幕罩，盡可能地阻絕內外交通避免外力礙手礙脚，以便好『關起門來幹』。在另一方面，又用種種麻醉和阻塞工具來防制『開放的心靈』之成長。——譯者）

社會主義者在實際上普遍具有國家主義和帝國主義的傾向。這是遠出一般人想象之外的事。雖然如此，其罪惡之昭彰，尙不若韋氏夫婦及早期費邊社若干份子之甚。彼等之醉心於計劃經濟，尙有與衆不同之處，卽崇敬强權，輕視弱小。歷史學家哈維遠在五十年前卽對韋氏夫婦有所了解。他說韋氏夫婦底社會主義在根本上是反對自由的。他說：『韋氏夫婦並不厭憎王黨 (Tories)。的確，韋氏夫婦對于王黨格外寬恕。同時，他們却不同情格蘭斯頓式的自由主義 (Gladstonian Liberalism)。當波瓦戰爭 (Boer War) 時，進步的自由份子，和開始組織工黨的人在自由和人道的名義下都慷慨地同情波瓦人，以對抗英帝國主義。但是，韋氏夫婦和蕭伯納則袖手旁觀。他們是態度矜誇的帝國主義者。弱小民族底獨立，對於自由的獨立份子而言，也許是很有意義的事；但是對於像韋氏夫婦這樣的集體主義者却一點意義也沒有。我們依然聽到韋布先生向我們解釋，『未來的世界是屬於偉大的行政邦國的。在這樣的邦國以內，官吏控制一切，而警察則維持着秩序。』哈維又在別的地方引蕭伯納底話說：『世界必然屬於强大的邦國；弱小的國家必須兼併到大國裏，或者被消滅掉。』

在我們所徵引的這些話中，我們可以看出社會主義者怎樣讚美權力，因爲社會主義者如此讚美權力，所以易于從社會主義發展到國家主義。這一發展，深切影響到一切集體主義者底倫理觀念。關於弱小邦國底權利問題之態度，馬克斯和恩革斯比其他大多數集體主義者好不了多少。他們偶爾對于捷克人或波蘭人所表示的意見，與現代國家社會黨人相似。

從十九世紀偉大個人主義的社會哲學家，像阿克頓爵士 (Lord Acton) 和波哈特 (Jacob Burckhardt)，降至現代具有社會主義色彩的思想家，像羅素，都因襲了自由的傳統。這些人認爲，權力本身往往是一種最大的罪惡。可是，對於嚴格的集體主義者而言，權力本身却是一個目的。正如羅素所說的，社會主義者之亟求依照一個單一的計劃來組織社會生活，這不僅是出於獲取權力的欲望而已。這類行動，無寧係由于爲要達到實行集體制度之目的。集體主義者必須增加其權力，才能達到他們底目的。且集體主義者所獲權力之大，在許多地方爲前所未有者。

許多自由的社會主義者有一項悲劇式的幻想。他們以爲剝奪個人在個體主義制度之下個人所有的權力，並且把這種權力轉移到社會去，這樣便可以使權力歸於消滅。所以，即使是自由的社會主義者，往往也要從事獲取權力，想藉權力來消滅權力。不過，許多社會主義者忽視了一件事，即是，集中了權力固然能够完成一個單一的集體計劃；可是，權力不僅是轉移了就算數的，它還要無限地擴張的。吾人須知，一旦把從前分散於許多人手中的權力集中於少數人之手，則此項權力較之從前在分散狀況之下時，勢必不斷地擴大。權力擴大的結果，簡直不獨使此權力與從前在分散狀況之下時有程度之不同；而且有種類之別。（這是現代政治問題之一關鍵。——譯者）有人常說，一個中央計劃機構所握有的偉大權力『並不比私人機構集合起來運用的權力爲大』。這種說法簡直完全錯誤。吾人須知，在一個自由競爭的社會裏，任何人想保有社會主義的計劃機構所掌握的權力之一部份都不可能。如果私人的機構並非在一個指揮系統之下齊一動作，而我們還說『私人機構底權力之集體運用』，這不過是玩弄名詞而已。分散權力必可低抑權力之絕對總和。自由競爭制度，乃分散人吃人的中央管制權力之唯一的良藥。經濟權力與政治權力之分散，乃保證個人自由之必要的措施。當着經濟權力成爲一項壓制工具時，所謂經濟權力也者，如果握在私人手中，便不致成爲絕對的和完全的權力，也不足以控制人底全部生活。如果經濟權力中央化，並且變成政治權力底工具，那末任何人都得靠它才能生活。經濟權力發展到了這一步，其去奴役也已不遠矣。

在集體主義者之間流行一項『道德原則』，即是目的使手段成爲正確。既然如此，我們可以『只問目的，不擇手段』。這條原則，照個人主義的倫理學看來，簡直是一切道德之否定；可是，在集體主義的倫理學看來，則是一切行動底最高準則。照集體主義者看來，如果我們底行動是『爲全體謀福利』，那末沒有任何事情是不應該做的。（這就是現在萬惡之源。——譯者）集體主義者覺得『爲全體謀福利』是一切應爲之事的唯一標準。『一切爲國家（raison d'état）』是集體主義的倫理學中最明白的教條。依據這個教條，集體主義者之所作所爲，除了權宜之計以外，任何條件都不能限制之。（一針見血。蘇俄底一切行爲，都可依這一條來解釋。一切極權的政治組織底做作，也無不如此。——譯者）在集體主義的邦國裏，公民應該預備做些什麼，並沒有什麼限制。（所以，今天要人這樣，明天要人那樣。花樣層出不窮。好像耍猴把戲一樣。主人要猴子耍什麼戲，猴子就得隨鞭子動作。——譯者）所以，團體要他做什麼，或者上級命令他完成什麼，他就得照辦。他底良心不能阻止他這樣幹。（在這樣鐵的制度中，如果還捧出古道德，叫人如何『正心誠意』，如何行『仁義道德』，這不是唱高調，就是不明事理。凡言之不近人情者，鮮不爲大荒謬。而此等荒謬，多飾之以人衆『不懂』之『哲學』外衣。結果，越談離題越遠，越唱越虛僞。嗟乎！亂世出妖道，豈僅古代爲然哉？——譯者）

集體主義的倫理學中沒有絕對形式的倫理規律。自然，這並不是說，在集體主義的社羣中，個人並沒有養成許多有用的習慣，吾人須知在集體主義的社羣中生活的人，較之在個人主義的社羣中生活的人，更需要某些生活習慣才能生存下去。而這些生活習慣，以及某些品性，必須常常練習，才能鞏固和增長。（這話才算搔着痛處癢處。在權威控制之下的人衆，必須能逆來順受；視謊言爲眞理；視苛煩爲當然；視强顏爲歡乃人生義務；說不願說的話，做不願做的事；只問利害，不管是非；俯伏於既存勢力之下，若野草之習於生存在石縫中者然；隨時調整心理角度，以適應各種政治變化；掏空自己底頭腦，一點自己底認識見解也不能留，以便隨時讓人注入紅藍各色染料；除政令與政治教條以外，絕對不認眞抱緊任何自然律和人文律。總而言之，只要能够活下去，一切的一切，都可以視爲手段。所以，在極權統制之下生存的人，久而久之，形成一種人生哲學，即是『唯存主義（raison d'être）』：只要能够活下去，其他一切在所不計。——譯者）

照我們看來，極權制度是否定一切道德價值的。在極權統治之下的人民，看起來似乎是對於極權制度無限支持的。可是，如果我們因此以爲在極權統制之下的人民沒有道德上的熱忱，那是很不公道的說法。因爲，最大多數在極權統治之下的人民並非如此。吾人須知，在像納粹主義之類的運動背後所隱藏的道德情緒，其程度之强烈，也許只有歷史上那些偉大的宗教運動才可以與之比擬。在極權制度之下，只承認個人不過是爲達到像邦國或社羣這些較高層次的東西之目標底工具，因此令人恐怖的那些事物也就隨之俱來。（千眞萬確。非親身嘗試者，不知個中滋味。——譯者）從集體主義的觀點看來，對于持異議者不寬容並施以暴力壓迫，完全不顧個人底生命與幸福，俱屬以社會與國家爲至上而個人則爲其工具之無可避免的結果。集體主義者對於這些結果都予承認，同時並且認爲極權制度比『自利自私』的個人主義的制度優越。他們以爲，在個人主義的制度之下，個人係爲其私利而活動。這麼一來，便妨害社羣公共目標之充分的實現。許多德國的哲學家一再宣稱爲個人幸福而努力乃一不道德之事；只有完成邦國所賦予的義務才值得稱讚。這些人作此類論調時，出言完全是誠實的。當然，在不同文化傳統之中生長的人是不易了解這一點的。

吾人須知，一個邦國如果有一個超乎一切的共同政治目標時，那末任何普遍的道德便無容身之地。（例如，在蘇俄，所謂『實行共產主義』高于一切，於是所有道德，宗教，倫理，藝術，都得退避三舍；最低限度，也得編入這一政治目標之下。海耶克教授此言所表現的識見，較之那些閉起雙眼來捧頌『仁義道德』的泛道德主義者高明萬倍。弄不清病勢而妄投藥石的江湖郎中，鮮有不盲目殺死病人者。——譯者）在某種程度以內，即使是民主國家，在戰時也難免發生類似的情況。不過，在民主邦國，即使在戰時或遭逢最大的危機，其採取極權主義的方法之程度也是非常有限的。民主邦國爲了達到一個單一的目標很少把其他一切置諸不顧的。（極權邦國視講自由爲搗亂，動輒藉口『軍事需要』而剝奪個人自由。鐵幕國家把這一點表現得最爲澈底。——譯者）吾人須知，一旦少數幾個目標支配着整個社羣，則人民之忍受殘暴便成爲一項無可避免的義務。在集體主義者看來，爲了達到社羣底共同目標，個人底權利和價值都是可以犧牲的。（這是人間最大的罪惡與詐欺。現代的大悲劇，主要由此詐欺造成。究其實際，倡此說者，不是一人，便是一黨。彼等於『革命成功』以後，置全社羣於其鐵掌控制之下，爲所欲爲。這樣一來，所謂『社羣底共同目標』，不過彼等利用之一藉口而已。——譯者）

如果一個人在極權統治底建立中想有所效勞，那末他必須準備接受那些爲卑鄙行爲而設的虛僞辯護之詞。在極權統治之下，祇有最高的首領一人才可單獨決定政治目標。而作工具的人，本身不能堅持道德上的任何信條。總而言之，他們必須毫無保留地獻身於首領。除此以外，最關重要的事，就是他們作人必須完全沒有原則（unprincipled）；而且，至少在理論上，他們必須什麼事都做得出來。他們作人，必須沒有自己想要達到的目標；也沒有是非善惡的觀念。因爲，是非善惡觀念如果橫在他們心裏，便可能攪亂首領底意圖。（一語道破。欲行極權統治，必須破除人情，破除道德，破除風俗習慣，而不顧一切。——譯者）權力者能滿足的口胃，只有權力的嗜好，以及別人對自己服從時所得到的快樂。

依照我們底標準看來，品格比較完善的人便不能在極權政治中居於領導地位。（巨眼觀透——譯者）在極權統治之下，許許多多壞事都是假較高的目標之名而行的。極權統治者做這些壞事時，所用的技術同樣專門，而且也很講求效率。存心做壞事，乃增進權力的一條大路。（此語有至理存焉。直可媲美馬基威尼也！——譯者）在極權主義的社會中，爪牙們必須兇暴，長於威嚇，巧於詐僞，慣於偵伺。無論是蓋世太保（Gestapo），或集中營底管理，無論是宣傳部或相似的組織，一概都不是訓練人道主義的場所。然而，這些場所却是到達最高位置的門徑。（製造人間地獄乃成就極權統治之捷徑。——譯者）

這一類底問題，與極權主義底特色相關，也與所謂的『眞理』相關。極權政治對于『眞理』底影響爲何，這個題目是很大的。我們必須另闢一章來討論。

附記：本章有所刪節。

本刊售價

地區	幣別	每册價目
臺灣	臺幣	4.00
香港	港幣	.50
日本	日圓	100.00
美國	美金	.30
菲律賓	呂宋幣	.50
馬來亞	叻幣	.50
暹羅	暹幣	4.00
越南	越幣	8.00
印尼	印尼盾	9.00

危地馬拉內幕

李毓漢節譯

歷時兩週的危地拉馬的內戰，終告和平解決。七月二日上午反共軍領袖阿馬斯上校與蒙松上校，在薩爾瓦總統府簽訂協定，成立軍人執政團，阿本茲被迫辭職。八日阿馬斯被選爲新總統。危地拉馬的共產政權已成陳跡。本文所報導的內幕雖已無新聞價值；但仍可幫助我們認識這一陌生的國家，並了解共黨無孔不入的陰謀。故摘譯之，以饗讀者。——譯者

小戰爭・大風波

危地馬拉的共產黨說是「侵略」；而來自洪都拉斯的軍隊說是「解放」。實際上，僅只三千危共軍和二千反共軍在哈克巴（Jacapa）地方，用輕武器進行着小規模的戰爭。政府的六千正規軍尚未參與。這個衝突，公認是韓、越戰的延續，引起全世界的注目。聯合國安全理事會召開一九五〇年韓戰後的第一次緊急會議。

革命統帥阿馬斯上校

四十歲的加羅・加斯鐵羅・阿馬斯上校，在一九五〇年革命失敗被囚。後來破獄逃到洪都拉斯的泰斯巴城。在泰城，召集近幾年危國放逐的流亡人士組織反共軍。在邊區的森林中，集合租用飛機運到的軍隊，發動沒有坦克、重炮的革命。空軍雖少却有力量；駕駛員用小飛機，載着輕機槍、手榴彈和汽油筒，就焚毀了太平洋岸的聖・約瑟港。F-47雷電式飛機重創着危地馬拉城和布多貝城。共軍只有幾架教練機的空軍，自然不是對手，駕駛員也不可靠，已有四名逃到薩爾瓦多的使館去了。阿馬斯宣稱：「地方政府已經組織起來了。自由的曙光照耀着我們的國土。光榮的奮鬪正在進行中。」

阿本茲的出身

哈哥波・阿本茲是一九一三年在奎佐汀南格城出生的。父親是藥劑師，由瑞士來的移民，經商失敗，便自殺了。阿本茲軍校畢業後，一向在部隊中服務。一九三九年和薩爾瓦多咖啡商的美麗女兒瑪麗亞・克麗絲汀・魏蘭結了婚。一九四四年昇爲上尉，因爲生活淸苦，對政府不滿，就退役了。他曾回憶着說：「你不能想像，在獨裁制度下，是怎樣的一種生活。」雖然，他自己的秘密警察正任意的逮捕、監禁和槍殺着政治犯。

退役後四個月，阿本茲糾合十三個伙伴，殺死危城要塞司令，攻佔要塞，成立新政府。同佛朗哥・哈衞・阿拉那上校起草憲法。選舉從阿根庭回國的阿佛羅爲總統。

荒謬的政見

阿佛羅宣揚革新政策，標榜言論自由、出版自由和集會結社自由等，來加强鞏固革命的基礎。同時，在他爲期六年的總統任中，忙於平定二十九次反革命，以致十三次停止憲法特權。所以無法實現他的政治理論——唯心的社會主義——一種荒謬、瑣碎的，非唯物的共產主義。

共產主義和財富

共產黨的宣傳在危地馬拉盛行着，青年們吸收着馬克思主義。曾受美國教育的阿本茲夫人也感到興趣，和福特聶同時指導這位不深思的阿本茲，讀一些普通的共產理論。反資本主義的理論並不影響他搜括財富；身爲國防部長，由國家銀行貸欵經商：買田地，購房產，不久發了大財。在豪華的別墅中，歡宴哥斯大利加的共黨領袖；和貴賓們大談其馬克思主義，不學無術和簡單的頭腦，使他固步自封，滿足於膚淺的荒謬理論，盲目的崇拜蘇俄。有一次，他指着一部極普通的烤爐說：「看哪！蘇聯造的傢俱多麼精巧呀！」

謀殺同伴

有了錢和一些淺薄的政治理論，阿本茲野心勃勃，想做阿佛羅的繼承人。但是，實握兵權的阿拉那很得民心，有繼任總統的希望，便成了他的死對頭。一次在皇宮旅館的酒吧間，這兩個老同志都喝醉了，言論衝突起來。若不是朋友解勸，兩人拿出手槍，當時就要拼個死活。第二年（一九四九）的七月，阿拉那和四個青年軍官視察各地防務；車經阿廡提籃湖畔的小橋時，被狙擊而死。阿拉那的陸軍友人大嘩。國防部長阿本茲僅用三十六小時和二百條人命，便制止了這場暴動。

自我選擧及新政

一九五〇年，壓平第三十次叛亂後，三十七歲的阿本茲在他自己領導的選擧中當選了，就任全美洲最年輕的總統。首先平分土地：二十二家豪門分得全國土地一半，其餘由三十一萬一千一百三十二戶貧農平均分配。其次，是福特聶助他統一强有力的勞工協會，法國共黨勞工領袖路易・沙倫建議，由葛蒂瑞統領這十萬勞工會員。雖然內閣沒有共產黨員，國會只有幾名共黨會員，但危地馬拉的主要政治力量却被共黨控制着。

親共總統

阿本茲不承認冷戰和危國有關，自以爲能控制共黨，其實他是依賴共

（下轉第7頁）

巴黎通訊

日內瓦會議與東南亞防禦問題(下)

龍平甫

四、越南問題的談判

法國爲了準備日內瓦會議，先和越南政府從事確定法越新關係的談判，它希望在日內瓦會議召開之前完成此項談判。一方面以鞏固保大政府在日內瓦會議中的地位，另一方面加强法國在越南問題方面所採取的立場。法越談判於三月八日起由越南內閣總理寶祿和蘭尼爾爲首的代表團在法國外交部進行談判。經過長期的磋商，法國接受越南的意見，準備簽訂兩個條約：一爲完成越南獨立的條約，一爲越南加入法蘭西聯邦以平等地位和法國「協合」(association)的條約。兩個條約以一個「法越共同宣言」連繫之。後來因奠邊府戰事危急，越南交戰雙方分區而治的傳說日强，法越條約的遲遲不簽字，法方的理由是附屬於正約的若干專約談判尚未完成，故不能簽字；但是有人認爲這是法國政府的猶豫，爲了必要時替越盟留一餘地，所以拖延簽字。保大適在法國，於四月二十五日發表長篇公報，聲明他本人和他的政府不能接受法律上的及事實上的國家統一的破壞。保大的宣言使那些主張妥協的法國報紙不滿，認爲是一顆炸彈。但四月二十八日法越終於簽訂「共同宣言」(Déclaration Commune)，聲明法國「完善」越南的獨立，及法越在法蘭西聯邦內的協合，因此制定兩種條約，並將依各國的既定程序使之合法化(註五)。

越南代表以這種新的地位參加日內瓦會議，並由外交部長阮國定率領代表團到會。後來阮國定同意和越盟代表同席談判，但聲明不得因此作爲對越盟承認的依據。

日內瓦的越南問題會談是在奠邊府失守的次日開始的，至六月十日止共開會十九次。其中全體大會七次，秘密會議十二次(註六)。會議一開始便由法國代表團提出越南問題的解決方案，越盟及越南也分別提出其解決方案。茲將三種方案分述於後：

(一) 法國方案(五月八日提出)：㈠普遍停火，並予雙方軍隊及非戰鬪人員以不可缺少的保障；㈡雙方正規軍分區集中調整，區域由會議根據雙方統帥部的建議規定；㈢非正規部隊及非公安部隊解除武裝；㈣立即釋放戰俘及平民之被拘押者；㈤國際委員會監視停火的執行；㈥越盟撤退侵入寮國及高棉的正規軍及非正規軍。

(二) 越盟方案(五月十日提出)：㈠法國承認全越南的主權與獨立；以及「自由寮國」(Pathet Lao)及「吉蔑」(即高棉)的主權與獨立；㈡根據協議撤退越南、寮國及高棉的外國軍隊，在撤退之前法軍可在越南的有限地區內駐紮；㈢在越南寮國高棉實行自由選舉，成立統一政府；㈣越盟代表團聲明研討「越南民主共和國」以自由意志加入法蘭西聯邦問題，及其協合條件：「自由寮國」及「吉蔑」亦將發表類似聲明；㈤越盟、「自由寮國」、及「吉蔑」承認法國在此三國內有其經濟及文化的利益；㈥交戰雙方承允不懲治在戰時和對方合作的人們；㈦交換戰俘；㈧在上述條件實施前停止戰爭，締結法國與三國的下述協定：(a)停火；(b)停止向越南各邦輸送軍火及軍隊；(c)監視停火的執行。

(三) 越南方案(五月十二日提出)：(A)軍事解決辦法：㈠越南代表團準備研討任何以解決軍事問題爲目標的嚴肅性提案；㈡軍事解決應具有充分保障，以維持和平，並防止新的侵略；㈢不能直接間接導致暫時的或持久的、事實上的或法律上的國土分裂；㈣實施停火須有國際保障；(B)政治和解辦法：㈠法越關係以一九五四年四月二十八日共同宣言爲基礎，即(a)越南完全獨立；(b)法國和越南以平等地位「協合」於法蘭西聯邦之內；㈡越南內部關係；(a)在原則上承認保大領導的越南政府爲唯一合法政府；(b)承認越南軍隊的統一，越盟軍隊加越南軍隊的辦法由國際監視執行；(c)聯合國安全理事會於證實越南全境安堵，政權確立後，以國際監視實行自由選舉；(d)選舉結果在保大領導下成立代議制政府；(e)越南不懲治曾與越盟合作者；(f)國際擔保越南的政治與領土的完整；(g)聯合國協助開發越南富源，提高生活水準。

現在讓我們把這三種方案加以簡單的分析：(一)法國的方案是：㈠以停戰爲第一着，停戰須有確切的保障，停戰實現後，再求政治問題的解決；㈡停戰問題應限於越南，而寮國與高棉被越盟侵略，因此得由越盟撤退軍隊；㈢法國對越南問題的解決傾向於事實上的分治。(二)越盟的方案是：㈠企圖全部赤化越南三邦；㈡以政治問題放在軍事問題解決之前，或至少同時解決，希望以武力壓迫法國接受城下之盟；㈢越盟提議加入法蘭西聯邦實富於陰謀，即以維持法國體面使法國退出越南三邦，使法蘭西聯邦容納三共產國家後發生內政與外交的混亂，及其他嚴重後果，並可使他日莫洛托夫作爲根據以要求加入北大西洋公約組織，或組織所謂歐洲集體安全公約組織。(三)越南的方案是針對越盟方案而提出：㈠避免越南的赤化；㈡避免越南的分治；㈢保障越南的自由與安全。不過輿論界對越南方案頗有指責，認爲不合現實情況。美國政論家李普曼也說要在不能達到與不能容許二者之間找出一個適中的解決辦法。

現在我們再看法國對越盟提案如何答覆：皮杜在五月十四日對越盟的提案作下列的公開答覆：㈠越南三邦的獨立業已實現；㈡越南不能提出寮國及高棉的問題，關於這兩國的問題，如越盟所提出的第一、第三、第四第五點的解決，祇要越盟撤軍，便迎刃而解。但自兩國撤兵問題不能和越南問題併爲一談。如越盟由這兩國撤兵，則法國也同樣作；㊂越南問題因最近的法越共同宣言及條約的協議已使越盟的第一及第四點爲多餘，關於第二點則法軍在越南的移動以戰事爲轉移，若和平重建，法國不能違反越南合法政府的意志而在越南駐紮軍隊，駐軍與否將視越南的安全需要而定，因此關於這一點，法國不能提出任何允諾以爲重建和平的條件。至於第五點，法國在法越談判中從未以此爲越戰停止的一個條件；第三點是越盟企圖在選擧前達到控制越南的目的，他對第六、第七點在原則上同意；而認爲第八點是主要的，越南問題的解決應先從軍事問題着手，然後再求政治問題的解決。

一言以蔽之，法國希望實現榮譽的停火。關於停火問題，艾登以調解人自居，在五月十二日提出下列問題：㊀是否承認雙方軍隊在規定區地區集中？㊁是否承認寮國及高棉爲特例，其境內的越盟軍隊應行撤退？㊂何人規定在越南軍隊集中的區域？㊃軍隊集中之後是否需要解散非正規軍隊？㊄是否贊成國際管制？在何種形式下？

莫洛托夫允許由中立國組織管制委員會，但認爲擔保停戰的國家（由出席日內瓦會議者充任）在遇有破壞停戰協定出而干涉時，須有一致的同意，換句話說是企圖給共產國家以否決權。皮杜肯定的答覆艾登所提出的問題。爲了使會議成功，艾登認爲半公開的會議容易發生宣傳作用，妨礙談判的進行，於是主張召開小型的秘密會議，談判越南問題。五月十七日起擧行第一次秘密會議，但至第三次秘密會議中，共方仍堅持不願由寮國高棉撤兵。會議的程序問題至是陷入僵局。

在第四次秘密會議中，莫洛托夫提議每一協合邦根據下列辦法進行談判：㊀停火；㊁雙方軍隊在一定地區集中；㊂停火後禁止增援辦法；㊃停火辦法的管制；㊄國際擔保的形式。後來皮杜在莫洛托夫的方案上加上：㊅解散非正規部隊；㊆釋放戰俘。

第六次秘密會議（五月二十五日）中，艾登主張：㊀停火爲第一着；㊁如在任何協合邦獲得停火協議，應卽停火實施，而不問其他二邦的停火是否獲得協議。此外艾登並提議在越南的停火辦法：㊀由日內瓦會議規定雙方統帥部直接談判；㊁雙方統帥部談判軍隊分區集中辦法；㊂停火管制；㊃統帥部代表與日內瓦會議連繫。莫洛托夫接受此計劃，但要求寮國與高棉併入談判範圍，沒有被接受。後來雙方同意統帥部代表在日內瓦會議越南雙方軍隊分區集中佈署的辦法。

至於如何集中佈署雙方軍隊分區，越盟方面提出這樣的提案：㊀越南三邦雙方佔領地區的調整及土地的交換應根據同等大小的土地，同等數量的人口，同等戰略的重要性，及同等的經濟資源爲交換條件；㊁於交換土地時，雙方軍隊得自由過境以便進入指定地區；㊂雙方統帥部代表談判武裝勢力的整編，及其他停火細節。根據上述方案，越盟似乎準備接受越南、寮國及高棉暫時的分治，並進而全部赤化。五月三十一日越盟的發言人已經明白表示反對越南的分治，並說軍事的調解應以政治的解決完成。說得透澈一點；治盟要以軍事壓力使法國接受它的政治解決條件。在越盟的政治目標未達到前；日內瓦的和談要成爲第二個板門店。

到六月初越南問題的談判可算進入正式討論階段；因爲在過去所談判的大都是一些程序問題；現在雙方統帥部代表談判軍隊防區的劃分，以便向日內瓦會議報告。會議是秘密的，不過我們知道雙方意見距離甚遠。越盟要求法國撤退紅河三角洲一點，卽不能有被接受的可能。至於停火管制問題，共產集團提議，由波蘭、捷克、印度、巴基斯坦組織中立國委員會管制停戰，而西方則認爲這種辦法在韓國停戰中成績最壞，由於捷克及波蘭代表使用否決權使中立國委員會不能完成使命，因此反對捷克及波蘭參加越南停戰中立國委員會，祇接受印度和巴基斯坦。後來西方再讓步，提議參加哥倫坡會議的五國充任中立國委員會，仍沒有獲得共產集團的接受。管制停火的尙有一個由交戰雙方組織的混合委員會，共產集團要求混合委員會對軍事問題有充分權力，而非共產國家則主張中立國委員會的權力駕於混合委員會之上。共產集團反對中立國委員會對聯合國負責，而主張對日內瓦會議「九國」代表團負責。此「九國」應爲中立國委員會工作的擔保。

會議進行至此，再度陷於僵局，而現在的僵局較從前對程序問題的僵局更嚴重。然而莫洛托夫並不以此爲滿足，他於一度回莫斯科請示之後，要求在六月八日召開越南問題會談的全體大會。他這次演說一方面是爲日內瓦會議敲了喪鐘，替越盟在紅河三角洲發動攻勢作宣傳上的準備，一方面打擊蘭尼爾政府，使之倒臺，造成西方陣營的混亂，及法國政治軍事的危機。

在進一步分析莫洛托夫的演詞及法國的政潮之前，我們得對美、英、法對東南亞防禦的看法及美、法所採取的措施，加以說明。

五、東南亞的防禦

儘管共產集團的和平宣傳如何動聽，如果我們祇以他們以最大代價攻下奠邊府一件事實來分析研究，便不難了解他們會有更大的政治的及軍事的陰謀！無論日內瓦會議在最近破裂，或導演成 第二個板門店，自由世界的組織東南亞的防禦則是刻不容緩的。

組織東南亞的防禦固然是由美國倡導，但是法國也不能辭其責；好從事政治運用的邱吉爾也應知道不能再拖，因爲英國軍事領袖認爲越南三邦一旦淪陷後，馬來亞的守軍要增至四倍，爲了避免再來一個新加坡保衞戰，英國也不能再觀望了。

究竟現階段的東南亞防禦進行到甚麼程度，讀者當然是很關心的，作者願就所知分析於後：

（一）法國的措施——越盟的軍事行動不但要完全赤化越南寮國及高棉，並且要動搖法蘭西聯邦，奠邊府淪落之後，這種威脅更爲明顯。埃及的 Al Gumhyrria 報於五月八日發表該報駐日內瓦記者報導的莫洛托夫談話，他說：「奠邊府的陷落是對在亞洲、非洲及其他地區帝國主義的嚴重警告。」後來塔斯社雖然否認，但是共產集團對法蘭西聯邦的威脅則是不可否認的。

奠邊府失陷後，國會議員畢耀德將軍(戴高樂派脫離份子)要求成立共產黨以外的舉國一致政府，前戴高樂派議員柯尼格將軍也認爲能戰始能和。因而建議：㊀由職業軍隊增援，抽調幹部建立擴充越南軍隊；㊁徵募法國及外籍志願軍；㊂徵召後備役的幹部、技術人才以塡補自歐洲及北非增援越南後的缺額；㊃如上述辦法不足，則自歐洲及北非抽調常備軍（但須得國會授權）；㊄在巴黎成立越南三邦事務的統一機構。由於政見及黨派利害的衝突，這兩人的意見尙沒有在國會引起强烈的共鳴，在軍事方面政府採取了若干措施與柯尼格將軍所主張的接近，以應付越盟對河內區的威脅。

武元甲自攻下奠邊府之後，已將四師人移向河內外圍陣地，越盟的攻一目標自然是紅河三角洲，這裏有人口八百萬，法蘭西聯邦軍隊約有八十營駐守。自奠邊府失守後這裏的情勢已很緊張，法政府爲了明瞭實際情形特派參謀總長艾理 (Ely)、前遠征軍司令薩朗 (Salan)、空軍副謀參長柏里西(Pelissier)飛越實地考察。五月十六日三將連袂飛越，到河內開軍事會議。據報載，紅河三角洲的防守以守河內、海防、海陽之線爲比較容易，但因此將放棄富庶的府里、太平、發艷等地區，撤退後可能引起混亂，居民爲了向越盟效忠而行仇殺，甚至民兵也要叛離，因而認爲在現勢下必須堅守原地。艾理返法後於五月二十七日向國防委員會報告。國防委員會研究緊急措施的執行及進行戰爭必需的決策。其結論認爲：㊀如軍事情況不能改善，不能獲得光榮的和平；㊁如日內瓦會議失敗則法軍更須加强；㊂如會議失敗而現政府跨臺，則繼任政府進行和談或戰爭也得加强軍事力量。因此國防委員會決定採取一些緊急措施，已經發表的是提前召集一九五四年第二期國民兵入伍，可能有新兵八萬至十萬人，同時將可以調動的軍隊移向越南，據云防守紅河三角洲至少添加四五十營軍隊。但是提前徵召的國民兵並不用於戰場，而是塡補職業軍隊調走後的防區，必要時可由國會授權派到西貢一帶，作爲駐防維持秩序的軍隊。

關於越南三邦野戰軍的統帥問題，艾理的考察團希望派一位聲望卓著掌握軍民大權的統帥。因此主張起用唯一的元帥余安，但是余安元帥在不久之前因反對現行的歐洲防禦組織，被政府以不奉徵召免職，現在起用他似乎很矛盾，同時余安任中歐區盟軍統帥，不便離去。經過一度非正式接洽及相當猶豫，政府仍決定（六月三日）調參謀總長艾理任印支遠征軍統帥及越南三邦總高級專員，並以薩朗爲副，將納華爾 (Navarre) 及戴讓 (Maurice Dejean) 調差。法政府希望因此在越南發生振奮人心與士氣的作用。

在巴黎方面原有協合邦關係事務署，署長雖是閣員，但是沒有部長的權威與地位，而關於三邦事務往往由國防外交兩部越俎，被人攻擊政出多門。近來協邦合事務署署長夏克德因巴黎快報 (L'express) 事件辭職，由蘭尼爾內閣任命巴黎市長腓德烈杜朋繼任，並改署爲部，擴大其職權。

（二）法美談判援越問題——奠邊府失守大大的削弱法國的談判地位。法政府雖極力想和，但不能接受投降式的和平。在中共早已干預越戰的今日，法國是不能獨力撐持的，因此法國希望美國在談判方面予以援助，以美國的干預越戰的威脅來使共產集團就範。但是美國因爲歐洲輿論（英法爲主）的不利反響，又恐怕法國難堅定其政策，因而對越南的態度消極起來。五月十一日杜勒斯在記者招待會上說：「東南亞沒有越南也可以防守」。他這種論調使在日內瓦的法國代表驚愕，認爲法國失去獲得榮譽和平的最後一張「王牌」。法國政府也爲之不安，經過閣議後，向美國政府詢問是否準備放棄越南三邦的防禦，所得的答覆是：美國並無意放棄越南三邦。但萬一越南失陷，美國仍積極防守東南亞其他部份，使不淪陷。但是法國政府希望在下述兩點上明瞭美國的立場：㊀如果日內瓦會議失敗；㊁如果在會議期間三邦軍事情況惡化。法政府希望美國能發表一種公開的聲明，以爲本身決策的準備。因此由法國主動在巴黎、華盛頓及日內瓦同時舉行談判。

但是法美談判並未通知英國，其原因恐怕是奠邊府援救問題英國所採取的態度所致。無論如何，英國很不滿意，據說艾登大怒，於五月十五日爲此事和史密斯長談。同時英美的關係也很緊張，英國工黨報紙說：「這是第二次世界大戰以來英美關係最緊張的一幕」。說老實話，英國是咎由自取，不能遷怒於人。

在法美談判中，美國對法國請求在日內瓦會議失敗後援越的要求，提出下列的先決條件：㊀越南三邦直接請求；㊁法國允許越南三邦的完全獨立，包括有權退出法蘭西聯邦的可能；㊂非律賓、泰國、英國、澳洲、紐西蘭等國的支持，並參加軍事行動；㊃美國參加對越盟作戰的計劃與指揮；㊄法國應繼續努力作戰。有人說，萬一美國要派陸軍去越南，法國也得派國民兵去印支。這些條件若一一實現，不但相當困難，而且需要時間；對於第一第二點，是許多法國人難以接受的。

六月十一日杜勒斯公開提出在現局勢下美國干預越戰的條件：㊀當地

合法權威(三協合邦及法國)的請求；㊁保證越南寮國及高棉已獲完全獨立；㊂聯合國對當前戰爭關心的證明；㊃「若干」東南亞國家參加共同努力；㊄法國保證不至最後勝利決不退出戰爭。最後一點是美國最近加的，法國政潮起伏，要牠的政府作這樣的保證是很困難的。

一言以蔽之，現在美國對干預越戰的問題所採取的態度是很愼審的，主要的原因不外是：㊀避免共產集團攻擊美國好戰的宣傳；㊁希望在國際上獲得强有力的法律根據；㊂希望法國堅定立場；㊃內政上的考慮，今秋美國國會局部改選是共和黨政府在對外決策上所應注意的。雖然目前美國的干預越戰的聲浪日弱，這並不是表示美國在將來會對越南的戰局袖手旁觀下去的，如果紅河三角洲軍事情況惡化，河內危急，恐怕美國非出來干預不行的。

(三)　東南亞的集體防禦——照理論講，東南亞的非共產國家面臨蘇維埃殖民主義的侵略，應團結一致共同抵抗，事實上却意見紛岐，各有各的打算，除了泰國、菲律賓、巴基斯坦及錫蘭比較積極外，他如緬甸雖然反共，却想標榜第三路線，同時怕中共藉口侵入；印尼則政府由印尼國民黨靠印尼共產黨支持組織內閣，而將社會黨及最大的回教政黨「瑪斯友美」黨排斥。因此印尼的外交是親共的；印度則尼赫魯政府一向對共產集團存着幻想，過去經常替中共說話，但是近來印度政府已感覺到共產集團的威脅。因：㊀與中共接觸獲得敎訓；㊁越盟堅持不撤退侵入高棉及寮國的軍隊；㊂印度本部共產黨勢力日漸擴張。由以上因素使印度對西方的態度比較友善，不過要印度積極參加東南亞的防禦，如果不是不可能，至少是爲時太早。

此外應當擔任東南亞防禦的國家尙有美、法、澳、紐、英五國。前四國參加共同防禦是不成問題的，祇有英國在那裏玩政治手腕。她一方面表示難於參加，但等到別人組織沒有她時，她又要抗議。英國這種政策當然有許多可能的解釋；例如：㊀難以接受美國的領導，企圖造成一種國際上的第三勢力；㊁企圖調和不列顚邦聯的矛盾，維持英、印的聯繫；㊂繼續(甚至擴大)和中共的貿易；㊃邱吉爾及英國人對氫彈的不安；㊄英國工黨認爲越南的戰爭是一種內戰，反對干涉。所以英國的政策是：在日內瓦會議期間不要激怒蘇俄及中共，希望由談判達到越南事實上的分治。所以邱吉爾在五月十七日在下院聲明：「英國政府在日內瓦會議期間不作任何軍事干預的承諾；如果日內瓦會議結果明瞭，英政府始進行研討在聯合國範圍內建立東南亞及西太平洋安全體系的可能性。」

邱吉爾這種言論簡直是助長共產集團的氣焰，削弱自由世界的力量。因此艾森豪在五月十九日說：「東南亞的集體安全如組織沒有英國參加，固然不如理想，但仍是可以實現的。」這樣一來，英政府似乎有些急了，它除參加華府的美、英、法、紐、澳五國參謀會議外，並與美國政府商討東南亞防禦的組織。英政府主張哥倫坡會議各國參加，否則限於英、美、法、澳、紐五國。要求哥倫坡會議五國在事實上不可能，若限於五個白種國家，不但引起亞洲黃種國家的猜疑，並且給共產黨一個良好的宣傳資料。

現今局勢危急，如果不能將亞洲的非共產國家團結在一起，至少應將那些反共國家組織起來，自己決定本身的命運；不要消極地受倫敦及新德里的擺佈。

六、法國的政潮

東南亞防禦組織的難產，美、英意見的紛岐，法國蘭尼爾內閣的朝不保夕，使西方在日內瓦談判非常困難，再加上紅河三角洲共方佈署已近完成，更增强共產集團的苛求。自奠邊府失陷後，越盟陸續由三〇四、三〇八、三一二、三一六各師抽調二十營，及三五一砲兵師的全部運到紅河三角洲的外圍陣地，此外三角洲尙有越盟的三〇六、三二〇、三二五各師：幾近九師的兵力，再加上中共的軍援，三角洲的情況已日益危急。在這種情形下，莫洛托夫於六月八日發表演說，等於向法國下最後通諜，藉此對蘭尼爾內閣的跨台助一臂之力：如繼任內閣改變政策，接受城下之盟式的條件，當然是如意算盤，如政策大致依舊，則已浪費不少的防守越北的珍貴時機。

六月八日的全體大會是莫洛托夫請求召開的，是開會以來最緊張的局面。先夜皮杜分析全般局勢後，認爲得先發言，後來交涉的結果排定發言的次序如下：㊀皮杜；㊁范文同；㊂高棉代表；㊃周恩來；㊄莫洛托夫；㊅艾登；㊆阮國定；㊇史密斯。

六月八日的會中，皮杜對越南問題談判提出一個總賬，除列舉雙方的同意之點外(停火，正規軍分區集中，釋放戰俘及平民)，並列舉雙方意見未趨於一致的各點：㊀法國要求非正規部隊的解除武裝；㊁停火後外國軍隊進入越南問題，法國主張雙方同時嚴格管制，並嚴格監視海陸邊界及當地的軍火製造；㊂管制與保障問題，雙方對委員的組織及職權未能達到協議。

接着范文同發言，激烈攻擊美國，說保大政府不存在，說西方企圖使越戰國際化，並要求立即討論越南的政治問題。後來莫洛托夫發言，說明在若干點方面，雙方觀點「已趨接近」，但：㊀堅持波、捷、印、巴四國代表組織中立國委員會；㊁對中立國委員會及混合委員會的職權仍持異議。他跟着說越南三邦並未獨立，提及法國在越南作戰的死傷，說「奠邊府是由各式各樣的外國人所防守，而不是以法人及越南人爲主」，最後他提議：㊀軍事談判之外立即研究政治問題的解決；㊁承認越南三邦的獨立與主權，進行「自由選舉」，在選擧之前各「愛國」政黨及團體自由行動，並撤退外軍；㊂交戰雙方代表直接談判政治問題。莫洛托夫的條件已等於要法國不戰屈服，撤軍回國，而其言辭更富於侮蔑性，使皮杜不能不答辯，發生舌戰。

次日周恩來發言，照例攻擊美國和法國一番，並主張：㈠中立國委員會必須包括共產國家，否則不能成立；㈡軍事問題不能與政治問題完全分開；㈢混合委員會及中立國委員會地位平等，平行工作；㈣聯合國不能參與。

至此越南問題的談判已沒有法子再談下去，若無奇蹟出現，祇有各代表收拾行李，啓程回國。甚至連艾登也認爲會議無望，他警告莫洛托夫說，如果共方不修正其要求，祇有宣佈會議失敗一途。莫洛托夫反對，他自然要把會議繼續開下去，一直弄到自由世界無法收拾越南三邦的局面爲止。

有人說莫洛托夫六月八日的演說是對蘭尼爾內閣的一種額外質詢，這是有相當理由的。蘭尼爾內閣已經兩次信任投票渡過難關，但是到五月下旬又有若干議員提出質詢，六月一日法國國會開會，議員安德烈（Pierre André 獨立共和派）向政府提出一連串問題，問政府對越南各項問題如何應付。在三名反政府的議員（進步黨、社會黨、共產黨）發言之後，有兩名前戴高樂的正統派議員發言。一要求政府引退，成立擧國一致政府；一則再提出奠邊府失敗的責任，攻擊國防部長。六月八日國會開會，達拉第發言，暗示政府應在德國問題上對蘇俄讓步，方能獲得越南的和平。他又說「越盟在奠邊府一役後所獲得的擁護者較過去七年中所得的爲多」？接着國防部長蒲來萬對議員的攻擊予以答辯，他說若干議員對他的指責是對他在歐洲問題上所採取的立場而發，「但是任何事業在成功之前，均不免障礙均，不免遭受攻擊，甚至侮辱。」

次日，皮杜由日內瓦趕回報告，說明政府對日內瓦會議的立場及其努力，希望國會支持政府，以便進行談判。皮杜的演說在國會發生良好反響，在他之後有孟岱斯法郎士發言，他指責政府過去政策的不當，但自己並沒有提出一些具體的建議。經過幾位議員發言之後，蘭尼爾發表演說，爲政府的政策作辯解，說政府決不忽略任何和平的機會。但是和平並不是投降，最後要求國會對 Frédet Raingeard 二人所擬的議案視作優先案表決，這個議案是這樣草擬的：

「國民大會爲使在日內瓦會議中爲和平而從事的努力不受影響，並爲避免任何延阻或中斷此努力的事象發生，同時爲了確保遠征軍的安全，並再度向奠邊府英勇抵抗獲得全世界自由民族贊揚的戰士致敬，現政府將盡其所能以使我國代表團在日內瓦會議的努力迅速實現尊重我方及我們的盟友權利的停火，結束慘痛的印支衝突等宣言紀錄在卷，拒絕任何增添，通過議案。」

法政府以此議案爲優先案提請表決，以三百二十二票對二百六十三票被否決，於是蘭尼爾提出信任投票案。六月十二日蘭尼爾出席國會，指責其他三個對印支問題的提案，他勸議員爲和平，爲遠征軍，爲越南各民族，不要引起閣潮，他最後說：『有些發言者甚至認爲皮杜何以不拿歐洲的安全交換停火！老實說，是否要產生一個「亞洲慕尼黑的多數」，一個「放棄大西洋聯盟的多數」（議場呼喊：沒有！沒有！中間派及右派鼓掌）？那麼要立即有一個忠於聯盟及國家榮譽的多數出現』（中間派、右派、及前戴高樂派鼓掌）。投票的結果，擁護政府的爲二九三票，反對的爲三〇六票，反對的不足法定的大多數（三一四票）（註七），政府可以不辭職的，但是政府中的激進黨的部長們要辭職，使蘭尼爾不得不提出辭呈。現在孟岱斯法郎士已試行組閣，但是他的中立主義色彩較濃厚，恐怕不易成功，此外佛爾（Edgar Faure 激進黨）及皮杜（人民共和黨）均有組閣的希望。未來法國政府有兩大課題，即越南問題與歐洲軍條約批准問題，組閣的成功與否就要看內閣總理候選人對這兩個問題以何種辦法處理。

（六月十五日脫稿）

（註五） 法越條約已繕校完竣，並於六月四日由蘭尼爾及寶祿作初步簽字，正式簽字尚待來日。

（註六） 越南問題各次全體會議在下列日期擧行：五月八日、五月十日、五月十二日、五月十四日、六月八日、六月九日、六月十日。各次秘密會議在下列日期擧行：五月十七日、五月十八日、五月十九日、五月二十日、五月二十四日、五月二十五日、五月二十七日、五月二十九日、五月三十一日、六月二日、六月三日、六月四日。

（註七） 政府所提出的信任案若無絕對多數反對，則仍可繼續執政，法國憲法規定：國會以絕對多數推翻一個內閣後的十八個月之內，若再以絕對多數拒絕對另一政府信任，則內閣有權解散國會，重新選擧。這次人民共和黨在事先已警告各黨，主張必要時訴諸國民公決。去年五月 René Mayer 內閣被議會以絕對多數拒絕信任而跨台，此次若蘭尼爾遇絕對多數反對，依法可解散國會。但最近三次局部的議員改選，均爲擁護歐洲政策的黨派勝利，故前戴高樂派等反對歐洲政等的政黨反對解散國會，並說：若解散國會，必先修改選擧法。此次閣潮若不得適當解決，恐怕祇有改選一途了。

請客

吳魯芹

「人之異於禽獸者幾希」這句話，雖略帶幾分謙虛意味，實在還是寓驕於謙，很有氣概的，因爲就憑這一點「幾希」，非人就永遠望塵莫及。可是人這畜牲 (That animal called man)，雖然進化到萬物之靈的崇高地位，有時也還迷戀旣往，不十分受抬舉。因此我們還不免偶爾見到「衣冠禽獸」之類觸目驚心的字眼，似乎其間距離已很近，同類雖欲官官相護，也無能爲力了。幸而這些都是敗類所爲，不足概括全體，人之異於禽獸的地方，在幾希之中還有很大的天地。比方說，請客吃飯這一項，在人類久已進步到成爲一種藝術；在禽獸世界裏，恐怕尙未到啓蒙的階段吧。請客吃飯，在人類諸多長處中，猶是小焉者也，然就憑這一點造詣，已很可驕傲了。

在非人類的世界中，我想大致沒有「敬治菲酌，恭候台光」那種高雅的境界。日常所見，似乎禽獸之間，食物當前，絲毫不存禮讓的習慣的。我們祇見人類不惜用婉言，冷嘲，熱諺，激將，甚至於動武，勸同席人進酒到不醉無歸；我們祇見到人類不惜孤注一擲，費居家一月的糧草，博取賓客們一夕朶頤稱歡。人們常說人類是最自私的動物，但是在筵席上這種忘我，利他的精神，那裏有絲毫自私的痕跡？那裏能從非人的世界中找到？在禽獸的生活中，我們祇見到爲搶一塊肉骨頭，打得頭破血流的，從未見到一塊如排骨之類，因爲你推我讓，落在兩不管的 如戰場上的所謂無人地帶 (No man's land)。這在人類燈紅酒綠的餐棹上是常有的現象。人類至少在燈紅酒綠的餐棹還常有這種現象。伊索寓言 (Aesop's Fables) 裏有個故事，說一隻狗啣了一塊肉過橋，看見自己在水中的影子，以爲另一狗口中有肉，連忙吐下自己的，準備强肉强食。這一來，自己口中的肉掉入水中不見了，水中的狗，口中也不再啣着肉了，這寓言的用意，有人說是戒之在貪，也有人說是教人强肉强食之前，千萬不可匆忙，魚與熊掌，還可兼得，何況兩塊肉骨頭呢？應該把自己一份先交給「舍親」妥存，就不會顧彼失此了。且不管二千五百年前那位希臘老者作此寓言時，究竟用意何在，眼前對我倒有一種用途，那就是它頗能襯托出筵席上「請，請，請」那份高雅的境界，祇有人類才有。

請客之爲用，有百利而無一害，已是不移之論，它可以培植感情，彌補缺憾，堅定信仰，排解糾紛。很多問題，一如商業上之談交易，也許盡旬日之力不爲功，一夕之杯酒言歡，說不定就能迎刄而解，因爲人究非木石，嘴唇與舌頭部份，尤其敏感，盛饌之後，餘齒猶芬，縱不一定手下留情，臉色至少要好看多了。大家常說文藝反映時代，其實此話之眞假與奧妙，要待文學家去解說，至於臉色反映心境，雖販夫走卒，也可以一目了然的，只要臉色還好看，事情就容易着手。西諺有謂好的開始，事情等於一半成功，事實上看到對方臉色尙佳，就等於已有了一個好的開始，如果這臉色應該歸功於餘齒猶芬，那麼飲水思源，對請客吃飯的價值，還有絲毫懷疑的餘地麼？

在四川民間有句俗語，叫做「油大政策」，油大者，大魚大肉之謂也，大魚大肉能成爲政策，眞是神來之筆，其氣概幾乎要與計劃經濟，遠交近攻，文武合一，名利雙收等等，互爭榮寵。其效用據說也確屬不凡，假如說人生如戰場，它可以用來作直接攻擊時，攻心爲上的武器，它可以安撫，可以招降，也可以分化。到無可如何時，它還可以作豎白旗之前的緩衝，在討價還價時略佔點便宜。大凡一件事，發展到成爲一種藝術，例如說謊話，造謠言，不讀書亦可以儼然教人等等，其價值往往不容以常情去衡量。請客亦然，其中雖亦受因人而異，因時而異等客觀因素左右，但大之可在治國齊天下大業上作點綴，小之亦可有補於修身處世。這一點在東西文化上，且亦無不同之處。五六年前，在一位前輩先生的書齋裏，見到一部題名「老饕年鑑」(Almanach des Gourmands) 的奇書，現在已記不起作者姓名，好像一共有八小本，字字璣珠，十分名貴。此翁在研究吃飯之外，也討論到請客的問題，其中有一節妙文，可作「油大政策」的最好註脚，他說我們吃了人家的飯，該有多少天不在背後說主人的壞話，時間的長短，應按菜肴的好壞而定，因此老饕勸人多請人吃飯，並且吃好飯，庶幾乎朋友感情可以增進，仇敵的誹謗得以消除。可見把「油大」與「政策」連在一起的人，不僅因時制宜，而且記取了歷史教訓，汲他山之石，中體西用了的。

請客吃飯的種類，一如機關造預算，當然名目繁多，但有一基本相同之點，那就是凡請客吃飯，一定是請已有飯吃的人吃飯。如果是請沒有飯吃的人吃飯，那是施捨，屬於慈善工作一類，與恭候台光，向不混爲一談。正因爲是請有飯吃的人吃飯，尤其是本有很好的飯吃的人，或者經常有人「候光」的人，這其間就不發生尖銳的供求作用。酒飯對此輩人的誘惑，一如中年貴婦人之搔首弄姿，不討厭已難得，動人是無論如何也說不上的。於是就需要藝術來彌補了。人之成爲「萬物之靈」，我不相信胃這一部份，有過多大的驚人貢獻，我甚至於懷疑它的功能，比長在飛禽走獸身上的，會高明多少。

但是水漲船高，妻以夫貴，到某一個時候，胃也會講究起氣節來了。某些東西不吃了，某些東西少吃了，漸漸機能減退，就要用食物以外的東西來喚醒痲痺，於是山珍海味之外，需要山色湖光來下酒，需要名媛淑女來佐餐，需要某種音樂，需要某種氣氛。到這一階段，請客吃飯，不僅已發展到成爲藝術，而且，借用一句時髦的話，還是一種綜合的藝術。

余生也晚，而且出身寒微，才情够不上厠身風雅，經濟能力也不配問津上述的綜合藝術，因此在人生如戲的請客這一齣戲中，通常總以扮「忝陪末座」這一脚色的時候居多。按一位擅背食譜的老饕所憧憬的境界，「忝陪末座」是最實惠的理想，他常說：「我並不請人，不要人請我，但願人請人，回回帶着我。」這個「帶」字，眞是傳神之至，它不僅刻劃出老饕之毫無責任感地沾沾自喜，而且刻劃出賓主兩方面的當時心情，帶者，順帶之意也，當然誰也不會天眞老實到這種程度，在請柬上寫明順帶候光，或者在回條上寫明順帶敬陪，但是人生如戲，冷暖自知，無須眞憑實據的。

當然，「話又得說回來」，忝陪末座，從任何角度去看，總還是比較輕而易擧的脚色，第一，他是爲藝術而藝術的工作者，吃飯就是吃飯，不標榜任何崇高理想，不負任何責任，亦毋用顧後瞻前，同時身份既微末不足道，在餐棹上自亦無氣節可言，山珍海味，一如畫家的眼底煙雲，可以悉數照收，如果東施效顰，吃了頭菜就欠身說另有約會，反要被目爲有神經病了。至於能談笑風生，多少爲主賓開點胃，則更受主人感戴，保證下次還要順帶候光。可是凡事都有它不很可愛的一面，忝陪末座，當然也不例外，「回回帶着我」，日久便成爲感情上的一種負擔，如老饕年鑑作者所說的，背後不便批評了，朶頤稱快之餘，無意中就喪失了一吐爲快的自由，自然是頗爲可惜的。另外現場的情況，有時亦不盡如人意，既然是忝陪末座，地形的選擇，不免身不由主。比方說，有時你不幸正坐在兩雄之間，你單覺得渺小還不够，你頓然領悟到那簡直是在槍林彈雨之下苟活，你正欲擧著去爭取一塊鴨翅膀，猝不提防，左翼一聲全福手，好像正對着太陽穴打將過來，你本能地向右邊讓一讓，但是銅山東鳴，洛鐘西應，右邊也擧起手向你的顴骨進擊了，你一時幾乎會忘記置身何地，這時唯一的退路，只有往後一仰，無條件地交出領空，靜觀雙方在你面前厮殺。這一場戰爭，如果是旗鼓相當的話，說不定能拖到五分鐘之久，等到鳴金收兵，不僅鴨翅膀早已遠走高飛，你驚魂甫定，覺得擧著都爲難了。因爲雙方興高采烈，隨時可以重啓戰端，換句話說，你得隨時準備交出領空權。供別人爭勝負，這看上去似乎是件區區不足道的小事，但是爲藝術而藝術那份無牽無掛的心情，被嚇散了，也就是忝陪末座這份差事裏最可寶貴的部份失去了。一時的不安全之感，還在其次。

到了歐風東漸，華洋雜處，爲藝術的忝陪末座者，無意中又多了一層潛在的危機。在這種場合，他在領空權雖然保持完整，他可能與失掉領空一樣地感到悵惘，這時順帶候光，竟然是帶有半工半讀的意思，兩肩荷一口而來，自以爲任務祇有一個，你忘記嘴之爲用，是雙重的，別人想順帶「透過」它，傳達欵曲。邊吃邊談，原是人之異於禽獸的造就之一，因爲那確實比空談易見實效，而且這世界上多的是有心人，大家常覺得能够婉轉地在琉璃的夜光杯交觥之下，對非我族類曉以東西文化異同之大義，或者反共抗俄的道理，才算是盡了國民外交的天職。因此，一遇到機會，就覺得職責所在，當仁不讓。通常愛暢論東西文化異同的通儒，又有不少未暇下顧祇不過是工具的西方文字，然而，時不我與，祇好「透過」末座中學得胡兒語者，轉達拳拳盛意。幸而國民外交，並毋用取得平等互惠條約之類的眞憑實據交賬。曲終人散，心照不宣，究竟目的達到與否，總無礙於自我陶醉。否則末座之人，這餐半工半讀的飯，吃得更要提心弔膽，時虞隕越了。

請客吃飯，到了今天，可說是複雜極矣，大凡一件事一複雜，就容易發生離題太遠的現象，因此油大也就能成爲有所爲而爲的政策了。有時令人覺得某種請客，就像向官署上呈文，事先已有了打算，並且希望立見成效。請客吃飯，最好應該像寫情書，無事奉懇的時候也寫，無話可說的時候也寫，雖存目的，目的總是在虛無縹渺之間。所以「盤飧市遠無兼味，樽酒家貧只舊醅」那種「寒舍便飯」的境界，更見眞情。比起燈紅酒綠，更令人神往。

長篇連載

幾番風雨（二）

孟瑤

五

嘉謨把小薇送到家門口以後，就獨自步行回來，時間已是黃昏，又是雨後初晴，環境使他在熱醉中清醒過來，他的情緒是複雜的，是依戀，也是悔恨；是奔放；也是克制；是追憶，也是排除……他低着頭，在潮溼閃亮的柏油馬路上踽踽獨行。

回到旅舍，閂上房門，仰臥在床上，雙手枕頭，兩眼望天，他依然沉思，沉思……但是，越沉思，矛盾越可怕地糾纏在一起。他想不顧一切地向這一團火樣的熱流裏投了進去；他又想從這個足以溶化他所有的坑陷裏跳了出來；他想蔑棄一切，只要能終身匍匐在小薇的脚下；他又想把握一切，從此永遠躲開這脂粉圈子。很顯然，兩條路攤開在他的面前由他選擇：一條走向光明的前途，一條把握目前的歡樂。

他搖搖頭，沉重地嘆了一口氣。

「不行，我得走！」他從床上躍了起來，在室內來回踱步，他努力強迫自己這樣做，抿起那薄薄的兩唇，這使他在頑強的時候，能够擠成一條線，像一刃犀的刀鋒似的，橫臥在臉上。他的鼻子更挺直了，他那被小薇最欣賞如烏龍似的兩眉，又在他的臉上盤旋欲飛，覆蓋着那對奕奕眼神，幾乎把這薄暮中的暗室照亮了。但是，他站在這兩條路的前面，依然沒有一個斷然的決定。忽然他迷信起來，從口袋裏掏出一枚輔幣，向自己說：「人像就留在這兒，黨徽就走！」說完，他向空中一抛，接到手中一看，是人像，該留，但他有點不甘心；於是又抛了一次，是黨徽，該去，他也不甘心，氣到極點，他把這枚輔幣，用力地扔到窗外。

「天大的事，明天再說！」他抓了一抓頭髮，一賭氣又滾到床上。

就在這無由排解的第二天，旅舍的經理室通知他說今日有一架飛機去美，假若他願意的話，可以買到票。這一條消息救了他，他毫不猶豫地收拾行囊跑到機場。

晴空無雲，嘉謨懷着一種極複雜的心情踏上飛機，開始了一個人生更遙遠的征程，他把昨日與小薇的海誓山盟封入心扉。他欺騙自己說，男兒志在四方；假若他肯再多想一想，他這征程是支用了小薇終身憂患去鋪築而成的話，也許他就不忍如此泰然地踏入機身了。

他這一個決定，出於這個偶然的機會，然而，人世間的多少否泰憂樂，也常是被一些偶然的機會構成的。

小薇從此被嘉謨的自私抛入患難，當天她還並不知道。

那天雨後返家，她和嘉謨一樣的受着震動，只是內容却甚簡單，但覺回味中充滿了甜蜜。

一夜無眠，第二天一早就起床，以爲嘉謨會很快地來看她，但，由晨而午而夜，嘉謨竟然了無踪影。當然，他可能會被許多「正經事」耽誤了，然而，小薇却不能原諒他連一個電話都不肯打來以釋她牽掛。她的急躁與不安隨着時間增加着，她亂發脾氣，弄得舉家不安。

這樣度過了一天，第三天清晨，她偷偷地向嘉謨的旅舍通了一個電話，回話說他已於昨日去了美國，聽完了這話，小薇幾乎在同時跌倒在地下。她強自矜持着，並且不斷地告訴自己：「這是不可能的，不可能的！」

出國的那天，小薇對嘉謨有許多測度，却從沒有想到這事實，這可能嗎？前日還是恩愛繾綣，今天就忍絕裾而去嗎？然而，這却恐怕是事實哩！想到這裏，小薇衝了出去，她要證明這事實，嘉謨當眞肯捨棄她，去追求那渺遠的前途嗎？但，到了旅舍，鐵一樣的事實證確了它。小薇嗒然若喪，混身像被刀一樣的扎傷着，當然，這連帶着被毀損的，還有她的幸福，自尊，以及聖處女的玉潔冰清。

「他眞走了！」她難堪地告訴自己，幾乎要縱聲大哭，但在許多人面前，她壓抑住了，抬起頭，淡淡地問了一聲：「那屋子還空着嗎？」

「是！」侍應生回答。

「我要，去把門打開！」

「是！」侍應生微微一鞠躬就向前領路。小薇跟在後面，意緒凌亂，她覺得所有的脚步聲與空氣都在壓迫着她。

門被打開了，空虛由四面襲來，一切陳設睜着冷淡的眼睛在譏笑她。小薇鎖上門，便再也克制不住地伏在床上痛哭起來。一場洩盡，她較安靜些，她抬頭輕嗅着空氣，希望能告訴一些他存在的消息，似乎沒有。於是，她又站起來，打開所有的櫃門與抽屜，切盼能發現他一點遺留，但她一無尋獲。

「他倒走得乾淨！」小薇似對自己嘲諷地一笑，接着用力推上櫃門，像是能就此斬斷過去一切似的。聽見這冷淡的一聲，她比較堅強了起來，走進浴室，洗了一個臉，然後故示安詳地對鏡細勻鉛黃，直到她覺得把剛才的傷痛抹拭淨盡以後，她才從裏面走了出來，回到自己的家。

瑰薇一直在暗中注意她孩子的神情，昨日的不安，今天的急躁，匆匆離家，悵然歸來。現在第一眼看見她，便忍不住問了一句：「你找嘉謨去了嗎？」

「他已經走了！」

「甚麼？走了？這樣匆忙，連行都不來辭？」

「太急了，來不及！」

「你是接到電話趕去的嗎？」

小薇猶豫地望了望她的母親，終於點點頭。

「瞧你這孩子，怎麼不先告訴我一聲？」

小薇獃獃地望着她母親，一句話都說不出來。

「你怎麼了？」瑰薇奇怪地。

「太累了！」小薇摸摸頭，立刻轉身上樓。

這一整天，她都沒有起床，躱開了一切的人，內心的秘密，似較易隱藏些。這情形延長到第二天，瑰薇便跟着急壞了，原先她以爲小薇只是輕有離愁，事後觀察，便覺得情形相當嚴重，因爲小薇所表現的是沁入心肺的悲哀，而表面却被淡漠所裝飾，這與往日她故意找事撒嬌煞氣的情形太不相同了。

嘉讓的不辭而行，所給予小薇的影響，本來太大，這不僅是一牽掛，思慕，而且還有一種難以抗拒的羞惡之感痛苦着她。這一位美麗少女，披上五彩繽紛的征衫，第一次走到這壯麗的青春之園前，被一位英俊的男孩子，禮貌地接待着，他倆跨了進去，但，就當這女孩子被這甜蜜所沉醉的時候，那男孩子却倨傲地，迅疾地，無視於對方存在地飄然離去。她被這突然的變化驚吓得只能獃獃地看着他的影子，他的衣帶，還有他那遠遠的存在。想想方才的溫存，都因爲這寡情而變成了輕薄，她實在沒有辦法以一個聖處女的稚潔情懷來容納這一切。但，她必須瞞過別人，那是爲了可羞；她更必須瞞過媽媽，那是爲了孝思。只是，天下沒有比隱忍一件必須應該爆炸或發洩的事更難受。然而，如今的小薇，却以荳蔻年華，驀然而勇敢地接受這份無法支持的重量。而一切屬於她想象中的美麗與希望也從此整個滅了。

她强自忍受這第一次坎坷，她從傾跌中固執地爬了起來，摸了摸身心上的創傷，她對自己說：「我不會就此倒下去的，起來，好好地準備升學！」

從此，她埋頭苦讀，這倒是一個好的掩飾悲哀的方法，只要那盈眶淚珠點點欲墜的時候，她便目不旁視地伏首在書本上。這情形被每晚來補習的令德看在眼裏，他知道這一切都是僞裝，因爲他看出小薇眼在書而心不在書上。這悲哀是因嘉讓的離去所引起，他知道；而這悲哀浸蝕小薇的深度，却是他無法想象的，因此，他反而有一點羨慕嘉讓在小薇心目中的地位。

無論小薇如何矜持，自慰，解嘲，却怎樣也不能贏回過去的愉悅與嬌癡。這感情的低潮立刻傳給了她的慈母。瑰薇不免有時候要問她爲什麼不出去玩，或者有時候甚至勸她不必過度用功以免傷害了身體，但小薇却總是掩飾地說：「一切都等考取了大學再說！」

一直等到那天，小薇考完了最後一節課，她那强自支持着的精神才算有機會解體——她躺到床上再也爬不起來了。

她病了，發着高燒，醫生說是疲累焦慮所致，吃了藥，燒退了，人却始終沒有從床上起來，她發現生理上起着急驟的變化，這是使她羞憤欲死而又不敢告人的。

在小薇的這一段災難中，她母親所承受憂患的重量無寧是加倍的。升學考試以後，小薇的緊張並沒有低減，這正證明她的憂慮並不在此。這還是第一次，小薇會隱秘那打攪她的一切而不與母親共商。即此一點，就可說明事態的嚴重性。每一個母親都會往那最怕的一點上想，瑰薇也自不例外，由各方面觀察，她怕那所怕的一點會成事實。想到這裏，瑰薇幾要呼天而哭。

晚上，人聲已經靜了。小薇吃完藥，獨自閉上眼睛，室內無人，瑰薇的面孔板得鐵青，這是從來都沒有的現象，她用手扶住小薇的床，混身有些發抖，她沉重地喊了一聲：「孩子！」

小薇驀地睜開眼睛，看見她母親這份表情，吓得幾乎驚叫起來，却立刻回答說：「媽媽什麼事？」

「你是不是……？」瑰薇指着小薇的肚子，却語塞得哭了。

「您不要問我這些！」小薇發狂地回答這一句，便轉過身去，伏在枕上大嚎起來。

瑰薇的疑懼被證實了，她怔怔地坐到床沿，半晌無語。逐漸她堅强起來，有了重大決定，她反而非常沉靜地對着小薇耳邊說：「沒關係，我把你送到他那兒去！」

「不，媽，那你除非殺了我！」小薇哭着說：「我不能這樣不要臉，哀求他來收容！」

瑰薇萬沒想到她的女兒會反對她這重大犧牲的決定，這使她不得不問：「那麼，你……？」

「媽，讓我打掉它！」

瑰薇聽見這話，沉默了起來，終於搖頭說：「不成，這太危險，媽不能再失掉你！而且也太不人道了！」

「媽，我眞對不起你！」小薇動情地投到母親懷裏哭着。

「不，是媽對不起你！」瑰薇也哭了起來，撫摸着小薇的秀髮：「你別着急，讓媽陪你走完這段難走的路！」

「還是讓我打掉它！」

「不，我有比這更好的辦法！」瑰薇說：「咱們到廬山牯嶺去躱些時候，等孩子出世以後再說！」

她停了一停，扼住悲哀又說：「在媽媽眼裏，孩子永遠是孩子，我以爲你還小。我應該早一點告訴你，讓你有所防範才對；這是媽的錯，別怕，小薇薇，從現在起，一切聽我的安排，媽的心都碎了，別再叫媽擔心！」

瑰薇把小薇扶到床上，並爲她放好帳子，才悄悄地從室內退出。她的腿有點發軟，好不容易走到自己屋中，她幾步搶到床前跪了下來，她閉上眼睛，兩行淚珠像雨滴一樣地灑了下來，她無聲喃喃地默禱着：「其偉，你原諒我，你最疼的孩子，我沒有爲你看護好，從此，她怕有一段最難的路要走！」

你幫助我勇敢起來……我對不起你，對不起你，但，這一切都太快了，太快了！」

六

瑰薇憑着母愛的支持，毅然地實行了那保護她孩子名譽的計劃。她向親友們宣稱，小薇因為檢查出有一點輕微的肺病，遵照醫生的指示，要作一個較長期的靜養。外型白皙，輕盈，而又纖弱的小薇，是容易取得別人相信的，再加上她是母親掌上明珠的地位，因而舉家遷往廬山養病，自為人深信不疑。

她母女上山去的時間是初秋，落葉西風，這人間天堂充滿了一片肅殺之氣。

何其偉在宦海一帆風順，因此，他和長江流域一切的富室一樣有着一所極考究的牯嶺別墅。這是一座精巧的兩層洋樓，樓下是大廳，餐室和書房，大廳之大，可以擺上四桌酒席；樓上則有四間相當精緻的住室，瑰薇，小薇，阿梅各佔一間，另一間則堆些她們所帶來預備久居的雜物。照顧她們生活的，除那看屋子的長工外，又僱用一男僕，做些採購和粗重的工作。

上山以後，看見一切闃無人聲的安靜，幾乎把這位過慣了都市生活的小姐驚倒了。每天，所聽見的，只是鐘的滴答聲，人的呼吸聲，樹葉的飄落聲，越聽越寂寞，這無一處能代表人生歡樂的環境，正殘忍地壓迫着心緒惡劣的小薇。而且小薇的孕期，正是三四個月的時候，難堪的心境，加上難堪的身體，致使這美麗的小婦人，弄得面黃肌瘦，隨時都可以倒下來的樣子。這情形忽然給瑰薇一種提示，在這深山野谷，假若生病怎麼辦？假若分娩又怎麼辦？她們不難長期請來一位醫生和護士，無奈小薇怎麼說也不肯多一個人知道。因為小薇經過這一個驟然而巨大的打擊以後，反而把生死看得淡了，她幾乎覺得自己這一次的肯活着，完全是為了母親而盡的義務。今日的生命，對她只是一片空虛與可怕的荒漠。她似於一夜之間由一個活潑女孩變成閨中少婦。她不說話，也不出遊，只是成天呆坐着，因而便習慣地喜歡拿起一本書。她是變得如此沉默了，這沉默很使瑰薇憂心，像每一個突然不被淘氣的孩子來折磨的母親一樣為這小寃家憂心，這是為什麼呢？瑰薇只有拿兩隻眼睛不停地關注着她。

因為小薇的沉默，使得這個家安靜得像一座墳墓；這墳墓似的安靜，再配合上這被山嶺所包圍的孤獨，使瑰薇對於環境安全的恐懼與日俱增着。她們這一個小集團的基本人數只有三個，三個女人，住在這深山，雖然這長工與他們不止一年的關係，但畢竟有着拉不攏的距離，另一個男工就更不用提了，這使瑰薇由衷地感到需要一個忠誠的男子來照應門戶。忽然她想起令德，而且緊接着這個名字而來的，還有一個從來沒有的思想，像一串閃電似的在她一片黑漆的腦海裏放出了光亮。那就是：假若可能，請令德冒上這個丈夫虛名，一旦孩子出世，便能順理成章了。

瑰薇能產生這個奇怪的觀念，是因為五分依恃自己的財產，三分由於無法遏抑的母愛，還有兩分則是她早已默默察出令德偷愛上了她的孩子。至於小薇的一方面，她的判斷是兩極端的，拿解決困難說，她應俯首無言，拿近日的固執說，她會斷然拒絕。雖然如此，瑰薇却沒有徵求小薇的同意，即去一電報令德，請他立即上山。

令德接到這份電報，大大地起了反感。

「約我到山上去住？」他想：「多奇怪啊！這些有錢人的想法眞特別，除了自己的方便，沒有別人的存在，她們要走了，把我一腳踢開，現在需要了，即刻就是一紙文書，呼之即來，揮之即去，我成了她們家的看家狗了。」

他把電報往桌上一放，有一點憤然，接着，便開始了他應做的工作。只是奇怪的是，他的思想並不能如那張電報似的，一下就擱置起來；從此，這個上廬山的問題，就像一根蠶絲似的，作成一個繭，把他整個地圍困了進去。

「好在我又沒有什麼擺脫不了的事！」他又這樣轉圜着想：「上去住一些時候倒也無所謂！只是這件事却非常突兀不解！或許是為了小薇……？」想到小薇，他便完全沉醉於這一年以來，對小薇的愛慕與仰望上面。因此，他毅然地擺脫了身旁瑣務，就在當天，他已上了去九江的船。

他的貿然蒞止，使小薇大出意外；他的早日到來，也使瑰薇大出意外。因為是老師，小薇表面上不能表示出什麼不快來，但，她只應酬了兩句便跑上了樓，不久，瑰薇也跟了上來，小薇見了她母親，第一句就問：「您叫胡先生上山幹麼？」

「多一點照應！」瑰薇說：「而且我看你近來很愛看書，胡先生可以教教你！」

「這件事給他知道，宣揚出去多，難為情！」小薇向她母親跌着腳。

「你說胡先生是這樣的人嗎？」瑰薇依然安靜地。

「就是他一人知道，我也沒法活呀！」小薇幾乎嚷嚷起來。

「孩子，你別生氣！」瑰薇看着她孩子不講理的樣子，不覺掉下眼淚說：「你讓我為你安排這一次，你想，這是多大一件事情，沒有一個能幹可靠的人幫助我，我能放心嗎？」

看見母親眞哭了，小薇才算不再說話，生氣地倒上床便不理人。

「再說，」瑰薇又接下去：「胡先生是多麼有修養的人，這一個朋友，我們應該深與結交，這件事也不應該瞞他！」

看見小薇沒有作聲，瑰薇才又擦乾眼淚下樓，指揮阿梅把樓下書房整理起來給令德住。

晚餐，小薇不肯下樓，令德陪瑰薇吃完飯，剩下一段時間無法排遣，倆人便在客廳品茗閒聊。在一段閒話完了以後，忽然瑰薇相當嚴肅地望了一望令德說：「我想和胡先生談一個問題，不知你能不能爲我們保守秘密？」

「請何太太相信我的人格！」

瑰薇把小薇的這段故事向令德說明了以後，停了一會才又接下去：「目前在山上避一避，只是應付目前，整個的問題並解決不了！」

「是的！」令德等待着她命意所在。

下面瑰薇覺得更難接下去，於是慢慢地呷了一口茶，半晌，她才望着令德說：「胡先生覺得小薇這孩子怎麽樣？」

「很好，很聰明！」

「還有呢？」

「還有……」令德停了一停，終於衝口而出：「我很愛她！」

「我或者也早有這感覺，」瑰薇點着頭，然後望着令德，才笑着問：「那麽，胡先生愛她的程度，是不是已經達到能原諒她這一過失的地步呢？」

「這不算過失，只是青年孩子的盲目衝動！」

「那麽假若可能，你願意娶她嗎？」

「那……」令德不知所答。

「小薇嫁給你，才是她眞正的幸福！」

「我怕高攀不上！」令德忽然臉紅着說。

「我怕那不懂事的孩子委屈了你呢！」瑰薇停了半晌，深深地嘆了一口氣，才又接下去：「這件事，我還沒有對小薇提過，或者這孩子還會矯情一番，在方法上似不能太急！」

令德又點點頭。

看見令德的樸質，犧牲，瑰薇不覺臉紅起來說：「令德，這樣，我們的關係就更進一層了，先請你原諒我的自私，我實在爲我自己的孩子打算得太多了，我很慚愧；但，我就只這麽一個孩子！」說到這裏，瑰薇哽咽得掉下淚來。

這是自私，令德在一接電報時，就有反感，只是，上山以後的現在，他反而誠實地安慰她說：「不，這就是天下無可代替的母愛！」

七

落木蕭蕭，廬山的秋天，充滿了一片寒意。

生理的變化，逐漸地能適應了以後，小薇的心情便也開始正常了。她把這一連串漫長的時光作爲兩種分配，一是遨遊，一是攻讀，令德上山以後，作了她最理想的遊伴與塾師。

令德剛上山，小薇覺得有一點受窘，日子一久，也就自然了，他倆在一起的時間很多，這羣山萬壑間，都成了這一對年青人探幽覓勝的好去處。

這天，太陽很好，是一個理想的秋高氣爽的天氣，小薇顯得比平日更高興，在令德的協助下讀完兩章英文後，她忽然對令德說：「咱們吃完早點爬山去？」

「好呀！」

「再帶兩本書到山坳去讀？」

「當然更好！」

於是吃完早點，換上輕便服裝，小薇拿了兩本書，令德揹上水壺食籃，倆人以最悠閑的步伐，輕鬆地在山徑中漫步聊天，幾乎有一個鐘頭，好興緻的小薇，還沒有要停下來的意思，到了一個溪邊，四周風景如畫，令德忍不住說：「就在這裏坐下來吧！太遠了，走回去太累！」

小薇才像由夢中醒來，凝眸風物，才點頭說：「好，就是這兒吧！」

令德展開帶來的白布單，放好水壺食籃，才舒了一口氣說：「這裏足够消磨一上午的了！」

「到山上以後，我才深深體會出這靜中樂趣，」小薇相當安詳地說：「這山谷的風語，這流水的琤琮，這浮雲白日，這山岫彩霞，這遠處的層巒，這近處的炊煙……從前想都想不到的，如今耳所濡，目所染，都是這些美聲秀色，老死於此，當可瞑目！」

令德聽見這位過慣了都市享受生活的漂亮小姐，居然歌頌起大自然的美麗來，不覺有趣的看着她。

小薇奇怪於自己的議論沒有反應，便把膠着在遠山上的目光移了回來，望着令德等待答覆，令德被這如雨注清流的眼光驚醒，倉卒中問：「你帶的是什麽書？」

「陶詩！」

「這倒眞合了此情此景的趣味！」

「半年前我再也不會嚼出這詩的滋味來！直到自己沉澱了俗慮以後，才知道淡遠的東西，才隱藏着更雋永的滋味！」說完，小薇打開了詩集，指給令德看，同時又說：「你看，這歸田園居五首：少無適俗韻，性本愛丘山，誤落塵網中，一去十三年，羈鳥戀舊林，池魚思故淵，開荒南野際，守拙歸園田，方宅十餘畝，草屋八九間，楡柳蔭後簷，桃李羅堂前，曖曖遠人村，依依墟里煙，狗吠深巷中，鷄鳴桑樹顚，戶庭無塵雜，虛室有餘閒，久在樊籠裏，復得返自然。」

「當然這是陶詩中最有名的，如曖曖遠人村，依依墟里煙，都是名句。」

「不，我愛這久在樊籠裏，復得返自然兩句！」小薇說：「我們久處樊籠而不自覺，一朝回返自然，才覺得過去的貪欲享受，怎樣束縛了我們！」

「不過我們要想永遠脫離那樊籠是不容易的，有一天回到上海，就等於我們又進了樊籠！」

「對了！」小薇忽然更深刻地沉思起來：「也許我並沒有終身山居，忍受這寂寞的智慧！」

接着，小薇又吟哦起來，精神整個地沉緬於這詩樣的氣氛裏，令德當然不會去打破這靜寂。太陽從背後爬過來，照到小薇的臉上，生活爲她的生命刻劃了深度，她是比一年前更成熟了。強光刺痛了她的眼睛，闔上書本，從地上跳起來，她像極有興緻地說：「採菊東籬下，悠然見南山。回家學點農事，種菊花去！」又欠伸了一會，才望望令德說：「回去吧？」

令德點點頭，便把地下的東西收拾好，小薇沒等着他，就獨自向前走了。

「小薇！」令德從後面喊。

「什麼？」小薇回頭望望他。

「小心點，別那麼快！」

小薇像是被碰傷了痛處，反而不耐地向前跑去。

「小薇！」令德追了過去，靠近小薇身旁，忽然有所感似的說：「我可以像這樣永遠追隨在你的身後嗎？」

「我不够資格被誰追隨！」小薇不加考慮地。

「小薇，你不過只是摔了一交！」

「不過這一交摔得够瞧的，摔碎了我的夢，摔掉了我的理想，摔走了我再爬起來的勇氣！」

「我能幫助你振作嗎？」

「謝謝你的美意！」小薇幾乎是冷峻地。

「你知道你母親爲什麼要我上山來嗎？」

「多一個可靠的人作伴，心裏踏實些！」

「小薇，你依然太天眞了！」令德說：「你不覺得問題不會如此簡單嗎？」

「不簡單？」小薇有點意外地回過頭來，這兩道淸澈如泉的目光，直射到令德身上，半天，才如有所悟似的說：「媽媽太自私了，你憑什麼要爲我背負這十字架？」

「我以能愛你爲光榮！」

「愛情之爲物太玄妙，」小薇這樣解釋：「不能歡迎，也不能抗拒，它說來就來，說去就去，而且它是交互的，像電一樣地感應着……」說到這裏，小薇停住脚，閉了一閉眼睛，似乎在回味着過去的經驗，然後才又望着令德說：「我們沒有這感覺，至少是我！」

令德低着頭沒有作聲。

「而且，」小薇接下去：「讓我接受你這樣大一個恩惠，將來我在你面前怎樣抬頭做人？我覺得受比施更不容易！」

「不要這樣驕傲，小薇！」令德這才誠摯地說：「這只是人類的互助與同情，說不上什麼恩惠！」

他停了一停，才又接了下去：「而且，不是你母親給我勇氣，我至今也只敢偷偷地愛你！」

「可惜我是曾經滄海難爲水，這對我不是第一次，我有一個比較，我們之間沒有愛的存在，愛不是如此平靜的！」看見令德難堪的樣子，小薇又不忍地接了下去：「不過，你依然是我的好朋友，好老師，揭開了這一層，以後我們說話將更方便些。對於人生我一無所求，如今你想約我演一場如此熱鬧的戲，怎麼可能？而且，夫妻生活不是英雄式的犧牲，彼此的心靈上應該纖塵不染的，而我，却已經被塗抹得不堪了！」

「你這種想法是不正確的！」

「我只愛過嘉謨，當然現在更恨他，恨他粉碎了我初戀的夢，恨他衝亂了我走向人生的開始步伐，但是，你會明白，恨是愛的反面，無愛，恨亦無由生。總之，我現在腦筋裏想到的還是他，不管愛也好，恨也好！」

「那……」

「至於我們，」小薇打斷他的話：「是最談得來的朋友，你看這些話，我沒有對任何人說過，其中包括我最愛的母親；如今却毫無掩飾地告訴了你！」小薇望望太陽，又拉了頹喪的令德一把：「我們回去吧？該吃午飯了！」

回家以後，令德心裏很難堪，他不知道今後應該怎樣相處下去，他一看見小薇就不自在，更不知道怎樣向瑰薇覆命，晚上躺到床上，輾轉不能入寐，最後，他決定走，去飄泊，去到一個誰也不認識他的地方去生活。

天色微明，令德的決心已堅定了。他輕悄悄地起來，伏案寫了一封辭別的短簡，然後便收拾起那簡單的行囊，正在他低頭忙碌的時候，忽然有人破門而入。進來的是小薇。

令德有點出乎意外，呆住了。

「這是幹麼？」小薇站在門口，指着淩亂的什物。

「我想下山！」令德像被別人發現他做賊似的心慌，用身體遮住衣箱說。

「爲什麼？」小薇歪起頭問：「是因爲我昨天的談話使得你不高興嗎？」

「不是！」

「那是爲什麼？」

「我想靜一靜，我想回去休息休息！」令德語無倫次地。

小薇走進屋來，拿起桌上那封信看了一遍，然後抬起頭，似乎有點呼吸急促地問：「就當我們母女需要一個最忠誠的朋友的時候，你竟然不辭而行？」

令德被說得有點臉紅。

「在這種曠野深山，至少我們在感情上需要一個男人的保護。你是不是也會覺得，對於我，除了愛情的施捨外，還可能有友誼的幫助？」

「那當然！當然！」令德點頭承認。

「那我們現在正向你伸出乞援的手！」小薇說着，把那封信往令德上衣袋裏一塞，然後笑得很天眞，又把衣箱收放好，才望着令德說：「開始我們的早課！」

令德像一個傻子似的受着小薇支配，在書桌前坐定，才慢慢地問：「你今天怎麼也起得這樣早？」

「一樣地也是心緒不寧！」小薇嘆了一口氣又說：「對你，我很覺歉然，只是此事却千萬不能勉强，與其留待將來後悔，不如目前克制一下。這也許是造物者的不公平，許多人在這一方面用盡心機而一無所獲，有些人却無意中飽載而歸！」

「只是……」

「難道你還不願意要我這個朋友嗎？」小薇說着，渴慕地望着令德。

（未完）

書刊評介

美國的民主政治 (Democracy in the United States)

崔寶瑛

著者　雷克 (William H. Riker)
麥克米蘭書局出版（一九五三年）三六五面（附錄四十七面）

什麼是民主政治？美國是怎樣的民主政府？分權及制衡原則在美國是如何運用的？這些都是我們常聽到的問題，也是最容易犯錯誤觀念的問題。著者在這本書裏，給這些問題都提出極滿意的答案。

民主政治原則是屬於道德哲學範疇之內的。人類社會上的一切制度必須當人們瞭解到它們的道德價值時，才有存在的意義，根據此一原則，著者首先着手找到一個合理的理想，並給它樹立起一套完整的價值系統。隨後逐一分析美國政治制度，看看它們是否能實現這一政治理想。事實與理想之間，自然永遠要有些距離，但只要人們認淸此一理想，努力的方向不發生偏斜，便不會有毫厘千里之誤。

著者在第一章首先解釋民主政治的意義。他撇開從道德哲學或形而上學方面入手的方法，而從歷史上的幾件「基本民主文獻」裏探求。他認爲這種研討的方法，至少可以免去許多在哲學上聚訟紛紜的理論糾纏。

著者提出五項歷史上的「基本民主文獻」：紀元前四三一年希臘帕里克利斯 (Pericles) 的殯禮演說 (Funeral Oration)，一六四八年英國淸教徒的國民公約 (Agreement of the People)，一七七六年美國獨立宣言，一七八九年法國的人權及公民權利宣言 (Declaration of the Rights of Man and Citizen) 及一八六三年林肯的蓋提斯堡演講。這幾項文獻的選擇係根據兩個標準：㈠每項文獻的發表，都代表當時社會環境所要求的理想；㈡一般人都認爲這五件大事是歷史上極重要的民主運動。

試分析這五項文獻的內容，可以看出它們幾乎都包括有兩點相同的精蘊。一是對民主政治的理想，一是對實現民主政治的方法。

這些文獻雖都不會直接列舉出民主政治的定義，但都指出一些民主的屬性，其實也就是民主精蘊的所在。它們都認爲政府須受國民意志的控制，都強調自由的重要性，都要求人類的平等，主張容忍異己意見，及同意對法律的服從。

所有這些民主政治的屬性，其本身並不是目的，而是求取他一目的的手段。在民主的所有屬性後面，有一個道德標準——即何者構成好的生活。民主人士之所以珍視這些屬性，只因爲它們能造成好的生活。民主政治的終極目的，便是使每個人都能實現好的生活——也就是自尊的生活。在社會習慣及制度的許可下，人們可以根據自己的判斷及自我約束的方法，去選擇他們的最好生活方式。

只有在人民控制下的政府，才允許人民去選擇最好的生活。因爲人們如果打算過着像人的生活，便必須能控制周圍環境中人力可能控制的因素，而這些控制環境因素的力量，最後都落到政府手裏，所以只有實際參加政府工作的人民，才能享到高度的控制力。著者從此便下一結論：「如果民主政治理想在於使每個人永久保持自尊的生活，那麼每個人都須參加統治；自行統治的技術與知識，必須得自實際參加政府事務的處理之中。」

論及自由一點，在民主政治的含義下，著者認爲直可視爲全體人民的廣大自治權利，也就是人民的若干基本權利。這些權利是無條件的、不可侵犯的、不可讓與的。這不是資本家用來剝削工人的特權，不是所謂「優越民族」用來壓迫「低劣民族」的權勢，也不是剝削任何人民自尊生活的權威。

民主政治永遠強調平等。平等者堅主自由（即諸權利）必須民主而不能爲某一階級的特權。平等的社會中，驕恣與奴役全不存在。

民主政治的另一屬性是容忍。有容忍氣度的人才會不固執己見，才會容忍異己。自己想活下去的人，也須允許旁人活下去。民主政治之能延續發揚，容忍實爲一要素。缺乏容忍，便很容易生種族、階級或國家的驕恣，而演變成像納粹及今日共產黨那樣的蹂躪人權。

民主政治下的服從法律，與獨裁下的服從法律不同。獨裁在於使人民成爲奴隸，民主在於促進自尊生活。獨裁下的法律全憑寡頭統治者的喜怒而定，民主下的法律則是人民意志在立法上或習慣上的表示。

民主政治的最高理想，是造成每個人的最好生活。此種理想時常會被假冒民主的共產主義掠爲已有，有時甚至使人們迷惘而無所是從。辨別民主與非民主的方法，要緊須從民主政治的實行方法着眼。非民主政治可以標榜民主的理想，但在方法上則無法冒充，也不敢冒充。因爲民主政治的實行方法是獨特的，是不屬於任何非民主政治的。此方法爲何？那便是對人民負責的政府。只有對人民負責的政府才能鼓勵人民的自尊生活，並能消滅驕恣與奴役。

驕恣產生自暴政。暴君對人民的奴役無所不用其極。他不僅控制行動，並控制言論；不僅控制言論，且及於思想。

責任政府如何產生？就今日而言，還須求助於選擧。

阿克吞（Acton）曾經說：「權力必趨於敗壞，無限權力必無限敗壞。其所敗壞者，不僅爲權力的擁有人，且及於整個社會。」

民主政治是防止部分或全部敗壞的方法。它把權力僅作臨時性的授與，使統治者僅是人民意志的臨時代理人。在美國，政府每四年改組一次，亦卽每四年由人民用選擧方法把統治權重新授與一次。在短短的四年間，權力很小被濫用，也就很難敗壞。因爲統治者經常要每四年向選民謙遜的低頭一次；謙遜中自然帶有人性。有人性的權力是不會敗壞的。

統治者在位過久，便會失掉對人民的責任心而趨於專橫敗壞。著者在這裏曾經提出一個很好的辯證說：『謝武德（Robert Shewood）在「羅斯福與霍浦金」一書中，曾經奇怪羅斯福之四屆連任何以會使他益趨崇高而不敗壞。……羅氏的權力是每四年重新由人民授與一次，而不是一度獲到就變成私產的。』關鍵就在此地：民主政治不怕責任政府的權力，只怕不負責任的政府的「專位」。縱使如此，美國人還深懷戒心，特別在一九五一年的第二十二條憲法修正案裏對總統任期來一個硬性的規定。

著者到此便給民主政治下一定義：「民主政治是一種政府形式，統治者對被統治者完全負責，以期實現國民的自尊生活。」

民主理想與實際間永久有些距離。「實際如何」與「應該如何」無法全同。使此兩者趨於全同的努力，便是民主政治的內容。這是一個極艱鉅的使命。因爲政治問題中的變數太多，經常變動，新變數且經常產生，若干因素是人力所無法控制的。但這段路程一定要走，並且要走得正確。

選擧是人民走上自尊的民主生活途徑的第一步，但責任政府不能僅由簡單的投票所裏產生，人類尊嚴也不能僅由形式的民主造成。

責任政府不能僅賴普遍選擧（雖然這也是民主中的重要部分），還須要求並容忍反對黨的存在。一黨制的選擧，縱使如何普遍，實際上並不能決定什麼在事先尚未決定的事物。蘇俄情形便是絕好例證。蘇俄的歷次選擧，投票選民總達到百分之九十九以上。實際上選民們只是被鞭策着到投票所投下業經決定的候選人名單。此種幾乎是「全體一致」的投票，實際上完全否決了選擧的意義。

民主政治必須避免所有形式的一致——部分的或全部的。民主政治所允許的唯一同意是「對不同意的同意」（Agreement to disagree）。對不同意的容忍乃是民主政治的方法。這種精神只有在政黨政治下才能實現。

麥迪遜曾說：「自由之於政黨猶如空氣之於火。」發揮民主自由空氣乃是促進政黨政治的唯一條件。美國憲法第一條所列的國會特權及人權淸單中所列的諸自由，其目的不外保障對立意見的自由活動。一百七十多年來，美國縱在任何危急性情勢下，並不曾限制過人民的這些基本自由。

一個對人民負責的政府，須具有三個要素：㈠選擧制裁，㈡選民對制裁的認識，㈢官吏對制裁的尊重。

選擧制裁不能僅指普遍平等選擧。想使政府對人民完全負責，必須發揮政黨的功能，然後統治者及被統治者才能瞭解選擧的運用及意義。政黨可以用三種方法實現這幾點理想：

㈠對黨必須能使選擧中產生多數（Majority），否則統治者無從負責。多數與全體不同。蘇俄以「全體一致同意」代替多數，統治者是對「每個人」負責的，其實也就是對每個人都不負責的。對多數人負責的統治者，才有眞正看得到的人民做他們的眞正主人。

㈡政黨必須使選擧中產生的多數具有意義。政策的決定必須是選擧的結果；如果選擧與政策無關時，決策者便無須遵重選擧制裁了。

㈢政黨必須使多數有力量。多數選民所選出的統治者，如果無統治權或統治權不够强大時，責任政府便同樣無法產生。因此，統治者必須有權力來執行多數人的意志，以實際的表現來擔當人民的毀譽。

選擧制裁的效果，賴於政黨能否建立起有力的及有意義的多數。眞正的責任政府，必須以此爲準。

然則在責任政府下需要如何的政黨制度？那必須是兩黨制度了。在選擧時如果只有兩黨競爭，結果必有一黨——且只有一黨——代表多數。至於多數之能否有意義，主要須視政黨的組織而定，必須擁有强大領袖的政黨，才能團結內部在選擧時就政策採取立場。政黨之有無統治力量，則全看當政黨能否有全部統制權了。

因此，責任政府的最主要條件爲：㈠兩黨制度，㈡每黨都擁有强大領袖，㈢在選擧決定下由一黨握有全部統治權。

著者認爲美國的兩黨制度目前已經確立起來（雖有若干地方性小黨，但在全國性的選擧及政策中不發生作用），但直到今日政黨還無法很理想的使選擧中所產生的多數具有意義及力量。因爲著者認爲選擧中產生的多數，僅是在勸說下臨時拼湊成的粗糙混合體而已，選擧結束後便立卽解體。這樣的多數能有什麼意義？此外，在國會中，政黨的招牌只是競選時的標幟，選擧一完常被放棄。國會中製訂法律時的多數，很少與選擧時的多數相合。然則多數的力量又在那裏？政府又應如何對人民負責呢？

於是著者開始探討在目前美國的制度下，怎樣才能使多數具有意義及力量。

美國憲法中規定出產生多數的方法，及多數的工作情形。該憲法的特色是它的分權理論。在十八世紀間，分權自制衡學說，頗爲一般政治學家及公法學家所樂道。最初孟德斯鳩等人主張分權的根據，是防止國王權勢過於澎大。美國革命後十年間，分權理論逐漸變形而走入另一極端：惟恐多數人會控制少數人。

美國憲法製訂者多少是恐懼人民統治的，但他們也同樣恐懼寡頭政治。他們認爲政府必須倚賴人民，但人民必須予以約束。他們一方面建立起一個聯邦政府，一方面又準備方法以實現這兩個相互矛盾的目的。

在制憲者的意見中，所要約束的是立法機構，因爲它是人民的直接代理人。於是他們建立起一個不由民選的强大參院，及一位獨立的行政首長——總統。這種防範多數人暴政的方法是否有效呢？徵之於過去歷史，分權反能造成多數暴政。著者認爲美國的南北戰爭，便是美國史上最壞的一次多數暴政。

分權是民主過程的障碍。眞正防範多數暴政的方法，乃是政府在選舉決定下的定期改組，使每個少數都有變成多數的機會。這也就是說，任何對選民負責任的政府，無法長期以政府力量用暴政加諸人民。

著者認爲分權與强有力政府是相互矛盾的。他說：「我們正在設法在一個障碍民主的憲法裏面來運用民主方法。因此，美國民主人士的問題，是重新型製他們的制度以補救分權之弊。一百五十餘年來，美國政治領袖們一直在摸索方法，聯合運用起被憲法所分開的權力。

憲法上的分權既無法產生出一個有力量而有意義的多數。然則美國是用什麼方法來補救此一弊病呢？

美國國會無法聯合運用起分開的權力以造成有力量的多數。在兩院立法制度裏，殊難找到一個强有力的領導因素。美國的總統、副總統、參衆議員，誰都有權立法，都有機會成爲法案的製訂人。甚至衆院的多數黨領袖也不能像英國下院政府黨領袖那樣完全控制黨員。

最高法院的獨立，也是使分權無法聯合運用的原因。但著者認爲美國在民主政治未臻盡善之前，最高法院殊有其分立的必要，在今日如果把司法置於立法機構之下時，則大部南部黑人將很難獲到選舉權了。

立法及司法機構既無法把分開的權力聯合運用，唯一的方法只有乞靈於總統了。憲法上主權分開的理論不管在觀念上有何錯誤，實際上政府工作總須是一個繼續的不可分的程序。而能夠發生最大領導作用的，乃是行政元首——總統。他的正式權力不僅爲行政，且可涉及立法及司法。著者對美國總統在政府中的地位有一個很好比喻：「總統是一個變幻的星球，在美國星座中，永遠沒有固定地位，當總統爲大英雄時，或在危急情勢中造成意料不到的偉大時，總統便與太陽一樣强大有力，使所有其他星球黯然失光。但當既非英雄又無危難環境以提高他的地位時，他只是羣星中的一個，在天河裏幾乎使人不能辨識。但在長期趨勢下，你總可以看到他是在繼續增加光芒的。」

總統的領導地位有兩個變數，卽危機與大人物。從美國政治史看來，凡是在危機緊急時，總有一位偉大總統把分開的權力聯合運用起來，克服一切困難。但在平時，則政府時常缺乏强大的統治權。如何把總統從一個間歇性奇蹟製造者的地位，變成永遠有力的多數代理者，乃是今日美國政治中的最大問題。

總統强大的統治權，可以由擴大使用行政權獲到。兩位羅斯福總統的情形是最好的解釋，總統在政府裏的地位，並由憲法授與許多特權。行政權與特權經過若干危機及大人物的運用後，已經一再擴大。屢經變難的美國人，深知總統的權力必須强大才能克服一切困難。就今日情形而言，美國人並不怕一個强大有權力的總統；反之，他們所怕的倒是一個低能的總統，那樣會使大權旁落，無法應付時艱。

今日美國總統權力的障碍，據著者的意見，乃是在黨裏領導地位的不穩定。因爲行政權一旦擴大後很容易延續下去，但黨裏的領袖地位，則須由每任總統重新建立，而建立地位的力量及機會，則非有大英雄不克抓取。

原來美國的兩大政黨組織，並不像金字塔的形式，由上到下有着嚴格的階層及控制。除去很少的全國性問題外，黨的地域色彩非常濃厚。又因爲議員係由選區中的選民直接選出，特別影響嚴格黨紀的推行。政黨在全國性的組織上是相當鬆懈的。但著者隨卽指出，美國政黨組織目前已有由地方分化走向集中領導的趨勢。此一趨勢，對總統之聯合運用分開的權力乃是一個極樂觀的現象。

高度發展的總統權力，是否會使他變成凱撒呢？在美國的情形下這是不須多慮的。民主型的英雄與凱撒型的英雄不同。他們有民主的德性——謙遜及自我約束。每四年一次，他們要謙遜的在選民面前低頭，他們曉得人民的需要，並容忍反對黨的意見。美國今日所需要的，便是這類的民主英雄。

至此，著者提出他的結論：「分權的政府，可以使政府無能，而使人民藐視政府……其挽救之道，是一個永久强大及眞正對人民負責的政府。」這樣的政府可以使在兩黨制度選舉下所產生出的多數，更有意義，更有力量。又因爲它的力量來自多數，曉得如何作自我約束，所以不會演成獨裁。它可以眞正成爲人民意志的外在表現，它曉得什麼是善而能替每個人創造出自尊的生活——也就人們所認爲最好生活。民主政治之終極當以此爲理想。

今日國人每談到民主政治，總會和紛歧、散漫、無力量、無組織聯想到一起。其實民主政治何嘗如此。讀過雷克的大作後，我們可以看到美國的民主政府，不僅是有力量的組織，且能聯合現用憲法上所分開的權力，發揮出絕大的力量及合理的組織。可見權力和民主，不但可以並存，而且是相得益彰的。主要是看權力來自何方。如果是以民主選舉方式獲自多數人的意志，這權力便是負責任的，可以在自我約束的範圍內儘量擴大起來，不會變成驕恣暴戾的政權。如果是像共產主義國家那樣强奸民意竊取來的，這權力便是不負責任的，反而用來壓迫那些被逼授權的人民。明乎此，則民主政治之意義爲何，可以思過半矣。

第十一卷　第二期　內政部雜誌登記證內警臺誌字第三八一號　臺灣省雜誌事業協會會員

給讀者的報告

自孟德法朗士組閣以來，法國政府一意屈辱求和，法軍自紅河三角洲自動撤退，局勢急轉直下。民主國家的民氣低落、意見分歧，沒有比此時更甚的了。這是繼韓國停戰、日內瓦會議以後，美國外交的重大失敗。美國失敗的原因主要在沒有一個積極的政策，尤其是在亞洲方面。際此時機，避免民主國家的分裂，固屬要務；但更重要的則是，積極團結亞洲反共國家，加强行動。否則，民主國家將有更大更多的失敗。

在討論美國對蘇政策以外，我們還有一篇討論內政問題的社論，題爲「民主憲政的又一試金石」。文中我們强調維護憲政與確立民主制度之重要。在國防組織法未經通過，國防會議未會產生前，而竟先有國防會議秘書長之任命，這在民主憲政下實是一件怪事。我們要實行並維護這部憲法，一方面要尊重立法院的立法權，一方面要維護行政院責任內閣的地位。行民主政治就得一切遵循制度，一點馬虎不得的。

張佛泉先生在本期專論首篇裏指出「亞洲人民反共的最終目的」是在建立基本人權制度。這個觀念是一切反共思想精義之所在；如果不把握住人權的觀念，一切反共的行動便失去了有力的憑藉。這次亞洲人民反共會議宣言裏未會强調此點，誠屬美中不足。文中，張先生再予闡述自由即人權的觀念。必須肯定了這點，自由才是具體而可捉摸的東西，民主政治才不會落空。

美國最高法院最近宣告公立學校黑白分校制度爲違憲。這個判決不但符合美國立國精神，而且是美國民主制度的一項歷史性的進步。共黨宣傳中對美國不民主的指責，從今後更失去了事實根據。本期劉慶瑞先生特就此一判決在美國憲法史上的意義，加以闡述，並說明其在政治上的成就。

劉一樵先生的大文以實際的統計資料，說明蘇俄所謂消費增產計劃的眞象，這是戳穿共黨虛僞宣傳的最有力的證據。在共黨極權統治下，人民休想過人的生活；一切生產除爲了窮兵黷武的目的以外，便是專供權階貴級的侈樂。

「壞人爲何得勢？」這是一個頗饒興趣，也是足以發人深思的論題。壞人之爲非作歹，都在他們能擴大利用人性的弱點與惡的一面。自近代科學技術被極權主義者用作統治工具以後，壞人更是如虎添翼了。海耶克教授在本文中有極精彩的議論。

本期文藝除連載孟瑤女士的長篇小說「幾番風雨」以外，尚有吳魯芹先生的短文「請客」，吳先生文字的雋永超絕是讀者們所熟知的，在這溽暑盛夏，能一讀吳先生的作品，將是一種無上的享受。

「美國民主政治」一書是最新出版的一部政治學論著，本書頗多創見，因恐讀者一時不能讀及原作，故崔先生特詳爲介紹之。

自由中國　半月刊　第十一卷第二期　總第一一三號

中華民國四十三年七月十六日出版

發行人兼主編：「自由中國編輯委員會」

出版者：自由中國社
社址：臺北市和平東路二段十八巷一號
電話：二八五七〇

航空版
香港辦事處：友聯書報發行公司　九龍漆咸道新圍街九號
菲律賓辦事處：岷市怡干洛街五〇二號三樓　3rd Floor, 502 Elcano St. Manila, Philippines

總經銷
臺灣：自由中國發行部　中國書報發行所
美國：國民日報社　Chinese Daily Post 809 Sarcamento St., San Francisco, Calif. U.S.A.
加拿大：醒華日報　Shing Wah Daily News 12 Hageeman St., Toronto, Canada

經售者
香港：香港時報社　香港集成圖書公司
日本：東京僑豐企業公司
韓國：釜山草梁洞新泰行
馬尼剌：大中華日報社
印尼：椰嘉達天聲日報　棉蘭新中華報
越南：西貢中原文化印刷公司
緬甸：仰光振成書報店
印度：加爾各答塔梅學校
澳洲：雲梨瑞田公司
北婆羅洲：西利亞坡青年書店
新加坡：檳榔嶼、吉打邦均有出售

印刷處：精華印書館
廠址：臺北市長沙街二段六〇號
電話：二三四二九

本刊經中華郵政登記認爲第一類新聞紙類　臺灣郵政管理局新聞紙類登記執照第五九七號　臺灣郵政劃撥儲金帳戶第八一三九號

自由中國

FREE CHINA

第十一卷　第三期

要目

中華民國四十三年八月一日出版
社址:臺北市和平東路二段十八巷一號

半月大事記

七月十一日（星期日）

教育部學術審議委員會開會決定，恢復審查大專教員資格，修訂私立學校規程，並通過設立中華獎學基金委員會。

美國務院發言人表示，美國絕不姑息共黨，如共黨擴大對東南亞控制，美亦絕不承認。

七月十二日（星期一）

行政院採取措施，協助越北華僑疏散。

中共廣播及報紙承認華中發生嚴重水災。

英外相艾登抵日內瓦與法總理晤談。傳英法將與共黨攤牌。

英首相邱吉爾在下院稱，對東南亞問題，英美意見一致。

七月十三日（星期二）

杜勒斯應邀飛抵巴黎，與孟德法朗士及艾登開始會談。杜氏發表聲明，對越局表示關切，但無意前往日內瓦。

合衆社巴黎電：法總理已同意艾森豪與邱吉爾對解決越局所訂定的七點原則性條件。

合衆社倫敦電：越局任何投降辦法，英美均將反對。

行政院核定耕地承領人死亡後耕地處理辦法。

七月十四日（星期三）

巴黎會談結束，英美法三國發表聯合公報，表示對越局立場，彼此已獲充分了解。

美總統艾森豪在記者招待會上表示，杜勒斯巴黎之行旨在加强聯合陣線。

美衆院外委會決議反對中共進入聯合國。

邱吉爾表示中共進聯合國問題應予長期延緩。

美國防部與泰國軍事代表團舉行十四日的會議後，宣佈即以噴射機運泰，並將擴張泰軍訓練工作。

行政院通過公佈國外留學規程。

七月十五日（星期四）

杜勒斯返美發表聲明，表示美對越局立場不變。

英法兩國外長返抵日內瓦，繼續越南停戰談判，並擬定停戰最後條件。

『自由中國的宗旨』

第一、我們要向全國國民宣傳自由與民主的真實價值，並且要督促政府（各級的政府），切實改革政治經濟，努力建立自由民主的社會。

第二、我們要支持並督促政府用種種力量抵抗共產黨鐵幕之下剝奪一切自由的極權政治，不讓他擴張他的勢力範圍。

第三、我們要盡我們的努力，援助淪陷區域的同胞，幫助他們早日恢復自由。

第四、我們的最後目標是要使整個中華民國成為自由的中國。

七月十六日（星期五）

總統下令設立光復大陸設計研究委員會，聘陳副總統任主任委員。

立法院秘密院會決定延長本屆會期廿五天，至八月十五日休會。

美衆院通過反對中共進入聯合國，必要時使用否決權。

七月十七日（星期六）

美參院外委會聲明，重申對我軍經援助。

美副國務卿史密斯飛日內瓦，表示將拒在任何協議上簽字。

七月十八日（星期日）

法總理廣播稱，三日內越局如不獲協議，法將奮力作戰。

北大西洋公約六國舉行大規模陸海空演習。

劉定國當選苗栗縣長。

七月十九日（星期一）

河內居民示威遊行，反對分割越南。

七月廿日（星期二）

外長葉公超稱，中美兩國正繼續商談締結雙邊安全協定。

駐美大使顧維鈞返國述職。

美新任七十二機動艦隊司令基維德少將偕前任司令赫定少將抵臺訪問。

美九人委員會在歐調查後返美，表示東西不能和平共存。

七月廿一日（星期三）

越南停戰協定在日內瓦簽字，規定沿北緯十七度分割越南。

葉外長發表聲明，指責越南停戰協定，同情越人遭遇。

艾森豪總統聲明美未參加越南協定，不受決定約束，並嚴重關切共黨侵略再起。

九單位越南會議發表閉會宣言，確保停戰協定的實施。

美英法三國在日內瓦舉行會議商討歐洲防禦公約問題。

越閣緊急會議商討停戰協定，提出抗議。

美參議員斯巴克門評越南停戰爲遠東慕尼黑。

七月廿二日（星期四）

美英兩國同意邀請友邦下月底舉行會議，商討建立東南亞防禦體系。

法總理返抵巴黎。史密斯促法批准歐洲軍公約。

七月廿三日（星期五）

首批撤離河內之僑胞安抵西貢。

越南總理廣播，勸告人民冷靜團結，並下令全國下半旗誌哀，抗議國土遭受分割。

法總理宣佈，法國將於月底予越棉寮三國獨立。

史密斯返抵華府，向杜勒斯報告日內瓦會議結果。

七月廿四日（星期六）

杜勒斯公開表示，美決採迅速步驟組東南亞反共聯盟，反對俄要求開東西高階層會議。

英客機一架爲共機擊落，英向中共提强硬抗議。

李承晚表示惟有撤退中共在韓軍隊，始能解決韓國問題。

經濟部擬定華僑回國投資辦法，轉送立院審議。

七月廿五日（星期日）

美政府下令航艦兩艘營救被中共擊落客機之乘客，發表聲明，抨擊中共行爲野蠻，並須對美籍乘客死亡負責。

美太平洋艦隊總部證實，美除第七艦隊外第一艦隊亦駛駐遠東海面。

社論

(一) 越南停戰以後

越南停戰協定於逾越孟德法朗士「光榮和平」最後時限後的三小時，即七月廿一日的清晨，由法國聯軍與越盟共軍代表，在日內瓦國際聯盟舊址，正式簽字。規定沿北緯十七度為分割越南的界限。這個孟德法朗士式的「光榮和平」，竟是將二千餘方里最饒沃的越南北半部的土地，拱讓敵人；並使一千二百萬愛好自由的人民，淪入共黨極權的恐怖統治。這是甚麼「光榮和平」？這是不折不扣的「屈辱投降」而已。在這個屈辱的投降中，首先被犧牲與被出賣的乃是越南人民。越南政府被拒絕參加這個協定，越南人民的願望沒有受到絲毫尊重，越南人民八年反共戰爭的血是白流了，越南人民竟是這樣被命令地接受一個可悲的命運。這的確是越南人民的大不幸。其實，這不幸又何僅是越南人民的；這應是整個自由世界的大不幸。越南停戰協定不僅顯示了民主國家道德尊嚴的再度墮落，並將給共產侵略以更進一步的鼓勵。誠如艾森豪總統所說：「當越南與中國大陸的人民，喪失他們的自由時，世界的其餘部份也喪失了它們的若干自由。」因此，任何一個國家之被分割，都是我們所不忍見與所不願見的。我們以自由人的立場，不能不以沉重的心情，對越南人民不幸的遭遇，表示深切同情；對自由世界再次的失敗，感到無限的惋惜與憂慮。同時，在行將拱讓共黨的河內海防地區，我們尚有數以萬計的僑胞，這些僑胞都是反共愛國的，對於這些反共愛國僑胞，今後的自由與安全，我們尤深表嚴重之關切，希望政府與國人盡一切的可能，援救他們，免使他們陷入於共黨魔掌之中。

現在國際間一些姑息主義者，未始不以為越南停戰為一項成功，他們以為這樣至少可以暫時遏止共黨在東南亞的擴張，避免大戰的觸發。這個看法將是一種可悲的幻覺。他們無視一項最明白不過的事實，即是侵略者的欲焰是不會有止境的，屈辱與投降購買不到侵略者的仁慈。我們幾乎可以肯定的說：越南停戰協定決不能有效的終止越南戰爭，相反，徒足以引起共黨對東南亞作更進一步的侵略與擴張而已。請莫以為這是聳人聽聞的危言，這是屢驗不爽的史實。侵略勢力之向外擴張，先天地具有不可遏止的特性，不是它被征服，便是它征服世界。慕尼黑協定出賣了捷克的人民，卻沒有饜足希特勒的欲求，而最後付出的代價竟是一個慘烈的第二次世界大戰。人類不應是健忘的動物，這血的教訓，記憶猶新，而我們今天卻又看到法朗士以成功英雄的姿態回到巴黎，這不禁使我們憶及當年張伯倫的往事。誰能說這次日內瓦越南停戰協定不是亞洲的慕尼黑呢？而這個亞洲的慕尼黑又將演成甚麼樣子的結局呢？

面對現實，是解決問題的必要態度。我們必須坦率承認失敗，承認這次越南停戰是自由世界的重大失敗。我們不可用自欺的謊言迷惑自己的視聽。我們須要從失敗的教訓中，找出應付未來局勢的方案來。

很久以前，我們便曾指出韓國停戰是自由世界的嚴重錯誤。其後，果不出我們逆料，共黨轉移其兵力於越南，於是越南戰局迅即為之改觀。法國政府雖明知局勢的嚴重，卻又不肯放棄其傳統的殖民政策，拒不接受美國訓練越南軍隊的建議。這時法國已不能獨力支持越南的戰爭；而美國聯合行動的建議，又為英國所阻撓。同時，在冷戰場合，共產黨又復佔盡了便宜；日內瓦會議的召開，是民主國家再度的錯失，它供給蘇俄與中共以縱橫捭闔的機會，使民主國家意見分歧，步驟大亂。及至奠邊府陷落，法國士氣衰竭，已至不能再戰的地步。孟德法朗士出而組閣，遂不得不向共產黨屈辱求和了。從此一連串的發展看來，越南局勢演變至今日這樣悲劇的場面，實由來有因，絕非偶然。然則今天的失敗，固不僅法國一國的失敗，而是自由世界全體的失敗。對於這個失敗的責任，不僅法國一國應該負責，英美兩國也都與有過錯。

認清了這一失敗之悲劇的本質，我們就該以積極的行動防範未來更惡劣的情勢之發生。如是則亡羊補牢，猶為未晚。若不此之圖，竟以為從此可以暫息干戈，而鬆懈對共黨的防禦，那才是無可寬恕的錯誤。美國政府這次在越南停戰先後所表示的態度，確還能差強人意。艾森豪總統聲明，美國不受該協定的任何約束，並關切任何共黨侵略的再起。然而徒託空言，於事無補。韓國停戰之初，美國不是曾再三警告中共，不得介入越戰，然而效果如何？越局演變至此，美國竟束手無策，威信何在？對付共黨最有效的辦法，唯有拿出力量來。時至今日，領導民主國家的美國，正面臨着嚴重的考驗；它必須痛下決心，以明快果決的行動，來答復共黨不斷擴張的挑戰。

本來，一切亞洲問題的根源都在中國問題，但此時提出根本解決的任何方案（如反攻大陸），或與事實尚有距離。然而一個初步的，也是最低限度的對策，是美國必須立即實行的，即組織東南亞防禦體系，與中日韓三國同盟。

三年以前，本刊便會建議一個與大西洋公約相似的太平洋公約，將所有亞洲反共國家納入共同防禦體系之中。現在碍於亞洲方面錯綜複雜的關係，美國為遷就事實，不得不使參加的份子限於東南亞地區某些國家。對此計劃，美國現正開始着手進行，這是堪以告慰的。然而我們所耽心的是，美國會不會過份遷就英法，而使這個組織的內容削弱到徒具空名，或甚至於流產。

至於中日韓三國同盟，也是本刊倡議的主張（詳見十一卷一期社論㈠），這個同盟的必要，在於它與擬議中的東南亞防禦組織，能夠相互補足，有效地防制共產黨在亞洲的侵略。雖然這個同盟與東南亞防禦組織同樣具有不少困難，但只要美國積極領導，必能促其實現。

在實行上述方案的過程之中，美國不免要遭受若干的阻擾，尤其是英法兩國的掣肘。但是美國必須當機立斷，不可一味遷就。英法在亞洲總不能擺脫其傳統的殖民主義，對殖民主義之委曲讓步，便是削弱反共的力量。時間是決勝的契機，美國必須從速拿出果決的行動來。我們相信，如果東南亞防禦組織與中日韓三國同盟能夠及早完成，則亞洲反共事業將仍然是有前途的。

社論

（二）對亞洲人民反共會議的期望

亞洲各國聯合一致來反抗共黨，這是我們五年來欲達而未達的目標，今次以李承晚總統之熱列贊助，由五國及三地區的人民代表六月中旬開會於鎭海，且決定本年十月間於臺北召開第二次會議。這是人民代表的會議，不是國與國的聯盟，我們站在人民的立場，說出些衷心的願望。

第一、我們認爲反共的具體目標便是保障人權。鎭海會議宣言已强調自由與奴役之分，其實政治上所謂自由即是權利，而人民的權利沒有保障便成爲奴役。共黨在蘇俄也有所謂「憲法」，也開列了各種的「公民自由權」，現在中共所頒布的「憲草」也照樣抄錄着。但是事實上在共黨的統治下，所謂「公民自由權」能有絲毫的保障嗎？那些「憲法」條文都是紙上的空談罷了。（本刊第十一卷第二期，張佛泉先生「亞洲人民反共的最終目的」一文，已有詳盡的論列）共黨的統治方法是造成恐怖，「使民戰慄」，便可由它任意擺布，而恐怖之造成則由於蹂躪人權，如果人民的權利有充分的保障，則共黨的統治是永遠不會成功的。現在鐵幕內的人民最迫切的要求無過於各種公民自由權的保障者，故我們的反共會議必須高喊保障人權的口號，以此爲最主要的目標，要求各國政府切實做到。這才是亞洲各國人民的共同目的，不論鐵幕的內外都是一致的。有此始能打倒共黨，行此始能根絕共黨。

第二、會議的基礎應該擴大，參加的單位越多越好。本來這種會議是人民代表的集合，與各國政府的態度無關，地區已標明是亞洲，則凡屬亞洲的國家或地區照理都應有其各自的代表。如西伯利亞、外蒙古、中國大陸乃至北韓，照理也要有代表出席，在事實上儘管有許多的困難，惟我們應以全力促其實現。中東的伊朗及回教諸國，其政府的態度雖然傾向中立，但其人民中有許多是堅決反共的，難道不應邀請它們參加嗎？惟因距離我們太遠，利害較疏，或許也還可以暫緩一步。印度、印尼、緬甸諸國的政府，名爲中立而實則親共，已無合作的可能了，然其反共的人民正復不少，這些國家和我們的利害又很密切，自應極力邀請他們參加，不容或緩。至於土耳其，巴基斯坦，錫蘭以及馬來亞，則其政府已是標明反共，而亦沒有代表出席，還是沒有邀請呢，還是曾經邀請而未應呢？這些國家或地區尤其是我們努力爭取的對象，我們希望在下次會議時，他們都有代表前來參加。總之，這次參加會議的只有五個國家及三個地區，而標出「亞洲人民」來，未免有些名不副實了。

第三、據日本當局的表示，對於亞洲反共會議是願意贊助的，則日本之沒有代表參加乃因韓國不曾邀請之故。最近韓日兩國的關係日趨惡化，據中央社東京七月十九日電：「代表韓國官方意見的漢城電臺昨夜廣播：韓國武裝部隊的建立，爲對抗日本政府侵略態度的惟一有效方法。」以今日日本的兵力總數不過十幾萬，其裝備即使優於韓軍，也絕沒有進攻韓國的力量，而韓國官方竟有如此的意見，不外表明韓國對日本感情之惡劣罷了。然此韓日交惡實在是東亞反共前途的隱憂。聽說，在鎭海會議時，韓國代表不但認此次不請日本參加爲正當，而且今後亦應拒絕到底，觀於漢城電臺廣播的意見，則這種傳說乃是很有根據的。

就韓國當前的情勢而論，國土分裂，强敵壓境，要統一全國，要國家安全，其唯一的敵人便是共黨。日本是中共與蘇俄同盟條約上的敵人，其現在的政府確是反共的。故韓國與日本已有共同的敵人，理應團結一致以應付共同的大敵，才是合理的態度，爲甚麼不獨對日本政府視若仇讎，而且對其人民都要擯諸亞洲反共會議之外呢？如果以蕞爾的南韓要反共而又同時抗日，受到前後的夾攻，即建立百萬軍隊亦恐不足，而且絕不是其國力之所許，也不是美國之所願。故今天的韓國如不談反共則已，苟以反共爲目標，則唯有引日本爲盟友，絕無視同敵國的理由。固然日韓兩國的關係錯綜複雜，日本的政府與人民之於韓國，不但在帝國時期曾經有許多錯誤的行動，即在韓國獨立以後也還有許多不合理的地方，韓國人民對日本有深惡痛絕的情緒，實在是很自然的。但是公忠謀國者自應重理智而輕感情，現在爲韓國計，理應使其人民過去對日的惡劣感情逐漸降底，冲淡，以至於全無，決不宜揚波吹浪而使之繼長增高，才是睦鄰的善策。我們惟望韓國朝野翻然改圖，俾有利於反共的目標而已。

至於我們中國，其對日本的夙怨亦與韓國無殊，但是此夙怨已隨日本投降而消滅。今天的敵人只有殘民以逞的共黨，故破滅共黨，便是我們唯一的目標。日本已是反共的自由國家，我們必須引爲盟友，不可拒人於千里之外。本刊曾經「建議中韓日同盟」（十一卷一期社論），且望美國力促其成，看韓國朝野反日態度的堅强，則中韓日共同防禦聯盟的建立，在最近期間恐怕沒有可能了。對於日韓的交惡，我們自應盡疏導、排解的責任，使它倆消釋誤會，握手言歡。但是我們自有我們的立場，不應苟同於韓國。下次的亞洲反共會議已決定在我國召開，日本又已表示願意參加，則我們必須邀請，而且應盡最大的努力，使其代表出席會議，以貫澈我們的立場。

責任的意義

邱昌渭

由英文譯成中文的名詞中，我覺得『責任』二字是最被誤解的一個。英文『responsibility』的意義，是對人能够答辯 (answerability)、或對人能够報帳 (accountability)。若直譯起來，就是能發生感應的行爲。

我常這樣的想。假使一個人像魯賓遜一樣，棲息於荒島之上，杳無人煙，日夕惟與鳥獸羣相處。在這樣自然與自由的環境中，他的行爲，用不着向鳥獸羣解釋；生殺予奪，他也用不着向鳥獸羣報告。鳥兄弟或獸先生也根本不能與之算帳或提出詢問。爲滿足一已的慾望與維持一已的生存，他能爲所欲爲，更用不着顧慮對於鳥兄弟與獸先生所發生的影響如何。他朝夕恐懼的只有一件事，就是一旦被毒蛇猛獸吞噬或暴病而死。但無論孰生孰滅，是決不會發生責任問題的。

一

在人羣社會中，人與人，個人與團體，老百姓與政府官吏，以及統治者與被統治者的行爲，對於對方所發生的影響，就成爲責任問題了。

責任有道德上的責任；法律上的責任；與政治上的責任。關於這三種責任的區別我不擬加以論述。我現在要提出的是：誰對誰負責任？

誰對誰負責任？在政治方面，我們對這問題的觀念最欠正確，究竟政府對人民負責，抑人民對政府負責？在民主國家中，政府與國家是分開的。政府是國家下的行政立法司法等機關的組織。由人民直接或間接產生。他們代表人民對人民負責。美國的總統或英國的首相，是政府的領袖，對美國或英國的人民負責。美國或英國的選民，投選艾森豪或邱吉爾各人一票，是盡公民的責任，而不是對艾森豪或邱吉爾負責任。但反過來，艾森豪與邱吉爾是對人民負責任的。其所領導的政府是負責任的政府。英美兩國政府政治上的得失，由在職的艾森豪與邱吉爾負其責任，而不能委咎於反對黨或異己者。

獨裁國家的責任觀則恰恰相反。獨裁國家是無責任的 (non-responsible) 制度。佛利克 (Hans Frick) 對於納粹的責任觀念說得很明白：『政府所有的權力集中於他 (領袖) 的身上，他只對國家負責。』國家就是他自己，這與路易十四『朕卽國家』的說法是一樣的。希特勒在『我的奮鬥』中也說：『全部國家憲法原則的建立，必須使每個領袖由上向下授權，與由下向上負責。』侯柏 (E. R. Huber) 是希特勒的御用憲法學者，更說得透闢：

『領袖在他身上，結合帝國所有的主權，國家所有的公共權力。並且其進退亦由領袖的權力出發。假使我們想對帝國政治權力的性質作正確的表示，我們不應當說國家權力，而應當說領袖權力。這權力不受制衡的限制，與特別獨立的機關、或個人權力的限制。他是自由的、獨立的、無所不包的、與毫無限制的。……他不受一切外表的束縛，因爲在最深層的性靈中：無論如何，他不能與人民的命運、幸福、使命、與榮譽分開。』

希特勒是三位一體的總理：卽內閣總理、帝國總理、與納粹黨總理；同時在政府中，他也集三權於一身，卽行政、立法、與司法三權合一。法官的地位，還次於議會。他們秉承希特勒的意旨，解釋法律。

墨索里尼與希特勒如出一轍。他同樣的藐視議會，認民主政治是暴民政治，人民應受領導，而沒有權利參預政治。凡關民主政治原則，如大多數統治少數人、權利、人民主權、人民權利、與分權原理等，他根本否認。他自視是超人，只有他才能了解意大利人民的需要，也只有他才能統治意大利，恢復羅馬帝國的光榮。

希特勒與墨索里尼不對人民負責，而對他們自己負責。他們將八千餘萬德意志人民，與四千餘萬意大利人民的命運，聽由身心欠正常的瘋子 (希特勒) 與狂妄的冒險家 (墨索里尼)，作個人野心的賭注。他們兩人都認定德意志與意大利兩民族的命運，與他們自己渺小的命運相同，但不對兩國的人民負責任。他們兩人的命運告終，兩國民族的命運也相與偕亡。

蘇俄式的獨裁是無責任制度的又一典型。他與希特勒和墨索里尼型有許多不同的地方。第一、蘇俄侈談民主，並且宣傳比資本主義國家的民主更爲進步；希特勒與墨索里尼則詆毀民主，公開蹂躪民主。第二、蘇俄標榜他的憲法，並且表現重視憲法的姿態；希特勒與墨索里尼則視憲法如廢紙，兩人絕口不提憲法。第三、蘇俄口不離人民，事實上是玩弄人民。蘇俄憲法第三條規定：『在蘇俄社會主義共和國中，所有權力屬於城鄉的勞工人民，由蘇維埃勞工人民代表行使。』第六十五條規定：『蘇俄行政院對最高蘇維埃負責。』希特勒與墨索里尼則認定國家只有一個最高意志——就是自己。人民只是『一羣四足動物準備服從。』全國上下所有的官吏向希特勒與墨索里尼負責。德國公務人員就職的誓詞是這樣的：

『余宣誓服從、並效忠阿多夫希特勒，德意志帝國與人民的領袖。服從法律，忠實執行職務。求上帝保佑。』

民主國家政府對人民負責，獨裁國家，人民對領袖個人負責。領袖對自己負責，等於不負責責。

二

責任政府與無責任政府的區別，不能根據憲法的有無而定。現在世界上有八十三個國家，其中七十五個——佔總數約百分之九十——是成文憲法的國家。其中有的是責任政府，即民主國家；有的是無責任政府，即獨裁國家。但無論屬於何種典型，人民基本權利，總是或詳或略的由憲法予以規定。現在八十三個國家中，約有百分之七九的國家，其憲法規定，人民有集會、結社、信仰宗教、與書信秘密之自由，及享有居處不可侵犯的權利。並且對人民愈不負責任的政府，其憲法往往對人民的權利規定得最詳盡具體。反過來，世界上，國家對人民最負責任的政府，則又是不成文憲法的英國。

責任政府與無責任的政府的區別，不在人民能不能根據憲法表示意見，而在所表示的意見，能不能影響政府以改變其行為。政府當局雖不樂意，但如發現所表示的意見相當的普遍，亦須服從人民的意見，以修改或放棄原來的主張；否則輿論的道德得迫使其去職。英美兩國這類的事件很多。一九三五年包爾溫任內閣總理時，外交部部長霍爾因受輿論攻擊而辭職。一九四七年勞工黨內閣財政部長達爾登未向議會報告前，先向新聞記者洩露其預算演說內容，因受輿論指責而辭職。美國艾森豪，因輿論作不利的批評，曾一再修改其對內對外的政策。任何國家的政治，如形成這樣的現象，其政府是負責任的政府。

中國有句話：「以民意為依歸」。但眞正的民意，是人民自由表示的意思，而不是由政府統制所製造出來的意思。所以言論自由，又是實現責任政府的基本條件。

責任政府就是民主的政府。眞民主與假民主的區分全視責任原則能否實現。一九三六年史達林與莫洛托夫向憲法會議演說，謂蘇俄所以成為世界上最民主的國家，係由於生產與分配工具國有。蘇俄國家是由約近兩億的人民組成，即係由約近兩億的蘇俄人民所共有。但問題的癥結，不在何人享有，而在誰管理與誰處置這些財產？管理的人根據甚麼權力？對何處或何人負責？他們能不能受輿論的制裁？各人能不能按照自己的意志，對其中任何部份財產予以利用？再大而言之，蘇俄人民能不能用投票表決，使馬林可夫下台，一如一九四五年邱吉爾，一九五二年杜魯門因選舉失敗而下台？在責任政府下，選舉不是人民向政府表示擁護，而是人民由投票方式對政府表示反對的具體行為的機會與紀錄。

誠然不錯，獨裁政治雖不對人民負責，但不能謂為盡屬昏暴，歷史上不乏開明的獨裁者，為人民興利除弊，為社會宏揚教化。但這些「仁」政的保證在何處？誰能負責保證，或用甚麼方法保證開明的獨裁者是永遠開明的，而不為好惡喜怒的感情所轉移？我們知道，獨裁者的答覆必定是由他的人格保證，或良心保證。但如一旦喪失其人格或昧煞其良心（這是獨裁者常有的事），人民除訴之革命外，又向何處申訴，或憑藉何種方法以圖補救？「仁」政本來是獨裁者的恩賜，他可以「賜」也可以不「賜」，何時「賜」與何時不「賜」，都沒有定準。況且人壽有限，人存政舉，人亡政息，也沒有持續性。歷史上獨裁者的「仁」政，只是像曇花一樣，一現即逝。

『好政府不能代替向人民代表機關負責的自治政府。』這是一九三四年英國皇家委員會調查印度自治，在報告書中所表示的意見。美國人也說：『政府按照被治者的同意治理。』與『每年的選舉完了，獨裁政治開始。』在英美，選舉是人民向執政者算帳及與執政者辦交代。選舉結束後凡當選的人即是經過人民的同意，應當毫無顧忌的如獨裁者一樣，大膽做去。一九五二年艾森豪以三二、五四七、八六一票，對史蒂文生二六、五四七、七〇四票當選，艾氏須對此一大羣的選民負責，以維持他們對他的信任，而爭取四年後的勝利。當他優柔寡斷的時候，選民向他表示失望。當他積極任事，領導國會的時候，選民向他喝采。一個政治領袖，獲有三千餘萬的選民為道德上與政治上的後盾，若把這羣選民集合起來，是浩瀚無邊的人海。其力量的雄厚，足以壓倒任何反對黨派的聲勢。史蒂文生現在雖然是一個普通公民，但擁有二千六百餘萬選民自由意志的支持，他對這些人——也是浩瀚無邊的人海——負有責任，批評共和黨政府施政的得失。他的話為共和黨政府所重視，他的演說是全國頭號的新聞。因為在他的後面，有二千六百餘萬選民的道德力量。

三

近世紀以來，人們對於責任意義的了解，日趨模糊。其原因由於無責任的政黨制度相繼產生，形成了無責任的政府制度。政黨改變了政府組織的形態地位與功用，有法西斯蒂，納粹與共產獨裁的政黨，然後意大利、德意志、與蘇俄才變為獨裁的政府，亦即無責任的政府。

決定意大利政策的，不是政府昔日根據憲法產生的內閣或議會，而是新興的法西斯蒂黨的大評議會；決定蘇俄政府政策的，不是蘇俄憲法規定的行政院或最高蘇維埃，而是共產黨中央主席團。大評議會議員與共產黨中央主席團委員並未經人民選舉，或經人民的代表機關通過；他們不對人民、或人民的代表負責，不對人民或人民的代表負責的機關——大評議會與主席團——而位於政府之上決定國家政策，主宰國家命運。他們未經人民授權而決定國家政策，其決定缺乏人民道德力量作基礎。其主宰的行為，惟有憑藉權力才能貫徹，但不能使人民心悅誠服，並且權力亦有時而窮。我們試翻一翻歷史，道德力量推翻過皇帝屈服過帝國。甘地的不抵抗，屈服了英國雄厚的陸海空軍。這是道德力量癱瘓權力的近代事實。

民主國家的責任政黨又如何呢？以美國爲例，現在是共和黨執政。美國共和黨的最高執行機構是全國委員會（民主黨亦有同樣的組織），其職務爲籌措黨費，與主持競選。政府首長不出席委員會報告施政，委員會不過問國家行政或決定國家政策。這些事由人民選舉的艾森豪，以共和黨領袖身份，與國會兩院的共和黨領袖議員協商決定。將來後果如何，由艾森豪與兩院的共和黨議員負責。下屆選舉時，他們須與人民辦交代。共和黨全國委員會委員則係由黨產生，未經人民選舉，或人民的代表選舉，卽與人民無關係，亦不須與人民辦交代，人民亦無從追究其行爲。假使共和黨全國委員會決定內閣行政各部的政施方針，決定國會共和黨議員的立法原則，將來實行的結果如何，由政府行政首長與共和黨議員負其責任，人民抓不住全國委員會的委員。在此情形下共和黨全國委員會成爲『看不見的政府』。政府行政首長與兩院共和黨議員是有名無實，就是有『責』無『任』。共和黨全國委員會委員是有實無名，就是有『任』無『責』。結果勢必形成無責任的政府。這樣美國的民主政黨，共和黨也罷，民主黨也罷，便不是負責任的政黨了。

四

中國講『名實』，『綜核名實』的工作，是『信賞必罰』。這就是西方所謂責任。按辭海的解釋，『責』是『迫迮而取之』或『鞭扑』。這就是『罰』字的意思。「任」是『抱也、負也』。這與「名實」二字的意思相貫通。「任」有任其名與任其實的分別。假使虛者實之，或實者虛之，就是名實不符，亦卽責任不明。責任不明，則賞罰失當，是非功過便無從辨別了。國家若演成這樣的局面，政治那得不混亂，國家那得不奔向覆亡的途徑。

我不知責任二字係何人所譯，是否卽係表示『信賞必罰，綜核名實』二句的意義。若果如所料，就外國名詞銓釋中國成語而言，其精當實無以復加。但却不能把英文『答辯』『報帳』或『響應』的意義包涵在內。我們對於西方所謂責任，因此也就缺乏眞確的認識。我們常聽人說：『這是我的責任，』『那是你的責任』或『責無旁貸』一類的話，說這話的人往往以爲某事是職守內應當行使的權力，或大權不能旁落的意思。把責任當作權力看，是中國一切的亂源。

在西方責任觀念的發展，爲的是制裁權力。責任與權力不是合一，而是對待的名詞，猶如權利與義務之相對待一樣。

有權力無責任，不知斷送多少野心家與冒險家的生命，也不知導演多少歷史的悲劇。從希臘時起西方哲學家與思想家了解權力的功用，但也了解權力的毀滅性。他們不斷的探討，其目的不在如何發揚權力，而在如何建立責任的制度，以控制與範圍權力的行使，使俾在軌道內和諧的進行而增進人類社會的福利。

經過歷史的考驗，流血革命與戰爭的代價，世界上多數的人民相信：憲治政府是比較完善的責任政府。所謂自由平等，代議政治等民主方式都是達到實現責任的手段。現在世界上，獨裁與民主的鬭爭就是無責任的政治制度與負責任的政治制度的鬭爭。（完）

給讀者的報告

編者

越南停戰協定已於七月廿一日在日內瓦簽訂，孟德法朗士所謂的光榮和平原是一個屈辱投降而已。越南之被分割是民主國家的一大悲劇，其結果勢必鼓勵共產侵略的繼續擴張。我們必須痛切承認這次的失敗，並從失敗的教訓中，找出應付今後世局的方案。就目前的情勢而言，美國急須行動起來，從速完成東南亞防禦組織與中日韓三國同盟。美國應該儘可能擺脫英法的牽累，加強援助反共的國家，然後亞洲反共事業才能有光明的前途。這乃是我們社論（一）的中心願望。

對於亞洲人民反共會議，本刊上期曾刊載張佛泉先生的大文，明白揭櫫保障人權應爲亞洲人民反共的終極目的。本期我們在第二篇社論裏，除重申此義外，更提出幾點具體的期望。我們認爲亞洲人民反共會議的組成份子，應不限目前已經參加的幾個地區，而應儘可能包羅亞洲所有反共人民。在這個原則之下，我們首先主張須邀日本參加，衡諸實情，一個沒有日本參加的亞洲反共組織，是很難期其產生有力的作用的。但由於韓菲兩國與日本之間，存有傳統的仇恨，故堅決反對其加入。其實，日本過去加於中國的毒害，實十百倍於韓菲兩國。然而君子報怨以德，況當大敵當前之際，實更不應復念舊惡，而應同舟共濟，以對抗共黨之侵略。我們願誠懇地以此規勸韓菲兩國當局與人民。

責任一詞雖爲一般人所習用，但其含義却常爲人所誤解。本期邱昌渭先生著文闡釋「責任的意義」。在政治範疇內，責任一詞的確鑿含義，乃是政府對人民負責之意。近代民主政治就是責任政治。一個國家之是否民主，就看當權的政府是否眞能向人民負責。一個可以不向人民負責的政權，未有不流於專制獨裁者。俗語謂：「差之毫厘，謬以千里」。誠不可不愼思明辨也。

涂浩如先生爲文介紹「阿延根的政制與政治」。我們一般人對拉丁美洲的情形向極生疏，茲當政府加強對阿外交關係的時候，涂先生的介紹文字當是甚爲適時而有用的。本文因爲近期稿擠之故，擱置甚久，這又是我們須向作者致歉的。

自適之先生倡導文學革命以來，卅餘年間，新文學已有驚人的成就；但在新詩領域，則似乎還有更多留待我們開發的園地。前此尤光先生曾有論詩的文字，現在我們又刊出周天健先生的大文，使讀者對此問題作多方面意見的接觸。

孫國仁先生經營西書與出版事業，他以一個「老闆」的身份來讀書界的風氣。這是一面很好的鏡子，可以照出我們讀書界的眞象。而孫先生所提供的意見更是非常貴寶的。所以我們將孫先生的大文，登載在專論欄內。

「中立國之戰」是一篇連續性的韓國通訊，劉明遠先生將不斷有精彩文字陸續寄來。「中共在印度的軍事佈署」一文，可幫助我們推測中共在越南停戰以後可能的動向。「怎樣申請留美獎學金」，對於有志深造的人，當是極須知曉的。

阿根廷政制及政治

涂浩如

一、引　言

國人對於南美各國情形，向來較少注意。自政府當局加强對南美各國外交關係，派胡慶育為駐阿根廷大使，於是阿國的政府與政治如何，似漸引起國人的探究。惟一般關於各國政治制度之書籍，其論述阿國者，在我國實為少見，即在英文著作中，亦不多覯，(註一)而在此間恐絕難覓得，筆者近獲讀一九五二年版，美國威士康辛大學名譽退職政治學教授奧格 (Frederic A. Ogg) 及峩亥峩州立大學教授甄克 (Zink) 二氏合著「當代外國政府」(Modern Foreign Governments) 一書，於阿根廷政府與政治，特闢專章，加以論述。筆者以其尙屬簡明，爰為摘要介紹，或可以供讀者之參考。

奧格氏與甄克氏以為阿根廷的政治制度，是歐洲的和美國的政治觀念結合的產品，而其政治制度相當穩定，已達半世紀以上；更由於其强烈的民族主義意識、普遍的進步精神，以及領導人物的雄心，人民的强烈個性等等，阿根廷的政府與政治，確有一加論述的必要。

二、阿根廷憲政之史的發展

阿根廷是一個聯邦國家，但它自一八一〇年脫離西班牙獨立，內部即發生中央集權與各邦分權之爭，一直持續到一八八〇年為止。兩派之爭，不僅為言論之爭，而且每演為武力與流血的鬪爭。最初，是聯邦主義的領袖羅薩斯 (Juan Manuel de Rosas) 於一八二九年戰敗了地方派首腦拉畏爾 (Juan de Lawalle)，而成為阿國的獨裁者，達二十餘年之久。至一八五二年，羅氏為其部屬烏奎查 (José de Urquiza) 借力於巴西及烏拉圭而將其推翻，並成立一臨時性的政府 (provisional government)，但布洛埃斯 (Buenos Aires) 邦仍准成立一獨立的政府。一八六一年，烏奎查為米特里 (Mitre) 所推翻，重又聯合各邦，組織政府。不久，一八六五年，阿根廷與巴拉圭發生戰爭，延續到一八七〇年。此後，各邦又與布洛埃斯邦發生爭執，終至以武力解決，於一八八〇年，布邦屈服。自一八八〇年後，內爭甚微，於是，阿根廷乃得致力於國富的開發，更因歐洲各國大量移民入境，人口亦飛躍增加。雖然自一九三〇年後，有一連串的革命或準革命發生，但阿根廷所享有的國內安定，較其他拉丁美國均遠過之，為時已達半世紀以上。

以上係阿根廷的政治史略，至其憲政的創制，則早在一八一〇至一九年間，其臨時政府即係依照一八一一及一八一五年分別通過的兩個「臨時法規」(Provisional Statutes)所組成。一八一九年在獨立戰爭尙未獲得決定性勝利之時，在布洛埃斯舉行的一個會議，即曾起草了一部憲法。但未被認為滿意。結果，決定於一八二四年尾再在布洛埃斯召集制憲會議 (Constitutional Convention)。該會議所起草的憲法，於一八二五年提交各邦，因為所規定的中央權力太大，為多數邦所拒絕批准。因此，阿國乃重又恢復一八一九年的憲法體制，但當時的獨裁者羅薩斯是毫不管所謂憲法這一套的。一八五二年羅薩斯垮臺後，在珊他斐 (Santa Fé) 市又舉行了一個會議，起草另一部憲法，該會議未經各邦的協助，而於一八五三年五月公佈了一部聯邦性質的新憲法。

「一八五三年憲法」，在一八六〇年曾作重大的修正；自一八六〇年至一九四八年之間，亦曾不時有若干細節的修正，此一阿根廷共和國憲法，其效力直至「一九四九年憲法修正案」公佈施行時為止。該憲法對於中央與各邦的權力，有明確的劃分；並創立了中央政府的行政、立法及司法三部門獨立的制度。該憲法與美國憲法大致相似，即其總統亦係由選民間接選舉產生，而未採直接選舉制。至一九四八年皮朗 (Perón) 總統召集了一個憲法會議，「修改憲法，以改進、修訂及增益憲法的各種規定，來加强人民權利及國家福利的更良好的保護」。於是，乃有「一九四九年憲法修正案」的產生。

憲法會議於一九四八年十二月舉行選舉，一五八位代表不僅經授權提出憲法修正案並有權通過之。一五八位代表中，有一〇九位係擁護皮朗總統派的，會議進行中，雖然激進黨 (Radical Party) 的代表曾經退出議席，但結果終以一〇一票對零票通過憲法修正案，而使皮朗總統的提案得以順利完成。該修正案的若干重大修正，計有：第一，規定工人的職責與權利，家庭的地位，老年人應享有的權益。——這些都是皮朗總統所常常表示的意念。第二，關於工人的適當報酬，人民的合理的衣、食、住，以及母性的保護等，亦在規定之列。第三，規定土地改革計劃，並宣佈天然資源(包括礦產、煤、瓦斯等)，為阿根廷人民所共有。第四，一切公用事業，均得實施「國家化」；因此，允許政府減低各公用事業的原主多年來所收取基於不合理的利潤的價格；政府並可以少許或不予償價而將以上公用事業收歸公有。第五，凡居住阿國二年以上者，即可歸化而取得國籍，居留五年以上的外國人，亦可獲得公民權。第六，總統任期原限於一次，修正案規定可以繼續當選並改由人民直接選舉，而且僅須獲得相對多數票，即可當選。總統的權力，亦相當的擴大。第七，衆議員任期原爲四年，參議員任期原爲九年，均改爲六年，每三年改選一半；參議員原由各邦議會選擧，亦改爲由人民直接選擧，與衆議員同。衆議員的產生基數，確定爲每十萬人產生一人。第八，行政各部，以前限於八部，增加到二十部。

三、政府組織述略

阿根廷的政府組織，分爲行政、立法、司法三部門，玆略加析述於後，地方政府組織，亦附述及之。

(1) 行政組織

行政組織的首長爲「總統」。其產生，在一九四九年以前，係由「選擧團」(electoral college) 選擧；依一九四九年憲法，則改爲普選產生。任期六年，過去不得連任，修正案已改爲可以連任。阿國的總統多屬政黨的領袖，最近數位總統，且均爲軍人。總統薪俸尙屬優厚，並可接受招待及旅行。其辦公地址，名曰「絳宮」(Casada Rosada, Pink House)，該地尙爲其他許多行政機構辦公處所。至於總統的權力如何，則因總統個人地位而有不同。歷史上的總統，伊里奧衍 (Irigoyen) (1916-22；1928-31) 權力極大，賈士脫 (Agnotin Justo, 1932-38) 總統，則受制於鼓動一九三一年革命運動的財主們，而僅爲一象徵性的領袖而已。現任總統皮朗，卻幾乎具有獨裁者的權力。總統的法定權力，擧言之，約有：「任官權」，惟任命高級官員，須得參議院同意。「外交權」，例如：監督外交活動，派遣外交使節及接見外交使節，經由外交部與外國政府進行磋商等。「出席國會致詞」，「立法提案權」，以及「爲重大事故召集國會特別會議」等。總統不僅負行政責任，又爲軍隊的總司令。依憲法修正案，總統尙可宣佈「戒嚴」，並發佈「戒嚴令」，而實施之。(註二)

至於「副總統」的產生與任期，與總統相同。總統缺位時，由副總統繼任；他並且是參議院的主席，與美國情形相同。

「內閣」係由二十個部的部長所組成，負協助總統行政之責。多年以來，內閣每週集會一次，總統並得隨時召集；其會議事項由總統隨意提出。會議的擧行無一定的方式，而且是秘密的。閣員的意見僅爲建議性質，對於總統無拘束力，胥視總統所能掌握的實權如何而定。阿根廷的內閣因爲不能掌握國會的多數，所以，它僅只是一個行政的機構，不能發揮立法的作用。而其與國會的關係，則與美國接近：部長於國會討論有關業務時雖有權出席，但無表決權；國會亦可邀請閣員列席說明政策及行政措施。

中央行政機構，設立如下的二十個部：內政、外交、財政、司法、國防、陸、海、空、農業、敎育、公用事業、經濟、安全、工商、勞工及計劃、運輸、公共衞生、交通、政務、技術業務等。每一部由總統任命一部長，部長兼爲內閣閣員。總統遴選部長，一般均自其黨員中擁護總統的活動份子中產生，但對於地域的分配，亦須兼顧。部長須對總統及國會雙方負責，而以對總統的負責爲主。

在各部中，因爲阿根廷爲兩大主要農產品——小麥和肉類——的大量生產國家，所以，其「農業部」殊屬主要。「內政部」亦頗重要，該部具有「聯邦特區」(Federal District) 的廣大的警察權；並有對各「邊疆地方」(Territories) 的政府加以監督之權；各邦發生動亂擴大成爲非地方事件時，亦得加以干預。阿根廷的鐵路甚爲發達，大部份曾久爲英國資本所控制，近始歸爲政府所有，並由「運輸部」負責管理，所以，其「運輸部」亦頗重要。在一九四八年以前，司法與敎育係同受司法及公共敎育部管理，現制分設司法與敎育兩部。司法部負責全國司法行政，並對法院與檢察官的工作，加以聯繫。國會所制定的法律及總統或部長頒發的命令，均由該部負責印行。敎育部之下設有一「全國敎育委員會」，直接管理布洛埃斯，邊疆地方以及聯邦特區的約近五千個國民學校，以及數個落後邦的百餘個國民學校。阿根廷的國民基本敎育是强制入學的，全國約共有一萬一千個學校，五萬餘敎師，近兩百萬學生。全國中等敎育亦係直接受聯邦政府當局管理，但大多數中等學校是私立的。中等學校入學是受限制的，在理論上須要智能較佳者方得入公立中學，因此規定須繼續就讀大學者，方許其入中學，惟其決定之人事因素及政治力量的關係頗大，而中學生名額僅及國校百分之五，所以未核准入學者，多入私立中學。至於五個國立大學雖係由中央政府經費來維持，但直至最近以前，卻係自選校長及院長，皮朗總統最近始提出一法案，規定由總統負責遴用大學校長及院長。全國大學學生數約近三萬名，三分之一係首都布洛埃斯大學學生。(註三)

阿根廷的「文官」收入雖不及美國，但享有相當的特權，所以候用者甚多。惟缺少統一的文官制度，故有的部門以考試用人，而有的則仍採行分贓制度，但較之其他拉丁美洲國家，標準尙高一籌，亦較爲安定、進步而有前途。不過，腐化及地方主義色彩，亦屬常見。

(2) 立法機構

阿根廷的立法機構，係採兩院制。

衆議院 (Chamber of Deptuies) 議員一五八人，分區選擧，依每十萬人一名議員之比例定額，採直接普選制。其任期爲六年(原爲四年)，但每三年改選一半。衆議院集會場所爲首都「議事大廈」之一翼。議席排列爲半圓形，議壇置於議長前，兩旁爲秘書人員，議長前爲紀錄人員坐位。再前則爲部長席次，亦係半圓形排列，面對議員席次。議席排列，依其政治信仰，按保守派及反對派次序，從右到左。

參議院 (The Senate) 議員僅有三十人，由十四邦各選參議員二人聯邦特區選二人。一九四九年前各州係由州議會選舉，現由直接普選，聯邦特區亦係如此。任期六年(原爲九年)，每三年改選一半。其集會地點爲議事大廈之另一翼，但有「休息室」、「游說間」(lobbies)、「接待室」、「會議室」及「圖書館」等設備。參議院一切與衆院類似，惟席次排列較不固定，座位前並有一桌。

參衆兩院除議長(參院議長爲副總統)，秘書人員外，兩院各設有常設委員會，負責專門法案之審查。法案可由部長或議員提出，政府提案雖有優先討論權，但並不能像英國那樣眞正享有時間的獨佔及引起絕對的注意。辯論相當自由，尤其在下院，更爲火爆，歡呼、吶喊，甚至動武，均有之。

兩院的權力，包括：外交，對外貿易及邦際貿易，有關國家福利的法案，畜牧事業，公共衞生，公共敎育，社會立法等，均須經國會立法。國會每年通過預算案、稅法及舉債法案。參議院除以上權力外，尙有同意總統重要任命及批准對外條約之權。國會對於政府行政及官員行爲的調查，亦殊爲注意，並嚴加批評，卽使在一九三一年革命後，亦屬如此。雖然在現任總統皮朗的統治下，立法機構的地位已相當低落，但並非完全徒擁虛名。

(3) 法院組織

阿根廷是聯邦國家，所以法院組織採的是類似美國的雙軌制。茲分爲聯邦法院及各邦法院，簡述如下：

「聯邦法院」係採三級制：「最高法院」設於首都布洛埃斯，由總統經參院同意任命法官五人組織之。負責辦理下級聯邦法院及各邦最高法院的上訴案件，並初審邦與邦間及各邦與聯邦間的訴訟案件。在理論上，最高法院尙有宣佈聯邦法令違憲之權，不過在事實上頗受限制，例如現任總統卽曾因法院與之對立而使法官受彈劾去職。最高法院以下，有八個「上訴法院」，每一法院由總統經參院同意任命三位法官組織之，負責初審法院上訴案件。其「初審法院」，係分區設立，各置法官一人，由總統任命，全國共有二十五個初審法院。凡是觸犯聯邦法律以及民事訴訟當事人雙方不屬同一邦之人民的重大案件，均由該法院管轄。

「各邦法院」亦分爲由數位法官組成之，「最高法院」及分區設立僅置一位法官的「初審法院」，再下則爲「地方法院」，辦理細微民刑事件。因爲阿根廷的司法部對於全國司法機構有一般的監督權，所以各邦的法院，不及美國各邦的法院較有獨立性。

(4) 地方政府

阿根廷是一個聯邦國家，其地方政府係以各「邦」(province) 爲主。於邦政府之外，尙有特殊的「聯邦特區」(Federal District)，「邊疆地方」(Territories)，以及市政府等。茲依次分述於後：

阿根廷共有十四邦，其設置係基於歷史因素，而非依人口分區，故布洛埃斯一邦卽有全國人口百分之三十，約四百餘萬人，而有六邦人口不及二十萬。人口在百萬以上的有布洛埃斯、珊他斐及柯多巴 (Córdoba) 等三邦，五十萬至百萬的有恩特里奧 (Entre Rios) 及塔克曼 (Tucumán) 二邦，故以上五邦自較其他九邦的地位重要，對中央政府之影響亦大。

每邦各設一「總督」(governor)，由人民選舉產生，但憲法規定地方情勢混亂時，中央可加干預，而近年來總統亦常派「督導專員」(interventor) 來代理總督職權。各邦立法機構因人口不同而大小不一，惟均由普選產生；但於中央派員代理總督時，各邦議會的權力則屬微小。

各邦的權力，在平常情況下，對於一般地方問題，均得處理，但中央指揮權有增加之趨勢。各邦因負有執行法令之責，故亦有其各自之警察及法院。基本敎育亦由各邦負責辦理，在一定條件下並可設置特種學校。關於公用事業、道路建築、公舍建築，各邦較有自由處理權，公共衞生、公共道德以及公共福利等業務，各邦亦多能自由處理，與美國情形類似。

「聯邦特區」係中央政府所在地，大部份歸中央政府管制，但可選舉兩個參議員及一個衆議員。該區包括首都布洛埃斯市，人口三百餘萬，約佔全國百分之二十。特區政府首長爲「市長」，由總統經參院同意任命。但其警察、消防、敎育均係由中央政府直接辦理。而該區却有一「市議會」，由納稅市民選舉二十二位市議員組織之，任期四年，關於公用事業、衞生、保健、娛樂、市財政及公共道德等，市議會均有討論之權。

「邊疆地方」係居民稀少之地，難以組成邦區，而其事務大部份由中央來管理的地區。全國共有九區，全部人口尙不及一百萬。其政府組織，雖由總統任命一總督，但有的政府業務如敎育等，却係直接由中央政府來辦理。

阿根廷除首都布洛埃斯市外，尙有甚多的都市，惟大多尙屬鄉區性質。較大都市如：珊他斐邦的「羅薩里奧」市 (Roserio)，係一人口約五十萬的商業都市，布洛埃斯邦的「阿維南達」市 (Avellaneda)，人口四十萬，係一僅次於首都的工業都市。各市均置有一「市長」，由市民選舉產生，另有一由選舉產生的「市議會」。其權限爲議決關於公用撥欵、征稅、公用事業、基本敎育、地方衞生、保健、道德及治安等事項。

四、政黨政治及選舉制度

阿根廷是一個「多黨政治」的國家，早在一九三〇年，其多黨政治卽已建立。到一九三四年，競選的政黨計達二十一黨；結果，當選衆院議員的政黨亦達九黨之數，但在一五八名議席中，「國家民主黨」(National Democratic Party) 佔七十一席。惟此一多黨政治的壽命僅有十年，由於拉米茲將軍 (Pedro P. Ramirez) 的革命，推翻現政府，解散各黨。革命政權建立亦僅數月。一九四四年又有一派軍官發動政變，推舉法勒爾將軍 (Farral) 組織政府。到一九四六年皮朗上校 (Juan D. Perón) 當

(下轉第27頁)

論新舊詩的出路

周天健

一、問題的提出

「自由中國」第十卷第十一期載有尤光先先生給胡適之先生的公開信，討論新舊詩的問題。目前臺灣詩風似乎甚盛，詩社（舊體詩方面）聽說甚多，做新舊詩的都不乏人，趁此熱鬧，一談新舊詩的問題，也許是很多人所關心的。在胡適之先生沒有答復尤光先先生的公開信以前，個人也不妨提出一些意見。

首先，我對這個問題，有很多地方是和尤先生抱有同感的。他對於一部分做舊詩的不免陳腔濫調，言之無物，深致感慨，希望「舊詩的體裁韻味縱然仍舊，而內容思想還是簇新，並且能趨向潮流，適合時代。」如果暫且拋棄體裁的問題不談，僅就造境而論，這當然是舊體詩應具的新生命。至於新詩，尤先生認爲其所以還受人懷疑，原因不外三點：一是有的人不知道「新文學必須有新思想做裏子」。二是缺乏做新詩的領導。三是缺乏參考書籍。這也是很切實的見解。

不過在尤先生的那篇短簡裏還有若干值得詳細申論或商榷的地方。我們如果要爲新體詩或舊體詩找一條足以進步發展的出路，却是不太容易的事。如果我們希望這一代的詩人寫下相當份量或少數可傳的作品——藉這個作品，可以表現此一時代特出的風格，使此時的詩壇有其眞正永恒的光輝，那麽整個問題的詳細討論，正是時候，也許已經爲時不早了。

二、舊詩壇的大貌

我們要求舊體詩進步，並要求新體詩更進一步；在此且將新舊詩同付討論，得先將近代新舊詩壇的狀況略加敍述，敍述時只是根據個人的印象，爲行文簡便計，其與本文論旨無關的地方，姑從闕略。

且先說舊體詩：

舊體詩有其豐富的遺產，在過去每個時代，每位出色的作家，多完成了各種不同的風格；如一般所云，或者穠艷或者枯淡，或者恢奇，或者樸野，或者沉雄，或者奔放。但作爲一首詩的基本標準看來，都有它的一個共同標準，便是韻美和雅正。韻美本來是文學和藝術最顯見的特色，而雅正則是「約情而馳」，使感情不至泛濫的有力形式，所謂「樂而不淫，哀而不傷」，從古卽爲極則。舊體詩的風格以及題目範圍，經過前人無數的試驗創造，可供後人各依愛好去選擇、變化，在技巧的承受上不至「無所依傍」，在意境上當然要看各人的人生體驗。一位大的作家，憑着廣泛而深刻的人生體驗，却決不肯局限於那種詩體，標榜那一家，或專寫何一方面（杜甫和陸游之所以卓然成家，不在他的「家法」，而是多方面表現的成就，使我們覺其規模閎遠，形式好而深度也够。）這是談舊體詩所當有的重要概念。否則所謂進步，縱寫的是現代事物，但靈魂還是與古人遊，題材的實質還是那麽一些，是很難開創舊詩的新生命的。

在沒有談到舊體詩可有的新途徑以前，我們不能不先估認舊體詩在近代已有若干進步的傾向，並不得不談到目前自由中國的詩壇還顯得貧弱的一些現象。

舊體詩，尤其是舊體詩中的近體（卽律詩，絕句，別於古體詩而言），到了清末民初的時候，有幾位大家，在技巧的運用，意境的開拓方面，的確是相當進步的（散原老人爲其最著者）。比起前人而且幾乎到了登峯造極的程度。說它技巧相當進步，是指造語用字的精鍊，一字有一字的分量，並能用以表達比較複雜的意象，達到了「詩是用最經濟的手法表現人生的文學作品」的地步。說他們在意境的開拓方面獲得相當進步，大體是指的取材較廣，「因情見理」得更深，儘管體裁和題目的範圍還沒有超出前人，但在這個題目裏，懂得往深處掘發，因情見理，寫出較爲複雜的意象，而決不肯用些浮詞濫調去「直抒胸臆」，也不肯借表面堂皇漂亮的詞彙或不甚相干的典故來作爲外衣，而忘記了眞實雋永的美。這樣，感情自然不會粗糙，更不會有沉腐濫俗的氣味，也不會擺出「廟堂文學」好看的架子。他們不但很少有純粹寫景記事的「製品」，同時沒有落到乞靈於詠物而用以比類隱諷的下乘（古人的詠物比諷往往是不得已的，所謂有託而逃，多有佳作；後代人無其才思情操的，着意的做起來頗見可厭，所謂名作如王漁洋的秋柳亦不例外。）以上的進步，可說替舊詩開了一條較新的路子。在此限於篇幅，惜未能擧例說明。但凡是對於陳散原等清末民初大家的詩作具有認識的人，當可同意我這些看法。

不過，這些已有的進步，到了今天，還嫌它不够。我們對於舊詩的體裁乃至用字和寫境，還有作更進一步探討的必要，且留到後面再論。目前所遺憾的是：

（一）能够完全承受清末民初詩人長處的已經不多，何況學散原一派的人，學得再好，最多不過多出一位散原，豈非妨礙了「江山代有才人出，各領風騷數百年」的遠景？

（二）一般所謂「唐宋之爭」，終是在古人的靈魂裏兜圈子，大大地阻碍了舊詩在此一時代可有的進步。揚唐抑宋，或揚宋抑唐，都不免忘記了自己的創造要緊。

（三）甚至附庸風雅的太多，遊園固得做詩，吃一頓飯也要酬句，而很少有些新意或藉以顯示眞實人生的見解。有人說，把若干舊詩的詞藻剝去，試看它還成一個什麼東西？對於若干詩作來說，此話大致不差。披着詞藻的美麗外衣還算差强人意，等而下之則濫俗，連適當的詞彙都不會運用。

以上三點，由第一點可以論民國以來的詩壇高手。由第三點可以擔心舊體詩的難免糟糕，弄成不唐不宋不民國；與創造和模擬都不相干。只有介乎其中的第二點，懂得「唐宋之爭」的人，起碼是「知所取裁」，借句孔老夫子的話：「中人以上可以語上也」。不過，對於嚴守唐宋家法的人，以語創造和進步，還是要大家拿出勇氣，廣拓胸襟的。

學唐詩的人，心目中的標準當是如嚴滄浪所說的「不涉理路、不落言筌爲上」，才力較高的得其雄渾。才力次的擺得一副好架子；流於空疎。實際不懂唐詩而偏要以慕唐自居的則俗濫，學宋詩的人，能者得其深刻。次者僅得其清新。攢到牛角尖的則晦澀不知所云。能够在技巧上調和唐宋，意境上有一個生爲現代人的自我在，今日詩人中，恐千萬人不得一。本來每個時代有每個時代的心聲，每個人有每個人的自我，文學家反映時代的心聲，發展自我的個性，應該做得出色。自散原而後（散原的遺老味很重，入民國以後，與同時的幾位大詩家，構成了當時詩壇譏評時俗的特色。雖然不能歸到革命詩人一類，然就詩論詩，散原蓋第一人也。）我們希望今日的詩人們同樣地超越前人，使民國詩壇放一異彩，縱云奢望，但不可不有此努力。大家應該認識：任何一事，由模擬階段到創造的發展，是保證它不至衰老速朽的重要因素。

以上大概是現代詩壇（舊體詩方面）的大貌。至於像尤光先先生所指「能哼兩句算詩家，無病呻吟枉自誇」的若干「讀來好似叫蝦蟆」的詩，則根本不算詩，只好視爲「七言八句」，旣不算詩，可略而不談。只是希望那些人不要隨便的厠身詩壇，弄成混沌一片。須知不會做詩決不影響一個人其他方面的成就。一定要興到吟詩當然也不壞。反之，浪博才名，倒是讀書人之恥。

三、新詩壇的一般

次說新體詩：

新體詩的歷史尙淺，目前似還沒有發展到接近成熟的階段。「嘗試集」時代的新詩，還是小脚放大脚，胡適之先生旣很少有後期作品，其早年的嘗試，多半出於一時創造慾和一種帶頭作用。差不多與胡先生同時做新詩的雖不少，如劉半農先生，我們在過去中學國文讀本所選讀的，有其淳樸的美，或類歌謠，然距離進步的新體詩仍遠。如傅孟眞先生，作品不多，我在他遺集中讀到的幾首，其解放的程度似乎更多些，也有頗爲深廣的蘊蓄。到後來，徐志摩一流的詩，自然受西洋詩的影響頗深，有其「思想游騁」的佳妙。再往後，臧克家一路的詩，叫他是象徵派也好，寫實派也好，其雕琢的功夫已接近到彆扭的程度；但多不失爲刻意求工。才力各有不同，發展的方面大致一樣。有的與舊詩人所欣賞的「硬語盤空」似乎同出一個心理，或得其秀勁，或落得費解。此外，有的隨便被人戴着「田園詩人」或「民族詩人」的帽子，寫下幾首「我聞到了土地的芳香」或「怒吼吧，中國！」一類的詩，出色的似乎不多。抗戰以後，盛行「朗誦詩，」爲了表現氣勢，或在實用上配合宣傳，似多用盡表面堂皇的字句，翻來覆去，甚至「關門閉戶掩柴扉，」意思還是那麼一句。做得比較高明的，也未免意儉言奢之弊，大違「詩是用最經濟的手法表現人生表現時代的文學作品」的根本原則。這類的詩，旣無所取裁，更難責望其眞正的進步。

專做「朗誦詩」的人究竟不多（我以爲：一首好詩，都應可供琅琅成誦。不必將「默讀」和「朗誦」對分出來），把詩做成散文，完全無韻無腔，一無美感的也不太多。値得我們注意的是：新體詩發展至於今日，有一個共同的趨向，便是已到了高度「情調象徵」的程度。其中固亦不乏好詩。西方的文學作品早有這一個趨向（一方面也是他們的文字組織，比我們更易表達複雜意象的緣故），作家都想從心靈的深處去尋找自已的聲音，或從生活境界裏去追問眞理。用詩的體裁來表現，則似爲其最著者。我國的新體詩受其影響，與其說是風氣所趨，毋寧說是進步文學的要求。不過，一首詩的好壞，全看作者所感念到的是否可藉作品傳達到讀者的靈，其所顯示的眞理信念，是否有影響別人的力量。如果僅僅給人以一點文字的美感，固然不够，倘是有意要着一些觀念的遊戲，想藉此達到情調象徵的力量，而實際不免把詩意帶到晦澀乃至不得其解的程度，則寫詩這個「玩意兒」，似乎算是多餘的。據個人的粗淺印象，如果說，有些朗誦詩是在寫標語，那麼，若干象徵派的詩則好像在打燈謎；或者「耍花腔」。而新的無病呻吟亦不免隨着新體詩而產生滋長了。

新體詩之還沒有趨向成熟，該是缺乏幾位大力而多產的創作家足以領導發展成功一個新的途徑；近代西詩的介紹工作也沒有做（譯詩當然比譯文章難）。這包括了尤光先先生所說的「缺乏領導，缺乏參考書」的兩點意思。思想上旣得不着有力的啓發，有思想也不盡能用適當的字句和樸秀的韻調來表現它，這便是尤先生所說「沒有新思想做裏子」的話中一半的意思；有了結實的「裏子」，還得有好的「面子」呢。我們可以想像得到：新詩旣不能全承受舊詩中的詞彙和寫事寫景的方法，又不能用口語寫成原始的歌謠體，（此二者，如有其一，卽不成其爲新詩。）目前似又缺乏足以領導發展的作家寫下若干不朽的詩篇，那末叫大家拿什麼來做「範本」呢？我們得原諒，不經過摹擬或多人的試驗而獨力談創造的究竟不多。

四、舊體詩的理想途徑

以上泛說新舊詩壇的現狀，認識了這些現狀，纔能探討新的途徑。依照前面的次序，先說舊體詩可有的發展。且從體裁方面說起：

舊體詩的平仄，以及字數的限制，原不是一成不變的鐵律。就平仄而論，近體詩固然唸起來順口，但古體詩所把握到的自然音節更來得動人。譬如說：「落日照大旗，馬鳴風蕭蕭」，出師的情景寫得躍然紙上，假若把它變成仄仄仄平平，平平平仄仄的調子，改爲「落日照旌旗，馬鳴風颯颯」，通是通的，但較諸原作遜色何如呢？寫古體詩如果守一些平仄的規矩，會變得荏弱不堪，但又不好做到詰句聱牙的程度，這便是有其自然音節的緣故。明乎此，用平仄做近體詩，律詩並講求對仗，實在是一種退步。就字數的限制而論，除了近體詩的五言七言，字和句都有一定的限制而外，在七古裏面，是容許夾有三言、五言、九言乃至十一言的；古人並有雜以四言乃至八言的，例如李白蜀道難的「一夫當關、萬夫莫開」、「黃鶴之飛尙不得過」卽是。句數在五古七古中都沒有限制，並且不必全是複句，可容許單句的存在，通常多在結尾處來一單句，以補足上面的意思，並增强氣勢的鐵宕，如韓愈「八月十五夜贈張功曹」最後三句「一年明月今宵多，人生由命非由他，有酒不飮奈明何」之例。有字句限制的近體詩，字句不怕如何工整，氣勢不怕如何沉雄，究不如古體詩之來得樸實和挺拔。以情意的暢達來說，近體詩（尤其是律詩）當不是理想的形式。

對於舊體詩較有修養的人，都知道做律詩較易，絕句較難，古風最難。什麼道理呢？說得簡單些，律詩有八句，且有平仄，有對仗，是有規矩可以成方圓的；才氣高的人，「閎中肆外」，在這規矩裏面自可運用得很好，(平仄的安排成了習慣，幾乎脫口卽出，倒是便利了詩家，而不覺得有束縛存在。一般不黌成平仄的人，似乎意在擺脫平仄的束縛，而不知用平仄亦可做出好詩，只是有平仄便喪失了自然音節的美，有字句限制總不免妨礙情意的暢達，倒是眞的。）低手則亦知虛字對虛字，實字對實字，把它拼湊地塡充。說不定紅對綠，萬對千，還可藉此「觸發」一些可憐的意思或典故出來呢。絕句只有四句，須意婉而詞約，很難藏拙。至於古風，音節的自然調協，句子內容的充實，往往非高手莫辦。對於創作力不够而又偸懶的人說來，律詩該是陋俗的一種。至於排律，無謂的冗長，前人的佳作已經絕少，現在漸有淘汰的趨勢了。

我覺得，做舊體詩的人不應該迷戀於律體，要從平仄和對仗中解放出來，先有一個最現成的方法，便是多做古風，這並非復古，實在因爲近體詩的形式較古風已來得退步（至於長短句的詞，旣另有詞牌的大束縛，這個「詩餘」，却是大可淘汰的）。先把古風做得像個樣子，長短疾徐一如其勢，技巧方面有了基礎，然後也許可以談到進一步的解放，卽字句限制的尺度更加放寬，並擴充現代的題材，學習寫事寫情的進步手法，及容納俗字俗語。至此我敢相信，所謂「古風」可以不再在古人的靈魂裏兜圈子，而爲舊體詩的生命進一步發出光輝了。至於詩的韻脚，自應以現代語言的叶韻爲準，最好以國音爲準，這是不用說的。

以上側重的說體裁。更其要緊的是意境。意境的開拓，關乎一個人的胸襟懷抱；所謂襟抱，大體包括着心性與識見，有視詩人平日的修養非勉强做作可致。這裏也不能詳細討論。不過有幾點，做舊詩的人應該在進步的原則下拿出勇氣和新的智慧來：

一、多觀察環境，擴大取材的範圍。古人所謂「詩史」，當然重在表現時代。要用健全的態度選擇材料的價值，並忠於自己的情感，作品期其「可傳」(傳世)，而不是一時的無謂酬應或宣傳。

二、懂得擴大取材的範圍和忠於自己情感的重要，這往往是藉着思想的力量。也唯有細密而深遠的思想，在文字上纔能構成複雜的圖畫。現代的詩，不必以自然渾成爲好的標準（唐詩並不全是渾成，而嗜唐的人却最看重此點。宋詩的理路漸趨細密，清末民初的詩人更發揮了此一長處，今日却爲「等閑」的詩人們所忽視），因爲現代文學藝術的作品，所表現的不以單純的意象爲已足。一個詩人，應當注意培養思想的源泉。古人談詩，認爲與「經術」有關，否則「致遠恐泥」，確有其道理，對於「詩有別才，非關學也」的「天才家」更是一個當頭棒喝。現代人不能皆靠經術，應當更靠現實環境的觀察以及新思想的吸收。

三、與擴大取材範圍有關的，除了上面所說的以外，便是應當不避俗字俗語。這本是胡適之先生早已在「文學改良芻議」提出過的，我以爲做詩應當適當地選用俗字俗語，牛溲馬渤固不見得都有入詩的價值，但適合句意的俗字俗語，恰當而生動地用出，可完成眞實的美感，決不會使自己的詩變成打油的（眞正的打油詩，一是遊戲筆墨，再典雅也算打油。二是粗製濫造，撏撦拼綴，表面上再工穩也還是打油）。與其找不相干的字句來勉强代替，實不如逕用俗字俗語。

四、意思要深入，表現的技巧要淸新，用字遣詞務須經濟，惜墨如金，而不妨其暢達。切忌粗枝大葉，陳腔濫調。有了深刻的訓練，當以無病呻吟爲恥，沒有好的意思，決不作詩，（不僅以性靈的「天機」自詡）創作的態度自會謹嚴。

五、最好能做到不用典，這也是胡先生早年所提倡的。但適當而「消化式」的用典，使它完全化作自己的意思，幫助原詩作有力的刻劃，毋寧是較高技巧的運用。濫典和僻典絕不宜用，前者傖俗，後者眩博，同樣要不得。

以上簡列數項，尙不能盡意，其中第三項關於不避俗字俗語的一點，恐最不爲寫舊體詩的人所同意，認爲這樣便把舊詩的韻味破壞無餘了。其實雅與俗原無固定的標準，古人寫下的俗語，到後代反成爲很雅的話，這全是心理和習慣的感染所致。有的人連「電燈」「電虹」一類的現代品名都不敢入舊詩，如胡先驌先生在美國寫下「一燈如豆」和「翡翠衾寒鴛鴦瓦冷」的詞句，無怪胡適之先生要和他辯難了。這種心理只見其陋俗而未見其雅。

五、新體詩的擬想途徑

新體詩尙不能如舊體詩有那樣多的豐富遺產，目前似還沒有發展到接近成熟的階段，其原因除了前面所說到的以外，似乎還有一個值得研究的原因：便是中國的文字是單音，由單音的字組成句子，便於對偶，且有它的整齊美，叶韻也來得不難，用以寫詩，更顯得這個特質。既然做「白話」的新體詩，便得從這些地方解放出來，有的人乾脆不求叶韻，似乎忘記了詩歌同出一源；而疾徐舒緩的氣勢，聲調的鏗鏘，且不能如舊詩中的古體，於是韻文的美喪失了若干，那靈魂深處的美，又難得藉蕪冗的句子作適當的表現。尤光先生所指的「無韻無腔重白描，羣賢高唱入雲霄」，也當是指的此類。這似乎也是新體詩不爲人們所廣泛接受的一個重大原因。對於舊詩有底子的人，改做了新詩以後，又回過來寫舊體詩，亦有人在，也許做好新詩難，做一首將就對付的舊詩易，但難的不見得就是好，此不僅爲心理習慣的問題。

對於新體詩將來的發展，以及可有的發展途徑，個人還不敢妄測，下面的幾點或可供大家研究參考：

（一）寫白話文（尤其是小說）的人想都有一個感覺：不相當採用歐化的句子，便不易表達繁複而清楚的意象。所以同樣的要求使新體詩不能不首擷西詩之長，這一點，恐是毋庸討論的。不過，在顧到韻美和流暢的原則下，新詩人應當多多認識中國文字的特質，而善於運用。並注意到自然音節的調和美。

（二）象徵派與「神秘派」同流，要些「觀念的遊戲」怕是不免的。不過，所謂浪漫的想像，究其價值，還應歸於眞實的感念，這樣纔能動人。新詩人不應該像古人所批評黃山谷的話：「妙脫蹊徑，言謀鬼神，無一點塵俗氣；所恨務高，一似參曹洞下禪，尙墮在玄妙窟裏！」如果流於句險而意晦，我總擔心它會有越做越窮的一天。

（三）對於醉心於「朗誦詩」的人們來說，倒是相當避免了上述兩點的毛病，不過除了氣勢和音節外，還當注意用字的經濟，寫事的不濫。不應僅注意於修辭的排比和口氣的誇張。這一路的詩，或者不妨兼採舊詩中散原一派之長，經過一番精鍊的功夫，並多多吸收現代的思想和新的技巧。

西詩的迻譯，乃至舊體詩適當的翻譯工作，相信對於新詩的進步試驗都會有益的。

六、新舊適用的標準

總之，舊詩的體裁須求解放，意境須更求深廣，新詩則尙有賴於多方面的試驗和創造。目前從事實方面看，舊詩固不能排斥新詩，新詩也還不能淘汰舊詩，究其所以，當還有不少的原因，有待大家虛心研究。前面的話。只是本着個人的印象和見解而斗膽提出的。

本文限於篇幅，許多想說的話，都還沒有說到。最後，我且借孔子在兩千多年以前對於詩的評價的話，以簡述個人一部分未盡之意，他說：「詩、可以興，可以觀，可以羣，可以怨。」興、觀、羣、怨，最簡單的解釋是：「感發意志、考見得失、和而不流、怨而不怒。」引申發揮起來，可有許多的新義，我現在大膽地借這四個字用自己的意思來加一注解：「興」是讀着叫人感動，並得着啓發。「觀」是稍加涵詠便可完全明白詩人是在說些什麼。「羣」是不脫離時代大衆，廣泛地發掘題材。但「和而不流」，不是首先遷就大衆的味口。「怨」字較難詮釋得妥當，大概詩人的憂鬱，容易影響人家（愁苦之言易好），但願他淡淡的哀愁不是帶給人家以灰色的人生，而是多方面的啓示！這個古訓新詮，應同樣的適用於新體和舊體詩，而且大可幫助我們鑑別詩的好壞。

（上接第20頁）

所規定的學分，論文方面，也非要你有可觀的成就才行。有的教授比較鬆些，只要念完學校規定的學分，有一篇過得去的論文也就放你畢業了。主任教授對研究生可謂操有生死大權，學校及系主任根本不過問。所以申請以前，如能對某教授的作風和脾氣有點瞭解，當可方便不少。我曾看到過數位中國同學所受的折磨，所以希望想來美國的中國同學要稍稍注意這一點。㈢別聽空名，我們中國人心上老認爲 university 是至少三個 colleges 合組成的，所以總以爲 university 較 college 大些，好些。其實並不盡然。在美國可以找到許許多多只有兩三千學生的 university 也却有不少超過一萬學生的 college。所以不可以 college 和 university 兩字的差別來判斷一個大學的規模和好壞。同樣，有的大學把「學院」叫 college，有的把學院叫 school，也有的把學院叫 division，但是它的某學院規模和好壞，不可因它叫 college 或 school 或 division 而盲作判斷。有的學校把系叫 division，有的叫 department 也有的叫 school，我們也不可因其用字不同即盲目判斷其優劣。有許多私立 college 反而辦得很不錯，但亦有些 university 反而不好。申請的人只要選一個好的系，好的教授就行。

至於高中畢業生申請獎學金的辦法，很遺憾地是我對此毫無所知，不能貢獻任何有用的意見。大約向一般州立大學或極有名的私立大學申請獎學金，希望是極微的，也許向天主教大學或美以美會辦的大學想想辦法，較有希望，不過我對此毫無所悉。這封信早就想寫，一直到今天才算了願，如承貴刊刊出，不勝感激！

順請　編安

讀者　王若愚　拜啓

一九五四年六月十一日於

愛我華州立農工大學

書店老闆談讀書

孫國仁

小序

從字面看來，書店老闆或許是終日與書為伍的關係，多少染點文化氣，不過，居然敢談讀書，未免近乎附庸風雅。然而，君不見這年頭往昔從不被人重視的「大兵」，每到星期日竟擠滿了書店，居然把一個月甚至幾個月辛辛苦苦掙來的新臺幣，換回幾本文藝書籍，習字帖，或初級英語讀本？人類都在求進步，「大兵」和書店老闆也不能例外。更何況本老闆早屆不惑之年，又在西書和出版業內混了些時候，說不定會從狹小的角度，體驗出一點眞理，而有所貢獻於自由中國文化界。

從一竅不通到樣樣皆鬆

我過去雖然也念過幾年書，然而，既不配稱爲「通儒」，更不便列入「專家」，子曰和ABC雖也略知一二，但一提到學問，祇好分類到「一竅不通」裏去。以「一竅不通」之身而談讀書，本來就有點不通，但是，年深日久，蛇蠍既可修練成精，本人何嘗不能媲美蛇蠍，堂而皇之的戴上一頂「樣樣皆鬆」的帽子？俗語所謂「樣樣皆通，樣樣稀鬆」，多少總覺得有點語病，因爲，既云通，又何能云鬆？其不通之至，概可想見。

本人既介入文化界，賣西文書，兼營出版，耳濡目染，加以學者如雲，對於各科皮毛，略窺端倪，倘無專家考問，居然也可以胡說八道，亂吹一通，嚇嚇青年學子，滿像煞有介事。譬如最近有一位某大學文學院學生，前來買毛姆作品，她說有一位十八世紀的文學家，名叫革廉，毛姆。說時遲，那時快，本人不加思索道：「毛姆並非生於十八世紀，他現仍健在，今年八十歲正，英美出版界爲慶祝他的八十整壽，特出專集及紀念版本……」於是滔滔不絕的說下去。結果，那位讀者居然表示十分欽佩，說我這老闆與衆不同，並且經我介紹，竟買了一本半自傳體的文學述評「結論」(Summing Up)，高高興興的稱謝而去。由此觀之，我這老闆，已不能算做「一竅不通」，不過，倘有博學之士，追根問底，如審原子重犯，本人雖不一定弄得「目瞪口呆」，恐怕也難免要「張口結舌」的。

由「一竅不通」而進爲「樣樣皆鬆」，本不是一件輕易事，但若談學問，還是會貽笑大方的。好在由賣書人的眼光中，來看讀書界的一般動態，還夠不上稱爲學問，那末，就算是幾年來賣書經驗的感想吧。

先下結論

未說前提，先下結論，未免有點不合邏輯。但我這結論是幾年來賣書經驗的結帳單，根本與思維術的邏輯無關。

一、有錢的不買書，買書的沒有錢。

這句話雖有語病，然則正如英文文法一樣，定義也免不了有例外。不過，大體說來，這個結論總不會離題太遠的。幾年來的經驗告訴我，有錢的人大都以讀書爲傷腦筋的苦事，寧願捧捧戲子或裝病到外國去發發高論，比較輕鬆得多。這是講上流的濶佬。至於中焉者呢？寧願花五十元去看電影明星，或者去擠黃牛票，也絕不肯花幾十元去買一本傷腦筋的正經書。買正經書的人，統計起來大約有下列幾種：窮教授，小公務員，大兵同志，極少數學生和立法委員，做官做膩了而又不願當窮教授的學者，以及業務上需要參考的技術人員。綜上所述，可見我所下定義，雖不絕對可靠，恐也不能算做胡謅了。

二、色情性感書籍最暢銷。

國外的最暢銷書(best sellers)，一搬到中國來，除了一兩本富有商業價值的小說，因需要搶先翻譯可換稿費之外，多數會變成最滯銷書。小說之中銷路最好的要算「賈泰來夫人的情郎」，「虎魄」等，其次爲充滿了裸體照片的「照像年刊」，「人體照相」等，倘實在找不到甚麼精彩的書刊時，半裸體的美人日曆也可以敷衍一下。至於中文書就更不像話了。總之祇要和性有聯帶關係，不管內容如何，保證暢銷，眞的叫我們這般不合潮流的出版商，啼笑皆非了。

三、電影片幫忙不少。

每逢有電影上映的原著，銷路多數有把握，例如「亂世佳人」，「蝴蝶夢」，「刼後英雄傳」，「倩影淚痕」，「太陽浴血記」……場面之偉大與否，和銷路成正比。西書商如有存貨，又恰巧趕上電影上映，泰半搶購一空。不過這其間也不能說沒有例外，譬如「暴君焚城錄」，因爲原文由波蘭文譯成英文，終覺有點不大好懂，加以宗教氣息濃厚，不合一般中國人胃口，故而銷路不如理想。但電影未曾上映而銷路就好的也有，那就是「亂世忠魂」(From Here to Eternity)。總之，我們西書商應該向影片商致敬，沒有他們的幫忙，我們書的銷路，實在成問題。

四、深的要淺，淺的要深。

乍一看這兩句話，似乎有點莫名其妙。舉例言之，譬如越是有名的英文教授，越喜歡買文字淺近的工具書。用有限度的淺近文字解釋的英文字典，多數爲名教授或對英文確有研究的學者所歡迎。而英文程度越不高明的讀者，越喜歡買莎士比亞全集或但丁神曲。記得胡適先生在某英文專校講演時發表過幾句精闢的言論，略謂在美國學習英語，六個月就能說能寫，但在中國讀英文專科幾年，連幾句普通句子都造不通。這幾句話，眞應該用宜紙寫下來，做爲我國學生的座右銘。

五、文學理論最不吃香。

在英國最受人重視的現代作家如喬治・奧威爾 (G. Orwell)，格林安姆・葛林 (G. Greene)，伊沃林・華 (E. Waugh) 等，以及美國名作家如佛克奈(W. Faulkner)，沙洛揚(W. Saroyan)，史丹倍克 (J. Steinbeck) 等的作品，一到中國，祇好束之高閣。漢明威(E. Hemingway)能够擁有若干讀者，還是要歸功於電影的。至於文學理論的書籍，其銷路眞是慘不忍睹。難怪在自由中國的文藝出版物中，竟找不到一本像樣的理論專集。所謂文學批評，雖然偶爾有一二篇散見報章，也多數屬於瞎捧胡吹之類。眞正瞭解或讀過禮查玆 (R. I. Richards)，埃里奧特 (T. S. Eliot)，吳爾芙(V. Woolf)，阿諾德 (M. Arnold) 以及龐德 (E. Pound) 等著作的文學批評家，到底有幾位呢？

六、外國胃口與中國胃口。

如果想瞭解外國讀者與中國讀者的胃口，最好的辦法是逛書店。重慶南路兩家專賣雜誌及袖珍本小說的同業，可以代表洋胃口，而其餘不賣雜誌，又不大注意花花綠綠封面小說的同業，大概可以代表土胃口。至於土包子硬學吃大菜者，另當別論，恕我不能一一舉例。大體說來，外國人在中國，其志不在求學或深造，而是在乎消遣解悶，故而所選的儘是些偵探小說，低級羅曼史之類的袖珍本小書。中國讀者雖有程度高低之分，但歸納起來，也可作一結論——以最小的代價，買最有價值的書。這一點可以說明我們的窮，然則窮有窮辦法，譬如說用十幾塊錢買一本心理學或哲學名著，不就是好算盤嗎？

後談展望

由以上一節可以證明，自由中國的讀書風氣實在不够。但據有名的學者徐先生說，人們在臺灣太苦悶了，多數人在找刺激，讀書都感覺讀不下去。這是不可否認的事實，然而也誠然是一種可怕的現象。消極的人生觀永遠救不了我們的苦悶，也救不了我們失去的光榮，尤其不能幫助我們加强收復大陸的決心，和實現重整家園的憧憬。

我們的一切都不能落後，我們不能專靠進步的軍隊單獨打回大陸去，我們負有文化使命的每一份子，都應該時時刻刻求進步。醉生夢死猶如打嗎啡針，祇能圖興奮或痲醉於一時，日子長了，病態就會加深的。

譬如數學在社會科學中的地位，越來越重要了。研究經濟學的人不懂數學，慢慢會落伍的，近年來國外出版的經濟原理諸書，有好多是佈滿了數學公式的，希望我們的經濟學家，迎頭趕上才好。關於研究人類行爲的心理學書，也有不少數學原理，連心理學家兼教授的陳先生都自認看不懂，這難道是好現象嗎？

至於哲學古典的如亞里斯多德，拍拉圖等，固然應該研究，但「時髦」的如「存在主義」等，似乎也應該加以探討。不過中國人一貫的毛病在於「讀書不求甚解」，原文的書，沒有一頁可以完全看得懂，就自詡爲專家，逢人則海濶天空的發表一套大道理，聽者越是莫名其妙，就越顯得其學理玄奧。其實倘遇眞正內行，仔細一推敲，少不得又和我這樣樣皆鬆的老闆一樣，馬上露出尾巴。考其原因，其弊仍在做學問不切實。

政治學在臺灣的銷路比較差，尤以拉斯威爾 (H. D. Lasswell) 的政治哲學爲甚。有哲學根底的政治學家，實在少得可憐。在這方面，自由中國的政治學者，仍須善加努力。

近年來學習英語大行其道，尤其美式英語課本，可稱風行一時，迄今不衰。然而，單就文法而論，美國出版的文法書中，隨時可以發見富有新見解的佳作。例如有一本書，專研究英語構造 (Structure of English)，將四十八小時內，社會中各流人物所說的話，用錄音機錄下來，然後編成索引號碼，予以分析研究，這種學問够多麼有意義。至於普通文法書如克米 (G. O. Curme) 所著「英文文法之原理及實用」一書，論列解釋，俱臻上乘，連最會挑剔的某大翻譯官，讀後也點頭稱善。英國出版各書，例如帕爾莫 (H. E. Palmer) 所編著的幾種教科書，編法新穎，獨出心裁，最合東方人胃口。然而，在自由中國，最暢銷的仍是納氏文法第四冊！

說到英文字典，那才更是笑話。本來英國的「簡明牛津字典」和杭貝氏所編的「高級學生字典」(Advanced Learner's Dictionary) 是公認爲最好的工具書，美國最近出版的「韋氏新世界字典」及「桑氏綜合案頭字典」，均爲學術界所稱道，然而，銷路最好的却仍然是十八年前出版的「四用辭典」！

說到這裏，本人又有一點感想。關於英語研究的著作，日本出版很多好書，但不知甚麼緣故，本省竟一概不准進口。日本人做學問不苟且，不馬虎，又瞭解東方人的心理，所以出版各書，多數針對東方學生常感頭痛的問題，加以闡釋。希望日文書刊審查會，對於這點多加注意，放寬進口尺度，對於想學習英語的學生，未始不是一種小惠。

談到自由中國的出版界更令人傷心。最有商業價值的是衞生寶鑑，性行爲，手淫與性交之類的書。其次要輪到有照片的女作家專集。因此，有智之士慨然歎曰：「假使集社會名女人等出一本『我的性行爲』，另各附裸體照片一幀，保險搶購一空。」話雖近乎刻薄，但由此可見出版界風氣之壞。

像我們這般不合時宜的出版商，竟敢大膽印行甚麼文藝叢書，不管你印刷多末好，取材多末高，選稿多末精，在智者眼光中看來，就是瘋子。加以外埠推銷打不開，同業寄售拖欠成風，半年以上不結賬者，比比皆是，實在是出版業的致命傷。這種問題不能解決，出版界的前途，誠屬不堪設想。

總之，積極方面，讀書界要樹立良好風氣，出版界才有生路。同時消極方面，提倡讀正經書運動，還要有關當局協助，時時留意書店書攤陳列的書，是否有害讀者，務使低級黃色書刊絕跡市場，庶幾文化事業可望有光明的前途，而反共建國大業，實利賴焉。

漢城通訊・七月十日

中立國之戰（一）

——韓戰的第二個層面

本刊特約通訊記者 劉明遠

砲火熾烈的韓戰和邊談邊打的韓戰早已隨着板門店的簽字而宣告「退休」了，但「板門店的戰爭」並沒有完。其實，就記者所知，那裏的戰爭不但沒有完，反而變本加厲了，反而花樣翻新了，戰爭的意義反而更深刻化了。目前在衆所周知的板門店，至少還進行着兩種史無前例的新型戰爭，而記者現在所要報導的是其中的一個：中立國之戰。

最近一兩個月來，讀者的注意力或者都被催眠術轉移到日內瓦去了。其實，日內瓦是解決不了任何問題的。自然，記者所要報導的「中立國之戰」也解決不了甚麼重要的世界問題，不過相形之下，那到是要比勞民傷財的日內瓦會議較有意義的多。讀者還能不相信嗎？

根據停戰協定，爲了處理停戰後的若干棘手問題，雙方同意在韓國成立兩個中立國機構：一個是「中立國遣返委員會」，另一個是「中立國監察委員會」；前者是由瑞典、瑞士、波蘭、捷克和印度等五個國家所組織成的，而後者則只有四個成員，卽瑞典、瑞士、波蘭和捷克。隨着戰俘們的志願遣返，頭一個中立國的機構——「中立國遣返委員會」已經成爲歷史上的陳跡了；但它的孿生兄弟——中立國「監察委員會」(Neutral Nations Supervisory Commission)，却剛到成年，前途還遠大得很呢。

記者在板門店作客有兩年多的悠長歲月，就年資來說，這些後來者——兩個中立國機構的工作人員們，都得算是小老弟，所以記者對他們熟悉的很。就記者所知，「中立國遣返委員會」和「中立國監察委員」，以其每一個整體的作用來說，都是相當中立的。但拆開了個別來看，在這五個所謂「中立國」之中，絕難找到一個眞正的是中立。波蘭和捷克之不能中立是很顯然。她們不但是共產主義國家，並且是共產主義國家行列中的「小步點」，是大型共產主義國家的附庸。既然一切近代共產主義者都奉行辯證唯物論和馬加維里，那麼這些「小步點」自然更不甘落後，也不敢落後。在「唯目的不擇手段」的大前提下，甚麼悖謬絕倫，違背中立原則的事情都能做得出來。既然如此，那麼讓這種國家去擔任「中立國」的脚色，那不是虛有其表？而在另一方面，瑞士和瑞典雖然都是典型的民主國家，但大勢所趨，她們若要想保持嚴格中立的立場，實在亦非事實所許。民主國家之所以爲民主國家，在其能够恪守若干可以獨立存在的道德原則。這些道德原則是一切民主國家都會自自然然所遵守的。例如保護政治犯是民主國家的美德，所以這種美德不但在英美可以找得出來，而在一切民主國家都可以找得出來。譬如在瑞典或瑞士，法律是超然於政治權威之外的，而一切民主國家之內法律也都是超然於政治權威之外的。再譬如，在民主國家之內，不問基於任何理由都是不應該說謊騙人的，這是一種高尚的美德。這種高尚的美德幾乎在任何國家都可以找得出來。這一次在韓國擔任中立角色的瑞典和瑞士既然都是典型的民主國家，而另一方面，聯軍所代表的在大體上來說，又是一個民主集團；因此，這兩個中文繙譯前面帶「瑞」字的國家，天然會和聯軍或聯合國走得近一些。那就是說，至少在共黨國家看起來她們是不會太中立的。波蘭、捷克既然是共產集團肚子的蛔蟲，她們必需藉着中共的鼻子出氣；而瑞典和瑞士既然和一切民主國家都信守同樣的道德原則，所以她們就不能不爲了聯軍的利益而戰。瑞士、瑞典既然如此，而波蘭、捷克又是如彼；還有印度呢？提到印度的中立國性格那就更其複雜了。

我們知道釋迦牟尼和甘地的印度對於暴力是無何好感的。由於甘地以「非暴力運動」(Non-Violence Movement)的原則，在印度獨立運動中獲得成功後，印度人對於暴力更是感到深惡痛絕。何況英國人在印度一百多年的統治，多少給印度人培植了一些民主的根基，今天印度人於結束英國統治之餘，能够安享盎格魯撒克遜人在其殖民地內種下之果實，乃不能不說是民主之賜。「飲水思源」，印度人何忍與民主國家爲敵？

就記者觀察所得，這次派到板門店擔任看管工作的印度官兵之中，雖不能說絕無對共產國家懷有好感者，但就整體來說，自齊瑪亞將軍起，可以說是普遍地對聯軍表示友善。可是印度官兵在感情上和聯軍較爲親密，並不能保證作爲中立國遣返委員會主席的「印度」在行動上傾向聯軍；因爲決定印度代表團態度的還有另一因素，那便是尼赫魯極端現實的外交政策。印度代表團的全體官兵在感情上很想向右，而尼赫魯偏要他們稍稍向左。由於相反的二力接近平衡，於是印度代表團在其整體的作用上，乃不能不中立了。不過這些都早已經成過去了，而且也欠精彩，不是記者在本文中所要報導的對象。記者所要報導的是另一套中立國的活動，是和「中立國遣返委員會」同時誕生的「中立國監察委員會」的活動。這個委員會的活動現在正日漸精彩。

中立國舌戰的一例

記者在前面曾經提到：中立國監察委員會是由瑞典、瑞士、波蘭和捷克四國組成的。這是一件非常有趣的事情。在以前的「中立國遣返委員會」中，往往有因印度的向左或向右，「而有多數決議」的事情發生。而在「中立國監察委員會」中則絕對沒有。有之，則只是一些關乎技術問題，程序問題，或者關乎他們自身的生活問題。但這種種問題都和他們所以以「中立國」的身份而到板門店來的任務無甚相干。這四個國家，即中立國監察委員會，最近幾個月來，幾乎每天都在板門店開會，但一討論到有關乎他們的中心任務問題，就兩個一組，各執一詞，從來也沒有結果。但讀者且不要以為他們的開會討論永遠得不到結果，他們便會氣餒灰心而要打退堂鼓了。這些人的精神確是好得很，明知開會絕無結果，但他們還是經常開會，每開會必侃侃而談，據理力爭。這種精神實較中國儒家「知其不可為而為之」的氣慨還勝一籌。

為了使讀者有身臨其境之感起見，茲將其第九十九次會議的記錄節引於下：

「開會地點：板門店總部

會議時間：一九五四年二月三日（星期三）上午十時。

出席人員：

主席：布來希將軍（捷克）

委員：慕愛義將軍（瑞典）

畢勃洛夫斯基上校（波蘭）

辛內爾上校（瑞士）

秘書：孟士中校（瑞典）

（記者按：開會時的主席及秘書二項職位，是由四國輪流擔任的。但這種「輪流」，必須很 Dynamic，是不能隨便亂輪流的。事實上是主席若由波蘭或捷克擔任時，秘書則必須由瑞典或瑞士人擔任；反之，亦然。）

布來希將軍（請注意他是捷克人，帽子上帶紅邊的，即帶紅帽子的——記者）：我要作以下的發言：

慕愛義將軍（請注意，慕愛義將軍是瑞典人，頭上帶的帽子顏色是藍的）：程序問題。……我願在捷克代表團發言以前，看看他的信稿。

布來希將軍：在向本委員會提出信稿前，捷克代表團願作以下的發言：

慕愛義將軍：這個不合程序。但你既然是主席，我知道申述也是白費。

布來希將軍：捷克代表團認為沒有甚麼不合程序的地方，……因此，我有權發言。

慕愛義將軍：又是一個程序問題。假如捷克……

主席：我請慕愛義將軍到他發言的時候再說。因為只說「程序問題」，並不等於是該由他發言。慕愛義將軍請發言。

慕愛義將軍：我等一等吧。

（下面是慕愛義和布來希將軍關於「程序問題」的冗長辯論，茲從略。——記者）

畢勃洛夫斯基上校（帶紅帽子的——記者）：程序問題。主席先生，我對捷克代表團就關於候補委員調查組的工作致軍事停戰委員會一事所要說的話感到興趣（他因為是紅帽子，所以對捷克代表團所說的話永遠感到興趣。他永遠支持捷克委員的發言。當然他也永遠支持他自已的發言——記者）。我請主席給我機會聽取那個發言，儘可能不要打斷。

（下面又是慕愛義將軍和布來希將軍關於「程序問題」的長篇辯論。從略。——記者）

辛內爾上校（辛內爾上校是瑞士人，所以很自然，他會支持慕愛義將軍的立場。）：程序問題。我必須說我實在要作和慕愛義將軍相同的發言：。

主席：慕愛義將軍的發言並未使捷克代表團相信該代表團是違犯了本委員所通過的辦事細則……。因此，我堅持繼續發言，並希望不要被打斷。

慕愛義將軍：我沒有要說服捷克委員之意，但我想說服主席。

（下面是帶紅帽子的布來希將軍長達數千字的發言。對瑞典和瑞士代表團，特別是對慕愛義將軍竭盡其攻擊之能事。）

畢勃洛夫斯基上校：首先我要強烈反對剛才慕愛義將軍那種限制，我們討論自由企圖。

慕愛義將軍：程序問題。我從未反對討論的自由，但是我願意討論不離開議程。而這完全是另一回事。

辛內爾上校：程序問題。我以同樣的理由支持慕愛義將軍所說的話。

畢勃洛夫斯基上校：一向為對任何代表團所表示的任何觀點的相互尊敬原則所鼓舞的波蘭代表團會注意地傾聽了在這裏所作的每一個發言，…今天慕愛義將軍所作的幾次發言和他在第九十六次會議上所作的發言比較起來是更為有趣……。

慕愛義將軍：首先我要對今日主席主持會議的方法提出盡可能强烈的抗議……。

布來希將軍：我願對慕愛義將軍的評論作此補充。他有權利提出抗議。本委員會每位代表都有權發言、…

慕愛義將軍：主席先生！

（下面是有關這次會議主席主持會議的態度問題。藍帽子們猛烈攻擊；而紅帽子們則拼命維護。辭從略。——記者）

主席：我還沒有說完呢。我請慕愛義將軍放棄他現在正在帶進本委員會來的那些方法。

慕愛義將軍：至於布來希將軍在這裏提到我的方法，不管布來希將軍或畢勃洛夫斯基上校怎樣想，我是要維護我在本委會的權利的。我將不承認這種說法，說辦事細則與議程被破壞了，並且每當我認為有理由提出抗議時，我就提出抗議。如果本委員會其他委員照規矩來，我也將照規矩來，那我沒有話說。但如果我覺得他們不照規矩來，我就每次都要提抗議。

（下轉第29頁）

香港通訊

中共在西藏的軍事佈署

李望梅

據大陸極可靠消息稱：一九五三年五四年中共協助越盟佔領越南，一九五五年中共便轉移目標到印度方面，協助印共奪取尼赫魯政府的政權云云。最近中共正不斷向西藏增兵中，如法國法朗士這次越南投降談判成功，中共即可將在越北軍力抽回，以之移入西藏。將來的江孜，即今日的南寧。以下將中共在西藏軍事上的佈署分別述之。

(一)兵力番號、編制、裝備、駐地和主管姓名：

軍區司令員：張國華

副司令員：范明旺

政委：譚冠三、慕生忠

第六十一軍（轄一八一、一八二、一八三三個師，其中一八一師駐川康邊境，未隨軍入藏，故不列入），現在人數爲一萬八千餘人。

軍長：柳道民

政委：何　奇

軍部駐拉薩，其防區包括前藏一帶。

第一八六師（原屬六二軍，建制後，現暫編入六一軍戰鬪序列）人數約八千餘人。

師長：劉振東

政委：賀　斌

師部駐黑河，其防區包括藏北及西康、青海等省邊境地區。

第十九軍（轄五五、五六、五七三個師）人數約二萬五千餘人。

軍長：袁榮標

政委：陳梓材

軍部駐日喀則，其防區包括後藏地區。

以上部隊的編制及裝備特點：

①取消輜重單位之原有編制，配屬各軍之運輸營師之運輸連。

②後勤一切運輸補給，則改由西南軍區後勤部統一支配，其轄下之汽車騾馬及人力輸送部隊分別擔任，故不列入上述部隊編制之內。

③每軍於必要時，並得利用空運，以擔任緊急輸送補給，增屬一騎兵團，軍以下每師附屬騎兵營，每團附屬騎兵連，每營附屬騎兵排，每連附屬騎兵班，每班計馬十四，分爲三個戰鬪小組，擔任搜索突擊傳令等職務。又平時常集中訓練，戰時依情況集中或分別使用，班以上採三三制。

④採俄式乙種編制，裝備標準，惟對重兵器一項，除隨伴砲兵（以七、五俄式山砲爲主，日式小鋼砲爲輔）外，對重兵器暫缺配屬。

(二)軍事佈署：

①除將主力六一軍及十九軍分別集結前後藏首府拉薩及日喀則外，並將部隊推進國境邊境上重點，如江孜、帕里、亞東、薩噶、西林、協噶爾、吉隆、榮哈、特拉多穆、噶大克、扎錫岡等地，擔任守備及封鎖國界線，並嚴禁反共份子偸渡，及共幹與人民對外私營貿易。

②發動當地人力組織民工隊，趕築以下各幹路：

(甲)由拉薩經墨竹、昌都至康定。(乙)由拉薩經墨河、吉丁、西林至西寧。(丙)由拉薩經日噶則、拉孜、薩噶、特拉多穆、噶大克至扎錫岡。(丁)由拉薩經香沙宗、甜泉、多木拉，至新疆之于闐等四條連繫西藏西南、西北公路幹線，使西藏成爲蘇維埃帝國控制下，亞洲南部之主要軍事基地。

③逐次改編原來西藏地方部隊，編入駐軍部隊，使成爲國防軍。

④分別於各縣成立人民武裝保衞委員會，訓練藏族地方幹部，組成民兵，收繳民槍。

(三)空軍基地：

中共對西藏空軍基地的消息封鎖特嚴，而對機場跑道、倉庫、房舍等均由工兵專任構築，不許當地人民接近，故外人不易明瞭。惟可知者，建築機場，材料、人力、技術等均行缺乏，以及受天氣、交通等限制，工程進行緩慢，則確屬事實，無可掩飾。據悉，刻仍在進行建造中者，除拉薩之曲本空軍基地，規模較大可兼修理外，其餘江孜、黑河二地之機場，較爲次要，僅可作空軍補助基地，即僅供飛機上落補給或添油之用。又據悉，中共中央空軍部決定去年夏季在日喀則，噶大克二地動工，構築輔助機場，今已完成。以上機場之構築，用意均在將來協助印共之用。

(四)其他有關軍事設施：

①獎勵人民全力飼養騾馬等牲口，並飭令各地政府籌辦大規模牧馬場。

②軍區電信總局，自前年冬接管拉薩前英商承辦之無線電臺後，刻正由蘇俄技師米林可夫主持，改建爲强有力無線電臺，並在日喀則、黑河、江孜、噶大克等地建立分臺。

③於公路幹線兩側，盡量增築電話線，以加强通訊組織。

美國通訊

怎樣申請留美奬學金？

王若愚

編者先生：

日子眞快，筆者來美將及兩年了。其間曾接到不少朋友來信詢及奬學金的申請辦法及其有關問題。因爲自己終日窮忙，雖然收到信立即作覆，往往無法詳告。最近敎育部放寬留學規定後，我又接到大批朋友的來信，使我想到有借貴刊一角公開答覆的必要，這樣即令對不相識的朋友，也不妨用作參考。

一般而言，如果已經在國內得了學士學位再來美國入研究院，只要自己在國內時的成績在中等以上，不管你向那一所學校申請，只要申請的是性質相同或相近的系，絕對可以蒙其允許入學（得到 admission）。不過從臺灣來美國的朋友，無不希望弄到奬學金。所以願意在這方面，就我自己所知，奉告一二。「奬學金」三字，我們在臺灣的朋友總要把它譯作「scholarship」，這是半對半錯的。因爲一般美國學校的 scholarship 是指定給在某一方面有特殊成就的低年級學生(undergraduate student)作爲一種奬勵的，百分之九十九是不適用於研究生的。而且 Scholarship 往往數額有限，多至三五百元，少至數十元，靠它維持求學固不無小補，但總不可全靠。美國大學研究院給研究生 graduate student 的生活津助叫做 assistantship or fellowship，實際上就是半工半讀，給你的津助就是你的工作的酬勞。如果是半時工作 half-time assistantship，每星期工作約二十小時，每月的津助(即酬勞金)約一百廿元，這樣的學生每學期只能選課十一個學分。如果是四分之一時工作每星期工作約十小時，每月津助約六十元，每學期可選課十五學分。如果是全時工作 full-time assistantship 每月可得二百五十元，但每學期只能選五個學分。美國移民局規定外國學生不能作 full-time 工作。對外國學生而言，最理想的是半時工作（恰好符合「半工半讀」四字）。不管是 assistantship 也好，fellowship 也好，須依規定的時數作主任敎授或系主任所指定的工作。有的是擔任實驗室的研究工作，研究的題目是主任敎授所規定的；有的是擔任低年級同學的實驗指導；有的是批改學生的練習及考卷。如果成績很好，也很可能受派給低年級同學去講課。這種津貼的基金的來源，一般而言，由學校經費中撥出者只佔一小部份；大部分是敎授向外界工廠或農商機構接洽而來，敎授與之簽定合約，擔任人家所指定（即委託）的研究題目。而這種研究工作的實際操作者就是以 assistant 或 fellow 名義在他手下作研究的學生。外界補助的錢，一部份用作研究費，一部份用作研究生的津助基金。敎授對於由他簽約接洽來的錢，有絕對的處理權，學校及系主任絲毫不加干預。美國近年來農工業的發展可謂神速，但競爭甚烈，所以不惜基錢請人或委託學校代作研究。一般而言，農工理醫等學院的津助名額較多，就是這個道理。

明白了津助的來源，申請就好辦了。固然可以直接向研究院院長或系主任申請，但總不及直接與想追隨的敎授接洽來得簡捷。一般研究院的敎授，每人手下少則有三五個研究生，多則可達二三十個研究生。他們手下隨時有學生念完學位，所以也隨時可以有 assistantship 與 fellowship 的缺額。而且因爲研究費大部份是由敎授向外界弄來，所以他們有全權處理，只要敎授願意收你作研究生，他自然會給你弄來津助的，學校當局只不過代發一封公文性的回信而已。申請的時候，除了附自己的英文成績單外，如有研究論文更好。信上能寫明自己的眞正志趣尤佳。所謂「志趣」能具體言明最好，不可攏統的只寫「有機化學」、「生物化學」之類。應該寫明有機化學的那一分枝或生物化學那一部門。

那麼向那個敎授申請呢？這就看申請者個人了。例如可以從日常閱讀本行的書籍或雜誌上知道某人的研究範圍和貢獻，如果認爲自己的志趣和他的研究範圍甚相近，就不妨向他申請。例如對 high-ployme 有興趣者可向伊利諾大學的 Dr. C. S. Marvel 申請；對有機金屬化合物有興趣者可向愛我華大學的 Dr. Henry Gilman 申請；對蛋白質分子結構有興趣者可向康乃爾大學的 Dr. du Vigneaud 申請。這不過幾個例子而已，眞正有志深造者，應該對在他興趣範圍以內的科學有貢獻的人有個認識，萬不可盲目申請，如果抱着「有奶便是娘」的態度，將來吃虧的反是自己。

還有幾點申請時當考慮的地方：

㈠申請以前最好找一本自己想進的學校的說明(catalog)看一看，注意它的學位辦法，和自己想入的系所開的課程。有的學校學位辦法嚴，有的學校的學位辦法鬆。例如有的學校博士學位要念一百二三十個學分，有的只要八九十個學分；有的學校念碩士學位可以不繳論文，有的則非繳不可；有的碩士學位要考外國語（多半爲法文或德文），有的則無此規定；有的學校某系開有很多很好的課程，有的學校的同類的系卻只開有寥寥數門課；有的學校名義上說念三年可給你博士學位，但實際上非要你念四年五年不可；有的學校卻可以在兩年內得到博士學位。這一切最好在申請的時候就已經「胸有成竹」，才不至於作出懊悔的事來。㈢有的敎授特別苛刻、凶、嚴。輕易不放學生畢業，死命的折磨你。往往要你多念幾十個超過學校

（下轉第14頁）

老硤頭的風情畫

公孫嬿

五年前，我曾有個機會，把一段歲月安置在舟山羣島。因爲職務上的便利，幾乎走遍了每個角落，何況島的本身不大，在前後不到九個月中，我儘量吸收當地的風情，留爲爾後回憶時的津梁。在民族中興的過程中，這段島居時光，應該有它發光價值的。島上無特殊出產，地方濱海閉塞，第一個予人的籠統印像，就是它那用人類情感遏制不住的荒涼，即便多麼欣然的心境，蹤到這裏的山水和人物，也會生出了一派含蓄的哀愁。

而最像浮雕鏤刻在我心版上的，還是一個名爲老硤頭的小小渡口。轉過「山下王」，繞出了那座不大的山崗，便可以看到一片水。水勢急湍，似萬馬奔騰，原本上面有一道水閘，把水勢造成雄渾澎湃的氣勢，這塊地方統名「老硤頭」。如將視線不啻吝的向遠處拋去，在水天的盡頭，隱隱約約似可窺到不規則的山影，若由一個鄉思極重的人看來，少不得一口咬定那就是大陸的影子，家鄉已在眼前搖擺了。而脚下所踏的土地，恰恰如一塊跳板，當我想到就是這個山窪，能够放船潛回大陸的時候，連我的心，都有點卜卜不定。

傍水也有幾戶人家，建築泥土陋室於高高坡岸上。這兒有一條道路，可以貫通到「唐家岙」。因爲不時有行人經過，幾家破落戶就樂得的擺了些瓶兒罐兒的，賣些糖果糕餅之類東西，以逐取什一之利。老年人都帶了七分病容，加上襤褸的衣飾，給一個外鄉人對當地的認識上，又平添了幾分蕭瑟。中一代人，趁着天朦朦亮，早挑了擔子從沈家門到定海，賣些傻力氣，賺取蠅頭微利。至於下一代，屬於人類希望的，那些和叫花子差不多的兒郎們，穿了綴滿補綻的破衣褲，抹了滿臉鼻涕，啃着手指頭在風寒裏發呆。

我約了年輕的王保長，在午後去老硤頭觀光。從山路繞過去，再回顧那一堆砌聚的寒山，面對着另一片水，心中眞有說不出的情感。那一天，也不曉得是什麼日子，在岸邊灣角破廟中，正有一個年老的盲者，用乾枯的手指敲打着漁鼓，以悠長的鄉音唱着道情。四週且圍了那麼多閒散的鄉民，老的，少的，男的和女的，皆像煞有介事，正襟危坐在長條木板凳上，聽得津津有味，臉上和眼珠子露出了同樣的喜怒哀樂表情。再看看一個個已經斑駁的泥塑土地，和五彩描繪的青臉獠牙的泥像，加着那股腿色的，用語言和文字形容不出來的寒酸，讓一個不習慣當地風土的人看來，如有所失，若有所悟。

爲了趁夕陽的餘暉，我們又匆匆往前走，轉到了一塊儘是鵝卵圓石的海岸。汐水才退，露出了一展無際的大小壘壘青石，踏到亂石間，極目四望，天地茫茫無垠，似乎是片大沙漠，而當前不遠的就是更蒼茫馱載落日和雲彩的海。宇宙是如此的遼濶，天是那般高遠，在整個黃昏佈局上看來，我們只是一對被什麼人遺落在此的小黑點，愈來自己愈渺小了，隨時都會被一陣偶然的旋風吹去似的，在這種辰光，乃不由己的生出了生之留戀。

沒有人聲，波濤拍岸，這地方就更靜了。掏出了香烟，點燃了，用力吸着吸着。天幕似爲人一圈接一圈的潑上了濃墨，一刻比一刻更黝黑了，就在這新月才升的時候，從頭頂掠過一對雁鳧，用單調蒼啞的聲音，只叫喚了兩聲，便像兩片脫離枝柯的落葉，輕輕地飄向海裏了。

「喲，奇怪！大雁怎麼會落到海裏去呢？」

「沒有，那是海灘中一塊沙渚，看！大雁還多着哩！」

極目望去——眼光已經不易分辨出來，果然有不少黑芝蔴粒子似的東西，在蠕動着，在用蒼啞而無力的短促哀音互喚。星星已在半空中照耀了，四顧無際，却爲混沌的夜色所充塞，那派淒涼簡直就沒有辦法用這隻筆狀其萬一。打一個最好的比喻，不論那一個功名富貴場中的人物，也許他正熱衷於名利爭奪，也許正爲一個絕色嬌娃神魂顚倒，不必多說，只要在那個帶喪意的黃昏裏，伴我坐一忽兒，一切想頭都完了，即或爲哲人孜孜終身追尋的人生問題，在這裏用不上一秒鐘功夫，自然就有了正確的答案。

這裏的汀洲哀雁，到勾引起我另一個記憶，我說：

「王保長，這一片景色實在太哀絕了。」

「鄉下人爲一張肚皮奔波，實在顧不得許多。比如這些大雁，讓一個知書識字的人看來，旁敲側引，不曉得聯想到多少地方，而由一個鄉下佬看呢？他只想用什麼方法把它打下來，雁肉才好吃呢！」

「我到不是這個意思，我看到這羣雁，我想的是景物雖同，人世全非，也算是觸景傷情之意哩！」

「難道你想起了淪陷匪區的太太？」

「大丈夫身不能立，何以家爲，我還是光身漢子呢！」

「那到怪了，我很願意聽一聽你的經歷，先生可以告訴我嗎？」

「好吧，我們坐下談談吧！」

我找了兩塊對峙的大青石，我們坐下了，我用較輕鬆的口吻向身邊的年輕朋友說：

「王保長，你曾去過多少地方？」

「到過上海，此外就是附近的小島了。」

「因爲我們籍貫有南北之分，可能影響到氣質上的不同。但在國家的危運和多難的時代裏，我們的遭遇總會是大同小異的，你明白嗎？」

「我們這一輩人是苦難時代的產物，您是這個意思嗎？」

「恐怕對人生的涉獵和認識上，你的經驗比我稍差，請問你今年貴庚？」

「念三歲。」

「十一年前，你只有十一歲。」

「那時日本人還侵佔了定海，但這塊山窪，是不敢來的。」

「你還記得當時的情況嗎？」

「記得的，我的阿爹打游擊，我們就住在山下王那片屋子裏，每天吃喝都很愜意，我就沒有離開過這片山。」

「那個時代和眼前這個時代就大不相同了。」

「那時打的是日本人，現在剿的是共匪，對嗎？」

「我是說在這種劃時代中，創造一個人的確不易。」

「先生，您有什麼寶貴的經驗可以告訴我嗎？」

「十多年前，我離開淪陷的華北，棄家遠走大後方，我只覺得那時的年輕人並不盲目，不像今天那批沒主張的青年，認不清大局，鴆於邪說自命爲前進，犯了思想上的幼稚病……我還說自己吧！我從古城跑出來，經歷了一路風霜之苦，我總算到達當時交界的眞空區——河南省沁陽縣屬一個名爲王召的村子。這地方舊歸懷慶府隸轄，和洛陽只有一水之隔。水那邊是中國地境，這邊是淪陷區，界於兩者之間半眞空地帶，駐紮了所謂皇協軍……

「皇協軍表面和日本人妥協，實際上並沒有忘却自己的祖宗，正常的人性還沒有泯滅，比共匪又强得多了。他們暗中幫助我們這羣年輕人，投奔入祖國的懷抱，我們被安置在王召一座破廟裏，在一天夜晚，由一個當地人引導走七十里的路，次日清晨要渡過那條水——黃河，到洛陽——祖國的懷抱……

「我們這一隊人在黑夜的田間潛行，什麼也看不見，聽到的只是北方原野的風蕭蕭，鄉村的狗在叫，還有脚下沙沙行路聲，在沒有星月的夜裏，像旋風似的怒吼。通過了封鎖線，我們便迂迴在山崗間和碉堡間，靜靜地走到了黃河邊岸，依然什麼都看不見，眼前一片黑……

「橫擋在身前，作着深沉歎息的是我們祖先發源的黃河，那嘩嘩的流水聲，在我們腦中銘留下永無休止的憤怒，暗示給我們要帶着它的激忿活下去，使我們忘不了黃河的雄渾。大家相互耳語過珍重，過後統統疏散開，每個人找到早已挖好的坑穴蹲匍下去。實在太累了，我竟任灘瘓的身軀，蜷伏躺在那裏，這時眼睛已經習慣了黑暗，在疲憊中並沒有忘記欣賞眼前渲染了生命的景色，我已分辨出了黃河的影子，在冬夜裏閃動和嗚咽……

「夜可太長了，我的臉和鼻子都貼近了可親的大地——我們全是由它懷中生長的，也就第一次嗅到了泥土的芬芳。這時除了黃河的怒吼，還有一種低沉，瘖啞，悲戚，和孤單的喟歎此起彼伏，更像有人拍着扇子，發出零亂的聲響，在悽慘裏滲合着說不出的悲壯。我驚訝的小聲詢問不遠的伙伴，纔知道那就是大雁的哀鳴與黃河流水的合奏……

「慢慢天亮了，黃河馱着晨曦，紅得像我們正在澎湃的熱血。這時我看清楚了一隻隻大雁，撲翅在朝暾裏，那種樣子像有無限的心事，和無限傷感，終於聯翼的飛去了。原來我們脚下是一片河灘，水還沒有漲上來，這時大家背負了行囊跑步向數里外的渡口集中，河裏正有一隻大木船搖搖擺擺的划過來，把我們接到生命的彼岸。」

「先生，這太感動人了，讓我聽來實在慚愧哩！」

「唉，因爲今天黃昏老硤頭這張平沙落雁的風情畫，才使我聯想到時代和生命的轉捩點。黃河黎明雁鳴的記憶猶新，但我已由壯年進入了中年，由抗日到剿匪，一切都在變，只有自己依然故我，這一點子感慨或者還不多餘吧。王保長，這一段經歷講給你聽了，是不是可以增加一些上進的魄力？使你洞悉一點創造生命的艱辛呢？」

「我希望老硤頭的風情畫也能給我作個啓示！」

天黑了，我和王保長併肩默默走回去，走到水閘不遠的一座石橋下，看到一處處散佈着薰黃的燈光，人影憧憧，在那麼冰涼的水裏也不知摸索一些什麼。我低聲問：

「王保長，這堆人是在水裏幹什麼？」

「罩蟹子！」

原來是用了一只只小竹籠，在水裏罩螃蟹，不管水流的湍急，也不管天氣的寒冷，爲了生活，他們忘了一切。我再仔細瞅瞅，發現其中以老太婆爲多，用極熟練的動作先燃着了燈，使一盞盞燈，發出微弱的光芒，用以勾引起大螃蟹對光明的嚮往，再輕輕扣下竹籠，自自然然的，一下子便將那全身甲冑的笨東西毫不費力的撈獲了。

這也是我所見到的，當地風情之一，像一貼膏藥，就貼到我今生的記憶裏，再也落不下來，想把它挪開，可也辦不到。

代郵

何琤先生：請示尊址，俾奉稿酬。

自由中國社　敬啓

長篇連載

幾番風雨（三）

孟瑤

八

山居建築，沒有禦寒設備，這情形使瑰薇看在眼裏有點着急，於是便立刻找來土木工人，把這別墅的門窗大大修整一番。

小薇的肚子逐漸大起來，這無可掩蓋的羞辱象徵，再加上這無法抗拒的酷寒，致使小薇的健康壞，心緒更壞，不久前的平靜心情，早已消逝無形，而代替它的，是哭笑喜怒無常，因而使經常接近她的三個人茶飯無心。

開始的時候，令德還能想盡了方法約她出外，在山光巒影中，去排遣無聊的日子，往後，天氣越來越冷，小薇便整天縮在被窩裏不肯起來，這樣，她可以看不見那挺得高高的肚子。

這一天颳了半夜山風。次晨，天氣非常陰寒暗淡，小薇醒來伸出頭往窗外一看，深長地嘆口氣，又縮回被裏了，一會阿梅進來說：「小姐，太太請你下去吃早飯！」

「不吃！」小薇生氣地。

「等着你啦！」

「我死了！」小薇嚷着。

阿梅笑着退出去，下樓向瑰薇回話：「小姐不肯起來！」

瑰薇望望令德，沒有作聲，半晌，才搖搖頭說：「這孩子怎麼辦？」

「也許是不舒服！」令德端起飯碗說。

「我原希望你把她從痛苦中救出，如今反而把你也陪了進去！」瑰薇望望令德說：「我很對不起你！」

「不，」令德搖頭說：「我在這裏很好，我在這安靜的環境裏寫了許多令我非常滿意的東西。」

對於令德的誠摯，瑰薇感激似的笑笑，當她放下筷子的時候，又說：「我現在對於小薇的生產問題，越來越不放心了，山居既不方便，她的身體又壞，我看不如搬到九江去住好，那裏也沒有人認識我們的！」

「您去與小薇商量商量！」

飯後略事休息，瑰薇便到小薇臥室來，只見她的孩子斜倚在床上，一臉淡淡哀愁，望着窗外遠山發呆。

「不舒服嗎？」瑰薇坐到床邊問。

「沒什麼！」小薇淡淡地：「就是不想起來！」

「你說，我們下山去住好嗎？」

「我不去！」小薇毫不猶豫地：「挺着這麼大個肚子，多難看！」

「誰認識我們是誰呀！」瑰薇近乎懇求地：「這樣才是萬全之計！」

「死也不去！」

「你也得爲我想想，」瑰薇止不住傷心地：「媽老了，只你這一個孩子，要是……」

「媽別往下說了，」小薇氣得直捶床：「反正也沒有那麼容易死的，我準死不了，準還得繼續做媽的不孝女兒！」

「事前作一個合理安排，可以免得臨事慌張！」

「就是不！」小薇不住地搖着頭：「媽要是一定強迫我，我現在就從樓上滾下去，把這小鬼摔出來完事！」

瑰薇知道這固執的孩子，根本沒有被說服的希望，只有含着淚，傷心地屈服了！她把孩子的生命，交給了神靈祖先的庇佑。

過完了桂枝飄香，東籬把酒的季節，寒梅傲霜獨秀，時遷歲移，轉眼已將舊曆新年。住上海的時候，這該是一個足使她母女高興半個月的佳節。元宵以前，幾乎朝朝飲宴，夜夜笙歌。如今呢？山上的工人都回家團聚，剩下瑰薇母女，令德，阿梅，未能免俗地燒了一些菜，點上香蠟，放了鞭炮，偌大一所別墅，就如此冷冷清清地過起除夕來。吃年夜飯的時候，照例須喝一點酒，小薇心裏煩躁，暗中大口大口地喝了一杯，立覺頭暈目眩，情緒更黯淡起來，勉強吃完飯，幾乎難過得想哭，她強忍住淚，放下筷子，獨自回到屋裏，阿梅跟上來，爲她送上茶，她却只淡淡地說了一句：「出去把房門關好！」

她酒後發寒，把一張小沙發推向壁爐，便對着那熊熊火焰坐了下來。那暗然的燈亮，還敵不上這火焰的光熱，四周的寂寞，就像這無法消滅的寒冷似的壓迫着她，她打了一個寒噤，把身子更縮進那披着的大衣裏面，她憂鬱地望着爐火，她留戀這光與熱，一如她留戀那誘惑着她的嘉謨的影子一樣，她曾在他那裏獲得如爐火似的青春熱情，他照亮了她，又立刻把她推向黑暗，讓她獨自去接受這像冰窖似的陰冷。

「我恨你！」小薇舉起茶杯，向爐火投了進去，杯子碎了，水使那火焰微微暗淡了一會，又立刻如以前似的盛旺，那樣子，在小薇看起來，就似嘉謨的那張充滿着冷淡與譏誚的鬼臉，無動於衷地站在那裏。這態度很使她生氣，她跳了起來，指着那火說：「我恨你，我恨你，你知道嗎？你輕巧地毀了我的一生，却那麼安詳地走了，爲我留下這無可掩飾的羞恥……」隨着，她又看見那挺在胸前的大肚子，她恨極地拍了一拍說：「是的，我不能讓你存在，隨時提醒我，羞辱我！」立刻，她的感情無法遏抑，她像瘋了一樣地奔向房門，走到梯邊，就像摔一個她最恨的仇敵似的，把自己從樓上摔了下去。

瑰薇與令德還勉强地坐在飯廳裏邊吃邊談，以擊退那隨時襲來的寂寞，聽見這沉重的響聲，都不免大吃一驚。

「是什麼響？」瑰薇有預感似的立刻緊張地站起來，跑了出去，令德追隨在身後，一出門口，就看見摔昏在地下的小薇，瑰薇不由自主地搶前一步，伏身跪下，把小薇抱在懷裏，哭喊着說：「小薇，小薇，你怎麼了？怎麼了？」

「這裏太冷，先抱回去吧！」站在身後的令德，立刻接過小薇，抱上了樓，放在床上。

正是過年，大雪封了山，時間也這樣晚了，醫生是沒法找！瑰薇只有强自鎭靜，乃吩咐阿梅去燒開水，請令德照護小薇，然後回到屋裏，拿出那早已準備好的一小包。這是做母親的細心安排。自從山居以來，她已看出情形的不妥來，山上下往來的跋涉，最快得一整天，這時間對於一個受難的產婦說，不僅漫長，而且危險。她毫無醫藥常識，上山時她便帶來一些關於產婦方面的知識的書籍，並且又託人由山下買來一份比較需要的工具。

她拿出這些東西叫阿梅依法消毒，然後才跑到小薇房裏。這時的小薇已痛苦得面色灰敗，連呻吟的氣力都微弱了，令德則毫無辦法地搓着手踱來踱去，瑰薇進來後，他便退到門外焦灼的等待着。

「媽，你殺了我，我受不了！」一陣劇痛使小薇喊了出來：「叫醫生來，把小鬼拿出去，我不要它！」小薇一面拉緊她母親，一面像瘋了似的掙扎。

「薇薇，忍一忍，一會就好，一會就好的！」瑰薇只是摟着她流淚。

這最緊張的痛苦，只不過延長了兩小時，嬰兒出世了，是一個女孩，這在母親肚子裏居留了七個月的小生命，竟然是活的！

小薇由痛苦的高峯立刻跌入坦途，她極疲憊地閉上眼睛。但，當她聽見孩子的第一聲啼哭時，就像聽見魔鬼的叫聲似的，從床上跳了起來，掀開被，就跑過去喊：「丟掉她，這小鬼！」

她彷彿看見她所生下的孩子，像一隻剝了皮的兎子，她厭惡地想去抓她，但，沒走一步，眼前一黑，便倒在地上。

九

小薇再度被抱上了床，令德細心地照顧着她。

瑰薇把那被棄置一邊的可憐小生命，洗淨包好。這瘦小得難看的初生幼嬰，似乎也明白了她那不被歡迎的降臨，在哭了許久不被理睬後，便也安靜地接受那寂寞的包圍。

小薇清醒了以後，痛苦使她呻吟，而倦怠使她不久入睡。

瑰薇站在小外孫的面前端詳了半天，才對身後的令德說：「這孩子這樣小！」

「可不是！」令德這樣答應。

「怕很難帶大呢！」瑰薇又引起一陣新的傷感，流着淚說：「這不足月的孩子！」

令德同情地沒有作聲。瑰薇將孩子抱在懷裏，看看她，再看看躺在床上憔悴不堪的小薇，她不可遏抑地啜泣起來，這兩代子孫生命的前途，佈滿了太多的坎坷與荆棘，自己有力量幫助她們斬除嗎？她怕吵醒了小薇，竭力止住哭聲，才又說：「怎麼辦呢？這孩子！」

「孩子只有在母親的照顧下最安全！」令德開始保護她。

「不過，」瑰薇也開始沉吟起來：「名不正，言不順，將來帶下山去，也眞是難題。」

「孩子無罪！」令德幾乎是抗議：「而且，我可以斷言，這孩子沒有特殊的看護根本長不大！」

瑰薇把孩子舉到臉上，輕輕地吻着，半天才說：「再說吧！」然後看看睡眼惺忪的令德：「你先去睡吧，這裏有我，下樓告訴阿梅也歇着，你們休息好了，再來替我！」

令德沒有說什麼，下樓把話吩咐了，回到書室，脫衣往床上一躺，才知道自己已經混身僵直，兩足凍成冰柱了，他伸了一伸四肢，便接着往被裏縮進去，腦筋裏却不斷地閃着這祖孫三代的影子：瑰薇被愛女磨折得幾乎老了十歲的龍鍾，小薇被那小生命弄得死裏逃生的憔悴，還有那代表不幸與羞辱符號的嬰兒的奄奄待斃……想到這些，他把頭更向裏面縮了一些。一覺醒來，已快十一點了。正是舊曆新年，他匆忙梳洗一番，想在禮貌上與瑰薇拜個年，於是穿好衣服，就向小薇室中走來，他輕悄悄地推門進去，只見小薇沉睡，瑰薇已去，坐在床前的却是阿梅，他向阿梅招了一招手，阿梅輕悄悄地走過來問：「什麼事？」

「太太呢？」

「剛下樓休息，她累得有點不舒服了！」

「小姐怎麼樣？」

「一直沒醒！」

「她是太疲乏了！」令德說：「孩子呢？」

「在那兒！」阿梅向沙發上指了一指：「你去看嗎，可乖呢！」

「她知道她不被歡迎！」令德嘆了一口氣。

「她們不要，我來帶，我就是喜歡她！」阿梅笑着說完，怪天眞地跟着令德走到孩子跟前。這孩子在降生以前，小薇固執地不允許家裏有任何準備，除了瑰薇、阿梅暗中爲她縫了些小衣服外，連一個搖籃都沒有爲她買，如今她是被安置在那張長沙發上，外面擋上一張靠椅，就算是她休息的地方了。

令德把她抱了起來，端詳了一會，才對阿梅說：「這孩子長大了一定漂亮，看，這長圓的臉，太像她母親了！她們要眞不要，我收養她！」

「胡先生別開玩笑了，一個大男人怎麼帶吃奶的孩子呀？」

「你一位沒出嫁的小姑娘，又怎麼帶吃奶的孩子呢？」在沉鬱的空氣中，令德忽然開了這句輕鬆的玩笑。

「瞧，胡先生又拿我們開玩笑。」阿梅撅起嘴說。

「倒是眞話呢！」令德說：「一會小姐醒了要是眞不要她，我們可得想法子！」說完，令德放下孩子，就在小薇床邊的小沙發上坐下。

下午一點，瑰薇雖然疲累，却依然從床上掙扎起來，她不放心孩子的健康，匆遽上樓，見了令德，彼此恭喜一番便到床前，看了沉睡中的小薇一眼，便有點心焦地說：「這孩子怎麼睡這樣久？」

「也許是太累！」令德說：「天一晴我就下山去找位醫生來澈底檢查一下！」

「這孩子從小就會磨我！」瑰薇深長地嘆了一口氣。

大概是四點左右，小薇開始呻吟，她醒了。

「難受嗎？」瑰薇立刻握住她的手。

「肚子疼！」小薇脆弱地說，她想翻個身，才發現混身已經癱瘓，便着急地嚷起來：「怎麼我不能動了？」

「這是太累，沒關係的！」瑰薇安慰着：「肚子疼是子宮收縮，很正常！」

「媽，我沒想到生育這樣痛苦！」小薇心有餘悸。

「這還是不足月呢！否則……」說到這裏，那沙發上的小東西又哭起來了，起始大家都未注意，於是她的聲音越哭越大，越哭越急。

「怎麼？」小薇遏抑不住那激怒：「這小鬼還沒有丟掉嗎？爲什麼不聽我的話？爲什麼？」

「今天過年，沒地方送！」

「不要送，丟掉，丟掉！」小薇說：「我決不要這小鬼！」

「你不要，我決不强迫你要！」瑰薇按住她的孩子說：「不過，你讓媽想一個最好的方法安置她，別任性，這也是一條命，不能兒戲的！」

「不成，您聽，她在哭，哭得這樣凶，這聲音像刀子似的在殺我，我非親手宰了她不可！」說着，小薇就想從床上跳起來。

「你別鬧，這就抱走！」瑰薇按住她，又向令德呶嘴。

令德會意，抱起孩子就下樓了，回到屋裏放到床上，才慢慢地對着孩子說：「傻丫頭，別哭了，你媽要扔掉你，還不乖點？別哭了，我爲你沖開水吃！」接着，他高興地爲這小生命服務起來，弄好一切，拿起奶瓶就喂起來。

正當令德沉緬於這慈幼的天性上時，瑰薇愁眉深鎖地走了進來，悄悄地看着令德喂孩子。

「小薇怎麼了！」令德問。

「又睡了！」瑰薇說：「本來只是個孩子嗎！怎麼做母親？」

「您瞧，她多乖！」令德想把話題引開。

「你說該怎麼辦？」

「暫時擱在我屋裏養吧！」

「總非長遠之計！」瑰薇接過孩子，沉重地嘆着氣：「人老了，不知爲什麼把孩子看得這麼重，這叫我怎麼辦？」瑰薇哽咽着用襁褓擦着眼淚，才又說：「我對不起小薇的爸爸，就這麼一個孩子，鑄此大錯，而犯罪的又是我娘家的人！」

「這不是不能挽回的錯！」令德安慰着。

「我也希望它能被挽回！」

就在孩子出生的第三天，小薇因不肯哺乳而胸部脹痛，加上子宮的收縮又不正常，弄得腹疼難忍，於是她哭，她罵，她不思飲食，她不能睡眠，致使一家人食眠無心，瑰薇又懇求令德想法下山找醫生。

這天正是陰曆初三，太陽倒是出奇的溫暖，只是幾日來的大雪，把四山掩蔽成一片銀色，令德找到那長工引路，在冰雪封途中艱辛地奔到九江，找到一位名醫，再三哀懇，才算在大年下把他請上了山。

經過一番細心診斷，然後，他對令德說：「尊夫人以後恐怕很難受孕了，子宮收縮情形很壞，曾經受過大震動，是不是？」

「是，是！」令德無法置辯地點着頭。

「最好讓尊夫人自己奶孩子，這樣不僅孩子好，自己也可以免除乳房腫痛發炎！」

「她……她不肯帶！」

醫生以爲他有季常癖，於是淡淡地笑了笑，又說：「問題是沒有，不過得好好地補養，我留下服三天的藥，第四天我再來一趟，大概是沒有問題的，你不必下山，路太難走，我自己來！」醫生走下樓的時候，似乎幽默又似乎 同情似的對令德說：「你得多辛苦一點，尊夫人在病中可能脾氣很壞，除此以外，你是很幸福的！」

令德送走了醫生，不免惆悵起來，他喃喃地：「尊夫人，尊夫人，幸福，我的幸福在哪裏呀？」

得助於藥力，小薇的病況大有進步，但痛苦一減輕，便又吵着下山，她說，山上的冷，她受不了。

瑰薇被折磨得沒有辦法，晚上飯後，她與令德向火閒談，忽然說：「小薇吵得這樣厲害，非依她不可，小東西怎辦？」

令德看看她，也沉思起來。

正在這時，那收拾爐火的長工忽然說：「太太，我說，您就把孫小姐留給我兒媳婦帶吧，她的孩子才滿月，奶够吃的，將來長大了，還給您！」

「這……」瑰薇大感意外。

「太太，」這鄉下老農拘泥地說：「往日老爺在世的時候，曾經幫我家小狗子打贏了官司，如今親也娶了，兒女也有了，正是該報恩的時候，他不是沒良心的，他會告訴她媳婦好好地帶孫小姐！」

「這倒也是辦法！」令德首先贊成。

「好吧！」瑰薇終於也這樣決定了：「事情是這樣說妥了，孩子我算是交給你負責，按月我照樣津貼你錢！」

「不要這樣！」那長工站起來搖着手：「我們這一家吃得飽穿得暖，還不是仗您一家照顧？」

「這在我是個心，你也不必客氣了！」

長工退出去以後，令德才問：「他……？」

「往日其偉在世的時候，每年總要上山住些時候，非常喜歡他的兒子小狗子，十八歲那年，他在九江與人打架，差點鬧出人命，被關起來了，是其偉代他們付了一筆很大的醫藥費，又想法把他從監牢裏弄出來……想不到這一家倒知恩圖報！這樣也好，總比交給別人放心得多。」

元宵已過，小薇要下山的意念更加堅決，那天她正坐在床上吃點心，看見瑰薇進來，第一句就問：「媽，我們甚麼時候下山呀？」

「總得滿月吧？先得往上海去封信，讓他們準備一下。」

「我不回上海！」

「那你要上哪兒？」瑰薇更加意外。

「我去杭州五姨的西湖山莊去住！」

「這就更麻煩了，五姨一家在漢口，我們怎麼去？」

「那更好，打個電報給五姨，叫她派人先去收拾收拾，我們一家住，更愜意！」

「瞧你有多任性，這一下得打擾多少人？」

「反正山莊空在那兒！」小薇說：「而且西湖的環境安靜，我喜歡這樣。」

「好吧！」瑰薇說：「不過，這樣得等到回信來才好動身。」

「我願意等！」

十

小薇去了杭州。

令德依然回到他上海的三一齋。進屋以後，室內早爲塵封，他把那隻手提箱往床上一放，一陣灰塵，從四面八方向他追奔而來，他忽然覺得，無論他的遍身，他的心靈，從這次廬山之行歸來，也和這居室一樣地佈滿了灰塵。和小薇在一起，還不自覺，如今獨自歸來，他才憬然於自己在愛情上是如此地被棄置了！他倒在床上幾乎想哭，睜開久閉的眼睛，看見四壁蛛網，遍地鼠糞，他才想到這裏已髒得無法立足。他跳起來，撲去身上的塵土，然後叫房東的女傭，幫助他把屋子收拾整理。他出外躲了一天，到報館胡亂睡了一夜，才算把心靈略加收勒，再回到他的三一齋。

他把自己禁閉到室中，思想却奔馳於那段在廬山與小薇朝夕相處的生活上，忽然一種力量衝擊着他，那是無由向小薇奉獻的，如今他覺得應該把它發洩在字裏行間。於是，他拿起了筆，把他的靈感，想像，才華，完全堆砌了上去，振筆疾書，一個月，他寫完了一個中篇小說「山居」，送到一個文學雜誌上分兩期發表，前一半登完，他即獲得意外的讚美和榮譽，讀者的信，如雪片飛來，歌頌着他那淳摯的感情與優美的文藻。

他不自滿於這一點成就，靜居在這斗室中，更覺頹喪；這些虛名，皆係身外物，那應該決定他終身幸福的東西，却並沒有被他把握住。

在江南，這正是春雨連綿的季候，紛紛碎雨整整地瀝淅了一個星期，屋子四處都長了霉，連令德的情緒在內。近日哪裏也沒有去，這下雨的日子，他更懶得出門，只是屋簷滴漏聽來煩心，晚飯過時已久，必得出門去塡飽肚子，他嘆息着穿上雨衣，本只想去胡亂吃一頓回來睡覺，但出門後，路上行人不多，忽然詩興酒興追迫而來，這情緻鼓舞着他到一家滷味店買了一隻醬鷄，一瓶酒，一包煙，閒步回來，他想獨自享受這一個孤寂的夜。

正當他要打開包紙，自斟自飲的時候，有人叩扉而入，進來的依然是他的叔父胡貫一。

「叔叔！」他意外地叫了一聲。

「你最近上哪兒去了？」貫一容光煥發地問。

「天天在家！」

「我說一個月以前？」

「哦！」令德才想起來：「到廬山去了！」

「什麼？廬山？冬天去消暑？」貫一笑了起來。

「不，陪小薇去養病！」

聽見小薇的名字，貫一心裏一震，進門時自然與高興的態度消失了，半天才故示鎮靜地問：「養病？甚麼病？」

「輕微的肺病！」令德也有點心亂，用手慢慢地開着那酒瓶的鐵蓋。

「現在呢？好了，所以你們又下了山？」貫一盼着回答。

「不，有進步，她們又上西湖去住了！」令德把酒瓶蓋打開，找了兩個玻杯，分斟了，遞給貫一一杯說：「叔叔來一點，您晚飯吃了嗎？」

「本想約你出去吃，如此也好，這隻鷄很大，不過你却不能獨享了！」貫一說完，便瀟洒地笑起來。

「那麼叔叔請吧！我再去隔壁小 店叫兩碗麵來，就够了！」

令德出門以後，貫一立刻站了起來，再度貪婪地注視着那張牆上的照片，他忽然想到差不多廿年前，自己還是個初出茅廬的窮小子，以抄寫度日，會躋身於這一富貴的家庭裏很久。偶然一兩次，也能看見那位貴婦——小薇的母親，然而那時，富貴與美麗，都盛氣咄咄地朝人逼來，使人不敢向邇。雖然她的豐度是那樣禮貌而溫和，恨自己却總只會臉紅口訥地唯唯而退。

「如今窮小子居然也濶了！」貫一得意地自語起來：「他們的孩子也『有女初長成』呢！有趣之至！」

正當貫一獨自在室內拊掌而喜的時候，令德也就回來了，貫一收拾起內心的高興，便問：「外面雨住了嗎？」

「小些了！」令德說：「叔叔還辦什麼事嗎？」

「沒事，至少今晚不預備辦事，」貫一說：「雨夜聊天，人生一樂，我也會忙裏偸閑享受它！」話畢扯下一隻鷄腿，便大嚼起來。

「叔叔最近沒來上海吧？」令德坐下來，喝了一口酒問。

「常來，」貫一說：「南京到上海太方便了，現在又有飛快車，只覺坐一會便到了！他們大人物有人就把家眷安在上海，每逢週末狂歡一次，也眞愜意，將來，我必得在這兒弄一所花園洋房。」

「聽說叔叔要升官了吧？」令德一面吃鷄一面問。

「已經發表了司長，半個月前！」貫一頗爲沾沾自喜。

「那得敬您一杯！」令德站起來喝了一口，又問：「那麼新嬸嬸呢？」

「做媒的倒不少，」貫一也接着喝了一口酒：「被我看上的一個也沒有，你知道，原來的那一位夠漂亮的，我得以她做標準，至少要比她更好，我才能告訴她，別小看了窮小子，飛黃騰達，照樣有份，富貴將相寧有種乎？」

「原來的……」令德關心原來的那位嬸嬸，却不知如何措辭。

「早嫁了！」貫一說到這裏，開始不能平靜：「他們是童年之交早就好了，我會看不出來？」說完，把鷄腿骨用力往桌上一扔，又把那杯酒，猛喝了一大口。

突然間，令德覺得貫一有一點變態，那是關於婚姻方面，外表自尊，內容自卑的心理。這心理或將變成一副有色眼鏡，使他看不見婚姻中幸福的本色。無疑地，他還愛着前妻，因此便會對於她的琵琶別抱感到莫大痛苦，但是爲了驕傲或者說是爲了解除這被棄的痛苦，他不僅不會承認他的舊情不忘，而且還會想盡了方法在第二次婚姻上取得補償或報復。以這種心理作爲婚姻基礎，其結果或不外兩途：一是因爲自卑（被遺棄所引起的自卑）而產生的驕傲，會使他覺得任何女孩子都不如前妻；二是即或有了對象，結了婚，他也有所戒懼，不敢也不肯用生命去愛她。那麼他不是會終身不娶，便是會只得到一個婚姻形式而得不到婚姻幸福了。假若沒有婚姻幸福，他如此熱中，如此希望飛黃騰達，就是有了金屋，怕也藏不住一個理想的阿嬌哩！

正在叔侄沉默的當兒，飯館的麵條已經送來了，於是令德接過放在桌上，然後又對貫一舉起杯子說：「叔叔喝完這一點，咱們吃麵！」

貫一把杯中剩酒，一仰而盡，然後才比較輕鬆地說：「我看你的生活倒眞逍遙自在，無拘無束，你最近的那一篇『山居』寫得確實好，超塵脫俗，落筆不凡，我的舊書讀得不壞，只是，我知道我的名利心重，只能寫點應制的東西，是談不上什麼性靈的，要想走你那條路，怕是萬難行通！」

「叔叔是經世之才，我這點東西眞是所謂雕蟲小技，壯夫不爲了！」

貫一看了令德半天，才說：「你現在口才倒練出來了！」說完笑了起來，那樣子却已十分得意。

叔侄邊談邊吃，一頓晚餐就在簡單愉快中結束，貫一舒適地站了起來，拍着肚子，又欠伸一番，才拿起雨衣要走。令德看見這情形便說：「再坐一會吧！」

「不了，明天要辦事，今天得早點睡！」貫一說着就步出房門，但走了一步又回頭問：「你最近有時間嗎？」

「我的東西隨時可以放下來！叔叔有事嗎？」

「一兩個星期以後，我想找你陪我去杭州一趟！」（未完）

（上接第10頁）

選爲總統。各政黨至是重又組織起來，「國家民主黨」、「激進黨」(Radicals)、「社會黨」(Socialists)以及其他各黨，均已恢復活動。不過，由於皮朗政權逐漸演成個人的權力，因此，在總統領導下建立起來了一個有力的新政團，亦可謂爲「皮朗派」(Peronistas)。此一新政團，遠非老的各黨派所能爭衡。一九四八年的選擧，皮朗派的選票幾近三分之二，以前居於優勢的國家民主黨差不多候選人都提不出來，我們雖不能說阿根廷業已由多黨制度走到一黨制度，但至少已表現一黨制度的徵象了。

以上係就阿根廷多黨政治的歷史略加析述，以下再簡介其較爲重要的各黨派：㈠屬於「保守」立場的黨派過去多年曾掌握政權，目前已退居次要地位。其中最重要的，爲前已述及之「國家民主黨」。該黨自一九三一年政變，即掌握政權。惟該黨政策漸次演變爲頗帶機會主義的色彩，它一方面維護富有階級的利益，另一方又圖以改革口號來吸收農工份子，以致其困難日增，所以一九四八年的選擧，候選人亦多難提出。其次一保守黨派爲「右翼全國聯盟」(Rightist National Alliance)，該派通常被認爲係阿根廷的國家社會主義者或法西斯主義者。該派係由大地主及大工業家所組成，故極力反對土地改革及較大的社會變革。㈡「激進黨」雖名爲激進，其實是一個自由黨 (Liberal Party)。其組成份子爲工人、農民、小地主以及擁護社會經濟改革的中產階級。其政策一方面爲土地改革，一九三一年前該黨當政時期曾征收過地主的大部份土地，初採自願辦法，後用强迫方法限制土地所有權，尙有更進一步的改革計劃，因此成爲一九三一年革命導火線之一主因。其另一方面的政策爲實施社會保險計劃。該黨的領袖伊里奧衍 (Hipólito Irigoyen) 曾自一九一六至二二年，又自一九二八至三一年兩度任阿根廷總統。一九三一年革命，遭受放逐。(註四)該黨於一九二二年阿爾維 (M. T. de Alvear) 當選總統而發生分裂，因阿爾維派反對伊里奧衍，另組「反個人主義派」(Anti-personalists)。近年來該派已益趨保守，而與國家民主黨時常合作。㈢「社會黨」尙無控制中央政府的能力，惟於衆議院中有不少代表，各邦及各市，亦有若干係受其控制。該黨組織，着重領導的加强，在首都有一組織嚴密的總部，印行報紙，出版宣傳小冊，不遺餘力，並有一套政治改革計劃。

阿根廷的「選擧制度」，有數特點，簡述如下：

㈠一九四六年的選擧，婦女尚未獲得選擧權，事實上選擧權乃專屬於成年男子。

㈡外國人居留阿根廷滿二年者，可取得地方選擧的選擧權。

㈢衆議員選擧，採政黨比例代表制。

註一：英文書籍中，關於阿根廷政治制度的專著，以 A. F. Macdonald: "Government of the Argentine Republic" (New York, 1942) 爲最好。此外，尚有 S.P. Amadso: "Angentine Constitutional Law" (New York, 1943) 及 L.S. Rowe: "Federal System of the Argentine Republic" (Washington, 1921) 等書，均非此間所易覓得。至於一般比較政治制度書籍，論及阿根廷政制者，較早的 Bryce 的名著 Modern Democries 中，曾有片段敘述；奧格及甄克的著作則爲關有專章論述者，但亦不甚詳盡。

註二：關於阿根廷總統的詳細研究，據原書附註，在英文著作中，亦無專著。

註三：原書關於阿根廷各部有較詳的敘述，本文僅擇要簡介。

註四：原書關於伊里奧衍總統，亦有較詳的敘述，本文姑從略。

日記一頁

薩滿

三月廿八日

告別松出來，外面是深沉的夜，幾盞燈鬼火般明滅不定的眏着。每一陣冷風都將雨吹打在我的臉上。感謝松的關懷啊！爲我加了一層絨衣。我本固執着只穿一件毛衣出來的，但那裏會想到深夜的寒風如此的無情！多了一層絨衣，雖然還感到寒冷，但我的心已被愛情溫暖着了啊！

走了片刻，便不覺得冷了。但是走錯了路。松的姐姐住的宿舍的門已全鎖上，我只好繞道從工廠前門出去。但我走到一個黑暗的角落，踏了滿鞋泥濘。我心中慌，一隻狗却不放鬆的跟踪着我。幸虧牠沒有吠叫，只是悄悄的跟着我。

終於到了車站。車站那樣小，又那樣窮，連一隻鐘都沒有。幾個工人，衣服襤褸，坐在長條椅上，駡着不堪入耳的話。我買完票，便跑到月臺上去，儘管夜那樣靜，風那樣冷，雨在飄降，我感到自由多了，我可以舒暢的呼吸了。

鋼軌沾濕了雨，閃着陰森的光。它們伸到那樣遙遠，却不感到疲倦！（我極目遠眺，看得都疲倦了）遠處的燈，冷風，寒雨，寂靜，沉默的鋼軌，……我心中感想如潮湧，擬以「月臺」爲題，寫一散文。

火車誤點了。我佇立在那裏，面前伸展的是鋼軌。我被不遠處的幾盞燈光吸引住了。松住在那裏，今夜她會睡的很好。松的姐姐也住在那裏，姐姐的孩子，他們的鄰居，鄰居的孩子，那裏，幾座小平房，但那裏給他們平靜、給他們幸福。夜如此遼廣，宇宙如此無際，但那幾盞燈光告訴我，在那簡陋的屋頂下，有的是安詳的睡夢。這紛擾的亂世上，還有甚麼比平靜更可貴的呢？祝福你們呵！謙虛的小靈魂！

我痴痴的眺望着，但身旁的人逐漸多起來，都傴僂着身軀似不勝夜寒，又似人世間的寒冷傴僂了他們的身軀。

火車來了。先是，從遙遠、遙遠、像馬奔跑在冰凍的平原上，傳來輕脆的馬蹄聲，而後近了，變成憤怒的捶擊，我恍惚看見無數條粗壯的手臂，握着鐵錘，高高舉起又擊下……。火車喘着，痙攣着，它掙扎的叫起來！一陣風，那龐大的黑色怪物掠過去，又緩緩停止，癱在那裏，彷彿骨骼都脫了節，再也動彈不得。

它又慢慢移動了！前面還有很多站，這裏只是一個小站。「會有人永不厭倦，願隨它馳騁，在每一個站停止，行程却沒有盡頭？」它不知道。不要問它，它不知道。

遠離了那安靜的鄉村，回到臺北市，臺北也在下雨，臺北是喧囂的，多少張緊張，因緊張而扭曲的臉，從我眼前撓過……。

× × ×

校中有音樂會，我走近禮堂，人很擠，我在靠窗的地方站着。全是一些天才的傑作——那些被演奏的樂章。有李斯特的匈牙利舞曲，悲多汶的悲愴鳴奏曲，有蕭邦、有舒伯特……。演奏是一件事，我想，但去認識那些大師們的價值並浸醉在他們的靈感中使其與自己的熱情融合，則是另一件事。我怕人多，怕濁臭的空氣，跑了出來。我在樹影中走，女高音的尖聲還可聽到，但那聲音很難激起人們的幻想與熱情，顯然歌者努力在追求外在的事物而忽略了內心，以至她的聲音是做作的、生硬的。走回宿舍，房中一個人都沒有。雨點敲窗子。

寫信。但心中還是空虛。好久了我不再想，也不願意對人們解釋我自己了，雖然心在迫着我說話。我是更願意隱藏起來的。我愛松，松愛我，有了愛，我便有了一切。人間的功名富貴我不想追求，那麼我爲何不藏起來呢？那樣我還可以安靜的讀書呢！

想着松，想着她家庭對她的敵視態度，想着她父親對我們愛情的阻撓，我又聽見她的聲音了，我彷彿正在問她：

「勇敢些，妳父親如果責備妳，千萬告訴我，讓我分擔妳的愁惱。會忘記我嗎？」

而她在回答：「傻子！忘記你？我掙扎，還不是爲了你！」

「還不是爲了你！」她說。這是她說的。我看見她深情的雙眼了。

可憎可恨的社會啊！爲甚麼要妨礙我們，阻撓我們呢？骯髒的社會，你當然不懂這世界上還有眞正的愛情，但，是否你也不允許眞正的愛情存在呢？

作家書簡

從紀德談起

司馬桑敦

華苓先生

你的來信中，有兩次談到紀德，最近一次又提及福樓拜，我對於這兩個人的作品，讀的雖然不多，但對我文學的思想，却是影響很大。假若我有所謂文學上的滋養的話，這兩個人的却是我主要的糧食。所以當我讀到你對於他們的感想，雖僅是隨便的幾句話，你知道它是如何强烈的喚起了我的共鳴！我很想有機會談談他們。

我很早對紀德便有過强烈的印象。日本文學界大概由一九三〇年左右，便有過紀德狂，關於紀德的全集，選集，有很多種。我最初讀他的「田園交響樂」，未十分懂，以後又改讀了一本中譯本，仍然不得要領。老實說，那時我的文學觀念，正接受着那些所謂「鬪爭」，「民族形式」，「爲大衆的寫實」等等的影響，我對於一個出發自「人」的，出發自「純粹自我」的心靈簡直是懵懂。我幼稚得很。即至我親自在游擊隊裏喫了苦頭，我理想粉粹了，我開始彷徨了，但是，我仍然不敢向所謂「社會主義」挑戰，我覺得那是大逆不道的，我幾乎自認對於「革命」，我是一個低能的沒有出息的人了，我對於那些熱血澎湃的朋友自覺汗顏，我「心理」上沒落了，就在這時，我讀了紀德的「蘇聯紀行」和「蘇聯紀行續集」，(中文本叫「蘇聯歸來」，「爲我的蘇聯歸來答客問」)他居然對於他所嚮往的心愛的蘇聯，提出了一個嚴苛的批判，這大概是一九三六年間的事，在那時，這眞是一椿了不起的事。他的書，深深的印入我的思想，他的呼聲，給了我勇氣。以後，我讀了些關乎他的文章，和他的書簡，以及一直到現在尚未被我讀完和十分理解的「地糧」和「新糧」。但是，我却在模糊中從他的作品中發現了「自己」、「個人主義」的驕傲，一個敢衝破現實的和心靈上任何束縛的赤裸裸的人！老實說，我從他那裏得救了。假若我的東西，有些表現出我要說我想說的，那得感謝紀德，他的自剖精神，太有力量了。

在臺灣，我讀過卞之琳譯的一本「窄門」，它的章法，它的纖細的思維，都打動了我。我現在正着手的一篇長篇，雖然故事、人物、主題都和它不同，但是，一邊在寫我自己的却一邊也在翻看它。你知道，我的文字，在粗獷上也許有的，論纖細，我恨自己太笨，我弄不好的。我儘量要從它那裏吸取靈感，我設法收縮我自己，把我帶進他那種纖細的思維裏去。

至於福樓拜，我喜歡李健吾譯的。我讀過「包法利夫人」「情感教育」「三故事集」。前幾天爲了比較電影和原作，我和內子特地去看了「慾海香魂」，大失所望。我相信表演永遠不能完全表現出作者的思想的。特別是福樓拜費時七年所凝晶的思想的精華，爲是幾個鏡頭所可表現得了的？正如你來信中所說，他創作態度的謹嚴是值得欽佩的。我受他感動最大的，不是他的筆法，他的筆法我一輩子也學不來的，而是他的寫作思想。

他說：「正因爲我相信人類永久的演進與無窮的形體，我恨所有的框架，拚命把它裝鑲進去，所以我恨一切限制它的程式，一切爲它想出來的計劃。……人眼所望見的天邊決不是盡頭，因爲這天邊以外還有別的天邊，這樣以至於無窮。所以訪求最好的宗教或者最好的政府，我以爲是蠢極了的舉措。對於我，最好的也就是垂危的，因爲要給別一個挪出位子來。」

又說：「我們如何能够有眞與善的絕對認識？我們會有一天曉然於絕對的存在嗎？你要是打算活下去，無論關於什麼，你就不用想有一個淸晰的觀念。人類是這樣子，問題不在改變而在認識！」

最後這句話甚獲我心。寫那些垂危的東西，也是我喜歡的。我認爲一篇小說作者，祇可提出他的認識，不必再求什麼。你的來信中，曾指出我的小說中有些不平之氣，但是那祇是不平而已，我未擅敢指出什麼方向。我恨透了「方向」這個概念。我主張一個作者應該表現出他的抗議，但不必有所主張！因爲好的主張，必須是科學的，而抗議則是感情的，文學是感情的，小說作者更應是感情的。我的話，文學論理家可能要指責太狹窄了。但是，事實如此，我還有什麼可說!?

「自由中國」似應登出一些客觀的批評文字，任何一篇有成績的東西，不應讓它太孤獨了。開文壇的風氣，作編輯的，多少要負些責任的！對不？好，拉雜的寫的太多，就此打住。

祝
文安。

司馬桑敦上　七月十六日

(上接第18頁)

辛內爾上校：假如我現在暫時不談仁川問題的話，我也是不承認布來希將軍所描述與歪曲了的所謂事實的。

斯塔爾上校(捷克的候補委員)：慕愛義將軍與辛內爾上校現在都說布來希將軍發言中所述的事實是他們所不取的。他們總說他們不贊成這些事實，但他們也不供給我們任何其他事實……。

慕愛義將軍：斯塔爾上校在這裏提起了事實的問題。好吧，我在本委會六個月的實踐工作中學到了這一點。就是有時候在布拉格是一個事實，並不一定在斯德哥爾摩也是一個事實，反過來說，也是一樣……。

布來希將軍：我不想對「在布拉格是事實並不一定在斯德哥爾摩也是事實，反過來說也是一樣」這種論點作長的科學性的討論……。』

以上記者所節引的實在是約而又約，恐怕還不到這次會議中各「中立國」代表所發言的三十分之一。不過，已經可以看出所謂「中立國」究竟是怎樣一回事了。

書刊評介

美國政治與政黨制度

滄波

著者　邱昌渭
定價　每冊新臺幣五元
發行者　華國出版社
出版日期　四十三年二月初版

從本書的標題看，我們立刻可以知道這一本新著的內容，是新穎而現代化的。把一國的政治與一國的某種制度或問題聯在一起，著成專書。這是美國著作界最近的新趨勢。這一個新趨勢也可說是囘復十九世紀中期後的老格調。十九世紀兩本關於美國政治的名著：一本是法國史學家托克維爾 de Tocqueville (1805—59) 所著的美國民主政治 de la Démocratie en Amérique (1835)；另一本是英國政論家蒲徠士 James Bryce (1838—1922) 所著的美國平民政治 The American Commonwelth (1888)。這兩本書的內容，一方面是泛論美國的政治。同時也講美國各種制度。更將政治與制度並列討論。其實這類寫書的方法，十九世紀大陸國家最普通，英國談制度的書，大概以政論方式出之。白芝浩的英憲論其尤著者。美國在二十世紀二十年代後敎育發達，敎科書需要增加。許多著作，都採用敎科書方式，甚至變成講義方式。從二十年代到三十年代，此風特甚。許多出版品，不是生硬簡單，便是一覽無餘。美國政治與美國制度並論，大概是四十年代以後的風氣。近來美國這類的書籍，內容的豐富，自是一種精采，但其篇幅卷帙的浩繁，一本書動輒要有近一千頁的篇幅，這對讀者的精力，實在是一個極大的負擔。

邱先生去年九月出版的「美國總統」一書，作者會稱賞其內容。認爲今日談美國政治者必讀之書。最近華國出版社出版的「美國政治與政黨制度。」標題及內容，都是新穎而現代化。但是篇幅並不過於浩繁。全書共計三十二開本二七六頁。美國政黨制度的精華，已盡量吸收於這本書中。就書的篇幅與內容言，這已較美國時下流行之書，高出一層。本書取材，主要來源爲：㈠菠休的美國政治與政黨 Hugh A. Bone: American Politics and The Party System 1949；㈡墨西佛的政府組織 R.M. Maciver: The Web of Government 1948；㈢塞脫的美國政黨 E. M. Sait: The American Parties. Third Editin 1942；㈣佛納的近代政府的理論與實施 Herman Finer: Theory and Practice of Modern Government (Revised Edition 1949) 諸書。這許多名著已成美國政黨的權威著作。(佛納一書是比較政府近時最好一本書)對於外國的讀者，要希望他們關於每一個問題去看完各種應讀的書，在現今實在不是易事。所以今天講介紹異國學說或問題編著實較優於純粹的撰著。編著是把人家現成的材料，消化而歸納在編著的書中。邱先生這本書，在這方面可說已盡到編著的能事。換句話說，他已將本問題許多名著中的好材料，盡量融化於他的新著中。同時他更忠實地將一切來源在每章之末註明。這是今天著述有十分值得倣效的事。

「憲法好比人身的軀殼，政黨就是人身的血肉。所以研究美國政治的人們，除了解美國憲法條文的規定外，更要了解美國的政黨制度。由於政黨的運用，美國憲法在實施上發生改變，猶如血肉的滋潤，也改變人身軀殼的形態一樣。」邱先生在第二章「美國政黨的性質」一章開宗明義這樣地說。這幾句話，十分扼要地把政黨在近代憲政中的地位說明了。研究一國的政治或歷史甚至於社會，如果不先把那一國的政黨弄清楚，這等於要看一位朋友，只是在他屋子的門牆四圍繞圈子，而不登堂入室。這種隔閡是可以想像的。如果把人體來譬仿，我想政黨在近代民主憲政國家，還不止是血肉，一如邱先生所說。而實在是脈絡或筋絡。研究一國政治，若從脈絡或穴道着手正是事半功倍。譬如就本書講，這二百餘頁一本冊子，如果細心看畢，不但美國的政制，洞悉無遺。就連美國的人物與歷史，也一覽無餘了。追求眞理或研究問題，必須追到根源，最忌皮相之論。研究一國的政治而從政黨着手，那一國政治的內幕利弊，立刻呈現出來。如果有心借鑑攻錯，這更是最好的方法。

中國從前清末年派人出洋考察憲政，從來很少人注意人家的政黨。五大臣出洋的報告，是抄襲人家的法律條文。後來政府不斷派出的人，回來的報告，也不出抄襲規章的陳舊窠臼。民國以後我國派出去的留學生，在國外大學的博士論文，大多數是用中國材料，如中國古代政治思想等題目，以獵取功名。便是做外國題目，也至多在形體或軀殼上用力。本書著者邱先生二十餘年前所著「美國國會議長」一書，是他在美國哥倫比亞大學的博士論文。這一本書，在戰前的美國，已享有政治學圈子中權威的地位，美國社會科學百科全書好幾處引用他書中的話。近年立法院爲了議事程序及院內組織等問題，大家發生了一個問題，便是許多書本上不容易找出我們所感受的問題，因此許多人常想建議立法院，應該選派一個考察團到各國專門去考察議會制度。邱先生的學術修養與訓練，實在今天我們朋友中最够得上談政治制度的一個人。他的新書不同凡響，就他過去學術上的成就，是充分可以證明的。

對一般讀者，本書是研究美國政治及政黨的一本好書。讀了這一本書，抵過讀多少本書。讀過本書，對美國政治及政黨，至少有一個深入的概念。對專門研究的人，本書也是一本極有用的書，美國政黨中許多專門名辭及糢糊的觀念，讀過本書後能豁然開朗。本書附載參考書目雖不多，但最重要的書也遺漏無多。書中校對太差。訛字之多，尤其重要年月，常常錯誤至一百年之多。至於每一專門名辭，似應把原文完全引載。這兩點希望在再版時嚴格糾正。

服務東方的
民航空運隊
"THE ORIENT'S OWN"
CAT
CIVIL AIR TRANSPORT
CAT
釜山
東京
岩國
沖繩
台北
香港
曼谷
馬尼剌
沿島航線
迅速安全
台北營業處：青島西路七號 電話：二二三四〇

第十一卷　第三期　內政部雜誌登記證內警臺誌字第三八一號　臺灣省雜誌事業協會會員　九八

自由中國 半月刊 第十一卷 第三期 總第一一四號

中華民國四十三年八月一日出版

發行人兼主編　『自由中國』編輯委員會

出版者　自由中國社

社址：臺北市和平東路二段十八巷一號

電話：二八五七〇

航空版

香港辦事處　友聯書報發行公司　九龍漆咸道新圍街九號

菲律賓辦事處　岷市怡干洛街五〇二號三樓　3rd Floor, 502 Elcano St. Manila, Philippines

總經銷

臺灣　自由中國社發行部

美國　中國書報發行所　國民日報社　Chinese Daily Post　809 Sarcamento St., San Francisco, Calif. U. S. A.

加拿大　醒華日報　Shing Wah Daily News　12 Hageeman St., Toronto, Canada

經售者

日本　東京僑豐企業公司

韓國　漢城裕昌德號

馬尼剌　大中華日報社　新疆書店

印尼　椰嘉達天聲日報　棉蘭新中華報

越南　西貢中原文化印刷公司

緬甸　仰光振成書報店

印度　加爾各答培梅學校

澳洲　雪梨瑞田公司

北婆羅洲　西利亞坡青年書店

新加坡　檳榔嶼、吉打邦均有出售

印刷處　精華印書館

廠址：臺北市長沙街二段六〇號

電話：二三四二九號

本刊經中華郵政登記認為第一類新聞紙類　臺灣郵政管理局新聞紙類登記執照第五九七號　臺灣郵政劃撥儲金帳戶第八一三九號　(每份台幣四元美金三角)

自由中國

FREE CHINA

第十一卷 第四期

要目

中華民國四十三年八月十六日出版
社址：臺北市和平東路二段十八巷一號

半月大事記

七月二十六日（星期一）
美國務院宣佈：營救被中共擊落的國泰公司客機的生還者的兩架美國飛機，在中共區海岸外擊落共機兩架。
英國對中共願意補償其對英國客機所作的攻擊行爲一事，表示歡迎。
顧維鈞大使國民黨中共紀念週工報告國際局勢。
美國海軍在西海岸舉行大規模演習。

七月二十七日（星期二）
美總統艾森豪與高級外交軍事官員舉行緊急會議，商討美機與中共機空戰後形成的遠東緊張情勢。美海軍下令在海南島外的搜尋工作繼續進行。美航機在該地帶已獲得海軍噴射機護航。
韓總統李承晚與美總統艾森豪在白宮就韓國軍經問題舉行會議。
越南北部停火開始生效。

七月二十八日（星期三）
艾森豪向記者宣稱，美國將用任何必需的方法來防衛自己。
美駐泰大使杜諾萬飛抵臺北。
英國與埃及就運河區糾紛簽初步協定。
美參院通過原子能法案，允許美政府與盟邦交換原子情報，並聽任私人經營原子動力工業。

七月二十九日（星期四）
英埃協定獲得英下院通過。

七月三十日（星期五）
美參院一致通過，反對中共進入聯合國。
菲律賓政府決定參加東南亞聯盟會議。
印度與葡萄牙邦交轉惡，雙方相互驅逐領事。

七月三十一日（星期六）
亞洲人民反共聯盟中華民國總會在臺北成立。
美總統艾森豪與韓總統李承晚發表聯合聲明。
法國政府同意給與突尼西亞以內部自治。

八月一日（星期日）
英美兩國計劃在十天日採取行動，召開東南亞防禦會議。
韓總統李承晚在美發表聲明，宣稱韓國停戰協定業已死去，並要求美國同意將波捷兩國的停戰監督委員逐出韓境。

『自由中國』的宗旨

第一、我們要向全國國民宣傳自由與民主的真實價值，並且要督促政府（各級的政府），切實改革政治經濟，努力建立自由民主的社會。

第二、我們要支持並督促政府用種種力量抵抗共產黨鐵幕之下剝奪一切自由的極權政治，不讓他擴張他的勢力範圍。

第三、我們要盡我們的努力，援助淪陷區域的同胞，幫助他們早日恢復自由。

第四、我們的最後目標是要使整個中華民國成為自由的中國。

越南停戰三國監督委員會的印度加拿大和波蘭代表在新德里開會。

八月二日（星期一）
美副國務卿史密斯表示，東南亞安全公約的籌建工作，已有「絕佳的進展」。
參院多數黨領袖諾蘭闡釋美外交政策。並稱，如共黨國家再發生牽涉美國公民的事件，而美國又得不到滿意的答覆，他贊成撤銷對於任何共黨國家的承認。

八月三日（星期二）
大韓民國海軍艦隊來華訪問。
立法院通過兵役法修正案。
美國務卿杜勒斯稱，美國正考慮訂立一項包括中國韓國日本的共同安全公約。

八月四日（星期三）
美國對中共擊落英客機所造成的美國人命損害已向中共提出第二次抗議。
韓國表示將拘捕從事間諜活動的中立國監察委員會的波捷兩國人員。
英伊石油談判獲得協議。

八月五日（星期四）
中國國民黨第七屆四中全會閉幕。
伊朗與西方石油公司集團正式成立二十五年協定。
美國向聯合國集體措施委員會提出六點計劃，以加強集體行動對抗侵略。

八月六日（星期五）
立法院通過兵役法施行法修正案。
美參衆兩院聯席會議決定援外計劃款項爲三十億五千四百餘萬元，預定明年六月底爲經濟援助結束日期。
法國與越共下令在寮國停戰。

八月七日（星期六）
總統特派王季徵爲我國全權代表與薩爾瓦多國商訂友好條約。
美經濟顧問團由華府啓程來臺。
美英兩國已擬訂遠大計劃，對亞洲予以大量經濟援助。

八月八日（星期日）
由美歸國的洛陽漢陽兩軍艦駛抵基地。
訪問歐美的反共義士代表首途赴美。
南斯拉夫，土耳其和希臘軍事聯盟獲致協議。

八月九日（星期一）
我海軍掃蕩銅山港，擊毀匪艇十二艘。
陳副總統在臺北市編輯人協會發表演說，釋戰爭與和平問題。
希土南三國軍事同盟條約在[illegible]簽字。

社論

（一）為美國人想

——唯有解放政策才能避免原子戰爭——

自韓國停戰以來，無論在冷戰與熱戰的場合，民主國家無不節節挫敗；而這次越南分割更是這一連串失敗的高潮。世界反共形勢發展到今天，實已臨到一個十分嚴重的關鍵；今後的禍福安危正取決於我們此時的抉擇。作為民主國家領導的美國，必須對過去的錯誤作一番全面的澈底的檢討，並進而厘訂一個基本的有效的反共政策。

回憶艾森豪總統當初競選之際，曾首倡解放政策，揭櫫自由十字軍的義旗。誠使世人耳目一新，聞風景從。就職以後，鐵幕內外愛好自由的人民無不殷殷佇盼，有若大旱之望雲霓。此時，自由世界道德與精神的力量可謂已提高到空前未有的地位。然而事實大謬不然，曾幾何時？民主國家節節退却，美國的威望竟低落到如今這步田地！美國不僅坐失了史大林之死與鐵幕內部變亂的大好時機，反步步為共黨侵略所乘。韓國停戰是美國解放政策的第一次退却，它使半個韓國仍淪於共黨奴役之中。隨後，美國政府又在越南劃下最後的防線，再三警告中共不得介入越戰。這時的美國，實際已從解放政策退却到過去杜魯門政府時代的圍堵政策。但是共產黨却並不因此而稍改變它的擴張計劃，反愈益加緊對越南的侵略，並同時在冷戰場合大展陰謀，卒使法國政府屈膝求和，而美國竟不得不坐視半個越南捲入鐵幕。至此，雖欲做到圍堵政策且不可得了。我們如此爽直的指陳，非欲煽惑美國兩黨間政策的爭論，我們雅不願美國將關係世界安危的對外政策，當作兩黨間政爭的皮球。這不僅非美國之福，抑且是整個自由世界的不幸。我們的初衷是要促醒美國正視國際現實的冷酷的一面。

近年以來，美國幾乎沒有一個基本的固定的政策。美國所採取的政策，既非「圍堵政策」，更非「解放政策」；無以名之，名之曰：「挨打政策」、「退却政策」。美國何嘗不曾盡心竭力？但由於缺乏一個中心政策的指導，致使一切努力盡付東流；結果反左右碰壁，一無是處。美國現在正陷入於兩面作戰的窘境：外有共產侵略之威脅，內有姑息主義者之掣肘。不但尼赫魯者流大做其中立主義的美夢，即英法亦頗有悻悻欲去之意。這一切無寧都是對共黨不斷退却後所必然遭致的悲哀。要挽救當前此種愈陷愈深的頹勢，美國必須當機立斷，拿出果決的行動：從退却政策回到解放政策來。美國不須再事遷就姑息主義，在這方面美國已經付出的代價實在太大了。對於一些親共媚共的國家，美國更不必把他們拉在一起，强與已同。但是對於決心反共的國家，美國却不可使之失望，而應加强其援助與合作。

最近美國政府正積極籌組東南亞防禦體系，而中美日韓四國軍事同盟報載亦在探試之中。這都是本刊久已倡導的主張，至今方克見其行動。但畢竟還是值得欣慰的。不過美國政策如果僅止於此，則仍然是不够的。因為這些計劃是屬於消極的防禦的。美國必須同時明白揭示解放政策是反共的長遠目標，而同盟、公約、防禦組織一類的計劃將是包容於解放政策中的實踐步驟。然後這類組織才能具有積極的意義，而反共事業方才有了一個聖神的目的與振奮人心的號召。在歐洲、德國的統一，在亞洲、北韓與大陸中國的解放，都應是解放政策的主要目標。

中國大陸的陷落是戰後共黨得勢的基本原因；韓國戰爭，越南戰爭，以及東南亞今日危局的造成，無不由於中共盤據大陸所致。蘇俄沒有中共就不能遂行其征服世界的野心。最近麥加錫指責馬歇爾是出賣中國的罪首。我們認為此時而作此種爭辯實已毫無意義。但是歷史的教訓則是我們必須記取的：即是當前一切亞洲問題的根源都在於中國大陸的陷落。我們必須把握此點，才能把握到解決問題的契機。李承晚總統是深知此中奧秘的一人，他告訴美國要根本解決韓國問題就必須將中共趕出北韓，援助中國反攻大陸。然而美國人却報之以冷淡的反應。這種反應出自於兩種不太正常的心理：一是美國人過份的恐懼共黨，這是一種自卑心理的表現；二是美國人對亞洲人民願望的漠視。中韓兩國人民的忠言，常被視作自私的打算。這或多或少的是一種自大狂的作祟。這兩種心理絞雜不清，使美國人不敢正視現實，而作正確的判斷。其實，中韓人民之愛護美國一如他們之愛護自己；他們深知他們的命運與美國是不可分的。皮之不存，毛焉將附。豈有為自己利益而妄將美國拖下水的道理？我們今日之敦促美國採取積極的解放政策，是為自由世界的前途設想，也是為美國的利益設想。

美國人所最害怕的是，解放政策會引起全面戰爭。然而事實則却却相反。——這，正是我們在本文中所要剖析的論據。

原子戰爭將是人類可怖的浩刼，亞洲人和美國人一樣的不希望有原子戰爭。那麼我們是否可以避免原子戰爭?可以。但這必需訴諸我們的智慧,採取有效的途徑才能達到。有一項事實是確鑿不移的,即民主國家絕對不會發動原子戰爭;大戰是否爆發,其權完全操於共黨之手。然而共產黨徒與希特勒不同,他們是信奉馬加維尼主義的絕對的機會主義者,他們懂得如何把握時機。共黨現在之所以還未發動大戰的原因並非是他們愛好和平,乃是由於他們還未至操有絕對勝算的時候。對共黨而言,最有利的辦法便是繼續目前所採用的不斷蠶食與各個擊破的政策,直至民主國家被削弱到不再有還擊的力量時,他們便可一舉而致美國於死地。所以民主國家如果仍然採取被動的步步退却的政策,其結果適足以導致大戰的發生。反之,民主國家如能回到解放政策,反被動爲主動,反守勢爲攻勢;不但共產黨無力向外再作侵略,其內部的困難與矛盾且勢必隨而爆發。在這種情勢之下,共產黨便不會也不敢挑動大戰了。共黨的力量被剝弱一分,大戰的危機便減少一分。事實證明:欲使共黨就範,唯一的辦法就是伸出你的拳頭來;這次海南島空中事件便是最好的佐證。中韓兩國現在是亞洲地區反共力量最強大的國家,美國不需使用地面步隊,即可援助其反攻,且無觸動大戰的危險。共黨慣以內戰的形式掩飾其征服世界的陰謀,我們何嘗不可以其身之道還治其人之身?何況我們是在自己的國土之上,爲拯救自己的同胞而作戰;擧自由之義旗,誓必勝之哀兵,其成功是可拭目而待的。

再退而就經濟的觀點言之:美國過去在韓國作戰曾死傷十三萬七千多青年,消耗數以百億計的戰費;在越南白擲廿六億的軍經援助。却無救於亞洲形勢之惡化。在西方,美國曾以數百億美援協助西歐建軍,但歐洲聯軍公約至今仍未獲得批准。支持一個解放政策,不但能有效的遏止共黨侵略,並且將被證明是最經濟的途徑。

我們是採取避免原子戰爭的解放政策以遏止共黨的擴張呢?還是採取挨打退却的政策而終使大戰無可避免呢?請訴諸美國人智慧的抉擇!

社論

(二) 對文化界清潔運動的兩項意見

一個新奇可喜的名詞——「文化界清潔運動」,半月以來,在自由中國文化界,似乎已引起了普遍的重視。對於這個問題,我們願申述兩項意見。

第一;我們認爲自由中國的報紙、雜誌、圖書,確有一部份殘害國民精神上的健康,尤其大街小巷,書報攤星羅棋布,其所迎風招展引人入勝的,幾乎盡是這類殘害健康的出版品。(但清潔運動中所指的赤色刋物,我們却尙未在這類書攤上發現過)臺灣早被自由世界稱作反共抗俄最堅強的精神堡壘之一,而在這個堡壘內,一部份精神食糧,竟含有如此殘害國民健康的成份,這如何不是對自由中國一項最可悲痛的諷刺!「文化界清潔運動」這一名詞的提出,因此,也就自有其時代與環境的必要。

「清潔運動」這名詞,是在七月二十六日,臺灣若干報紙,刋佈中央社「某文化界人士談話」中所首先提出。八月八日報載,中國文藝協會發言人,承認談話爲該會所發表。在這篇談話內,曾指出「清潔運動」之目的,爲「掃除赤色、黑色、黃色三害」;赤色是宣傳共產,黃色是妨害風化,黑色是所謂「內幕雜誌」,「造謠生事,揭發陰私,敲詐勒索」。文藝協會指出的三害,當然都足以殘害國民精神健康,其應予以掃除,自屬無可否認。不過掃除的應採步驟,照我們的見解,認爲中華民國既然是一個不折不扣的民主自由的法治國家;我們的憲法,保障了言論自由,出版自由;我們對於一切違法出版品,如所謂赤黃黑三害的制裁,只有依照程序,由法定機關合法檢擧,或受害者合法起訴,經法院合法審判。除此以外,似沒有其他步驟可採;實際上,也不必另採其他步驟。因此,凡是涉及另採其他步驟,包括不經由法院合法審判而即由治安機關警察機關逕行處理的任何主張,我們都深慮熟計,不敢苟同。

民主國家的特質在法治,法治的特質,一切依法,則衆無異言,一事違法,則謗議紛起。言論自由、出版自由雖受憲法保障,但報紙雜誌並非特權階級,如果濫用自由,侵害公衆利益或個人人權,其應受法律制裁,自屬毫無疑問。英美爲典型的言論自由出版自由的國家,然著名報紙雜誌被檢擧判刑,幾乎月必數起。如佔英國日報銷數第一位的每日鏡報,一九四九年因非法刋載哈夫案,被判藐視法庭罪,罰金一萬鎊,編輯人鮑蘭,入獄三個月,即其一例。我們從未聞英國的報紙雜誌,曾挺身抗議,說報館是特權階級,犯罪也不應受罰。反之,不經由法律程序,皇室、首相亦無權處任何報紙雜誌一辨士罰欵,處任何報紙雜誌負責人一小時拘役。更不能以任何行政處分勒令報紙停刋。

一九三六年愛德華八世退位前戀愛辛博生夫人的消息，及不久以前，瑪格麗公主將下嫁平民的傳說，英國官方，雖用盡心思，也終不能阻止報紙的刊佈。這些最淺顯的法治常識，相信我們自由中國的政府和出版界，以及有關方面都必深切了解，任何違法侵權的不幸事件，都必能儘量避免不使發生。

中華民國現行各種法典，對於制裁不良刊物，雖法條不太完密，大體說來，總已應有盡有，所謂赤、黃、黑三害，凡是「某文化界人士談話」中所指的，在現行法典中，如何處置，幾無一不有明確規定。尤其關於「赤色部份」，根本不信其竟可倖逃法網，仍能公然流佈。我們所認爲遺憾的，只是人權保障，尙多疎漏。像美國佛羅里達等州法律，不許報紙刊登强姦案中被姦婦女姓名、住所；及日本「少年法」第六十一條，不許刊登未滿二十歲少年罪犯的姓名、住所。保護個人名譽，如此仁厚周到，這種立法意旨，眞值得我們注意！

第二；我們認爲掃除三害，其中「黃」「黑」兩項，色情刊物與若干「造謠生事，揭發陰私，敲詐勒索」的內幕雜誌，所以在自由中國如此風起雲踴，盛極一時，一方面固由於此種刊物主持人新聞道德與一般讀者社會道德的墮落，另一方面，實尙有多種因素；㈠臺灣這幾年來，不許人民新辦報紙，但週刊雜誌則可以隨時出版，毫無限制。今年六月十九日，吳錫澤氏於再度出任臺灣省新聞處長，在臺北市報業公會演說時，曾極言他離職以後，最近兩年來臺灣報業有如何顯著進步。他列舉一個證據：「兩年前全省雜誌只有幾十種，現在已增加到三百幾十種。」但他並沒有向大家指出，兩年前，全省報紙只有二十五家，到現在仍只有二十五家（除軍報外）。出版自由，載在憲法，出版法對於出版物的登記程序，報紙和雜誌，並沒有差別待遇。爲什麼新辦雜誌毫無困難，新辦報紙，橫遭禁止？而且出版法的登記，立法初意，原只是報告性質，除第十一條規定，「國內無住所者，禁治產者，被處二月以上之刑在執行者，褫奪公權尙未復權者，不得爲新聞紙或雜誌之發行人或編輯人」外，主管官署，實無任何理由，可以拒絕任何人申請登記。卽各級主管官署辦理登記手續的期限，出版法也曾硬性規定，「各級機關均應於十日內爲之」，藉以防止過去推拖擠塞，留中不發的官僚作風。在這樣嚴肅明確的煌煌大法下，如果主管官署竟拒絕人民辦報，不僅違法，簡直違憲。人民因此所受到自由或權利的違法侵害，顯然可依據憲法第二十五條要求賠償，違法的公務員，應負刑事及民事責任。但幾年來，我們還從未聽到這種違法違憲的行爲獲得糾正，由於應以「代表公正輿論，傳播確實消息」爲天職的報紙，不許新辦，此一離奇古怪、莫名其妙的行政措置，無形中，卽不啻給予色情刊物、內幕雜誌以一種特殊鼓勵（當然，吳錫澤氏所說兩年中新增的幾百種雜誌，其能正常「代表公正輿論，傳播確實消息」的，自然也不是沒有）。㈡臺灣雖然是一個享有新聞自由的地區，事先沒有檢查，但無庸諱言，若干行政官吏，因不能奉行政府尊重新聞自由的誠意，正常報紙雜誌在批評政府和報導政治新聞方面所能享有的自由尺度，無形中劃了一道暗影。本來，新聞自由的充分發揮，卽在標準老牌的英美民主國家，也還是需要全國朝野，多方鼓勵。美國每屆總統，幾乎隨時隨地，都表示他們對於新聞自由的尊重，鼓勵報紙，暢所欲言。傑佛遜總統所說「我們的自由，要倚靠新聞自由」，早被視爲金科玉律，一致信守。而「掏糞運動」，和各種鼓勵揭發貪污的新聞獎金，都足促使美國的新聞自由，發揚光大。「內幕新聞」(inside news) 從美國新聞界看來，本是新聞採訪的一種進步象徵。今日風行全世界的「美國新聞與世界報告」，「時代週刊」，「新聞週刊」，他們保有高度權威和信譽，其最爲讀者愛好的，大部份就在靠他們一些有系統，公正，確實，文筆流暢，趣味濃厚的內幕報告。這些報告的能够採集，發表，實得力於新聞自由尺度的寬泛，在美國，除了有關國防的最高秘密及若干法定限制外，沒有任何「新聞鐵幕」。訪問任何一位政府首長，在可能範圍以內，總是知無不言，言無不盡。假使我們自由中國的政府首長，對新聞自由，也抱有同樣觀點，相信我們的「內幕雜誌」，總不會特別惡劣到都要「造謠生事，揭發陰私，敲詐勒索」。我們爲什麼就不能產生幾份與「美國新聞與世界報告」，「時代週刊」，「新聞週刊」同等的內幕雜誌？我們的內幕雜誌爲什麼就偏偏只會造謠生事，揭發陰私，敲詐勒索？臺北市記者公會理事長曾虛白氏，於六月三十日報業公會歡迎新任行政院長俞鴻鈞氏時演說：「目前新聞界對於新聞發展的背景缺乏了解，因而社會上各種離奇謠言不脛而走」，他「希望政府當局能經常與新聞界合作，使新聞界了解一切重大事件的發展背景」。曾氏現任中央通訊社社長，尙有「了解一切重大事件發展背景」的要求，其他報人，更可想見。「秘密爲謠言的溫床」，新聞的尺度越狹，大家追求新聞的背景越切，不正確的謠言越多，「黑色的內幕雜誌」，乃得因緣時會，大量發展，此則在掃除三害的大纛下，對內幕雜誌一點，大家所必需深切警覺的！

政治批評之我見

——責難於君謂之恭，陳善閉邪謂之敬

龍一謌

陳布雷氏的遺書中，曾引用韓退之兩句詩：「中朝大官老於事，豈知感激徒婞婀。」我當時看到，深有所感。近見有些大吏們阿諛取容，粉飾爲治，奉承意旨，唯唯喏喏；忽又想到孔文擧論盛孝章書中的兩句話：「百人之喏喏，不如一士之諤諤。」因而聯想到政治批評，而寫此文。

凡人之情，好同惡異，厭直喜諛。像漢文帝那樣的好脾氣，聽到馮唐批評他不能用廉頗李牧，也大不高興。足見政治批評之難，是自古皆然的。所以從前的臣工，在上奏章論政治的時候，怕捋虎鬚，批逆鱗，攖殺身之禍；都寫上「誠惶誠恐，死罪死罪。」但是雖誠惶誠恐，而仍不避死罪。我國政治上就幸賴有這一點傳統的骨氣，故國運每能絕而復續，亡而復興。

現在言論自由，政治批評依法可受保障；大家應該可以暢所欲言，不必誠惶誠恐了。可是我國的言論思想，被箝制了幾千年；在此實施民主憲政的初期，所謂政治批評，仍像盆景中的花木，只是點綴點綴，並不十分旺盛。這有許多原因，最重要的是下列兩點：

一是說話的人不願多說

目前已經是民國四十三年，而帝制時代的傳統觀念，尚有不少的殘餘，在許多人的心裏若隱若現。我曾在國民大會開會時，聽到一位國大代表將副總統的地位比做太子；更有些人將政府的員吏乃至人民與政府首長的關係，比做君臣關係，既是君臣關係，則「爾有嘉謨嘉猷，入告爾后於內，爾乃順之於外，」纔是忠順的臣工，如果竟對政府公開批評，最低限度是表示你對政府不恭順；不恭順便是反對派，反對派在當前雖不至摒諸四夷不與同中國，但至少看起來有點不順眼。寫文章的人如果沒有十分必要，何必多說話得罪人。就是說也得斟酌又斟酌，考慮又考慮，如淸代詩人金和所說：「尙留百分爲國諱，敢誣一字與人看。」這樣的政治批評，旣不在十分緊要處下筆，自然難於中肯了。

二是聽話的人不願多聽

人類多有護短的偏性；在癩痢頭面前不能說：「亮起來了」。聖門七十二高弟子中，聞過則喜的，也只有子路一個。凡是面責人過，在我國社會中，是不大爲人諒解的。儒家的教條要爲尊者諱，爲親者諱；政府應爲人民所尊所親，你公開批評，顯然是好議論人長短，妄是非正法，可惡極了；何況政府首長，又多自命爲聰明才力勝千萬人，而爲千萬人服務的天才；多師心自用，對於這些公開批評，認爲只是不得意的人發發牢騷而已。

因爲說的人在癥結緊要之處不願說，只是輕描淡寫，隔靴搔癢；因之聽的人就予智自雄，以爲在報章雜誌發議論的人不明政治實情，說門外話；何況歌功頌德的多於過江之鯽，大膽批評的少於鳳毛麟角；在歌頌的嘈音中，批評的聲浪實在微小得聽不見，自然更樂得裝做沒聽見了。

記不得誰說：「政治永遠需要批評。」我國以前雖是帝王專制，而比較聰明一點的君主，都知道政治批評的重要，特設諫議大夫一類的官職，以專司批評；而大家崇拜的聖人們，也留下許多批評政治的言論。批評得最凶的是孟子。孟子之所以極力批評政治，並不是他對當時的政府不恭敬，而正是他對政府的特別恭敬之處。他認爲「責難於君謂之恭，陳善閉邪謂之敬。」只有嚴正的批評纔是眞正恭敬，奉承意旨的不過是欺罔而已。後來嚴子陵教他的朋友光武帝說：「懷仁輔義天下悅，阿諛順旨腰領絕。」主張把那些婞婀之徒殺掉；也是認爲阿諛的人不過是爲了保全個人祿位而欺君罔上，並非眞正恭敬之故。

我國以前在帝制時代，尙且有許多有骨氣有見解的人，不肯阿諛順旨，甘冒雷霆之威，將要說的話儘量說。現在是民主時代，敢於批評政治而又批評中肯的，反而似乎不多，在臺灣，經主管官署登記的雜誌有四百多種，只有一份自由中國雜誌，是敢於批評政治而又多能中肯的。但我每期細看，批評政治的文章仍屬太少。臺灣在進步中，進步就更需要批評；對政治批評責難，明白指摘政策上或執行上的弱點，促請政府注意改進；希望因此有更完善的政策，在政治經濟上樹立新的作風，早日使淪陷區的同胞獲得自由。這樣的督促批評纔是言論界對國家對政府的眞正恭敬，也纔是對國家對民族應盡的責任。

因此，政府對於政治批評，應該大大提倡，至少也不應壓迫干涉。我們政治既是民主政治，好比一個公司，國民是股東，政府是經理；股東對於經理，當然有權批評；經理對於股東的批評，只有接受的義務，沒有干涉禁止的權利。國民對於政治的批評，只要不洩漏軍事機密，觸犯法律，應該有完全的自由。寶劍越淬礪越鋒利，政府越受得起批評越有威信。好的政治不怕批評，怕批評就一定有難言之隱；我們的政治經濟連年都有進步，提倡批評，接受批評，便會更促進進步，絕不會影響進步。政府中的明達之士，明白此理的甚多。前些時候，執政黨的設計考核委員會，曾經把各方批評政府和黨的文字，摘要編印起來，分送各級重要幹部參考；認爲他山之石，可以攻錯；實不失爲明智之舉。可惜將它列為密件，沒有大量流傳，使更多的人參加討論。但就此事論，足證當政者並不漠視或拒絕他人的批評。

從事政治批評的人，為了負起批評的重任，加强言論的力量，我想也應該做到下列幾點：

一是負責　我們批評政治，不僅在法律上負責，而且在道義上負責，絕不作不負責任的言論。負責任的批評纔能立場堅定，能立能破，經得起反批評。

二是對事　執政的是人，人有人類共同的弱點，如好色好貨之類。如果不是利用職權，有玷官箴；私人的弱點，實少批評的價值。至於個人的功過，亦不必浪費筆墨來褒貶；因為個人的才幹，有時能够施展，有時難於施展，譬如三戰三北的是管仲，而九合諸侯一匡天下的也是管仲；一個人的行為常常變動，功過難作定論。批評政治，應就制度、法令、政策、和具體的事實，批評其得失，糾正其缺點；祗論事的是非，不涉及個人的功過恩怨。這是政治批評應有的風格。

三是公平　政治批評的對象是政治上的是非，故批評的出發點是為公衆，而批評的態度是採平實之論；不作偏激之說，標奇立異之談。站在國家利益的立場，是就是，非就非；以至公至正的觀點，作至平至實的諍言，這是政治批評應有的標準。

四是客觀　政治上的是非，因為有派系的利害，人事的恩怨，永遠糾纏不清，政府中人，身在政治漩渦中，有時為勢利所迷醉，為權力所左右，其觀點多少帶有派系或個人利害的主觀成分，以派系的是非為是非，而缺乏公是公非；政治批評便是要喚醒這些迷醉的人，以客觀的立場，站在局外，不以某一派系的觀點論政治，而以整個國家的利害來論政治。所謂當局者迷，旁觀者清。我們對於國事，雖非旁觀者，但以國人而論國事，總比站在某一集團內來論國事，要清楚明白些。

五是建設性的　政治批評的目的，在促請政府注意應盡的責任，糾正施政的缺失，走上民主憲政的大道。所以政治批評，不是消極的指摘，而是積極的建議；不僅要指陳政府的差錯，更要提出自己的主張。因之政治批評應該是啓發性的建設性的，它是政府的鏡子，也是淬礪政府的鍜石，為革新政治、促進進步所必需。

陸放翁詩云：「人才靡弊方當慮，士氣崢嶸未可非；萬事無如公論久，諸賢莫與衆心違。」以前雄猜的君主，寧可令臣工沉迷於聲色狗馬之好，而不願其放論天下事；現在的時代，已經與那時完全不同了，尤其處此國步艱難、政治需要進步的時候。而若干人仍寧願談花邊新聞，不願評論當前的制度法令和施政得失；這是不是一種人才靡弊的現象？願政府遠鑑古代聖哲的遺訓，近採歐美民主制度的良規；提倡政治批評，容納反對意見；使民氣得以發抒，政治得以進步。而對政治有見解的人，更不宜默爾而息，應該對政府「責難」「陳善」，對國家民族盡其應盡的責任；不唯唯喏喏以圖獵取名位，而謇謇諤諤以期有濟於時艱，庶幾上不負國家的教養，下無慚於平旦的清心。書生報國，此亦一端也。

（上接第16頁）

釋：他們兩個一對，形成極端的矛盾對立狀態。所以他們要「鬪爭」。事實也確切如此。他們從一見面就鬪爭，從無休止。他們的「鬪爭」往往和韓國的停戰或停戰協定毫不相干，但他們居然能鬪得起來。例如有一次在開會席上，瑞典委員指控北韓和中共地方當局對瑞典官兵們在某地工廠附近的散步加以干涉，而波蘭委員則竭力為共黨的干涉行動加以辯護。又有一次，瑞士委員抗議北韓和中共所供給瑞士及瑞典派到北部監督人員的食宿太惡劣，而捷克委員則說：大戰之後，必有兇年，所以食宿差一點是可以原諒的。反之，如波蘭或捷克要派聯軍方面的不是，則瑞典和瑞士也會很自然地起來為聯軍辯護。

這個意味深長的中立國監察委員會成立一年多來，開會一百數十次，但從來沒有任何的一次對所討論的實質問題得到過結論。其實他們之討論而無結果，不僅以實質問題為然，即使對於程序問題，也往往是喋喋不休，歷久而無結果。但他們却不厭其煩，「抗戰到底」。這是共產主義國家的紀律：不鬪爭就要被整肅。也是民主國家的精神：為眞理而窮究到底，不能曲從。

所謂中立在這個世界已經不存在了

瑞士是紛擾的近代歐洲傳統的中立國家，而今天她來到韓國扮演中立的脚色，居然身不由己地中立不起來。這是一個極具深義的現象。瑞典和瑞士在兩次世界大戰中都是保持中立的。這兩個國家雖然不算富庶，但從來沒有接受一塊錢的美援。她們雖然都是聯合國的會員國，但和聯合國之間並沒有比其他國家存着更特殊的關係。她們和美國間的外交關係（以國際法的眼光看）比和蘇聯間的外交關係，並沒有多大區別。但她們居然中立不起來。這其中大有深義。

瑞典和瑞士代表團被派到板門店參加「中立國遣返委員會」的工作，並沒有負有他們各自政府任何的特殊使命。他們的政府只是訓令他們秉公處理國際糾紛，他們當然也一貫地遵照這一民主政府的處世原則。可是雖然如此，他們仍是很自然地和聯軍方面步調一致，而與共黨集團背道而馳。這一事實，實實在在說明了當前一個極具深義的國際現象：在民主和極權兩大陣營的衝突中，試圖建立國際的第三勢力、中間路線、或東西間的橋梁等等的幻想狂人，如尼黑魯者流，其必歸失敗的命運已先天為之注定了。

英美自由金融政策之分析

劉國增

英美兩國在第二次大戰以後，各種經濟環境與戰前迥不相同。蓋在戰時爲爭取勝利起見，須籌措大量戰費，實行戰時財政。戰時財政之籌措，一方面須徵收重稅，一方面又須發行大量公債。此項公債之一大部份在戰後由商業銀行及一般人民所持有。商業銀行所持有之公債可隨時變成現金擴大信用。一般人民所持有之公債又可隨時變成現金購買物資。益以戰後兩國人民持有現金及其他流動資產甚多，同時各種物資缺乏，以大量之金錢爭購少數物資爲通貨膨脹之主要原因，同時戰後各種建設尙未恢復原狀，所有生產數量不能與貨幣數量相配合。如何限制銀行信用以穩定幣值，同時又不阻碍生產之發展，此其一。如何使處理公債辦法與限制銀行信用政策相配合，此其二。英美兩國爲遏止通貨膨脹起見雖曾採用物資配給、物價統制、等直接統制辦法，但此等辦法僅能遏止通貨膨脹於一時，不能根本解決之。益以各種直接統制乃緊急時應變辦法，人民早已厭惡。爲根本解決通貨膨脹問題計，爲恰輿情計，不能不採取比較自由比較溫和的金融政策以限制銀行信用之擴大，以待生產增加。惟兩國經濟環境不甚相同，故所採取之金融政策亦復大同小異，其所發生之效果，亦復彼此不同，茲分別分析如下：

一、美國金融政策

在研究美國金融政策以前我們必先明瞭美國聯邦準備制度理事會 Board of Governors of the Federal System，當時行金融政策所採用之中和辦法。所謂中和辦法者，卽設法使金融市場各種價格接近平衡 (approximate eqilibrium)。換言之卽使不偏於過高，亦不偏於過低。更進一步來說，卽使市場不過於景氣，亦不過於不景氣。此項中和辦法可分爲偏於人爲的及偏於自然的兩種。所謂偏於人爲的辦法者，卽由聯邦準備銀行負調整市場之責。就市場利率來說：如銀根太緊利率太高時，則減低貼現率或減低商業銀行存欵準備金數額，增加貨幣供應量，以緩和之。如銀根太鬆時則提高貼現率，或增加商業銀行存欵準備金，減少貨幣供應量以抑制之，蓋銀根太緊易引起不景氣，銀根太鬆易引起通貨膨脹，故必須分別設法糾正使之接近平衡。就債券市場來說：聯邦準備銀行在未與財政部協商以前，對於政府債券市場採取釘住政策 (Begged Policy)，換言之卽維持債券票面價格。債券價格太高時，則由聯邦準備銀行大量賣出，以免資金集中債券市場，影響其他生產投資。同時債券價格亦必因之降低。如債券價格太低，則由聯邦準備銀行大量買進，以維持債信。同時債券價格亦必因之提高。聯邦準備銀行一買一賣之間，使債券市價仍維持接近平衡狀態。此種偏於人爲的中和辦法，行之日久發生流弊，乃改弦更張，使用偏於自然的中和辦法。所謂偏於自然的中和辦法者，卽賴金融市場自己制衡作用 (self-correcting) 使各種價格接近平衡，少加人爲的干涉是也。換言之，卽由投資者按金融市場自然動向隨時轉移其投資目標，基於供給需求之關係使各種價格接近平衡。以債券市場爲例：如債券市價太高，則持有債券者定大量賣出，俟將來跌價時再行買進。大量賣出後則供給者多，需求者少，則債券價格必漸漸降低直至接近平衡而後已。如債券市價太低，則一般投資者預料將來價格必漲，乃爭相買進，供不應求，價格必漸漸提高，直至接近平衡而後已。此種自給自足情形 (self-supporting) 乃市場上自然現象，如因季節關係，或其他特殊原因一時銀根太緊，或太鬆致使債券市場價格太高或太低時，則由聯邦準備銀行暗中買進或賣出以維持之。此種金融市場自然動向乃聯邦準備銀行決定金融政策之指標，根據此項指標決定政策方不錯誤，較之聯邦準備銀行對於債券市場採取釘住政策時，致使市場動向不甚自然者，好的多矣。按艾森豪總統一九五四年一月六日致國會國情咨文，關於經濟部份卽主張美國經濟不需要景氣，亦不需要不景氣，更足證明美國所採取之中和辦法在經濟上所佔之重要性。茲將第二次大戰後美國所採取之金融政策分別檢討如下：美國在二次大戰以後所有經濟環境與戰前迥不相同。蓋在戰時政府發行債券甚夥同時貨幣供給量亦甚鉅。在戰爭期間人民所持有之貨幣及各種流動資產數量日漸增加。其增加之速度超過國民總生產量。同時商業銀行所持有之政府債券亦佔資產總額之一大部份。此項債券可隨時變成現金，擴大信用。爲應付此種特殊經濟環境，故美國戰後金融政策時時加以調整。戰後初期美國生產尙未恢復原狀，國內貨幣及各種流動資產充斥。國內外貨物需求甚鉅，供不應求，因之生活指數躉售物價指數消費品價格均日漸高漲，通貨膨脹現象籠罩一時，在此期間最重要之問題在積極恢復生產使之與通貨數量相配合。因之未能積極限制銀行信用以免影響生產。同時因在戰爭期間發行公債過多，如何處理此項重大問題，聯邦準備制度一時尙無決策，此亦爲未能積極實行金融主要原因之一。但當此時期金融政策雖未積極使用，然亦未消極不用。此時所使用之金融政策在如何使短期利率富有機動性；換言之卽可隨時降低或提高以應經濟需要。在一九四八年會數次變更貼現率及準備金數額，及至一九四九年工商業輕微不景氣 (business recession) 來臨，經濟稍形衰退，物價漸漸低落，工人漸漸失業；此時聯邦準備銀行之任務在設法打銷此輕微不景氣。因之所採用之金融政策：爲減低貼現率及準備金數額，放寬銀行消費信用規定，及減低證券交易保證金等措施。至一九五〇年及一九五一年生產有驚人之進展，預算盈餘甚多，所有增加之生產量足與戰時積存之大量貨幣相配合，因之通貨膨脹現象業已斂跡。後至韓戰爆發，國人恐將來物價高漲乃相率爭購經久性消費品，致使物價上漲，通貨膨脹之風復熾，故聯邦準備銀行又不得不採用限制消費信用等個別信用統制（elective credit controls）以免銀行信用擴大，助長通貨膨脹。同時對於維持政府債券市場政策亦不得不稍加修改矣。茲將各項金融政策略加分析如下：

（甲）公開市場活動：所謂公開市場活動者由狹義解釋即由聯邦準備銀行出面在市場上購進或賣出政府債券之謂。當債券市價過高時，則大量賣出使之降低，以免影響其他生產投資。太低時則大量買進，使之提高以維持債信。此項公開市場活動爲聯邦準備銀行最重要業務。爲指導該項業務起見，聯邦準備制度特設公開市場委員會。美國在第二次大戰時發行公債甚夥，戰後初期市場胃口不能容納此項大量債券，因之時有跌價之虞。債券跌價不能賣出，則其他工商業資金無由籌措，生產無由恢復。聯邦準備銀行有鑒於此，乃出面維持債券市場，使債券價格不低於票面價格，所謂釘住政策（Pegged Policy）者是也。在大戰期間，政府公債由聯邦準備銀行維持，其利率始終爲百分之$2\frac{1}{2}$。財政部短期庫券由聯邦準備銀行維持，其利率始終爲百分之$\frac{3}{8}$。直至一九四七年始將短期庫券利率提高。其提高之目的在鼓勵商業銀行繼續向該項庫券投資。及至一九四九年輕微不景氣來臨，債券跌價銀根緊縮，聯邦準備銀行爲緩和此種局勢起見乃大量買進債券，使商業銀行準備金增加，擴大信用以打開此不景氣現象。及至一九五〇年美國經濟情形與一九四九年大不相同，生產就業均大有進步，銀行信用日漸擴大，物價日漸高漲，資金需要有超過國民儲蓄趨勢。及乎韓戰爆發，軍費開支浩繁，一般人民恐將來物資缺乏，乃爭向銀行貸欵，搶購物資，因之銀行信用擴大，通貨膨脹之風復熾。此時聯邦準備銀行之任務有二：一方面設法穩定經濟，一方面又須維持債券市場。此兩種任務是互相衝突的。蓋維持債券市場使債券價格不低於票面，則會員銀行有恃無恐，認爲放欵有利時，則在市場上向準備銀行賣出債券，以擴大信用。如認爲保存債券有利時，對於準備銀行出售之債券可置之不理。會員銀行賣出政府債券擴大信用爲通貨膨脹之主要原因。聯邦準備銀行維持債券市場勢足與會員銀行擴大信用之便利。爲穩定經濟計，聯邦準備銀行乃於一九五一年三月與財政部成立協議。此協議之內容：①爲鼓勵長期投資者繼續持有政府長期債券計，乃將他們所持有之長期債券之一大部份換成新的長期債券，其利率較以前所持有者爲高。②聯邦準備銀行不積極維持債券市場，從此以後，其公開市場活動是有限度的。債券價格如因需求關係有秩序下落時，聯邦準備銀行可不予維持。③聯邦準備銀行減少或停止購買短期庫券，使其利率與貼現率拉平。如此可使會員銀行向聯邦準備銀行貼現以增加他們的準備金。除以上三項協議外，財政部又同意再換發債券時利率須較高，同時聯邦準備銀行亦同意在一九五一年內，如無意外情形發生，貼現率仍爲百分$1\frac{3}{4}$。經此次協商以後，聯邦準備銀行在表面上，雖不負維持債券市場之責，但因季節性的銀根緊縮，致債券價格大跌，或其他意外事變影響債券市場太鉅時，聯邦準備銀行亦可不時暗中買進以平抑之。此種事實可於協商後聯邦準備銀行買賣公債賬簿查出之。但無論如何經此次協商之後，會員銀行買賣債券時，不復依賴聯邦準備銀行，必須觀察市場上自然趨勢更必須多少冒點風險；從此再不敢隨時賣出債券擴大信用，惟恐將來不能以低價補進蒙受損失也。此項協議成立後，聯邦準備銀行因不完全負擔維持債券市場之責，故買進債券數目較少。商業銀行因出賣債券時冒絕大風險故必須提高放欵利率，以補償之。利率提高後，信用數量自然減少，通貨膨脹之風亦因之減退，穩定經濟之目的於焉達到。

（乙）貼現辦法：所謂貼現辦法者，即會員銀行信用頭寸缺欠時，以合格證券（acceptible securities）向聯邦準備銀行告借，聯邦準備銀行允予借欵並向他們索取之利率較之他們貸予顧主之利率爲低。允予貸欵即謂之貼現，向他們索取之利率即謂之貼現率。此項貼現率由聯邦準備制度理事會決定，十二個準備區是一律的。十二個準備區貼現率之所以一律者，蓋因銀行信用是富有流動性的，如某一個準備區貼現率較高，則該準備區內之會員銀行的放欵利率亦必較高，因之貸欵者將改向其他準備區會員銀行以低利貸欵，結果全國經濟將發生不穩定不平衡現象。不但此也，貼現率與公開市場利率有連帶關係，公開市場利率由約紐決定，全國一律，故貼現率亦必須全國一律，以免發生紛歧現象。至貼現率之高低則視金融市場情形而定。如市場特別景氣，爲防止不正當信用擴大起見，則提高貼現率以限制之。如市場特別不景氣，則減低貼現率以緩和之。在大戰期間及戰後初期爲鼓勵生產起見，均採用低利率政策。在戰爭期間貼現率始終爲年利百分之一，又政府債券一年到期者，其優待貼現率爲百分之五。此項貼現率有名無實，蓋聯邦準備銀行負有維持債信之責，會員銀行可隨時將存有之政府債券以票面價格或高於票面價格在市場上賣與聯邦準備銀行，以擴大信用，無須貼現。因此在一九四六年採取機動性利率以後，此項優待貼現率即行取銷。美國在大戰以後韓戰爆發以前始終維持低利率政策以鼓勵生產。自韓戰爆發之後銀行信用擴大，通貨膨脹之風復熾，聯邦準備制度理事會乃將貼現率由百分$1\frac{1}{2}$提高自百分之$1\frac{3}{4}$以免會員銀行信用不正當擴大。惟穩定金融與維持債信兩種政策是互相衝突的，爲使貼現率發生效力起見，聯邦準備銀行不得不與財政部協商放棄積極維持債券政策。從此以後會員銀行放欵頭寸不足時必須以債券向聯邦準備銀行貼現，因之貼現政策乃能發揮作用。

(丙)存欵準備金額之規定：爲統制會員銀行信用起見，有存欵準備金額之規定。所謂存欵準備金額（reserve requirement）者卽會員銀行須將存欵之一部份提交聯邦準備銀行，作爲存欵準備金。準備金佔全部存欵之一定比例數，此項比例數卽謂之存欵準備金額。準備金額之最高比例數最低比例數由國會規定。在此比例數以內，按照一九三五年美國銀行條例聯邦準備制度理事會有伸縮之權，可隨時變更。其變更標準：卽當市場不景氣時則減少準備金額以增加會員銀行貸欵數量。當市場特別景氣時則增加準備金額以減少會員銀行貸欵數額。因之存欵準備金額爲控制會員銀行最重要之武器。定期存欵之準備金數額與活期存欵之準備金數額不同。活期存欵之準備金數額又因銀行之地位不同而異，普通說起來，可將銀行分爲三類，卽中央準備城市銀行（central reserve city banks）準備城市銀行（reserve city banks）及鄉村銀行（country banks）是也。每一類之銀行的存欵準備金額是一律的。在一九三五年銀行條例所規定之準備金限額以內可隨時變更之。當大戰終止之時，除紐約支加哥中央準備城市銀行外，所有其他銀行準備金額均已達到法定最高額。在一九四八年當聯邦準備銀行維持政府債券市場政策危及存欵準備金政策時，乃將中央準備城市銀行之準備金額提高至法定最高額。及至一九四八年八月國會又授權聯邦準備制度理事會，可將存欵準備額臨時提高法定準備最高額以上，以免銀行信用輾轉擴大。但因聯邦準備銀行負責維持債券市場之故，會員銀行可隨時將債券賣出，將所得現欵充作準備金擴大信用，用不着減少私人放欵也。惟各銀行在增加準備金以前已將債券一部份賣與聯邦準備銀行，故此種辦法亦多少發生限制作用。聯邦準備制度理事會爲增加準備金效力起見，曾提議非會員銀行亦復按存欵準備金規定繳納準備金。又必要時會員銀行除繳納存欵準備外，並須持有一定數額政府債券。但此項提議始終未被國會採納。在一九四九年內因輕微不景氣關係，存欵準備金一再減低。及乎韓戰爆發，各會員銀行將政府債券變成現欵擴大信用。爲制止此種現象起見，乃於一九五一年一二月間除紐約支加哥外又將其他各地會員銀行之準備金提高至法定最高限額，較之第二次大戰時爲高。由統計數字觀察：準備金數額經此次提高以後，其數額增加二十億元，銀行存欵減低一百二十億元，足見存欵準備金額之規定影響會員銀行信用至深且鉅。一般經濟學者謂變更存欵準備金額爲美國貨幣政策 之核心工作，誠哉斯言也。

(丁)選擇性的信用統制：乃對某種信用加以統制，其所發生之影響亦僅及於該項信用，與其他信用不生關係，與存欵準備金等一般統制所發生之影響及於一切信用者大不相同。選擇性的信用統制之最重要者：①購買證券保證金辦法：按一九三四年證券交易條例，凡購買證券者須繳納保證金，其對於交易額之比例可隨時變更，戰後保證金最高額爲百分之百，最低額爲百分之五十。一九三四年證券交易條例（Securities Exchange Act）授權聯邦準備制度理事會，規定證券交易向銀行貸欵數額。按此規定，無論其所借之欵係爲買進證券或爲保存證券其數額均在限制之例。此項規定之用意，係爲防止證券投機買進，並不影響其他信用，卽商業銀行普通貸欵以證券爲擔保品者亦不受此項規定限制。至保證金額之高低，則視市場情形而定。當銀根鬆弛，游資充斥之時爲防止資金流入證券市場從事投機起見，乃將保證金額特別提高，例如一九四六年一月將保證金額提高至百分之百是也。當不景氣來臨銀根奇緊之時，爲使金融市場鬆動起見，則將保證金額特別降低。例如一九四九年將保證金額降低至百分之五十是也。證券交易保證金額之規定，對於穩定幣值之關係至爲重要。其他選擇性的信用制或者曾經放寬，或者業已取銷，但此項規定始終無大變動。②消費信用之統制：消費信用之統制始於一九四一年，當時美國總統實行緊急時期特權發佈統制消費信用命令。聯邦準備制度理事會根據該項命令擬定辦法處理該項統制。消費信用佔美國各種信用最重要地位，又三分之二的經久消費品如汽車冰箱等之交易是採取分期付欵辦法。分期付欵予購買者特別方便，易使信用擴大，故必須統制。在大戰期間所有分期付欵信用，一次付欵信用，賒賬信用，均在統制之例，因之聯邦準備銀行理事會信用統制權已超過銀行之外矣。惟此項統制是根據緊急時期特權係臨時性質，故至一九四七年十月此項統制卽行取銷。韓戰爆發後，根據國防生產條例（Defense Production Act）又恢復辦法，但僅統制分期付欵信用。其辦法：將被統制之物品分別列表，凡列入表內之物品購買時須按規定辦理。爲統制該項信用起見，規定預付貨欵最低額，償還貨欵最長期限以免信用擴大。③住宅信用之統制：大戰以後美國建築住宅工程風起雲湧；每年至數百單位之多建築時多向銀行貸欵分期付償因之該項信用甚爲擴大。爲防止住宅信用擴大起見，聯邦準備制度理事會乃於一九五〇年十月公佈X辦法（Regalation X），按此辦法，所有新住宅之建築購買投資等信用均在統制之例；同時並規定房屋抵押放欵辦法。按此辦法，所有預付欵項最低額，到期清償最長期間均分別規定。其目的在使該項信用緊縮，此種辦法在美國係初次行使，經數次修改後，於一九五二年九月宣告停止。以上各種選擇性的統制均是具有限制性的至V辦法（Regulation V）之目的則爲擴大國防生產，與以各種統制廻不相同。按此項辦法：爲便利承辦國防生產廠商擴展生產起見，於訂立合同後向銀行貸欵時聯邦準備銀行爲之擔保，並規定最高利率。又根據國防生產條例，舉行自動信用統制。按此項統制：係由各銀行各保險公司等金融機構與聯邦準備制度理事會合作，自動限制信用擴大。凡信用與國防生產無重要關係者不與貸欵。此項統制辦法雖無法律根據，但所發生之效力頗大，不重要信用因之減少甚多。選擇性的信用統制近年來雖日漸重要，但多屬緊急時期臨時措施，除證券交易保證金外，其他各種選擇性的信用統制均無永久性的法律根據，故緊急時期一過即行宣告停止。

就美國實行貨幣政策時所使用之各種技術觀察：其中以存款準備金額之規定較為重要，實行之期間亦較為長久，自聯邦準備銀行與財政部協議後，其所佔之地位更為重要。至公開市場活動在大戰停止後初期甚為重要，惟當嚴格統制銀行利率時，其所居之地位則不甚重要。至於貼現辦法必須與政府公債政策配合方能更為有效。至於選擇性的信用統制除證券交易保證金外均係臨時性質，事過境遷即行取銷，在最近之將來通貨膨脹現象或不至發生。如因政府預算支絀，或私人需求過多，致通貨膨脹現象再發生時，聯邦準備制度理事會如無新法規可依據時，不能再提高存款準備金額。蓋現在之存款準備額已達法定最高峯，而選擇性之各種統制亦十之八九到期。在此種情形之下惟提高政府債券利率，誘導商業銀行不再將債券變成現款擴大信用，同時再提高貼現率以限制之。惟通貨膨脹之後多繼之以通貨緊縮，經濟景氣之後，多繼之以不景氣。艾森豪當選總統後鑒於一九三三年共和黨由於經濟不景氣，益以在一九五三年秋季全國總生產量減低百分之一，在該年年底全國失業人數增加至一百四十萬，農業收入較之一九五二年減少百分之五。五，工業總生產在一九五三年十一月較之同年五月減低百分之五，經濟不景氣似已來臨。為應付此種初期不景氣早已開始在市場上買進短期庫券並減低會員銀行存款準備金額以便信用增加。種種措施之結果，使全國商業銀行放款投資大為增加，全國貨幣供應量在一九五三年九月間已達到兩千零四十九億元最高紀錄。為應付經濟環境採取新金融政策同時再配合減稅等財政政策，因時制宜採取機動性的金融政策自能應付裕如也。

二、英國金融政策

在第二次大戰時，英國政府債券增加之速度雖不如美國之甚，但無論在戰前及後政府債券在英國經濟上所佔之地位，均較美國更為重要。大戰終止時政府債券較戰前增加三倍，比全國總生產量多一倍，佔商業銀行全部資產之一大部份，極易引起通貨膨脹。此種形情與美國大致相同，但所採取之金融政策則不盡相同。其不相同之點舉其犖犖大者則為：㈠美國金融政策之最重要者為存款準備金之規定，英國則無此種規定。英國金融措施與此種規定相近者則為財政部存款收據辦法(Treasury Deposit Receipts) 簡稱之為 TDR's，按此項辦法為英國獨創之金融措施，其他國家均無同樣之規定。英國為彌補政府財政赤字，乃有此項規定。其用意係向各清算銀行蘇格蘭銀行 (Clearing and Scottish Banks) 及兩家海外銀行借款。借款數額與存款數量，成正比例。換言之即存款多者多借存款少者少借，每週調整一次。其數額及比例數每星期五由財政部公告一次。此項存款收據除准向英蘭銀行貼現外不准轉讓他人，亦不得在市場出售，此其特色也。此項存款收據辦法係為彌補預算支絀臨時特別辦法，及至一九四七年財政收支好轉即改換政府短期庫券。㈡在第二次大戰以後美國聯邦準備銀行負責維持政府債信期間，不僅對於短期庫券價格予維持，長期債券價格亦同樣維持。換言之，即均採取釘住政策。英國則不然僅對於短期庫券採取低利釘住政策，對於長期債券僅在一九四五—一九四七年初很短期間採取低利政策，以後即採取放任主義，使之隨市場利率為轉移。㈢美國各種金融統制辦法多經過國會立法程序為硬性之規定，金融當局僅能在法定範圍以內行使職權。而英國則不然，其所採用之各項金融統制辦法多根據慣例，或由財政部長發佈命令，或由英蘭銀行向商業銀行施行勸告，商業銀行根據戰時與英蘭銀行合作精神共同限制信用擴大。英國在第二次大戰終止後，感覺用財政策及直接統制辦法遏制止通貨膨脹均發生困難，且不恰輿情，乃改絃更張，使用溫和金融政策統制信用可補其他政策之不足。此項統制又可分為低利率政策、信用數量統制、信用性質統制、以及提高英蘭銀行利率及取消長期債券短期庫券低利率釘住政策等等措施，對於遏止通貨膨脹頗發生效力。茲將各種金融政策演進經過情形，及實行金融政策時所使用之各種辦法分陳如下：

英國在第二次大戰發生以後，一九五一年十月改革金融政策以前係採取低利率政策。此項政策是根據戰時金融政策而來的，一方面為減少大量公債利息，一方面為便利戰後各項建設。在大戰終止時短期庫券每年利率為百分之一左右。長期政府債券每年利率為百分之三左右。此兩種利率均較美國為高。在一九四五年至一九四六年之間財政部長道勒頓 (Dalton) 採取極端低利率政策，將短期庫券利率降低為百分之五，令英蘭銀行負責買賣該項庫券，並採取百分之五利率釘住政策。短期庫券利率壓低後，再用公開市場活動辦法使長期債券利率降低。其辦法為：將政府各機關所存之短期庫券賣與商業銀行，再以此項所得在市場上買進政府長期債券。在英蘭銀行負責以固定利率買進短期庫券期間，商業銀行可隨時賣出所存庫券，換取現金增加存放款。及至長期債券利率壓低至年利百分之二。五時，一般人民相信政府必更能將債券利率壓低，乃相率將債券賣給政府，另向其他方面投資。因之商業銀行存款在一九四六年增加八億鎊，較之一年前增加百分之十七，致貨幣供給量大量增加，影響經濟穩定至深且鉅。為穩定經濟計，乃於一九四七年放棄長期債券低利率政策，任憑該項利率隨市場需供情形變動，而短期庫券則仍採取低利率釘住政策。因此貼現店 (siscount houses) 用款時可隨時以短期庫券為抵押向商業銀行貸款，無須向英蘭銀行貼現。故短期庫券之百分之五利率對於市場利率的影響甚大，而英蘭銀行之百分之二的利率對市場利率的影響反微乎其微；因此在商業銀行存有大量庫券期間卽可以低利大量放欵。不但此也，各商業銀行各貼現店互相爭競之結果，致使以商業票據作抵押之各種貸欵利率亦特別降低。按英國慣例，各商業銀行所存現欵與存欵之比例爲百分之八至百分之十，謂之第一準備金。又有所謂第二準備金者，包括現金活存政府短期庫券在內，其與存欵之比例爲百分之三十。第二準備金中之一大部份爲政府短期庫券。在商業銀行存有大量短期庫券期間，卽可隨時擴大信用。同時因英蘭銀行負責購買該項庫券，故對於隨時變成現欵一事毫不發生問題。又因商業銀行用欵時無須向英蘭銀行貼現，故英蘭銀行之放欵利率、貼現利率，均與商業銀行之放欵利率無甚大關係。英蘭銀行利率不能控制商業銀行利率，極易引起通貨膨脹；益以一九五〇年六月韓戰爆發後不數月國人爭購物資之風火熾，商業銀行信用大爲增加；再加上一九五一年六月以後國際收支逆轉，外滙基金減至十五億美元；爲防止通貨惡性膨脹及外滙基金再減低起見，保守黨上臺後乃於一九五一年十月改變金融政策。茲將施行新金融政策之原因及其辦法分陳如下：

英國施行新金融政策之原因總括說起來可分爲下列數種：①國際收支逆轉，外滙基金減少，不得不限制商業銀行信用，以減少國內消費以促進輸出。②自一九五〇年十月起至一九五一年十一月止，商業銀行放欵數額增加百分之二十，如不設法限制則必造成通貨膨脹現象。③商業銀行存有短期債券等流動資金太多，極易變成現金，擴大信用。④因短期庫券採取低利率釘住政策，其他短期貸欵利率亦隨之減低，利率太低，極易使信用擴大，故必須改變。⑤商業銀行因開支增加，而市場上的利率、短期債券利率均太低，長期高利證券（gild-edged 又名金邊證券）利率亦日漸低落，故不得不增加放欵以應付開支。增加放欵爲通貨膨脹主要原因故必須設法統制。⑥工資日漸增加，工資增加後物價亦必隨之高漲，工資物價循環高漲易釀成惡性通貨膨脹現象，故必須設法減少通貨供應量以限制之。⑦商人囤積貨物漸多，利息太低，向銀行借欵囤積貨物有利可圖，如不設法制止，則銀行信用擴大，商人囤積居奇，通貨膨脹惡風一起將不可收拾。⑧重整軍備，開支浩繁。爲應付此項大量政府開支起見，必須設法減少私人開支。此實行新金融政策之所以必要也。爲針對上列各種原因實行新金融政策，至實行時所使用之各種方法則爲：

（甲）提高英蘭銀行放欵利率：自一九五一年十月八日起將英蘭銀行放欵利率由年利百分之二，提高至百分之二·五，不數月又提高至百分之四。在利率改變之始，規定一種特別辦法，卽由英蘭銀行借欵以七日爲期，並以政府短期庫券作抵押者，其利率爲年利百分之二，以商業票據及短期債券作抵押者，其利率爲年利百分之二·五。以後始則均提高至年利百分之四，繼則均降低至年利百分之三·五。英蘭銀行利率提高後，商業借欵費用增加，故貸欵利率亦提高，貸欵利率提高後信用數量亦因之減少。

（乙）放棄短期庫券低利率釘住政策：爲配合提高英蘭銀行利率政策起見，乃於一九五一年十月起放棄短期庫券年利百分之五低利率政策。此項政策乃與提高英蘭銀行利率政策相輔而行，如僅提高英蘭銀行利率，而短期庫券仍採取低利率政策，則商業銀行貼現店用欵時可隨時將短期庫券賣與英蘭銀行，無須以高利率向英蘭銀行借欵，因之英蘭銀行利率提高與否與市場利率不發生關係。爲防止以上弊端起見，乃放棄短期庫券低利率釘住政策。從此以後，英蘭銀行是否買賣庫券，自己決定，不受釘住政策拘束。換言之，卽改居主動地位。從此以後短期庫券的利率之高低由市場上供給需求關係決定。自此種辦法實行後，短期庫券公開標賣利率日漸提高，及至一九五二年九月竟高至年利百分之二·四九。爲配合此種政策起見，英蘭銀行利率亦提高。短期庫券利率提高後且漲落無定，商業銀行用欵時必須以短期庫券向英蘭銀行貼現，且利率較前爲高，故其放欵利率亦不得不提高。放欵利率提高後，貸欵數額自然減少，而海外持有英鎊資產者均有利可圖，因之國內資金不再向外流轉矣。

（丙）換發新債券辦法：英國在第二次大戰期間發行短期庫券甚夥，利率甚低，益以戰後採取年利百分之〇·五低利率釘住政策，致商業銀行隨時將短期庫券賣與英蘭銀行，擴大信用，造成通貨膨脹現象。爲改善此種情形起見，乃另發行利率較高、期限較長之政府債券，將一大部份低利率短期庫券換回。其目的在鼓勵商業銀行及一般人民長期保存政府債券，不再時時變成現金，擴大信用。此項債券數量爲十億英鎊，利率爲年利百分之一·二五，百分之一·五，百分之一·七五，還本期限爲一年二年三年三種。商業銀行必須購買此項債券半數。私人購買之數以存欵多少爲比例。商業銀行承購此項債券後，其所存有之流動資產與存欵之比例數，在一九五一年十一月由同年十月百分之三十九降爲百分之三十二，較之慣例比例數百分之三十相差無幾。其用作超額準備之流動資產幾乎全用作購買該項債券，因之無法變成現金，擴大信用。

（丁）信用數量統制及性質統制：此兩種統制乃英國統制信用慣用之辦法，不過在新金融政策實行後更加强其功用而已。就信用數量統制來說：凡公司之股票發行，新長期證券之發行，以銀行之借欵，每年超過五萬鎊者，須得資金發放委員會同意。就信用性質統制來說：除政府貸欵有優先權外，財政部長將鋼鐵業出口業等，優先貸欵分別列表通知資金發放委員會轉知商業銀行照辦；同時政府其他有關機關亦時常向資金發放委員會爲種種建議。財政部長除訓令資金發放委員會指示各種信用統制辦法外，又有時將各項統制原則函告英蘭銀行總裁。英蘭銀行根據一九四八年英蘭銀行法第四條，及戰時與商業銀行合作精神，要求各商業銀行放欵遵照各項統制原則辦理。按照慣例，商業銀行對於各項統制規定有自由解釋之權，有疑問時可向金融當局諮詢，並無檢查商業銀行之規定，此亦英國金融法規之特點也。資金發放委員會除明白指示各商業銀行何種貸欵應當鼓勵，何種貸欵應當取締外，並對於貸欵付欵條件加以監督，同時又督促早日償還貸欵。又對於租賃房屋購買物品分期付欵條件分別規定，並限期減少該項信用。此項規定與美國聯邦準備制度所規定之W條例 (regulation W) 相同，在英國金融史上又開一新紀元矣。

(戊)取銷商業銀行修飾賬目慣例：按英國商業銀行慣例，每當結賬之期，爲掩飾收支不平衡起見，常向同業挪移欵項將賬目重新修飾以期收支平衡而廣招徠。此種修飾賬目 (Windowdress) 辦法易使信用不正當擴大。金融當局有鑒於此，乃令商業銀行不准再修飾賬目以便稽核。

(已)提高公共事業貸欵利率：爲配合提高利率政策起見，將公共事業放欵部貸與地方公共事業欵項的利率比照市場利率予以提高，以免利用低利率濫借公欵，增加開支，助長通貨膨脹。

英國雖於一九四七年取銷維持政府長期債券政策，並繼續實行信用數量統制，但實行改變金融政策，則自一九五一年始。新金融政策之最重要措施爲放棄短期庫券低利率釘住政策。一旦放棄該項政策，短期庫券公開標賣利率卽行提高。而市場上短期庫券利率在一九五三年底由一九五〇年之百分之·五一，提高至百分之二·四九，而政府長期債券在一九五三年九月底，亦由一九五〇年之百分之三·五四，提高至百分之三·九一。又由當時英蘭銀行利率表觀察，商業銀行以短期庫券作抵押向英蘭銀行借欵，其利率爲年利百分之三·五，以商業票據及政府長期債券作抵押，其利率爲年利百分之四，換言之以短期庫券借欵的利率比英蘭銀行普通利率低百分之·五。其用意係爲鼓勵商業銀行多多承購短期庫券。及至一九五三年九月爲統一英蘭銀行利率起見，乃將此百分之·五優待利率取銷，一律降爲百分之三·五。但其目的據英蘭銀行宣稱，係爲劃一利率，並非放鬆抽緊銀根政策，英蘭銀行利率提高後，商業銀行存欵利率亦因之由年利百分之·五，提高至百分之二。工業優待放欵利率亦由年利百分之三—三·五，提高至百分之四—四·五。其他放欵利率較之此項放欵利率更加提高。利率提高對於商業銀行放欵雖發生限制作用，但仍不能發揮十分效力。爲鼓勵商業銀行長期保存政府債券，並減少超額準備金以免擴大信用計，又實行以長期高利率債券換發短期低利率庫券辦法。此種辦法實行後九個月，商業銀行貸欵工商業及個人數額較之以前降低百分之十二。同時金融當局又時時警告將來利率有再提高之可能。此項心理作用更足使商業銀行信用不敢擴大，益以按照慣例商業銀行須維持百分之三十流動資產對存欵之比例數。此項慣例對於信用發生極大限制作用。又變更利率之結果，使短期庫券利率與長期債券之間的差度縮小。此項差度之擴大爲通貨膨脹主要原因。當採用短期庫券低利率釘住政策時此項差度最大，故銀行信用擴大亦達最高峯。差度縮小後，銀行信用亦因之大爲減小。不但此也，利率提高後致使一九五二年上半年之國民儲蓄數額較之一九五一年上半年大的多，工資上漲之速度亦不像以前那樣快。躉售物價較之一年前亦未上漲，各種資金一反外流之傾向而轉向內流。凡此種種均足表示英國新金融政策已相當成功；惟英國預算近來迄未平衡，爲彌補政府財政赤字計，財政部時利用優先權向商業銀行借欵，其借欵之方法多爲向商業銀行推銷短期庫券，因之商業銀行流動資產比例增加。由英蘭銀行金融統計觀察：此項比例截至一九五二年六月竟高至百分之三七·四。如不設法平衡預算，恐商業銀行又將利用流動資產擴大信用。據一般經濟學者觀察：英國爲應付政府開支，同時又不使商業銀行信用擴大，將來恢復財政部存欵收據辦法，意中事耳。總之英國新金融政策之所相當成功者，其因素有三：①由於習慣者，英國法律多屬習慣法，金融法規亦然。例如商業銀行沿習存欵百分之三十流動資金比例慣例始終不逾，迄未將此比例數內之流動資金變成現欵擴大信用。②由於機動性者：英國金融政策富於機動性，因時制宜，並無存欵準備金額等硬性規定。財政部長應金融市場之需要隨時發佈統制辦法，故能隨機應變，處理咸宜。③由於合作者：英國商業與金融當局向來合作，自第二次大戰以來此種合作精神更爲加强。所有財政部長之命令，英蘭銀行之勸告，商業銀行無不照辦，無須當局派員檢查。此種合作精神對於英國金融之穩定，關係至爲重要。英國富於保守性，重視歷史習慣，遵守社會秩序，故其金融政策比較其他國家容易成功，研究國際經濟者不可不注意及之也。

本文參考書

一、American Monetary Policy, E. A. Golden Weser.
二、The British Banking Mechanism, W. Marrning Dacey.
三、Central Banking, M. H. De Kock.
四、International Monetary Fund Staff Pappers, April 1953.
五、American Economic Review, May 1953.
六、Federal Reserve Bulletin, April 1952.
七、The Quarterly Joural of Economics, May 1949.
八、International Statistics, November 1953.
九、Comparative Economic System, Youcks and Hoot.
十、Money and Banking, Macmillan.
十一、The International Economy, P. T. Ellsworth.

日本極右翼團體的復活

陸崇仁

近年以來，由於戰後世界政治的動盪，和日本國內政局的杌隉不安，日本極右翼團體的復活，和其勢力的急速膨大，已爲關心日本政局者所注目。即使日本政府自身，對此也不能不承認其嚴重性，表示「極右派團體的重起，比共產革命更爲危險」；並下令安全當局對於此項團體加以嚴密注意。過去數月之中，吉田首相曾接獲無數威脅性的神秘信件，對現行外交政策，表示異常不滿。此項信件無疑的是極端右派份子的傑作。這些極端右傾的團體，年來不僅如雨後春筍，日夜滋長，而且凡遇政治上發生任何事端，便乘機採取行動，一次又一次地擴張他們的勢力。即以最近的事例來說，譬如：「本年二月以來，政府高級官員關於造船等的大貪污事件，和六月三日發生的國會議員毆鬬事件，均被極右派團體大加利用，極盡興風作浪之能事。毆鬬事件的翌日，井上日召（戰前血盟團主角）的護國行動隊三十名，衝入衆院副議長左派社會黨原彪的住宅，要求立向國民謝罪。日本健青會會員二十餘名，乘卡車環遊全市，散發傳單，要求全體議員辭職。殉國青年隊發出檄文數千，高喊撲滅共黨前衞的左派社會黨。大日本愛國黨黨員六名，闖入首相官邸，要求吉田首相中止外遊等等。其氣燄之盛，和行動之囂張，使主管其事的司法當局，不得不對此提高警覺。加藤法相在上月中旬舉行的全國檢察官會議中，特別促請與會者注意說：『極右翼團體最近動態，逐漸傾向採取直接行動！』英國泰晤士報社評中，也對於此種傾向評論說：『日本最近情勢，與戰前五、一五事變發生時相彷彿。議會基礎的脆弱，使左右兩極端黨派蠢然思動。』指出事態的不可忽視。

此後又據大阪外電所傳，戰前日本最大的激烈民族派——六日本武德會，已在此間舉行儀式，宣佈復活，該黨全國代表二百五十人均參加此項儀式，並即刻展開吸收五萬名黨員之運動。該電訊附加說明稱，以前有一個時期，該會曾擁有五十萬黨員。新任黨魁宣佈該黨立場：「反共」，「日本完全獨立」，「亞洲國家共存共榮」，和「廉潔政治」云。由此更可概見目下日本極右翼團體實力的龐大，和其發展迅速的一班。不用說，大日本武德會，在此時突然「宣佈復活」，也是直接受這次國會議員鬬爭事件影響的結果。同時，我們更敢確信；祗要此後日本政局一天不能趨於穩定，類此極右傾勢力的蠢動，今後正方興未艾哩！現在日本一般人民對於極右勢力的迅速發展，無不心懷憂慮和恐怖，躭心他們會利用政局的混亂，開始新暴動和恐怖統治。

那麼這些具有深刻的歷史和社會背景，同時又是在世人記憶猶新的戰前「血盟團事件」、「神兵隊事件」、「五、一五事件」、「二、二六事件」等等無數次的血腥事件的惹起者——極右翼團體，迄至目前止，總共有多少個呢？關於此點，手頭雖然沒有正確統計，不過根據本年二月間「讀賣新聞」調查報告，大致數目在五百個左右，共計擁有會員五十萬人。他們的組織此刻已經密佈在社會每一角落，和每一個階層，無論是政府、政黨、學校、工廠，都有他們的會員和支部的存在。他們以往最大的缺陷，是各自爲政，缺乏聯繫。但是最近種種跡象顯示，這些極右的團體已漸次進行合併中，正策劃成立一個統一陣線，藉此加强實力。根據關係當局的報告，他們覺得這種情形，和一九三〇年當時各個政團的長成和發展的情形相似。

和以上極右傾團體成平行的發展，另一值得注目的現象，便是年來日本國民思想的急劇右傾。這一點從向天皇及靖國神社禮拜人數的消長上，最容易看出。根據統計，僅以本年度最初三天中來說：詣日皇宮及東京靖國神社參拜的男女老幼國民，便超過三百六十萬人以上，而去年同一時期，祗有一百六十萬人。一年之隔，激增達一倍以上。

同樣，在政治上也可以看出這種顯著的傾向。上屆國會總選的結果，大批戰前極右傾團體領袖當選了，其中大多數均屬戰前「知名之士」。像前東亞聯盟幹部木村武雄和辻政信，前「大日本運動本部」、「皇道扶翼運動本部」的幹部佐藤洋之助；前「皇道會」的平野力三；前「祖國會」會長北聆吉；前「皇道扶翼運動本部」的幹部羽田武嗣郎；前「東方會」的鈴木正吾；前「大日本同志會」的永山忠則；前「東亞聯盟」理事三木武吉等。前東條內閣主要閣員岸信介，也成了自由黨吉田首相的重要幹部。這些人都是紳士派人物，自然不會製造像「血盟團事件」，或「五一五事件」那樣血腥事件。但是這批曾具有右傾運動不平凡經歷的人，如此多數進入國會，直接或間接助長極右傾運動的發展，應該是有其可能的。再者參加這次大選，其中有右傾運動經歷者，和戰後右傾運動者的候選人，竟達六十餘名之多，而所得票數爲二百卅餘萬票。由此更可證明戰後日本國民右傾思想濃厚的一班。

以下擬就現存極右翼團體的內容，個別加以分析和檢討。根據前引本年二月「讀賣新聞」調查報告，這類團體現存數目大致有五百個。如此「洋洋大觀」，如果一一予以說明。固然是不可能，同時根本也沒有此種必要。因爲在這許許多多的團體中，在估計該一勢力的傾向上，誠然是很可靠的資料，但是假使從每一個團體的內容上省察，實在並不見得多是重要的。原來戰後日本新憲法，規定人民有「結社」的自由。以過去日本「結社」的絕對不自由，而於戰後驟然得到解放，因此往往三五人組織一個團體，甚至隨集隨散，所在多有，所以不足爲例。現在且略舉其中比較著名，並確實有歷史有勢力的團體如下：

一、前「大日本生產黨」。現任黨魁吉田益三。主張日本的再建，絕對要從恢復「日本主義」做起。又主張要求政府對舊軍人恢復恩恤制度。並聯絡海軍中將田村英，陸軍中將遠藤春山等，在大阪成立「恢復恩恤促進會」，自任該會會長，推廣組織，而以團結舊軍人爲目的。

二、前「神農塾」，現任塾長長登石清，爲吉田茂的私人參謀。其間曾和前「大日本生產黨」幹部綾正雄，藤江清航等，在大阪集合舊軍人二百五十名，組織「戰友會」，並決定爲掃除一切「弊政陋習」而奮鬥。

三、前「東亞聯盟同志會」。於前年秋間標榜「自衞中立」爲口號，恢復組織。這是戰前最有規模和勢力且具有相當號召力的極右傾團體。領袖是著名的石原莞爾將軍，是當年東條英機死敵之一。這一組織擁有相當堅强的幹部如辻政信、木村武雄等等，都是其中糾糾者。這一組織的發起人因爲是石原莞爾，所以又名石原莞爾主義。其實他們的主張，一如其會名所示，是以亞洲人的亞洲爲出發點，而以亞洲區域聯合爲目標。他們所標榜的所謂「自衞中立」，是希望美、蘇兩種勢力，完全退出日本的意思。不過依照他們一向的主張，這一原則不僅適用於今日的日本，同樣也適用於整個東亞。

在此值得注目的現象之一，便是戰前曾屬這一組織的幹部級人物，戰後紛紛投入保守派陣營的，爲數頗不在少。計加入自由黨者，有前任該盟本部理事三木武吉，縣支部長加藤宗平、中村梅吉，本部高級職員面川貞一等。加入改進黨的，有縣支部長長井源，石坂繁，宇田耕一等。加入右派社會黨的有縣本部參事菊池養之助，縣常任委員日野吉夫，縣支部長中村高一等等。據說：辻政信所採取的戰略是：「使各同志潛入各政黨，從內部向每一個人宣傳，以擴張石原莞爾分子。」此外，他更計劃發起大國民運動。

四、前「愛鄉塾」，塾長橘孝三郎。提倡農村自治主義。不用說，在農村是有他廣大勢力的。此老於遭整肅後一度蟄居鄉間，表面佯示消極，事實上卻不甘寂寞。以「難忍憂國之至情」作口實，又圖東山再起。先組織「愛鄉會」，自任該會會長。此後更竭力擴充外圍組織；一面指使心腹成立「酪農協同組合」。一面更命令其親信大島幹雄，和前島正衞等，分別組織「日本復興同盟」，和「祖國再建同盟」等等。標榜革新右傾主張，積極擴充勢力。最後更與其舊部組織革新青年團體，如「右傾農村青年聯盟」，「愛國農民同盟」。迄今其勢力已遍佈茨城縣全境。

五、國粹大衆黨。黨魁笹川良一。高級幹部有藤吉雄，坂倉彌三郎等。總部設在東京市內。該黨在戰前一度「赫赫有名」，曾組織散居東京銀座，新橋一帶的「撈家」，到處製造暴動事件。從去年春季起，又恢復組織，主張「反共」，和「實行膺懲資本家的專橫和權力的驕傲」。其勢力殊不可侮。

六、前「大東塾」。領袖影山正治。這一組織戰後曾被解散，幹部人物大批遭整肅。但影山對此滿不在乎，依然致力於「再建」工作。他們一貫堅決主張實行「天皇親政」。並倡導反蘇反共，同時也倡導反美。他們指責美國整肅日本領導者，是美國企圖將日本置於屬國化的陰謀。據說其部下有六百名曾受嚴格挑選並經其思想訓練的「優秀」黨員，他們絕對服從其指使，實行消滅「親美政策」。

上述這些極右翼團體，大致可說都是純民間的組織。此外值得重視的，便是戰前由陸海軍少壯派所組織的極右翼團體的甦生。這些由陸海軍少壯派組成的極右翼團體，才是一切極右翼團體的典型組織，是對內採取直接行動的責任者，對外實行侵略主義的發動者。所有以往政治上發生的血腥及暗殺事件，完全由這些組織操縱指使。自然「九一八事變」，「一二八事變」，乃至大東亞戰爭，無一不與這些冒險份子直接有關。這一由陸軍極右翼激烈份子所組織的團體，名叫「櫻會」。

櫻會一貫的綱領是，以改造國家爲最終目的，爲此「行使武力也在所不辭」。這一的組織戰後雖經當局澈底加以解散，並對其於組成份子全部加以整肅。但是「野火燒不盡，春風吹又生」。隨着日本重整軍備的呼聲，便非常活躍起來了。事實上，戰爭結束後，他們曾暗中組織了許多外圍團體，靜觀世變，相機而動。不久韓戰的爆發，和日本重整軍備的逐步見之實現，正給了他們最好的「再生」和擴大的機會。從此他們一面假借恢復恩餉，及其他有關舊軍人福利爲號召，積極組織全國性的舊軍人團體，一面實行大量滲透新成立的保安隊和警察組織中去。關於前者，統計戰爭結束以來，由舊軍人所組成的團體，全國已達四百以上。他們所要求的恢復恩餉，不僅已在各方面獲得廣大的同情和支持，而且其中一部份如養老金法案業已獲得議會通過；關於後者，他們在這些隊伍中，立卽成立了「陸士同期會」。由會參加該會的佐藤勝郎等主持，每月發行機關刊物「市之谷」，藉此對外加强宣傳，並吸收新份子。他們經過一個時期努力之後，果然產生了很大的結果，從前年九月起，先後復恢了向極著名的全國性的陸海軍人聯誼組織——「偕行會」和「水交社」。前者由陸軍耆宿永持中將擔任會長，後者則由山黎勝之進大將擔任會長。

此外這些極石傾團體，在各大學，和各大工廠也有無數的組織，本文爲篇幅所限，祇好從略了。

總之，以明治時代的「玄洋社」、「浪人會」爲歷史和社會背景的極右翼思想和組織，原有它深刻和廣泛的基礎，戰後雖因戰敗和麥師澈底加以整肅，而一度趨於消沉。但以㈠年來世界局勢不安；㈡戰後經濟窒息，失業人數增加，社會普遍不景氣；㈢一連串的政治醜聞，對於政黨政治，再度失去信心；㈣新思想家新政治家的缺乏；㈤戰後共產黨勢力的擴張等等原因，而復趨於活躍。他們一致的趨

(下轉第20頁)

中立國之戰(二)

——韓戰的第二個層面

漢城通訊・八月二日

本刊特約通訊記者　劉明遠

中立國監察委員會的具體任務

顧名思義，中立國監察委員會的任務是在監督停戰條欵的付諸實施。他們的具體工作有二：㈠在南北對峙的中間，有一「軍事分界線」(Demarcation Line)，分界線的兩側構成一眞空地帶。這一眞空地帶稱作「非軍事化地區」(Demilitarized Zone)。依據停戰協定的規定，這個帶形的非軍事化地區是不准交戰雙方武力侵犯的。否則便是違犯軍事停戰協定。中立國監察委員會具體任務之一，便是監督原交戰雙方不侵犯這個「禁城」。㈡根據停戰協定的規定，自停戰協定生效之日起，雙方不能再運進增援性的武力，或增援性的作戰物資。若要運進人員，必須是輪替或休假性質的；若要運進武器或作戰物資，則必須是建立在一件換一件的基礎上，才算不違背停戰協定。爲了使中立國監察委員會對上述的情況便於監督起見，由南北雙方各指定包括陸海空運輸的五個港口。卽一切有關軍運必須在這十個港口(雙方各五個)進行，而中立國監察委員會也經常派有人員在十個港口內進行督察。諒讀者一看這種安排便會知道，都是官樣文章，都是鬼吹燈，這一類的監督實際上對於停戰協定的實施是沒有多大幫助的。但無論如何，這仍是中立國監察委員會具體任務之一。事實上他們的任務却並不在此，而在山水之間。

韓戰之所以會停歇下來，實有其深長的內在原因。由於交戰雙方都覺得在三韓半島上的一場熾烈的射擊戰需要暫時地停歇一下了，於是戰鬪驟然而止，絕不需要人來調停。否則，若是雙方或任何一方(特別是共產黨)並不需要停戰，那就是上帝出來調停，恐怕也是枉然。因此，韓戰之要打還是要停，要戰還是要和，實在說起來和監不監並沒有多大關係。讀者當還記得，在不幾年以前，當剛降生的以色列和她的「芳鄰」們諸阿拉伯國家，打得頭破血流之時，聯合國曾派遣一調解委員會由瑞典外交家柏納杜特伯爵率領前往調解，雖然後來柏納杜特伯爵被近東極端份子行凶刺死，但在美國彭區博士繼續調停下，一場民族性及宗教性的戰爭終於結束了。這不能不算是調停的功勞。但「調停」對韓戰則絕無用處，「監督」也是鬼話。記得去年夏天，當瑞士代表團經日本前往韓國時，記者適在東京，當時記者問該代表團的發言人，該團的任務何時可以終了，那位發言人茫然不知所對，後來想了很久，像是絲毫無把握地說：大概需要一年。現在周而復始，一年已經過去了，他們的任務究竟何時終了？一百零幾度的炎夏，可憐的瑞士人還在三韓中部的眞空地帶邁方字步！路途遙遠，他們似乎還有的等呢！

以記者來看，所謂「中立國監察委員會」，實際上根本就沒有具體的任務這一回事。所以他們之在韓國根本上就不發生「任務完了」或「不完了」的問題。在不久的將來，他們也可能應雙方的請求而撤銷，也可能因瑞士或瑞典的代表團不滿於波捷兩代表團過火的間諜活動而打道回府，但這與韓國的休戰狀態是沒有多大關係的。韓戰之是否重起，決定於李承晚，決定於毛澤東，決定於艾森豪威爾和美國的輿論，確乎和中立國監察委員會的「監察」或「不監察」沒有多大關係。

中立國監察委員成員的素描

說起來，組成「中立國監察委員會」的四個國家的代表團眞是有趣得很。他們一半(波蘭和捷克)來自鐵幕，一半來自自由世界的角落。這四個不同國籍的代表團，你無論從那一個角度看都是不同的兩對：瑞典和瑞士的官兵都穿天藍色的制服，這表徵着他們的心地光明、性格平穩和人品純正。而那一對鐵幕裏邊爬出來的人物穿裝則大不相同了。他們制服和俄國紅軍的制服一樣：深黃色制服，領及袖上沿鑲着紅邊，這說明了「天下烏鴉一般黑」，說明了他們是和任何布爾希維克一般無二的暴徒。瑞典和瑞士的官兵，特別是瑞士的軍官，有好幾個是大學的教授或講師，風度翩翩，令人未交談而先起好感。而另一方面，波蘭和捷克的人物則多半是一些經年的地下工作者，哭喪着臉，極爲可憎。雖然波蘭和捷克兩代表團之間，或瑞士和瑞典兩代表團之間都不免有若干小異，但他們每一對中間大同之點，實在較小異爲大，俗語說：「不是寃家不對頭」，這兩對寃家居然在韓國的板門店對頭了。

寃家吵甚麽？

如上篇通訊中所敍述，這個絕無中立的，也絕不可能中立的「中立國」監察委員會本身就是一個問題。這個委員會的成素，確可以用那一套共產八股——甚麽「辯證唯物論」加以解

(下轉第7頁)

走向虎口的印度

王　魯

今年六月二十四日，突然自日內瓦飛來德里一隻意外的鴟梟，如果說印度將再遭受到天災人禍，那麼周恩來也許就是閻王爺派來的魔鬼。傳說自尼赫魯和周恩來會談以後，印政府親共的態度，將更加積極。這種不當的政策，不僅違反了新印度立國的精神，同時亦將因此使三億八千八百萬的印度人民，走向黑暗之路。我們以同是亞洲人的立場，眞感到無限的惋惜。

當一九四八年八月十四日午夜零時的時候，印度的國會向正在睡夢中的世界敲起了自由解放的鐘聲。被統治在英皇脚下，幾達一個世紀的印度，算是慢慢的蘇醒過來。次日尼赫魯在獨立大典的集會上，曾這樣的說道：「在這夜深人靜的時候，在世界仍在睡夢中的時候，印度獲得了新生與自由，印度重新認識了自己，重新鑄造了國魂。我們要擦乾每一個眼睛的每一滴眼淚，這不是怨天尤人的時候，我們要加倍努力，爲下一代建設自由的新天地。」這一段深刻而沉痛的演詞，自然感動了德里以及來自他方的人羣。想不到時隔六年的今天，向以獨立、平等、自由來追求建國理想的印度，今竟完全背棄這種原則，而甘心去作俄帝的應聲蟲，中共匪幫的幫凶者，怎對起聖雄甘地的在天之靈？

近幾年來，好像是菩薩並未保佑印度。例如說，當第一面獨立的旗幟剛剛升上天空的時候，印回仇殺的野火也就隨之普遍展開。據估計，在最初幾個星期，雙方死傷的人口即有五十餘萬之多。目前喀什米爾問題依然是印巴的死結，雖在一九五三年八月尼赫魯與巴基斯坦總理阿里同意於今年解決，但談判是否能够順利，還十分難說。誰都知道，印度是世界四大古國之一，不僅有悠久的歷史，同時也保有早期的農業文明，即在今天，農鄉的人口佔全國總額的百分之七十八，土地仍舊被視爲無價之寶。穀物的收成本來就不十分充裕，如無災害尙且勉强敷用；少有例外便成饑荒。如一九五二年的蝗蟲災害，即是繼械鬪、水災而來的一個凶年。

新政府在致力統一內部的工作上，平心而論，確有成績。能使數以百計的土邦全部合併到印度境內，此爲印度歷史上僅有的奇蹟。現以德里爲中心的控制力量正在日趨龐大。印度政府現正在推行「糧食生產方案」，期能藉此解決經常有一億以上的人口在半饑餓中過活，和那因週期性的季風之失調而產生的旱災與水災。但糧食問題在現社會下仍極嚴重，主要的原因，是人口蕃殖的太快。食之者衆，生之者寡。水利是印度歷代施政的重心，在美國的技術協助下，有若干水利工程現已完成。灌溉固然會帶來了豐收，但眞正的農民所得却是很少，國內大部的土地握在地主手裏，二分之一以上的農民是靠租地來耕，而是地租的代價即佔全部收穫的百分之七十上下。土地改革也在實行，但國大黨的社會基礎，內中不少就是地主，而現政府的總理尼赫魯又是該黨的主席，實行以來困難重重，因此無特殊成績。印度社會還有一個問題，即是「賤民」，爲數約在五千萬左右，他們不屬於任何四大階級，可稱是社會的最下層。一般來說，賤民不能與其他的印度人講話，當然更不能進入平民住宅，無時無刻不在受到社會的歧視。

印度獨立後六年多的歲月，可說是無時不在災難困苦中掙鬪，在這種環境裏，也正好是赤色共黨生根發芽的土壤。印共成立已近三十年，始終未抬起頭來，今竟在全國選擧中，所得的票數佔總額的百分之五點四。尤自中共陳兵西藏以來，更平添了他們的勇氣。近年印總理對印共的搗亂是大傷腦筋，並且非常憎恨。今年四月上旬，尼赫魯在特拉凡科爾——高欽選擧演說時稱：「共黨降低印度之政治生活，幾已成爲反動，其所謂文化戰線甚爲鄙俗，又虛僞又好暴動，共黨所倡行之全部課題，均屬錯誤。」印共的大部勢力，是分佈在南部印度，阿薩姆省，和恒河三角洲的加爾各答附近。中南部共黨在議會中的席次近年逐漸增加，阿薩姆省因接近中國邊境，共黨的人數也較多，如一九五一年六月，印度政府在此一省即逮捕有一、四九八人之多。一九四九年因暴動而被捕的一千六百名印共，現已由監獄釋放，恢復活動。在南部印度，利用農工不滿現實的心理，發展的非常迅速。

印度當局自然知道，中共匪幫建築川、康、青與西藏間的公路，和已完成的拉薩、江孜軍用機場，以及駐在西藏有十萬上下的軍隊，完全是在準備外侵。否則，印度不會在其北邊國境；東起阿薩姆西迄克什米爾，佈了一道孤形防線；同時又新修了自印度至尼泊爾京城加德滿都 (Katmandu) 的軍用公路；更爲了增強其北線防備，今春印度國會又追加了十七億盧比的經費。已故的列寧不是說過：「由莫斯科到西方，要繞過北京和加爾各答。」今日北極熊的魔掌，已經踏進了北京，難道就會停止而不再前進了嗎？多數的國際觀察家，一致認爲蘇俄及其附庸要進攻印度，可能利用三條通路；①印藏公路，由拉薩經過大吉嶺至印度的比哈爾省 (Bihar)。②從新疆疏附通喀什米爾的古道，由印度西北部以攻擊印度。③利用中印公路，此路係由雲南昆明，經保山、密支那 (Myiktyina) 到印度東北邊阿薩姆之雷多(Ledo)。這條國際公路，在二次大戰期間，曾爲我國援助印緬的一條戰略公路。美國羅斯克教授 (Joseph S. Roucek) 則認爲，蘇俄進攻印度將需經凱伯爾通路 (Khyber Pass 阿富汗與巴基斯坦的西北邊省交界處）。他說：「以蘇俄的觀點言之，認爲印度的（今屬巴基斯坦）的凱伯爾通路最爲重要，但此路一旦不克利用時，那麼緬甸即變爲進攻北印度的捷徑。」（譯自美國 Current History）事實上自一九五一年以來，中共的軍隊已有一小部侵入阿薩姆省，且與守防的印軍對面作戰前後已有兩次以上。據工商日報所載，中共近來所出的地圖，已將阿省併入西藏境內，本來印藏間由不丹東經孟宗（即孟達旺區）、野人山（達佛喇區）、白馬崗、波密至西康、緬甸、雲南接壤處爲止，幅員計五萬平方公里之土地，是英治時代逐步蠶食我國的。今天中共所根據的自然也是此一理由。所以印度與中共的西藏問題談判，邊界一項也比較難獲協議。

雖然如此，尼赫魯仍在大作其「中立」的美夢，希望自由世界與蘇俄集團都找他作調停人，置身於自由和奴役兩大世界之外，關起印度的大門，來從事復興與建設，以免除未來第三次世界大戰的浩刧。因此，他在東方自命爲「第三勢力」國家，又極力扯上緬甸，以裝大他的門面，然而其表現的却是十足親共的姿態；主張對鐵幕國家採取姑息主義，尤其希望將朱毛匪幫拉進聯合國。其種種外交措施，與美國的亞洲政策，到處抵觸。這不僅爲自由亞洲的國家斥爲不當，即有識的印度人民，亦認爲這是極端的冒險行動。印人安底迦博士(Dr. S. B. Ambdecllear) 早於一九五一年六月，即公然對印度政府指出：「這個拯救世界的荒唐政策，即將使印度走上毀滅之路，而這個自殺的政策，對於印度愈早改變愈好。」但尼赫魯是一位具有幻想與偏見的人，而且喜歡多管閒事，那裏會聽別人的忠告呢！

一九五三年美國副總統尼克森在訪問過十九個國家後，於十二月十四日返抵華府，此後美巴之間並未理睬印度的反對而開始雙方問題的談判了。蘇俄駐印大使孟希可夫，亦於十二月十四日向印政府提出軍援印度的建議。蘇俄這種陰險的舉動，顯然是又拿出戰後吞併捷克的手段，今又故技重施，打算用於印度。戰後捷克的主政者也想中立，當時莫斯科就利用貝奈士天眞的中立心理，先與捷克訂立「互不侵犯條約」，繼之再來一次「互助協定」，等到共黨的力量發育强大時，史太林的眼皮一翻，就把捷克捲入了鐵幕。這件嶄新的史事，不知現在走「中立主義」的尼赫魯先生有無所悉？

印度現行的「中間偏左」外交路線，看來其危險性不言可知，尤其以打破了中東與東南亞的「均勢」爲理由，反對美國軍援巴基斯坦，更是令人啼笑皆非，不可理喻。然而這正中了陳兵於西藏的中共匪幫之下懷，由雅魯藏布江河谷到恒河平原僅僅是一山之隔，中共要入侵印度隨時都有可能。這隻臥在印度後背的餓虎，眼看着喜馬拉雅山麓南坡的羊羣，在一個牧童鞭策之下，正在芊芊的由平原爬上山來，心中眞是暗暗自喜，正待時機成熟，一舉食盡羊羣呢！

讀者投書

(一) 戶稅要不得

王志和

編者先生：

（以上刪）我是個薪水生活者。薪水是我僅有的一項收入。我沒有家，說穿了，是我的收入不夠養活一個老婆，所以我還寄住在朋友家中。在我的薪水收入中，直接間接完給政府的稅不算少。試數數看：紙煙售價中包括有政府的公賣收益，食鹽裏面有鹽稅，豬肉裏面有屠宰稅（雖然我三餐已很少能吃到葷），米麵等也有米麵等的捐稅。總而言之，生活必需品除掉日光、空氣以外，都是有稅的。這還是間接的，至於直接的除掉每月被扣的薪俸所得稅外，還有我心甘情願的愛國獎券「稅」。最近我又收到一張戶稅通知單。要我繳戶稅了。

戶稅？我沒有成家立戶，如何要課我的戶稅呢？許多光桿朋友都這樣憤憤不平。但一查稅法，又是有根據的。「法」的本身，尚可以不覈名實，這又有何話說呢？（中刪）而且我的戶稅是稅局照我的薪水額查定的。我的薪水不是已經課過所得稅的嗎？在一項收入上，一次又一次地課稅，這無以名之，只好名之曰剝削。剝削者，剝了一層又一層，例如剝筍殼是也。

戶稅的標準最亂。甲乙兩人資產收入相等，二人所接到的納稅通知單，可能甲多於乙數倍。丙丁兩人資產與收入相差百十倍，但他們二人應繳的稅額又幾乎相等。某戊今年和去年資產及收入並無變動，但今年應納的戶稅大於去年的十倍。一句話，戶稅是辦得一塌糊塗。大家都是如此說。（下刪）

據說、戶稅是日據時代的遺制。這難怪，這原是日本帝國主義者在殖民地的一種稅制！我們何必要承襲這種羞辱的稅制呢？而且實質上這種稅並不是甚麼「戶」稅。戶之貧富與稅額無關，戶之有無也與課稅與否無關。如此之稅而名曰「戶」稅，豈不滑稽！我們要呼籲：戶稅應該取消。鄉鎮經費，應另闢公平而合理的財源。

讀者　王志和　拜啓
四十三、八、七於臺中

(二) 勢利眼的灑水車

陳居仁

自由中國主編先生：

我記不清是甚麼人寫過這樣一句詩：「炎涼世態在長安」。這是說：京都所在之地是最勢利的。想不到：人如此，物亦如此！請看今日臺北市的灑水車，不是有很銳利的勢利眼嗎？

今年夏季雨水少，臺北市的馬路，車輪過處，沙塵飛揚，行人叫苦不置。灑水車那裏去了？有的馬路，一兩天看不見它光臨。但有些要人住宅區，馬路兩旁並沒灰沙的行人道，路面也好，路旁且有樹蔭，但灑水車在這種區域，一天要拜訪兩三次。好乖巧的灑水車！

指揮灑水車的市政當局，如果其本身不勢利的話，應該把灑水車每天的工作區和其次數，好好的重新調整一下，並在報紙上公佈出來，讓市民們大家齊聲高呼公平的市政！

讀者　陳居仁
八月一日

讀者投書

楊梅

琦君

我又檢出這張褪了色的照片，一個矮胖的小孩，小手正把一顆圓圓的水菓塞在嘴裏，汁水滴在綉花圍嘴上，挺着小肚皮，躊躊滿志地笑着，那是我三歲時的照片。曾記母親常常把它取出來給朋友們看說：「你看小春這孩子，硬是不肯拍照，給她一個楊梅就樂了。」

我寶愛着這張富於紀念性的照片，它使我思念母親，懷戀童年與故鄉，更想起了許多吃楊梅的故事。

現在，正該是故鄉早穀登場，又是楊梅最好的季節了。我鄉的茶山楊梅，可以媲美於紹興的蕭山梅，色澤之美，更有過之。一顆顆又圓又大，紅紫晶瑩像閃光的變色寶石。母親在大筐子裏選出最好的給父親和我吃，其實我倒是恨不得連人都鑽進簍子裏，把爛的也帶核吞下去。說起吞核兒，我是經過一番特別訓練的。我有個只大我幾歲的小叔叔，與我一樣的貪吃楊梅。我們要從楊梅上市的第一天，青的酸的，吃到下市的最後一天，爛的苦的才罷休。可是他的本領比我大得多，他把楊梅擱在嘴裏，只用舌頭一拌就嚥下喉嚨了。我問他：「核兒呢？」他說：「吃楊梅不嚥核兒還成啦！那你吃上十斤八斤也不會飽。還有，楊梅核才是消毒的，嚥下去，可以把胃腸裏不清潔的東西如蜘蛛絲，豬毛之類的東西一齊捲出來。所以楊梅不必洗，洗了味兒就淡了，可是要吃不洗的楊梅，就得學會嚥核兒。」我聽了他的話，有點半信半疑。可是爲了省去洗的麻煩，藉此可以多吃，也就開始學嚥核兒了。叔叔說要嚥就得在每次吃時第一個就嚥下去，以後就不困難了。可是我還是學了很久才學會。學會以後就越發的狼吞虎嚥起來，吃得肚子綳硬的，舌頭都起了跟楊梅珠子一樣的小泡泡，吃飯渴茶都感到痛，我不願告訴母親，還是偷偷地吃。母親看我那副猴相，笑罵我：「這樣食吃楊梅，給你招個茶山女婿吧！」終于我吃出胃病來了。胃酸湧上來，整天不想吃飯，母親把楊梅核兒焙成灰，叫我開水服下去，幾次就好多了。母親正色地告誡我說：「小春，你吃東西這樣任性，長大了，一個人在外沒有媽照顧，病了怎麼辦？」我常常爲母親的多叮嚀而感到厭煩，無知的童稚，總以爲一輩子都會在母親的愛撫下享受着幸福呢！

農曆的六月初旬，是鄉間家家戶戶「嚐新」的好日子。「嚐新」就是新穀已經收成了，農家得做幾樣好菜，謝了穀神，請大家來喝杯慶祝的喜酒，吃碗又香又軟的紅米飯，(新穀是紅米)酒席裏最好吃的是四個大盤：一盤茄鬆，(茄子切絲，裹了麵粉雞蛋油炸，又香又甜。)一盤蛤子，一盤切得方方正正的西瓜，一盤拿燒酒浸過的楊梅。這四樣東西差不多家家都相同。我愛酒又愛楊梅，啜着燒酒楊梅，下以茄鬆，剝剝蛤子，最後吃鮮甜的西瓜解渴。還有比這更快樂的事嗎？所以那一家請吃「嚐新」酒總是我做代表，父親是懶出門的，母親又是這樣不吃，那樣不嚐的。我就樂得單身赴宴，吃得前仰後合地回家。寧可吃壞了肚子，又害母親操一場心。

我家搬到了杭州，蕭山的楊梅也一樣鮮甜。樣兒是橢圓的，顏色是粉紅或白的，看起來遠不及故鄉的茶山梅漂亮。我因爲胃病，已經不能多吃，更不能嚥核兒了。母親仍是在簍子裏選出最大最好的幾顆留給父親與我吃，每天放學回家，我端了籐桌椅坐在院子裏，母親就把一碟子用鹽水洗過的楊梅放在我面前，說：「小春，只吃十個，晚飯後再吃十個。」我一面做着代數，一面把楊梅放在嘴裏慢慢兒啜着甜汁。令人頭痛的代數題，一道也做不出，十個楊梅却在萬分不捨得吃的情形下吃完了。母親笑着端起剩下的說：「再吃一個，明天的代數就考個楊梅大的零分了。」我也笑着，紫色的楊梅汁滴落在練習薄上。

抗戰第二年，我們回到故鄉，父親病了。他患的是肺病與痔瘡，這兩種病都不宜吃楊梅，可是到了楊梅成熟的季節，他還是想吃，每次只能吃兩個。有一次，父親的朋友從遠方來，送了他一對玲瓏剔透的水晶小碟子，父親自是心愛萬分。母親把兩個紫透的楊梅放在一隻水晶碟子裏，另一隻碟子擺上幾朵茉莉花與一枝芝蘭。一清早叫我端去放在父親的枕邊。聞着芝蘭的陣陣清香，父親把楊梅拿在手指尖上，端詳半晌說：「你母親愛花，愛水菓，可是她從不戴花，也不吃水菓，只默默地培養得花兒開了，菓子結了。她一生都是那麼寧靜淡泊！」他眼睛望着壁上母親與我合攝的照片，言下似不勝感慨。那時庶毋不在旁邊，他好像還有許多話想和我說，可是他沒有說出來。

農曆六月初六日，是父親的生日，頭一晚，母親就吩咐我要早起，在佛堂與祖宗神位前點上香燭，(因爲父母親都是信佛的，)然後再扶父親起來膜拜。可是未到天亮，父親就氣喘了，我與庶母都陪着他，母親仍在樓下張羅。他的氣愈來愈急，我量他的脈膊急促而衰微，額上冒着豆大的汗珠，我知道情勢不好，趕緊給他注射平氣強心針。父親的眼睛只是望着我，又看看壁上的照片，我懂得他的意思是要我請母親趕緊來，我急急跑到樓下，母親正端了那一對水晶碟子的芝蘭與楊梅跨上樓梯，我接過碟子嗚咽地說：「媽，爸爸要你快上去。」可是母親還是猶疑不決。因爲父親臥病之初，庶母就請了瞎子算命，排起八字來說母親的流年與父親的有衝尅，兩年中必須避不見面。庶母信了瞎子的話，示意母親不要去看父親。父親呢！心中雖有千言萬語要與母親傾吐，怎奈母親執意以父親的身體爲重，不願與他見面。於是父親與母親之間，都是由我傳遞心曲。可是現在，現在一切都將太晚了，我執着母親的手，淚水滴滴滾落，喉頭哽咽不能成聲。母親也慌了，三步兩脚趕上樓來，庶母已在放聲大哭，父親只以含淚的眼睛看着母親與我，嘴唇微微動了一下，未能啓口即溘然而逝了。母親掩着嘴忍住了哭，半晌她說：「你們都不要大哭，不要擾亂他的精神，跪下來唸經，最後的一刻，讓他平安地起身吧！」我匍伏在地上，幾乎昏厥過去，可是母親的語音似古寺鐘磬，使我於神志昏亂中略微清醒過來，我抬起模糊的淚眼望母親，她滿臉的悲傷哀感中，仍透露一股臨大變而能勉強鎮定的毅力。她將父親的雙手平放在胸前，給他穿上襪子，看時鐘正指着九點。小几上擺着那兩個水晶碟子，芝蘭散佈着芬芳，楊梅仍閃着紫紅的光彩，此情此景愈加使我泣不可仰了，六月初六，父親的生日，誰又想到竟成他的忌辰呢！

四十九天的齋期中，我每天總不忘在水晶碟子裏擺上幾瓣鮮花與兩顆楊梅，上供於父親的靈前。而母親呢？似乎再無心情揀選最熟最紫的楊梅了。

我負笈海上以後，每年夏天楊梅成熟之時，也靠近父親生日與忌辰六月初六，我都南望故鄉而涕泣唏噓，上海沒有好的楊梅，我也不再想吃楊梅，我懷念的是去世的父親與勞累大半生白髮皤然的母親。

卅年初夏，我卒業大學，母親來信說：「孩子，早點回家吧！回家正趕上楊梅最好的時候。媽又得爲你揀一顆顆晶瑩碩大的楊梅了。」我捧着信，又不禁泣然淚下，我感謝母親比海更深的愛，也想起了父親那一對心愛的水晶碟子。

可是那時因戰事海岸線封鎖，我竟遲遲未能成行。忽然一個晴天霹靂，叔叔來信說母親心臟病突發，叫我急切回家，遲恐趕不上了。我冒着危險，取道陸路，整整廿一天才趕到家中，趕到時母親的靈柩已停放在祠堂裏了，人間慘痛，孰甚於此！

年光於哀痛中悠悠逝去，雙親去世以後，我嚐盡了人間酸辛滋味，想起兒時那種吃楊梅的任性與歡樂，此生永不會再有了。

寶島沒有楊梅，縱有的話，寶石般的紫紅色也徒然增人傷感，父親的水晶碟子遺留在大陸未曾帶出，我還是把一切記憶都塵封起來吧！

(上接第15頁)

向與目標，是日本中心主義，排斥親美，與排斥親俄，等量齊觀。他們對於日本目前的資本主義機構，深痛惡絕。他們對於目前國會至上體制，也看來極不順眼。其中多數且公開主張天皇親政。誠然，就目下情勢觀察，在美國極度重視此一遠東反共前哨、具有工業基礎的日本之際，極右翼團體如想作更一步的發展，和極左翼團體共產黨夢想造成第二個北韓、越盟，是同樣不可能的事。因爲戰前極右翼團體，類多獲得政府和財閥的津貼，並暗中受他們指使操縱。目前此種情形，尚不多見。再者，戰前極右翼團體，因獲納粹主義，法西斯主義思想理論的支持，遂至如虎添翼，飈趨囂張；至於戰後此種歪曲理論已經破產，在日本知識份子中既不起任何作用，政治上更無人肯出頭承當，益以其他各種限制，一時也難以作「東山之再起」。但是一個國家的政治中心長期陷於不穩定狀態，中心思想上又缺乏正確的領導，如國家的際遇稍佳，固然危險性不致太大。然而今日日本的主觀和客觀的情勢，正處於異常危殆的逆境之中，日在蘇俄中共虎視耽耽之下，這種現象便値得憂慮了。今後如何因勢利導，使極左與極右翼勢力，同歸消滅，這就要看日本有識之士的努力了。

吻

王敬義

只要向上伸直手臂，就可觸到閣樓的屋頂。剛下過一陣暴雨，小小閣樓中充滿溼熱的水氣。窗子只有一尺見方，僅僅可以探出頭去。是一個沒有玻璃的窗子。是這閣樓中僅有的窗子。窗外却是微微涼沁的清新的空氣，與閣樓中的鬱悶恰成對比。降雨的時候是黃昏，現在已經是夜晚了，明淨異常的夜空，有稀落的幾顆星星。遠方傳來的車聲、蟲聲皆嘹亮已極。他們匆匆的跑進閣樓迅速的關緊身後的木板門，然後倆人都背倚着門，雙手按在胸前。呼吸勻緩下來以後，他們相顧的微笑，在黯暗中，他們的面頰都有一種朦朧的美麗。

遠處星火般的燈光，閃鑠在小窗前。夜晚像是一片潮來時的海水，更深更深的淹沒起一切。他們聽着一顆樹輕嘩着，悄悄拭去額角上的汗水。

這一時，車聲少了，除去斷續的蟲聲，寂靜如一座古舊的大鐘掛在那裏——他們的心跳是鐘擺。他找到她的手臂，握住她有汗水的掌心，但當他將她的手往懷中牽扯時，她掙脫了。他們走到小窗前。窗角掛滿蛛網，他們有些煩厭的用手帕揩去黏在臉上的蛛絲。

「小心蛛絲掉到眼中去！」她說。

「我知道小心的，」他說：「但是妳也要小心。」

她不再說話，片刻後，她說：「這裏眞好，但是爲甚麼到這裏來呢？」

「這裏眞好！」他說。

「有一些悶熱，」她說。

「窗口不太熱，」他說。他找她的眼睛，她的眼睛中沒有責備的神情。他拍撫着她的手背。

「我們或者不應該到這小閣樓上來呢！」她說。

「這裏太黑？」

「他們會找我們的，」她說。

「他們喝醉了，」他說：「那許多瓶酒！」

「你嘴裏也有酒氣呢！」

「我喝了一杯，」他說：「我很小的時候就能喝一杯的。」

「姑媽都五十歲了，日子過得眞快！」她說。

「妳第一次來我家的時候只有八歲，穿一雙紅鞋！」他說。

「鞋尖上繡着老虎。」

「老虎鞋應該是男孩子穿的。」他說。

「女孩子也可以穿。」她辯論着。

「是的，女孩子也可以穿。」

「我媽媽第一次看到你，就說你大人氣十足！」她說。

「我十歲時，妳的姑媽——我的媽媽——便讓我穿長袍馬褂謝客了。」他說。

她笑了，笑得很輕，很頑皮。

「妳笑甚麼？」他問。她不笑了。

「你會作舊詩？」她說。

「又是我媽媽告訴妳的。」他緩緩的說。

「你不高興了？」她說：「是我媽媽告訴我的。」

「但我好久都不寫詩了。」他說：「我在讀歷史，學着寫小說。」

「你一定會寫出很好的小說，」她說。

「惹人流淚的小說，」他說。

「我不願意讀悲哀的小說，」她說，「我願意快樂」。

「我也願意快樂，」他說：「但是我只能寫使人流淚的小說。我想使每一個隣近我的人快樂，但我從不會快樂過。我是一個演悲劇的人。」

「你不是一個演悲劇的人，」她說：「我喜歡與你在一起，與你在一起我很快樂。」

「但妳不會永遠快樂！」他想：「沒有人會永遠快樂！妳不會感到與我在一起會很快樂，沒有人與我在一起會很快樂！」

現在，他們靠得很近。他能嗅到她髮捲中丁香花的幽芬。他握住她的手，她的手還在出汗。

「我們最好甚麼都不想，」他說。

「我從來甚麼都不想，」她說。

「但是妳應該思想，」他想：「妳是一個人，妳有腦子！」

「妳很可愛。」他說。

「可愛？」她問。

「妳小的時候就很可愛！」他說。

「不要提小的時候，」她說：「小的時候，我……我不動人！」

「但是很可愛，」他說：「那雙繡老虎的紅鞋！」

「你忘不了那雙紅鞋！」她說。

「十年了，我忘不了那雙紅鞋！」他說。

「十年，我一直隨着父親跑來跑去。」

「我一直呆在這裏。牆爲我圍出一個流浪的國土。」他想。

「你在想甚麼？」她問。「十年來我時常想起你，」她說。

「穿着長袍馬褂，會作舊詩的我？」他說。

她又想笑，但是，她說：「我想你長大了。」

「現在妳回來了，」他說：「我們都長大了。」

「不會再有戰爭了吧？」她問。

「不再有戰爭我們還是會離開的，」他想：「我們不會永遠在一起的，或者結婚，生孩子。」但是，他說：

「如果不再有戰爭就好了。」「我們，每一個人，都會生活得很快樂，很幸福，」她說。

「像燕子一樣，」他說。

「我願意像燕子一樣的飛，」她說。

「妳有一天會像燕子般飛去的，」他想。他側轉身，他們相互凝視着。「妳不會願意飛進我心中去的，」他想。

「好像有人上樓梯呢！」她有些緊張的小聲說。

「或者是一隻貓，不，是老鼠，這閣樓有很多老鼠，」他說。他想起四川的大老鼠咬去嬰孩的耳朵的事情。「妳會怕的！」他想。

不知何時她已靠近他，她的額靠在他的下巴上。他用手抱住她的腰，這時，他聽見她用輕微的聲音說：

「快樂些！談些快樂的事情，使人感到幸福的事情。」

他用另一隻手托她的下巴，她的面頰仰起來，長髮滑落下去，在黑暗中像一片黑色的影子。

「妳沒有變！」他說：「妳還是那樣年青、活潑、樂觀！」

「但是你變了，」她說：「我有些怕，我怕你的憂鬱。你太消沉了。」

「我不消沉又怎樣？」他想。他不時輕輕的嗅她的頭髮。

「眞的，你太不像一個廿多歲的青年了！」她說。

「我自己難道不知道？」他想。他只緊緊的抱着她，漸漸的，一股熱由她的軀體傳過來，漲紅了他的面頰。

「我不好，我不會快樂的，」他喃喃的說。

「你會快樂的，我們有過最美麗的回憶，」她說。

「僅僅是美麗的回憶，」他想：「妳不應該走開的，妳應該留下來伴着我的，那樣兩個人都會快樂的！」但是，他說：

「妳沒有忘記過去的日子，那些日子我們眞幸福啊！」

「現在我們不幸福嗎？」她說：「還有更多幸福的日子呢！」

「更多幸福的日子！更多幸福的日子！」他說。

「並且要快樂！」他想。但是，他不能再想很多。他已能感覺到她灼熱的鼻息，她灼熱的面頰，她深邃的眼睛中灼熱的光亮。「我應該勇敢些，應該積極些，」他努力着去想。在他緊緊的擁抱中，她沉默着、靜止着。他更近的靠近她，這時，在她的眼睛中他看到一陣騷動與不安的表情。她推開他，用手指着窗外，聲音急促的說。

「火！火！」

他隨她的手指望去，不遠處，一片火燄明亮起來。火舌吐得很高。他聽見驚慌的人們的喧嘩的聲音。他沒有放鬆他的雙臂，他看到被他擁抱的她，鼻、唇、豐滿的面頰，都被火光塗上一層艷紅，而她的雙眼，迸射着奇異的光亮。他更緊的抱住她，並且低聲嘟噥着：「先不去管那場火吧！」就在她想詢問他說了些甚麼話的時候，他已吻了她。她閉上眼睛，他嚐到些微香蕉的甜香，他知道那是因爲她在飯後吃了香蕉。

火越燒越高，人聲也越嘈雜，夾着嬰兒的哭喊聲。他緩緩張開眼，然後，他們分開了。

在他們打開閣樓的木板門，預備下樓時，她問他：

「你在想甚麼？」

「我應該勇敢些，應該積極些，」他想，而且，他將他所想的說了出來。

「那麼你可以再吻我一次！」她有些靦腆的說，但是她很快樂。他以一種緊張的饑餓的表情吻了她。

「現在，我們下去吧！告訴他們着火的消息！」她說。

「他們不會知道的，他們都醉了，」他說。

（上接第29頁）

「你瞧你，」小薇似在埋怨：「爲什麼不說我不在家？」

阿梅深知小薇心意，所以對這有趣的責備只置之一笑；果然，兩分鐘後，小薇已從床上起身，到浴室匆匆梳洗一番，換了一件衣服，就下樓來，只是，快走近客廳的時候，她又逐漸地爲這矛盾的行爲感到慚愧；同時，這份被積壓在心底的悲哀又浮湧上來，她幾度躊躇着想回去。

就在這猶豫的片刻，又飛似有感應地隨着脚步聲追了出來，四目相視，半晌無言，最後，又飛用力把小薇一拖，就從樓梯口拖進客室，兩手扶住小薇的肩膀，雙目凝注小薇的面容，他混身有一點顫抖，眼淚一顆顆地滴落……這震動立刻傳給了小薇，她看着他，臉色蒼白，頭髮蓬鬆着，年青人是如此地憔悴了！這一切給予小薇以沉重的感傷，扶在又飛肩頭，傷心地哭起來了

這兩個善良的生命，至此眞正合流。

「小薇！小薇！」又飛喃喃地：「告訴我，你爲什麼忽然跑掉？」

小薇哭着沒有作聲。

「說呀！」又飛捧起小薇的臉：「告訴我！」

「因爲……」小薇要訴出她的悲哀，但，她怕那失而復得的又飛會絕裾而去，於是，她欲言又止。

「我知道，我知道！」又飛似不忍小薇受窘，立刻接了下去：「你負擔不了對我生命安危的憂慮，是吧？是的！我明白，我感謝你，但是，請不要把人生看得這麼嚴肅，這麼遠，太嚴肅了，我們會放棄輕鬆的一面；太遠了，我們會錯過目前的一切。生命的潮汐不會是靜止的，只要我們能享受到任何一個起伏便都是幸福。我們倆人的生命相過的時候，曾冒過耀眼的火花，我們已經在共同欣賞着人生的美，這就够了，小薇，不要想得太多，不要想得太遠！」又飛停了一停又說：「你走了以後，我也曾想法忘掉這件事，但是，不行，別的事都耽擱了，這件事依然不能放下！你懂嗎？小薇，不要放棄這已得的幸福，它太值得愛惜了！」（未完）

長篇連載

幾番風雨（四）

孟瑤

十一

瑰薇雖然兄弟衆多，但姐姐只有一個比她大四歲的瑰薔，即小薇的五姨，丈夫是一個大實業家，在武昌經營一個規模宏大的紗廠，家庭却安置在生活比較舒服的漢口，他倆兒女成行，有一個很幸福的家庭；瑰薇與她往還最親蜜，或上海，或杭州，或廬山，她倆結伴而遊的機會甚多。因此小薇不想回上海的時候，便想起了她五姨的西湖山莊來。瑰薇拗不過她的孩子，只得寫了一封信給她姐姐，瑰薔接信，立刻派家裏老僕老吳的兒子，一個廿三四歲的青年小伙子小吳，先去西湖收拾打掃，然後再親自上山去接瑰薇母女去住。

一切停妥，時間已到小薇分娩彌月，小薇産後虛弱，杖而能行，瑰薇當然必須親自照顧，阿梅也是一個得力的助手。行前，瑰薇實在放心不下那瘦弱的小外孫，這屬於她唯一的第二代骨血，在不得已的情形下，必須交給一個毫無科學知識的清寒農家去撫育，她擦眼抹淚地向那長工的兒婦愷切叮嚀，他們也都拍着胸脯說會好好供奉這位千金小姐，這瑰薇才較放心地黯然離去。

一番舟車勞頓，這一家三口又到了風景秀麗的西湖。

小薇大病初愈，經過了這一番跋涉，少不得又在床上躺了半個月，等她再度起床的時候，西子湖畔，已經又是鶯飛草長的暮春三月。

西湖山莊靜臥半月，小薇奔放激越的情緒又復歸於安寧。但這安寧是一種消極的灰頹，不是積極的平實。她常於不自覺中悠長地嘆一口氣，這聲音便無情地在那暗中關注着她的母親心上，劃上一道深重的傷痕。她知道她的孩子不能忘情於過去的一段遭受，因而便想找出一個方法使這孩子的思慮移向別方。一到小薇行動稍能自如了，瑰薇便提議去遊這一帶的名勝岳墳、靈隱、或虎跑。只是小薇並不肯去體貼她母親的心意，却總是以身體吃不消爲理由而回絕了。如今，她經常消磨時間的方法是坐在躺椅上支頤沉思，像往日在廬山似的，荒郊步月，溪畔讀詩的雅興早已沒有了。

一天，午飯剛罷，小薇立刻又往那躺椅上坐下，瑰薇實在忍不住了，走到她孩子面前笑着說：「薇薇，今天太陽這樣好，咱們帶着阿梅遊湖去吧？」

「我不想去！」

「瞧，遊湖又用不着你走，坐在船上，看看青山綠水比關在屋裏要痛快得多。」

小薇抬頭看了她母親一眼，這一眼中，她才看出這段時間她母親所遭受的折磨，比自己親歷的不幸要沉重得多。向來注意儀表的母親，如今衣着隨便了；兩鬢青絲，起着秋葦似的灰白；那充滿智慧的眼睛，永遠噙着淚珠；還有那憔悴的臉色，傴僂的肩背……有着動人豐姿，年紀剛過中年的母親，竟然老得這樣快？小薇幾乎想哭，她立刻站起來說「好，我去，我去！」爲了不使母親看出她的傷感，她還故意撒嬌似的說：「我可是不走路！」

「當然，叫阿梅去找轎伕？」瑰薇第一次有一個如此輕鬆的笑，輕鬆得直如這春天的陽光。

只爲了安慰母親，小薇無可奈何地出門遊春。但，一和這大自然接觸，這聞名天下的湖光山色給了小薇太大的震動與興奮，看，這綠綠的草，這紅紅的花，這天空飛鳥的啁啾，這花間蝴蝶的飛舞：：這是一個多麼充滿了生意，充滿了力量的世界啊！小薇從在廬山大雪封山的日子算起，幾乎有三個月未曾出門了，忘了除一所屋子外，還有偌大一個天地，偌大一個世界。

「媽，我下來走！」小薇興奮地。

「好，」瑰薇更加高興：「本來嗎，出來走走多好！」

小薇下了轎，拄着一根拐杖，便與她母親漫步湖濱，然後又上了船，靠在躺椅上，疲倦而又舒適地欣賞這迷人的景色。

從春天開始，來西湖尋幽探勝的人，絡繹於途，自朝至暮，西湖是不寂寞的。

一天月圓之夜，小薇忽然有了興緻要去看三潭印月，瑰薇有點感冒，便勸小薇夜間最好不出門爲佳，但小薇興緻太高，瑰薇無奈便叫阿梅作伴，並派那守山莊的老僕先去僱好船隻。

這夜晴空無雲，月色特佳，小薇主僕泛舟於這波平如鏡的湖面，槳聲咿啞，給小薇的心上，鋪上一層極淡遠的顏色。

「阿梅，」小薇喊了一聲：「今天的月亮多好！」

「是呀！」

「湖上的船眞不少呢！」

「當然咯！天氣又好，月亮又好，誰不願意出來開開心？」阿梅這樣應和着。

「你看，咱們這半年的生活過得也眞有趣，一會兒山上，一會兒水邊，再一會又……」才說到這裏，她們所坐的船，好像觸礁似的，搖蕩得幾乎把小薇拋到水裏，吓得她緊抓住船舷，尖叫了起來。

「對不起，不要怕，不要怕！」先一個聲音傳來，接着人也跳上來了，先扶好傾倒的靠椅，然後一把抓住害怕的小薇說。

小薇驚惶中看見這面前的身影，怔住了：一個比普通人高大很多的身材，穿一件皮夾克，頭上沒有戴帽子，頭髮披拂着，眼眉英秀，鼻端挺直，薄唇兩端，掛着爽朗的笑意，在月光下，這陌生人，忽然像一首詩似的，飄臨到小薇的感情上。

「小姐！」是阿梅的聲音。

「哦……」小薇醒悟過來，她才發現自己與這位小說中的王子，已經執手凝眸有一個相當長的時間了。她臉紅的把手從那滾熱的掌握中奪了回來，頭却低得更下了。

「對不起，」這王子說話了：「我方才一個人划着船，因爲腦筋裏想一件事，不小心，碰了你們的船，小姐受驚了！」

小薇不知所答，這王子却索性在旁邊的一張椅子上坐了下來，接着又說：「我叫岳又飛，原來是這兒藝專的學生，現在是筧橋空軍官校的飛行生，快畢業了，學校這兩天放假！」又飛指手劃脚，無拘無束地說着。似乎是隨便，但不輕浮；看來像浪漫，却更眞摯。小薇目不轉睛地欣賞着他，現在才說：「原來是飛將軍，失敬失敬！」

「怎麼，飛將軍在你們女孩子心目中眞是英雄嗎？」又飛企盼地望着他夢中的女神。

「截至目前，我還沒有這感情！」小薇笑得很溫柔。

這句話，使又飛安靜了下來，開始沒有說話，沒有動作，追隨着小薇的目光，望着那靜靜的湖面，聽那船頭劃破水面的聲音。

「眞靜！」小薇輕輕地說了一句。

「對了，眞靜！」又飛這樣應和着。他平靜了一會，似又無可奈何地開口：「不過你還沒有告訴我尊姓？」

「何！」

「何……？」又飛拖長那聲音。

「何小薇！」小薇無可抗拒地。

「是春眠不覺曉的曉嗎？」

「不，大小的小！」

「那麼……？」

「薔薇的薇！」

「哦，何小薇，很好！」又飛多望了小薇幾眼：「名如其人，很調和，很美麗！」

小薇皺了一皺眉，雖然覺得他放肆，却沒有生氣。

「遊春？」

「是剛來！」

「剛來杭州嗎？以前似乎沒見過？」

「不，養病！」

「養病？」又飛凝注小薇半天，終於掩飾不了那份關切地問：「什麼病？」

「不健康！」

「在這裏養病是眞理想，每天來划兩次船，半年後準保身心健康！」

「不過，假若天天遇到一位像閣下似的英雄，病是沒了，魂也就吓飛了！」小薇說時，依然溫靜地笑着。

「怎麼，你還在生方才的氣嗎？」又飛說：「我陪禮，我請你吃宵夜！」

小薇對於這一位陌生客孩子似的天眞，不覺望了阿梅一眼，失聲而笑。

「你笑什麼？」

「我笑我從來沒有這福氣，晚上還可以吃下東西，否則，我倒要叨你的光！」

「那麼上岸走走去！」

「是因爲我得罪了你嗎？」小薇含笑地問。

「不……是……」又飛回答不出來。

小薇看見眞的窘住了這位有趣的青年，才又比較誠懇地說：「對不起，病後我的腿勁一直不大好，走一點路對我還是件非常吃力的事呢！」

在沉默中稍稍拖延了一會，小薇又回頭對船伕說：「咱們就從這裏靠岸，回去也很近呢！」

這靑年一直保持着他的緘默，船搖攏了岸，小薇主僕三人跳上去，又飛才又走到小薇的面前說：「我能够送你們回家嗎？」

「不必了，我們有三個人，是不怕什麼的！」這女神恭敬地向王子鞠了一個躬。

十二

西湖夜泛回來，小薇的心情，特別不能寧靜，天外的月光，透過樹間，爬到那雕花的窗櫺，遍洒滿地花影，這銀輝對徘徊室內的小薇，特具刺激，她停步凝注，目不轉睛地。突然，月光中划來一隻船，一位飛將軍的影子，翩然地降到她的面前。

「多奇怪，他會趁我不備的時候，驀然地跳到我的生活中來。」她定了一定神想。

這一夜無由排遣，第二天晚飯後，她決定再去捕捉那昨夜飄來的夢。

「媽，」小薇竟然有點臉紅氣促：「今晚叫阿梅再陪我划船去。」

「就你們倆人？」

「那有什麼關係？」小薇有點着急：「昨天不是我們倆人嗎？」

「去吧！早點回來。」

「那還用說！」小薇立刻回答，又向阿梅做了一個鬼臉，便一溜煙地跑掉。

他倆走到湖濱，跳上船，便向那發現奇跡的方向划着，遠遠望去，昨日小舟竟在前面慢慢地，也靜靜的蕩着，飛將軍正在向他們微笑招手。

船一靠近，又飛就跳過來說：「知道你們必來！」

小薇沒有說什麼，只向他微微一笑，然後指了一指身邊的坐位，又飛便很自然地坐了下去。兩人許久沒有說話，似乎都爲這彼此的奇遇所驚倒。

「昨天我失眠了！」又飛忽然望望小薇說。

小薇笑了一笑，沒有作聲。

「你笑什麼？」

「我笑……」小薇頓了一頓：「彼此，彼此！」

「怎麼，你也一樣？」又飛從椅上跳了起來，弄得船身可怕地搖動着。

「別亂動好不好，頭都暈了！」小薇緊張地扶住船舷：「遇見你這個人眞糟糕，我整個地亂了！」

「我的眼睛更亂呢！」又飛靜靜地坐下來，似乎很幽默地說：「蘇杭山水甲天下，而且盛產佳麗，我久居西湖之濱，看見的人多啦！但，只有你使我眼花撩亂！」

「你倒眞了不起，」小薇這才坐正了說：「還有這麼一套漂亮的外交辭令？」

「不是辭令，是眞話！」

「再配上你這漂亮儀表，所謂蘇杭佳麗，也該自慚形穢吧？」

「你別開玩笑，」又飛掠了一掠飄拂的頭髮：我說的，可都是眞話，從前我念藝專的時候，在西湖一帶可也是有名的船匪。站在唯美的立場，我沒有放鬆過一個漂亮的女孩子，但是那也都是逢場作戲，從來都沒有保留過那些印象，因爲那些都好像只是一張平面的畫，只有你，才是立體的，有靈魂，有生命的東西。」

「所以你……」

「所以我連晚飯都沒有吃，就守在這裏了！」

「晚飯都沒有吃？」小薇望着他。

「吃完午飯就來了！」

「餓嗎？」

「有一點！」又飛摸摸肚子，

「那麼快靠岸吧！」小薇命令着船伕，然後又對又飛說：「我陪你去吃點東西。」

上岸以後，這兩人已經挽手併肩，沿着湖濱踱步。直到最遠一家飯館，兩人才走了進去。

「你愛吃什麼？說！我作東！」小薇與緻極濃。

「秀色可餐！」又飛故意地：「我飽了！」

「少討厭，說正經的！」

「點了菜一會你饞嘴吃出病來！還是隨便來碗麵吧！」

「好！」

正在這兩人有商有量的時候，忽然小薇聽見有人喊她，不覺奇怪地一回頭，迎面而來的正是令德，身後還跟着胡貫一。

「你怎麼也來西湖了？」小薇看看身旁的又飛不覺臉紅紅地站起來，隨後，又立刻警戒自己顯出大方的樣子說：「大家介紹介紹，一起坐！」

「這是我叔父！」

「胡貫一！」貫一這樣道出姓名，小薇與他握了手，才彼此互道：「久仰，久仰！」

隨後，又飛也被介紹出去。

「眞是幸會幸會，」貫一興高釆烈地說：「我們就不客氣地要加入了。我作東，何小姐先點菜！」貫一禮貌地把菜單遞了過去。趁機，他不放鬆地盯了小薇一眼，混身嬌貴氣不說，那白皙的臉上所安置的那一對眼睛，就像炎日下的一泓潭，誰看了也恨不能立刻跳了進去，希望能戲水其間，就是爬不起來，死亦無恨。因爲那裏面充滿了太多的誘惑，使你被它捲了進去，連思索的時間都沒有；這一份活的美，是貫一在照片中沒有看到的，他有一點呆了，這簡直是屬於一種對美的震驚。

「我已吃過晚飯，各位別客氣！」小薇關注地把菜單轉給又飛說：「點你愛吃的吧！」

在彼此客氣中，大家叫了幾個菜，小薇才有機會問貫一說：「您住在杭州？」

「這聲音像銀鈴一樣，怪不得學梅派青衣，她比臺上更美，雖然消瘦一些，但，美，眞美！」貫一亂七八糟地想，却半晌沒有答話。

「不，叔叔在南京，是來這兒度假的！」令德接下去說。

「是的，來度假！」貫一又慌忙地接下去。

「怎麼不寫信告訴我，你也來了杭州？」小薇責備似的望着令德說：「什麼時候到我們那兒去玩，媽怪想你的！」

「一兩天，」令德說：「準來！」

不久菜飯擺齊，大家圍坐吃了談笑風生的一餐，因爲貫一健談，還有着合度的幽默感，又飛更是爽朗之至，小薇兩日來的情緒始終是昂揚的，只有令德平靜一些，却並不影響席間的愉快。飯後，又飛還要他倆一起划船，令德看出小薇對他的情緒來，於是，沒有等到貫一開口，就立刻回答說：「二位請吧！我們還忙着辦點事！」

貫一把這一雙儷影目送遠遠，才回頭問令德：

「爲什麼不想去划船？」

「對他們不方便！」令德解事地說。

「岳又飛你們認識嗎？」

「不，他們是在杭州遇到的！」

「看樣了很親蜜？」

令德悵然地點着頭。

「直快，眞快！」貫一輕輕地拊掌說。

「什麼眞快？」令德回頭問。

貫一被問得一怔，但，立刻他這樣回答：「我說咱們來杭州眞快，轉眼已經三天了！」

十三

天，下着淅瀝不盡的雨，這是小薇與又飛相逢的第三日。

小薇被雨聲驚醒，不覺睜開眼睛喊了一聲：

「阿梅！」

阿梅應聲而至。

「外面下雨了嗎？」

「是！」

「不大吧？」

「不小！」

「死天！」小薇詛咒了一句，就沒與緻起來了。

「您別急，今天岳先生準會來！」阿梅笑着對小薇說。

「小丫頭片子！」小薇笑着罵了一句。

「不信賭什麼？」阿梅做着鬼臉就跑。

「回來！」小薇喊。

「什麼？」阿梅停住脚站得遠遠的。

「打水我洗臉！」小薇說，直等阿梅退出，她才哼着最輕鬆的歌，慢慢地從床上起身。

在隔壁的瑰薇聽見了她孩子的歌聲，這幾乎有一年，從沒有聽見的愉快歌聲，她不覺也振奮地早早起床。

母女間瀰漫着無言的快樂。剛吃完早點，又飛已來拜訪。

小薇把他介紹給自己的母親，兩人坐着閒談，瑰薇也逐漸地喜歡這個孩子，他的爽朗，他的健談，他的無拘束，還有他那高大的身材與紅得發光的面容，像一堆火似的，把這一個家照亮了，不自覺地給人以振奮與欣悅。瑰薇立刻覺得這多少年來缺少男性支柱的家，現在已被他那雙粗壯的手臂，輕輕地托了起來。

寒暄告一段落，瑰薇故意站起來看看外面的天氣，憑欄遠眺，天際雲層甚厚，於是她搖搖頭說：「這雨今天停不了！」

小薇調皮地向又飛扮了一個鬼臉。

「我看，」瑰薇又接着說你們別冒雨出去了，就在家裏想法玩玩吧！」於是她又向又飛說：「多玩一會，我不陪了！」

說完，她退回自己屋裏。

「你有興緻冒雨出去嗎？」又飛低頭小聲問小薇。

「媽不會答應的！」小薇說：「而且山路太泥濘，我不敢走！」

「眞是都市小姐，雨中趣味比什麼都好，繪畫最難表現這情調，我最願意在雨中流連。」

「對了，你還是位藝專的學生呢！怎麼從不把你看家本領表現一下呢？今天下雨無事，何不畫兩張畫，給我看？」

「畫？」又飛眞有些技癢，搓搓手，半天才說：「沒有工具怎麼辦？」

「專門的沒有，普通水彩，木炭，畫紙，這兒書房裏倒有一份，我看你成天吹，今天可要兌現了！」

「好呀！」又飛一拍手說：「可是我有兩個條件！」

「瞧你！」小薇像是生氣：「說吧！」

「第一，」又飛說：「頭一張是人物素描，這人物當然是你，所以你得乖乖地坐着讓我畫！」看見小薇不答話，於是，又飛又望着她問了一聲：「怎麼樣？」

「知道你壞！」小薇撅起嘴：「那麼第二？」

「第二嗎？」又飛拉起小薇的手看了半天說：「那在你就更容易了，就是要你這雙漂亮的手，親自燒兩樣菜請客！」

「請客？」小薇奪回手故意地：「這麼早，你怎麼把午飯都訂下了，我並沒留你吃午飯呀！」

「不留也得行呀！」又飛更調皮地：「我這第一張畫就得三天，你說怎麼辦？」

「你這人眞特別，又要我坐着給你畫，又要我下厨去燒菜，怎麼，我有分身術嗎？」

又飛看了一看錶，想了一會，又說：「現在不到九點，十一點以前，你的畫像完成，然後我陪你下厨燒菜，然後吃飯，然後休息一會，再表演一張雨景，然後雨過天靑，然後你送我上車站……」

「然後你就回學校，然後學校就罰你禁閉一星期，然後……」小薇說着笑得不可開交：「看你有多少然後？」

「好不好？」又飛笑着問。

「安排得倒不錯，先畫了再說。」

「那麼，小姐，請帶路書房！」又飛故意擺出紳士架子，半彎着腰，用手向前一伸，小薇走過去，對準他的手心用力捶了一下，才向前跑去。

兩人到畫室坐定，又飛拿起畫筆，一會兒敲敲頭，一會兒碰碰牙，目不轉睛地望着小薇，却半天不會動筆。

「你怎麼了？」小薇坐得不耐煩，氣得跳了起來。

「別生氣！」又飛立刻按住她：「我實在不是故意的，到今天我才眞正明白，藝術還是不能創造生命！你的睫毛那麼長，你的眼睛那麼靈活，加在一起，便表示生命的智慧與深刻，這叫我怎麼畫？還有你的嘴唇，天生這麼紅，這麼亮；臉色天生這麼白，這麼潤；這就是古人所說的面若敷粉，唇若塗朱。但，妙在這個若字，假使眞的敷上粉，塗上朱，就沒有意思了，是不是？這又叫我怎麼畫？還有……」又飛把臉更湊近一些：「還有這微溫的感覺……」他用手抬起小薇的下巴，把嘴壓了上去。

小薇用雙手環住他的頸項。

許久，許久。

「畫吧！」小薇醒來：「別討厭了！」

這才是書歸正傳。

一小時後，又飛繪畫已成，他向小薇舉起來說：「你看！」

小薇上前一步，把畫搶了過來，便仔細地端詳着。

「怎麼樣？」又飛問。

「比本人漂亮！」

「不如本人漂亮！」

「我覺得我許久沒有笑過這麼甜，這麼單純！」

你自己不知道，你方才就是這樣在笑！

甜，單純，聽到這些字，小薇的心境立刻複雜起來了，她心裏並不完全甜，也不單純，因爲她對又飛，還緊閉着一層心幕。

她那拿畫的手，垂了下去。

「怎麼了？」又飛問。

「我……」小薇一驚地望着他：「我去給媽看，看她說像不像？」

爲了掩蓋內心的那一點複雜，小薇反而向又飛笑了一笑，然後才向她媽的居室跑去。

「別跑呀！」又飛也追了過去：「讓我再把頭髮那兒加兩筆別顯得太亮了！」

小薇沒有理他便走了，又飛只好跟了過去。

小薇進來，瑰薇正在飲茗沉思，被她的脚步所驚，不覺說：「薇薇，你怎麼了？」

「媽，你看！」小薇把畫遞了過去。

「是又飛畫的嗎？」

「是我，伯母，你看如何？」

「眞好！」瑰薇仔細端詳着：「比小薇還顯得豐潤些。」

「那就是說你畫得不像！」小薇笑着說。

「瞧你這孩子，」瑰薇止住她的女兒，看見又飛還站在那裏，才說：「你坐下，雨還不停，你倆就別出去了，不如就在家裏，燒兩個好菜，吃一點酒！」

「伯母別客氣！」

「一會逼着我下厨，一會又假惺惺地說別客氣，這麼大個兒，也不害臊！」

又飛眞有點受窘。

「小薇，你這丫頭，今天怎麼了？瘋了？」

「我就是瘋丫頭！」小薇少有的高興：「那麼，媽說，吃什麼？」

「我白吃吧！」瑰薇懂得青年人的心理：「你倆下厨房愛怎麼弄就怎麼弄，我吃現成的！」

「那媽可不許挑眼！」小薇說完，向又飛示意，便退了出來，到了走廊，向着厨房的路上，兩人早已手牽手地偎在一起了。

瑰薇目送着他倆去了，但，她像忽然看見小薇所負的創傷，隨着愛情的泛濫而逐漸擴大了，他們已兩無嫌猜，這創痕該怎樣醫治呢？瑰薇皺起眉頭，一口口地喝着苦茶，心緒凌亂已極，她願意把屬於小薇的負擔，移向自己的心頭，因爲孩子的過失是由於她的疏於防範而觸犯的，自己應該負全責將她由顚躓中扶了起來，而且，現在她已經再度地要接近那幸福的曙光了，自己應該如何用崇高的母愛與人生經驗來協助並輔導她呢？

「應如何幫助她呢？」她這樣問着自己，捶着頭，跌着脚，責備着自己：「你不够資格做這樣一個美麗孩子的母親，一個美麗的孩子，將是萬人爭奪的目標，你應首先提醒她，怎樣冷靜理智，怎樣在衆人角逐中獨具慧眼，去選擇那最合意的一個。但是，你沒有這樣做，以致使她在人生舞臺上，尙未正式粉墨登場時卽負重創！幸好，她現在又站起來了，你用什麼方法去幫她重獲幸福？用什麼方法啊？」

愛，恨，悔，自責，焦躁，疑慮……萬箭穿心似的苦惱着她。直到小薇與又飛興緻勃勃地從厨房裏端了一托盤熱騰騰的菜飯來，才算暫時把她從煎熬中救出。

「你們倆人倒眞是快，這一會午飯居然弄好了！」

「不是又飛胡幫忙，早就好了！」小薇望着又飛調皮地一笑，才又望着她母親說：「媽，您看我做的芙蓉蛋像不像您做的？」

瑰薇看見女兒滿臉高興，不忍掃她的興，拿起湯匙，舀了一口嚐嚐說：「還不錯！」

「强將手下無弱兵，」小薇得意地翹起了大姆指：「我還是得了媽的衣缽眞傳呢！」

「這樣的雨天，必得是美酒佳餚才對景，」又飛望着瑰薇：「伯母說是不是？」

「當然，當然！」瑰薇說：「我這裏有上好的陳年花雕，一定讓你醉飽！」說着，立刻叫阿梅把酒拿來，又飛接過來，先向瑰薇杯裏斟滿，隨後又向小薇送過一杯。

「我不要，我怕辣！」

「不辣，是甜的！」又飛說着，把杯子送到小薇唇邊：「不信，你嚐嚐！」

「別鬧！」小薇把頭偏了過去。

「天陰下雨，薇薇不防試試！」瑰薇也慫恿着。

小薇接過杯子，皺起眉，輕輕地抿了一口，才說：「是不辣！」

「那麼再來一點！」又飛又擧起了酒瓶。

「別了！」小薇立刻用手蓋住杯口。

「你們慢慢鬧吧！我可要吃點飯睡午覺了！」瑰薇說着，便端起碗吃起飯來，匆匆吃完，便推說食睏，從這一對青年人的歡樂場合中退了出來，

又飛站起來送走了瑰薇，才又回過身來，把小薇往懷裏一拖說：「不成，你非得把那杯酒喝完不可！」

「不！」

「好，我有辦法！」又飛伸出了手，要咯吱她。

「別鬧！」小薇立刻笑不可仰：「我喝，這就喝！」她端起杯子一口喝盡，又說：「我醉了，向你發酒瘋可別怪我！」

又飛欣賞着從小薇臉上爬上來的紅雲，那水汪汪的眼睛罩着一層薄霧，酒意解除了她應有的矜持，嘴角的笑意，更瀰漫了全身，他不覺動情地喊了一聲：「小薇！」

「什麼？」

「我多麼幸福遇到了你！」

「廢話！」

「小薇！」又飛拉起她的手說：「三天假期滿了，我們以後不能天天見面了！」

「爲什麼？」

「軍令森嚴，我們沒有個人自由，」又飛說：「不過，只要一有機會，我就跑來看你！」

小薇非常惆悵，半晌才說：「我眞奇怪，你這樣一位浪漫詩人，怎麼會做起飛將軍來？」

「正如詩也有着不可少的格律一樣，人也不能活着沒有目的……這些話都不能現在談，我要趕回去了，你母親那裏我也不驚動，一有空我就來！」

又飛從小薇身邊離去，一如幸福和光明也同時從她身邊離去一樣。小薇有着莫可名狀的惆悵，在雨聲淅瀝中，她回屋往床上一躺，情緒便和外面的天氣一樣，立刻陰雲四合。酒意該是勢利之徒，當你與衆同樂的時候，它便使你更興奮；當你孤獨無聊的時候，它便使你更消沉。小薇就正在忍受着它的欺凌。

晚飯的時候，她還沒有起來的意思，這倒使瑰

薇大出意外，她沒有想到她的孩子會傷心，但却怕她受病於酒，於是她輕悄悄地踱到小薇的臥室，走到床前，彎腰去看小薇是否醉酒未醒時，却意外地看見小薇在獨自墮淚。

「薇薇！」瑰薇意外地喊了一聲。

「嗯！」小薇吃驚地答應着，並忙着擦乾眼淚。

「你怎麼了？」

「沒什麼！」小薇竭力掩飾：「只是喝多了，胃裏有點難過！」

瑰薇知道這是謊語，於是坐到床沿，非常關心的問：「吵架了嗎？」

「沒有！」

「你告訴他了嗎？」

「什麼？」

「廬山的事？」

小薇被這一問怔住了，半晌答不出話來，原來那一份飄浮的感傷，被這一句話凝成了具體煩惱，她忍不住大聲喊了起來：「媽，你不要提這件事嗎！不要提這件事！」

瑰薇知道她這一句話眞正地扎傷了她的孩子，於是她立刻勸慰着說：「孩子，這件事沒有什麼了不起，別這麼封建，別這麼看不開！」

「這不是封建，誰也願意要一個完整無缺的東西；這不是看不開，我拿不出最美麗最純潔的東西，我着急！」說完，小薇再也忍不住縱聲大哭起來。

「別鬧，薇薇，媽心裏更難過！起來，陪媽吃晚飯！」

「中午吃太多，吃不下了！」小薇怕她母親太傷心，忍住淚說。

「起來吧，也別老躺着了！」

正當勸慰沒有發生效力時，阿梅進來報告說令德來訪。

「瞧，老師來了，能不起來嗎？」瑰薇說着，便把小薇該穿的衣服也拿了過來。

看見母親如此深厚的憐愛，小薇不忍過拂其意，勉强起來，穿着整齊，便隨着母親走向客廳。

「胡先生怎麼也來逛西湖了？」瑰薇看見令德在室內踱來踱去便問。

「是呀，好幾天了，都沒有空來，今天來看看您，並且向您辭行！」

「怎麼，就走？」瑰薇問。

「是的，我打算明天回去。」

「我明天跟你一塊兒回去！」身後的小薇忽然說。

「什麼？」瑰薇意外地一驚。

「我恨西湖！」小薇憤憤地說。

瑰薇很想勸阻她，但她知道這孩子是不會聽她勸的，忽然她這樣地安慰自己說：「離開了也好，一位學飛行的，總顯得不太合式！」母親的一票，永遠投向女兒，在瑰薇心目中，小薇永遠是對的，是好的！

「是因爲住得太久，膩了嗎？」看見瑰薇欲言又止，於是令德這樣接着說：「這也好，趕回去正好復學！」

「復什麼學，念什麼書？」小薇忽然冷笑起來：「人生就是這麼回事，一會栽觔斗，一會爬起來，摔了交，痛了，沒有什麼可悲的，反正有爬起來的時候；爬起來了，摸着了痛處，也沒有什麼可喜的，反正保不定什麼時候還得摔……跟陶淵明說的一樣，縱浪大化中，不喜亦不懼！」小薇說完，便在椅子上坐了下來。

瑰薇與令德相顧無言，不知怎樣勸慰她才好！

「但是，」小薇自己又接了下去：「人有許多過失都是無意犯的，或者只是一時的衝動，這也是罪惡嗎？而且，爲什麼這罪惡的符號只掛在我一個人的身上？這是不公平的，完全不公平！」

她再也忍不住地放聲大哭起來。

十四

又飛的父親是一位名畫家和詩人，家境十分富裕，老夫婦感情恩愛異常，生下一批兒女都是聰明、活潑、而健康的。又飛是這家庭中第三個男孩，一直在無憂無慮的環境中長成。在母親懷裏領悟了愛，在父親筆下懂得了美，這環境造成他性格上纖塵不染，與充滿了赤子之心的特點，他恨罪惡與强暴，他的身體一直很好，兄弟中他最高大，中學唸書時，他一直是最出色的體育選手。所以他以他特佳的膂力，做着濟弱扶傾的工作。他最不願受拘束，所以在學校理科成績不佳。他喜歡追求一切的美，心靈的，自然的，或者是人爲的；他願意消除一切的醜，目睹的，能力可及的，甚至於力有不逮的。這性格是造成他進藝專，隨後又投效空軍的原因。他的原意想追求眞、善、美，等到發現國事蜩螗以後，他覺得消滅罪惡與暴力，將是更崇高的責任。

他的生活像一首大的交響樂曲，裏面不缺少靜靜的潺湲溪流，怒奔疾馳銀花四濺的飛瀑，海嘯山震日月無光的世界，晴天麗日皓月繁星的宇宙……無論是靜的，是動的，都好，都美，都值得歌頌，因爲這一切都出自作者純眞淳樸的感情。他似乎很浪漫，但却多麼高潔，他似乎很恣肆，但却多麼率眞，隨着感情的激流，他生命中充滿了變化。正如他放下了畫筆，卽刻就來撥動飛機的螺旋槳一樣。

他愛美，他欣賞一切的美女，像欣賞一幅最好的圖畫一樣，他所使用的，只是那審美的藝術眼光，而不是他的感情，他會在路上追隨過身材婀娜的女郎，他也會在湖心凝睇過女孩子的眉梢眼角；但這一切過目卽忘，至多也不過只是掏出那速寫簿留下那驚鴻一瞥的描繪。他沒有讓誰佔據過他的心房；不，是誰也沒有這能力去攻取這美麗的藝術之宮。

但，他第一眼看見小薇，他就把小薇的影子收入眼底，擱上心弦。這情形很微妙，他並沒有命令自己這樣做，說正確些，他幾乎是想命令自己不這樣作。因爲他不願意他心愛的、顯得有點嬌弱的小薇，和他一起去闖過生命中最驚濤駭浪的一段；當然，他的命令沒有實現，他立刻把生命的船隻交了出來，要小薇來替他領航了。

這就是爲什麼，這兩個能主宰自己生命的角色，幾乎是同時，却把一切交給了命運。

這三天來，與小薇在一起所產生的快樂，直到他獨自返校的時候，還在繼長續增，他不時地高興得從床上跳了起來，笑個不停。

就在這快樂充溢得幾乎要爆炸的第二天，他接到小薇的信，未拆開前，他以爲是最甜蜜的情書，但它是這樣寫的：

又飛：

我決定今晚回上海了。

雖然湖濱留下了我無限夢痕，我還是負着這顆創痛的心走了。

岳王墓前的誓言，花港池畔的儷影，虎跑的携手，溪澗的駐足，簷前聽雨，月下看花……這一串串的往事，我將永記終身；但是，我却沒有勇氣和你有一個共同的未來，或者說，我不配。

小薇

又飛看完這封隱約含混的信，有一點摸不着頭腦，但却知道一個不移的事實，那就是；她走了！這突如其來的變化，使他找不到其中的原因，爲什麼在一起畫，一起吃，一起聊天，一起消磨掉一個雨天，感情發展到最高峯的時候突然離去？

晚飯以後，他實在沒有辦法再獨自忍受這痛苦，於是他把自己這一段經過告訴了好友長腿李，同時把信也拿出來共同研究，長腿李看完了信把信紙一拍說：「奇怪！」

「你說是怎麼回事？」又飛渴望地問。

「一定有了第三者！」

「沒有！」

「確實？」

「感情上可以感覺到。」

「你看，」長腿李指着信說：「負着這顆創痛的心……是什麼意思？假若你能保證從來沒有傷害過她……」

「我怎麼肯傷害她？」又飛搶着說。

「那麼她就是有一段傷心的往事！」長腿李看見又飛思索着沒有作聲又指着信的另一行說：「……我却沒有勇氣和你有一個共同的未來……這一句話上出了毛病，或許是她家裏阻止她不許和我們這些學飛的人做朋友，她不好說明，所以只說她不配！」

又飛的眉頭鎖得更緊了。

看見自己的好友如此着急，長腿李不得不擺出開玩笑的面孔，拍了一拍信說：「但是關鍵在這封信上呢！」

「怎麼？」

「你想，假若她眞想和你絕交，一走了之，又何必再給你這封信？既然有信，就表示她的舊情不忘，是暗示你更加緊的追，所以，小岳，這叫做五行有救，我再問你，她家的上海地址你知道嗎？」

「聽她提到過！」

「那就追呀！」

「對了，我一定追！」又飛決定地。

看了半天又飛沉迷的樣子，長腿李站在好朋友的立場，終於忍不住喊了一聲：「小岳！」

「什麼？」

「我還想提醒你一件事！」

「說嗎？」

「我們這一期的畢業生多半派到南昌，我和你也一樣，你知道這消息嗎？」

「不知道！」

「恐怕最近就要去了，」長腿沉靜地說：「這樣，你與這位何小姐的來往就很不方便了！」

又飛皺着眉頭沒有作聲。

「你最近也實在沒有時間忙這些事，我勸你暫時把這件事忘掉，先到南昌住一些時候再說。因爲目前你根本沒有機會去上海，心緒一亂，畢業發生問題就更麻煩了。」

又飛望着他的朋友，半天不能作聲。但，他的思想却因此轉入一個新天地，他逐漸冷靜下來，也仁慈起來，原來他就有不忍使小薇捲入他這驚險生活的意念，但這意念被他的自私所蒙蔽而不能做到；如今，這客觀的環境正在幫助他，小薇自動的不理他了，而學校已派他往南昌機場，這樣正好一走了之，這作法或者對小薇是有利的。

他向長腿點了一點頭，決定以最大的力量來克制這一份感情，他願意去南昌，安安靜靜地守住那空曠的機場。

如此，他畢了業，他到南昌作了准尉見習官。

把這一件件的大事應付過去，逐漸定居下來以後，那被强力擠出去的小薇的影子，已日甚一日地在他心中盤踞起來，他無力揮去，因此他的生活遍佈憂傷。這一切都被長腿李看到眼裏，他發現他的朋友將要被相思之苦擊倒；於是，他把一次公差去上海的機會讓給了又飛，並且再一力慫恿他去找小薇續起這若斷若續的情愛。

得到朋友的鼓勵，又飛立刻活潑起來，跳上飛機，穿入雲端，然後降落上海去尋那久別的戀人。

他來小薇家的時間還早，小薇還沒有起身，從杭州回來，她負着一顆比以前受創更重的心，只爲了母愛的鼓勵，她不得不好好地作一個女兒，於是她在大學正式入學念了外文系，這一段期間，她很想把一切放在書本上，但，只獲得一半的成功，因爲其他一半怎樣也不肯克制被又飛影子的騷擾。

這天又飛來訪，首先接待他的是阿梅，連這個小使女也幾乎是非常高興地說：「您等一等，小姐還沒起身，我告訴她去！」

於是又飛無事，便在這華麗的會客室瀏覽起一切陳設來。

阿梅上樓，走到正在床上沉思的小薇面前說：

「小姐，岳先生來了！」

「眞的？」小薇不知是驚是喜。

「眞的！」

「你怎麼說？」

「我說小姐就下樓！」

(下轉第22頁)

書刊評介

政治常識

邱昌渭著，一八〇頁，四二年華國出版社印行，定價新台幣十元。

佛泉

這一本書是邱昌渭博士在去年五月所完成；聽說係在香港印刷的，近來始得入臺銷行。邱先生近幾年來埋首著述，至今計有「民權初步新編」、「美國的總統」、「美國政治與政黨政制」和本書，共四本大著問世。多少年來，大家都曉得邱先生在地方和中央政府擔任過重要的任務，却忘記了他是一位極有資格的政治學者。他曾在北京大學政治系任教授。他的英文著作「美國衆議院議長」一書(The Speaker of the House of Representatives Since 1896, Columbia Uni. Press, 1928, pp. 347.)，直至最近講「民權初步」的專門書籍中還常常提及它或徵引它。

我們曉得了邱先生所受的基本訓練和他在我國政治中所得的經驗，就能判斷他寫「政治常識」這一本書是如何地勝任愉快。邱先生在這本書中並不祇作一些單純的敍述或介紹。他極能將當前的民主與極權的對照充分地烘托出來。在民主與極權對比之下，他更知將民主的精義發揮透徹。這些眞不愧稱爲政治常識。這並是「五〇」年代的人們所必有的基本認識。

「政治常識」共分五章。邱先生的正確分析和深刻的觀察，特別多見於第四和第五章。現在我們將這兩章中精彩部份引幾段在下面：

著者在「政黨與政治」一章(第四章)中分析共黨與民主政黨的性質時說：「研究共產黨須有一基本認識。卽共產黨人與民主國家的人士，在觀念上，是根本相反的。雖然所用的名詞相同，但彼此的了解則不一。例如「政黨」二字，雖然在民主國家與蘇俄均有此名詞，但彼此對於「政黨」二字的用法，則極爲懸殊。民主國家認政黨是人民自由組合的團體，有政策政綱，各擁戴一領袖，參加選舉，以爭取政權。蘇俄的認識則恰恰相反。蘇俄的人民不能自由組織任何團體，發表政治主張，並參加選舉，爭取政權。蘇俄只有唯一的共產黨。民主國家的政黨是意見的組織，與其他組織並存。蘇俄的共產黨是權力的組織，獨存而不容許其他組織並存。前者是人民參加政治的工具，後者是少數人「壟斷政治的武器」(頁一一一至一一二)。類似這樣的「語意的」分析，實是戳穿共產主義「西洋鏡」的武器，同時是「界定」民主意義的最可靠的工具。著者在談「輿論」的一節中亦會有同樣的分解：在「民主國家，是輿論支配政府。集權國家，是政府支配輿論。民主國家深信，眞理從辯論中獲得。它不是先驗的，所以重意見自由。集權國家認眞理是統治者的意志，是先驗的，是一種信仰，所以防民之口，不容許人民有發表意見的自由」。(頁一六七)。

著者對蘇俄的「主席團」制和民主國[illegible]式會議的「主席」職權所作的比較分析最爲精簡扼要。我們不能不介紹在這裏：

「主席團是共產黨習用的名詞。且最初只見於共產國家。他的精神與運用，與民主國家社會的主席制，根本相反。民主國家[illegible]——如政黨的全國代表大會——的主席是司法官性質。僅以公正嚴明的態度，主持會議之進行，裁決紛爭，維持秩序。他不能參加辯論，非可否同數，也不參加表決；以表示不爲左右袒。英國衆議院院長是議會中的法官。美國衆議院的議長則一半是司法官，一半是[illegible]領袖之一。但當他在主席位上時，仍盡量保持司法官的地位。英美兩國——其他民主國家一樣——的議會，其政治的領導中心，不在主席臺上，而在大會場中。各政黨的領袖，彼此以平等的地位，在會場上折衝辯論。美國政黨，在議會中的領袖，不是參議院或衆議院的議長，而是另外公舉的會場領袖(Floor Leader)，凡議會的立法方針，及法案進行，由多數黨的會場領袖與會場中其他領袖決定。議長或主席只是參加決定的一[illegible]

「蘇俄的主席團制，把大會的[illegible]中心，由會場[illegible]，使主席團職位，喪失其公正的司法性質，而變爲[illegible]的政治[illegible]的主席團決定會議的一切。臺下的羣衆，只是應聲通過。民主[illegible]敵對立的現象，根本不能產生。因爲多數少數的分野，是甚[illegible]而出、與表決自由而產生的。但在主席團制度下，一切重要問題[illegible]由主席團決定後，始行提出，大會只有擁護與通過。所以任何共產黨會議，必成立主席團，把民主議會超出政爭的主席臺，變爲操縱大會政治的中心場所。」(頁一二二至一二四至二六。前面一一七頁「民主集中」一節[illegible])。

論開會的方法，正是邱先生的「拿手」。[illegible]對民主議會程序有過切實的研究，他並且有二十幾年的開會經驗。國民[illegible]他更明白近年來會議的弊病。我希望我們全國上下都能體會到前面所引的一段文字是具有特別重量的。會議是「團結人心」最有效的方法；同時[illegible]離人之德的最靈驗的方法。興邦喪邦可以由此決定。[illegible]凡事皆講求「中心控制」，結果必是完全孤立了自己。古人倡[illegible]「民[illegible]而不可簡，至愚而不可欺」的道理。今世口稱「民主」，却實際「與民爲仇」的匪幫，我們敢斷言，「有[illegible]速，民必勝之」。

著者對于英美的民主制度更有許多極精當的介紹。例如他論英美民主與階級的關係時，說道：在英美兩國決定「選舉勝負的，不是階級，而是各種有組織的利益團體 (interest group)。如美國全國農業協會及全國農民聯合會，是農業的利益團體；各種勞工組織，是勞工的利益團體；商會與全國工業協會等，是資本家的利益團體。這些團體，有的是投舉民主黨，有的是投舉共和黨，有的此次投舉民主黨，但下次則投舉共和黨。同屬一個團體，有的此一地方投舉民主黨，但彼一地方則投舉共和黨。民主黨與共和黨則各以其包容妥協的政策，吸引各種利益團體份子的支持，以博取選舉勝利。所以英美的兩大政黨，已超越階級利害，不，實是橫截了階級利益。」(頁一三六)。像這樣的解說，纔能打消共產黨幾十年來在我國對英美「資本主義」下的政治所作的歪曲宣傳，纔能幫助人們澈底了解英美的民主制度。又如著者對于「責任」的解釋，也不是我們可以輕輕放過的。他說：「在兩黨制下，選民的有效選擇，是兩大政黨，二者居一。凡獲得大多數選票的政黨，卽算勝利，謂之執政黨。得票較少的一黨，在議會中是反對黨。對于全國選民，各有應負的責任。執政黨當國，這是享受「任」字所給予的權利。將來改選的時候，以其成績訴諸選民的裁判，決定其應否繼續掌握政權，這是「責」字的意義。反對黨的議員，也是受選民的委托。照英國憲治的習慣，其責任是「永不建議，總是反對，以推倒政府」。這幾句話含有極深遠的政治原理。這就是說，做得好與不好，是執政黨的事，將來選民自有判斷，反對黨不必參加意見。反對黨只批評執政黨的錯誤何在。……所以只批評、「不建議」，是反對黨的「任」——是本份內應當作的事。如不批評，便是不盡職。至於批評是否得當，將來亦由選民判斷——總算賬。兩大政黨，一在朝，一在野，地位分明，責有攸歸。」(一三六至三七頁)。著者在本段文中不但說明當權的政黨受「任」還要受「責」，並同時說明反對黨也正有「任」，也要受「責」。關于「責任的意義」，更閱本刊本卷第三期邱氏專論。邱先生在「責任的意義」文中指出，「責任」一詞譯自英文之 responsibility 而 responsible 則與 answerable 或 accountable 同義。近年來某些居高位者所說「此事由我負責」，卻等于說「此事歸我管，你們休要管，不得再提」！至此，令我聯想到「大義覺迷錄」中一段記載。曾靜既犯了「謀反叛逆及大不敬」的罪名，「罪在十惡，乃三宥之所不及」。諸王大臣等一再疏請將曾靜張熙「按律處決」，「以彰國法」。雍正皇帝卻要開恩，放他們的活命。諸王大臣請旨所得的回答是：「奉旨：寬宥曾靜等一案，乃諸王大臣官員等所不可贊一詞者：天下後世或以爲是，或以爲非，皆朕身任之，於臣工無與也。但朕亦再四詳慎：所降諭旨俱已明晰，諸王大臣官員等不必再奏，倘各省督撫提鎮有因朕寬宥曾靜等復行奏請者，著通政司將本發還」。(大義覺迷錄卷三)。在這樣以「旨意」壓倒法律，「皆朕身任之」的責任觀念下，法治乃永不得實現。

第五章中也充滿了精彩。「算八字看相與政治」一節，不僅在諷世譏俗，實寓有深意。「長期政治與短期政治」之分，更代表極妥當的觀點。著者在[illegible]一節中說：「過去四十年中，世界發生兩次大戰。四十年是人類歷史五千年中的極小階段。但以如此短距離的時間，而發生如此的浩劫，參加的國家，死亡的人數，與財產的損失，其規模的廣大，與數字的衆多，則爲五千年歷史所未有。這兩次大戰表現的是甚麼？給予人類的教訓又是甚麼？意大利莫索里尼於一九二二年建立法西斯蒂集權政治，志在[illegible]帝國[illegible]。但至一[illegible]年。莫氏被戮，意大利覆亡。德意志希特勒於一九三三年建立純粹集權政治，抱着統治歐洲的雄心。但至一九四五年，希氏自殺，德意志今尚受瓜分之禍。莫索里尼執政二十二年。希特勒執政十二年。意大利[illegible]興，亦由他們覆亡。其興也速，其亡也亦速。[illegible]第三個集權國家——蘇聯，其命運正在掙扎中。但在又一方面，[illegible]大憲章[illegible]法治軌道前進。美國於一七八七年聯邦憲法制成，建立法治[illegible]數百年來，專制與獨裁的國家，旋起旋滅，不知凡幾。而英美兩國，乃屹然[illegible]立。法國雖於一九四〇年，一度遭希特勒的蹂躪，但今又重列於民主陣營之中」。(一七七頁至一七八頁)。極權主義的短期政治經[illegible]我們對它的方法還能存半點幻想麼？如果我們都得到[illegible]著者[illegible]本認識，還怕盲目野心的統治者能興風作浪[illegible]經爲我們充分證明極權政治不[illegible]的政治[illegible]祇是[illegible]心統治者的政治；[illegible]民主政治不[illegible]長期的政治，[illegible]且是我們老百姓自己的政治。世人萬不要再上當，以野心統治[illegible]們老百姓自己的政治！

著者在一處論「公開」的重要性說：「公開[illegible]公開，才能批評，才能求公允，才能講標準，才能辨是非[illegible]約翰密爾說，議會的功用，在追使政府的行動公開。議會[illegible]員會，[illegible]全國的意見所。」(一六六頁)。這更是我們應有的基本而又基本的認識。民主的社會必須是公開的社會 (open [illegible])，[illegible]移，絕對需要在公開中進行。極權政治則必[illegible]一個「關閉的社會」。祇有在關閉中，方能獨霸政權，獨[illegible]政位，私傳[illegible]。極權黨在奪得政權之後，還維持着秘密的組織，目的卽在萬世獨佔「[illegible]大器」[illegible]「[illegible]寶」私相授受。我們稱共黨爲「匪」「黨」，實屬再恰當沒有。

「政治常識」一書並非毫無缺點。我們讀本書時第一個印象，便是覺得它不夠精細。小錯誤頗不少，十之九是印刷方面的。[illegible]讀者[illegible]現在卽應該補[illegible]一完整的最後的勘誤表。第一章的寫法有些像「政治學概論」，以乎不甚合「政治常識」的體裁。第二[illegible]國家[illegible]主權、以及基本權利[illegible]嫌過[illegible]簡略或不夠「明朗」。但小[illegible]不掩大[illegible]，邱氏這本書中確有許多寶藏。[illegible]十分琢磨的[illegible]，並不減少它的真價[illegible]生[illegible]書對于青年[illegible]在[illegible]能針對着[illegible]們性命攸關的[illegible]題，[illegible]我們[illegible]痛經驗、提[illegible]的說[illegible]、根本的[illegible]擇、和[illegible]服」[illegible]「[illegible]治常識」[illegible]與獨[illegible]ictio[illegible])。評者[illegible]

第十一卷 第四期　內政部雜誌登記證內警台誌字第一號　臺灣郵政管理局新聞紙類登記執照第[illegible]號

給讀者的報告

李承晚總統於這次訪美期間，曾在美國國會演說，籲請美國支持中韓兩國反攻。李氏這項具有卓識的建議，得到的只是冷淡的反應。美國人有項基本的錯誤的看法，就是總以為，任何對抗共黨的積極的強硬政策，將足以導致世界大戰的爆發。他們用這種過份的恐懼心理束縛起自己的手脚，使民主國家永遠陷於被動的挨打地位。本月十一日艾森豪總統還為他的現行政策辯護地說，他不相信在原子戰爭的今日，可以以戰止戰。這都是由於對共黨本質缺乏深入的認識而誤作的判斷。共產黨徒是絕對的機會主義者，對付他們的辦法，只有拿出力量。不斷的退却只能換來共黨不斷的進攻。共黨將永無止境地進行對自由世界滲透、蠶食，直至民主國家被剝弱至無力還擊的時候，一舉而擊垮美國。所以美國如繼續採取頭痛醫頭的辦法，實足以導致戰爭。要防止原子戰爭只有採用積極的解放政策。在社論(一)裏我們為美國人剖析其中的道理。我們的命運與美國的命運是不可分的，我們不能不為美國人設想。當我們洞察到美國現行政策的危機時，實不勝其惶急之情。

在社論(二)裏，我們對臺北文化界現在正在推行的「文化清潔運動」，表示兩點具體的意見。首先，對取締不正當的言論與有害社會健康的讀物，我們不主張在法律制裁的途逕以外採取其他途逕的製裁。我們反對不經由法院合法審判而逕由治安機關警察機關處置的任何主張。一切超乎法律範圍以外的途逕，都可能嚴重的損害到我們應該極力維護的言論與出版自由。我們不能不慎思熟慮，防微杜漸，儘量避免違法侵權事件之發生。由此，我們又不得不責望我們的司法機關，善盡其應盡的責任。我[illegible]起作[illegible]一個民主國家在司法[illegible]所[illegible]有[illegible]多數誹案[illegible]仍進[illegible]取締[illegible]是[illegible]一言[illegible]保法[illegible]護人權與建立[illegible]法院[illegible]有[illegible]勞貸的[illegible]。其次，[illegible]清除的三害，除赤色言論，[illegible]成[illegible]不久，[illegible]然其所以[illegible]原因[illegible]滲源，還須要我們開放言路。[illegible]之道。我們還須在言論[illegible]。

在讀了社論(二)以後，[illegible]可以相互[illegible]之處。薦龍一[illegible]的大文，龍先生在文中首先說明政治批評的重要，並對如何建立政治批評的風氣提供極有識見的意見。

劉國增先生為文分析[illegible]自由金融政策，可供作解決經濟問題的借鑑。當此[illegible]問題[illegible]來臺協助吾人解決財經困難之際，[illegible]應該在這方面多用思考的。

「日本極右翼團體的復活」是關心國際問題者所應注意的。因為今後的日本，何去何從，對東亞以及整個世界的關係都是十分重大的。日本極右派思想的抬頭，雖然在現勢下尚不能發生[illegible]，但我們仍應予以密切注意。

連續通訊「中立國之戰」的第二篇是[illegible]中立國監察委員會的[illegible]，文筆極為生動。「[illegible]的印度」一文是分析東南亞目[illegible]危急中的[illegible]形勢。尼赫魯雖然執迷不悟，而我們却[illegible]為印度人民擔憂也。

本期文藝欄除連載[illegible]女士的長篇[illegible]外，另有兩篇散文。一是[illegible]士的「[illegible]」，一是王尚義先生的「吻」。[illegible]女士[illegible]此[illegible]第一次為本刊撰稿，但她的散文集「琴心」在文藝界則早已[illegible]人口[illegible]了。

自由中國 半月刊 總第[illegible]
中華民國四十三年八[illegible]
出版主編[illegible]
航空版 香港[illegible]
[illegible]

本刊經中華郵政登記認為第一類新聞紙類　臺灣郵政管理局新聞紙類登記執照第二○九號　臺灣郵政劃撥儲金帳戶第八一三九號　(每份臺幣四元美金三角)

香港航空版

自由中國

FREE CHINA

第十一卷　第五期

要　目

中華民國四十三年九月五日出版
社址：臺北市和平東路二段十八巷一號

社論

(一) 從包啓黃案件論軍法

國防部中將級軍法局長包啓黃，因審理聯勤總部第一補給分區軍糧貪污案件，擅權枉法，故意羅織人罪，經監察院八月十一日提出彈劾。在監察院提出這件彈劾案以前的幾天，因另外重大案件經各方告發於最高當局，包啓黃已被撤職拘禁了。但這些案件的內情，未經公佈。聽說，包啓黃最近幾年來所犯的案子，現經舉發的已有三十餘件，其中五件已具備了確鑿而充分的證據。其罪嫌涉及貪污、勒索、寃殺、妨害家庭等等。這些罪惡、都是利用其權勢幹出來的。權勢是便於作惡的。在某種情形下，作惡又可增高其權勢。包啓黃最近幾年之內，由臺灣省保安司令部的軍法官，一陞而為軍法處長，再陞而為國防部軍法局長。陞官快，作惡多，其間似有相當關聯。「寃埋城闕暗，血染頂珠紅。」想不到晚清劉鐵雲的這兩句詩，尙可在今日臺灣適用於包啓黃其人！今日臺灣，是我們自由中國反共倒蘇的基地。反共的精神力量，就在於一反共黨的特有作風。在共黨統治下，無所謂保障人權。要殺人，就寧可誤殺一千，不可漏網一個。我們反共，應該是「行一不義、殺一不辜而得天下，不為也。」

炙手可熱的包啓黃現在是入獄了。在國法之前，他應該再也無所逃罪於天地之間。但是我們仍不能放心的：包啓黃算是完了，像包啓黃這一類的人，是否還可一樣利用權勢作惡造寃呢？這裏，涉及制度問題，涉及軍法（包括特種刑事。下同。）的制度問題。

關於軍法問題，本刊在過去幾年曾經再三討論過。第五卷九期的社論「軍法與普通司法的劃分」及第六卷十期的短評「軍法與司法劃分的進步」，都是專為軍法問題而寫的。此外在他篇社論及專論中，也有些關於軍法方面的話。但我們以前所講的那些話，大半是主張縮小軍法審判範圍；至於軍法方面的一些黑暗，因為知道的不多，我們很少有所論列。現在由於包啓黃案件的發生，軍法的黑幕，已揭開了一角。我們就可從這一角來察究其黑暗之所以形成，更進而研求消滅黑暗之道。

軍法有兩大特點。第一是秘密：秘密逮捕、秘密拘禁、秘密審訊、甚至也秘密處刑。這些秘密，並不都是於法有據，而有些秘密正是違法的。例如秘密逮捕、秘密拘禁，即違反「提審法」第二條之規定：「人民被逮捕拘禁時，其執行機關應即將逮捕拘禁之原因，以書面告知本人及其本人指定的親友，至遲不得逾二十四小時。」秘密審訊，違反「軍事機關審判刑事案件補充辦法」第一條「凡依法應受軍事審判之刑事案件，被告之配偶、直系或三親等內旁系血親、或家長、家屬、或法定代理人，得聲請為輔佐人，於審判期日到庭為法律上及事實上有利於被告之陳述」之規定。至於秘密處刑(死刑)而不宣告，更是違反法治精神的重大事件。

軍法的第二個特點是不許上訴；聲請覆判亦以一次為限。但這個特點是有法律根據的(特種刑事訴訟條例第七條)。

以上兩個特點，是軍法方面一切黑幕的根源。由於秘密，就可不惧人言；由於不許上訴，就可保持生殺予奪之絕對權威。在這種情形下，軍法當局如得其人，尙難保不因急事功而草菅人命；如不得人，則可為所欲為、演出滔天罪惡。也正因為如此，更使一般人對於軍法界的罪惡，敢怒而不敢言，深怕觸犯了像包啓黃這樣的軍法當局而死得不明不白。不虞恐惧之自由，為現代公民應享的諸項自由之一。現狀下的軍法，不僅嚴重地威脅了這一自由，而且對於憲法所保障的基本人權，有時也被公然侵害！

軍法審判之不許上訴，是有法律規定的。其理由或在於迅速結案。不許上訴，有時會使被告含寃莫白。軍法上會審制，也許可以補救這個流弊。我們主張，會審制應嚴格遵行。特種刑事的審判，也該遵行會審制，以期減少不許上訴的流弊。

民國四十年一月行政院公佈的「軍事機關審判刑事案件補充辦法」第二條規定，「軍事審判機關，應專置公設辯護人。」這一條文算是實施了。但實施後的實際情形，並未達到立法的原意。因為軍法機關的公設辯護人，有時不能依照「公設辯護人條例」第十三條及第十四條之規定，獨立行使職務、盡量搜集有利被告人之材料而盡辯護之責。為甚麼呢？不善伺該管長官的意旨，即不能安於其位。一般的情形如此，軍法界並不例外。這個毛病的救藥，應該從如何加強公設辯護人的保障這方面來着想。否則雖有公設辯護人這個制度，也不能保證軍法之無寃獄。

秘密與黑暗，在某些方面，是有其不可分之關係的。在今天局面下，我們自不主張軍法程序都要和普通司法一樣公開。但我們卻要鄭重指出：現狀下的軍法程序，不必要的秘密太多了。由於這些不必要的秘密，所以像包啓黃這類的人，才可以連續作惡而有所掩護。

那些秘密是不必要的呢？大家可以想想，逮捕嫌疑犯時，不以逮捕的機關和原因告知其家屬或其寄住處的戶長，這是必要的嗎？拘禁時，不以拘禁的地方通知其家屬或其指定之親友，這是必要的嗎？我們實在想不出有任何理由來。有之，只是逮捕機關顯示其權力之特殊而給人以恐怖而已。秘密偵察以及審判，不許旁聽，這都或有必要。但審判時，上述「軍事機關審判刑事案件補充辦法」第一條之規定，總應該無例外地遵行。可是事實上，由於秘密逮捕、秘密拘禁，以致這一條的規定等於具文。因為被逮捕拘禁者的家屬或法定代理人雖想依法聲請為輔佐人到庭陳述，也不知道向那裏聲請。

以上這些秘密，既不必要，而且於法無據；不僅於法無據，而且有的是違法。關於這一方面，我們鄭重要求政府：切實督責軍法機關嚴格遵守法律，不可得以任何理由採取違法的秘密手段。如此，則軍法機關縱有包啓黃其人，也可減少其作惡的機會。

包啓黃的罪惡，在秘密中孕育滋長的罪惡，現在已經不是秘密了。自由中國的軍民，正衆目睽睽佇看他在國法之前伏罪。為着人權的保障，為着法治的前途，也為着政府的令譽，我們發表這篇文字，希望政府在軍法上切實改革一番。否則包啓黃一人治罪，軍法界不見得就因而徹底清明。

社論

(二)

就業考試與中等學校教員

臺灣省政府教育廳於八月十六日發表公告稱，為「本年度軍訓結業之外文系及理、工、農院校各系科畢業生經就業考試未錄取而志願任教者」舉辦登記，以便分別轉介各中等學校充任教員；目的是「充實中等學校英、數、理化及各專業科目師資，並輔導大專軍訓結業學生就業」。看了登在報端的這一則公告，我們深感惶惑：第一、考試而名之為就業考試，就業考試及格，即由政府分發各機關任用，則就業考試亦即是輔導就業，至少是以輔導就業為主要目的。第二、教育為神聖之事業，學校為培育人才之場所，其關乎國家之興衰，社會之振靡，至深且鉅。若中等學校師資缺乏，亦當就考試成績優異的大專畢業生中聘用，何至於要請那些考試落榜的來充任教員，而又美其名曰充實中等學校師資呢？

中央日報記者關於這件事的背景有如下的報導：本年度就業考試的錄取標準是，大專學生成績在七十五分以上者，不論需要(各政府機關的人員缺額)與否，一律錄取，其成績在六十分以下者，一律不取。錄取名額連同高級職業學校畢業生在內，約佔參加考試人數的百分之四十二強。然而教育廳鑒於未能錄取之大專學生中，「不乏優秀青年，以限於名額未能安插，至為關切，」特舉辦上述的志願調查，「使有用青年得為國服務。」

教育廳認為就業考試未能錄取之大專學生中仍不乏優秀青年，這一點我們表示同意。因為考試制度即使為世界各國所公認為選拔人才之最方便途徑，且在中國具有悠久之歷史淵源，可是大專畢業學生中，除醫學院外，皆接受兩年至四年之在校教育，若謂三數張考卷能盡錄其智識上之成績，十分八分之差別可以判別才學之優劣，當不能不令人懷疑。其他如服務社會之道德、責任觀念、工作能力等，和智識比較起來，重要性或又過之，然顯非考試所能測量者。所以一般說來，政府舉辦就業考試，一方面固然使一部份大專及高職畢業生免除申請、拜託、奔走等等繁難，而以一次考試即獲得就業機會，然另一方面則不啻直接否定了另一部份(在今年則是大部份)學生的在校成績，剝奪了，至少是妨碍了他們爭取就業的機會。大專及高職的學生一旦畢了業，於法，於理，即等於取得了就業的資格。政府需用人員，亦當以學生在校的成績為準，從事遴選，似不必另行舉辦就業考試。然而在此我們不擬就政府應否舉辦就業考試與否的問題多所論列，我們只是承認就業考試已經舉辦這一事實，且在今年所錄取的名額有一千二十五名，未錄取的超過一半之數。我們之所以感覺奇怪者，假定中等學校缺乏師資，教育廳何不從已經錄取的名額中羅致？如仍不敷需要，何不放寬錄取標準，使此等有志於教學者包括於錄取名額之內？現在，一方面揭示七十五分以上不論需要與否一概錄取的原則，以示標準之高；一方面則在落榜的學生中，徵求教員，「充實」中等教育師資；若是删除公告上的字面意義，直等於說：為了解決就業問題，把那些考試不及格的大專畢業生，請到中等學校來作教員吧！這件事會產生些甚麼影響呢？從粗淺處看，首先是許多優秀的青年本來就不大願意從事教育工作的，今後越發不願意當教員了。對於在校的教員說，他們會發生已接近「不及格」水準的感想。而學生呢？他們多了些「不及格」的老師。這樣談「尊師重道」，豈不是天大的諷刺？

我們說許多優秀青年今後益發不肯作教員了，並不完全歸罪於教育廳的那張公告。教育事業本來就缺乏對青年人的吸引力，因為它是一份最需要耐心，寧靜，和內在修養的工作；它缺乏輝煌，顯赫，變動等等質素以符合青年人轟轟烈烈的事業慾。教育事業在今日尤其缺乏對青年人的吸引力，因為從事教育工作者，尤其是中等學校的教員待遇非常微薄，生活過於貧苦。這裏面的許多艱辛悲苦的故事流傳開來，家長們不敢讓他們的子女懷抱從事教育的理想；學生們耳濡目染，亦不再以教學為神聖的職志。這些青年們投考大學時把出路問題放在興趣之先，以選擇院系；大學畢了業，把職位的性質置於賺錢多少之後，來決定職業。雖然有些大專畢業生在政府各機關裏，特別是在財政金融，和生產機構裏，抄寫卷冊，包紮貨物，所作不過雜務而已，可是由於待遇較為優厚，在一般人心目中仍堪介入「有辦法」之列。漸漸地，學校教員在相形之下，乃被視為「沒出息」之流。這似乎是社會心理的一般趨向，自抗戰時期到現在，有增而無減。這對我們國家的教育事業將造成何種後果？凡對社會有責任感的人，目睹此等現象，能不怵目驚心？

此次就業考試，在錄取的一千餘名大專學生中，雖然各政府機關及公營事業人事已達飽和狀態，安插不易，而教育廳仍不能羅致足够中等學校所需的師資，可見志願從事任教者之少；而未被錄取諸學生，為了解決就業問題，當有不少人前往教育廳登記，但又未必眞有志於任教。無論如何，教育似乎在一種不景氣的狀態中繼續推移，使我們不能不為關係下一代的教育事業深致憂慮。我們從問題的探索中發現到教育事業與整個社會的危機之嚴重，須要我們速謀挽救。當然這是一件十分艱鉅的事，不能僅僅苛責教育當局。我們深知教育廳採取此項措施的用心之苦，但所用的辦法則顯欠周詳之考慮，不免給人一種印象，以為教育廳不但未曾設法糾正社會的病態現象，反而無意中予以助長了。

半月大事記

八月十日（星期二）

美經濟顧問團抵華，協助我國發展經濟，預定在華工作六十日，然後向我提出報告及建議。

合衆社香港電：長江一帶大水，洞庭區四萬人淹斃。

美衆院通過卅三億援外法案。

法議會通過孟德斯法朗士的財經復興計劃。

八月十一日（星期三）

監察院選舉副院長，候選人均未獲過半數票。

美國防部長威爾森宣佈，美將以更多軍援交與中韓日菲四國。

符立德將軍發表談話，主張在有限度戰爭內使用原子武器。

克拉克將軍在美國會作證，主與蘇俄及其附庸國家斷絕邦交。

艾森豪總統表示在氫與原子時代，不能以戰止戰。

八月十二日（星期四）

大陸救災會發動捐募，救濟大陸同胞水災。

參謀總長桂永淸將軍逝世。

美駐菲海軍司令戈德溫稱，美遠東海軍有協防臺灣責任，中共如犯臺灣，美將參加戰爭。

杜勒斯保證將繼續援助越南。

八月十三日（星期五）

總統明令：副參謀總長彭孟緝兼代參謀總長，余伯泉爲副參謀總長，徐培根爲國防大學校長。

美遠東空軍司令柏楚琪來華訪問。

美參院一致通過宣佈共黨非法案。

在日投誠之俄特務拉斯伏洛夫在美國務院記者招待會上揭發俄在遠東間諜網。

八月十四日（星期六）

總統提名莫德惠王雲五爲考試院正副院長，盧毓駿等十九人爲考試委員。

梁上棟當選監察院副院長。

臺灣省議會通過四十三年地方總預算爲十六億。

美英法泰菲等八國宣佈，東南亞公約會議定九月六日在菲舉行。

八月十五日（星期日）

立法院通過實施都市平均地權條例及戡亂時期監所人犯處理條例。

「自由中國的宗旨」

第一、我們要向全國國民宣傳自由與民主的真實價值，並且要督促政府（各級的政府），切實改革政治經濟，努力建立自由民主的社會。

第二、我們要支持並督促政府用種種力量抵抗共產黨鐵幕之下剝奪一切自由的極權政治，不讓他擴張他的勢力範圍。

第三、我們要盡我們的努力，援助淪陷區域的同胞，幫助他們早日恢復自由。

第四、我們的最後目標是要使整個中華民國成為自由的中國。

韓總統李承晚在韓國獨立紀念日演說，呼籲對共黨從事防預性戰爭。

八月十六日（星期一）

監察院投票同意莫德惠、王雲五爲考試院正副院長，盧毓駿等十九人爲考試委員。

中共北平電台廣播，長江水位創新紀錄，爲歷史上最大泛濫。

艾森豪與國會領袖就宣佈共黨非法案獲得折衷協議。

八月十七日（星期二）

總統正式任命考試院正副院長及考試委員。

總統公佈修正財政收支劃分法。

政府對江浙沿海匪區島嶼發放大批救濟米。

美衆院通過宣佈共黨非法案，剝奪共黨一切權利及特權。

八月十八日（星期三）

艾森豪總統重申協防臺灣決心，中共如侵臺，美第七艦隊將予迎擊。

美太平洋艦隊總司令史普敦上將訪問浙海大陳前線後轉來臺北。

萬國紅十字會兩度向中共建議救濟大陸水災，均遭拒絕。

歐洲軍公約六國在比京開會，對法國修正案均表不滿。

八月十九日（星期四）

史普敦上將離臺，行前表示在他指揮下的艦隊力能擊退中共任何犯臺企圖。

美第七艦隊四驅逐艦訪問大陳。

行政院以兵役法第十四條有窒礙難行之處，決定請立院覆議。

美參衆兩院對援外撥款案獲協議，總額廿七億八千萬。

美國防部宣佈撤退駐韓美軍四師，韓朝野感焦慮。

八月二十日（星期五）

艾森豪在致國會的共同安全報告中，表示美正加强對華軍經援助。

美國會通過對宣佈共黨非法案之折衷案，提交艾森豪總統簽署。

遠東聯軍統帥赫爾表示對防衞韓國安全具有完全信心。

歐洲防務六國會議，比外長提折衷計劃。

八月廿一日（星期六）

美第七艦隊奉令接受第一艦隊一批海軍艦艇。

八月廿二日（星期日）

教育部研究委會通過「減輕中小學生課業負擔實施方案」。

歐洲防務六國會議閉幕，發表公報，承認會議失敗，但重申主要目標不變。

八月廿三日（星期一）

美太平洋艦隊總司令史普敦表示，協防臺灣早有準備，並認原子武器能有效對付共黨侵略。

我駐美大使顧維鈞離臺返任。

法總理孟德斯法朗士赴英與邱吉爾會商歐洲防務問題。

八月廿四日（星期二）

杜勒斯表示，美國將決定協防接近中國大陸的若干島嶼，並可能於東南亞公約會議後訪臺。

美駐中菲泰越四國軍援顧問團將於九月十五日歸史普敦上將直接管轄。

八月廿五日（星期三）

我空軍載運大批白米飛往湘鄂皖贛浙五省，空投救濟災胞。

美國防動員局公佈一項國防新計劃，使美國軍事生產設備永遠在準備狀態，以便必要時能迅速從事軍備生產。

十餘年來金銀外滙及貿易政策

周德偉

一、憶往事

在民國廿六年對日抗戰之前，我國金銀外滙貿易政策似乎未遭逢嚴重問題。第一、國家支出每年盤旋於十億銀元左右，合各省及地方之支出每年不會超過二十億銀元，再加上各省市縣於法無據之攤派，亦不會超過三十億銀元，約佔國民總所得百分之十。就全盤說來，此一國民負擔數字不會擾害國民經濟的運行。第二、廿四年的法幣政策，迅速遏止了因國際物價及銀價變動所引起的白銀外流。同時國際收支的差額並無不利狀態，從而維持了法幣的價值。第三、國內秩序相當安定，共匪已逼處延安一隅，全國各地的生產能正常進行，物資供應充沛，有助於幣值的維持。此等一切好景，於民國廿六年夏秋之交，日本軍閥發動侵華戰爭而突變。華北及長江下游迅速淪陷，法幣流通區域大爲縮小，出口物資減少，出口途逕亦被壅塞，大軍雲集於後方，政府收入則日趨減少，許多嚴重問題，已擺在眼前，政府三令五申要求人民節約。但政府並未製訂有效的節約方案，只大聲疾呼提出節約的道德要求，與若干零碎的警察式的干涉私人生活的舉動。作者是時方自歐洲歸來，睹此情形，著節約與抗戰上下二篇論文批評道德的要求與零碎的警察式的干涉，毫無用處。而主張政府應有完備的並合乎經濟原理的有效方案。方案的內容，應爲加強稅課或公債的手段，收取富足者之盈餘購買力，使作爲抗戰之用。並指出作戰經濟並不必一定需要廢棄市場機能，過度的干涉將引起紛擾，減低生產。又指出增發通貨，雖在短時期內有强迫節約之作用，但將引起嚴重後果，非至各種方法用盡時不宜採用。每一建議均附以名家學理的推證。一個教授的文章，不會有政治力量，原無足怪。當時統制經濟、計劃經濟的思潮已流行於國內，但一般人並不瞭解統制及計劃的條件，以及可能的限度。許多人認爲用純粹政治壓力，即可解決經濟問題，有政治地位者大致均抱持此一見解，於經濟學毫無修養者尤叫囂不已。迄至廿九年法幣的貶值已可覺察，物價上漲，永不回頭，中央設貿易委員會，統制出口，各地設採金局到處淘金。作者直接間接向政府建議：①統制貿易須顧及人民之生產成本，否則將引起社會生產的衰落，此點爲作者在卅年年於參政會議席上與當時經濟部長爭執最烈之點。②採金並不一定是有利的事業，美國也只有煤油大王、鐵路大王、紡織大王，沒有黃金大王，何況中國的山地及江河裏的金子，存量極少，靠運氣的開採，必得不償失。作者有許多學地質的朋友，奉命爲各地採金局主持人或技師，作者均一一予以勸告，請他們回到學術的崗位研究地質，或幫助國家作工業建設，不必從事此類時髦無益之舉。抗戰時期的四川湖南雲南廣西各地的採金局，究竟採了多少金子，是否能酬其成本，是否解救了國家黃金的貧乏，大陸來臺的人士均不難回憶。

廿九年以後，出口管制引起若干地方政府的垂涎，他們都想憑藉政治權力以低廉的價格，收購出口物資，換取外滙，或向貿易委員會交涉，取得代理收購物資的權力。若干地方政府的首長，甚至拋開政務不管，從事貿易及商業活動，侵凌人民的合法權益，當時生產羣衆的反應，爲砍伐桐樹茶樹及減低生產。若干學人及民意代表，曾大聲疾呼要求政府糾正其舉措。

作者懷着不怕死的心情，曾向某地方政府正面抗爭，獲得民意機關的全體支持，打銷了增發公債及地方銀行券以收購外銷物資及統購民糧的計劃。民國卅年，作者並在國民參政會提議，抗戰時期各省政府不得發行公債及鈔劵，破壞財政的完整。當時的用意乃杜絕地方當局，增籌資金，直接從事貿易及經濟活動，紊亂大後方的生產。此一提案經迅速通過，並經政府嚴格執行，參政會的此一決議，對於穩定當時的財政及經濟，似不無補益。若干地方政府之有此類計劃者，均經行政院嚴格批駁。

但參政會的一紙決議，仍不能澄清當時混淆的輿論，主張純憑政治力量干涉經濟活動之言論，仍佔優勢。致表現爲歷次風行雷厲的限價政策，雖經歷次失敗，亦不能促主張者之覺悟。卅年秋參政會有人提議大規模的國營貿易及限價政策，包括糧食公賣，已通過審查會，提交大會核議，作者大聲反對，指出俄國軍事共產主義之失敗，並指出此一方案，必擾亂全盤國民經濟危害抗戰基礎，以十五分鐘之演講，博得全體出席人員之贊成，打銷此一提案。付表決時只有原提案者一人舉手，連署人及審查人均全部撤消支持。大會決議變更審查會之原案，此爲破天荒之一次。作者與原爲友好之提案人，發生嚴重誤會，直到民國卅九年方恢復交情。三十三年作者到中央設計局工作，看到了若干黃金國有及管制經濟的建議，作者利用職務上的機會，不予考慮。許多友人及同事都爲作者此一態度擔心。其實作者報國之熱心無殊於他人，而思納政象於學理及常識之軌道，則尤爲迫切。三十五年春行政院長宋子文先生，以其在國民黨中央常委之地位，提出一黃金國有、嚴格經濟管制及大規模征收財產稅之方案。由中全會通過，交政府執行，財政部奉命後由各主管單位根據方案，草成詳細計劃及法令，洋洋數十萬言，是年七月完稿，交參事廳會簽呈部。時作者已任職財政部，照例參事廳對主管單位提出之法案，只作法律上之調整，很少根本予以推翻，何況本案乃中常會交來。作者見到此案，經詳細研究，認爲事態嚴重，非單純法律問題，而係有關國家前途之根本政策問題，不能默爾而息。

乃作一簽呈，對黃金國有問題，認爲當通貨膨脹極難遏制之時，再由中央銀行大規模收兌黃金，必大量增發通貨，促貨幣及經濟之崩潰。此一論辯見本文之第二段重行發表之文，不再詳述。對廣泛之財產稅，亦持根本反對態度。作者之論辯大致分兩點，第一從理論上觀察，財產稅與資本捐 capital levy 無殊。此類稅捐必擾害生產，並舉出歐美財政經濟名家反對財產稅或資本捐之學說爲證。第二從事實及技術上觀察，財產分動產及不動產兩大類，動產無從稽核，容易逃避，至於證券公債以市場蕭條，債券落價，根本無負擔財產稅之能力。且其所得已爲所得稅徵課之對象，不宜重複徵課。不動產包括土地房屋工廠建築及機器，海陸交通工具，凡爲私有及公有者均爲財產。以土地而論，農村經八年之抗戰，後方則田賦徵實，淪陷區則經敵僞之搜括，均已疲弊不堪，構成嚴重之政治及經濟問題。長江以北以迄東北，各省均爲剿匪區域，情況更慘，共匪已資以爲叛亂之工具。爲爭取民心，政府已對若干區域豁免田賦一年，財產稅之不能行於農村，已彰彰明甚。至於都市土地，則有地價稅在，如能辦理得宜，毋須另起爐灶。都市房屋則京滬及各繁盛都市最大部份住宅均爲二房東霸佔，輾轉頂讓，誰爲得利者，已無從追究，原始房主已無從收取房租。工廠機器及交通工具，除課以所得稅及貨物稅外，加課財產稅，勢必減少資本，擾害生產。且負擔者縱願忍痛輸將，如無資金繳納稅欵，自必以其財產向銀行抵押，銀行如瞻徇此一要求，必致增發通貨，促貨幣之貶值，加深經濟之災禍，作者堅持經濟的觀點，反對不合理之辦法，當時財政部政務次長徐柏園先生對此一簽呈，力予支持，部長俞鴻鈞先生，亦同情作者之主張，虛心與作者研究如何改變中常會之觀念。作者勇敢的請俞先生將作者之簽呈轉呈宋院長研究，經二星期後，俞先生告作者宋院長對原案已不堅持。以後財政部既未執行，行政院及中常會亦未再問，在下面第二段重新發表之卅七年舊文中，謂卅五年夏財政當局且曾將此項計劃徵詢作者之意見，即指此案。又謂使在最近一月前之恐慌未在二年前發生，總算幸事，亦指本案。嚴格言之，卅五年春經宋院長提出，並經中全會決議之方案，及財政部主管司署據中全會之決議；準備之法案及計劃，與卅七年八月十九日財經緊急措施(簡稱金圓券法案)之內容大致相同，俞徐二先生既在卅五年斷然採納作者之主張，何以又在卅七年執行財經緊急措施，其原因必極複雜，非如外傳之簡單也。

卅七年夏、法幣加速貶值，印刷機之速度，已趕不上軍政費之要求，各種稅制已完全失效，非另易面額較大之貨幣，無從控制惡劣情勢。總統蔣公對於當時之軍事尚有信心，對於財政經濟則極感焦慮。金圓券方案大概在此時已近成熟階段。財政部長俞先生堅決辭職，專任中央銀行總裁，或係明知方案本身之缺陷，不願負此滔天之責。八月初俞先生自上海來京，宴集舊日財政部高級同仁，簡單說及財政經濟緊急措施之內容，並云彼自已將奉命督導上海經濟。作者即席陳辭，指出兩點：①經長期通貨貶值之後，金圓券在初期絕難進入農村，須適應市場狀況緩緩發行，以建立新幣之信用。②限價辦法及强制收兌金鈔辦法，決不可行，本文第二段謂某大員曾以管制物價管制經濟相詢，即指此事，俞先生之答復，亦甚光明，彼謂當軍事政治非常吃緊之時，內閣既已決定政策，共赴國難，本人奉命執行，無躲閃之餘地，本人將竭力之所及減少流弊。九月初作者因事到滬，時緊急措施方案已雷厲風行，俞總裁又以經濟督導事務相詢，作者仍持前說。俞先生對當前之局勢，確抱隱憂，並重覆謂當盡力之所及減少流弊。作者返京後，另一大員將奉派督導西南經濟，指定作者爲其主要助手，經作者力辭，並請某大員，不必採積極態度，不必人人均跳火坑，致轉變政策時無人負責。某大員深韙作者之議，故只往西南視察一轉，迨彼返京，緊急措施方案已屆不能不變之情勢。在緊急措施方案實行程序中，當時之財政部政務次長徐柏園先生被目指爲該方案之中心人物，與事實亦不盡符，據作者所知徐先生以其公職地位，亦抱着矛盾與痛苦的心情去執行。總之緊急措施的制定，凡有經濟財政知識及經驗者，均持相反之意見，至少亦抱消極態度；惟若干有政治權威之外行，則特別起勁。行政院長翁文灝就是天字第一號的外行，還另有人竟謂專家顧慮太多，不能成事，不如讓外行來幹。當時作者悲憤已極，每日在部內發牢騷罵人，拒絕參加此案之執行，謝絕西南之行後，又謝絕漢口金融管理局長之命，引起長官之極度厭惡，無所歉慊。財經緊急措施不到三個月完全瓦解。十一月十二日行政院改組，財政部長易人，公佈修正金圓券發行之辦法及修正人民所有金銀外幣處理辦法，與八月十九日之辦法成相反方向的發展，事先財政當局曾徵詢作者之意見，在觀念上多少受作者之影響，但兩項修正辦法之起草工作，作者未曾參加，否則可能使其更較周密。但無論如何週密，亦不能挽求當時之局勢，長江以北迅速全部淪陷，軍政費之需要，急於星火，政府及大軍忙於撤退，稅收全盤無效，總統亦暫時退休回到奉化隱居，任何人及政策已不能挽求此一危局。修正辦法公佈後，財政部長囑作者撰文爲兩項修正辦法捧場，作者認爲公佈之修正辦法，亦改變緊急措施控制惡劣情勢之必要擧措，多少值得捧場。惟捧場須不失書生之身份，修正辦法之不穩定因素，必須指出，同時又不傷當局之感情。愼重措辭，撰成一文，今一字不易重新發表，作爲本文之第二段，此文澄清了若干政策上糾纏不清之觀念，掘發了統制經濟及外滙貿易的基本問題，並希望執政人員對錯誤之政策，有所警惕，亦可見作者十年來爲原則奮鬬，不屈不撓之精神。

二、評財經緊急措施修正辦法

(原文載三十七年十一月廿五日新聞報)

自本月十二日政府公布修正金圓券發行辦法及修正人民所有金銀外幣處理

辦法以後，政府經濟政策適與八一九之政策向相反的方向發展。金圓之法定含金量由純金〇·二二二一七公分降落到四·四四三四公毫，四比一的美滙滙率變成有條件的二〇比一，黃金白銀銀幣由禁止持有到准許持有，且有條件的兌現。以不及三個月之時間，政府政策轉變到相反之極端，許多人一定駭怪於政府之孟浪，並譴責政府之無信。若細加分析，則知此一轉變乃事實之必然，政府勇敢變更決策，毋寧謂為深合時宜而極明智之舉。蓋八一九經濟緊急處分令，欲以純粹政治手段解決經濟問題，考慮似欠週密。關於此點，筆者實不勝其感慨。

自卅五年法幣加速貶值後，市場上黃金美鈔之投機日益加甚，社會輿論及若干淺識之徒，常發爲黃金國有之呼聲。筆者前曾以專家資格參加中央某設計機關工作，看到不少黃金國有的計劃，此外主管部內亦有此項未成熟之計劃，民國卅五年夏財政當局且曾將此項計劃徵詢筆者之意見。當時筆者曾提出二個證辯：㈠如何國有？國有並不是從人民手中收奪，而是以一定價格從人民手中收購，一方收購黃金，另一方即是放出通貨。果爾，則與公開市場運用 open market operation 之膨脹政策何異？現在物價高漲，正宜收縮，何能採取膨脹政策？中央銀行拋售黃金政策當作短時應付緊急之手段，並無錯誤，其可議之點在過分抑低黃金及外滙價格，使國家喪失金鈔太速耳。今如反其道而行之，一舉收購黃金國有，遊資出籠，物價高翔，何以善後？㈡黃金爲一般人民之儲蓄手段。先王之政在制民之產，使足以仰事俯蓄，今日政府無暇及此，任何人並無怨懟，若並唯一之儲蓄手段而禁絕之，後果實不堪設想。試思人民之辛勤所獲，無儲蓄之方法，通貨貶值又無法阻遏，人誰不防護自身之利益？結果，唯有浪費及囤積物資之一途，較之對金鈔投機，嚴重萬倍，且人民千百年之習慣，非一朝可以扭轉，强爲扭之，必召紛擾。印度改行金滙兌本位政策，停用硬幣，遠在中國採行法幣政策十年以前，迄至現在，民間藏金之豐富在世界猶爲第一，其金銀之吐納，使世界金銀市場均生影響，而政府尚絕不敢冒人民之憤怒而禁制之，今日何日，我豈可自召紛擾？當時筆者並主張開放證券市場，增加人民之儲蓄手段，並謂今日提出黃金國有之主張者，無非鑒於黃金投機太甚，有助於信用之膨脹，思加根絕，殊不知金鈔投機乃通貨貶值之自然結果，政府對通貨貶值不能不負責任，豈可徒譴責人民之投機？財政當局當設法使收支差額減少，收縮通貨，穩定幣值，杜絕金鈔投機之源，切勿以人民握有金鈔爲慮，當時財政當局採納了筆者之意見，使最近一個月以前之恐慌未在二年前發生，總算幸事，若將筆者當時之論辯與今年八一九後之事實對照，則政府之修正辦法，實爲勇敢合時之舉，於安定人心，安定經濟當有助力。

八一九後另一可議之點，爲限價政策之嚴格使用，社會的經濟狀況，變動不息，縱在通貨狀態不變之條件下，相對價格仍適應供求狀態，時時變動，平常學理上之安定物價政策，乃指安定物價水準，決不是限定個別價格，在本年八一九之前一星期，某大員曾以管制物價管制經濟相詢，筆者力陳其不可，謂不能控制生產與供給，徒然硬性管制經濟及價格，必召災禍。中國的生產單位甚多，生產消費之意向及動機，決非政府法令所能控制。某大員如回思筆者過去之言論，當亦深滋感慨。主張管制者，動以英國及其他西方各國之管制政策相標榜，而不深考其他各國之管制，縱有成功者，亦無不遵循經濟原則，否則亦必召致失敗。各國之管制，原則上乃增加特殊事業之利潤，變更各項事業之相對地位，並助生產元素之移動，使符合政府之計劃。中國之管制者，何嘗顧到此等原則？中國之客觀條件，亦何能廣泛適用此種計劃？即引西方事例：大恐慌以前（一九二九——一九三三）美國聯邦農事局（Federal Farm Board）之干涉政策，埃及政府對棉花市場之干涉，均因忽視經濟原則而失敗，結果徒使政府喪失資金，市場的正常活動均被僵化，但其嚴重遠不及中國此次之甚。英國國內誠然實行全面配售，但工商業者仍有出口可做，一九四六年冬筆者在英時，考查英國出口已恢復到戰前百分之九十七，他們計劃於一九四八年度使出口增加到戰前百分之一百七十，決不似中國八一九後堵住一切利潤之源，使經濟機能完全僵化，說到此點，政府似未接受專家意見。八一九緊急處分令，事先諱莫如深，據筆者事後所知，政府若干大員亦並不同情，一二奉命執行人員，均懷着痛苦與矛盾的心情去執行；惟有決定權力之「外行」則反而特別起勁。過去在抗戰時期，管制及限價曾試驗多次，均遭逢無情之失敗，亦不屑資爲借鏡，現在限價取消了，自由市場恢復了，兩次修正辦法公佈了，政府的政策已回到合理的途徑，我們對過去譴責無益，怨懟無用，惟有在新政策下，全國一致，通力合作，方能克服當前難關。列寧之軍事共產主義，在餓死萬千人以後，勇敢糾正錯誤，始仍得鞏固其政權，我們絕對用不着悲觀。

其次，筆者對於修正辦法之本身，亦願表示數點意見：㈠金圓券對黃金之比例由二〇〇變成一〇〇〇，對銀元之比例由二變成一〇，對美鈔之比例由四變成二〇，一切尚附上同額存欵之條件方能兌現。若干人或指摘政府背信，收奪了守法人民大部分的財富。此一事實，誠不可否認。但我們須從大處着想，政府此時實有隱定金圓券價值之義務與必要。中國當數十年戰爭以後，社會及國家之財富，均至爲有限，生產力亦未恢復，任何專家執政，亦祇能就國家已有之財富，尋覓貨幣價值之自然水準。如過份高估金圓券之價值，國家兌現之諾言無法完全履行，則金圓券根本不能安定。試思一個月前之社會經濟，幾致破滅，誠令人不寒而慄。此時此地政府所應致力及能致力的，不是對每一個人的公平問題，而是如何獲得穩定的幣值，安定的經濟，使今後生產增加，全體均蒙利益的問題，如斷斷計較每一個人的公平問題，則全盤問題仍不能解決，於事何補？過去守法受損的人民，如想到此點，亦必能心安理得，無所怨懟了。

㈢關於有條件兌現的問題，政府確實接受了重大的負擔。本來在管理通貨下，國內的兌現已無必要，一切黃金外滙均集中使用，作爲國際收支差額之工具；卽富强之美國亦不例外。他們的通貨價值如何維持？第一、通貨之數量嚴格適應於社會經濟之需求；第二、在償付國際收支差額時，黃金外滙仍依固定的比例動用，通貨在國內一律是紙幣，但在外滙市場上仍有固定的標準存在，國際收支義務仍嚴格履行。在正常時候，通貨不過是交換的媒介，持有者如能按照固定的比例，在必要時能取得外滙或黃金償付國際收支差額，亦不會動搖對幣値的信心。二十四年的法幣政策，就是在這一個理論上建設成功的。不幸此一自然而合理的辦法，現在已無法使用，經過法幣及過去金圓劵的加速貶値，人民對不兌現的紙幣已失信心，只有飛離通貨（Flied from the Currency），飛離通貨卽無異通貨的破滅。挽救此一危機，除兌現外，別無他途。英鎊在歷史上也曾數度發生此類災禍，亦運用兌現政策方克服之，不過兌現義務的履行，實爲政府重大的負擔。兌現的義務，與金圓劵發行額必成正比例的發展，甚至超比例的發展，政府對於此點，應隨時警戒。財政上必需使收支逐漸接近平衡，一方面培養稅源，增加收入，一方面裁減不必要之支出，金融上需停止助長膨脹之低利政策。在正常時，中央銀行掛牌利率領導市場利率，在膨脹時，市場利率逼致中央銀行掛牌利率隨之變動。如中央銀行不顧市場情況，始終維持低利率政策，遊資既不回籠，貸放日益擴大，通貨數量增加過速，幣値的穩定，兌現的實踐，勢必大感困難。我們預料到修正辦法實行後，幣値必逐漸獲致安定，人民的信心自可恢復。次一步就需考慮有條件的週密的開放外滙問題。因爲在長期，與其用金銀穩定幣値不如用外滙穩定幣値經濟得多（可以節省幣材），效力亦無二致。此一遠景，暫時不必詳陳。但政府當局，不能不預先籌劃。至於應付金鈔黑市問題，我們對於兩項修正辦法，不能有過分之期待，外滙買賣既不能完全開放，金銀亦祇有條件的兌現，金鈔黑市短時期內勢必仍然存在。兌換金銀，既需支付同額之存欵，其不願履行此一條件同時又思持有金銀之人，必出高價在市場營求。但黑市縱然存在，價格必在固定之限度內廻旋，故價値標準無論如何可以建立，穩定之經濟必可在穩定之幣値標準下產生。且人民儲蓄金銀決無可懼，唯在價値標準不存在時肆意浪費或囤積物資，則眞爲國民經濟上之致命傷。過去金融管理，集全力於査禁金鈔白銀之持有，可謂捨本逐末，同時亦喪失人心。事實上，金融管理應有其合理之範圍，過去當局未能於積極方面多下功夫，殊爲遺憾，想今後財政當局必能於此有所主張。又金鈔市場市價與官價如有差額，則外滙結滙證明書制度之恢復，亦爲順理成章之事，蓋必如是，官市兩率始可趨於一致，藉以刺激出口，並吸收僑滙，以利新貨幣制度之推行也。

最後，筆者提出兩點期望：第一、希望政府能多採納專家之意見。財政經濟問題實在太複雜，不容自作聰明，中國社會並非無人才，人才沉淪在下，政府無接近之方，實是國家的大損失。第二、希望不懂專門問題的「外行」有力人士，對於專門問題，稍安緘默。財政經濟，非有十年學力，大可免開尊口，就是能搬出幾本外國敎科書，也未能算數，何況只讀些百科全書之類，有什麼用？必須就全盤社會科學領域有宏通之了解，並與本國文化傳統融成一氣，方能對中國之財政經濟有發言資格。億萬人的生命財產，決不能任「外行」一再嘗試！數十年來的敎訓，够慘痛了！

以上這篇文章指出了若干問題及其解決途徑，不獨可供當日之用，且可供今日及今後之用，今撮要綜合如次：

㈠金鈔投機乃通貨貶値之自然結果，政府對通貨貶値不能不負責任，不可徒譴責人民之投機。政府應使收支差額減少，穩定幣値，杜絕投機之源。通貨貶値，人民競求金鈔或貨物爲保値之手段，乃極自然之現象。

㈡限價政策，不合經濟原理，廣泛之限價政策尤足窒殺國民經濟活動，學理上之安定物價政策，乃控制通貨數量，安定物價水準，決不是限定個別價格。個別價格之變動，在經濟變動及技術變動之環境下常有可能及必要。變動常爲進步之動力及結果。

㈢英國在第二次大戰後，對生活必需品實行全面配給，嚴格控制進口。但仍努力獎勵出口，試與我國目前情況對照，外滙政策窒殺一切出口利潤之源，爲國家嚴重危機之所在。

㈣對當時之兌現政策認爲不能持久，政府應使收支平衡，金融機關應停止助長膨脹之低利率政策。

㈤關於利率政策，此文指出在正常時期中央銀行掛牌利率領導市場利率，在膨脹時（嚴格言之尙有技術改進利潤高翔時期）市場利率逼致中央銀行掛牌利率隨之變動。如中央銀行不顧市場情況，始終維持低利率政策，游資既不回籠，貸放日益擴大，通貨數量增加過速，幣値的穩定，勢必大感困難。

⑥中央銀行之金銀及外滙掛牌價格，如低於市場價格過遠，將使中央銀行迅速喪失其準備，並造成經濟危機（此外還易造成資金逃避及阻遏僑資外資之流入）。

讀者試將上述觀念，檢討目前之事實及政策，則問題是否獲致了正當的解決，今日及今後應當如何，不難得到明確答案。

又如以上述觀念批評十年來之政策更富於敎訓，此點下文論及。

三、近事述評

三十八年春作者隨政府遷到廣州，七月政府廢金圓劵改發銀元劵，財政部長徵詢作者擔任關務行政，對於關稅只希望每月有百萬銀元的收入，當時稅收解體，改用銀元劵穩定幣値後，對稅收自需有一番新的整頓及部署，時政府控制的區域尚有湖北湖南福建兩廣及西南各省，但海口僅餘廣州福州及臺灣數處，故對於關稅收入不存甚大之期望，經作者研究之後，認爲非一百萬銀元可否收到的問題，而係根本政策問題，作者提出兩項建議，㈠撤消輸出入管理委員會，開放若干必需物資的進口，㈡減低若干必需物資進口稅率。長江流域及上海淪陷後，後方物資供應大感匱乏，重要物資如紗布及若干器材仍停止進口，例如全國紡紗錠原有三百七十萬錠，上海淪陷後只餘三十餘萬錠，可是紗布仍然停止進口。其他此類矛盾事件，不可勝數。輸出入管理委員會人員留滬未來，工作已經解體，但管制法案仍然存在，執行機關仍只能依法執行。又廣州及九龍爲主要進口港埠，與香港毗連，必需品稅率太高，旣不合民生，又無從控制走私活動，故作者提出上兩項建議，並保證實行此項建議後稅收每月可到三百萬銀元。關於輸出入管理委員會之裁撤，已屆水到渠成之勢，作者的建議，不過是一道催命符，很迅速的卽被接受。惟降低進口貨物稅率百餘種之多，仍爲嚴重爭論的問題，政府正圖增加各稅稅率以圖增加收入，經作者極力抗爭，最後當局亦接受作者之意見，讓作者獨行其是，關稅減稅法案以緊急命令公佈，事後補送立法院追認，輸出入管理委員會裁撤後，改設進出口貨物審議委員會，其主要任務爲合理支配有限之外滙於各項進口物資。委員會僅由財政部經濟部及中央銀行各派代表一人組織之，作者以財部代表資格擔任召集人，所有技術問題，均交主管機關（財政部經濟部中央銀行之主管單位）辦理，提會核定，手續簡便，效率甚高，時各地秩序紊亂，各項稅收均無從達到預定比額，惟關稅經作者於控制了關務行政外，兼掌握了貿易大權，取銷了一切繁瑣措施，故很迅速於紊亂之中，理出了頭緒，兩個月之內，卽實現了作者的預言，關稅達到每月三百萬以上，超出政府的預期，作者次一步的改革的計劃，爲使關稅增到千萬，不及實現，廣州卽告撤退，一切無從談起矣。

卅九年春，中央銀行總裁現任行政院長兪鴻鈞先生來臺，作者特往訪謁，兪先生開口卽謂照現行政策，臺灣的財政經濟將生危機，可見兪先生確有認識。作者當卽陳述黃金外滙官價太低爲主要弊端所在，此種舉措將使政府迅速喪失其金準備及外滙，並破壞出口事業，造成嚴重之災禍，兪先生亦深以爲然。不幸兪先生當時只擔任有名無實的中央銀行總裁，對於現行政策無決定權，他只能建議總統停止臺灣銀行黃金之兌出，間接促政府改變政策，但後來經援擴大了，塡補了喪失黃金的空額。愚昧與惰性的得勢，使改革仍不可期。四十一年兪先生兼任臺灣銀行董事長，作者再往訪問，探詢改變滙率的可能性，兪先生謂滙率須調整，但在調整以前，須做種種準備工作，以減免調整後之副作用。兪先生擔任省主席以迄今夏擔任行政院院長後，政務忙迫，作者無機會與之討論政策問題，但最近行政院的施政計劃，仍謂外滙管理有繼續改進之必要，今日的院部長官，似均認識滙率有問題，惟遲不採取行動，其原因似不出下列數項，㈠進口既得利益人羣之意見仍佔優勢，出口業主要爲政府所掌握，其主管人以官吏身份不敢提出與現行政策相反之意見，或因其自身的困難因政府之貼補而得暫時解決，不願多事，例如臺糖公司虧損之貼補，及糖米差價之貼補，已正式列入國家預算，而不認識此種無盡期之貼補，終將召致更嚴重之危機。㈡主持財政經濟權力者，畏懼物價之波動，而忽視在彼等之所謂低物價政策下，物價指數已自卅八年六月十五之一〇〇漲至四十二年十二月底之六五〇，（見中華年報嚴前部長報告）他們忽視物價乃一通貨問題，個別進口物資之價格已與低廉滙價脫節，他們忽視自韓戰停止後，世界物價水準下落，臺灣物價獨立發展之趨勢，更不推究其原因。他們更不了解低廉滙價於破壞出口事業之外，更創造進口業之特殊利潤，創造社會一般追求資金追求銀行貸款以爲獲取低廉外滙之手段，敗壞風氣，並引起一連串的災禍。㈢執行外滙管理的人員，不願放棄低廉外滙政策，解除自己發揮權力的武器，凡以上各種原因，作者在財政經濟直言（聯合報六月十一、十二）發揮較詳，請參看。作者現願舉出一嚴酷之事實以爲證明。去年中國會派一經濟考察團赴韓考察，李承晚總統親告該團團長：韓國復興，需要中國物資每年六千萬美元，並開列物資項目，考察團甚爲興奮，返國提出報告後，經濟部長張麗門先生中央信託局長尹仲容先生約請作者商議獎勵出口物資辦法，要求作者對於進口原料製成物品再出口時，予以退稅待遇，作者立卽允許，並很迅速的建議財政部制定出口退稅辦法，呈行政院核定公佈。當時作者告知張尹二先生，出口物資之原料進口稅欵，大都不過佔其成本總額百分之二至三左右，僅柳安木製成之物品進口原料稅佔成本達百分之十六，此一優待是否能解除出口困難，有獎勵出口之效力，張部長立卽予以否定之答復，作者卽席詢以癥結所在。張部長謂此乃一外滙問題，如滙價提高至接近市價之水準，出口卽可暢通，一切困難，可迎刃而解。作者乃謂何不從根本解決，調整滙率？張部長謂此何能談？作者卽謂君以經濟主管而不能談，我將越俎主張矣。張部長謂，君眞有勇氣哉！以主管國務大員而不能談經濟命脈問題，作者眞不能理解此一問題之複雜性。截至現在張先生關於滙率之見解，與作者並無出入，卽現任省主席前財政部長嚴靜波先生，在最近一年來關於滙率之見解，經作者數度與之交換意見，亦發見不出與作者有多少距離。旬日前作者分別與張嚴二先生再論此問題，兩君之答案不約而同，謂美國經濟顧問團來臺後，或有正確之解決。作者始終不能理解自己可以解決之問題何以必待美國人之建議。此問題如在四年以前能面對現實，照作者在財政經濟直言及上文之主張加以改革，則臺灣經濟建設，當已早上軌道，三十九年八一九之緊急措施（限價及强迫收兌金鈔）專家均認爲不可，竟勇敢採用了，現存政策，專家及輿論均認爲宜變，反畏懦不前，行動之不協調，一至如此，可勝浩嘆！政府現在加强稅收，確不是再走金圓劵之路，但如不合理調整滙率，將無救於局面之惡化，試問出口事業日趨破毀衰頹之後，何以爲繼！

目前自由中國的財經問題，當然不止外滙問題，在拙作財政直言已有討論，不再贅述，若干問題牽涉業務職掌，作者雖有文件及主張，尚不能公開討論，擬待五年以後再說。作者決不願後之視今亦猶今之視昔，今後之政策如走上學理及常識之軌道，使作者之觀點無重新提起或追溯之必要，尤所企幸。

四、結論

將上述政策上之觀點檢討十餘年來之政策，眞令人戰慄。

㊀低價的金銀外滙政策，使國家迅速喪失其金銀及外滙準備。第二次大戰勝利後，中央銀行尚擁有金銀外滙準備約值美金八億五千萬，在二年之短暫時間內拋售殆盡，另一方面公敎人員及兵士尚臨於餓死邊緣，瓦解一切道德及士氣。三十七年夏軍事最吃緊時期，中央銀行的準備已空，爲政府容易接受强迫收兌金鈔之心理根據。

㊁通貨貶值無復有保儲價值之功能，迫使人民追求金鈔及物資爲保值之手段，若干機關於領到經費之後，即將原幣運滬追求金鈔，官吏之不法，固屬可誅，政府豈可不追求其原因，作釜底抽薪之圖。

㊂銀行利率永低於市場利率，爲擴大貸放助長膨脹之重要因素。通貨既在貶值，利息又低，誰不願從中央銀行獲得資金以至牟利，迄至半年或一年後歸還時，通貨名義及數額仍舊，而實值已不及貸出時十分之一。政府創造牟利及投機之源，能譴責人民之投機乎？譴責又有何用？著名之東北大豆案，暹邏進口米及福建鐵路公司案，均是在此一形勢下造成的，不法者逍遙法外，固表示紀綱掃地，而政府對於政策未加檢討亦不屑接受專家之意見，豈無缺陷！

㊃低價外滙政策，使一切出口事業破產，並使僑滙及外資裹足不前，銀行除擴大貸放或爲貸放之轉手機關外，失去一切中介投資及吸收資金之功能，此等事象豈能盡歸咎於共匪之破壞。

㊄在抗戰時期，每經一次限價，經濟上卽發生一次紛擾，均不屑資以爲敎訓，專家之言論，毫無效果，致發生卅七年緊急措施之大災禍。

作者舉出上述事實，並無算舊帳及譴責過去之意，事件太複雜了，若干當事人亦心餘力絀，甚至焦頭爛額。惟願以此等事實再行檢討當前之問題及情勢。

㊀政府遷臺後，低廉金銀及滙價，使政府迅速喪失準備多少？詭稱安定物價，物價究與低廉金價及外滙有何關係？關於此點，俞院長及徐部長應比作者知道較多，如非總統直接干涉禁止動用黃金，恐百餘萬兩之金準備，早已流空，厥後美國經援擴大了，運用是否盡善，爲臺灣經濟命脈之出口事業之現狀及潛力，究呈何等狀態，均可爲反省及批評之資。

㊁卅八年改用新臺幣時，原定發行限額二億，最初祇發行六千萬，以不到半年之時間卽增至一億八千萬，當時對於稅收是否盡了應有的努力？後來創限外發行之名稱，最近的發行超出八億以上，此八億並不能代表整個通貨數字。據銀行功能，發行銀行移予商業銀行之欵項，創造商業銀行在發行銀行之存賬，商業銀行又可利用此存賬擴大爲數倍之貸放，故臺灣銀行以八億之發行，能爲現有數字二十二億之存放業務，至於商業銀行直接貸予工商業者之數字，尚不在內，臺灣銀行之增加發行，顯明地非適應政府之需要，數年來政府已平衡其收支。限外發行據說是作生產貸放，作者敢指出無論限內限外，無論什麼名稱，增加發行，就是增加通貨數量，同樣有抬高物價貶抑幣值的效力。所謂增加生產，在生產元素均盡其用之條件下，亦不過是變更生產結構，創造膨脹動機及其他新的問題，(據海克博士著物價與生產)政府及臺灣銀行似應檢討銀行體系之貸放，多少是根據正常銀行功能爲純粹短期的資金通融？多少是具貼補性的長期貸欵，此種材料最好忠實的公開讓專家批評，以爲改進政策之根據，諱疾忌醫，是最愚笨的辦法。社會一般均已知財政收支不平衡，利用增發通貨彌補赤字之危機，而不知貸欵之不合理，亦同樣引起危機。

㊂臺灣銀行是否已合理約束其膨脹的傾向，此地特舉出一件不大不小的事實以爲例證，今春美援運用委員會得行政院之核准，經合分署之同意，自相對基金內撥出臺幣二千二百餘萬元貸予民營事業，扶助其發展。但所公佈之辦法，規定貸予民營事業須透過商業銀行之手，並由商業銀行湊貸一成，例如一百萬元之貸欵，由相對基金撥貸九十萬，經手商業銀行貸出十萬，此種扶助民營事業之辦法用意頗爲堂皇，但何以必需經商業銀行之手，爲作者所不能理解。表面上商業銀行根據民營事業之請求得美援會之核准，自相對基金獲得貸放之數字，轉而貸予民營事業，毫無罅隙。但接受貸欵之民營事業，決不能一朝一夕將此欵用罄，必仍存於商業銀行或透過商業銀行存於臺灣銀行之形式，無論那樣，此一存欵在其未使用之期限內，必爲商業銀行膨脹信用之根據。如假定信用繫數爲4(此爲接近眞實之數字)則二千二百餘萬之存欵可能擴展信用至九千萬，此其缺點一。商業銀行名義上貸出一成，扶助民營事業，事實上得在一定期間內，利用九成以下之存欵擴大貸放，從而牟利。(相對基金貸出之數字利率七厘銀行貸出之數字利率二分五厘，分三年償淸)故各商業銀行分割此一貸欵之經手，此其缺點二。又二千四百萬之欵項，既以特惠條件貸予民營事業，有捷足先得者，有偏枯向隅者，前者之競爭地位加强，後者削弱，創造出新的不平的境地。政府政策應創造公平合理之環境，使企業能自由發展，不應以特惠政策，使另一羣人之相對地位受損，否則只是惠而不知爲政。嚴格言之，相對基金既爲特別賬戶，非依法或得經合分署之同意不能動用。扶助民營事業，儘可由美援會或其他主管機關直接核定，直接自相對基金內接受貸欵機關使用之速度，分批撥貸，則膨脹信用之作用遠較微小，我們不能期待政務長官每人均通曉技術細節，不能爲苛刻之推論，此乃俞內閣就任以前之事，今日似可提出檢討，或立卽糾正，或杜絕同樣事實之重演，均不無補益。作者數年以來不接觸金融及美援業務，所知有限，今不過就此一已公佈之辦法，略以

學理批評其效果。

㈣今日銀行之最高優利爲一分六，市場利息則盤旋於二分五至三分左右，此一差額不可謂小，因市場利率之有效，驅使社會上大部份資金供求在地下錢莊完成，貶損了銀行的正常功能，使正確計算通貨數字，無從着手，並貶損政府政策的效力。當然在目前環境下，提高銀行利率可能發生嚴重後果，公營事業不能擔負成本之增高，但市場利率形成之原因安在，是否有抑低的辦法？作者在財政經濟直言，已經指出追求資金獲得低廉外滙乃抬高市場利息之主要原因。如提高滙價，則追求資金的企圖減少，市場滙價及利率均可能回落。此一分析經最近事實之發展，已證明完全正確。立法院最近通過若干進口物品征收貨物稅，（本國不產之物品，可增高關稅避用貨物稅名稱，此地不論。）如羊毛棉紗人造絲均征貨物稅百分之二十，如據機械的成本物價論者之推論，進口商人增加了進口的成本，增加了納稅的資金的需求，將提高滙價物價及利息率。但法案實施之後，市場美鈔價格由二十八元落至二十六元，利率由四分落至三分五，，物價亦未波動，此可能有多種原因，但進口利潤減少，外滙外鈔的需求減少，追求資金以獲取外滙外鈔的需求亦減少，擔負利息的能力亦減少，實爲其主要原因。據此理，作者主張提高滙價至接近市場滙價之高度，在通貨數量不變之條件下，必促市場滙價之回落及利息之回落，完全正確。作者敢請政府相信讀書人數十年之學問。

㈤問題太多，本文不能一一指陳，更提出若干感想，作結。

㈠現代政治經濟太複雜了，要求政府的政策絕不發生錯誤，陳義過高，即在英國一九二五之恢復金本位，第二次大戰後高估英鎊價值，釘住於英鎊對美金四元之比例，事後均經證明爲嚴重的錯誤，但他們能迅速的勇敢的糾正錯誤。美國胡佛總統之金融及經濟政策亦犯錯誤，乃有羅斯福總統之新政。杜魯門總統沿着新政方向走得太遠，乃有艾森豪總統之大規模解除管制法令，裁員卅餘萬。當艾森豪採取行動之時，若干人以爲將召經濟之危機。但經事實證明，美國的經濟不獨有空前的安定，而且正趨向繁榮。物價降落，人民的享受提高，絲毫不影響國防的建設。唯獨我們的錯誤觀念及政策，可經十餘年之不改。作者的經驗，辦內交比辦外交尤爲困難，一九四六作者參加聯合國召開之國際貿易就業會議籌備委員會，美國提出貿易憲章草案，作者透過代表團提出修正案十餘點，大致均經接受。作者尙保存個人對政府之報告一份，四十一年接獲聯合國通知，此類文件均經解密，作者擬稍加補充註釋予以發表。任舉一例，關於最惠國條欵，適用範圍，原甚廣泛，包括公共工程。作者堅決反對，初不爲美代表所諒。經作者私訪美代表，謂照此項規定中國政府請美國投資興建一鐵路，亦需請蘇俄興建一鐵路乎？如請美國投資興建三峽水電，必請各國包括蘇俄在內一體參加投標乎？美代表一聞此言，面色立變，即謂已深切瞭解，請貴國放心。次日即將公共工程字樣刪去。但作者在國內建議之事項，內容明白曉暢，常經數年得不到接受，若干人非常矜持，似乎以放棄自己的成見接受別人的意見爲損失威望。張麗門先生亦於此深致其慨嘆。作者迫切希望執政的人們與現代最優秀的知識取得密切聯繫。英美各國數十年來，關於重要政策事項，無不取決於其國內之權威專家。在中國過去周公握髮吐哺，以待士，諸葛亮亦講求參署，重要事件與董幼宰（和）胡偉度（濟）參校六、七次之多。這些都是最好的榜樣，作者迫切要求政府相信學人之道義誠意及見解。

㈢大陸淪陷前，最完備優美之意見常遭摒棄，錯誤之意見常迅速的獲得採用。一部份固由於執政人們不接觸最優秀之知識，可能還受了共黨地下活動的催眠。作者並非危言聳聽，現在政府人士，均知道在抗戰時期，美國顧問克利及拉鐵摩爾，均與共黨有關，從政府手中獲得了資料及情報，一轉手就到了延安。這些資料均是忠貞純正的書生無從獲得的。冀朝鼎居孔祥熙之左右，現在誰也知道他是共產黨。其他三教九流之士出入於權要之門，其發言地位遠較主管單位之官吏爲高。滬粵撤退前，資源委員會交通部之附屬機關及銀行人員紛紛投共，馬歇爾特使及司徒雷登大使亦受左傾份子的包圍，可見撤退前共產黨已盡滲透之能事。平日影響行政長官之觀念，至於何等程度，可想而知。翁文灝張治中邵力子的左右，是些什麼人，均不難回憶。共黨只不敢接觸思想上反共的人士。他們在此等人物之前，決不敢使用其催眠術，恐怕露出馬脚。國民黨中級幹部，確不少有思想有認識的人，對此均有親切痛苦的經驗。可是我們過去執政的長官，平日聽慣了阿諛諂媚之辭，絕不注意人之思想學識，共產黨人遂乘機而入。有思想的人雖悲憤塡膺，可是毫無政治權力，只能看着局面的瓦解。翁文灝由一地質教授，不數年而爲第一任行憲內閣之首腦，可謂受政府特達之知。卅八年冬，作者在香港，某寓公告知作者翁有投共之傾向，已籲請久任翁氏顧問之美籍人某君，勸其速行出國，清醒自己的腦筋，聽候世界局面之變化及民主勢力向共產勢力之反攻。當時作者尙不相信，不到一年果由事實證明無誤。此公脫離政治舞臺已二十年，平日因歷史及人事關係，見解亦與政府頗有距離，作者與彼亦不過保持私交，政治上早已分道揚鑣，然而識大體，堅持反共立場，其與翁文灝之差別，主要爲抱有自成體系的反共思想及信念，故能卓然有以自立。至於翁氏平日卑視社會科學，卑視思想，我們早已知之，（作者在大陸時即曾論及）反共必需有精神武器，作者希望對於讀書人之思想成就，多予重視，對於謇諤匪躬之士，多予尊重，試想一個人平日抱定原則，不屈不撓，不顧自己當前之利害，作逆耳之言，已包含最高度之忠貞。至於先意承志看顏色，然後說話的人，必處處只顧到己身之利益，，決不能與之共患難，所謂時窮見節義，板蕩識忠臣，良有由也。政府遷臺後，對付共黨的地下活動，可能已大有進步，要人們左右可能已無共產黨。但過去的事實，仍值得我們警惕。尤需把握政治原則，培養反共的思想，增進一般人的知識水準，此等事體的重要性，決不下於武力。

本文以作者自己之經驗及認識爲中心，評述十餘年來的政策，作者既非當國大員，當然極不完全。不過所論到之問題，確屬極其重要。且迄至今日尙未獲得合理之解決。作者無意於出風頭，數年以來，著文數十萬言，均艱深之學理探討，對於自己主管之業務，從未以隻字炫耀於社會。今日現身說法，無非求政治之進步。年來好同惡異之風，浸淫於社會，朝野已少敢言之士。曾滌生謂風俗之厚薄奚自乎，自乎一二人之心之所嚮耳。作者之名位事業，遠不逮乎曾氏，而學問抱負，則不敢多讓，，使幸而如曾氏之成功，固國家之福，不幸而聽者藐藐，亦不能阻作者之奮發，立德立言，均有其途徑，何懼之有！

如何利用反對黨？

蔣勻田

政黨政治發源於英國。談政黨的運用，應取證於英國。兩百多年來的英國國會，始終爲兩大黨表演的舞臺。在四十年以前，是保守自由兩黨對立。保守黨佔國會議席的多數而柄政，自由黨則退居反對黨的地位。自由黨佔國會議席的多數而柄政，保守黨則退居反對黨的地位。一九二二年後則變爲保守黨與工黨輪流對峙的局面。自由黨雖仍存在，然僅保有數位議席，已式微到不足重輕的地位。故國會中仍維持兩大黨輪流更迭的形勢，未變更英倫兩黨政治的傳統。

英國反對黨的名稱，是「英皇陛下的反對黨」(The opposition of her majesty government)。反對黨的領袖與首相一樣，由國庫支給薪俸。使他免除生活之累，專心致志，領導反對黨的羣衆，注意政府黨的過失，公開訴諸全國人民，以盡反對黨監督政府之責。假使說反對黨領袖，不應反對政府，在民主國家，必引爲笑柄。

反對黨的領袖偵察民意不滿政府某項措施，每乘機逼請政府黨提早大選，期於新選中獲勝；而更迭政府。同時執政黨處時局艱難之際；或重大問題驟臨，不願長久集謗於一黨，而勤求民隱，亦嘗自動提早大選，假手反對黨之瓜代，脫然退處於野，變爲監督責難之公器。重建信用於人民心理之中，待機再整旗鼓，復登廟堂。此種朝野兩黨，互相爲用之史例，在英書不絕書。近例如二次大戰末期，德國剛放下武器，艾德禮所領導的工黨，卽退出聯合政府；而要求卽時舉行總選。邱吉爾首相絕不責之爲之乘國家之危，卽接受其請，宣佈大選日期。大選結果未定之時，值波茨坦會議開始，邱吉爾乃偕艾德禮前往出席。意在萬一選舉結果，工黨獲勝，艾氏可以從容取其國際會議之席位，而無私毫隔閡。足徵西方政治家謀國之忠，雖反黨人物，亦盡量讓其參加國家機密；而不願私國家機密於一心，以爲固位保權之道，不能不令吾人嚮往不已。

一九五〇年，艾德禮二次執政，以在國會中的多數太微；至一九五一年，金融情況逆轉，外滙基金銳減；而工黨的經濟政策，不能遷就英國資本主義的傳統，不願以國會中些微多數，以武斷民意。更不願在歷史發展，對工黨所信的民主社會主義不利的時期，久積怨於一黨，斲喪以後執政之生機，所以於一九五一年秋，自動提早大選。凡此皆足證明西方政治家宅心之公，祇求寄黨的生命於人民心理之中，不願因維持政權，而强制民意，因爲自由蟻附的民意，堅不可破。强制雷同的民意，一擊卽破，毫無用處。墨索里尼在失敗之前，每次露面，擁護的羣衆，歡聲動天。一旦失敗，則全國唾之。民主政黨的羣衆，縱在反對黨的攻擊下，猶能佔選民的多數，原因卽在民主國領袖的威信，建築在選民的心理上，可以經得住試驗，受得住攻擊。墨索里尼的威信，是建築在特務警察的鎗頭上，特務警察離開了，威信也就沒有了。

常常聽到：「事關政府威信」的說法，我就有一種沉痛的感覺。不知所謂政府威信，是建築在所豢養的特務鎗頭上，還是建築在人民的心理上？若是建築在鎗頭上，則當然不許反對黨的存在，自必千方百計，遏制反對黨的壯大。使反對黨始終無力搖動建築在鎗頭上的威信。所以特務、警察、軍隊都須黨化，變成執政黨保持政權的工具。甚至連學校，國家經濟事業都須黨化，使反對黨的黨員無噉飯之所。如英國以國庫供給反對黨黨魁，固爲不可能之事；如邱吉爾肯以外交秘密，先讓反對黨領袖參與，杜魯門離開白宮，卽與特務絕緣，當然更爲不可能的事了。

邱吉爾爲什麼肯與反對黨領袖共外交的秘密呢？有兩個明顯的理由：一是國家利益應高於黨派利益的觀念；一是保持政權的力量，寄於人民的心理，而不在玩弄政治手段。所以邱吉爾肯以外交秘密，預先告訴了反對黨的領袖，艾德禮既參加了一切外交的決策，當然可以賡續前任首相的外交政策，而不至中途變更，喪失國家對外的信譽。杜魯門何以不能私特務爲已有呢？其理亦至簡單，卽特務乃國家公器，不能變成個人保持政權的力量。美國與英國一樣，保持政權的力量，寄託在人民對某黨的好惡，不可能以特務的組織，保持政權。艾森豪亦深知杜魯門所交於他的特務組織，是國家的公器，祇忠於國家，不忠於任何個人。所以信而不疑，差使如意。這在極權國家，能够作得到麼？民主國家的政黨與極權的政黨根本的差異，卽在極權的政黨，必以國家一切的力量爲剷除異已保持政權的工具；而民主國家的政黨，則一切歸諸國家的利益，以取信於人民，而保持政權。從國家利益一個共同觀點上，敵對的兩黨，可以建立彼此的互信。同守不能違背國家利益的戒律，反對黨才能相反相成，提高國家的地位而造福人民。

戰時的英國，總是組成舉國一致的政府，以對抗强敵。卽經濟大恐慌時，亦可組成聯合政府，如麥唐納的聯合內閣，以渡過內政上嚴重的局面。此種良好規模，已爲舉世所稱道，不必贅述。卽平時的外交，亦可利用强大的反對黨，以求執政黨內部的統一；以求國際壇坫上的勝利，此爲本文所注意論述之點。

年來國際的形勢，又回到區域性的勢力範圍外交路線。不過現在每個區域內的民族自覺，已型成了抗拒帝國主義的力量，不甘受任何强國的主宰與統制，僅願以自主的方式，參加强國所領導的勢力範圍。埃及反抗英國在蘇伊士運河區駐兵。卽是埃及民族自覺所使然。此事發生於工黨執政的時候。英國駐兵蘇伊士運河，已有七十年以上的歷史，英國人視爲當然的權力，自難捨棄。工黨政府無法解決此項困難問題。一九五一年冬保守黨柄政，邱吉爾向來重視巴爾幹半島對於防俄的重要性，所以兩次世界大戰，邱氏都主張攻入巴爾幹半島，深入東歐。當時的戰略，雖名爲附德之背，實並有防俄深入歐洲之意。故一九五一年重入唐寧街官邸，卽力促南斯拉夫，希臘與土耳其聯防，以補羅馬尼亞與保加利亞捲入赤俄勢力圈之失。然北非及近東回教國家之合作，實可加强南巴爾幹的防禦力量。埃及本身雖不强壯，究係古國，隱然有領導回教國家之勢。所以邱翁重行執政後，卽以沉着懇切的心情與埃及談判，不惜放棄七十二年旣得的駐兵權力，而求對埃條約和議的成功，有由來也。

保守黨的國會議員，反對自蘇伊士運河區撤兵的協議者，竟達六十人之衆。而保守黨在國會中多於工黨的議席，不過十二席。在此形勢之下，無論邱吉爾有如何魄力，若不能以國事爲重，天下爲公的廓大胸懷，信托反對黨的心理，巧爲運用，絕不肯將對埃協議條約案提出國會。邱氏有此眼光，有此魄力，有此以國事爲重的胸懷，完全係英國的政黨史所養成。卽邱翁深知反對黨不敢違背國家的利益，乘其內部不能一致，投票反對英埃協議。所以對埃撤兵條約提出於國會，工黨議員卽以放棄投票的姿態，援助邱翁壓倒內部的反對者，而順利的通過於國會。此係邱翁善用强大的反對黨，以求濟執政黨內部分裂之史事，應爲國人所注意。政權的保證力量，穩放於國民的心理上，不必長懼反對黨的强大。用不着黨化青年，黨化文官，黨化軍隊和警察，甚至連社會團休亦黨化之，使在野黨無容身之所。照英、美的史例，有了强大的在野黨，不但無碍於在朝黨的政權，反可促成在朝黨內部的統一。

英國工黨於一九五一年，退居在野之後，卽力唱對美外交强硬，不必依附美國，似故予邱翁以對美捭闔之藉口。邱翁於登臺之後，携外交部長艾登訪美，下船伊始，卽發表談話說「我們需要貿易，不需要援助」。(We demand for trade, not for aid) 這與工黨主張英國外交不必依附美國的論調，形同雙簧。英國現在的處境，無論財力，經濟力與兵力，都不能執國際壇坫的牛耳。然邱翁兩年來，善用國會內反對黨强大的呼聲，使友邦的總統，不得不顧及其在國內的環境，而尊重其外交的路線，寖假而走上領導的地位。

奠邊府被圍正急之時，法越守軍嗷嗷求援，杜勒斯國務卿曾親飛倫敦與外相艾登面談，請求採取一致行動，援助法越守軍。保守黨政府一面與美洽談，工黨的領袖一面則反對深入越南之戰。此又似合唱反面的雙簧。英國始終未肯介入越戰，美國白宮，除憤慨同情邱翁的環境外，亦無如之何。此又邱翁善用强大的反對黨，對友國擺脫外交上重負的史事，亦應爲國人所重視。假使英國無强大的工黨，則邱翁雖有縱橫捭闔的天才，對美國義務上的壓力，亦必甚難措辭，祇求自保，而不赴友人之急。

一九五一年邱翁於競選之際，卽提出高階層會議，以緩和國際緊張局面之呼聲。因此贏得選舉勝利，重膺首相。邱氏乃深悉英人畏戰心理之普遍，力保和平局面，卽所以保持英國選民之向心。雖百慕達會議之後，無法卽時實現其與馬倫可夫面決國際問題之願，然始終未放棄此念。不得已而求其次，乃一面由四巨頭會議，降爲四外長柏林會議。由柏林會議始，邱翁卽隱握世界外交領導之權。艾森豪總統所唱的主動外交，乃復變爲被動。由柏林會議產生日內瓦會議。開議之始，杜勒斯觀察形勢不妙，乃嗒然返美，而以副國務卿史密司代之。及蘭尼爾內閣倒臺，孟德斯法朗士繼之，日內瓦會議重開之時，美國代表團已降爲觀察員之地位矣。艾登外相折衝於莫洛托夫及孟德斯法朗士之間，儼然有盟主的身份。卒於孟德斯法朗士限期之內，完全違背美國向來對越南的主張，割越南十七度以北於越共，而達成法越與越盟的停戰協訂。越南停戰協訂甫經告成，艾登外相以成功之身返國，乘勳望正隆之際，乃宣佈對埃撤兵條約，以迎英人求和的心理，使反對黨不敢挑釁，並制服了保守黨內部的頑固份子，邱翁之善於利用時間，善於利用反對黨，誠令人咋舌不下。不但如此，更爲劍及履及之表演，一面又有工黨代表團之組織，包括該黨右派領袖艾德禮及左派領袖畢萬，路出蘇俄，訪問紅色中國。這個代表團完全係工黨的黨員，當然不便臆斷爲兩黨的又一雙簧行動。可是該團動身之日，卽有電訊報道：艾特禮路過莫斯科，便中當可偵知馬倫可夫的態度，可隨時告知邱吉爾。似乎艾氏之行，事前與邱吉爾不無默契。及抵莫斯科，馬倫可夫與莫洛托夫等共產黨的高級領袖，待以殊榮的歡宴，似乎又反映出艾氏的行動，不僅係銜一黨的使命。及艾氏等在英駐蘇大使館內，張筵欵酹蘇俄政府領袖，馬倫可夫亦破格赴宴，更可證明艾氏等一行，實負有國家使命。不然，民主國家在野黨的領袖，固可利用駐外使館，與所在國的朝野接觸；但：㈠若非本身爲强大的在野黨，有決定國家外交政策的力量，㈡若非執政黨公天下之雅量，素重在野黨領袖的地位，而不目爲國家的罪人，處處予以方便，則馬倫可夫等不會與艾氏等如此週旋。及艾氏等一行，飛抵北京，更受北京紅色政要的特殊歡迎。據合衆社倫敦八月十九日電訊：艾德禮曾盛筵招待六百名共黨議員階層 (Red Chinese Parleamentarians) 人物，從這些行動的費用着眼，都可說明艾氏等一行，實受保守黨政府的資助。不然，一個小學教師出身的工黨領袖，將無法支持這個場面。同時從最近一週來英國報紙，對於美國新聞界責難艾氏等一行的不當，一致爲之辯護，不能不說艾氏等此行，實爲朝野共同的決策。

以上的推測，旨在說明艾氏等一行，實有關邱氏外交捭闔。換言之，卽邱氏又利用反對黨的領袖，以遂行其外交的圖謀。至於此種圖謀將來的成敗，及其對於民主國家反共前途的關係，則非本文討論的範圍。 (下轉第33頁)

日內瓦停火協定及今後世局

龍平甫

一、高麗問題談判失敗

高麗問題經過一個多月的談判已充分證明不能以和平手段實現韓國的統一，聯合國家若繼續因此問題和共產集團對話，祇是浪費時間，於是在六月中旬決定停止韓國問題的談判。六月十五日開最後一次全體大會。但是共產集團為了對世界輿論作宣傳，突然表現了一點溫和態度，企圖將會議失敗的責任推到對方。

當日會議中共方要求繼續判談，並由北韓「外長」南日提出所謂解決韓國統一問題的提案，南日的提案是抄襲莫洛托夫對德國問題的提案，不但企圖繼續分裂高麗，且進一步要使南韓中立化。我們知道德國問題的僵局已多年沒有打開，今後也不能打開；在同樣的情形下和共產集團談判韓國統一問題是沒有意義的。因此參加韓國問題會談的十六個非共產國家拒絕再作無意義的談判，宣告韓國問題會談結束，並發表宣言；其大意為：㈠維持聯合國對高麗問題的權威和權限；㈡要求在全韓進行眞正自由的選舉，十六國家決定對高麗問題向聯合國提出報告。下屆聯合國大會自然要對高麗問題提出討論，但是不會有結果是預先可以斷言的。和平統一韓國既已證明不可能，祇有從事武力一條路而已，最近李承晚美國之行，在華盛頓國會及其他各城呼籲以武力統一韓國，但是美國國會及輿論除了對南韓同情之外，沒有其他積極表示。除非今後共產集團在東西世界接觸地帶發動一九五〇年的那幕侵略戰，使自由世界奮起自衛，而南韓得因此出兵北伐外，韓國統一的希望是很渺茫的。

二、越南問題會談及會外活動

六月八日莫洛托夫的演說詞使越南問題的談判進入僵局，使法國蘭尼爾內閣跨台，及至六月十五日高麗問題談判結束，當時空氣暗示越南問題的談判也可能遭受同一命運。由於共產集團的強橫可以促成民主國家的團結，而這種團結正是各民主國家在日內瓦會議中所無的。六月十五日英國宣佈邱吉爾和艾登將赴華盛頓一行。於是共產集團表演兩種運用以對付自由世界的自衛準備，其表演的責任由中共頭目周恩來擔任：第一是六月十六日周恩來在越南問題會談中宣佈寮國及高棉問題可以單獨處理，同時主張三國同時停戰，他不再提及所謂「自由寮國政府」(註一)及「吉蔑政府」(註二)，這樣一來，打開越南問題談判的僵局；法國也不願會議破裂。於是越南問題的會談死灰復燃。第二是周恩來趁邱吉爾赴華盛頓的時候，於回北平之便到新德里和仰光去一趟。他這一行的主要目的不外是：㈠企圖在英美人心目中造成亞洲國家和中共關係良好的印象；以加強英美間的意見紛岐；㈡希望使亞洲的自由國家和中共接近；㈢緩和亞洲自由國家對中共的畏懼心理。但是英國「觀察報」(Observer)認為周恩來此行並未成功。因為尼赫魯對中共仍是「敬而遠之」，緬甸政府總理對周恩來的印象也不好。如果尼赫魯因種種理由仍舊保持其中立政策，緬甸政府則不反對東南亞集體安全的組織。

東南亞集體安全公約的締結本是邱吉爾到華盛頓的一個議題，然而英國政府却要對中共及印度討好，於是六月二十三日艾登在英下院宣佈所謂「東南亞羅迦洛公約」的計劃，由共產及非共產國家保障日內瓦會議所獲得的和平解決辦法；此外並成立東南亞防禦公約。艾登突然宣佈遠東羅迦洛公約計劃，引起美國人士的驚愕及美國輿論極大的不滿意。

邱吉爾和艾登到華府(二十五日)後，和艾森豪及杜勒斯談判多日，足以表示英美間的「家事」有很大的意見紛岐。到六月二十九日公報發表，認為：㈠西德須參加西方防禦，歐洲軍條約應及早批准；㈡組織東南亞洲的集體安全；㈢在美國立法範圍內儘可能從事原子能方面的合作。次日艾森豪和邱吉爾發表共同宣言，共分六點：㈠根據大西洋憲章原則共同努力以求實現世界和平，㈡和那些願意參加實現正義而持久和平的國家從事友好合作；㈢尊重民族獨立和民族自決原則，凡是過去獨立而今日受奴役的民族，英美決不能締結條約承認其現狀，凡是違背共意志而被分裂的國家應在聯合國的監視下進行自由選舉以求實現統一；㈣實現普遍裁軍，以求有利於和平，並繼續努力以求使原子能造福人類；㈤支持聯合國並建立區域安全組織，以保障和平，㈥和友邦合作以維持並發展精神的、經濟的、及軍事的力量，以求實現上述目標。報紙稱這個宣言為「華盛頓憲章」(或波多馬克 Potomac 憲章)。如英美積極行動，那麼華盛頓憲章可以相當於上次世界大戰的大西洋憲章，否則，不過是另一種方式的史汀生(Stimson)不承認主義。華府會談的結果總算美國獲得相當勝利，因為英國放棄了遠東羅迦洛公約的計劃。

邱吉爾趁法國發生閣潮的時候宣佈到華盛頓去，引起法國輿論的不滿意，認為邱吉爾摒棄法國，企圖以英美兩強領導自由世界。也許邱吉爾認為法國的閣潮在他抵華府的時候還不會解決，所以總將法國撇開，然而這次法國閣潮却意外的迅速解決，法國總統於蘭尼爾辭職後，照例先邀請反對黨派的人士來嘗試組閣。於是提名孟德斯法郎士，六月十七日孟氏向國會發表請求國會授權組閣的宣言。次日清晨國會以四百十九票對四十七票通過孟氏的組閣請求。他的組閣宣言的一點便是和國會約定以七月二十日爲期將越南戰爭獲得滿意的結束，否則向國會提議徵召國民兵赴遠東，並自動提出辭職。一般人說這種辦法是一種「打賭」行爲。法國國會以一向主張議和的孟氏組閣便是表明法國對和平的需要，而孟氏爲議和要親自談判，於是自兼外交部長。最初報紙說他有意立刻去日內瓦談判，然而史密斯、艾登、莫洛托夫紛紛回國，孟氏不便單獨在日內瓦和范文同談判，祗好和周恩來約定在瑞士首都會晤（二十三日）一次。他們談些什麼？局外人不得而知，孟氏祗說談了些與停戰有關的話，現在看來大概沒有談及其他問題。當時紅河三角洲越盟軍事壓力日益加强，於是法國在六月下旬宣佈撤退三角洲南部的發艷、太平、南定、寧平等城市，放棄了近二百萬居民（其中有勢力很大的天主教民成分，引起越南政府的嚴重抗議），法國撤軍在事前沒有通知美國，引起美國政府的不滿；同時美國擔心在東京區價值十餘億美金的軍援物資會有落在敵人手中的危險。巴黎「紐約先鋒論壇報」說孟氏上台後法美的關係已趨冷淡，法國在日內瓦會議中對共產集團的讓步也使美國不安。因此當七月上旬莫洛托夫，孟德斯法郎士及艾登等人先後到日內瓦後，美國仍無意派部長級的人物去出席最後一階段的會議。孟氏上台後要推行新的獨立外交作風，因此表現一些中立主義的色彩。後來發現美國到會與否關係會議的成敗，於是一再要求美國派大員出席，杜勒斯受不了敦請，於是在七月十三日到巴黎，在當日和次日與孟氏及艾登開誠佈公的商談，結果杜勒斯相信孟氏的誠意，於是派史密斯到日內瓦去，這個決定使孟氏非常滿意，然而引起莫洛托夫的憤怒，孟氏回日內瓦的當夜和莫洛托夫談判三小時毫無結果。一時認爲會議又將破裂。但是第二天莫洛托夫改變態度，在雙方讓步之下，孟氏獲得他諾言的實現，越南三邦的停戰協定在七月二十一日簽字。關於越南和寮國的停戰協定是由法遠征軍總司令艾理代表戴爾德 (Delteil) 將軍和越盟的「國防部次長」Ta Quang-Buu 簽字，關於高棉的停戰協定則由高棉國防部長聶帝龍 (Niek Tioulong) 和 Ta Quang-Buu 簽字。

七月二十一日午後開最後一次會議，簽署共同宣言，美國發表其單獨宣言。越南代表則發表抗議書，由大會證實，於是開會行將三個月的日內瓦會議宣告閉幕（註三）。

三、停火協定的內容

甲——停火協定，分越南、寮國及高棉三部份。

關於越南的停火協定，要點大致如後：

㈠停火界線：以北韓十七度附近的 Song-ben.hai 河（距通寮國的第九號殖民公路約二十餘公里），在此線以北的法蘭西聯邦軍隊集中在河內海防區。在此線以南的越盟軍隊分四五區集中。雙方軍隊在三百日之內分別自南區及北區撤退（河內、海陽及海防的撤退限期各爲八十日一百日及三百日）（協定第一章）。

㈡停火：關於停火的各項規定見於協定第二章。本章規定停火的辦法及民政機構的移轉，規定不得對個人及團體因其過去行動施以報復。在軍隊撤離之前，任何區居民有權選擇其所願居住的區域。各區軍隊撤離的階段也有詳細的規定。

㈢各種軍事方面的規定協定：第三章規定軍隊器材軍火及武器輸入的禁止，並禁止在協定生效後建立新的軍事基地，或以基地租給外國。

㈣戰俘：第四章規定戰俘及被拘禁的平民應在協定生效後三十日內釋放。

㈤停火的監視：協定第五章及第六章在這方面有詳細的規定。由混合委員會及國際委員會實施停戰，混合委員會由交戰雙方派同數人員組織；國際委員會由印度、加拿大、及波蘭代表組織。混合委員會負責實施停火、軍隊集中及停火線的維持；國際委員會監視協定的執行，並組織各種機動單位，負責檢查停火協定的實施，遇有困難發生，混合委員會提請國際委員會解決。國際委員會採取決定時除遇重大破壞協定事項使和平有破裂的情勢，須得一致協議外，得依大多數表決制決定，關於危害和局事件如國際委員會不能獲得一致的協議，則將多數的及少數的意見轉達到九國會議（九國會議的處理辦法見最後宣言）。

㈥普選：協定並未規定在越南進行普選的時間，但在最後宣言中却有選擧時期的規定。

關於寮國的停火協定大致規定如下：㈠越盟在四個月內撤退侵入寮國的軍隊；㈡叛黨集中予以解散，不願解散的集合在寮國北部 Samneua 及 Phongsaly 二省，並得在各該省推派代表一人協助寮國中央政府所派的省長處理省政，此種暫時局面一直維持到一九五五年八月寮國大選爲止；㈢國土保持完整並尊重其主權及獨立；㈣法國得在寮國保有兩基地（在 Seno 及 Jarres 平原）並得屯兵三千五百人；㈤法國得派多至一千五百人的軍事代表團協助寮國建軍。

關於高棉的停火協定規定越盟在三個月內撤出侵入高棉的軍隊。

乙——最後宣言：共分十三欵，其中重要的爲下列各欵：㈠會議證實關於越南的停戰協定條文禁止外國軍隊及武器輸入越南；會議同時證實高棉與寮國政府宣言，除在有效防守領土及在寮國停戰協定範圍之內所規定者外，決心不請求外國作戰物資及人員的協助（第四欵）；㈡會議證實越南停戰協定規定越南雙方佔領區內不得建立外國軍事基地，兩區不能參加軍事聯盟，不能用以重啓戰爭或爲侵略之用，會議證實高棉及寮國政府宣言，即不參加違反聯合國憲章的軍事聯盟。在寮國方面則應不違背停戰協定原則，兩國僅在安全受威脅情形下始允許建立外國軍事基地（第五欵）；㈢會議認爲軍事分界線非政治的或領土的疆界，希望因此及早獲致越南政治解決（第六欵）；㈣會議宣稱越南境內政治解決以獨立、統一、領土完整爲原則，使越南人民依不記名投票參加普選，得享有民主制度所保障的各項基本自由，爲使和平的重建得充分進展，而各種自由表達國民意志的條件實現起見，普選將於一九五六年七月舉行，並在監視執行停戰協定的國際委員會監督下進行。越南南北兩區代表將自一九五五年七月二十日起進行會商，以籌備選舉(第七欵)；㈤會議證實法國政府宣言，即一旦經越南、高棉及寮國政府的請求即分期撤退駐在三國的軍隊，但在某種情況下，經雙方同意，法國可在一定限期內於若干地點留駐若干部隊(第七欵)；㈥會議證實法國政府宣言，即爲解決有關重建並加强越南、高棉及寮國和平的各項問題，決心尊重越南、高棉及寮國的獨立、主權、領土統一及完整(第十一欵)；㈦參加日內瓦會議各份子聲明尊重越南、高棉、及寮國的獨立、主權、領土的統一與完整，並且不干預其內政(第十二欵)；㈧參加會議份子同意相互諮商國際管制委員會所提交的任何問題，以求研討在越南、高棉及寮執行停戰所必須採用的辦法(第十三欵)。

由越南高棉寮國的停戰協定及共同宣言，我們可以暫時的獲得下列結論：㈠儘管有些人否認，這次停戰協定是共產集團的大勝利。停戰協定不但直接間接危及東南亞各民族的利益，並且影響自由世界的安全。㈡越南被分裂爲二，韓國及德國的統一問題迄今沒有解決，又添上一個分裂的越南，眞是治絲愈紛，戰爭雖然停止，戰爭的危機並未消除，㈢越南、高棉及寮國的對外行動自由受到限制，換言之，即某種程度的中立化，中立化以越南爲甚，如果法軍撤走，南部的越南便成爲沒有防禦的地區；㈣規定越南普選日期是最不當的，因爲一旦普選，全部越南便要被鐵幕籠罩，若不選舉則表示自由世界失信，違背原則；㈤共產集團仍保有某種程度的否決權，將來在國際委員會糾紛必多；㈥根據過去馬歇爾在華調處的經驗，我們得對越盟自南區撤軍的誠意加以嚴重的保留。

四、法國國會的辯論

七月二十二日法國國會下院開會，孟德斯法朗士出席報告，他說：「協定的條文使我們難堪，但這是難堪事實的紀載而已」。他又說：「協定是現狀下所能獲得的最好條件，最初越盟要求在北緯十三度分界，三月後法軍全部撤退，現在則在北緯十七度停戰。至於禁止越南和『外國』締結軍事同盟，法國並不包括在『外國』之內，遠征軍仍留駐越南，其人員及器材的瓜代以相等的數量施行」，孟氏並說明對三邦的計劃：㈠在七月三十日以前與越南訂定移交權限的協定；㈡擬定經濟援助計劃，以改善三邦的民生，保障其安全。他接着說：「越南戰事的停止並不能減輕法國的經濟負擔，而是保存法國青年的一代，加强法國在歐洲及北非的政策。反之，越南停戰後，改善外滙情況的美金來源斷絕，一部軍事生產停止。因此應發展出口貿易及增加生產以補救停戰的經濟上不利影響，至於法國的對歐政策並不因日內瓦會議的結果而受牽掣」。孟氏最後說明對美關係的重要，並稱道英蘇代表在會議作主席時的努力。

孟氏發言後，若干議員提出質詢：㈠戴貝努維爾(De Bénouville)(社會共和派)說「孟氏是不負責任的破產經紀人」，他並指責國防部長柯尼格將軍言行不符。一方面著文說能戰始能和，一方面却不戰而撤退紅河三角洲南部地區，且撤退時不予破壞。㈡奧美蘭(Aumeran)將軍(附屬於獨立共和派)問：「政府以印支交與一九四六年十二月十九日的罪犯(指胡志明)，以突尼西亞交與新憲政黨(Néo-Destour)，以摩洛哥交與Istiglal黨，法國是否完成其使命？」㈢香布安(Chambrun 親共的進步份子)說：「法國影響在遠東的維持視其解釋而定，若停戰後冷戰繼續，則東京區絕對失去，法軍退出，則全部印支失去，這樣一來，停戰協定祇是一種『分期投降』(Capitulation à terme)」，他主張法國政府在日內瓦會議後，在歐洲作相等的努力(!?)；㈣腓德烈杜朋(Frédéric-Dupont)(社會共和行動派)說：「在六月十日日內瓦秘密會議中，越盟代表提議在順化以北劃分界線。法國藉此可對放棄東京要求報償，由於對方要求，同時避免動搖軍心，蘭尼爾政府寧願冒跨臺的危險而未公佈消息。現在則所得的結果相似而毫無報償，若以停戰、選舉及撤軍而論，則是以三階段放棄越南全部。」(接着發生孟氏和他的爭辯)㈤呂西(Lussy)(社會黨)則贊揚孟氏，認爲他促成國際局勢緩和的空氣；㈥巴勒甫斯基(Gaston Palewski)(社會共和派)要求政府以日內瓦的辦法用於歐洲，以解決德國問題。

七月二十三日國會繼續辯論，發言的議員有：㈠羅捨(Waldeck Rochet)(共產黨)攻擊前任各政府，要求放棄歐洲軍，與東方集團再開對德問題的談判；㈡德諾奈(Dromre)(社會共和)說：「法國撤退富庶的東京區而換得的僅是南部的貧脊地區，越盟雖表面撤軍，難保不留置部隊？關於寮國及高棉的協定也令人不安，例如劃出一個『自由寮區』，實際上反對派祇有一人，即現任寮國內閣總理的兄弟」；㈢皮杜(人民共和黨)認爲孟氏所接受的與過去敵人所提出的沒有顯著的差異。「打賭」雖然成功，但不能證明對問題的本質有正確的了解，他擔心外交的情勢會使現在所保有的地盤在兩年內失去，他說孟氏的觀念是十九世紀放棄亞洲確保非洲的觀念，但是在今日已不能放棄一洲而能確保另一洲的。皮杜因此懷疑日內瓦會議會成爲一個新的慕尼黑，一個新的雅爾達。「我希望我的看法錯了，但是自由世界應在東方有一個明確的防守界線，若不及時劃定，則時機一失，不可挽救」。

接着孟氏答辯，再度發生他和腓德烈杜朋的爭吵。他說許多停火條件(如選舉，統一，撤軍)已由前任外交部長在原則上接受，他否認皮杜所說三協合邦已被中立化，說他所根據的「塔斯社」的消息是不正確的(註四)，事實上三協合邦仍停留於法蘭西聯邦之內。孟氏最後說：「當我獲知全般情勢之始，我驚心膽戰，認爲連目前所得的條件都不能獲得」(註十)。

孟氏之後又有三人發言：傅嘉德(Fourcade)

(獨立共和派)說：「法蘭西聯邦今日在服喪期中，法蘭西在世界的地位與影響已告終結」。㊁貝爾加斯(Bergasse)(社會共和行動派)對前途表示憂慮；㊂勒都諾(Letourneau)(人民共和黨，前協合邦事務部長)發表了一篇演說，內容很為沈痛，他說：「(A)歷年以來越盟迄未表露和意，(B)法國不能與越盟直接談判，應有其他大國參加，(C)若無越南國家存在，則越盟態度將更強硬，(D)關於越南問題自來有兩派意見，一為扶助越南獨立，使其不再有墮入共產集團的危險之時為止，本人卽屬此派；一為不願冒危險，認為對越南之努力無望，因此願付相當代價，使戰爭終止，現政府卽屬此派，未來事實將證明誰是誰非」。他最後說：「祈禱上帝，保佑寮國高棉使保持獨立！祈禱上帝，使越南南部不為北部吞併！祈禱上帝使我言之不中！」

於是大家對人民共和黨和激進社會黨所提的結束越南等邦問題辯論的議案加以表決：㊀人民共和黨的議案是這樣起草的：「國民大會敬向七年來為法蘭西聯邦的正當理由及自由世界的保障而戰的戰士表達民族的感謝；對於以實現法蘭西民族和平意願的日內瓦會議得以制止流血表示滿意；要求政府立卽採取必要措施，加强和平機會，並消除對法國盟友的威脅，以根據自由世界各國密切而有組織的團結有效的保障各協合邦。」㊁激進社會黨草擬的議案如下：「國民大會敬向法蘭西聯邦及協合邦戰士的英勇行為致誠摯的謝忱，對主要因內閣總理的努力而有印支的停戰表示滿意，認為難堪的犧牲為不可避免，並以慘痛的心情聲明決心在協定範圍內保障法蘭西人民及與法國友好的印支各民族，法國繼續為彼等的解放政策的執行而努力，要求政府繼續在盟邦同意下執行在各民族間的和平政策。」人民共和黨的議案以三九二票對一八五票否決，激進社會黨的議案以四六二票對一四票(一三四票棄權)被通過。這兩個議案有很大的差別，因篇幅關係不便申論，留待讀者去體味了。

五、輿論的反響

日內瓦的越戰停戰協定對東南亞的自由國家固然是一種雅爾達協定或慕尼黑協定，但對於一般法國人則是一個傷腦筋重荷的解除，他們所感覺的是一種悽慘的輕鬆心情，祇有法國共產黨在那裏大肆慶祝其勝利。法國國會議員在「後臺」的反應，或感重負的解除，或是抱怨，或熱嘲冷諷，或憂慮前途。至於輿論方向，則素主妥協的「世界報」認為協定是一種榮譽的妥協。著名的政論家阿倫(Raymond Aron)在 Figaro 報發表論文說：「孟德斯法郎士在不能置議的條件下贏得了他的「打賭」，這並不是說停火的條件良好，而是說不得不如此。這些條件反映現實情況而沒有予以加重。老實說，我們不能獲得更良好的條件。如果人們要慶賀孟氏，則在如此重大的慘痛犧牲，如此難堪的放棄之後，而歡欣慰快是不得體的。全亞洲認為停戰是西方、美國、及法國的失敗，因為一般人將美國所未曾作的也記在它的名下」。

美國官方對越戰停止的反應有艾森豪、杜勒斯及史密斯的言論。艾森豪說：㊀美國非交戰國，不參與日內瓦會議的決定，也不受其拘束；㊁協定中若干條文非美國所喜，但其好壞視施行的結果而定；㊂美國積極籌備東南亞防禦公約，以防禦共產集團的直接間接的侵略。他最後說：「越南或他處一人若失去一部分自由卽等於美國人失去一部分自由」，史密斯說：「戰場上所不能獲得的，很少能在外交談判中獲得」。在亞洲人看來，這是掩飾失敗的解嘲之語。史蒂文森說得好(七月五日)：「這是美國柏林會議的失敗，因為美國在不利的條件下接受召開日內瓦會議以交換法國批准歐洲軍條約的不可靠的諾言」。在國會方面，共和黨參議員諾蘭說：「越南休戰是共產黨近十年來獲得的最大勝利之一」，民主黨參議員曼斯非爾德(Mansfield)也說：「越南分界而治是西方的失敗。休戰給予印支的和平祇是暫時的」。報界認為孟氏因日內瓦會議而聲望增加，紐約時報說他是法國的民族英雄。一般的輿論認為法國解除越戰負擔後可在歐洲有所行動，孟氏應使國會批准歐洲軍條約。華盛頓郵報說：「這是對孟氏及法國誠意的測驗」。美國輿論希望法國不再阻撓美國對歐基本政策的推行。然而若干美國人士懷疑共產集團在日內瓦的妥協恐怕是法國在歐洲問題上提出某種諾言而致。

英國方面，「每日快報」(Daily Express)認為是中共的勝利，其原因固由於法國的衰弱，也由於各民主國家無準備，不團結。「太晤士報」要求加强西方的團結，法國應及早批准歐洲軍條約。「每日電訊報」(Daily Telegraph)則主張印度加入東南亞防禦組織，「曼輒斯德衛報」預料共產集團今後將以印度及日本為發展目標。西德「佛蘭克福通報」(Frankfurter Aclgemeine)認為共產集團既要求越南舉行普選，則今後蘇俄不能拒絕在全德舉行普選，「佛蘭克福評論」(Frankfurter Rundschau)說：「法國雖在亞洲失去殖民帝國，但可在歐洲有所補償，重新成為歐洲的大國」，意大利國會外交委員會主席 Bettiol 說：「日內瓦協定僅在法國及西方盟國不隨帶慕尼黑精神，同時繼續西歐的共同防禦時始有具體意義可言」。羅馬的一般反應為孟氏在國內外的聲望增强。「新聞報」(La Stampa)認為日內瓦協定不是一種慕尼黑協定。

六、停火後的世界局勢

日內瓦的停火協定對今後世界局勢的影響是多方面，現在我們試作分析如後：

㊀對東西世界關係的影響：這次日內瓦會議的結果可說是共產集團的大勝利，日內瓦協定恐怕是西方自冷戰以來的最大挫敗。這次挫敗固然是當事的法國不願再冒戰爭的危險以求得更良好的條件，而英國則祇求苟安，先求保住寮國高棉，不惜放棄越南。美國則就法律上說不能片面干預越戰，輿論多不同意派陸軍赴越作戰，政府又因國會局部改選在卽，對派軍援越猶豫瞻顧，失去時機。不管美國

人接受與否：在鐵幕內外的亞洲人看來，這次會議的結果是美國的失敗。若美英法不再積極行動，從事補救，東南亞自由國家不及早覺悟，及早組織東南亞集體防禦；劃定共產集團所不能越過的界線，則亞洲的局勢更危險，中共將發動其他軍事冒險。

共產集團這次獲得其「和平的勝利」，自然要大事發動其「和平攻勢」，其主要目標在使歐洲軍流產，使東南亞防禦公約的不能實現，莫斯科及北平已在這方面分別發動放勢。如果它們的目標達到，那麼三次大戰難以倖免，那時自由世界的存亡恐怕要靠上帝保佑了。現在是決定的時機，自由世界各國的政治家要拿出智慧與勇氣來。

㈡對法蘭西聯邦的影響：法國蘭尼爾的跨臺表示第二次世界大戰以來法國企圖維持其世界巨强地位的政策破產。現內閣對法蘭西聯邦的政策，一方面對舊日的帝國政策予以逐步的清結或修正，一方面企圖建立一個新的法蘭西聯邦，孟氏內閣在事實上所表現的(除日內瓦協定以外)是：㈠逐漸的在事實上放棄在印度的那些小殖民地；㈡給予北非突尼西亞以自治地位，孟氏的北非政策雖然受到許多議員的反對，但在今日阿剌伯民族普遍覺醒之時，使突尼西亞及摩洛哥自治是唯一可循的途徑。否則因循下去，給共產黨造機會，可能演成第二個越南。

㈢對東南亞的影響：越南等國的停火協定對東南亞的前途自然是很不利的，但是這種不利影響並不是不能挽救的，祇有接受環境的不利安排纔是不可挽回的失敗。固然越盟的勝利對於一般人的影響是很大的。但是少數意志堅强能爲自由民主奮鬪到底的人士可以挽回狂瀾的，因此需要東南亞的自由國家政治家與爲自由而奮鬪的人士加倍努力，抵抗共產極權的侵略。

㈣對越南的影響：東南亞防禦最弱的一環是越南，依停戰協定，自由越南不能參加軍事同盟，要求保障祇有請法軍繼續留住，這樣一來對越南的民族主義者是不利的，因爲祇有讓法軍完全撤退方能說服許多懷疑者，承認它是眞正的獨立政府。本年六月中旬上臺的越南吳廷炎內閣，算是保大採取勇敢決定的結果，在越南人看來，這是革命的擧動，因爲吳廷炎是眞正的民族主義者的領袖，吳廷炎現年大約五十四歲，是越南最富聲望的政治家。一九三三年保大曾任命他爲內政部長及革新委員會秘書長，但幾個月之後吳廷炎以失望而辭職，此後即不再參加任何政府，自一九四三年後日本人即設法拉攏他，一九四五年日軍發動政變，請其出任傾向「大東亞共榮圈」的越南政府總理，又遭拒絕，越盟奪取越北政權後，將其輭禁，一九四六年請其出任政職務，又拒絕。一九四七年初達讓六(Thieray d'Argenlieu)海軍上將於保大對其建議恢復君主制持保留態度後，轉請吳廷炎出山，未得同意，吳廷炎後來對保大和法國駐越高級委員波拉爾(Bollaert)的亞琅灣(Baie d'Along)宣言不予同意，因爲他主張越南在法蘭西聯邦內的地位應相當於印度在不列顚邦協的地位。

吳廷炎以其二十一年廉潔堅貞的作風，可說是已成爲越南家喻戶曉婦孺皆知的人物，他的上臺對於危急的自由越南可說是發生很大的興奮作用。他的內閣和法國孟氏內閣一樣以新人爲主，吳廷炎內閣祇有兩人在一九四九年保大自組內閣時任職政府，其餘的閣員沒有參加過任何政府。換言之，即表示新越南政府是和法國沒有關係的獨立政府。但是吳廷炎政府有許多困難問題，例如：㈠如何建立中央政府的威望；㈡如何統一軍政，將某些黨派的私人軍隊歸併到越南國軍中去；㈢制止貪污；㈣管制警察；㈤安定社會秩序。在今日越南局勢不安的情形下，有些人想弄點錢，以備他日離去；有些人則怕越盟的殘暴手段，想及早投靠，這兩種心理對於自由越南都是很危險的。但是吳廷炎以其堅强的性格，決不會爲這些困難退却的。我們希望以能在短短的兩年中將越南南部成爲安定自由進步的越南，爲自由世界保持一個自由的越南。八月十二日從巴黎

(註一)：一九四五年日軍投降，華軍進駐北緯十六度以北寮國地區，同年十月十二日「寮國人民運動」在永珍成立臨時政府，制定憲法，十一月十日寮王應國會之請宣佈退位，次年四月寮王應新政府請復位，接受新憲法。法國爲執行一九四六年二月二十六日中法條約，於四月二十六日進佔永珍，於五月十三日進駐鑾布剌邦。但寮國北部發生抵抗運動，寮王再度拒絕新憲法，新政府逃往泰國，一九四九年七月寮法條約成立，法國承認寮國爲法蘭西聯邦之一協合邦，同年「寮國人民運動」分裂。Souphanouvong 親王以與越盟勾結被開除。十月「寮國人民運動」以目的已達，宣佈解散，其領袖 Souvanna Phouma 親王（與 Souphanouvong 爲異母兄弟）回國任內閣總理迄今。而 Souphanouvong 和少數從者和越盟勾結成立所謂「自由寮國政府」，外界直至最近始知其存在。

(註二)：一九四五年三月九日日本宣佈廢除法國在高棉的主權，宣佈高棉獨立，並將逃亡在日的政治犯孫玉涉 (Son Ngoc Thanh 譯音) 送回，使之爲外長，不久爲高棉的內閣總理。但是王廷的 Monireth 爲溫和派首領，主張和法國合作，取得獨立，孫玉淡被捕，其黨徒與越盟勾結成立「自由吉茂運動」與國王對抗。其首領爲孫玉明 (Son Ngoc Minh)。

(註三)：日內瓦會議越南問題的會談大致可分爲三個時期：㈠四月下旬至六月十九日是所謂「部長」會議期；㈡六月二十日至七月九日各代表採擇；㈢七月十日至七月二十日爲各首席代表重返日內瓦談判期，談判方式着重於各首席代表間非正式的蹉商。

(註四)：皮杜認爲日內瓦協定使三國中立化，孟氏則否認。會後皮杜並致函孟氏質疑，並詢問當時法官方消息何以漏掉「越南不得加入軍事聯盟」等字樣(見最後宣言)，據云係新聞社作消息摘要時不愼所致，並非有意致之。

(註五)：孟氏未說明當時軍事情況，但巴黎「快報」(L'express)於本年五月二十七日發表艾理將軍於考察越南軍事狀況向法政府國防委員會之口頭秘密報告，該報於當日被扣留，僅少數發出，據美國「新聞週刊」轉載摘要；其中重要者爲：㈠未來將有更多之奠邊府事件發生；㈡近數月中法遠軍死傷二萬人，其中士官二千人；㈢奠邊府失守影響士氣，而越盟於失守三日內所獲得的擁護者超過七年來所得者。艾理將軍並建議派國民兵赴越南。

巴黎通訊．四三、八、二

法國孟德斯法朗士內閣

齊萬森

一、孟德斯第二次被提名組閣

六月十二日法國國會以三〇六票對二九三票拒絕了蘭尼爾(Joseph Laniel)內閣所提出的信任案。依憲法其信任案祇被相對多數否決，反對票數未達到法定絕對多數(三一四票)，內閣可繼續執政；但是激進社會黨籍的閣員在財長佛爾(Edgar Faure)的策動下提請辭職，於是蘭尼爾不能不提出內閣辭呈。蘭尼爾內閣跨臺的原因，除以越戰失利與日內瓦和談發生重大困難外，尚有①歐洲聯防問題，使一些反對派議員以越戰失利借機攻擊政府；②因越南與歐洲聯防兩問題使各政黨間的摩擦加深，以致使國會中的政府多數黨分裂；③一些政治人士私人政治野心與衝突；④一些議員認爲蘭氏任職過久。蘭尼爾內閣自去歲六月二十六日任職迄今將滿一年，對政治、經濟各方面亦沒有驚人的建樹，故使人對其內閣時生厭心。如果把幾次信任案投票的結果分析一下(註一)，我們又可以看出這次閣潮主要是因爲國會中激進社會黨與前戴高樂派的議員不支持的緣故。前戴高樂派在幾次投票中，支持蘭尼爾的票數由三七票減至二九票，最後只有二四票；其原因①該派人士多爲一些軍人，對德國恐懼而又怨恨，故積極反對歐洲聯防條約的批准，攻擊蘭尼爾及其外長皮杜(Georges Bidault)的歐洲政策；②認爲政府對越南戰事處理失當；③與當時國防部長布立溫(René Pleven)摩擦過深。激進社會黨方面由五三票減至四一票，最後只有三五票，其中原因却是佛爾氏在作祟，他久想藉閣潮出任內閣總理，這事後來顯得更明顯。

依慣例於內閣辭准後，總統首先請反對黨人士出來組閣，於是等候了九年的孟德斯法朗士(Pierre Mendès-France)隨着蘭尼爾的去職重新獲得組閣的機會。九年來的孟德斯法朗士每逢五六個月在國會召開時就要發表一篇抨擊政府或一些預言性的演說，以爲他在未來組閣作準備。現在機會終於到了。

這是孟德斯法朗士第二次被提名組閣。在去年六月四日孟氏曾被歐禮和(Vincent Auriol)總統提名，但是在諸請國會通過時，投票結果缺少十三票，沒有達到憲法規定的絕對多數，使獨立共和黨的蘭尼爾於六月二十六日跳出冷門。當時孟氏的失敗並不是因爲其在國會中發表的那篇演說沒有今日的動人；實在因爲他並非是議員們所希望的人物，直到今天還是一樣。孟氏於一九四六年因與布立溫氏(註二)的政見不同而辭去戴高樂政府的經濟部長職以來，向未參加任何內閣。他是國會中一員頭腦靈活善於批評的議員。他保持着老牌激進社會黨(Radical Socialiste)的傳統，善於利用各黨派間的矛盾，且深切明瞭人民的需要，然而在他所發表許多言論固然均很動聽，却很多不合實際。

這次孟氏被柯悌(René Coty)總統提名後，一般人認爲他成功希望渺茫。其同黨的前內政部長馬提諾得普拉(Martinaud-Deplad)認爲孟氏這次的命運將與上次毫無二致，且人民共和黨、獨立共和黨等均不予支持。再者激進社會黨這次給蘭尼爾折臺並不是爲孟氏造機會，而是爲佛爾鋪路，孟德斯法朗士也不是他本黨的屬意人物。激進社會黨的同意先提名孟氏是預料他要失敗的。因爲內閣總理的內定人選是佛爾。事先赫里歐(Edouat Herriot)曾商請總統的同意，首先提名孟氏，其次請皮杜組閣，但預計皮杜是不會接受提名的，然後提名獨立共和黨前海外領土部長查奇諾(Louis Jacguinot)，第四再提名一位戴高樂派的議員以換口味，最後提出佛爾，水到渠成可順利的獲得組閣的機會(註三)。佛爾早已作組閣準備，否則決不會以蘭尼爾內閣財長的身份積極爲蘭氏的倒臺而出力。

蘭尼爾內閣的跨臺雖如衆所料，孟德斯法朗士的組閣成功却出人意料。當六月十七日孟氏在國會中提出其請求國會授權組閣的宣言時，按當時的情緒，佛爾認爲最多也不過二九〇票支持孟氏，但半小時過後佛氏再計算時，捧場的人却增至三一〇票了。

二、施政方針

孟氏爲了組閣的成功也曾下了不少的苦心，準備了一套很好的戰略。十七日在國會中演說時開始卽請那些在去年六月他請求授權組閣時投票棄權的議員們(註四)給予支持，精誠團結起來重建印支和平。他依慣例發表了一篇請求國會授權組閣的宣言，這篇宣言大要如後：

(一)對越、寮、高三邦政策：孟氏重申其數年來的和平主張。雖在數年前談和可得到更有利的條件，但是今日講和決不能放棄那些和法國生存利益有關係的，同時也不能放棄在現在局勢下所不需要放棄的。法國今後決仍在遠東立足，法國的盟友與敵人對此點不應有絲毫的懷疑。法國決意言和，但這是一個榮譽的和平。政府及國會對遠征軍的安全及其力量的保全決不能辭其責任，亦決不能疏忽。新閣組成後，將起用新人，以期獲得將士的信任；並以獨立的精神從事和平談判，停火可能實現。新政府將盡力於四個星期內完成談判，如在七月二十日以前尚不能獲得任何滿意的解決，則新政府將自動辭職。

(二)經濟政策：如越戰問題解決，則新政府將在七月二十日向國會提出復興及擴展經濟的完整計劃，以求得保持國家經濟的獨立，並提高生活水準，此計劃將擴大蘭尼爾政府的十八個月計劃的目標及辦法。屆時新政府將要求國會授與特權以便執行，俾使法國富强康樂，並使海外領域同霑建設進步的利惠。

(三)歐洲問題：法國因歷史及地理上的關係不能使西方聯盟遭受危機，也不能再事拖延歐洲問題的解決。歐洲聯防問題使法國人在良心上感到重大的不安，使法國人分裂，然而法國人應對此問題予以客觀的研究，其客觀的一點即今日國際局勢下西方整軍的必要，因而有德國參加西方共同防禦的主張。孟氏希望歐洲聯防的支持者與反對者各自放棄其成見；且聲明新政府將尋求一種雙方意見的妥協，以期獲得一個協議。此種努力如無結果，則新政府將負其責任。總而言之，在國會暑期休會前法國的盟友將得在此方面獲得明確的答覆。

(四)北非問題：北非突尼斯及摩洛哥在目前恐怖的活動甚爲熾烈，新內閣當執行對此二地區民族的諾言，使其自治，但決不能容許恐怖行動的延續。

孟氏旋又綜合其施政計劃的三階段：㊀在七月二十日以前努力獲得印支問題的解決，㊁七月二十日以前向國會提出經濟復興的詳細方案，㊂在國會暑期休會前提出歐洲問題的解決辦法以求獲得決定。如每一階段中政府的目的不能實現時，則自動提出辭職。孟氏將這種辦法稱爲新內閣與國會的契約。

投票前若干議員提出質疑；人民共和黨議員以孟氏在印支方面，既求實現和平解決，與目前外長皮杜努力的目標相同，而竟有人發動閣潮，令人不解。此外對孟氏的歐洲政策有變更現行歐洲政策的傾向，表示不同意。共產黨方面由畢路 (Billoux) 代表聲明將全體支持孟氏組閣，孟氏則聲言不接受其支持；雖然這種舉動在憲法上是說不通的，但如果接受這富有毒菌的九九票，(共產黨九五票及其附着者進步黨四票)，在投票時是會使人裹足不前的。在共產黨方面向有孟氏友人[註五]，然而這次全體支持孟氏恐係有外方指使，以便加强孟氏和談的信念，讓胡志明早日支領戰果。

投票結果孟德斯法朗士獲得四一九票的支持，反對的有四七票，棄權的一四三票。除共產黨及進步黨外孟氏尚有三二〇票，已超過憲法規定三一四票的絕對多數，投票分析如表：

黨派	擁護	反對	棄權	未參加投票	缺席
共產黨	九五	—	—	—	—
進步黨	四	—	—	—	—
社會黨	一〇四	—	—	一	—
民主社會抗敵同盟	一九	—	三	二	—
激進社會黨	七三	—	三	—	一
人民共和黨	一〇	一	七四	二	一
海外獨立黨	一五	—	—	—	—
社會共和同盟(1)	五九	二	一二	二	—
社會共和行動	五	一一	一六	—	一
獨立共和黨	一三	一四	二五	一	一
農民獨立黨	四	一五	七	一	—
農民黨	一三	四	三	二	—
無黨派	七	—	—	一	一
共計	四一九	四七	一四三	一二	五

(1)前社會行動共和同盟 (URAS) 即前戴高樂派。

與去年六月四日投票結果比較多贏得一一八票，計①贏得共產黨九五票，進步黨四票，激進黨四票，海外獨立黨一票，前戴高樂派三票，農民獨立與農民兩黨共七票，獨立共和黨七票，社會共和行動四票和無黨派五票；②丟失了人民共和黨的四二票；③社會黨勒圖克 (Le Troquer) 氏爲大會主席未能參加投票，故少去社會黨一票。

三、政黨的態度與輿論的反應

就投票的結果看來，孟氏提名組閣雖被通過，但是內閣閣員的分配却又成爲更棘手的問題；何況人民共和黨與社會黨均先後聲言不參加政府。人民共和黨的絕大多數未投孟氏的票，自然不會參加他的內閣，不但如此，它還宣稱連以個人資格入閣均在禁止之例。孟氏提議由人民共和黨議員出任內政部長及另一有關社會經濟方面的部長，但孟氏自兼外交部；這當然是人民共和黨所不能接受的。自一九四六年以來，外交部長或許曼 (Robert Schuman)，或皮杜，向係人民共和黨主持法國外交政策，今後由在言論偏左，在外交上中立而偏右的孟氏自任外長，使該黨不得不懷疑到今後法國外交方針，是否將影響該黨在數年來樹立的外交政策及與諸盟國的友好關係。一言以蔽之，人民共和黨懷疑孟氏於七月二十日以前在日內瓦會議上所能得到的結果，而尤成問題者乃孟氏是否忠於歐洲聯防公約，這兩種考慮使該黨立於反對黨的地位。

社會黨的一〇四票雖投給了孟德斯法朗士，却不參加政府[註六]，只可能說是給孟氏一個組閣的機會，支持與否還要看孟氏的表現。該黨不但未參加政府，一部黨員認爲此時支持孟氏組閣已是一種不謹愼的行動。例如該黨 Haute-Vienne 省黨部的決議是：「大會要社會黨認淸這種危險，即支持一個只滿足社會表面安全及將可能放棄歐洲聯防公約和鬆懈與盟國關係，指使國家孤立與失望，使共產主義有機可乘的政府。」社會黨對印支方面是同意於孟氏的和平主張，對歐洲聯防却是贊助份子中的一員，然而對孟氏的支持與否主要關鍵還是在財經復興與改革的計劃上，正如納吉朗

(Marcel-Edmond Naegelen)所說：「我們對一個政府的判斷是要看他的成就」。

激進社會黨本身對孟氏的成功大致還稱興奮，佛爾氏繼任財長可稱有助於黨方對政府的支持，然而一般黨員也在擔心着孟氏的經濟改革。

這次孟氏的支持者却是反對歐洲聯防最激烈的前戴高樂派與共產黨；一個極左與一個極右的政黨雖互為水火，但是極端民族主義、反德、反歐洲軍的前戴高樂派却與受莫斯科指揮的共產黨在這一點上走上同一道路。這畢竟是一個危險的玩意兒。因為共產黨要法國外交孤立，然後向莫斯科看齊，前戴高樂派要法國外交更民族主義化，即更獨立，最後將由獨立墮入共產黨的圈套。這兩黨在主動與被動的指使下，不但對孟氏的和平主張甚感興趣，而主要的還是透過財經改革的外交獨立。換言之共產黨更希望法國能擯棄政治上的盟友，而有利於蘇維埃活動。

孟氏上臺後法國輿論的初步反應是值得注意的。右派的 Le Figaro 報說孟氏在一個不可控制的國會中僅因其個人才幹及外在的環境獲得組閣，其未來的責任是非常艱鉅的。社會主義色彩的 Franc Tireur 報說：我們要問孟氏有何種和平秘密武器以解決印支問題，而其他許多人却都已失敗。但國會有理由對那位想在四個星期內獲得不投降的光榮停戰的人予以信任。共產黨的人導報 (Humanité) 說：在其他各點宣言上自然要予以最大的保留，但越南和平這是問題的中心。孟氏在政治上對共產黨歧視，但他應該知道政治的歧視與種族的歧視相差不遠。（按：孟氏為法藉猶太人）自由巴黎人 (Parisien libéré) 說孟氏的成功是國會議員想有新變革而促成的。但是他沒有一個完整的多數黨集團的支持，因而任務艱鉅。山報 (La Montagne) 說：國會僅對孟氏有四星期的信任，然而印支和談在四週後未成功將如何辦？我們不能同意這種斬釘截鐵的公式。Saint Etienne 論壇報：孟氏具有個性與氣魄，這是法國政界少有的。南方訊報 (La dépêche du Midi)：人民共和黨是否需要越戰延續？如此則墮入共產黨的詭計，人民共和黨與共產黨敵對，結果相同，即危害法國利益，危害和平。世界報 (Le Monde) 的記者富威 (Jacque Fauvet) 認為孟氏的上臺是歐洲軍流產的前兆。

外國報紙輿論也反應不一。太晤士報 (Times) 及紐約先鋒論壇報認為孟氏的弱點可以使共產集團提高日內瓦和平的市價。一般而論，英國報紙如 Manchester Guardian，News Chronicle，Dailly Telegraph 是支持的。美國報紙如紐約先鋒論壇報，華盛頓郵報，紐約日報寄予同情。西班牙的 Arriba 及 Ya 報表示敵意。比利時的自由比利時 (La libre Belgique 極右派) 及人民報 (Le peuple 社會黨) 表示贊揚。西德的佛蘭克福通報 (Frankfurter Allgemène) 稱孟氏是法國政界最傑出的人才，他的成功可消除法國政權的危機。但佛蘭克福新報 (Frankfurter Neue Presse) 則認為孟氏要想在歐洲問題上獲得妥協，即使德國不能獲得平等地位，換言之，即企圖實現法國外交部若干人的企圖，使歐洲軍失敗的責任轉嫁在德國人身上。

在西方各國政界的反響也各不相同：①華盛頓近來對孟氏的觀感已趨好感，但政界人士仍大多數深感不安。②倫敦方面一般印象尚佳，希望法國從此復興。③羅馬方面認為這是一個新局面的產生，一般感覺驚訝不安。④波恩 (Bonn 西德首都) 也感覺不安，甚至疑慮。尤其是法人民共和黨不參加政府使西德認為歐洲軍將受致命打擊。若干政界人士認為蘇聯的黃金在法國政治所發生的影響已是事實。⑤布魯塞爾：法國政治危機可能鬆弛。

四、新閣的組織

經過了數日的磋商孟德斯法朗士終於十九日提出了內閣名單，各部會首長分配如後：

(一)部長銜閣員：

內閣總理兼外交部長：孟德斯法朗士(激進社會黨)

司法部長：俞敢 (Emile Hugues)(激進社會黨)

國防部長：柯尼格將軍 (Général Kœnig)(社會共和同盟)

內政部長：米特昂 (F.Mitterrand)(民主社會抗敵同盟)

財政部長：佛爾 (Edgar Faure)(激進社會黨)

教育部長：百爾段 (Berthoin)(左派共和黨聯盟參議員)

公共工程與運輸部長：莎伯戴魯馬斯 (Chaban-Delmas)(社會共和同盟)

工商部長：布爾諾斯姆歐里 (Bourgés-Maunoury)(激進社會黨)

農業部長：吳德 (Houdet)(獨立共和黨參議員)

勞工部長：科魯的斯伯第 (Claudius-Petit)(民主社會抗敵同盟)

印支協合邦事務部長：格拉香布爾 (Guyla Chambre)(獨立共和黨)

海外領土部長：畢隆 (Robert Buron)(人民共和黨)(註七)

建設部長：洛麥爾 (Maurice Lemaire)(社會共和同盟)

公共衛生部長：歐汝拉 (Louis Aujoulat)(海外獨立黨)

退役軍人事務部長：唐伯拉 (Temple)(獨立共和黨)

突尼斯及摩洛哥事務部長：福捨 (Christian Fouchet)(社會共和同盟)

(二)其他負有專責的閣員：

內閣總理府：白登庫 (Bettencourt)(獨立共和黨)

馬松 (Jean Masson)(激進社會黨)

外交：戴伯蒙 (Guérin de Beaumont)(獨立共和黨)

陸軍：施瓦頓 (Jacques Chevaliel)(親近獨立共和黨份子)

海軍：蒙特拉 (André Monteil)(人民共和黨)(註七)

空軍：賈德魯 (Dioméde Catroux)(社會共和同盟)

財政預算：于魯威 (Henri Ulver)(社會共和同盟)
海外屬地：呂渥 (Duveau)(民主社會抗敵同盟)
經濟：賈雅威 (Caillavet)(激進社會黨)
郵電：巴爾多 (Bardon)(社會共和行動)
農業：阿佛安 (Raffarin)(農民黨)
科學技術研究：隆沙伯 (H. Longchambon)(左派共和黨聯盟參議員)
技術教育：拉艾 (Lanet)(民主社會抗敵同盟)

就名單看來蘭尼爾內閣中只佛爾、于魯威、洛麥爾三氏仍蟬聯，及愈敢氏改司法部。在組織方面新內閣較過去則多更改。部長銜閣員由二十二名減至十六名，撤裁了三名內閣副總理及另外兩部，又郵電部亦改由非部長銜的閣員主持而不另外設部；然而却另加了一個專事主理北非突尼斯及摩洛哥事務的部長。其他非部長而負有專責的閣員亦由十六名減至十三名，減撤了新聞、美術、海運、工務及民航五部門，只又增設了科學技術研究及技術教育兩部門。

就黨籍來看新內閣部長銜閣員與蘭尼爾內閣中的比較爲：

黨派	孟氏內閣	蘭氏內閣
激進社會黨	五	四
社會共和黨	四	三
獨立共和黨	三	五
民主社會抗敵同盟	二	二
人民共和黨	一	五
農民黨	—	二
海外獨立黨	一	—
社會共和行動	—	一
共計	一六	二三

大部閣員均爲極右派的前戴高樂派及中間偏左的激進社會黨與民主社會抗敵同盟的黨籍議員所組成，該內閣缺少中間性與中間偏右黨派的支持，這却是新政府的弱點。

就各部長的職業看來，百分之二十八出身公務人員，計八名；百分之二十八出身律師，計八名；而缺少職業性經濟與外交的人材，此點實稱遺憾。但在年齡方面，閣員中竟有十七人不足五十歲；其中八名竟只有四十歲上下，年紀最小的只有三十五歲；在這點看來孟氏內閣却是一個青年的內閣，希望他們不致有太濃厚的陳腐的官僚作風。

內閣名單揭曉後，一般反應如上。只海外獨立黨方面因其未能掌握海外領土部，又新內閣未能容納法屬地人士引爲遺憾而已(註八)。

五、日內瓦會議後國內外輿論的轉變

孟德斯法朗士的諾言如期兌現，印支停火協訂於二十日夜裏終於議妥。次日法國方面的輿論重新掀起一九四五年的熱潮，不少的法國人認爲孟氏的政府是一個最强的政府，認爲他是一九四五年以來的眞正政府。二十一日 Le Figaro 報稱孟氏爲最稱職的人。Nord-Matin 報說任何人也不能說孟氏是呈遞降書的人；日內瓦的成就在好的一方面來說已超出皮杜的建議。其他報紙均一致擁護孟氏的成就，只共產黨的人道報以特大號字標題「爲人民的勝利」。

外國輿論方面：英國太晤士報，曼輸斯德導報等均贊揚孟氏，然而每日快報 (Daily Expresse) 說這是中共最大的勝利。西德佛蘭克福評論說：今日法國又重新變成歐洲的强國。義國的義大利日報 (Gioranale d'Italia) 說孟氏償付了其前任們錯誤的代價。美國一般輿論亦無二致，紐約時報稱孟氏是法國的傑才；然而紐約先鋒論壇報說爲了防禦將來的侵略，現在需要簽訂共同防禦公約。

西方各國政界的反應並不一致①英國對印支和談的結果可稱滿意。②西德在事後發表：現在是批准歐洲聯防公約的時候，以便防禦莫斯科的侵犯。③義大利的反應甚爲良好。④美國方面對停火協定看法只不過是一種委屈求全的辦法。艾森豪總統在招待記者時稱其並不能認爲對日內瓦的決定感覺滿意，但是沒有更好的代替辦法。

越南吳廷炎政府的反應甚爲激烈。其政府向懷疑法國將出賣越北，故一再聲明反對任何劃界分地的辦法。事後越南政府亦不承認日內瓦的決策。同時在河內及西貢等城市一般市民均罷市遊行抗議法國同意越盟分割越南的辦法。

總而言之停戰協定是簽字了。越北已由法國送給越盟；孟德斯法朗士此擧在國會上雖得到四六二票的贊助(註九)，然而困難還多着呢，目前的經濟改革的難關，北非問題，全都是難於處理的。有人說孟氏內閣可能支持兩載，這恐怕是太樂觀的看法了。

四三、八、二

註一：蘭尼爾內閣在五月六日，五月十三日曾向國會提出兩次信任投票案，因一般議員不願在日內瓦會議期內掀起閣潮，故兩次信任投票案均以三一一票對二六二票及二八九票對二八七票通過。

註二：布立溫氏爲該時財政部長。

註三：見六月二十六日第二七四號法國 Paris-Match 雜誌。

註四：一九五三年六月四日孟德斯法朗士被提名組閣於諮請國會時，投票結果支持者三〇一票，反對者一一九票，棄權者二〇四票包括：激進社會黨六席，民主社會黨抗敵同盟三席，人民共和黨二九票，社會行動共和同盟五二席，獨立共和黨四六席，農民黨二二席，社會共和行動三一席，無黨派二席，外有十三名爲未參加投票及未出席者。

註五：孟氏很有一些在左傾集團的朋友，在一九三二年及一九三六年的大選中，假如沒有共產黨的五百票，恐怕現在他還在 Eure 省的 Louviers 作一位律師而已。

註六：社會黨藉國會議員於參加新閣問題開會時以三九票對十八票決定不參加政府。

註七：該二人因違背黨中不參加新閣的決定而開除黨籍。

註八：海外獨立黨(Indépendant d'outre-mer) 主席杉高魯 (Senghor) 爲法屬非洲 Séneghal 黑人，黨員中亦多非洲人，大部係天主教徒，向以深解殖民地問題。此次該黨之未能如願係社會黨與民主社會抗敵同盟從中作梗所致。

註九：四六二票支持，十三票反對，一三四票棄權。

印度通訊・八月十六日

透視周恩來印緬之行

黃　巖

周恩來於前月底，自日內瓦到了新德里與仰光，並與印度總理尼赫魯及緬甸總理德貢伐分別發表公告，提出五項原則。所謂彼此尊重兩國領土主權獨立，促進和平，泛泛之辭，實無值得吾人重視之必要。可是，在我們反共人士看來，心中總不免介介，我想臺灣當局更覺得不舒服，因為中央日報對於周恩來與尼赫魯的發表公告，竟馨香禱祝有人要把尼赫魯推翻才好。這些都是不着邊際之觀察與一己片面的願望。當然，日內瓦會議成功，越南分割，自然給予民主集團一個重大打擊。今日美國之召集東南亞聯防會議於菲島碧瑤，未始不是對共黨來日向東南亞進軍的一個佈置。而且碧瑤與臺灣，相距非遙，雖然，臺灣無機會參加此一東南亞聯防SEATO會議，可是將來東南亞聯防的地區，依我看來，臺灣自在其中，此亦是自由中國一個好運來臨，盼當局能善為運用。

印緬兩國之所以與周恩來共同發表文告，自有其各該國現實的環境使然。印度地大而物不博，人多而生產力有限，即印度所產之糖，亦不足供自己之用，有時還向臺灣購糖，何況印度久受英國統治，為時達一百多年，人民生活水準甚低，鄉村窮苦婦女，一年到頭，祇是一伐娑麗裹身。所以，尼赫魯自己明白他的責任，是在乎使國家平安，人民生活水準提高，則國大黨在一九五六年大選時，方能繼續執政。否則，印度政黨那麼多，與人競爭，亦非易事。所以，尼赫魯之實施五年計劃，其用意當必在此。五年計劃能否順利實施，當視國內是否安定，世界能否和平為轉移。惟今日世界既分民主與共產兩個集團，且共產集團以世界革命為目標，故三次大戰必不可免，但印度盼望和平，印度本身力量又不能阻止大戰之發生，則唯一辦法，兩方都不得罪，亦希望西方都原諒她，使她不致捲入戰爭漩渦。當然，這不免有點取巧，但是，除此辦法外，別無良策。尼赫魯之所以想組織第三中立集團之主要原因在此。緬甸原為印度帝國之一部份，祇數十年前始告分離，錫蘭亦然。印度尼西亞則在公元第十二世紀時，為印度教徒所建的帝國——室利維迦耶Shrivijaya。故印度、緬甸、錫蘭、印尼與巴基斯坦組成哥侖坡會議，惟巴基斯坦因宗教信仰與共產主義迥異，故巴基斯坦則願參加東南亞聯防，回教徒的反共意志堅強，實值得吾人欽佩。

印緬既與周恩來共同發表公告，則印緬是否與中共有防守協定的可能？將來三次大戰發生時，印緬是否有幫助中共的可能？作者可以大膽的說：「印緬決不與共產集團在一起！印緬遲早會與民主集團站在一起。」

㊀共產黨徒視宗教為麻醉劑，而印度人則視宗教為超凡入聖之津梁。㊁共產黨徒奉唯物主義，將心附物，而印度人則認為精神能控制一切，「梵」為宇宙主宰。㊂共產黨徒以革命方法，奪取國家政權，故不惜犧牲流血。而印度人則堅信「非暴力主義」如欲改革社會，必以和平方法為之。㊃共產黨徒信集體主義，不重個己，祇重所謂組織，毛澤東之長媳鄧君之被逼為娼，便是一例，印度人則篤信個人自由主義，人之所以為人，有「人的價值與尊嚴存在」。㊄共產黨徒造成階級仇恨，使人類互相鬥爭與殘殺，在鬥爭與殘殺的混沌社會中，去鞏固共產政權，而印度人則確信怨親不異，物我如一，促進大同世界。

周恩來到新德里時，朝野歡迎，這是禮節如此，非對周恩來有何欽慕之處。印度亦對中共表明，我們既然對你尊重，待之以上賓，則你們亦當尊重印度，如將來中共不尊重印度，則印度必與大英帝國合以自衞。尼赫魯深受亡國之痛，自然不願將印度歸附於任何一國，周恩來在印度時，請求尼赫魯參加所謂「亞洲和平公約」，即被尼氏拒絕。尼赫魯在總統府宴請周恩來時，尼氏所發表的演辭，其中有一句：「我們今後的努力，要看中印兩國對此公告所持之態度如何？」印度副總統羅達克立須郡請周恩來茶會時，羅氏則言「新中國」應以事實給人家看。這一番話可表示印度對中共的懷疑。因為共產黨為目的不擇手段，白紙黑字的公告，究無保證可言。

於此可見印度與中共之所謂和平公告，自屬一時權宜之計，尼赫魯明知共產黨徒背信忘義，但有一紙黑字，總較沒有為好，這是他苦心孤詣之處。尼赫魯與作者極相識，先後達十餘載，此人富人類愛，對國際形勢瞭如指掌，且極易與一般人親近，故得民心。作者記得一九四九年秋間，中共政權成立，印度僑胞惶惶不可終日，當時作者身任印京華聯公會會長，為保僑計，乃往晤尼赫魯氏於其官邸，見其客室中，還懸掛着蔣先生暨夫人合像，戴季陶先生像，戴像下面還題了一首七絕：「萬里尋君不見君，蒼茫遙憶故人情，為眾生甘受苦，英雄肝膽菩薩心。」因那時戴先生欲晤尼氏，而尼氏則因於獄中故也。中印兩國外交之不善，不宜專責尼赫魯之自私，亦應檢討我們外交上之疏失，如國民政府駐印度大使館參事兼代辦錢君首先投共，並出任中共駐印度大使館要職，其他則不必論矣。

關於周恩來到印度的成果如何？作者姑舉印度漫畫家鄉伽先生所畫的一幅畫，以作結論，他的漫畫標題：「同志！我們在這裏！」內畫着印度大資本家達達、比拉、羅摩等，手執着鎌刀斧頭旗，去歡迎周恩來時，印度外交部交際司長見此情形，則手舞足蹈不可遏止。

八月十六日寄自印京

山中書簡

郭嗣汾

××：

此刻，我正洗完了一個舒服的溫泉浴，一個人坐在寬大的走廊上，眺望前面不規則的庭園，那裏面叢生着野草，可以看出好久來便沒有人整理過它了。幾株櫻花孤另另地生長在蔓草中，如果在櫻花盛開時來這裏，也許還可以欣賞它盛開的花朵，可是現在它祇剩下一樹綠葉，和夕陽影裏落在野草中的零亂的樹影，頗使人有遲暮之感了。

越過草地，下面是怒吼的溪水，兩邊的峽谷束住了溪流，迫使它不斷向岩石衝擊，發出巨大的響聲。一座很長的鐵索吊橋，橫跨在溪上，我曾經從那上面過來，在橋上俯視溪底，祇看得見水花和巨大的石塊，佇立在橋中央向下看，會覺得自己很渺小。此刻，夕陽正從山腰斜射在橋上，看起來它眞像一條線，一個人正從橋上走過來，他們在我眼中都更顯得渺小了。

溫泉洗滌去了我一星期來跋涉山中的塵垢，也使我感到疲倦，中央山脈的探險——有人叫它是走路——也經成了尾聲，也許明天這時候我可以坐在臺中公園裏靜靜地吃一客冰淇淋了。但是，此刻我却想起一星期沒有給你寫信，當然你可能每天注意到報上的新聞，但那祇是有我一份在內，並不是我整個的生活，也許我應該趁這時候寫一點什麼，有時候，幾個字或者兩句話可以代表一切的。

可是，我寫什麼呢？我不想寫日程，我最討厭日程和節目，那是大人物們的日常功課和新聞記者們最感興趣的事情。我甚至把它們列為生平最恨的事，為了逃避它，我常常賴到正午不肯起床，或者找藉口逃出一次宴會而一個人跑到小館中去吃一客炒飯。

我想，我還是談一點山中的小事吧。

此刻，我腦中還映着兩小時前在廬山國民學校和山胞聯歡的情形，他們跳着山地土風舞，唱着我聽不懂的山地歌曲，有着濃厚原始意味的簡單旋律，却使我深為感動！這使我想起日月潭的公主們的歌舞，正是一個顯明的對比，我去過三次日月潭，除了第一次是一個人而外，以後都是陪朋友們去，每去一次，就得去受一次罪，聽公主們的歌唱和那庸俗不堪的「改良型」舞蹈。也許一切都不應該職業化，你可曾注意到紳士們職業性的周旋應酬和茶樓酒家中女侍們職業性的笑靨？

我想這也是我反對形式化的理由，不過我從不把這些理由用去影響人家，因為我一直反對這些，而却有更多的可敬的人物不斷給人以「方向」和各種道理，我想這也許正是他們值得讓人家敬仰的原因，也使得我更覺得自己沒有出息和低能，因為我根本拿不出什麼主張來。

但是，我却有從內心中抗議的自由，我經歷過好些事情足以支持我的想法。據說某單位有一次歡迎什麼人，要找兩個獻花的小姐，可是臨時找不着，便把辦公室中的兩位下女拉去充數，結果她們兩人沒出息，怯場，一直到了來賓面前還是埋怨不應拉她們來獻花，這可是一個使人啼笑皆非的場面？

而這一次，却輪着我啼笑皆非了。

那是在一處山胞聚居的村落中，我忽然想起要去訪問山胞，便拉了一位國民學校的女老師去幫忙我翻譯，她是一位山地小姐，但是在平地受過師範教育，國語也講得很好。說眞的：我去訪問的目的並不是想發現什麼問題而設法改進，我沒有那種力量，我祇是好奇。請那位女教師去，是因為她長得很美，而且她和我一樣歡喜綠色。

去以前，我記得別人告訴過我，一定要先帶一點煙酒之類的禮物去，纔會受他們的歡迎。因為我已經認識了那位女教師有半天的時間，而且我們已處得很熟，我便把這個意見告訴了她，但她半開玩笑地說：

「我去過臺北，我們去動物園的時候，總是先買點香蕉花生米之類的東西帶進去……」

「這比喻是不倫不類的，」我說：「我不懂你為什麼有這樣的想法？」

「假如你是在這地方長大的，你也可能會有這種想法，有許多人的確是為滿足自己的想法而來的。」

「當然也有許多人不是為這種想法而來，也許他們想找到一點改進的地方，也許想看一點自己不了解的東西，也許有人像你說的……」

「你呢？」她問。

「我想我需要了解，人終歸是人，祇不過各人的生活方式不同而引起了隔膜與神秘……」

「你說得對，了解會使得人互相接近。」

那一天，我開始雖然受了嘲弄，但是她終於同意了我的說法，似乎是我的勝利，但是却又使我聯想到形式的問題。當然各人的看法想法都不同，或許是有人的優越感太濃，或許是有人一向就抱定悲天憫人的慈悲觀念，這兩者對於自己不了解的事物都可能更增加隔膜和危險了。

此刻，我覺得我强烈地懷念那一位愛好綠色的山地姑娘，也覺得我與山胞之間除了言語之外，了無隔膜。這也正是我愛聽他們歌唱，愛看他們舞蹈的原因。假如說我不是受了那位年輕姑娘的影響，那就是我身體中本來就流着原始的，單純而粗獷的血液了。

對於那位姑娘，我找不出適當的理由可以說明她爲什麼留在山地？但是她却使我在無形中感到有一份力量，强烈的力量，那力量支持她，像虔誠的宗教徒殉於信念。我認爲：每個人與每一樣生物都爲自己而存在，「落花猶是墜樓人」，那祇是詩人的天眞，其實兩者是完全漠不相關的。在山中，我曾發現過不少種的野花，同行的也採集了許多作標本。但是，我確信他們既不爲誰而開，更不爲誰而落，完全不是爲誰而存在。有的花的確很美，供諸案頭誠爲佳品，作標本也可能是很好的研究對象，但假如花爲人而開，它一定不會開在深山了，我想。

我很久來就歡喜張九齡的兩句詩：「草木有本心，何求美人折。」不管他是否有感而發，但他頗能支持我這一信念，從這，我或者可能多了解那一位愛好綠色的姑娘了。爲了愛好綠色而留在山地那祇是說給我聽的。我也和她一樣愛好綠色，爲什麼我不肯留在山地呢？因爲我太庸俗麼？

我想得很雜，也寫得很拉雜，此刻，我看見同伴們的隊伍來了，他們沿着陡坡下山，有人已開始過橋，那橋規定只能有兩個人同時通過，山地中這種橋很多，並不足奇怪，但是半小時後，我這裏一定很熱鬧了。我想結束這一封信，却又意猶未盡，最後讓我寫上一個山中故事作結束吧：

三天以前，我們經過全程中最危險的天長斷岩，大隊爲了安全改爬天長山繞過它，我却爲了找刺激，一個人帶了一個山胞作嚮導，取道天長斷岩。

在那半小時中，我的確有點心驚膽戰，尤其是斷岩中有好幾座石碑記載死難者，下望懸岩深藏雲霧中看不見底，一失足實不堪設想，有的地方需要兩手扶着岩壁作壁虎行，而且常常要警惕着頭上飛石。不過我仍然找了幾個好鏡頭，祇是原來想找的水晶到時候却完全忘記了。

過斷岩後，天長山和蒿萊兩山的山灣中林木深邃，飛瀑怒吼，有一座名叫「建祥橋」的吊橋高懸在海拔一千一百公尺處，下臨深澗，陰氣森森。橋邊有一座小廟，名「萬善堂」，另外橋邊還有一座無人住的破屋。在那裏休息時，那位山胞用生硬的國語告訴了這個故事：

有這麼一個時候，日本人還統治着臺灣，他們派了山地警察駐守這裏，擔任山地巡邏。那警察帶了一位太太和一個很小的孩子住在橋邊那座房屋中。後來太太生病死了，他沒有調走，仍然留着，可是當他出去巡邏時，孩子沒有人照料，總在家中哭，直到有一次他很晚回到家中，從門外看到自己太太在拍着小孩，然後替他蓋好被，等他進去時便看不見人了。這以後，他夜裏醒來祇要發現孩子哭，馬上便可以看到死去的太太在照顧着，這對於他當然並不覺得可怕，這樣一直到他調走爲止。

之後，那地方便常常鬧鬼，尤其是那座鬼屋更沒有人敢住，過往的人們也深具戒心，許多人說來鑿鑿有據，繪聲繪形。這樣，山地中的人們纔發起建一座廟，而且另外在不遠的蒿萊山上築了一座屋子居住，沒有人再敢到寃屋問津了。

這當然是一個很荒謬的故事，日本人也慣於用這些方法來統治山胞，但是這却給了我一個啓示。我在抗戰八年中曾經吃過日本人不少苦頭，挨過炸彈，一直到現在，還不肯看日本電影，無法消弭那時的仇恨，不過對於這個故事，我却十分感動，人總是人，有愛，有情感，這是天性使然，假如人死後眞有鬼魂，那死去的母親一定會在冥冥中照顧自己的孩子的。可是，死了一個日本女人便把整個山區鬧得鬼氣森森，我們抗戰八年死去的千萬寃魂又向誰索命？

山地中，有日本巡警墜岩的紀念碑，有巡警在拔海兩千公尺高山上凍死的紀念碑，山地中，到處通行着日本話，眞使我不知置身何地了。其實，這些都是題外之話，拉雜寫來，不知所止，就此打住吧。

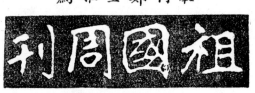

八月四日於廬山溫泉

我讀「山洪暴發的時候」

歸人

一

早年，法國的文豪羅曼羅蘭，對英雄極盡歌頌之能事。他寫「聖路易」，寫「哀爾帝」，描寫英雄的生活，禮讚英雄的偉大。但是，此一事實，却引起不少人們的批評，使世人減低了這位法國文豪的令名。初時羅氏對人們的評論，尚不以爲然可；可是，到了晚年，他老人家自己對以往所歌頌的英雄，也覺得惘然起來。

「山洪暴發的時候」裏的女主角，也是與羅曼羅蘭相似的人物，她以「令人吃驚的近乎殘酷的手腕」，嫁給了麥將軍，但後來却由愛、生厭，終於又拋棄了他。因爲，她洞悉了所謂「英雄」的眞相，不過是一個懦弱的可憐蟲而已！

二

「山洪暴發的時候」的故事倒是十分簡單的，它只是敍述；一個富於貪婪的征服慾的女性，她拋棄了文弱的麥將軍的侄少爺，不顧輿論的壓力，改嫁給當代名將的麥將軍。並且，麥將軍的年歲，已經接近花甲，早有妻室，育有子女。然而，這些既成事實，並沒有使她顧慮怯步，她却勇敢的無所忌憚的嫁給了麥將軍。婚後，因爲她察覺麥將軍過於苦惱於親戚朋友間對他們夫婦間的惡意批評，就毅然的慫恿將軍把他們的家庭由城市遷到山中居住，她寧願隱居山中，終日厮守着她傾心的英雄，也不肯爲了那些庸俗的物議，傷害了她和將軍的愛情。但是，就在這寧靜的山居生活中，竟給她的人生以深刻的啓示，使她拋棄了麥將軍，與山居相遇的工程師潛逃了。

但困難的倒不是寫一個愛情的故事，使人折服的乃是作者如何以心理的發展使她改變！

其實，即是她的心理發展與改變也還平常，更使人折服的乃是她的心理的發展和改變，不是庸俗的，背後隱藏着一個發人猛省的眞理！

亞諾德（Matthew Arnold）曾說：「詩是人生的批評。」這話應該適用於一切文學作品；根據此點，我們再來討論「山洪暴發的時候」。

三

一般人眼中的英雄，即是擁有崇高的地位，無可勝數的金錢，再加上舉國皆知的「名氣」。這樣，他就成了這個社會的英雄了，人們也如此的膜拜起他來了。然而，所謂「英雄」的定義，就是這樣的嗎？在「山洪暴發的時候」中作者藉麥夫人的日記，這樣說道：

「我從他（麥將軍）對於山居生活的枯燥上發現了一個問題：將軍之爲將軍，是離不開將軍的環境的。……假若將軍離開了那些屬於將軍的襯托，諸如：一羣歸他指揮的士兵和一些爲他喝采的羣衆，以及什麼名譽、地位、社交上的互相捧場、名媛、名士的追逐唱合，等等，將軍又眞的何有別於普通人？」

這是作者第一次在他的「人性的顯微鏡」上，給我們的詳細解剖。

由於這個新的發現，麥夫人對於所謂「名將」的看法，完全失望了，她說：

「我懷疑眞的一個人除去他在羣居生活以外，他就沒有屬於他自己的孤獨的自然生活嗎？難道說我所愛的人，除了寄生於庸俗的社會裏面，戴着一個虛幻的英雄的頭銜而外，他就沒有他自己獨立的人格了嗎？」

這是多麼可嘆而又可憐的世界：人們往往把一隻「紙老虎」當做眞正的「獸中王」，看見他住着華宇大厦，看見他紅光滿面，看見他左擁右抱，便以爲他是「英雄」，他是眞正的强者；其實，這些「英雄」們，只有在關係複雜的社會裏面，才是光榮的，才是有名望的，甚而也是英勇的；雖然，一旦他返還到他自己的境界的時候，是那樣的怯懦而空虛！因爲這樣，所以，當一旦之間，他們失去了「社會的評價以後，就不值一文錢了。」這種生物是多麼可憐而懦弱啊！

四

「山洪暴發的時候」中，一共有三個主要人物——麥夫人，麥將軍和一位修築山路的工程師。全篇以麥夫人的日記方式，穿插變化，逐漸把三個人物的思想，意志和個性，表現給讀者。它雖然只是一篇一萬餘字的小說，然而，在作者的高明的藝術手腕下，人物是生動的，刻劃也是深刻的。

這位工程師是位眞正的英雄，試聽他所說的話：

「你（麥夫人）不了解一個工程人員在他工程上所寄予的意志和希望。工程人員的心目中，認爲單憑這個工程本身，就會擁有千古的價值。用不着記載，也用不到解釋，更用不到把自己計算在內。至於那種必需依靠歷史有意的大書特書才能有其價值於萬一的，是那些自以爲偉大的野心家們，……」

這才眞是英雄們的抱負！

工程師曾經這樣的調侃麥夫人說：

「夫人！我知道你是寂寞的！有一天，你成了你自己的你，你就不寂寞了！」

然而，許多庸俗的人，是太懦弱無知了；他們不知道自己在什麼地方，不能了解自己的命運；只是喊着：「寂寞呀，寂寞呀！」流着莫名其妙的眼淚，在白日裏做着不着邊際的噩夢。他(她)是奴隸，却耀武揚威的大喊：「我是最最偉大的英雄！」他(她)是烏鴉，却自我陶醉地夢囈的說：「我是美麗的孔雀呀！」他(她)們不知道自己所飾演的是怎樣的一個可憐的醜角。

五

當山洪暴發的時候，工程師走來要求麥夫人：

「來！下去！救人吧！」

「我準備搬東西呀！」麥夫人回答他說。

「東西？東西管他什麼！人要緊，你不是人嗎？」

「人」？多少人雖然具有「人」的類型，但他們却不願自認爲「人」。他們有的要人捧他爲神明，呼他爲聖者；有的呢？却要去過那似人似鬼的黑暗日子。卽使是眞正的一個飯桶，還要自視爲英雄呢！人，這世界原是「人」組成的，爲什麼我們不過「人」的生活呢!?……

不知受什麼力量驅駛，她本能的走入雨中，參加了他們的搶救工作。後來，工作完了，工程師感動地讚譽麥夫人道：

「唯有純粹自主自立的人，他才能不自私，唯有不自私，沒有身外企圖的人，他才懂得救人！……」

這確是一針見血之談。一個不能自主、專門寄生在其他事物上面的人，他如何能不自私呢？至於那些沽名釣譽，以及利祿是務的人，他能懂得救人嗎？最後，她終於拋棄了麥將軍而和工程師私奔了。

六

從表面上看來，這是一個特殊女性的愛情故事；但如果透過作品的裏層去看，這也是討論「英雄與英雄崇拜」的哲學著作；作者告訴我們，何者是眞正的英雄，何者是僅有「英雄外衣」的飯桶？同時，在作者的聰明安排，文字的藝術手法下，我們看到一個「僞裝的英雄」的殞滅，他可憐的被推下英雄的寶坐；一個卓越的女性，總於決定了她自己，選擇了她所歡喜的生活與英雄！

七

或者有人要問：「照你所說，這位工程師便可當得起『眞正的英雄』這個頭銜嗎？」

要回答這個問題，得先確定「英雄」的本質是什麼。普通一提到英雄，我們每易聯想到他(她)是個含有「征服慾」的人物；譬如像那個「力拔山兮」(不能說他是「氣蓋世」)的楚霸王，以及當今那個「與天公共比高」的毛澤東之流。但嚴格的來說，這些人能算是「英雄」嗎？眞正的「英雄」應該是「平凡」「近人」的。像這些人，他們祇是騎在人民的頭上的大惡棍而已！正確的「英雄」解釋，應該如同嘉萊爾於他的名作「英雄與英雄崇拜」中所言：「……『英雄』雖種類不同，從本原上說起來，都是同一的素質；一個偉大的靈魂，若能洞矚『人生中神的意義』，他就是個適當的人，能用着偉大，勝利而耐久的態度去說牠，去歌唱牠，去爲牠爭鬪，爲牠工作；這就是一位『英雄』，……」

若是由這一觀念出發，那麼，「山洪暴發的時候」中的工程師是够得上稱爲「英雄」的；雖然，他的被譽爲「英雄」還不大充實。關於這點，我想應該是這篇作品的惟一遺憾，作者把「僞裝的英雄」雖然剖解得體無完膚，把他從英雄的寶坐上推下來，但對眞正的英雄——工程師的塑造，却嫌不足。

八

從另一方面來看，我們可以發現這篇作品，無論是意境、手法、氣勢、思想上、頗受傑克·倫敦的影響。作者爲我們所刻畫的工程師如同傑克·倫敦在他的「馬丁·伊登」中所塑造的馬丁·伊登一樣；當露思勸他改變寫作而擔任一個記者的時候，馬丁·伊登却固執的答道：

「那是要破壞我的風格的，……你想像不到，我爲了風格曾經怎樣工作過來。」而工程師呢？他也一再的說：

「我祇要做一個人，一個屬於自己的人，我決定我的意志，我決定我的希望，不依靠什麼，也不寄生在什麼上面！」

尼采曾說：「一個人如果不能延續他的高傲的生命，他就應該高傲地死。」我們讀了「山洪暴發的時候」，覺得麥夫人與工程師是屬於前者的人物。他們都能掌握自己的意志，決定自己的生活，發揮了生命的最高意義！

(附記：「山洪暴發的時候」，刊於「自由中國」第九卷第七期，作者爲司馬桑敦先生。)

長篇連載

幾番風雨（五）

孟瑤

十五

人們在宇宙間不能控制自己的命運，一如水珠在大海中不能控制自己的起伏一樣。外在的這份廣大壓力，實在不是這渺小的個體所能左右的。

如今又飛與小薇的生命已經融合無間，拿個體說，這是生命的最高境界；但是放眼六合，它只不過類似浮萍的遇合而已。一陣風來，它們相聚了；又一陣風來，它們是否也會離散呢？

他倆在愛河裏沉酣了一段不算短的時間，但，正當他倆嬉戲於愛情的巔峯時，國家却遭遇着一個大的突變，這年的七月七日，蘆溝橋戰事發生。接着廬山談話發表，於是全國劍拔弩張，這一齣時代的壯偉悲劇是無可避免地卽待上演了。

上海八一三戰事爆發，緊接着這八一四偉大的日子也來臨了，空軍將士閻海文用他的生命，他的鮮血，他的青年熱忱與朝氣，爲這多難的國家與偉大的時代，寫下一首最悲壯的史詩。他的犧牲，他的見危授命，他的臨難不苟，使全國人民，甚至他的敵人，以及整個世界愛好正義與和平的人士，都爲之感泣！這一羣被國家加意培植與愛護過的幼苗，是如此茁壯，如此反抗着暴力與摧殘！這事跡感動了每一個人。從此，飛將軍不止是代表美，豪放，青春活力，它同時也代表了正義，以及一種無私無我的精神！

舉國人民除了悲悼這偉大的將軍永升天國外，同時把拯救國家危機的大部份希望，寄託在這一羣飛將軍的肩上。

這，可以說是舉國悲痛與歡騰的日子。

只有小薇的心情是特殊沉重的。人寄生於世，一如孤舟之浮游於大海，舟需水來浮載，亦懼水之顚覆。爲此游行於水中的船，除了因爲自身的安全而希望波平如鏡而外，決不可能放眼於大海的波瀾壯濶，而輕視自己的覆舟之厄。在這一個偉大時代，岸上的人都在爲這飛怒的潮汐而歡欣鼓舞，小薇却因爲舟在浪中，因而缺乏了美感的距離去欣賞這澎湃的波濤，只全力奮勉於將舟移彼岸，以求安全了。

當晚，這消息傳遍了整個上海。

與上海人們的悲壯與興奮成反比，小薇是更加顯得沉鬱了。晚飯時，她食而無味，瑰薇的心境比她更沉重，心疼女兒，擔心未來佳婿日益奇險的命運，另外還有上海偌大一筆搬不走的房地產。

又飛這幾天正因公在上海，忙裏偷閒，總不少與小薇歡聚的日子。全面戰事一起，他接到緊急調赴武漢的命令。他抽出些時間來向小薇辭行。

他來的時候，小薇母女正在客廳裏相對無言，瑰薇看他進來，便笑着說：「我還以爲你今天忙得來不了呢！」

「怎麼忙也得來！」又飛笑着說完，便用眼睛看着小薇，希望她也說話，但，小薇却故意矜持地把臉對着別處喝茶。

瑰薇看見這情形，便立刻笑着說：「你們坐着聊吧！我找朋友打小牌去，不陪你了！」

等瑰薇出去，又飛才坐到小薇的沙發扶手上說：「怎麼不說話？」

小薇冷冷地望了他一眼說：「別理我！」

「幹麼？」又飛奇怪地。

「我恨你！」

「爲什麼？」

「誰叫你學飛，爲什麼要學飛？」小薇跳了起來。

這突然的問話，又飛無法作答。

「說呀！」小薇催促着：「爲什麼？」

「爲什麼要這樣問？小薇：」又飛拉起她的手：「我的健康條件够了，這是青年報國最光榮的道路！」

「什麼報國，你少在我面前來這一套官冕堂皇的名辭，我不懂，我只知道這種擔心的生活我過不了！」

「小薇！」又飛想竭力壓平她的激動：「我受了國家這些年的栽培，我不應該在她最需要我的時候離開！」

「對對，你是最偉大的軍人，」小薇滿臉淚痕說：「你回到你國家那兒去，別和我假惺惺！你走！」小薇瘋了似的把手指向門外。

「小薇，」又飛手足失措地：「我已經疲倦得快要死去了，你……我懇求你別跟我無理取閙好不好？」

「你疲倦得要死了嗎？」小薇發急地問：「你知不知道我也快要急死了呢？你的生命在你身上，我的生命却不在我身上，你懂不懂？懂不懂？我沒法活下去！」她說完又倒在沙發上，用手蒙住臉，而那哭聲，却依然從指縫間流了出來。

又飛大爲這哭聲所震動，他發現他的生命已被小薇生命的情絲，密密層層地圍住，他有點後悔不應續起這份戀情，這個戰爭僅在開端，小薇已經無法承受了，將來怎麼辦呢？又飛想到這裏心都碎了，他拉開小薇蒙住臉的手，一面爲她擦眼淚，一面說：「小薇，別這樣孩子氣，好好地坐着，咱們平心靜氣地談談！」

小薇再也沒法控制這已經崩潰的感情，她又拉住又飛的手哭着說：「這種緊張的生活我受不了，你知道我這一天怎麼過的嗎？我幾乎覺得每一架飛機上都有你坐在上面。只這一天，我已經快急死了，何況這場戰爭還要不斷地延續下去！」

「小薇，最沉着最勇敢的人才最安全！你這樣一來，我的心一亂，那就……小薇，不要這樣膽小，這個戰爭一開始，就告訴我們已經勝利了！」

又飛的這幾句話，立刻有效地安定了小薇的情緒。這功能不是屬於這些話的本身力量，而是小薇怕自己的緊張影響了又飛的安全，於是，她擦去眼淚說：「我現在好了！」

「你眞可愛！」又飛也笑了。

小薇看見又飛逐漸輕鬆的臉，不覺又拉住他說：「我完全好了！我記住你告訴我的話，生命的潮汐不會是靜止的，只要我們能够把握任何一個起伏，便是幸福。現在，你看，」小薇望着又飛笑了…笑說：「你站在我的面前，我就享受你站在我面前的片刻！」

「對！」又飛也竭力使自己輕鬆起來：「讓我們在一起的時間完全爲快樂所佔有！」

小薇望着他點頭，隔了一會才問：「吃過飯了嗎？」

「吃過了！」又飛頓了一頓，終於說：「小薇，我調防武漢了！」

「是嗎？」小薇竭力扼住這份離愁，又問：「什麼時候！」

「明天一早起飛！」

「這樣快？」

「這是緊急命令，」又飛望望小薇又說：「今晚規定八點鐘歸隊，你陪我出去走走好嗎？」

「好！」小薇毫無抗拒地點着頭。

懷着一份傷離的心情，這一對戀人徜徉於人心惶惶的街頭，直到最後一分鐘必須離開的時候。

送走了又飛，小薇再也按捺不住，倒在床上就痛哭起來。她後悔方才對又飛的任性，她更忘不了又飛說的「最沉着最勇敢的人才最安全」的那句話，因此，她恐懼於方才是否擾亂了又飛的心，致使他作戰的時候受到不安全的影響……想到這裏，她恨不能立刻也搭上他們的飛機追了前去。但，這一切都是不可能的，於是，她只有無可奈何地痛哭。

瑰薇聽見了這聲音，急不可待地跑到她孩子的屋裏，伏聲問床上的小薇說：「你們吵架了？」

「沒有！」

「那爲什麼？」

「又飛調防武漢了！」

「什麼時候？」

「明日一早！」小薇望着她的母親，終於說：「媽，我也想到武漢去！」

「一個人？」瑰薇望着她的孩子。

小薇被母親慈愛的眼光，照耀得有點臉紅，她每每自私得忘掉母親的恩養！聽了這句話，才又訥訥地說：「當然是和媽一起，不過，咱們上海的一些事情，恐怕不是短時期可以料理得清楚的！」

「我早就有這個打算了！」瑰薇似已早有通盤計劃：「我看這個戰爭決不是三兩個月或三兩年可以完的，中日兩國之間的仇恨太深了，這一仗總得打個水落石出才能罷手，我們當然也得有一個長遠的打算。目前租界雖然沒有問題，將來的變化，可是誰也料不定。本來，假若是太平日子，咱們娘倆住在上海，這份積蓄，怎麼化也化不完；要離開上海呢？能帶走的也够娘倆吃一輩子的！如今既然又飛調防武漢，你跟過去也好，免得你倆都牽腸掛肚的！那麼，你就先去，隨後，我把這裏的事安排停當了，再帶阿梅跟來，你說行嗎？」

小薇感動得直點頭。

「你五姨一家正在漢口，你一去了就住在她那兒，我最放心，動身前我去個電報，她們就會派人接你，這倒可以無慮；我至多不再耽擱一個月，咱們在漢口會齊！」

「好！」小薇又點點頭。

「只是，你的學校怎麼辦？」

話。

小薇根本沒考慮這問題，因此怔住不能回

「也別太不把這件事放在心上，」瑰薇比較嚴肅：「能够把大學念完，總是件好事，先在這裏辦好轉學手續，最好能去武漢找一所大學繼續念下去最好！」

「當然這樣辦！」小薇完全依順着。

十六

幾乎是又飛剛到武漢不久，小薇已經追踪而至。

她在五姨家住定以後，即向又飛去了一封熱情而纏綿的信，又飛獲息，便按照地址尋來，異地相逢，都有一種難言的愉快，而且小薇千里跟踪，更激動了又飛英雄的心。

「我眞沒想到你這樣早跟來！」又飛在客廳坐定，看着小薇第一句話就這麼說。

「度日如年！」小薇輕輕地捶着沙發說。

又飛聽了她的話，再看見這神情，心裏又是感動又是沉重，半晌才拿出輕鬆的口吻說：「咱們找個地方去玩一天吧？我想你想得太苦了！」

「想得太苦了？」小薇委屈地看了又飛一眼：「那麼你走的時候爲什麼不叫我來漢口陪你，非得咱們自動地往這兒賴？」

「小薇，你想我能說這一句話嗎？」又飛從沙發上站了起來：「我成天忙得什麼似的，把你從家裏弄出來陪我，當我沒有空的時候，讓你一個人寂寞？我不那麼自私！」

「誰都知道這是一個長期抗戰，你應該勸我一家離開上海！」小薇繼續埋怨。

「這話我更不敢說了！」又飛立刻解釋：「哪一位上海小姐肯輕易離開那個誘惑的都市？再說，你們還有一大批搬不走的財產！」

「那麼？」小薇也生氣得站起來：「你就打算一走就完？」

「所以我能擔保你準來呀！」又飛急忙把小薇往懷裏一拖說：「得，別走死胡同，研究這無聊的問題幹什麼？咱們不是又有好久沒見了嗎？今天我向你獻出整個黃昏以後的時間，咱們找個地方玩玩去！」

「哪兒？」小薇橫了他一眼。

「黃鶴樓？」又飛徵求她的意見。

「我從前去過，不好！」

「那麼芳草萋萋的鸚鵡洲？」又飛頗調皮地。

「不去，太遠！」

「那麼請小姐發令吧！」又飛一個軍禮。

「我看這裏只有江邊的馬路尚有可取！」

「那麼咱們就來一個江邊漫步！」又飛望望小薇：「如何？」

「候着，我去換件衣服！」小薇使出一個花旦身段，向又飛一指，回首一笑，翩然上樓。

看見小薇與高采烈地去化妝打扮，又飛這才算一塊石頭落地，他輕鬆地吹着口哨，看着窗外的花草，有着說不出的愉快之感。

等小姐們化妝需要耐性，而且時間的久暫，還與小姐們的快樂成正比，當她願意加陪烘托自己的美麗站在愛人的身旁時，這正說明以身相許的癡情。

小薇下樓，穿了一雙銀色高跟鞋，白底銀花旗袍，銀色皮包，和一件薄羊毛白底銀花披肩，這是她離開上海的時候，催着時裝公司訂製的一套新衣。

「眞是翩翩欲仙！」又飛極高興地鼓着掌：「只是如此全副武裝，散步行嗎？」

「別鬧！」小薇捶了他一下：「五姨告訴我說，咱們先應該找家館子吃飯，然後去看一場電影，再去跳舞，然後再從江邊蹓回來！」

「都去那些地方，我可一點也不知道！」

「別急，她把車子給我們用，把我們送到舞場才開走！」

「遵命，小姐！」

依照這個狂歡節目，當他倆從舞場步出，不僅微醺，且已午夜。

這正是一場豪雨之後。

馬路旁昏黯的燈光，射在潮濕的柏油路上，變成一條條五彩花蛇，兩人的脚步敲在路上，發出清脆，單調，而又寂寞的聲音。

雨後午夜，行人疏落。

「從來沒有像今天這麼盡興！」又飛說。

「怎麼忽然下了一場雨？」小薇皺皺眉：「瞧，我的鞋完了！」

「不下雨有這麼好的情調嗎？路上行人一多，就索然寡味了！」

「人少好是好，」小薇說：「只是更深人靜，有些地方陰暗暗的，怪怕人！」

「怕？」又飛有點微醉：「你膽小怕鬼？」

「別胡鬧好不好！」小薇不自覺向又飛靠緊了一些。

「瞧，那是什麼？」又飛故意往前面指了一指，裝出看見什麼似的，立刻追了過去。

小薇孤獨地被拋在一邊，她想矜持，但又眞覺得身後不遠的地方有一條黑影跟着，越想越怕，最後她再也無法驕傲，立刻大聲喊着：「又飛，你在哪兒，快來，別鬧，好不好？」接着，她再也支持不住，拔起脚來，就向又飛躲藏的地方追去。

就在這同時，橫道上一輛汽車飛馳而來，幾乎對着小薇的身上開來，小薇躲閃不及，直吓得驚叫一聲等死，汽車司機已看清楚了，踩住剎車，發出尖銳扎耳的聲音，就在這一剎那，後面一隻大手抓住她向旁邊一拖，小薇幾乎栽倒在地，那個人又用另一隻手扶住她，彼此定一定神，那人才說：「眞危險！」

小薇在黑暗中看不清楚那人，但那雙溫暖的手剛從她身上移去，她斷定他確實是人非鬼，而且這人中年以上，身材高大，風度文雅。

「我眞不知道應該怎樣謝謝您！」小薇驚魂初定，這樣說了一句。

那躲在黑暗中惡作劇的又飛早已吓傻了，直到現在，他才追到小薇的面前，拉起她的手問：「怎麼樣，沒受傷嗎？」

小薇摔開他的手，毫不加以理睬。

又飛知道這場官司不是輕易可了的，且暫擱下，却先向那高大的影子說：「這可得眞謝謝您的救命之恩，否則……」

「岳先生以後在晚上可別開玩笑，」那影子溫和地笑着說：「何小姐可眞受驚了！」

「您是……」小薇奇怪此人何以相識？

「我是胡貫一，」他自我介紹：「咱們在西湖之濱，還一起吃過糖醋活鯉，兩位怕早忘了！」說完，一陣爽朗的笑聲，劃開了彼此的陌生。

「原來是胡老伯！」小薇也笑起來說：「您也來漢口？」

「政府遷都重慶，我們機關也搬去了，武漢設有一個辦事處，我在負責！」

「今天這樣晚，又下雨，您還有雅興出來玩？」被冷落已久的又飛說了一句。

「和你們兩位一樣，正在雨中尋詩呢！」貫一似乎想和這兩位青年人開個小玩笑，說完，他又笑了兩聲，才又說：「你們兩位，再繼續尋詩吧！我先走一步，不陪！」他微微一鞠躬，便向橫馬路走去了。

目送貫一行遠，又飛才又捉住小薇的手，但她立刻奪回，搶先一步往前就走，又飛當然不肯放鬆，走到前面，擋住了去路說：「你說，你還生氣不生氣？要再不理我，我可就跪在這泥地裏不起來，讓大家參觀！」說時嘻皮笑臉地。

「還得意啦？」小薇板着臉：「還開玩笑？方才那一下要不是胡先生一把抓住我，看你這會兒跟誰開玩笑去？」

「別再說了，我這就給你跪下！」說時，他故意拉了一拉褲子，做出眞要下跪的樣子，小薇反而不假思索地拉住他說：「你這是怎麼了？」

「不生氣了，是不是？」

「眞討厭！」小薇笑了起來。

「這一下我可眞不放你走了！」又飛緊緊拉住小薇的手。

一場風波歸於平息，從此他倆歡樂而緊張地享受每一分鐘能在一起的時間。

小薇自從聽了又飛說的「最沉着，最勇敢的人最安全」的話以後，她隨時警惕着自己不要影響了又飛的鬭志，而且戰事一久，她心境日趨平靜，因而也有餘力及於戰局與國家前途，一種敵愾同仇之心油然而生，她漸漸感到能做這樣一位飛將軍的愛人爲驕傲。因此她與又飛在一起的時候，竭力避開能使雙方眞正煩心的問題，却總在輕鬆方面故意發一點小姐脾氣來逗又飛，使他永遠在這旖旎風光中恢復戰後疲勞。

韶光如流，他倆在漢口的歡聚，瞬焉一月。

這天，正逢又飛值夜，兩人玩到吃晚飯，他才把小薇送到門口，匆匆返防。

小薇帶着沉醉返家，進門以後，却見大廳堆滿了箱籠，阿梅正在那裏一件件地規整呢！小薇意外地一樂，拉住阿梅問：「媽來了？」

「是的，剛到，正在五太太屋裏。」

「媽來了，媽呀！」小薇高興得跳起來，沿路喊着上樓：「怎麼都不打個電報給我，讓我上碼頭接您去呀？」

說着，她已到了五姨屋裏，她看到了母親，她除比在上海時略顯舟車勞頓外，別無差異；所可奇怪的是，她母親懷裏，却抱着一個兩三歲的女孩。

「媽！」小薇有一點發楞地站住了。

瑰薇看見她的女兒精神飽滿愉快，不覺高興得從座位上站了起來，把懷裏的孩子向她面前舉着說：「小薇，你看，這是誰？」

小薇仔細地端詳這孩子，除了那較黝黑的皮膚與較茁壯的身體外，完全是自己的小模型呢！這是她的孩子，那在廬山生的孩子！一種從來沒有經歷過的母愛，從她的血液裏泛濫出來，她接過孩子，她的手有一點顫抖，她的眼睛有一點潮潤，她親吻着孩子，然後緊緊地摟在懷裏半天半天。

母親五姨，都靜默着沒有作聲，孩子更像第一次獲得這麼深厚的溫暖似的，舒適地依偎着一動也不動。

經過這一頓感情的奔放，小薇逐漸地冷靜起來，放開手，又低頭端詳她的孩子，那一對奕奕有神的眼睛，那兩道隨時都要飛起來的眉毛，不都是嘉謨的再版嗎？這可怕的罪惡象徵！小薇忽然又覺得這小東西會給她帶來麻煩，這無由解決的麻煩。

「媽怎麼把她接下山的？」小薇不耐煩地把孩子送了過去。

「你走了以後，我就去了廬山一趟，」瑰薇說：「難得那一家對這孩子眞好，你瞧，這孩子到底是農家長大的，身體可比你結實多了！」

「媽把她接下來是什麼意思？」小薇皺起眉問。

「孩子，」瑰薇耐心地解釋着：「這次抗戰不是三兩年可完的，將來局勢怎樣演變，誰都不知道，我不能讓她一個人飄泊在外面！而且，孩子一天天地大了，她需要好的教育，好的營養，好的環境，我不能永遠讓她在農家，過着與時代脫節的日子！」

「這樣一來，你叫我怎麼做人呢？」小薇又輕輕地跌着脚。

看見自己的孩子這樣矯情，瑰薇忍不住傷心落淚，滿腹心曲，却一句話也說不下去了。

「小薇，」五姨瑰薔看不下去，插上說：「你媽剛下船，不許跟你媽鬧氣，你的事，我從頭到尾，知道得清清楚楚。第一是嘉謨那孩子不是東西，都是你三舅慣壞了，有好教育有什麼用？先得把氣質陶融好。有機會，我得找你三舅算這一筆賬！但是，事情已經到了這一步，紙是包不住火的。孩子呢，有你媽願意管，願意教，你就不用操心。不過，你現在既然跟姓岳的好到這一步，這件事可也不能瞞人，先得跟他說個一淸二楚，好在年青人不會容不下這件事情……」

「那不成，」小薇阻止了她五姨的說話：「現在殺了我，也不能說這句話！」

「那麼你的辦法……？」五姨皺着眉盯住她。

「又飛今年才廿六歲，要隔兩年他們軍人才許結婚，暫且我不着這個急！」

「孩子母親都不要了？」五姨生氣地問她。

「媽帶孩子先到重慶去！」小薇冷然地。

「你簡直是胡鬧！」五姨用手指敲着桌子。

小薇看見這情形，心裏一難過，流着眼淚就跑出去了。

「五姐！」瑰薇伸手拉住瑰薔的袖子，眼淚便像斷線珍珠似的，一顆顆灑了出來。（未完）

讀者投書

(一) 這樣做法，是否官僚作風？

鄧澂濤

曾滌生分析官僚弊病有四：一曰因循，二曰敷衍，三曰顢頇，四曰退縮。這些弊病，如果不除，政治絕沒有淸明的希望。本來「官吏是人民的公僕」，凡人民有正當的請求，做官吏的，依於職務上，應該盡心盡力和想出正當的方法去做。如果對於職權內，應當調查的事，更不待人民的請求，自己也應該依職權去調査淸楚，給老百姓一個明顯的答覆。否則自己不去調査，就以「無案可稽，無憑辦理」一批了之！這種作法，就是「顢頇！」也卽是官僚的弊病。

舊時房科師爺！他們有幾路板斧。一曰推，二曰拖，三曰磨，四曰和。第一路的板斧，就是：凡事都說不知，都說不是他職權之事，都說是無案可稽。有上司的，就把事情推到上級機關去辦；有下級的，就責成底下去做；否則，便推到別的機關身上，自己呢？恍惚置身事外，樂得逍遙自在。這一種「推」法，就是官僚的作風！

兪內閣就職三個多月了，許多部長都是新人，「用新人，行新政，」當然要有新作風，掃除以往的官僚弊病。張曉峯先生以國民黨中央黨部秘書長的身份，出任這個作育人材的最高機構——敎育部，自然我們更寄予以莫大的期望。期望他能够「樹之風聲」，改變這個「糊塗」「不負責」的環境！

古諺有云：「星星之火，可以燎原。」又曰：「涓涓不塞，將成江河！萌櫱不折，將尋斧柯！」壞風氣惡習慣的養成，都是從小到大的。所以「病從小醫」，那是保護健康的最安全的方法，我因此覺得社會不合理的事情，每一個組織社會的份子，爲要保護整個社會的利益計，都應該不客氣地把它揭露出來，使到有管理責任的人，知所改進，有所整頓，然後壞風氣惡習慣乃能革除，社會乃有進步。我今天把敎育部一點小事，來指述論評，絕不是吹毛求疵，而是抱有上述「區區之見。」

最近我的兄弟，因爲遺失了廣州法政專門學校的畢業證書，當依照敎育部規定辦法，取得在臺同學現任簡任二人保證，戶籍謄本，相片，遺失證書聲明廣告等等，一應俱全，具呈向敎育部申請發給學歷證明書，本來這一件事是很小的，但我見到了敎育部答覆的通知，不禁有點詫異，詫異什麽？因爲覺得這件公文內，滿有些官僚氣味，我且把敎育部的通知原文照錄如下，然後申述我的見解。

「一、呈件均悉。二、查前私立廣州法政專門學校十九年度本科畢業生名册，本部無案可稽，曾於三十七年令飭廣東省敎育廳補抄呈部，迄未據呈復，所請發給畢業證明書一節，無憑辦理。」

從這個批復通知，我們分析一下就可知道：

①廣東省政府，在民國十九年間，是一切服從中央的，因此十九年度的高等畢業生名册，照理應該呈報敎育部核准備案，且從本文內「令飭廣東省敎育廳『補』抄呈部」一語來看，也可證明廣東省敎育廳，曾經將該項名册，呈過部的，不過敎育部或許在抗戰中遺失了。(抗戰時期，各部的重要文件，不一定會遺失的，司法行政部所存的全國律師名册，現在尙保全，我失了律師證書年，到該部一査就准予補領，這是一個證明。)

②從「三十七年令飭廣東敎育廳補抄呈部，迄未據呈復。」這兩句話來看，可知到敎育部一度於三十七年令飭廣東敎育廳補抄呈部之後，卽從此置之不理。

③此次査案，發覺前②項事實，亦不追査。我們知到廣東省政府現在臺灣省內仍保留名義的，而且有人負責，各廳的案檔也有移運來臺的。

因此，我可以問敎育部主辦這部門的人員：何以任由廣東省敎育廳玩忽功令從三十七年起一直因循至民國四十三年不遵令補抄呈報？而敎育部又何以不去再催査報。這在敎育部方面，該管主辦人員，是否也玩忽公務，有乖職責？

其次：此次査案既然發覺了廣東省敎育廳，未將該項名册，遵令補抄呈報，何以不再行査，而竟以「無案可稽，無憑辦理」一批了之。是否對於處理公務不明「行査」的辦法，如果處理公務，連「行査」的辦法都不明瞭，是不是顢頇？如果懂「行査」的辦法，存心不去辦理，卽以空言推宕，「無案可稽」一推推到廣東省敎育廳身上去？這種辦法，是否就是官僚四大作風之一——推？

敎育部這一件通知，是以部長張其昀給發申請人的。我們在張部長剛剛接事不久，而且因爲應付立法院方面的質詢，也費了不少的精神，張部長在這個時間，當然未曾顧及這些小事，我也不好意思在立法院去質問張部長。但是主辦人員這種做法？是否官僚作風？應否改善？我希望張部長，總要檢査一下，以爲整飭官風的參考。

(二) 何謂「標準」教科書？

葉宏琛

記得去年標準本教科書出版後，教育廳命令各校一律採用。那時貴刊有一社論，題目是「從教廳的一件命令談法治前途與政治作風」。在那社論中，你們明明白白指出教廳那件命令是違法的，同時你們也指出官僚們的作風是每每拿「奉命而行」四字作擋箭牌，來掩蔽自己的過錯。那篇文章，在出版界、在教育界，曾博得普遍的喝采。至於那些關心政治趨勢及前途的人士，則因教育行政也敢於如此違法，違法後經輿論指摘而仍不改，以致深懷憂懼。(下刪)

現在，教育當局，中央和省級都換了人。去年那一件違法的命令，是不是會繼續適用下去呢？前些時有人提出這個問題來談。書呆子們認爲新政府正强調法治，去年的違法命令，今年一定會取消的。另有些知道內情的人，則一笑置之。

現在，事情淸白了。果然是繼續違法下去。教育廳是不敢撤消去年的違法命令的。請看本月廿四日廿五日中央日報及新生報上的一則廣告「中學標準教科書國文公民歷史地理各科編輯委員會啓事」！

這則啓事，前半截是在告訴各學校，上半年未出版的各冊，現在已編好了，在印刷中，即日供應。(這是暗示各校，開學時趕印不出來，但你們也得等待，不得採用其他課本)。後半截的原文則是：「惟時限迫促，疏漏之處，在所不免。敬懇教授諸先生，學校行政當局，各科專家，社會人士不吝指教，當於再版時斟酌修正。」

標準本教科書以行政命令而取得的獨佔發行，雖違法也要違法到底。這是教育當局的態度。受害的出版商既怕打官司，輿論的指摘也不在乎。因此，關於這一方面，我們不願多說了。但我們要請問「標準」之謂何？「標準」教科書而有疏漏，而且是自己承認的疏漏，要留待再版時修正，這還成爲「標準」嗎？再說一句，「標準」之謂何？請貴刊公開徵求答案，以便爲「標準」教科書這個名稱加一銓釋。

此致

自由中國社

讀者 葉宏琛上 八月廿六日。

小啓

親愛的讀者：

「督促政府(各級政府)，切實改革政治經濟，努力建立自由民主的社會」，是本刊的宗旨之一；想也是本刊讀者所一致願望的。因此，我們希望各方面的讀者，就其親眼見到的須要改革的事項，忠實地以投書方式寫給我們。一經登出，文責由本刊代負。

——編者敬啓

(上接第13頁)

假使以上的推測不錯，則邱氏所以出此的理由，不能不加以推論。德國不能和平統一，是歐洲一個暗礁。韓國不能和平統一，是遠東一個暗礁。英國對此兩個危險地區，都負有不可避免的責任。爲英國人民畏戰的心理計，邱氏喊出了高階層會議的口號。至今既受艾森豪的反對，又遭馬倫可夫的冷淡，無法實現。然邱氏一生，自視甚高，總認爲握有法寶，可以打開世界緊張的局面，故始終不願放棄高階層晤談的念頭。本身以首相之尊，不得友邦總統之同意，不便冒然一行，所以託請在野黨的領袖代之一行。假使此行結果，能偵知馬倫可夫之眞意，亦願以高階層晤談，解決世界懸案，然後再由邱氏出面勸說艾森豪總統，尙未爲晚。此即係兩面如意的外交，由執政黨拉攏與國，由反對黨拉攏敵國，互相呼應，以達成英國的目的。萬一馬氏毫無解決世界問題之意，則暫時擱置，亦無損邱氏之威望，無損與國之情感。果眞如此，則邱氏誠可謂善用在野黨矣。

正當艾德禮等一行在北平面說中共政權的時候，而倫敦八月十九日美聯社報導：英國海軍部乃公布英國兵艦參加美國第七艦隊演習，包括大規模的登陸動作。此種聯合演習，本係平常，然於艾森豪總統嚴正聲明謂：中共侵略臺灣，必先遭遇第七艦隊之際，英國乃以極平常的聯合演習，由海軍部正式公布，儘管英外部聲明：英國無保護臺灣之責，亦能不令人意謂英海軍部之公告，有聲援艾森豪總統之意。不然，邱氏應知共黨爲多疑之類，何必於此危疑之際，而讓英海軍部爲此不必要之公布呢？有此公布，一方面可以平美攻擊艾氏一行沸騰之輿論，一方面亦可暗示中共以「兵行在即，可西可東」之姿態，以壯艾氏一行之聲勢。果推測邱氏之心理不誤，則邱氏誠可謂善用反對黨矣。

八月二〇日草於臺北

第十一卷　第五期　內政部雜誌登記證內警臺誌字第三八一號　臺灣省雜誌事業協會會員

給讀者的報告

最近三週以來，街頭巷尾，到處都可聽到關於包啓黃案件的談論，其人之敢於作奸犯科，眞令人談虎色變。包啓黃原係國防部軍法局長，因若干案件經各方面向最高當局告發後才被撤職拘禁的。嗣後監察院又對其軍糧貪汚案提出彈劾。現經舉發的案件，據說有卅餘件之多，其中五件已具有確鑿而充分的證據。這種無法無天的人，竟在今日之臺灣，居顯赫之高位，操生殺之大權，誠不能不令人驚異駭𣦶。現包案在審訊期間，國人衆目睽睽正注視其將在國法之前治罪，對於案件的本身，我們此時於法不便表示意見，我們所要申論的是軍法制度之應如何改進。我們應儘量防止軍法審訊之疏失與流弊，以減除寃獄，保障人權。不然，縱是懲制了一個包啓黃，也不能保證軍法界之徹底清明。

本期第二篇社論：「就業考試與中等學校敎員」，係對不久前敎育廳的一張公告，有所申論。我們從這裏面窺見敎育事業的危機。敎育乃神聖之事業，本應使品學優異的人任之。但由於敎員待遇淸苦，現在反被視為一項「沒出息」的行業，一般大專畢業學生寧願爭相擠入「闊機關」裏當一個最起碼的職員，甚至做些雜務性質的工作，而很少有志「為人師表」者。這實在是一個十分可悲的現象，需要我們速謀補救。現行就業考試制度本身原來就有問題，在生產萎縮的不景氣現狀下，尤感窒碍難行，敎育廳為解決就業考試未經錄取學生的出路問題，而登記介紹其充任敎員，其用心甚善，惜所採辦法有欠周密耳。

周德偉先生是國內有數的經濟學家，益以多年來在政府任職的經驗，檢討「十餘年來金銀外滙及貿易政策」。本文學理與實務兼顧，往事與現實對照，誠是一篇極有價值的論著。現代政治經濟已發展為一艱深複雜的學問，須運用高度的科學與智識，以駕御政府的政策，方可避免錯誤。不能一切均盲目地訴之政治權力，那樣是一定會出亂子的。作者在本文結論中，慷慨陳詞，足為當軸者鑑。

蔣勻田先生以英國政黨為例，說明反對黨在政治運用上的功能，也是一篇極精彩的文字。習慣於一黨政治思想的人們，應該一讀斯文。有人說政治是一種藝術，那當然不是動刀動槍的玩意！

龍平甫先生分析「日內瓦停火協定與今後世局」，齊萬森先生報導「法國孟德斯法朗士內閣」的內情，兩文均自巴黎寄來，時效容稍較晚，但其中材料甚為豐富，是頗有參考價值的。

「透視周恩來印緬之行」一文以客觀立場對印度外交政策，有所論列。「中立國之戰」的第三篇因郵遞延誤，寄到時本期業已付印，容於下期登載。

自由中國 半月刊　第十一卷 第五期　總第一一六號

中華民國四十三年九月五日出版

發行人兼主編：「自由中國」編輯委員會

出版者：自由中國社
社址：臺北市和平東路二段十八巷一號
電話：二八五七〇

航空版：
香港辦事處：友聯書報發行公司 Union Press Circulation Company, No. 26-A, Des Voeux Rd. C., 1st Fl. Hong Kong
菲律賓辦事處：岷市怡干洛街五〇二號三樓 3rd Floor, 502 Elcano St. Manila, Philippines

總經銷：
臺灣：自由中國社發行部
美國：中國書報發行所
美國：國民日報社 Chinese Daily Post 809 Sarcamento St., San Francisco, Calif. U.S.A.
加拿大：醒華日報 Shing Wah Daily News 12 Hageeman St., Toronto, Canada

經售者：
日本：東京僑豐企業公司
韓國：漢城裕昌德號
馬尼剌：大中華日報社
印尼：新疆書店、椰嘉達天聲日報、棉蘭新中華報
越南：西貢中原文化印刷公司
緬甸：仰光振成書報店
印度：加爾各答梅學校
澳洲：雪梨瑞田公司
北婆羅洲：西利亞坡青年書店
新加坡：檳榔嶼、吉打邦均有出售

印刷處：精華印書館
廠址：臺北市長沙街二段六〇號
電話：二三四二九號

本刊經中華郵政登記認為第一類新聞紙類　臺灣郵政管理局新聞紙類登記執照第五九七號　臺灣郵政劃撥儲金帳戶第八一三九號（每份臺幣四元美金三角）

自由中國

FREE CHINA

第十一卷　第六期

要目

中華民國四十三年九月十六日出版

社址：臺北市和平東路二段十八巷一號

半月大事記

八月廿六日(星期四)

華盛頓合衆電：對協防我外圍島嶼事，美正進行高級商討。

八月廿七日(星期五)

內政部下令十種內幕雜誌分別予以停刊處分。

美海軍陸戰隊司令謝頗德抵港表示，中共如欲作戰，美陸戰隊隨時應戰。

傳美駐華軍事顧問團長蔡斯已建議華府，協防臺灣外圍島嶼。

八月廿八日(星期六)

美駐聯合國首席代表洛奇保證使用否決權，阻止中共進入聯合國。

法衆院開始辯論歐洲防禦公約。

英海軍部發表公報稱，蘇俄一神密艦隊已駛入北海。

八月廿九日(星期日)

美駐華大使藍欽自美返臺。

臺灣省各界展開救濟大陸災胞運動

八月卅一日(星期二)

法總理正式表示，同意西德整軍。

法國衆院以三一九票對二六四票否決西歐六國軍計劃。

法總理於法衆院否決歐防組織後，發表聲明，表示法國仍傾向西方，並盼繼續加强。

艾森豪發表演說，認法否決歐防組織乃自由世界嚴重挫折。

東南亞會議各國專家舉行首次技術會議，對草約作最後修潤。

九月一日(星期三)

總統明令，派葉公超爲我國出席第九屆聯合國首席代表，蔣廷黻、劉師舜、夏晉麟、劉鍇爲全權代表。

新任考試院正副院長及十九名考試委員接事。

我駐美大使顧維鈞訪晤美國務卿杜勒斯，邀其於馬尼拉會議後便道訪臺。

美國務卿杜勒斯對法拒絕歐洲軍計劃發表聲明，建議召開北大西洋公約理事會，加强歐洲防務。

英內閣緊急會議，並召回駐法德使節，商討歐洲局勢。

九月二日(星期四)

行政院正式指定臺閩浙三省爲戡亂時期監所人犯處理條例之施行區域，臺高法院奉令後，已分飭各地法院，依據條例辦理人犯保釋。

英國建議召開西方八國會議，會商武裝西德問題。該建議已獲有關各國之歡迎。

埃及革命會宣佈，決與西方站在一起。

九月三日(星期五)

大小金門前線，與中共隔海炮戰。

巴西駐華大使抵臺履新。

杜勒斯飛抵馬尼拉，出席東南亞公約會議。

傳西德政府對參加北大西洋公約提出三項條件，要求平等地位與完全主權。

九月四日(星期六)

美菲舉行防務會議，杜勒斯保證菲如遭受攻擊，美決立即迎擊。

法國內閣調整，新選任閣員六名。

德總理艾德諾首次建議以其本國軍隊，貢獻歐洲軍。

九月五日(星期日)

泰國軍事訪問團抵臺。

總統明令，任蔣經國爲國防會議副秘書長、蕭毅肅爲動員局長、鄭介民爲安全局長。

美參議員甄納斥放寬禁運爲對俄讓步。

九月六日(星期一)

東南亞公約會議在馬尼拉正式揭幕

我空軍炸金門中共炮兵陣地。

美巡邏機一架於四日在西北利亞海岸外四十四哩處遭俄攻擊。美已向俄提抗議。

九月七日(星期二)

我海空聯合出動，再度攻擊厦門共軍陣地。

我出席聯合國副代表已派于焌吉、何鳳山、徐希淑、陳之邁、江季平等五人擔任。

美要求安理會迅速開會，考慮俄機無故擊落美機事件。

九月八日(星期三)

我噴射機出動飛厦門上空作戰。

根據戡亂時期監所人犯處理條例，臺北監獄第一批獲釋犯六十八名出獄。

東南亞公約會議順利結束，八國簽訂公約，並通過太平洋憲章。

九月九日(星期四)

美國務卿杜勒斯來臺訪問，就當前局勢及中美有關問題廣泛交換意見。當日離臺飛日。

美總統下令國家安全會議於週末在丹佛開特別會議。

『自由中國』的宗旨

第一、我們要向全國國民宣傳自由與民主的真實價值，並且要督促政府(各級的政府)，切實改革政治經濟，努力建立自由民主的社會。

第二、我們要支持並督促政府用種種力量抵抗共產黨鐵幕之下剝奪一切自由的極權政治，不讓他擴張他的勢力範圍。

第三、我們要盡我們的努力，援助淪陷區域的同胞，幫助他們早日恢復自由。

第四、我們的最後目標是要使整個中華民國成為自由的中國。

社論

(3)

（一）

金門事件發展中的期待

正當大陸水災瀰漫，人民切望拯救，因而利於我們反攻的時候，共黨乃於本月三日向我大小金門開始砲擊。夜行人常吹口哨以壯膽。來自厦門的砲聲，可作如是觀。

「解放臺灣」，是共黨叫嚣已久的口號。直到現在，想動手、又怕；不動手、心癢。小孩子放爆竹，點燃一扔，馬上把兩耳掩蔽。共黨向金門一度砲擊後，一連幾天對於我海空軍給厦門的轟擊，一無反應，我們可作如是觀。

當然，共黨這次的蠢動，其動機不會如此簡單。我們所以如此簡單化而作如是觀，並非輕敵，而是要特別指出：共黨是在作政治宣傳和軍事試探。

大家都知道，日內瓦會議以後的今天，是秧歌王朝在國際上最神氣的時候。韓共因爲它的幫兇，未被聯軍消滅，到今天仍可奄有韓國之一半；越共因爲它的助虐，合「法」地劃得了越南的北部。在這些對外事件上，秧歌王朝似乎很有作爲了。但是，在對內方面，它一再狂吠「臺灣是中華人民共和國的領土」。這份「領土」迄今還在反共的中華民國政府統治之下而未被「解放」。這和對外的「作爲」兩相對照，顯然是很尷尬的。所以周恩來從東南亞招搖回來以後，又把「解放臺灣」的口號叫得震天價響。

口號既喊出，多少要有點行動。上月二十三日共黨派了三四十個泅水的偸襲古寧頭，於是在大陸大事宣傳：金門登陸了；本月三日給金門的一度砲擊，自然又可大吹一陣，說是戰果輝煌。現在正是大陸人民在水深火熱中切望國軍反攻的時候，秧歌王朝來這一宣傳手法，正是告訴大陸人民：「你們休想國軍可能反攻。看！我們不是正在着手解放臺灣嗎？」

對於這一政治宣傳，我空海軍這幾天的加緊出擊，正是一個最有力的事實答復。我們現在正以事實告慰大陸人民：「解放臺灣」的呼聲，呼出了厦門、大嶝、梧嶼、集美、澳頭、石井一帶所挨受的彈火；使共黨在這一帶的炮兵陣地、防禦工程、兵營、倉庫、以及港灣內的炮艇、機帆、木船等等受嚴重的破壞。但是，金門無恙，臺灣更是固若金湯！這一事實的答復，秧歌王朝是無法掩蓋得住的。但我們相信，這不會滿足大陸人民的期望。在他們切望國軍反攻的現在，我們不妨趁此時機小試一下，把厦門拿回。拿回厦門，是給共黨這次政治宣傳的當頭棒！拿回厦門，是我們反攻大陸的第一個步驟！

我們說，共黨這次砲擊金門，其動機也在於軍事上的試探。試探誰？試探美國。

自日內瓦會議以後，美國對華政策顯然更趨積極。除中美聯防問題正在協商以外，杜魯門總統一九五〇年協防臺灣的命令，已被解釋爲包括澎湖列島。至於金門、大陳、馬祖、以及其他現在國軍控制下的沿海島嶼，美國是否協防，在以前是不在美國政府考慮中的。到了最近，杜勒斯國務卿說出：「防衛臺灣及澎湖列島的政策，究應否包括其他附近島嶼，此問題應由軍方負責決定。」接着，美國四艘驅逐艦及太平洋艦隊總司令史敦普海軍上將先後訪問大陳；美軍顧問團最近也特別把金門作爲考察的對象，並派駐軍官在那裏訓練國軍及協助其加強實力。這些事象，自然使秧歌王朝不安。他們看出了美國對華政策積極的趨勢，但還想一探美國現在已有的決心。這次砲擊金門，其作用也正在此。

美國方面呢？自金門事件發生後，第七艦隊已在金門附近加緊巡邏；美國國防部已在密切注意情勢的發展；參加東南亞會議的杜勒斯國務卿趕緊回國，參加在丹佛舉行的安全會議，與艾森豪總統等研商對策。這些事象，不得不使共黨擔心，試探的結果，還是不能不有所畏懼。

但是，美國這些反應，是不够的。從軍事上觀點看，金門、大陳、馬祖等島，是臺灣的前哨。保衛臺灣也好，將臺灣作爲反攻大陸的基地也好，這些島嶼的得失，很關重要。第七艦隊是否與中共正面衝突而開火，並不係於該艦隊之是否協防這些島嶼，而係於中共是否敢於發動眞正的攻勢。如果中共不敢發動眞正攻勢，第七艦隊協防這些島嶼，他更不會有何舉動。如果中共確信美國決不協防，則他對於攻取這些島嶼，自然就少了一些顧慮。萬一這些島嶼有失，則第七艦隊與中共的正面衝突更接近了，而其協防臺灣的任務，也更加重了一些。從軍事觀點看，此時美國政府應該明白宣告：金門、大陸、馬祖及其他在國軍控制下的島嶼，都在美軍協防之列。這種宣告，也就是給中共這次試探的明白答覆。

超乎軍事觀點的，美國政府還應該守住一個原則：凡是反共的地方，即是美國軍力協防的地方，不管這個地方在軍事上的價值如何。這個原則，作爲自由世界領導者的美國，應該牢牢守住。如此才可樹立道德的權威，如此才可使一般有反共意志而又有所顧慮的國家，得以誠心接受其領導。這一點不僅關乎某一個地方的暫時得失，而實關乎整個自由世界在反共過程中的順逆利鈍。因此，我們更有理由促請美國政府，當這次中共試探的時候，明白宣佈，凡在中華民國政府統治下的一切島嶼，均在美國協防之列。告訴他們：「不許動！動則遭殃。」

總結我們的意思是這樣：金門事件還在發展。在這個發展中，我們自己應該以事實來答覆共黨的政治宣傳；這事實就是拿回厦門。美國政府應該以公告答覆中共的試探；這公告就是協防中華民國政府現在及將來統治下的一切島嶼。同時在丹佛會議中，應該更進一步決定幫助自由中國反攻大陸的大計。

社論

(二) 公賣制度必須改革

臺灣菸酒公賣制度沿襲日據時代而來，實爲大陸各省之所無。其現行編制則全省設一公賣局，各縣市設一分局，分局之下有配銷會，乃是由零售商聯合組織的，此配銷會全省共有九十五個（臺北市有十個），其任務是承上啓下，卽由分局承購菸酒而轉配給各零售商。每一配銷會有理事五人（得票最多者爲常務），監事三人，由各零售商推選，其辦理業務所需之運費，運輸損耗，員工薪津，捐稅，及辦公費用，除應得的佣金外，不足之數則由公賣局給予補助費，補助費因業務之大小繁簡而分若干等級，最高者有百分之四之多，今就其平均數而言，約算作百分之二。至於佣金則配銷會取得一部份，另一部份則給予零售商；其比率則因烟酒的種類而不同，將兩部分的佣金合併計算，最高的至百分之十，最低的則爲百分之七，現在姑算其概數爲百分之八。故補助費和佣金合併起來，其概數爲百分之十。據公賣局的報告，本年七月份的總收入爲一億三千萬，若將此數目作爲平均數，則一年的總收入爲十五億六千萬，其百分之十則爲一億五千六百萬（約算爲一億六千萬），這筆數目着實不小，故年來省議會屢次有人提出討論，但至今未見改革。

公賣制度雖是沿襲日人，配銷會之組織則與日據時代的「賣捌所」制度貌同而實異。賣捌所的主持人都是政府指定的特殊人物，配銷會則爲人民團體，雖然有人說「不免被少數人把持操縱」（參看臺灣省合作社聯合會請願書），在表面上究不是全由政府指定。其次賣捌所只有佣金而沒有補助費，佣金的比率亦只有百分之三（約數），與上面百分之十相差百分之七，若照一億六千萬計算，則一年間的收入差額約達一億一千萬了。臺灣今日的稅收總額約爲國民總所得之四分一，若超過此數則國民經濟必日趨萎縮，同於殺雞取卵了，故已到了無源可開的地步，今後的財政勢必出於節流之一途，這一億一千萬的節流還不應該迅速實施嗎？

於是改革現行公賣制度之呼聲洋洋盈耳了，但是應該如何改革則主張各有不同，我們綜合各方意見可併爲三種。

第一是取消公賣制度，撤消公賣局，烟酒均准私人設廠經營，政府只要抽稅，和從前大陸各省的統稅局一樣。查烟酒均爲民用品，依照民生主義理應歸入民營事業之類，自無公營之必要。且臺灣的公營事業太多，流弊不小，社會嘖有煩言，政府亦有逐漸開放民營的決策，烟酒正合開放。卽就今日的公賣局而論，其經營業務亦有許多可指摘之處，如有些酒類純用酒精與開水混和，其爲害國民健康至大，而多年來並沒有改進的迹象。這種撤消公賣制度的主張，我們亦認爲有充足的理由，理論上是可以成立的。但是事實上殊難實行，因爲這種大變動非有充分的準備不可。如各廠開放民營是否有人接受，其接受的條件怎樣；若由私人集資另行設廠，又根據那一種法令來管理；統稅局應如何組織等等，都不是短時期可以實現的。而且我們現在討論的中心點在乎增加政府之財政收入，這一變動恐怕有欲益反損的結果，誰敢擔保統稅局的收入能保持今天公賣局收入的數目呢？

第二是撤消配銷「會」而以配銷「處」辦理其業務。配銷「會」已爲零售商的聯合組織，則所有費用均應由佣金項內開支，不應再由政府予以補助。而且其內部組織亦殊不合理，『如該會于盈餘分配依據配銷辦法第卅三條規定：「配銷會佣金除去一切開支外，作爲配銷會之盈餘，由常務理事按下列標準分配之：①常務理事最多得六〇%②其他理監事及職員最少得四〇%」』（見臺灣省合作社聯合會請願書）。配銷會所得的佣金除去一切開支外尚有盈餘，何以需要政府補助？可知其所謂佣金必連政府的補助費計算在內了。常務理事只有一人，可獨得六〇%，其他理監事共有七人，併職員計算應有十餘人乃至二十人，而僅得四〇%，寧非怪事？無怪乎爭奪常務理事一席之激烈了。配銷「處」爲民卅八農會與合作社合併改組後所組織，現在公賣局亦給予若干產品配銷，惟其配售對象限於社員，又無零售機構，故其業務不能發展。如果配銷會撤消，則以此現成的機構辦理其業務不是順理成章嗎？這一主張的着眼點，如果只在免除少數人把持操縱，將現在配銷會的常務理事之利益轉移到配銷處手中，在我們看來，當然沒有什麼意義。然若能取消補助費而又降低佣金比率，使政府的收入增加，自另當別論。

第三是撤消配銷會而由各分局直接配售於零售商。在現行制度下各分局實形同虛設，全省只有九十五個配銷會，由公賣局直接與配銷會交涉，也不會有多大的麻煩，要分局何用？但是配銷會的內情已不合理，則根本撤銷其機構也是大快人心之一事。可是在今日官場慣例，配銷會如果撤消，則各分局必要求增加人員及各種用費，其結果或許和不撤消一樣。這一點不能不先事預防。

總之，今日的公賣制度必須改革，其改革的原則是：百分之二的補助費乃是毫無理由的浪費，必須取消，百分之八的佣金亦屬太高，必須減少，至多不能超過百分之四。如果配銷會願意接受此條件，則儘可仍舊由它辦理；如果它不願意而配銷處願意，則改由配銷處辦理亦屬至當；卽使由各分局辦理，亦必堅持如此的原則，以收節流之效，而免增加人民的負擔。

美國能再徬徨觀望嗎？

朱伴耘

一、不幸而言中的日內瓦會議

在四月十六日本刊「從柏林會議展望到日內瓦會議」一文上，我除了批評美國之同意召開日內瓦會議是一大錯誤外，並預料日內瓦會議爲共方的利益分析，是一定會有結果的。果然，世界上是從此無戰爭，日內瓦的會議帶給世人的，是越南的瓜分，是共產世界又增加了一顆衞星，又增加了一千數百萬的人力及一片廣大的肥沃土地。它給世人的啓示，是共產世界的聲威達於高峯，而所謂自由世界的反共意志更趨消沉。不錯，現在世界上是暫時沒有戰爭，但我們能說今日的和平是基於平等正義的常態和平嗎？更令人洩氣的是在三個多月的日內瓦會議中，世人稱爲自由世界的領導者美國，表現出毫無辦法的態度，口中高呼不出賣越南，不接受亞洲的慕尼黑。結果協議已成，只以不簽字一法作無聲的抗議，提不出絲毫有效的對策。這種示弱的態度，不是更足以鼓勵共產世界再如法泡製嗎？自會議的召開以至協議的成立，美國所暴露的，不僅是缺乏主動，根本是無策可言。自由世界如長期被動，尤其在亞洲方面不從速作反攻的打算，遲早，亞洲是會被共方席捲而去。到了這一天，歐洲及美國自身，也必相繼不戰而自潰。今日亞洲受災最烈的反共國家，假定他們對西方白種人有一線希望的話，那就是對酷好自由與正義的美國，能面對新共產主義的帝國政策，作有效的反擊。英法在亞洲百年來所種的仇恨，稍有民族意義的亞洲人，是不會忘記的。是以英法帝國的土崩瓦解，我們認爲這是歷史的必然性。不過我們今天的困難是雙重的，我們要把舊的帝國主義趕走，也要拒絕新的帝國主義滲入。越南問題是亞洲一部份作雙重鬬爭的最好的例子。所以戰爭進行之際，越南人多眼望華盛頓求援，希望美國能給法國以壓力放棄帝國主義的企圖，同時給越南以直接的援助以抗拒新帝國主義的侵入。結果美國的辦法是不僅給蘇俄以宣傳的良機，同時也是使求獨立的民族主義者懷疑美國的動機，美國未重申民族自決的主張，美國未將越南共產式的獨立運動協助成爲民族主義的獨立運動。在這一場鬬爭中，美國是站在援法的一面，而不是直接援越，結果自然成了共產黨宣傳中的帝國主義者的幫兇，無法取得當地人士的支持，到無可如何的時候，索性默認慕尼黑的完成。如共產集團對內對外，稍施軟化，在這種情況下亞洲人會對白種人有一絲之望嗎？是以美國要想其在亞洲的聲譽化低潮爲高潮，空口宣傳共產主義的殘酷自由世界的美麗，是無用的。亞洲人需要的是基於正義的有效行動。一半自由一半奴役在全世界固不會長久存在，在亞洲尤無法長久存在。日內瓦會議後美國有無積極行動？是全亞洲愛好自由及準備爲自由奮鬬的人們所佇待的。

二、東南亞聯防能解決問題嗎？

艾邱會議的結果，在亞洲方面是早日促成東南亞聯盟的實現。其用意是無非向共產世界再作一度申明「越南已是瓜分了，你可名正言順先取得一半，兩年後你可能以共產式的選擧方式全部拿去。不過我們又正式劃線了，你不要再進一步越界吧！」這一聯防，如果繼越南後而遭受威脅的緬甸、印尼等或以中立自居，或以畏懼共產勢力在東方的强大與夫自由領導國家對東方的軟弱而不參加，有此聯防與無此聯防有何區別？將攻勢操諸共方之手，他自然就具有利的形勢而攻之。美澳紐日菲等早有雙邊協定，共方如無意發動大戰，自不會盲目亂動。反之，爲美國最關懷的越南、緬甸、印尼等，有的已坐待其瓜分，有的則無法包括聯防範圍之內，美國對此問題尚用盡心機硬將英法兩個過時的帝國主義拉到參與亞洲的聯防，在我看這實在不是擊潰共產集團在亞洲擴張的急務。這一聯防組織成功，共產黨人又多一宣傳口號，認爲是白人又擬捲土重來，而陷在鐵幕後掙扎求自由的人們，認爲他們已被所謂自由世界也者一筆鈎銷，命中已注定是做共產黨的奴隸和馬牛，給鐵幕後奮鬬的人一種心理上的打擊，同時這一組織的暗示，是共方可以大膽向緬甸印尼前進。

再說到這一聯防的效力，我以爲比北大西洋公約組織的紙上談兵尚更軟弱。在歐洲聯軍未成立前，英美法尚有十三師精兵駐扎於來茵與易北之間，它雖不能擊退蘇俄對西歐的襲擊，但這是給克里姆林的警告——一種實力的警告。而計劃中的東南亞聯防，亞洲大陸除泰國尙能訓練出一點實力外，其能阻止共黨及抗拒共黨的實力何在？在東方以防爲前提的情況下，戰機成熟之時，共方可一擧而下亞洲大陸，再來與西方在歐洲決戰。無論從政治及軍事的觀點看，亞洲非共區的大陸，在共黨優勢壓力之下，「防」不僅未能解決問題，同時也不能防，無法可防。美國如有決心不惜一戰來解決亞洲問題，無此聯防也能解決。反之，美國如無此決心進行所謂地方性的戰爭，問題發生，美國只有再劃一條新防線，乃至自亞洲撤退而後已。我並不反對這種措施，但我認爲在局勢日趨嚴重的亞洲，此擧非當前急務。自由世界面臨的選擇，也可說美國在亞洲的選擇，要就是屈服，承認現實，要就是勝利，採取攻勢，別無中間路線。美國目下努力以赴的是中間路線，爲亞洲及世界的和平也好，爲民主正義的原則實現也好，現行的策略是不足以達到目的的。

三、時間是站在美國的一邊嗎？

美國決策者今天之不能採取主動，從不在錯誤的時間打錯誤的戰爭一語看來，美國似乎有所等待，她要時間促進內部的團結，她要時間充實自由世界的武力，她要時間坐待共產世界內部的分裂。假定這個前提不錯，我們試就這方面加以分析，時間的拖延是對自由世界有利抑是對共產世界有利？

團結西歐，尤其是美英法的團結，美國已作了數年的努力，結果至今，法國仍爲歐洲聯軍的障碍，英國仍爲美國遠東政策的反對者，日內瓦會議前後一段時間，尤有三國分裂各自爲政之勢。我們知道，眞正的團結是基於利害相同及大敵當前，而不是基於友誼及道義的說服。共產世界抓緊了這一點團結要素，儘量向英法表示，我們可以作朋友，一切可以商談，甚至可以再訂一個互不侵犯協定，你們不必過於緊張，隨着好戰的美國走，以首當殺身之禍。在這種技倆下，英法既不感到大敵當前，同時又不同美國的利害一致，自然大家主張中立，主張簽一個諾迦羅式的互不侵犯條約了。相反的，一旦紅軍指向巴黎，或空襲三島，卽令美國不要英法團結，英法也必會緊緊抓住美國求援。是以美英法團結的關鍵是操於共產集團之手。蘇方主要目的是分化西方，孤立美國，決不會讓英法有大敵當前之感，而與美國利害一致竭誠團結。是以就我的看法，美國無法從時間的拖延上求得三國的團結，時間愈久，共方運用的機會愈多，美英法愈易分化。

其次，美國以爲自由世界，仍需時間加强實力，所以主張忍讓一時。但目前的所謂加强實力，美國着重的西歐，以團結不堅，歐洲聯軍尙有待，其他地區，尤以遠東方面，其實力之增强，無不以防爲主，年來兩大集團的武裝競賽，從柏林及日內瓦兩會議的共方態度看來，共方軍力擴張之速並不下於西方自衞武力的加强，如果美方將勝利的基礎寄於戰略轟炸及原子彈及氫彈上面，三年以前尙有可恃，今天自蘇俄已擁有此種武器，並大量製造 TU-37 及 TU-39 長距離噴射轟炸機時，美國防當局已爲本土之空防暗中焦慮，就原子武器競爭言，時間可能對蘇方有利。說不定他日以雙方都有大規模摧毁敵方的潛能，原子武器之中立或禁用亦很可能。斯時決勝的仍是西方所缺乏的「人力」，是以除非美國的最後打算是接受既成事實，在面子上過得去的情況下與共方來暫時的「共存」，攤牌是愈早愈對美國有利。

最後談到以時間來靜待敵人的內部分裂問題，美國主要的自是希望北京與莫斯科分家，乃至蘇俄與中國大陸內部的分離。中蘇會反目嗎？我的答復是卽令中蘇反目也不是最近將來的事，假定有這一天的話，那可能是拖垮或打垮美國以後，蘇俄以主人的面孔對付中共，激起中國的民族意識而來一次中蘇爭霸戰，目前他們認爲大敵當前是會安排彼此間的關係。此外二者的互依性，也是中共同蘇俄無法破裂的主要因素：蘇俄之有中共如虎添翼，自不必論，中共之有蘇俄，使中共統治的中國短期內成了世界的眞正强國，在朝鮮使美國一籌莫展，聲威大減，在越南使法國屈膝投降，她已成爲亞洲的盟主，有了一紙中蘇盟約及蘇俄的援助，姑無論蘇俄的控制如何，她成了世界强國之一，享有史所未有的國際威望，而使昔日之大强如英法日也者，莫不欲與之握手言歡。試問我國有史以來，那一個外强政府曾竭誠援助一個中國政府使之如此强大？戰後，美國曾一度援助國府成爲一時的所謂四强之一，曾幾何時，白皮書印之不暇，使國府不得不退出大陸，這一段教訓，北京當局當不會忘記，兩相比較，再加上他們目的相同，她何必在現階段與蘇俄分家來交不可靠的西方朋友？至於說到內部的分裂，蘇維埃成立至今，經過列寧之死，史太林之死，乃至貝利亞之死，儘管他們內部因爭權而互相殘殺，可是蘇俄並未崩潰，以此而推中共，如以爲他們會因內部爭權關係而動搖整個政權，未免太樂觀了。

綜上所述，無論就那方面分析，時間都不是站在美國的一邊，時間既不站在美國的一邊，愈拖愈暴露自身的弱點，愈拖愈使東方反共國家的意志消沉，一旦共方主動採取攻勢時，美國只有在本土設防。

四、不使中共入聯合國是解決中國問題的辦法嗎？

我們如說今天中國問題是世界問題的中心，一點也不誇大。不錯，美國主要的敵人是蘇俄，假定中國是站在美國的一邊，甚至採中立態度，美國之反蘇也不致手忙脚亂，蘇俄決不會東西並進。不幸的是「中」蘇已成同盟，就共產集團言，二强可以分頭並進，殊途同歸，這樣便演成了今天嚴重的局面。是以要解決中國，要就如英國一樣，視之爲强國，要就採另一極端政策與這一政權相拼。而美國所採的確是莫名其妙的「中道」——既不願承認既成事實，又不敢正式目之爲敵人，所謂不使侵略者殺進聯合國，那是一種阿Q辦法。我請問美國，中共未入聯合國便減低了她在國際間的身價嗎？所謂四强之一的法國總理，爲了要解決越南問題，能以法國未承認中共以及中共非聯合國會員便不向周恩來移樽就教嗎？這種控着鼻子哄眼睛的辦法怎能解決眞正的問題？其次，我們要問一問，中共眞以爲一入聯合國便身價抬高嗎？聯合國是什麼東西？它比昔日的國聯尙不如。最近它的秘書長指斥各大强國將重要問題都在聯合國外秘密商決，就可見其地位之可憐。現在的國際外交仍是强權政治，它之所以苟延存在，不過是美蘇各用以爲宣傳戰的中心而已。就共產世界言，如爲了破壞美國以聯合國爲名的一切措施，只要蘇俄一票否決權就够了，用不着中共再加一票否決。中共之不入聯合國，或蘇俄之不願中共入聯合國，就中共言，與她實益毫無所損。亞洲紅色邊緣的一些小國姑且不論，就是西方大國也者，那個不想同她拉交情？相反地，中共之不入聯合國，正是共產世界一件宣傳利器，她可以此向亞洲人宣示這是一種不公的待遇，而美國是眞正亞洲人的敵人，聯合國成了美國的聯合國，否則爲什麼將代表全球四分之一人口的中共代表排擠在聯合國大門之外？設法阻止中共入聯合國，今年卽會成功，也不是美國的勝利，相反地正表示美國的無能。此外就整個世界之演變與中共之進入聯合國而言，如民主國家，沒有積極政策，甚至走上並存之路求一時的和平，中共之入聯合國，在大會那種情況下，以及所謂盟邦的壓力下，並加上聯合國憲章的漏洞——如那個政府代表中國是程序問題抑實質問題，是重要問題抑非重要問題，本有很大的伸縮性——美國能否以否決權在安理會施用，都是問題。反之，大局走上戰爭之途，誰還要什麼聯合國。誰是勝利者，便是新聯合國的主人，無怪乎過去聯軍統帥克拉克將軍，在參院國內安全委員會作證時認爲聯合國要廢棄重新組織一個反共大同盟了。所以我說不讓中共入聯合國，又不能抹煞中共統治大陸事實的存在，不是解決中國問題的辦法。中國問題不解決，自然談不上亞洲問題，乃至整個的世界冷戰問題。

五、中國人會滿意美國的現行政策嗎？

中國人希望有一個統一的中國，這是天經地義，美國人擬定對華政策時，這是第一個應加考慮的因素。現在的問題是中國應由那一種形式的政府統治呢？換句話說中國是應由共黨來解放 臺灣而統一呢？還是由國府反攻大陸而統一呢？照美國輿論及官方的說法，共黨的統治是殘酷的，數千萬老百姓已被清算，美國非常同情，果然如此，美國人是假定，中國人是不喜共產主義的，中國人是好自由的，大陸上老百姓大多數是好自由，那麼我們得請問美國，現在是不是良好的時機，給臺灣的反共政府足够的軍援使之反攻大陸，以收裏應外合之效，拯救大多數的中國人呢？大陸上偸聽美國之音的人，是不會以口頭的安慰及臺灣的美景爲滿足的， 他們自己赤手空拳也無法再鬧革命的，他們唯一的希望是大批共軍應付正規國軍攻陸戰時的趁機而動。等到今天，仍然只見樓梯響，不見人下樓，只見越南一批批自由的人又送入鐵幕，只見越南好自由而呼籲的人被人忽視，只見共方高唱凱歌，只見自己更被遺忘，試問他們的耐心還有多久？加以共方對他們宣傳說「我們之所以控制老百姓，是防制反革命的滲入，你們生活之所以困苦，是因軍費太重，我們之所以要維持强大軍力是臺灣尚未解放，等到臺灣解放，完成統一，你們便有更多的自由，更好的生活。」一個由希望而失望的人，很可能對美國由友好而憎恨，認爲不澈底的援臺之舉，是多事，是干涉哩！相反的，假定美國認爲中國之爲共黨控制，是大勢所趨，是民心所歸，那麼保持臺灣一彈丸之地使百分之一點五不到的人口不淪於竹幕，使中國之統一不能實現，這豈不又是多餘的舉措？我們希望美國的決策當局，要認清中國的特殊情形。美國對菲、巴基斯坦……任何寸土未失的國家訂一雙邊互助條約使其自强自衛，都有義意，獨有對中國及韓國，要就有積極的措施，要就索性不管；同時要認清，摧毀一個政權易，擊潰一個國家難，今天美國如積極援助國府反攻大陸，這是扶助一個政權對抗另一個政權，美國如有決心幹，事半而功倍。如果長此拖延使全體中國人——大陸上的也好，臺灣的也好，認爲美國的措施只於妨害中國的統一時，那會演成與全民族爲敵，等到那時，前功盡棄，中美百年來的友誼眞會一筆鈎銷。

最後，就東方的趨勢言，也到了中國人迫使美國對華政策攤牌的時候。中共大叫解放臺灣，臺灣也高唱反攻大陸，前者就事實講，是振振有詞，後者就理論講，是理直氣壯，二者已到了不得不拼的時候，這是美蘇的前哨戰。從周恩來八月十三日的廣播，稱美國如敢干涉中國的內政，妨碍中國領土的完整，阻止人民政府解放臺灣，必要招致嚴重的後果。這已表示蘇俄全力支持的共產政府要完成中國的統一，如美國僅以臺灣爲基地，不支持國府反攻大陸，則周恩來的警告，句句都有理由，除非美國迅速表明態度，使臺灣能早日反攻，國府也能對蘇俄同樣的警告，——這是中國的內政問題，如蘇俄出面干涉，美國也不能袖手旁觀。以我的看法，美國現行拖的政策已到了最後關頭，美國如無意恢復遠東均勢，只有自臺灣海峽撤退。反之，與其讓中共先動手，美國予以還擊，讓中共認爲是干涉內政，不如送臺灣國軍過海反攻大陸，名正言順。這是難以入耳的主張，除此外我們不知道美國有什麼好的理論——全體中國人聽得入耳的理論——讓臺灣不落入中共之手。我想在共方大叫解放臺灣之際，全世界的人，尤其是中國人，都在靜待美國的態度及決心。美國如軟化，那麼全亞洲都是以蘇俄爲老大哥，因爲美國是一個不堅持原則的國家，美國之音的效力再加大十倍，而不以行動來支持，誰也不會再來收聽的。

六、美國應走的路——代結論

蘇俄赤化全球的計劃，是逐步很成功的推進，這一方面是由於美國的所謂盟邦不能竭誠合作，予共產集團可乘之機；同時也由於美國不能挺身而出，處處示弱所致。至於美國在遠東，本可單獨行動，而美國在畏戰而又備戰的矛盾心理下，因循自誤，以致令人失望。不錯，美國正設法扶植日本，也許有她的作用，但是中國人的心理，美國不完全了解，中國人要自由，韓國人要統一，他們正如李承晚總統所言，要自己來拼，只要美國給以武器，正如蘇俄供給中共一樣，中國人韓國人不能長期分裂，長期一半自由一半奴役下去。美國人的決策要多爲這些人着想，不要以爲只是爲了美國目前利益的必要，不要以爲南韓及臺灣的軍事行動會引起大戰，老實講，美國如不投降，大戰是不可免的，蘇俄如强，她隨時可以發動大戰，反之，臺灣及南韓的軍事行動也並不一定就引起大戰。李總統向「美國新聞及世界報導」週刊記者稱，蔣總統去冬擬反攻，請美國給以船隻軍援，美國未允，同時南韓軍火現已遭「配給」三日的用度，而汽油庫已上了鎖，如果這事實仍然存在的話，未免太忽視他民族的意志，令有決心反共者寒心。美國如膽怯如此，何必給人家外援，讓南韓及臺灣全落入共黨之手好了。戰爭是流血的事，誰都願意避免，美國在歐洲化了那多錢，試問買到了一些反共意志沒有？今天東方有臺灣及南韓爲了生死的鬭爭只請美國給以應有的援助，美國應鼓勵之不暇，爲什麼還限制人家的行動？那個「美援」不成了中國韓國應永遠分裂，永遠一半自由一半奴役的代名詞嗎？不知美國的決策者，也從中韓人民這一種心理上的角度觀察沒有？臺灣及南韓即令成了美麗的天堂，也在全體韓國人及中國人的眼中看來都是沒有多大意義的！（下轉第11頁）

泛談現代文化

張致遠

當我想到現代文化的時候，也就連想到其他更眞實、更切迫的問題——我們自己民族和文化的命運，古代中國曾經有過極其燦爛的文化，現在却是這樣衰落，尤其盤旋在我腦海裏的是，二十世紀經過兩次空前的浩刼，還須遭受極權、奴役、和原子戰爭的嚴重威脅。這樣廣泛而又深刻的人類命運的危機究竟原因何在？這和物質優勢遍於全球的西方文化又有什麽關係？西方文化的長處與短處在那裏？要想解答這些問題，我們必須知道文化這兩個字的意義，恰巧我們對於文化眞不容易下一個確切的定義。明顯地文化含有極不相同的意義，並且容易應用到各種差異的事物身上。我們隨意說馬亞民族的文化，古代希臘文化，近代美國文化。可是這三種互相差異的現象又有什麽相同之處呢？

我們若要追尋一個觀念的意義，不妨先研究一下形容這個觀念的字的來源，它的歷史。文字猶如鑄幣，沿用久了就會磨損看舊，上面刻着的文字也就不易辨認。但當初鑄的時候，它們是絕對淸楚的。文化就是一個例子。中文最初沒有這個名詞，它是從洋文翻譯過來的。英文 civilization 亦係新近的字。約翰生博士在一七七六年還不願把它放在他自己編的有名的辭典裏，他愛用比較老一些的 civility。這個字出自拉丁，它所表達的觀念也是跟着羅馬人來的；這是一個比喻；civility 意思是禮儀，指公民的道德，他們住在城市，或有組織的國家與社會裏，和原始的、野蠻的人相對照。文明的人居住在一個社會裏，能有豐富充實的生活，並且也具有能使他們這樣生活着的才力，連帶着那些思想與性情，且能利用機會繼續發展，這些均爲散處叢林荒原，或遊徙不定的野蠻部族所不能做到的。我們現在自然不能再用這個比喻來形容文化。至少我們不能把城市與鄉間這樣嚴格區分，因爲近一百五十年來，交通、無線電、印刷的突飛猛進，已經消免了這種隔閡。在今天的英美和歐洲大部分的鄉間人民同樣能得到近代文化所能賜與的一切享受，和城市居民初無二致。

雖然如此，這個定義確已給了我們對於文化的相當認識，但如研究更古的文字，我們還可以發現較有意義的認識。這是因爲文化在羅馬人造 civilitus 這個字以前久已乎存在了。希臘人可以說要比任何民族對於近代文化的形成更有貢獻，並且他們自身擁有世界歷史上最著稱的文化之一，他們却祗有文化的實際，沒有它的名詞。他們以馴服 tame 這個字替代文化。在他們目光中文明的人是馴服的，溫柔的，和蠻橫不覊的野蠻人全然不同。羅馬人又用另一字形容這個意義。他們以培養 cultivation 表達這個觀念；這個比喻係從土壤得來，指與荒蕪廢棄的有所區別。

現在已有三個比喻足以說明文化的眞實性質。一個被稱爲有文化的民族係由於他們是馴服的，不是蠻橫的，已經培養的土壤，不僅是荒土或赤裸裸的自然，能在社會居住的人民，不是那種做不到這一層的人。這裏得注意一點，所有這些比喻都應用在人的本身，不是他所居住的環境；他的生活的性質，不是它的享受。這一點非常重要，我們底下還要提到。

也許其中最重要的比喻是培養——把文化的觀念當做花園，和原始森林或荒土成對照——因爲它可以包含文化這個字所能援用的許多意義。文化的確可有很多不同的觀點，並在批判一個文化的時候，我們得注意各種不同的現象，例如思想與科學的成就，藝術的本質，物質生活，以及社會組織。文化好像花園；有的開花很少，有的很多；這裏是玫瑰花，富麗堂皇，那裏是玉蘭花，清秀無比，也有百花怒放，鮮艷奪目。

我們時常談到中美的馬亞文化，雖然除了他們宏偉的建築與藝術以外，我們幾乎一無所知；我們絲毫不知道他們的知識程度，道德水準，或他們的社會組織。可是我們認爲他們是有文化的。同樣地，我們把腦斯與冰島神話所顯示的世界認爲有文化的，雖然他們既無藝術，又無建築，或科學。但他們有了純潔高尚的文學，也有一個組織完備的社會制度。文化始終是培養，一個花園的開闢，但人們把各種不同的花放在他們的花園裏。古代埃及有它的花園，馬亞民族有他們的；公元前第五世紀的雅典有一個觀念，古代中國另有一個。一切文化都是花園，可是它們所栽培的花却由於創造人的天然精力與旨趣互相差異。

什麽是完美的文化呢？什麽是理想的花園所能生長的呢？當我們要想批判一個文化時應該用那一種測驗才行呢？我建議，我們應當觀察它所要馴服和培養的野蠻動物——人。這和人的三方面特別攸關。首先和人的知識方面，他能求知，能瞭解，能創造哲學與科學以及一切我們所謂思想系統；文化把野蠻人拿來，產生柏拉圖與亞里士多德，休姆，康德，黑格爾，懷德海，阿基米德，牛頓、法拉第、達爾文，巴斯德，愛因斯坦。其次有關人的想像與藝術創造的天才；文化又把野蠻人找來，經過相當時間產生拉斐爾，米開朗吉羅與萊奧那陀，荷馬，但丁與莎士比亞：從前在叢林湖濱的半裸的遊蕩者，現在建起了巴斯儂或聖保羅教堂，畫聖母像，寫伊里亞特或李耳王。第三就須注意到形成社會與國家的天才——因此出現 civilization 這個字原來所指的比喻——文化就教過野蠻生活的人形成城邦，民族國家，大帝國，並以有組織的交通與貿易聯繫距離遼遠的地區，創建龐大的制度，政治的，社會的，商業的，財政的，這些我們都已習以爲常，但它們的複雜精細處不是野蠻人所能想像或做到的。

文化的工作就是如此——馴服與培養人類粗莽的天性：它遲緩地發生，每一時代有它的貢獻，一部分由於自私的動機，追求財富，舒適，權勢，但更由於想在思想、藝術、與社會組織的三方面取得第一流的，卓越的貢獻。最高的文化係在每一方面都有登峯造極的貢獻——人類花園的完美的文化。假使沒有其中的任何一個，那就說不上文化。

文化不能替代人類的生命精力。生命活力爲任何動物所賦有，它可能變成破壞的。但如馴服它，培養它，加以文化的灌輸，就會使它發揚光大，做一番眞正偉大的事業。生命精力係創造文化的泉源。因此，不是光靠培養就可奏效，土壤必須肥沃，原力要充沛。假使土壤已經到了耗竭的程度，那就不顧如何耕耘栽培，結果會使人失望。我們有時遇到過度繁榮和奢侈的民族：花園已經栽培，可是長了有病態的花，這是因爲土壤本身已經貧瘠衰敗到了無可救治的地步。晚期羅馬帝國的歷史就是如此——本身已經失去了活力。近代世界令人興奮的是它富有生命力量。

我們再來討論一個重要問題：文化是否包括全部人類生活？它和宗敎以及道德的關係怎樣？這裏爲篇幅所限，不能讓我詳細討論這些重大問題，我祇想說，歷史昭示我們，任何文化如能持久，就非有宗敎或其他高尙的精神力量領導不可，決不僅以滿足物質的需要與享受爲能事。至於道德那就更加明顯，人類社會生活必須有相當的道德基礎；不能過社會生活的，就沒有文化可言。但也可以在祇具少許基本道德觀念的社會裏產生文化。意大利文藝復興不能不說是文化的一個偉大時代，但它不是一個顯著的宗敎或道德的時代。有些事情，並且可能是很重要的事情，和文化沒有關係，基督的門徒——彼得西庇太的兒子，伽俐俐的漁夫，他們是文化人麼？當我們想到這樣人物時，就不會連想到文化這個名詞。

保羅沒有疑問是一個受過高度敎育的人，但他在雅典傳道時的聽衆很多比他更有文化。大多數在以弗所，腓立比哥林多的信徒也有同樣情形。他自己這樣對他們說：「弟兄們哪，可見你們蒙召的，按着肉體上有智慧的不多……但神却揀選了世上愚拙的，叫有智慧的羞慚。」我們大家都知道，不會受敎育的人可能會賦有那種德性，足使兼具藝術、科學與思想旨趣的人顯得渺小。

我個人的觀念認爲文化係人類智能在人道本身上所能做倒的發展——這已是偉大的能力，但不如宗敎經驗所啓示的境界來得廣大精微。托爾斯泰給宗敎下的定義是，「人類根據理智和永生所建立的關係，使人的生活和無極發生聯繫，並且指示他的行爲。」宗敎在這種意義上雖然和文化一致，却又似乎不很相同，它可以，並且也曾經和文化分離。

但在所有文化裏——除了純粹物質的——總有一種精神因素和宗敎相接近，那就是不圖功利，求知求眞的純潔動機。思想家、科學家不是爲着金錢或名譽而工作——如果他們想到金錢名譽，這不是眞正的原動力，眞正的原動力往往自己不易認識。事業也有這樣情形。自然所有藝術、音樂與文學都必如此。它們也許會使創作者獲得金錢，但不見得像常人所想像的那樣容易。彌爾頓從「失去的天堂」得到十鎊，莫札特葬在乞丐的坟墓裏，賽梵蒂思窮極潦倒地死去。但所有藝術家均由一種理想所推動，一種精神幻覺，和物質的動機毫無關係，這純粹是求眞理、眞善、眞美的高尙精神。孔子無意中描寫過這種境地，他說「其爲人也發憤忘食，樂以忘憂，不知老之將至云爾。」他又稱贊顏回的好學說，「一簞食，一瓢飲，在陋巷，人不堪其憂，回也不改其樂。」猶如宗敎，這是由於眞摰熱烈的精神所感應的。

爲着檢討現階段的西方文化，我們不妨就以先前提出的各種觀點作批判：思想的與藝術的成就，社會生活的特徵，尤其是物質的進步，這在我們時代遠勝所有過去的時期。如果說這就是文化，那末二十世紀的西洋人眞是最進步的了。但不顧其他方面的價值，物質進步對於文化的重要性往往會過於誇大的。雅典、羅馬帝國、中世紀意大利的城邦、古代中國從來不會聽到過蒸汽機和電汽事業，也沒有今天任何一個美國工人所能享有的便利；可是這些民族均已公認爲到達了文化發展的高峯。

我並非反對物質進步的價值，但它有不同的兩面。試想空襲的實際情形。還有什麼比這個更是現代的產物麼？成羣結隊，翺翔空間的鐵鳥，一小時飛行數百英里，帶着原子彈和炸彈，片刻間使城市化爲灰燼，成千成萬的居民葬身其間，在地上另一批人用探照燈高射砲偵察，並且擊毀他們的敵人。究竟什麼人類的奇蹟能使攻守雙方如此得力？這明顯地是我們剛纔所欣羨的現代文明的一部分。但這也就使我們明瞭，物質文明對於人類可能產生絕大的危險。

不僅飛機炸彈、原子能可以毀滅我們；一個不很壯觀，但更爲切近的危險是，它能迷惑與擾亂心境，使我們更趨於野蠻化。我已述及內燃機的一個不幸例子；讓我再來提醒大家另一個不很觸目驚心的弊端，這在公路上當坐着汽車遊歷的人經過時，會使你充分感到的。他們希望欣賞風景。但你不能在二十、三十、或四十英里的速度下賞識山水與自然界的美麗，正如你不能在畫苑中走馬看花似地看畫那樣。大量生產不宜於美的賞鑑，狼吞虎咽怎能有眞實的收穫？反過來，這需要細心玩味，須有時間與逸想，能作詩意的領會，這樣才能使物我爲一。渥滋渥斯在一個下午的閒步，獨往獨來，好像一朵孤雲似地，但他在胸中所領會的，遠勝從美國東部到太平洋沿岸一般乘車遊歷的人。所以機器給人的便利倒使人們不易有心靈與自然的妙悟。一千九百年前羅馬詩人霍芮斯很諷刺地說過這樣的話：「我們要靠舟車才能有人生的快樂了！」我最喜愛我們的田園詩人陶淵明，他的吟咏眞有趣味，「結廬在人境，而無車馬喧。」更妙的是，「採菊東籬下，悠然見南山。」

物質的進步對於文化的關係如何？是友，是敵？我可以回答說，這是友人，但如不小心的話，就會變成敵人。自然有了物質上的方便總是好的——迅速靈敏的交通，價廉物美的生產，印刷術的發達，以及其他一切的一切。關於這一層事實已經很明顯了。

除了物質發明的用途以外，它們還把文化帶到原來不能享有文化的人身上。印刷傳播知識與眞理給千萬人民，他們在印刷術未發明前不可能獲得知識與文化。試以機器未發明前的人民生活和大量施用後的情形比較，就容易明瞭，一天流汗十六小時的洋車夫怎能和汽車司機相比擬？在機器時代以前窮人的生活簡直就是苦役，很少有多餘時間與精力，或從事其他的企圖。那個時代文化爲少數人民所獨享，今天却是大家的事了。可是有一點我們得注意，工具的發明的確可以促進文化，但物質享受，無線電，電話，電氣冰箱看來像是現代人生活所必備的東西，並且很多人以此自豪，事實上這却大可不必。但對於發明的人我們應該表示敬意，這是人類智慧與技巧的結晶。

任何參觀過現代工廠的人，不會不對工廠機器與組織的複雜精密表示由衷的欽佩。當一艘龐大郵船擧行下水禮的時候，在船塢上所能看到的景頭也是非常動人，人像螞蟻似地在這個龐然大物邊上移動，這個龐然大物却是看來像螞蟻似的人所創造的。這是那些動物的奇蹟，他們在五千年前還是茹毛飲血，穴居野處的野蠻人。船的偉大並非由於它能載人過海，而是因爲它是人類智慧的結晶。它的存在要比它的用途來得驚人。它是人類花園所能生長的美麗花朵。

我說了許多有關物質方面的話，因爲它對現代戰爭與和平的大問題直接攸關，同時也能使我們容易發生錯誤的觀點。好些人被物質的成就所炫惑，便認爲這就是文化，並且有了物質的享受以後，便自以爲文明了。相反地，另一部份人因爲看到物質文明的流弊像拉斯金，威廉莫里士，或愛德華卡本德那樣，趣向另一極端，簡直有意棄絕文化。我不知道那一個觀點更錯。也許是第一個——把文化和物質的進步混在一起。比較正確的觀點該是，物質文明本身有它的價值，同時它代表人類貢獻的一方面——人類花園培養出來的一部份結果，但它具有危險，我們並且無法避免它們。

如果物質世界的控制就是文化，二十世紀便是歷史上最文明的時代。不過我們應當觀察文化的其他因素：在文學、藝術、與思想方面所顯示的想像與創造能力又如何呢？政治或社會生活的成就怎樣？這個時代產生了很多够得上水準的作品，超過以前的任何時代，丘陵起伏，但不見有出類拔萃的高峯；現代西洋文學如由普遍標準衡量，不會到過眞正第一流的境界：二十世紀找不出作品可以和第五世紀的雅典、十六世紀的英國、十七世紀的法國的戲劇相抗衡；沒有現代小說家能與托爾斯泰或陀斯托甫斯基，司各特或狄更斯地位相等；這個時代沒有偉大的史家，一百年以後根本沒有人讀現代的詩，除非在選集裏。也許藝術方面的成就較有可觀，但亦不見有菲提埃斯，拉斐爾，米開朗吉羅，或萊奧那陀……也沒有任何足以睥睨巴斯儂，或聖索菲亞，或中世紀的教堂建築，除了我們願意把紐約西區或支加哥湖濱的摩天大樓算在裏邊。

從純粹思想方面來說，我們這個時代不曾產生具有重要意義的哲學，在科學方面猶如文學那樣有很多好的作品。但二十世紀也擁有眞正第一流的創造頭腦，例如，普蘭克，路塞福，以及愛因斯坦。在應用科學方面沒有一個時代可與現代比擬，並且我們大致可以這樣說，現代世界的特殊成就係由於各種知識範圍內的有效動員與組織。但從藝術與文學的質地來說，我相們二十世紀的文化無疑地站在第五世紀的雅典和十四、十五世紀的意大利之下。

這就引起一個實際的問題。民主政治能有眞正創造的文化麼？我故意把這個問題挑惹似地向大家提出來，但這是一個重要問題；並且所有民主國家均須加以考慮。藝術與思想的創造人物幾如鳳毛麟角，在人類歷史上也屈指可數；一般知識分子的工作是榮耀與欣賞這極小數人的創作；他們必須知道，至少想知道，什麼是文學，藝術，建築，音樂，科學，以及思想的第一流作品，這些也就是文化的主要因素。可是羣衆能不能具有這種鑑別能力呢？如果不能，那就祇是一小部份人稱得上有文化，其餘大多數人民便說不上了。今天實際有沒有這種情形？大家稍會留意一般流行的報章雜誌，就能感覺這個問題的嚴重。你想，如果一千年後的考古家發掘出來這個時代的廣告文學，並且以爲這些遺留代表現代人民的旨趣，形成一個對於二十世紀的文化的觀念。這樣怎會產生良好印象呢？

民主政治係人類政治組織的最進步形式，但在文化方面有其顯著弱點。人民大衆攫取政權以後，勢必根據他們的利益與趣味改變一個民族的文化。他們自然盼望可以悅耳目的音樂，藝術，無線電，電影，以及種種適合他們旨趣的讀物，那末這個危險就發生，標準迅速地下降到二流三流。就從民主先進國家像英美那樣來觀察，他們人民所辦的低廉的報紙，就有很多不是有文化修養的人所慣於閱讀的。

我們如何避免這個危險？如何使一個民主國家的人民不至於永遠裂爲一小部份人民能欣賞文學，藝術，音樂，而大多數人民不知分辨第一流和第三流的作品呢？我們是否就承認這是無法避免的事實，使少數有文化、有趣味的人永遠遷就大多數人的低趣味呢？今天情形實際就是如此。柏拉圖想到這一層，他把公民分成三個階級——一個最少數的階級，他們具有創造的頭腦，知道各種生活方式與活動的高尚境界；一個比較多數的階級，他們追隨創造的階級，分享那一些人的學問與智識；另有大多數人民，他們在國內的職責是勞働生產，不具文化的眞實觀念。

我們不必如此悲觀。政治平等是首要的，但祗有政治平等還嫌不够。柏克(Edmund Burke)對於國家的觀念最正確，他認爲，人民對於國家的關係應該包括科學、藝術、以及道德的貢獻。

可是我們怎樣能够做到這一點？事實上我們沒有做到。教育應該答覆這個問題。現代國家都有了國民義務教育，但結果並不良好。意思是說，現代教育有了弊病——它不會注意到這一層工作。我不想詳細討論這個問題，這裏祇想建議一件事。教育的一個基本原則應使人民瞭解最高境界與第一流創作的意義，並教他們離開學校以後，盡量學習和追求什麼是第一流的——不僅在他們的職業方面，且在他們生活的廣大領域裏。我認爲在學校裏就應該教他們確切認識第一流的文學，建築，音樂，藝術——尤其是行爲與生活。這樣我們才能創立一種民主政治，它至少能承認文化的眞實價值，並且希望達到高貴卓越的貢獻。

我想這已能有所幫助；可是我們還可以再進一步。在許多方面我懷疑政府權力對人民有什麼好處，可是具有教育意義的文化活動似應由國家或獨立的公共團體加以監督，不能漫無限制地敎那些純以營利爲目的的私人機構去經營。試舉一個實際例子，無線電、電視、與電影便應直接由國家或其他公家團體管理。這些可以說是現代公民教育最重要的工具，它們影響現代國家的人民生活既深且鉅；發明這些機器的科學家與技術員均係聰明才智之士，他們澈底知道他們的事業；但無線電電影的影響要比學校敎育更爲廣泛，並且大部份不是我們所能察覺的。這樣重要的社會力量不能由私人營利的動機出發來領導。

我已經指出，在文學與藝術方面過去要比現代能有更高的水準。但在文化的另一個領域裏，二十世紀要比其他任何時代都有成就，這是在文化的狹義方面——社會與政治的理想。我並非指民主政治，這在雅典已經有了，那裏最貧賤與最富貴的公民享有政治平等的權利，那裏也有人民議會，決定任何有關戰爭與和平的重大問題，每一個公民都可以參加辯論，表決，比任何民族的政治教育都來得高明，祗是他們的政府組織不够有效。可是我相信在人類歷史的任何時期沒有像現代那樣社會同情心理的發達。這並不是說將來不可能有更大的發展。但現代社會已經脫離奴隸制度，這却是希臘文化的汚點。奴隸制度的廢除由於機器發達的結果，機器替代了奴隸，同時由於社會同情心理所促進。大家承認有這個責任，給全體人民平等的機會——教育的普及就是一個顯著例子——並且經由社會福利與社會服務維持最低限度的生活水準。在這些方面現代人所做到的要比希臘人或過去其他民族更有意義。從這個觀點來說，現代文化確比以前更進步了。

但更大的進步係這個觀念的擴充。今天我們看到一個新的政治觀念的曙光，工業落後地區的經濟開發，聯合國救濟總署在戰後的實際工作，馬歇爾計劃，第四點計劃，共同安全事業的倡導與實現不能完全認爲政治鬬爭的策略與工具。這含有人類互助的精神。不顧語言、傳統、文化、與政治制度的差異，像大家眞的有了四海之內皆兄弟也的感覺，並由人道與合作精神促進這個共同理想的實現。這是新穎的。

沒有疑問，人道進步的另一表現應該是國際合作；我並非指那些時常說的口頭禪或外交的往還，而指根本精神的和諧，揚棄私利與成見，謀世界人民的共同幸福。這種高尚動機能使民主世界團結一起。人類過去不會有過這樣艱鉅的工作。這不僅由創設國際機構，或熱烈虔誠的希望，或富於啓廸性的演說所能奏效。這需要精神修養，各國人民的內心改造。

最良好的準備莫過於認眞地履行基督的第二誡條，愛你鄰居猶如自己，以耶蘇基督的博愛精神接待世人。新政治秩序的出發點根本該是博愛精神的。人類社會的理想自然可以根據實用的目的，因爲不是如此，文化可能被破壞，甚至被戰爭所毀滅，不過實用也許是一個合理的，不是一個有力的動機。因爲個別利益可能和全體利益分歧，一個比較可靠的基礎，一個更爲活躍的力量能在基督敎精神裏找到，這也是合乎邏輯的結論。

聖經上載着，『你們聽見有話說：「當愛你的鄰舍，恨你的仇敵」。只是我告訴你們，要愛你們的仇敵。爲那逼迫你們的禱告。這樣就可作你們天父的兒子，因爲他叫陽光照好人，也照歹人；降雨給義人，也給不義的人。』引用這些話多容易。實行起來多困難！

我們要想走的路程還遠呢；理想必須使它實現。緊要的是，我們必須去除民族成見與政治濫調。國際關係的新觀念尚未滲透我們的思想精神，沒有變成一切政治問題的自然反應。這就包括我們根本觀點的改變。但這是走向世界大同必經之路，並且人類自有歷史以來也會經發生過更驚人的改變。無論如何人類花園顯現了新的嫩芽，現代人民的責任是把這文化的幼苗努力栽培起來。

（上接第7頁）

此外，中共此次高叫解放臺灣，我們不要以爲只是神經戰，宣傳戰。以前中共之未攻臺灣，是顧慮美國的干涉，但這一次越南的不戰而勝，美國的決心如何值得再作一次試驗，共方可能認爲這是奪取臺灣外圍據點，甚至臺灣本身的一時良機。其次，過去數年，中共旣援北韓又助越盟，兵力分散，現在韓國越戰皆停，對臺灣有可用之兵，至於海空軍實力的擴充，四年以前是望洋興嘆，今天在蘇俄援助之下，已大爲增强；他們趁日內瓦會議大勝的餘威，再來表演一番，可能甚大，杜勒斯縱重申衞臺的決心，他何嘗又未在越南大戰時說過大話？美國面臨如此的局面，與其再被動一次，不如採李承晚的策略助臺灣反攻讓南韓北進，果因此而引起大戰嗎？那證明大戰的時機已到，除非投降，別無避免之法。反之，遠東的局勢可能改變，大戰說不定因中國情勢之改變而避免。我們不反對美國對東南亞的防禦措施，我們更主張在遠東採取攻勢，反防並進。自由世界可以逐漸擴張，只防不反，自由世界也許全體會便成赤色。蘇俄的計劃是蠶食，雖屬慢性，其結果是一樣的。中韓的僵局，不僅南韓臺灣不能久待，美國的亞洲要角也無法久等，如弄到日本轉到與美國利益相反的方向時，美國已有悔之無及之感。美國的高見之士們，拿出您們的決心及辦法吧！

英國經濟復興與英鎊自由兌換

瞿荆洲

一

本刊第十一卷第一期程滄波先生在「灰色的英國」一文中有云：「二百年來英國掌握世界的霸權。兩次世界大戰，英國的霸權消歇了，而英國在國際上的左右的力量不變。今天對英國瞭解的需要，並不減於五十年前」。誠然，經過了兩次世界大戰，大英帝國昔日的光輝已變得黯然失色了。英國人爲了委屈求全，對於强暴者表示退讓，尤其是近年來優容共產國際之侵略，更爲愛好民主自由者所厭惡。但盎格魯撒克遜人具有其優異的民族性，英國在今日的國際社會裏仍不失爲一個有力的份子，這是我們不能不承認的。英國人特別注重經濟，其在國際政治舞臺上之表演，恒以其本國的經濟爲背景，所以了解英國經濟已有的發展及其動向，實爲吾人當前之一重要的課題。

英國經濟最彰顯的具體的表現，在於最近熱烈喧騰於世的所謂英鎊自由兌換。何謂「自由兌換」？現在美國因其資源的豐富及工業的進步已躍居世界盟主的地位，美元已成爲各國努力爭取的貨幣；所謂「貨幣之自由兌換」，就是指某一種貨幣可以自由的與美元相兌換而言。近代各國因遭遇經濟困難，相率管理外滙統制貿易，使其本國的貨幣必須經過審核或其他種種限制始能滙往外國兌得外幣以償付貨價或充作其他用途，很不易做到自由兌換。因爲經濟力量虛弱貿易入超，貿易外的收支也就入不敷出，或貿易外縱有收超仍不足以抵補貿易入超，以致國際收支失去平衡，深感「美元缺乏」(dollar shortage)。因無充足的美元可資支付，其貨幣對於美元自然是欲求自由兌換而不可得。所以一國的貨幣如欲自由兌換，必須先擁有充足的美元。黃金與美元係按黃金一盎斯等於卅五美元之比率聯繫着的，持有黃金自亦與持有美元無異。黃金與美元乃是由貿易之出超或貿易外之收超所得來（原產國不在此限）。國內經濟力量增强，生產加多，各種建設進步，始能獲得貿易之出超及貿易外之收超。故貨幣之能自由兌換，正足以表示一國經濟之復興已達到了相當高强的程度，這是很淺顯的事理，無待贅言的。

過去一百餘年間，英國執掌世界貿易的霸權，國際金融市場以倫敦爲中心，英鎊久爲各國追逐的對象。在第一次世界大戰以後，英國的霸權日漸削弱，金本位制終歸停止，英鎊已失去其領導世界之尊嚴的地位。美元以嶄新的姿態應運而起與英鎊「分庭抗禮」，國際金融中心的地位，漸由倫敦而移往紐約。自第二次世界大戰以還，美元遂執國際貨幣之牛耳，取英鎊而代之。英鎊祇好退處一隅，首先成立「英鎊集團」(Pound Bloc) 以圖自存，其後加入「歐洲支付聯盟」(European Payments Union) 以徐圖發展。但在工黨艾德禮執政之時，實行社會主義，實施工業國有政策，其措施乖張，致使英國經濟窮困幾瀕於破產。保守黨接掌英國政權以後，因財長布特勒氏理財有方，慘澹經營，加以美國之援助，英國的經濟始漸入佳境，現竟聲言英鎊可以自由兌換了。英國經濟復興光芒畢露，實在是世界上最堪注目的一件大事。

二

據最近外電所傳，英國對於英鎊之自由兌換，已具有很深的自信。預計在下月(本年九月)召開的「國際貨幣基金」(International Monetary Fund) 大會席上將是一個引人入勝的重要議題。同時英國當局者爲了實施英鎊 之自由兌換，曾作了種種考量：

第一：美國的經濟對於世界各國尤其是英國有重大的影響。關於美國經濟，有很多人觀測，謂美國已發生「不景氣」，其「不景氣」的程度將來會更趨嚴重。另有一部份學者則以爲美國現在有好幾種事業之生產情形業已好轉，目前並無「不景氣」的病症存在。在經濟活動之過程中，縱有危險發生，美國現存的經濟體制亦有充分的力量足以克復。故美國不致有「不景氣」的來臨。折衷的說來，美國現在尚未進入「不景氣」的階段，惟有若干跡象足以顯示美國經濟已感受「不景氣」之威脅而已。（請讀者諸君 參看本刊 第十卷 第十一期 劉國增先生著「美國是否不景氣之研究」一文）要而言之，美國的經濟如仍能繼續保持其繁榮，則英國對美國之貿易得以順利進行，最有利於英鎊之自由兌換。假定美國的經濟果然後退而陷於「不景氣」，據英國商務部之推測，因着歐洲及其他區域之經濟正趨積極，對於英國有利，足以與美國不景氣之惡影響相抵消。(詳見本年五月廿九日英國商務部發行之週報)此可見美國經濟之不景氣，不致影響英鎊自由兌換之實施。

第二：英鎊在紐約的行情，繼續堅挺。最近紐約電滙，由每鎊兌二・八一又四分之三美元，升至每鎊兌二・八一又一六分之一五美元。英鎊對美元之公定牌價，原爲最低每鎊兌二・七八美元，最高每鎊兌二・八二美元。此每鎊兌二・八一又一六分之一五美元之行情，已與最高價極相接近。英鎊價格之如此高翔，實由於購進英鎊期貨的生意趨於旺盛之所致。另一方面，在倫敦，以英鎊換購美鈔原係不合法的交易；但在事實上以英鎊換購美鈔，現已毫無困難，此類情形，正意味着英鎊之自由兌換已達到了「水到渠成」的階段。

第三：就「大英國協」之立場言之，英鎊之持有者，可分爲三個區域。一爲殖民地區域，一爲自治領區域，一爲非英鎊區域。據最近統計，此三個地域持有英鎊之數額，以自治領區域爲最多，約有十七億五千八百餘萬鎊。殖民地區域次之，約爲十一億三千三百餘萬鎊。至於非英鎊區域，則僅有七億一千六百餘萬鎊，爲數最少。需以美元兌換者，卽是屬於此非英鎊區域所持有的英鎊。總額三十餘億之英鎊亟須兌換美元者不過七億餘鎊，所需安定基金爲數無多，以英國現在擁有的黃金與美元之準備大足以應付裕如。況且依照上年度「國際貨幣基金」會議之規定，還有借用安定基金之途徑，英鎊更可有恃而無恐。由此觀之，英鎊之自由兌換，在實質上已有實現之可能了。

三

英國財政部長布特勒氏曾多次聲言，英鎊之自由兌換須具備三個條件：一爲在英鎊區域內必須有健全的財政，其次英國本身必須擁有充足的美元準備，第三有關各國間之貿易必須趨向於擴大之一途。英國當局者近數年確是在爲着這三個條件而不斷的努力，且已獲得了相當的成就，這是頗足稱道的。此處另有一可注意之點，卽是英國亟需各國擴大貿易，尤其是英國首相邱吉爾高呼「要貿易不要援助」(trade not aid) 聲中，蘇俄爲要分化自由世界之團結，曾因勢利誘，馬林可夫於上年八月八日曾發表重要演說，呼籲增加人民的消費並擴展國際貿易。其後並確會以大量黃金在西歐換購消費物品。英國係西歐對蘇俄的最大輸出國，當可獲得一點便宜。這種貿易對於英國在國際政治上之陰柔狡詐之表演，或不無牽連，此不屬於本文範圍，恕不贅論（讀者諸君可參閱本年六月一日出版民主評論中陳訓烱氏「馬林可夫的貿易武器」一文）。總之，英國財長布特勒氏之健全財政，奬勵輸出，輔導民營企業，厲行節約消費等措施，使英國的經濟漸次復興，英鎊可以自由兌換，其功勛是不可磨滅的。

本年五月邱吉爾氏在某一公開會議席上發表演說，略謂英國所存的黃金與美元準備，曾一度面臨最嚴重的危機；現在却已激增到約三十億美元了。英鎊在世界各國的信用業經恢復。英國經濟曾瀕於破滅的邊緣，現在已回復其健全性。國民之生計漸趨安定，生產總額打破了過去最高的記錄，工人就業亦已達到充分的水準。英國人應向布特勒財長致最敬禮。他把英國的經濟從破滅的深淵中拯救出來。他很忠實而艱苦的執行其健全的財政政策，而那些政策殊不爲一般人所歡迎。英國之有今日，實在是出於布特勒財長之所賜。一位首相對一位部長發表像這樣感激涕零的演說，是從來不大多見的。據說當時邱吉爾老淚縱橫的場面，非常動人。邱吉爾文學的素養很深，而且慣於舞弄文墨，他卽席製出四個以B字爲頭的口號「Bankruptcy Banished By Butler」，一時傳爲美談。

四

黃金與美元準備額之增加是英鎊能够自由兌換之第一個因素。邱吉爾自艾德禮的手中取得政權之初期一九五一年底，英國持有之黃金美元準備，僅値二十二億三千五百餘萬美元。保守黨承工黨疲敝之餘，救急扶危，一時難以週轉過來，至一九五二年四月卅日，祇剩下十六億六千二百餘萬美元。英國的黃金美元準備原是以二十億美元爲最低警戒線，十六億美元遠落在警戒線以下，其危險已達絕境。但自同年五月份起，布特勒計畫開始生效，英國經濟逐漸好轉。至本年六月，據英國財政部公佈，英國持有的黃金美元，共値二十九億八千五百餘萬美元，迫近三十億美元的大關了。至於英鎊對美元之滙率自每鎊二·七八美元漲至二·八二美元，已如前節所述。同時外國的短期資金，紛紛流入倫敦金融市場；使得「英蘭銀行」(Bank of England) 爲抑制短期資金泛濫的流來起見，特將公定利率由三·五%減低爲了三%。此種現象與工黨執政時奄奄垂斃的情形比較起來，令人有恍如隔世之感！

英鎊能够自由兌換之第二個因素，也是最重要的一個因素，那就是英國工業生產之增强。英國經濟之復興也就在此。據最近發表的統計，英國工業生產指數，如以一九四八年爲基期(卽一〇〇)，則一九五一年爲一一六，一九五二年爲一一三，一九五三年爲一二四，本年(卽一九五四)三月則爲一三二。英國的工業生產指數中，包括瓦斯及電力兩項在內，此兩項乃工業之動力設備，不易隨時增加，如將此兩項剔除，仍以一九四八年爲基期，概按主要產品計算其指數，則一九五三年二月爲一二三，而本年二月則爲一三三。一年之間竟有近於一成之增加。工業生產增加意味着輸出貿易之擴大與夫國民生活之向上。本年一月至四月之期間內，英國之輸出總額爲九億三千四百餘萬鎊，與上年同期之八億七千九百餘萬鎊相比，增加了五千五百餘萬鎊。且此種增加之輸出，其輸往地區，並非享受特惠待遇之英鎊集團，乃是向非英鎊地區輸出，此更足以增强英鎊自由兌換之實力。至於英國的出口貨多係新出的商品，如無線電通信機、尼龍絲襪、盤尼西靈及活動房屋等皆是，其成本低廉品質精良，足以與美國及西德競爭，這也是我們未可忽視的。

專就進出口貿易言之，英國原是一個入超的國家，如上面所述其人民的生活業已向上，此向上的生活所需的物品如仰給於輸入，則其入超之額將愈見增加。必須生產增加，足以供應人民生活之所需，始能減少其入超。這是研究英國經濟時所特須辯明的一點。據七月份英國商務部發表，本年上期（卽一月至六月底）英國的出口總額爲十三億九千九百萬鎊，其中有原自國外輸入的貨品又再輸出，應予剔除，其純出口額每月平均爲二億二千四百萬鎊，與上年同期相比，約有百分之七的增加。上期的進口總額爲十六億七千五百萬鎊，每月平均爲二億七千九百萬鎊，與上年同期相比，約減少了百分之十。這一期的入超雖達二億七千六百萬鎊，但與上年同期比較，却減少了百分之二八。此亦足證英國對外貿易之擴大及其工業生產之增加。

英國工業生產增加使英鎊信用恢復，英國整個經濟爲之好轉，其國民的信念亦隨之增强。此可於其工業股票之上漲以覘之。據英國「財政時報」

(Financial Times)所作的統計，本年四月英國國債債券之市價與上年同期比較，漲起了百分之五，工業股票市價則竟上漲了百分之二二。該報認爲此係上年九月以降布特勒所定的金融鬆弛政策所發生的效果；但英國經濟之健全回復，內外翕然，乃是大家公認誠服的事實。以態度穩健著稱的倫敦泰晤士報亦會於本年五月卅一日刊出社論，謂英國經濟已漸見好轉，英鎊之自由兌換爲期不遠。

五

英國的經濟確已復興了，英鎊亦將自由兌換了，無怪乎邱吉爾躊躇滿志的欣然炫耀。然則英國經濟的前途究竟如何？它果眞能够一帆風順扶搖直上而歷久不衰嗎？這是老謀深算的英國人所不敢貿然忽略的。爲了一九五四年英國經濟之展望這一問題，英國統計學會邀請了學者和實業界的專家共六十九人，分別研究，互相討論。研討的內容分：工業生產，出口貿易，國民消費，及零售物價等四個項目。其中工業生產一項，據學者們的預測，本年內可續增百分之三·二，實業界專家們的估計，約可增加百分之三·三，兩方的意見甚爲接近。對於整個英國經濟的前途，學者們以爲尚多荆棘，專家們則頗抱樂觀。本年上期英國經濟情形良好，例如出口增加，入超減少等已如前述。此種良好情形殊不易持續至本年年底，則是學者和專家們之一致的意見。又據「歐洲經濟合作機構」(Organization for European Economic Cooperation)最近發表之調查統計，將韓戰勃發後一九五一年下半年與上年同期相比，就工業生產一項言之，西德增加了百分之十九，荷蘭增加了百分之十七，義大利增加了百分之十六，英國之增加率則僅爲百分之五。英國比工業生產沒有增加反而減少了百分之一的法國雖略勝一籌，但較之西德則瞠乎其後矣。本文上節敍述英國工業生產增加甚鉅，係根據英國官方發表之統計，它和「歐洲經濟合作機構」所用的基期及採用的項目不同。又上節謂英國的出口貨足以與西德競爭，但照「歐洲經濟合作機構」之研究，英國的工業生產遠不若西德之堅實，其出口貿易能否與西德對抗，尚有待於英國朝野上下之艱苦的努力。

除上述數點外，關於英國經濟經縝密研究後，歸納起來，至少尚有幾個未可忽視的問題：

㈠本文第二節述及美國經濟尚不至趨於「不景氣」，萬一美國經濟陷於「不景氣」，因其他區域之經濟有利於英國，英國可不受美國經濟「不景氣」的影響。關於此點，英國當局者已愼重的考慮到了。但盱衡整個國際局勢，深覺美國對於自由世界之領導，最重大者乃其經濟力量。邱吉爾執政後曾數度訪美，表面上雖說是爲了應付共產國際之擴張共黨對策，其實作爲一個特別重視經濟的英國人，毋寧是對於美國的經濟力量有了深切的認識。在日內瓦會談韓國及越南問題之際，聞英國頗有偕同法國離開美國之傾向，假若果然有此情事，則美國經濟縱未陷於「不景氣」，亦足以予英國經濟以嚴重的影響。英國勢將挽救其經濟頹勢之不遑，何能談到其英鎊之自由兌換？

㈡英國已加入了「歐洲支付聯盟」，前已述及，「歐洲支付聯盟」所使用的記帳貨幣「epu」已伸展至英鎊區域，如英鎊實施自由兌換，則各地區資金之轉撥調度必發生激烈的變動。同時英國爲了增强其本身的經濟力量，其出口貿易尚須與西德等國家競爭，其間更有錯綜複雜的關係。故英國對於「歐洲支付聯盟」必須妥愼處理，但又不易處理，偶一發生破綻，則可能直接影響英國的對外貿易，間接影響到英鎊之自由兌換。

㈢英國工人要求增加工資之聲浪，已瀰漫全國。造船及機械工業之工會最近要求增加工資百分之十五，資方已允增百分之五。其他工會增加工資之要求勢將接踵而起。如有左派份子從中煽動，則要求增加工資之風潮必更激烈，甚至釀成罷工以及大規模的罷工。增加工資與罷工乃是增加生產成本之因素，英國出口貨品之成本既高，又遇着現在國際市場價格有普遍下跌之趨勢，英國之出口貿易必受阻滯，此將使英鎊之自由兌換遭遇着不易克服的困難。

㈣英國工黨對於英鎊之恢復自由兌換是持反對態度的。這足以使英鎊自由兌換處於不安的境地。因爲英國工黨是個有力的政黨，在第二次大戰後，執政數年，已擴張其勢力到英國每一個角落，現在雖然在野，但其黨內包藏有不少的左傾份子，幾可視爲共產黨的同路人，其領袖艾德禮及貝萬等已成爲國際注目的人物，對於英國國內之勞工運動及英國在國際政治上之趨向，均具有相當的壓力和影響。英鎊之自由兌換立基於英國經濟復興之上，不啻是在國際間之一種經濟戰爭，與對外的軍事作戰無異，亟需全國上下之對外一致。現在工黨既表示反對，二三其德，對於英鎊之自由兌換，雖不是一種不治的痼症，但至少是一個難治的贅瘤。

就以上四個難題言之，足見英鎊之自由兌換，前途殊未可樂觀。而其關鍵之所在，則爲英國在國外對美國和歐洲之關係以及在國內對勞工或工黨之應付。綜合起來乃是英國對於左傾份子或共產國際所採取的態度問題，這是屬於國際政治之一方面的。照本文篇首所述，英國在國際政治上之扮演原是以其國內經濟爲背景，現在却轉變爲其國內經濟被其在國際政治上之扮演所左右了。這是研究今日英國經濟時所應有的新認識。如前所述，英國在國際社會裏仍不失爲一個有力的份子，它在國際政治上的扮演頗能左右整個國際局勢，尤其是對於反共的亞洲國家更有重大的影響。我們中國現正努力於反共抗俄復國建國的大業，儘管與英國斷絕了外交關係，但對於英國在國際政治上及其經濟上之活動，實不可不予以嚴密的注意。至於顯示英國經濟復興的英鎊自由兌換問題，在本年九月之「國際貨幣基金」會議席上是否提出或提出之後究獲得若何結論，吾人且拭目以俟之。

四十三年八月一日

越南通訊

越南分割前後的華僑動態

田寧

暴風雨前夕

事情要回溯到奠邊府淪陷，孟德斯法郎士宣稱要在三十天之內結束越戰。在此期間，大家意味着暴風雨要來了。法國不願亦不能繼續作戰下去；美國不是不願介入越戰，而是要在法國給予越南眞正獨立，英國同意美國的立場後才投入越戰。孟德斯法郎士以壓倒多數，當選內閣總理，很明顯的事實擺在前面：一、法國殖民政策不變；二、不容許美國插足東南亞，法國與共產集團意見不謀而合；三、整個越北可以不要，保大政府反對可以不理，法國不願意爲民主自由而流血了。於是整個越北，遂爲悲觀失望所籠罩。日內瓦會議成功，他們不是被關入鐵幕，就得過流亡生活；日內瓦會議失敗，他們亦祇有在兵無鬪志，外無援助的情形下，掙扎着等待最後的崩潰。

越北華僑概況

越北華僑分佈的情況，爲簡明起見，除越盟區不計外，大約可作如次的敍說：

一、海防：華僑人數約三萬餘，經營商業者約佔百分之七十，從事勞工者百分之三十，有中學一所，小學四所。

二、河內：華僑人數約一萬三千，百分之九十五經營商業。有中學一所，小學三所。

三、南定：華僑人數約四千，南定過去爲中藥滙集之區，二次大戰後，生意一落千丈，華僑職業百分之八十爲商業，百分之二十爲工人，該地有越北唯一無二大規模紗廠一家，華僑小學一所。

四、沿海區：包括康海、錦普、宮門、蒙陽、以至仙安、下居、花街。該地區大體說來，康海、錦普、宮門、蒙陽均屬鴻基煤礦公司範圍，華僑職業均與鴻基煤礦公司有關，大約工人佔百分之六十五，包括遺留國軍及義民，經商者佔百分之三十五，花街則爲越北瓷器業集中地，工人佔多數。各地均有華僑自辦小學，花街並有中學一所，宮門國軍子弟學校，亦曾辦至中學。

五、其他：如海陽、北寧、山西、建安、寧平、府里等地，華僑人數不多，不備述。

自由與奴役的抉擇

越北華僑籍貫，以廣東佔絕大多數，福建次之，廣西、海南、雲南又次之。遺留國軍及自大陸共匪鐵幕中逃出者各省籍均有。河內海防均有粤東及福建會館。最令外省人不易瞭解者，南定除粤東會館外，有福潮惠會館，潮州惠州在地理上屬於廣東，而語言風俗習慣，則與福建相近，故南定潮州惠州籍華僑不屬粤東會館，而屬福建會館。

因爲越北華僑以廣東福建佔多數，所以他們與世界各地華僑情形相同。他們家鄉在共匪侵佔以後，受盡敲詐勒索的痛苦。三反五反，更使他們在大陸的眷屬逼近死亡的邊緣。所以他們反對共匪的決心，與其他地方的華僑一樣的堅決。不但如此，其他地方華僑，尚未受匪共直接的威脅，越北的華僑，則面臨越盟炮火已八年之久，中共地下組織，更屬暢行無阻，但是他們反共的意志，絲毫不爲威脅而動搖，當七月廿日日內瓦電訊報導停火談判簽字確定，他們紛紛出賣他們的產業，結束他們的生意，自費的，搭乘我政府撤僑專機的，搭乘當地政府交通工具的，亦沉痛，亦悲壯，拋棄他們第二故鄉，重向南方開闢他們的基業，創造他們的新天地了。

據筆者所知，越北各地華僑撤退情形：河內一萬三千人中已撤退六千人，其中三千五百人疏散至西貢，一千五百人現在海防，七百人去寮國，三百人至峴港。將來八十日撤退期滿，尚有堅守其產業至最後一分鐘而離開河內者，可能尚有二千人。這種數字比例遠較京滬撤退時爲高，這是值得特別注意的。

花街華僑的撤退，更可大書而特書，花街華僑總數，據會館理事長殷德維告記者，共爲三千七百餘人，此次撤退者達三千五百人，幾乎全部撤退。

花街與廣東東興僅一河之隔，河上有橋，名國際橋，一端由法軍把守，一端由匪兵把守。共匪幹部經常在彼岸歡迎華僑返國，但是此次撤退得如此徹底，不知共匪對此鐵的事實，又將如何造謠說謊。

海防華僑疏運互助委員會登記數字統計，待疏運人數爲一萬五千人，據承辦人員告訴記者，海防撤退期爲三百天，計時將在明年五月，華僑們希望能安渡舊曆年關，商業結束，然後再南下。因此，他說，待運數字目前尚不能作準，屆時將大大增加。

青年何處去？

提起爭取華僑青年，我政府實已盡了最大努力，但是據記者在越北所見所聞，尚應設法改善。越北華僑既然大部反共，何以青年之爲匪誘惑仍甚多。據共匪報紙宣傳，越南三邦青年被騙返回大陸者，年有數百人。共匪地下工作人員在西貢騙青年回大陸讀書，辦法甚簡單，祇要學生說願意回大陸，一切手續，如護照，黃皮書，出入境許可，香港簽證，飛機票，旅費，服裝，一切的一切，共匪地下工作人員均已代爲安排，毋須學生及家長奔跑費心。可是回臺灣讀書却大成問題，一筆鉅大的旅費，一連串的申請許可，時間要兩三個月，才能萬事齊備，上機起飛。一個中學剛畢業的

（下轉第33頁）

貝魯特通訊・八月三十日

我所見及的美國中學教育的特點

盛孝玲

也許是上帝的安排吧，我竟千里迢迢的來到地中海濱的黎巴嫩(Lebanon)，在一個美國公共學校(American Community School, 以下簡稱A.C.S.) 結束了我最後一年的中學教育。A.C.S. 是由美國教會與貝魯特美國大學 (American University of Beirut) 合辦的。校舍建在一個空曠的海邊上，在幾乎與外界隔絕的環境中得以保有濃厚的美國氣氛。該校的教員都是由美國聘來的，學生也都是美國人，他們大都是上述大學中美籍教授與沙地阿拉伯美國石油公司工作人員的子弟。全校二百多學生中多半是住宿生。A.C.S. 不僅是一個學校而兼是一個大家庭，活潑的美國孩子們在別人的國度裏仍驕傲的保持着他們自己的傳統與生活方式。

一年的親身經歷，我體驗到 A.C.S. 的形形色色。我想，由這些形形色色我們不難看出一些美國中學教育的特點。A.C.S. 包括幼稚園直至十二年級，一年級至六年級等於我國的小學，七年級與八年級他們稱為 junior high 算是中學預備班，眞正的中學是由九年級至十二年級，現在我要講的也正是這一段。

一般說來，他們的班級較小，功課也較少，平均一班只有二十人左右，每個學生一年只唸四門主科和一門或二門副科。這些課程不是由學校當局製訂課程表來硬性規定；而是在規定的範圍內由學生自由選擇的。四門主科中除英文是必修科外，其他三門，學生有充分的選擇自由。照校方規定，每個學生必須在他四年的中學中共唸十六門功課 (sixteen units)；四年英文，兩年至四年的歷史、外國語、數學與科學。在不違反這個原則下，學生可按照他自己的興趣來安排他四年中所要選的十六門功課。在每一種科目中，學生又有選擇的機會。他可在法文、德文、西班牙文及拉丁文中選擇他所要學的外國語，在美國史(美國史為期一年，是每人必修的)、上古史、歐洲史及近代史中選擇他所想唸的歷史，在平面幾何、立體幾何、初等代數、高等代數及三角中選擇他所喜歡的數學，在生物、化學、物理裏中選擇他最感興趣的科學，至於副科方面，選擇的範圍更廣了，副科大概包括音樂、繪畫、縫紉、烹調、演說、新聞學、阿拉伯文等等。這個選擇制度的主要目的是使學生有自由發展的機會，它的優點則有兩個：第一在規定的範圍內，學生可儘量發展他的興趣與專長，喜歡文科的同學可多唸幾年的歷史與外國語，長於數理的同學可多選科學與數學。這樣不但減少了時間與精力的浪費；而且使每一分時間與精力都收到最高的成效。在我國的中學中，喜歡文學的同學不得不化去多半的時間去搞數學與科學，以求及格。但結果呢？理科成績並未弄好，而自己所喜愛的文科却沒有充分的時間去進修。同樣的，有數理天才的同學却整天啃着大本的文史課本，似懂非懂，事倍而功半。這不僅是時間與精力的浪費，而使學生覺得學習是一種痛苦的負累，是向先生還債，向學校交差。教育應該是啓發的，是輔導的，學校當局應當注意啓發學生們的興趣，加以適當的輔導，而不應一味的把厚厚的書本往學生腦中塞。一個好的學校應是一個上等的飯館，而不是一個塡鴨場；學生們應是這飯館的顧客，而不是塡鴨場中被塡的鴨子。在盤盤佳肴中，顧客們有選擇他們所喜吃的菜肴的自由，而塡鴨場中的鴨子却被人拉着頸子塡下由別人配製的一份糧食。鴨子們的肚子是塞得飽飽的了，但這是牠們所想吃的東西麼？學生們的聰明才智是不齊的，他們的興趣與對學校教育的要求也是不同的，學校當局怎能將四五十個智力與興趣不同的學生放在同一班上用同樣的方法授以同樣的功課？並以同樣的尺度來衡量他們呢？學生們的需要，知道得最清楚的莫如學生們自己，在不違反中學教育的宗旨下，我們為什麼不讓學生們有選擇的自由呢？

這個制度的第二個優點是，防止學生有過偏的發展。雖然學生可按照自己的興趣多選文科或理科的功課，但每門功課(英文除外)至少得唸兩年的規定則是不變的。中學教育是一種普通教育，它的目的是使學生在各方面有一個概括的認識，兩年的學習已足夠達到這個目的了。

美國中學的功課雖不及我國中學的繁重，但也絕不是像有些人想像中的輕鬆。誠然，美國學生好玩，整天嘻嘻哈哈的，但是他們唸起書來的那種聚精會神、一絲不苟、非徹底明瞭不放手的事實求是的精神，的確是很可佩的。他們平均每週只上二十四小時的課，但他們確實充分的利用了這二十四小時，並且有足夠的自修時間來細細消化課堂上所學到的東西，來研讀課外書籍和寫讀書報告。當我在學期結束整理作業時，我驚奇的發現四門功課的筆記、練習以及課外的讀書報告竟是一呎多高的一堆。美國的教學目的是求精而不求多，反覆練習便是他們達到「精」的方法。

我國中學的課程比他們繁重多了，上課時間也多得多了，一個中國中學生一年要比美國中學生多唸三門功課，每週多上十小時的課，但我們的結果並不比美國的好。中國學生不比美國學生笨，也不比他們懶，為什麼我們多花了時間與精力，但效果還不如人呢？這不能不歸咎我們中學的功課太繁重了。我們的中學生整天忙得頭昏腦脹，能將學校裏的功課弄好已經不錯了，那裏還有閒暇來研讀課外書籍，來撰寫讀書報告？我們唸的多，但我們是囫圇吞棗，食多而不化，表面上看，我國中學生似乎樣樣都懂，但實在是樣樣都不通。就我個人的英文來說吧，當我離開祖國時，我已在國內幾所享有盛名的中學中唸過四年半的英文了，我們的英文課本並不淺，我也能在屢次的英文考試中拿八九十分；但是我出國後，我聽不懂英美人講話，不能完全看懂報上的一則新聞，甚至最普通的幾句日常話也不會講，從未作過英文作文的我不能運用我所死記的一些生字寫成一篇通順的小文或是一封簡單的信，鐵樣的事實使我不得不懷疑我曾否學過英文。當然，我們在國內學英文，因限於環境，聽與說的能力不能與英美學生爭長短，但讀與寫的能力是可由適當的教授法與反覆的練習來提高的。現在我們的中學生中能閱讀英文報章雜誌與能寫出像樣的英文作文的恐怕不多吧？

A.C.S. 的課程分配是從不重複的。舉例來說，他們在小學和中學預備班中唸過地理後，中學中根本沒有地理這一科了，其他科目也只唸一遍，但這一遍確是穩紥穩打的。其次，他們的學習過程是連續的，他們每學一門功課必將它澈頭澈尾的弄清楚，確確實實的告一段落後才放手。如果一個學生打算唸兩年的化學與兩年的物理，那麼他一定是一口氣唸完兩年化學後再唸兩年物理，而絕不是唸一年化學後去唸物理，然後又放下物理去唸化學。然而我們的功課分配則不同了。我覺得我們有些科目往往是重複的，我們在小學時唸歷史、地理，到初中後再唸一遍，進高中後又再唸一遍。這樣不知浪費了多少時間與精力？我們為什麼不能在最短的時間內用最經濟的方式給學生在史地方面以清晰的概念，而省下時間來唸別的功課呢？再者，我們的學習往往是間斷的。譬如說，我們在初中時學博物、化學與物理，到高中後，高一唸生物，高二唸化學，高三唸物理。從學博物到唸生物，從唸初中化學到高中化學，從初中物理到高中物理，中間相距兩年到三年，於是在唸生物與較深的理化時必須先溫習以前所學的舊東西，然後才能往前進。這又是時間的浪費。我們難道不能連續的將一門功課澈底的弄清楚再告一段落？這樣不但可避免溫習所浪費的時間，並且可使學生對每一樣功課有較完整而有系統的認識。

我想 A.C.S. 最令人注意的是它那活躍的課外活動了。課外活動的組別有音樂組、樂隊、滑雪組、戲劇組、新聞組、圖書管理組、航海組、年鑑編輯組、辯論組、法文組、旅行組、攝影組、文藝月刊出版社及各項球隊等等，除既有的組別外，如有五人以上的簽名，學生可組織新社。過去一年中，話劇組曾有四個話劇的演出；音樂組及樂隊有三個歌劇及多次小型音樂會的演出；航海組將在暑期中駛往愛琴海、希臘及土耳其。這些課外活動不但為學校生活平添無限生氣，並且使學生有發展個性與專長的機會，訓練他們辦事的能力與互助合作的精神。

另一件值得大書特書的是學生自治會。自治會的職員共四人；正副主席、秘書長及財務幹事 (Secretary of Treasury) 各一名。在學期快結束時，我曾親見下屆各職員的選出，凡有意競選主席者（主席競選人須是品學兼優而為最高班的學生）必先聘定其競選負責人，由負責人組織助選團主持宣傳事宜，並請同學簽名支持。如某競選人擁有達到法定人數的簽名人數，他便成為正式候選人了。凡不够法定人數的競選人則被淘汰了。在全體學生大會上，各候選人發表競選演說，這是競選中的高潮。投票前日，宣傳競爭達到白熱化，漫畫廣告琳瑯滿壁，五色傳單滿天飛，投票是用不署名的秘密投票式，主席選出後，再由全體學生大會提名副主席、秘書長及財務幹事的候選人，然後循同樣方式選出副主席，秘書長及財務幹事。在整個競選過程中最令我感動的是全體同學對選舉這件事的熱誠與認真，以及各競選人的始終保持着競而不爭、落落大方的政治家的風度。

學生自治會的職務是繁重的，上述的各項課外活動以及學校生活的安排均由自治會負其全責，關於學生入榮譽會社 (Apha Chi Sigma Honor Society) 的甄拔委員會也由學生自治會與教職員代表組成。重大的事件都拿到全體學生大會上來表決，然後由各班級的代表協助自治會去執行。學校當局對自治會的活動很少過問，他們的目的在培養學生的自治能力與守法精神，訓練學生的領導才能及對民主政治的認識與運用。民主國家的國民必須是守法的，自治的。也唯有以守法為榮，自治能力高强的國民，才能建立一個真正的民主國家。A.C.S. 特別注意這方面的訓練。一般說來，美國學生大都是守法的，自動和自治的，就我的化學班上來說，我們每天有小考，而先生是從不將卷子收去批閱的，只是把答案告訴我們由我們自己評分。學生大可欺騙先生以獲得高分；但沒有一個人這樣做。他們永遠是公正的批改自己的卷子，誠實的報告先生他們應得的分數，縱然是鴨蛋，他們也從不隱瞞，因為欺騙比吃鴨蛋更可恥。有時先生多給了分數，他們也會自動的提出，請求改正，這在我們看來，也許傻得可笑吧。可笑的事多着呢！他們每每喜歡替自已找事做，找麻煩，累得氣喘噓噓，滿頭大汗，有時甚至出力不討好，招來同學們的一片怨尤，這是何苦來呢？——我們也許會這樣想。但我們的社會却正須要這樣的傻勁呢。

有一件事使我很感興趣，那便是 A.C.S. 的行政機構，他們的機構極簡單，校長下有教務主任兩人（男生教務主任與女生教務主任），女秘書一人，出納員一人及舍監一人。舍監稱爲 house mother，職務是管理一座四層樓的宿舍及一百多住宿生。照道理，他們應該很忙，但事實却不然，這原因有兩個，第一是校方對學生的放任，管理根本不嚴。第二個原因也是最主要的原因，是學生能够守法，能够自治。宿舍的環境衞生與秩序的維持，全由每個人向自己負責。每天早上全體住宿生得排隊領早餐，每星期五又得排隊領零用錢，及向洗衣部取回衣服，長蛇陣中，絕無爭先恐後，擁擠不堪的情形。如有規則頒佈，也只須舍監趁大家都在餐廳中時報告一聲，學生們便能遵行，不必三令五申的再三告誡。

在功課方面，A.C.S. 採用同樣的啓發學生自動精神的教授法，先生們給的功課並不多，往往是在星期一便把那週的功課 (assignment) 告訴學生了，讓學生自己計劃着去完成，不過做不做則在於各人了。先生從不逼着學生們上圖書館去找參考書，或催學生交作業。在課堂上也是同樣的自由，你可做你的白日夢，做別的功課或寫你的信，只要你不妨礙別人，沒有人會來干涉你。你也不必坐得必恭必敬的，你可把脚蹺在桌上，口中大嚼口香糖，如實在不耐煩聽課，你儘可離開教室，先生也不會打你的缺席。不過假如你想唸書的話，你總可找到你理想的環境，在課室裏你可學到很多，課後，你還可找先生求教，他們總是高興的接待你，儘力給你圓滿的答覆，或平心靜氣的與你討論。

A.C.S. 啓發的與自動的教學方式，在好的方面固然可養成一種自由作學問的風氣，與培養學生的自治能力；但它也有它的流弊。用功的同學不必說了，不用功的却玩得無法無天，大好時光，任意虛擲。自愛的同學頗能守法自治，但害羣之馬，也並不是絕對沒有。照例每晚九時半熄燈就寢，大多數同學都能遵守，但少數好玩的却翻窗越牆的出去光顧咖啡店與跳舞廳，往往深夜不歸。這些事縱被舍監發現也不過禁假一次了事，不像我國中學中記過甚至開除那樣嚴重。美國學生的禮節大體說來還不錯，但有時他們的言談舉止却流於粗野。記得有一次在午餐時，有男女二生因玩笑而起口角，唇槍舌劍，兩不相讓，該女生雌威大發，輕舒玉臂，高擧湯盆，將一盆蕃茄湯沒頭沒腦的倒在那男生頭上，頓時「紅水」滾滾，由髮際直流至褲脚，大有一瀉千里之勢，幸虧湯不太燙，否則那位「尖頭鰻」不僅是落湯鷄，而且要變成剝皮猴了。

美國孩子們好玩，喜歡開玩笑，但有時却玩得樂而忘形，玩笑開得過火。爲了籌募學校年鑑的印刷費，年鑑編輯組會發起一年一度的男生奴隸日 (Boys' Slave Day) 與女生奴隸日 (Girls' Slave Day)。凡購有奴隸券者可指定任一男同學或女同學爲其奴隸(男女先生亦在內)，在奴隸任期內，其主人有全權命其操任何勞役或着任何奇裝怪服。很多女生紛紛購買男先生爲彼等奴隸，可憐平日西服革履的堂堂師尊都換上了他們女主人所發給的百結褐衣。女主人們頤指氣使，威風凜凜，男先生們唯唯諾諾，戰戰兢兢，宛如待罪階下的囚徒。有一女生別出心裁，以一元美金購得兩位男先生充轎伕將她抬上抬下，兩先生的頑力不小，頗能勝任愉快，當奴隸日結束兩先生鞠躬交還他們的「制服」時，該女生拍着他們的肩膀道：「幹得好！」(Well done!) 另一女生的奴隸是我班的英文先生，他是一個年逾半百的英國紳士，對這種玩意早已失去興趣，事前聽得風聲不好，本擬逃之夭夭，但因不願缺課而硬着頭皮留下了。他的女主人深諳化妝三昧，精心的爲他細敷脂粉，濃描娥眉，灰白的短髮上夾滿了卷髮夾，透明的尼龍襯衫裏罩着粉紅色的乳罩，他一進教室便引起同學們的一片掌聲叫好，他覥覥的打開書本，本想借着他一嚮自豪的宏亮聲音來振作威風，但是能言善辯的他，那天却訥訥不能成言。

A.C.S. 沒有校服，學生可自由穿着。男生是清一色的花襯衫，牛仔褲，雖然牛魔王的氣氛太重，但還不失經濟實用的優點。女生們則在服裝上爭妍鬪異，她們服飾的考究，式樣的翻新，使蓬門村女咋舌不置。美國是金元王國，她的子女享有較優厚的權利；但過多的財富却使她的子女在如此稚齡便養成了一種奢靡淫逸的習慣，這不能不算是美國敎育上的白璧之瑕。

A.C.S. 是男女合校的，社交完全公開。舞池中，儷影雙雙，宿舍裏，嘻笑打罵，花前樹下，情話喁喁，羅米歐與朱麗葉大有人在。中美國情不同，他們的放任與浪漫並不值得我們學習，但是我覺得我們中學生最低限度的社交自由是應該有的。記得我國許多中學對學生的信件檢查極嚴，試問學校當局有什麼權力私拆別人的書信？並且這部檢查能收到什麼效果？在男女授受不親的舊社會中，尚有後花園私訂終身的事，在社交公開，男女平等的今日，檢查信件又有多大能耐？人類的情感是不能用硬性方法加以禁止的，最好聽其自然發展，校方不應也不必橫加干涉；不過學校有它應盡的職責，學校應在這方面給青年學生以足够的知識與正確的指導，使其對男女關係有正確的認識而爲其進入大學或社會的準備，而絕不應隔絕男女學生，實行「愚民政策」。須知錯誤與悲劇的造成往往是由於無知，而這種消極的隔絕辦法與硬性的檢查手段將會招致相反的結果。

教育爲國家百年大計，它的成敗利鈍雖不易於一時看出，但其影響却關係國家的命脈至深且鉅，而中學教育則爲整個敎育過程中極重要的一環，不應疏忽。我深信我們中國人的聰明才智與刻苦奮鬪的精神較諸美國人或世界上任何民族均有過之而無不及，但爲什麼別國人才輩出而我們却事事落於人後呢？這原因固然很多，但我們的教育制度不及別人的完善，未嘗不是主要原因之一。從 A.C.S. 而顯出的一些美國中學教育的特點，也許有值得我們深思與借鏡的地方吧。

漢城通訊・八月十九日

中立國之戰（三）

——韓戰的第二個層面

本刊特約通訊記者　劉明遠

「揮淚送不走的新四軍！」

在抗戰期間，以擧抗日之名而獲得政府編組的「新四軍」，盤踞在皖南一帶，蹂躪城鄉，荼毒百姓，無惡不作，令人齒冷。後來政府察覺了他們的這種陰謀，下了一道嚴厲的命令，令該軍立卽向北開拔，參加抗日工作。當地受其荼毒的老百姓，聽到了政府的這一命令，如聞福音，帶着萬分喜悅的心情，「歡送新四軍北上抗日」。但新四軍是何等人物？何等德性？既得地盤，又如何肯走？不過當地老百姓因不知就裏，只是天天歡送，其狀有如傳統上之「送瘟神」，一走百了。新四軍對當地老百姓歡送他們的禮物，無不接受，不但接受，反而向當地索取各種物資，僞稱準備抗日之用。但事先誰也沒有料想到這種歡送一直繼續了半年，千變萬化，新四軍就是不肯走。中國老百姓雖然質樸誠懇，但半年多的慘痛「實踐」，也漸漸地把他們的思想「搞通」了。皖南老百姓之「歡送新四軍北上抗日」從「帶着無比喜悅」心情的高潮，到怎樣也送不走的涕笑皆非，眞是一段悲愴的交響。後來重慶某報發表了一篇報導這次歡送經過的通訊，題名「揮淚送不走的新四軍」！眞能道出皖南老百姓的辛酸。但天下事有無巧不成書者，如今在板門店聯軍和南韓的老百姓就正在「歡送」中立國監察委員會，但揮淚也送不走？中立國監察委員會是要走的，但需得經過種種複雜的「歡送」程序，絕不會揮之卽去。

本年初正當李承晚在華府和艾森豪威爾會談的時候，南韓憲兵司令元容德突然發表聲明說：「中立監察委員會」中的波蘭、捷克成員，在南韓進行間諜活動，有失中立國的立場。因此該兩代表團在南韓的官兵必須立卽撤退，否則大韓民國政府將採取必要措施，加以驅逐。接着南韓外交部也發表聲明，解釋元容德的聲明亦卽南韓政府的立場。在元容德聲明發表後的第三天，正在紐約訪問中的八十老翁李承晚在答覆記者問時，則更進一步地表示：日內瓦會議既沒有能解決了韓國問題，則所謂「停戰協定」卽自動地喪失其效用。停戰協定既不復存在，則中立國監察委員已失其存在之義意。韓國人之欲驅逐中立國監察委員會是很顯然的，而美國人亦不歡迎。在李承晚聲明後不久，杜勒斯也在記者招待會中就對李承晚的立場加以支持。不僅此也，瑞士是中立國監察委員會的一員，深深了解該委員會的性質和內幕。據該代表團的發言人說：瑞士政府對中立國監察委員會的繼續存在，認爲已經沒有必要，該政府深願早日結束。就常理推斷，「中立國」是以第三者的超然身份被當事雙方禮聘來的，於今既然已有一方幾乎是全體上下表示「歡送」，而委員會成員中的份子(瑞士)也表示對這種工作感到厭倦，照說這個「第三者」應該自動隱退了。但事有大謬不然者。他們——波蘭和捷克的代表團——沉着得很，臉皮厚得很。據說薄一波曾經有一次在對「民主人士」講話時說：「他媽的，共產黨寬大得很，肚子裏面都可以開飛機。」記者現在正可以套薄一波的句式來形容共產黨，來形容中立國監察委員會中的共產黨成員：「……共產黨的臉皮厚得很，用火箭砲也打不透。」惜乎李宗吾死的太早，否則，他將發現他的信徒已經遍佈歐亞大陸了。記者在前面說過：「中立國監察委員會是要走的，但需得經過種種複雜的歡送程序，絕不會揮之卽去。」現在南韓期野上下已經像當年皖南老百姓「歡送」新四軍一樣地表示「歡送」了，杜勒也已經表示其「歡送」之忱了，而成員之一的瑞士也已經表示倦勤了，但中立監察委員會仍然是不肯走。說得更明白一些，是中立國監察委員會中的共黨份子不肯走。記者此時祇知道他們早早晚晚要走，他們需要經過種種複雜的歡送程序才能走。而今雖然「歡送」了，但還差得遠。至於需要「歡送」到甚麼程度，記者才學淺薄，非所能道也。

波蘭的悲劇

記者曾經遍閱中立國監察委員會歷次開會的記錄，發現各國首席代表中辯詞最佳的是波蘭的代表畢勃洛斯基上校。這個人長的樣子有點像沒有鬍子的希特勒，精力充沛，在交際場中也最活耀。每次記者和一些西國同業往訪板門店的中立國監察委員會總部時，此君都上來握手。他一定要表現他是「中立」的。其實他是個十足的「八路」。

記者每次看到畢勃洛夫斯上校其人，或談到他在開會中的辯詞，心中嘗不禁產生一種遺憾之感。但記者並不是因了像畢勃洛夫斯基這種人做了共產黨而感到遺憾，而是因了波蘭文化之遭受浩刼而感到遺憾。畢勃洛夫斯基上校在會議中的每次發言，無不概念清淅，邏輯嚴謹，宛若一位英國的老「巴力門」或邏輯修養很高的大學教授。我常常想：無論在中國或俄國，一個土八路何能臻此？記者常常推想，畢勃洛夫斯上校之辯詞所以出衆，絕不是他的天才特高，而是他的學養優人一等。他的學養所以優人一等和波蘭共產黨毫無關係，和世界共產黨也沒有關係，和任何共產黨都沒有關係；而和波蘭這個民族的學術文化却有着密切的關係。在波蘭像畢勃洛夫斯上校這種人現是可以車載斗量，多不勝數。

波蘭在歷史上雖曾四次被瓜分，一次被「屠宰」(Butcherred)(第二次大戰末期及戰後)，但她在學術文化上的發展和貢獻是可觀的。遠的如哥白尼者不談，卽使是在近代，也產生了無數第一流的大音樂家、大數學家、大邏輯家、大文豪、大社會學家……波蘭學術文化之燦爛輝煌，幾可與人類歷史上任何時代的任何民族相比擬。或問：波蘭民族在學術文化上既然如此之燦爛輝煌，而何至於一而再地被瓜分，而又何至於變成共產國家乎？這就不是波蘭民族自己的責任了。這完全是受了地理條件的影響。記者敢武斷地說，假定波蘭的地理位置是在西半球或西歐，則她今天不但不會是共產黨國家，反而是抗共的急先鋒。但今天說這些話又有甚麼用呢？可憐波蘭人已經早在屠夫的屠刀之下了！

波蘭在第二次世界大戰以前雖曾三次被瓜分，但她在學術文化上的發展並沒有因是中斷；所以到今天在「八路」的軍人中還有畢勃洛夫斯基上校，在愛國反共的軍人中還會有安德斯將軍(註)。但在「八路」屠宰之後的波蘭就將有些不同了。設若萬一不幸共黨的極權統治會延長到「一九八四年」，則那個時候的波蘭，不但在軍人中找不出安德斯將軍或畢勃洛夫斯基上校，記者敢說，就是在文人中，在大學院裏也再不會再找到這種人了。因為人到那時候已經都變成了原始人(primitive man)，變成了白癡，變成了「黑癡」，連「戰爭卽是和平」的矛盾命題尙且不能辨析其謬誤，又何能夠邏輯嚴謹地淸辯滔滔呢??

記者因看到畢勃洛夫斯基上校的學養，而想到波蘭民族的悲劇，而想到波蘭在學術文化上的發展，而想到悲壯的波蘭民族被「八路」所屠宰。波蘭民族亦人也，上帝何獨對之寡恩？記者非故作多情，實不忍見哥白尼的子孫無限期地徘徊於板門店的原野，繼續作其喪心病狂的生涯。這裏謹寄語畢勃洛夫斯基上校和中立國監察委員會的全體波蘭官兵：你們快回到維斯杜拉河畔去罷，否則應全體自殺以謝曾放異彩的波蘭文化。

馬薩里克的殘影

捷克是在所有的共產主義國家中曾經多少有過一點民主氣息的一員。這一點民主氣息得歸功於捷克的國父馬薩里克，而今馬薩里克的殘影還多少能在板門店的捷克代表團中找到一點。

生息在近代極權統治久了的人，往往會失掉大部份的人的官能，而變成了白癡、「黑癡」。去年冬天當戰俘交換和「解釋」期間，記者因常常去「解釋營」訪問，所以有機會看到中共的種種「代表」。這些中共代表永遠是扳起面孔來向着反共的戰俘說敎，絕無笑容。記者因此遍訪各個「解釋營帳」，發現無不如此。卽使有少數的幾個為了對戰俘們表示虛僞親熱，强作笑容，但結果至多也不過是一陣苦笑。令人看了，毛骨悚然。其實這絕不是中共幹部先天裏就缺乏笑的官能，實在是因為被極權統治太久了的緣故。這種現像不獨在中共一般幹部為然，我們試看那一張毛澤東帶笑容的照片上又不都是一種苦笑的表情呢？但就記者幾次所見到的現像來說，捷克代表團中的中下級軍官到是有一些能笑得差强人意的。

去年十二中旬，當中共進行其最後一天的向戰俘們所謂「解釋」時，在第二十九「解釋營帳」內發生下面一件很有趣的事情。當中共的「首席解釋代表」扳着面孔向一位反共的義士說了一陣不入耳之言後，那位義士帶着比當年樊噲在鴻門上駡項羽所用的還要鋒利的辯詞，把毛澤東和秧歌王朝滔滔不絕地痛駡了一頓，駡得那幾個中共幹部目瞪口呆。後來這位義士痛陳中共不是的辯詞傳譯給在座的中立國遣返委員會的代表後，一位瑞士代表不禁仰首哈哈大笑起來。但這位瑞士代表沒有料想到他這由衷的一笑倒笑出毛病來了。那位失掉了笑的官能的中共「解釋代表」在惱羞成怒之餘，起來抗議說：「瑞士代表的大笑，有失中立國的立場。」那位瑞士代表才反駁的巧妙呢：「笑是我的本能，是我的自由，也是我的權利。我覺得我應該笑或者想笑時，我就笑。又何損我中立國的立場？」但那位中共代表沒有看到(或者看到了也不願意相信)和瑞士代表同時發笑的還有一位捷克代表呢！不過那位捷克人笑的能力差一點罷了。

捷克代表團的首席代表布萊希將軍鐵青的臉，低沉的聲音，一看而知是一個老「八路」不成問題。但捷克之墮入鐵幕究竟較晚，捷克在馬薩里克和貝奈斯的治下，究竟曾經有過一種民主的氣息。所以捷克代表團在倉促組成之後，它還會多少包含着若干「人」的氣息。所以捷克代表團到達板門店不久，就有一位該代表團的繙譯人員，請求聯軍給予政治保護。但馬薩里克的國家既亡，他的殘影又能留存幾時泥!?

註：安德斯將軍是第二次大戰中的波蘭名將，曾被蘇俄囚禁數年。放出後，組織海外波蘭軍，在地中海戰區參加抗德戰爭。後寫「孤軍流亡記」一書以誌其事。

灰衣人

聶華苓

——愛，據我想，是比死，比死的恐懼更強的。——屠格涅夫

鐘聲悠悠的在藍空中迴盪，教散文的老教授闔起了講義夾，嘴邊仍浮漾着他慣有的幽默的笑，那笑，像是看透了狂熱得可憐的年青的心：「孩子們，去吧！我知道你們聽不進什麼蘭姆，鮑茲威爾，你們一心只想在擁抱中飛去！」他每次總是拿着講義夾，微笑着站在門口，讓我們一個個像彩蝶般從他身邊掠過。剛啃過英國十八世紀艱澀的散文，忽然被放出籠來，面對着藍天、白雲、青草、野花、我們的心像高空的鴿鈴般飄揚，充滿了迷漠的幸福。每天，我們這些夢遊者，飄過這條白楊道，一切都諧美極了！但這一天，一走出文學院大樓，眼前便掠過一陣陰影：一個灰衣女人，撑着一把褪色的黑布傘，站在門口的白楊樹下，露着一排慘黃的牙，對着我們痴笑，那是一種絕望的、譏諷的笑，比淚還苦還酸。我從她身邊溜過，沒有稍停，我的心上也會激起些微的恐怖與同情，但那種感覺立刻又揉混在白楊道上青春的笑聲裏，像沙礫一般，沉澱在我澄碧心湖的緊底，湖面仍盪漾着勻靜的漣漪。

從此，每天上午上完最後一節散文課，我們在老教授睿智的微笑中溜出教室，飄然盪上文學院前的白楊道時，便可看見那個佇立樹下拿着黑傘的灰衣女人。人們都說她是「神經病」，關於她，人們所知道的也只有這一點——「神經病」。至於其他一切，誰又去管它呢!?年青的心只有追求快樂的慾望，人世陰暗的一面對於他們是陌生的，遙遠的。

因此，誰也不會談過她，我也不會問過誰，甚至於，久而久之，當初被她激起的那一點恐怖和同情也被習慣磨得麻木了。一個灰衣女人，撑等一把破舊的黑傘，痴笑在白楊樹下——這副黯澹景象，對於我們這些自我沉醉的孩子，就和每天背英詩，聽莎士比亞，傍晚城頭的散步一樣的習慣。年青的心，對於別人的痛苦常常冷漠得近乎殘酷！

一天下午，無課。我們在寢室準備第二天要考試的科目。張忙着去上課，她一面瞪着兩眼背着英詩，一面穿着大衣，衣架也沒取下，便一齊套在身上，聳着兩肩，搖搖挸挸的走出去了。我們哄然大笑，我們的笑聲也沒使她察覺，仍然以她特有的音調一路唸去，好一會，她才提着衣架回來。想起她在課堂上翻着白眼，隨着桌子搖動的拍奏背誦英詩的入神樣兒，我們更笑不可仰。她好像並沒聽見我們的笑聲，嚴肅的說道：「我和你們商量一件事好嗎？我有位中學老師，現在失了業，無處可去，剛才我在走廊上碰見她，怪可憐的，我們房中還有個空舖，讓她來住可以嗎？」張是個善良的女孩，我們都很喜歡她，她像大姐姐一般的關懷我們每個人，雖然她忘魂失魄的神情常惹得我們大笑，但這並不能影響我們對她的信賴。大家都同意了，她出去帶來了她的老師。一進門，我就怔住了，原來就是那個每日痴立在文學院門前的「神經病」！我看見每個人臉上對張這個「老好人」都有一種怨色，大家沒奈何的苦笑了一下。張將她介紹給我們，她的目光像兩道寒流，直注入我心底，她像在我們身上探尋着什麼失去的東西。她蒼白的臉，像一支枯乾的果子，皺着鬆鬆的皮；一對凝滯的眸子，充滿了惶惑、絕望、懷疑，還有一種夢樣的神情；歲月不能磨損的只有她那挺秀的鼻子和弧線很美的嘴唇；頭髮梳成兩條粗辮，挽在頭上，但我想若將它散開披在肩頭一定很有韻緻。總之，鬱苦的陰影裏，仍隱現着雋秀的輪廓。

從此，她便像一個幽靈一樣，魂遊於我們那個充滿着熱茶生命的小天地中。同室的人都抱怨着她的骯髒，她的夜歸。而我，自從她的陰影日夜飄忽在我眼前，我的心再也不能安寧了。我看見了那個隱藏在那痴笑下的火熱的靈魂。她已不再去文學院門前，整天躺在我的上舖，天黑出去，深夜才歸，女孩們嬉笑、戲語、驕傲的講着她們的愛人，但這一切離她好像很遠。她有時似夢似醒的坐在床上，拿着一把缺齒的木梳，梳她黑緞似的長髮；有時由上舖爬下，露出鞋底墊着硬紙的破洞，坐在我的對面，好像剛醒來一樣，拿起桌上的一面破鏡，凝視着鏡中的映影，或攬起鬢邊的髮絲，或輕撫着她那優美的鼻樑；有時便自己吻着那雙纖美的手，杏仁形的指尖精巧的向上翹着；有時從她藍布的手提袋中摸出一支沒有筆套的舊鋼筆，在紙上寫着什麼，好像要寫進她的全靈魂，眼中閃着熱切的光。

記得是一個微雪的黃昏，女孩們去欣賞那雪中情緻去了。我斜倚床上，正面對着那個攬鏡自我陶醉的幽靈。蒼白的天，蒼白的雪色。她好像並沒意識到我的存在，對着鏡子，醮一點涶液，潤潤眼角，輕掠一下眉尖，摸摸鼻樑，對鏡凝視許久以後才喃喃自語道：「多美的眼啊！」她的臉一半沒在陰影裏，不知什麼時候，一種異樣的光彩回到了她的眼中，柔和，純淨。我不禁脫口而出：「嗯！很美！」她醒了，放下鏡子看看我，帶着懷疑的神色，眼角微微向上翹着：「眞的嗎？」我木然點點頭，她笑了，我看見了她年青時的風韻。她又拿起了鏡子，夢寐似的說道：「是的，我很美，他說過的。」

「那個他？」我幾乎是殘酷的打斷了她。

「他！你不知道嗎？當然是劉先生。」

「劉先生教我們戲劇，他是個詩人。他講課，

窗口擠滿了旁聽的學生。」

「是的。」她放下了鏡子。

「他愛過你。」我蓄意引誘她。

「嗯！他愛過我。」她的眼又亮了。

我知道這是一首美麗樂章的前奏，我屏息靜待着，皚皚雪色浸染了一室，她絮絮的說下去：

「我大學畢業後執敎於濱海的一個小城。一條碎石小徑引到我的小屋，周圍是開滿杜鵑花的小園，園外，一排綠色欄柵，陽光照在那柔和的草坪上，也照着我的夢。在大學時代，我和你們現在一樣的驕傲，一樣的美麗，無數男孩子圍着我追逐，我却日日等待，等待我夢裏的人。他來了。他也在我所敎的那所中學敎課。他的風度，他的詩，他的熱情，一下就迷着了我。每天課後，我含笑在欄柵前等着林中傳來他第一聲口哨。我們愛臨海的那一片沙灘，他常伴着我坐在那溫柔的沙灘上，什麼也不做，默默看夕陽西下。月夜，我們愛流連於那杜鵑小園中，他會摘下一朶白色杜鵑插在我鬢邊，說道：「只有這純淨的白色才適合你！」有時我們倦了，什麼地方也不去，在紫羅蘭色的小緞傘下，我們坐在草坪上，他爲我講故事，我若睡着了，他便脫下上衣，輕輕蓋在我身上，他吻着我的額，我又驚醒了。記得有一次，我病了，他整日守在我榻旁，常常摸摸我的額頭，拿起我的手輕吻。我怕陽光撩眼，他爲我在窗前栽了一排濃密的桂竹，沁過竹枝的陽光，溫柔極了！」她低下了頭，撫摸着她那雙細緻的手，好像那吻還印在手上，她接着說下去：「但是，我並不了解他，他那善變的情緒常會使我迷惘。他手植的好好的一株樹，他會一下將它拔去；桌上一瓶鮮麗的花朶，他可能一下就厭惡了，將它扔掉，另換上一瓶鮮花。有時，當我們正歡樂的時候，他可能一下變爲沉默，一對夢樣的眸子凝視着天邊，像在地平線上尋找什麼，我喚他，他無言望着我，但我知道那眼光看見的不是這個世界上的東西。那時我就怕有一天，我們間的愛會像他手植的小樹一樣被他連根拔掉。漸漸的，沙灘上的貝殼，月下的杜鵑園，海上的落日，不再能引起他的興趣，他開始憂鬱而沉默。有一天，當我們枯坐在海邊時，他忽然對我說：『我講個故事給你聽，好嗎？』你不知道他的聲音多美！那簡直係馥郁的美酒一樣令人沉醉！我靜靜的聽着他講下去：『拉息沙斯(Narcissus) 是一個絕美的少年，女仙回音 (Echo) 愛上了他，但他拒絕了她的愛，使她憂傷死去。這個孤寂的稚氣的美少年却戀上了池中自己脆弱的映影，他終日俯臨池面，眼中閃着愛欲的光彩，凝視着那個美麗而空虛的幻影，但每當他迫於愛欲俯身吻抱那個幻影時，幻影便被搗碎了，因此，他永也無法佔有那個誘人的影子。他失戀了，終於憔悴而死，變爲水仙花。這只是一個虛誕的神話，但是，我由其中悟得了許多。你說，愛，不就是那個美麗的映影麼!?我們只能遠遠的欣賞它。人怎麼能佔有一個影子呢!?任何佔有的動作都會把它攪破的。……』

他還要繼續講下去，他好像在對什麼幽靈說話一樣，那雙眼睛，又美，又令人愁。我顫抖着搖撼他的兩肩，我要用我的全靈魂搖醒他，把他再喚回來。我的熱淚，洒滿了他兩手。

但是，傾盡我所有的熱淚，所有的愛，所有的生命，都沒有用，我預料中殘酷的一天終於到來。一天，我仍照常在欄柵前等待那竹林傳來的輕悠口哨，一個僮子送來一封信，一看到那可親又可恨的字跡，我只覺全身的血液都湧上了頭，宇宙在我周圍旋轉，我支撑着看完他的信，裏面有幾句話是我永生難忘的，他說：「……我走了，忘掉我吧！記着，愛，不就是拉息沙斯美麗的映影麼!?我原是一個人間的牧遊者，我不適合做你的愛人，你的丈夫。我欣賞愛情，但我不敢佔有它。如今，我又將開始浪遊，找新鮮水草去了。感謝你已使我的生命放過一次絢爛的光彩，這不就很美了嗎？爲什麼一定要等到那可怕的幻滅的時刻到來呢!?……」

他就這樣走了，人們說他去了英國。他走後，我病倒了，但那些美麗的回憶又使我痊癒。園中的花木，房內的陳設，我一直不忍稍加變動。我爲他準備的古瓷煙缸中仍留着他吸過的煙蔕；我爲他縫過扭扣的一件西裝仍掛在我的衣橱裏，我日日拿出撫摸，那兒有我一針針注入的愛情；他坐過的椅子仍放在竹葉飄拂的窗前，我終日坐在那兒，他就在我眼前。黃昏，我仍經由那印有我們綺麗夢痕的碎石小徑去到海邊，讓我的清淚洒在我們並坐過的岩石上；月夜，我仍躺在杜鵑園中，他溫存的語聲在我耳邊呢喃。有了這些美麗的記憶，我仍可以在那兒過一輩子不會寂寞的，但是，戰火迫使我離開了，我去到山城。在那兒，我對他的愛，對他的記憶，仍一天深似一天，我實擔負不了，只有將我豐富的感情流瀉在紙上，於是我養成了每日給他寫信的習慣，我不知他地址，但他會知道的，我對他的每一思念，每一滴淚，每一嘆息，他都會知道的。我就這樣打發了山城的幾年歲月。戰爭結束後，一位朋友告訴我他已回國，並且回到江南的這所大學教書。我拋棄了一切來到這兒，找着了他，他像朋友一般待我，但我不能，我在這兒附近的中學教書，爲的是我可以每天去爲他煎咖啡，裝煙斗，整理他零亂的房間，他去上課，我就站在窗外看他，啊！他那奕奕風采，我一輩子也看不够！有一天，我爲他撥旺了爐火，爲他酙滿了一杯咖啡，放在他身旁的小几上，他在爐旁看書，我爲他縫着襯衣上失落的小扣，那氣氛眞溫暖極了！我闔上了眼，啊！我們竟在同一屋頂下，同一燈下！我不禁說，『這多麼像一個家！我給你一個家，好嗎？』他笑笑說：『謝謝你，我要的是自由，是詩。告訴你，世界上再沒有比家更令人窒息的東西了！』這些天，他已出去旅行，我知道他會回來的，每天我在他窗前等至深夜，等待那可愛的燈光再出現，但那小屋一直是黑黝黝的，百葉窗緊閉着。不過，昨夜，我相信我看見他了，我正躲在樹下，天下着大雪，他拉起了大衣領，在雪地中踽踽獨行，嘴中含着雪茄，我甚至於看見了雪茄上那閃灼的一點火星，我喚他，像昔日一樣的喚他，他沒理我。一個窗口躦出一個頭叫道：『走吧！別人要睡覺了！他不會回這屋子來了！』

八月的天空

王敬義

相聚時，他們整天爭吵；分離了，恨都變成了愛。

「我會想你的，並且寫很長的信給你，」她說。

「妳會寫很長的信給我的，」他說。

「你應該快樂，滿足，驕傲！」她說，用她黑亮的眼珠看他。「我會想你的，眞的！」

「妳會想我的，」他說。「但我爲甚麼要妳想我？」他想。「我要妳愛我！」

「但你爲甚麼還不愉快呢？」她問，她微啓着唇，唇上閃着微弱的光；露着她秀美的牙齒，牙齒像一顆顆茉莉花的蓓蕾。

「我要妳愛我！」他終於狼狽的說。

「我會愛你的，」她說。眼中充滿歉疚的表情。

「我知道妳會愛我的，」他說。「但是我要妳現在愛我！」他想。他們都不再說話。樹也不說話。樹是黑色的。月光是銀色的。他們身後都拖着影子。他握着她的手。

「但你爲甚麼還不愉快呢？」她忍耐不住的說。「明天我們就分離了！」

「明天我們就分離了，我們應該愉快！」他說。

「我不是那個意思，」她說。

「我知道妳的意思，」他說。「我應該愉快，因爲妳會想我，妳會愛我！」

「我發誓我不會忘你，我會想你，並且全心的愛你！」她說，但是壓低了聲音。

「並且妳曾經全心的愛我！」他說。

她掙脫了他的手。她說：「那不是誰的過錯！」

「那是我的過錯！」他說。

「我們爭吵，但沒有誰是存心想要爭吵！」她氣憤的說。

「或者我是存心想要爭吵！」他說。

「沒有誰是存心想要爭吵，但是我們爭吵了，並且破壞了我們的愛情，而這是事實！」她比較平靜的說。

「而這是不容否認的事實！」他說。「明天妳便走了！」

「明天我便走了，」她說。「對我仁慈些吧！讓我想你，讓我愛你！」

「我不要誰來想我，」他說。「我要妳現在愛我！」他想。

他俯轉頭去看她，她眼中有淚水。於是，他拭去她眼中的淚水，並且說：「告訴我！明晨幾點鐘的火車？」

「誰知道幾點鐘的火車！」她說。「她在生氣！」他想。

但她知道幾點鐘的火車。她六點鐘便起身，在涼沁的晨風中梳她的長髮。

七點鐘他們坐在車站的餐廳中。餐廳中，他們是僅有的顧客。她穿一件藍布的旗袍，露着白而豐滿的雙臂。

「妳要吃些甚麼？」他說。

「我甚麼都不要吃！」她說。

「那妳在車上會餓的，並且車上的飯不衞生又很貴！」他說。

「那是我自己的事，」她說。

他不再問她，要了兩瓶牛奶，兩份火腿蛋。

但我知道他一定會回來的。啊！幾點鐘了？我要走了，今夜我會等着他的。」

她笑笑，那笑很美。在那一陣詩情的奔放中，她根本忽視了我的存在。她拿起那把破傘走了，給我留下一片蒼茫夜色。我心頭感到有點兒冷！我扭亮了燈，拿起了莎士比亞，茫然翻着，無意中我碰着了「仲夏夜夢」中的幾句話：

情人與瘋子都是頭腦太熱烈。

富於幻想，所以能窺見。

冷靜的理智所永不能見到的東西。

我反覆唸着這幾句話，心頭泛起了霧般的輕愁。這一切對我年青的心已經太多，我需要新鮮空氣！我離開了寢室，信步走向校園。雪越下越大，雪花綴滿了我的頭髮，空氣清新極了！那銀裝的玲瓏世界已使我漸漸恢復過來，我徘徊在覆雪的小徑上，詩情又回到心上。忽然，小路轉灣處，傳來一個充滿了愛的聲音：「我的小貓，冷嗎？讓我將我的圍巾爲你繫上。」那聲音很熟，但我還不敢相信，我向着聲音傳來的方向看去，一點也不錯，那就是劉教授！他正俯向倚在他臂中的一個嬌小女子，她的笑和雪光一樣純潔、明亮。我漠然轉過身來，走上了歸途。風雪中，我似看見那個蜷縮在樹下撐着破傘的灰衣人！

「妳昨夜睡的好嗎？」他問，握住她放在桌上的雙手。

「我應當睡的很好，因爲我不再想念誰，不再愛誰！」她說。「而且我就要回家了！」

「回家是應當愉快的！」他說。

「雖然我不喜歡我的爸爸，媽媽，」她說。「但是我還是睡的很好，因爲我就要回家了！」

「並且就要離開我！」他說。他用力的握她的手，她沒有反應。「並且就要離開我！」他重複着。

「並且不再想念誰，不再愛誰！」她說。她眼中又有淚了。

他們吃完了，付過賬，就走到月臺上。荒涼的月臺。天空的雲在變化。遠方都市的建築物都沉默的聳立在漸强的金色曙光中。金色的曙光捉到了雲朶，便照亮了它們。它們掛在天空，像一朶朶花。他們在月臺上踱着。

「時間還早，」他說。「我們來早了！」

「我們來早了，」她說。「有人想要早些走掉，走得遠遠的，誰都不認識，誰都不想，誰都不愛！」

「妳應當走的更遠，更遠，會有人認識妳，但沒有人想妳，沒有人愛妳！」他說。

「我永不會需要誰的想念，誰的愛情！」她說。

他還想說，火車來了，那黑色的怪物，尖聲大叫起來，在他們身前停下了。她急急的往車門口奔去，他提起她的衣箱到窗口等她。旅客很少，她在靠窗的座位坐下，他將她的衣箱遞給她。

「謝謝你！」她說，迅速的看手錶。「還有四分鐘開車！」

「還有四分鐘開車！」他同意的看着錶說。

「你回去吧！」她說。

「我不回去，我等車開後再回去！」他說。

「暑假要快活，我一放完假就回來！」她說。

「我知道，我知道！」他說，愛惜的拂好她垂下額前的髮鬈。

「給我來信，」她說。

「很長很長的信！」他說。

「也想念我嗎？」她凄涼的微笑着。他覺得她從不會笑的這樣美麗，但這美麗的微笑使他想哭。他用點頭回答她。

「我會想念你的，我不恨你，我們都太任性，都太孩子氣，都還對生活的痛苦嚐得太少！」她說。「好好的過暑假！」她用姐姐對待弟弟的口吻說。

「我也會寫長信給你的，呵！不要忘記我不恨你。從不會恨你，我一直愛你，全心的愛你，過去，現在未來！……」火車已經移動了，她熱情奔放的說着以上的話，兩人的眼睛早都噙滿了淚水，他握着她的手，追逐着火車跑着，他還能看見她，她也能看見他，她看見他只是不停的點頭，搖落了他眼中悲傷的淚水。忽然，他從她面前消失了。她從車窗中俯出身去，他已被遺在後面，他們相互的揮動着手臂，火車再尖鳴了一聲，那黑色的怪物就向遠方那些沉默的建築物衝去了。莊嚴的太陽已經高高的昇起，陽光像海水般淹沒着一切，遠方建築物的窗子閃着光。火車已經去遠了，但黑色的煙還迷漫在天空，並且更遼廣的迷漫開去……。

儘管他們爭吵，他知道她愛他。整整一年的時間，他們每天都在一起。他們在一起讀書，一起散步。他們的愛好也是相同的。他曾經問她：

「我愛朝陽，愛大海，愛高山，妳愛甚麼？」

「你的喜愛便是我的喜愛，」她說。「朝陽，我愛它的光明！大海，我愛它的神秘！高山，我愛它的睿智！」

這些話他都記得清清楚楚，還有很多其他的話，還有她的微笑，她黑亮眼珠的凝視，她的髮絲在他面頰上的輕拂，她的微涼的手心與他的手心的接觸……他在月光下看見她的身影，他在大河旁聽見她的笑聲，他在日午時映滿零亂樹影的小徑上，看見她美麗的足踝遠去。

他忘不了她，而禁止自己去想念她，是一種刑罰。有時，他剛集中精神去看幾頁書，書頁中却夾着他們一同摘採的紅葉。有時，他換上他心愛的襯衫，襯衫衣袋上有她爲他刺繡的名字。有時，在小檯燈光下，他想寫一篇小文，拉開抽斗，又看見她贈送的小錦盒，盒中都是她的照片，她的髮針，她心愛的小貝殼。

他不再有任何時間，任何事物屬於他自己的了，他是她的。他感覺着她的心跳，他感到幸福。但是，他寂寞。生活上的寂寞。（他的精神是永不寂寞的。）多少個晨早與黃昏，他佇立在天臺上。天臺對着海，他可以看見大船進出。他眺望海，眺望天。海不是他的，他們曾在海上盪舟。他看見她柔長的黑髮在海風中飄拂。天也不是他的。八月的天空，蔚藍、美麗。無數次他幻想自己是鷹，翺翔在藍天上，但幻想只是電閃，過去後，他發現自己在小書房中。但天空是她的，她在天空翔翺。她像雲，像煙，像白鴿，像燕子，他看得到她，但他捕捉不到，他看見她翺翔在八月的天空，卽在他的睡夢中，也看見她翺翔的影像。

「呵！美麗的八月的天空！」他說。他感到快樂，滿足而驕傲。「她有的又是怎樣一個燦爛的青春啊！」他想。

長篇連載

幾番風雨（六）

孟瑤

十七

小薇跑到臥室，並未立刻就寢，她在室內難堪地徘徊着，羞愧矛盾壓迫着她的心一寸寸往下沉。她詛咒着自己的不慈不孝，但她混身被又飛所層層包圍的熱愛，使這一切悔恨毫無伸展餘地。

「不管了，不管了，我什麼都不管了！」她像發着狂囈似的對自己說。然後脫衣尋夢。

就在當晚，瑰薇幾乎是用哀懇的方法，請求五姐為她去弄入川船票。

第二天，阿梅已把入川的行囊弄好，整裝待發。

早飯的時候，家裏空氣極不調和，小薇扳臉不說一句話，與其說是生氣，無寧說是慚愧，飯後，又飛值日不能來，她放下筷子就回屋睡去了。

瑰薇難堪地把這一切容忍在心裏，為了掩飾內心淒涼，她放下筷子像忙不過來的樣子，急急回屋收拾雜物。

瑰薔也追了進去說：「九妹，船票是沒有問題，不過，你真依小薇的話，立刻就走？」

「嗯……」瑰薇低頭整理着小手提箱。

「你真是，」她五姐埋怨着：「孩子也不能這麼管教，她也成年了，這個家，仰事俯畜應該是她的責任，怎麼能夠推開就算？」

「這個家也不至於要她操心！」瑰薇依然低着頭說：「孩子從小不懂事慣了，也沒法子；只要我不是老得走不動，含飴弄孫，在我是一種快樂！」

「哎，你……」瑰薔還要說下去。

「五姐，」瑰薇激動地抬起了頭，淚水鋪滿了臉上：「你有丈夫，有一羣孩子，有一個幸福的家，你根本不會體貼出一個零仃無依的寡婦，撫育她唯一孩子的心情……」瑰薇幾乎哭了出來：「幸福不容易把握的時候，能夠看到就滿足了；孩子不聽我的話，只要她是我的孩子就夠了！」

這樣瑰薔就不能再說什麼。

晚飯的時候，雖然大家有一番餞行的表示，把場面烘托得非常熱鬧，但瑰薇心事重重，怎麼也提不起興緻和笑臉，小薇則被一種嚴重的譴責情緒所痛苦着，食桌空氣之不堪，不言可知。

晚上，一家人都送瑰薇上了船，瑰薔還派了那次接她們由廬山去杭州的小吳沿途護送，以省勞頓。艙窄人多，瑰薔的丈夫不久帶着孩子們先行告辭，把瑰薔與小薇留在船上相伴閒話，直到船上打鑼催客，瑰薇才激動地拉住五姐的手，哽咽着說：

「小薇我交給你了，替我好好地管教她！」

「你放心！」瑰薔強忍住淚。

「孩子！」瑰薇望着小薇說：「記得常跟媽來信，聽五姨的話！」

小薇點着頭，流着淚，木然癡立着。

不久姨姪上岸，船即啓碇。

在船上的這間小屋裏，便只剩下瑰薇，蓓蓓（小薇的孩子）和阿梅了。

事情既然這樣決定，而且按步實行了，瑰薇心裏，反而漸趨泰然，在有節奏的輕微顛簸中，她懷裏摟着小外孫，竟然睡了一場兩月來難有的好覺。

船過宜昌而經三峽，兩岸風景如畫，秀麗奇偉，兼而有之，瑰薇有暇，常至船頭排遣，胸頭鬱結，暫時減輕許多。

船將攏岸，沿途照顧的小吳，便跑來向瑰薇說：「九太太，船一會靠岸了，您先別急着下，搬運行李，是我的事；貴重東西，您自己拿着，我把一切安置好了，再來請您！」

「好了，多謝你費心！」瑰薇說：「這兒的事，你別管了，孩子有阿梅抱着，重要的東西，我自己提着，這就行了！」

不久，船已攏岸，載客太多，上下嘈雜，秩序壞得無以復加。下船的時候，瑰薇一直擔心着阿梅手中的孩子，不時左右庇護着，好不容易上了岸，遇事都有小吳照應，十分放心。上岸以後，小吳又照顧她們到瑰薔新置的屋子去住。等到一切行李都已歸齊，瑰薇才發現自己手提的那隻小皮箱竟然不翼而飛！這裏面盛滿着貴重細軟，足夠祖孫三代舒舒服服過日子的財產，整個的失落了！這事實幾乎使瑰薇急得暈了過去，但，她鎮定着，沒有聲張，這多難的貴婦，還有力量抗抵這一風險，她只靜靜地想，什麼時候她會突然失去偌大一筆財產？除了登岸那一會，為了兼顧蓓蓓，別人趁此不備拐了去以外，此事似不可能在其他時候發生。在入川行列中，這樣擁擠的人衆，追回怕已無望，因此瑰薇也就更不肯多動聲色，以免引起別人的不快與着急。這焦躁的情緒，她獨自忍受到深夜，便再也無法克制地啜泣起來，難受的不是為她自己，她活了快一輩子，也享受了快一輩子，除丈夫的死對她是個大打擊外，一直過的是安富尊榮的日子，受點罪也似應該，只是小薇揮霍成性，蓓蓓急待長教，國事前途尚多艱辛，如今却要在有數的金錢中安排一家三口，只會消費，不會生產的生活！想到這裏，瑰薇着急得幾乎想以一死了之；但是，她看看身邊沉睡的蓓蓓，更覺愧對兒孫，她親吻着孩子的臉，獨自詛咒着自己：「我真該死，我真該死！」

她身旁無可商議之人，阿梅雖聰明可靠，畢竟年青，小吳又怕他引咎自責，五姐小薇更應一字不提，以免她們胡亂着急，想來想去，只有住在上海的令德，或肯在患難中爲她伸出援手，他雖是小薇的老師，在瑰薇心中，却情同子侄，於是她這樣給令德去了一個電報。

有要事懇商，速來渝，

下面寫明詳細地址。

令德接到電報，大爲吃驚，他不知這一家人在重慶又出了什麼事？而且這末尾的署名，爲什麼不是小薇而是她母親？

上海的局勢極亂，一部份人逃離上海，一部份人遷入租界，令德較一般人爲安靜，因爲他只孑然一身，別無長物，在這偉大的時代裏，他願意靜靜地領受這磅礴震撼的空氣。或者，他可能因此寫出些像樣的東西。爲此，他暫留上海沒有離去，雖然瑰薇母女都先後曾約他同行。

正當他在這炮火中過着安靜日子的時候，瑰薇的電報，相當地擾亂了他。

「入川也好！」令德想：「趁機會去西南跑一趟，看看山水甲天下的桂林，四季如春的昆明，或者也能安靜地寫點東西！趁現在剛賣掉一篇稿子有點錢。而且她們又眞正有需要我幫助的地方！」

他弄到一張直接駛川的船票。

一個星期後，他到了瑰薇所居住的家。

第一眼見到瑰薇，他已能看出她正遭受着一個嚴重打擊，因爲她消瘦憔悴得太多。他怕是小薇出了什麼問題，不覺緊張得脫口而出：「小薇呢？」

「在漢口。」

「您一個人來的？」令德大出意外。

「蓓蓓，阿梅！」瑰薇說到這裏，看令德還站着，才說：「你坐下，咱們慢慢談，阿梅去倒茶！」

兩人相對而坐，瑰薇才深深地嘆了一口氣說：「爲了蓓蓓的事，我們母女鬧得極不愉快，在漢口我只待了一天就來這兒了！」

「那麼小薇呢？」

「她因爲又飛不能離開漢口，所以便不肯同來。」瑰薇望着令德半天，才問：「令德，你看這戰事……？」

「所謂長期抗戰就是以空間換時間，將來上海，南京，武漢都將不保，重慶是陪都，是一定要堅守的！」

「日子決短不了吧？」瑰薇問。

「那當然！」

瑰薇慢慢地點着頭，半晌，才又對令德非常嚴肅地說：「你看我多胡塗，這次上岸的時候，把一隻最貴重的箱子丟了！」

「裏面是些什麼？」令德猜到了難題所在。

「全部細軟！」

「怎麼不向警局報案？」

「也託朋友辦了，差不多半個月了，音訊杳然，我看是沒有什麼希望的了！」

「嗯！」令德的眉頭也皺起來了，想到這慣於揮霍的一家，將來的日子怎麼過？不覺也問：「其他的呢？」

「另外還有由上海撥來的一萬塊錢……」

「這就是個龐大的數目了！」令德開始替她們放了心：「說到理財，我是外行；這一方面，您的經驗多些，您先說說看，我在旁邊參加點意見，餘外該跑腿的都是我的事！」

「這房子是我五姐來四川要住的，」瑰薇說：「我得先買一所房子！」

「對的，而且這一點我可以盡力，最近遷來的報人很多，我可以託他們想法子，吃不了虧！」

「還有……」瑰薇望望令德：「這每個月的化費，得靠這些錢生點利！」

「存在銀行裏放定期，利錢化不完！」

「本來，」瑰薇又動了感情：「像這種時代，也不能再像上海那種排場，只是小薇的脾氣你是知道的，根本不知道世道艱難，我不忍心委屈她……」說着，便擦眼淚。

「您別難過，這筆錢就够多的，丟掉的那一部份也不算什麼，好在將來勝利回去，那一大筆不動產還是弄得回來！現在的這點錢，只要謹謹愼愼的過，還可以很舒服；再說上海的那種享受，這裏化錢也辦不到，正好趁此緊縮一下；小薇正當年富力强，也得讓她有一個掙錢養家的觀念！」令德發現瑰薇對孩子溺愛過甚，不覺批評起來。

「唉，別提這個！」瑰薇搖着頭說：「孩子是被我寵壞了，只爲她遭遇了這件太不幸的事，我對她沒有別的希望，只盼她多快樂，多休息，我深覺對不起她，那裏忍心……」說到這裏，瑰薇已泣不成聲。

十八

小薇與又飛的愛情，已發展至巔峯，他們恨一切塵寰的紛擾，而這兩顆大海裏的小水滴，除了隨這驚濤駭浪起伏生存而外，又怎能自動靜止？

中日戰爭越來越劇烈，空軍保衞戰越來越悲壯，又飛的工作也越來越艱險，於是小薇與他在一起的時間，也就越來越寶貴了。

自從小薇明白怯懦足以招致更多的傷亡以後，她便不敢再把自己對又飛生命的關切與憂懼形諸於色。她是如此的可憐，她只能頑强地封閉起一切靈心慧質，使自己變成一個只懂得官感享受的女人。既然一切都不是她所能支配的，那麼她就只有拼命享受每一分鐘與又飛在一起的時間了。這兩性間可怕的狂熱，被外表的愚昧包容着，他們變成了一對爲衆所周知的熱烈，浪漫，簡單的標準戀人，因爲他倆在一起從不談視線觸覺以後的深刻東西，他們怕這一切會佔去寶貴的時間，那怕是一秒鐘。

戰局悲壯，犧牲慘重，多少壯士一去不返，這接二連三的消息，一次一次地增加了又飛報國的熱忱，也一次一次地如利箭攢心；每當他的熱血日益鼎沸的時候，小薇的一顰一笑的影子也拼命往他腦海裏擠。這公私交錯的關係，在他耳邊形成一堆凌雜的聲音，可怕地困擾着他。他深悔與小薇有此一遇，使他在感情上魂牽夢縈，永不寧靜。一向對於人生的悲歡離合，總願意保持一個冷靜的美的距離的他，如今被情癡的小薇，困惑倒了。

一個剛强正直的青年，有力量反抗暴力的蹂躪，却無法排除柔情的纏綣。在這個反暴力反奴役的戰爭中，他能毫無懼色地獻出了碧血與丹心，却始終感傷於無法償淸對小薇所負的那筆愛情上的債。爲此，他不敢去吟那：「風蕭蕭兮易水寒，壯士一去兮不復返……」以及「葡萄美酒夜光杯……」的詩。每次跨上飛機，或是凱旋歸來，他常常對自己狂喊：「戰死沙場太容易了，慢慢地忍受感情上的凌遲，才眞正地受不了！如今，上帝叫我擔任這慷慨赴死的工作，却叫她擔任那一份更難受的……這太不公平！」想到這裏，這大孩子，這天眞的藝術家，這淳質仁愛的飛將軍不知爲小薇偷偷地落過多少次淚。

這一對以生命相愛的戀人，各自收藏起對愛人的憂傷，見面以後，都勉强地打疊起笑臉來。

每次出戰，小薇總是冒死在機場附近的一家飯店等待着又飛的凱旋歸來。這其間，有時很快，有時徹夜通宵，小薇總是馴順地，任命運之神盡情捉弄她。

這天早上，又飛奉命出戰，小薇又到那家飯店等着，與平時一樣，她靜坐着追憶些與又飛在一起的美好光陰，想使這難耐的眼前，易於打發。果然，午飯時又飛已經回來，他不顧一切地先找到小薇，高興地伸出兩個手指說：「擊落敵機兩架，來，快與將軍賀功！喂！酒，快！」

「今天眞好，回來得也快！」小薇高興得起來，緊緊拉住又飛的手。

「來，痛痛快快地喝一下！」

正在他倆嘻笑享樂的時候，長腿李忽然跑進來對又飛說：「別狂歡了，還得飛一趟！」

「是嗎？」又飛楞住了。

小薇半晌沒有說話。

「快！」長腿李催了一聲。

又飛放下筷子站起來，木木然與長腿李走出，但，剛到門口，他忽然跑向小薇跟前說：「千萬等我回來！」

「你快一點！」小薇發出像做夢的聲音。

又飛呆呆的站了半天才說：「好！」

小薇似有一點醒覺，便勉强地開了個玩笑：「誰叫你叫又飛的？現在又飛了！去吧！我等你！」她用手飛去一個吻。

他去了，她靜坐着等他。

時間由正午而黃昏，小薇依然痴候着。將近薄暮。有人進來了，不是又飛，是長腿李。

「又飛呢？」小薇搶前一把拉住他。

「沒有回來！」長腿李哭喪着臉。

小薇呆了一會，放開長腿李，就拔步往外跑。

「你上那兒去？」長腿李拉住她。

「找又飛，他叫我等他的！」小薇說，眼睛直直地。

「是的，他一會就回來！」長腿李忍住淚，像哄孩子似的對小薇說：「我先陪你回家！」

小薇忽然跌落到椅子上，明白了一切似的哭着：「又飛完了，我知道，我知道！」她忽然又跳起來拉住長腿李說：「遲早會如此，我受得了！不過，你答應我，把他找回來，我要再看他一面！」說完，她伏在桌上，縱聲地，毫無顧忌地，大大哭了一場。

「你先回去好不好？」這善心的飛將軍說。

「回那裏去？就在這兒，又飛叫我就在這兒等他！」

「天已經黑了！」

「一會兒就會亮的！」

長腿李搖着頭，半晌說：「我就去！」

他請得隊長的許可，擔任起尋找又飛飛機殘骸的職務。

這不是立刻可以成功的事，小薇却依然癡癡地坐候着，她沒有淸醒，也沒有睡覺，只是疲倦而失神地等候着。

一個黑夜，又一個上午過去，又飛的忠骸，在第二天的黃昏終被尋獲，他因摔傷致死，先送到醫院做好縫合工作，他眞乖覺，他爲小薇留下一張完整的臉，讓她看，盡情地看這最後一面。

一切完成，已是深夜，長腿李拖着疲倦而傷感的步子，又到小薇這裏來。他輕輕地走到小薇面前，沉重地叫了一聲：「何小姐！」

「你回來了？」小薇淸醒而安靜地。

「是的！」

「他呢？」

「也回來了！」長腿李說：「你要去嗎？」

「謝謝你！」小薇要站起來，但她發現自己混身顫抖，她一把抓住長腿李說：「你攙着我！」

長腿李無言地拉住她，一步步地走到門口，坐上汽車，向醫院馳去。

推開門，小薇第一眼看見白被單下面的又飛，她混身像觸電似的發了狂，她由無力變成暴力，她推開長腿李，飛也似地撲了過去，她痛哭，伏在又飛僵直的身上痛哭，一面說：「你還是回來了，還是回來了！」然後，她抬起了頭，看到又飛臉上有痛苦的表情，於是她又喊起來：「又飛，你怎麼不笑了呢？你從來沒有對我不笑過呀！你生氣了，又飛，你不回來了！」她突然站了起來，像一陣風似的竄到長腿李的身後，拔起他那隻身佩左輪，就向自己打來，長腿李驚覺得很快，立刻拼命搶奪，因此槍的射程改變了方向，射到小薇的左肩上，她痛得倒了下去，血流如注。

大家忙着找醫生，把她安置在另一間病室裏。依傷勢說並不嚴重，略加包紮卽可痊愈，但小薇並沒有立刻淸醒，幾月來的憂傷，再加上這兩天的劇烈摧折，她大大地受到戕害，她的熱度繼續增高，發着狂囈。這情形嚇慌了醫生及一切朋友們的手脚，他們先向瑰薔通了一個電話，這位五姨也正因爲小薇兩天一夜未歸而通宵失眠，接到電話，不顧深宵路遙，卽刻趕到醫院，她本希望與小薇談談，見面後，小薇的病況，着實驚駭了她，伴守至天亮，她只得向瑰薇去了一個電報。

當日黃昏，瑰薇飛抵武漢，她見了瑰薔，第一句話就問：「五姐，小薇怎麼了？」

「她病着，沒關係！」

「我能去看她嗎？」瑰薇淌下了淚。

「當然，我正要去。」

她們上車，飛馳醫院。

瑰薇捧着一顆狂躍的心，推開醫院病房的門，親眼看見她的孩子是躺在床上，心上的石頭落了一半；然後，她輕悄地走到床邊，小薇閉目靜臥着，這是一場狂囈後，在藥力下的安眠。她的臉依然燒得燙人，呼吸是急促的，瑰薇伸手輕輕地按在她孩子的額角上，她皺了一皺眉，又似乎相當滿足地坐了下來。因爲，她畢竟看見了她的孩子，而且還活着，雖然，她的病是如此沉重。

姐妹倆在床邊坐了半天，相對無言，醫生來了，作了一番詳細診斷，瑰薇忍不住，抓住醫生問：「有希望嗎？」

「只要熱度不再升高，就比較有把握了，過了今天晚上，便可以決定是否過了危險期！」

瑰薇明白醫生沒有絕對的把握可以挽救孩子的生命，便忍不住哭了起來，瑰薔着實安慰一番。最後，瑰薇決定留院伴宿，叫瑰薔回去，次日帶些應用的東西來。

夜又深了，窗外有着輕微風聲，遠處傳來病人呻吟，瑰薇獨自守在孩子床邊，似乎看見她正在與病魔做着殊死鬪，這一場搏戰，能否安渡呢？她靜聽着孩子的急促呼吸，忽然，她覺冥冥中似有着一個超萬物的神，在支配着人類的一切，一種少有的宗教情操，在她內心滋生，她不覺跪了下來，伏在小薇床邊，低頭默禱着：「神，保祐我的孩子，一切的罪過，都是由我而起，請你饒恕她！」忽然，她又想起去世的丈夫，她說：「其偉，幫助你的孩子站起來，恕我無能，沒有把她照顧好，但是，不是我不安排，是天意不由你安排，其偉，保佑你的孩子，你唯一的孩子……」她又想起又飛，於是更急切地說：「又飛，你是好孩子，你不忍心從我手裏把小薇奪去，好孩子，保佑你的小薇無病無災！」

她流着淚從床邊站了起來，坐在孩子的床邊，雖然緊張，倒眞踏實，她已能看清孩子的面龐，聽見孩子的呼吸，握牢孩子的手了。

天色微明，小薇在床上動了，接着又含糊地說着許多話，瑰薇立刻緊握住她的手說：「薇薇，媽來了，知道嗎？你睜開眼睛，看看我！」

小薇並沒有睜開眼睛。

這難耐的一晚是過去了，瑰薇徹夜未眠，她想用她的母愛，用她的關切，用她的眼淚，把孩子從生死的邊緣上救了出來。這一夜小薇的病況雖然沒有減輕，卻也沒有加重。

第二天的晚上，小薇的熱度，開始減退，一個星期過去，她才眞正安靜下來，接着，足足睡了十二小時，才從疲乏中睜開眼角，她看見了床邊的母親和醫生，她似已忘記過去，靜視四週一下，她又慢慢地閉上眼睛。瑰薇渴望孩子能叫她，但，這孩子卻毫無表現地又睡去了。

「沒有問題了！」醫生微笑地望着瑰薇：「不過，至少要小心靜養三個月，才能復原！」

「謝謝醫生！」瑰薇在淚眼中笑了。

醫生去後，瑰薇把目光專注在小薇的臉上，孩子是極端地瘦弱而憔悴了。但是，謝天，只要生機存在着，所失去的一切是容易被召回的。她目不轉睛地望着她孩子失去血色的臉，她相信，那一對慣會向自己撒嬌的眼睛，將再睜開來看她！果然，就在這時候，小薇的眼睛開了，而且停留在瑰薇臉上，半天半天。

「孩子，你好了！」瑰薇說着，笑着，流着淚，淚一滴滴洒到小薇臉上，她又替她的孩子輕輕擦去，說：「媽在這兒！」

「媽睡去！」小薇發出細弱的聲音：「我好了！」

「不，媽不困，看看你，我才放心！」

「阿梅呢？」

「在重慶，我一個人趕來的。」

小薇點着頭，閉上眼睛，淚水從那更顯得深長的睫毛下滑了出來，她似乎已完全記清了那往事，她很傷心，卻也很安靜，她早已無抵抗的準備接受這命運，她早有預感，戰爭遲早會奪去她的又飛，如今只是證實了這句話。

一個月後，小薇從醫院裏遷回，瑰薇也覺得她已把孩子的生命從飄忽中把握到自己的懷裏。回家以後，一切都比較方便，這使瑰薇輕鬆許多。

這天，晚飯後不久，瑰薇姐妹坐在客廳中喝茶聊天，瑰薇常於不自覺中用手摸着額旁太陽心。

「頭痛嗎？」瑰薔問。

「還好！」

「你這一個月太累了，如今孩子也好了，你也該休息休息！」

「孩子好了，比什麼都强！」瑰薇笑着喝了一口茶：「人老了，就希望自己的骨肉無災無病的！」

「不是你今天高興，我還忘了告訴你呢！」瑰薔說：「上次送你上四川的小吳回來，忽然他的父親老吳託人來求我向你提親，他要爲他的兒子向阿梅作媒！」

「阿梅？」瑰薇奇怪地笑着：「小吳看上了阿梅，那誰知道阿梅看上了他沒有？」

「這兩個人早就好了，你還不知道呢！你忘了，上廬山接你們，又把你們送到西湖山莊的，不都是他嗎？這兩個孩子早都自己通了電，再有入川時一路相隨，他們是早就心心相印了！」

「只要他們兩相情願，我會阻攔嗎？」瑰薇笑着說：「阿梅與薇薇同歲，從小在我跟前長大，我也是眞愛她。如今家裏的事又都指着她，她要是嫁出去的話，對我倒眞不方便呢！」

「小吳人不壞，又能幹又誠實，將來一定有出息，老吳在我這兒也幹了幾十年了。你要是捨不得阿梅，叫小吳到你那兒去得了！」

「別了……」瑰薇想到自己經濟情形的每況愈下，想告訴瑰薔又甚覺碍口，猶豫一會，終於還是把碼頭失竊的事說了出來。

瑰薔聽完，也半響說不出話來，她眞有點爲她妹妹的晚景悲，她不相信她妹妹還有足够的精力去應付這多難的生活，於是就說：「九妹，那你還是住在我這兒得了！」

「別了，」瑰薇說：「目前還沒有到那一步，到了溫飽都成問題的時候，少不得再找你幫忙。」

「那麼，小薇已經快完全好了，如今武漢吃緊，你有什麼打算？」

「當然是帶她入川。五姐，你呢？」

「你五姐夫的紗廠整個遷重慶，當然我們會跟了去；據說將來西安還要設廠，我們或者居西安的可能最大。只是，先總會在重慶住些時候的，假若你不急着回重慶，我們一塊兒走最好。」

「好吧！」瑰薇說：「阿梅的事，也等到了四川再說吧！」

「那不急！」

從瑰薔那裏出來，瑰薇又跑到她孩子的地方去看看，小薇已經吃完飯，斜倚在床上無事可做，正在用紙疊着小玩意，瑰薇看見便問：「薇薇，晚飯吃了多少？」

「一碗麵，一碗鷄湯。」小薇一面疊一面說。

「薇薇，」瑰薇坐到床邊：「目前武漢局勢已經很緊了！」

小薇看了她母親一眼，點着頭，却沒作聲。

「五姨一家就要搬了，咱們一塊跟去吧？」

小薇放下手裏的紙，眼睛望着前面，半晌才流着眼淚說：「走以前，我得去看看又飛的墳！」

瑰薇因爲她尚未硬朗，本想加以勸阻，但更怕傷了她的心，於是便點頭說：「好！」

瑰薇想法派人去打聽又飛安葬後的情形，但，事未三月，人事全非，長腿李已調防蘭州，留在武漢的人都無深交，瑰薇只把地點打聽淸楚，便詳細爲她的孩子計劃如何完成這段旅程了。

小薇早和又飛永別，幽冥異路，再也無法相見；但，她聽見母親要帶她離開武漢時，還不免一陣傷心，伏在枕上大慟一番，這顆受創的心，何日得痊？

等到瑰薇把一切安排好，便加意照顧地把小薇送到又飛墳前，此時小薇步履未健，只兩步便倒了下來，她撫摸着那地上的泥土說：「又飛，我又看見你一面了！這恐怕是眞正的最後一面了！又飛，叫我，答應我！」她又縱聲大哭起來。

墓旁白楊蕭蕭，枝頭小鳥，也陪伴着她，吱吱地叫着。

（未完）

（上接第31頁）長符立德將軍的兒子，便因駕駛B-26型夜間轟炸機，一去不返。」（頁二一九）

最後我們尙須提及一點，那就是克拉克將軍主張摹仿大西洋聯盟（NATO），成立太平洋聯盟（PATO），由美、澳、紐、菲、日、韓、及中華民國等國參加。（頁三二五—三二六）

本書除上述各點外，對於遣俘問題，日韓關係，韓軍實力，軍士基本訓練等，俱有詳盡敍述和深刻觀察，尤其第一第二兩章敍述克拉克將軍對付俄國人的經過，値得全部譯出，以供研究冷戰策略者的參考。

本書第十九章敍述共軍如何虐待聯軍戰俘，包括許多新的事實，可爲將來懲治共匪的根據。

本書附有照片十六頁，又附錄三十三頁，詳載停戰協定條文，可供參閱。

書刊評介

從多惱河到鴨綠江 (From the Danube to the Yalu)

陳石孚

著者：克拉克將軍 (Mark W. Clark, General, U.S. Army, Retired)
美國紐約哈卜出版公司出版（一九五四年）三六九頁　定價美金五元

韓戰聯軍第三任統帥克拉克將軍，去年秋天退役後，寫了一本回憶錄，叫做「從多惱河到鴨綠江」，今年五月出版，引起了關心韓戰問題和一般研究國際局勢者的注意。

本書取名「從多惱河到鴨綠江」，因爲作者克拉克將軍曾於第二次世界大戰結束後，充任美國駐奧專員，並於一九四七年倫敦和莫斯科兩次外長會議討論對奧和約時，充任美國國務卿副手。多惱河足以代表克拉克將軍那一段應付蘇俄共黨陰謀的史實，而鴨綠江則代表他從一九五二年五月到一九五三年十月在聯軍統帥任內，與中共匪軍作戰的經過。

這本書是一部克拉克將軍與匪俄鬪爭的紀錄，所以對於共黨的本質，作風，和伎倆，都有詳盡的敍述和批評。例如他說：

「無論是蘇俄駐奧專員柯尼夫 (Konev)，倫敦外次會議的蘇俄代表古色夫 (Gusev)，一九四七年莫斯科外長會議的蘇俄代表維辛斯基和莫洛托夫，或板門店談判中的南日，我所看見的共產黨徒都是同樣的一羣土匪 (the same breed of bandits)。」(頁四)

接着他又說：

「我們的敵人——共產黨是一個貪得無饜的野獸 (a voracious beast)。我們給他越多的食物，他便越加饑餓。只要我們自由國家繼續不斷地懷着恐懼的心情去應付他，他就總是一個餵得飽飽的敵人 (a well-fed enemy)。」(頁五)

從多年與共黨奮鬪的經驗中，克拉克將軍獲得一個寶貴的結論，那就是：

「不管皮膚的顏色，語言的聲調，或會議的地點，任何地方的共黨，都是與其他一切地方的共黨，完全一樣的。因此，有些到韓國去參觀的客人，他們竟對於中共和韓共的共黨作風表示驚奇，眞使我感覺奇怪。

「共黨的個別面貌也許不同，他們的語音也許不同，但是他們的心是一樣的，他們的目標是一樣的。在維也納的柯尼夫和在板門店的南日，好像一對私生的弟兄，受着同一母親的養育，去爲共產主義執行同一的任務。那個任務就是說謊，欺騙，殺人(如果必要的話)，侵蝕自由世界的實力，並且增添同等的實力給共黨世界。

「那個任務就是逐步向前進，終至到了一天，自由世界已經沒有抵抗共產主義的力量，到了一天，由於恐懼，由於疲憊，由於同盟國間的齟齬，或由於戰爭本身，自由世界就會失敗，而共產黨就會繼承着整個的地球。」(頁十八)

克拉克將軍對於共產黨的最後目標，認識非常清楚。他說：

「無論何時我們如與共黨打交涉，我們便面對着一個赤匪決心控制整個世界的事實。

「共黨決心控制整個世界的企圖，是掩飾在各種名義之下的——諸如自由、解放、獨立、甚至民族主義等。這些共黨所慣用的標語，乃赤色謊語大全中的基本謊話。他們在說謊的技術上，喊着暴君們所喊的『爲自由而戰』的口號，吹着壓迫者所吹的『爲求得解放而奮鬪』的法螺。」(頁十七)

共黨既然如此陰險，貪得無饜，凶狠如野獸一般，和決心企圖征服全世界，那麼自由國家和人民應當怎樣對付他們呢？克拉克將軍對於這個問題的答覆，是肯定而堅決的。他指點出：

「我和俄國人曾經有過兩年的正面接觸，因此我深知共產黨所敬畏的是甚麼東西：實力。」(頁三)

克拉克將軍在另外一本名叫「估計後的冒險」("Calculated Risk") 的著作結論中會說：

「我既已看見過紅軍和俄國外交家的行動，我個人相信蘇聯爲着實現控制世界的企圖，將不惜採取任何手段。但我也相信他們敬畏實力；也許除實力而外，他們是無所畏懼的。」

克拉克將軍現在在本書裏，補充着說道：

「假若我今天重寫最後那個句子，我將要把『也許』兩字删去。」(頁四)

在另外兩段裏作者也表示同樣的意見：

「我和麥非 (Bob Murphy) 對於在韓國和日本的問題，意見完全一致。我們認爲與共黨打交涉的最好方法，是拿着一個大棒去 (with a big club)。」(頁九四)

克拉克將軍認爲對付共黨「唯一有效的說服，是一支大棍子 (a big stick)，以及事先聲明準備使用那支棍子。」(頁三一七)

克拉克將軍以第三任聯軍統帥的地位，對於韓戰所得的觀察，當然分外親切，他所寫出的記載，也格外動人，格外悲痛。他說：「在軍事上，我們是與共產黨的二等部隊作戰。」(頁六九)「在政治上，我受着我的任務的基本條件的約束，那個任務乃是防守性的。上級沒有給我權力，也沒有給我軍事資源，去獲致勝利。」當他接任聯軍統帥的時候（一九五二年五月），他已經明白：「我們政府的政策，不是尋求一個軍事的解決。」（頁六九）正是因為美國「缺乏戰勝的決心」（頁二），所以她方才採取了一種「加在自己身上的戰術限制，使敵人在鴨綠江北得以享受庇護」（頁三），這眞是有史以來絕無僅有的古怪戰爭。

但克拉克將軍本人，却是「贊成採取一種全面的進攻，以求贏得戰爭」。（頁八十）當他的設計正在進行期中，他從東京飛到韓國，去和符立德將軍商量，符立德熱烈地表示贊成。他又和美國駐在遠東的其他陸海空軍將領商議，他們個個都熱烈地贊成採取此種行動，並且希望美國政府批准此種計劃，和給與他們所需要的一切，以便向在韓境內的共軍發動攻勢。（頁八二）克拉克將軍認為「對於美國最明智的長期途徑，乃是在韓境內獲致打敗共產黨的軍事勝利。」（頁二七二）他的理由是：「這是我們在世界任何地區第一次與那些肆無忌憚的共產敵人作戰。在我看來，在這第一次交綏的時候，為着我們國家和自由世界的安全，我們必須把他徹底打敗。」（頁八一—八二）但是他的主張被華府當局所否決，所以他僅能嘆惜着說道：「當我在遠東的時候，沒有任何時間我有足够的力量，去發動一次大的攻勢而獲得成功。」（頁一〇〇）

當艾森豪將軍當選總統以後，為履行競選中所作的諾言起見，準備前往韓國實地視察，以為設法解決韓戰的依據。此時克拉克將軍即預先擬就若干意見，以備艾森豪諮詢。在這許多意見之中，包括着一個贏得軍事勝利所需的詳細的兵力估計。但是這竟是完全白費而無絲毫實用的一種努力。關於這一點，克拉克將軍不免大失所望。他說：「艾森豪這次到韓國的旅行，對於我最有意義的一點，在於我竟沒有機會向他提出我的估計。關於需要若干兵力方可贏得勝利的問題，根本沒有提起過。」（頁二三三）因此，克拉克將軍得着一個不可避免的結論：「我們的政府現已決心尋求停戰。」（頁二三九）

克拉克將軍遵循美國政府的訓令，於一九五三年七月二十七日在停戰協定上簽字，其內心的痛苦難於形容。他說：「我執行政府的命令，獲得了歷史上第一個美軍司令簽字於一個未獲勝利的停戰協定，這個榮耀不是足以令人羨慕的。我感覺一種失望，我想那也是我的兩位前任——麥克阿瑟和李奇威將軍所有的。我雖然感謝着流血的停止，但是好像其他數百萬的美國人一樣，我疑心這恐怕還是一種未完的任務。」（頁一）在另外一段裏，他說：「當我在停戰協定上簽字的時候，我當然知道屠殺尚未終止——知道對於共產主義的鬪爭，在我活着的日子裏，是不會終止的。韓戰不過是一次前哨戰，一次在自由世界邊緣上血腥的和代價甚大的前哨戰。」（頁二九六）

克拉克將軍對於韓戰的得失，是這樣地估價：「在這個前哨戰中，我們獲得了勝利，因為共產主義對於另一國家所作的直接軍事侵略，是第一次失敗了。但在另一方面，我們却是失敗了，因為敵人仍舊沒有被我們所打敗，而且比較以前更強，其威脅力更大。」（頁二九七）關於停戰後敵人的態度和實力，克拉克將軍這樣說：「停戰後敵人的力量，比較戰爭開始時更強，他的訓練比較以前更好，他仍舊擺起陣勢，準備着從一九五〇年的出發點再度進攻。他仍舊傲慢無禮，在停戰簽字時和簽字以後，他仍舊對我們施以侮辱，他利用宣傳手段使得共產世界相信，他在韓戰中獲得了一個勝利。」（頁二二〇）這些都是很不愉快的事實，但是對於這些事實的發生，克拉克將軍本人，他的前任聯軍統帥麥克阿瑟將軍，和前任第八軍軍長符立德將軍等，是無須負責的。

根據克拉克將軍親身的經驗，自由國家對付共產黨的時候，總不免懷着一付恐懼的心情，他說：「一九四五年在奧大利，他們（自由國家）懷着恐懼，所以他們綏靖敵人。在韓國，他們懷着恐懼，所以他們又綏靖敵人。」（頁四）自由國家對於共產黨的挑戰，沒有一個積極政策。因此克拉克將軍說：「在每個地方，我們都是臨時應付。我們只知招架。我們焦急地等待着，看看俄國人第二步將要採取何種行動。俄國人主動，而我們却是被動。」（頁十八—十九）

最使克拉克將軍惴惴不安的，是「恐怕共產黨也許已經深深地滲透了我們政府的執行和計劃兩部門，以致他們能以在這危機四伏的戰後時期裏，掌握着一種非常的權力，去決定美國政策的途徑。我不能不懷疑，究竟我們是否一方面面對着會議席上的公開敵人，而他方面還有一些隱藏着的敵人，坐在我們最秘密的決策機構裏。」（頁一一）為證實此種疑慮起見，克拉克將軍除列舉美軍中共黨的滲透事實而外，並舉出一件國務院裏的驚人事件。他說；「兩位國務卿——貝爾納斯和馬歇爾將軍會經親自告訴我，過去有些很重要的文件，未經他們所知悉，竟簽了他們的名字頒發給我。」（頁十一）這是一件何等嚇人聽聞的怪事！

為保存史實起見，我們必須在此附帶說明一件事實。那就是，克拉克將軍會經建議「使用蔣總統的國軍兩師，使其加入韓國前線，與共軍作戰。」但是「我所提出關於使用蔣總統軍隊的建議，從未獲得華盛頓的答覆。我的建議被擱置在衣袋裏，遭了否決，遂沒有下文(It died by pocket veto)。」（頁七一）

克拉克將軍對於自由中國與自由美國二者的象徵意義，是值得重視和欽佩的。他說：「自由中國對於中國大陸被壓迫民衆的象徵意義，有如自由美國對於全世界被壓迫民衆的象徵意義。那個象徵是蘇聯和國際共產主義的主要敵人。」（頁二一四—二一五）

克拉克將軍為答覆某位芝加哥婦人的批評，說他濫用職權，把自己的兒子設法調離韓戰場，（其實不惟並無此事，而且克拉克上尉在韓服役一年，屢立戰功，受傷三次，屢蒙政府勳奬，晉升少校），很幽默地說道：「如有人以為將軍的兒子和將軍自己，是平安地死在床上，我便要指出下列的事實。在韓戰期中，共有一百四十二人，他們的父親都是將官。其中三十五人傷亡或失蹤……而第八軍軍

(下轉第29頁)

讀者投書

(一) 有感於臺大教聘會拒聘事件

朱啓祿

臺灣大學校長擬聘請浦薛鳳、程天放二人爲教授，現經該校聘任委員會否決了。否決的理由，據說是在投票(秘密)之前，有人提議：「最近十年未繼續任教，五年無專門著作者，不得爲專任教授。」

這件事對於浦程二人是否公允，是另一問題；但從尊重學術這個立場來講，是值得贊揚的。

浦程二人在任官以前，浦是清華大學的名教授，程在中央政治學校任教有年，他們二人的學術造詣，都是可觀的。他們這次之被拒聘也許受了委屈。但是無論如何，臺大聘委會在這次事件中所樹立的一個原則，總是對的。因爲這是給學術教育應有的尊重。

多年來，我們的教育與政治，老是混攪得不清。立國大計的教育事業，每每受現實政治不應有的干擾。關於這一方面，說來話長，暫且撇開，專談教育學術界的人事問題：

就我們這幾年在臺灣所看到的，教育界的人事受現實政治胡鬧的干擾者，實不太少。有的專科學院，聘教授並不一定以學力爲準，凡能够用以結好官方的，無不接納。而官方也常以命令方式，命令學校延聘某人爲教授。聘委會儘管否決，黑市教授依然存在！這種現象，確是教育界一大恥辱。

此外，還有一個現象，即在校任教的教授中，有的人志不在於教學，品不够爲人師。時時刻刻在官場中鑽門路，拉關係，自動請求受訓，編印一本小册子，要請大官們題箋等等，眞丟人！

做官並不是壞事，有志於做官，也是有志氣的人。「人生以服務爲目的」(恕我用了這一句訓練班中常用的話)。做官也是服務之一途。但我們最鄙視那般志不在於教學，品不够爲人師，而又混跡教育界，狗苟蠅營以鑽官路的傢伙！

另外，還有一些人，本來在教育學術界是有相當造就或名氣的。但一且做起官來，就忘記了自己的人格尊嚴，上諂下驕，極盡其固寵抓權之能事。原來是治科學的，丟盡了科學精神；原來是學政法的，也不管公是公非。這種情形，究竟是關於某些個人的骨頭軟硬，還是關於政治大氣壓之不可抗，這裏我不去分析它。但這種情形的存在是鐵一般的事實。請睜開眼睛看看，我想，你決不會否認吧。

以上這些話，與浦程二人無關。不過由於浦程二人之被臺大聘委會否決其任教而引起我的感想耳。

我贊成臺大聘委會對浦程這一否決。但我這一贊成，並不意味着對浦程二人有所不滿。而是贊成一個原則的樹立，即維持教育學術的尊嚴，不讓學術教育機關成了宦海旅途中「雞鳴早看天」的客棧！

(二) 從內幕雜誌停刊說起

葛泰山

「自由中國」編輯委員先生：

據今日本市各報消息，有十種在臺北發行的雜誌，因誨淫誨盜妨害治安的罪名，被內政部分別予以定期停刊的行政處分。內政部長王德溥爲此發表聲明，說明此舉係爲了「整肅社會風氣，提高文化出版水準。」我認爲這是一件大事，願向貴刊一抒所感。

被處分的十種雜誌，就我所曾經看到過的其中幾種來說，它們的內容，實在大部份是非常荒謬無聊的，低級趣味的。它們對於大多數讀者，也實在是有害的。內政部以主管官署的立場，依法予以取締，我相信被處分的十種雜誌，一定會敬謹接受。不過我要指出的，所謂分別輕重，對十種刊物予以十個月，六個月或三個月不同期間的停刊處分，其所根據的法律標準爲何？應予明白宣布，不能籠統含混。

(上刪)「少數不良刊物」的存在，由來已久，一直到現在才遭受取締。老實說，內政部這一次行動，是在輿論的影響下採取的。目前輿論的重心，就寄託在如火如荼的「文化清潔運動」上。此一運動，由文藝界人士所倡導，很短的時間內，就普遍而熱烈地展開，造成浩大的聲勢。它的對象，就是這些「不良刊物」。並且指出這些不良的本質：「赤色的毒」，「黃色的害」，「黑色的罪」。它對它們「紛紛予以抨擊」，「同聲指摘」，「一致聲討」。因此，促使主管官署注意，一反過去熟視無睹的態度，迅速採取了適法的措施。由此可見這一運動之「翕然有當於人心」；由此可見輿論力量之偉大。但是也由此可見主管官署在過去是不免顢頇泄沓，沒有盡到應盡的職責。這在政治上是一種不健康的現象，值得我們警惕！

大凡一種社會性的運動，當然要求其聲勢浩大，否則不能收到運動的效果。但聲勢浩大以後，也就很可能有流弊發生。這因爲(一)矯枉過正，易發難收。(二)倡導運動的人，宗旨是正大的，理解是明確的。但範圍一大，份子一多，就難免假借挾持，發生副作用乃至反作用。我說這些話，對於「文化清潔運動」，並無絲毫聯想。不過「履霜堅冰至」，倒也是值得提請注意的。

我覺得，我們是法治國家，凡是屬於法律可以解決的問題，最好儘量避免在法律之外求解決。好像已經有人指出，那些刊物裏「赤色」「黃色」「黑色」的東西，都是觸犯刑章，法有專條的。我們的輿論，應該督促治安機關，司法機關，發揮職權上的效能，予以訴究懲處。至於那些「被害人」，如果屬於告訴乃論範圍的，我們的輿論，至多只能支持他們向法院告狀。而像現在「文化清潔運動促進會籌備會」的「接受被害人指控」，則恐怕是頗爲不妥的。因爲接受指控之後，既不能自行偵查審判，又無法代人告狀。萬一有「誣控」的，也無法辦他的反坐。我誠懇的希望主持方面，考慮停止。

王部長的聲明中說：「此次取締少數不良刊物，純爲整肅社會風氣，提高文化出版水準。」這兩句話，作爲動機，是很好的。是否就能發生這樣的效用，是尙待事實證明的。我們的社會風氣，實在有太多的地方需要整肅，但決非取締少數不良刊物所能濟事。並且，我們須知：這些不良刊物正是社會風氣的產品，並非先有了這些刊物才把社會風氣弄成不良。要辦明因果關係，才能得整肅之道。至於提高文化出版水準，那是積極建設性的工作，需要長期而艱鉅的努力。這裏面牽涉到許多重要的問題，非數言可盡。如果說取締幾本劣質的雜誌，就可以提高文化出版水準，那未免把事情看得太容易了。

書不盡意，諸祈指教！敬頌

編祺！

葛泰山敬上八月二十八日

(三) 由「內學不避親」做到「外舉不避仇」

戴經等

主編先生：

我們剛才讀到今日(九月十二日)香港工商日報的社論「反攻前應有的決定——略論統帥的人選問題」。那篇文章，說出了我們很多很多人心裏要說的話。

那篇社論，首先指出現代的戰爭是兩棲，三棲的聯合作戰。這種最新型的戰術，是與武器進步互爲表裏的。故作爲一個指揮三軍的最高統帥及運籌帷幄的參謀首長，一定要對海陸空三軍的兵種性能，武器性能，補給制度，作戰方式，有充分的瞭解才行。接着說到我們的現役將領所受的教育，多數不夠這種要求。同時又因我們的軍事傳統，是重視資歷、系統、而甚於重視能力、出身的。所以工商日報的記者，對此「深抱杞憂」；而最後建議政府，要在決定反攻之前，對指揮三軍的統帥及負責綦重的參謀首長，一定要愼重物色。最要緊的，是該報提出下列的希望：

政府當局由「內舉不避親」，做到「外舉不避仇」。

這兩句話，太好了。爲着國家利益，政府當局本來就應當如此。站在國民的立場，我們有權利要求如此。

貴刊是爲國家利益講話的。我們相信，工商日報這篇社論，是關係國家利益，而爲絕大多數的國人所要說的話。希望貴刊也本着這個意思，發表一篇社評，請政府注意。這件事關係太重要了。因爲香港工商日報，臺灣的人看到的不會太多。如果再由貴刊再提出，就可相得益彰了。貴刊的各位先生，尊意爲如何？

讀者　黃孔武　戴經　同啓　九月十二日

編者附白：黃戴兩先生這封信，我們於本月十三日上午收到。感於他們關心國事的這種熱忱，我們把已經拼好了的版面，重新編排，刊出這封信。我們雖未照他們的意思寫一篇社論，但工商日報那篇社論，確是値得重視的，所以我們也願意刊出黃戴兩先生這封信，以爲工商日報這篇社論的響應。

(上接第15頁)

十六七歲青年，一個普通開店的家長，要他們辦理這樣官式的文書。我想我們政府主管機關應該針對這些問題，提出改良辦法，替他們解決，不要讓青年們未入國門，就心灰意懶，感覺失望才是。

嚴重的救濟問題

海防華僑組織了一個華僑疏運互助委員會，是爲了專門疏運服務而設的。西貢華僑組織了一個北越華僑救濟委員會，是專門爲救濟北越華僑而成立的。在北越方面，也許祇要把願意南遷的華僑照料上飛機上船艦，任務即可告成，而且交通工具，我政府已派飛機派船隻，還有當地法越政府美國朋友都一再聲言，對華僑一視同仁，給予便利，所以工作並不太難。南越方面救濟問題却不如此簡單。先說住：假定以一萬人計算，需要多少房子？住學校，住醫院，當然可以，但是日子一長，一定有所妨礙，開始慈善爲懷，最後則因妨礙學業醫務而不免怨尤叢生。次說食：供給多少時間呢？日子短，尙能負擔，日子一長，如何得了？一萬人平均每日每人以十元越幣計，便需十萬元，供給十日需百萬元，如此鉅大費用，豈能長期負擔。再說就業問題，雖說華僑刻苦耐勞，富有創業精神，但是一定要有適當的環境，才能充分發揮，如果集中在一個小小地區，既要與當地的人競爭，還要與同去的人競爭，立足匪易，謀生實難。記者對此問題，深感憂慮，不但希望政府重視，迅謀妥善辦法，同時希望自由中國的讀者編者，能提出具體而有效的建議，供政府及僑胞採擇施行。則記者苦心報導，於願已足矣。

八月廿六日於海防

第十一卷　第六期　內政部雜誌登記證內警臺誌字第二八一號　臺灣省雜誌事業協會會員　一九八

給讀者的報告

中共自在日內瓦會議席上得逞陰謀以後，眞是躊躇滿志，得意忘形，接着又震天價響地大喊其「解放臺灣」的口號。中共如此費力地吶喊，動機無非在作政治宣傳與軍事探試而已。然而中共不能老這樣空喊，多少要來點行動裝裝門面；於是而有古寧頭之偷襲與金門之砲擊。中共不妨乘此大吹一番，自我陶醉；但我海空軍却毫不含糊，立即還以顏色，猛擊金門中共砲兵陣地。這是最有力的事實答覆。當然對大陸上殷望反攻的同胞，這答覆是不够的。我們主張不妨乘此時機，拿回厦門，以爲反攻大陸的先聲，粉碎中共的政治宣傳。至美國方面，我們希望其決策當局就目前局勢，對中國問題作一番全面的考慮。美國不僅應該公告中共將協防中國防守臺灣附近島嶼，並且應更進一步地釐訂一項政策，幫助中國反攻大陸。關於這方面的理由，讀者在讀完社論(一)以後，接着應再讀朱伴耘先生的專論。朱先生綜覽世界局勢，警告美國除協助中國反攻大陸以外，實無徬徨之餘地。

本期第二篇社論是有關內政問題的，在社論裏我們呼籲當局改革臺灣的菸酒公賣制度。臺灣菸酒公賣制度係沿襲日據時代而來，是大陸上前所未有的。我們拋開公賣制度本身的存廢問題不談，因爲這個問題涉及的方面比較廣泛。僅就承認公賣制度存在的前提下立論。公賣制度中最爲人穢病的莫過配銷會的組織。配銷會是沿襲日據時代的「賣捌所」而來，介於公賣局與零售商之間，在菸酒配銷的過程中，可以坐獲百分之二的補助費，與平均百分之八的佣金。這是一個不少的數目，在財政困難的今日，不能不算是一項可觀的漏洞與浪費。

其次，我們要介紹的是其他兩篇專論，一是張致遠教授的「泛談現代文化」，一是瞿荊洲先生的「英國經濟復興與英鎊自由兌換」。張致遠教授以歷史家的眼光與悲憫的心情，指出現代文化中那些是進步的是有成就的，那些是危險的與有待改進的，從而暗示了人類文化未來的方向。瞿荊洲先生的大文說明英國金鎊自由兌換的成就，及其在經濟復興方面所具有的意義。保守黨執政以後，一反工黨的管制政策，挽救了英國的財經危機，現在竟逐步走向復興之途，這確是邱吉爾與財長布特勒的大功。英國人這種勇於改正錯誤的精神是可供我們借鑑的。

越南分割以後，華僑的處境如何，深爲國人所關切。本期海防通訊對此有精確之報導。「美國中學教育的特點」一文是一位遠離國門的在學學生親身的體驗，文字流暢而深有見地，可供教育當局的參考。「中立國之戰」(三)是一篇充滿知慧的文字，不同於一般的報導，可以細加品味。

陳石孚先生是國內名教授，他所評介的這本書是第三任聯軍統帥克拉克將軍所著，本書對共黨了解透闢，於美國政策頗多批評，是值得我們一讀的。

自由中國 半月刊 第十一卷 第六期 總第一一七號

中華民國四十三年九月十六日出版

發行人兼主編　『自由中國』編輯委員會

出版者　自由中國社

社址：臺北市和平東路二段十八巷一號

電話：二八五七〇

航空版　香港辦事處　友聯書報發行公司 Union Press Circulation Company, No. 26-A, Des Voeux Rd. C., 1st Fl. Hong Kong

菲律賓辦事處　岷市怡千洛街五〇二號三樓 3rd Floor, 502 Elcano St. Manila, Philippines

總經銷
臺灣　自由中國社發行部
美國　中國書報發行所　國民日報社 Chinese Daily Post 809 Sarcamento St., San Francisco, Calif. U.S.A.
加拿大　醒華日報 Shing Wah Daily News 12 Hageeman St., Toronto, Canada

經售者
日本　韓國　馬尼剌　印尼　印尼　越南　緬甸　印度　澳洲　北婆羅洲　新加坡

東京僑豐企業公司
漢城裕昌德號
大中華日報社
新疆書店
椰嘉達天聲日報
棉蘭新中華報
西貢中原文化印刷公司
仰光振成書報店
加爾各答塔梅學校
雪梨瑞田公司
西利亞坡青年書店
檳榔嶼、吉打邦均有出售

印刷者　精華印書館
廠址：臺北市長沙街二段六〇號
電話：二三四二九號

本刊經中華郵政登記認爲第一類新聞紙類　臺灣郵政管理局新聞紙類登記執照第五九七號　臺灣郵政劃撥儲金帳戶第八一三九號
（每份臺幣四元美金三角）

自由中國

FREE CHINA

第十一卷 第七期

要目

中華民國四十三年十月一日出版

社址：臺北市和平東路二段十八巷一號

半月大事記

九月十日(星期五)

美國務卿杜勒斯在東京與赫爾、吉田會談後離日飛美。

美國家安全委員會舉行秘密會議，爲丹佛會議作預備會議，討論遠東戰略。

聯合國安理會以十對一票通過全面辯論俄機擊落美機事件。

九月十一日(星期六)

我政府接納蘇俄油輪上六俄籍船員政治庇護之要求。

余伯泉偕蔡斯赴金門視察。

我政府發表聲明，重申關閉廈門港口。

美英法三國照會蘇俄，拒絕舉行商討歐洲安全問題的四國會議。

九月十二日(星期日)

新任國防部長俞大維返臺。

英、比、荷、盧四國外長在比京會議中，同意本月底在倫敦開會，商討歐洲防務。

英外相艾登抵波昂，與艾德諾商討重整德國軍備問題。

九月十三日(星期一)

陳副總統偕軍事首長赴金門視察。

立法院第十四會期舉行首次院會。

教育部修正通過大專教員出國進修、研究及講學辦法。

教育部頒佈資深優秀教師奬勵辦法。

艾森豪聲明，丹佛會議中已確定美國將防衞其重要利益的政策。

美國務卿杜勒斯對記者表示，不信中共能進攻臺灣，並認金門防衞與臺灣安全有密切關係。

歐洲十五國會議討論歐洲防禦問題。

英外相艾登與艾德諾會談結束，飛赴羅馬與義國商討德國整軍問題。

九月十四日(星期二)

俞院長在立院報告施政。

美國防部宣佈加緊對華軍援。

英外相艾登向德義建議，促請加入比京公約。

九月十五日(星期三)

葉外長赴美出席聯合國大會，徐柏園、張茲闓赴美參加國際貨幣基金會。

教廳通知全省中小學校，減輕學生課業負擔。

美巨型航空母艦中途號及十六艘驅逐艦決調至太平洋服役。

美國防部表示我可運用美軍援物資增强金門防務。

九月十六日(星期四)

杜勒斯演說，說明美國在西太平洋維持强大海空軍力量，俾機動打擊任何侵略者。

杜勒斯抵波昂，與西德商討主權問題。

英外相艾登與法總理會談，盼法迅即批准英國所提德國參加北大西洋公約組織的計劃。

九月十七日(星期五)

五議士代表訪聯合國總部。

杜勒斯與西德總理會談結束後，昨抵倫敦與邱吉爾艾登會談西德武裝問題。

艾登與孟德斯法朗士會談結束，同意召開九國外長會議，商討歐防局勢。

美海軍軍令部長卡尼呼籲建立原子艦隊，應付蘇俄海軍威脅，並指出蘇俄潛艇常在西太平洋區活動。

九月十八日(星期六)

俄油輪陶甫斯號又有船員四人要求政治庇護，我政府已接納。

我政府聲明緬境游擊部隊撤離工作已完成，對拒絕撤離者之行動，不再負責。

對三千華僑居留問題，菲外長表示願與我談判解決。

美英同意迅採行動，使西德以平等地位加入北大西洋公約聯盟。

九月十九日(星期日)

美駐聯合國代表洛奇發表文件，指控中共侵略行爲。

『自由中國的宗旨』

第一、我們要向全國國民宣傳自由與民主的真實價值，並且要督促政府(各級的政府)，切實改革政治經濟，努力建立自由民主的社會。

第二、我們要支持並督促政府用種種力量抵抗共產黨鐵幕之下剝奪一切自由的極權政治，不讓他擴張他的勢力範圍。

第三、我們要盡我們的努力，援助淪陷區域的同胞，幫助他們早日恢復自由。

第四、我們的最後目標是要使整個中華民國成為自由的中國。

美助理國務卿勞勃森表示美將永不同意中共進聯合國。

九月二十日(星期一)

新任國防部長俞大維就職。

教部學術審議會通過「實施國際文教合作要點」。

美原子能委會主席史特勞斯稱，美仍擁有在質與量方面超過蘇俄的原子優勢。

九月廿一日(星期二)

高德瓦號十餘波蘭籍船員要求政治庇護，已獲我政府接納。

全美華僑反共救國會議要求聯合國拒絕中共混入。

美已接受英邀請，參加在倫敦舉行之九國會議。

九月廿二日(星期三)

聯合國第九屆大會開幕。大會採納美建議，以四十三對十一票通過今年不考慮中共進聯合國問題。

我首席代表葉外長在聯合國演說，斥中共爲蘇俄傀儡。

美第七艦隊司令蒲賴德將軍來臺訪問。

盟軍在西德境內舉行大規模原子演習。

九月廿三日(星期四)

俞院長對合衆社記者表示，中國政府反攻只需美國後勤援助。

行政院通過電力加價案，准臺省電價增加百分之卅六，本案已送立院審議。

九月廿四日(星期五)

杜勒斯在聯大演說，宣佈美對原子能和平用途計劃。

美遠東軍統帥赫爾聲明，美續在太平洋保持堅强軍事基地。

九月廿五日(星期六)

杜勒斯赴倫敦，出席九國會議，商討西德整軍。

新任巴西駐華大使杜善篤呈遞國書。

社論

(一) 正告日本朝野認清中共的真相

日內瓦會議分割越南的條約簽字後，日本自由黨的幹事長池田勇人卽公開宣稱，日本的外交政策亦應有所改變，曾令華府當局爲之一驚。最近日本的國會議員追隨英國工黨之後，組織一個中共訪問團，其組成份子不但有社會黨左右兩派而且自由及改進兩黨亦有人參加，其聲勢之浩大已超過艾德禮訪問團了。更有文化界的中共訪問團，則以學習院院長安倍能成爲首，和全國婦女領袖組成之訪問團，去參加他們十月一日的國慶。這些事實的表現是否其外交政策轉變的信號呢？

至於民間的論調，則有「東京朝日新聞」九月十三日的社論，擔心金厦戰雲可引起亞洲或世界的大戰，乃以和平主義爲招牌，發出維持和平的呼籲。其主張是：周恩來與尼赫魯訂立協定所依據的五原則——相互尊重領土主權，互不侵略，互不干涉內政，平等互惠，和平共存——應適用於臺灣，砲擊金門須立卽停止，這樣臺灣與北平便可成爲「兄弟之邦」；同時要以下列三條件給予中共：①臺灣須放棄反攻大陸的口號與精神，表示與北京共存的「誠意」，②聯合國儘速允許中共加入，使中華民國與「中華人民共和國」同時「共存」於聯合國中，③所謂第七艦隊須由臺灣海峽撤退。如果中共贊成此和平的呼籲，發出將五原則適用於臺灣的諾言，以及停止對金門的砲擊，便可換得中美兩國如此鉅大的代價，中共又何樂而不爲？共產黨對敵人的諾言是一時欺騙的策略，隨時可以廢棄的，一次大戰中及大戰後他們撕破條約及廢棄諾言的事實不勝枚擧，難道日本的知識份子竟一無所知嗎？別的姑且不說，松岡洋右與史大林所訂之不侵犯條約，墨瀋未乾旣被破壞，俄國出兵東三省，你們難道就健忘了麼？共黨的諾言旣已不値一錢，則朝日新聞要求他們放棄的行動不是只有停止砲擊金門嗎？只要停止砲擊金門，臺灣便要放棄反攻大陸的口號與精神，聯合國便要許中共加入，第七艦隊便要撤退，則他們這次砲擊金門眞眞發生了鉅大無比的效力了。站在中美兩國的觀點看，這豈不是無條件的投降嗎？我們不相信日本知識份子之無識竟一至於此，其實只是迎合日本多數人民渴望和平的心理，暗中替共黨宣傳罷了。故該社論首先斷定和平之絕對必要，而世界的現勢則牽一髮而動全身，卽金厦一角的戰雲實有危害和平之勢，然後主張中共要停止砲擊金門，則臺灣方面作精神上及物質上的全面投降，也就能使人們不覺其無理了。我們要正告日人，如果我們放棄了反攻大陸的口號與精神，坐視大陸同胞慘遭屠宰，還要這一個局促於臺灣的政府做什麼？在大陸上幾千萬人被屠殺之後，還有那一個肯去聽信中共的諾言來作極大的讓步？現在不論共黨有甚麼原則，我們留居海外的中國人都只當它是欺騙的策略，決不會依據它來改變反共的行動。所以不論中共「解放臺灣」的宣傳是否繼續，砲擊金門的行爲會不會停止，我們絕不願與中共和平共存，也不會放棄反攻大陸的義擧。

民間已有如此荒謬的論調，則文化界的自由主義者以及社會主義的左右兩黨要組訪問團，也不是甚麼怪事了。可是執政的自由黨也派員參加，則是外交上的大事，不可等閒視之。英國與中共業經建立初步的邦交，其在野的工黨議員組團訪問，固屬國際所常有。日本與中共並無邦交，且已與中華民國簽訂和約，法理上應該將中共看作叛亂者。故僅僅社會主義兩黨的議員組團訪問已不能與艾德禮訪問團同樣看待，今則執政黨亦派議員參加，是不是將中華民國與「中華人民共和國」等量齊觀呢？若謂這種法律觀點不必重視，政治當局只應從現實的利害着眼，則中共與蘇俄的同盟條約明明指定日本爲敵人，還不是現實嗎？豈謂「中」蘇同盟條約乃是史大林生時的政策，馬倫可夫執政以後已改變方針，朝向與自由世界和平共存之途邁進了嗎？我們以爲日本朝野對共黨政權認識之錯誤全繫於此。

共黨的思想以鬪爭爲中心，與鬪爭相反的和平並沒有存在的餘地；共黨的行動以征服世界爲其終極目標，在未完成之前雖有進有退，但決無停止。這是馬列主義很明白的主張，在今天已是擧世周知了。且看史大林死後中共的行動，韓戰甫停而越戰突然加緊，日內瓦和約一經簽字，而「解放臺灣」的宣言以及砲擊金門的行動便接踵而來，這不是要有連續不斷的勝利來鎭懾大陸的人民嗎？由此可見卽使短期的和平也不是他們所要的。據英國記者的報導，某工黨議員訪問中共所得的印象，便是中共並無和平之意，已是一語破的了。

現在日本的三個訪問團諸君業經成行了，我們希望諸君看清中共政權之軍國主義的本質，使今後的日本不致迷於所向。當中共在野時天天以社會主義爲標榜，要求我們的政府提高人民生活，以此籠絡人心而遂其顚覆政府的陰謀。及其取得政權以後，大多數的中國人均以爲它必然致全力於生產事業，積極地謀經濟的繁榮，而事實乃適得其反。他們不顧人民的死活，盡力剝削而瘋狂擴軍，若不事侵略，所爲何來？到今天陸軍猶是保持五百萬的數量而裝備則加强倍蓰，海空軍依然擴充不已，難道是爲着「防禦日本的侵略」嗎？以尼赫魯之愚或許相信周恩來的五原則，其實只要將西藏和新疆的駐軍撤退，則五個原則便已全部實施了。要以社會主義改造中國，何必浪費大量的人力物力，派幾十萬大軍去進駐西藏新疆呢？軍國主義必然是無止境的侵略，共黨和納粹在本質上是一樣的。中共的侵略絕對不能渡過臺灣海峽，則其下一次的行動非指向東南亞則必衝到日本，可斷言者。如果日本諸君今次訪問，能認清中共的眞面目，使政府當局積極布防，也不虛此一行吧。

社論

(二) 又一個關係憲政的問題

——兪院長說辭不掉兼職

行政院長兪鴻鈞今年六月間列席立法院報告施政方針的時候，在其答覆立委們的質詢中，作過很多很多令人興奮的諾言，也宣布過許多很明智的政策。新政府、新氣象。當時的報紙，的的確確給人這樣一個新的觀感。

在質詢中，關於兼職問題，兪院長給立委潘衍興的答覆是這樣說的：「我的兼職，決定全部辭掉；其他兼職的人員，也將以一人一職爲原則。」(見六月十八日中央日報)

決定辭掉全部兼職，是兪院長的諾言；一人一職的原則，是兪院長的政策。

時間經過了三月，兪院長仍在兼任中央銀行總裁的職務。現在立法院又開會了，上月十四日立委溫士源再把這個問題向兪院長提出質詢，兪院長答覆：「至於本人對央行總裁一職，曾以書面及口頭一再懇辭，但未被接受。」同時還補充一句：「本人贊成一人一職。」(見九月十五日中央日報)

這件事，如果出之於一般官吏，沒有甚麼可以非議的。辭兼職的意願，說出了，也做出了；只因「懇辭」而「未被接受」，兼職仍繼續兼下去。這當然可以見諒於世人。可是，在這件事中我們萬萬不可忽略的，就是：

當事人是兪院長；

兪院長是行政院的院長；

行政院在中華民國憲法第五十三條規定下，是國家最高行政機關；

這個最高行政機關的行政院，依憲法第五十五條之規定，是要向立法院負責的。

因此，兪院長關於自身兼職問題在立法院前後兩次的講話，觸及一個重大問題，即憲政實施的問題：行政院在「事實上」是否爲國家最高行政機關，而可行使其最高行政權？如答案是肯定的，上月十四日兪院長所說的那番話，我們就無從理解；如果答案是否定的，行政院將如何可以向立法院負責？這種問題，關係我國憲法的基本精神，我們不能不特別重視而加以申論。

首先我們要指出，行政院長向立法院所作的諾言，所宣布的政策，是要負責實踐、實施的。辭掉全部兼職，是兪院長向立法院所說的諾言；一人一職的原則，是兪院長向立法院宣布的政策。這個諾言之是否實踐，不僅是這個諾言本身的價值問題而已，而且關係一人一職的政策之能否實施。

其次，我們要指出，諾言如不能實踐，政策如不能實施，是行政院長自身的責任。這個責任，依憲法的規定，是無從推諉的。如可推諉，則行政院就不是憲法上規定的國家最高行政機關。

現在的問題是這樣：兪院長不能實踐其辭掉全部兼職的諾言，因而就放棄了一人一職的政策。這是問題的一面。另一面——問題更嚴重的一面，就是兪院長之所以不能實踐其諾言，因而不得不放棄其一人一職的政策，照他自己說，是由於他「懇辭」兼職而「未被接受」。這就是說，行政院向立法院宣布過的政策之能否實施，有時還要看一個更高的權力之是否批准。在行政權範圍以內，還有一個更高的權力在行政院之上，則憲法第五十三條也就等於刪除了。這是個極嚴重的問題，爲我國憲政前途的致命傷！

有人說，現行的中央銀行法，即民國二十四年五月公布的那件中央銀行法。照該法第一條規定：「中央銀行爲國家銀行，由國民政府設置之。」由此可知中央銀行在行憲前不隸屬於行政院；因而中央銀行總裁的任免，其權不操在行政院長，而操在當年的國府主席。兪院長要辭央行總裁的兼職，在今日自然要向總統辭；總統不准，只好繼續兼任下去。這種說法，似頗動聽。須知關於行政院長的責任問題，行憲前與行憲後完全不同，儘管中央銀行法在形式上尚未及修改。據說立法委員中，正有人提議修改中央銀行法。在修改草案的第一條，將以明文規定「行政院爲發行通貨、調節金融、靈活經濟，特設中央銀行」。同時中央銀行內部已擬具反對意見，主張將第一條的「行政院」三字改爲「中華民國政府」。其實，中央銀行法如何規定，與本文的論點是不相干的。中央銀行是一個執行國家財經政策的重要機構，這個機構無論法律上怎樣規定——國民政府設置也好，行政院設置也好，中華民國政府設置也好。中央銀行總裁的任免，總是屬於行政權範圍以內的事。行政權在今天行憲的局面下，總屬於國家最高行政機關的行政院，這是絕對不容置疑的。憲法第四十一條，總統依法任免文武官員。這一規定的意義是在「依法」二字上。憲法是一切法律的母法，「依法」，自當依照憲法爲最重要。明乎此，可知中央銀行法與本文的論點無關。本文中最重要的一點，是指出「行政院向立法院宣布過的政策之能否實施，有時還要看一個更高的權力之是否批准」。

我們絕不否認在現行憲法所包含的精神下，行政院長於制定政策時，事先應與總統商量，但行政院既已對立法院宣佈過的政策，就應貫澈其意旨而不能有所推諉。因此，我們建議立法院對兪院長上月十四日答覆立委溫士源的那番話，應該來個「不予接受」的決議。這一決議，可以嚴正地表示立法院是在維護憲法第五十三條使行政院不失爲國家最高行政機關；同時也在維護憲法第五十七條，使行政院得以有權向立法院負責。

戰後日本右翼論

徐逸樵

一、問題的提出

最近關於日本右翼的復活又成為世人注意的問題，其中更注意的當然是日本的隣人。日本的隣人為什麼更注意這問題呢？大概不出這樣的理由：

一、日本過去對於四隣的侵略、征服和擴張無非是右翼的亂子。最近日本軍隊復活了，以巨大資本為背景的財閥也復活了，以舊勢力為中心的官僚也復活了，不必說，天皇的尊嚴也復活了。在這情形下，如果以那超國家主義為萬變不離其宗的信條的右翼也復活了，那還了得嗎？就理論說，右翼必然會跟着那些勢力而復活而强化，那是日本歷史給我們的推論，現在這推論既由事實證明非僅止於推論，那末對於我們隣人可能的影響還不是可怕嗎？這是懲前毖後論者的論點。

二、日本戰後弱多了，主觀客觀的條件也差多了，右翼復活決不會促成日本再侵略、再征服、再擴張。日本右翼羣向以反共為其最大公約數精神，這是衆所周知之事，如果肯定了和重視了這一點，那末日本右翼的復活當不僅無礙於我們隣人，而且從高處大處看，反而是值得期待和獎勵的東西。這樣看起來，日本右翼的復活又有什麼可大驚小怪呢？這是右翼期待論或利用論者的論點。

三、戰後日本的右翼變了，不比以前那樣傻氣了。戰前的右翼全是反蘇反共的，戰後的右翼未必全是那樣了。他們有的是反蘇的，而有的却是反蘇又反美的，甚至如果過細看一看，有的竟是反美而却未必是反蘇的，事情變得那樣離奇而微妙，期待或利用論可不大戒哉？這是懷疑論者的論點。

論點各有千秋，是非姑不具論。問題是戰後日本的右翼，究竟是怎樣和究竟會怎樣。不問清這一些而徒言警戒，利用，懷疑，結果不是懸空之論嗎？

二、日本右翼本色

要問戰後日本右翼，不能不追溯其遠祖和近親，俾新舊對比有所準繩。而欲追溯其遠祖，又不能不自明治維新始。

明治維新可以用「尊皇攘夷」、「尊皇開國」、「開國進取」一過程括之。所謂「開國進取」也就是「大陸進出」。在那一連串發展過程中，日本發生了其間一切對內對外的變化，當然也包括着日本右翼的發生和成長。在這裏，只就戰前日本右翼的發生和成長簡單說一說。

「尊皇攘夷」是日本形成統一的現代國家的第一步。在那廢藩統一的過程中，不知揚棄了多少舊藩士和其緣族們；其中比較「識時務」，多權變，具幸運的變成大小「維新功臣」了，而拙權變，缺幸運和少識事務的流為大小「浪人」了。可是倒霉的雖然流為浪人了，而其中有許多，對於天皇制的擁護和使日本强到和「夷」一樣的雄心則初無遜於所謂大小功臣。他們功臣既然做不成，而其「尊攘心」和「國權慾」又那樣旺盛，那末怎樣辦呢？跟着由「尊皇攘夷」，而「尊皇開國」，而開國進取的運動，向着國內國外去另闢蹊徑，是他們的必然，而在那時排除異己極烈的日本小範圍，被迫向大陸方面多找出路，又是他們的必然。他們怎樣闢蹊徑找出路呢？在最初的階段，他們以扶持天皇「肅清君側」為口號，到處反亂，暴動和暗殺，以與成功者抗爭，到了天下初定了，那些徒遭屠戮的反抗手段失其作用了，於是不能不轉其方向於所謂「大陸進出」以謀出路，這行徑大有「縱橫計不就」，「扶餘且自王」之慨。然而這行徑，又是他們維新以來和政府表裏相用以歸根於皇國的發展的緣由。同時在那過程中，他們為迎合當時的潮流，當然也做些似是而非的所謂「民權運動」和其他政治的、經濟的、社會的活動，以與政黨、官僚及新興資本家發生微妙複雜的關係。這又是他們維新以來和政治經濟舞臺上露面的階層不易截然劃分的緣由。這一些，是當時浪人成為右翼並發展為其後各種右翼集團的大概。

我們剛纔說，他們向大陸求出路，有類於虬髯俠客扶餘自王的氣慨。可是虬髯俠客和李世民略一接觸，就「驚為天人」而遠走扶餘，後遂與祖國永訣，而那些由浪人轉化的日本右翼，在他們往來和活動於大陸之間，還是和其祖國的擴張主義者密切連繫，內外呼應，以不斷擴大其亂子，是顯然的異點。關於這，只要看右翼鼻祖「玄洋社」的前身的興志社和向陽社(註二)之類的幹部如武部小四郎，越智彥四郎，箱田六輔，進藤喜平太，平岡浩太郎，頭山滿等等，一方面無一不是對內暴動與暗殺的巨頭，而一方面，又無一不是和「藩閥政府」(明治維新後一長期間的政府有此通稱)相表裏，以大倡「征韓論」，「大陸進出論」，並作血腥活動的巨魁，至其後繼者自無不青出於藍，可以知之。玄洋社者，日本右翼之鼻祖，亦日本闖「極端國家主義」(Ultra-Nationalism)之源流也。

玄洋社為日本右翼之鼻祖已述於前。至其後直至日本投降為止六十餘年間無數日本右翼，他們的名稱儘管不同，表面的主張儘管似乎有異，然而要言之，實無一而不朝宗導源於次述諸團體。事情與「戰後日本右翼論」似無甚關係，為助於探究和了解，不能不簡述之。

一、玄洋社：首任社長為平岡浩太郎，箱田六輔，頭山滿等為主幹。一八八一年二月成立。此社取名於福岡縣西海岸之玄洋灘。玄洋灘與朝鮮隔岸相望。社以灘名用意可知。此社有名的直系之一為黑龍會，以內田良平為會長，頭山滿爲顧問，成立於甲午之役後「三國干涉」日本（正式成立於一九〇一年一月）。三國干涉爲右翼之奇恥，因之此社乃以「發揮天皇主義之妙諦」，「指導亞洲民族之復興」，「確立擧國皆兵之實際爲自任」，極富侵略，膨脹和排斥白人之色彩。日本敗降後美人之來日者，尚甚注意於此所謂"Black Dragon"，之影響。一九三一年所成立之大日本生產黨——一般人認爲日本最初的法西斯黨之一者，即爲此會之化身。

二、國本社：淵源於一九二〇年東京帝大中一部分右翼青年所組成的興國同志會。時該會與其同校中之新人會（註三）相對抗，積不相能。該會範圍擴大後，迎平沼騏一郎爲會長，並網羅陸海軍人如東鄉平八郎，宇垣一成，荒木貞夫，加藤寬治，松井石根，小磯國昭等，財閥如池田成彬，結城豐太郎，原嘉道等，官僚如山川健次郎，古在由直，後藤文夫等爲會員。會員多至二十萬，範圍極廣。外人目爲日本法西斯組織之巨峯。

三、老壯會：首倡於佐藤鋼次郎中將，一九一八年十月成立。其時第一次世界大戰方終，日本戰時所獲得的橫財和繁榮，受戰後歐美先進資本主義國家經濟復活之壓迫，陷於深刻的恐慌，而各種新思想新潮流又復挾所謂「赤化運動」「勞工運動」以俱來，右翼人士憂之，乃與所謂「共憂的思想家」共謀抵抗，期其「撲滅」，爲此會成立之由來。此會一方面以「討伐赤化」爲號召，極富極端國家主義色彩，一方面以糾正所謂資本主義之流弊相標榜，厚具異奇的國社主義之怪味。他所以名「老壯」，謂係集老壯新舊於一團，以共謀國家改造與共赴國家之急云云，非清淨無爲之老莊派也。

脫胎於老壯會之大右翼有三：一九一九年成立之猶存社，一九二四年成立之行地社，一九三二年成立之神武會。這一些集團，和其後其他右翼集團一樣，名稱雖異而目標作風均無大殊，一言以蔽之，欲以暴力控制日本，迫日本加速法西斯化，同時向大陸及整個亞洲積極擴張而已。猶存社瓣自右翼巨頭北一輝，而以大川周明、滿川龜太郎爲其兩翼，西田稅、安岡正篤、岩田富美夫、淸水行之，鹿子木員信等爲主幹，多是有志於大陸並新自大陸問鼎歸來之健者。所以名「猶存」，係出自魏徵「述懷」詩中「中原還逐鹿，投筆事戎軒，縱橫計不就，慷慨志猶存」，以寓其氣宇所在也。行地社宅意爲「則天行地」，氣宇尤過之，以大川周明、滿川龜太郎、安岡正篤、笠本良明、西田稅等爲主幹。其時，日本法西斯化益亢進，少壯軍人所結成之櫻會與小櫻會益活躍，大川周明西田稅等與他們往來密議極頻繁。「九一八」及其後的盲目擴張，即係此一法西斯急進過程中之產物，當爲我人目擊或耳熟猶新之亂子。神武會以菊池武夫中將及河本大作上校（註三）等爲發起人，以「宣揚神武建國之精神……扶持神聖國體於無窮，恢宏天業於四海……」爲「主義」，並自稱融列寧、希特拉、墨索里尼之思想方法於一爐云云，於是成爲日本特有的法西斯組織。他以大川周明爲「會頭」，以狩野明爲總務部長，以松延繁次郎爲勞動次長，以金內良輔爲調查部長，以片岡氣介爲組織部長，以雪竹榮爲編輯部長。組織中有所謂勞動部，納所謂勞動運動於右翼，儼然法西斯黨之規模矣。

四、經綸學盟：第一次世界大戰後世界局勢之發展，使日本進入於明治初頭以來又一複雜而緊張的新時代。此新時代之反映於日本右翼者，則爲其性格由過去單純的國粹主義，進入於日本國粹主義與西歐國社主義相混交的雜種的日本右翼。此一雜種右翼——日本法西斯團體之肇始，則爲高畠素之與東京帝大教授上杉愼吉所組織的經綸學盟。高畠爲日本國家社會主義之首倡者，而上杉則爲日本學界中最極端的反動思想家。此二人由岩田富美夫之介，於一九一九年間組成者，即爲此雜種的經綸學盟。因之經綸學盟之在日本，實爲近代的急進的法西斯右翼之始。

經綸學盟成立不久。雖因高畠與大杉作風之不同而無形消滅，然其影響於此後法西斯團體的活動者則甚大，而其繁衍亦極强。例如就高畠系言，則有岩田富美夫之大化會，矢部周之愛國勤勞黨，石川準十郎之大日本國家社會黨，神永文三之愛國勤勞黨，津久井龍雄之急進愛國黨與愛國勤勞黨，北原龍雄與松延繁次郎之大日本青年黨等；其在上杉系者，則有赤尾敏之建國會，天野辰夫之興國同志會，竹內賀久治之國本社等等。複雜奇離，五光十色，不可究詰。

吾人關於戰前日本右翼的發生、發展與夫其大木主枝之簡述僅止於此，至其他無數離合集散應運而生的活動，因無關本文主旨，恕不贅矣。

惟吾人於此有需補述者數語，即在日本右翼如此急速發展之時，亦即與其國內外複雜局勢相激相蘯而將整個日本逐步送入於沒落的深淵之時。在此一時期，其在國內所發生的法西斯暴動，則有一九三一年之三月事件，十月事件，一九三二年之二月事件，三月事件，五·一五事件，七月事件，一九三三年之七月神兵事件，一九三五年之八月事件，一九三六年之二·二六事件等（註四）。其在國外所發生之暴擧，則爲由「九·一八」，而「七·七」，而珍珠港襲擊，而所謂「大東亞戰爭」。在此盲目突進之過程，日本五光十色的右翼乃由羣魔亂舞轉入於近衞東條所導成的「一國一黨」的清一色自我陶醉。陶醉未醒而整個日本帝國主義業已粉碎，於是日本右翼乃轉入於另一離奇的新階段。

吾人概觀至此，關於戰前日本右翼有幾點值得特別提出。斯幾點者，原亦可資於了解戰後右翼之參考也。

一、他的發生和發展與明治維新以來國內外的環境有極密切的關係。就國內言，明治維新是日本特有的封建社會向着近代資本主義社會變態的不自然的發展。在這不自然的發展過程中，他的固有的封建性始終沒有清除過，因之右翼的封建性也始終沒有清除過。就國外言，通明治維新以至第二次世界大戰發生，日本的近隣太脆弱，不爭氣，授日本以僥倖可乘之機會，其勢猶如水之就下，不可遏止。於是日本朝野之擴張主義者認爲向四隣發展乃是天予之惠，不取不義。實情如此，右翼所以往外發展較向內尋事有味而起勁，勢也，非偶然也。

二、戰前的日本支配層，通明治維新以來，是以天皇爲中心而環繞着財閥軍閥和官僚的好戰的機構，而右翼則爲其外圍。右翼和支配層是相互爲用的，相互影響的，相得益彰的；無如此支配層則右翼將無所施其技，無那樣的右翼則支配層也將大膺其恥。

三、第一次世界大戰前比較單純的，純國粹的和純觀念的右翼之所以轉爲大戰後的複雜的，組織的和法西斯的，那是時代的必然。爲什麼呢？時代既已使日本轉爲成熟的現代資本主義社會的階段了，爲維持和强化那成熟之果不至於落地，右翼的轉爲法西斯集團，那是必然的。

四、他的理論是極貧拙的。他的最高理論原不過是北一輝的「日本改造法案」，權藤成鄉的「自治民範」，橘孝三郎的「皇道國家農本建國論」，安岡正篤的「日本精神研究」和高畠素之的「批判馬克斯主義」一套而已。然而這不足爲日本右翼病，因爲「實行重於理論」原是任何右翼的自解語，希特拉的大作「我的奮鬪」又有什麼高論呢？我們所以特別提到日本右翼理論的貧拙，因爲要使人們明白，天下事，勢順，則順可以掩拙，勢不順，則拙無可掩而窮拙畢露，被人厭棄矣。因將談日本戰後右翼，乃並誌之。

三、戰後日本右翼

我們在上一節中說過，日本敗降後，右翼乃轉入於另一離奇的新階段。這新階段的客觀情勢之大有影響於右翼活動者有二大傾向，不可不提：其一爲盟總對日政策的演變，其一爲日本人民對於右翼觀感的演變。

關於盟總對日政策的演變，在這裏，當然是指對於右翼政策的演變。盟總對於右翼的政策，其初是强力壓迫；解散，逮捕和追放不遺餘力，同時獎勵左翼以牽制右翼，工會活動的鼓勵和政治犯人的釋放等就是一例。在這一期間，右翼的動態可分爲二方面：其一是悲憤自殺或消極躲避以看風色；其一是新右翼卽所謂「戰後派」(註五) 右翼者應運而生。可是這樣的壓迫政策是爲日無幾的，爲日無幾當然由於美蘇對立的亢進。在亢進的過程中，過去被解散逮捕，追放的舊右翼逐漸恢復自由了，到了一九五一年後，除掉少數的團體和頑固份子以外，幾於完全恢復自由了。於是新右翼固然可以暢所活動了，卽舊右翼也大有施展經綸的餘地了，只要他們對於新情勢的發展有認識，能識相。這是盟總對日政策演變中影響於右翼動態的大概。獨立後日本政府的政策和總盟後期的政策也差不多。至於說到日本人民對於右翼觀感的演變，大旨也可分爲二期。初期的觀感當然是極壞的。這理由很簡單，因爲他們認爲吃大虧受大寃乃由於右翼不安分，把如此江山斷送掉。後期呢？跟着總盟政策轉換和日本獨立後所謂後期呢？人類縱然是患健忘症的，然而思痛能力不能說全無，對於右翼當然不會完全釋然。況且居今日的日本，主客之勢大異於明治維新和戰前；對內則身不由已，隣情則局勢大變。左右都爲難，中立又不是，行不得也哥哥，確是茫然若失的大多數可憐的人的心境。這心境之表現於右翼觀者是麻痺，是舊惡未全忘而新疑又叢生。這種種，也是年來新舊右翼所以徒聞樓梯響不見人下來的主因。

我們分析戰後日本右翼動態的背景且止於此。現在請我們看一看他們動態的實際。這實際可以從二方面看，卽所謂「戰後派」右翼和「戰前派」右翼是。

甲、「戰後派」右翼——談「戰後派」右翼之前，我們應該先談一談「戰前派」右翼在敗降初期的態度，因其態度與「戰後派」所由發生大有關也。戰前派右翼在敗降之初，我們剛纔說，是以悲憤自殺或消極躲避爲其特徵。這特徵之表現於事實者可以分做三條路：一條是自殺，一條是改裝，一條是韜晦。自殺的有三批。一批用手榴彈自殺於東京之愛宕山，計十人，尊攘同志會中摺建富士夫與飯島譽士雄等屬之。在二十世紀四十年代中尙有所謂尊攘同志會，很可以看出日本右翼的封建性。一批服青酸加里自殺於皇宮前廣場，計十一人，其中有女性一，明朗會中日和比一等屬之。一批切腹於東京之代代木原，計十四人，最遵古式，是影山正治的信徒。可是影山之父壓平殉之，而影山本人却不與焉。第二條所謂改裝，就是改招牌爲民主的，爲數甚多。例如國粹大衆黨改爲全國勤勞者同盟(笹川良一)，與亞青年本部改爲日本國民黨(兒玉譽士夫)，東方會改爲民權同志會（三田村武夫）和新日本建設同志會（本領信治郎）等等。那時盟總大致力於和平的民主的新日本之建設，追究舊右翼甚急。爲避「旋風」，改裝自不失爲一良好辦法。還有一條所謂韜晦，就是借「經營」以示再無意於舊業，頗有「杜曲幸有桑麻田」之風，爲數也不少。例如國粹大衆黨中有改營百貨公司或旅館業者，井上日照系之山中淸玄則改營土木建築業，石原莞爾系東亞連盟則改營西山農場於山形縣，並從事於酵母肥料之推廣與椎茸栽培之普及，影山正治則改營大和公司與不二歌道會等。我們看了上面的情形，有一點値得一提。就是改裝與韜晦（事實是半斤與八兩）大有人在，而自殺的都是些小伙子，右翼巨頭不與焉。這不僅爲許多日本人所不解，連我們都有些呆住了。

舊右翼既然如此，「戰後派」當然應運而生。可是那些戰後派中有許多却是很糟糕的。從舊右翼看，也許會歎「家門不幸」。糟糕不會長壽，長壽的是否可造？這要看仁者智者來評了。玆假定前者爲已被陶汰的，後者爲尙在活躍的，擇要而簡述之。

一、戰後派右翼中已被淘汰者：

日本天狗黨——這是戰後派中之最先組成者。他名黨首爲「總帥」，副黨首爲「副總帥」，行動隊爲「愚連隊」，一見而知其爲暴力團。他於一九四五年十二月成立，以太田三吉及澤田太郎爲首領，成立不久而野性大發，面目畢露，黨員之强劫盜掠者迭出。次年三月，竟在群馬縣之利根郡，大演其郵局大劫案。其他劫案不勝其數。一九四八年被解散。

新銳大衆黨——眞木康平爲首，一九四六年六月成立。此黨雖以「救濟戰災者，海外歸來者，復員軍人及流浪兒童」爲招牌，而其從事於掠奪，盜取，冒領救濟金與救濟物等層出不窮，初與天狗黨無軒輊。他雖於一九四七年一月襲擊產業別工會主幹聽濤克已而反共之聲名大起，然卒以其性質係暴力團體，也於同年十二月被解散。

日本反共連盟大鶴青年部——以古川義哉及佐佐木孝男等爲主幹，一九四七年十一月成立於佐賀縣。此黨以暴力破壞工會組織爲目的，並曾嗾使其黨員古賀一郎及古谷晃等以手榴彈擲擊日本共產黨黨魁德田球一於佐賀市市會堂之公開演說中。然亦因其性質爲暴力的，於一九四八年八月被解散。

敬愛同潤連盟——是「在華北日本民主黨」的後身。「在華北日本民主黨」於一九四五年八月成立於北平，據說曾爲中國國民黨所承認，元老張繼所支持，而其目的則爲「歸國後組織同志的黨，根據三民主義的原則和精神，與中國國民黨携手，以打倒共產黨，實現東亞安定與繁榮」云云。他自一九四七年初改爲敬愛同潤連盟後，仍謀與大陸及臺灣連繫，並曾指定所謂「渡臺要員」者五人，請盟總准他。盟總不准，他又決定密航。盟總認爲其行動和管理日本方針牴觸，而其性質又是暴力的，乃於一九四七年二月命其解散。

這些只是「戰後派」中已被陶汰之極小一部份而已。其餘如新日本青年黨，新日本義黨，日本經登同志會等等，隨生隨滅，此起彼落，而其性質亦復爲暴力的者，不勝其數。在這裏不必舉也無法舉。

二、戰後派右翼中尙在活躍者：

日本菊旗同志會——日本被管初期，即已成立，一九五〇年五月分裂爲二：一爲島津定春派，一爲福島清史派。島津畢業於東京商大，福島爲上等兵出身之行伍，島津派勢力較優（島津派約六七百人，福島派約其半數）。菊旗同志會多戰時後期所謂「特攻隊員」，其活動範圍以九州及山口縣等之礦山爲主，一時曾爲蘇俄所注意。其初期綱領爲「維護天皇制，確立民主政治；澈底打倒反動共產黨，建立永久中立國家，嚴正實行波茨坦宣言，恢復國家獨立主權」。分裂後，島津派對初期綱領予以修改，大旨如下：「實行愛的革命，刱造以相對的世界觀爲基礎的第三哲學，確立自由的民主的永久和平國家，實施計劃經濟以安定國民生活。」儼然側身第三勢力姿態矣。

大和黨——一九四八年八月成立。黨首戶松慶一，畢業早稻田大學後，任職滿鐵，曾爲關東軍特務，戰後歸國，一九四七年組織中和黨。大和黨即係中和黨改稱。大和或中和均宅意於所謂「國民協調，國內協調，國際協調」，意在「和爲貴」也。大和黨以「完全實行波茨坦宣言，貫澈德謨克拉西的國家革新，實現民族國家的國際團結。强化世界連邦以確立和平與廢除軍備」爲綱領。去年日產汽車公司大罷工，資方大感頭痛，幸賴此黨深入於工會組織而獲勝。於是大獲一般資本家之青睞云。

救國青年連盟——成立於一九四六年三月，以「實現無戰爭的世界，嚴正實施波茨坦宣言，以勤勞謀經濟復興，打倒赤色法西斯與白色恐怖，以防止內亂」等相號召。黨首織田正信爲戰後首次大選當選中之年紀最青者。初時活動頗爲積極，一時號稱有黨員二千餘人。惟其後迭次競選失敗，資本又陷於枯竭，已呈衰落之觀。

民族新生運動——以渡邊捷三爲首，盛倡其「以青年爲基礎的救國組織」，「亞洲人不打亞洲人」及「拒絕出征與自主自衞」之論。一九五〇年杜拉斯來日時，曾迭次開會要求雅爾達密約之廢除，千島、南庫頁島、琉球、小笠原、琉璜諸島之歸還。觀其口號與行動，頗具初期戰前右翼之氣慨，爲戰後派右翼別開生面。

國土防衛研究會——首領大山岩雄，爲戰前「左翼鬭士」之一，曾譯著列寧之「俄國資本主義之發達」。一九五〇年朝鮮戰爭爆發，認爲祖國安全有被威脅可能，乃於是年十二月組成此會。此會委員中列有現自由黨吉武惠市，改進黨中曾根康宏，舊大川周明系江藤夏雄，日本經濟研究所佐野博，以及江崎眞澄，藤村信雄等名士，頗爲活躍。大山岩雄自左翼轉爲右翼，渡邊捷三以右翼作類似左翼之活動，均不失爲戰後派對照的組織。

以上所述僅爲戰後派繼續活動中之健者，其餘組織尙多，不能一一。惟茲有待補述者數語，即諸此組織，雖均係戰後產生，然其思想或關係，仍不能謂爲與舊右翼無淵源。例如救國青年連盟和民族新生運動與舊東亞連盟有緣，國土防衛研究會與舊昭和研究會有舊，即其一例。「戰前」「戰後」云云，比較的說法也。

乙、戰前派右翼：戰前派右翼之在戰前，活躍如生龍活虎，氣宇不可一世，而一聞敗降，便即改裝韜晦，據以自重，已述於前。然則其後乃至今日，其行動則又如何？乃究其實際，除其中一小部份尙在勉强掙扎以外，却未聞有若何捲土重來的行動。此其理由不一而足，在下一節中將有所論列。或謂其主因在於巨頭們中尙有未被解除追放者，茲姑是之。以下所述，即係巨頭們年來行狀之一角。

大川周明，赫赫乎舊神武會之巨頭也。曾被審於遠東戰犯裁判所，初審即發瘋，痛擊東條英機之禿頭於法庭，後遂以瘋子有據而免被審，乃得脫逸。比年蟄居於東京近郊之厚木，譯高蘭經，生活殊苦。聞近靜極思動，已在東京日本橋旁之茅場町闢事務所云。

井上日昭，舊血盟團之巨頭也。比年亦蟄居，著有「日昭自傳」及「眞理運動之展開」，倡其高不可攀之「宇宙一元眞理」如故。自謂如有人能會得此眞理而實現之，吾將甘拜下風，願以顧問之資格執鞭隨蹬云云。李廣已老，無意於封乎？聞近亦靜極思動，移居於東京之駒込，是則又不甘寂寞之透露也。

影山正治，神兵隊事件之巨頭也。父歷平死難而渠不與焉，經營食堂及不二歌道會以自遣，已述於前。近亦無特殊驚人行動可述聞，渠執箕箒以淸除宮內落葉枯枝，嘗有機會參見散步中之天皇，以此爲無上慰藉，十年如一日。又一作風也。

進藤一馬，玄洋社第二世社長進藤喜平太之子，曾任玄洋社長並兼東方會常務理事，血統地位均不平凡，乃比年蟄居於東京代代木八幡，無何活動，有「好好先生」之稱。然而「好好先生」之稱固非右翼豪傑所應有也。

三浦義一，舊國策社之巨頭也。聞其經濟潤澤遠勝於儕輩，惜大陸風雲兒之色澤業已大褪。經濟潤澤聞係得助於日本銀行總裁一萬田及前持株整理委員會委員長笹山忠夫。近二人聞已敬遠，潤澤乃不如前云。信乎否乎，姑誌之而已。

以上僅係巨頭行狀之大概，錄之以供關心舊日風雲兒近況者之參閱，不多涉及。次所述者爲舊右翼中之捲土重來者，然其場面也殊欠壯濶，則殊可玩味者。

協和黨——此黨之前身爲故石原莞爾所剏立的東亞連盟。石原莞爾者，活躍於滿洲並與東條英機相對立，而爲日本甚多少壯軍人及其同流所最崇拜之一軍人，盟軍登陸之初極受盟總注意，並亦爲當時日本統治階級認爲撫慰虛脫失神之人心最有效之人物也。石原莞爾死，其信徒思所以繼其志，乃於一九五一年八月十五日石原之忌辰，集合同志五百餘人於東京，成立東亞連盟化身之組織，是卽協和黨。協和黨以武田邦太郞爲代表，和田勁，橋樸，中山優，杉浦晴男，淵上辰雄等爲主幹，有支部多處分佈於全國，爲戰前派右翼中之較活躍與較大規模者。此黨反對重整軍備，「堅持」所謂明確之原則三，卽「放棄戰爭，嚴守中立，鄉土自衞」是。此黨之「救國理想」，可於其剏立聲明書中覘之。聲明書中有曰：「吾黨非資本主義，非共產主義，乃以天皇爲中心，結合國民組織於一高遠的世界觀，以實現眞正的德謨克拉西的統制主義爲特色，特別在經濟上以國營、合作社營、及私人經營三位一體之理想爲特色。……吾人之理想國家在於爲任何國民保證豐富的文化生活，行有餘力則進於大量生產，以此完全實現馬克斯的崇高理想」云云。舊東亞連盟之大陸派與協和黨異流，另有「協和社」之組織，並出有機關報「協和」。然觀其自衞主張：「日本必須從速淸算向他國一邊倒的無節操——必須準備眞正獨立的日本自衞軍，以決意宣明自衞中立之大義於天下」(協和第九號)云云，則固與協和黨者出入並不甚大也。

大日本愛國黨——其前身之在戰前者爲大日本皇道會、建國會，在戰後者爲全日本反共連合會。一九五一年二月平晃死，首領由赤尾敏繼之。大日本愛國黨似甚注意於宣傳：散傳單，貼標語，開會遊行，街頭演說，派人向國會示威，其目標集中於反共一點，而其裝腔作勢於現存政黨之不滿而謀所以「肅正」，又有似於戰前右翼。惟說者謂此黨，宣傳多於實力云云，則評價固亦難哉。

獨立自由連盟——首頭三田村武，與戰前東亞連盟及東方會有關，盟員多「特攻隊員」，大陸特務及前東亞連盟之會員。此會與過去總部之幕僚第二組(G2)有密切關係，聞嘗受該組主持人魏羅比 (General Willoughby) 之指導，從事諜報及反共工作。其後魏氏返國，主持東北亞方面特殊工作，三村仍與其密切連繫，因之日本左翼譏稱該盟爲「美國親衞隊」。

吾人對於戰前右翼之殘存並活動於今日者，概述亦止於此。其餘可說者尙多，以無關宏旨，略而不贅矣

戰後諸右翼(戰前派與戰後派)近亦自知長此消沉分散之不足以談中興，因屢有右翼大同團結的運動，並曾一再形諸於事實。然究以派別太複雜，主張太不同，感情融和太困難，並無若何實質的進展。大同團結之難原不自今日始，戰前右翼史固已充分證明矣。戰前「翼賛會」「翼壯會」之所以能融右翼於一爐，那是出於軍閥利用戰時所謂「皇國興廢」的大帽子。現在情勢大變了，「大同團結」怎能輕易實現呢？

四、右翼之前途

我們從前面概略的說明，對於日本戰後的右翼，不免起如此之感：消沉，雜亂，似右而非右，似左又非左，似所謂「第三」，「中立」或和平勢力而又不全似，五色俱全，錯雜並陳。簡言之，大不如戰前虎虎有生氣的右翼。這究竟是什麼緣故呢？從我看，主要的至少有這樣幾點。

第一、失掉精神的依托。戰前右翼最大的精神據點是天皇。卬天皇以誕生，卬天皇以生長，卬天皇之名以威脅，硬幹和横行。無那樣的天皇卽無那樣的右翼。此無人可以否定者。戰後呢？天皇從天到地了，從「神格」到「人格」了，憲法上所有的只是空洞的所謂「日本的象徵」了，於是「八紘一宇」「天業恢宏」之論便無從談起。精神的支柱既失，有類於樹倒猢猻散。消沉，雜亂和四不像的現象之所發生，非偶然也。

第二、失掉實力的依托。戰前的右翼本身無實力，他們的實力就是他們的孿生兄弟日本的皇軍。說得刻薄點，他們是倀而皇軍是虎。敗戰後，皇軍不復存在了，於是他們便茫然若失。戰後一部分右翼有托命於美軍者，有人說，這心理是想以美軍代皇軍。然而這究竟太勉强，怎能使他們起勁呢？年來日本重整軍備了，舊軍人也逐漸活動起來了。例如日曜會(舊司令官級)，水曜會(舊少將級)，一水會(舊上校長)和陸士同窗懇談會等組織起來了，而海陸軍自衞隊中舊軍人的比重也大起來。照理說，右翼應該可以借重他們了。然而究其實，那樣的軍隊究和皇軍異味，那樣的組織究和戰前的組織如櫻會，小櫻會偕行社者殊科。何況吉田政府並不願意他們和右翼接近，而他們也未必樂於和右翼接近呀！

第三、失掉資金的來源。戰前右翼的財源通四海；他們有財閥的支持，有大陸上許多所謂國策會社(如南滿鐵道株式會社一類)的支持，有軍部龐大的而不必報銷的機密費的支持，還有大陸上許多喪心害理的特殊賣買的支持。現在呢？第一、財閥對外無多大出路，則供給以借重之念自薄。第二、特審廳(二年前)，公安調查廳和保安廳之類的機密費有限，此區區者，分不到他們，也無須分給他們。靠美軍以資潤色呢？那究竟太不够，況且其中有許多是不願意受此嗟來物的。第三、國策會社之類全光了，特殊賣買無出路了，偷運密輸要坐牢(三上卓與海烈號事件卽其一例)。第四、他們志在天下，不知生產，經營非他們所長。資金爲一切之本；生活且爲難，焉有餘力於大幹呢？

第四、對外無出路。戰前的右翼之所以爲右翼，在於「血氣方剛，經營四方」，大陸更是他們的天下。戰後呢？環境大變了，出門且不易，活躍大陸云乎哉？「行遠必自邇，登高必自卑」，此明治維新初期所以首倡征韓之論也。基此古訓，去年竹島糾紛(註六)，右翼以爲時機又至，「征韓論」式之舊調大起。然而曾幾何時，此調乃煙消雲散，噤焉如故。此何故？主客之觀均異勢也，則大韓更不必說矣。

第五、政府不支持。戰前右翼與政府相表裏，尤其從對外說，眞是天衣無縫的「Team-work」。戰後呢？日本政府很警戒，認爲不僅無必要，而且反而要招忌。這主因有三：第一、吉田政府怕美國不願意；第二、吉田政府怕四隣之中有些不願意；第三、吉田本身不喜歡那樣的右翼。關於這種種，說來很長，恕我從略。

世界任何事物，其賴以存在與發展之內外條件變，則其事物之本身也變，此本爲進化上不易之定則。日本變了，日本右翼也變了。幸日本叩天之惠，沒有天翻地覆的變（幾乎要天翻地覆的變了！），因之日本右翼也沒有天翻地覆的變。然而據變化等於不居之理而細衡十年來日本大變中日本右翼的變，則今之所謂似右而非右似左又非左，似所謂「第三」、「中立」或「和平」勢力而又非全似的諸色相，原亦無可如何之事理。

日本尙在繼續的變，緩變也好，劇變也好，其變化的條件也許可以用人力左右其若干，然而不能使其變化爲戰前一樣，那是可以斷定的。因之對於日本右翼的所謂懲前毖後論，期待論，利用論乃至懷疑論，應該審視日本變化的過去和其將來可能的發展，多少愼重些和修正些。

一九五四年八月廿六日於東京

註一：與志社向陽社等均爲當時福岡派之暴力結社，始獅於男裝女扮的「女子儒學者」名曰高場亂。

註二：時東京帝大助教森戶辰男研究無政府主義者克魯泡特金，著克氏傳記及有關論文，引起極大風波。右翼學生及教授大施攻擊，組興國同志會，左翼學生以新人會爲中心，以謀抵制。

註三：河本大作即炸死張作霖之主謀。

註四：一九三一年三月事件：强擁宇垣一成爲首相而失敗之事件。
一九三一年之十月事件：强擁荒木貞夫爲首相而失敗之事件。
一九三二年之二月事件：井上準之助被殺事件。
一九三二年之三月事件：團琢磨被殺事件。
一九三二年之五、一五事件：海陸軍少壯軍人及民間右翼共謀，擬作大擧暴力政變。事機不密，僅首相犬養毅一人死難。其中禍首之尙存在於今日甚多，如三上卓，大川周明，橘存三郎，本間憲一郎等均是。
一九三二年之七月事件：以井上日昭及佐藤井齊等爲首謀，計劃暗殺第一號要人之所謂「血盟團事件」。
一九三三年之七月事件：即所謂以該月十日爲期之「神兵事件」。以愛國黨之天野辰夫，生產黨之鈴木善一，大東塾之影山正治等爲首謀，計劃實行「昭和維新」。事機不密，事前被破獲。
一九三五年之八月事件：相澤中佐刺死陸軍部軍務局長永田鐵山少將於其辦公室。
一九三六年之二、二六事件：以近衞步兵師團第三聯隊爲主，襲擊元老重臣閣員邸宅多處，占領永田町一帶，並殺死渡邊教育總監，高橋藏相，齋藤內府等大恐怖事件。

註五：「戰後派」三字年來日人甚愛用，其意爲戰前派變種，「海派」一語足以當之。

註六：竹島位於日韓中間海上，韓國謂係韓國之領土，而日本則謂係日本之領土，雙方不讓。去年相爭極烈，日本政府且以此作爲重整軍備之一有力根據，向國人大肆宣傳，右翼人士乃大興奮。大有「征韓論」復起之觀。

（上接第12頁）

照審計部的估計，上列四項收入，不下一億元。而電力公司所需要的，祇是八千萬元。是則電力有何加價的必要！但是尹部長認爲審計部的替代辦法中，帶征的防衞捐已列入國家預算，如果改作電費收入，則政府減去如許財源，如何籌補，似尙有待從長計議；而特殊用戶的費率，有的也不能變更。關於審計部這個建議和尹部長的意見，將來立法院自會有一客觀的判斷。

以上是說開源，至於節流方面，審計部在該項參考資料中並未提及。是否電力公司已無流可節？外界總覺得有些不大放心。上次電力加價時，立監兩院會就節流方面大加指摘。但就筆者所知，年來電力公司對此確有相當進步。四十二年度中央政府總決算審核報告書，監察院不久就可開始審議，電力公司是否浪費，那時便見分曉。

折舊準備和利潤問題

寫到這裏，獲讀電力公司黃總經理的『調整電價之說明。』他說調整電價（加價百分之三十六）有兩大理由：一是要能保本，二是要求最低的利潤。

關於保本問題，黃總經理說：『經營任何事業，都應該攤提固定資產的折舊準備，作爲成本之一項，這是經濟上不變的定律。』電力公司的固定資產，現在賬面上不過七億餘元，那是在民國三十八年改換新臺幣時從低估定的。照這數字來提折舊準備金，去年僅提了三千萬元。但電力公司資產的實際價值，經中美專家最近估計，應爲四十一億元，折舊準備金因此就要多提，而照百分之二·五計算，應提一億元才够保本。爲求達此目的，唯有調整電價。

關於利潤問題，黃總經理說：『任何企業的經營，在投資上都應有合法的利潤。』電力公司的利潤經立法院定爲百分之六，若照美國的算法，每年應爲一億八千萬元，而電力公司則僅提了五千餘萬元（包括所得稅在內。）但這五千餘萬元，政府並不提走，留給電力公司爲再投資。

黃經理的理由，在原則上自屬無可非議。但就事論事，電力公司既已提有折舊準備三千萬元，加上政府重投資的五千萬元，共有八千萬元，可作重置設備、零星工程和還本付息之用。於是如上所陳，如果電力可以不再擴充，美援不必再借，則電力公司就可不必加價而能保持老本。

又如果政府可照TVA美國的新措施和從前上海的老例子，讓人民參加經營電業，則電力公司便不必因擴充電力負債，則加價便無必要。

又如果政府和電力公司能照審計部的對策去切實開源，則電力公司即使不加價，也應有能力可擴充電力。

但本文所陳是否合理，是否可行，筆者並無充分自信。祇是因爲目前萬方多難，國步日艱，民生既憔悴不堪，物價又俟隙而動，電價影響廣大，如能不加，總以不加爲宜，所以忘其譾陋，寫將出來以供參考。尙望高明進而敎之！

電力必須加價嗎？

陶百川

行政院九月二十二日的會議，通過了經濟部所提的電力加價案，准許臺灣電力公司就現在的電價增加百分之三十六。如能獲得立法院同意，本年十一月一日即將實行。經濟部尹部長曾在當天下午舉行記者招待會，說明加價的理由。二十四日各報又登載了他的『答客問』，對加價問題有更詳細的說明。

回憶二十二個月前，行政院也通過了一個電力加價案，也定在十一月一日起實施。那時各界紛起反對，以致行政院不得不延期實行，並將該案送請立法院審議；經立法院削減了增加率——從百分之五十四減爲百分之三十一·二乃在四十二年一月一日開始實施。現在各界對這次加價案的反響如何，這時雖還沒有明朗化，立法院將來如何決議，現在也言之過早，但筆者看了官方的說明，認爲本案尚有商榷的餘地。

加價主要原因的商榷

尹部長的『答客問』中提到了這樣一個問題：『據稱電力公司加價之主要原因，係爲應付擴充電力工程。今查五年電力發展計畫中擬予擴充之電力爲三十萬瓩，共需美金二千萬元，臺幣六億元，總共折合臺幣十億元之多。如此鉅額支出，何可在電費上打算盤？應循正常之途徑增資爲宜。』

尹部長答：『電力公司籌欵方式，不外(一)增招新股，(二)發行公債，(三)借欵三種方式。第一種方式，因民間儲蓄不多，不易辦到，政府以財政關係，亦無力撥欵增資，故祇能由應得股息及所得稅項下作爲轉投資。第二種方式，債券無法推銷。上次係以債券向臺銀押欵亦即借欵。第三種方式，臺銀頭寸有限。欲不膨脹通貨，祇能向美援方面借欵。但借欵須按期還本付息，此次調整電價，即爲求電力公司之財務不至虧損，始有還本付息之能力。假使仍照過去虛盈實虧延續下去，無力償債，借欵亦不可能矣。』

尹部長在招待會中更切實的說：『電力加價所得的欵子，並非用之於電力公司的業務，而是用之於擴充電力設備。』

由此可知，擴充電力乃是電力加價的主要原因，也可說是它的前提。因此，如果電力不必擴充，加價便無必要。然則電力果有擴充的必要麼？

日據時代的最高發電量，是一七二、〇〇〇瓩，現已增至二九〇、〇〇〇瓩。這樣大的發電量，應該是已够用了。所以電力公司現在乃有力量以訂立一個農村電化計畫，使從來沒有電燈的農村，也能裝置電燈。計畫中供電的農村約有一千處，需欵一億元。這個計劃的目的，固在造福農村，但也未始不是在推銷電力。由此可見臺灣電力的充裕，似無大量擴充的必要。筆者對電力所以有麵包和冰淇淋的譬喻，(詳見下文)，也是由此感發。但經濟部却以爲還有擴充的必要而且須擴充一倍以上。至於何以須擴充一倍，政府或電力公司却沒有詳細的說明。『答客問』中僅說：『電力爲工業之母，欲完成臺灣之工業建設，必先完成電力開發計畫』。尹部長在招待會中也僅說：要發展臺灣生產事業，必須先擴充臺灣的電力。但何以要擴充一倍呢？這是被逼要負擔全部擴充經費十億元的電力用戶有權知道和追問的。

試想由五十餘萬的電力用戶來負擔十億元的擴充費，平均每戶豈非要分擔二千元！又試想三十萬瓩電力的擴充費是十億元，如能減少半數，每戶豈非可以少出一千元！又試想將來享受這些擴充設備的是新用戶，他們也許根本沒有負擔過擴充費。而現在負擔擴充費的一般用戶，豈非是在爲人作嫁！又試想將來收取擴充費的利息和利潤的，是臺電所有人的政府和民股的股東，而不是現在實際負擔擴充費的用戶！然則用戶又安得不就擴充電力三十萬瓩的眞實根據和眞實需要追問到底，問到清清楚楚呢！

在一次餐席上，筆者問尹部長：『臺電要擴充那麼多的電力是爲甚麼用的？臺電得切切實實的交代清楚。我很懷疑臺灣在五六年內尚需那麼多的電力。』那時筆者面前放着一塊麵包和一杯冰淇淋，他於是譬喻着問：『擴充的電力，如是麵包？還是冰淇淋？是必需的？還是不必要的？如果是必需的，而臺電又如果確實擴充的資力，而不得不向用戶伸手，這是一種情形。如果是不必要的，而硬要用戶買冰淇淋來請客，這又是一種情形。』尹部長沒有直接答覆。他提了另一個譬喻。他指着一包香烟說：一個普通用戶因增價而支付的錢，每月也不過一包雙喜而已。但筆者以爲在澈底了解擴充是否必要以前，即使是一包香烟的負擔，也不能得到用戶的諒解，而況負擔不祇此呢！

照筆者的推測，尹部長也有這樣的啓示，臺電擴充三十萬瓩的根據也許有兩種：一是過去的經驗，二是將來的推測。根據前者：日據時代最高的用電量是一七二、〇〇〇瓩，而現在竟高至二九〇、〇〇〇瓩，約當日據時代的百分之七十；再過五六年，安知我們不需要加倍的電力！根據後者：政府已定有一個工業建設四年計畫，各種工業都須大量擴充，電力爲工業生產之母，自須搶先準備，免得臨渴掘井。這些話自然也很動聽。尹部長如果再來一個『答客問』，自會說得更動聽。但是臺灣的工業發展是有限度的，是有條件的。過去如此，將來未必能再如此。以紡織業而論，政府過去曾以大力揑着人民的鼻子來硬灌苦藥，紡織業是扶植起來了，但是外銷市場無法打開，政府雖破例定了若干獎勵外銷的辦法，而大批棉布還是呆擱在倉庫中而不能出售。現有機器尚在減產，然則誰敢再來一個紡織業四年計畫，再求增加若干萬紗錠和布機呢？他如佔工業用電百分之一四·二的鋁業，外銷之路不通，內銷早達飽和狀態，能維現狀已屬萬幸，何能再有什麼四年計畫！因此，所謂工業四年計畫者，去年就該開始實施的，現在還不見影蹤。電力擴充計畫如以工業四年計畫爲根據，將來難免要大上其當，大失所望。

美國近例可以借鑑

但在尹部長或政府其他當局就上述各點詳爲說明以前，筆者不願斷言電力沒有擴充的必要。可是電力卽使須擴充，筆者也不敢就贊成電力加價的主張，因爲我們也許還可用別的辦法來擴充電力，而不必加重用戶的負擔。美國就有這樣的一個例子：

美國的TVA (Tennessee Valley Authority) 是國營的，去年它爲了供應用戶的需要，提出增建八個發電廠的計畫，要求聯邦政府分年撥欵。預算局沒有同意它的要求。預算局局長道奇提議：請令原子能委員會將本來由TVA供應的電量中退還五十萬至六十萬瓩給TVA，俾後者可以把它供應他家的需要，而原子能委員會則可向私營電廠請求供應這五十萬至六十萬瓩的電力。經過鄭重的考慮，艾森豪總統贊同道奇的提議，幾經接洽，並在本年七月十六日命令原子能委員會與 Dixon-Yates 電力公司訂立供電契約。於是 Dixon-Yates 公司乃以一〇七、二五〇、〇〇〇美元新建一所大電廠，負責供應六十萬瓩給原子能委員會，後者保證在二十五年內向它購電。

這個道奇計畫的理由是：㈠聯邦政府在三年內不必增加一億美元的建廠支出。㈡TVA的國營事業不宜再擴充；新需要的電力可讓民營的電力公司去供應。民營的電力公司因爲要向州政府和地方政府納稅，電價自必較貴，但從這個新措施來看，共和黨政府的經濟政策是在限制國營事業的發展，所以寧使新用戶負擔較貴的電價。（據反對本案的民主黨估計，原子能委員會在二十五年內將因向民營公司購電而多支出一三九、〇〇〇、〇〇〇美元）。

我們如果眞須擴充電力，而政府又不能負擔擴充費，那麼我們是否也可讓人民來經營電廠？我們可否招募民股而由政府保本保息？現在臺電是公營的，全省也沒有民營的電廠，電業國營似乎已是既定的國策，所以讀者對於民營電廠的提議，也許會感覺驚奇。但在同樣的國策指導之下，從前上海的電廠却是完全民營的，舊租界的電廠且仍爲外國人所有，直到國軍撤出爲止，政府也沒有收歸公營的打算。上海市政府和人民，對於民營的電廠，不獨並無要不得的感覺，而因電價是由市政府和市議會控制的，民營公司的服務精神一向又很良好，所以反而都有好感，以彼例此，臺灣的電業也何妨以一部份讓給人民來投資和經營？

於是一部份好心腸的電力用戶提出了調和的辦法：用戶如增付電價，電力公司就應償付等值的股票。電力公司本來也有民股，約佔全部百分之十。以後爲便於籌欵，何妨再開放一下，讓用戶以增付的電價作爲投資。照這次加價百分之三十六計算，用戶每年應增付電費約八千萬元，以之作爲投資，十年約爲八億元。而電力公司的全部財產約爲四十一億元，政府的資本無論怎樣都佔全部百分之五十一以上。至於股息卽使定爲百分之六，電力公司也比向臺灣銀行借欵便宜得多。十年之後，這百分之三十六的電價是否尚須收取，那時增收的電費是否仍作爲投資，自可留待那時再作計較。

但是政府不能接受這個折衷的方案，『答客問』中已有這樣的表示。政府的理論似乎是說：現在電價過低，用戶討了便宜，電力公司吃了大虧，這是不公平的。今後加價百分之三十六，是在使用戶與公司兩方面都不吃虧，誰也不討對方的便宜。所以百分之三十六的增收電費，是用戶在公平交易原則之下應付的對價。這是用戶的義務，而用戶在義務要求之下所付的對價，當然不能認作爲投資。筆者以爲這個理論在電力公司方面也不是毫無理由，不過忘記了人民另已負擔了代征的防衛捐。總之在此時此地要强制加價而不給以絲毫補償，用戶總是不會甘心，何況加價是爲擴充電力，是爲電力公司增加三十萬瓩的資產！

審計部的對策

電力加價百分之三十六的結果，電力公司每年可增收約八千萬元。審計部曾爲電力公司借箸代籌，在三個月前提供了一份參考資料，建議另闢財源，以籌足這八千萬元，而不必在用戶身上打算盤。它所建議的財源是：

（一）取消特殊用戶的優待辦法，這樣就可增收三千萬元。審計部說：『電費標準，應照成本定價，已爲一般公認之準則。該公司包燈非營業用者平均每度〇·四七二元，營業用者另加百分之六十，平均每度〇·七七七元，路燈用電平均每度〇·一二八元，而成本則每度〇·五〇六元。由上開情形，可知非營業用包燈已在成本以下。至路燈及軍方用電，均以五折收費，尤遠不及成本，虧損至巨。該項折扣，顯嫌過多，實收電費低於成本，以致特殊用戶之虧損，轉嫁於電燈用戶，實欠公平。又自來水用電七折計收，平均臺北廠每度〇·〇八二元，高雄〇·〇八九元，其他〇·〇九八九元，成本〇·一〇九元，虧絀一、〇五二、〇八一元。農田灌溉四十二年底用戶五三〇戶，契約容量爲一、七八〇瓩，七折計收，平均售價每度〇·一四四九元，虧絀一、〇八三、四二九元。又肥料公司鋁業公司金銅鑛務局工礦公司煉鐵廠等電費爲七折，碱業公司爲七五折，紙業公司爲八折，損失達新臺幣一六、〇九八、六八五元。其餘尚有雍興紡織廠等十五家予以百分之五，之三，之二折扣。前項損失，估計每年共達三千萬元左右。由於以上特別折扣，虧絀部份大部轉嫁於電燈用戶，增加其負擔，顯失公平合理，亟應調整，以增收益。再嗣後各種用戶，不論電燈用電或工業用電，收費應根據固定費用及營業費用之分析，以及聯合成本與增加成本之分攤，不得厚此薄彼，以符公平正確之原則。』

（二）目前電費所帶征的防衛捐如可改爲電費，則政府雖將短收三千四五百萬元，但電力公司則可增收此三千四五百萬元。

（三）加强減少竊電損失，也可增收數百萬元。

（四）目前電源充裕，電力公司應加强推銷電力，如能增加售電量百分之十五，電力公司就可增收三千餘萬元。

（下轉第10頁）

長江水災之探討

宋希尚

自從大陸在共匪竊據之下，四年以來，幾乎沒有一年不發生水、旱、風、蟲之災，尤以今年上半年，災患頻仍，相繼不絕。先之以西北新疆一帶的蟲災，繼之以西南方面的旱災，春間的大饑饉，更爲欲蓋彌彰的事實。入夏以來，長江流域，首先發生水災，且日趨嚴重，截至八月十八日止漢口水位據報已高達二九、七公尺，較之民國二十年，最高水位：二八·二八公尺者，超過一·四二公尺。由此可以想像，長江中下游之泛濫，又加淮河流域南流之洪水，湘、鄂、贛、皖、蘇五省災害普遍，損失之慘重，自可想見。茲就現有若干長江水文資料，參照各方電訊，加以分析推測，以供國人之參考。

一　雨量與水位

據共匪宣稱：「今年空前的大水，是由于一月至六月份雨量已經超過武漢市歷年的平均年雨量，而六月份的雨量，漢口即已達到四百八十九公厘。同時，洞庭湖、鄱陽湖區域半年來的雨量，也大都超過當地全年的平均雨量」。查中國河川誌中漢口水文紀載，積五十七年來之統計，六月份平均雨量爲二二八·二公厘，平均年雨量爲一二五〇·五公厘，六月份雨量，今竟超過一倍以上，頗難置信，證以所報水位之漲落，尤有疑問。茲綜合共匪廣播，對於江漢關前長江水尺，作下列記錄。

七月六日	八時	二七·五公尺
九日	八時	二七·七五公尺
十二日	十四時	二八·〇〇公尺
十三日	二十時	二八·一六公尺
十五日	八時	二八·〇二公尺
十七日	十四時	二八·一四公尺
三十日	八時	二八·八二公尺
八月三日	二〇時	二八·九九公尺
四日	八時	二九·〇八公尺
十八日	八時	二九·七〇公尺

查民二十年八月十九日漢口江漢關水尺最高水位爲二八·二八公尺。今年八月十八日水位，竟達二九·七公尺，如果雨量之數可信，則可推想決堤後江水泛濫之廣之深，宜其驅逐同胞，避集龜山、蛇山、風餐雨宿，與將近三十公尺的洪水作艱苦的掙扎。

二　洪水峯

根據長江水性及其漲水經驗，與現在所得先後電訊推測，今年漢口第一次洪水峯，乃爲漢水所造成，換言之，今年漢水發水，較過去爲早。漢水流域，界於川陝邊區，爲我國秋季暴雨中心之一，本年暴雨，似較往年提早，故漢口七月九日左右，江水位已漲至二七·七五公尺。十二日以後，似爲洞庭水系之漲水，加以武漢附近地帶，暴雨相繼，遂使漢口第二次洪水峯，于七月十七日下午二時，高至二八·一四公尺。二十五日據報長江上游三峽一帶，又連降大雨，上游雪水與洪水繼續湧至，荊江水位，每小時以平均六公分的速度上漲，致沙市水位，高達四四·三九公尺。八月十八日，漢口水位，高至二九·七公尺，此爲第三次洪水峯，確已超過民國二十年之水位。查長江防洪問題，其關鍵所在有四。㊀爲漢水水系，㊁洞庭水系，㊂爲鄱陽水系，㊃爲上游水系，包括四川雨水與康藏雪水。

依據過去發水經驗，贛、粵邊境，暴雨最早，故鄱陽湖水，四月卽漲，六月以後，反形減退，湘、桂、粵相鄰之處，幾爲我國雨量之中心，暴雨季節較遲，但時間較長，洞庭湖水，往往繼鄱陽湖水之後。上游川省雨量，以八月爲甚，有時加以康藏溶化之雪水，又無湖泊涵蓄之調節，來勢甚猛。漢水發水最遲，比降較陡，洪水洶湧，爲長江大患。如果各水系之洪水峯，依次順序，不相混合，則雖各別漲水，長江猶有周旋廻蕩餘地。參照今年水位情形，可見漢口接受三次洪水峯，遂使湘、鄂一帶一個月來，沉陷於水深火熱之中，而下游再加入淮河之洪水，贛、皖、蘇一帶，更可想見其受災之嚴重。

三　荊江分洪情形

共匪鑒于湘鄂洞庭湖一帶，爲我國「洞庭熟，天下足」之米倉，欲求每年確保豐收，避免水災起見，遂於四十一年度實行我原擬荊江分洪工程計劃，亦卽共匪致力長江之唯一水利工程。所謂荊江大堤，卽起自江陵縣棗林崗，下至監利縣之麻布拐，全長一三三公里，提高十二公尺至十六公尺，頂寬十公尺。同時修建南岸分洪區圍堤，由太平口開始沿長江南岸至藕池口，折向西南至虎渡河，再沿虎渡河而至太平口，成一袋形地帶，面積九百二十餘方公里，分蓄洪水量五十至六十億公方，計堤工一千二百萬土方。此外並修建若干進洪閘，節制閘，洩洪閘，及幹渠支渠等，延至今年六月，方告完成。僞水利部長傅作義，曾宣稱此項分洪區工程爲水利建設中最偉大成就。乃其結果，不到一個月全堤被水崩潰，事實昭然，眞是絕妙的諷刺！

四　災情之推測

長江水災，考之歷史，原比黃河爲輕，秦漢以前，已無紀錄可證，從漢高三年起至今二千三百餘年中，統計災害不下二百餘次，其中以清同治九年和民國二十年，爲最嚴重。古時對災害程度，因無水位記錄，不能統計比較，故多以文字來形容其損害。例如清同治九年(一八六九年)，其紀錄云：江水大漲，江堤潰決，泛濫所至，湖北、湖南、江西、安徽等省，多被淹沒，面積廣大，人口牲畜，，損失無算。迨民國十一年，長江始成立水利機構，從事技術研究，並以吳淞海平面爲零點，沿江施測精確水準，直達重慶，選擇兩岸重要地點，設置水文站，站設水尺，派員專事紀載，于是在同一水平面上，開始有系統的水位高低紀錄，爲整理長江之重要資料。近據共匪先後情報，今年漢口水位，已超過民國二十年者，且對于人民財產損失絕對秘而不宣。按民二十年之災害統計：被災面積，爲八一、〇〇〇平方公里，淹沒農田，約有七千三百萬畝，難民待賑，約一千四百萬人，財產損失在九億元以上。若照最近香港傳來消息，今年匪區水災，至少已淹沒卅萬方公里最肥沃的耕地，受災者達七千萬之衆，其災害之大，可以想見。

五　善後救濟

回憶民二十年大水以後，我政府鑒於沿江大堤之全部潰決，痌瘝在抱，立即在國民政府下，組織水災救濟委員會，並商得美國友邦之協助，本救災恤隣之美德，貸以麥粉，發動沿江災民數十萬人，成立十八個工賑局，以工代賑，積極修復，不一年，全長六千公里之大堤，煥然一新。其修築標準，依據測量結果，規定堤身，以高出二十年洪水位一公尺爲度，堤頂之寬，自三公尺至八公尺，堤身外坡，規定一比三，內坡爲一比二，分層堆上，每高一英尺，夯成實高八英寸，並須層次交錯，以求堅實。後經八年抗戰，沿江大堤，又失培養，民三十五年，政府勝利還都，又亟亟以謀江堤之重修，以策沿江人民之安全，並在美援救濟物資中，指定經費，分區整理，頓復舊觀。兩次大規模之長江復堤，足證我政府之重視民生，注意水政，今年長江水災，既較二十年爲慘重，則今後善後工作，尤爲吾人所關心。乃據合衆社八月十八日日內瓦電稱：「今天中共，兩星期來第二次告訴萬國紅十字會聯合會說，長江水災中幾十萬災民，並不需要國際的救濟援助」。半個月中先後兩次拒絕國際人士之援助建議，其蔑視人道幸災樂禍的心理，眞是世所罕聞。揣度共匪內心，不外此次水災之釀成，人爲因素，實居十之七八，加以暴政虐民，民不堪命，若接受國際援助，無異打開鐵幕，把這黑暗景象，顯露于自由世界之前，同時使受災受難的同胞，受到國際援助與人類溫情，必然格外痛恨共匪，增加他們鎭壓與奴役的困難。吾人從各方災情報導中，深爲我在水深火熱中同胞，表示無限悲憤。

六　結論

總之，今年長江水災至爲慘重，除上述若干自然因素外，人爲因素，實居十之八九。查水利工程原爲一綜合性，多方面之技術問題，必須根據多年之水文資料，詳細推求，始能製訂方案，以求至善，至工程實施之時，尤宜脚踏實地，苦幹實幹，實事求是，決非虛僞、草率、自騙騙人所能粉飾了事。故吾人今日研究共匪水利工程，先須瞭解共匪心目中之所謂「水利」，與吾人一般觀念中之「水利」，根本上有極大的距離。縱觀四年來共匪標榜大陸水利工程之設施，其出發點重在奴役同胞，借水利美名，藉以鎭壓與管制。所謂「勞働改造」也者，即將被誣陷之良民，加以各種罪名，在刺刀皮鞭下，驅使奴役，擔任苦工。或將失業工人，統一調配，美其名曰就業，實則以低廉代價，遣赴工作地，擔任各種勞役。在此種威迫工作情緒以下，事先既無水利計劃，臨時又無實施方案，完全表面熱鬧，敷衍一時，博得龐大土方、石方、人工等數字，藉作國際宣傳。試問此類水利建設，如何經得起「水」的考驗，「力」的應用，自易戳穿西洋鏡，崩潰坍陷，爲勢所必至，理所當然。即其發動所謂「大力增產」運動，希望增加米谷之大量生產，以供給其主子帝俄之要求，結果所及，凡各河流域內，不問應墾與否之土地，應伐與否之森林，與夫應圍與否之湖田，一律砍伐墾植，儘量利用，使與防洪有密切關係之水土保持工作破壞無遺，一掃而空，一遇暴雨降臨，冲刷泥土，順流而下，滿坑滿谷，不僅不見「大力增產」，相反的表演了「大力破壞」。從此次表江水災，武漢一帶，水位經月不退，遲廻綿延，可以判定洞庭湖泥土之冲積，湖田之圍墾，必較前益甚，轉使蓄吸長江洪水之功用奪減殆盡。吾人昔日大聲疾呼之「廢田還湖」，與「水土保持」之工作，今皆努力破壞，反其道而行之，則目前遭受空前之水災，豈非自食其果，而今後埋伏之禍根，更將不堪設想矣！

尤可笑者，共匪爲阻止洪水泛濫的努力中，想出妙計，發明一種「人牆」辦法，即動員民衆，站在堤後，每人在背上紮以草蓆，排列成隊，藉以阻止水流，「人海」戰術之後，繼以「人牆」防洪，其殘忍的程度，眞是天人共憤。連年的災患，已使匪僞統治下之人心與經濟基礎，根本動搖與崩潰，如果民主國家，高瞻遠矚，把握時機，積極的協助自由中國反攻復國，弔民伐罪，以消除東亞禍根，這正是一個絕好機會，摧枯拉朽，必定可收事半功倍之效果。臺灣爲民族復興基地，自宜加緊完成反攻的準備，以期早日解救同胞于倒懸之中。同時，爲響應總統救濟大陸災胞之號召，我各界人士，尤應節食縮衣，踴躍輸將，充分發揮我們黃帝子孫天賦的「同胞愛」。

論思想國有

思想之國有化，在每一方面，都是與工業之國有化齊頭並進的。這件事很值得我們注意。——克爾 (E. H. Carr)

海耶克著
殷海光譯

譯者導言

國家，在與其中的個人相對的關係上，以或多或少的程度，是權威之一種。絕對的極權國家絕對地把思想國有化。既然如此，可見思想之國有化，是思想之權威化 (authoritarianization)。思想權威化，因時代、社會、或地域之不同，而產生不同的形態。在部落社會，酋長底想法是部衆行動底準繩。在東方的君權時代，常有自稱或被稱爲「聖人」者流底念頭立爲天下法。有冒犯之者，被目爲「大逆不道」，士人進身之階永被斬絕。這，在西方，相當於宗教除革 (excommunication)。在西方教權盛行時期，僧侶底經典是支配思想的「大經大法」。到了現代，反民主自由的黨權崛起，黨化思想則强天下從同。這些形態固然各不相同，起因各不一樣，說素各有千秋，有的標尙唯心，有的强調唯物，有的自命承續「歷史文化」，又有的口稱「代表人民」，但是，他們至少有一個共同之點，就是思想之權威化。

思想一經權威化，人間就慘禍大作，黑暗就籠罩大地！古往今來，爲了所謂「信條戰爭」，犧牲了多少生靈！又多少睿智之士在權威思想之前遭受迫害！洛傑培根 (Roger Bacon)，迦利略 (G. Galileo)，不過是其中的顯例而已。(請參看 Bury: A History of Freedom of Thought, Oxford University Press, Second Edition, 1952) 時至今日，在稍有實徵態度 (positivistic attitude) 的人看來，人類在這條舊路上走，何其殘酷，何其愚昧，又何其浪費！所以，西方自宗教改革以至於知識革進，三四百年來，無日不與權威思想抗爭，以至於有了啓蒙 (Auklaerung)，有了科學。有了科學，人類從此可以平視這個眞實世界，不再爲那些「幻覺 (illusions)」白白流血，寃枉送命。這本是人類文化發展的一條大的趨勢。史跡班班可考，明顯到差不多不值一提。然而，現在居然還有人歌頌「中古精神」，拿玄思默想所幻構出來的「道統」强人頂禮膜拜；摭拾早被若干西方學人批駁得體無完膚的歷史自足主義 (historicism) 鋪陳其玄思心理 (speculative psychology，借用 Prof. Quine 底字眼) 之恍惚產品而不許加遺一詞 (請參看 K. Popper: Open Society and Its Enemies, Princeton University Press, 1950)。收納信徒弟子，儼如創教。這種狂愚的行徑，令人不知何以爲詞。

吾人須知，將歷史人格化，係一 pathetic fallacy。這一謬誤，係由 pathetic muddle 所生。這是原始人思想中常有的毛病。思想上這一類底原始毛病，正被現代哲學解析家、及語意學家批析之不遺餘力。(請參看 H. Feigl: Readings in Philosophical Analysis, Appleton-Century-Crofts, INC, 1949; M. Black: Philosophical Analysis, Cornell University Press, 1950; H. Reichenbach: The Rise of Scientific Philosophy, University of California Press, 1951; A. Pap: Elements of Analytic Philosophy, the Macmillan Co., 1949; Feigl and Brodbeck: Reading in the Philosophy of Science, Appleton-Century-Crofts, 1954; Richard von Mises: Positivism, Harvard University Press, 1951) 如果我們對於哲學上這些新近的成就之對于玄學的洗刷茫然無知，而只說一聲「這是哲學之墮落」，殊不足以抵償學知之固陋。

所謂「歷史文化」一詞，如果有意義，係指由主、客、內、外、自然、與人交互作用而在時空中形成的一組可經驗的複合事實。這些因素缺一不可。「歷史文化」主義者却單單把 ethos 凸提出來視作歷史文化之「基本 (fundamenl)」(此名係借自 Hempel，並從其用法。) 這種想法，多少係出自「體系癖」。任何體系，如構造周密，常給人一種融貫感 (sense of coherency)。而確然感 (sense of certainty) 又常伴隨融貫感以俱來。於是，不善造體系者，面對似善造體系者，不禁手之舞之足之蹈之。其實，自諸非歐幾何學，公設學 (Axiomatics)，設準技術 (postulational technipues)，以及系統學 (Systematics) 出現以後，所謂「體系」也者，已不復能作迷魂之陣。任何系統底內部建構是否嚴密是一回事，是否能與此實際世界相應是另一回事。且自純形式的考慮着眼，吾人可自任一因素出發而抽繹成一個系統。這種抽繹工作，可委諸 Von Neumann 設計完備之電腦，固無待乎「哲學大家」從事也。這個世界底事象如此繁複。吾人從社羣實際生活底任何一角，幾乎都可發現任一事件中諸可識別的因素之相互交織；雖然，在大量歷史現象中，某一因素之出現特別顯著，或較具支配力，或較引起知識者注意。因此，單取其中任何一二被認作重要的因素組成用語言系統所表示的「體系」，爲事實非困難。馬克斯以「生產工具」、「生產關係」這類因素作爲說明歷史發展的基本因素，似乎頭頭是道。殊不知所謂「生產工具」，已暗含人智運用等等非經濟的因素。至於「生產關係」一詞，隱含的意指更屬複雜，包舉的非經濟因素更多。如果弗洛依德 (S. Freud) 以「性欲」

爲基本因素來解釋歷史發展，黃色遍紙，其動人之處，將遠過唯物史觀。世之構造「唯心史觀」如黑格爾及其各形各色的徒從者，在思路型構上，與馬克斯實係一坵之貉。當然，在內容上較可忍受。亞當斯密（Adom Smith）說：「體系之建構，普遍係起源於那些熟悉一藝而對於其他毫無所知者之苦心構作。那些人藉着他們所熟知的現象來說明他們甚以爲奇的現象。因此，在別的作家看來不過是幾個聰明的比喻的東西，他們則當做是一切事物變化之大關鍵。」建構「體系」之弊，於茲可見。

羅素說：「在一方面，有些人對於書本比對於事務要熟悉些。這種人往往過分高估哲學家底影響力。當其政黨標榜受蘇革拉底學說之鼓舞時，他們就以爲這個政黨底行動是由於什麼什麼學說使然。……直到最近，著作家們幾乎過分誇大前人在思想上的影響。這是一個古老的錯誤。」唯心的歷史自足主義者正是犯的這種錯誤。唯物主義者說：「存在決定意識」。唯心主義者翻過來說：「意識決定存在」。唯心主義者和唯物主義者似乎互爲死敵。可是，從科學的哲學之眼光看來，二者不過是同一型模的思想之不同的翻面而已。二者之爭霸，雖屬無謂，却給世界帶來不少實際的災害。

民主與極權底分野之一，是看有無與政治關聯的「禁制」。極權統治之下，這類禁制是很多的。例如在蘇俄，「首領」，「主義」，「政府」，「共黨」，「國家」被神聖化，一碰都不能碰。碰了就闖大禍。因爲，這些東西就是權威底象徵。民主自由的社會是沒有這一套的。然而，在大家爲民主自由困苦掙扎的現今，却有人捧出編造的「歷史文化論」和所謂「道統」及過去被神聖化的人，並製造空氣，企圖以之爲碰都碰不得的權威思想。這樣做法，或有實際的利益，或可滿足狂執之情緒。但是，何必標榜什麼「民主」？向喀爾文學習好了。

極權政治是整個浸沉於權威主義的空氣之中的政治。所以，意理的思想上的權威，在極權政治之下，一定與政治權威互相表裏。斯達林之流，不獨要「作之君」，而且還要「作之師」。思想權威化之具體建構，便是思想國營國有。實行「計劃教育」便是思想國營。思想國營國有，與產業國營國有，正好一裏一表，一心一物，控制得千萬人動彈不得。這樣看來，思想上的權威主義，碰到極權統治，無論倡之者自願或不自願，無可避免地成爲極權統治之一環。我們不要拿「理性的機智」這樣的虛話自誤誤人。

論思想國有

一個政府要使大家爲一個單獨的社會計劃而服務，最有效的辦法，便是使每一個人都贊同這個社會計劃所要達到的目標。一個極權政府要使極權制度發生有效的作用，如果只訴諸壓制手段，強迫每個人爲此一目標工作，還是不够的。依現代的實例觀察，極權政府要使每個人爲它底極權制度努力，重要的辦法，就是使得一般人把政府所要達到的目標看作是自己底目標。（此畫龍點睛之筆也！極權統治者要利用人衆，僅靠高壓手段是不够的。彼輩必須能進一步攝取人衆之靈魂，以供其利用，一若催眠術師要被催眠者如何動作便如何動作然，一旦人衆受宣傳麻醉，「覺得」極權政府所要達到之目的正是自己所要達到之目的，則甘心供其驅策，甚至萬死而不辭矣！極權統治眞正可怕之處，就在這裏。——譯者）極權政府爲人民規定信仰，同時還得想出辦法使一般人以爲這種信仰正是自己底信仰。（這是最高的「愚民政策」。——譯者）如果人衆一致接受了政府希望大家接受的信仰（例如各種各色的「主義」——譯者），便可使得各個人自發自願地照着計劃者所規畫的路線去作。（所以，實行計劃經濟，演變所及，必至統治思想、教育，以至于生活之全面。——譯者）在極權國家，如果一般人民對于政府壓迫的感覺，並不若自由國家最大多數人所想像之尖銳，那末，這是由于極權政府在控制人民底思想上得到高度的成功。政府希望人民腦子裏怎樣想，人民就怎樣想。（這麼一來，人民對于政府，那有不依從之理？許多人以爲在鐵幕內的人民之思想不能被控制。但是，在事實上，許多持此論調者却同時加緊在別處控制思想。否認一條原則而同時又應用此一原則，豈非自相矛盾？依事實觀察，有獨立思想能力的人，在人中少之又少。最大多數人底思想都是依賴傳統、權威、風俗、習慣、趨勢、或他人的。每一個人對於極權的思想統治機構而言，一定是絕對劣勢的少數。所以，一旦極權的思想之天羅地網佈成，人衆底思想資料之來源悉遭管制，那末他們底思想內容和方向主要地不能不已在極權政府底擺佈之中。政治思想尤其如此。政治思想受其擺佈，政治行動那有不任其支配之理？毒蛇吃兎以前，將毒液注射到兎子裏面。兎子受毒以後，抵抗力大爲減少。這樣看來，「主義」等等東西在極權地區，絕非人衆嚮往的理想，實乃統治方式之一，低等的獨裁者控制人底身體；高等的獨裁者則控制人底腦筋。——譯者）

自然，極權政府要統制思想，必須藉着形形色色的宣傳。他們底宣傳技術，大家已够熟悉，用不着我們多說。我們在這裏所應注意的唯一之點是，無論宣傳本身或是宣傳所應用的技術，俱非極權制度所特有者。別種國家也有宣傳及其技術。儘管如此，在這二者之間，還是有着重大差別的。極權政府所作的宣傳皆趨向於一個相同的目標。一切宣傳工具都被用來朝一個方向影響每一個人，並且企圖使每一個人在心性方面產生一模一樣的品質。這麼一來，極權政府宣傳所產生的結果，與自由國家各個獨立而又互相競爭的宣傳機構爲了不同目標所作的宣傳之結果，不僅在幅度之大小方面不同，而且在影響上也有天壤之別。在一個國家，假若一切消息底來源都置於一個單一的機構之有效的管制下，那末其所產生的結果，將不只於是政府勸誘人民做這或做那而已，心理技巧高妙的宣傳家還可藉他所採取的技巧來塑造一般人民底想法。即使是知識最高而且具有獨立判斷能力的人，如果長期與外界隔離，一切消息來源斷絕，也無以完全免於受宣傳之影響。(言中竅要，切合經驗事實。所以，今日最緊急的問題，是如何避免此類人爲災害。玄談心性，在過去社會已貽誤不淺，更何有於今日？——譯者)

在極權國家，這類宣傳上的優勢，使攫取政權者掌握着控制人心之獨一無二的權力。這樣一來，一般人民所發生的心理反應，主要地爲宣傳的內容和範圍所限制。假若極權統治者能够把整套價值觀念灌輸給人民，那末宣傳手段就能製造所謂「集體主義的道德」。不過，我們必須知道，極權社會中所謂的道德法典，並非告訴我們道德中人道主義的因素，尊重人底生命，同情弱者，尊重個人，等等。極權主義者所謂的道德，在實際上，是破壞一切道德。人底眞理感和尊重眞理，乃一切道德底基礎。極權主義者則盡力顚覆這種基礎。從極權主義的宣傳之性質看來，極權主義的宣傳不能尊重價值，不符合個人所在的社羣之道德信念。之所以如此，有許多原因。第一、爲着要誘導一般人接受官方所規定的價值判斷，宣傳者必須說個不同的道理出來；或者，宣傳者說他所提出的說法就是與一般人民所已採取的價值觀念相關聯。(依着這條路線，在建立極權主義時，所以也常常御用復古主義，或愛國主義，或民族主義。無論是希特勒，還是斯達林，都是如此。——譯者)第二、極權主義者强調手段與目的不同。但是二者之間的不同，界線究竟在那裏，則從未劃清。(因此，他們要利用「矛盾的統一」，或「否定之否定」諸般胡說以爲辯護。極權統治有一大特色，即是，語言文字所表現的常爲未來的「理想」、「幸福」、「光榮」、「美麗」、「快樂」；而與這些字眼相對照的現實，則爲勞役、奴辱、恐怖、饑餓、控制、迫害，等等。總之凡未實現的都是好的；凡已實現的都是不好的。這何以自圓其說呢？彼等之理論家說，從現實之不好到未來之好，必須經歷一「辯證的過程」。這樣一來，所推出的結論就是：爲了未來的好，你必須忍受現在的不好。所以，要得自由必先犧牲自由；要和平必先戰爭；要吃飯必先進奴工營；要國家萎謝必先建立國家極權；種種等等，不一而足。依照這種「思維方式」，不才如譯者也可倣製一些「辯證式的」大道理：要愛國必先亡國，要民主必先獨裁；以至於「要生活必先死亡」之類。)第三、極權主義者不僅要求一般人必需同意官方所定的最後目標，而且又得同意官方採取某些特殊手段時對于事實的看法。(例如，官方對于世界局勢持何看法，大家也得跟着持何看法。究竟正確與否，可以不管。當然，這種辦法，並非全無益處：至少，可令大家底神經細胞停止辦公，充分休眠，體重增加，百病消除。——譯者)

從表面看來，極權制度非常着重理論。然而，一究其實，在極權統治之下所謂的「理論」，不能算做理論，只是改裝的神話而已。(這類神話，常飾以唯物或唯心之類的玄學詞章。——譯者)極權統治者創造神話之舉，並非全然出諸有意。極權的首領之創造神話，也許由於在本能上不喜歡他所碰見的事實，並且希望創造一新的階層制度。這種新的階層制度之建立，也許可以滿足其好大喜功之心。極權者需要製造種種學說，來辯護他及其信徒所共有的那些成見。因此，在極權邦國，常常出現虛假的科學理論(pseudo-scientific theory)。這種虛假的科學理論，成爲官方教條之一部份，他們要利用這種教條來支配每一個人底行動。

極權統治者之需要這類官方的理論來作指導和鼓勵一般人民的工具，這早已爲極權制度中各形各色的理論家所見及。柏拉圖之「高貴的謊言(noble lies)」和索利勒(Sorel)底「神話」，都可爲納粹底種族優越論，或莫索里尼底合作邦國論辯護。

極權統治者使人接受其價值觀念之最有效的方法，如前所述，是使他們相信這些觀念與他們自己平常所信持的觀念實在是一樣的，至少是與好人平常所信持的觀念是一樣的，不過大家從前對之沒有正確的認識而已，如果大家對這種說法信以爲眞，那末就是從信仰舊的上帝過渡到信仰新的上帝。而宣傳者所使用的最有效的技術，就是使用舊的字眼，換上新的意義。(這就是語意的魔術之應用。例如，彼輩所謂之「愛國」，「民族」，……與原來意義相去甚遠。——譯者)歪曲語言文字之用法，更換文字底意義，藉此以表達新統治之理想，乃極權統治之一大特色。這類魔術，常使淺薄的觀察者神經爲之混亂。而這一點，也最能表徵極權地區整個的知識空氣。

從這一方面來觀察，最受糟踏的名詞是「自由」。在極權國家，「自由」一詞之使用，也許不受到干涉。但是，極權的宣傳家却給「自由」以不同的解釋。他們說，「舊自由」要不得，「新自由」才好。這麼一來，一般人對于自由的了解，便被歪曲殆盡。(對於「民主」亦然。極權主義者深知一般人對于民主之普遍的嚮慕，不敢從正面反對，於是創作「新民主」或「人民民主」等奇說以打消原有的民主。——譯者)

有人提出「爲自由而計劃」的說法。他們說要「爲團體建立集體的自由」。他們又感到必須對我們保證：「主張計劃的自由並不等于取消一切舊式的自由」。由此，我們就可明瞭這種「自由」底性質爲何。曼海門博士說：「依據過去的時代而塑造的自由概念，乃對于這個問題想作任何眞實的了解之一障礙。」顯然得很，曼海門博士對于「自由」一詞之用法，與極權主義的政客口中所謂的「自由」，是同樣的錯誤。曼海門博士所說的「集體自由」，正如極權主義的政客口中所謂的「自由」一樣，並非社會上各個分子底自由，而是計劃者爲所欲爲的自由，即是，高興把社會怎樣弄便怎樣弄的漫無限制之自由。(所謂「國家自由」，亦復如此：即自命代表國家者毫無責任地對邦國事務爲所欲爲之自由。——譯者)這種自由，不過是把自由與權力混淆到了極點的一種說法而已。(一針見血之論。同樣，「負責」與「獨裁」也可作這種混淆。有人說「獨裁」即是「負責」。這等于說「公婆」即是「媳婦」。「負責」者只能在受委託的條件之下享受有限的權力，而且其行使權力之結果隨時得受追究。「獨裁」者底權力實際純由擅取，無限擴張，而且任何人對其行使權力之結果不能追究。二者之差，判若雲泥，豈可混爲一談？——譯者）

字義之歪曲，由來已久，並早已爲德國哲學家所優爲；許多社會主義的理論家亦擅長此道。除「自由」以外，還有許許多多字眼同樣遭受歪曲之刑。例如，「正義」、「法律」、「公正」，和「平等」，這些字眼也都遭到同樣的待遇。像這樣的情形，幾乎遍及常用的道德名詞和政治名詞。（亂事者常自亂名始——譯者）

如果我們對于這一套偷天換日的文字魔術沒有切身的經驗，那末，我們便不容易洞悉改換文字意義的效力，和因之而引起的思想混亂，以及對于任何理知性的討論之障礙爲何。假如兩弟兄之中，一個有了新信仰，不久以後，他說的便是一種不同的語言。結果，這兩弟兄之間，便發生語言阻隔之苦。（思力精細的人都會感到這一點——譯者）如果藉文字之移義來表述政治理想，並且一直繼續下去藉以影響一班人底想法，那末意義之混亂便更趨嚴重。這樣弄下去的話，日子一久，整個的語言原有的作用便爲之敗壞，並且被濫用者據爲己有；而且文字也就變成空殼，不復有任何確定的意義。

吾人需知，要有計劃地剝奪大多數人獨立思想的能力，並非一件難事。但是，到了大多數人失去獨立思想能力時，少數人即使要保留批評的能力，也將被迫保持緘默。（此乃經驗之談也。當多數人習于以非爲是時，如有極少數人說眞話，豈有不被羣起而攻之理？現代極權統治者無不侈言「羣衆路線」。良以彼等可發動羣衆消滅少數異己分子也。最大多數人被欺被愚而造成淸一色之思想以後，萬一有少數淸醒分子指出大家之迷妄，必立遭羣衆羣起而攻，以致淹沒于愚人之海。這種拿羣衆統治羣衆的技術所生之效果，遠勝於直接「捉將官裏去」。——譯者）

在施展極權統治時，極權政府以各種方法，直接或間接地，强制人民對於政府計劃之每一細節，以及政府底每一措施，都視爲神聖不可侵犯，並且不可批評。（理之當然也。——譯者）極權政府既然要人衆毫不躊躇地支持其所計劃的公共事務，而且要大家相信政府所訂定的目標是正確的；不僅目標是正確的；而且手段也是不錯的；所以，公衆的批評，甚至于懷疑的表示，都必須予以壓制。因爲，這些行動會動搖人心。人心動搖，會削弱大家對政府事務的努力。韋布夫婦在報導蘇俄的情形時，曾說：「當工作正在進行時，任何人對于政府底措施如公開表示懷疑，甚至害怕計劃不能成功，便被視爲不忠，甚至被視爲圖謀不軌。因爲，這些行爲可能動搖別人底意志。」）眞是「天下烏鴉一般黑也」！在民主國家，作國家主人翁的人民對于政府措施表示懷疑的批評，乃理所當然。可是，在極權地區，人民如對政府措施公然表示懷疑，便被視作不忠，甚至是「反動份子」。被視作反動份子者，其後果是不難想象的。因此，在極權地區，最不受歡迎的態度，是懷疑的態度。然而，近來有些人提倡「絕對思想」，打擊懷疑態度，彼等之所事，將產生何種影響，稍有常識者不難預見。歷來腐儒禍害人類，不在流寇之下。——譯者）

依前所述，在極權統治之下，所謂理論也者，不過是官方底頒製品而已。全部傳播知識的工具，例如學校、報紙、廣播、以及電影，無一不用來支持官方底看法。無論官方底措施究竟是對還是錯，這些工具全部都用來加强一項信念，即是，官方底決定總是對的。（千眞萬確。「天下無不是的父母」也。——譯者）任何新聞，其是否足以影響人民對於政府之忠誠，乃決定其公佈或扣留之唯一的標準。民主邦國，戰時在某些部份或不免如此；而在極權地區則任何部份永久都是如此。任何言論或行動，凡足以使人疑慮政府底智慧，或使人之不滿情緒增加者，便不讓之流行。凡足以把本國不利的情形與外國作比較的機會，凡政府措施失當的眞象，或諾言不能兌現之處，都要禁止發表。（歷歷如繪。——譯者）凡有計劃地管制新聞之處，無不如此。結果，弄到大家底看法一致。既然大家底看法一致，也就用不到强迫了。（因爲，在極權地區，只有「官聞」，並無「新聞」。——譯者）

這種辦法，不僅應用到與政治直接有關的範圍裏，而且也應用到與政治毫無直接關係的範圍裏，尤其應用到一切科學上，甚至於最抽象的科學上。凡直接涉及人文事象的學問，例如歷史、法律、或經濟學、等等，都是最直接地影響政治看法的，因此被管制最嚴，被歪曲亦最甚。在極權制度之下，爲眞理而眞理，純爲無關實際利害只爲個人興趣而求眞理之事，是在所不許的。（此點不獨左派的極權主義者爲然，右派的復古主義者亦然。左派的極權主義者說要「爲人民而眞理」；右派的復古主義者說要「爲道統而眞理」。結果，前者說爲眞理而眞理者是「住在象牙塔裏」；後者說爲眞理而眞理者「是淺薄的理智主義者」或「自我封鎖」。何其巧合若是耶？——譯者）在極權制度之下，支持官方的看法，乃一切研究的唯一目標。因此，在極權制度之下，所謂歷史、經濟、等等學問，乃製造大量官方神話的工廠。

極權統治者似乎都深刻地不喜歡比較抽象的思想形式。（所以，他們反對「形式邏輯」。這是因爲他們對于抽象的思想形式之普遍的應用深懷恐懼。習于本抽象的思想形式來思考者，易于心靈開放 open-minded。凡膠執一個偶像者無不心靈固閉 close-minded。但後者正合極權統治之需要，故日夜趕工製造。——譯者）有人說，相對論是「閃族對於基督敎和諾底人的物理學基礎之攻擊；」或者又說，相對論「與辯證唯物論和馬克斯的獨斷敎條衝突。」數理統計學中有些定理受人攻擊。因其「在意理的前線上成爲階級鬪爭之一部份。……它是布爾喬亞之奴役。」又有人對數理統計學持完全反對的態度，因爲它

「不能保證為人民底利益而服務。」無論是那一種說法，其厭憎數理統計學這一抽象的科學則一。純數學似乎是極權制度之下的一種犧牲品。在純數學範圍裏，如有人對于聯續底性質持特殊的看法，都被目為「布爾喬亞的成見」。照韋布夫婦說，馬列主義的自然科學雜誌中有下述的口號：「我們在數學中有黨有派。我們在醫學的外科中是最純粹的馬列主義者。」在納粹德國，情形極其相似。國家社會主義數學家聯合會會刊中充滿了「數學中的黨派」氣氛。物理學也不例外。列納德（Lenard）是德國最有名的物理學家之一。他曾得到過諾貝爾獎金。他曾把平生著作彙集起來，叫做「德意志物理學四卷」！（强調特殊性或獨一性 uniqueness，乃這類人物之一特色。强調物理學有何特殊性固屬可笑，强調世界上一部份人在發展中初期的思想或生活狀態上的特殊性，又有什麼價值可言？這種人襲取一點源自菲希特的納粹哲學，固可迎合現實政治之需要，給予內心排外自固者以心理的支援，又替心靈茫然空虛而外表誇飾自大者打氣，但其結果之可悲，何待明眼人之預言？——譯者）

這些顚倒錯亂的辦法，有時幾令局外人不敢置信。可是，我們不要以為這些辦法只是極權制度之偶發的副產物，而與極權制度底基本性質無關。吾人須知，祇要政府强制國家社會中每一件事都受一個單獨的「全體概念」所支配，自然會產生這些結果。只要政府不惜任何代價來支持某些看法或某種主義，並且强制人民永遠為之作不斷的犧牲，一定會產生這些結果的。只要政府有一項普遍的觀念，即以為人民底知識和信仰是為了達到某個單一的目標之工具，也終必產生這些荒謬的結果。

在極權制度之下，「眞理」一詞，不復具備其原有的意義。眞理是權威的頒製品，是為辯飾那使大家一齊為一個組織而工作的東西。一旦組織有緊急需要的話，這種所謂眞理，也可以隨之而改變。（言之透澈。「俄國眞理」就是常常隨着實際政治需要而改變的。所以，這種眞理，最好叫做「阿米巴眞理」。——譯者）

這種辯法，在學問知識領域中所造成的風氣，是使人對于眞理持全然無所謂的態度。（馴至在這類社會中，如有人談眞理，就有被目為神經病的危險。——譯者）許多人甚至把眞理底意義全然忘記，失掉獨立研究的能力，也不信任理知的力量。於是，在知識底每一部門中，如有意見上的參差，都變成政治上的爭端。（李森科底問題，就是一例。看破此點，便覺其不值一提。——譯者）因此，這類爭端之解決，不靠科學研究，悉賴官方底權威。在極權國家，最令人觸目驚心之事，無過於輕蔑知識的自由。這種態度，不獨在極權制度之下為然。知識份子，只要懷抱集體主義的信仰，都是如此。凡想作知識份子的首領者，也常如此。（這是經驗之談。充滿思想上的權力欲之知識份子，常富於侵略性，喜强使他人接受甚或信奉其意見，尤以弄「體系」哲學者有此「心量」。蓋彼以其「體系」可囊括宇宙，併吞八荒，而非一個頭腦之「造作」。於是凡持異議者，無不斥為異端邪說，或淺薄幼稚。這種思想態度，一落入實際，究竟有益于民主，抑助長極權氣氛，識者不難判斷。——譯者）

我們不能說，任何人有權決定何人應該想些什麼，或者信仰什麼。從歷史上觀察，常有大多數人底思想隨着一個人走的事。但是，大多數人底思想隨着某一個人走，與每一個人底思想應否服從某一個人領導，根本是兩件事。（前者係自發的；後者係强制的。——譯者）但是，主張統制思想的人却把這兩者混為一談，所以他們振振有詞地主張統制思想。這顯然是一項錯誤。復次，主張統制思想的人看到社會上並非每個人具有相同的獨立思想能力。因而否認知識自由之價值。這也是一項錯誤。吾人須知，知識自由之所以有其價值，之所以為知識進步之原動力，並非因為每個人都能思想或都會寫作，而是由于每個人對于事物發生之原因都能夠提出其觀察，並且加以探討。在這種氣氛之下，可以養成容忍異己的心理習慣。（這點如不做到，則所謂民主也者，不過海市蜃樓而已。——譯者）

在自由社會中，各個人彼此交互影響，獲得不同的知識和不同的看法，構成思想的生活。理知的成長有賴於個別的差異，互為個人（interpersonal）的程序促進個人理知的成長。如果我們拿任何前題來控制理知，遲早會使思想和理知趨於僵固的。（拿道德的考慮放在理知前面，結果亦然。這由東方某種文化之衰竭可以得到證明。——譯者）

羅馬通訊

巴爾幹軍事聯防簽字

方及

自日內瓦會議之後，一連串的其他國際問題都在獲得解決中。從突尼斯直到蘇彝士運河，數年來爭持不下的糾紛，都算勉强告一段落。但到布魯塞爾會議失敗，法國議會否決歐洲軍，局面又呈極端的惡化。在這期間，巴爾幹半島的土爾其、希臘和南斯拉夫三國軍事聯盟簽字也算是值得一提的大事。

原來自從狄托背叛蘇聯以來，仍舊我行我素，實行共產主義，因而成天在東西之間的夾縫中生活。土爾其和希臘却是一直和西方合作無間，並且是北大西洋公約的組成份子。但是這三個國家政體雖有不同，而彼此的利害却相去不遠。很早就有相互聯絡的企圖，在三方面多番折衝之後，於一九五三年二月廿八日在土爾其首都安卡拉簽訂三國友好協定，可說是此次軍事聯防的先聲。一年多來，三方卽在不斷的談判中，其間也曾遇到不少的困難，最後終算克服，三國外長於今年八月九日在南斯拉夫的伯來(Bled)正式簽字。

聯防協定的內容

巴爾幹半島的土希南三國軍事聯防協定的內容大約如下：在前言中聲明忠於聯合國憲章的原則，並保障簽約國的領土完整及政權獨立，加强安卡拉(Ankara)友好協定的基礎。正文中第一條規定，按照聯合國精神、以和平方法處理他們所有的一切國際糾紛。第二條爲協定的主旨所在，三國中如有遭受武裝侵略時，應當視爲三國全體遭受侵略，並立卽採取有效的軍事防禦。未取得全體簽約國之同意，不得單獨與侵略者媾和。第三條謂簽約國應彼此互爲保持並加强防禦能力。第四條成立聯合總部，以各該國外長及其他職員組成，每年集會二次。第四條規定在第二條的情形下，立卽召集總部會議，採取有效對策。第六條內南斯拉夫承認土希二國對北大西洋公約的權利和義務。第七條規定在遭受侵略時，應向聯合國呈報。第八條禁止參加違反簽約國中任何一國的活動。第九，第十條重申本約完全與聯合國精神之協調，以及本約不妨碍並且不得解釋爲妨碍土爾其及希臘對北大西洋公約的權利與義務。第十一條確定本約不替代安卡拉協定。第十二條重申安卡拉協定中之數條。第十三條協議本約有效期間爲二十年。第十四條規定本約在最後一國經立法通過後交希臘外交部之日起，開始生效。

各國對巴爾幹軍事聯防的反應

巴爾幹半島的軍略價值是大家公認的事實，如果這片地區的和平能有保障，則整個的地中海、歐洲和中東的防衛才算鞏固。直接受益的是簽約的國家，間接受益的是全世界。因此這件協定的談判自始卽在自由世界的默許和督促下進行的。協定的內容也完全符合自由世界的精神和需要，西方國家自然都感到滿意。其中爲促成協定出力最大的當推希臘，自然感到最爲滿足。但是當初最大的困難是土希二國已經受北大西洋公約的約束，如何能與此公約以外的南斯拉夫發生相當於公約國家的權利和義務，這其間不免有衝突的可能。因此在協定內盡量强調本約與聯合國及北大西洋公約原則上的諧調。但其性質仍待從速予以確定，不然將會發生不可想象的困難，比如：在南斯拉夫與其他北大西洋公約國(最可能的就是意大利)發生糾紛時，則土希二國應如何自處？所以最後的徵結是在於南斯拉夫這個共產却反蘇的國家。狄托的態度從來是一個謎。但在這次協定中却有一點透露，那就是如果一旦蘇聯和西方宣戰，南斯拉夫必須參加自由西方的陣線。南國等於間接地加入北大西洋公約，巴爾幹聯防等於北大西洋公約的支部，這在協定的條文內都可以淸楚地理會，南國承認土希對北大西洋公約的義務，可是土希只在北大西洋公約總部同意之下始能有軍事行動，這又說明土希對南國的義務是有條件的。除此以外，最感不安的便是蘇俄。它曾以猙獰的面目威脅土爾其，並阻止其加入北大西洋公約，最近又曾阻止土爾其和巴吉斯坦簽盟，那末巴爾幹聯盟更是它不能忍受的「侵略組織」。其實這可說是一個最簡單的邏輯，蘇俄最反對的，就是自由世界應該從速進行的事業。蘇俄反對，就表明有一件事正作得合理。此外還有一點尙待解決的問題，卽是南斯拉夫和意大利的關係。意大利雖不是巴爾幹半島以內的國家，但爲了東南歐及地中海的安全，巴爾幹軍事協定如無意大利參加，則不免減低其效力。問題湊巧又出在南國身上，土希二國都和意大利相當友善，自始至終土希都會主張邀意大利參加協定，意大利自身也曾表示非常關心，但是南斯拉夫爲了的港問題和意大利相交甚惡，堅決反對意大利參加，這也是協定遲遲未簽的理由之一。本來這兩個相鄰的國家大可平心靜氣下來以解決彼此的難題，但是近來雙方多次意氣用事，更增加了心理上的仇恨，不過協定的條文中盡量留出餘地，希望南意邦交急速改善，鞏固此一新興堡壘。

一九五四・八・三十一・羅馬

漢城通訊・九月十八日

中立國之戰（四）

——韓戰的第二個層面

本刊特約通訊記者　劉明遠

斯堪的納維亞的旅鼠

在斯堪的納維亞半島上有一種約略於四川老鼠大小的動物，俗稱為「旅鼠」。據說這種旅鼠恒作周期性的遊行。牠們平日終年隱藏在地下，只有晚間夜深人靜後才出來覓食。由於牠們的深居簡出，所以在平常日子裏，卽使當地的居民也很少看到此輩旅鼠的芳踪。可是每當周期性的遊行開始時，牠們就老實不客氣，除留極少數的老弱幼小者外，可算傾巢出動，從東向西，橫越斯堪的納維亞半島的腹部，向着大西洋的深淵猛烈進軍。在進軍時，累千累萬的旅鼠穿山越嶺，跨城繞鄉，不計一切阻撓，排除萬難，向前邁進。除非牠們中途遭受犧牲，否則，必定再接再厲，直至跳進大西洋為止。在咱們中國，螳背當車，常令人凝視興歎；此北歐的旅鼠進軍，實較剛愎的「螳背當車」又遠勝一籌。其實在斯堪的納維亞半島上，不但小動物如旅鼠者有這種不可思議的傻勁，就是那般碧眼金髮，身為萬物之靈的人們，也多具有其他民族所不及的傻勁。這種似北歐旅鼠又似湖南騾子的傻勁，記者在板門店的中立國監察委員會中又找到了證明。

壁壘森嚴的中立國監察委員會雖然有四個成員，但一年多來，無論是在會場的辯論中，或在實際的調查監督上，主角都只有兩個，而且也一直是那兩個：在紅色集團中是波蘭，而在自由世界的陣營中則是瑞典；捷克和瑞士相形之下，只能算是配角。瑞典的高級代表們多半是職業軍人，都有相當的學養。在辯論的技術或邏輯修辭工夫上，雖然略遜於波蘭人，但他們永遠是雄辯滔滔，奮鬪到底，絲毫不氣餒、不苟且、不妥協。這充分地表現了瑞典人的旅鼠精神。這種旅鼠精神在現任瑞典代表團團長慕愛義將軍身上流露的最為澈底。這裏且引幾段慕愛義將軍的辯詞，以見其眞：

一、『畢勃洛夫斯基上校(波蘭——記者)對於瑞典和瑞士委員為甚麼要在目前提出這些問題，至少表示了六次驚異。他指出了本委員會在北部進行監督的方式從未表示過懷疑的事實。好，畢勃洛夫斯基上校知道我在本委員會是一名老手，但他也知道我是僅僅在很短時間以前才接替來做瑞典委員的，而這個瑞典委員是在利用他得到的可能來重新檢查中立國監察委員會的全部工作。……』(見中立國監察委員會第九十九號開會紀錄——記者)從這幾句話中我可以看到：瑞典人是不苟且的。他們絕不是得過且過，抱着咱們中國人「多一事不如少一事」的處世哲學，順水推舟，以期「功德圓滿」而打道回府。所以這位僅在中立國監察委員會工作「很短時間」而卽變成了「一名老手」的慕愛義將軍，要利用一切他所能得到的機會，把事情弄個是非曲直！

二、『至於布萊希將軍在這裏提到我(卽慕愛義將軍——記者)的方法，不管布萊希將軍或畢勃洛夫斯基上校怎樣想，我是要維護我在本委員會的權利的。我將不承認這種說法，說辦事細則與議程被破壞了，並且每當我認為有理由提出抗議時，我就提出抗議。……如果我覺得他們不照規矩來，我每次都要提抗議。』(見中立國監察委員會第九十九次會議紀錄——記者)這表示斯堪的納維亞的旅鼠對頑强的敵人絕不妥協，絕不氣餒。由於慕愛義將軍以這種不妥協、不氣餒、和不苟且的精神，在中立國監察委員會中抗爭到底，以致連那些紅帽子們也不能不感到頭疼，而無可如何了。請看看他的對手們作如何感想罷：

(一)翁格洛夫斯基將軍(波蘭)：『……我必須說，慕愛義將軍是非常苛刻的，並對於進行討論的方法提出很多的要求。他對波蘭代表團所作的發言提了很多指控。第一、他說波蘭代表團提出的材料是一般性質的。第二、他又說考瓦爾切克上校的發言有誇大的政治性質。第三、他說我們上溯到羅考柯時代，最後，他說我們討論了很多細節，而非先提出一般的情況。……』(見中立國監察委員會第四十七會議紀錄)

(二)布萊希將軍(捷克的首席代表，這裏是繼翁格洛夫斯基將軍之後所作的發言。——記者)：主席，先生們。慕愛義將軍說我錯了。……。』(見中立國監察委員會第四十七次會議紀錄)

用一句四川的口語來說，一年多來瑞典人在中立國監察委員會中的表現「硬是要得」！以共產黨人的那種陰謀狡猾，在一年多的中立國之戰中，居然沒有佔到上風，這主要的不能不說是瑞典人的功勞，而慕愛義將軍厥功最偉，他的前任顧仁信將軍也有不可磨滅的供獻。

兵法上有一個原則：「守衞之道貴乎進攻」。小國處亂世，卽該運用這個原則。今日之瑞典，似乎頗能心領神會。她沒有參加馬歇爾計劃和其他各種的歐洲組合，極願自力更生，保持其中立之傳統。但瑞典的中立却和其他的小國中立不同。她不是列強保證的中立，而是自主自衛的中立；她不是無原則地可以介於任何二者之間的所謂「中立」，她是自立其中立之餘，而依其立國之原則有所取捨。因此她雖然不參加歐洲的各種組合，但對共產主義者妄加侵略的態度，則絕不含糊。所以當俄共的飛機侵害了她的空中權利時，她就斷然下令給她的空軍人員，開槍射擊。以致俄共雖以虎狼之勢向四外發展，但面對斯堪的納維亞的旅鼠，也不能不「把二姑爺的轎車」·向後搭搭。因為她是「自立其中立之餘而依其立國之原則而有所取捨」，所以在中立國監察委員會的活動中，她能為了自由世界的利益和紅帽子們抗爭到底。瑞典人如此，瑞士人亦相似；不過相形見拙罷了。

上圖為板門店"中立國監察委員會"總部，亦即該委會每天舌戰的會議室。由聯軍及共軍雙方共同建造。聯軍建造南半部，共軍建造北半部。因此，瑞士和瑞典的秘書人員分佔南半部，而波蘭和捷克的秘書人員則分佔北半部。

待機而動的山莊

記者曾遍閱中立國監察委員會開會的紀錄，發現瑞士代表和瑞士代表團永遠是站在一個配角的地位，一切謹愼將事，唯瑞典代表團的馬首是瞻。但當記者和這些來自自由世界上最民主的國家的人們（包括前代表團團長華顆爾將軍在內）私下裏談話時，則感到他們在知識學養上不但不低於他們的同僚——瑞典人，並且駕爾上之。在中立國監察委員會的幾個成員中，記者和他們接觸的最多，談的範圍也最廣。在這種場合，他們一個個好似大學教授，或教堂的牧師；娓娓而談，亘數小時不倦。但一到和「寃家」——波蘭和捷克的代表們——對壘時，他們就落在瑞典人的後面，寧願做一個配角。這種現象記者歷久而不能解，又不好動問，於是一直悶在心裏，直到最近，才豁然貫通。

瑞士本來是近代歐洲列強共同保證的一個中立國家。她自己因為人少財稀，疆土狹小，若能得歐西列強的共同保證：不加侵略；她可以不必耗費錢財而行武裝，即可以安享和平生活，又何樂而不為呢？但此一時也，彼一時也。迨希特勒開始其瘋狂的侵略後，她實行武裝了。但武裝的傳統和強度究竟趕不上瑞典。重以彈丸之國土而位置於多事的中歐，動輒得咎。在這種情形下，無怪乎她的腰桿不能像斯堪的維亞的旅鼠似的，挺得筆直了。雖然如此，但讀者且不要以為這個世界公園之國因了國力微弱，懼怕紅色的侵襲，而就摸稜兩可，像尼黑魯之印度似的，打算投機取巧的混下去。自卅年代後已經沒有人能保證她的中立了。她雖然還願意繼續其中立的傳統，但在性質上，此一「中立」和彼一「中立」大大的大同。假定今天我們還要說瑞士是甚麼「中立」之國的話，那麼她的中立也像瑞典一樣，是自立自衛的中立，也是有原則的中立。在參與國際紛爭時，她也像瑞典一樣「自立其中立之餘，依其立國的原則而有所取捨」。這個世界上最美麗最幸福的國家的立國原則既然是「民主」，而民主的道德基礎是「正義」。一個具有優良傳統的民主國家，她會很自然的像威爾遜一樣，感到「正義比和平更重要」，當然也比「中立」更重要。所以這個阿爾卑斯山脚下的小國，國土雖小，國力雖弱，又是傳統的中立國家，但在五十年代的國際紛爭中，她絕不順着蕎子打淌，怎樣都好。

因此，在板門店一年多來的中立國之戰中，她的代表團雖小心謹愼，不若瑞典似的單刀直入，毫無假借，但在大原則上却是從不遷就，從不妥協的。譬如在「遣俘」期間，共產黨們要求強迫戰俘到場聽「解釋」，她即斷然加以拒絕。至於一般較瑣細的問題，她雖然不像瑞典代表似的，永遠是積極地、主動地和紅帽子們據理力爭。但瑞典人所堅持的問題，她也永遠是加以支持。所以瑞典人也不批評他們落後，他們也不說瑞典人過火。一年多來，這兩個來自自由世界角落的代表團能够一唱一和，合作無間。

在五十年代裏，瑞士人早已經知道他們不能置身世外了。他們之所以尚不積極地參加世事者，蓋有所待也。約模是在兩個月以前，一天下午，記者在漢城的一家中國餐館裏和四位瑞士的軍官暢談了幾個小時。我們談話的主要題目是歐洲的統一問題。最後我問他們：假定在不久的將來，歐洲聯邦之夢能實現了，你們瑞士人是否願參加呢？出乎意料的是他們說：這是瑞士人所最情願的。這是五十年代中瑞士人在國際事務中最主要的情操。從這裏我們可以看出來：在瑞士人的心目中，早就沒有尼黑魯們自我催眠所催出來的那一套「中立」了。

嗩吶

公孫嬿

遷居此間，適處在羣峯峽峙中，門對觀音山。天氣晴和時，紫青色的嵐光，與蔚藍天幕配合在一起，加雜着一片蓊鬱蒼林，偶而有銀白鷺鷥翩然而過，這眞是個風光旖旎的奇觀。

一年前，我從中部搬到這座山上，如超脫紅塵，忘却自身原也屬市塵中人。日子來去無聲，匆匆揉合在寂寞的歲月裏，生活似乎已平靜到如眼前烟霧般的虛無飄渺，我感到說不出的，溢洋於年齡之外的空虛。

如今又趕上北臺灣的雨季，這兒落起了連綿雨。即或細雨停止抽絲，陰曇的天色，依然像哭喪的臉子，使人們從心底飄起一股悵惘——彷彿還有不能釋懷的懸念，在天之涯，在茫茫大海的那一邊。

雨終歸是要落盡的，天可放晴了。日落黃昏，四野山巒，如我蝸居外的屛風，渲染上銀灰色的，和橘黃色的暮烟，一切遠山田畦，均被遮於霧幔，這時候；我多半一個人依傍在那叢椽竹邊，將遺棄不了的過逝記憶，推入浩瀚的雲海。

每趁新夜的步履，姍姍其遲，向沒有接近大地的剎那，我的思維像西野馬，在悠悠天地之間任性騁馳。我分明聽到了冥冥之中，有誰在呼喚，蟋蟀向我泣訴，長竹迎風淸脆欲折的響聲，還有那隆隆的火車，載滿了疲憊的旅客，從遠遠來了，接之是一聲凄厲的長鳴，我曉得這列黑色的老龍，已經此地鑽向深黯的山洞，遠颺了。於是慢慢地，我溺愛了這片山，和此地遠避塵囂的人，尤其是振盪心頭的每一種聲音，那對我原是如此的廝熟呵！它們像一隻隻溫柔的手，輕輕叩着我的心扉。這些聲音彷彿是爲我奏起的，我由其中擷取了溫暖，像一朶朶小白花，裝塡了我空虛的膺懷。滿載而歸吧，每次我總似一隻吮足了蕊汁的小蜜蜂，散步在蛇細的山徑上，借着晶夜的淸輝，煽動起我明綢般的膜翅，飛回溫馨的窠居。

在梅雨新霽之後，悄悄地春也來了。連「夜」都怪誘惑的，月牙兒似一只菱角，鑲嵌在玲瓏無波的雲天，但我想到的，却是打塞外吹入古城的風沙，如今是否又像一把刷子，掃落在我西樓書齋的羊皮紙窗上!?我的家呢？被異族侵略者抹上了血腥，我愛那悲壯風聲，然而現在，風聲中必然加雜了泣血的哀嚎……是的，就在這時，我聽到了，是誰隨風爲我送來那派幽怨的調子？在這麼淸澈如洗的夜！

於是我像一粒悲哀種籽，從異方候鳥的喙間，遺落在夜之谷了。伸出了耳朶，我要探聽這種魔音從那裏頻送出來，爲島上的寄客招魂。是人？是鬼？是個影子？還是個幻念？我要靜靜地，把自己隱匿在茂郁的芭蕉葉後，偷看一株株挑破長天的修長檳榔樹上，是否有個淘氣的小號手，正援引而上，向人間播散凄涼的音符……

聽見了這種聲音，好像月色一點比一點黯淡了，人也一分比一分的老了，這個世界呢？也一刻比一刻蕭條了，而我身處的季節，也正由春天一下子墜入了秋天。我要細辨這派音韻如何像張佈在牆角的蜘蛛網，黏住了我這類似飛累了小昆蟲似的人。朦朧中我似瞅到有隻憔悴的手，撥開了塵封的夜窗，於是我全瞭然了，唉！那只不過是執在一個多事年輕人手中的小小喇叭。

怒心感者其聲粗以厲，愛心感者其聲柔以和，而我呢？鄉情重了，却向流散的音符中，索還我失去的年華。蒼茫暮色裏，我曾坐在斗室，諦聽爲輕風飄送過來的抑揚聲，像遲暮女人的抖顫歌喉，向墮落於山谷的夕陽吐出悒鬱，起先我疑慮這派響聲是由什麼竹管發出的，我想；它爲什麼和我家鄉的另一種樂器如此聲似呵！但我並沒有忘却自己是個客身，飄流在海島之上，我們有所等待——等待重返苗生我們的十萬里平疇。我想到的是「春雨樓頭尺八簫」，我懷疑這座山上，有人寓意於一支凄涼的竹管。

如今，爲我找到了。竟然超出了我的想像，那原是和我家鄉一樣的喇叭。我愧赧於自己胸襟的狹窄，輕易就忘却了版圖的廣袤；這只小小樂器無分疆域地區，皆能用同胞的嘴吹奏出雷同的調子，若有懷古之心，往上推溯，焉能不可證明其構造，數千年來係以同一方法製成。縱橫何殊，除了時序的經緯交互穿梭，織就了我們錦綉文化，和錦繡河山，我又當爲這偉大的歷史悠久的民族而謳歌了。

這個黑紅色小喇叭，我們原稱它作嗩吶的。在家鄉每逢年終，普天同慶的歡會裏，在樸質農民組成的歌舞行列中，是少不得它的。它襯合着喧天的鑼鼓，在小巷長街出現時，就必有千百個綻出笑痕的臉子，蜂湧圍繞住，搶着分潤音節中帶來的欣怡。記得昔日我矮小身裁鑽動在凜冽風寒裏，鼻子和手指都凍得像胡蘿蔔，脚雖然也痲木了，但還隨着跳動的人羣，或居高臨下，站在長街通衢人家的樓頭，看着化裝成爲五顏六色的人們，扭動着肢體，由我身前走過。我愛他們動作的節奏，像隨風捲過來的浪，我更愛那種代表善良與淳厚的簡樸樂聲——包括了大鼓，銅鑼和嗩吶。我所以能對後者記憶特別淸楚，恐怕還是因爲它漆得發亮與白銅閃光的形體，和響澈行雲尖銳的音調。以後我更瞭解它是屬於太平年的象徵，誰會爲嗩吶聲惋惜歲尾臘殘？誰又不會借嗩吶聲預卜明年更豐實的收穫呢？年過了算不得什麼，因爲來年比今年更好，人們有所期待，而這個含在鼓腮緊唇間的嗩吶，正是趕送佳音的信號。我會睜大了眼睛看，踩高蹺的和鑼鼓隊來了，我夢想有一天自己脚下也綁上那麼一對木棍，我便高了，大了，我想像的是成人的驕傲，與成人的昂然的快樂。高蹺與嗩吶，同樣的和我童年造成了幸福的聯鎖。

嗩吶聲音是那麼響亮，吹奏時要昂起頭，挺起不屈的頸項，張大了眼，鼓脹了腮，從兩頤升起紅雲，誰說那風度不篤實光明——我愛吹嗩吶人的大氣磅礴姿態，一如嗩吶震撼天地的音律。我會幻想有一天，我也有那麼一只小小嗩吶，在自己的詩句中誇張的吟誦——「我要依靠在永恒的斷木橋邊，吹起世外的憂煩。」可是我早想到自己的封建家庭，在學習樂器以遣興，除絲竹之聲外，我的長輩絕不允許我選擇那麼世俗的，爲逐什一之利者所酷愛的一只小喇叭。在我家深邃而長年靜謐的畫廊和庭院中，我若果眞就坐在假山石上，舉起嗩吶，向長天和流雲吹奏起尖銳音調，劃破了滿宅的風雅，當時我的罪愆不止難被寬宥，父老們勢必也會認爲這個出身於書香門第子孫偏愛於人人輕視的樂器爲可鄙了。

因此，我沒有機會鼓起腮學吹嗩吶，但嗩吶的聲音變成了嚴密的網子，撈住了我成人的悲哀。我也沒有練習踩高蹺，雖然高蹺的幻想譜送走我不再來的年華。就由於一點潛伏的士大夫階級意識，使我撇開了一種衷心喜歡的樂器，我却選擇了瑰麗辭藻來渲洩中年的寂寞——那種失去了聲音的寂寞。但我却借用別人的聲音，爲我重溫舊夢。我懂得的多了，也和另外一些人一樣，能用冷靜克服情感的奔放，我開始願意一個人徘徊在蒼茫郊野，我只不斷的想，想，想；想用體觸到的聲音和顏色，彌補生命中的空白。

當我找到了二十年來心眼中失去的嗩吶，在我平靜的心湖上，就被這種悠然劃破霄漢的音韻，攪出了小小漣漪。是的，我有點兒驚訝，它的形態一點沒有變，甚或攥住它的那隻手，還是有力的，粗大的，好像把握住我逐漸昇華的生命，使其在這派聲音中消溶，沉澱。就連吹奏時吃力的樣子，也還那麼神氣逼人。這一切動作在我並不陌生，除了我用兩手將嗩吶舉起，置到唇邊時，它是暗啞的，不能發出一點聲音。我就那麼不解風趣嗎？但爲什麼我又能分潤別人聲音中的悲歡呢？當我失去了聲音，我早就像啞吧，只能在幸福的門檻外彳亍，無從一睹其堂奧之幽深了。

閉上眼睛瞑想吧，我又像隨倒流的時光，一寸比一寸低矮了，連我塡膺的壯志，也化爲無知童心，我又像擠在熙攘的人堆裏，爭取感官上的滿足，我要看，我要聽，只是這次我並沒有尾隨在行列之後，跟下去，擠下去，我看這隊人像潮汐一樣退落下去了，而我呢？依然兀立在沙岸上，忍受此地剩下的荒涼。曲終人散，過眼烟雲，剛才的一切，一絲一毫的影子都沒有了。風也冷了，我又抖擻起來，失去了溫暖便對寒流的侵襲更無能爲力了，我已被凝冱在那裏。我隱隱約約，還能聽到遙遠的嗩吶，只是此時的嗩吶聲倏然也變成如作喪事的涕淚零淋。

我晃然明白了更多的事，我想嗩吶所以在我耳中變音，必是因於心中家國之思促成的。寶島雖屬中華版圖，究竟並非生我的家鄉呵，不必苛責自己頑固，我想弱水三千，我有資格去取一瓢飲者，還在於貪戀兒時的歡娛。若果一出生世間，就有了像今天這把年齡，恐怕在我就失去鄉愁一辭之存在了。過去我追隨在嗩吶聲後，拾取音符中別人剩餘的歡樂，如今但願有辦法錮封住耳竅，把這派聲音擯絕於外，不容許它像一條纖細長蛇，鑽向我失去溫暖的心窩。

顯然地，我失敗了，我禁不住它的誘惑。連夜來，每逢黃昏日落，山間便開始飄奏起嗩吶的聲音。起先我還以爲這是受喪家聘僱，爲那個安息的靈魂禳解哩。後來我明白了這個年輕人，不過是借用嗩吶說出許多內心的話，吐出許多不宜的寂寥。於是我遴選離那人不遠的一塊青石坐下；他吹與我吹又有何區別？我要將充耳的戚戚之音，變爲激吭的鼙鼓，我想這種聲音既然能引起我故園之思，它又何嘗不能賦人以同仇敵愾？因了它，我們才覺得海角天涯尚留下懸念。但願有朝一日，在故都的城堞上，再能聽到縈繞童年歲月的嗩吶聲，也許護城河中溢滿血腥，一片瓦礫上甯滿遭蹂躪的屍體。但借了那派親切的音韻，我們會鼓舞起更大的勇氣，在傾圮的殘垣斷瓦上面，另建起我們嶄新的巍峩家園。之後；我再借一只含在另一個年輕人唇舌間的嗩吶，吹奏出繁榮與新希望的光明遠景，那怕我自己招架不住流光之煎迫，聽完了屬於大地的嗩吶，因而我一夜頭白……。

日記抄

張秀亞

四十年

二月十八日

天陰，小睡起，讀新約數章，頗有感悟，今後但願大量以容人，小量以繩己。不以孤高自尙，惟以清白自許。

入夜雲霽，月如華燈，徘徊東籬，今日原爲舊曆上元節。

二月十九日

狂風中閉窗讀佛家哲學之新體系。黃昏風定，於書肆購買荷蘭水彩複製品三張，色彩澹雅，清秀如詩。

二月廿二日

晨間奇暖，十時許突轉寒，但陽光如金，流照苦杏枝頭，已有三分春意。詩人芬來，稍談即去，伊詩作清新有致，但意蘊艱深，故難爲時賞，東方人學法國羅蘭伊夫人而得其神形者，只此一人而已。

二月廿六日

着手寫懷鄉曲，只得四節。

讀「詩的性質及名稱」一文，中有一段，論及中古詩人之病症，時下詩人，似亦多感染，爲之太息。

二月廿七日

自友人菁處借得蕉窗日記一部，最愛其中楊廷樞之文字。黃昏，沿小溪步行半里，折得幾枝水松歸。

二月廿八日

細雨竟日霏微。「春寒微雨杏花天」，但見階上苔痕濕，惜乎不見杏花。

三月五日

瑋來，談文藝創作諸問題，她以爲寫作應全憑靈感，我則深不以爲然，憑一時感興寫作，絕非創作正軌，一胸襟博大之文藝工作者，他的筆不是爲傳達自己。且創作要等候靈感到來，乃是株守待兎的愚舉，當爲智者所不取。

飯後與瑋冒雨至山半茶亭，啜茗數杯，瑋舉杯嘆息：「茶越濃，味越苦！」短短兩語，已概括了人生！

三月十日

晨間植花數本，有建蘭、法國玫瑰及紫蘿蘭，乃文友茜所郵贈。因她深知我愛花，但我並不惜花的性情，恐怕終辜負芳菲。

十時許偶讀義國一大家之詩篇，不圖竟於其筆下，發現廿年前譽滿國內之名家抄襲之藍本。揣摩名著，目的決非在抄襲或模仿，學得再像，也是自別家園移植而來，有何珍貴？猶記法國勒美特有言：

「一個作家的價值，在他看物，感物，與措詞方法之全由自創，且足以使他軼出於尋常平面之上。」作家在創作上，不妨帶幾分狂妄、倔强，切忌亦步亦趨，踏別人足迹，願作驕傲王子，不欲低首爲人奴隸。讀者所愛者，就是「你」！此「你」字，所代表者爲在創作上有獨立人格的人。願我自己今後在習作途中，凝望着自己粗糙的作品微笑：

「這是『我』的作品！」

三月廿日

幾日來微風細雨，草脚已蘇，綠滿庭除。

靜中獨坐簾前，檢討自己生活上的失敗，我並不否認，一部份乃自己性格上的缺點所造成。

我愛憂鬱，多幻想，神經脆弱，每因細事，改變了精神上的溫度晴陰。這是病態，但既非人力所能袪除，我姑且自慰的想，即使是病症，也自有它的美麗處。我絕不能因此而怕生活，不敢正視現實，因爲天既生我，不能自棄。

四月二日

曉霧中與菁、玲遊湖，玲坐於船頭，細訴其遊湖經驗道：「晴湖不如雨湖，雨湖不如月湖，月湖不如雪湖。」更述及當日其卜居西子湖邊，雪中訪尋梅踪，驚飛湖上白鷺，拍翅和雪片齊飛的故事，生動到極點，也美麗到極點。

在湖上流連竟日，歸來朗月照人，睡意全無。在窗前寫成七星草一篇，在此文的前記中，我寫了這樣的幾句：

「等到楊柳綠成一片烟，春花燃成一團火，七星草還是保持着自己那淡淡的顏色，枝葉上依然擎托着那一點晶瑩的白雪。」

我深愛七星草，爲了它的淡雅芳潔，昔年曾在書中保留過一片葉，可惜在幾次轉徙播遷中已經失落，除了在故園，已難尋到它的芳馨！

長篇連載

幾番風雨（七）

孟瑤

十九

自從又飛壯烈爲國犧牲後，小薇的精神，整個陷入崩潰，她已失去生存的意志與能力。那天墓前哭祭，她又暈倒慈母身旁，而被救了回去。當時，武漢局勢已緊，瑰薇不可能等她康復，即隨五姐全家入川。旅途中，老母的焦慮與憂急是可以想像的。多麼不容易才盼到目的地，小薇被安頓了下來，老母的心也因此而輕鬆了。

小薇的身體並沒有什麼病徵，但神志分散，看似平靜，實則低沉已極。她被老母如嬰兒似的看護着，生活對於她，沒有思想，沒有刺激，也沒有印象。但，日久，那在她面前幌來幌去的兩個影子，却毫不容情地向她那幾沉海底的心上壓去。一個是她母親日益憔悴的臉，一個是她孩子閃爍着那一對鬼眼睛的臉。這兩張臉，不停地在她眼皮下流動，因而逐漸地有了印象，有了刺激，也有了思想。體會到慈母的憂傷，她告訴她自己必須勉强活下去；看到了孩子的存在，她不得不想到那段難堪的往事，她因蒙羞而恨嘉謨，她更因蒙羞而覺愧對又飛，她曾說過又飛廿八歲才能結婚，因而不肯把往事相告，就如同知道又飛一定活不到廿八歲似的，想到這裏，再想到又飛的淳質與美潔，她更恨不能立刻相隨於地下，這求生與尋死的兩種矛盾情緒，在她枯瘠的心園，播下了思考，需要，力量……等秧苗，那一片散漫的精神因而凝聚起來，她的生命，逐漸遍佈上一層出芽的新綠。

在情緒上，她覺更不忍心的是老母，瑰薇加速度的衰老皆因小薇的憂患而起，而在憂患中的小薇又多半忽略了她老母的存在，因爲小薇腦中的慈母印象，是有着雍容風範，嫻雅而又仁慈的婦人，老母爲她而蒼老，而心碎，她並沒有體會出，如今一旦定居下來，呈現在她面前的老母體態，竟然是如此龍鍾的老婦，一種先天的孺慕孝思，不免使小薇凄然落淚，因此，她有了更强烈的生存欲望。

只此一念，勝過藥力萬種，小薇首先從心理上康復了起來。

重慶定居不久，武漢淪陷，瑰薔隨夫遠去西安，爲了小吳與阿梅的婚事，曾又使瑰薇大動腦筋，留下小吳又怕增加日用開支，放走阿梅，則一家燒飯洗衣的事立刻停擺，經過一番矛盾，爲了阿梅終身幸福，還是決定放她隨小吳同行。但，大出意外的是阿梅，這忠耿而又有慧心的使女，她不肯放心那對她有厚恩而如今又陷於憂患的舊主人，她說她還年青，與小吳訂婚以後，一兩年內不必忙於結婚，她堅持着要留在重慶，小吳只好依她，而瑰薇因有解事而又殷勤的她內外支持，才使兩肩輕鬆許多。

這一天吃晚飯的時候，小薇心境比較愉快，看見阿梅前前後後忙着端飯燒菜，頭髮披拂着，滿臉流着汗，混身衣飾隨便，比起上海來，可以得許多小薇的考究衣飾，成天除侍候茶水外一切現成，兩兩相比，相差太遠，她不覺多看了阿梅幾眼，提起了開玩笑的興緻說：「阿梅，你怎麼不和小吳去西安？」

「小姐別開玩笑了！」阿梅一臉紅，擱下菜，就到後面去了。

小薇一口口地吃着飯，半天忽然對她母親說：「媽，我看阿梅太累了，別讓她管廚房的事，加僱一個廚子得了！」

看了她嬌貴的孩子一眼，瑰薇只得說：「抗戰期間，一切從簡，知道這個仗會打到哪一天？還是省着點好。」

「那也應該把小吳喊來，反正咱們不多這一口人吃飯，讓他倆這樣分開，多難受！」

瑰薇想說什麼，張開口又縮了回去，半天才又說了這句話：「能省還是省着點好！」她怕小薇還要順着這個題目往下討論，於是夾了一筷子菜到身旁的小蓓蓓碗裏說：「快吃飯，別東看西看的！」

小薇隨便瞟了她孩子一眼，又看見那對閃爍的鬼眼睛，於是便極不高興地罵了一句：「小鬼，快塞飯，討厭！」

「瞧你，她又沒鬧，別老對她這麼凶。」

「討厭，暑假過了，快把她送到學校去！」

「不用你操心，我知道這些事！」

飯後，小薇返室休息，回想方才的事，越想越有問題，母親爲什麼這樣過份節省？說話時爲什麼欲言又止？這疑團逐漸在小薇心裏加大，她立刻從床上起來，跑到母親房裏，瑰薇正把蓓蓓抱在懷裏認字。

「媽！」小薇進來叫了一聲。

「什麼？」瑰薇把孩子放下，摘去老花眼鏡問。

「吃飯的時候，您好像要說什麼？」

「沒什麼！」瑰薇低頭吻着蓓蓓。

「我不信，媽！」小薇坐到她媽身邊：「我看出這個家許多不對的地方來了。」

「什麼不對？」

「您節省得太過份！」

「蓓蓓，下樓找阿梅玩去！」瑰薇先遣走了孩子，然後才望了小薇半天說：「這件事連阿梅都知道，就是瞞着你；因爲你總是鬧病，心裏一直彆扭，所以，我便不願跟你說！」

「我現在完全好了，媽得告訴我！」

「離開上海的時候，除了房地契是存在洋行裏而外，大部份細軟我都裝在一個箱子裏帶來，爲了這個仗不知打到哪一天，這些東西也就够祖孫三代吃着不盡的了，不想到重慶上岸的時候，這一箱子東西都丟了！」

小薇立刻大吃一驚。

「到這兒什麼也沒有，好在我離開上海之前，直接向這兒滙來壹萬塊錢，買房子，製傢俱，再加上你這場大病……不省着化行嗎？」

「那麼現在還有多少錢？」小薇着急地。

「不足參千之數，如今幣值不斷地跌，每月收點利，貼點本，就這麼過着混着。」

「媽爲什麼不早告訴我？」

「怕你受不了！」瑰薇擦着眼淚。

小薇抬頭看她母親，那飄拂的雨鬢多已灰白，眼神黯淡而多淚，額角眼角的皺紋更加深了，這就是在上海過着養尊處優生活的母親嗎？她幾乎失聲，不覺說：「那您受得了？」

「媽該受，這是媽的錯！」

小薇的感情向來任性而脆弱，一陣心酸，她又伏在桌上哭了起來，蓓蓓聽見聲音，由樓下跑上來，擠到外婆懷裏問：「婆婆，阿姨幹麼哭？」

小薇聽了她孩子的聲音，立刻找到發洩的對象，她站起像抓小鷄似的，把小蓓蓓提到手中，一面揍一面喊：「小鬼，小鬼，都是你，我要你死。」

「小薇你瘋了？」瑰薇把孩子奪到懷裏，哭着說：「孩子有什麼罪，你這樣跟她發脾氣，你這是什麼樣子？你讀的什麼書？」

看見這祖孫兩代，看見這擺在面前的生活威脅，小薇又縱聲哭了。

「你別這樣，」瑰薇顯得有點生氣似的說：「有媽在一天，這個家你就不必操心，媽的福享够了，現在受點罪也沒什麼，我心裏只覺得對不起你們，尤其是這孩子，從見了面，你連看都不看她一眼，我心裏眞不好受！」說到這裏，瑰薇也忍不住哭了起來。

回屋休息時，小薇深自痛悔，她恨自己是這個家庭中唯一的少壯派，却是一個最不能應變的蠢材。

第二天早上起來，她和顏悅色地到母親屋裏，探安並陪罪，她走到床邊，溫靜地：「媽，您還沒起來？」

「昨晚蓓蓓有點發燒，鬧了一夜，這孩子被你吓着了！」

「現在好些了嗎？」小薇臉紅地彎下腰去撫摸她的孩子，但蓓蓓見是她，立刻便往婆婆懷裏躲。

「還沒有退盡！」瑰薇拍着孩子說。

「一會叫阿梅找個醫生來？」小薇說。

「不必了，小毛病，別亂吃藥！」

蓓蓓病了三天，才算好了，接着，瑰薇開始有一點傷風咳嗽的現象，一天沒吃飯，第二天更躺下了。

瑰薇的病，不是件簡單的事，這很顯然。

戰亂，失產，愛女一再的不幸……毫不容情地加到這年事已長的她的身上，爲了愛惜兒孫，她把一切的憂傷獨自承擔着，再加上小薇那場大病，幾乎有一個月，她過着衣不解帶的生活，對於一個五十左右的婦人說，該是一種在健康上極難恢復的損害；隨着一點刺激，一些外感，瑰薇就這樣病倒了。

開始，母女都沒有把這件事看得很嚴重，以爲休息一下卽可復原。其實，病魔一如一羣銀行裏的存戶，有誰首先表示對這健康的存蓄發生懷疑而急急提存的時候，其他的人便立刻擠兌，直至這銀行被拖垮爲止。瑰薇的遭遇，亦正如此，開始不過是感冒在逼支她的健康，隨後，一切深藏着的病根便都來向她結賬了，以她這點可憐的健康來支付，當然只有日益維艱了。

這使她的病，一天比一天加重。

小薇慌作一團，瑰薇也開始對自己的是否能康復表示了懷疑；當然，她一如普通老年人似的怕死，何況現實環境逼使她的情緒更加複雜：小薇一直受庇於自己的羽翼之下，一旦撒手，她那裏有振翅的力量？而且家財將盡，她連一張大學文憑也被耽誤了，擺在眼前的生活問題又如何解決？還有呢？一個被她衷心討厭的孩子尚待教養……想到這些，她眞盼上帝能叫她再多活幾年。但，事與願違，數日來，她的病況毫無起色。

醫生找了很多，錢也化了不少，努力了半個月，瑰薇已自知不起，這天晚上，她覺得比較輕鬆一些，小薇又正坐在她的旁邊，瑰薇看見她孩子焦慮的神色，不覺淌下眼淚喊了一聲：「小薇！」

「媽，您想要什麼？」

「我現在還好，想跟你說幾句話！」

「您還是多休息，有話以後慢慢再說吧！」

「你覺得媽還有許多機會跟你說話嗎？」

小薇望了她母親兩眼，沒有作聲。

「媽這一次病怕好不了咯！」瑰薇輕輕嘆息着。

「媽幹麼這樣說？誰不病，病幾天也就好了！」

「媽也希望這樣呢！」瑰薇沉靜而緩慢地：「但是天下好多事都不由人，你讓我把這些該說的話都說了，免得將來想說時辦不到。萬一我好了呢？多說這幾句也沒什麼關係！」

小薇又開始擦眼淚。

「我第一個不放心的就是你，從出世以後，就寶貝似的養着，要你快樂，要你幸福，沒想到我越要你幸福，越從我手上造成你的不幸。頭一件事，可以說完全是我事先沒有防範得好，我應該負完全責任；接着，我又丟掉我們指以爲活的財產，連想讓你過一點不愁吃喝的日子都沒有辦到……這件事使我死不瞑目。」瑰薇嗚咽起來，小薇已哭倒在床上。

「將來錢的問題，在必要時可以去找你五姨，或根本搬去西安都行；咱們姐妹倆一向手足情深，這交情是够的！」

瑰薇休息了一會，用手帕擦着眼淚，小薇遞給她一杯水，喝了一口，才又說：「照我看，令德那孩子確實不錯，對你也眞有情，假若他再對你有什麼表示，你也就不必太矜持，一個女孩子，總不能這樣孤零零地過一輩子！」看見小薇沒有說話，她看着她，深深地嘆了一口氣才又說：「蓓蓓雖然小，可極聰明懂事，你以後要好好敎育她，別儘拿她出氣。唉，做一個母親也眞不容易，媽自信在各方面也都算能幹，但是，在做母親這一件事上，可大大的失敗了，我對你太溺愛，所以找來好多麻煩，反過來說，太冷淡也不是事，總得恩威並施才敎育得出好子女來，這是媽一生的經驗談，你千萬得記住。以後對蓓蓓要多愛惜着點！」

瑰薇說一句小薇含淚點一下頭。

「再說阿梅，一片赤誠，聰明能幹，足可託以大事，以後有事盡可跟她商量，她或者比你能拿主意。可別儘跟人發小姐脾氣，她也一年大似一年了，別耽誤了她的婚事！」

要囑咐的都已說淸。許久，瑰薇才拖了一把哭着的小薇說：「也不早了，你先去睡吧！我今天比那天都好受。」

從這天起，瑰薇病況，日益惡化，整日閉目沉睡，醫生作了最後診斷，搖着頭，告訴她們預備後事。

夜半，瑰薇已經氣息僅屬，小薇看見這情形，忍不住傷心地哭了起來，她伏在媽媽身上哭喊着：「媽，你不能就走，我還沒有盡孝呢！您等着，讓我悔過，我從生下來，就帶給您煩惱，媽，您給我機會讓您快樂，您爲什麼不理我呀，媽，您睜開眼睛，您看我呀！我會好好活下去，我要好好孝順您呀……」

無論小薇怎樣傷心，後悔，痛悟，瑰薇依然不能再看到，再聽到。她已撒手西去。

二十

胡令德，這個出身農家，却有機會受到良好敎育，秉賦誠篤，天性恬淡的年靑人，從上海來重慶小住後，果然暢遊西南各省，最後在山水甲天下的桂林定居下來。他一直在大自然中長大，因而潛伏着一種愛明山秀水，不受拘束，喜歡流浪的習慣，從大學畢業至今，轉眼十易寒暑，他依然沒有一官半職，甚至於連固定的職業也沒有。他一直靠寫點稿，編點報來維持生活，錢够用了，又排除一切工作上的罣碍，或閉門讀書，或遊山玩水。

他在桂林住了不算短一個時期，寫了一部結構相當完整，文筆十分優美的小說。當然故事中隱約有小薇的影子和他的愛慕。這小說使得他薄負時譽，於是不知名客人的拜訪，報章雜誌的索稿，朋友們的應酬往還……相當地影響了他這安定生活的韻律。他深感名爲身累，大有卽刻從裏面拔出足來的意思。

就在這時候，他接到小薇從重慶寄來的信：

令德吾師：

申江一別，倏焉三載，時間似乎不長，我却在這人海中經過了幾個大的翻騰，至今尙在昏迷驚悸之中。

又飛的壯烈犧牲，也許你在報上早已看到，國家痛失良將，我也幾乎被這個打擊弄得永仆不起。我大病一場，陷於精神的整個崩潰中幾達半年，剛欲振作以盡人子之責，家母又於前月遽爾棄養，深恩未報，使人抱恨終天。

一個永遠被慈母庇愛着的孩子，一旦需要她獨自背負起這份生活擔子，挺立於這個戰亂的世界時，你可以明白她是如何的惶懼。

而且，還有一件事，唯你詳其本末，卽廬山的那個孩子，現正在我身邊，請恕我自私，因爲她一再用她的存在來觸痛我的傷痕，致使十分討厭她，如今，我正帶着她，過着被精神與物質兩重壓迫的生活。

學業未成，養身無技，我現在成爲一個百無一用的人了。這一株曾被人着意愛護過並灌溉過的弱枝，竟如此地垂垂待斃，使我覺得愧對一切曾對我敎育過，並期許過的人。

小薇泣書

讀完小薇的信，令德的心，眞正地被擊痛了。

他始終不能忘情於小薇，廬山追求失敗，他過着流浪自由的精神生活，他立刻在自己的靈臺中闢出一席地，對着小薇，馨香供奉起來，雖然這是虛渺的，他却因此獲得不少虛渺的慰藉。如今，由信中他知道小薇是陷入如此悲苦之境，他便立刻有了去安慰她，並幫助她的意思。他本早想離開桂林，趁此，他檢點行囊，湊够去渝旅費，於是負起一箱一被，間關入蜀。

到重慶後，他先找一個旅館住下，然後不待梳洗，卽按址直奔小薇處而來。

這時已是黃昏，小薇，阿梅，帶着蓓蓓，正在圍桌吃飯，這第一眼射入令德眼裏的小薇，是使他大大地吃驚了，頭髮胡亂地飄拂在四周，臉色瘦黃，不施脂粉，身穿一件舊了的淡黃色的綢旗袍，赤脚，拖着一雙皮拖鞋……這與在上海的時候，非上等化妝品不用，非最時新的衣裳不穿，非收拾得一絲不亂不出屋門的小薇相較，誰敢相信就是一個人？而且，她也憔悴得太厲害，廿五歲左右的年紀，望去竟似卅許的中年婦人。只有那臉上勻稱的五官，和修短合度的身材，還讓人依稀識得這美麗的身影。

「小薇！」令德以少有的激動聲音喊了一聲。

「誰？」小薇奇怪地抬起頭來，她看見了令德，立刻斂感於自己的樣子見不得人，因而萬分侷促，她放下筷子，站了起來，一會兒摸摸頭髮，拉拉衣服，半晌才說：「您什麼時候到的？」

「剛到，」令德因久別而顯陌生：「重慶往得還好嗎？」

「別提了！」小薇開始鎭定一點：「成天空襲，天氣又熱得要死，好什麼？」

令德趁機看看四周，這房子還是當年幫瑰薇選擇買來的，那時佈置不壞，始終還是一個中上等的家庭欵式，如今不知爲什麽總顯有些淒涼，尤其少了一位會以慈母的恩情加到他身上的瑰薇，更增加令德一種人丁零落之感。

「咱們沙發上坐！」小薇向旁邊指了一指，又望着阿梅說：「吃完了飯泡兩杯茶給我們，把小丫頭帶出去玩，別在家裏鬧了！」

兩人坐定，令德是拙於言辭的人，望望小薇，却一句話也說不出來。

「怎麽，今天到的？」小薇打破岑寂。

「是呀，剛到就來了！」

「行李呢？」

「在旅館。」

「咦，怎麽不搬到這兒來呢？」小薇說：「我現在什麽都沒有了，總算剩下這幢房子是唯一的財產，你何不搬來，就在這小書房裏住，多方便！」

「我還是一個人住方便些！」令德的精神開始放鬆了些，於是望着小薇笑笑說：「近來怎麽樣？」

「不但精神垮了，物質生活也大成問題，」小薇坦白地說：「物價漲，沒有進項，再加上接二連三的病和母親這件大事，完全光了，除了這房子外，可以說一貧如洗。現在正在打房子的主意呢！原來我想把它賣掉，或租一半出去，再到鄉下蓋一間草棚子住起來再說，但，你看，現在一空襲，大家都疏散下鄉，城裏的房子根本無人問津，正不知該怎麽辦呢！」

令德望着她，點着頭，沒有作聲。

「你看，」小薇忽然笑了一笑說：「你做夢也沒想到何小薇會有這一天吧？」她頓了一頓，又靜靜地說：「也好，不吃苦哪裏知道世道的艱難？我倒眞是甜酸苦辣都嚐盡了。在愛情上，薄倖與死別這兩杯最難嚥下的酒，也被命運的手，强灌着我喝了下去。生活呢，由洋房汽車的濶小姐，一變而爲以典當度日，甚至於無以爲炊的赤貧。命運跟我開的這個玩笑，可眞不小！」她說完，並沒有哭，反而向令德淡淡地笑了一下，然後以手支頤，逐漸陷入沉思之境。

「這總不是長久之策！」令德終於說。

「誰說不是？」小薇接了下去：「辦法得慢慢想，最簡單是找我五姨去，媽去世後，她也來過幾封信叫我去西安；但是，你總明白寄人籬下的生活是不好受的。我也不敢說我至死不受嗟來之食，但是這一著棋不是到餓死的那一步，我也決不肯走；除此以外，就是謀業；這也難，我的書倒是讀了這些年，却連一張大學文憑都沒有混到手，怎麽找事？」

「找事倒不一定非文憑不可，」令德沉吟着說：「你的中英文根柢都不壞，我看有機會，你還是以謀業爲上策。」

這思想給了令德一個新的決定，閑話一番以後出來，他沒有回旅舍，却先向他堂叔胡貫一處走來。

胡貫一也於武漢淪陷前來重慶，他的官運一直不錯，現在更是一個單位主管，這是使令德急忙着要找他的原因。

令德來時，他已下班，獨自享受着公家給他的一所相當寬敞華麗的住宅，飯後浴畢，他正在中庭納涼，令德來訪，他也就在院裏接待他。傭人端來一張籐椅，叔侄對坐聊天。

「你怎麽從桂林又到重慶來呢？最近這兒的空襲相當厲害。」貫一說。

「我是流浪慣了，處處無家處處家，哪兒都無所謂！」

「想換個環境，製造一點新靈感，是不是？」貫一開始的時候，總有一點小幽默，說完，他又縱聲而笑。

令德被笑得不好意思，一句話都說不出來。

「你最近名氣不小了呢！」貫一又接上一句。

「我就是討厭這點東西，所以才來重慶！」

「怎麽？」貫一有點奇怪：「人生所追求的，不就是功名富貴，嬌妻美妾嗎？你這些都不要？眞要學古聖人的高蹈逃名？」

這正是叔侄的歧異點，令德不想置辯。

也好，貫一止住笑聲正經地說：「那你就上我這兒來幫忙辦辦文牘，就算是秘書的位置，住就到我這兒來住，你看，這一所房子多大，多好！」

令德看所謀之事已着邊際，却不知如何移到小薇身上。

「怎麽樣？」貫一看看他：「還是老脾氣，不想幹？」

「我……」令德想了半天，終於說：「我最近想休息休息，我替您另外介紹一個人，行嗎？」

「這不是個普通位置啊！」

「我知道，不過我介紹這個人，您也認識，一定合式！」

「誰呢？」

「何小薇！」令德說：「您在西湖曾經見過的！」

「何小薇？」貫一不覺衝口而出地喊了一聲，這始終埋藏在心底的一尊美麗神像！他開始有點心亂了，於是立刻克制住，只淡淡地問了一句：「她能力够嗎？」

「反正比我强！」令德說：「中英文底子都好，打字也能應付，至於交際辭令，應對進退，又比我强了許多。」

貫一聽着，不住地點着頭。

「叔叔覺得怎麽樣？」令德催了一句。

「可以考慮，可以考慮！」貫一此時的得意是不用提了，廿幾年前他曾是這一家抄錄藏書的小僱員，廿幾年後的今天這一家的小姐居然是自己的女秘書了！他忍不住又笑了起來說：「不過，你得先跟她說明了，要想做，就得是個長局，可不能抱玩票的心，訓練一個人才也眞不容易，要還是小姐脾氣，想不幹就不幹，就顯得不太合式了。」

「我想不會的！」令德肯定地說。

「好吧，你先和她談談，再給我一個回信。」

「當然！」

從貫一那兒出來，令德心裏萬分高興，他毫不費力地爲小薇幫了一個大忙，天下能有比這還痛快的事嗎？他本想立刻去告訴小薇，但夜已深，便回旅館去胡亂地睡了一覺，第二天清晨，他又來小薇這兒叩門了，開門的是阿梅，她不覺笑着說：「胡先生這樣早？」

「報告你們一個好消息，小姐起來了嗎？」

「在吃早飯！」

令德進屋，急切地坐到小薇食桌對面說：「你的職業，我找到了，不知你中意不？」

「是嗎？」小薇放下筷子，高興地：「什麼職業？」

「跟我叔叔當秘書！」

「你叔叔？」小薇立刻想到漢口雨中一幕，她對於這位幽默，昂揚的老人深具好感，不覺喜歡得什麼似的說：「我們一起在西湖吃過飯的那一位？」

「就是他！」

「那當然好，」小薇笑着說：「第一次出來做事，就遇到一位熟長官，我當然願意去。」

兩人正說得高興，空襲警報又響起來了，小薇只得放下這討論的問題說：「你看，又空襲了，你就留在這裏幫幫我拿點東西，我上樓抱孩子去！」

小薇匆匆上樓，把睡眼惺忪的蓓蓓挾了下來，急急忙忙地說：「孩子交給阿梅，你幫我多提一隻箱子到防空洞。」

於是一家四口，匆匆地鎖了門，直奔防空洞而去。

這次空襲便是有名的五三，重慶建築被毀大半，他們躲在洞裏，神情也很緊張，等到警報解除出來，街上一片慌亂，救護車，擔架隊，往來奔走，小薇心頭有一點慌，也無暇看這街口慘象，便直奔住處而來。怕什麼有什麼，走到附近，她已發現自己的房屋附近，幾成火海。

「完了！」她幾乎想哭。

「別着急！」令德勸慰她。

「這倒燒得乾淨！」小薇不得不笑着說：「我現在該眞是無產階級了吧？」她望着令德，那麼冷冷地，似乎是：命運既然虐待我，且看我也來嘲弄一下命運。

「那麼上哪兒去呢？」阿梅着急地問。

「上我叔叔那兒歇歇去吧！」

「不必了！」小薇搖搖手，肯定地：「我最近脾氣很壞，不便依人作客，反正遭難的不是我一家，咱們先上難民堆裏安身，且再嚐嚐做難民又是什麼滋味。」

令德阿梅相顧無言，最後還是令德說：「我看，還是去我那旅館先休息休息再說！」

「也好！」小薇說：「反正最近還餓死不了，這一箱子破爛，多少總值兩文吧？」

這樣，她們就在旅館安身，一無所恃，反倒不作任何幻想，而作最具體的打算了。一家擠到小館子吃點東西果腹，小薇忽然對阿梅笑着說：「這一下你的喜期倒眞近了，每次叫你去西安結婚，你總捨不下陪我們受這份罪。現在好了，連住的地方也沒有，眼看我要當公務員住公家宿舍了，這樣你該死心塌地去西安結婚了吧。」

阿梅眼睛有一點紅，半天才點頭說：「我就依小姐的話，不過小蓓蓓在您這兒也不方便，您讓我帶去吧！」

「你方便嗎？」

「小吳有一家大小，而且我也正去五太太那兒，您要不放心給我，我帶去交給五太太，您總可以了？」

「辦法倒是辦法！不過，這裏受窘的情形，我可從來沒有和五姨提過；你去也不許提一個字，就說我現在做事了，有孩子不方便，暫且留在她那兒。別沒事就張嘴向人哭窮去。」

「我一定照小姐的話做！」阿梅擦着淚說。

大局已定，阿梅蓓蓓候車去西安，小薇就等新官上任了。　（未完）

讀者投書

(一) 趕快取消戶稅

袁臨風

編者先生：

戶稅本來是一項「要不得」的惡稅，其征收勉强的依據，是四十年六月政府公布的「臺灣省內中央及地方各項稅捐統一稽征條例」，縱觀該條例所列舉的十二項稽征稅目，除了戶稅一項外，其他每一項稅目都有政府正式公布的稅法及詳盡的施行細則，如所得稅、印花稅、房捐等，只有戶稅是「無法無則」的，在稽征技術上，聽憑地方政府稅務人員，任意曲解武斷胡搞一陣，弄得錯誤百出。納稅義務人申請復查時，又多方留難，以致人民怨聲載道。尤其荒謬的是：「統一稽征條例」明白規定戶稅以收入總額爲課征標準者，其稽征對象是自然人，按理自然人收入，祇應包括其個人薪資報酬所得，資產及共有財產，但是稅務人員稽征戶稅，却把每一戶內共同生活或營共同事業者，不論其爲妻、兒、女、兄、弟、姊、妹、親戚、同事，每個人各因勞力所得之薪資報酬，統統一齊算在戶長收入帳上，積成一個龐大的數目，然後按累進稅制計課，足足增加納稅義務人負擔一倍乃至數倍之多，誠不知有何法律根據。依據學理，「累進稅制」本來有限制個人財富達到實行社會主義的作用，現在稅務人員硬把不是戶長個人的所得，併爲戶長的財富，採用累進稅制計課戶稅，不但失掉了限制個人財富的意義，簡直變成非法的剝削。

全省人民提起「戶稅」二字，莫不感到萬分的頭痛，本省籍同胞認爲它是日本帝國主義遺留下「殖民地制度」可恥的記號，外省籍同胞則從來沒有納這種惡稅的習慣，增加人民的負擔猶在其次，主要的是稽征的苛擾與計課錯誤後申請復查手續的麻煩。

查戶稅課征的稅源，是自然人及營利法人的薪資報酬、土地、房屋、車輛等財產收入，這些稅源都有它本身應負擔的各項法定正稅，如田賦、地價稅、房捐、使用牌照稅、所得稅等，現在又重征戶稅一次，豈非成了雙層剝削了！假使地方政府財源無着，一定需要這筆稅欵收入維持支出，政府何不名正言順按照戶稅收入的預算數字，將上舉各項法定正稅稅率酌于提高，征得後提取一部份撥充地方政府經費，把戶稅乾脆取消，豈不大快人心！這樣做，國家照樣向人民收錢，一文不會少，地方政府經費既有着落，稽征人員更可稍節一番賢勞，老百姓也少些紛擾，似此一舉數得，三全其美的好事，爲什麼財政當局不肯便民改進一下？切切實實做到總統所昭示的「新、簡、速、實」，眞是令人費解！

貴刊是輿論界的權威，值茲立法院集會之期，何不著論呼籲政府趕快把這個「要不得」的戶稅取消。否則我們自己拚命的在征收變相的人頭稅——戶稅，還有什麼臉面去反對泰國政府，非律賓政府征收華僑的人頭稅如隨身證費等。幫助政府進步，也正是有利於反共抗俄復國建國的一大功德，先生以爲何如？

讀者袁臨風上九月二十一日

× × ×

編者按：戶稅的稽征，久爲一般人所詬病，本刊前已有文論及。現袁先生函中的呼籲，與所提出的辦法，俱甚平實。我們雖未能遵袁先生所囑，另撰社論；但我們的意見，實際已透過這篇投書而充分表達出來了。

(二) 正視教師待遇

田蓑

教師節到了，請看今日教師們過的是什麼日子？儘管有人說教育事業神聖清高，但是有辦法的人却不願意走進教育的圈子。這又是什麼道理？

目前當教員的既無法成家，又不算立業；名既難收，利更別想。每月呆呆板板領四百元上下，不足餬一家之口。病了，沒錢醫療，要乞求學生捐募醫藥費；死了，身後蕭條，子女生活費無着，要靠社會人士的同情與救助。一旦被解聘失業，難免走上自縊之路。「教師」原來如此，還有誰樂於從事教育？

眼看自己的學生一個個走入糖廠、民航隊、海關、銀行、信託局、××廠、××局、××會、××公司、……，收入總比老師多三四倍；連初中肄業受訓數月出來當售票員接線生……的往日弟子，收入也比老師强得多。什麼出差費、加班費、午餐津貼、工作獎金、紅利……，這些都沒有教師的份兒。中央日報載：彰化縣政府職員平均每人每月可報十五天以上的出差費，……該縣地政科股長黃添福四十二年全年出差三百二十九天，地政科長黃呈木全年出差三百一十三天。按國曆計算一年三六五日除五十二天星期日，九天國定紀念日，實際辦公日數只三零四天。這是事實，但這事實何止彰化縣政府呢？難怪有人寧可進公務機關當科員辦事員，也不幹啥子中學小學的教師，任你高呼教育是如何重要！

國營機關的房租津貼是三百元，二百元不等，而教員的房租津貼是四十元。四十元能租得到房子？天曉得！沒辦法，當教員命該如此，只好住倉庫、睡辦公桌了。

教師也要養活父母妻兒，也得打算交女朋友結婚啊！於是英數教員拚命找外快，教補習，席不暇煖，傾全力於校外的工作；文史教員則飲泣吞聲，自嘆弗如，誰都盼望改行。在這情形之下，誰還會專心致力於課業的傳授？

人家人事安定，不必每年憂愁聘書拿不到手，工作到年老可以領退休金；工作努力也可以升遷調任。而教員呢？被解聘的只有捲舖蓋走，別夢想遣散費；教書好的，學生全都考上大學、留學，頂多發一張紙獎狀，吃不得，也賣不了錢；教上三十年加個「老教員」的雅號，背地被人說不中用；老了不能教書，沒有養老金，就該自動爬進棺材。

因此，社會上視教員爲末途，至多只是過渡的職業。女孩子寧可嫁給民航隊、招商局的工人，也不願跟寒酸的窮教書匠挨一輩子苦。學校聘不到好教員，幸而有就業考試不及格的來充充數，撐撐門面。教師已沒落至此，教育事業的前途還堪想象？下一代的國民會變成什麼樣子？

面臨危機的教育界若再不提高待遇，恐怕數年後，這培育人才的責任要移交給公營民營的事業機關去辦理了！(據悉公營機關附設的中小學，其教員待遇已二倍於公立學校教員的待遇) 這是實在話，我們以萬分誠摯的心期望着我們最高教育當局能加以重視！儘速設法補救才好！

讀者田　蓑九月二十一日

× × ×

編者按：本刊在第十一卷第五期社論二裏，曾經指出教員待遇菲薄爲當前教育的危機之一。田蓑先生以其親身的感受，寫來使人倍覺痛切。希望當局能重視這項十分嚴重的問題。我們於其在教師節空喊些「尊師重道」的口號，毋寧脚踏實地的多考慮些現實的問題。

(三)　俞院長的兼職問題

趙　小　培

編輯先生：

茲有一事請敎。頃讀昨日(十六日)報載，行政院長俞鴻鈞答立委質詢稱，彼所兼中央銀行總裁一職，並非有意戀棧，實係堅辭不准云云。令人不解者，即依憲法行政院爲最高行政機關，則一央銀總裁之去留，應爲行政院長自有之職權，而就總統任免文武官員之規定而言，原條文爲「依法任免」，且依卅七條，實質上仍係取決於行政院長。然則俞院長之請辭不准，究竟是否由衷之言，抑宜於如此兼領矣！培所知有限，尚祈明示一二，並賜刊出，不勝感激！

耑此　順頌

編祺

趙小培上九月十七日

× × ×

編者按：趙先生這篇投書意在維護我國憲法的精神，值得我們重視。本刊因此作社論(二)以論其事，請讀者參看。

教育部高教司來函

閱貴刊第十一卷第五期載鄧潡濤先生「這樣做法是否官僚作風」一文，對本部未能發給其令弟鄧潡麟君畢業證明書事，有所指責。按廣州私立法政專門學校於民國三年十二月經前北京教育部認可，惟十二年後無卷，(見本部編印之第一次中國教育年鑑丙篇第一四九頁)國民政府成立，據廣東省教育廳轉報該校申請立案到部，經於十八年十二月准予「與已立案之私立學校受同等待遇，辦至現有學生畢業時爲止」。二十三年出版之第一次教育年鑑，即載該校「現正辦理結束」等語。(見丙篇第一五五頁)該校既未經正式立案，不久又告停辦，致學生學籍表冊，未能報齊。迨三十七年，本部接據該校二十年度畢業生龔夏寧君呈請補發畢業證書，本部查無底案，乃令廣東省教育廳補報該項畢業生名冊，該廳亦無法查報，廣東省政府遷臺後，機構業已撤銷，印信報院繳銷，自亦無此項文卷。又該校十九年度畢業生黃熾垣君申請補發，亦以無案未予證明。前後三人，事同一例。故對鄧潡麟君之畢業資格，亦未能予以證明。

本部處理此類案件，均以案卷爲準，並儘量于可能範圍內，對請發學籍證明者予以便利，惟對無案可查者，實難憑空臆斷；諒能爲社會人士之所鑒諒，特此函達。敬希貴刊惠予登載最近一期爲荷。

此致

自由中國社

教育部高等教育司啓

服務東方的
民航空運隊
"THE ORIENT'S OWN" CAT CIVIL AIR TRANSPORT
CAT
沿島航綫
迅速安全
釜山
東京
岩國
沖繩
台北
香港
曼谷
馬尼刺
台北營業處：青島西路七號 電話：二二三四〇

給讀者的報告

「怪事年年有，惟有今年多」。英國工黨之訪問秧歌王朝，早已引起了國際間的騰騰非議。現在艾德禮一行夢遊方歸，而日本朝野竟又起而效尤。其國會議員、文化界與婦女界分別組織了三個訪問團，束裝就道。議員訪問團的成員除社會黨左右兩派外，且有自由與改進兩黨議員參加，這就更令人困惑不解了。其尤怪者，在日本新聞界頗具權威的朝日新聞，更大發謬論，主張將周恩來與尼赫魯訂立協定的五原則，適用於臺灣，使與中共「和平共存」於聯合國。眞使人聆之啞然失笑。顧此種種，誠足以證明日本朝野天眞無知，對共產黨的眞相之毫不了解。日本人似乎自始便存有一種幻想，希望與中共往來而增進其自身的利益。殊不知「火中取栗」的結果，必免不了惹火燒身的下場。作爲一個忠實的隣人，我們頗不願見日本人之終爲共黨侵略所乘。我們要大聲疾呼地「正告日本朝野認淸中共的眞相」，三思而行。

本期三篇投書之中，有一篇提及兪院長的兼職問題。爲此我們特撰社論一篇，以論其事。兪院長兼職與否其事本小。然兪院長旣以一人一職爲政策之標榜，竟堅辭兼職而不獲准，則誠令人不解。行政院長依憲法爲最高行政首長，對央行總裁兼職去留之裁奪，爲其份內應有之職權。這正是我們重視此一問題而予以申論的理由。我們認爲，作爲一個行政院長，首應尊重憲法精神，擔負起一個責任內閣應有的職責。

除社論外，我們所要介紹給讀者的另一篇日本問題的文字，是徐逸樵先生的「戰後日本右翼論」。徐先生是當前有數的日本問題專家。其在本刊先後發表的文字，無不深受讀者歡迎。這期他分析日本右翼的歷史與現況，是值得我們注意的。戰後日本各方面的進步都很有可觀，但在文化思想上却不免有虛脫混亂的現象。左右兩翼的力量均極活躍，光怪陸離，洋洋大觀。吾人不能不冷靜觀之也。

電力加價是當前人們最爲關切的問題。此次當局處理此問題的態度確甚審愼，曾對加價理由，多方加以解釋說明。然這些理由是否允當，仍值得愼加研究。値此萬方多難之際，加價影響甚大；開源莫若節流，電力仍以不加爲宜。臺灣今日人民負擔綦重，凡屬增加人民負擔之舉，均宜避免。現此案已經政院通過送立院審議之中，陶百川先生特爲文論之，俾對此問題作更多與更周詳之考慮。

比年以來，大陸上災厄頻仍，民命水火。今夏長江水患更爲百年來所僅見。然實際上這些災害大部份仍由於人爲之不臧，可謂中共倒行逆施的結果。本期宋希尙教授對此加以分析與檢討，以明大陸水災之眞相。然則，吾人將如何奮起，拯吾大陸同胞於水火之中？

「論思想國有」是殷海光先生連續翻譯的「到奴役之路」一書的最後一章。可謂畫龍點睛之作。譯者在本文之前更有很長的導言，痛斥一些泛政治論者與泛歷史論者，以其毒害自由思想之甚也。

「巴爾幹聯防」是東南歐一件大事，本期有羅馬通訊一篇報導之。「中立國之戰」是一連續性的報導，尙有一篇卽可續完。

本期文藝欄除「幾番風雨」外有短文兩篇。公孫嬿先生的「喧吶」是他在戎馬倥傯間的近作，這位「大兵」作家，在前線殺敵之餘仍不忘給讀者寫稿，我們眞不知如何感激他！張秀亞女士的「日記抄」眞是淸遠超絕，纖塵不染，讀之可想見其近況矣。

本刊投書一欄近承讀者紛紛賜稿，本期除已刊之三篇外，尙有丁劍霞先生一函，因收到時版面已經排定，容於下期登載。

自由中國 半月刊　第十一卷 第七期　總第一一八號

中華民國四十三年十月一日出版

發行人兼主編　『自由中國』編輯委員會

出版者　自由中國社

社址：臺北市和平東路二段十八巷一號

電話：二　八　五　七　○

航空版

香港辦事處　友聯書報發行公司
Union Press Circulation Company, No. 26-A, Des Voeux Rd. C., 1st Fl. Hong Kong

菲律賓辦事處　岷市怡干洛街五〇二號三樓
3rd Floor, 502 Elcano St. Manila, Philippines

總經銷

臺灣　自由中國社發行部

美國　中國書報發行所
國民日報社
Chinese Daily Post
809 Sarcamento St., San Francisco, Calif. U. S. A.

加拿大　醒華日報
Shing Wah Daily News
12 Hageeman St., Toronto, Canada

經售者

日本　東京僑豐企業公司

韓國　漢城裕昌德號

馬尼剌　大中華日報社

印尼　新疆書店
椰嘉達天聲日報

越南　棉蘭新中華報

緬甸　西貢中原文化印刷公司

印度　仰光振成書報店

澳洲　加爾各答塔梅學校

北婆羅洲　雪梨瑞田公司

新加坡　西利亞波青年書店
檳榔嶼、吉打邦均有出售

印刷者　精華印書館
廠址：臺北市長沙街二段六〇號
電話：二三四二九號

本刊經中華郵政登記認爲第一類新聞紙類　臺灣郵政管理局新聞紙類登記執照第五九七號　臺灣郵政劃撥儲金帳戶第八一三九號
(每份臺幣四元美金三角)

自由中國

FREE CHINA

第十一卷 第八期

要目

中華民國四十三年十月十六日出版

社址：臺北市和平東路二段十八巷一號

半月大事記

九月廿六日（星期日）

美第七艦隊司令蒲賴德離臺返防，氏在訪華期間曾飛金門上空視察。

美國務卿杜勒斯飛抵倫敦，準備參加討論德國整軍的九國會議。

法政府宣佈，美法兩國對越政策的商談，已獲充分協議。

美俄雙方同時公佈關於原子合作密談文件，證明商談於開始時，即陷僵局。

九月廿七日（星期一）

葉外長在聯大演說，指共黨侵略威脅世界和平，要求將俄逐出國際組織。

美第八軍團司令泰勒來華訪問。

西方三國外長在倫敦會談，商討西德整軍問題。

九月廿八日（星期二）

泰國外長要求聯大研究中共對泰進行的滲透與顛覆活動。

九國會議在倫敦揭幕，商討德國整軍問題。

九月廿九日（星期三）

法總理在九國會議中，提出七國聯盟的建議，擴大布魯塞爾公約，由西德與義大利參加。

九月三十日（星期四）

委內瑞拉贈勛我總統。

美第八軍團司令泰勒離華返韓。

美法兩國發表聯合公報，重申支持越棉寮獨立之意向。美並表示將以經濟援助，直接援助三國。

十月一日（星期五）

美太平洋艦隊空軍司令史密斯抵臺訪問。

美海軍軍令部長卡尼發表談話，中共如敢進犯臺灣，美有充分力量應付。

俄代表維辛斯基在聯大大放厥詞，詆美好戰，並提議裁軍與禁用原子彈。

倫敦九國會議同意將歐洲軍備管制計劃，交由北大西洋盟軍統帥葛倫瑟執行。

美英法三國外長與西德總理會議，草擬九國結束對德佔領的協定。

十月二日（星期六）

我軍事發言人表示，中共圖延宕浙閩沿海戰事，國軍準備予以嚴重打擊。

立法院四委會聯席審議行政院送請覆議的兵役施行法第十四條條文案，經決議將該條文刪除。

美太平洋艦隊空軍司令史密斯訪華完畢，離臺飛菲。

美駐聯大代表洛奇表示，艾森豪的原子能和平用途計劃將於兩年內實行。

倫敦九國會議開秘密會議，討論解決法國提出管制軍備計劃後所引起的僵局。

十月三日（星期日）

九國會議對恢復西德主權，重整軍備，已獲完全協議，簽定協定。美英法三國另與德國簽署協定及宣言，半年內結束佔領，但仍駐留軍隊。

歐洲盟軍統帥葛倫瑟將軍稱，美具有空中霸權，可阻止俄帝的全面攻擊。

艾森豪函高棉國王，美準備隨時援助高棉，應付可能遭遇之危機。

十月四日（星期一）

我金門守將劉玉章將軍判斷，共軍尚未放棄侵犯金門之企圖，我將士有制勝信心。

臺灣省議會舉行臨時會，審查地方自治法規修正草案。

華府對九國會議結果表示滿意。

十月五日（星期二）

義南兩國間之的港糾紛已告解決，兩國在倫敦簽署協定，規定港口及甲區屬義，乙區屬南，英美佔領軍三週內撤離。

美軍事當局警告，對共黨叫囂攻臺，不能漠視。

十月六日（星期三）

聯大指導委會通過延期討論俄帝誣我之指控。

法國徇俄帝之請，斡旋扣留俄輪事，我政府尚在考慮中。

北大西洋公約理事會一致通過倫敦九國會議准許西德武裝之建議。

十月七日（星期四）

總統接見美聯社記者稱：國軍一旦反攻，毋須外軍參戰，即能擊敗中共與俄帝。共軍如敢犯臺，適足予國軍以殲敵機會。

俞院長對美記者表示，國軍一旦反攻，人民必羣起殺敵。

西德執政黨拒絕蘇俄所提自德撤軍及選舉之建議。英美法三國亦予拒絕。

十月八日（星期五）

陳副總統告英國記者，國軍必能重返大陸，並斥艾德禮袒共之謬論。

浙江反共義民十九人自大陸駕漁船逃抵基隆。

西德衆院對倫敦協定已投票表決予以接受。

十月九日（星期六）

法總理孟德斯法朗士對西德整軍，要求衆院投信任票。

英首相邱吉爾演說，斥艾德禮訪問中共於國無益。

艾森豪總統演說，闡明美國外交政策重行動而非空言，籲請選民選舉共和黨國會。

十月十日（星期日）

自由中國各界慶祝雙十節，總統書告全國軍民。

「自由中國的宗旨」

第一、我們要向全國國民宣傳自由與民主的真實價值，並且要督促政府（各級的政府），切實改革政治經濟，努力建立自由民主的社會。

第二、我們要支持並督促政府用種種力量抵抗共產黨鐵幕之下剝奪一切自由的極權政治，不讓他擴張他的勢力範圍。

第三、我們要盡我們的努力，援助淪陷區域的同胞，幫助他們早日恢復自由。

第四、我們的最後目標是要使整個中華民國成為自由的中國。

社論

(一) 清算英國的艾德禮

在第二次世界大戰時，邱吉爾繼張伯倫出任首相。在戰事進行中及戰事結束時，他在好幾個場合中聲明：「我不是來主持清算大英帝國的。」這一句話，出之於英國戰時的首相，其意義是十分重大的。在維多利亞末年，莎侯主持保守黨內閣兼任外相。那時南菲戰爭正在膠着。愛爾蘭問題鬧得不得解決。莎侯有一天對英帝國前途曾慨歎地說：「愛爾蘭如果讓她離開英國，不到五十年，印度也就要離開了。英帝國也便要清算了。」可見英帝國的清算，五十年來英國的政治家，始終在那裏擔心而焦慮。

二次世界大戰結束不到五年，印度是離開英國了。不到十年，蘇彝士運河的英國駐軍也撤離了。現在地中海的色潑勒斯島鬧獨立。非洲許多地方鬧自治。並西班牙也屢次聲言要收回直布羅陀。所以，不管英國主政者是誰，至少在形式上，英帝國的清算，正是天天在那裏進展。我們研究英帝國的歷史。英帝國之造成，並不是英國政府的力征經營而得。英國人自己說，他們的帝國，是無意中造成。蒲徠斯論歷史上世界兩大帝國，把羅馬帝國與大不列顛帝國比較，認爲大不列顛帝國的成就更爲偉大。而其成功之因素，爲愛自由，與幫助人家爭取自由。幫助人家爭取自由，是十八世紀十九世紀英國外交政策的榮譽。所以我們衡量英帝國甚至英國本國的興衰，不是土地的增減大小，而是愛好自由精神的是否保持。更是扶助人家爭取自由的信念，是否依然堅持？兩世紀來英國外交雖然被人多所誤解。然其中心政策，爲自由與和平。這是英國站得住的地方。也是大英帝國成功的原因。所以從第三者客觀的立場看。愛爾蘭及印度，雖然離開了英國，不能妨害英國的領導地位。也不能使英帝國清算。如果英國立國的外交政策，把過去自由和平的中心思想完全放棄了。那末，不但英帝國已臨末日，就是英國本身也就極難生存下去了。

艾德禮這一次率領英國工黨去訪問蘇俄及中共。其動機是工黨內部之爭。然其結果，則爲鼓勵共匪進攻臺灣。幫助克林姆宮進一步加速其征服世界的計劃。今天清算英國的，不是別人而是艾德禮。艾德禮此次的言行，直接鼓勵匪幫在遠東發動戰爭，間接挑起第三次大戰。英國人朝夕所恐懼的原子彈及氫氣彈轟炸。點燒導線的，不是別人而是艾德禮！艾德禮遊歷中共後發表的五篇文章，及其在香港，在澳洲及回到英國所發表的談話，最後在工黨員大會所作的報告，其要點如下：㈠中共願與西方共存；㈡中共政權是中國歷史上最乾淨的政權；㈢中共政權確實爲人民生活努力；㈣在中國大陸所遇到之人，沒有一人認爲國民政府能重回大陸；㈤他個人覺得臺灣的政府與軍隊，能早一天結束或剷除，世界和平更能保持。艾德禮這次率領工黨議員訪問蘇俄及中共，原始動機爲與貝萬在黨內爭雄。而其結果則他所說的話，並貝萬也並未公開出之於口。英國人自來評論艾德禮是一個老學究。天下最爲敗事而不知輕重的，便是這種學究式人物。英國人今天只曉得艾德禮那種不倫不類的言論，會影響英美的邦交與合作。他們沒有想到在英美邦交以外，還有全體自由世界各國，還有全世界人類的良知與常識。艾德禮這種言論，將來的代價是無可估計的。這種代價是需要英國把血肉來償付的。

我們十分贊成美國參議員諾蘭氏最近發表的駁斥。諾蘭氏上月底在舊金山金融協會所發表的演說。對艾德禮的荒謬言論，眞所謂一針見血。而他演說中最精采扼要之語：「更好的辦法，是把香港那塊皇家殖民地，交還給中共，而不是把臺灣交給中共。」他說：「最低限度，臺灣不是殖民地，而且臺灣還有一個爲美國及多數文明國家所承認的民主政府。」我們認爲諾蘭先生這一個建議，對艾德禮是十分澈底而合乎邏輯的。艾德禮爲表示英國的大度，表示英國的放棄殖民地主義，更表示英國贊成擁護共存，應該提出這一個勇敢的主張。這一個主張的效力，今天提出，比到中共兵到九龍提出更好。這一個主張，艾德禮以在野黨領袖地位提出，作爲異日當政後的一個政綱。這對英國的前進態度，豈不更是一個強有力之證明？我們根據諾蘭先生的用意，更想向艾德禮建議，如果英國提出交還香港，而中共匪幫仍覺英國對和平共存之意，不够誠懇。英國並可透露，馬來亞也是同樣可以商量交出的，因爲馬來亞的中國僑民最多，馬來亞如果要交出，還應交給中國僑民最多的中共匪幫政權。香港現任總督葛量洪爵士，本月一日在美國約翰金斯大學國際研究所演講，他不是說？「共黨大概並未改變其終極收回英國殖民地之目標。」（華盛頓美聯社一日電）艾德禮要想交歡中共，決不是僅僅提出把臺灣交給中共就可了的。也決不是把臺灣國民政府及其軍隊剷除所可了的。而且艾德禮愈示軟弱，匪幫冒險之心愈大。艾德禮蘇華之行，第三次大戰已經九分造成了。

艾德禮從中國大陸，到九龍。回答新聞記者第一句話，便是中國大陸上不見一個蒼蠅。香港的蒼蠅，比中國大陸上太多了。隔了一星期，從中國大陸放出的三位美國記者，對報界談廣州情形，蒼蠅與白蝨到處皆是。艾德禮自己瞎了眼睛，居然到處瞎說。他沒有再想一想，沒有蒼蠅的地方，就是天堂嗎？沒有蒼蠅也沒有自由的地方，這並不是天堂，而同是一個地獄！英國人的傳統立國精神是自由，由人民自動自發的努力，去提高自己的生活標準。而不是在任何巨人或魔王之下，過着符咒式沒有蒼蠅的生活，便自滿足。艾德禮如果能爲蒼蠅而犧牲自由，把蒼蠅看作文明的標準，實在可以欽佩的。冬烘幼稚的老學究，還有什麼可以和他談論的！我們告訴英國人，像艾德禮這次訪問蘇俄與中共的言行，妨害不了自由中國的反共抗俄與收復大陸。也妨害不了自由世界的解放鐵幕。惟一的結果，便是加速第三次大戰的爆發，加速英倫三島的毀滅。也正眞替英國作一次精神上的澈底清算！

社論

（二）

從李慕白套滙案談到外滙政策

本月八日臺北聯合報地方新聞版登載了如下一則新聞：

「曾傳聞因姘搭風騷影星劉琦而鬧得滿城風雨的新生力畫報社社長李慕白，頃因僞造美國大使館新聞處、自由亞洲社（按：應爲自由亞洲協會）、美軍顧問團、美海軍武官處證明文件，套取鉅額外滙，經省府及有關機關調查罪嫌充足，於日前將全案移送臺北地方法院檢查處法辦。」

在國家財政十分艱難的今日，竟仍有鉅額套滙情事之發生，誠屬令人駭異。尤有甚者，這個犯有僞造文書盜取外滙罪嫌的主角，又竟是一個「教授」出身的雜誌界的從業者。這使整個輿論與文化界都爲之感到羞辱。即使法律不予制裁，世人亦將不齒其爲人。輿論界的責任是要批評時政。正人者必先正己。若李某者我們當恥與爲列。

關於李某的罪嫌，我們早在數月以前便耳有風聞，其內容與聯合報的報導大致相似。現在既經當局調查證據充分，移送法院處理。其僞造文書、套取外滙的犯罪部份，將經由法律程序，科以應得之懲罰。此僅時間問題，吾人拭目可待。在本案未經公訴及審訊定讞之前，對於李某本人的罪行，我們於法應無庸置評。我們所申論的乃是此案的責任問題。據聞監察院現對此案亦甚重視，正進行調查之中。吾人願於此提供意見，以爲監察院與省政當局處理本案的參考。

根據省政府致送地檢處公函中的指控，李慕白所發行的新生力畫報，由四十年起每月向臺灣銀行申請核准結滙部份爲二萬五千份，結滙金額爲港幣三萬一千元，惟其在港印刷實數經查明僅二千五百份，每月虛報二萬二千五百份，由四十年至今年四月因虛報份數而多結外滙達港幣一百萬元以上。至於有關審核結滙證件部份，李慕白所提供的訂購證件中，計有美海軍武官處、美大使館新聞處、美軍顧問團及自由亞洲協會四外國機構長期訂購新生力一萬二千份之證明函件，亦經查明均屬出於僞造。

這裏，我們不能不向外滙審核機構提出幾點嚴正的質詢：

一、李慕白之能盜取鉅額外滙，主要在其虛報該刋發行份數。據吾人所知，臺港兩地發行之雜誌從未有超過二萬份以上者，外滙審議小組對如此鉅額之長期滙欵，竟不於申請時確實調查其發行數字，而待三年後才發覺其實際印刷份數僅爲其申報份數的十分之一。其「疏忽」實已至令人不能置信之程度。

二、查本省書報業之進口結滙，係依照現行「新聞事業滙欵審核準則」辦理。按該準則之規定，申請人申請結滙時，必須提具省新聞處發給之「書刋審查結果通知書」，始能憑以辦理。因此即使承認李慕白所提四外國機構之函件屬實，亦只能證明其訂購之一萬二千份係在香港直接寄出。在港寄出的雜誌照規定是不准結滙的，即令優准結滙亦應只限一萬二千份，其餘一萬三千份必須俟其進口入臺，驗明發行份數屬實以後，才能准其所請。李慕白以何種神通而能瞞過外滙審核當局之耳目？

三、按外滙審議小組核准新生力結滙之金額爲每月港幣三萬一千元，顯係按照該刋之售價計算。此亦顯不合理。查該刋係經核准在臺灣發行而在香港印刷。其所申請結滙金額，理應只限於其在港之印刷費用。即令李慕白申報印行份數完全屬實，以二萬五千份計算，其紙張印刷費用之全部，據內行估計最多亦不應超出港幣六千元，與經核准之數額三萬一千元比較，相差至二萬五千元之鉅。外滙審議小組何竟不愛惜國家外滙如此!?

四、其尤怪者，李慕白僞造文件所假托之四外國機構，其地址均在臺北市區，主管機關稍一查詢，即可洞燭其奸。而外滙審議小組何竟如此吝惜勤勞，以致須坐待三年，直至接獲新聞局轉來自由亞洲協會代表伍德史密斯否認之函件後，方始分別向四外國機構查詢？

以上各點，不僅使局外人莫測高深，即使主管外滙之當局亦必無以自圓其說。此等錯誤之鑄成，又豈是「疏忽」等托詞所能解釋的？據吾人所知，外滙審議小組平日工作之「審愼」殊不後人。本刊前在四十二年在香港東南印務局印刷叢書一千册，進口審查以後，爲九百元港幣印刷費用之結滙，曾經審議小組歷三月以上審愼之審核，最後始予批准。其他同業有此經驗者不乏其人。何獨對非法之徒又竟優容乃爾？

由此，我不免要提出一項疑問：李慕白以非法手段套滙三年，至今才被「查覺」；然則今日尚未被查覺之李慕白，又焉能斷言其無？有，又何只一二而已？查書報業進口之外滙，在整個進口外滙總額中，所佔比額實甚微末，以與工商業進口外滙相比，李慕白所盜取的數額，不過九牛之一毛。然而，現行工商業進口外滙所根據的「實績」分配辦法，其黑幕重重，則已久爲各方所詬病。

問題的焦點都在於現行低價外滙政策之不合理。一般專家學者均一致認爲這是我們今天財經危機的癥結之所在。低價外滙政策的結果是，出口事業破產，僑滙外資裹足不前；生產萎縮，財源枯渴。雖民間迭有請願，輿論交相指摘，亦未能促致政府政策之更張。窺諸政府當局其所以要維持外滙管制政策的初衷，無非在抑低進口物價，並撙節外滙支出。然而我們眼前的事實則是：消費者未蒙實益，而享有進口「實績」之特權者，可以獲准外滙而坐享鉅利，（常聞進口商人說，只要「跑」到一筆外滙，就可坐食一年。）使國家有限的外滙財源，轉而流入少數人之私囊。此所以蠅營狗苟之徒趨之若鶩，甚至不惜以身試法，以套取外滙之故也。若李慕白者不過其中之一而已。我們不能相信，一個國家的政策發展到此種地步時，還能不懷疑其存在的價值。政府財經決策當局竟可以不反省這種損國損民的外滙政策，而對此等流弊熟視無睹？

自李慕白套滙案件揭佈以來，已引起各方之注意，我們希望當局除對本案徹底清查外，還能對整個外滙政策從新作一番考慮，如能因此進而有所改革，以解救當前財經危機，則更是我們馨香禱祝的。

馬林可夫政權的對外政策

龍平甫

自去年三月馬林可夫繼承史大林統治蘇維埃帝國以來，至本年九月已逾十八個月，一年半的時間應該使我們充分了解馬林可夫政權的對外政策。現在我們根據事實，將他的對外政策予以分析，並求得適當的結論。馬林可夫上臺之初，大唱緩和國際局勢的論調，自由世界中不少的人士以爲新上臺的獨裁者爲了應付內政上的困難，可能在外交上實行讓步，緩和國際局勢結束冷戰，但是十八個月的經驗證明馬林可夫完全繼承史大林的衣缽：兩個世界的冷戰仍在進行着。而且局部的熱戰仍是此伏彼起。所謂「緩和國際局勢」及「兩個世界和平共存」，實是馬林可夫的謊話，是那些最天眞最不顧現實情況的人們的夢想。現在讓我們分析一年半以來馬林可夫政權在對外政策上的表現。

一、維繫附庸國

馬林可夫上臺不久卽發生東德人民反共產極權的六月十七日大革命。東德的革命震動了整個鐵幕世界，不但附庸國不穩，而且蘇俄內部也發生空前罷工事件，罷工的範圍遠及中亞細亞的加拉岡達(Karaganda)，遠東的科里馬(Kolyma)，北極區的佛爾古大(Vorkuta)，其中以佛爾古大煤區的二十萬奴工在七月中半月的大罷工場面最偉大(註二)。因此在內政方面馬林可夫不得不向人民讓步，允許改善經濟情況，對外修正對附庸國的政策。最重要的便是對東德政策的改變，因爲東德是蘇俄在冷戰線上最脆弱的一環。

(A)東德——蘇俄對東德的政策是：㊀平息民怨；㊁鞏固東德政權。其所表現的是：㊀由自由世界輸入大批消費物資以供應東德人民的急需。㊁一九五三年八月下旬東德政權「總理」葛絡德佛爾，及德共秘書長烏爾布理希特奉命到莫斯科去「談判」，結果由蘇俄給東德四八五百萬盧布的二年有息貸欵(官價爲一二三百萬美金，盧布對美金的價格由蘇俄政府硬性規定，其實際價格遠較官價爲低)，此外並停止徵收戰爭損害賠償，發還若干工廠。㊂提高東德傀儡地位：本年三月二十五日蘇俄宣佈所謂恢復「東德主權」，但仍維持佔領軍。西方國家及西德「會商」的結果，決定不承認東德的主權。但是駐在柏林的十一個西方國家的代表從此不能在東德境內通行。

(B)北韓——韓戰停止後，北韓共產黨頭目金日成卽大舉清黨，韓共首要十二人被整肅。韓共內部火併的眞正原因至今不明，有人認爲這是莫斯科和北平的鬪法，莫斯科想藉此恢復已失去的勢力。但是作者願提出這樣的看法；北韓政權執行莫斯科的命令發動侵略，三年無成，反而弄得北韓殘破不堪，生靈塗炭。金日成爲了平息劫後人民的怨恨並掩飾自己的罪過起見，自然要殺一大批人，推卸責任。這種辦法是共產國家的慣技，馬林可夫不是在東德事變後逮捕貝利亞而予以處決嗎？馬林可夫爲了維持爲人民唾棄的金日成政權，於是在去年九月初召金日成去莫斯科，進行所謂「談判」，結果莫斯科發表所謂十億盧布援助北韓復興的決定，以對答美國及聯合國對南韓的更大量的金錢援助(南韓的美援，就一九五三、一九五四年度的經濟與軍事援助卽有七億五千萬美金，美國裝備南韓新軍的費用尚不在內)。後來中共也宣佈以金錢及物資援助北韓政權。在中國大陸民不聊生，中共並加緊備戰發動侵略的今日，我們眞不知道他會有餘力援助北韓政權，如果眞有所援助，便要在中國大陸造成無數的饑饉與死亡。

(C)中共——中共維持政權的宣傳手段之一，便是實行所謂五年計劃。然而共產政權的所謂工業化實在是建立軍需工業，如果它在這方面有一分成就，便是對老百姓多一分壓迫，對自由世界多一分威脅。中共爲繼續其軍事冒險，當然要亟亟發展軍需工業。前年八月北平的頭目們派了一個代表團到莫斯科去談判，到去年三月末蘇俄允許供給中共以機械，到九月中旬更公佈蘇俄允許協助中共建設或改建一一四個工廠。這些工廠的設立或改建，當然是實行中共發展軍需工業計劃，以爲今後作軍事冒險的資本。但由此更足以說明中共對蘇俄依賴程度之深。在西方世界，仍有一些人存着中共會和蘇俄離異的幻想。但是他們不了解中共政權對蘇俄的附庸依賴性。我們祇舉兩件事來證明：㊀馬林可夫上臺之初，中共頭目下令共區人民研習馬林可夫理論，換言之，毛澤東接受馬林可夫的領導；㊁最近英國「每日電訊報」記者隨艾德禮等工黨人物到中共區參觀，證明中共區工業的完全依附蘇俄，中國大陸的蘇維埃化使中共政權和蘇俄離異爲不可能。

蘇俄對附庸國的盧布援助，有人稱之爲盧布外交政策，但是我們很難對這種政策予以估價。因爲：㊀盧布的實際價格遠較官價爲低；㊁無從證明宣傳的數字實際兌現；㊂蘇俄控制各附庸國的貿易，它可以利用對附庸國不利的貿易規定，將左手送出去的盧布由右手拿回來。不過蘇俄既宣傳援助附庸國，卽足以說明它對附庸國的搾取已減緩，對附庸國的控制已較放鬆，但這僅是程度的不同而已，附庸國的內政外交仍跟着莫斯科變，例如莫斯科倡「集體領導」，各附庸國也依樣奉行。

二、守勢外交

馬林可夫政權在對奧德，及韓國問題上採取守勢的外交。

(A)對奧問題——第二次大戰結束後，英美法卽和蘇俄進行談判對奧條約。經過長期談判，成立

「重建獨立民主奧地利條約」(Treaty for the Re-establishment of an independant and democratic Austria) 草案，共分八章，五十九條。幾年來西方已在各重要點方面不惜對蘇俄讓步，以期及早簽約，實現撤兵，恢復奧國獨立。但是在若干次要問題，如第十六、二十七、四十二、四十八、四十八附一等條因蘇俄堅持其所擬條文，使談判遷延下去。及至韓戰發生，國際局勢日益緊張，西方發現對奧和約給蘇俄讓步太大，不但有構成新的雅爾達協定的危險，並且一旦戰爭發生，蘇俄將利用在奧的優越地位，予西方以嚴重的威脅。因此設法補救，於一九五二年三月十三日向蘇俄提出對奧條約簡案八條，蘇俄當然不接受。去年馬林可夫上臺後，在對奧問題也表現了一些緩和空氣的姿態，西方為了證明蘇俄的誠意，在八月間同意放棄對奧條約簡案，要求和蘇俄就原約重開談判，但是蘇俄始終拒絕開會。本年初柏林會議，西方依蘇俄意旨接受懸而未決的五條條文，蘇俄仍拒絕簽字。於是對奧條約迄今未簽字。蘇俄何以拒絕簽字？其原因不外是：㈠企圖繼續控制奧國，因為奧國在歷次選舉中祗有百分之五的選民投共產黨的票，蘇俄除以武力佔領外，不能間接以共產黨控制奧國；㈡蘇俄藉口維持駐奧佔領軍的交通線，在羅匈等國駐防。若撤退駐奧佔領軍，則沒有藉口在羅匈等國駐軍。如無蘇俄軍隊駐防，這些附庸國會發生革命，脫離蘇俄控制。為了要繼續控制東歐各附庸國，蘇俄要繼續佔領奧國。

(B)對德問題——對德問題是蘇俄今日外交戰的主題。它對德政策的原則是：㈠在任何情形不放棄東德；㈡極力使西德中立化，阻止它參加西方世界的防禦；㈢可能時赤化西德。根據此原則，我們再由下列三方面研究蘇俄對德政策：㈠對德國全般政策；㈡對東德政策；㈢對西德政策。

㈠對德國全般的政策——蘇俄在這方面所表現的是：㈠不斷宣傳，要求以蘇俄所提出的辦法進行「德國的統一」。換言之，即由東西德當局直接談判統一問題，而造成事實上的持久分裂。㈡支解德國，將東普魯士歸併蘇俄，將奧得河及納斯河以東地區讓給波蘭。㈢給東德政權以經濟利惠，同時要求西方放棄戰債及軍事賠償，以討好德人。㈣宣傳西德復興對法國的威脅，要求法國和蘇俄合作對付德國。

㈡對東德政策——自去年六月十七日東德人民革命後，蘇俄改變對東德政策，採取下列辦法：㈠高壓懷柔並行政策。在高壓政策方面所表現的是一貫的逮捕，屠殺，與整肅，在懷柔政策方面則是設法改善東德人民生活，這一點在前面已經論及，茲不再申述。㈡恢復所謂「東德主權」，但仍維持其佔領軍。據說蘇俄駐東德高專不再實行政治管制，其職權僅限於維持安全事項。蘇俄出此一舉，除了為維持東德政權、緩和東德人民反抗外，尚有下列副作用：㈠離間法德；㈡疏遠德美。蘇俄予東德以「主權」，而西德迄今沒有獲得正式的主權，自然要對美國離心，對法國怨恨，其結果可使推行歐洲政策的阿德諾在德人中的聲譽衰減，引起德人的强烈民族主義，中立主義，及親蘇活動。蘇俄這一着在西德已發生很大的作用。本年五月西德自由民主黨議員 Georg Pfleiderer 擬和若干議員赴莫斯科，設法建立蘇俄和西德的外交關係。後來西德基督民主黨議員俾斯麥鄂圖 (Otto von Bismarck鐵血宰相俾斯麥之孫) 也主張和蘇俄建立外交關係，但主張不得承認東德政權。

㈢對西德政策——蘇俄對西德政府一向採取仇視態度，它希望阿德諾政府垮臺，而有一個疏遠西方、接近蘇俄的人民陣線式政府出現。它宣傳阿德諾政府是統一德國的障礙，目的便在此。此外它極力設法阻止西德參加西方防禦，使西德中立化。蘇俄極力使歐洲軍流產，其主要目標之一便是要在西德造成政治與軍事的眞空，破壞西德的安定，以求達到控制西德及西歐的目的。為誘惑西德，它同時申言願和西德建立良好關係 (本年一月二十九日柏林會議中莫洛托夫語)，圖使西德脫離西方陣營。一般而論，法國輿論對西德少數人企圖和莫斯科接近的活動並不感憂慮，因為他們認為西德和自由世界有不可分的利害關係，這恐怕是很樂觀的看法。希望法國人對德國的整軍與恢復主權問題應及早解決，免誤人自誤。

(C)對韓國問題——蘇俄的政策是在現前局勢下維持高麗的分裂。自由世界想以談判統一高麗，簡直是作夢，因此李承晚有充分理由要求以武力統一韓國。

三、擴張政策

蘇俄政權以其散佈全世界的共產黨組織作各種陰謀活動，以圖擴張蘇維埃帝國的版圖及其控制範圍。越南三邦戰事的演變經過已有詳細報導，用不着在這裏再提，我們現將馬林可夫執政後在各處發動的大小局部戰爭或政變略述於後：

(A)伊朗——伊朗是蘇俄多年的侵略目標。在第二次世界大戰結束後，蘇俄遲遲不撤退駐伊軍隊，並企圖扶植傀儡政權，獲致經濟特權。但是都沒有成功。一九五一年四月莫沙德 (Mossadegh) 以「國民陣線」的支持執政後，伊朗政局發生不利的變化。莫沙德是一個政客，善於運用權謀，他受伊朗共產黨 (Toudeh) 支持，而為它作舖路的工作。他以伊朗石油國營一案和英國絕交，使伊朗和西方疏遠而趨於孤立，以實現和蘇俄靠攏。在內政方面，他實行獨裁，限制國王的自由，後來並違憲解散國會。於是去年八月十五日伊王出奔羅馬，十六日伊王禁衛軍發動政變，沒有成功。三天後，首都德黑蘭南部貧民起義，忠王陸軍附和，於是莫沙德被捕，查赫狄(Zahedi)將軍出任內閣總理，迎伊王歸國。這次革命中伊朗共產黨遭受重大挫折，據去年九月二十三日德黑蘭廣播：㈠伊共組織一七六個被破壞；㈡沒收十五萬宣傳刊物；㈢沒收大量報紙及印刷機；㈣繳收武裝。查赫狄革命成功，使蘇俄幾年來在伊朗辛苦經營的結果付之東流。當時伊朗外交部接獲蘇俄駐德黑蘭大使館電話說蘇俄大使勞倫第業夫 (Laurentiev) 舉槍自殺未遂，後來蘇俄大使館雖然否認大使自殺說，但承認他害「心臟病」。看來他企圖自殺是無疑的。據說他奉莫斯科電令回國以解釋他的失敗，因而企圖尋死。他這一舉到很聰明，莫斯科似有所顧慮，迄今沒有清除他。

莫沙德親共政權的推翻，是自由世界在一九五三年的意外勝利，是對蘇俄的重大打擊。伊朗的重新和自由世界合作，使中東的防務樂觀。土耳其和巴基斯坦已在本年四月訂立軍事同盟，伊拉克加入的可能性也很大，伊朗新政府也準備加入。最近蘇俄爲此事抗議，伊朗拒絕，認爲伊朗有權根據聯合國憲章參加自衞組織。八月初英伊石油糾紛宣告解決，由一國際財團和伊朗石油公司訂約經營石油業，伊朗和西方的關係從此進入正常階段。伊朗加入中東聯防祇是時間問題。伊朗在自由世界的防禦上佔很重要的戰略地位，它是威脅蘇俄高加索油田區(佔蘇俄油產量百分之五十）的最近地區。

(B)英屬圭亞那 (Guiana)——南美洲的英屬圭亞那(此外尙有荷屬及法屬圭亞那），人口約四十二萬五千，以黑人及印度人爲主，還有許多華僑。本區經濟落後，居民以種植水稻及甘蔗爲生。由於人民生活貧苦，共產黨也乘機滲入。去年四月圭亞那新憲法生效，實行選擧。聯合民主黨 (United Democratic Party) 失敗，人民進步黨 (People's Progressive Party) 得勢，組織政府，實行自治。人民進步黨雖不承認是共產黨，但是該黨的主要人物却到過鐵幕以內，黨魁兼首相查甘 (Cheddi Jagan) 祖籍印度，原爲牙醫，其妻爲美國共產黨員，於去年六月到丹麥首都出席共產黨組織的「世界民主婦女大會」，並且發表演說，她又到過羅馬尼亞。她對人民進步黨發生很大的作用。查甘則在一九五一年參加過東柏林的青年大會，副總理 Rory Westmaas 也到過羅馬尼亞。人民進步黨企圖發動政變，建立共產政權，情形到去年九月已經很嚴重，於是總督薩發奇 (Afred Savage) 十月奉英政府令，施行特權，停止憲法，解散人民進步黨所組織的政府。查甘及其同黨雖向拉丁美洲及世界輿論宣傳，攻擊英國的「殖民主義」，祇獲得危地馬拉政府的支持，其他國家並無反應。查甘並到非洲及印度遊說，也沒有甚麼結果，本年四月他被判刑六月。英屬圭亞那的共產黨陰謀算是暫時被遏止，但是它的勢力並未被淸除。

(C)危地馬拉 (Guatamala)——危地馬拉是蘇俄企圖在中美洲建立的一個橋頭堡壘。其面積大於臺灣兩倍，人口不及四百萬，百分之七十是文盲，以印第安人爲主。一九五一年阿本士 (Arbenz) 上校任總統，受危地馬拉共產黨（正式名稱爲危地馬拉勞工黨）支持，實行親共政策，他終於成爲共產黨的傀儡。危共的勢力並不大，在國會五十六名議員中僅有四名是共產黨籍議員；但是兩個大黨——革命行動黨 (P. A. D.) 及危地馬拉革命黨 (P. R. G.) 沒有組織，陣容渙散，於是危共成爲勢力最强的政黨，向各處滲透，在政府機關中以外交部及土地改革局 (Land Reform Agency) 爲目標。此外並抓取農會組織。由於危共滲透的結果，危國內政外交已由共產黨控制，危國儼然成蘇俄的附庸國。

危共的頭目是 Pellecer，Gutierrez（均係議員），Fortuny（共黨秘書長）。去年終 V.M. Gutierrez，L.C. Flores（革命行動黨，農民協會首領），G. Camey（共產黨）及 J.M. Fortuny 等人到莫斯科去了一趟。此行當然是在聽取莫斯科的訓令，以便在中美洲正式建立蘇維埃政權。由於危共的陰謀，危美的關係日趨惡化，危國親共政權進行反美宣傳，攻擊聯合水菓公司 (United Fruit Co.)。本年五六月間，蘇俄潛艇及波蘭船隻運來軍火，使中美洲情形更爲緊張，危國和尼加拉瓜及洪都拉斯絕交，駐海地的危國大使也被驅逐。六月間流亡的危國反共人士在阿瑪斯 (Castillo Armas) 上校領導下起兵推翻阿本士政權。阿本士及其他共產黨首要份子逃到墨西哥等國大使館中，企圖按照拉丁美洲的慣例獲得安全出境的待遇。經墨西哥當局交涉的結果，阿本士及其內閣首要若干人在九月十日獲得允許乘機到墨西哥。但是新政府認爲阿本士及共產黨首要份子曾大批殺害非共產黨人士，要求引渡依法審判。

馬林可夫在危地馬拉的陰謀可說是冷戰中最大膽、最毒狠的。因爲美國如袖手旁觀，則危國的蘇維埃化是美國安全的最大威脅；如實行干涉，則共產黨及其同路人，甚至那些自命前進的自由主義者，也都要指責「美國干涉危國內政，不讓危國人民自由選擇其政治體制」。實際上，危國自共黨所控制的政權解放後，人民對新政權的熱烈歡迎，使那些西歐的所謂前進自由主義者感覺失望，認爲危國人民健忘。然而這足以證明他們自己認識不够。

四、破壞西方陣營

蘇俄在這方面的手段是多方面的，主要目的在使歐洲軍不能成立，瓦解北大西洋聯盟，挑撥法德關係，孤立美國。現在讓我們分析馬林可夫政權一年半來在這方面所表現的：

(A)離間法國——蘇俄外交與宣傳以法國爲主要進攻目標，目的在使法國對美對德關係不洽，鼓勵法國民族主義的發展，阻止歐洲聯防組織的成立。蘇俄外交與宣傳在這方面表現是多方面的：㈠自去年七月十八日「眞理報」發表論文後，幾乎沒有一個星期沒有蘇俄報紙及廣播向法國作宣傳的事實，其主題在要求法國合作，解決越戰。去年十二月十日法蘇條約九週年紀念「眞理報」撰文「法國與歐洲安全問題」，說「法國以其自身的努力，在經濟上及外交上恢復成爲强國」，並且荒謬的說道：「蘇俄自一九四一年以來，努力使法國再度成爲强國」。這篇言論在當時引起法國外交部的更正，指出第二次大戰之所以由德國發動，乃由於一九三九年德蘇條約所致。而一九四九年史大林又宣稱「德蘇合作維持世界和平」。換言之，企圖以德蘇合作控制世界。我們願再加上一句話，法國在奠邊府的挫敗還不是由蘇俄負責嗎？㈡蘇駐東德前高專 Semionov 向法駐德高專 Francois-Poncet 表示，希望蘇法能恢復到一九四五年的情形，換言之，卽希望法蘇合作使西國長期佔領德國。㈢駐巴黎蘇俄大使在新年中恢復久已中斷的送禮習慣，不但向法國外交部部長各司長送禮，並向不少的法國閘人贈物，如書籍，酒，畫，及其他俄國產品，藉以聯絡感情改善邦交(註二)。㈣在本年春季蘇俄要求和法國交換戲劇表演，法國國立喜劇院（Comédie francaise）到莫斯科去表演，後來俄國戲班來法，預備表演歌舞，適逢奠邊府失守，為法政府拒絕，俄國劇團祇好收拾行李回國。在此前，蘇俄曾要求派艦隊訪法，也未得同意。㈤利用法國共產黨的活動在輿論上造成反美反德的空氣，企圖恢復久已死亡的人民陣線，造成法蘇接近，促成所謂「聯盟的改換」（Renversement des alliances）。這次孟德士法郎士的組閣便由共產黨投贊成票，孟氏雖然拒絕，但是關於歐洲軍的投票，極左派的九十九票却發生效力。在目前法國民族主義派議員與擁護歐洲政策的議員的衝突中，共產黨議員竟造成左右局勢的地位，對法國的前途及北大西洋聯盟實予以嚴重威脅。

（B）瓦解西方防禦——蘇俄利用越戰向法國施行壓力，因此有一些法國人要求以歐洲軍的放棄來交換越戰的和解。我們不知日內瓦會議後期秘密談判的內容，但是八月三十日法國國會却以三一九票（內極左派九十九票）對二六四票將歐洲軍問題的辯論無限期延擱。這個議案等於不批准歐洲軍條約，有人比之為「活埋歐洲軍」。這件事是日內瓦會議後蘇俄又一大勝利。然而蘇俄的目的尚不止此，其目的在防止任何形式的西德整軍，要求以莫洛托夫的歐洲集體安全公約代替歐洲聯防組織，同時對法國下工夫使之孤立，誘致接近蘇俄，瓦解北大西洋聯盟。它也可能再要求加入北大西洋公約組織。

大多數法國議員對西德整軍參加西方防禦是原則上同意的；一般法國人對歐洲軍不是贊同，便是無意見，不過國會對此問題却意見紛歧。除共產黨議員及少數反對任何形式的西德整軍的議員外，大多數議員所爭論的祇是西德整軍的形式與其對法國安全與地位的保障。他們對西德整軍的態度可由某外交官的話說明：「他們需要一枝強於俄軍弱於法軍的西德軍隊」。至於歐洲軍此次在法國國會失敗的原因大致為：㈠歷屆內閣藉口先決條件的解決，將請求國會批准之舉拖延得太久，使有利時間消逝；㈡史大林死後的蘇俄推行和平攻勢，使法國人對蘇俄的威脅漸趨漠視；㈢法國人受若干報紙的反美宣傳的影響，對美國不滿意；㈣法國對德舊仇難釋；西德在各方面的復興與法國的經濟停滯、軍事失敗對照，使法國更怕西德；㈤法現內閣總理對歐洲軍條約並不同情，加以他所提出的修正歐洲軍條約內容的議定書草案，在不魯塞爾會議中未被其他五國完全接受，他認為受辱，在國會中不但不提出信任投票案（在當時是唯一通過歐洲軍條約的辦法），並且發表反歐洲軍條約的言論；㈥法國位列世界巨強，而在越軍事失敗，訂城下之盟，在北非又實行各種讓步，自有其心理上說不出的抑鬱與憤怒，於是發洩在歐洲軍問題上，來一個等於否決的投票，對『英美及「荷比蕞爾小邦」說明任何歐洲問題的解決不能撇開法國』（國會辯論 時若干極右的民族主義派議員持此論調）。

歐洲軍由倡議談判訂約到現在已四年，條約已經德荷比盧四國先後批准，荷比盧等國並因此修改憲法，改選國會；意大利國會各委員會業已通過條約，正待國會正式通過。現在法國國會竟將法政府提出並經其同意的歐洲軍「絞殺」，無論反對者如何辯解，無論此種運用另有深沉用意，對法國在國際上的信譽是嚴重的打擊（這點孟德士法朗士也不否認），不是一個大國應有的作風。我們認為，就法國的利益着想，沒有比歐洲軍更好的西德整軍方案，然而法國國會竟將它摒棄！當時若干議員不負責任的言論傷及鄰邦，使德荷意比盧等國再和法國開會就原提案談判也非常困難。今後的辦法應當是讓德國參加北大西洋公約集團，在某種擔保下從事整軍，不過這種辦法可能又受法國國會的否決。事實上法國國會可能否決任何德國整軍方案，而提不出一個為多數接受並能立即實行的辦法。在若干辦法行不通之後，也許歐洲軍要復活或借屍還魂的，法國前外長許曼（Robert Schuman）說：歐洲軍並沒有死，祇是復蘇需要相當時間。為自由世界生存計，西德的整軍問題解決愈早愈好。

（C）貿易政策——蘇俄的貿易政策含有極強烈的政治性。馬林可夫政權知道自由世界的商人急於開拓市場，因此以發展東西貿易作餌，使西方企業家反對美國的戰略物資的封鎖政策，同時離開英法德日對美的關係。蘇俄常利用重要國際會議宣傳發展東西貿易，例如在本年初柏林會議中，蘇俄宣傳將在一九五五年至一九五七年間向英訂購四億英鎊的貨品。這個消息一度使英人感興趣，但不久即發現是一種不能兌現的運用，因其所欲訂購的物資一半是戰略物資，同時又不能以英鎊償付。這個消息發表後就沒有下文。

不少的自由世界商人在夢想發展東西貿易，但是共產集團和自由世界的貿易不但較第二次世界大戰以前大減，並且在近年逐漸萎縮中。一九五三年蘇俄及東歐附庸國向西歐輸出六三〇．五百萬美元，由西歐輸入五二七．二百萬美元，較一九五二年各減百分之十七及十六。許多人認為東西貿易的萎縮起因於戰略物資貿易的限制，這是錯誤的。去年西方的限制已不甚嚴，而且瑞士與瑞典並未接受管制，其對蘇貿易情形和其他西方國家相似。現在西方市場已無東方穀物出售，而穀物却是過去蘇俄對西方輸出的主要商品，例如蘇俄對英輸出穀物由一九五二年的三五．七百萬英鎊減至一九五三年的三．六百萬英鎊。

馬林可夫政權的對外貿易政策，最初集中發展與工業落後國家的貿易，如印度，印尼，希臘，若干拉丁美洲國家。輸入未加工的食物，及消費工業原料；輸出一些雜七雜八的東西，例如；鎂，引擎工具，穀物，其他農產品，煤，光學儀器石油（一九五三年輸出石油二百萬噸，約為一九五二年的二倍），等等。近來更和法比意等國訂立協定，其輸出品仍相似；輸入品則着重於船舶，機器，纖維，油脂。近來有許多國家發現蘇俄欠繳貨品甚多，希臘卽爲一例。不久以前，某一希臘官員說：「和共產集團締結貿易協定已失人失望，蘇俄或繳貨脫期，或根本無貨繳出」。

去年蘇俄在西歐大量拋售黃金。據英國 Samuel Montagu 銀行發表估計，一九五三年蘇俄在歐洲拋售黃金約一百萬盎斯，其中十六萬盎斯在英國出售，但是有些報紙則謂蘇俄在一九五三年終向英格蘭銀行出售大量黃金(有人甚至說二百萬盎斯)，英格蘭銀行對此事保持緘默。東西貿易雖逐年萎縮，但共產集團的貿易仍是出超的。蘇俄輸出黃金，原因何在不得而知，是否與其特務活動有關呢？

(D)特務活動——蘇俄擁有史無前例、龐大而複雜的特務組織。這種特務組織在自由世界從事各種非法活動，例如本年四月中旬蘇俄特務在西柏林架走蘇俄反共運動組織 N.T.S. 負責人之一 Trouch-Novitch。然而蘇俄的主要特務組織，自貝利亞被處決後發生嚴重危機，後述事件可說明其程度：㊀本年一月二十四日蘇俄駐日代表團二等秘書 Yuri Rastovorov 失跡。他是蘇俄特務組織中的中校級官員，實際上他向美國情報當局接洽自首選擇自由。八月十三日美國務院介紹他和新聞記者見面，纔將秘密揭露；㊁本年二月間蘇俄特務 Nicolai Khokhlov 奉命赴西德刺殺俄國流亡反共組織 N.T.S. 首要之一 Georgi Okolovitch。Khokhlov 離莫斯科之前，其妻勸他不要作殺人兇手。因此 Khokhlov 向 Okolovitch 說明使命，會同向美國佔領當局自首。四月十二日美駐德高專公署公佈這件轟動的新聞，後來 Khokhlov 赴美出席議參院內部安全委員會作證。據他說，蘇俄前駐華大使潘友新便是負責暗殺的一個特務頭子。後來報載 Khokhlov 的妻和子已自莫斯科失踪；㊂本年四月蘇駐澳洲大使館三等秘書 Petrov 選擇自由。他是在澳的蘇俄特務首要，事後蘇俄曾企圖押解其妻返國未成，於是和澳洲絕交。不久以前 Petrov 夫婦向「調查蘇俄間諜皇家委員會」作證，牽涉了若干蘇俄及澳大利亞人物；㊃五月三十一日巴黎「紐約先鋒論壇報」載名記者 Alsop 兄弟的電訊說，蘇俄在歐洲工作(在維也納和柏林)的兩位部長階級的特務頭子向美國當局自首，選擇自由，美國依約保守其姓名秘密；㊄蘇俄駐巴黎大使館二等秘書 Serge Volokitine 於四月二十九日突被大使 Vinogradov 伴送乘飛機到日內瓦，稍停卽赴莫斯科。他在以前精神不安，有選擇自由的意向，此次顯然是被押解回國的。

(E)參加國際機關——馬林可夫政權和自由世界進行外交冷戰的新戰術，便是參加自由世界的各種國際組織，以進行其宣傳及分化的陰謀。當年日本和納粹實行侵略時退出國際聯盟，而今蘇俄却不出此下策。蘇俄所作的這種所謂緩和國際局勢的合作姿態先後有：㊀本年三月三十一日蘇俄申請加入北大西洋公約組織，這個消息在愚人節發表，就足以表示它在和西方開玩笑。其企圖引起歐洲輿論的不安，甚至那些中立主義者也認爲「一隻狼企圖混入羊羣」。蘇俄的加入並不是無條件的，馬林可夫要求在某些保留條件下加入北大西洋公約組織。北大西洋公約組織是爲抵抗蘇俄侵略而產生的，自然不能容許它混入。西方在五月七日已答覆拒絕。㊁四月二十一日蘇俄加入聯合國文敎組織。同日蘇俄代表在海牙召開的戰時文物保護會議的首次會議中要求中共出席，不承認自由中國的代表權，企圖將會議變質爲政治鬬爭場，結果蘇俄提案以二十對四票被否決。㊂蘇俄在去年十一月四日申請加入國際勞工局，但不接受國勞局憲章解釋發生歧見時由海牙國際法庭裁判的規定，被國勞局拒絕。今年四月下旬，莫洛托夫取消這個保留而得加入。六月初國勞局第三十七屆大會開會，蘇俄及其嘍囉國家代表要求拒絕自由中國代表參加，引起美蘇代表舌戰，蘇俄代表失敗。而蘇俄代表勞方資格固爲自由工聯反對，認爲他們是政府指派的；而自由世界資方代表也一致不承認蘇俄資方代表的資格。經開會表決，因某些國家代表不願開罪蘇俄，准其資方代表暫時加入。國勞局出現了這些不倫不類的代表，實破壞了本身組織的基本原則。

五、結論

由上述事實，我們可得下述結論：㊀馬林可夫的所謂緩和世界局勢政策完全是假的，其所從事的與其所宣傳的完全相反。年來若干俄國軍人發表攻擊西方的火藥性演說，克勒姆林宮第三號頭目庫魯失夫在六月十五日捷克共產黨大會中發表激烈演說，攻擊自由世界說，「資本主義的包圍存在一天，卽無法和對方妥協，與敵人相處，須有强力，因此努力製造原子彈，並且先造成氫彈(!?)」云云。他這篇猛烈攻擊西方的演說詞，雖經「眞理報」局部刪減，但仍足以表示蘇俄政權對自由世界仇視與挑戰的態度。㊁馬林可夫政權的對外政策雖繼承着史大林的傳統，但更富於彈性，更富於運用。自由世界各國政府不但不能聯合一致向蘇俄作攻勢的外交運用，却受某部份輿論的牽制及狹窄的民族利害考慮，爲蘇俄外交運用的目標。㊂西方國家不能採取主動，坐視良機消逝，讓馬林可夫從容鞏固其政權。今日馬林可夫在對內及對外的地位已大見改善，其今後的對外態度將更富於侵略性。㊃一年半以來馬林可夫政權對外活動，雖成敗互見，但是，在若干點方面獲得鉅大的勝利。其勝利的主要原因，便是西方國家在不利的條件下和蘇俄談判。

自日內瓦會議以來，西方處處失敗。西方的失敗可以加强蘇俄擴張勢力的野心，加重三次大戰的危機。同時蘇俄當局因內政的困難，需要對外强硬以鞏固地位，或發動侵略以轉移目標。美國既已承認蘇俄擁有氫彈，則難保克勒姆林宮的獨裁者不利用向美國發動一次類似珍珠港的偷襲。今日西方的對策，在避免再蹈柏林會議以來的覆轍，拒絕和蘇作有害無利的談判，而將主要精力用於組織自由世界以自衞。我們要知道：一個崇拜力量的唯物主義政權，祇有在更强大的力量之前而有遭受毀滅之慮時，纔能希望它一本正經的談判。因此，今後西方對蘇俄的政策不是談判，而是充實自衞力。

四十三年九月十二日脫稿於巴黎

註一：關於蘇俄佛爾古大等地奴工在去年七月罷工事，英國觀察週刊 (Observer) 在本年二月(八四八八及八四八九期)，德國月報 (Der Monat) 在本年三月號(第六十六期)均有報導。

註二：見本年一月二十二日「世界報」(Le Monde) 載 André Fontaine 之時論 Au Carrefour 第二節 de Berlin La main tendue à la Flance.

我們需要一個文藝政策嗎？

李　僉

今日自由中國的藝術界，有一個值得注意的現象，就是以政治的道德的目的，倡導一個文藝政策的呼聲。此一事實，一方面固可喜的反映出今日社會對文藝的重視，尤其是引起自由中國的「政治家」們的「重視」；另方面這種可喜的現象，乃又恰如其實的給我們等量可悲的陰影。我們都知道，所謂「統一文化陣線」、「統一文藝陣線」這些專斷的口號，乃是共產匪徒們首先喊出的，他們一直把「文化」和「藝術」當作攫奪政權、奴役人類的工具。今天倡「文藝政策」的人，動機雖不如此，但它使我們預感到與其他學術一樣有其獨立性的藝術，仍將一變而爲政治的倫理的派生物，成爲達到政治的倫理的目的之工具或方法，此種反主爲從的應用性的强調，勢之所至，將使其失去活潑的生意，而致畸形和死亡。

一

自來人們對藝術創作觀賞與批評所抱執的態度，約可分爲三類；卽「爲道德而藝術」、「爲藝術而藝術」、「爲自己而藝術」。

「爲道德而藝術」的觀念，形成最早。由於道德家宗敎家政治家之有意的推助，其勢力亦最大。在中國可以以孔子、楊雄、劉勰、韓愈等及宋理學家們之言論爲代表。所謂「詩敎」，所謂「書必經，言必經。」所謂「闡宏大道，述明聖敎……記是貶非，以爲法式。」所謂「文必明道」、「文以載道」等等。全是站在道德政治立場去看文藝，把它看作道德政治中之一節目。至程頤更認爲文足以害道，直認其是「玩物喪志」的玩物。雖然如此，但在我國文學史上，仍有不少人把「道」放在一邊，以大自然及個人的情感爲依歸，作純文藝的創造。

在西方可以以柏拉圖、浩越司 (Horace)、約翰生(Johnson)盧梭、托爾斯泰等等，以及許多耶穌敎的作家批評家們的言論爲代表。柏拉圖認爲藝術乃是說謊，它使人丟開理智而淪爲情感的奴隸，根本就是不道德的，搖惑人心的，所以一脚踢出他的理想國。後來諸人雖沒有他那麼激烈，但對藝術乃是寓微言大義以宣揚宗敎道德、敎訓世人爲善之一點上是相同的。大家都認爲文藝與道德不能分開。在文藝復興期間，一般敎會中人，都竭力攻擊那種自由發展的狂熱，他們認爲人心不古世道衰微，都是藝術弄出來的，他們不但焚燒了許多珍貴作品，在英國清敎徒們更主張廢去藝術。

托爾斯泰集此傳統思想之大成，完成其「何謂藝術」一書。他根本否認藝術在表現美。他把藝術看作語言一樣，是傳達情感的媒介。他說：「我們如果要了解藝術的意義，一定要否認藝術活動的目的在美或快感。」因爲「藝術是一種『人的活動』，它的要義可以一言以蔽之：一個人有意的用具體的符號把自己所曾生活過的情感傳給旁人，旁人受這些情感傳染，也感到這些情感。」這種「所曾生活過的情感」，乃是指吾人生活裏全部情感中那部分好的道德的宗敎的情感，是那些有「鞏固人和人以及人和上帝的團結」的效用的情感。因之藝術活動的目的只在融合這種情感，只在宣傳表揚道德宗敎，捨此，藝術別無意義。至於另外部份的情感，則不是毫無價值的便是壞的負值的。那些把無價值乃至壞的情感揉合在作品裏的藝術，乃是腐化的虛僞的藝術。因之像荷馬、沙士比亞、臘裴爾、巴哈、貝多芬等等許多被公認的偉大作者，皆被唾棄責罵。

托爾斯泰是一個虔誠的耶穌敎徒，這種「文以載道」、「爲道德而藝術」的思想，乃是繼承柏拉圖以後及耶穌敎回敎救人救世的悲憫心腸，有其作爲苦行的白熾熱忱。那種「爲藝術而藝術」，只知道美，而不問此美所引致的道德不道德的後果之思想，自爲其所必反對。推演的結果，自與所有的道德家宗敎家一樣，凡是可以作爲工具或方法的東西皆被利用，搬上十字街口，苦口婆心的以勸人爲善爲矢志。

唯其是從道德上宗敎上的目的推演出藝術的目的之錯誤，所以這種「爲道德而藝術」的「以文載道」、「以文敎世」、「以文變俗」應用性之强調，便成爲一種偏執。這種偏執乃是中國永嘉以後的詩，何以「淡乎寡味」而不爲人們普遍接受的主要原因。也是使托爾斯泰晚年失去其創造力的主要原因。他們都忽略了那所謂「敎世」「變俗」也者，僅只是人們在觀賞藝術品之後，所喚起的人格及生活習慣的覺醒。所謂「敎世」「變俗」，只是經驗的。「道」初並不含在「文」內，它乃是早已存在觀賞者心目中的事實，不然感動與共鳴將無由以生，觀賞者的心目中如從無那些意識或潛意識活動的事實存在，勢將無從領受作者在載「道」於文時所載之「道」的眞義。

這種藝術與道德不可分的執着，在中國於魏晉時才慢慢的被打破，六朝時的詩文幾乎一掃經道學氣而爲純文學的發展。但因國人的着重實用與在倫理道德的傳統觀念上之執着，一直未能好好的發展下來。直到五四運動以後，藝術之花乃得普遍開放。曾幾何時，大陸陷匪，藝術儘淪爲宣傳政治之工具矣，思來可歎！

在西方，亞里斯多德雖反對他的老師，替詩作過辯護，但却一直是孑然孤立的。直到文藝復興，精神的解放，才使歐洲從苦行的來世的回到現世的享樂的世界。藏在人性中的許多可能性，才開始得到自由的平衡的發展。至十九世紀，「文以載道」的思想，始大受動搖。

囂俄喊出「爲文藝而 文藝」的口號。高第頁(Gautier)說：「我們相信藝術的獨立自主。藝術對我們不是一種工具，它自身就是一種鵠的。」「這詩有什麼用處？美就是它的用處」。它是不沾實用的，因爲藝術就是自由的心靈的開展，一落入實際生活，則「自由變爲奴隸」。左拉更激烈的說：「在文學中『罪惡』一詞別無意義。作家寫得不好，就是罪大惡極。……寫得好的詞句，也就是一種德行」。因此他們認爲那種專門寓道德教訓於文藝中，乃是討好羣衆的投機者。

同時從康德到克羅齊 (Groce) 一線相承的美學，更從美感經驗的分析，證明藝術與道德是兩種截然不同的活動。認爲「造成好人的善良意志不能造成一個藝術家。……一個藝術家固然可以在想像中表現一個從道德觀點可褒可貶的行動，但是他的表現因爲只是一種想像，不應該因此受褒或受貶」。正如我們不能在音樂中判斷某一個音調是道德的，某一個音調是不道德的。

藝術作品是「人類的文化建設，……用生動的繪畫，莊嚴的建築，和諧的音樂，閎麗的舞蹈以及崇高的詩歌 等來美化自 已的心神，豐富自己的生命」。它乃是「很繁複而艱巨的表現品，不是尋常所能的成就」。更不是把一大堆道德宗教或政治上的概念堆砌在內，去教訓教訓人便能成功的。藝術就是美；就是表現；是把情感與意像精化，外射爲線條的，顏色的，文字的，聲音的及其他形式的表現品；是綜合情感與印象交互外射的個性的創造。唯其是情感的，才能產生共鳴；唯其是美的綜合的，才容易寬廣深入的被接受；惟其是個性的創造的，才能生意躍然生生不息。

他們認爲藝術之與美，正與科學之與眞，倫理學之與善一樣，有其獨立自主性。不能當作達到其他目的的工具，因爲它本身就是目的。他們只是爲表現而表現，爲觀賞而觀賞。

與前兩者所抱執的態度不同，而以另一種態度去看藝術的，乃是英國小說家勞倫司 (Lawrence) 所說的「爲我自己而藝術」。

「生命」的眞實意義就是「活動」。活動愈自由，其範圍乃愈廣，範圍愈廣，愈能包容眞善美，則人生愈有意義，愈有價值。而實用的活動必受環境的限制，必須有條件而後方能在條件內去活動，此乃有所爲而爲的必然現象。藝術的活動乃是無所爲而爲的，環境並沒叫人去活動而人却自己高興去活動，惟其是自動，所以並不受任何環境所限制，所以才能觀照更多更廣的生活面。而藝術之爲人們的一種較高尚的自然營求一意義方得確立。

人性的發展是多方面的。道德的、美的、眞的、嗜欲的等等。任何一面都有要求與其他面一樣自由伸展的權利，我們壓抑一面，放縱一面，都是屬於病態的人性的損耗和殘廢，我們必須使之得到均衡和協調。哀憐和恐懼本是兩種相反的情緒，一使吾人趨就一使吾人退避，如任其鬱結在心，勢必引起精神的變態，但在觀賞一齣悲劇時，兩者便可同時得到發洩而不致引起精神上的衝突。因之藝術的目的，既不在美，也不在道德或其他的甚麼，只在個人的情感的發洩，只在解除心靈上的正或負的擔負，它乃是保護心理健康的良劑。人們之需要藝術，也就在它能滿足能調節人性上的饑渴。因之藝術的目的又在美，又在道德，又在眞，又在嗜欲，……它在人性的每一方面建築王國。甲在道德情感上需要滿足，乙在美的觀賞上需要滿足，丙在民族國家方面的情感需要滿足，丁想在人性中求解放……好，你們各人去尋求、發掘、表現、發洩吧。但這種發洩並不是「牢騷」似的只是一種未加琢磨的粗糙的情感；它乃是經過精化給以美的形式的主觀情感的自然流露，也就是在我們常說的「眞情流露」上給予美的外套。它着意於人性每種可能性的發展，所以不願也不能被箝制、束縛、壓抑。

從以上的敍述裏，我們如不夾雜着成見或另具目的，而從純藝術的立場去看，每一個藝術工作者和觀賞者，都會去選擇第三種態度。第二者之流極雖不免陷於空洞形式，不能爲吾人所澈底接受，然那種美的形式仍爲人類所需要；而第一者之流極，除陷於平典、口號、濫調外，勢必箝制情感，箝制人性，流爲人類之大害。今天倡導「文藝政策」的諸公，如站在藝術的立場，而接取第一種態度，我們實不敢苟同。

二

我們並不反對「載道」的論調，也不否認它之可以「教世」「變俗」的後果，因爲我們承認並且相信人在多方面的可能性。但我們如站在純藝術的觀點去看，「道」也只是一種主觀的情感。每一個人有每一個人的主觀情感，也就是說各人有各人的「道」，他們之表現各種主觀情感，也就是表現各種不同形式的「道」。

一件藝術品裏儘可包容許多大道理，不管它是哲學的科學的倫理的政治的，不管它如何豐富深刻，它也不會防碍藝術品之完整效果，只要這些大道理是在那裏顯示作品內的人物特(個)性。這些道，這些概念，正同一幅畫上的一點紅，或一個塑像的一根線條一樣，它在那裏並不代表物理學的紅或幾何學的線，而是此畫和此塑像的一個表示特性的原素，全體決定諸部份的屬性。瑪左尼的許婚，蕭伯納的戲劇，固是滿篇理論的議論，但它並不因此在全體上失去一個單純故事或藝術品的特性，仍有其情感的與美的完整效果。這完整效果決定而且統轄各各部份，這各各部份並不能一一提出而抽象的就它本身去看。我們如果把畫上的顏色，音樂中的聲音，塑像上的點線弧，看作物理的數學的，此不但不了解藝術，直是凌遲活剝了藝術。我們如把詩歌散文小說裏的文字和語言，硬當作哲學的倫理的科學的以及其他的大道理和概念去了解，還不如甘脆去弄哲學倫理學科學等等來個直接了當，這些東西必定較藝術品更能使「讀者讀後獲得清晰的概念和展望」，如果這樣的作品便是藝術之「理想的好作品」，如果認爲「清晰的概念和展望」是判斷藝術之理想的好作品之唯一條件，則藝術早已劃入那些學術的範圍，或被所肢解而不存在於今了。對任何藝術品的觀賞，決不是僅靠理智的清晰的概念所能達到，更主要的是他必須有與作者同樣的銳敏的情感與深廣豐富的想像力，才能從曲曲折折的情節中去感受體會。而那些所謂規範的科學(Normal Science)才是以理智的清晰的概念為創作與批評的主要條件。

因之我們所認識的「道」，只是作品中的特性，只是作品中的個性，並不是一切藝術品所同具的共相，因之它決不能被圖範，被類型。假如它是共相，可以類型，則前人早把它類型完了，今人只要多預備點印刷機和模子就得啦。倡文藝政策的諸公之「道」，顯然只是我們所說的許多「道」中之一個，只是有所專指的個性或特性。把這種有所專指的一個個性或特性去包容局限其他更多的個性或特性，縱或不是完全錯誤但也是偏見，而偏見的極致常是以一概全，勢必抹殺人性及藝術在他方面之可能性，造成文化的退步或停滯。

三

至所謂「致世」「變俗」的現象，前文已有提及。我們從之知道那種「致」「變」的現象，並不是生之「道」之絕對力量，而是生之主觀的人性與客觀的社會環境。藏在人類中的部份個性或特性的集合、解散、或衝突，謂之時會或時代。這種集合、解散、或衝突之交射現象，表現於人類行動，便構成社會制度風俗習慣，及社會制度風俗習慣的變遷。所謂風醇俗正或人心不古世道衰弱的社會現象，乃是有所由的漸漸而來，並不是從某種「道」所生出的突然變化。

藝術既在表現情感協調人性，那末凡此社會和人性間所發生的現象，不論它是美的、道德的、平靜的、純潔的、歡樂的，或者醜惡的、混濁的、邪淫的、便應讓它們完全表現出來。那些有着美好眞的諸屬性的東西，固為我們所樂聞樂道，有益世道人心；但那些有着醜惡混濁邪淫諸屬性的事物，我們也不應諱言諱視諱聽，因為這些正是我們所尋找的病源，不知道它，就無從治療。藝術正像醫生的顯微鏡，它把每一階層每一角落的每一個人的形態呼聲和要求顯示出來，好的壞的，誰也躲不住逃不掉。那些政治家社會學家道德家宗教家所挖掘不到的，都被藝術家挖掘出來，我們能看出眞正的形態和要求，從人性的協調上作社會環境制度的改革和創建。

如果我們的文藝批評家們反認為那些描寫現社會制度及人性的黑暗面乃是「惡毒的攻擊」。他們不是批評藝術乃是表示成見。克羅齊說得好：「只要醜惡與混濁有一天還在自然中存在，不招自來的臨到藝術家們的頭上，我們就無法制止這些東西的表現。」批評家在此方面的職責，乃在洞察藝術作品所顯示給我們的社會與人性的黑暗面，提示給那些社會改革者。挽救頹風，並不是光說好不說壞就可成功的。我們不思從社會制度上政治制度上經濟制度上倫理思想上去尋求人性的協調，只從人性的選擇和壓抑上製造制度，思在人性的選擇和壓抑中去「改造」或「創造」人性，挽救世道，豈不是癡人說夢。

或謂因了時代情勢的演變，藝術家便有了新的使命，而每一個藝術家便必須是：有道德有卓識，有仁心有俠骨，懷救民救世的抱負及轉移一代風氣的宏願與理想。我們相信而且承認藝術家們應該有這種德性，而在此方面奮勉。但我們看看這是「新」使命嗎？是祗有藝術家才有的「新」使命嗎？這乃是人類在每一時代對每一藝術家每一個人所希望具有的共同德性。我們前面說過：「造成好人的善良意志不能造成一個藝術家」。用來此處，我們可以說藝術家並不見得都是道德的仁民愛物的。因為他是人，在人之一概念說，實無異於他人之為人。他可以發展為道德的，也可以發展為不道德的和非道德的。我們既觀賞批評藝術，就必須站在藝術的立場去看他們的作品，而不問其人是否道德。「作為一個文藝工作者，我們對作品的興趣應更濃於對作者個人的興趣」(見本刊十卷三期李經先生的「從文藝的應用性談文藝政策」)。一個在德性上有問題的藝術家的作品，必定包容了更深廣的黑暗面，我們如果眞存心救人救世的話，反而應該感謝他們，因為他把那些醜惡的形態與要求，淋漓盡緻的表現出來，作為一個道德家社會改革家，可以從之得到更好更眞實的「病菌樣本」。郁達夫是一個藝術家，但他吃渴嫖賭樣樣都幹，我們能因他吃渴嫖賭而抹殺他的「日記九種」之價值嗎？因之對個人道德的執着是有益的，但對一藝術家之道德執着，於社會於藝術都是有損的。(這裏並不是說一個藝術家不需要道德，而是說藝術作品與作者的道德性無必然的關係。)

四

或說藝術所表現的並不局限於美，它更表現眞與善。我們既承認藝術及人的許多可能性，對這一點當也完全同意。但從此所推演出來的：只有以表揚反共抗俄與三民主義為思想中心，作現實之寫實的描寫，才是最高的寫作標準。從而制定政策，抹殺其他，似尚待探討。

藝術乃是給以美的形式之主觀情感的流露。既是主觀的情感，則寫實派所強調所表現的實，便只是作者主觀的以個人的好惡心理去觀察感受表現的實，而不必是實之為實。因之每一個藝術家所表現的實決不可能相同，他們所選擇的對象(材料)也決不可能相同。我們如硬要把這種相對的實——不管它是「反共抗俄」的或其他政治道德宗教嗜欲等及其他種種不同形式的實，在其中圖定一個或數個制為政策，作為藝術創作的對象或情感，叫所有的藝術工作者在此範圍內兜圈子，不但不可能，簡直近乎箝制思想，箝制情感。

或謂「反共抗俄」乃一時代使命，每一個「不甘心坐待暴力摧殘」的藝術工作者，均負有完成此一「歷史任務」之不可或卸的重大責任；每一個愛護他自己國家民族的藝術工作者，均應獻出他個人的最大力量乃至生命去完成此一使命。義正辭嚴，我們不但由衷的擁護，我們更由衷的奉之力行不怠，以死相誓。但因此而認爲每一件藝術品，必須是表現反共抗俄一事實，每一個藝術工作者，必須以反共抗俄爲中心思想去創作他的藝術，反把那些在內容或形式上沒有標明反共抗俄四個大字的文藝作品打入冷宮，顯是大大的偏見。

凡生物都有一種自然傾向，就是要求生存，要求依照其本性去生長發展。而生存和發展的主要條件便是自由。人之爲人，在這種傾向上，更較任何生物爲著。自由人之對抗暴力，不惜犧牲，乃有一個最根本的前題，就是追求自由維護人性。因此，爲着追求自由保育人性的抗暴鬬爭，便充滿了人類史實，而每一個極權暴虐的國家和暴徒都在歷史上相繼顚滅。此乃人之爲人之根本質素，出之自然的本性。

我們不是說中共絕滅人性窒息自由嗎？我們不是說反抗暴力爭取生存嗎？好，看看這是時會的使命？還是人類的天然動向？當然，這是人類的天然動向。因之我們必須承認：反共抗俄這一事實，乃是存在人性中的根本事實。所以只要是對自由和人性的闡揚，便是對反共抗俄的任務盡到一分力量，便是對國家民族盡到一分責任。

所有今日自由中國的人們，不容置疑的全是「不甘心坐待暴力的摧殘」，熱愛自由保育人性的鬬士。他們熱愛自由保育人性的動向，在本質上與中共是死不相容的。反共抗俄這一意志包容在追求自由維護人性這一意志之中；反共抗俄這一行動，包容在追求自由保育人性這一行動之中。做一件維護自由保育人性的工作，也就是直接間接的打擊共黨。

藝術既然是個人主觀情感的流露，也就代表藏在個人中的人性的呼聲，而多樣的藝術發展，也就代表藏在整個人類中的人性的呼聲。我們既然要保育人性，從之挖掘更多、更豐富、更美麗、更寶貴的可能性，我們就不能局限在一個時會的圈子裏，只叫所有的藝術工作者去表現許多可能性中的一個或數個，而不顧及其他更多的美麗可貴的人性，使之畸形或僵死。對個人對人類，那是公平的嗎？

在一個有着人權保障的高度自由的國家，對藝術創作的態度和範圍從不加以指定圈範。相反的，他們的政府倒會給他們充足的創作條件，因爲他們尊重人民的基本自由。但在一個極權國家，或一個民主而不澈底及有着「近似宗教的政治信仰」的國家，人民只能享有限度的自由或毫無自由時，藝術創作的態度和範圍便發生問題了，藝術之被政府重視而認爲應以「計劃」「政策」去管制，也就只能在這種國家內才可發現。因爲這些國家的政治領袖，鮮不視「政治」本身即爲一種理想一種目的者。他們只是「爲政治而政治」。其他學術也者，無非是政治的手段、方法和工具。無論其爲自然科學、哲學、倫理學、心理學、藝術乃至其他種種形式的事物，都是因「政治」一目的才產生的。正如歷史上的道德家宗教家視一切學術(包含政治)，爲他們的工具一樣。任何學術思想，當其與政治發生直接關係時，莫不是被政治當作工具去利用，或利用政治勢力作派銷工作。在中國有秦始皇的焚書坑儒，漢武帝的罷黜百家；在西方則有所謂黑暗時代，英國清教徒之執政，及納粹德國之所作爲。至今日蘇俄與中共之統制思想更是登峯造極。

他們之「計劃」「管制」思想及藝術，即着重在它的實用性，着重在它是傳達情感的媒介物，是一種可以操縱的實用的工具。此即近代社會主義者及共產主義者爲什麼特別樂意接受托爾斯泰的理論及其所主張的藝術大衆化的說法，不如此，則藝術不會搬到十字街口，他們的「道」便無從使每一階層的每一個人看見、聽到、接觸、領受。如一仍其「迷信邪教」「聽信邪說」，此對他們的「道」不但是一種諷刺，也使他們的威信受損；尤要者，如任一般人「迷信邪教」「聽信邪說」，則他們的「道」——究其實是野心——便難望實現；縱或有實現之日，也不是他們短短一生所顧或所能等待的。

爲了宣傳唯我獨尊，唯我獨善，唯我獨美的「道」，在那些國家裏，他們像用「管制經濟」的統制人民物質生活一樣的，用「計劃文藝」「統一文藝陣線」去統制人民的精神活動，作爲箝制思想言論，壓抑人性的手段。他們莫不打着堂哉皇哉的招牌，宣示那種必要。隨着在招牌後面埋伏下兩個劊子手，一個是「利用」，一個是「壓迫」。不管你是聽話還是不聽話，在這兩個劊子手的面前，所有的藝術工作者都必須束手就範，否則就不能生存。

作爲一個自由人，經濟生活的統制都爲所必然反對，況對精神活動的統治。因此在一個有着自由信念的民主國家，他們的政府決不願亦決不會去剝奪人民精神活動的自由，而自貽唾棄。

今日自由中國無疑的是一個民主自由的國家，在憲法上並有保障基本人權的明文規定。在此全國上下都在爲爭生存爭自由而努力的時候，還有人倡導「文藝政策」把藝術活動劃定一個範圍，這何異於叫政府去剝削人民應享的思想言論和出版的自由。政府如聽信他們，雖然它有着「反共抗俄的時代使命」爲依據，亦將不免蒙受箝制情感、思想、言論，劃天下爲一家言的惡名。

五

綜觀以上所述，我們可以得到一個結論，那就是今日自由中國之所以缺少「純眞優美」的文藝作品，乃是因爲文藝工作者缺少了充足的創作與發展的條件，這些條件包括作者和批評者的自身的和外在的。今日世道風俗之衰頽所給我們的啓示，乃在人性的苦悶，我們不思利用藝術在情感上的激動、共鳴的力量，作疏導調和的工作，卻想制定文藝政策，叫多樣的人性，從一個指定的「中心」思想或情感的氣孔中去呼吸，則我們所能得到的也就只有畸形和死亡。我們如果是眞心爲世道爲藝術的挽救而倡導一種政策，這個政策也應是針對人性的要求，從各種制度上與人性的協調上去着手改革與創建；也應該是幫助每一個文藝工作者去獲得充足的創作與發展的條件，儘量減少各種由成見而來的歧視。然則那種局限創作、指定中心的文藝政策之倡導，自然是要不得的了。

(完)

危險的時代

——美國衆議院議長馬丁七月九日在紐約國際獅社年會演講詞

賴家球譯

我希望諸位能原諒我借用我們的「自由敏慧，國泰民安」這句口號，來爲我今天的講題作註釋。

我們這一代的偉人之一，美國總統艾森豪，曾經說過，我們生活在一個「危險的時代」。我同意他這句話。我想同諸位來討論這個危險的性質，把它赤裸的抬出來，用自由、敏慧、和所有國家的安泰的眼光，來加以剖析研究。

我們在這二十世紀內，實際上已遭遇到人類文明歷史上最大的搏鬪。要了解這一個搏鬪，我們必須先把它和遭受威脅的文化本質，聯貫起來研究。

我們自由社會的骨幹是道德。這是我們奠定生存和生活方式的基礎所在。

我們的道德是建築在眞理對謊言，信任對猜疑和信仰對邪說的取捨之上。從這些根源中，又產生如同善意和相互尊重等等德性。假如獅社的一個會員在某一項商業上與另一會員握手成交，假如某一個社會爲它的學校發行債券，或是一個國家簽訂一項條約，這一個握手、發行或簽字的效力，就完全寄托在爲自由人生活所賴的這個偉大的道德律上面。

用商界通俗的話來說，這就是所謂：人言爲信。

正因爲人與人間互爲尊重。社會與社會間亦互爲尊重，推而廣之，國與國間亦互敬互重。最主要的字眼是眞理、信任和信仰。假如沒有這些，我們的文明就要崩潰，我們的自由就會消失。

但是，今天在世界上正有各種怪力亂行在作祟，它們唯一的目的，就是在用謊言來代替眞理，用猜疑來代替信任，和用邪說來代替信仰。這些怪力很容易辨認。它們的構成物就是世界共產陰謀。

是的，我們是生活在一個危險的時代，但是，我們是否了解這個危險的原因呢？我們是否充分明瞭它的手段和它的目的呢？

戰爭的基本原理是要了解敵人的性質。但是今天人類文明已遭受到空前最大的圍困，我恐怕懂得這一個搏鬪的性質的人是太少了。

假如我請會場中反對癌症的人舉起手來，每一個人都會立即舉手，假如我請諸位當中反對共產主義的舉起手來，每一個人也都會舉手。

但是，假如我請諸位在略加思考之後，表示是否充分了解癌症的眞正性質，也許就沒有人舉手。又假如我請諸位用同樣的時間思考之後對共產主義作一表示，試問有多少人會舉手呢？

也許我們爲徹底明瞭共產陰謀的全部性質所必須克服的最大障礙，就是我們自己不能認淸共產陰謀乃是道德的敵人，正因爲它是道德的敵人，它是我們人類文明的勁敵。

我們當中有多少人讀過馬克思、列寧、或史達林的著作？有多少人徹底明瞭他們之所以對法律抱持懷疑的蔑視態度；他們之所以廢棄宗教，以宗教爲「人民的痲醉品」；以及他們之所以在理論上和實際上謹守他們「祇求達到目的，不擇任何手段」的基本論據；其充分的意義是在那裏？

整個共產理論都是用謊言、猜疑和邪說建築起來，經營起來和支持起來的。在共產設計的事物中，那裏還有眞理，信任和信仰存在的餘地？那裏還有善意和相互尊重？握手成交和簽訂條約的效力又在那裏？在共產主義之下，人言已不能爲信，而僅僅被利用爲「祇求達到目的，不擇任何手段」的一種手段而已。

事實的眞相是：共產主義並不包含任何道德觀念。它是無道德的；它是反道德的。如果我們不了解這一點，我們就不能開始來把握共產主義的眞正性質。

在剛剛過去的一代中，應當更有灼見，但惜乎不能，而認爲共產主義乃是自由主義的某種進步形態，乃是某種模糊的新興運動的人民和政府，實在是太多了；這是我們這一代的悲劇之一。今天，多謝上帝，世界上已有人明瞭這一個搏鬪的全部道德性質。

但是當那個偉大的幻覺消失時，當那個悲劇性的向共產主義頻送秋波的媚態終止時，我們今天對於過去那一個時期所出現的眞理，又有幾人曾費神正正確確的向自己報導過？有多少千百件簡單而正確的事實，都成了我們的耳邊風，或甚至於都被故弄玄虛的親共宣傳家變相的灌入了我們的腦海？

諸君想想，有多少人知道，在俄國用革命來推翻沙皇枳梏的，並非共產黨徒，而是反共的亞力山大寇倫斯基所領導的力量？

諸君想想，有多少人知道，在一九一七年把列寧爲首的那班共產陰謀家從瑞士的潛伏地運回俄國去重起共產革命的，是德國政府，因爲德國當時很怕寇倫斯基的政府會發動俄國再度與凱薩的軍隊作戰？

諸君想想，有多少人知道，俄國共產黨在一九一七年十一月二十五日的選舉前不久，已經發動武裝叛亂，奪取政權；那次選舉是共產黨所佔據的任何國土中任何地區內所舉行的唯一的一次自由選舉，而共產黨徒在七百零三個國會代表總額中，僅得到一百六十八個席位？

諸君想想，有多少人知道，在發覺他們已被俄國人民唾棄之後，共產黨徒竟在一九一八年一月，當國會在彼德羅格勒開會時，逮捕國會代表，並將俄國人民為反抗共產陰謀所選舉的國會，加以解散。

有多少人知道，在任何時間任何地區內，共產黨從來沒有贏過一次自由選舉，在他們的名望交付測驗的任何場合中，他們總是屈居於少數的地位？

有多少人知道，在歐洲接二連三的政府被共產黨接收以前的一次自由選舉中，共產黨從來沒有在任何一個國家內，得過百分之三十一以上的票數？

有多少人知道，在蘇俄政府當權的三十六年當中，蘇俄政府已把它和世界自由國家所締結的協定和條約，破壞得乾乾淨淨；而且它又利用每一張會議桌和每一個國際會場，來延宕、破壞、和分化同它交談的對方？。

這一串話可以繼續談上幾天幾夜。我們可以談鐵幕背後的清算、奴工營、和計劃的災荒，當然還可以談在我們這些自由國家的疆界以內，經受過高度紀律訓練的共產黨所加於這些國家的陰謀鬼計。

我們可以來研究列寧、史達林、和其他共黨高級人員的種種教條，諄諄告誡共產陰謀份子，不應遵守他國法律，而應歪曲這些法律來達成黨的目的；在他們未能摧毀這些法律之前，他們僅能為了自身的保護而披上法律的外衣。

我們又可以來研究特羅耶木馬主義，導力帶主義，陣線組織的理論，諜報和破壞工作的教義，以及其他一切成為共產戰術聖經經緯的欺騙手段和陰謀詐術。

而當你把這一大串經典研讀完畢，把共產主義的全部歷史從頭到尾讀遍之後，你決找不出半點民主的程序，找不出絲毫對法律的尊重，找不出半點道德意味或半句表示尊重人類自由的話語。

我問諸位：這一個無法無天的陰謀集團，還有和建築在真理、信任、和信仰，建築在自由和個人尊嚴之上的文明並駕共存的可能嗎？

這樣一來，那裏還有新的自由主義？那裏還有握手成交或簽字立約的基礎？條約的生命，在簽訂的頃刻間，就已壽終正寢了。我們那裏還有餘地來建築我們的互重互信？在那種情況下，我們又那裏能在協議中找到善意？

在我們的北邊是擁有一千四百萬人口的加拿大，它屬於自由人的社會，它對於我們生存所託的道德律的尊崇，是無可置疑的。

遠在一八一七年，加國和美國商定了一項協議，就是大家知道的魯熙巴各特協定。這個協定經送交美國參議院批准。它規定美國或加拿大任何一方，不能在構成美加疆界一部份的大湖之內停駐戰艦。

現在請諸位看看這一個協定的發展：當一七七六年和一八一二年的情緒已告消退，而美加之間互相尊重的情緒日見增加的時候，這一個協定未經任何說得上正式的程序，就已擴展範圍，而包括了兩國邊界的任何部份均不設防的規定。

就這樣僅憑一紙協定和一個緊緊的握手，加拿大和美國已經在邊界上不費一兵一卒而在和平共存中相處了一百三十三年。為什麼能夠這樣？就因為兩國都崇信真理、信任和信仰的教義，他們說出來的話，就是他們的信用。

讓我告訴諸位，任何兩個或兩個以上的人民間，只有在這些重要的道德原素存在時，才能達到和平共存，假如我們在一轉念間回到往年悲劇性的幻覺和頻送秋波的歧途上，那我們只是在自掘墳墓，而且還要把我們所知道的文明全部葬送。

我們在美國正受到歷史上一代偉人艾森豪的領導，在一年以前，他曾定下一個為我們所不能須臾背離的原則，他說過，假如蘇俄人真要和平息爭，就請他們先用實施並信守若干協定的方式來表示誠意。

現在還有實際的政策來因應現實的世界局勢。一個政策是決不讓任何侵略國家｜我把中共包括在內｜打進聯合國。

一個政策是不讓亞洲國家重蹈所謂羅加諾公約的覆轍。

我認為總統關於這點已說得十分清楚，就在一個星期前，他曾斬釘砌鐵的說：

「我決不參加使任何一個人成為奴隸的任何一個條約。」

多年以來，我總是說，蘇俄和共產陰謀集團，在我們的生活方式中只看得起一件東西，那就是堅定和强硬。而這又包括一個强大的防禦計劃在內，不僅是為美國的防禦，而且是為全體自由國家的防禦。

說說再進行試圖和平共存，或開議座談，固屬雅論；但過去我們已參加過太多的會議了，結果衹空賸一隻牛皮皮包，一瓶墨水，和一腔熱望，我們現在也總該得到教訓了。

波蘭、羅馬尼亞、保加利亞和東歐國家的人民親眼看過愚蠢的筆墨把鐵幕橫掃到他們跟前，對於這一個途徑的愚笨，他們是無言的證人。

然而，是否還有其他途徑可以提出來呢？我們要怎樣才能得到我們大家所需要而且所必須有的和平呢？我們要怎樣才能祛除共產主義所代表的危險呢？

我又回到我原來的理論上去找答案。尋找答案的道路就擺在對於危害我們的勢力的了解上面。

正如醫學在未曾充分了解癌症如何生長和如何散佈毒性之前，不能找到癌症的治療藥方；同樣的，我們在未曾充分明瞭共產主義的無道德的和毒狠的策略之前，也不能得到解決共產危險的方案。

今天世界上的困難是專家太少，而自命為專家的人太多。

太多的人認為，因為他們認識蘇俄帝國主義，他們就可以不去把共產主義的魔鬼式的手段當作一項世界陰謀來研究。

困難的是，願意批評懂得共產主義的人太多，而願意批評不僅共產主義的人太少。(下轉31頁)

中立國之戰（五）

——韓戰的第二個層面

漢城通訊・十月四日

本刊特約通訊記者 劉明遠

中立國之戰與民主世界觀的陶鑄

中立國監察委員會中之共產黨的成員們利用其工作機會及特權以進行間諜活動的事實，就是共產世界也並不否認。屬於自由世界的瑞士和瑞典兩個成員國的代表們雖然也可以以其所見供給聯軍以爲參考，但就情報的價值來說，究不如共產黨們得之於聯軍者較爲實貴。因此單就這一點來說，則不能不算是聯軍、乃至整個自由世界的一大損失。但韓戰停止後而有「中立國之戰」，其有益於自由世界之處，也有共產世界所不及者。那便是記者在本文中所要談的主題：中立國之戰有助於民主世界觀的陶鑄。

讀者都知道在韓國作戰的聯軍是除了大韓民國的軍隊外，尚有其他十幾個聯合國的成員國軍隊所組成的。來自自由世界各角落的十幾個不同國籍的軍隊並肩作戰，自然別有一番風味。但在中外的歷史上，若干國，乃至十餘國的軍隊並肩作戰者，會不止一次發生；而這類聯軍今天並肩作戰明天離異，乃至反目而相互攻擊者，正亦不少見。此無他，蓋比肩之軍無比肩之民爲後盾，以其缺乏頂基本的共同理想和聲氣相通之情愫故也。

在我國春秋後半期晉楚爭霸的八十多年間，南北曾經發生了五次大戰，無數次的小戰。每次大戰中，雙方都有若干與國參加，組成聯軍，和他方對壘。這種情形從表面上看，頗似今天的韓戰；但稍深入一點觀察，則會發現當年晉楚爭霸之戰和今天聯軍與共軍在韓國的對壘，有本質上的差異。當時參加晉楚雙方陣營的各中小國家，幾乎完全爲勢所迫，不能不吶喊從其後爲大國服務，而在內心的情愫上則絕無同仇敵愾之感。所以每次大戰眞正能夠恭冒石矢拼命打仗的，仍然是只有晉楚兩軍。因此這種陣營，迨其主角一衰，就會立刻土崩瓦解，無復重振之可能。我們再看近代史上的兩次世界大戰亦和昔日晉楚爭霸之戰極相類似，僅在富蘭克林・羅斯福提出了大西洋大憲章後，情形才稍爲之不同。但亦不過五十步視百步而已，仍不足以負荷世界民主運動之重任。因此，在大戰結束前會有雅爾達，會有波茨坦；在大戰以後會有以英國作代表的雙重外交政策，會有若干西方政客們所樂道的「偕存」(Co-existence)政策，會有以尼赫魯爲代表的、顏色頗爲昏暗的國際第三勢力。但歷史的發展是如黑格爾所指述的，以辯證的曲線前進的，上天不負有心人，歷史發展運行的軌道，是不會離開正途太遠的。從韓戰停火簽字之日起，國際性的聯軍對壘和這以前的國際性的聯軍的對壘已經有以下不同的成素：

㈠在紐約成功湖的聯合國大廈和各會議室中，時常有壁壘分明的兩派人士在辯論一些超乎國家界線的問題，如世界人權問題等等。

㈡在東京的聯軍司令部中，有各參戰國的參謀團以平等的身份在聯軍統率周圍共襄義舉。

㈢在韓國汶山里軍事停戰委員會聯軍代表團中，有以各參戰國家所組織的代表團及顧問團。他們經常相偕赴板門店和共產黨的代表團相互辯駁。但最有意義的是：

㈣瑞典和瑞士兩國的代表團以「中立」的身份，堅持民主的原則經常在雙陣之間的板門店和共產黨進行論戰。

現在人們都知道民主和極權的衝突是兩種基本不同理念的衝突。代表這兩種不同理念的思想家和理論家著書立說，反覆進行論戰已有年矣，代表這兩種理念的武裝力量發生衝突在世界上已經不只一處，代表這兩種不同理念的外交家在聯合國的論壇上唇槍舌劍地進行辯論已經無數次矣；但代表這兩種不同理念的武裝力量發生世界性的衝突，當以韓戰爲首次，而在射擊停歇雙方仍在武裝對峙的期間，代表這兩種不同理念的「中立國家」在兩陣之間進行論戰，實屬史無前例。在中立國監察委員會一年多的工作期間，代表兩種基本不同理念的兩對代表團中，他們無論辯論甚麼問題，其所持的態度永遠顯示出不同的分野。譬如在前面幾篇通訊中記者曾經報導的：

㈠瑞典和瑞士因爲基於基本人權和個別的願望，所以極力反對強迫遣俘，而波蘭、捷克則反是。

㈡瑞士人認爲「發笑」是人的自由，而共產黨則要對這種自由附以條件：在若干情形之下，是不能夠發笑的。

㈢瑞士和瑞典的代表們認爲任何空曠無瘴厲之氣的地方都應該可以自由散步，而波蘭和捷克的代表們則贊同把一切自由樂土劃爲禁區。

再譬如在某次開會中，瑞典慕愛義將軍說：人是可能發生錯誤的；而波蘭和捷克的代表因爲虛妄理想主義的作祟，所以竭力攻擊慕愛義將軍所提到的錯誤。

總之，他們對於一切問題的看法，永遠是從兩種基本不同的態度作起點，最後是大相逕庭。按說瑞典和瑞士這兩個國家既非疆土相連而有兄弟之誼，也沒有訂有攻守同盟而兼朋友之份；但她們在板門店的代表却永遠會很自然地聲氣相通，意見相差不遠。還有，在他們沒有來板門店和共產黨論戰以前，他們雖然也知道他們的人生態度以及對事物的看法和世界共產主義者們不盡相同，但却很少人知道兩者相差會有如此之大；但經過了一年多的實際接觸和相互辯難後，他們遂澈底瞭然：民主與極權的世界共產主義不但有如黑之與白，不容混淆；並且更似水之與火，絕難相容了。因此，在他們初到板門店時，他們雖然在感情上傾向聯軍，但充其量亦不過覺得：盡可能地爲西方國家及與西方國家爲盟的大韓民國幫忙而已。但經過和共產黨的代表們幾個月的短兵相接後，他們對於工作的情操漸漸地轉變了。關於這一點可從他們私下談話時的用語上得到證明。譬如在最初幾個月中，每當記者和他們提到他們的對手時，他們通常總是用波蘭或捷克等字樣；而最近半年多來，他們一張口就是「共產黨」們如何如何，已不分波蘭還是捷克了。他們既深切地體認到：全世界的共產黨都信仰同一的教條，爲同樣性質的狂熱所推動，一切共產黨們會很自然地覺得他們的利害是一致的，所以天下的共產黨無分地區，永遠認爲是一家；因此他們也同樣深切地體認到：全世界所有具有民主情愫的個人和國家必須信守自由文化賴以生存的共同的基本道德原則。爲使這種基本道德律維持於不墮，則全世界愛好自由的人有共同的目標，也有共同的敵人；因此，向着長遠的目標看，全世界的民主國家或喜愛民主的個人其利害是一致的。瑞典人和瑞士人經過意義深刻的中立國之戰後深切地體認到了這一點。由於來自北歐的瑞典人和中歐山地裏的瑞士人跑到遙遠的東方發現這一眞理，今後全世界一切的民主國家和愛好自由的個人對這一眞理將會有同樣深切的體認。記者過去半年多來，無論是在板門店還是在東京，每遇到瑞典或瑞士代表團中知識程度較高的，必談到這個問題。他們十九具有同感。其中有幾位並且向記者表示，一俟其回國退伍後，即撰文或講演申述民主與極權的共產主義衝突的深義。

記者前年在東京時，偶和幾位受左派仁兄宣傳而致親共反美的人士談到國際問題。這幾位先生總是動輒就指謫美國進行經濟侵略。其實美國何嘗侵略？又何需乎侵略？但問題在世界是一體的。美國盡管富甲天下，絕不自國外妄取一文；但絕不能關起大門來坐享其經濟發展的成果。所以近年以來，雖然她每年親掏腰包拿出數十億元來救濟被難的列國，但左派仁兄仍罵其進行經濟侵略，並居然會有人相信！世界既然是一體而不可分割的，所以任何國家絕不能自建一個「桃源」與世界隔離。在這種情形之下，要求世界和平和人類幸福，在政治思想上必須首先合於兩個原則：㊀內政和外交的道德原則必須一致；㊁對世界問題必須有一通盤的規劃。馬克斯的政治思想卽合於這兩個原則。所以他能够以邪說蠱惑愚衆，掀起了世界上空前的變亂，造成史無前例的砍殺。但我們不能以馬克斯的政治思想合於上述的兩個原則，掀起了世界空前的變亂，而就鄙棄這兩個原則；我們必須對全世界有一個通盤的規劃，我們必須使對內政策和對外政策的道德原則相一致。問題是馬克斯的基本理念錯了。所以由其基本理念所衍生出來的道德原則也錯了。當然他所規劃出來的世界政策也錯了。我們反對共產主義者的極權世界觀，但我們必須有一個響亮的從民主思想的基本理念所衍生出來的世界觀。但這樣的一個世界觀從洛克到羅素將近三百年的工夫一直沒有形成起來。因爲沒有這樣的一個世界觀，所以：

在內政上極其民主的英國會在這個五十年代的緊要關口上，橫施其外交上的雙重政策而不以爲恥：他們一方面在歐洲積極反共，對馬來亞的土八路也積極圍剿；但對禍害瀰天的中共却極盡敷衍討好之能事。

身爲孟德斯鳩盧梭和布丹等聖哲出生地的法蘭西，曾發生過震動宇寰的一七八九年的大革命，四度共和；在內政上不能算不民主。但在這五十年代的緊要關口，她還緊握着被歷史唾棄了的殖民地主義不放，而致遺世界共產主義興風作浪的口實。

往者已矣！忠於民主原則的世界政治家們，不能再專糊塗了。（完）

第十一卷　第八期　新興土爾其

羅馬通訊

新興土爾其

方及

說起土爾其我們都知道有凱末爾革命，此外就很少有更清楚的觀念，現在的土爾其和自由中國還保持着很好的外交關係。再者土爾其和中國的革命都是同一時期的事實，抱有同一的目標，處在相似的環境中，現在又和同一的敵人在鬪爭。那末我們不應對這個國家再陌生下去。

自一九〇八年開始有「少年土爾其」運動，提倡革新，一九二三年凱末爾建立新土爾其共和國，被稱為「土爾其之父」(Atature)，其間僅有二百餘人的傷亡，可稱為和平的革命。總之土爾其在凱木爾的領導下走上了復興的道路，不過這些事實已成為歷史的陳跡，我們在此要向讀者報導的是土爾其嶄新的形勢。

土爾其的政黨

土爾其只有一個政黨，就是一九二三年由凱末爾一手所建立的人民共和黨，廿七年以來也只有這一黨執政，直到一九五〇年出人意料之外地被新興的民主黨所代替。它是一九四五年由一部份共和黨內脫出的黨員所組成，初生之犢不怕虎，在一九四六年的大選中便和歷來唯一龐大的共和黨競爭，結果自然失敗。可是一九五〇年他們又奮起競選，結果竟是全勝，議會中取得四〇七席，共和黨只得七十席。到本年(一九五四年)五月的大選，一般觀察均謂民主黨將仍保持多數，而共和黨席次必會有顯然的增加，等選舉揭曉時，觀察家都愕然失神了，議會的席次竟成五〇四對三十五，老共和黨快近於消滅了。

民主黨的勝利雖出意外，但却一點也不偶然，有以下的事可資證明。從一九五〇到一九五三年土爾其國家的總收入額由八十七億七千一百萬元增加到一百二十億元土幣，個人的平均收入增加了百分之二十一，這使貧弱的老土爾其頓時强健起來。日用品非常的充足，奢飾品也並不稀少，賣鮮花業者的發達即是一個顯著的標記。鄉人的衣著也漸進步，田野間到處可以看到托拉機和其他新式的農業機器。在三年間耕地的面積增加了百分之四十。食糧的出產達到了一萬四千噸，等於一九五〇年的二倍。數年前土爾其尚需要大量的小麥輸入，而今一變為世界小麥輸出的第四位。棉花的收成也增加三倍，煙葉增加二倍。鄉間的電氣及公路也相當發達，又因經過土地分配，農民有田園之樂，城市的居民便沒有太擁擠的現象。土地分配並不自今日的民主黨開始，那是共和黨執政時已開始辦理的，不過近三年的豐收，更增多了民主黨取勝的機會。要知道土爾其的農民佔全人口的百分之八十五，所以政府特別注意農政，其最顯著的就是穩定糧價。農民銀行於一九五〇年發出貸款四億一千二百萬土幣，一九五三年農民貸款達到了十億六千九百萬之多。在二次大戰後全土爾其只有二千輛托拉機，現在則有四萬二千輛出現在廣濶的原野上。除此之外，兩黨的經濟政策的不同，才是此次競選中眞正的要點。原來自從凱末爾起，共和黨一貫的主張國家統制經濟，以防止外國資本的侵入，而建立本位的獨立經濟，因此一切的工商業均由政府嚴格的統制着。但因時間久了，這種統制不免漸趨腐化，和其他的惡勢力合流，於是造成行政效率的減低，人民便有不堪忍受之概。這些理由即促成了民主黨的誕生和快速的勝利。新的民主黨極力主張經濟自由，歡迎外資，扶植私人企業，這個意見經過民主的表決，形成了今日土爾其政治的重心。

兩位特殊人物

民主黨兩次勝利以來，有兩個人在全國非常叫得響，那就是連任兩次總統的巴亞(Djelal Bayar)和連任四年內閣總理的孟德雷(Adnan Menderes)，一個是經濟學家，一個是地主，土爾其農業經濟的改革，又不偶然。

現任總統巴亞，就是新民主黨的創建人，他原是凱末爾早年革命的同志，和凱末爾一樣他也是主張國家經濟的中堅份子。他們有兩個理由：一則免墮於次殖民地的命運，二則為建立本位的工業作為眞正獨立的基礎。巴亞一生獻身革命，一九三八年凱末爾逝世後，他曾任一年內閣總理，隨後他又退出實際政治，只任一參議員。到一九四五年他再恢復政治生涯，但却一變過去作風，揭發共和黨官僚腐敗習氣，極力攻擊政府過於干涉經濟的政策，於是忿而脫離共和黨，創立民主黨。一九四六年競選失敗，他又運動修改選舉法。一九五〇年競選時共和黨承了凱末爾留下的餘蔭，安坐等候勝利，巴亞却不敢休息，他走遍了所有城鄉，每一處廣場的擴音機中都在播出他反對的聲浪。這並不是說他有口才，而是有條斯理的向民衆述說清楚，因此他就連任了兩屆的民主黨的總統。他現年七十歲，愛好藝術和運動，時常出現在運動場的觀衆之間。

我們要介紹的第二位人物，是現任土爾其內閣總理孟德雷，他出身大地主的家庭，但他却非常瞭解農民的情況，一九三〇年他就是議會中農民的代表，他的口才在議會中漸露頭角，當凱末爾苦心孤詣地在建造新的共和政體時，他却在着意建立反對黨的勢力。使凱末爾逐漸感到不安，幾乎要清除他，終於在壓力下迫他加入了當時惟一的人民共和黨，可是他對經濟自由的主張始終未放棄，凱末爾死後他更加强了對國家經濟和政府人員的攻擊，於是他和巴亞合作起來，建造起了民主黨，而且終於擊敗了執政廿七年的共和黨。他是法科畢業，能講英法德三種語言，非常欣賞音樂，戲院裏他也常去光顧。土爾其的輿論一致支持着這兩個特殊人物。

安卡拉的新地位

因鑑於第一次大戰和德國同盟慘痛的失敗，第二次大戰時土爾其索性中立起來。在凱末爾革命時代也正値蘇俄的十月革命，兩個國家土地相連，命運也大致相同，所以曾有一度的友善，直到一九四五年才各自背道而馳。原因二次大戰後蘇俄竟要求控制土爾其的海峽，幸虧美國政府立即實行援助希臘和土爾其，從此土爾其才不得已地放棄對蘇的友善，而其外交途徑也就朝着西方自由勢力走去。土爾其和巴吉斯坦聯盟，成了回教勢力反共的盟主，最近巴爾幹聯盟簽字，更形成了一道圍繞着蘇俄的銅牆鐵壁。

土爾其是受美援國家中成績最好的一個，美國所能要求於盟國者，在土爾其無不得心應手。土爾其的現政府是完全反共的，因而不但共產黨的破壞手段無處施展，即連傾向社會主義的宣傳也都被視爲違禁，遲早會被關進牢獄，連工會之類的組織還是在美國督促下才成立的。在此種種情形下，土爾其盡量地開放軍事基地給美國使用，在其東部一帶的空軍基地距離蘇俄的巴庫只有九百公里，現正進行着十一個機場和五個海港的雷達設備。土爾其現在是惟一完成北大西洋公約建軍計劃的一個國家，擁有廿二個陸軍師，三個騎兵師和三個裝甲師。這個數目等於北大西洋公約總部所能指揮的軍力總數的四分之一。土爾其的軍費超過國家總支出的半數，美國却非常甘心援助如此一個善意的盟友。二年來巴亞總統和孟德雷總理往來於大西洋的兩岸，更加强了美土雙方的合作，一九五三年土爾其所得美援的總數達一億零六百萬美金，一九五四年的軍經美援則突破二億大關，由一九四七年算起，約有十億美金劃歸土爾其的軍費。孟德雷的政府毫不疑地放鬆了對經濟的統治，並鼓勵外資發展農業，開採礦產，美國商人已應邀前往開採石油。國會中反對經濟開放的已不發生力量，凱末爾所堅持保護國營事業的主張，已不再被重視。土爾其成爲美國最可靠的盟友，以及美國在中東一切盟友的樞紐。

土爾其使美國感到滿意，並不僅靠了警察組織和軍事發展，主要的還有社會經濟計劃各方面的配合，工廠、公路、鐵路、電氣、電話、以及伊斯坦布爾 Istanbul 的地下火車均在着手興建中。這一個在三十五年前幾乎滅亡的國家，今日一變而爲强大的橫跨歐亞二洲的新興的土爾其帝國。廿六年前只有一千四百萬人口的土爾其，今日已擁有二千三百萬，意會着無窮的力量。昔日不毛之地，而今河渠縱橫，一片葱綠，儼然東地中海濱的花園。一鈎新月掛在原野的高空，土爾其的國徽正象徵着它遠大的前途。

一九五四・九・十日
土京旅行歸來時於羅馬

香港通訊

中共對西藏的控制

李望梅

最近路透社發表了許多關於中共在西藏的措施，惜僅是從某種角度去看一些印象而已，至於眞實情況如何，走馬看花的外國記者，當然是無從探悉的。茲據大陸可靠來源報導，分述如次：

㊀關於政治方面：

①在軍管會主持下，促進組成依據「民主集中制」(卽共黨獨裁)，和人民代表會議制(卽受共黨指揮的假民主)之原則，切實普遍推行民族區域自治，和民族民主聯合政府，爲西藏最高行政機構。

②繼續執行普遍大量訓練藏族幹部，加强對他們政治思想之敎育，使能推動政策的執行，並對當地人民能及時克服各種各式的狹隘的民族主義傾向。

③繼續敎育漢族人民，尤其漢族幹部，從現實各方面尊重藏民之平等權利和意見，以消除各種各式的大漢族主義之偏差。

④對於處理喇嘛敎，則採放任而實限制淸算併施之矛盾統一政策，籠絡首領，分化幹部，改造羣衆。例如以下施政：

(甲)發動歡迎並護送班禪回藏。

(乙)扶植達賴並予以種種之親善懷柔表示。

(丙)調訓喇嘛寺內青年參加各種集會及生產訓練。

(丁)施行各種變相方式，如宣傳生產是英雄，入敎是寄生蟲之意義，及限制各寺公產以減少喇嘛敎之傳播。

(戊)消除不合理的對藏族間的歧視之文物，各地名碑碣匾聯等之稱謂，通令予以廢除，而廣求採取當地人民及該地代表研究後予以更正。

(已)在「到軍隊中去」、「到邊疆上去」之號召下，中共中央衞生部及西南政委會衞生部分別派遣醫療防疫隊到藏地進行工作，及時設立人民衞生院。

(庚)限制外國人民及傳敎士之行動，並盡可能藉詞予人拘禁，或驅逐出境，同時淸算買辦階級(包括一切從前替外人在境內工作，或從事經商貿易者)，務期澈底消滅英帝國主義殘存境內之勢力。

㊁關於經濟方面：

中共在藏境內，對於經濟政策上實施程序：企圖扭轉對印度附庸地位，故一面限制工商業私營，促進聯營，以達成中共對內對外貿易之統一政策；另一面則又以共幣去大量兌換民間黃金珠幣及外幣，卽以不值錢的濫鈔去騙藏民的高價的硬貨。

①設立「喜馬拉亞貿易公司」，總公司設拉薩，總經理爲凌之世，湖南湘潭人，中共中央貿易部直接派任。

②分公司則分設於黑河、日喀則、江孜、噶大克等地。

③貿易上側重：

(甲)定公價(賤價)收購土產品。

(乙)推銷國內各地物產。

(丙)調節軍糧民食，穩定糧價。

以上各項措施的結局，不特未見收效，且促成了貪汚風氣，尤以造成糧價奇漲，民食缺乏。

②隨軍行所至適當地點，設立人民銀行或辦事處，其業務：

(甲)發行人民劵。

(乙)兌換金銀珠寶外幣。

(丙)舉辦貸欵。

③設立「流動經濟隱蔽檢查」(卽經濟秘密特務)，其任務：

(甲)打擊奸商投機操縱。

(乙)揭發喇嘛寺及民間之私藏「不法」財富。

(丙)杜絕政府官吏及人民與外國(英國印度)私商貿易。

㊂文化方面：

①務求消除對外依存性(卽消除與英國、印度依存關係)，而使其生內向心，逐漸採用漢文爲本位，其施行重點：

(甲)普及和深入反美敎育，及逐漸恢復和發展一般文化敎育事業。

(乙)盡力訓練藏族文化幹部。

(丙)建立和發展有關藏族之新聞事業及出版事業。

②已在各級地方政府策動下之有關文化措施。

(甲)推廣設立人民小學，普遍識字敎育。

(乙)在拉薩、日喀則二地設立師資訓練班，着重藏族文化敎育。

(丙)飭令凡在公共集會場所，均應高懸毛澤東像，及逐漸推及到家庭間懸掛。

(丁)利用電訊網在各要地設立播音臺，廣播中共歌詠時事，及宣揚中共政策。

(戊)中央出版總署飭令新華書店，大量推銷漢藏對照之通俗性之文化書報。

(已)發動全藏各界人民呈請中共中央人民政府發行「和平解放西藏紀念」郵票(僞造民意之一例)，以資紀念。

代郵

顧正言先生：

承賜大札，高見甚是。弟亦深有同感。所示各節，自當努力以赴。除申謝外，並祈賜示尊址，俾續請敎益，是禱。

雷 震敬启

四三、十、十二、

難忘的人物——三劃阿王

琦君

每當我看見四肢殘廢的不幸者時，心頭浮起的不僅是同情憐憫，更有着一份至誠的敬意，因爲他們的苦難與奮鬥的精神，使我彷彿又面對着童年的遊伴——缺了一條左腿的三劃阿王。阿王去世算來已十八年了，可是我將終生難忘這位樂天堅忍而又那麼仁慈的殘廢老人。

三劃阿王是我們鄉裏的一個乞丐頭子，因爲他不是一個「上等人」，所以家裏除了母親，都不許我與他多說話。八九歲的「官家小姐」與一個乞丐頭子玩在一起，還成個什麼體統呢？於是我與三劃阿王的友誼只能在暗暗中進展着，正惟如此，我對三劃阿王就格外的眞心眞意，而他也愈加愛我了。

三劃阿王額角長得很高，額上有三道縐紋，兩道淺，一道深，深得像刀痕。他說那是當兵的時候給彈片戳傷的。我常常用手指尖摸着那三道紋路唸着：「三劃剛好是阿王」，他笑笑說：「大家連阿王都不叫，就叫我三劃的。」，於是我也就叫他三劃了。

他的皮膚像黃臘，眼睛却烱烱有神，鼻子扁而大，茅草似的滿腮鬍子裏翻出兩片紫色的厚嘴唇。驟看去活像端陽節大門上貼的鍾馗。可是在我心眼裏，他却是一位慈祥有趣的老伯伯，除了老長工阿榮伯伯，再沒有人比三劃阿王更令我忘憂的了。

說起三劃的魄力威風，眞叫人不能不佩服，他管理着我們一鄉靠近一千名的乞丐，男女老幼，他全登錄簿册，姓名籍貫，差不多記得清清楚楚。有流落的異鄉人，無以爲生的，到他那兒登記了，他就會分配給他乞食的地區。但必須嚴守他所定的規則，那就是絕對不許越區乞食，一天內絕對不許在同一家人家討兩次，否則被他查出了就要關禁閉，餓肚一天。如有偸竊行爲，就要用粗棍子打幾十下，再關上幾天。全體乞丐，依年齡體力規定乞得糧食的多寡，回到乞丐營裏，一起儲藏在公倉中，慢慢地過日子。他們行丐的時間是每年的夏天早穀登場與九月秋收之後，春天耕耘插種的時候，三劃就揀選體力較健的到平時施捨最多的人家幫忙，除了三餐飯與一頓點心，絕對不收報酬。他們的乞丐營分少壯與老弱兩種，老弱殘廢的乞丐，除了夜裏打更，及逢年過節到富戶人家「報大吉」，（紅紙條上印好「大吉」二字，貼在每家的正中棟樑上，然後收一升米，兩塊年糕或兩個粽子。）「送財神」以外，就很少出來。少壯營的乞丐就得盡不少義務，服侍老病，携帶小孩，整理營房，砍柴煮飯都得由他們輪值工作。他們休戚相關，疾病相互持，可以說是一個融融樂樂的小社會。他們的營房是由鄉長向慈善人家捐助而來，全部交給三劃支配。這些錢，一分一厘都用在乞丐的福利上。他們有組織，有家法，一切井井有條。有什麼糾紛或困難，報告頭子三劃，三劃或和平或嚴厲地解決得他們服服貼貼，沒有一個乞丐不是從心裏服着三劃的。

「三劃，你怎麼管理得了這許多人，他們有的看上去很兇呢？」認識三劃不久，我就不勝欽佩地問他。

「沒別的，只要你眞心對他們好。就是古書上說的「至誠」與「仁愛」。你還小，沒讀過古書呢！」

「你讀過嗎？」我更詫異了。

「你當我生來是做叫化的命嗎？人都是有廉恥的，到沒有辦法才幹這一行。」三劃摸摸亂草鬍子，他的話匣子打開了。「我年輕時候，也讀過點書，三字經裏頭一句就是「人之初，性本善」。所以我相信自己是個好人，我們營裏的叫化也都是好人。只要你講好的道理給他們聽，叫他們學好。」

「你是誰教的呢？」

「我的爸爸，我爸爸眞是個了不起的讀書人，在前清朝不肯做官，長毛亂後（卽洪楊之亂），家破人亡，他就帶着我到一個小鄉鎭裏坐蒙館，（卽教私塾）。我也跟着他讀了點古書。爸爸常吐血，錢都吃藥吃光了，爺兒兩三餐不飽，有時在隣近討來一碗隔夜飯，還把它熬成了薄粥，熱的不捨得吃，直等它冷了，凍結起來，用竹片劃成幾小塊，眞餓得忍不住時才拿一塊來吃。那味兒有點酸酸甜甜，小春，比你家過年的糖糕還好吃呢！」

他裂開厚嘴唇笑了。

「你後來怎麼去當兵的？」

「爸爸在我十四歲時就癆病死了，我一個人無依無靠，就去廟裏當小和尙，煮飯挑水，混口飯吃。老和尙和我爸爸是朋友，待我很好。他空下來教我唸經寫字，還教了我許多做人的道理。他說無論修行在俗，都是一樣，一個人一定要慈悲爲懷，三十三天，十八層地獄都是善惡的報應。我在他那兒懂得了不少。可是二十歲時，老和尙又死了，我眼看他的軀殼焚化成了灰，心裏感到空空洞洞地很難過。那時正是滿清政府推翻，革命的聲氣，風起雲湧，人都說「好兒不當兵」，我就想好兒才該當兵，爲國家出點力，這樣在廟裏當小和尙，一輩子做寄生蟲，怎麼行呢？因此就在一個深夜逃出來，一路行乞到廣東去投革命軍了。我打了十幾年的仗，掛了多少次的彩，居然當到了排長，可是在一次打孫傳芳的大戰裏，打斷了這條腿，我只好退伍了。」

我看看他的腿斷在膝蓋以上，用厚厚的粗布包紮着，架在左脇下一根結實的木杖子上，走起路來一搖一擺，不由得憐憫地說：

「你這樣走路不吃力嗎？」

「剛斷了腿的時候，我簡直氣得不想活，後來想起老和尚的話，相信也許是我在戰場上殺得太狠，得了這個苦報吧！再想想我既沒有死，總得想法子活下去，我究竟還有一條腿和兩隻完整的手，比有些同志還强得多呢？於是我就學着用木杖走路，起先很苦，慢慢兒就好了。」他嘆了口氣，又露出勝利的笑容說：「人總是這樣的，隨你怎麼大的困難，咬緊牙，總熬得過去的。」

「三劃你眞行，」我摸着他厚厚的背脊，心裏越發地敬佩他了。

他又伸出左手給我看，原來還缺了半截食指。

「這是怎麼傷的。」

「給蛇咬的，」他說：「退伍以後，就回到鄉裏在山上搭一間茅蓬，天天砍點柴賣。有一天扒細柴，被蛇咬住了，咬下了這個指頭。可是我還是用柴刀把它砍死了，幸虧不是毒蛇。從那以後，我就專門學捉蛇，因爲蛇皮可以作好些用處，蛇肉可以吃，蛇膽可以當藥。我分得出那種是最毒的蛇。越是毒蛇，膽越是好，肉也越是鮮。」

我聽得渾身打哆嗦，他笑笑說：「別怕，狠的東西，你也得對他狠，老和尚慈悲爲懷的話，有的地方是用不通的。不過我立下一個愿心，要救給蛇咬傷的人。你不知道，毒蛇咬了要致命的。我爸爸有本草藥書，我就拿來細心研究起來，到處找蛇傷草藥，越找越有興趣，就連治百病的草藥都採了，你不信，我還會接骨呢！」

三劃一點也不吹牛，他眞是個妙手回春的好醫生，我一個堂弟跌斷了手臂就是他接好的。他內外科，小兒科，婦科都行，幾服草藥就見效。鄉裏沒有好醫生，三劃就成了窮苦人家的救星。有錢的却少找他，他也不愿給他們治，因爲他說有錢人的病，不化錢不會好，他們常常不是幾劑草藥救得回來的。

三劃的一生像傳奇，他故事講不完，我也聽不厭，有時把我笑得彎腰曲背，有時又會聽得我眼圈兒紅紅地想哭。我每天做完功課，就跑到後門外稻田邊等他，家裏有什麼好吃的總要拿些給他。過年的時候，我把母親特別爲我做的猪油白糖年糕拿一大塊給他。

「三劃，這年糕糖多，你自己留着吃，不要分給大家了。」我輕輕地說。

「不能那樣的，我們有什麼好的大家吃，有苦也大家當。不然我就不配做他們的頭兒了。」他一本正經地說。

春風和暖的三月天，麥田裏一片菜花香，我爬上半山，採了一大把紅紅白白的杜鵑花，捧回到溪邊洗了脚坐在大石頭上，摘下一朵朵杜鵑花，抽去當中的花蕊，放在嘴裏慢慢兒嚼着酸味，一面翹着頭，遠遠望三劃是不是來了。三劃的禿頭從飄動的麥浪上露出來，他撐着木杖一拐一拐地來了。

他在溪邊拉了根長賴籐，偏成一個圈子，將杜鵑花一朵朵插在上面，變成一隻美麗的花圈，套在我頭上，我在溪水裏照着自己的影子，快樂得拍手跳起來。

三劃打開他的飯籮(是鄉下人出門盛飯用的)，一滿籮的山查菓子，一顆顆嫩紅晶瑩，有的還帶着翠綠的細葉子，三劃說：

「給旁人，我就是三籮果子換半升米，給你，一粒米也不要。」

我敞開口袋說：「吸，我也有好東西給你吃呢？」滿口袋裏是香噴噴的炒佛豆，這是三劃最愛吃的東西，他呵呵大笑了。

我們一面嚼着山查果與炒佛豆，一邊講故事，直吃得牙都酸了，還縮着頸子，縐着眉頭吃，三劃摸摸我的頭，唱着：

「小姑娘，大肚皮，噗通噗通像隻小田鷄，看有那個兒郎討你才稀奇。」

「沒有人討我，我就做個白姑娘，(天主教堂的修女，鄉人都稱白姑娘，常爲貧苦病人服務。)跟着隊伍上戰場。」我也拍手唱起來。

「上戰場做什麼？」

「看護傷兵。」我看看三劃的斷腿。

他若有所思地問：

「說眞的，你長大了要做什麼事？」

「爸爸要我好好讀書。女孩跟男孩一樣，我哥哥死了，爸把我當個男孩，我想將來開個殘廢養老院。」

「對，好好讀書，『立大志，做大事』，我爸爸從前也常常這樣教我的，可是我不爭氣，落魄當了叫化頭。」

他幽幽地嘆了口氣，我心裏很難過，只呆呆地望着他，他頭頂上飄着稀疏的幾根短髮，已由枯黃而漸轉灰白，黃臘似的臉上滿是縐紋，他一隻手扶着木杖，似乎顯出點吃力的樣子。我覺得自己是那麼幼小，微弱得沒有一點力量可以幫助他，他漸漸老了，又只有孤苦伶仃的一個人，再老下去又怎麼辦呢？

「三劃，你今年多少年紀了？」我問他。

「四十了，你呢？」

「我還只有十歲。」

再過十年，你就是廿歲了，廿歲的『閨閣千金』可不許跟叫化頭三劃阿王玩了喲！唉，那時我也老了，還不知是不是活着！」

「一定活着，你人好，媽說好人一定長命的。」

「長命沒出息，有什麼用呢？」

「我看你很有出息，你有一顆好心，給人治病不收錢，還帶領這一大羣流浪人。」

「可是過多少年後，大家都散了，誰也記不得我了。」

我知道三劃心裏很寂寞，趕緊安慰他說：

「不會的，大家都記得你，我更是一輩子也忘不了你！」

「眞的？」他的眼睛亮起來，「小春，你是個好孩子，你長大以後，要上外路讀書。(上外路就是到大都市或省會去)，讀好了書，回家鄉來做一番事業。這世界不太公平，許多好人在受着苦，你若是有力量，記住要爲好人多做些事，那時我還活着的話，我會樂死的。」

我深深爲他興奮的神情與深切的期望所感動，他說的每句話，至今仍銘我心版。可是在我恰恰二十歲高中畢業的時候，就聽到了三劃去世的消息，家裏除了阿榮伯沒有人再記得他，而阿榮伯又遠在故鄉，我懷着一顆悽愴的心，無人可訴，只暗暗地爲他飲泣多日。

記得最後一次見三劃是在念高一的時候，寒假回故鄉，第三天正吃晚飯時，阿榮伯遠遠地對着我，用手指頭在額上劃了三下，我就知道是三劃阿王來了，趕緊放下筷子奔出去。三劃在後門矮牆頭上坐着，木杖放在一邊，我驟一見他，眼淚幾乎湧出來，因爲他已衰老多多了。

我跑上去喊了聲：

「阿王！」

「哦！怎麼不叫我三劃了。陌生了嗎？」他厚嘴唇在亂蓬蓬的鬍子裏張開着，可是他的笑是悽然的。

我有點不好意思，因爲我已十八歲，而三劃又是個老人了，我應該對他表示點敬意。

「這多年您好啊！」我問他。

「不行了，倒底老了。」

「您的朋友們呢？」我還記掛着他的乞丐營。他沒有作聲，阿榮伯告訴我年時不景氣，大家都沒像從前那樣樂善好施了，所以三劃也把團體解散了，各奔前程。可是從那以後，鄉裏小偷就多了。

三劃舉起枯黃的手，摸了摸幾乎光禿的頭頂，看看我又看看阿榮伯伯，似乎有許多話，又不知從那裏說起。

「你還給人醫病嗎」？我又問他。

「如今他們都相信打針了。」他的嘴角浮起一絲譏諷的苦笑。

「你今晚在我家吃飯好嗎？」

他搖搖頭說：「不，我從來不在人家裏吃飯，我就要回去，我的茅屋就在那山背後。」

「我們這麼多年不見，要多談談，媽也記掛你呢？」

「你們一家都好，」他露出感謝的笑容：「多謝你，我過兩天再來，今天看到你就很高興了。」

他還是走了，過幾天，他果然又來了，給我帶來大籃的蕃薯。

「你喜歡的山查果現在天冷還沒有。」他說：「這是我自己種的蕃薯，山上蕃薯比平地的甜得多，你吃吃看。」

我沒法形容心裏對他的感謝，只默默地在籃裏拿起一串大蕃薯，新鮮的泥土香一陣陣送進鼻子，那裏面有着多少的溫暖友情。

母親做了特別香軟的猪油糖年糕，由我跟着阿榮伯送給三劃阿王吃。我們繞到後山，到了他住的小茅屋裏，他簡直快樂得像個小孩似地在屋裏團團轉，還頻頻用手背去擦眼睛，我偷偷看見他的眼圈紅了，我的喉頭也似哽着什麼似的，鼻子一陣陣發酸。阿榮伯指着茅屋門前的一片蕃薯壠說：「這都是他自己種的。」

「就這一畝多的蕃薯，夜裏還有小偷來偷，」三劃嘆了口氣說：「都是窮苦人啊！，有一次給我捉住了一個，還是給了幾斤蕃薯放他走了。」

他一拐拐地走到田裏，一條腿蹲下去，用手挖起兩個蕃薯，提着走回屋子，用刀刮了給我吃。

「這是家鄉泥土裏長出來的寶貝東西，要記得常常回來吃喲！」他說。

阿榮伯告訴他我的腸胃不大好，母親不讓我多吃生冷。

「小春，別忘了你是個土生土長的孩子，身體第一要練得强壯，別養得嬌滴滴的，將來還做得了什麼大事業，」三劃的眼睛張得大大地望着我。

他與我們講得很多，告訴我別後的情形，一切都不勝感慨。

回來時，他撑着木杖，我扶着他慢慢地走，他直送我們到小橋的竹橋上，我才勸他站住了。他以充滿了期望的眼神看着我說：「小春，你小時候說的，讀好了書，回家鄉來辦養老院，別忘了給窮人多做些事喲！」

我點點頭，却不知何以作答，因爲我眼中已噙滿淚水了。

我們漸漸走遠了，我回頭望他，粉紅色的夕陽，投在他枯黃了臉上，照明了他滿臉的縐紋，也照見了他滿腹的憂傷。晚風吹着他亂蓬蓬的短鬚不時飄動，也吹得我的雙眼微微酸痛，我舉手與他揮別，却難禁盈眶的清淚涔涔滾落。

幾天後，我們遷居城裏，寒假期滿又回到杭州，行色匆匆，始終不及與三劃阿王道別，誰知竟就此緣慳一面，終成永訣了。

我現在常常記起三劃阿王那一副與艱苦疾病饑寒掙扎的頑强神態，我更像聽見了他充滿感傷與熱情的語音：

「小春，別忘了常回來吃家鄉的蕃薯！」「小春，長大以後，要爲好人多做些事。我還活着的話，我會快樂死的。」

可是我碌碌半生，不會做一點值得告慰他的事，故鄉那些善良的窮苦人，現在越發的在水深火熱之中。三劃有知的話，叫他如何快樂得起來呢？

有回音的房屋

T. F. Powys 著
薩滿 譯

T. F. Powys (一八七五)英國小說家。以想像力與清麗的詞句著稱於世。他的作品包括:「有回音的房屋」(一九二九),「白色的念珠」(一九三〇),「安大」(Unda)(一九三一),「雨賊人」(一九三二),……。

我不知道是爲了甚麽，但我從不會使自己受到尊敬。對於泥土以及那些接觸或掀動泥土的人，我有一種不識時務的親熱。那些必須在難以捉摸，但是淺薄的書本的思想中生活的人，用輕蔑的眼光看我。這或許是因爲我住泥巴小屋，吃不加牛奶的茶，而且僅曾有過一個友人。

我耕種我的菜園。我的一個舅舅有時送幾先令來，這就是全部我賴以爲生的了。我的小屋是孤獨的，就如同小屋一徑是孤獨的那樣(註)，最鄰近的城鎮是石橋。

我有很多癖好，最古怪的一種是我對宗教的興趣。不是那種在教堂中傳佈的宗教，但是深植在人的性格中，使人脚踏實地，身體力行的那種。那種宗教可以在人生泥濘的旅途上留下不可磨滅的釘痕。至於我的朋友，我必須將關於他的告訴你。當我看見他的足跡的時候，我立刻就知道他屬於我喜歡的那種宗教，屬於引起我興趣的宗教。屬於熱愛窮人的宗教。

在認識我的朋友數年以前，我已經停止與所謂的淑女與紳士交談。我不時在路上行經這種人，但是，只要我一看他們的脚，我便立刻知道他們都是乏味的。一句合乎時宜的話。去承認全人類都是有趣的是一個錯誤，那絕不會是。自然時常是沉悶本身，人類也不見得時常好到那裏。

即使一個住在泥巴小屋中的人，有時也有所需。當我需要一個捕鼠機或者荷蘭乾酪時，我就去石橋。

去石橋的路是沿着一條向風，遍生叢莽的道路；那些路上，倒處點綴着荊棘的樹，每一顆樹都具有某些獸類的或者彎曲的人的形狀。

約在去石橋的中途，有一處下傾爲窪地，那裏立着一座老屋，屋後，四十碼外，是一個大的穀倉。這穀倉究竟對誰有何用處，我始終不能發現。老屋却是另外一件事，它容納我的朋友，道夫先生。

我並不强壯。眞正的死亡不須猛力一撞，便可使我平躺下。步行到石橋，永遠使我疲倦；現在仍是如此。

某一天我走到石橋，買了一個木鎚，我需要它去修理欄柵。我帶着木鎚回家，走到「彼登山峽」，這是那座立在多叢莽的窪地上的老屋的名字。一個人正站在兩扇大門前。我注視他的靴子。它們異於其他人的靴子。它們屬於那個脚踏實地的人的，他的宗教能引起我的興趣。

那是一個冬天。我扣緊了我襤褸的外衣，因爲傍晚很涼。風集結在山谷，而且，隨時那卽將到來的雨都可以鞭打我的臉。在「彼登山峽」的那個人正等着我。他想一杯茶或不會有害於我；他請我進去。

一個人不時會遇見一位人物，在他溫和的態度中有一種品質，像是無比的力量與果敢。道夫先生的話聲將我所有陰鬱的思想都吹散在風中。他絕非紳士之流，故走進他的房門，我無所懼怕。

你可曾從風吹雨打多叢莽的路上，進入一間暖室，裏面有一位少女，懂得怎樣對旅客和善，坐在茶桌旁嗎？如果你不會這樣作過，你可以由我得知，在如此的場合，蘋菓餅與奶油使人吃着感到如何的愉快。

但是我必須繼續說下去。

我與道夫家人越變越親熱。當我步行去石橋時，我總是在道夫家休息，而道夫與他的女兒簡，待我始終如一，永遠又親切又和善。

一個暑天我正與道夫家人坐在一起。簡曾在門口遇見我，告訴我她父親想介紹我一個住在鄰近的人。對於這陌生人我並不感到緊張，因爲我知道沒有任何一個所謂「上流人」曾拜訪過道夫先生。

茶後，簡端着一盤茶杯茶碟到厨房去。我凝視着她走出房外。你知道一個美麗少女的身姿怎樣閃過門口。她的背影是如此全然的優美，卽使空氣，一定也在戀愛着她。

當簡去洗茶具時，道夫先生牽着我手——道夫先生一向如此的——將我帶到菜園中。

「現在，」他說，「你定將聽到回音。這回音就是我所希望你遇見的那個人，現在，聽！」道夫先生喚道，「塞阿斗，塞阿斗！」

我能聽見回音應答他的召喚「塞阿斗，塞阿斗！」

「今天下午，『她』喚得非常清楚，」當我們走進去時，道夫先生說。

簡不久就來了。

「現在你屬於『彼登山峽』了，」她說。「你聽見了回音。父親僅僅對他喜愛的人顯示回音的。」

我離去時，簡伴了我一小段路。一個人感覺他可以吻簡而不會受到叱責。她沒有作做的謙遜。簡知道愛。我問簡是誰教會她接吻的。

「噢！」她說，「那不需要學習。」

我步行回家，不感到疲倦。

在我出去的時候，郵差從我小屋的窗戶塞進一封信。信上說我的舅舅已經死了，如果我還想要他遺給我的幾磅錢，就必須到一個北方的小鎮去取。一件又一件的事情，使我逗留在北方，全部殘餘的夏季。

最後，我可以回到西方去了，旅行到石橋，打算由這裏走到我的小屋。將行李留在車站，意欲請一個習常路經我的小屋去市場的農人，取它回來。我走到小鎮，買了一個新鋤。買的東西放在肩上，我離開小鎮。

一個荒涼的秋夜，當我沿路前行時，我憶起我的朋友，道夫先生，第一次邀我進他的房屋的情景。現在的天空仍是那樣惡劣，我疲倦於我的行程，並且，不論我怎樣努力去驅除它們，那些陰鬱的思想總追隨着我。

颪時時鋒銳的，逼逐的狂吹着，逆着風，一個人只能沮喪的蹣跚。不久，雨來了，帶着幾乎有意的惡感，鞭擊着我的面頰。我試着去想道夫先生與簡，使自己快樂起來。

在「彼登山峽」上面一個小丘上，我慣於看見，當一切被黑暗遮攔，道夫先生老屋的廚房中的燈光。當我到達小丘上，雨下得更大了，鬱悶、沉重的冬夜的雨。雨水從我肩頭的鋤上不情願的滴下，滴到我外衣的袖管上。

我看不見燈光。

我走下小丘，打開那有回音的房屋的大門。我走上斜坡，叩着門。叩門聲在屋中反響着，它在每一個房間中響着，一若叩一所無人居住的房屋的門時所引起的。

我靜靜的站在那裏，傾聽着：我能聽見的唯一的聲音是雨聲。我繞着房屋走，並且走上那條我知道可以通達聽見回音的地方的小路。

我呼喚着回音：「塞阿斗！塞阿斗！」沒有答覆。

然後我用很低的聲音問，「可是道夫先生死了？」

「死了，」那回音應答。

註：hut 一字作小屋解，此類小屋非常簡陋，係供旅行者、兵士、牧羊人之用，古時供香客 Pilgrims 居住者，亦稱 hut。

長篇連載

幾番風雨（八）

孟瑶

二十一

小薇活下去的意念，又爲她的生命史，翻開了新的一頁。

她的職業已經謀就，是胡貫一處長的秘書，辦公桌設在處長辦公室。

小薇中西文學修養都不壞，一則因爲她出身世家，耳濡目染，都是書香氣息；再則，做學生時閱讀正是她的娛樂嗜好之一。沒想到在亂世，這點小玩意居然變成了她的啖飯本領。她雖然從未就業，對於秘書工作懵然不知，但以她的聰明對付點刻板的公文，那是太易學習的了，何況貫一的秘書不止一個，官冕些的東西，有一位老手辦理就够了。貫一希望於小薇的，還是在英文方面，能打字，能擬稿，並且在必要時，幫他迎送一些不須親自迎送的客人。那麼，以小薇所學，以小薇風範談吐，那就比貫一要求於令德的，還要合式得多。

小薇上班以後，除經驗而外，她所表現的工作能力極强。而且聰明絕頂，略一示意，便知就裏，遇事且一學卽能，進步之快，出人意表。貫一無意得到這個有力助手，眞是高興得什麼似的。對於小薇更是愛護有加，找一所相當好的房子給她住，又爲她找好用人，上下班時，常派車輛，或者親自接送。這使小薇第一次就業卽得到一個最理想的環境，她第一次以自己的能力換取生活費用，就如此輕易而舒適，不覺驕傲起來，她有無比振奮與快樂，乃逐漸恢復了幾乎是十年前的青春與欣悅。這不免使她更緬懷那過去的一段，那在上海時永不爲錢發愁的豪侈生活。她要打扮，她要衣飾，她要華貴的化裝品。因此她更要錢。愛錢，需要錢，於是就想方法找錢。她想，上海的生活爲什麼不能再有呢？這並不是不可能的。當時物價已在波動，商人囤積居奇而獲暴利的大有人在。她有一點眼紅，她覺得這並不是件很難做好的事，因此她想試一試，這將是她恢復往日生活的唯一捷徑。經過一番深思熟慮，她賣掉那被炸房屋的廢料，她緊握住那一點錢，她的手心發熱並且顫慄，她說：「我將以此恢復我過去的一切！」「我將再造一所更高大更華麗的住所。」

安靜不久的小薇，又毫不吝惜地把自已投入另一熱流裏。

在當時，作生意並不難，尤其是有着胡處長親信女秘書頭銜的小薇，作生意則更容易。很顯然，女秘書不是一個簡單名詞，這常常容易使人引起一種其他聯想的身份，也一樣地用到小薇身上。他們覺得貫一和小薇，當不止是一點公務上的關係；那麼，貫一既不便明目張膽地大做生意，用女秘書的名義撈點油水，也自是情理中的事了。於是許多想親近貫一的人，便自然地向小薇獻殷勤跑腿，這使小薇牛刀小試卽大有斬獲，從此她更樂此不疲了。

小薇所爲，貫一盡收眼底，他不知這位濶小姐竟然有此一「好」，不覺欣然色喜，從此他已往每欲一試而苦無良謀的兼商牟利，便可輕巧地在小薇身上完成了。抓到一個合式的機會，小薇一說卽透，從此他倆人的關係，不僅在「官」，而且在「商」，當然，貫一對小薇的野心，還不止此。

貫一聰明能幹，但出身寒微，致使他的人生觀非常現實，所以他的成就，只限於一個與世沉浮的官僚，但這一點成就在他，已經足可傲視濶步，睥睨一切的了。金錢與地位是他事業的全部內容；嬌妻美妾，不過是他生活上附帶的享受而已。獲得一個家庭的方式很多，完成一番事業的道路却只有一條。所以他肯爲事業犧牲家庭，決不會爲家庭犧牲事業。而且在他的思想中，家庭只有依附事業始能存在。有事業就能築金屋，能築金屋，就能藏嬌，這是他的婚姻哲學。他的前妻因輕視他而賦仳離，他硬解釋是因爲自己不够飛黃騰達的緣故；因此，離婚後的他，攀緣奔走得更起勁，事業發展得更順利，因爲他發誓要再結一個更好的婚；那麼，以小薇論，無論出身品貌，都比前妻遠勝多多，他早把她當做合式人選了。只要有機會，他是一定要把這美麗的女秘書藏之金屋的。

這幾乎可以說是一個有計劃的陷阱，讓初出茅廬的小薇自動地跌下去！只有一直被寵愛慣了的小薇，還在因爲自己的被人頌揚而沾沾自喜呢！

日久以後，書獃子的令德看出來這情形的一半，那就是他兩人在囤積居奇上的合作；至於深藏貫一內心的那一份秘密，却是他做夢也想不到的；只要他稍有所覺，他也就不會肯把小薇雙手奉出的。

入冬以後，重慶的毛肚火鍋已經上市，令德浪跡各處，對於每一個地方的飲食，都肯領略，而對於這與北平涮鍋子具有相同的風味的毛肚火鍋，更有偏愛，這天氣候驟寒，他便想約小薇來領略一下這異地風光。

他到小薇的辦公室來找她，半天，小薇穿戴得非常濶綽地搓着手出來說：「今天眞冷，是吧？」

「就是因爲冷，我想約你吃點新鮮玩意。」

「什麼？」

「毛肚火鍋。」

「就是那些小店裏桌上擺着一個火爐，一個火爐的東西嗎？」小薇笑着問。

「就是那！」令德看看小薇，故意地：「怎麼，覺得不高尚，是不是？」

「那怎麽會？」小薇即加否認，自從她作了囤積居奇的營生以後，她對於令德那種溫柔而責備的眼光有點畏懼，而不能如以前似的理直氣壯了。因此，她又接着說：「你等等我先回去把一兩件公事交待一下，就和你去。」

看着她俏麗的背影，令德深有所感，貪欲享受的雲翳，永遠迷濛在她的智慧之上，因而使她少有明徹的時候，再加上她常易鍾情，將更會使她徘徊在墮落的邊緣。想到這裏，令德有說不出的難受。

小薇穿了一件深棕色的長毛大衣，配上一張白皙的臉，修長的身材，極顯華貴，她又開始一天比一天美麗，一天比一天年青了。看見她，令德才從思慮中醒來。

「看什麽？」小薇問。

「看你這一身打扮，在戰時的陪都，太顯奢華；去吃毛肚火鍋，尤其不類。」

「那麽怎麽辦呢？」小薇依順地問。

「我不過是說說，沒關係，走吧！」

在路上寒風刺骨，令德把手攏在袖子裏面，小薇也把大衣裹得緊緊地。

「眞冷！」令德說。

「是嗎？」小薇抓住了說話的機會：「所以在自己能力所及的範圍內盡量求得舒服，這就是人類生存的目的。」

「不過，人類生存的目的似乎不應該完全爲自己。」

「那麽你是說，如聖人似的，先天下之憂而憂，後天下之樂而樂嗎？」

「應該是這樣！」

小薇不覺笑了起來，半天才說：「你把一切人的標準都定得太高了！人就是人，饑思食，渴思飲，沒有的會羨慕，失去的想奪回，如是而已！」

「一點都不必想到別人嗎？」

「又有誰會想到我呢？」小薇說：「我會由鉅富變成赤貧，最窮的時候沒有米下鍋，除了自己想辦法，誰管過我？我失去的當然想重建。上海的生活不去提它，這裏所炸掉的房子，所丟掉的財產，所失去的生活，我遲早得把它們找回來。」

令德發現他與小薇之間的距離越來越遠了，遠到不是一場辯論可以縮短的。於是他便不肯再往下說，找到一家小店，吃完悶悶不樂的一餐，便各自分袂回家。

回家以後的令德，情緒起伏不定，他雖然愛着小薇，但必須獲得與佔有的欲念却並不强烈。他是在小薇搖搖欲傾的時候來扶她一把的，如今她又站穩了！不僅恢復了生之意志，而且更恢復了往日的美麗與年青。她再也不會寂寞了。從此以後，拜倒於她裙下的將更不乏人，她比過去更成熟，更老練，更懂得怎樣享受人生，以及怎樣去取得人生享受的金錢。她將不會再有往日的閑暇，坐在書房裏一起討論某些作家的生平，作品，及文章風格了；她將不會再有往日的閑暇，坐在廬山水邊，一同談陶詩談人生的恬靜趣味了！從此以後，她將只會一心一意去重獲那已失去的財富了；從此以後，她將在忙碌昏亂的歲月中消耗她的生命以博得萬人喝采了。

「那麽，」令德忽然這樣問着自己：「我無聲無息地追隨在她左右又算什麽？難道我不發國難財就算是救國了嗎？難道我不囤積居奇就算對抗戰有貢獻了嗎？這太消極了，我應該積極地奉獻我的一切，我還年青，我還有一隻聽我使喚的筆，我應該寫出我能寫出的一切！我不應該陪這位交際繁忙的小姐去吃毛肚火鍋了！我應該走，我應該到前方去看看！」

自從有了這個思想以後，他決定離開重慶，不久，他眞的又負起他那一箱一被，投奔到前線去。

二十二

令德離去後，小薇像是除去了一面良心上的鏡子。從此，一切屬於道德的是非，很少在她腦裏復現了。

一個被嬌縱慣了，而且環境又很富裕的女孩子，一旦多故，不是立刻倒下去永仆不起，就是站起來以後爲所欲爲。小薇幾幾乎屬於前者，而結果終屬於了後者。

金錢能够誘惑許多人，尤其是那些在享受過它的利益後而失去它，不久又有機會再獲得它的人。如小薇者便是。金錢對於人的引誘，成幾何級數增加，越多誘惑越大。我們看見過一個窮措大傾其所有以救助一個末路潦倒者，却幾曾見過一個富人不經計算，才肯拿出他能拿出的最小數目？

這是一個浩無邊際的坑陷，誰要邁了進去，就會無由升援。小薇却毫不考慮地邁了進去，從此她的生活又滿佈着層層魔障。

對日抗戰進入第四年，物價開始有了較大波動，社會逐漸形成一種反淘汰現象。那些潔身自好讀聖賢書的人，日漸窮困，甚至淪入斷炊之境；那些隨波逐流興風作浪的人，則多腰纏萬貫日食千金。只是這大多數瘦骨嶙峋的中產階級在這大時代的風浪中屹立不動，才眞正挽回了這抗戰船隻於未傾！雖然，曾有多少人無聲而壯偉地在激流中犧牲了。

小薇作了這險峭風浪中的一滴惡水。

她獲得那已失去的財富，她買了華厦，她買了衣飾，她買了一切金錢可以購得的東西，却從而失去了那顆睿智的心，和應該屬於她的時間。如今她腦海中所存在的，只是一隻算盤，以計算她那日益增加的財富。如今她生活中所存在的，只是一些應酬，以拉攏她與那一羣人必須發生的關係。

這一天傍晚，小薇正被邀參加一個大商人的宴會，這其間，杯觥交錯，燈紅酒綠，十足地表現出抗戰期中被靡爛的一部份。

在賓客羣中，小薇是活躍的，她美麗、能幹、更代表某一部份的特殊勢力。所以爲了商業上的某一些方便，許多人便不得不 周旋於她的裙帶衣袖間。

這一天主人所招待的是西餐，餐後並有舞會，這時太平洋戰爭已開始，狂舞的風氣，已瀰漫到這羣紙醉金迷的人的身上了。

小薇被招待在首席，食間，在那無意的一瞬中，她發現遠遠的一方，有一對眼睛斜睨着她，等到她有所覺而望了過去時，那對眼睛立刻又羞怯地移了開去。習慣使小薇有一點放肆，她把目光無忌地擱在他身上，那是一個男孩子，是的，是孩子，看來顯然比小薇稚氣而且單純得多，却有着男孩子少有的秀美，黑亮的頭髮非常柔軟，皮膚白裏透紅，臉是橢圓形的，一對亮眼睛閃爍着清澈而光潔的神采，藏青西裝，大紅領帶，這幾種色調配合在一起，變成一組極照眼的明亮，像月光似的，柔和地向四外射來。小薇看完，略感刺激地把目光避開。但是她却感到那對眼睛始終追隨着她。只有當她用目光去回答他的時候，他才又膽怯地移了開去。這一對眼睛使小薇大大地感到有趣，同時在感情上她忽然覺得，這日益充實的物質生活並沒有塡滿她那荒蕪得可怕的精神空虛。每天，辦公，作投機生意，應酬於一羣俗吏商賈之間，寶貴的光陰竟如此慷慨地消蝕掉，而心田却依然枯渴垂死，剎那間，她感到一點近乎原始的需要；她已獨力創造了一個家，但這個家却缺少一樣東西，那就是丈夫。這思想是那一對眼睛所給她的提示。於是她又把目光射了過去，那羞怯的一對也正在向她身上流注……這兩對眼睛便如此地在席間作着無數次的碰擊，不過那膽小的一對始終不敢作有力的進攻，只要你一掃射，它便望風披靡，瓦解得無影無踪。

宴罷，賓客們錯落地散佈在各處，小薇幾乎是以急躁的心情等待着那一對羞怯的眼睛來說話。當然，他是沒有勇氣駕臨的。他眞像一隻小白兎。

大多數的人都沉酣於狂舞中，小薇婉謝一切人的邀請，而跑到遠遠的一個角落癡立着，一種數年來少有的寂寞侵襲着她，她輕輕地吁了一口氣。

「來一杯檸檬汁吧？」一個聲音從她身後響起。

小薇略感吃驚地一抬頭，說話的是這兒宴會的主人，她有點失望地微笑着接過杯子。

「怎麼有點累了？」主人問。

「不，醉了！」她似嫵媚地一笑。

「這個解酒！」主人指了一指她手中的杯子。

她似同意地點了一點頭，把目光移了開去，就在不遠，那一對眼睛正向這邊巡逡。於是，小薇忍不住把嘴巴呶了一下，又望着主人說「那位是…」

「一個畫家！」主人說。

隨着這句話，小薇的心像驟然地緊抽了一下。

「你是指那個穿藏青西服，打紅領帶，瘦瘦高高的那位吧？」主人用手略微指了一下，又問。

「是的！他是一位畫家！」主人又加解釋：「一位很安靜很謙和的畫家。但是平時不大肯亂畫，所以沒有什麼名氣，很窮，前不久，一位朋友介紹給我，我也就隨便請他爲我畫了一張人像，原本是想趁機會周濟他幾個錢的意思，不想畫成以後，幾乎出我意料之外的滿意，我一高興，就把他約來玩了，你沒看見，他一個熟朋友也沒有。」

「他會畫…？」小薇故意拖長了那調子。

「怎麼，你有興緻嗎？」

「我倒正想找人替我畫張像。」

「那好極了！」主人立獻殷勤：「我去找他來，跟你介紹介紹，一切可以直接談談。」

主人去後，小薇有點得意，把手中的那杯檸檬汁一飲而盡。

不久，主人帶着那隻小白兎來了，他如此介紹着：「這位是畫家趙丹楓先生，這位是何小薇小姐，你們兩位談談吧，我去招待一下別的客人。」

主人去後，小薇從容地望着丹楓說：「聽說趙先生的人像畫得很好！」

「那裏，我…幼稚得很！」丹楓漲紅了臉。

「客氣！」小薇對於這位羞怯的青年，感到莫大的興趣，於是又問：「你是在哪裏學的畫？」

「沒有學，從小隨先父胡塗亂鴉。」

「哦，家學淵源！」小薇故意用出這交際辭令：「你現在在哪裏公忙？」

「沒有工作，自己隨便畫畫！」

「那麼生活呢？」小薇不覺十分關切地。

「可以維持。」

「最近忙嗎？」

「沒事，很閒。」

「我想請趙先生爲我畫一大幅人像，不知有空沒有？」

「這…」丹楓望了小薇半天，才說：「可以的，不過恐怕要就誤你一些時間。」

「多久？」

「每天一小時，一個月以後，我再自己修改。」

「這樣慢？」

「我…實在是笨，快了怕畫不好！」丹楓剛正常的臉，又紅了起來。

「好吧！」小薇立刻答應：「在哪兒畫呢？」

「我自己沒有地方，得你找去…」

「那麼就在我家，怎麼樣？」

「只要你方便，我沒有問題。」

事情便這樣決定了下來。

從宴會中回來的小薇，腦海裏深深地印下了那隻小白兎的影子。而且，她忽然於這狂熱的生活中顯出一種少有的寧貼與冷漠。這轉變也似乎是因爲看見趙丹楓而起，他那儀表、神態、和一擧一動，都代表着那靜靜的，淡淡的東西，小薇躺在床上，似有許多依稀印象在她腦海中來回地竄，却又抓不住這到底是什麼？這追索使她有點焦躁。

「畫家…跟他的父親胡亂塗鴉！」小薇重複地想。

於是，一件往事闖入她的心憶，她立刻從床上跳了起來，在一個箱底，她翻出了那張畫像，那正是一個雨天無聊，又飛爲她畫的，又飛去世，她一直把它收藏箱底，沒想到幾年來汲汲營營的生活，竟然使她把曾用生命相戀的又飛，也深藏於記憶的箱底了…看着這張畫像，那如醉如癡的甜美往事霎襲心頭，又飛又笑盈盈地站到她的面前。

「又飛，我眞該死！」小薇望着他，低訴着說：「我現在眞像做着一場發高燒的夢呀！為什麼我會忘了你？我倆的生命曾眞正地溶滙過啊！又飛，我是墮落了。」

小薇十分動情地哭了，哭了很久，也哭得很傷心。

對於生命，她忽然有着疲倦的感覺，她想安安靜靜地躺下來！這感情似乎是那一對眼睛給她的啓示。那白皙臉上的一對大眼睛似乎代表了太多的東西，有時會覺得它像海，因爲它深；有時會覺得它像池，因爲它寧靜；有時會覺得它像溪流，因爲它活潑；有時會覺得它像一片原野，因爲它樸質而空靈…這一對不會說話，安靜得出奇的眼睛，其蘊藏竟如此之豐！

為了這一對眼睛，小薇整宿無眠。

第二天，按照約定的時間丹楓來了，他很拘謹，他倆只作了初步的佈署與談話。

接着，他倆每天有一小時在一起的時間。

雖然過程很慢，丹楓畢竟因爲日漸熟稔而變得自然活潑起來，在繪畫的時候，他倆有時能非常融洽地談着話，在丹楓身上，小薇捕捉到久已失去的又飛影子，他倆似乎不像，又似乎像，他倆都受着藝術的陶融，但，又飛代表動，丹楓代表靜；又飛代表陽剛的美，丹楓代表陰柔的美。

小薇逐漸愛好這一段時間，在這靜靜的頃刻，她依稀彷彿地續起了許多往事，她是與丹楓在一起，有時又覺得是與又飛在一起，那又飛遽爾而逝的遺憾，小薇似在丹楓的身上找到了補償。

起始，她很難在忙亂的生活中勻出一小時來，每多不俟終結，她卽忙於更衣去參加那些無聊的宴會，不久，她常自動地回絕了一些應酬，後來，她更會在畫完了以後，還留住丹楓，一起談談說說，或者吃點甚麼。

這一天，繪畫的工作，正進行到描摹小薇的那對眼睛，丹楓拿起畫筆，把目光注射到小薇的臉上，竟然許久許久沒有移去，小薇也習慣地沒有改變那姿態，她本以爲丹楓不久卽會動筆，結果，他那神情，就和泥塑的一樣。

「你怎麼了？」小薇不耐煩地提醒一聲。

「在欣賞！」丹楓動一動手上的筆。

「什麼？」

「你的眼睛！」

「少討厭！」小薇臉有一點紅。

「畫人像成敗的關鍵就在眼睛，從前南北朝的畫家張僧繇，畫龍不敢點睛，怕點睛後，龍會飛去，就是說眼睛能賦畫像以生命。所以畫人像，第一是眼睛的神采，其次是嘴角的笑意，此外都是些無生命的形象而已。」丹楓逐漸洒脫起來。

「你到底是談藝術論，還是和我畫像？」小薇略帶嬌嗔。

「也談，也畫！」丹楓溫和地一笑，笑得那麼甜那麼含情，然後，他又慢步到小薇面前，輕輕地說：「你的眼睛眞美！」

「你的眼睛更美！」小薇也無所顧忌地。

「種衝力使丹楓放下畫筆，伸出雙手；也是一種衝力，使小薇站了起來，投身過去……

這突然間，小薇又入情關。

鑒於在又飛面前，收藏得太多，因而在他去世後有終身負疚的感覺，所以這一次的小薇便想把自己的一切在愛人面前，和盤托出。

「在世途上，我飽經風霜！」小薇說。

「除了窮，我的生命還是一張白紙。」丹楓說。

「你單純得像隻小白兎，」小薇說：「我要設計一個精美的籠子把你裝進去！」小薇凝望着丹楓，溫情地笑着。

丹楓熱情地吻着她。

「我曾熱戀過一次，」小薇低訴着：「還有着一個小女兒，你…願意與我生活在一起嗎？」

「願意願意！」丹楓孩子似的點着頭。

「我的過去？」

「我不那麼封建…」丹楓說：「把孩子接回來，我們一起住！」

「就在這個家？」小薇出乎意外的高興。

「當然，這是多漂亮的一座皇宮！」丹楓抬頭四望，指着說。忽然他像想到什麼：「只是我却身無長物，會一點畫，養身都不足；至於其他，母親去世早，父親帶着我，四出流浪，過着窮畫家的生活，等到他老人家去世，我眞所謂無片瓦之覆，一壠之植…這是，我很覺得對不起你的！」

「這個有什麼關係？」小薇似乎高傲地說：「錢好賺，我也會賺，生活方面有什麼値得發愁的？目前我的財產，够咱倆化三輩子都化不完！如今我倒只覺得愛情可貴，我忙亂了這些年，只有那天在宴會上，你所投射過來的眼神，使我有了寂寞又熱鬧，空虛又充實的感覺！如今我要你保證的，只是那不變的愛。」

「我的生活靜如止水，我的愛亦永恆得像宇宙，只是……」丹楓望望小薇，終於說：「我倒怕你，是不是厭煩了這熱忙的生活，只想在我身上換換口味？」

「胡說，胡說，」小薇更靠近一些說：「我別無所長，就是懂得愛，也會欣賞愛。」

「這是我所祈求的！」丹楓非常高興：「只有你這句話，才是我初戀成功的保證。」

就在這段談情說愛中，兩人的婚嫁問題，已算定局。當這個青天霹靂傳了開去的時候，那些對小薇有野心的人，幾乎被震昏了過去，當然，尤其是胡貫一。

（未完）

書刊評介

秧歌

著者：張愛玲
出版者：今日世界社
出版年月：四十三年七月
實價：港幣一元五角

周子強

這是一篇相當出色的中篇小說，曾在「今日世界」（美國新聞處編印）連載，最近經該刊出版單行本，全書約近十萬字。即將在臺灣發售（原定價爲港幣一元五角，在臺的售價想必相當低廉）。讀者在連載的原文中想多分期讀到，對這個故事不會陌生。我託香港的朋友儘先帶到此書一冊，細細地重溫了兩遍。誠如著者在跋語中所說，分擔了這份沉重的心情。當自由世界對共產黨徒的極權殘暴予以多方揭露並進行抗爭的今日，我希望大家都能細讀這篇小說，共同分擔這份沉重的心情，增强反共的心理基礎，所以不揣譾陋，試寫此一短文略爲評介。

在沒有評介原書以前，我不得不說到目前有關反共文藝作品的還嫌貧弱——即是說，在水準以上的作品少得可憐。有的算是內幕報導，不能列爲純文藝，有的則寫成「傳奇式」，相當的「戲劇化」，即就宣傳的觀點來看，也覺深度不够。就個人所知，有燕歸來君所著「紅旗下的大學生活」（香港友聯出版社印行），寫作的態度頗健全，着眼點也好，此書曾經某君在「自由中國」書刊評介欄予以推薦，認爲相當够格，因爲他寫的「一種心靈上的劇痛，遠比屠場上的砍砍殺殺要深刻得多」（評介原文大意如此）。此一心靈的劇痛，情感的共鳴，當然首先是那個故事通過了作者的心靈，而加以適當有力的組織，纔能深刻生動，獲致效果。決不只是事實的覆述和無根的渲染。

寫小說難，以反共爲背景的小說寫來尤難。本來，一篇小說的眞實性，不在其人物故事之有無存在，而在那樣的人物和故事之是否可能存在以及發展性如何。所以，儘管小說裏的張三李四都是子虛烏有，而那樣的張三李四及其故事却可通過我們的認識由趙大王五的生活意念上表現出來，寫爲小說，只是經過了作者的一番淨化工作，使材料的選擇更精粹，故事裏的人物更突出，發展得更自然，叫讀者覺其有熟悉親切入情入理之感。並且，作家在這篇作品裏所顯示的理念，也常常是一種超現實的理念存在，不僅「描寫逼眞」而已。這個話，原是卑之無甚高論，但也正是寫反共小說的特別困難處。原因是我們無法親身去嘗試鐵幕裏面的生活，漏網的新聞究竟有限，認識的經驗首先貧乏，不易比較和選擇材料的價值，即使是從鐵幕逃出，曾身受其痛的人，也許可以就他們所知，寫一篇相當完整的報告文字，這不過是眞實的素材，本身可以完全沒有文藝價值，是否可用來寫小說，還是要經過作家的一番篩濾和想像的努力；說到這裏，大家都該懂得，我們所要求於文藝作品者，是主觀的攝取和雕塑，而不是客觀的質證或評判。不幸得很，以往許多反共的文藝作品，尙停留在編織故事（或者轉述故事）的舖張結構中，縱有意的添上一些「傳奇」的氣氛（或那眞實的故事本身就具有一般的「傳奇性」），和安排一些前後的因果關係，我們却不能在那些作品裏欣賞到作者所具有的情感形態（emotional form），也就很難使人得着感發的效果（emotional effect）。

以上並非閑話。因爲「秧歌」這本小說之所以值得特別推薦，正是作者有豐富的創作力，藉着情感力量完成了優美的形式，不同於尋常的渲染。憑着片斷的故事來源（詳見原跋），構成了一個緊湊的故事整體；這個故事，有血有肉，而且有作者自己的靈魂，使其他記述性的「傳奇性」的反共文藝作品爲之失色。

故事的本身是描寫大陸農村的飢餓情形和赤色黨徒的窒息政策，前者在正面有許多極其深刻的描畫，使人讀着眞感到心靈的劇痛，那種人爲的飢饉絞痛着我們的心，就像原作所說「文聯幹部」顧岡偶嘗到的飢餓滋味——「心頭有一種沉悶的空虛，不斷地咬嚙着他，鈍刀鈍鋸磨着他。那種痛苦是介於牙痛與傷心之間，使他眼睛望出去，一切都成爲夢境地一樣虛幻。」當然，大陸的同胞仍舊得過日子，「簡直使人不能相信，仍舊一天做三次飯」，一鍋稀薄的米湯，裏面浮着一段段的寸來長的草。對於飢餓，大人還能耐得住，小孩（譚金根的女兒阿招）則不免扯着母親的袖子，「鼻子裏哼哼着，發出一種幽怨的聲音。」母親竟也敢當着匪幹的面前對小孩劈頭打下去，而結果帶來懊悔，偷偷地說：「等過年的時候，我們也買點肉，給阿招做點什麼吃的。」（可憐的阿招，沒有等到過年的那天，便在飢民搶糧的「暴動」中被踏斃了，由母親抱着小屍體並扶着受傷的丈夫茫然奔跑。）這一類的刻劃，使我們彷彿親身受到「漫憐兒女飢寒迫，哭到人間午飯香」的情感壓迫，而這個「人間」却是怎樣的一個人間！

感情麻木得近乎無知的譚大娘，有一天也居然大聲咒罵那已經被選上了「勞模」的姪子金根，而作爲「勞模」偶像的金根，火氣更大，竟在惡梟似的「王同志」面前公然抗議，不肯送軍屬的年禮，像這些地方，好似可以使我們意識到大陸同胞的反共怒潮不是不可能激起。然而，這僅是作者替善良的農民淡淡地鈎上一筆「等於沉默的抗議」而已；

這種抗議，顯然不能發生力量。卽使繼飢民搶糧縱火之後，全書還是在譚大娘被拉在秧歌隊裏「嗆嗆嘍嗆嘍」的韻律中作結，正如作者自己在跋語中所說：「人人都有點自我麻醉，這也是在重大壓力下的一種自衞的心理。在無論怎樣不堪的情形下，人也還是有適應環境的本能。我不覺得這有什麼不對，但畢竟是可悲的。」從這裏，使我們特別警惕到自由世界對於解救鐵幕同胞的責任和意義的重大，我們當然不能寄望於俄帝及其卵翼的黨徒們的「多行不義必自斃」。

關於匪幹方面心理的描述，可以顧岡爲代表，他與農人生活在一起，雖然有一次親身嚐到飢餓的痛苦，也想到「民以食爲天」的這句話，又由於許多可怕的事象，幾乎使他的信念發生動搖，但都接着由自己向好的方面尋求解釋，去努力克服那種「小資產階級的溫情主義」。對於這，我想作者也許有一段意思沒有借跋語說出來，便是：一句謊話說過一百遍，就連自己也會相信這個謊言卽是眞實。這便是共產黨全部哲學的基礎。卽使是僞裝的感情，日子久了，也非要使它變成眞實的感情不可。況且思想經過一番窒息，又身處爪牙密佈的特務組織中，哪又由得他們自由轉變？他們偶也感到憤懣，但「熬不了多久，自己倒又去轉圈，除了黨以外，在這世界上實在是一無所有了。」人性尙未全泯的顧岡如此，老牌的匪幹更是如此，西方國家怎會夢想到中共會變狄托？

原著採了這些角度去精心創作，最是高人一等的地方。至於文字的素樸精鍊，沒有冗長的對話和冗長的心理描寫，往往用些反語法，恰到好處，亦爲原書的特色，使我們不能不驚佩作者的匠心獨運。

但也因爲全篇文字的素樸，若干地方的用字和辭句的修飭還不是盡善。有時隨便了一些，似沒有選用最恰當的字和求其合乎比較慣常的語法，這僅是我閱讀原文時在腦子裏浮過的一點粗淺印象，不摘擧。又因爲全文的相當精鍊，有一二處由於用筆的過分經濟，便妨礙了暢達，譬如原書第一九八頁：「他覺得他彷彿看見王同志的眼睛裏有一種光，幾乎近於喜悅。他一定是覺得良心上比較舒服一點……」此處第一句的「他」，指顧崗，第三句的「他」以及下面的話，如由那連續數句的第三人稱看來，似也是招的顧岡，然按上下的文意細看，則應該是指的「王同志」。又如八十二頁：「王霖有一次設法派了一個人去，給方家送了一封信；信是他們兒子寫的，」一尾句意促而欠明，粗心的讀者讀到此處也許會一頓，如果在句內加上一個破折號，「信是由他們的兒子——方同志寫去的」，便更明白了。至於原文八十頁：「……這已是抗戰末期了。」一書的前面似乎並沒有提到關於對日抗戰的事，使這句話有突如其來之感。又關於王霖回憶與沙明自結合以至分離的一段經過，佔去了相當的篇幅，較諸整篇小說的敍事位置，似有繁簡失宜的地方；敍到末了在前後照顧的章法上，似覺也不如他處之緊湊有致。這些地方，如果我說得不太錯，也僅是原作的大醇小疵，希望作者於該書再版時能予修正。

(上接第15頁)

我們務必要透過我們的人民組織，例如我們的退伍軍人協會，我們的工會，和我們的教會等，來進行一個偉大的敎育運動。現在正是我們當中那些在過去被人導入迷途的人，亟應忠忠實實的來重新檢討，他們所維護的究竟是什麼的時候，否則他們就會將錯就錯，反而要來阻碍那些不僅想拯救自由人民而且還要拯救文明的人們了。

請相信我，我們確有武器可操勝算，這些武器是：

第一、最偉大的武器——眞理。

第二、必勝的意志。

第三、成功的道德基幹。

我們還必須補充一個我們所缺少的要素，那就是對於我們現在所進行的搏鬪的眞正性質，要有深切的了解。

這一場戰爭，不能藉兵器的威力來決勝，也不能藉原子彈或氫氣彈的馬奇諾防線來決勝，因爲我知道，在現代科學所能加羅於我們的種種恐怖的浩刼之下，要毀滅我們的文明，最直截的方法，當莫過於把它交給第三次世界大戰。

誰都不應該認爲，在鐵幕之後，苦難的人民要想掙脫枷鎖的意志，已經完完全全在沉重的喘息聲中，隨風而逝。一年前柏林東區、萊比錫和皮爾森等地人民的暴動，以及柏林東區人民對分送艾森豪食物包所表示狂熱的反應，處處都證實了鐵幕後嚮往自由之氣，仍凜然長存。

有了我們所必須有的了解之後，我們必能扭轉這一個搏鬪的機勢。因爲那樣一來，我們就能夠運用我們的心機、來創造心戰的武器，來從事宣傳，鼓動和滲透，以對付在共產黨徒用來竟能如此奏效的那些同樣的謀略。

單獨一個人或一個政府，是贏不了這一場決鬪的，所有深明大義的自由人民和他們的政府，都必須團結起來，朝着同一的目標，協調一致，共策進行。

我們每一個人在這場決鬪中都有任務。我們要研究，要求知。我們要促請他人共同努力。要避免那些可能會使我們轉念的人們所作的離間性的爭噪，不論那些人們的動機是出於愚昧無知還是別有用心。

是的，這眞是一個危險的時代。我們必須起來應付這個時代的挑釁。假如你和我和我們大家都具有了解我們的遭遇的意志和勇氣，我們必定能贏得這一場搏鬪。

讀者投書

(一) 抗議印尼政府非法捕僑

史丹青

報載我印尼僑領章勛義及朱昌東、陳興硯、邱元榮等數人突遭印尼政府無故拘捕。消息傳來，使人爲之震驚不已。東南亞洲一帶原是我華僑移民最多的地區。近年以來，由於我國家多難，各該地政府對我華僑歧視與虐待的事實層出不窮。始有泰國政府強征華僑隨身證費(直等於人頭稅)，繼之有菲律賓政府制定的一連串的菲化案，現在更有印尼政府迫害僑領的消息。這些事實給予我們的教訓是何其沉痛！「落井投石」原是人性中惡的一面，然而有什麼可怨人的？只怪我們自家太不爭氣，把國家搞到如今這步田地，落得這些「蕞爾小邦」也來欺侮我們。當我們看到我們的僑胞受人凌辱之時，內心深處激起的第一個反應便是感到太對僑胞不住。我們於痛聲一哭之餘，當如何振臂奮起，誓救國家於危亡！

關於僑領章勛義等無故被捕的詳情，由於電訊簡略，我們所能知道的不多。但即根據這些僅有的資料判斷，章勛義等實在沒有任何觸犯印尼政府法律的行爲，印尼政府的無故拘捕顯爲非法違憲的舉措。我們且聽聽章勛義的沉痛的談話，他說：「我沒有做任何違犯印尼憲法或是損害印尼國家的事情。倘使司法當局能找出我犯罪的具體證據，我願自動離開印尼。可是如果他們蔑視人權和國際慣例而逼迫我向朱毛匪幫投降，那麼我寧願死在印尼土地上，在這塊土地上我曾經生活過卅六年。」如果說章勛義眞有什麼罪證的話，唯一的罪證，就是他是反共的。當然，在鐵幕國家只要是反共的人都是有罪的。然而今天的印尼却一個自由的國家，作爲一個自由的國家而隨意侵害反共人士的人權，是不能令人置信的。因此，印尼政府此一舉措的動機，實深使人懷疑。章勛義是一個良善的富商；在當地僑胞中向具聲望。他嚮往自由，熱愛祖國，不久以前，曾率印尼華僑回國觀光。當然在中共心目中，這般人自是可惡已極。印尼政府此番無故拘捕，亦必是爲了討好中共，或更有打擊華僑在印尼力量的存心。而這都不是一個正當的國家之所應爲的。

印尼政府拘捕章勛義之後，始則表示要押回大陸。果眞如此，章等之遭遇當可卜及。則印尼政府不但自毀其國家的憲法，並且是連人道都不顧了。但九日的消息，情勢已見和緩，印尼政府表示：「如果章勛義離開印尼，他可以自由選擇其去處。」這已使我們爲之稍感放心。可是，我們必須堅持的一點是：章勛義就有合法居留印尼的權利。這種權利包容於世界人權宣言之中，任何一國的政府，除非它是非人道的共產國家，就不能妄加剝奪。印尼自稱是一個法治的自由國家，理應重視人民的基本權利。若竟倒行逆施，必爲自由世界所不齒，而自招禍愆。誠然，我們中華民國政府與印尼政府間，現在沒有正常外交關係，但基於基本人權的立場，我們要向印尼政府抗議。我們要求印尼政府對章案公開合法的審訊。如果章勛義等沒有非法的行爲，就應立即恢復其自由。雖然，我們現在與印尼沒有邦交，但我們的外交當局應該循國際慣例，請其他國家轉爲據理交涉。我們更希望自由世界領袖國家的外交當局能給我們以有力的支援。這件事不可以小看它，它是自由的考驗。因爲如果允許任何國家違反世界人權宣言，自由世界還有什麼道德力量來支持對共黨的鬪爭！

最後，我們希望我們的外交當局拿出智慧來，這個案子之如何解決正是一個重大的考驗。

(二) 香港政府審判中國人竟改用中共法律

文忠

編者先生：

我現在向貴刊報告乙件有關居住香港的我們同胞之非常危急的消息，希望藉貴刊篇幅傳達給每個自由祖國的讀者和整個自由世界的人士。要言不繁，我只簡單的把這件非常危急的眞相報告出來，至於它意義如何嚴重，對於這一危急事件應如何解決，恕我不暇多說了。事情是這樣的：居住香港的我國同胞，在香港司法傳統上被分爲兩類，一是本地出生的，稱爲「華人」，如果有了民事訴訟，一律依照「大清律」來審理；一是由大陸遷來的，稱爲「中國人」，如果有了同樣的訟事，則一律依照中國通行的司法來處理。直到今年夏季爲止，這所謂中國通行的法律，是指國民政府所頒定的六法而言。大家知道。香港居民約二百萬人，其中「中國人」佔十分之九，而「中國人」中反共非共的又佔百分九十以上；所以用國民政府頒定的六法，恰好符合絕大多數人的實際情形。然而最近不同了，香港政府不知爲了什麼理由，竟決定改用中共的法律。中共並沒征服香港，這裏的中國人却非服從中共的法律不可了。想想看，中共那一套充滿了鬪爭作用的法律，如果實行起來，香港還成一個什麼樣子！中國人的生命、財產、自由、家庭關係，還有什麼保障！印尼已開始把反共的華僑送去大陸去「活人送禮」了，我們在這個「東方之珠」的中國人豈能不人人

自危？自由祖國忍令這些愛國家愛自由的人委棄於殘暴的中共嗎？自由世界是否會坐視香港政府這一反常的荒謬措施呢？ 敬祝

撰安

讀者 文忠謹上 十、九、

（三） 也有感於臺大聘委會拒聘事件

丁劍霞

暑假中臺灣大學聘委會拒聘程天放浦薛鳳兩先生事，貴刊於再上期登出讀者「有感於臺灣大學拒聘事件」的投書一封，拜讀一過，不禁也有所感。

該投書的主要內容是稱揚臺灣大學重視學術，並且强調不要把學校當作政治人物的「鷄鳴早看天」的客棧。這種主旨是無可厚非，政治人物如果不學無術而欲於政治上失意之後，去到學校裏打打滾，那自然是不被人歡迎的。

程天放和浦薛鳳兩先生新從政治上摔下來，要想找他們能爲國家服務，用其所學，其動機當亦是良好的，我們似乎不能存着「以小人之心度君子之腹」，硬說他們是想到學校去打打滾。「學人可以從政」，從政之後再去執教，應該是沒有什麼不妥的。有些學人還罵政治上人物「不學無術」，足見是需要「學人從政」。如果現在的臺灣，大學教授中有一二人從過政，是不是就不能讓他再去教書呢？如果回去，那就算是把學校當作「鷄鳴早看天」的客棧嗎？學術是需要理論的研討與實際的歷練的，做了教授再去從政，或從政後再做教授，方是今日科學社會思想所必須抱持的原則。就拿理工自然科學來講，我請問如果做了官辦的工廠或工業研究機構的主管若干年，一朝不做政府所派任的工廠或工業機構的主管，自願以其實際所得的經驗再去從事工科教育，你說他把學校當着「鷄鳴早看天」的客棧，這話對嗎？程浦兩先生從事實際行政工作有年，根據 Theory & Practice 應求相互證印的原則，有見地的學校主持人方應歡迎他們之不暇，何能閉着眼睛遽予拒聘呢？

有人說這件事不是臺大校長拒聘，而是教授會訂了「十年未當過教授，五年內無著述者，不得受聘」之原則所以使然。我們就事論事，認爲這原則也說不過去，何以故呢？

先就「十年未當教授」就不予聘任來說：

假定有一位飽學之士，自從大學研究院(所)結束(或從國外著名學府畢業)那一年起，自己並取得了教育部合法教授的資格，但是他覺得沒有適當的學校可以去任課，或者沒有他所願意教的課目，他不願意隨便地去做不相干的教授，或者因爲個人家庭上的原因不能分身做教授，然而，自從研究院(所)結束後還是毫不間斷地自己潛修，跟上時代，學有專長，（本來在他一出研究院(所)之門，卽已有資格有能力當教授而未得當，或不願當，或無機會當）而由於社會環境時代環境等之影響，竟致遷延歲月，於今恰恰十年，這個學者，雖然十年未做教授，我們認爲其學術思想種種條件足以當教授而無愧，如果有這麼樣子的一個學者，你說僅僅以「十年未當過教授」就不予聘請，豈非學校的損失嗎？我認爲也是學術界的損失。誰能否認沒有不當教授的學者？十年不當教授就不成爲學者，在邏輯上也是說不通的。

再說「五年未出版著作」，也不能視爲拒聘理由。

一個人的著作可以分多少種，小冊子也是著作，一篇論文也是著作，大部頭的可稱之爲「巨著」，自然這位投書者是贊成臺大教授會所提「五年未出版的著作」是指「巨著」而言的了，關於這一點也似是而非。我們知道，中國人對著作態度是很矜持慎重的，有些人不肯輕易出版的，況且現在出版業這麼貧弱，試問著一本書，能隨你本人意思就能夠出版嗎？如果有著作而未被出版自然不算夠條件了。我們聘請教授對於一位有學問和沒有著作應視爲是兩回事，固然有著作可以說有學問，但是有學術者不必一定有著作。更有進者，現任臺大教授中，在最近十年內繼續任教者，試問在最近五年內都人人有著作嗎？如因其已捷足於十年前取得教授地位，卽使濫竽充數的教授，也不必研究他這最近五年中有什麼學術成就，而任其混下去，那豈與「提高學術地位」與對教授水準不馬虎的原則相符嗎？臺大教授會大概是引用「法律不究既往」的原則吧，阿門！

教育部對於大學教授不是沒有訂定標準的，學校之聘教授，自應依照部定標準去聘用，學校願不聘，學校有權，但何得自立標準？臺大教授會此次擅立標準，不知何所根據？倒不如乾脆說：「不合我意者，不聘！」何必繞圈子呢？

我對程浦兩先生並無瓜葛，非爲他們個人爭短長，我覺得凡事要得其平，「不平則鳴」是一定的，貴刊的以「自由」相標榜，不能僅憑那一位讀者一面的理由予社會以不公道的反映。……（完）

編者按：丁先生這篇投書，其主旨與本刊十一卷六期所登的朱啓葆先生那篇投書，並沒有甚麼多大衝突之處（這一點在這篇投書第二段中，丁先生自己也表示過）。關於這個問題，最近輿論界討論的很熱烈。本刊除先後刊出朱丁兩先生的來書以外，迄未直接表示過意見。這裏我們願意附帶地提出一點：大學延聘教授，除掉注意人選本身的學識品格以外，還要維持「有講座才有教授」這個原則，決不可因人設課。因人設課，就不是基於教育的考慮，而有失學術機關的獨立與尊嚴。

第十一卷　第八期　內政部雜誌登記證內警臺誌字第二八一號　臺灣省雜誌事業協會會員　一二六六

給讀者的報告

英國工黨艾德禮此番於訪問蘇俄與中共歸來之後，大放厥詞，荒謬絕倫。他認爲中共有意與西方共存，並主張把臺灣交給中共，說這樣做才更能保持世界和平。這位老朽昏瞶的冬烘先生簡直變成了中共的傳聲筒。他此番言行事實上是爲共黨張目，並將促使原子戰爭的爆發；非「清算英國」，整垮自由世界不可。自然，他這些謬論半點也損害不到自由中國的地位與信譽，當然更阻止不住我們反攻的決心；但却大大的中了共黨侵略者的下懷。因此，邱吉爾已公開指斥艾德禮的言行了。而尤其快人快語的當推諾蘭先生。他建議艾德禮，應該主張將淪爲英國殖民地的香港交給中共，才更順理成章。的確，這次中共對艾德禮的特務工作可說已百分之百的成功，他們居然迷住艾君的心竅，使他不僅看不到大陸上的蒼蠅，也看不到千萬在災害與威迫下死亡的人民。對於這個樣子的艾德禮我們實在沒什麼可說的，只有勸他早日退出政治舞臺，勿自悞悞人。

「曾一度傳聞與明星劉琦姸搭的」新生力畫報社社長李慕白，僞造外國機關文書，套取鉅額外滙，先後達三年之久，最近才經省府及有關機關查覺，全案移送法院法辦。這消息是很聳人聽聞的。在國家財政如此困難的今日，此輩不法之徒仍在盜取國家外滙，誠屬罪大惡極。我們相信司法當局對此案必能公正處理，科以應得之懲罰。此外與此案有關的各點，頗有令人困惑之處，爲此我們特在社論(二)裏一一指出，並質詢這一套滙案的責任問題，希望省政當局與監察院對此澈底查個明白。我們追本窮源，覺得低價外滙政策是問題的癥結所在，更盼財經決策當局在政策上從新考慮一番。

本期專論首篇是龍平甫先生的「馬林可夫政權的對外政策」。龍先生在本刊發表的文字原都是以通訊的體裁寫的，頗有「時代週刊」文字的風格，對時局的分析，有條不紊，鞭辟入微，久享讀者之好批。這一篇分析蘇俄自史大林死後，馬林可夫登臺以來的外交政策，條理井然，見解透闢，極有助我們對國際問題的研究。誠不可多得之佳作。所以我們把他登在專論欄裏。這也是本刊在編輯方面的一項新猷呢！

文藝是否應該有政策？這是當前一個極待辨正的問題。因爲不少所謂文化界的領袖人物正在倡導制定文藝政策。這一路的說法在思想上本是由來有自的。大概自馬克思一路的思想輸入以後，我們便慣聽到一些什麼文藝路線，或什麼文化陣線之類的名詞。問題不是在那些的路線或陣線要得，那些要不得。而是這一路思想根本就是危險的。要知道一個作家的思想是根本不能强予規範的。李僉先生在他的大文裏，將給我們很多可貴的意見。對於這方面的問題，讀者有興趣的話，有一本專著可以參看，就是東方旣白先生作的「在文藝思想與文化政策中」(香港友聯書報公司發行)。

「危機的時代」一文原是美衆院議長馬丁先生在紐約國際獅社的講詞。這是一篇充滿智慧與卓見的講詞，承駐美大使館一等秘書賴家球先生翻譯後寄給我們，其稿費遵賴先生之囑轉作大陸救災的捐欵，我們於此併向譯者致敬謝之忱。又馬丁這篇講詞，已於七月十三日經美衆議員周以德提議列入美國會紀錄，足見其見解之珍貴。

「中立國之戰」本期是最後的一篇，也是記者對板門店舌戰觀感的總結。我們希望劉明遠先生此後更有其他的文字寄給我們，以慰讀者想望。「新與土耳其」是可供我們借鑑與效法的，「中共對西藏的控制」正是侵印的先聲。這兩篇報導自也是很有價值的。

自由中國　半月刊　第十一卷　第八期　總第一一九號

中華民國四十三年十月十六日出版

發行人兼編輯：『自由中國』編輯委員會

出版者：自由中國社
社址：臺北市和平東路二段十八巷一號
電話：二八五七〇

航空版
香港辦事處：友聯書報發行公司 Union Press Circulation Company, No. 26-A, Des Voeux Rd. C., 1st Fl. Hong Kong
菲律賓辦事處：岷市怡干洛街五〇二號三樓 3rd Floor, 502 Elcano St. Manila, Philippines

總經銷
臺灣：自由中國社發行部
美國：中國書報發行所
美國：國民日報社 Chinese Daily Post 809 Sarcamento St., San Francisco, Calif. U. S. A.
加拿大：醒華日報 Shing Wah Daily News 12 Hageeman St., Toronto, Canada

經售者
日本：東京僑豐企業公司
韓國：漢城裕昌德號
馬尼剌：大中華日報社
印尼：新疆書店
印尼：椰嘉達天聲日報
越南：棉蘭新中華報
緬甸：西貢中原文化印刷公司
印度：仰光振成書報店
澳洲：加爾各答塔梅學校
北婆羅洲：雪梨瑞田公司
新加坡：西利亞波青年書店
新加坡：檳榔嶼、吉打邦均有出售

印刷者：精華印書館
廠址：臺北市長沙街二段六〇號
電話：二三四二九號

本刊經中華郵政登記認爲第一類新聞紙類　臺灣郵政管理局新聞紙類登記執照第五九七號　臺灣郵政劃撥儲金帳戶第八一三九號
(每份臺幣四元美金三角)

自由中國

FREE CHINA

第十一卷 第九期

要目

中華民國四十三年十一月一日出版

社址：臺北市和平東路二段十八巷一號

（2）

半月大事記

十月十一日（星期一）
行政院將華僑回國投資條例送請立法院審議。
美經濟顧問團任務完成，對我財經現狀提出總報告。
教育部頒佈大專教員出國辦法。
美澳紐三國在華府會談，加强東南亞防務。

十月十二日（星期二）
美主管遠東事務助理國務卿勞勃森乘專機抵臺，會商與中美利益有關問題。
立法院三讀通過中華民國國徽國旗法。
匪俄加緊勾結，在北平舉行歷時兩週之會議後，發表八項聯合公報。俄將以互欵貸予中共，合建鈎連中俄間之鐵路。
法國衆議院通過倫敦會議協定。

十月十三日（星期三）
美空軍林賽等三將領訪臺，參觀我三軍基地。
法總理孟德斯法朗士獲衆院信任，談判德國武裝問題。

十月十四日（星期四）
美助理國務卿勞勃森離臺返美，行前發表聲明，謂會與我檢討整個遠東情勢。
行政院修正公佈軍司法劃分辦法。

十月十五日（星期五）
公營事業轉移民營輔導委會正式成立。
美經濟顧問團長史蒂芬離臺返美。
美拒絕接受聯大秘書長哈瑪紹分送之中共控美文件。
陳之邁在聯大表示，緬境現有反共部隊與我無關。

十月十六日（星期六）
美助理國務卿勞勃森返美，聲稱訪臺之行收穫甚豐，否認曾勸我停止攻擊大陸。
聯大政委會通過關於緬甸控案的十國建議，宣佈現留緬境遊擊部隊應接受解除武裝與拘禁。
美國務院宣佈將以直接經援給予巴基斯坦。

十月十七日（星期日）
蔣總統對合衆社記者表示，匪俄兩大鐵路完成，即將發動太平洋大戰。並指匪俄宣言意在誘騙德日，孤立美國。
我訪韓軍事代表團一行廿五人飛漢城考察。

十月十八日（星期一）
邱吉爾宣佈英內閣人事調整，辭職之三閣員爲國防、法務、與教育大臣。
葉外長在美廣播，謂大陸爲我合法領土，我有權隨時進攻，不受任何干涉。
我旅菲一僑商因觸犯零售商菲化法遭菲法院判刑，此爲菲化案之首一犧牲者。

十月十九日（星期二）
蔣總統對英記者談話，斥匪俄聯合公報之陰謀，西方國家如不阻止匪俄鐵路部署，戰禍終將不免。
前美駐華大使司徒雷登發表談話，主張助我反攻大陸。
英埃兩國在開羅簽署運河撤軍協定。
西德總理艾德諾飛巴黎與法總理孟德斯法朗士會商薩爾問題。

十月二十日（星期三）
我空軍司令王叔銘將軍飛東京參觀美在日空軍基地。
聯大指委會通過將蘇俄誣控美國及我國兩案延緩兩週討論。
美國務卿杜勒斯飛抵巴黎，與英法德三國商討恢復西德主權及再武裝問題。
赫爾將軍抵漢城，與韓國政府談判美韓間貨幣比率的糾紛。
義衆院通過對政府信任案，支持西德加入西方防務的政策。

十月廿一日（星期四）
行政院會議通過「實施耕者有其田案公營事業移轉民營輔導辦法」。
法使館發表聲明，綜述斡旋陶甫斯輪經過。
九國會議通過西德聯盟草案，使德義加入布魯塞爾公約。
艾森豪演說稱，在捍衛自由世界時，美軍即將出動作戰。

十月廿二日（星期五）
我代表蔣廷　大致辭，駁斥蘇俄對中美兩國的指控。
美英法德四國外長正式通過恢復西德主權的波昂條約最後條文。
赫爾將軍離韓返日，聲稱在韓談判業已失敗，美韓幣值紛爭仍未解決。

十月廿三日（星期六）
總統明令公佈修正中華民國國徽國旗法。
西方盟國簽訂歷史性條約，結束戰後對德的九年佔領，並使德重整武裝，加入西歐聯盟。法德對薩爾問題已獲最後協議。
美英法加俄五國共同在聯大政委會建議對裁軍問題進行秘密談判。

十月廿四日（星期日）
臺灣省西部縱貫公路正式通車。
聯合國九週年紀念日，蔣總統發表致賀文告。
巴基斯坦總督下令解散議會，總理艾里已奉命組成七人內閣。

十月廿五日（星期一）
臺灣省光復九週年紀念，九屆省運會同日揭幕。
美第七艦隊司令蒲賴德抵臺訪問。
美代表洛奇在聯大演說，列擧中共十六項罪狀，予以嚴厲斥責，力主拒絕中共進入聯合國。
美總統在白宮召開特別閣議，聽取國務卿杜勒斯歐洲之行的報告。

『自由中國』的宗旨

第一、我們要向全國國民宣傳自由與民主的真實價值，並且要督促政府(各級的政府)，切實改革政治經濟，努力建立自由民主的社會。

第二、我們要支持並督促政府用種種力量抵抗共產黨鐵幕之下剝奪一切自由的極權政治，不讓他擴張他的勢力範圍。

第三、我們要盡我們的努力，援助淪陷區域的同胞，幫助他們早日恢復自由。

第四、我們的最後目標是要使整個中華民國成為自由的中國。

社論

(一)韓國近來的態度是否利於反共？

前幾天美國參議員諾蘭在舊金山演說稱：中國、日本、南韓應加入日前簽訂的「東南亞防務公約」(舊金山二十二日路透電)。幾年來本刊社論亦曾經屢次提議，縱使東南亞防務公約與英法有關，或多梗阻，我們仍以爲應由美國領導，將中、日、韓、菲結成一條陣線，這是較易成立的。可是細察事實，除中美與美菲關係可稱圓融無碍外，日本的反美情緒始終未能淸除，日韓關係只有越來越惡劣，最近則美韓爭執亦至表面化，聯軍統帥赫爾親飛漢城，和李承晚總統當面磋商亦竟至不歡而散了。這是怎麼一回事？我們不禁爲東亞反共前途擔憂。

此次美韓的爭執，傳由美國對韓國的七億元軍經援欵附有四個條件：①南韓同意韓幣貶値，改變滙率；②韓國同意運用部份經援(至少百分之二十五)向日本購貨；③南韓應採取切實措施抑制通貨膨脹；④南韓同意與美國充分會商援欵用法(漢城十八日路透電)。由此可見當前的爭執實以美鈔與韓幣的兌換率爲中心。現在赫帥與李總統關於兌換率的談判，業已明白宣告失敗了(漢城二十二日合衆電)，韓國的經濟不會有危機嗎？其實美國所不滿於韓國的現狀者，一爲經濟上處理之不當，一爲極端的排日。如果李總統堅持其既往的政策，則韓國本身將自救不暇，怎能够擔當抗共的大業呢？我們同爲反共的前鋒，心所謂危，不敢不告。

先就經濟而論，此次爭執的所謂兌換率，照韓國的官價，每美金一元換韓幣一百八十圓，而美國的要求則爲五百圜；據說黑市已高出官價三倍，故五百圜實接近黑市的數字。赫爾統帥於談判破裂後，在漢城機場對記者說，美國將以兩種方法來支付其南韓的欠單：①用美國國庫支票支付南韓的簽約人；②用美鈔支付爲美軍工作的南韓人薪俸，按五百圜折一美元計算。由此可知韓國現在確有通貨膨脹的事實，致美元價格發生黑市，而韓國政府却要維持官價滙率，以致爲美軍工作的南韓人大大的吃虧。據美國外交官員稱：李總統之經濟思想十分危險，又稱韓政府中沒有一人對經濟學有高深認識(漢城十八日美聯電)。韓國的經濟財政情形我們雖不知其詳，然而正在醞釀危機殆無疑義，今次美韓談判又告破裂，其經濟的危機會不會因此而加深呢？我們政府在大陸的失敗，其主要原因實在通貨膨脹漫無止境，使中產階級咸趨沒落，而共產思想乃深中人心，蔓延益廣。現在韓國並無戰事，又有大量的美援，如果今天尙且不能抑制通貨膨脹，以穩定財政經濟的前途，豈不會重踏我政府的覆轍嗎？

其次，韓日關係之不調實爲東亞反共前途的大障碍，我們早已有所論列了。此次美韓爭執中也有美國要求韓國要以一部份經援在日本買貨之說，可見韓國不願在日本買取物品，已使美國人不能忍耐了。而最近李總統在敎育上將反共與反日等量齊視，尤爲變本而加厲。據漢城十四日美聯電稱：『李總統特別命令促各校「注意三十六年來日本統治對韓國全面發展所產生之歹惡影響」，主使學生明瞭「阻止日本經濟攻勢之措施」。又南韓領袖認爲日本對共甚軟弱。該令亦繼續强調反共』。過去日本統治韓國的政策，固然有許多錯誤，其歹惡影響至今猶存亦在意料之中，但是韓國政府在敎育上應謀潛移默化以消弭此影響於無形，不宜明令倡導以增高下一代的仇恨心理。須知「仇可解而不可結」乃是我們東方處世的格言，處此大敵當前、存亡與共的今天，正是解釋前仇的大好時機。李氏如無反共的決心則已，苟以反共爲前提，則其反日的態度非澈底改變不可。以蕞爾的韓國，反共而又要同時反日，其失敗是可立而待的。日本對共甚軟弱，或許是事實的眞相，但是我們鄰邦的任務只有促其加强，韓國之反日能達成此任務嗎？至於所謂「日本經濟攻勢」尤爲無的放矢。戰後的日本經濟眞是百孔千瘡，若非多量的美援以及韓戰的景氣，勢必日趨於枯竭。現在雖則迅速恢復舊觀，通貨不增，幣値穩定，然而並無獨立自主的雄心，何來對鄰國的「攻勢」？如果我們鄰邦要使日本增强反共的工作，則必希望其經濟愈益繁榮，正應謀緊密的合作，那有「阻止」其攻勢的必要？我們始終認定，韓國的排日政策是由不健全的心理而發出的不明智之舉，希望其早日澄淸，以鞏固東亞的反共陣營。

最後我們對於領導自由世界的美國願致其友好的忠告。據合衆社東京電訊報導，美國已達成幾項外交政策的新結論，其中兩項是：美國最後認爲它不能「買得」尊重與愛戴；以及美國今後辦法，或將聲明一項目標，而要求別國合作。這是幾年來外交經驗的結晶。十九世紀英國之領導世界，實以現實利害爲前提，其外交策略皆由此推論出來，其所以左右逢源，縱橫如意，端賴乎此。但是時至今日，此前提業經不能成立了。因爲敵人是共產黨，他們只求鬪爭之獲勝，即使殺死或餓死幾千萬人仍可無動於中，其他些小的利害更不待論。如果自由世界各國依然着眼於現實的利害而忽視反共的大原則，怎能够獲得最後勝利呢？法之對德，韓之對日，都是斤斤計較利害的，僅僅金錢的援助已不足滿其要求，美國不有特別明確的目標，實難使它們心服。今僅就東亞而論，我們曾經多次建議，美國應從速訂立一個積極的政策，而對亞洲各國的外交行爲皆由此推演出來，然後堅決反共的國家才知道與美國合作的途徑。今次西德重整軍備的成功已可增强美國外交家的自信，美韓談判的失敗能不能促進新東亞政策的成立呢？

社論

(二) 軍司法再進一步的革新

在軍法局長包啓黃案揭發之後，政府把軍司法審判範圍重新劃分，劃分後軍法範圍已縮小到我們多年來所呼籲的程度；並且、三十七年依憲法第八條制定公佈的提審法，政府也同時重申命令，令各級機關切實遵照，不得非法逮捕拘禁，以重人權(見十月十五日臺北各報)。這件事是俞內閣成立以來第一件值得特別頌揚的事件。尤其在包案揭發以後很快地來這一改革，可見政府之肯救弊補過；而不是任何事都一意孤行，不是任何事都不顧輿論的。五月前國人所殷切期待的「新政府、新作風」，我們希望從這件事開始。

軍司法審判範圍的劃分，這是第三次。第一次是在四十年十月十七日，行政院公佈了一件「臺灣省戒嚴時期軍法及司法機關受理案件劃分暫行辦法」。那個辦法公佈後，本刊曾於第五卷九期(四十年十一月一日出版)的社論中詳加分析，指出它對於實際情形不會有何改善。因爲它所規定的，只是某些罪行應由軍法機關審判，但與軍事或地方治安無重大關係者，應交由司法機關審判；某些罪行由司法機關審判，但與軍事或地方治安有重大關係者，仍應由軍法機關審判。這種規定——所謂有無「重大關係」，實際上沒有定出一個明確的界限來。所以我們當時對於那個辦法，一點也不敢恭維。到了四十一年五月十日，行政院宣布廢止，另行公佈一件「臺灣省戒嚴時期軍法機關自行審判及交法院審判案件劃分辦法」。這一辦法比前一辦法爲好。軍法審判範圍雖未縮小到應小的程度，總算已經「明確地」縮小了一些。但還有一個缺點，就是該法第二條第五款那個拖泥帶水的尾巴。這幾點本刊於第六卷十期的短評中曾經一一指出。

現在、這一次的劃分，是修正四十一年五月的那個劃分辦法。即將該法第二條所列的五款，删成兩款。只把㈠軍人犯罪及㈡犯戡亂時期檢肅匪諜條例、懲治叛亂條例所定之罪，列入軍法審判範圍。其餘三款——㈢犯懲治盜匪條例所定之罪，㈣非軍人勾結軍人犯懲治走私條例所定之罪，以及㈤犯刑法公共危險妨害秩序之罪於地方治安有重大危害者，則全部删掉。這件修正後的劃分辦法，與我們四十年十一月所建議的(見本刊第五卷九期社論)已完全一致。當時我們會說過，爲着確保臺灣的治安，將戡亂時期檢肅匪諜條例及懲治叛亂條例所列的罪行列入軍法範圍以內，確爲無可奈何之必要。至於與匪諜無關的一般刑事案件，而其人犯又不是現役軍人，那就應該確切地嚴格地劃出軍法範圍以外，由普通法院受理。我們這一建議，到了三年後的今天總算實現了！現在我們希望這個現行的劃分辦法，能够有效地約束軍法機關和一般所謂治安機關；同時我們更希望保障人民身體自由的提審法，經政府這次重申命令，各級機關眞能切實遵照。

茍日新，日日新，又日新。我們在論述政府這一措施的時候，要再提出下列幾個希望：

一、軍法審判範圍，已經合理地縮小了，軍法審判程序尚有大大改善之必要。關於這一層，據說有關機關已研訂幾項主要原則，草擬「軍事審判法」草案(見十月十五日中央日報載阮華國先生「崇法治、重人權」一文)。我們希望草擬中的「軍事審判法」，除包括阮文所報道的幾點以外，應該規定「嫌疑犯經訊明認爲誤行逮捕或嫌疑不足時，應立卽釋放，不再經取保手續」。這是民國三十三年國民政府頒佈的「保障人民身體自由辦法」第二條所規定的。本刊爲這一點，曾再三呼籲要切實施行。因爲我們常常聽說，軍事監獄中實有訊明無罪、但因無法覓保以致永不釋放的人「犯」。這類人「犯」、如果還說是「犯」的話，只好杜撰一個名詞，叫做「無保犯」。我們希望將來「軍事審判法」公佈實行以後，軍事監獄中，再也沒有一個「無保犯」！

二、軍法範圍縮小以後，普通法院受理的案件，自然增多。因而法院的良窳，影響人民的權利義務乃至生命安危者將更大。關於法院方面應有的改善，幾月前立法委員對俞院長的質詢中，會提出許多材料。這些材料我們希望司法行政部門認眞調查、徹底究辦；把司法界的尊嚴，從自身的檢肅中樹立起來。此外我們還要特別寄望於法院的檢察官。法律的權威，最要緊的要靠檢察官來維護。檢察官是代表國家檢舉罪犯的。「富貴不能淫，威武不能屈，」爲檢察官應有的精神。整個司法制度，是要做到無縱無枉。無枉、爲公設辯護人所要達到的任務；無縱，是檢察官應盡的職責。如果某個地方有一逍遙法外的罪犯，就是這個地方的檢察官失職；如果這一逍遙法外的罪犯是惡霸，是暴吏，而檢察官不敢攖其鋒，則不僅失職，而且是人格上的奇恥大辱！

三、關於監獄方面，現行法規中本有「監獄條例」、「看守所條例」、「監獄行刑法」、「羈押法」等合情合理的法規。但在軍事監獄中，對於這些法規，從未嚴格實行。尤其關於衞生方面的規定，更是等於具文。最近本刊接到兩封報道軍監情形的信件，一件是剛剛出獄的人寫來的，另一件是出自獄中人的手筆，封信的背面寫有「拾此信的先生女仕們，請投入附近郵筒中，增福增壽，功德無里」等字。信裏說：「這封信我們要利用提審時，由囚車窗口把信丟出，是否能寄到，很成問題」。總算不錯，本刊已收到了這封信。這兩封信，我們已另抄副本，送請國防部俞部長核辦，本文不再詳引其內容。我們在這裏只簡單而大聲地呼籲一句：犯人還是人！希望有關機關，本人道立場，把軍事監獄大大改良一番。

社論

（三）斥無恥的讕言

造謠說謊本是共產黨人最優為的慣技。全部共產主義的理論便是一套謊言體系，整個共產黨的組織便是一個造謠說謊的組織。如果仿用亞里斯多德的句法給共產黨人下一個確切的定義，那麼我們應該說，共產黨人是世界上最會造謠說謊的「動物」。這一事實與共產主義及極權制度的基本性質有關，絕非偶然的現象。凡為共產黨，無論他是俄國的、中國的、或甚至南斯拉夫的，在這方面都沒有什麼不同。在共黨統治之下，舉凡語言、文字、教育、科學、及一切傳達知識的工具，都被利用為宣傳的手段。而宣傳也者對共黨而言，就是要指鹿為馬，強非為是，顛白倒黑之謂。他們之所以如此「大力」造謠說謊，無非為了一個極終的目的，即是要愚惑人衆，以供驅策，而遂其極權統治的陰謀而已。然而，林肯說得好：「你可以欺騙所有人於一時，也可以欺騙一個人於永遠，却不能在永遠的時間內欺騙盡所有的人。」共產黨人對世人造謠說謊的效果，正復如是。過去，在有些地區，他們的宣傳的確是很能蠱惑人衆的。但是，當人們聽到他們太多的謊言，認清了他們的眞面目以後，他們的謊言便難再收效果了。

中共的新華社像蘇俄的塔斯社一樣，是一個典型的共黨的造謠機關。遠在秧歌王朝的一班新貴們還在落草為寇的時期，這個造謠機關便曾為他們的主子立過不少功勳，很多知識份子曾為他們的宣傳所麻醉。現在這班新貴都粉墨登場了，於是新華社也成了中共官方御用的通訊社，而變為大陸上頒佈消息、製造新聞、配給思想的唯一的最高的權威。然而，現在無論鐵幕內外，對於它的謊言，已經不再有人置信了。

最近新華社正在進行一項陰謀，即有計劃地製造讕言，以攻擊我們政府，意圖傷害其在人民心中的威信。新華社廣播的電文中，並且兩次引用到本刊的文字。一次是在十八日的電文中，引用了本刊一篇建議改革戶稅的讀者投書；一次是在廿日的電文中，引用了本刊另一篇呼籲改善教師待遇的讀者投書。兩文原都載在本刊第十一卷第七期（十月一日出版）。他們於斷章取義、誇大渲染之餘，再用上一大堆共黨慣用的醜惡字眼，大造其謠地說，人民對我們政府如何如何。新華社的記者一定很自鳴得意，以為這是他們的傑作。然而我們讀了他們這兩篇妙文以後，則不禁啞然失笑。我們失笑他們之心勞日拙，以至造謠說謊得如此低能！他們這些讕言不但事實上一點也得不到他們所預期的效果，相反只為他們自己做了一次反宣傳而已。

不錯，在本刊所登載的這兩篇文字之中，都曾坦白批評到我們政府在施政方面的錯誤。不僅如此，即在新華社引用本刊文字的同一期上，我們還有一篇社論直接批評到行政院長兼職之不當。像這類的文字本刊幾乎每期都有。本刊登載這一類的文字，其用意乃如本刊宗旨所說，是要藉以「督促政府，切實改革政治經濟，努力建立自由民主的社會」。本刊是一個獨立性的民間刊物，五年來一直是站在人民立場，嚴正地批評政府施政。這在自由中國原是一件十分尋常的事。因為言論自由是被我們每一個人所享有的。一個自由民主的國家，人民可以批評政府，政府亦從不以為他們是不能批評的，他們永遠在尋求人民的意見而不斷改革。可是在共產極權的統治之下，情形則却却相反。共黨的政府是神聖不可侵犯的。任何人對政府的措施如公開表示懷疑，便被視為危險份子，而加以清算或殺害。我們倒要問問新華社的記者，在中共統治下的大陸，能有人敢於批評中共政權嗎？能找到一份像「自由中國」這樣批評當局的刊物嗎？我們還可以告訴新華社記者，不但自由中國有言論自由，而且自由中國的政府是很重視輿論與民意的。隨便舉一個例子：我們政府最近對軍法司法的重新劃分，便是應輿論的呼籲而作的改革。在這一期的另一篇社論裏，我們還申論及此。可是共產政權能這樣做嗎？能這樣重視人民的身體自由嗎？

中共過去詆譭我們政府為不自由不民主，而自我標榜為所謂新自由新民主。須知自由民主是有其確鑿含義的。不容曲解，也不容假借。自由民主的實踐正是要保障人民的諸基本自由權。而言論自由則是其中之一。現在新華社引用了本刊批評政府的文字，正足以證明在自由中國，人民之能享有言論自由。然而今天的大陸是甚麼樣子？一般人民的生存自由與身體自由且不保，追論甚麼言論自由？試看今日大陸。多少人被清算鬥爭？多少人在中共製造出的水災中流離失所？多少青年被送往韓國越南戰場上去充作砲灰？這些事實你們敢於報章雜誌上透露一點嗎？你們引用我們投書中對中小學教員生活清苦的報導，可是大陸上的中小學教員過的是甚麼生活？他們不但要忍受物質上十百倍的痛苦，還得遭到長期的精神上的凌遲。你們引用我們對戶稅的指摘，可是大陸上人民的辛勞所得誰還能夠保有？予取予求，誰還能夠抗議？國際紅十字會兩次救災的建議都遭拒絕了。你們「愛護」民命的表現，原來如此!?中共現在還在那裏粉飾昇平，自我陶醉。然而說謊的人到頭來將只能欺騙自己。你們將永遠不能聽見人民的心聲！大陸上所有人民誰個不吞聲飲淚，誓願與汝偕亡？

「蜀犬吠日，吳牛喘月。」新華社的記者因為從未看到聽到人民批評政府的言論，因而對本刊的文字感到驚異，從而大做文章。其愚昧之情實甚可憫！照共產黨的邏輯看來，眞是不可思議：像「自由中國」這樣的刊物豈不應該早予封閉？為甚麼讓它這樣批評政府？而這正是民主不同於極權的基本差異之所在。現在你們既然要引用我們的文字，那麼我們建議一個最好的辦法：就是讓「自由中國」在大陸去行銷，讓鐵幕下的人民聽聽自由的聲音。你們敢於接受這個挑戰嗎？

我們願意正告新華社的記者，我們這羣辦「自由中國」的朋友都是篤愛自由的人士。過去、現在、以及未來，我們都是反共的。我們辦這個刊物正是要給你們共產黨看的。我們料想你們不敢接受我們的挑戰，而讓「自由中國」在大陸上行銷。但是縱使僅有你們幾個人看也好。只要你們看它，終有一天它會幫助你們，打開你們固蔽的心性，喚回你們失去的良知的！

不容忽視的中共與蘇聯築路的勾當

凌鴻勛

報載中共與蘇俄在北平經過兩週的會議，於十月十二日發表了包括八個項目的聯合公報。其中兩個項目是和鐵路有關：一爲雙方關於修築集寧至庫倫鐵路，並組織聯運的聯合公報；一爲雙方關於修築蘭州經廸化至阿拉木圖鐵路，並組織聯運的聯合公報。這幾件公報的發表，外面顯示蘇俄的和平攻勢，骨子裏實爲蘇俄對我大陸進一步的控制，持別是有關蒙新鐵路的兩項，可謂澈底而深入。茲事關係世界前途，殊爲重大，作者願將此事就所知的前因後果及其重要性述其概略，藉以喚起國人與世界的注意。

兩路的歷史背景及其環境

中國與蘇俄壤地相接，兩國界線綿延之長，世界上再無與倫比。自俄國修築西伯利亞鐵路，橫跨歐亞兩大陸，直出海參威，已把我北部及東北邊疆作一大包圍。自土西鐵路告成，則又把新疆北部及西部包圍起來。在帝俄時期，俄國要在遠東先立一足，因之經營海參威港，進而取得中東鐵路築造權，縮短至海參威港路程。繼又伸其鐵路勢力於南滿，攫取旅大兩港。爲使一方阻遏日本勢力之在東北發展，一方防止英人在華勢力之北出長城，俄人對於東蒙，自不得不思先佈其勢力，以爲其在我東北已得權益之掩蔽。於是早在光緒二十五年（一八九九）卽向我要求由西伯利亞鐵路的伊爾庫斯克附近，經恰克圖、庫倫、張家口、逕達北平之鐵路建築權。我國不允，並自造京張鐵路以圖抵制。而俄人包藏禍心，竟於宣統三年（一九一一）煽誘庫倫獨立，並卽向我提出五項要求，其中第一項爲中國承認俄人有建築自庫倫至俄邊境鐵路權。翌年爲民國元年，俄更與外蒙私訂所謂蒙俄鐵路協約，聲明庫倫政府承認俄國在其領土內永遠有鐵路建築權。俄人對於外蒙古之野心以及以鐵路爲其入手工具之企圖，早已伏於此。

民國六年，俄國發生革命，勞農政府成立，曾一度宣言，凡帝俄政府與他國締結帶有侵略性質的條約一概無效。然自蘇維埃聯邦政府成立以後，對於外蒙的政治與經濟的陰謀，日益加深。自清末起，政府有識之士卽曾一再提議修築張庫鐵路（張家口至庫倫），曾派人測勘張恰鐵路（張家口至恰克圖）。而俄人則早於民國三年，自西伯利亞鐵路的烏金斯克站修築長一百五十英里支線至我邊界恰克圖，敲着我北方的大門戶。民國九年我政府曾派徐樹錚爲張恰鐵路督辦，十四年又曾派有平滂鐵路（平地泉卽集寧至滂江）督辦，均以中原有事，鞭長莫及，對於築路，祇裝姿態而毫無動作。蘇俄便乘機擅自展築鐵路由恰克圖至庫倫，外蒙事實上早非我有。抗戰勝利，中蘇訂立同盟友好條約，我國不久曾承認外蒙獨立。現在所謂「聯合公報」關於擬築集寧至庫倫鐵路，卽將西伯利亞鐵路與平綏鐵路加以貫通，因此由西伯利亞可直通平津而出塘沽新港。

俄國在東蒙，旣因與日本在滿勢力有所衝突，又對我前時的自籌築路有所妒忌，故對於外蒙之野心不得不積極而加緊進行。惟於新疆，則半世紀以來，俄國早已視同禁臠，尤其土西鐵路完成以後，紅色帝國主義已將新疆的政治、經濟與軍事逐漸加以控制。蘇俄環顧左右，在此一角落的勢力擴展，更無他國可與爭衡（英國對南疆已無暇顧及）。加以我國國內多事，對新疆已失其控制力量，其侵略企圖，固不必急於表面化。是以帝俄及蘇俄始終對於新疆未嘗有關於築路的要求，而新疆得於此情勢下，尙能保全其爲中華民國領土。

至於西北鐵路的計畫，我國自民元決定修築隴海鐵路起，凡歷二十年，路軌尙且停滯於豫西之靈寶。一二八上海事變發作，國府倉皇遷往洛陽，於是始闢開發西北的口號。及路軌進入潼關，橫過關中，通達寶雞，而抗戰事起。抗戰期間，政府以酒泉附近發現大量油礦，始積極將隴海鐵路展築入秦。通車天水後，復展築天蘭一段。就在抗戰以前，西北大幹線尙且無公路可通，於是由內地赴新疆者尙須取道西伯利亞鐵路，再轉土西鐵路，由塔城再入國境。此與以前由內地赴雲南須取道安南，同爲國家交通上一恥辱之事。如此而欲控制邊地，誠屬不可能。蘇俄在此情況下，固可無所顧忌，故對於新省資源與交通，早已逐步施其伎倆。首先將烏蘇獨子山油礦與我合作開採，一切事權則操之於蘇俄。且已代我修築由邊界霍爾果斯至廸化並展至哈密的公路，長凡一千二百十餘公里，於民國廿六年七、七抗戰前一日舉行通車典禮。惟該公路的一切路線及建築圖樣，並不交予我方，其居心已可概見。現在我方鐵路既已築達蘭州，則蘭州西展接至哈密、廸化、霍城、而與土西鐵路相接，自是蘇方加緊控制大陸，搾取西北資源之必然結果。

兩路的路線情況

由庫倫至集寧一線，長約一千二百餘公里。路線所經，與我國早年所測勘之線大致定必相同，而最南一段，卽爲我方所擬之平滂路線。作者除曾一度至集寧外，此路之線未曾經行。但此線全在蒙古高原，除在綏遠境內略有山路外，其餘應無甚困難。據說此路早已動工，則一兩年內完成，也許可能。至於新疆一線，則作者於抗戰期間，主持甘新公路及鐵路交通時，曾派隊初測由蘭州至酒泉火燒溝（油礦支線起點）之鐵路路線，又曾派隊踏勘由酒泉經安西、哈密、廸化，以至烏蘇之鐵路路線。當時以新省又發生事變，故踏勘隊工作僅至烏蘇爲止，惟作者本人則曾由烏蘇沿公路之線直至霍爾果斯，並出卡到達中蘇邊界。依據測量結果，路線由蘭州經永登後，跨越烏鞘嶺，路線須繞道白塔子而至武威。由此沿西北走廊，經張掖、酒泉、而至火燒溝，長一千零三十公里。如以高坡度跨越烏鞘嶺，則可縮短一百五十公里。此段已經初測，火燒溝至油礦支線，亦經初測。由火燒溝西行經安西、出猩猩峽至哈密，長五百一十九公里。由哈密至廸化、有天山南北兩路之可能，里程相若，南線較佳，爲五百八十六公里。廸化以西經綏來至烏蘇，長二百七十公里。故由蘭州至烏蘇長約二千二百餘至二千四百公里之間，因未作最後定線，故長度容有出入。烏蘇以西以至霍城邊界公路里程爲四百一十公里，所經極爲平坦。故此歐亞幹線，在我國境內應長約二千七百至八百公里左右，而由國界至蘇境阿拉木圖，則尚有二百餘公里。此甘新幹線，除上述烏鞘嶺一段稍難外，其餘工程方面，並無困難。而困難所在，却是沿線人口稀少，氣候寒冷，糧食不足，煤鐵及一切築路供應缺乏。往昔左宗棠經略新疆，曾說：「籌餉難於籌兵，籌糧難於籌餉，籌運更難於籌糧」，即此數語，已足以表現此路空間問題之嚴重。現在築路，雖可利用機械，然二千餘公里大量築路器材之運輸，自非易事。蘇俄昔日興築土西鐵路，原定五年完成，乃以需要急迫之故，傾其全國力量以赴，竟於三年半告成。此路中共旣經俯首帖耳，也許以同樣力量赴之，雖不必能如所宣傳之一九五七年完成，但對向展築，四年內接通，容有可能（據報路已由蘭州通至永登，惟永登卽爲工程困難之起點）。

築路的必然苛刻條件

依我的觀察，中共與蘇俄兩方公佈蒙新兩路的合作修築，其意義甚爲重大，雙方必定貫澈實行。目前我們祇曉得所謂聯合公報中的簡單報導，對於合作細則，尙未有所聞。就想像所及，有必然的幾項苛刻條件如後：

（一）此兩路工程，雖非甚難，然里程旣長，土石方數量甚大，雖有一部份機械可用，但大量人工，仍不能免。而此兩路人口極爲稀少。就甘新一路而論，出蘭州以後，此線在甘省境內一千餘公里，沿線兩旁一百公里以內，人口僅一百萬人左右（蘭州城不計）。在新省境內一千餘公里，則僅六十萬人左右。如此就地雇工征工，不但量的方面，所差甚遠，且質的方面，當地工人，技術水準較差，勢必强迫征調大量的內地人力前往，其數目至少在三四十萬人以上，這些人力的需要在蘇俄定必壓迫中共又來製造龐大的奴工營。而在西北一帶，氣候苦寒，風沙又烈，日光較短，食物缺乏，其生活的遭遇，必更較所謂導淮築堤的奴工，更爲慘烈。以中共向來慘無人道之作風，勢將演出一路工成萬骨枯的痛史。

（二）我國的鐵路標準軌距爲四英尺八英寸半，蘇俄的鐵路軌距爲五英尺，因兩種軌距的不同，兩方的列車不能過軌。將來蒙新兩路，係用何國的軌距？此爲一非常重大的問題，而每爲一般人所忽略之事。俄人對於此點，絲毫不會模糊。在早年要求在我境內築中東鐵路時，卽用與俄路相同的五英尺軌距，使與我領土內的鐵路不能聯運，而使俄國海陸各軍及軍械，得由俄國轉經此路運送至海參威。其後抗戰勝利，中蘇訂立同盟友好條約，其中關於中長鐵路的協定，曾規定蘇俄政府有權在上開鐵路用加封車輛運輸過境之軍需品，由「一蘇俄車站經上開鐵路至另一蘇俄車站」，輕輕地把日本侵佔東北時將中東路的寬軌所已改的標準軌距，又從頭改爲蘇俄鐵路的寬軌，以便在東北掠取價值美金二十億元的工業設備。這回兩國際幹線的建築，蘇俄會不會要求採用寬軌距，以便他日的軍運？中共對此，雖尙諱不敢言，但我敢斷言，雙方所謂合作，必對於此點有一了解（早年俄蒙私訂的鐵路協約，曾明定所有外蒙鐵路，其軌距應與俄同）。且事實上此兩路之修築，必定兩端同時進行，是則蘇俄從其西伯利亞鐵路，及土西鐵路的車站，築入我國境內，必然的須與其同軌，方能將其築路材料列車開入，以便伸展軌道。而此兩路之材料，必多靠蘇俄供應，其蘇俄方向路軌之築入，必較我方築出爲快，故此兩路大可能全用蘇俄寬軌制。倘使我的判斷不錯，則此舉不但擾亂我國鐵路的軌制，而蘇俄的鐵蹄，在我國境內可以出入自由，毫無限制，他日有關此兩路的支路，或聯絡線亦勢必如此，其影響實至深長而重大。

（三）築路所需器材其數量甚可觀。計蒙新兩路，合計約四千公里，連同車站岔道等，至少需四千五百公里的軌道材料。如是鋼軌一項，卽須三十餘萬噸，枕木一項，卽須六七百萬根。卽此兩項，已非現時中共所能大量供應，勢必借自蘇俄。至其他築路機械、及機車、車輛、橋梁等器材，蘇俄定必大量向中共推銷，以發展其工業。將來如非由搾取中國人民糧食以爲交換，則必將攫奪沿線鑛產或石油以取償。此兩路之合作興築，有無附帶讓與的條件，尙不可知，然蘇俄乘此爲沿線種種經濟上的要求與特權，自屬極可能之事。

（四）蘇聯對於此兩路，其目的一在控制大陸，一在伸展勢力於太平洋，俾可在太平洋掀起大戰。而遠程大陸的軍事運輸，自必有賴於鐵路，是以此兩路雙方的合作興築，必定包含有軍事運輸上的特別條件，如軍事運輸之優先權，軍品列車之不受檢查，沿線電訊及警衛之由蘇俄控制等等，爲必然的結果。此種軍事上的附帶條件，在所謂聯合公報中，當然不會透露。

（五）在經濟上蘇俄必定要求特種優惠的運價，使蘇俄工業出品得特殊的地位，向中國大陸傾銷，使中國鐵路的運價，不能自主，昔日中東鐵路的先例可爲明證。此種經濟侵略爲無形的，而影響於中國的民生至爲遠大。

以上各項，斷非爲作者之過慮，而事實定必如此。此兩路旣決定興築，則蘇俄定必以高速度首先築入我國境，由是蘇俄的一大堆垃圾顧問，定必隨着路軌的進展而俱來，蘇俄的通訊設備、警衛武力將先行滿佈，又是必然之理。

今後對大陸的控制及對太平洋的威脅

俄國在帝制時代，首先築橫跨西伯利亞鐵路，以通海參威，爲對太平洋野心之開始。其後迫我强築中東鐵路，縮短出太平洋路程，並奪我旅大港口，爲圖控制大陸之第一條路線，此線可稱爲東線。今兩條新路的建築，則更添上了

（下轉第9頁）

國營事業轉投資問題的商榷

——關於大法官會議的一件解釋案

夏道平

據十月二十一日臺北各報登載：「司法院大法官會議於昨日（二十日）舉行第五十次會議。……本次會議對於行政院函爲公私合資之國營事業，投資於其他事業者，如所投資金超過該其他事業資本百分之五十時，該其他事業應否視爲國營事業，請解釋見復一案，經決議通過解釋全文爲：

『國營事業轉投資於其他事業之資金，應視爲政府資本。如其數額超過其他事業資本百分之五十者，該其他事業卽屬於國營事業管理法第三條第一項第三款之國營事業。』」

上述解釋文中的第一個「國營事業」，當然包括公私合營之國營事業。因爲行政院是爲這種國營事業轉投資問題來聲請解釋的。照大法官會議這樣的解釋，就是說，只要是稱爲國營事業——無論是政府獨資經營的，或公私合營的，它轉投資於其他事業的資金，就視爲政府資本。儘管這項資本，包括有私人資本的成分，也不管。這一解釋，似大有商榷之餘地。問題所在，一在於「法」的方面，一在於實施的後果方面。玆分述於下。

就「法」的方面看，凡依公司法之規定，公私合營的事業可稱爲國營事業者，必須具備一個條件，卽政府的投資超過其資本總額百分之五十（國營事業管理法第三條第一項第三欵所規定）。換句話說，政府資本如未超過百分之五十，卽不算是國營事業；超過百分之五十，是一最低限。這一條文，自然是指政府的「直接」投資（也卽同法第五條所定的「由國庫撥付」資金的投資）而言。至於國營事業「轉」投資於其他事業，該其他事業可否稱爲國營事業？如可、在如何條件下才可？這在國營事業管理法中都沒有規定。現在、大法官會議要給這種法律上沒有規定的事項加以解釋，照我們想，只有下列兩個途徑可循：

一、特別法固優於普通法，但特別法沒有規定的，適用普通法。就本案講，國營事業管理法是特別法，公司法是普通法。國營事業轉投資旣未定於國營事業管理法，當然適用公司法。適用公司法則大法官會議對本案的解釋，應該是：國營事業轉投資於其他事業，該其他事業仍爲普通公司，不得稱爲國營事業。

二、就國營事業管理法有關條文的法意來演繹、來推論。如果如此，則該法第三條第一項第三欵（卽：依公司法之規定，由政府與人民合資經營、政府資本超過百分之五十者，稱爲國營事業），就是有關的條文。這一條、前面已經說過，是在規定政府資本必須超過百分之五十，才可稱爲國營事業。「百分之五十」是一最低限。少於百分之五十卽不能稱爲國營事業，這是本條很明顯的法意。據此以解釋國營事業的轉投資，自當視「政府資本在該國營事業資本中的百分數」與「該國營事業轉投資額在其他事業資本中的百分數」之乘積，是否超過百分之五十以爲斷。如果超過百分之五十，則該其他公司卽可稱爲國營事業，否則仍爲普通公司，不能稱爲國營事業。爲更明白起見，再以公式表明如下：

假定A＝國營事業的政府資本
B＝國營事業的私人資本
C＝國營事業的轉投資額
D＝其他公司的資本總額

當 $\frac{A}{A+B}\times\frac{C}{D}>\frac{50}{100}$ 時，則該其他公司稱爲國營事業；（第一式）

當 $\frac{A}{A+B}\times\frac{C}{D}<\frac{50}{100}$ 時，則該其他公司不能稱爲國營事業。（第二式）

上述的兩個途徑，照我們想，是大法官會議解釋本案時所可遵循的。至於何捨何從，大法官可以自由裁量。但是、大法官會議並未遵循這兩個途徑之一，而是硬把公私合營的國營事業轉投資於其他事業之資金，「視爲」政府資本。這一「視爲」，就是把AB兩件東西的混合體，硬視之爲A，而抹殺B的存在。其實，AB在這一混合體中，是經常保持一定的比例而存在的。權利與義務都要依此比例來承擔。我們一提到這個混合體，就要想到其中的A和B，而不能抹殺任何一個。現在大法官會議硬把AB混合體視之爲A，這是不合事理的；不僅不合事理，而且很明顯地與國營事業管理法第三條第一項第三欵的法意牴觸。這一欵的法意，是在防止政府資本低於某一限度以下的公私合營的事業稱爲國營事業；而大法官會議這一解釋，則在打破這一防限，使政府資本遠低於這一限度以下的公私合營事業，也可稱爲國營事業。這樣一來，國營事業管理法第三條第一項第三欵的作用就完全失效了。

解釋法律，本可用「視爲」這一辦法的。但「視爲」、必須有合理的依擬；尤其要緊的是不能與現行法的法意牴觸。如果牴觸，就不是解釋法律，而是修改法律，也卽另造法律。另造法律，是立法部門的職權。這個職權，爲司法部門的大法官會議所沒有的。

以上是就「法」的方面說。其次我們再從實施的後果來看：照大法官會議的解釋，國營事業轉投資於其他事業的資金，應視爲政府資本。只要這種所謂「政府資本」超過其他事業資本百分之五十，則該其他事業卽爲國營事業。依此解釋，其可能的後果會怎樣呢？茲假定一個非極端的事例說明之：

國營事業甲公司，其資本總額中政府資本佔百分之七十五。現在甲公司投資於乙公司，投資額亦佔乙公司資本總額百分之七十五，於是乙公司就成爲國營事業；而其資本總額中眞正的政府資本佔百分之五十六强(75%×75%)。這種情形尙符合上列公式中之第一式。現在再假定乙公司轉投資於丙公司，投資額亦佔丙公司資本總額百分之七十五，丙公司亦因之成爲國營事業。這時丙公司資本總額中眞正的政府資本只有百分之四十二了(56%×75%)。以此類推，丙公司再投資於丁公司，丁公司再投資於戊公司……，輾轉投資下去，眞正的政府資本在所轉投資的事業資本總額中所佔的百分數，就愈來愈小。儘管小到了百分之一二，仍可屬於國營事業，這是合理的嗎？

撇開合理不合理不談，其可能及於經濟方面的後果則更屬可慮。這種可能的後果，就是國營事業的範圍日益擴大，而民營者則日益縮小；而這種縮小，並非由於所謂「發展國家資本，節制私人資本」，而是由於政府資本之以小吃大！於是某些國營事業就成爲大規模的保股公司 (Holding Company)，而某些經濟事業也就由國營的來壟斷了。至此，我們的經濟體系，會成一個什麽樣子？與經濟體系相伴隨的政治，將會走上一個怎樣的前途？我想、本刊的讀者都不難想像到。——因爲本刊曾經連載過海耶克敎授「到奴役之路」一書的全部譯文。

我們如此說，也許有人覺得過甚其詞，或者說，太理論化。但是、我們認爲大法官在解釋憲法或法令的時候，除掉堅守「法」的立場以外，是需要遠大的政治眼光和抱負的。一件解釋案的成立，應該從理論上想到其可能引起的後果；卽令這種可能的後果，有理由相信其在可見的將來不會發生，但解釋案中所表現或所含蘊的精神，萬不可與我們理想中的政治前途稍有差謬。近年來、我們常常這樣想：我國憲法既不失爲一部民主的憲法，在今天的局勢下，與其空空洞洞地多談民主，不如切切實實地來呼籲法治。基於這一點，我們對於大法官的尊嚴，一向是竭誠維護；也是基於這一點，我們藉着討論這件解釋案時，對大法官說出這段責備求全的話來。

據傳聞，行政院對於國營事業轉投資問題，所以有這次聲請解釋者，是由於某某兩大公司的關係。這兩大公司的資本，絕大部份爲國營事業的轉投資。在大法官會議成立這件解釋案以前，該兩大公司不算是國營事業，不受國營事業管理法的管理；同時又因爲私人資本微乎其微，私人企業的精神又非常缺乏。因此員工待遇高到令人難以置信的程度，而高層主管人的生活奢靡，以及其他浪費等等，比一般常受指摘的國營事業爲尤甚。於是政府方面覺得這兩大公司有置於國營事業管理法之下之必要。至於能否置之於國營事業管理法之下，這就要看大法官會議對於國營事業的轉投資如何解釋。這是本案發動的主因。這個傳聞如果不錯的話，我們覺得大法官會議也沒有通過這樣的解釋文之必要。因爲我們既已知道某某兩大公司的資本是以國營事業的轉投資佔絕大部份，則這兩大公司的資本中所包括的眞正政府資本，一定超過百分之五十，符合了上列兩個公式中的第一式。所以爲要把這兩大公司解釋爲國營事業，大法官會議只須照我們上述的第二個途經來解釋就行了，也用不着硬把國營事業轉投資於其他事業之資金，籠統地解釋爲「政府資本」。

又據傳聞，現行的「國營事業管理法」，立法院正在考慮廢止，預備另行制定一件「國營事業法」。此一傳聞如果確實的話，我們希望立法委員們在討論此一法案時，對於國營事業轉投資這個問題，從多方面縝密考慮。如讓筆者表示個人的意見，國營事業最好不許其轉投資；並且要以明文寫出，以防今後的任何曲解。如果允許其轉投資的話，決不能採用大法官會議這一次的解釋，使所投資的事業成爲國營事業。我們想，這該是對我國政治經濟有理想目標的大法官和立法委員們所可同意的。

(上接第7頁)

一條中線，與一條西線。中線卽蒙古一線，接通集寧後，可經由平綏路祇須五百公里的路程，卽直達北平，由此東出天津，利用塘沽新港出渤海黃海。西線卽甘新一線，接通蘭州後，可由隴海路東出連雲港，或取道膠濟出青島港，或取道津浦以達京滬，皆可暢達東海。或經由我國的心臟武漢，經過現在中共宣傳建築中的長江大橋而達廣州以出南海。從此蘇俄勢力，在大陸則控制全國最主要的政治與經濟重心，且將逕通達我國的四海，其對於太平洋的威脅，軍事專家，當不難加以判斷。自由世界對於赤色帝國主義的長遠企圖，未能及早察及，在對日抗戰以後，由於當時觀念上一着之差，採取溫和與安撫政策，遂致赤焰成爲燎原，使我國首先遭受彌天的慘痛。然自我檢討一下，則橫跨東西的隴海鐵路(由蘭州至海州)，於民元興築時，原定四年完成者，乃竟歷四十年，才勉强告成。作者於二十五年前，卽于役於此路之展築，目覩工進之濡滯爲之氣結。民國三十二年，於測勘甘新鐵路全線後，曾爲文論及此鐵路興築之不可再緩，刋在重慶報端，我曾說：「新疆視此路爲生死存亡之所寄，有之則存，無之則亡，可於今後十年內決之」，又謂「此路我不急起自圖，恐他日强隣將起而代謀」，何不幸而言中如此！「吾謀適不用，勿謂秦無人」，往事已矣，今後如何防止其行動而早加反擊，不特我國之責，凡自由國家亦當提起警覺而不能低估其嚴重性。

敬悼尾崎行雄先生

——並略述其對民主自由的貢獻

陳固亭

前言

國父孫中山先生的故友，日本民主老鬭士尾崎行雄先生，以九十六歲高齡，於本年十月六日晚，因衰老病逝東京西南三十哩的逗子私邸風雲閣，七日由其三男行輝氏及親友等扶柩抵東京，八日擧行火葬後，將骨灰安置於築地本願寺正堂。自尾崎病逝消息傳出，日本全國哀悼，衆院常委會開會，決議籌辦葬禮，以堤議長爲葬儀委員長，並通過追贈尾崎榮銜，十月十三日午後一時起在本願寺擧行盛大葬儀典禮，參加祭奠的有日本朝野要員，知名學者、各國大使，外籍記者等五百餘人。祭堂陳列日本天皇皇后及蔣總統、美英大使贈送的大鮮花圈，莊嚴肅穆。尾崎先生會連任下院議員六十二年（一八九〇——一九五二），畢生爲民主自由鬭爭，在世界政治史上，眞是稀有。所以他死後受到日本全國國民和外國人士的哀悼崇敬，也是當然的。記得一九五二年十月，日本衆院議員選擧的時候，尾崎氏以九四高齡，仍登記參加競選，日本民衆至爲驚訝，外國電訊也紛紛報道。當時適有友人自東京寄來「民權鬭爭七十年」（尾崎著，一九五二年五月出版），敍述他青年苦學奮鬭的歷史和擁護民主憲政的生涯很詳，筆者曾摘要迻譯，標題「尾崎行雄自傳」，在本刊連續登載三期（見自由中國第八卷第一期第四期第五期），讀者或許還有些印象。現在這位老者與世長辭了。巨人溘逝，這不僅是日本民主政治的大損失，也是自由世界的不幸，本文擬將尾崎先生對中國革命的關係和對中日合作的事蹟略加申述，並對他最近的遺著內容，加以簡介。

主張中日友好合作，反對日本軍閥

國父在他手著的「孫文學說」第八章「有志竟成」中敍述革命初期的艱苦歷史，有一段說他於一八九七年七月由英經美、加至日本的情形：「時日本民黨初握政權，大隈（重信）爲外相，犬養（毅）爲之運籌，能左右之，後由犬養介紹，曾一見大隈、大石（正巳）、尾崎（行雄），此爲予與日本政界人物交際之始也……。」這是距今五十七年前，國父和尾崎先生第一次晤面，此後他和犬養對於中國革命運動，幫助很多。民國四年（一九一五）一月，日本政府趁世界第一次大戰，向中國提出「二十一條」的要求，當時他是閣員之一，提出反對，認爲這是日本侵略中國的企圖，且對全世界暗示日本是侵略國家。因反對未成，乃引爲他政治生涯中的最大失敗。從此悔恨自責，宣誓永不入閣執政。民國十八年六月在南京擧行孫總理奉安大典，他和犬養、頭山等親來參加。一九三二年五月十五日，他的摯友犬養被軍閥暗殺，那時他正在歐美旅行，聽到兇信，悲憤不堪，曾感慨的說：「從此日本的政黨已經不是政權的主體，僅成爲輔助政務的隨從，軍部的政治企圖和支配威力將劃期的增大，日本的危險不是由外來而是在內部了。」一九三七年以後中日戰爭期間，他奔走呼號，主張和蔣主席交涉早日媾和，且認爲日本站在德義一方與英美爲敵，將失敗無疑。事實的證明，尾崎氏的預料，都不幸而言中了。一九四九年一月，他應邀訪美四十餘天，在紐約招待會發表講演，指出第二次大戰發生的原因，是世界上犯了三個錯誤：①日本軍閥掀起「九、一八」事變；②美國沒有加入國際聯盟，③英國對於日本侵略中國東北，和意大利侵入阿比西尼亞未取斷然處置。他希望今後要糾正這種錯誤，特別是要放棄狹隘的民族主義與國家主義，走向世界民主自由的立場。

為民主自由艱苦奮鬭的經過

尾崎先生在日本安政五年（一八五八）十一月二十日，生於東京隣近的神奈川縣，自幼苦學，受過嚴格的家庭敎育，對於日本的國學詩歌、漢文、英文均有興趣，而且素養很深。二十歲（一八七七）時由於名人福譯諭吉的推薦，任新瀉新聞主筆，這是他政治生涯的開始。明治二十三年（一八九〇）日本成立國會，第一回總選擧，他卽當選爲衆議院議員。此後每屆當選，連任衆院議員達六十二年（一八九〇——一九五二）。他經過明治、大正、昭和三個朝代，每次日本政治風雲的起伏，都有他爲民主自由鬭爭的痕跡。在明治時代，他在國會提出的大案有三：①厘錢問答（明治二十六年——一八九三、一月），②三國干涉（明治二十九年——一八九六、一月），③反對豫算與不敬問題（明治三十二年——一八九九、十二月）。大正時代的提案有七：①擁護憲政，打破閥族（大正元年——一九一二、十二月），②彈劾桂內閣（大正二年一九一三、二月），③削除海軍擴張費（大正三年——一九一四、二月），④促進婦女的覺悟（大正十年——一九二一、二月），⑤贊成普選案（大正十一年——一九二二、十二月），⑦彈劾粕谷議長（大正十四年——一九二五、二月）。昭和時代的提案演說，在戰前有五：①思想、政治、經濟三大國難決議案（昭和三年——一九二八、五月），②從國家主義到世界主義（昭和六年——一九三一、九月），「九一八」事變時，尾崎旅美抵達紐約，有感而發表演說），③決死的反對國防費增加（昭和十二年——一九三七、二月）。④關於時局變遷與政府之指導質詢意見（昭和十六年——一九四一、二月），⑤公開抗議東條內閣之推薦選擧（昭和十七年——一九四二、四月），（因此案以不敬天皇罪被捕，判徒刑八個月，後由最高法院宣告無罪）。在戰後的提案有二：①改正選擧案（昭和二十二年——一九四七、三月）。②關於衆議院解散的緊急質問（昭和二十三年——一九四八、五月）。以上是尾崎先生六十多年來，在日本政治舞臺上，代表自由主義和民主主義與軍閥的黷武主義和偏狹的國家主義鬭爭的痕跡。他親看到明治維新以來，日本國運的興隆强大，也嘗到日本戰敗投降的苦果。這個大悲劇演出的主要原因，是以「九、一八」事變爲樞紐，在軍人的法西斯政治之下，民主自由主義只能在暗中發展着。戰敗之後，在佔領軍指導之下，舞臺又轉過來，日本將成爲民主主義的國家，但同時有共產主義的威脅，尾崎先生對此非常焦慮。一九五三年七月，他以九四高齡，身體漸衰，爲了吐露憂國的至情和對於世界和平的心願，乃口授「我的遺言」，由五明忠一郎、林太郎、大橋貞雄等筆記刊印出版。下一段略述這個遺著的要點。

「我的遺言」內容摘要

一九五三年七月，尾崎先生在逗子風雲閣私邸，口授他「我的遺言」完畢，寫了一個序文題目是「我爲什麼要寫遺著」。大意說：『日本接受波茨坦宣言於一九四五年八月十五日無條件投降時，這個國家完全失了方向。政府與政黨迷於黨利黨略，沒有文教政策，意志薄弱的一部份國民，爲戰敗思想所浸潤，釀成混亂的惡風，加之一般生活窮乏，社會不安，使國家立在滅亡的邊涯，這眞是日本歷史的悲劇。好容易六年過去了，日本已漸走上復興之路，但是二次大戰的傷痕未癒，日本又陷入激動的世界漩渦中。第三次世界大戰似乎正在醞釀。這就是共產主義陣線與民主主義的對立。在思想上地理上日本都處在夾縫之中，這裏面非常複雜微妙，而且危險萬狀，大家應該要特別認識警覺。我也是國民一份子，曾於明治、大正、昭和三代，有七十年的政治經驗，過去發表的言論意見，完全爲良心所驅使，今日國家的嚴重局面，實不許我旁觀，站在陣前打開難局，是我的責任感。九十四歲高齡的身體，雖然沒有在政治上活動的意思，但對於現狀，總覺不能默視，擬就生平閱歷所知，陳述愚見，以期挽救國難而盡予之責任。』

『這本書用「我的遺言」題名，或許有人覺得奇怪，世俗普通所謂「遺言」「遺囑」都是在將死去世的時候，向家族用言語或文字作成，而且主要是談身邊的私事，我這個遺著，不消說我的家族可以誦讀，我更希望全體國民諸君都要閱讀，看完本書，你自然就會諒解我用的題名了。特別是「世界聯邦建設之提倡」一篇，我更盼世界各國的人士也一讀我的遺言。我近來揭櫫十大信條作爲我的座右銘。這十個項目是：①協力樹立世界聯邦，以期滅絕戰爭；②爲了再建日本，要以中止黨爭，互讓共助爲志願；③衆議院解散權應歸屬於衆議院；④選擧費用由選擧人負擔；⑤一切問題不可用力鬭來分勝負，應依理鬭解決之；⑥廢除虛僞迷信，崇尚科學的合理主義；⑦漸次廢除漢字，採用假名或羅馬字；⑧爲了改善家庭生活，逐漸廢止榻榻米的習慣，節酒、節煙、實行禁止常食白米。⑨要有遠大的眼光，不可只重現實；⑩以增進世人多數幸福的言行是善事，違反這個原則的就是惡事，應憑依善惡的標準而行善事。我願前途多難的日本前進，不要再誤，爲了世界人類的和平，我衷心祈禱，這是「我的遺言」最後的企望。』

尾崎先生一貫反對共產主義。他在本書第一部「世界與日本」內，敍述他的共產主義觀，他認爲蘇俄不是共產主義，而是暴力主義的國家。因爲蘇俄根本不尊重人命，不承認言論自由，在政治上否定議會主義，實行一黨專政。像這樣的共產主義，他說他實在無法同情。二次大戰以後有三十萬日本人俘虜仍在蘇俄未返，同樣德國的俘虜未返的也有十多萬。若是眞的尊重人命，何故不遣俘返國？史大林掌握了二十多年政權，站在獨裁者的立場，能够眞正採用人民的意思，恐怕是沒有的事。這都是暴力背景的證據。希特勒和莫索里尼在過去也是以暴力爲背景的，但是不到幾年政權就崩潰了。

在本書第二部「日本改造之方向」裏，尾崎先生特別重視民主教育的實施。他說爲了爭取文化競爭的勝利，必須提高一般國民的智力、體力、德力。尤其是德力的向上更爲重要，必須養成對於事物正邪善惡的判斷力辨別力，才可以擇善固執，有勇氣去實行。他說立憲政治是以最大多數的最大幸福爲目的的政治，所以爲了便利多數人總是好的，防碍多數人總是壞的。工會會員雖然有幾十萬，但比較全國的多數還是少數，爲了少數人的利益而實行罷工以防碍大多數國民的生活，這豈不是惡事嗎？他又說日本人向來缺乏自尊心。人人平等的思想，是民主主義的基本精神，這在新憲法第十四條已有保障。國民在法律上一律平等，要曉得自已就是權利義務的主體，有了自尊心，才不被權力屈服，不被金錢迷惑。主權在民，每一個人都是國家主權的細胞，因此對於國事無論大小，都應有批判的精神，不可隨聲附和。他希望日本人要擴充愛國心到人類愛，加强正義觀念，養成寬容宏量的國民性。這樣才可以受到世界各國的尊敬。

結　語

以上是尾崎先生畢生爲民主奮鬭的經過概略，綜其言行，都是爲了反抗黷武主義，實行公明政治，爭取言論自由，促進中日友好合作四大目標而努力。他爲日本民權鬭爭七十餘年，對於中國近數十年的革命運動亦多貢獻。他的遺著很多，早在一八七七年即譯有「公開演說法」、「權理提綱」、「美國聯邦治安策」。曾任「民間雜誌」及「新瀉新聞」主筆，先後著有「立憲勤王論」、「咢堂全集」、「政戰三十年」、「咢堂漫筆」（一九二三）、「普選讀本」（一九二六）、「政戰六十年」（一九三五）、「民權鬭爭七十年」（一九五二）、「我的遺言」（一九五三年七月）。筆者久仰高風，本年六月間旅日時，曾請小野先生介紹謁晤尾崎先生，因他在逗子寓邸臥病，不便見客，未得如願，至爲悵惘。本月七日閱報，驚悉先生病逝，不勝惋惜。邇來曾拜讀先生遺著數種，謹屬此文，以誌悼念崇敬之微忱。希望中日兩國的民主政治家，繼續尾崎先生畢生奮鬭的精神，繼續努力其未完的志願和事業。

四十三年十月廿五日於臺北木柵

法國與歐洲聯防

齊萬森

一、歐洲軍的發起及其內容

遠在一九五〇年六月邱吉爾在歐洲會議（Assemblée de Strabourg）席上提出了組織歐洲軍的建議。不久韓戰爆發，西德參加歐洲防禦的需要更加迫切。一九五〇年九月二十六日紐約美英法三外長會議公報對西德參加西方防禦問題在原則上同意，但是如何建立武裝，則因法國反對而未得協議。法國為了阻止重建德國國防軍，法前內閣總理蒲立溫（René Pleven）於一九五〇年十月二十四日向國會中提出了組織歐洲軍（Armée Européenne）的建議，此即今日所稱的歐洲聯防（Communauté Européenne de Défense）。該建議計劃組織西歐國家的軍隊成一超國家性的國際單位，由這個組織進行聯合防禦、聯合財政及聯合軍備。此計劃得到該時國會的贊同，但附有下列的條件：在任何情況下，德國不准有其自已的國防軍，且不得有德籍的軍事統帥。

條約自一九五一年初開始談判，參加國有法國、義大利、西德、比利時、荷蘭、盧森堡六國。幾經磋商，歐洲聯防公約終於一九五二年五月二十七日在巴黎簽字，故稱曰巴黎條約（Traité de Paris）。該條約大意規定歐洲聯防為一超國家性的純軍事防禦性組織，其有效期間為五十年及內部組織如下圖外，又①依條約第十、十一兩條，各公約國可保有國家軍事訓練制及警察和警備大隊等武裝，及保持控制海外地區（非歐洲本土）用的足够的軍隊；②第十二、十三兩條規定各公約國內如有意外事件發生，或其海外地區有叛事件演出時，可請求聯防管制委員會批准，暫時抽調其國籍軍隊的一部份應急；③第一〇七條規定德國不得有原子等新武器；④第三十六條規定大會得策動組織一歐洲政治集團（Communauté Politique Européenne）總轄歐洲鋼鐵聯營集團（Communauté Européenne du Charbon et de l'Acier, C. E. C. A.）及歐洲聯防等歐洲性的組織。

歐洲聯防各國代表大會（代表八十七名，除C.E.C.A.八十四名外，加法、義、西德各一名）

聯軍法庭

部長會議（由六公約國外長組成）

管制委員會（由委員九人組成為組織中樞）

歐洲聯防軍（F. E. D.）（包括法國十四師、西德十二師、義大利十二師及比、荷、盧共五師；由北大西洋聯軍最高統帥指揮。）

同時美、英、法三國與西德簽訂了波昂條約（Traité de Ponn）。西德三佔領國承認西德以平等地位參加歐洲聯防，且承允分兩期實現德國的主權獨立及其在國際上的平等地位：①在第一時期內允許西德的主權獨立的實現，但是西德必須加入歐洲聯防軍，且三佔領國的軍隊繼續駐紮其境內；②在德國完成統一後，其主權將完全獨立，但德國須完成其對三國的承諾。

二、有關歐洲聯防爭辯的幾個焦點

經兩年多的演變，西德、荷蘭、比利時、盧森堡均先後批准巴黎條約，美國參議院及英國也早已批准了波昂條約。但是因法義兩國的遲延，使歐洲聯防組織迄今未能實現。而尤其是在法國，因為歐洲聯防問題使國會中的六百二十六名議員分成兩半，且直接或間接影響着法國整個的政治。

在法國政黨中除人民共和黨全體支持歐洲聯防組織外，尚有民主社會抗敵同盟，社會黨，右派的獨立共和、農民獨立、農民三黨的一部份及激進社會黨中以梅葉（René Mayer）為首的一派議員，約近國會中的半數。反對派則有以赫里歐（Edouard Herriot），達拉第（Edouard Daladier）為首的激進社會黨議員，戴高爾派的社會共和同盟，社會共和行動的一部份及共產黨等，其數亦近半數以上。然而憲法上明文規定，國會對任何一條約的批准須得議員中絕對多數的贊同。兩年來經幾任內閣及許曼（Robort Schuman）、皮杜（Georges Bidault）先後兩任外長的奔走，國會中半斤八兩的兩派仍然堅持着已見，使不能找到擁護歐洲聯防的多數。前蘭尼爾（Joseph Laniel）內閣曾於一九五三年九月二十七日向國會中提請討論歐洲聯防組織問題，且提請預先通過社會黨議員的提議案（註二）；結果蘭氏提出了信任投票案，險些引起閣潮。

現將兩派爭執的幾點分析如下：

㈠西德是否須要建軍？

在這一點上須要分成軍事與政治兩方面來分析。

在軍事方面：反對黨認為西德的整軍，在軍事上言，不但沒有價值，同時會造成西歐的危險。因為：①在蘇俄一百五十個師的軍力下，西德十二個師的軍力能給予西方的協助實無濟於事；②西德整軍易於引起軍國主義的復活，以致威脅西方的安全，而尤其是法國；③如西德整軍，蘇俄將在東德建軍來平衡其軍力；④西德的整軍會影響蘇俄，使其積極整備軍隊威脅和平；⑤氫彈出現後，世界戰略改觀，而減少德軍參加防禦的必要。並且認為歐洲聯防軍也不過是一個沒有效率的組織，硬把一些沒有歐洲觀念而只有國家觀念的士兵組成一個國際軍隊，就心理言，在戰場上是不會有何戰果的。社會黨議員前內政部長莫克（Jules Moch）並在國會外交委員會提及：「歐洲聯防軍依條約應由北大西洋同盟聯軍最高統帥指揮。指揮聯軍最高統帥的係北大西洋同盟會議（卽十四國外長會議），而非係歐洲聯防公約國的部長會議或其管制委員會。」

擁護西德整軍的理由則是：①不能永久使德國沒有軍隊；②自由世界的防禦需要西德參加；③西德不整軍，不但不會達到維持和平的目的，反而因西德的無防禦與西歐的無組織誘致蘇俄的侵略；④目前蘇俄的威脅大於西德可能對法國的威脅；⑤西德若不能與西方密切聯繫，會使它爲了國家的統一而轉向蘇聯；⑥西德參加歐洲聯防軍會阻止德國國防軍的產生；⑦東德亦已有「武裝人民警察」，實爲變相的整軍；⑧西德經濟繁榮實因它無軍事負擔的原因，由經濟立場言，法國應使西德整軍。

在政治方面看，擁護者更較反對派的理由充實。後者認爲西德的整軍會使其政權重新被納粹及極端國家主義派操縱，而影響西德的民主。並指出西德社會民主黨的反對歐洲聯防組織，但是他們不指出社會民主黨反對的主因是要求平等權利。該派人士以爲唯有與蘇俄共同商討決策纔是統一德國的辦法。達拉第在激進社會黨第四十六次大會中激烈的反對歐洲聯防組織，並指出這是有違波茨坦協定的。

擁護派的理由是：①西方國家使西德整軍，完全因爲近年來蘇俄軍事膨脹所造成對西方的威脅所致；因西德整軍會使蘇俄了解西方的決心，而能重新召開談判。②歐洲聯防組織會幫助德國民主的生長，否則西德走向孤立，人民逐漸失望，致有助成新的納粹出現。

㈡是否將促成德國國防軍的恢復？

雖然有擁護派的解釋與反駁，反對黨認爲在歐洲聯防軍組織下允許西德整軍，會有促成西德國防軍恢復的危險性。因爲歐洲聯防軍的基本單位「師」是一國家單位。師單位的軍需、聯勤等附屬組織並非由師本部直轄，並且條約中又給予種種的約束。但是經過數次慘敗的法國人對德國的疑慮難以祛除，因此這也就成爲反對派拒絕的理由。

㈢巴黎條約有效期間問題。

在這一點上使反對者叫得最響。根據巴黎條約第十八條歐洲聯防軍統由北大西洋聯軍最高統帥指揮。但是兩個組織的有效期間却相異：北大西洋同盟有效期間僅二十年，而歐洲聯防組織的有效期間却有五十年。同時反對派指出英國僅聲明在北大西洋同盟有效期內給歐洲聯防組織以協助與防禦。

㈣巴黎條約有損主權而不容於憲法。

赫里歐會指出巴黎條約與法國憲法有不相合的地方，而損害法國的主權(註三)。有些法學家也如此主張，認爲要通過條約先得修改憲法。

然而支持歐洲聯防組織的黨派認爲國際條約優勝於國內法，如與憲法違背時，條約一經批准，憲法得依着修改。關於主權方面則認爲如欲組織一個歐洲性的組織，各國是難免要放棄一部份主權的；何況在歐洲鋼鐵聯營（Pool Charbon et acier 即 C. E. C. A.）組織方面各參加國已經放棄一部份主權，並沒有感到危險。

㈤法國聯邦的安全。

在這一點上反對黨認爲：①一切軍需器材由歐洲聯防管制委員會來稽查，使法國不能作有效的防禦其聯邦領土的安全；②歐洲聯防組織將影響法國變成一純歐洲性的國家，一旦法國遺失了其海外領域，法國將變成中等國家。

支持黨則指出條約第十、十一、十二、十三諸條對海外領域安全的保障。並指出歐洲聯防組織將法國及其海外土地分開而言，對法國是有利的，且保障了法國海外的主權。

㈥歐洲組織中能否缺少英國？

反對黨認爲英國的不參加使歐洲聯防組織減少其效力。在法、德間沒有英國的調和，將使法國面臨危險。同時指出任何一歐洲組織沒有英國參加是不能成立的。假如英國認爲參加一超國家性的歐洲組織有損其英吉利聯邦的團結的話，那寧可組織一國家單位的歐洲聯合團體以代之。

支持的黨派提出一九五二年的三國宣言及同年五月二十七日與英國簽訂的互相防禦條約。但是英國在條約中給予的支持是不够充實的。所以法國方面提出幾次有關批准巴黎條約的先決條件如：①北大西洋同盟組織得無限期延長。②當英國及聯防組織共同行動決定後，英國得派員列席(無投票權)部長會議及管制委員會。③英國得在歐洲聯防軍中置一裝甲師，其該師的去留則由聯軍統帥規定。及其他先決條件等等。

直至本年四月十四及十五日美英分別提出對歐洲聯防的保障。英方並與公約國簽訂條約保證與歐洲聯防組織的密切聯繫，且允軍事的支持。美總統艾森豪亦發表聲明保證美國不撤退在歐洲駐軍，及北大西洋同盟的無限期延長。但法國方面又因越南戰爭吃緊，軍力財力損失過巨，恐於歐洲聯防組織中無力平衡他國的力量而繼作拖延，事後美英雙方對法國加以壓力，美方並以美援停發爲詞。當時外長皮杜甚知其事的重要，惟因奠邊府戰事吃緊及日內瓦會議，旋蘭尼爾內閣倒臺，而一直未能再在國會中提出。

三、布魯塞爾會議

孟岱斯法朗士（Pierre Mendès-France）上臺後，首先將全部力量放在日內瓦會議以求解決印支停戰問題。在他提出的工作步驟中，把歐洲聯防問題放在最後處理。因爲在法國人看來印支戰事的拖延影響了法國的經濟建設，且使法國沒有足够的軍隊作歐洲防禦工作，何況歐洲聯防問題是歷屆法國內閣總理認爲最頭痛的問題！印支停戰協訂的簽字在法國看來是勢在必行的；但是法國爲了自己的需要，竟斷送了東南亞的重要地區，使共產黨在遠東又得到進一步的勝利。另一方面孟氏開始卽聲明歐洲軍問題必須尋求答案，而指定反對派的國防部長柯尼將軍（Général Kœnig，社會共和同盟）及擁護派的工商部長布爾諾斯姆努里（Bourgès-Maunoury，激進社會黨）二氏負責研討歐洲聯防問題，以尋求兩派的妥協辦法，俾在八月國會休假前提出討論批准，孟氏說這樣一來，可能在國會獲得大多數的支持。

因孟氏上臺使西歐其他參加歐洲聯防的國家對歐洲聯防的命運表示不安，同時他們希望這個問題及早解決，於是六月三十日比外長史巴克（Paul-Henri

Spaak）經與荷、盧兩國商談後，來巴黎會見法內閣總理孟岱斯法朗士，作有關歐洲聯防法方批准事的會談。二氏卒同意：在法國國會對歐洲聯防事提出討論以前，召集巴黎條約簽字國於比京布魯塞爾開會尋求有效辦法，使條約為法國國會批准。

布魯塞爾會議前夕，法政府於十二、十三兩日相繼召開四次內閣會議及一次部長會議，作會前的準備。結果議決由孟氏向簽字國提出一建議書作巴黎條約的「附加議定書」。但是這一個決定使三位反對歐洲聯防社會共和同盟籍的部長提出辭呈（註三）。

該建議書包括三十頁，共七章。大意為：①在下列情形下巴黎條約將作無效：Ⓐ如美英撤退駐歐軍隊，Ⓑ因美英兩國政治的變遷而影響美英在一九五二年五月二十七日與法國發表的保障歐洲聯防組織的三國宣言，Ⓒ德國統一。②以八年為過渡時期，在該期間內各參加國有權拒絕管制委員會的決策。換言之，在八年內各參加國在部長會議中有否決權。③凡目前已有軍事組織的國隊，在四年內軍士官佐的晉升得由其本國政府決定之；高級長官則按原條約規定由管制委員會取得部長會議同意後而決定之。④依照中歐統帥部（註四）的決定，各師級單位只在掩護地帶（該地帶只包括西德、比利時及荷蘭的一部份）內合併組成超國家性的軍團；支援陸軍的空軍（一部份駐於法國境內）則完全混合組織。換言之，在法國境內只有德籍飛行員而沒有德國軍隊，而在德境內則有各國軍隊。⑤預算得由各參加國代表會商起草，經各參加國國會的表決。⑥分Ⓐ因為法國間接稅的繁衆，凡管制委員會招標訂購軍火時，軍火訂單的投標底價當以原價中減除間接稅額為標準；Ⓑ關於管制委員會在參加國資金轉移辦法方面，至少在每一參加國中使用其交納費用的百分之八十，但最多亦不得超過百分之一百十五。⑦在這章中包括：Ⓐ關於巴黎條約第三八條規定實行歐洲聯邦或歐洲邦聯事，法國要求對其前途加以保留，且不受過去關於此問題商談結論的約束；Ⓑ以各國政府首領出席為原則，視需要得經常召開會議，當會議中討論及英國與歐洲聯防的合作問題時，則必須邀請英國出席會議；Ⓒ規定修改條約中有關修改條約問題的第一二六條；Ⓓ以歐洲聯防為單位可與外國簽立條約；Ⓔ本建議書得視為巴黎條約的一部份，其效力等於巴黎條約第一二七條指明的條約附加議定書。

會議於八月十九日召開，前後共繼續四天，大會主席由比外長史巴克氏担任。孟岱斯法朗士在第一天詳細分析法政府的困難處境及國會中對歐洲聯防的態度；繼稱無論各方對法方提出建議書的態度及批評如何；他相信這是唯一可能得到法國國會批准的辦法。是日晚孟氏會晤史巴克氏，對法國政府立場及其國會情形詳加討論。第二日於各代表共同精密的研究法國建議書後，史巴克提出一包括三點的對案，把法國建議分成：①凡屬於純粹解釋性的，而各國代表可以立即決定的，可記入附加議定書或交換文書之內；②凡須加以修改而可立即決定的，如第一、四兩條；③凡與巴黎條約基本上發生衝突者，且必須經過各該國會批准始能接受。各國部長根據此原則任分門別類的工作。史氏對案提出後，孟岱斯法朗士即提請大會對此對案不加討論，使會議進入僵局。西德及荷蘭盡力攻擊法建議書，尤其阿德諾總理因建議書第一條：德國統一後巴黎條約即失時效問題，與孟氏引起激辯。

第三日開始，美駐比大使布茹斯（David K. Bruce）除轉交杜勒斯致孟岱斯法朗士的信函，且訪晤史巴克及白克（Joseph Bech，盧森堡外長），又與阿德諾總理會談約一小時，為緩和會議的僵局而奔走，然而問題本身解決的困難却仍存在。經過史巴克的努力折衝，各方總算彼此讓步，使會議於二十二日結束。

根據會議的最後公報，會議國公決重申其對歐洲政策的原則：①精誠合作防衛西歐，以阻止外力的侵犯；②避免德國的中立；③協助德國的統一，並贊助其參加聯合防禦；④尋求一個西歐統一的政治及經濟方式。

同時決議公佈法國建議書（前已分析）及五國聯合宣言草稿，但這些均未能通過。在這裏僅將五國宣言草案大意略述如下：㈠歐洲聯防組織為國際和平政策基本要素之一，並絕對與聯合國的憲章符合，而為北大西洋同盟之一部份。但如北大西洋同盟解體，或根據部長會議一致承認美英的支援大加減少，則締共同研究後，每一簽字國有權改變其立場，此種新形勢可使條約失效；一國有權退出，則他國亦有權退出。㈡歐洲聯防組織並非採取政治決定的機關，政治決策仍屬於各會員國政府。歐洲聯防僅限於各會員國武力的共同組織。條約實施後，歐洲聯防組織的部長會議建議北大西洋同盟部長會議關於此二機構密切合作的辦法，尤其是關於條約第十八條：歐洲聯防武力最高統帥在和平時代的權力問題。㈢各簽字國的意志除使共同組織充份有效外，為儘可能的大量保留各該國的國家權利。

四、歐洲聯防的絞殺

孟岱斯法朗士於布魯塞爾會議後，即去倫敦會晤邱吉爾及艾登作有關歐洲聯防問題意見的交換，又於二十四日召開法內閣會議作國會辯論前的準備，內閣會議決定反對擁護歐洲聯防黨派所提出的延期討論提案，並議決內閣不因歐洲聯防問題在國會中提出信任投票案。二十五日孟氏出席國會外交、國防及海外地區三委員會的聯席會，報告布魯塞爾會議及倫敦會談的經過；同時聲稱如一且歐洲聯防組織被國會否決，他贊成利用另一種方式來實現德國整軍及實行允許西德主權獨立的波昂條約。孟氏認為實行波昂條約是不須要國會批准的，因為那並非是一正式條約，而只不過是與德和約未簽訂以前的一個普通協定。

國會中外交、國防、司法、財政、海外地區及工業生產六委員會均先後拒絕歐洲聯防的批准。合計反對票有一四〇票，而六委員會中的支持歐洲聯防者僅人民共和黨、海外獨立黨，民主社會抗敵同盟及社會黨和激進社會黨的半數計八十三票。社會黨籍外交委員會主席莫克（Jules Moch）且激烈反對歐洲聯防的批准。

國會中經過三天的激辯，於三十日赫里歐發言決定了歐洲聯防的命運。元老自居的赫氏激烈的評擊聯防組織，且稱這是與德國再起而使法國退却的辦法。兩派辯論激烈，終於三十日晚舉行反對派所提出的先決條件投票。這個議案無限期延擱歐洲聯防的辯論，在實質上即等於否決巴黎及波昂條約。茲將投票結果分析如下：

黨派	反對	贊成	棄權	未參加投票
共產黨	—	九五	—	—
進步黨	—	四	—	—
社會黨	五〇	五三	一	一①
激進社會黨	三三	三四	二	七
民主社會抗敵同盟	八	一〇	一	五
人民共和黨	八〇	二	四	—
海外獨立黨	一一	三	—	一
獨立共和黨	三六	一二	一	五
農民獨立黨	二〇	六	—	一
農民黨	九	一〇	—	三
會社共和行動	一四	一六	二	一
社會共和同盟	二	六七	—	四
無黨派	一	七	一	三
共計	二六四	三一九	一二	三一②

①賴托克 (Le Troquer) 爲大會主席，故未參加投票。
②內有二十三票爲現任閣員，故未參加投票。

這次歐洲聯防的絞殺，許多人歸罪於孟氏在布魯塞爾會議前後的立場及其在國會的態度，反對者(卽擁護歐洲聯防者)說如孟氏不持反對歐洲聯防態度，並提出信任投票，則歐洲聯防條約是可能通過的。孟氏於投票時，却表示無論投票結果如何，他將依在布魯塞爾的態度繼續奔走。投票後社會黨方面爲了實行黨內意見統一的原則，開除積極反對歐洲聯防組織的莫克、麥耶(Daniel Mayer)及洛茹安 (Max Lejeune) 三議員的黨籍。人民共和黨亦開除三名黨員，內有現任部長蒙特衣 (André Monteil)。

事後前外長皮杜激烈評擊現任內閣，並稱孟氏在這次投票中接受共產黨的支持，與其在提名組閣時發表的不接受共產黨支持相衝突。另一方面擁護歐洲聯防組織的現任司法部長俞敢 (Emile Hugues，激進社會黨)，工商部長布爾諾斯姆努里 (Bourgès-Maunoury，激進社會黨) 及勞工部長科魯的斯伯第 (Claudius-Petit，民主社會抗敵同盟) 提出辭職，使孟氏爲了整頓內閣組織，再大傷腦筋。

五、國際間的反應

法國輿論的反應可分兩派，①如 Le Figaro, L'Aurore 及 Le Brisien liberé 等。Le Figaro 三十一日撰文指責孟代斯法朗士，而三十一日的 Le Parisien liberé 說：「這是一條死路，這條死路將法國帶向孤立，且切斷法國與友邦的關係。②共產黨機關報 L'Hnmanité 自然贊揚否決歐洲聯防的投票，並指出將會另有企圖發現，但是一樣會被否決的。

國際間的輿論如紐約時報說：「法國國會必須改選，只有這樣才能有擁護歐洲組織的存在。」紐約先鋒論壇報則質問法國所須要的是什麼？每日新聞 (Daily News) 說還給德國自由。英國的太晤士報稱現在每一方面均必須證清自己的意見。然而工黨的每日先鋒報 (Daily Herald) 只稱我們不能拋棄法國而單獨進行。一般說來，國際輿論的反應頗不良好，而尤以美國的輿論爲甚。

西方國家政界方面的反應頗不良好。西德自由黨魁戴勒(Dehler)稱，如這樣德國將要求其主權無條件的完整。阿德諾要求完全恢復德國主權，並與荷、比、義、盧四國會談整軍辦法。比國外長史巴克的反應是，必須趕快設法解決西歐防禦問題，來避免德國國家主義的復起及美國的重返孤立。荷蘭方面只認爲法國對其不够了解，並且認爲荷蘭的政治傾向西德。同時與比國作出同樣的呼聲：只有讓西德加入北大西洋同盟而別無他法。美國杜勒斯稱法國這次的決定使美國不得不重訂其對外政策。英國方面却沒有什麼有聲有色的反應，邱吉爾在得到法國國會的投票結果後，卽召集政府會議研究對策。　四三、九、二八

(註一)　社會黨提議案原文爲：「建立歐洲的統一；承諾組織統一軍隊的原則，且允許所有民主國家參加；英國與歐洲聯防國家應作密切有效的聯繫；一個政治統轄機構主持有限職務，但握有實權；於最近期內召開一會議，包括蘇聯出席；發起裁減軍備。」投票結果以二三四對三一三票被否決。

(註二)

巴黎條約	法國憲法
第八七條第三欵：共同財政預算於經過部長會議通過後轉交大會(歐洲聯防的)，大會得於兩星期內將該預算公佈。大會有權對該預算加以修改及建議新預算。但此建議不得超出部長會議決定的支出總額。大會在三分之二的多數下有權拒絕該預算。	第十七條：國會議員具有分配國家預算的權利。當財政預算案及預算增加案開始討論，不得再有增加預算及新預算的建議。
第三十一條第一欵：指揮國家單位的高級長官在部長會議全體贊同下由管制委員會授權。	第三十條：總統於部長會議時有權任命將級軍官。 第四十七條：內閣總理任命一切軍事及行政人員，但第三十條，第四十六條(部長)及第八十四條(檢查官)不在其權限之內。

(註三)　國防部長柯尼格將軍，公共工程及運輸部長莎伯戴會馬斯(Chaban-Delmas)及建設部長勒麥爾 (Maurice Lemaire)。

(註四)　統帥爲法國余安元帥 (Maréchal Juin)。

金門通訊

砲戰話金門

公孫嬿

現在來談這個題目，頗有趕熱門之嫌。但我覺得以住在金門的人，來談金門專，是較專程觀光，或到此找資料的先生們，無論看法和想法，都略能深刻一點的。

自由中國，乃至於自由世界的人們，都有要求明白今日金門之必要。這小小一片海島，却成了世界人類爭取正義的保證，它的存在，就是世界人類爭取生存的標幟。金門之所以爲世界人所矚目，主要的是起於九月三日的共匪發動砲戰。當時，我方當立即以猛烈的砲火還擊。在多少遠居金門之外的先生們，正閉門撰寫專題討論地圖上那塊小黑點的金門之際，一個國軍中的下級幹部的見聞，可能使讀者們耳目一新。我願談的，也都是屬於細小末節的地方，唯其微瑣，倒可幫助大家湊合成一幅整個的金門藍圖。

金門和我，應該是老朋友了。四十一年秋天我有個機會來此，那時留給我的印像是荒涼，貧瘠，困苦，處處表現出磨鍊人們情緒的艱難。尤其是常久生活在四季如春的臺灣的人，覺得這裏和寶島不止空間上的差別太大，時間上最少也相距一個世紀。

讓我重談一下兩年前的回憶吧。

那時島上的道路，尚且坷坎凸凹，很不宜於行車—我指的是汽車，而車子又不多見，也沒有馬達聲，和汽笛聲後捲起的一股黃沙來點綴，靜得像在世界的角落上，打起了磕睡。經常可以看到路邊有一匹匹的馬，或瘦小枯乾的驢子，背上馱着一付木架，左右各坐了一位乘客，那麼慢慢的蹭着走。金門的馬和四川馬一般大小，很像個木製的玩俱。至於居民，在廣漠赤黃的荒野間，很少瞅得到影子。這裏人口是稀少的。他們生活的距離，和我們太遙遠了。這裏由香港來的人造絲衣料特別便宜，但當地人不欣賞這些，他們願意穿都市人看不起的布衣料，因爲他們需要爲生活而操作。衣服的顏色極其土俗，式樣的剪裁又特別古樸，一律是短裝的褲襖，甩着大袖頭和大褲脚，使人們很容易想到自己的家鄉，生出對大陸的懷戀與親切之感。男女多半赤脚跣足，晒得黑紅，他們很羨慕自由祖國—臺灣，却非常忠守於自已的鄉土。

這裏的土地不肥沃，完全是疏於開闢的關係。因爲很少人是依仗耕地種田生活的。男子一長大成人，就遠涉海外，到南洋和新加坡打天下，當地以作華僑爲生活的正途，也是一種光榮和驕傲。年輕女人，在家苦守個十年八年是常事，慢慢地都老了。男人到了暮年，田園之思又把他們招回到海島上，作一個安善良民。我們能看到的，以老年男人和各種年齡的女人以及小孩子爲多。這更使島上別俱風光，彷彿這片島，應該安息在自由祖國的懷抱。

然而，金門的安定，並非自天而降，或垂手得來，而是經過一番血汗的拼鬪，生死的肉搏，和犧牲了太武山麓無數忠勇英魂換到的。五年前，金門和厦門之間的海峽，曾作了數萬匪軍的海葬場。古寧頭在中華民族中興史上，寫下了光榮的一頁。

今年春天，當我再度蒞臨金門，戍守在最前線時，金門已經與往日大不相同了。一條條畢直的大路，廻蕩在山陵之間。山是開鑿的，路是打平的，這都是兵工雙手的成績。車輛往來如梭，給這寂寞的島上平添了無限的生氣。使金門面目一新的，是那種富有生命力的色彩——翠綠。短短的一兩年間，讓人有刮目相視之感。處處有叢林，幼枝早已長大，可以隨風搖曳。爲了駐軍解決生活問題，種了遍地的高粱和蔬菜，利用山坡，阡陌，和田間的空隙……。

金門是重新裝備起來了，不止在自由的祖國，甚或在愛好自由的世界上，它成了勝利的起點和正義的象徵。

我們來此，也正是韓戰停息，反共義士歸還，一片自由的呼聲震動宇宙，而帝俄支使下的共匪正把自東北撤退的稀爛隊伍，擺放在厦門沿海的時候。

這片島和大陸僅僅一水相隔；距厦門不過十公里之遙。金門好比一柄鋒利的刺刀，恰恰插入竊踞大陸的共匪的腰腹之間，五年來使其顧首長尾，不敢亂動。並且金門掌握在我們手中，使大陸東南部的經濟陷於癱瘓，厦門無法吐納物資，成了百分之百的死港。站在島的邊緣，瞻矚大陸歷歷如繪。尤其是北臨大嶝小嶝，鷄犬相聞。小金門列嶼，處在金厦當中的水間，大擔小擔的爲我守執，更是戰爭攻伐中的奇蹟。

這裏和匪方經常展開心理戰，成爲戰爭進行中的插曲。逢到天朗氣清，和暢的風順吹時，我向匪喊話，匪向我喊話，歷久不停。我們皆以凜然大義相勸告。至於匪軍的廣播，則近於胡說八道，兄弟們聽了只當是笑話而已。比方他們喊：

「弟兄們，等着我們來解放你們吧，你們吃煮香蕉皮太苦了，我們送給你們大米吃。」

煮香蕉皮是什麼滋味？我們弟兄們作夢都沒有想到過，也虧得共匪想得出。可是這類睜眼說的謊，又有誰能信？倒是弟兄們都知道，遠在大陸的家鄉正遭受天災人禍，今年大陸上遭受了空前嚴重的水災，地區達十省以上，無家可歸的難民，最低數目也有七千萬人。

來此後，我們空前優勢的砲兵，給整個的金門增加了無比的信心，只苦不能得機一試。我們選擇最危脅匪方要害的陣地，找對敵人一覽無餘的觀測所，我們最大口徑的重砲，隨時可以給敵匪來個火力封鎖，在軍事的致勝上，直如探囊取物。還有那强大的機羣，可以隨時出動，海面上的艦隊，橫衝直闖，進出匪轄區，像長驅直入無人之境。一個生活在金門以外，自由世界上任何角落中的人，來到這裏，都會感到緊張，嚴肅，壯士如雲，浩氣凌霄。

也許我說得太抽象了。誰有功夫，能站到無愧亭中看一看，是不是江山如畫，海水濤濤？金門安靜的躺在靑天白雲之下，像一個含笑的睡嬰。或者沒有事，到金門唯一商業區，僅有的那條大道莒光路走一趟，商店門面擺着五光十色的物品，買賣似乎很少，行人靜悄悄在路中央走，沒有鬧市喧囂，却含有了小鎮的人情味。金門是那麼樸素恬靜，從這些地方，可又怎麼能嗅到火藥氣息？

我們盼望已久的一天，終於來臨了。我們終於得到了一個殺敵的機會，這便是舉世矚目的九月三日。

平心說，我們衞戍金門，直接和匪撕殺的人，權衡那場砲戰，也不過經驗的重演而已，不會大驚小怪的。反不如過去在觀測所，瞭望到匪軍的大小機帆船窮忙着，和岸上的匪正在提心吊膽，趕修工事，還有俄國大鼻子指手劃脚，於是觀測員通知到射擊指揮所，一聲令下，陣地按着標定好的方向，通通就是一陣「集火」，只見人仰馬翻，船也碎爛了，人也粉飛了，鬼影也沒有了……。我們都欣賞那種精彩的節目，看到的實在比那天只聽聽無聊的單調砲聲過癮。我們是在鎮定中，渡過了那舉世關懷的一日。

那一天，正是烈日當空，從下午兩點多鐘，匪在廈門突然向我們大小金門發砲數千發，一時海島震動，如同滿天滾過轟轟的沉雷，大地上瀰漫了塵土和烟霧，一片紅光——砲發射時有砲口火，天地爲之變色，造成了「今戰場」的奇觀。火力是硬碰硬的，誰的厲害誰就吃誰，打到了七點多鐘，經經我們巨砲威力的制壓，使匪砲歸於沉寂了。但我們並沒有放鬆機會，直迄次日天明。弓上弦，刀出鞘，等着有什麼變動；弟兄們精神抖擻，摩掌擦拳，都無法形容當時的興奮。

經軍方判斷，匪方此次發動砲戰，實爲有計劃行動之一部份，可能繼砲轟之後，再另有企圖。從第二天開始，我們在金門的生活，又翻到新的一頁。金門的砲戰，誰知竟鼓勵了我們，使高昂的士氣更形昂揚。

我方在識破奸匪詭計之後，從四號起，連日以雷霆萬鈞之勢，出動海空軍，配合地面上我們這羣數不淸的海砲兵，澈底摧毀自泉州灣以迄海澄沿海一帶匪軍陣地及船隻，並在作戰地區之天空海面滿佈天羅火網，爭取了主動的優勢，使匪無法抬頭。海軍砲和我們這地上砲，一樣淸脆悅耳。掠空而過的銀翼機羣，與一股烟衝走的噴射機羣，在澄藍的天幕上襯配着非常美麗。一批批重磅炸彈拋落到匪的心臟與有利目標之上。接着就是匪軍的高射砲的盲目射擊，再過一會，編隊的機羣，返回上空了。我們坐在陣地上，用望遠鏡抬頭瞅着——一架、兩架、三架……，都回來了。有時站在稍高的土崗上，便可以看到神鷹在砲火中俯衝與揚起的動作，和在教練場上沒有什麼兩樣，那麼自如自在。每個人看到後，不由己的拍手喊好。那些英勇無匹的空軍同志，也眞會開玩笑，就在彈着之上數公尺高處慢慢地搖搖擺擺，有時却直穿雲霄，練着高空飛行。

共匪覬覦金門，據說是圖以軍事姿態，進行政治攻勢，遵照着俄帝的指示，陰謀擺出架子以惑人。此時搬出「宣傳攻勢」，自然是有他目的的。砲戰的時間短暫，但可延伸出多少種看法，比如嚇唬我們的盟友美國啦，使之不敢與自由中國締結雙邊共同安全協定，打消積極從事東北亞反共同盟的念頭。或當着英國工黨訪問團，到達匪區之後，趁這時機，使艾德禮老狐狸之輩的錯覺更深，暗中增加本身的政治資本等等。但我們玩砲的，放砲的，總覺得這些說法扯得太遠了。雖然，在對問題的研究分析上，這些看法或者極俱遠見。我和弟兄們的看法是沒有走樣子的。我們這些扛槍桿的認爲今天反共抗俄，以及對匪砲戰，都是自家的事。正像我們拉砲閂，裝塡砲彈，修正偏差，觀測彈着，都是砲兵本行的事一樣。

從九月三號以後，每天雙方砲戰不停，但有强弱之分。這無形中對於居住金門的所有軍民，正好是一個難得的機會。沒有聽砲經驗的，多多練習一下。初聞砲聲隆隆，便爲之驟然色變的，這回正可以把膽子磨得大一些。一個月下來，男女老少變得都習慣了，儘管砲聲如鼓，任你漫天敲打吧，沒有人再就心壞運氣，像碰上天空飛鳥拉屎一樣，剛剛落在自己頭上。因爲根據事實，一個月間我方傷亡非常之少，這傷亡數目和共匪發射砲彈數目相較，簡直讓人難以相信。原來匪方的射擊不够火候，命中率低，操作不好。想必是那些被拉去「光榮參軍」的善良同胞，「心中雪亮」。

我們從匪方砲彈破片及信管上去研究，發覺那些砲都是過時的舊式俄砲，和殘餘的日砲。再從彈痕上去分析，則知道射距不够理想，射程太近。從這些方面，顯然共匪的砲兵，與我們砲兵相比，眞有大巫小巫之別。但我們毫未以此自滿，相反的，我們一天比一天更壯大，抓住每一分一秒的時光，進步再進步。

碎星殘月在天，天沒有亮，就在撕破夜幕的號音中起床，我們的生活就是戰鬥，睡在茫茫的曠野，大地便是我們的溫床。

我們可敬的弟兄們，如今連休息的時間都犧牲了。吃過午飯，跟着又挖起工事來。背上的皮晒脫了，新的馬上會長出來；手掌上磨起水泡，馬上會變成厚胝。一盆子荳腐煮豆芽，依然供給我們無限的氣力，繼續奮鬥下去。

共匪發動金門砲戰，從我們純軍事眼光來看，自然是想摧毀此地的碼頭或交通網，也許是想打擊我們的砲兵陣地。他們的目的都落了空，自然我們還可以猜想它有疲勞兵力之企圖。因此，我們得設法去輕鬆自己。譬如，養一隻金門特產的黑八哥，掛在樹上啁啾動人，把多少煩念塵思都洗盡了。否則大家集合來唱段軍歌，一曲方罷，疲憊全消，這就是最好的娛

華府通訊

美國的政黨政治

汪 理

美國是採用三權分立制的國家，立法行政與司法三部門各自獨立，相互制衡，結果在政黨政治方面，遂產生了一種離心的作用，使政黨政治，趨於散漫，無法建立一個強有力的中央黨部，來領導一切政治活動。所以在政治運用上，就有許多困難，對一般政策的推行，免不了產生若干障礙，這是理解美國政治的關鍵。

自獨立革命以來，大體上說，美國是推行兩黨制的國家。在最近九十多年，聯邦政治，完全由民主黨與共和黨兩黨包辦，此起彼落，交互執政。但所謂兩黨制並非謂美國祇有兩個政黨。事實上，所謂兩黨制，是指兩主要政黨而言，除民主與共和兩主要政黨外，尚有其他的小政黨存在，如進步黨，社會勞工黨，和共產黨等是。不過政黨雖多，有希望選出總統的，却祇有民主與共和兩黨罷了。

民主與共和兩黨的組織，都差不多，最高的一級是全國委員會，設主席一人，和委員若干人。主席在名義上是由委員選舉，但事實上，執政黨的主席，是由總統指定；在野黨的主席，則由上次競選失敗的總統候選人指定。在全國委員會之下，有州委員會，州委員會之下，有區委員會，區委員會之下，爲縣委員會，縣委員會之下，爲市、城、鎭、村、區、或其他委員會，最低的一級爲選舉區委員會或男女委員。一個政黨在競選中的勝敗，最主要的不是靠全國委員會，也不是靠州或區委員會，而是靠最低的一級——選舉區委員會或男女委員。高級黨部的主要工作，是聯絡和宣傳，而選舉區委員會，則是爭取選票的實際負責者。政黨與選民的平時聯絡工作，也是由選舉區委員會負責。在舉行選舉的時候，選舉區委員會或男女委員，臨時僱用若干工作人員，替選民服務，以拉取選票，僱用的工作人員愈多的，得到選舉勝利的希望也就愈大。

不熟習美國政治的人，必以爲民主與共和兩黨，各有各的主義，在組織上也很嚴密，和中國的國民黨，及英國的保守黨與工黨差不多。其實大謬不然。你走遍全美國，也看不到像政府機關式的黨部。就是看見了他們的黨部，和普通的俱樂部或工會辦事處，並沒有兩樣。尤其令人詫異的是，各級黨部(即各級委員會)之間，並沒有嚴格的從屬關係，各級黨部自成一個自主單位。除在經費方面，上級黨部對下級黨部略作補助外，全國委員會並不能控制州委員會，州委員會也不能控制縣委員會，各級委員會各有其經費來源(主要靠捐助)，也各有其領導人物。假如在一市一縣或一省內的政黨機構，被一個人控制，這個人就變成了當地的政閥 (Political Boss)。當地的政黨機構，就變成了他控制下的政治機器 (Political Machine)。所有地方性或區域性的選舉，都被他一個人操縱把持，如過去遮士城 (Jersey City) 的海格 (Frank Hague)，堪沙斯城的本德蓋斯特 (Thomas J. Pendergast)，和路易士安那州的朗氏 (Huey Long) 等人，就是很著名的地方政閥。聯邦政府國會中的議員，爲了鞏固他們的議員地位，保證每屆選舉必勝起見，也有成立和把持「政治機器」的，如維基尼亞州的拜爾德 (Harry F. Byrd) (現任國會參議員)，和尼華打州 (Nevada) 的麥卡蘭 (Pat Mac Caran) (現任國會參議員)，就是很好的例子。

其次，說到兩黨所信仰的主義，事實上也沒有多少差別，都是以民主和自由爲基本信條，所不同的，是他們的政綱政策。從過去的歷史來說，共和黨主張高關稅或保護關稅政策，而民主黨則立於相反的地位，主張低關稅政策。共和黨多半偏向孤立主義方面，民主黨則偏向於國際主義方面。但這種歷史上的差別，已逐漸減少(讀者可比較一九五二年民主與共和兩黨的競選政綱)，現在祇能說，民主黨比較開明，比較重視勞動階級和一般平民的利益，而共和黨則比較保守，比較重視大工商業和富有者的利益。

樂方法。愛小生物的，可以養幾隻小兎子，蹦蹦跳跳，亦能滌蕩若干鄉思。不然在大量生產後，種了多少畝地瓜(紅薯)之餘，養些鷄鴨，小羊，或肥猪，來慢慢改進伙食。今日金門，就充滿了一派堅苦卓絕的精神，軍民一體，大家都是一樣。

儘管如此，最緊張還不在白天，而在夜晚。共匪素來猥猥瑣瑣，是偷偷摸摸起家的，常常在月黑風高的晚上，利用水鬼——水中蛙人，來偷襲一下。自然，它們是永不會得逞的。但，我們也絕不疏忽。人人想捉住一隻活的，立個奇怪而有趣的功。風越狂，雨越大，天越暗，夜越深，越是它們出沒無常之時。我們挾住大槍，按好了鋒刄的刺刀，盯着前面一片黝黑的水，等着它們來，通宵達旦，無一分一秒的鬆懈。

九月廿二號，那天下午五點鐘以後，金門又發生了第二次的猛烈砲戰，這次目標不在小金門，而在大金門。聽來格外清楚，連地都跳動了。但所有的人均訓練有素，皆無所謂，但對戰爭的警覺性，是更會提高的。砲戰之後，原來金門那座唯一學府——金門中學本來停課了，怕被砲火波及，但是不久又開課了。男女青年學生，給今日金門街頭增添了不少生氣。至於當地居民，生活得和從前一摸一樣，就是我前面不厭其煩所描寫的安定、寧靜、與樂天知命的毫無所懼。

我要求後方的同胞，基於我們國軍的奮勇而生出信心。我們更當感謝今日金門的領導者——劉玉章將軍的剛毅和果斷的領導！

（十月八日夜三時於金門）

在國會中，民主與共和兩黨所屬的議員，從極保守到極進步的份子都有。民主黨中的保守份子，與共和黨的保守份子，並沒有多少區別，如維基尼亞州的拜爾德，科羅拉多州的解生(Edward C. Johnson)，尼華打州的麥卡蘭，和南方各州的大多數議員，就是非常保守的民主黨議員。同樣地，共和黨中的開明份子，和民主黨中的開明份子，也沒有兩樣，如俄勒崗州的摩爾斯 (Wayne Morse)(去年初，摩爾斯因與共和黨人意見相左而脫黨，自稱為獨立派)，就是一個好例子。說到這裏，一定有人要問，既然兩黨的政綱政策差不多，組成份子也沒有極顯明的差別，為什麼還會有兩個獨立的大政黨呢？概括的講，這有幾個原因：一是地域和歷史背景的關係，南方各州，絕大多數都是民主黨，新英格蘭各州，泰半是共和黨。二是家庭傳統的關係，祖先是共和黨的，後代也多半是共和黨。三是經濟和社會階級的關係，資本家多半擁護共和黨，勞工和薪水階級，多半擁護民主黨。事實上，除在政治上活躍的人物，黨籍分明外，一般所謂黨員，並沒有黨證，更沒有宣誓入黨的手續，祇要在選民登記時說是共和黨，或投共和黨的票，就算是共和黨員，說是民主黨，或投民主黨的票，就算是民主黨員。由此可見，美國政黨的組織，是多麼散漫哪。

一方面由於政黨組織散漫，另一方面由於每個大政黨都是由若干利害不甚相同，和思想主張不一的小團體或派別合組而成，因此就不能產生一套有系統、有中心思想的政綱政策。兩黨在全國代表大會中擬定的政綱政策，是湊合若干小團體和派別的要求和主張，經過折衷和妥協後的產物，對黨內各團體和派別的利益，都得顧到，結果變成了一套支離破碎的政綱政策。雖然在主要政策方面，可以代表總統候選人的主張，但不能代表國會中每個同黨議員的主張和意見，因此，新總統當選以後，要想履行他在競選時所作的諾言，不僅要遭遇在野黨大多數議員的反對與攻擊，甚至還會遭遇到同黨議員的反對與批評。結果是競選時的諾言或政綱政策，在競選勝利後，有好多都是不能兌現的。

為了矯正上面所說的這些缺點，美國政治學會 (American Political Science Association) 曾特別設立了一個政黨研究委員會 (Committee on Politicol Parties)，專門負責研究這些問題。該委員會於一九五〇年提出一項報告，標題為「走向較負責任的兩黨制度」(Toward A More Responsible Two-Party System)，主張模倣英國的政黨制度，加强兩黨的組織，使兩黨對它們的競選諾言和政綱政策負責，以便選民判斷它們的施政成績，在下次選舉時有個選擇的標準。這當然是針對事實環境的一種治標辦法，本文不擬多加討論。

一般而論，美國政治所以會產生上面這些缺點，最主要的原因，是三權分立制度。因為第一、在三權分立制度下，總統與國會彼此獨立，總統不能解散國會，國會除彈劾外，也不能推翻總統。總統除了依靠他的聲望友誼和施給或不施給各議員小惠（如委任同黨議員推薦的人為郵政局長或聯邦法院法官等是，這些小惠對議員在選區內的聲望與勢力，都有很大影響)，來牢籠同黨各議員外，別無其他控制他們的有效辦法。但在另一方面，若國會中的同黨議員對總統所主張的政策或議案，認為不合己意，或與他所代表的州或選區的利益相反，則可使用種種方法，牽制總統的行動，總統對他也無可奈何。例如共和黨下議員列德 (Daniel Reed)，去年主張使過份利得稅，依照過去稅法規定如期廢止。但艾森豪總統則主張將此項賦稅延長半年，至一九五四年一月一日廢止，列德因之大為不滿，遂利用他擔任下院方法委員會 (Ways and Means Committee) 主席的地位，儘量拖延，阻撓艾森豪所主張的延期廢止過份利得稅法案。雖然這項法案在大多數共和黨議員的支持下，終獲通過，但政府當局為此所費的氣力，已屬不小，而且因此得罪了列德，使政府所主張的其他賦稅政策，將來有再度遭受他阻撓的可能。

其次，總統與國會議員，兩方都是經過民選而產生的，但選舉總統，是以全國為選區，而上議員的選舉，是以州為選區，下議員的選舉，是以國會選舉區 (Congressional District) 為選區。因為總統和上下議員的選區範圍不同，他們各自所代表的利益也就隨之而異。一般而論，國會議員所代表的，是他本州或本區的特別利益，不是全國各階層的利益，祇有當他本州或本區的利益與全國的利益不相衝突時，纔能說他是代表全國的利益。眞正能代表全國各階層利益的，祇有總統。因為總統所代表的利益，與國會議員所代表的利益，有時相同，有時不相同。總統與國會中同黨議員的關係，也就有時和諧，有時發生摩擦。即使誠心支持總統到底的議員，在總統的政策不利於他本人本州或本區的利益時，也會公開或暗中與總統發生爭執。在這種情形下，總統要想使他的所有政綱政策，都得到所有同黨國會議員的支持，是決辦不到的事。因此，總統為了使他的政策能獲國會通過而制定為法律起見，除了儘量設法使同黨議員支持外，在必要時，還得千方百計，拉攏反對黨中的保守派或進步派議員，請他們贊助。艾森豪總統常常拉攏南方各州的民主黨議員，就是一個好例子。

總統既不能有效控制同黨的議員，他所代表的利益，又不能常和同黨各議員所代表的利益一致，所以纔會常常有總統與同黨國會議員意見互相衝突的事件發生，別的不論，單就艾森豪就任總統以來一年多的時間內，艾氏和他同黨議員發生過的糾紛，已不止一次，除上面所舉的列德事件外，最顯著的，如共和黨上議員布力克 (John W. Bricker) 提議修改聯邦憲法，限制總統的締約權，而與艾氏發生意見衝突。又如上議員麥卡塞 (Joseph McCarthy)，因為調查陸軍中的共產黨份子，而與白宮方面發生衝突等是。由這些事件看來，在美國要想做一個成功的總統，使他的全部政綱政策實現，是一件非常困難的事。美國的憲政是自下而上的，其人民深恐行政部門權力過大，或致不能控制而流於獨裁，故憲法着重在制衡，而總統的行動乃受着諸多限制。至於這種制度的好壞究竟如何，自不是本文所能論定的。

牆

黃思騁

我的整個童年，都是在我曾祖父所建的一座大宅院裏渡過的。在我的回憶中，那是一座深邃和落寞的石牆門房子。黑漆的大門，門上有兩隻銅獅子，嘴裏含着發亮的銅圓環。進門的地方是一個天井，用鵝卵石和白石子嵌出五隻飛翔的蝙蝠。再進去的地方，是一重大樓房。側邊就是佔地很大的池子和假山，四周栽着合抱大的靑桐和柏樹。在假山臨池子的一面，有一個六角亭，裏面是磨琢過的石桌以及幾個作櫈子用的石鼓。在樓房再進去的地方，又是兩座毗連的大樓房，門窗上都是工人的雕刻，什麽金鷄鳳凰，太白醉酒，西廂記的插畫都有。這些樓房，實際上都是空着的。其中有幾間，我簡直相信自從建造好以後，根本就沒有住過人。

由於這座房子的氣氛的感染，我彷彿從小就是憂鬱的，牠成天沒有什麽聲音，死氣沉沉，連那幾棵大樹和池子裏的水，都是使人憂戚的。

我一出生，就住在那間巨大的房子裏。前面是一條陰沉的走廊，側邊是那個池子，只要一推開百葉窗，就可以看見樹木和池子，以及一些連年都自生自滅的花草。

那些日子，從早到晚，都不大看見陽光，因爲前面的樓房擋住了上午的陽光，而中午的短暫的陽光，又被廊簷和樹葉子遮住。過了中午，太陽就被後面的樓房所阻住了。

有時，我在房裏的有頂蓋的大牀上躺着，胡亂地想着一些從媬姆的嘴裏說出的故事裏的人物，耳朶裏就聽得見老管家的咳嗽聲，從大門邊的小房子裏傳過來，在屋衖裏廻盪着，然後是長時間的靜寂。連胡蜂在花叢中風旋，小魚躍出水面的聲音都能聽得清清楚楚。這些時候，媬姆總是靠在我牀邊的寬敞的太師椅上，把兩手靜靜地放在胸前，眼睛望向窗外的高牆，偶爾就嘆息一聲。

這個老處女，是我祖母的一個內侄女，有着一雙很秀麗的眼睛，一個豐滿的前額和一個直挺的鼻子，牙齒整齊得像玉蜀黍一般。她的整個臉上，雖然顴骨稍稍顯得高了一點，然而還是顯得很美麗。她是一個憂鬱的人，不常說話，但却喜歡瞑想。

有時，在一個樹影叢叢的漫長下午，老管家在樹蔭下的破籐椅上打盹，園子裏的雀鳥在啼叫，空氣就特別顯得沉寂。我於是在牀上翻來覆去玩着那個會彈奏音樂的木盒子，等到玩膩的時候，就開始閒躺着看那些穿着古怪衣裳的先人的畫像。牠們都是由木鏡框裝着的，掛在牆壁的四周。其中，要算我的伯父和我的叔父的照像，給我的印象最爲深刻，他們都是很英俊的男人，頭髮從額頂中間分開，向兩邊梳得很平，臉上稍稍帶點嚴肅的笑容，很像一個革命烈士。

對於他們的像，我已經看得爛熟，我只要一閉上眼睛，這些像就在我的腦海中顯現出來；額頭和下顎方方正正，長長的眉毛，像眞人一般靈活的眼睛，高鼻子，寬嘴。

我的媬姆——嫣芸姑媽——曾經不只一次地告訴我關於大伯和叔叔的故事，並且每次都動了情感，一直要到我被她的悲戚所感染，請求她停止的時候，她才呆呆地坐在那裏，嘴裏喃喃着。

據她告訴我，我的伯父是個天分很好，而且是極能幹的軍人，但在二十八歲時，患了癧疬，頸子上長出瘤來。於是，便從遠地回來，準備過他短暫的餘生。

嫣芸姑媽在說到他回家的那一段生活時，說他總愛一個人住在樓上，也不願接見任何人，住在樓下的人，成天只能聽得見他的馬靴踏在地板上的聲音，或者，憤怒地吼叫一聲，接着就把什麽東西摔碎在地板上。

有時，他也獨個兒下樓來，還是穿着從前的軍裝和馬靴，手裏扭彎着馬鞭。他走到園子裏，把所有開着的花朶用鞭子抽落在地上。然後，走到假山的亭子上，依着欄杆，默默地俯瞰着池子。

後來，他的頸子上的毒瘤從鷄蛋一般長大到像豬胃一樣大時，他的性情就大爲暴躁，酗起酒來，並且打碎一些祖上留下來的珍藏玉石。

我事後猜想，嫣芸姑媽，曾經愛上過這個壯志未酬的年靑軍官。而對方呢？也一定會愛上這樣的一個女人。然而伯父因爲痛恨這種不治的疾病，不願給活着的人遺恨，因而沒有能成爲事實。大約在兩年以後的一天早晨，老管家起來打掃落葉，看見伯父的身子浮在池面上，依然穿着他的戎裝，手裏的馬鞭也不會放下。

嫣芸姑媽在敍說到這一節的時候，老是眼眶濕，望他的照像，然後嘆息着。

那時，由於嫣芸姑媽的重複敍述，我對於這些已經在這所房子裏逝去的先人，都有着一個極爲深刻的印象。在每一個靜寂的夜晚，我彷彿都能聽見馬靴踏在樓板上的聲音，馬鞭子在空中舞動的聲音，或者，有什麽巨大的物體落在池子裏的聲音。

至於我的叔叔，他那時還不到二十歲，出遠門讀書去了，假期也不常歸家來，主要是因爲祖父母已經不在人世了。但到了十九歲的那一年，他回家來一次，看到這麽一個冷落的家庭，曾經傷心了一陣子。但他是一匹不羈之馬，從小就要去航海，而且已經成了他的唯一志願了。

嫣芸姑媽說他是個很漂亮的男孩子，活潑，說話的聲音爽朗，身體也很壯健。一擧一動都充滿着活力與自信。但像這樣的一個人，後來也選擇了過寂寞的海上生活去了。據說在當水手的第二年，他回過一次家，用麻袋裝了一些古怪的貝殼和石子來，上面還寫着出產這些東西的地名。而這些東西，後來都給我作了玩具，那是嫣芸姑媽從一個木櫃裏找到的。

嫣芸姑媽不常提到我的父母，只告訴我父親是去遠路採礦去的，母親則是後來去找尋他去的。除此以外，她就不能爲我解釋任何疑竇了。

在我七歲以前，我的世界就是在這所高墻圍着的房子裏，對於外間世界的一切，我只能從一些圖片裏知道——一條牛、一座橋、一個漁夫、一條河、都須由嫣芸姑媽來解釋。有時候，我聽到外面的一陣鑼聲，一串鞭炮聲，我就想像着外面的世界，並且渴望着到大門以外的地方去看看。但嫣芸姑媽立刻就阻止我，說外面有毒蛇、有猛虎、有盜賊、有騙子、有兇犯：並且給我解釋有關這些的事物。

後來，我的父母從外面來信了，嫣芸姑媽就把信讀着，一邊解釋給我聽，說他們快要回到家裏來了，希望在他們未到家之前，先給我上學去。嫣芸姑媽讀完這封信，心裏似乎感到異常沉重的樣子，把信拿在手裏，眼睛定定地望向窗外。然後，把信紙撕成一片片，拋到窗外，像落葉一樣飄起來。

就在同一年的冬天，父親的姊姊因爲路過這裏，就跑到娘家來看看，身邊帶着一大羣表兄姊，他們的年齡雖比我大一點，但相差不遠。姑媽一來到，就用很響亮的聲音說話，打聽家裏的情形，然後去推開那些霉氣四溢的房間，背誦着過去的事。她進到我房裏來時，先看墻上的照相，對表兄姊們解釋着，最後就和嫣芸姑媽談起話來。

「這是我們老二的孩子嗎？」姑媽大聲地說：「看樣子倒很像他父親，你看，那個鼻子和嘴，好像用版印出來的一樣！」

她望了我一會，又說道：「啊！他的皮色好白呀，一點血色也沒有，他難道從來不晒太陽的嗎？」

「是的，表姊，他要發痧的！」嫣芸姑媽回答說。

「看上去倒是一個很聰明的人，他上過學嗎？」

「沒有。上學不上學有什麼要緊呢？看看那些讀書的做出什麼好事來過呢？」嫣芸姑媽滿不在乎地說。

「嫣芸，你可不能這麼說，書總是要讀的，他今年不是七歲了嗎？」

「是的，七歲了。」

「那就應該讀書了。」

「且等明年再說吧！」

她們在談話時，五個表兄弟，環立在我的四周，用十隻骨碌碌轉動的眼睛望着我，使我感到很怯生，拼命鑽到嫣芸姑媽的膝縫裏去。因爲我從來沒有見過那麼多的小孩。

姑媽走了以後，屋子裏又開始沉靜下來，然而外在世界所給予我的感召，却更深了一層。嫣芸姑媽對此甚爲不安，在她以爲一個人無論有多少野心，他佔不了這個世界的多少地方，況且還要把家庭的溫暖撇開，最後精疲力竭地回到家裏來。證諸我的家人，幾乎都是如此的。

第二年，我終於步出大門，上學了。而這個措施給予我的影響，該是如何地巨大呵！當我看見附近的田野、樹林、大路、家畜和人，我就厭惡起圍墻內面的世界來。

每天，我都由一個佃戶的兒子，那個茁壯而有一副好心腸的塌鼻子農民，帶我到學校裏去，每次總是伏在他的背上，或者騎在他的肩上，到五里橋的學校裏去。

五里橋差不多已經到了一個城市的邊界了，我可以從校舍的窗口，望見那裏的高聳的樓房，工廠的煙囱，從遠處像長龍一般游來的火車。偶爾，連五里橋也會出現一兩架接載客人的汽車和馬車，喇叭和鈴子清脆地響着，使我對於一窺世界的野心，勃然而生。

在學校裏，我成了個出色的學生，不管我的知識之門是如此地遲開，然而我有着屬於傳統的對於文字的領悟力。教師們對我也另眼看待，這或許是世俗的謬見，因爲我們是望族，而且一向有人做着這個學校的董事。

嫣芸姑媽，對於我和這個世界的接觸，感到非常惶恐。她從不教我讀書和認字，却告訴我只要寫得來名字，看得懂書信，一個人在生活中就不愁什麼了。

有時，我指着書本上告訴我的一些事物，要求她讓我去看一次戲，但她總是老不高興地回答我說：「那是一點看頭都沒有的！老管家雪瑞老爹從前就是做戲的，你說這個老頭子有什麼看頭呢？他連牙齒也沒有一顆了。」

另有一次，我翻着一本畫報，裏面有一個穿披肩，掛長劍，穿靴子的俠士，我就請嫣芸姑媽把這個故事講給我聽，當她說到這個俠士從艱難中救出一個女奴來時，我就大爲激動，問道：「他爲什麼要去救她呢？」

「啊，」她說：「俠士就是做這種好事的人，他要救那些無人幫助的人呀！」

「嫣芸姑媽，」我懇切地說：「我要做個俠士。」

她立刻把書合上，嚴正地回答說：「你不要去幹那些事，那對你有什麼好處呢？不管什麼地方，都不及家裏好！」

我的自主的能力，隨着我的年齡增加的時候，嫣芸姑媽差不多痛苦了。每當我從城裏玩罷歸來的時候，她總是陰沉沉地望着我，看看世界的事物引誘我到什麼程度了，然後告誡我說：「不要這樣野吧，安安靜靜地過活有什麼不好呢！」

於是，我立刻起了反感，暴跳起來，用不恭敬的話罵她，說我寧願到外鄉去死，也不願在家裏活着。她聽了這些話，就渾身震顫，一把將我抱住，吻着我的頭髮，我感到頸子裏有些濕黏黏的東西在落下去。這時，我就安靜下來，用痛苦的沉默來向嫣芸姑媽謝過。

我的放浪形骸繼續到十七歲的時候，叔叔從海上歸來了。他穿着破舊的水手衣服，臉上茁長着黑色的絡腮鬍子，並且跛着一隻脚。他身邊什麼也沒有携帶，走進門來時，頹喪得像個敗卒，連脊樑也伸不直了。

嫣芸姑媽出去迎接他，說道：「小通寶，你回來了嗎？」

他一句腔也不答，呆呆地望着他的故居。等到嫣芸姑媽發覺他的跛腿的時候，突然驚叫起來：「你的腿，天哪，你的腿呵！」

叔叔悲慟起來，把臉皮縐成一堆，伏在嫣芸姑媽的肩上哭泣。然後肩胛一高一低地走着，到舊時住過的房裏去了。

這個水手叔叔，當初野得像海鳥一般的人，從此就不再出大門了，甚至連樓梯也不想下來。成天在樓上寫他的遊記。有時，他帶點厭煩的神色，竚立在窗口，凝視着天邊，嘴裏說着些令人聽不懂的話，喃喃地。

那一段日子，墻門之內的空氣是窒悶的，水手叔叔成了個極頂感傷的人，自始至終都不說一句話，逢事總是搖頭和點頭，正如一個啞巴一樣。有時，他下樓來散一會步，身上依然穿着舊時的水手衣服，用一條跛腿在園子裏走來走去，在池邊停住脚步，把砌嵌在池邊的石塊推到水裏。等到砰然一聲，水花一直濺到池面上來時，他就發出一陣癲狂病患者一般的大笑。

嫣芸姑媽迸發着一種憐憫心，暗地裏傷心着，流淚，默默地唸着：「神靈呵！祖宗呵！保佑我們吧！」

過了一些日子，在一個刮大風的晚上，四周是一片漆黑，丹桂樹的枝條，被風吹得在瓦面上掃着，發出沙沙的巨響。水手叔叔，打開所有的窗子，狂亂地呼喊着，把那盞漏油而舊的避風燈，伸出每一個窗口來，叫着：「船頭向正南……SOS……」。嫣芸姑媽喃喃着，點起一枝燭來。微弱的光線照着她的被風吹亂的頭髮和蒼白的臉色。然後，她在走廊裏摸索着，不斷地劃着火柴。但等到我們走到他的房門口時，聲音已經靜寂，只有風在猛烈地開闔着窗頁。

嫣芸姑媽走進去，把窗子閂上，點上燭，在房裏搜索着。但忽然，她驚叫了一聲。我看見水手叔叔仆倒在地上，避風燈打碎在地板上，淌着油。我們趕緊去扶他起來，發覺有一把短柄刀子插進他的腰眼了。我把他仰過來時，他吁出一口氣，死過去了。

嫣芸姑媽哭泣着，微弱而抖顫。然後，在燭光下仰起頭來，用祝禱一般的聲調說道：「現在又是一個死了！爲什麼要讓我看見呢？」於是，水手叔叔，就這樣結束了他的生命。誰都無法判明，刀子是用他自己的手插進去的，還是誤入了他的身子。而實際上，這一切也已經不重要，因爲人已死了。

後來，一個春天，我的母親也回來了，周身穿着縞素，這一切，差不多不待她的敍說，我們都可以猜度到所發生的是什麼了。

她傷心得幾乎到了麻木的地步，但仍不失其冷靜的思考能力。說道：「嫣芸姊，我現在知道這一家人野心勃勃的原因了。我要把這所房子的高墻統統拆除，好讓以後的子孫明白這個世界並不是大得無邊的。遠一點的地方固然是世界，近一點的地方也是世界。人生的價值，並不在於他能征服多少或佔得多少，而是在於他能放棄多少和給予多少。既是這樣，人就不應該去幹那些對自己生疏的事。我們知道，老大是個有藝術天分的人，却去做了軍官；老二是長於農墾的，却去開礦；老三呢，一個化學教師的好學生，却有志於航海。誠然，有人說過，造物者把一個人的死考慮得比生還早些，然而我們並不須要因爲生命的盡頭有着墳墓，就把步子走得快些，孜孜乎要躦進去……。」

嫣芸姑媽傷心地哭着，回答說：「過去了，一切都過去了。我是個不知道什麼叫野心的人，因爲這樣，我在這所房子裏住了二十五年了，誰都沒有愛上過我！」

我的母親，竭力地開導我，想要使我成爲一個安於家室的人，並且實行她的計劃，把這所房子的高墻拆卸，遮蔭的樹木也被砍伐了。這樣一來，這所房子，眞的與外在的世界毗連在一起了。牠非但接納了充份的陽光，而且看來也不再孤立了。

然而，這一切對我已經失去了效能。在我的心目中，高墻依然阻擋在我的心裏，阻擋在我的腦海裏。等到我跨出學校門的那一天，我對着大伯的馬鞭和高統靴，父親的幾塊礦苗，叔叔的水手刀，發出無限的狂想來。

在幾個月以後，我決定出遠門謀生去，而且所有的勸告和眼淚，都歸於無效。臨走，我對她們說：「我並無任何信仰，也無任何要求。我只是做意志的奴隸罷了！」

於是，我又踏着先人的足跡，走入這個神秘的世界來了！

我的小屋

王敬義

現在，天亮了，天晴了，太陽正從大山後面昇起來，染紅了滿天的雲霞；一剎那間，那千萬股的金光，便將世界的面目改變了。它勾劃出大山的輪廓；它燦爛了滔滔的大河；它喚醒眠鳥飛出叢莽；它使花朵，草葉上的露水都閃鑠起來了。此時，雄鷄嘹亮的啼鳴，村狗斷續的吠叫，遠方工廠的馬達開始響動，小販的喝賣聲傳過來，晨風輕輕的響在窗上，一曲讚美太陽的大合唱就開始了。

陽光射進我的小屋，我便像大合唱中的一個音符，我也有我的聲音的，我醒了。我匆匆的跑到窗前，窗外莊嚴、華麗的景色使我驚訝！昨天，僅僅是在昨天，窗外還是一片陰鬱的灰色雨雲，壓在白千層樹的樹梢上。寒風更不時將疾勁的雨絲吹打在窗子上，使我感到一陣陣的寒冷。但是，一夜之間，新的，全然的新的光明就充滿這個世界了。倒處都是光，光在閃，在流，在歌唱，在舞蹈。而你沒有看見那長列的白千層樹，它們的葉片，在漸强的金色光芒中，多像一張大網啊！

我的心中充滿感激。很長的時間，我一句話都說不出來。淸新的，芬芳的空氣，還在撲進我的鼻孔。我像是醉了，又像是痴了。

但我立刻又想到我的工作了。我說我是禮讚太陽的大合唱中的一個音符，我也有我的聲音的。那麼，現在我要開始工作了。於是我打開法朗士的泰綺思。但，即使是如此吸引人的綺麗的詞藻，也不再能打動我的心。也許我是太激動了，故我就像一塊漲滿了水的海綿，再好的甘泉也不能吸收了。

這樣，對着打開的書頁，我思想了。沉思對我是有益的。沉思變成的二個手指，它們會將我塞得太滿的心，擠出一些空間來的。

我在想生活的豐滿，想我自己的幸福。我感到自己太幸福了。我不相信這世界上還有比自己有一間小屋更值得感到幸福的事情。就是一間六尺寬、十尺長的小屋，它便會給你如許的幸福。它是完全屬於我自己的；在我生活了廿二年的今天，我從不曾有過一間屬於我自己的小屋。我總是住我父親的房屋，那些房屋中的傢俱都是異常華美的，但它們對我是陌生的。它們的華美的色澤與樣式，對我一無意義。它們只是傢俱，一些毫無生命的木器。

但在我的小屋中，一切都不同了。一切都與我的生活有着密切的關連。它們是我手中的筆，一個字、一個字的寫出來的。我辛勤而刻苦的工作了，而我得到它們——一個桌子、一把椅子、一張床。它們都是粗木製造的，木工也極其簡陋，但我對它們的感情，就像它們是我親自握着斧頭、鋸子製造作來的。

一間小屋，幾件粗木器具，這也值得驕傲！也值得感到幸福！你們當然不會相信，不肯承認。但我是確切的如此感受着。我驕傲，因爲我工作了；我幸福，因爲我滿足。

這小屋是粗陋的，但它爲我遮攔風雨，它給我寧靜。位處在郊區，它的窗子對着大山，雲霞終日爲大山更換着彩色的衣裳。它靠近大河，那滔滔的河水聲往往會沖刷去我心中的鬱悶。雜樹成林，鳥的鳴啼聲不絕於耳，坐在小屋中竟彷彿守着一個極大的鳥籠。花草自成奇景，美人蕉就像數盞宮燈似的，高擎在我的窗前。花也頗解人意，有時寂然相對，竟能改變我落寞的心境。

此外，我必須感激小屋使我能專心的工作。無論是讀書或寫作，我都有新奇的感受。夜深時，捻亮小燈，只有桌上的一點點光亮。四周都是黑暗；這一點點光亮便儘給我無窮盡的啓示了。我想像它是我生命的光；想像它是人類智慧的光，更想像它是永恒的光。只要伏身在這光前，我就會很神秘的得到感召，於是我的感情變得崇高了。那時，我稱它是純潔之光。那時，我只願意作一個「人」。一個簡單而熱誠的人。對一切名利無所羨慕。我工作只是因爲我有工作的能力。只因爲我是一個「人」，我要爲人類盡我自己的力量。這樣，我開始享受工作所帶給我的快樂了。這一種至高無上的快樂，是我以前從不曾享受過的。當我愉快的工作得疲倦了，我便能平靜的躺到我的小床上去。我又平靜的閤閉上我的雙眼，這時，我感到我自己逐漸睡着了。如果這睡眠便是死亡，我也何必畏懼呢？

自從我第一天遷入小屋，我就努力的找尋失落的「我」。將「我」失落了，才是眞正的可悲的。所以，遷入小屋後，我立刻有了一種安全感。這小屋將幫助我保有我自己。於是，很快的，我開始擁有我自己。而我也變得沉默了。

書本將聲音放在我的心中，我的筆將我的聲音放到別人的心中，嘴，如果不是爲了咀嚼食物，應該是無用的了。我變得沉默，而我發現我是如此熱烈的愛着沉默。極偶然地，我竟有了一個思想，我覺得我應該像我的小屋，沉默的獨處郊野。而只有一個沉默的，有意義的生活，才會給人以幸福的。

天亮了，天晴了，太陽從大山後昇起來，太陽照亮了天空，也照着我的小屋。於是，我看見無數個「明天」，像無數枚碧綠、壯實的葉片，在我的眼前閃鑠着光輝。

憶一位失去自由的教授

查良釗

這是三年前的一天——一九五一年十一月一日，在印度首都的德里大學的中央教育學院（The Central Institute of Education, the University of Delhi)。

那天早上，學院舉行朝會以前，院長巴蘇(Principal T. N. Basu) 問我：『查教授，今天下午三點鐘後你在學院嗎？』

我回答說：『德里省政府主辦的社會教育週今天下午四時舉行開幕典禮；有請帖邀我出席參加。』

『我盼望你能够留在學院。今天下午三時那個從中國來的「文化代表團」有幾位代表要到我們學院來參觀。我們已預備在參觀後，開個茶會，招待他們，請我們教職員同人都出席和他們會晤。』

院長又說：『社會教育週，我亦接有請帖。因爲這個茶會，我已準備犧牲德里省政府的邀請。我想你也必願意會見那些從「中國」來的文化界的朋友，所以很盼望你今天下午留在這裏。』

……

下午三點鐘到了。教育學院的幾位教授在院長室集合。遲了二十多分鐘，「貴賓」還沒有到來。院長告訴幾位教授說：『這些文化代表恐怕很忙。這樣，諸位請各回自己的辦公室。等到他們來後，我先陪他們參觀，在茶話會上，再請諸位同他們會面好了。』

……

我回到自己的辦公室，忽然想起抗戰時期在昆明的一個經驗。那裏有個『中蘇文化協會雲南分會』，遇着從蘇俄來的文化代表或其他人士到昆明，也時常開會歡迎或茶會招待。無論在會場或酒席桌上，那些從蘇俄來的賓客總不能自由的同中國人談話。這個回憶提醒我。今日中國大陸已同俄國一樣關在鐵幕之後，從那裏來的朋友，還能例外嗎？

於是我寫了一個便條；預備着在茶會中，如果我的那位老朋友也來了，縱然不便談話，也可以把這個便條交給他。

那個後來沒有機會交出去的便條是這樣寫着：

芝生兄：

今天何幸在此德里大學相遇，恰值西南聯大第四週年紀念日！盼望吾兄歸去後向我們共同的老朋友和當年聯大的同事們代我致念。謝謝。

弟良釗 十一月一日

……

約摸在四點鐘的時候，學院的事務主任到我的研究室來說：

『查教授，院長請你到茶會，那些文化代表很忙碌，祇來了三位，匆匆的參觀一下，已經到茶會上好幾分鐘了。』

於是我立刻放下手中的書本，拿了幾分鐘前所寫的那個便條，就走出室外。

對面來了副院長皮而思博士，還同着兩位印度朋友——一位印度中央省退休的教育廳長和他的夫人。

『查教授，你也是要到茶會吧？』副院長問我並繼續說道：『我因爲陪他們兩位參觀，所以也遲了些時候，讓我們一同去吧。』

副院長領路，走到另一個樓上。快到茶會的所在地，他說：『查教授，我想你必然更願意早遇見那幾位從中國來的朋友。請你在前面行，我們跟着走。』

茶會在學院會議室舉行。走到門口，就看見賓主約三十人，每人坐在大籐椅子上，團團的圍了一個大圓圈。對着會場的門，坐着院長巴蘇，在他的旁邊是三位貴賓和他們的翻譯官。緊靠着他的右首一個椅子上坐着一位有鬍鬚的人，那正是我所要見的老友，馮友蘭教授。

我和副院長暨兩位印度朋友，四個人魚貫而入。我遠遠望見馮在那裏，就一直向他走去。

說時遲，那時快。將到面前，那幾個「文化貴賓」已經站起來了。沒有等到院長向他們和方才進來的四個人彼此介紹，更沒有大家握手或打招呼的機會，也沒有看見這些文化貴賓向在座招待他們的教職員們道謝。他們突然的，一言不發的匆匆地溜出會場；院長巴蘇也就很快的跟出去把他們送走。

……

這時全室的教職員和那兩位印度客人彷彿觸了電，相顧愕然。大家在我們四個人坐下後都沉默的用着茶點。不多會兒，院長回到會場。

『這是怎麼一回事？』院長落座時，自言自語的在那裏發問。

『這是怎麼一回事？』我接着說：『這正是我要請問你的一句話。』

院長立刻回答說：『這樣像我們東方人的禮俗和習慣嗎？我眞不懂！』

『我也懂不得。』我補充了一句。

……

在座的一位馬太博士於是向我發問道：『查教授，來的這幾位文化代表，有你以前認識的人嗎？』

我回答說：『你注意到那位坐在院長右首有鬍鬚的教授嗎？那是我三十年以前就認識的老友。』

『怎麼他似乎毫不認識你？』馬太博士繼續着問。

我說：『我不知道這是爲了什麼原故。遠在一九二〇至一九二二，我們就在美國哥侖比亞大學同學；從那時起我們一直是朋友。不僅如此，在一九三八到一九四六的八年之間，我們同在昆明西南聯合大學任教，他是哲學教授；我是教育學教授。我們同是出席主持校務的常務委員會的份子。在那段中國抗戰的非常時期，我們幾乎沒有隔過兩天不在一起開會或見面。他的妻同我的妻是朋友。他的兒子同我的兒子都在同一大學讀書。……這就是我們過去的關係。我不知道，我們能够算是彼此不相識嗎⁉』

在座的印度朋友們，聽了都很詫異。停了一下，我又接着說：『在半年前，我看見這位教授所發表的一篇文章，──否定他自己的過去，認爲他過去二十多年的寫作都是些意圖自欺欺人的理論。如此看來，他已失去了做人的自由。他又怎能够有自由去認識自己的老朋友呢⁉對於一個失去自由的教授，我們只有同情；又那能責備他遇着老朋友對面不相識呢？我不忍譴責我的老友。我想，對於失去自由的人不應再加責備。人們祇能稱頌那極權政治的「威力」眞有效。』

印度同事們聽了，都在回想方才幾分鐘以前的情境。忽然有一位講師問道：『查教授，你何時回中國？回去後怎麼樣？』

我回答說：『待我任教期滿，假如我回中國大陸去，經過一二年的改造後，我也許被指派前來印度充當所謂一個什麼「教育觀光團或訪問團」的代表。到那時候，我像個什麼樣子？不得而知。不過有一點我可以預先告訴諸位。──到那時我一定不會認識今天在座的諸位同事了。我在中央教育學院任教，這是第二年，與諸位同事相識不滿二年。我們今天已經看見，三十多年的老朋友，異地相逢，對面不能相識；當然不滿二年的朋友們，日後在類似的情況之下遇到，更不會認識了！……』

這時，大家又沉默起來。說到這裏，我不願再談下去，乃問巴穌院長是否仍願意出席德里省政府主辦的那個社會教育週開幕典禮。

他想了一想，說道：『現在我沒有心情去參加任何的集會，社會教育週開幕典禮恕不奉陪了！』

爲了改換心情，我即刻告辭。謝了謝院長今天的茶會和諸位同事的同情心，我就趕着去參加那社會教育週的開幕典禮。在會場中聽着關於社會教育工作的報告，看着社教的電影和表演，但是心中還是時時刻刻憶念那位失去自由的教授和許許多多關在鐵幕後的老友。

（中華民國四十三年十一月一日西南聯大第十七週年紀念日回憶三年前的那天紀實）

長篇連載

幾番風雨(九)

孟瑤

二十三

胡貫一，如今年已半百，雖然功業上小有成就，却從小是由硬板板，冷冰冰的社會中打出來的天下。因此，他懂得計劃，懂得克制，懂得按步就班去獲取他的目的物。就因爲有此特長，所以他能在一無奧援的社會，躋身上流。他對於追求小薇的辦法亦復如此，他願意在不着痕跡中等待時機成熟，讓小薇不自覺地投入他的懷裏。但，沒想到正當他逍遙地，虎視眈眈地守着這隻可膏饞吻的羔羊時，却被一個初生之犢，憑着那一種先天本能，迅疾地將她攫取而去。

他拿着那張結婚喜帖，焦躁地在室內踱着步，他輕輕地拍着手說：「這樣快，這樣快！」

但，爲了要表示衷心無他，還必須喜氣洋洋地去參加這個婚禮，他一面換衣服，一面喃喃地罵着：「眞受罪。」

這一次婚禮的儀式是非常熱鬧的，因爲小薇太看重這件事了。這是第三個捲入她生活中的男人，却是她第一次擧行這隆重的婚禮，因此她拿出她所能拿出的金錢與能力來辦這件終身大事。她很忙，不可能應酬每一位來賓，貫一在禮堂與每一個熟人強顏歡笑地寒喧着，直到儀式開始，結婚進行曲已經演奏，小薇才穿了那套白色禮服，像仙女似的從外面走了進來，她較前略顯豐滿，在盛妝中，小薇更表現出耀眼的丰采。

「但是，晚了，她已自有所屬！」

他再轉眼看那新郎，也是一位美少年，他忽然覺得，這場戲假若是由他來當主角的話，也許得不到這許多觀禮人的艷羨。

他壓抑住心頭澎湃的思潮，勉強把興緻一直維持到入席，不久，新郎新娘出來謝酒，他裝出與平日一樣的風趣，笑着對兩個人說：「你們的本領可眞大，不但在開特別快車，事前更瞞得我們紋風不透，這可說是欺人太甚，罰酒一杯！」

「我喝！」小薇立刻答應，笑得像一朶盛開的桃花。

離開喜筵的時候，他所帶歸的，是滿懷忌妒。這情緒一直維持到第二天。他惆悵地走到辦公室，第一個射到眼內的，就是空在那裏的小薇辦公桌，這幾年來，小薇無形中已成爲他生活中的一部份，但，這株解語花，却在他的一時疏忽中，被別人採擷了去。望着那張空着的桌椅，貫一不斷地輕搖着頭。

公畢返家，他覺得這屋子空虛曠野得像塊沙漠，這準備藏嬌的金屋，似已早被別人拆除，他寂寞地進了大門，屋內每一扇門上的轉軸，都似變成一張諷刺的笑臉說：「看，你依然只一個人！」

「對了，我依然只一個人！」他也自嘲地。

他在室內踱着，聽見鐘聲滴答，聽見內心埋怨，也聽見他所養的那隻小雪花貓躡着脚走了進來。那白白的，靜靜的姿態，簡直像昨天作新嫁娘的小薇，他立刻彎腰抱起了她。

「她離開了我，你還在這裏！」他把臉親了上去，那貓溫柔地叫了一聲。

「我要她來，我要她作我的太太！」他又說，貓又輕輕地叫了一聲。

「你同情我！」他放下貓，無聲地嘆了一口氣。

貫一沉溺在半生以來少有的孤淒中。人的智慧常常是這樣遲鈍的，熟視則無睹，失去了以後，才又發現它存在的價值。直到小薇結了婚，貫一才發現她在自己生命中不可衡量的份量。

像被拋在北極冰山中一樣，貫一在精神上過了半個月寒苦無依的日子，小薇才蜜月歸來銷假。第一天來上班的時候，貫一還保持着已往的幽默作風，笑着對她說：「我以爲你掉在愛河裏再也不肯爬起來呢！」

「您總是和我開玩笑！」小薇依然笑得那麼甜。

「眞的，這半個月高興嗎？玩了些什麼地方？」

「峨嵋和青城！」

「名勝！」貫一說：「這都是我早就想去的地方，但是，你看，此身已非我有，不知那天才能悠悠閑閑的過下去…你說，這些地方哪一個好？」

「我更偏愛青城！」小薇說：「它比峨嵋更秀更幽！」

「希望我們有機會再去一趟…」這句衝口而出的話使貫一深悔失言，好在沉迷於歡樂中的小薇並未在意。

於是，兩人情緒都被公務納入正軌。下班以後，新婚的甜蜜還在引誘着小薇，她拋下一切，往家裏奔去。

丹楓在屋裏等她。

蜜月旅行中，丹楓有足够的時間與金錢，去飽覽這兩個名勝，回來以後，他重新洗開畫筆，伸開畫紙，預備隨靈感的馳騁，把那些景象描摹下來。小薇每天照常上班，他反而像一個新婚少婦似的，靜靜地坐在屋裏，去回味這溫柔鄉的甜蜜，以及所看見的明山秀水了。

這時，他正仰臥在床上，他有一個不算大的計劃，他想在最近畫十幅畫，把蜜月旅行中所看見不能忘懷的景象描摹下來。

小薇進門沒有看見丹楓的影子，於是上樓跑進臥室，衝到床邊，俯在丹楓的身上說：「爲什麼不在門口接我？」

「你比平時下班的時間早一些!」
「平時?你怎麼知道?」
「忘了?我替你畫像的時候，不都是在你下班以後嗎?」
「對了，」小薇把頭低得更下了，笑着問丹楓說:「那麼，你能猜得出來，我爲什麼早回來嗎?」
「不知道!」丹楓故意搖搖頭。
「不知道?那我今天不准你起來吃晚飯!」小薇裝出生氣的樣子。
「好，好，我知道，我謝謝你!你別生氣!」丹楓從床上起來，捧起小薇的臉，笑着說。
「走!陪我吃飯去!」小薇說:「今天可是有兩個應酬都被我回絕了，却專門回來陪你，所以你得好好地侍候我!」
「那當然，我的好太太!」
他倆下樓，在吃飯的時候，忽然丹楓說:「我眞該死，忘了告訴你，這裏有一封從西安來的航快信。」
「是嗎?」小薇注意起來:「快給我!」
丹楓立刻從懷裏拿出那信，遞給小薇，小薇急忙拆閱，看完以後，放下筷子，沉默了起來。
「誰的?」丹楓奇怪也擔心地問。
小薇看看他，便把信遞了過去，丹楓看信是這樣寫的:

薇兒見字:
久未獲息，甚以爲念。唯於友輩處知你近日公私兩佳爲慰。茲有一事必須告汝者，即前月蓓蓓大病，近已痊可，雖身體已康復，唯脾氣甚壞，性尤孤僻，此或係缺乏母愛撫慰之故。今小吳將來重慶一行，吾意欲蓓蓓與之同來，俾汝母女團聚，汝若有意，阿梅亦肯來汝處爲汝分勞。如何之處，盼速來信，若有困難，則亦不必勉强。因汝諸兄姐皆遠行就學，吾正須彼破吾岑寂也，唯爲蓓蓓前途計，則不肯有此私心耳　即問
近佳
五姨手書

「你打算怎麼辦?」看完了信，丹楓問。
小薇看了他一眼，沒有作聲。
「叫阿梅帶她來!」丹楓又加上一句。
「這樣不會影響我們的幸福嗎?」小薇自私地問。
「小孩的心理健康更重要!」丹楓說:「而且，這又怎麼會影響我們的幸福呢?我並不那麼自私!」
「我却那麼自私呢!」小薇立刻接了下去:「只要她會影響我們，就不必叫她來!」接着，停了半晌，她終於又說:「不過，當然，假若你的意思一點也不是出自勉强，我又何嘗不願意把她弄來一起住?」
「你想我是勉强嗎?」丹楓說:「我根本就是一個喜歡小孩子的人!」
「因此，你也像一個小孩子，是不是?」小薇又笑起來。
「你看這麼大一所屋子，多一個小孩鬧鬧，有生氣得多!」
「我希望你不要口是心非，」小薇極端愼重地:「接來以後，可是個長遠之局!住在五姨那裏，不接來也沒有什麼，接來以後，就不大好送回去了!」
「你放心吧，我至不濟也不會和小孩子鬧彆扭，你快寫信去接吧!」

二十四

小薇居然又獨力創造了一個家:房屋、財產、丈夫、孩子，還有一個最可靠的管家婦阿梅。
阿梅與小吳結婚以後，已經有了一個孩子，這次她挈家由西安來重慶，帶來小薇的孩子蓓蓓，都和小薇夫婦住在一起，爲她照應家務。
蓓蓓已經念小學六年級了，她長得很像母親，却接受了父親更多的遺傳，因而顯得堅韌，缺少小薇柔媚風範，加之幼年撫育在山村中，使她整個型十分頑强，尤其如小薇所覺的那一對鬼眼睛，實在表現得太高傲而固執，射出一種懾伏人的光采。
來重慶以後，她覺得這一切的環境都太陌生，她不大敢和她的母親接近，而且母女也根本沒有接近的機會，白日她要上學，晚上小薇又忙於酬酢。在這個家裏，除了阿梅的照顧外，似少有人關心到她，因此，她只習慣地追隨在阿梅的左右。對於母親，她衷心的不愛，她腦筋裏只有一個永世難忘的印象，那就是在小的時候，她母親披散着頭髮，瞪着那對要燃燒的眼睛，恨不能置她於死地的打她，使她吓得直往婆婆懷裏躲。如今長大了，她也只有一個印象，那就是冷淡，冷淡比虐待更使她難以忍受。
蓓蓓長大了，她已漸漸地懂得了自已的身世，她知道自已是一個私生子，一個沒有父親而又不爲母親所鍾愛的私生子。她恨這不幸的命運，因而也懷恨產生這不幸命運的一切，她要努力掃除它們，在她長大的時候。這份聰明像小薇，這份剛强，又像嘉謨。
太平洋戰爭以後的重慶，出奇地繁榮着，那些做投機生意的人更是腦滿腸肥，大腹便便。小薇因此也出奇地忙碌着，她所有的時間，都爲些無聊的應酬犧牲掉，而家、丈夫、孩子早已如升降機似的，由頂層而逐漸下落。這情形最無法忍受的是丹楓，這個唯情主義的初戀者，如今眞變成了一隻小白兎，小薇以最大的興緻來捕獲他，等到關進籠裏以後，除偶然高興來逗弄他一下而外，簡直不允他有主動親近她的自由與權利!這實在是丹楓無法忍受的。爲愛情，他肯做脂粉奴;不以愛情爲祭禮，他以享受這種生活爲可恥。但，他不忍離開她，因爲她畢竟還有回來的時候。當她回來，困倦地倒在床上，或者歉然地訴說着這一整天的忙亂，那麼這個時候的小薇還是屬於他的，雖然那時的小薇多半是拖着那極端疲倦的身子，或者是醉得昏然欲眠。她說不上幾句話就會睡去，但丹楓依然滿足，他爲她輕輕地脫去衣服蓋上被，吻她，看她，擁抱她。就爲着這一點代價，丹楓屈辱得像一個面首似的，被小薇豢養着。

丹楓是一個空靈的藝術象徵，這四周的混濁空氣，是如何殘忍地損傷了他。對於小薇無意中所給他的精神虐待，他無言地承受着，他過慣了飄泊的生活，環境養成了他的沉默習慣，他很少，也不會用言語來表達他的感情，正如他追求小薇也只會用眼睛一樣。如今，他對於小薇冷淡的反抗也是用眼睛，可惜小薇已失去了興緻與時間去看它了。

他們的甜蜜生活只過了一月左右，起始，朋友們的邀宴，小薇總是拖他一起去；但，逐漸小薇發現他對於酒食逐漸的冷淡很使她掃興，於是以後每次丹楓有懶於出門的意思，小薇就沒有興緻相強同行。久而久之，小薇恢復了婚前的自由，丹楓嚐盡了婚後的寂寞。他不能忍受小薇對他丈夫身份的蔑視，他也不忍放棄那或多或少可以沾染到小薇芳香的機會。

隆冬苦寒，小薇從早上出門以後，一直沒有回來，她如今是自由得連電話都可以不必通知家裏一聲了。晚飯以後，丹楓獨自躺在床上看書，阿梅知道他的習慣，爲他送來一杯新泡好的茶，丹楓看似舒適地斜倚在床上瀏覽着一本書，事實上，他的眼睛視而無睹，耳朶却靜靜地聽着門外一切動靜。

午夜已過，他聽見一輛汽車疾馳而近，他跳起身拉開窗帘，他看見汽車進了花園，停在大樓的門口了。他正要下樓，小薇已經在車中不斷地喊着他的名字。

「她又醉了！」丹楓想：「不然，爲什麼不像每次似的，悄悄地就飄到我的身後呢？」

他慌忙地下了樓。

汽車靜靜地停在那裏，他拉開車門，小薇閉着眼睛，獨自倚在車廂的一角。

「怎麼了，小薇？」丹楓着急地問。

「不行，我醉了！」小薇睜開眼睛，看見丹楓，立刻用手拉住他。

「一個人嗎？爲什麼不叫人送你？」

「不要，我把他們都推下去了，我要你，我要你來扶我回去！」

丹楓知道她只是醉了，因而放了心，他扶她下車，但，小薇是太醉了，她有點步履蹌踉，丹楓索性一把把她抱上了樓，輕輕地放在床上，再爲她蓋上那條熱被窩，再爲她慢慢地脫去衣鞋，小薇閉着眼睛，依舊喃喃不盡地說：「我眞醉了，那些人眞壞，我吐了三次，你知道我是不會吃酒的！」

「沒關係，睡一覺就好了！」丹楓說。

「對不起，我可要先睡了！」小薇說完，向裏面翻了一個身。不久卽沉沉睡去。

丹楓悵然地抽出一隻煙，看了小薇一眼，終於燃起了它，這是新婚時，小薇命令他戒掉的，如今又抽上了，因爲小薇連一隻煙似的安慰都沒有給他。夜長漫漫，小薇已眠，剩下他，除了看看面前的煙圈嬝繞外，還能做些甚麼？

想到這半年的生活，他眞有點難堪，一陣夜寒襲來，使他有點微嗆，他沒法去睡，端起了一張靠椅，坐在床邊，靜靜地欣賞那已睡了幾個翻身的小薇，她的眼眉，她的鼻準、她的嘴角、她的膚色、她的秀髮：這已到達成熟頂端的美麗，隱約間，他看見她眼角後有着淺淺的皺紋。

「青春，沒有幾年可以享受了，她應該取得每夜的盡夕狂歡，」丹楓惆悵地想：「但，這實在並不是生命的意義呀！」

他又有點咳嗽起來，這一串比較長，他立刻蒙住嘴，走了開去，他怕吵醒小薇，但小薇還是被吵醒了。

「丹楓！」小薇朦朧地喊了一聲，接着便伸出手要在床邊拉他，但她沒有拉到，於是又睜開眼睛喊：「小白兎，你在那裏呀？」

丹楓從遠處走了過來，跑到床邊，蹲在地下說：「醒了嗎？」

「好渴，我要喝水！」

丹楓又站起身來，爲她送來一杯溫水，小薇一口氣喝盡，才睜開了兩眼，她看見丹楓羞怯的眼神又滿佈憂傷，她立刻淸醒了，拉住他說：「怎麼你還沒有睡？」

「沒有！」

「幹麼啦？」

「看你！」

「看我？」小薇奇怪地：「晚上不睡覺？」

「白天沒有機會！」丹楓掉下了眼淚。

小薇大大地被感動了，她坐了起來，望着丹楓，半天不能說話。

「躺下吧！別凍着！」

「你不冷嗎？瞧，手冰涼的！」小薇立刻讓出塊地方說：「快來躺下，多傻！」

丹楓鑽進了被窩，一雙像冰柱似的腿把小薇冷得直叫，接着，他又有點咳嗽。

「瞧，明天準傷風！」小薇半埋怨地。

丹楓沒有辦法止住他的眼淚，這是半年來的委曲，被目前小薇的溫存，都勾了出來。

「別傷心！」小薇柔情萬種：「我知道我對不起你，不能陪你在一起，但你相信我還是愛你的，讓我慢慢脫身。我知道你喜歡靜，喜歡離開人羣遠遠的。將來找個地方，咱們蓋所房子，兩個人養老，那個時候，我們就永遠在一起了！」小薇不停地說着，就像一個母親哄騙她的孩子。

丹楓沒有作聲。

「怎麼，還生氣嗎？」

「沒有！」

「爲什麼不說話？」

「我不那麼自私，爲了自己，阻止你前途的發展！」丹楓稍作猶豫終於說：「不過，你所追求的，並不是值得追求的目標！」

「我也承認！不過，追求值得追求的目標，也得在有了錢以後！」

「你已經很有錢了！」

「這點東西還不是鏡花水月？看着它，就是你的，一不小心就沒有了！而且我是與別人合作，也不容易一個人退出來。你別難過，陪你的機會還有的是，明天我就請假！」

「別了！」

「你別攔着，我也怪累的，想休息一天。」忽然小薇的興緻特別好，把身子往丹楓懷裏擠着說：「眞的，丹楓，自從回重慶以後，我也太忙了，這一陣忙完了，你陪我上一趟西安，看看五姨，再看看那邊情形，順便做點生意！」

「多藏厚亡，」丹楓說：「發財的夢我看可以打住了！」

「好吧，都依你！」

這夜，他倆又投身到蜜月似的熱情裏。

第二天，他倆將近中午才起來，果然，小薇哪兒也沒有去，先打了一個電話請假。她有點病酒，胃納不佳，被丹楓强迫着躺在床上，丹楓陪着她，隨時拿起一隻筆，爲小薇作着速寫，畫出她的巧笑，美目；畫出他的愛慕，痴戀。

丹楓把飯拿到自已屋裏來吃，把房門關得緊緊的，怕一切外來的東西，破壞了這室內的空氣。

「丹楓！」小薇忽然這樣叫了一聲。

「什麼？」

「你成天不出門，不悶得很？」

「你悶嗎？」

「不，」小薇解釋着：「我是覺得你奇怪，不像一個男人！」

「我不知道男人該怎麼樣，不過，我確懂追求我認爲幸福的生活！」

「那麼什麼是幸福的生活呢？」

「永遠能看見我所愛的人的一顰一笑，一言一動！」

小薇有一點臉紅，她知道婚後所奉獻出來的實在太少，她有點慚愧，因而說：「以後我一定少出門。」

但，不可能，晚上來了電話，是貫一的，約她共商一件買賣，並同時赴一個朋友的晚宴。小薇不加考慮地回絕了。雖然貫一說此事重要，她不能不在場。

小薇懷着一個對自己都不能信任的心，陪着丹楓吃晚飯，食未及半，貫一派車來接她，請她無論如何，抽空去一趟。小薇無告地望着丹楓，丹楓也望望她，却不肯作聲。

「那…你陪我去一趟吧！」小薇終於說。

「你還是一個人去吧！我對你並沒有什麼幫助。」

小薇望着丹楓，歉然地一笑，便回屋收拾去了，打扮好了出來，拉起坐在桌前發獃的丹楓的手說：「你等我，我去說幾句話就回來。」

丹楓望着她點了一點頭。

小薇去後，丹楓如約地等她回來，但，夜已過午，小薇才又像頭一天似的，酣醉而歸。

小薇對丹楓的溫存，丹楓盼小薇的長相厮守，只是愛渦裏面的一個廻流，僅在此處略作盤桓，依然向外流去。

小薇一離開他，他就只有讓思慕來蠶食他的心，他想畫兩張畫，但心緒不好，無法握管；他又想看兩頁書，但思慮凌亂，又無法入目，幾番低徊，無限憂傷，一天又過去。

這天，正是夕陽無限，黃昏向盡的時候，下班時間已過，小薇依然未歸，他知道雖然盡量期待，還是該他獨自用餐的，爲了使內心舒散些不致餐後胃痛，他想先上花園小作徘徊，以美的顏色，美的香味，來化解一些憂愁。

閑步中庭，他看見蓓蓓也正坐在一棵樹下。雖然小薇把蓓蓓接回，多半是丹楓的慫恿，但丹楓一直內心栗碌，無暇旁及蓓蓓，如今看見她的孤獨影子，不禁同病相憐起來，他走到她的面前，叫了一聲：「蓓蓓！」

蓓蓓抬起了頭，看見是丹楓，立刻站了起來，却沒有作聲。

「一個人幹什麼？」丹楓溫和地問。

「不幹什麼！」

「有心事嗎？」丹楓以長輩的愛惜取笑着：「這麼點大的孩子！」

「沒有！」

「爲什麼不作功課？」

「作完了。」

「那麼，在想媽媽嗎？」

「沒有，」蓓蓓冷冷地：「我不喜歡她！」

「爲什麼？」丹楓意外地。

「小時候打我，對我發脾氣，現在，看都不看我一下。」

「她太忙！」丹楓不忍小薇受責，解釋道：「你沒看見她連吃飯的時間都沒有嗎？」

蓓蓓還想抗辯，但，看了看丹楓的神態，忍住了。

「我們吃飯去吧，以後別這樣想了，沒有一個母親不愛自己的孩子，她不過因爲忙。以後你沒事可以找我玩，我敎你畫畫，敎你考中學時的功課，我…也很寂寞。」

這兩個被小薇所遺棄的人，竟彼此建立起超乎親父女以上的感情。（未完）

書刊評介

「黨報社論」是否「不值一讀」?

成舍我

著者　程滄波
發行者　中央文物供應社
定價　每册新台幣八元
出版日期　四十三年九月

時常有人告訴我：中國朋友，男女老少在一起，談到報紙，談到每人讀報的嗜好，十之七八，總會不期而然，異口同聲說，他或她，最討厭讀「黨報」，尤其討厭讀黨報「社論」。問其原因，則你所可獲得幾乎一致的答覆，是黨報新聞選擇太偏私，於黨有利的，小事化大，拼命宣傳，於黨不利的，不僅大事化小，甚至化爲烏有，從頭至尾，使你永遠找不到。社論呢！更是澈底的黨八股，「高臺講章」昏昏欲睡，一年到頭，永遠引不起讀者興趣。這是若干讀者對「黨報」的觀感，當然，他們所說的黨報，並不限於那一黨，更不限於那一份黨報——甚至那一時期那一地區的黨報。不過在聽了此類說法之後，我必須鄭重指出，討厭「黨報」，這一心理，大部份是並不正確的。如果說，黨報不受人歡迎，那是黨報的決策者，觀點有偏差，負責者技術不高明，「黨報」本身，却實在沒有應被厭棄的道理。

所謂「黨報」，在民主國家體制下，是由某一政黨黨部，黨員，或擁護該黨政策者所辦。他的意義與一黨專政的共產國家，法西斯國家，自然「自由」「專制」，天上地下，迥不相同。民主國家的報紙，如就言論形態，加以類別，要不外黨報，獨立報，中立報三種。獨立報與中立報的區別，以美國爲例，獨立報是在某一時期，他覺得民主黨的政策值得擁護，他的言論，就和民主黨一鼻孔出氣，等於民主黨的義務黨報，但到另一時期，他覺得共和黨政策比民主黨好，他就馬上一百八十度轉彎，變成共和黨義務黨報。實在說，獨立報當他擁護某一黨時，簡直可將他算作準黨報，不過他和黨沒有任何物質關係，不像正規黨報受拘束。霍華德系報紙就是這一類型的代表。中立報，則任何時期，他對於「民主」「共和」甚至其他黨派都一視同仁，各方面的意見都介紹，各方面的活動都捧場，而報館本身，却絕少獨特主張。美國讀者，最不歡迎沒有主張的報紙，伊里諾斯州大學新聞系教授巴汝諾 Reuel R. Barlow 曾說：「沒有主張的報紙，等於沒有脊柱的動物」。因此，除非在「一報獨佔」的較小城市，讀者爲了怕這僅有的一份報，變成「一黨獨佔」，乃寧願其沒有主張，態度中立外，一般情形，對於模稜兩可毫無定見的報紙是極爲厭惡的。讀者此類傾向，不僅美國爲然。英國幾家最受讀者歡迎的全國性報紙，就沒有一家言論政策，不是站在某一政黨的立場，如泰晤士報、每日快報、每日郵報、每日電訊之於保守黨，每日先鋒，每日鏡報之於工黨，新聞紀事報之於自由黨，除每日先鋒外，他們在形式上，都不受黨的控制，但他們旗幟鮮明，遇某一重大問題發生時，決不放棄他們批評的機會，也決不掩飾他們對於某黨的擁護或反對。這些報的銷路，除泰晤士報力求高貴，情況特殊，其餘各報多的超過四百萬，至少也將近兩百萬。而且，越是議論精闢，態度堅定，戰鬪意味高度發揮的報紙，越受到讀者贊揚。新聞發達史上，英美不少名記者，也就都由火藥氣味最濃的黨報準黨報產生。英美讀者，如此歡迎黨報，準黨報，尤其如此歡迎黨報準黨報的言論，爲什麼，我們中國，男女老少，却會提起「黨報」就會許多人感覺不滿，提起黨報「社論」，更竟要嗤之以鼻，認爲不值一讀呢？

「時論集」這一本小冊子，是程滄波先生二十年前在中央日報所寫的四十二篇社論。中央日報是國民黨最大黨報，國民黨是中國最大政黨，中央日報社論在政治方面的權威性，當然是無可懷疑。讀了這本時論集，更使我相信「黨報社論」有其偉大的價值，所謂「黨報社論令人厭惡」之說，如前所述，不僅英美情形，適得其反，即在中國，似乎也絕難置信。程先生主持中央日報，先後將及十年，他所寫社論，當幾十倍於四十二篇，但僅就此極少數的四十二篇來說，豈特在當時，必會家傳戶誦，影響遼濶，二十年後的今天，我們讀到任何一篇，還浩氣蓬勃，有頑廉懦立精神一振之感。像這樣哀梨并剪痛快淋漓的黨報社論，普天下讀者，將鼓舞頌贊之不暇，厭惡觀念從何發生？假使眞有人厭惡「黨報社論」，指「黨報社論」是沒有生氣，千篇一律的黨八股，那麼，我就請他去仔細閱讀這本小小的時論集，定能幫助他銷除不少誤解。

作者在「自序」中說明：「本集所錄，蓋余二十年前先後在中央日報所撰載之時論……其時則自一二八至抗戰後期，其地則由南京武漢長沙以至重慶。」我們回想這一時期，在中國現代史上，眞所謂「道喪時昏，禍延凶播，」外則異族入寇，中原丘墟，內則共匪肆虐，生靈塗炭，中華民族遭遇此空前危機，也正是執政的國民黨艱虞絕續之交。這四十二篇時論，不特誠如著者自序所說：「時事論評，實爲一時代活動之史料，於歷史文獻，自有其一席地，」且由此不難看出，國民黨政府，在羣議鼎沸，人心震盪下，當時攘斥姦凶，撥亂反正，會經過多少苦鬪。民國二十二年陳獨秀以危害民國罪受審，雖陳已被史太林派排除，然共產黨徒，仍利用陳所聘律師章士釗的辯護，謂「以蘇維埃體制代國民黨政府，此僅係顚覆政府，而並非危害國家，」謬說流傳，廣爲煽誘，我們讀作者所著一論再論「今日中國之國家與政府」，痛切指出，「推翻國民黨及其政府後，建立蘇維埃制度，此與鄭孝胥等迎立溥儀，同爲變更國體，同稱叛國。而決非更易政府一語所可輕輕文飾。」將共黨叛國罪行，揭發無遺，以親蘇共黨，比親日漢奸，此在今日，固已天經地義，人所共喻，然二十年前，則卽一向反共最力之老國民黨員，爲了怕所謂刺激蘇俄情感，爲了怕失去所謂左派青年捧場，尚十之八九，逡巡顧忌，不敢如作者直人快語，一口道破。像這樣浩氣澎湃，正義凜然的文章，全集中幾於觸目皆是，全國國民，能確立他們對國共兩黨忠奸的認識，這些文章，是有其重大意義的！

把黨報社論，看作只是宣揚政績，歌功頌德的工具，不論是非，不辨邪正，這一觀點，是並不合於黨報使命的。美國報史上一位最偉大報人，紐約論壇報 New York Tribune 谷利來氏，Horace Greeley（一八一一—一八七二）他被稱爲「美國報業之父」The father of American journalism，爲「美國的記者首相」America's Premier Editor，爲「戰鬪的記者」Fighting editor，他是共和黨員，幾乎畢生爲共和黨而奮鬪。他力主釋奴，「二千萬人的祈禱」The prayer of twenty millions 一文，對於林肯釋奴政策成功，及南北戰爭勝利結束，關係極大。但他在論壇報所寫社論，批評共和黨的錯誤，幾乎多過他對共和黨的頌揚。最後，且獲得一部份共和黨人擁護，另組自由共和黨，和共和黨提名連任的總統候選人格蘭第，競選總統，雖然以數十萬票之差，競選失敗，但由此可見，黨報的社論作者，並不是先宣了誓，改「天下無不是的父母」，爲「天下無不是的本黨」。而戰鬪記者之可敬，與夫黨報之不可蔑視，更彰然明白，絕難否認。幾十年來，中國的黨報，雖比較少此特色，但時論集中，如「漢口韓玉宸事件」一文，著者曾毫不畏縮，指責當時國民黨黨員及政府人員。原文說：「本黨黨員及政府人員今日心理之怯懦與信仰之動搖，滔滔者皆是也。本黨若干同志自來態度上之錯誤，在過去爲虛驕及誇妄，在現在爲惶惑及退縮。因虛驕及誇妄，故行爲上只有衝動而無理智之表現，個人及團體之實力不能充實。因惶惑與退縮，故判別力薄弱而無法掙持難關。由前之因，故在過去對於黨外之人，爲盲目的打倒而不暇爲之吸收。骨鯁自愛之士，散而之四方，希旨逢迎之人，羣集於肘腋，使黨之面目，頓然改觀。由後之因，故在現今對於黨外之人，爲盲目的膜拜與妥協。對於黨外之言論，爲盲目的附和及忍受。方寸無定，賓主易位，廟謨國策，搖移莫定，而政府之安定，遂生波折。今日國事無可措手足，此種情形實爲之大梗。而此種病根所在。乃由於黨員自身平時信仰之不堅，組織之不嚴密。平日之跳動叫囂，純爲一股客氣，而心中絕無主持。一旦有事，客氣既無所用，遂覺中心搖惑，不能自主。動定從違，聽人驅斥。無事不可容忍，無人不可容納，更無言不可附和……。」像這樣坦懷至公，盡情傾吐，雷吼電擊，毫不掩飾的說法，我們縱不能以「中國的報業之父」稱作者，至低限度，其爲中國「黨報」中一位卓越的「戰鬪記者」，應可當之無愧。而黨報社論之並非盲目歌頌，更於此得一確證。

讀者對於任何類型的報館，其所寫社論，都殷切期望，他們能將當前每一重大問題，分析批判，貢獻其精闢獨特的見解。沒有見解模稜兩可的報館，等於沒有脊柱的動物。這一現代讀報的傾向，已如前述。所以無論黨報非黨報，當每一重大問題發生，不特不應逃避自己對該問題的評釋，並且這評釋越早發表越能滿足讀者要求。（當然，有時因問題複雜，情況不明，不能立卽發表社論，或發表而須保留一部份意見的，自屬例外。）所以社論作者，一方面固需要通才達識，宏遠博雅，但尤其需要的，還是機敏銳利觸類旁通的判斷。我相信時論集作者，確已百分之百，兩項條件均已具備。關於英國及若干國際問題，獨潛專精，觀察明確，固不待說，而對任何重大事件，下筆神速，更已幾乎到達驚人的程度。如「昨日西安之叛變」一文，作者自註：「西安叛變消息到南京，爲當年十二月十二日下午。下午五時後，京中黨政軍高級人員齊集鬪雞閘何應欽部長公館。中央常會及中央政治會議聯席會議，於晚間九時開始。時行政院副院長孔祥熙於晚間十二時半由上海乘飛機到京出席會議。會議舉行至翌晨五時三刻方散。筆者離會去中央日報草此社評，已在十三日晨六時」。按當時南京各報，每晨出版，最遲爲上午七時半，除去排版、製版、印刷約需一小時，作者此文，所費時間，最多當未超過半小時。如此抓緊機會，絕不偷懶，是則於極度神速以外，其對讀者負責盡職，尤足爲我們從事報業者所矜式。

時論集所收四十二篇社論，在中華民族最驚險最艱苦最重大一段時期中寫成，每篇每段，都可當作這一時期的歷史資料讀。此外，由於作者之長才廣度，無所不包，不僅讜言宏論，足予讀者以啓發，卽就文學修養，飛辯揚藻，發彩流潤，淸辭妙句，諷詠無窮，高初中青年學生，如作爲模範文讀，其必有適當收穫，亦絕無疑義。

如果報館社論，數字時地，偶有舛誤，或辭微義隱，稍欠明暢，此則由於時間迫促，報館人力物力之儲備，尚待充實，環境紛錯，各方新聞自由之障礙，未盡排除。此中甘苦，時論集作者於自序中亦已痛切言之。「時論作者，當其籌思振筆，發爲文章，每於午夜漏盡，燈昏目眵。時或酷暑流金，几案炙手，或厲寒砭骨，筆硯成冰，而時間及環境之束縛顧忌，理想與現實之調和斟酌，蓋非親歷其境者，不能道其甘苦於萬一。」在這種了解之下，讀報館任何社論，假使竟發現了微眚小疵，那當然可以體諒的。讀時論集的人，自然更不會例外。

最後，我願再重複說明一句。在兩黨對立，或多黨林立的民主國家內，黨報準黨報，發表論評，替一個政黨向讀者堂堂正正提出對於當前每一重大問題的意見，這是絕無理由，會受到讀者厭棄的。只有不加贊否，模稜兩可，投機取巧，自命中立的報紙，才爲讀者所鄙視。因此，我不相信若干人所持「黨報社論不值一讀」的說法。假使讀者眞有這所謂「黨報社論不值一讀」的觀念存在，那定是一黨專政下的黨報；或像美國若干小城，一報獨佔，（卽該城只有一報，沒有其他日報對抗競爭）而這張報，是屬於某某一黨的！

第十一卷 第九期 內政部雜誌登記證內警臺誌字第三八一號 臺灣省雜誌事業協會會員 二九八

給讀者的報告

本期我們登了三篇社論。在社論(一)裏，我們旨在向韓國政府進言。韓國政府一向採取的排日政策，以及最近的對美態度，俱是不利於遠東反共前途的。當此自由世界面臨共黨大敵的今日，正宜彼此泯除成見，衷誠合作，以成其大者遠者。苟剛愎自用，一意孤行，徒足爲親者痛仇者快耳。第二篇社論是評最近政府對軍司法審判範圍的重行劃分。政府這次應輿論的呼籲，縮小軍法審判範圍；同時重申提審法，令各級機關不得非法逮捕拘禁，以重人權。這實是一件開明進步的措施。我們除對政府此項措施表示贊揚以外，更一進步提出幾點希望。我們希望在此一措施施行之餘，更能進而在軍法審判程序、普通法院、以及監獄管理諸方面，同時作一番澈底的改革。在第三篇社論裏，我們嚴正駁斥中共新華社最近廣播的攻擊我們政府的讕言。新華社斷章取義地引用本刊的文字，渲染誇大，然後造謠說謊一番。新華社的謊言除使人覺得幼稚可笑以外，只足以表示他們的低能而已。

中共與蘇俄最近在北平經兩週之會議後，發表了八項聯合公報。公報中包括兩項匪俄築路的勾當。中俄間鐵路築成以後，共黨的侵略勢必繼續向外擴張，遠東的戰爭便不可避免了。所以，自由世界對這一件事必須加以密切注意。我政府爲此會一再發聲表明，警告世人。這一期交通學界的權威凌鴻勛先生特撰文申論此事，他的意見當是値得重視的。

夏道平先生的大文在評論大法官會議對國營事業轉投資的解釋。根據大法官會議的解釋，國營事業轉投資於其他事業，其資本超過其他事業的資本總額百分之五十時，該事業即應視爲國營事業。這個解釋顯有商權之餘地，夏先生在本文中表示了他對這問題的卓越的見解。我們希望大法官要獨立行使其崇高的職權，毋爲行政當局所左右。

尾崎行雄先生是日本的一位老民主鬬士，他畢生反對軍閥，爲自由而奮鬬，任國會議員達六十二年。他是我們中國的誠摯的友人，十月六日以九十六歲的高齡病逝寓邸。陳固亭先生特爲文以悼之。凡愛好民主自由的人士，都會爲這老人而默誌哀思的。

此外，齊萬森先生大文報導的「法國與歐洲聯防」，是歐洲的一件大事。公孫孅先生的「砲戰話金門」，是一篇戰地的寫眞。「牆」文的作者黃思騁先生過去用「歐陽賓」的筆名在本刊發表過很多作品，已經是讀者的老友了。前西南聯大敎授查良釗先生在「憶」文裏，懷念一位失去自由的故人，亦可見極權統治之泯滅人性也。

自由中國 半月刊 第十一卷 第九期 總第一二〇號

中華民國四十三年十一月一日出版

發行人兼主編 『自由中國』編輯委員會

出版者 自由中國社

社址：臺北市和平東路二段十八巷一號

電話：二八五七〇

航空版

香港辦事處 友聯書報發行公司 Union Press Circulation Company, No. 26-A, Des Voeux Rd. C., 1st Fl. Hong Kong

菲律賓辦事處 岷市怡干洛街五〇二號三樓 3rd Floor, 502 Elcano St. Manila, Philippines

總經銷

臺灣 自由中國社發行部

美國 中國書報發行所 國民日報社 Chinese Daily Pots 809 Sarcamento St., San Francisco, Calif. U.S.A.

加拿大 醒華日報 Shing Wah Daily News 12 Hageeman St., Toronto, Canada

經售者

日本 東京僑豐企業公司

韓國 漢城裕昌德號

馬尼剌 大中華日報社

印尼 新疆書店 椰嘉達天聲日報 棉蘭新中華報

越南 西貢中原文化印刷公司

緬甸 仰光振成書報店

印度 加爾各答塔梅學校

澳洲 雪梨瑞田公司

北婆羅洲 西利亞坡青年書店

新加坡 檳榔嶼、吉打邦均有出售

印刷者 精華印書館 廠址：臺北市長沙街二段六〇號 電話：二三四二九號

本刊經中華郵政登記認為第一類新聞紙類 臺灣郵政管理局新聞紙類登記執照第五九七號 臺灣郵政劃撥儲金帳戶第八一三九號 (每份臺幣四元美金三角)

自由中國

FREE CHINA

第十一卷　第十期

要目

本刊第六年
特刊

中華民國四十三年十一月十六日出版

社址：臺北市和平東路二段十八巷一號

半月大事記

十月廿六日(星期二)

日首相吉田在倫敦談話稱，中國大陸市場的損失嚴重妨碍日本經濟，但日政府無論如何無意承認中共政權。

美政府舉行首次電視內閣會議，杜勒斯報告巴黎協定。

法與西德同意公佈薩爾協定。

西德總理艾德諾啓程赴美作爲期八日之訪問。

十月廿七日(星期三)

獲我政治庇護的廿二名波蘭籍船員，乘機離臺赴美，行前發表談話，向我致謝。

埃及政府因納塞總理遭人謀刺，宣佈全國進入緊急狀態。

俄特務拘捕美駐俄使館人員眷屬，美向俄提强硬抗議。

十月廿八日(星期四)

葉外長訪杜勒斯會談中美共同利益問題。

美第七艦隊司令蒲賴德訪華事畢，乘艦返防，表示對協防臺灣，深具信心。

西德總理艾德諾抵華盛頓，杜勒斯親往機場歡迎。

美人民自由聯盟致函杜勒斯，要求對章勳義給予政治庇護。

十月廿九日(星期五)

艾森豪與艾德諾華府會議後，發表聯合友好聲明，讚揚巴黎協定。

埃及總理塞納下令解散回教兄弟會。

十月卅日(星期六)

李承晚表示美韓關係近仍友好，幣值爭端即可解決。

十月卅一日(星期日)

美總統艾森豪聲明，將以東南亞公約及巴黎協定提交參院，作批准前的準備研究工作。

蔣總統對日本每日新聞記者發表談話稱，爲拯救同胞苦難，我決心反攻大陸。

泛亞社臺北電：中國政府相信，南韓最後將同意日本參加第二屆亞洲人民反共會議。

十一月一日(星期一)

共軍圖犯大陳，空襲投彈四十餘枚，匪機一架被擊落。

光復大陸計劃研究委員會正式辦公。

美第五航空隊司令藍密抵臺訪問。

日首相吉田於訪美途中發表談話，謂日對中共採取「中間路線」，請美國加以諒解。

日駐華大使館人員表示匪紅會代表團李德全等訪日，並不影響日對華政策。

十一月二日(星期二)

美第八軍團司令泰勒將軍調任美遠東陸軍總司令。

美國國會中間選舉，全國各地投票。

十一月三日(星期三)

臺省修正地方自治法規十二種，奉准實施。

葉外長再晤杜勒斯，交換時局意見。

美國會選舉揭曉，民主黨獲衆院多數席次，州長選舉民主黨亦領先。

十一月四日(星期四)

行政院通過發表駐外使節四人：于望德任駐巴拿馬大使，王季徵任黎巴嫩公使，袁子健任委內瑞拉公使。

美國會選舉，民主黨在參院再獲多數。

日政府違外交慣例，與匪代表團李德全等會談。

十一月五日(星期五)

立法院修正通過四十一年度中央政府總決算案。

> ## 『自由中國的宗旨』
>
> 第一、我們要向全國國民宣傳自由與民主的真實價值，並且要督促政府(各級的政府)，切實改革政治經濟，努力建立自由民主的社會。
>
> 第二、我們要支持並督促政府用種種力量抵抗共產黨鐵幕之下剝奪一切自由的極權政治，不讓他擴張他的勢力範圍。
>
> 第三、我們要盡我們的努力，援助淪陷區域的同胞，幫助他們早日恢復自由。
>
> 第四、我們的最後目標是要使整個中華民國成為自由的中國。

聯大政委會開始辯論原子能和平使用問題。

西德總理艾德諾同意自由民主黨意見，要求與法國重商薩爾問題。

十一月六日(星期六)

內政部制頒「戰時出版品禁止或限制登載事項」。

法政府拒絕西德所提重開薩爾問題談判之建議。

杜勒斯下令免除有親共嫌疑之外交官戴維斯的職務。

紐約時報登載一項來自華府的消息，謂美主動提議談判締結聯防協定。

十一月七日(星期日)

中美共同防禦條約，兩國正進行商談中，美發言人稱尚未達成協議。

葉外長自美飛西班牙訪問。

美艦若干艘駛往大陳海面巡邏，執行監視共軍活動。

美英法等七國爲發展原子能和平計劃，建議聯大，明年八月在日內瓦舉行世界會議。

臺灣報界評擊內政部頒佈之九項新聞禁限辦法。

俄機兩架在日本北海道上空擊毀美機一架，一人死亡。美已向俄提抗議。

十一月八日(星期一)

俞大維等視察大陳、一江山前線陣地。

美總統艾森豪在波士頓演說，闡釋美國和平外交政策。

十一月九日(星期二)

杜勒斯答記者詢問，擬與參院外委會討論中美締約問題。

杜勒斯表示，美考慮派戰鬥機護送飛近蘇俄領土的美國飛機。但拒絕考慮對俄發動預防性戰爭。

行政院下令，對「戰時出版品禁限辦法」，予以暫緩實施。

社論

(一) 出版品禁限取消以後的責任問題

內政部『依據出版法第三十五條規定，制定「戰時出版品禁止或限制登載事項」九項，於本月(十一月)五日正式公佈施行』(中央社五日訊，散見臺北六日各報)。從內政部於本月五日公佈施行這九項出版品禁限後，引起臺灣全省新聞界强烈的反對，本月九日立法委員提出質詢案，經立法院大會通過請行政院兪院長內政部王部長到院口頭答覆。行政院在同日晚間令復內政部，命令該部對禁限九項，暫緩施行。綜計內政部此次從公佈出版品禁限事項，到行政院命令暫緩施行，前後共計五天。

現在出版品禁限事項，雖經行政院命令暫緩施行。我們對於這一個事件，仍不能不加以論列。關於禁限九項的內容，臺北報紙論者已多。綜括一句話，這九項所包括的事態，好幾項在出版法中已經備載，好幾項在刑法中亦有專條。全部九項的內容，出版法及刑法全已備載。所以這「九項」唯一的特色，便是含糊不清，將來執行時流弊百出。我們仔細研究內政部這一次的擧動，實在不了解它們的動機何在？現在這九項禁例，行政院在令復內政部的命令中，亦說：「所定九項，內容尚欠明確具體，爲免發生疑義，應由部再行研議並詳加說明，以便執行。」

我們對九項禁限的內容，不願再多所論列。現在我們要討論的，僅有兩點：第一點關於法律方面的；第二點關於政治責任方面的。先講第一點，關於法律方面。行政機關的立法權，在政治學方面謂之「委任立法」，這在今天社會組織複雜，政務增加的趨勢中，各國都在擴大這種「委任立法」，譬如此次內政部根據出版法第卅五條，制定九項禁限事項，就是委任立法的一例。可是委任立法，在受着委任的行政機關，不是說受着委任，便可任意去制定辦法，公佈施行。此次內政部制定的九項出版品禁限事項，其性質關係人民的基本權利，按照憲法第十一條，這是人民基本自由之一種，根據憲法第二十三條，明明規定「對以上各條列擧之自由權利，除爲防止……或增進公共利益所必要者外，不得以法律限制之」。內政部此次所制定之「九項」，其內容實涉及人民之自由權利，照憲法精神，實在非由法律不能加以限制。現在站且根據出版法第三十五條之規定，也有四個條件，其中必須具備者，至少有兩個，方能「禁止」或「限制」。這四個條件：㈠戰時；㈡遇有變亂；㈢依憲法爲急速處分；㈣依中央政府命令之所定。這四個條件，第一至第三中間必須具備任何一個，而第四個條件則爲必要。再查憲法第五十八條第二項，「行政院院長，各部會首長，須將應行提出立法院之法律案……及其他重要事項……提出於行政院會議議決之。」出版品禁限事項，既關人民基本自由權利，這當然是在「其他重要事項」之內，也當然應該由內政部提出行政院會議議決，然後可由總統頒佈命令。所以出版法第三十五條所稱「依中央政府命令之所定」，決不是像今天內政部所做，一方面公佈施行，一方面「呈報行政院核備。」事關人民之基本自由權利，而主管部對於法律手續方面，如此掉以輕心，實在是行政上一件重大的缺失。一個主管部對於有關人民基本權利之大事，而其公佈實施的事項，其內容的疎漏如此，又足證內政部今日辦事之懈怠，及其人事之鬆弛。這又是今天行政方面亟須整飭的大事。我們今天特別提出委任立法的一問題，因爲這問題實在關涉人民的權利方面太大。如果行政機關隨便輕用這一個權力，則人民所受的害實是一件大事。內政部此次頒佈之九項禁限，幸而社會的反應，迅速而强烈，終使行政院下令暫緩實施。我們想過去或現在這樣同類的事件，怕不在少數。爲着保障人民的權利，我們於此特再强調行政機關對「委任立法」要特別注意，行政院尤應特別負監督整飭的責任。

其次講「政治責任」。此次內政部公佈施行的禁限事項，從公佈到取消，前後共計五日。內政部這一個措施，引起輿論的反對、民意機關的質詢而終於取消。主管的內政部部長，負行政總責的行政院院長，對此能不負一點責任嗎？行政院院長與內政部部長，應知這一個措施，從制定頒佈到取消，政府在威信上受到何種損失！整個自由中國在反共抗俄的大業上又受到何種的損失！行政院院長與內政部部長對這種政治上的損失，是不能不負責任的。中國過去在政治上最不講究的，便是關於政治責任這一方面。普通從政的人，自以爲不犯法便是好官。不犯法是法律的責任。一個政務官，在法律責任以外，還要負政治責任的。今天的內政部部長，五天前在報紙上發表談話，高談「此項措施，乃事實所必需，亦出版自由之眞諦」(見本月六日中央社電訊)，而在五天後行政院已經將其認爲「必需」與「眞諦」，根本取消。內政部部長應該知道，他這種擧措，是應負着極大的政治責任的。行政院院長，也應知道在其內閣中發現這樣的施政，也應負着極大的政治責任的。這是民主憲政的第一課。現內閣在立法院口口聲聲講法治，講民主憲政，希望在實施躬行時有事實的表現。政府一個擧措，不是取消就完了；主管政務的政務官，對自己主管部門的措施，也不是「過則改之」就算了。「過則改之」是道德範圍內的問題，不是政治與法律範圍內的問題。因此，我們殷望行政當局在取消九項新聞禁限以後，更進而勇敢地對此事的責任問題有一個明確的交代，以爲我們的責任政治樹立一個良好的榜樣。

最近聯合國發佈的人權宣言，其序文中有一句話：『人權奮鬪的歷史，與人類歷史同其久遠。……』我們覺得這次自由中國對於內政部出版品禁限的反對，是人權奮鬪史上的一頁。我們對於自由中國的自由鬪士，再度鼓勵其信心與勇氣，爲着言論自由與人類基本人權，永久向前努力與奮鬪！

社論

(二) 美國選舉後外交政策的期望

此次美國參衆兩院改選結果，共和黨失敗，兩院的領導權都轉移到民主黨手中去了，雖則名額所差無幾（參院僅差一票，仍待查明票數始能確定），不能說是慘敗，可是失敗到底是失敗了。檢查失敗的原因固然是言人人殊，我們站在外國人的立場，對於艾森豪政府的內政不作甚麼批評。前年艾森豪總統擊敗民主黨而當選，以及奪得兩院的領導權，說者均謂以外交政策爲首要，今次民主黨的競選宣傳，亦以外交失敗爲攻擊共和黨政府的大題目，故共和黨此次失敗自與其外交政策有關。今只就其外交政策來檢討其得失吧。

艾森豪總統及共和黨人在前年競選時，標榜「解放政策」，就任後不久卽宣佈解除臺灣中立化，使中國政府的軍隊可選擇有利時機進攻大陸，亦有頗能符合解放政策的姿態。但是其後的發展却完全相反，最近解放政策的呼聲業經沉寂而至於放棄，已經改爲「光榮的和平」，「持久的和平」了，我們且看國際的現狀有沒有和平的曙光透露出來？短期的和平尚不可能，還有什麼持久，光榮可講？

現在國際形勢，有四大分裂擺在目前：德國、中國、韓國、越南便是。在西方，歐洲的和平繫於德國，自法國大革命以來歷驗不爽，希勒勒利用日耳曼民族主義爲號召，以掀起歐洲乃至全世界的風雲，吾人的記憶猶新，現在被迫劃分東西，豈是日耳曼人心甘情願的事體？今天，統一德國的願望因分割而愈强，將欲求得持久的和平，必須講求統一德國的方策，可是我們却看不出美國當局有一點要德國統一的蹟象。只因最近倫敦會議已有相當的成功，西德的整軍或許可從明年開始，果然則共黨集團有所顧忌，或許能得暫時的苟安。回顧東方，則百年來的列强均以爭奪中國爲中心，德國主張瓜分，英俄要劃定勢力範圍，日本志在全部吞併，以及美國之領土完整與機會均等，莫不注目於此。現在大陸已爲共黨竊據，俄人的勢力直達於海南島，幾乎完成獨吞之夢了。中華民國政府只剩下臺灣及其附近幾個島嶼，尚爲四億人心之所寄望，使他們寢食不安。最近「解放臺灣」的高呼，豈但是對內對外的宣傳？兩個月來金門大陳的砲火，可認爲無計劃的試探？我們以爲中國的分裂爲亞洲大亂的源泉，而美國當局却始終堅持分裂政策，只要中國政府還能屹立於臺灣，中共不進聯合國，似乎便已盡其維持和平的能事。試問如此的「和平」能「持久」嗎？韓國的和平爲共和黨政府所誇稱，其實則「北韓已成爲中共的一省」的話，出自國務卿杜勒斯之口，最近的和平攻勢雖爲配合整個共黨集團的策略，骨子裏還是說明中共傾全力於臺灣，暫作緩和的姿態而已。至於越南，事情更加特別，未會戰敗而拱手將大部土地與多數人民讓與敵人，雖可諉稱法國士無鬪志，民皆厭戰，但是共和黨政府已經發表許多强硬的言論於前，而毫無動作以爲後盾，比之杜魯門總統之於韓戰，其相去豈可以道里計？由越南分裂觀之，不但解放政策已一去不返，卽圍堵政策也快要放棄了吧，美國對亞洲外交之無策，至此已暴露而無餘。

現在國會兩院的領導權業經轉移，共和黨已不能獨行其是，要製定外交政策必須與民主黨的國會領袖協商了。據一般觀察家的逆料，多說是外交政策沒有多大的變動，卽是說，民主黨在競選時期雖以外交失敗相攻擊，但實際上要他們來決定大計，依然和共和黨的意見不會有多大的出入。元來，德國與中國的分裂實爲民主黨所造成，共和黨不過沿襲其旣成路線罷了。韓國的「僵持的戰爭」在民主黨政府時已成定局，共和黨政府轉變爲「僵持的和平」，雖不過五十步與百步之差，然若謂民主黨要根本反對，也怕不合事實的眞相。其唯一可以攻擊只是越南的分割，但局勢已成，也怕沒有積極改變的方針。照此情勢看來，美國國會改選後的外交政策，不會依然繼續其四大分裂，一任國際之紛亂而無所改變嗎？

其實，四大分裂的現狀怎能够無所改變呢？自由世界的共同目的在乎爭取和平，各國均無異議，光榮的和平固然最好，持久的和平也還不錯。要獲得光榮的和平，除非將蘇俄打垮，將共黨澈底消滅，這，在今天美國的兩黨都沒有決心，我們也不作此如意的願望。如果要獲得持久的和平，則上述的四大分裂的形勢非有所改變不可。尤其在我們東方，中共政權從來都是侵略的根源，中共一經解決，則韓越也可迎刃以解了。最近中共明白宣佈進攻臺灣，有蘇俄作公開的支持，又有金門大陳的實際行動，其破壞和平的企圖已昭然若揭。故中共政權有一日存在，縱使是短期的和平也是不可能的，美國當局對此有沒有澈底的認識呢？在最近的將來，兩黨人士行將聚首一堂，共同商訂超黨派的外交政策了，能不能訂定一積極的政策，以副亞細亞反共人士的期望呢？過去美國之於亞洲，簡直是沒有政策，今年的東南亞聯盟成立於越戰失敗之後，還是那麼軟弱無力，想以此制止中共的侵略是不可能的。要制止中共的侵略必須有一個根本政策，必須嚴守正義爲原則，而不斤斤於現實的利害。美國自立國以來，每次過着世界大事均能伸張大義。這光榮的傳統，在過去已博得各國的尊重，在今天的思想戰上尤須發揚光大，始能獲得多數國家的信從，而自立於不敗的地位。那些只講現實利害的，只是十九世紀帝國主義的殘餘，以此來領導今日的世界，則弱小國家隨時可以被犧牲，誰敢追隨美國之後呢？

我們五年來工作的重點

雷　震

一　小引

我們這個刊物——自由中國半月刊——發行已進入第六個年頭了（三十八年十一月二十日發行創刊號）。在過去五年的期間，我們自身究有多大的成就，對社會——國內和國外——發生了些甚麼影響，現在檢討起來，十分感到慚愧。我們所想到的、所計劃到的而未能如願達成者，正復不少，半固由於環境之不能許可，半亦由於我們的力量過於薄弱。五年的期間不算短暫，我們如果力能從心，環境良好，我想，我們的成就或許比現在要大一些。

我們常常聽到和接到來自各方的稱讚，譽「自由中國」為自由中國今天一個「權威刊物」，常有言人之所不敢言者。我們聽到這些誇獎和接到這類讚詞，固然感到莫大的安慰；可是同時更覺得言責之重大，而有待於我們努力去建言的地方仍是太多，常恐未能及時注意而辜負了讀者熱烈的期待。天下的事情，越是被人注意，越是不敢怠慢。我們這幾年是以「如臨深淵，如履薄冰」的心情來編輯這個刊物的。

人類是個有錯誤的動物，我們從不敢自詡的說：我們這幾年的言論沒有錯誤的地方，但是，我們敢於自信：「我們的批評是謹嚴的，我們的建言是善意的，我們的態度是誠懇的，我們的編輯是審慎的」。我可以告訴愛護本刊的讀者先生，我們的社論常有三易或四易其稿者，我們為了文章中一個字不明白，常有寫信到外埠或外國去請問作者，就是出於這種心情。我們不願隨便講話，我們尤其不欲言之無物；我們惟恐貽悞讀者，我們尤其惟恐貽害社會。

國土局限於數島，大陸同胞仍陷水深火熱中，除非喪心病狂之徒，孰肯對國事出以自私與兒嬉的態度！種瓜得瓜，種豆得豆，我們今天也可以說是自食其果。我們今天再不認淸我們應走的道路，將陷子孫於萬刼不復之境。我想，來自大陸的人們，無分朝野上下，人人應以懺悔的心情和贖罪的志願來完成其所負的任務的。

本刊在去年今天要滿四年的時候，我已草成：「自由中國創刊四週年的回憶」，由於內容牽涉的地方太多，結果沒有拿出來發表。現在第五年又告屆滿，第六年正要開始的時候，我想把這幾年來的編輯方針和工作重點，擇其大者要者，敬向讀者先生報告一下。因為有很多的讀者，非常關心這本刊物，常常來信惠錫嘉言，其中有若干的已在本刊隨時發表，尚有若干惠書，因種種關係，未能予以刊出，除對這些賜書先生深表歉意之外，我想借這個機會作一個總答覆。這樣當可增加讀者對本刊的了解、和編者與讀者的聯繫，並以此就正於讀者諸先生。

二　我們的編輯方針

我們的編輯方針，是謹守二大信條的：一是「自由中國」的宗旨，一是在發刊詞上所宣示的誠條。

關於「自由中國」的宗旨，因係我們努力的目標，我們每期均經揭載，此地不擬加以贅述。至於我們的誠條，乃是規約同人在說話時和編輯時所應採取的態度，只有在創刊號上發表過一次，因為事隔多年，後來的讀者也許不知其詳，我想再把它摘要錄在下面，俾讀者可以了然於這幾年來工作的態度。我們自信五年以來，不論是批評或建議，我們是念茲在茲的謹守着這二個信條而工作的。假定說，由於信仰而後發生力量，我們是誠心誠意的相信我們的宗旨和誠條，故我們這幾年的說話，一直是勇往邁進而無所瞻顧的。成敗利鈍固所不計，至於個人的榮辱利害，更不放在心上。我們唯一的目的，是為國家做諍臣，為政府做諍友，想盡着與論界一分的責任。

我們的誠條是這樣的：

一、不作無聊的悲觀　歷史的路程，雖然有迂迴曲折，而大流所歸，都是表明人類是趨向開明的。現在蘇俄和中共的行為，不過歷史人類進程的逆流之一；當然，他的範圍和力量比任何過去人類進程的逆流都要大。但我們相信，人類行為的總結總是趨向於善的。……我們並且相信：「歷史是在我們這邊的！」中華民國的人民，受了數千年善良文化的陶冶，善的力量，比惡的力量多。一旦明瞭中共主張的錯誤、中共宣傳的虛偽，定必毅然決然、衝破中共的蒙蔽。所以現在的時局，雖是陰霾，但我們總有見到光明的一天，不必作無聊的悲觀。

二、不作下流的漫駡　「政者，正也」。我們在國家和民族生死存亡的關頭，出版這個刊物，我們最大的目的，是要把我們平易而正確的見解，仔仔細細的告訴我們的同胞。我們居心當然要「出於正」，我們在說話上邊亦不可不「出於正」。所以我們屏除一切下流的漫駡。……

三　不歪曲事實　我們如果述說事實以作例證時，無論是歷史上的事實或現在的事實，我們都求十分的正確。我們決不為一時說話的便利而歪曲事實。我們相信：正確的判斷，須基於正確的事實。我們要向世人傳達的，決不是花言巧語，而是正確的判斷，所以我們萬不可歪曲事實。我們述說自由中國地域中的情形，我們固然絲毫不加粉飾：我們講到中共區內的情況，我們亦必儘量求其實在。眞實是我們生活的一種目的，亦是我們這個刊物的一種目的。

四、不顧小己的利害　我們以最誠摯的心腸向世人說話，我們說話的目的，決不爲一黨一派的利益。我們所要申明的是人道和正義；我們爲世界的永久和平而說話，爲同胞的自由和安全而說話。在這個時候，我們有應當說的話，如果因爲有所顧忌而不說，或隱約模稜的說，都是犯着「見義不爲」的過失。我們要仔細辯別的，是我們說話對社會的影響，而不是對一己的利害。我們的話如果有幾分好處，如果可以導人爲善，則無論對我們自身有甚麽危險，都是值得我們去說的。

我們可以說：我們的態度是積極的而不是消極的；我們主張一切合理的改革，以求對於人民生活有實際的利益和進步。

三　我們的工作重點

現在讓我來說一說我們五年來工作的重點。

我們過去五年間，共出刋了一百二十期，發表了近八百萬言的文章，其範圍當然包括甚廣，除了不談宗教和數、理、化、農、工、醫等專門學科之外，其他幾乎可說是無話不談。儘管如此，我們的工作仍是有一個重點在。我現在要述說的這個重點，也只能就其大者要者說說而已。

(1)　闡釋自由與民主

第一、我們用了很大的力量來闡揚自由與民主的確切意義和其眞實價值。爲使大家易於了悟而增强其信念起見，我們更隨時闡釋今日實行自由與民主的各個國家的政治制度和其人民的生活方式。我們認爲這是打倒共產黨國家和剷除共產主義最有利的武器；亦惟有根據這個武器纔能建立一個具有良好秩序和能够安居樂業的國家。共產主義國家爲甚麽要鐵幕低垂，使整個國家與外界完全隔絕，而不敢和民主國家一樣，讓人民能够自由往來，讓思想可以自由傳達呢？毫無疑問的，他們是怕自由與民主這類「良藥」滲進了他們社會裏面，而使他們自己那一套邪說謬論站脚不住。毫無疑問的，他們眞讓人民了解自由與民主的眞實價值，他們那套邪謬主義必爲人民所唾棄。我們宗旨第一條說：「我們要向全國國民宣傳自由與民主的眞實價值」者，就是基於這個理由。

我們且看抗日戰爭與反共戰爭兩個實際情形，更可證明以上所云之爲確鑿無疑。

在抗日戰爭中，人民所以能够發出全面的力量，乃是由於多年以來受了民族主義教育和宣傳的影響。溯自辛亥革命，尤其北伐成功之後，國民黨乃至國民政府對這一方面的工作是用了很大的力量，使一般民衆咸知國家獨立與民族生存的重要。到了七七事變的前夕，民族主義的意義，可謂已深入人心。故一旦遭遇外患侵凌，人無分男女老幼，地不論南北東西，都能同仇敵愾悉力以赴，人人願爲國家爭獨立，人人願爲民族爭生存，自動投效，絲毫不用强迫。到了反共戰爭，則形勢全非。由於過去對於自由與民主的要義，在教育上既未下過切實功夫；關於民主各種制度，在政治上又未認眞推行；在宣傳上竟被共產黨及其同路人所挾制，有時竟怕人講自由與民主；在鬪爭上有人甚至要用共產黨的方法來反共，使一般人不能了解共黨與非共黨的區別所在，因而竟悞認我們的反共工作只不過是政權爭奪之爭罷了。甚至有人夢想共產黨來了，他們也是一樣的生活；甚或幻想共產黨來了，他們的生活也許可以更爲好些。由於這些原因，其結果是我們在反共鬪爭中，處處立於被動的地位，只有招架之功，而無還擊之力。因爲自由與民主這些東西，在中國人民的信仰乃至生活中從未生根，故共黨乃能利用機會以其最畏懼的東西來擊敗我們，而我們竟不曉得以這最有利的武器來還擊之，天下事情之最滑稽者，實莫過於此。須知自由與民主乃三民主義中「民權主義」之精髓，如拋開自由與民主二大基石而僅講民權主義，則所謂民權主義只落得一個空架子。所以，宣傳自由與民主的眞實價值，應是今日反共鬪爭中最須致力的基本工作了。

然而，自由與民主的理論和其實行方法，在今日民主國家，雖已成爲家喻戶曉之事，自由與民主的本身且已融和於他們的生活當中而變爲其生活方式，猶魚之於水，不可或缺，可是在今日中國，這些仍在「啓蒙時代」，有許多很淺顯的道理，或極普通的觀念，還要花費很大功夫去解釋。茲擧最普通、而一般人常喜歡掛在口頭上的政治術語，如內閣制和總統制這些道理來說。英國內閣總理是對那個負責，美國總統應對那個負責，只要讀過政治學的A.B.C.、或憲法學入門的人，誰都能道得淸淸楚楚，而我們今日評論時政的人們，竟對這些起碼的政治學常識會發生錯誤，竟把這些錯誤寫在文章上面，一般老百姓之無知，更不用說了。因此，有許多東西在外國用不着解釋的，也可以說是自明之理的，但在中國則不然，還要用掉很多精力去解釋，而且還要繼續不斷的用着大力、從頭到尾、原原本本的來解釋。

我再擧幾個簡單的「選擧」例子，說明中國人對於自由與民主這些事物是如何的陌生。

現在各種選擧法和民衆團體章程之有關選擧事項，爲要保持選擧人獨立行使自由意志起見，均採用無記名投票法。無記名投票法爲實行民主政治的要件，且已行之有年，大家應該充分明白其眞意所在，不料事實上竟有錯誤發生，且其錯誤竟出之於主管官廳。

所謂「無記名」云者，不能只從字面上去解釋，其眞實意義是要保持選擧人獨立行使自由意志，不受他方干擾或操縱，故在選擧票上不僅不能記着投票人的姓名，其他任何記號都不許記上的。在民國四十年五月臺灣省雜誌協會召開第二次會員大會並選擧次屆理監事的時候，我當時擔任大會主席，在選擧進行前，曾將預備應用的選擧票，交與主管機關派來指導會議之臺灣省政府社會處指導員檢驗，不料該指導員竟在選擧票上「編號」，在編號上蓋其私章。

其目的可能是爲防止假選舉票，也許是社會處規定的指導手續。迨我發覺之後，我即告訴他說：在選舉票上可以蓋章，保持眞僞（其實選舉票上已蓋雜誌協會會印），但絕對不能編號，因編號一事已違反了無記名投票法之原意。而該員終不肯置信。又今年十月十六日中日文化經濟協會舉行第三次會員大會並改選次屆理監事時，內政部所派之指導員亦欲在選舉票上編號，旋因我們的解釋而未編。可見無記名投票的意義，在主管機關的工作人員猶不能完全了解，其他人員更可想而知了。

上次國民大會（民國四十三年）於選舉總統副總統的時候，秘書處報告選舉辦法，有請各位代表依會場座位區域（會場分區）「順序」前來投票，順序之意，大概是要保持會場的秩序。又當代表們至發票處領取選票時，秘書處派有專人在發票桌前依序記下投票人（代表）出席證號數。這「順序」與「記號」二事，都有違反秘密投票的用意。

民主國家的選舉，爲要保持選舉人獨立行使自由意志起見，乃採用「秘密投票」的辦法。這是包括投票的「全部過程」，不僅不許在選票上記名而已。記得三十七年南京市舉行市參議員選舉時，蔣總統投了陳裕光一票，次日南京各報竟大登此項消息。其用意是要宣傳蔣總統行使選舉權，但發表了他所投之票，這就是違反了秘密投票的目的。因爲蔣總統投何人的票，根本不應偷看，看了之後還要宣諸報端，可見不了解秘密投票的新聞記者和報紙編者，仍大有人在。

總之，實行民主政治，我們尙在學步時代，在這個時候，事事要認眞去做，切不可一知半解，或故意歪曲，使民主有其名而無其實。須知天下的事情，初步學壞了，以後更不堪設想。深盼負責推行民主政治的人們，尤其主持選舉事務的人們，不可爲了一時的便利，貽悞百年的大計。

(2) 實行法治建立政治制度

第二、我們過去用了大力來闡釋：「實行法治以建立政治制度的重要性」。因爲君主專制的制度隨着革命的進行而被破壞了，而代之以立的民主政治的制度尙未建設起來，我們希望政府在準備反攻的期間，必須在這一方面樹立良好基礎，然後打回大陸，纔能據以建國。

法治與政制實爲一事之二面。政府行事如能事事依法而行，政治制度自可逐步建立起來；諸事有了制度之後，今後事事自然而然的又會依法行事，誰也不敢任意破壞。是故政制與法治，又可說是相輔相成，互爲因果的。

中華民國的建立，已有四十多年的歷史，由於開始未能建立一個共同遵守的政治制度，因而一連亂了幾十年。幸虧抗戰勝利後，制定了一部憲法，故政府於遷臺之後，仍能繼承法統，繼續反共工作。這部憲法既是我們法統之所寄，我們自應尊重這部憲法，根據憲法的精神來建立民主制度。凡有與憲法相違的地方，事無鉅細，我們都應加以排斥，絕對不容寬假，不容歪曲，更不容對憲法陽奉而陰違。儘管這部憲法不能盡滿人意，我們若能誠意篤行，這部憲法仍可建立良好的民主制度。

建立一種制度，是一件極具艱辛的工作。任何良法美制，必須是日積月累以血與汗凝結而構成的。當其在建設之初，主其事者須具莫大的忍耐，使用一切力量，朝於斯，夕於斯，兢兢業業，一點也不敢怠慢，然後歷經長久的歲月，始能產生定型的規範，構成具體的制度。到了這個階段之後，制度乃具「權威」，而發生無比的力量，誰也不敢蔑視，誰也不敢侵犯。我們可以說：制度的權威之形成，乃是創建這個制度和推行這個制度的人們，由其精神與毅力所結晶而成的。故一種制度之樹立，人的要素非常重要，此所謂「徒法不足以自行」也。美國政治制度之建立，端賴憲法頒佈以後數任總統之苦心孤詣，與國會上下兩院的大政治家及若干大法官之克盡職守。彼此完全以國事爲重，對憲法所示，那一方面也不肯放鬆，以盡其維護憲法的責任。故美國今日之富强康樂，係由於開國元勳之決心建立制度，經過多年演進而造成的。

中國人喜歡說：「分層負責」。政治制度的要點可以解釋爲分層負責。就是說：政府工作人員，無論對內對外，要能各盡其職，各掌其權，既不可濫用權力，攬權專權，也不要放棄權力，喪權損權。換一句話說，誰也不許越俎代庖，誰也不可推諉規避。然而，我們喊了十幾年的分層負責，試問到了今天，那一件事是分了層而負了責呢⁉今日政治上許多事情，由於權責不明，牽掣太多，主其事者常欲負責而不可得，誰也不敢放手做去，深怕做得好不見得有功，做得不好可能大禍臨頭，結果是互相推諉，敷衍了事，有能力的人無法施展抱負，政客官僚正好臨機應變。這樣混淆不淸，政治上如何能望其有進步呢，建立制度更談不到了。須知民主政治乃是「責任政治」。一件事情做錯了，要有人來負責任；代表民意的議會，要時時追問責任以擧監督之實。故政治上必須有了制度，纔可使其工作人員權責分明，纔可明瞭一件事情何人應該負責。故分層負責一事，必須在政治制度上一點一滴的建立起來，空喊是沒有用的。

復次，我們今日政府的工作方式，往往以「會議」方式來處理政務，美其名曰「民主方式」，曰「集思廣益」。這是一件使權責混淆的最有力的辦法。因爲以會議來決定事情，誰也不知道誰人應該負責，也就是推卸責任最好的辦法。今日關於外滙的處理，最爲世人所詬病，報章雜誌，責難紛來，惟因設立許多小組以主管其事，且以會議方式決定外滙的用途和其分配對象，好像誰也不是眞正的負責者。因此，今日外滙政策本身之不當，和其個別處理之謬悞，那一機關應該是負責者？我們應向那一個人「問責」？恐怕誰也說不出來。其次，因爲有了會議，主管人員終日忙於出席會議，受了疲勞轟炸而精疲力竭，眞正應該考慮的問題，反被擱置而延悞；因爲有了會議，彼此的責任都推到會議身上去，做錯了也不曉得那個應該負責。民主云乎哉，集思廣益云乎哉，這簡直是不可思議了。據某部長與某廳長對人說，他們一週要出席六十個會議。一週間六十個會議，平均一天有十個會，也許言之過甚，但由此可見會議之多，我想世界上再沒有一個國家可與中國匹敵！我們認爲會議制度，只能適用於民意機關，不應以之處理會務。

總而言之：這樣混雜不淸的搞下去，中國的政治制度，將永遠不能建立矣。誠然，政治上有了制度，尤其是民主制度，諸事不免要迂迴延緩，而當政者不免要受到若干束縛與牽掣，不能獨斷獨行，爲所欲爲。但是，一切事情有了制度，總比沒有制度來得好，有了制度就是一切事情有了客觀標準，聖賢在位，可以進步發達，卽庸碌在位，也可以守成無悞。而且，天下的事那能希望永久是聖賢在位呢！卽今在位者都是聖是賢，若政治推進無軌道可循，做老百姓的固然莫知所從，做部屬的也只有妄猜上意。其結果所至，政務不僅要延宕，而且還要悞事。故政治上有了制度，則上有道揆，下有法守，下面的人用不着事事請示，上面的人也用不着件件批示。繼任者縱是庸碌之輩，也可蕭規曹隨，不致人存政擧，人亡政息。

建立制度一事，我們懇切希望在英明的蔣總統的任期之內，樹立良好規模，庶使後世子孫可以遵循而發展。我們敬以評言慶祝蔣總統連任的社論，我們批評國防會議之違憲，我們建議政府趕快縮小軍法範圍，樹立司法制度，我們希望大法官要獨立行使職權，勿爲政府所左右，我們反對國民大會藉議事規則來擴充職權，我們希望立法院對討論覆議案提高議事資格，等等，都是出於同一的願望——根據這部憲法，建立民主制度。

(3) 希望出現有力的反對黨

第三、我們希望在政治局勢發展的進程中，能够產生一個有力的「反對黨」(Opposition)。民主政治應是「多黨政治」，一黨專政則不配稱爲民主政治，不論他號稱「新民主」也好，或「新新民主」也好，那都是欺人之談。多黨政治乃是各黨交替執政，有的在朝執政，有的在野監督。誠然，在戰爭或非常時期，也有聯合各黨組成擧國一致之聯合政府。但這不過是暫時的，俟戰爭結束或非常時期過去，則又復歸於交替執政的狀態。國父孫中山先生和今總統蔣公均曾明白宣示過：「中國的民主政治應爲多黨政治」。自實際情況言之，今日中國的政黨，除國民黨之外，尙有民社、靑年兩黨，在形式上可謂多黨政治之條件早已具備，無如民靑兩黨沒有牽掣的力量，不能發生反對黨及於實際政治的作用和影響。民靑兩黨之無力量，除兩黨自身應負責任外，執政的國民黨亦應負相當的責任。關於後者，就是國民黨並沒有盡到培植之責，給予反對黨以滋生發育的機會。

政治與打球一樣，有競賽纔有進步。政治上有了執政黨與在野黨，互相監督，互相策勵，在積極方面可以促成政治進步，在消極方面可以防止政治腐敗。因爲彼此都看到對方虎視眈眈，時時伺隙左右，刻刻乘機待動，大家都不能不兢兢業業，想盡方法以資應付，誰也不敢怠慢，誰也想佔上風，倘不如此，卽被對方擊敗而失去了寶座。人是有「惰性」的動物，很容易在「天下太平」「唯我獨尊」的環境之下腐化下去。如爲一黨專政，不論是蘇俄式的全國只允一黨存在，或是中共式的事實上只有一黨專權，因爲沒有反對黨的求全責備或吹毛求疵，執政黨很容易得過且過，不求上進，久而久之，往往陷於腐敗而猶不自知。有時明知趨向腐敗，惟因積重難返，狃於故習，而無法進行大刀濶斧的改革。「國無外患者國恒亡」，就是說明這個道理。

中國有句常常被人引用的成語，叫做「不在其位，不謀其政」。在今日民主政治的觀念下，這句話是絕對不對的。民主政治是以「民爲主」的政治，一方面是人人有權，一方面則是人人有責。政府黨是執行政務，反對黨是監督政務，兩者對國家的責任，並無軒輊，誰不高過誰。政府黨把政務辦錯了，是溺職，是失責；反對黨如果未能善盡其監督的任務，或疏忽了批評的任務，也是溺職，也是失責。這就是說，反對黨對於政府黨的工作認爲不對的，要批評之，糾正之；認爲對的，應贊助之，鼓勵之。政府黨對反對黨的批評和指責，認爲對的應虛心接受而思有以改正，或逕設法付諸實行；認爲不對的應有所申辯，並指出對方責難之觀點爲非。如此交相責難，交相辯答，俾民衆可以了然於雙方之是非而有所選擇。這樣循環演進，政治自然會日新月異而蒸蒸上進的。

政治上有了反對黨，不僅可以促成政治進步，避免政治腐敗，更可防止流血的革命或「苦迭打」。今日在野的少數黨，也許明日可以變爲多數黨而掌握政權，當然用不着以暴力來纂奪的！

由於上述的說明，可知今日的政治觀念，應該是「不在其位，也謀其政」的。故執政黨與在野黨兩者工作的方式雖不相同，其目標則是一致的，而其對國家所負之責任則是一樣的。「天下興亡，匹夫有責」這句話，正合於民主政治的思想。因此，政府黨與在野黨同爲國家服務，那一方面不要認爲對方是惡意的，或存心搗亂的，尤其在位者不要以爲在野者的行爲，是興風作浪，是惹是生非。

至於有力的反對黨應如何產生，或由現在的國民黨分化而成，或由在野黨聯合組織，或以新的黨派出現，我們都沒有成見。惟我們希望在政治進行過程中，除有有力的執政黨外，必須有一個有力的反對黨，以爲雙方政治競賽的行列。同時希望政府黨對於反對黨的產生和成長，要加意培植，要和培植自己的黨一樣出力。這是爲國家，也是爲自黨。

(4) 團結民主國家和反共力量

第四、我們希望能够團結所有民主國家和反共人士共同携手反共抗俄。我們認爲今日共產黨勢力幾乎掩有半個世界，其力量確實很大很大，我們非聯合起來羣策羣力則不能克奏膚功。儘管團結的工作是很艱鉅的，也是多方面的，爲達成消滅全世界的共產黨和共產主義起見，我們必須朝着這個方向走去，不管你願意不願意。

就國際方面來講，我們曾說過：「民主國際才是防共長堤」(見三十九年八月十六日本刊第三卷第四期社論)。各國的政治家天天苦心焦慮以求避免世界大戰，須知民主國家的團結一致纔是避戰之保障，這比原子彈輕氣彈還要有力。

國際局勢仍在日趨黯淡，日內瓦會議以後尤甚，如尼赫魯艾德禮之媚共中立以自保，如李承晚之意氣用事以仇日，都是防碍民主國家的團結，直接間接而有利於共黨勢力的擴張。今日國際局勢演變至如此地步，美國應該首先負責，其他民主國家也是責無旁貸。如果美國能認淸此點而堅定意志，不隨便妥協，不委屈求全，傾其全力以推動團結的工作，其他反共民主國家必能竭誠贊助，中立者們終有一天會站到我們這一邊來的。因此，本刊對這些防害團結的人物，常盡其勸導之責，從未過分責備或加以攻擊。

中華民國號召力量所及的區域中，到處都有反共人士，而且非常熱心，我們一再籲請政府從速團結這些反共人士，共策進行。我們盼望的進行方式，是政府先求團結，不要先作領導。蓋團結成功，則領導是不成問題的。反共人士彼此之間，意見縱有距離，但其目標則完全一致，就是打倒共匪，光復大陸，以拯救同胞於水深火熱之中。因此，我們希望對一切反共人士，政府應該設法團結起來，那怕是委屈求全亦在所不惜，時間愈快愈好，範圍愈廣愈好。

我們認爲今日的臺灣應是反共的中心力量，所有反共人士應該愛護這個力量，同生死，共患難；同時這個中心力量，也應該團結這個區域以外的一切反共力量，既不可使其各各分散，亦不可自我獨尊。倘不如此而任其各自爲政，這些反共力量與共匪勢力相比，眞是微末得不足道了。我們爲達成打倒共匪、拯救同胞這個大目的，怎樣的忍辱負重，我們都是應該去做的，也是值得去做的。國民政府是今日唯一的「合法政府」，自政府方面言之，團結一切反共力量，共同打倒共匪，應是政府責任以內之事，也應是政府今日唯一要做的工作。至於如何纔能達到團結的目的，不致貌合而神離，政府自己應該研究對策，同時也應該徵詢各方的意見。很坦白的說，我們認爲在今日對團結工作如無相當辦法，縱然打回大陸，也是各行其是。說得更明白更透徹一點，可能又是羣雄割據，四分五裂。中華民國開國迄今，這個苦頭是吃够了，難道今日還不應該早爲隄防麼?

職是之故，我們過去對於任何反共勢力，無論是第三或第四乃至第幾勢力，儘管不能同意他們的看法和作法，我們從未寫文章辱駡他們，抨擊他們。我們認爲攻擊與責駡，都不能促成團結的目的，只有增加分崩離析的傾向，而於反共抗俄的大業一點也沒有好處，此非忠誠謀國的作法。由於這一願望和這一作法，儘管有人誤解甚至誤認我們也是第幾勢力，我們從未加以申辯。今日的社會，誣衊中傷、損人不利已、損國家不利個人的事情太多，一時的誤解是無法避免的，時間可以辯明其是非。

我過去常爲這些問題和海外友人或撰稿人、通訊員通信，討論團結問題的作法。就是說要如何如何纔能達成團結所有反共人士的目的，請他們各抒所見，由本刊發表，以供大家參考，以供政府採擇。我們既然發行這個刊物，我們對國家和民族是負有責任的。當此國家與民族在存亡絕續之交，我們認爲對於反共抗俄和復國建國有重大關係的「團結」問題，我們自然不能廻避責任而不加以討論的。當然，我們的責任，不僅只對這個團結問題而已。由於我們重視這個責任，我們明知通信討論這類問題的來往信件會有人檢查的，而且會召致慢解的，惟我們心地光明，如日月經天，故從未顧慮這些事情而畏縮不去討論。蓋國事已至此地步，個人利害與榮辱，又何足道哉!

由於認爲我們的看法絕對正確，我們幾年來是很忠實的朝着這個方向走去——呼籲團結，促成團結，團結一切民主力量和反共力量。

(5) 鼓勵自由經濟的制度

第五、在經濟生活的領域中，我們認爲應該鼓勵自由經濟的發展。計劃經濟如果解釋爲：在經濟生活方面政府應有相當的計劃以指導之並促進之，使經濟發展不至陷於無政府的狀態，我們是相當贊成的。如將計劃經濟解釋爲國家應干涉全般的經濟生活，其內容與統制經濟的意義差不多，我們是極端反對的。

我們贊成一國的企業應採用自由經濟的精神，我們有二個很簡單的理由，茲特分述於左:

一、我們認爲一個國家的經濟制度，唯有採用自由企業的方法，纔能達到民主自由之路。人們如在經濟生活領域，完全失去了獨立自主的作爲，人們就沒有自由可言了。共產主義奴役人們最厲害的毒計，就是攫取所有的生活工具，將所有的工廠改歸國營；强迫收集人民的土地改辦集體農場，以這些手段來控制人們的胃囊，人們如不肯餓死，只有很貼服的向他們低頭，做他們的奴工，換取一點活命的麵包而已。蘇俄是今日最好的例子，用不着多加說明，中共今日正朝着這個方向變，遲早總會變成的。人類如果想保持一點自由，他必須保有維持生活的多多少少的資財。任何社會主義，如果他是要把所有的生產工具一齊收歸國家，那種社會主義就是奴隸制度之別名。

二、我們認爲要發展經濟事業，必須賴有「自由競爭」的衝擊乃可有成。在經濟生活方面，我們萬萬不可忽視人類的「利己欲」。公營事業往往不能與私營企業競爭者，就是這種利己欲在作怪。人們爲圖自己的企業謀求發展，他們可以早起晚睡，可以不眠不休；他們可以枵腹工作，可以節衣縮食，而一到主持公營企業的時候，誰都缺乏這種精神。這是天生的缺點，誰也無法克服。故一切企業只有讓個人去經營，任其高度發揮利己欲與事業欲，藉以達成經濟發展的目的。

因此，我們認為中國之經濟事業，除重工業、公用事業、獨佔事業和軍需工業等得許可其公營外，其他所有生產事業概歸私人經營，國家只負指導及監督之責。根據這個觀點，今日公營事業應該儘量縮減範圍，愈小而愈好。至於私人企業可能發生之弊病，政府應用立法或用其他方法以防止之，糾正之，以保護工作者和消費者的利益，這可以說是當然之事。

(6) 建設獨立性與批評性的輿論

第六、我們認為民主政治就是「輿論政治。」一個國家如果沒有獨立性的輿論，沒有批評性的言論，就是說：如果沒有反對政府措施的言論，只有歌頌政府功德的報刊，這個國家無論從那一方面來講，也就不能算是民主國家了。

我們這幾年是用了全副的力量來建立批評性的輿論。我們的責任，是要「督促政府，切實改革政治經濟」（自由中國宗旨第一條）。故我們一旦發覺了政府的措施有了毛病，就立刻加以批評，毫不客氣的指摘其謬誤，並提供具體的建議，希望政府能夠迅速的予以改正。政治上許多問題，誠有仁者見仁、智者見智之不同，惟我們則是以「自信為是」的見解，很客觀的很公正的去作批評，以善盡我們站在輿論界的責任。我們絕不敢說我們的批評都是對的，政府的施政多是不對的，但是，我們既然發覺政府的措施有了不對，我們自應根據所見所信，坦率直陳而不加任何保留。我們明知政府有了錯誤，如果因為有所顧忌而不批評，我們是犯了見義不為的過失；我們說話如果說得過分含蓄，有時反而弄得大家莫明其妙，不知所云為何。因此，我們過去的說話，從未模稜兩可，從未指桑罵槐，評論力避含沙射影，用語力避曖昧籠統。我們認為坦白率直，也是實行民主政治的要件，愈是官僚社會，愈會舞文弄墨，說起話來吞吞吐吐，下起筆來轉彎抹角，誰也不會得罪，可是誰也不得要領。

批評現實政治，建設獨立輿論，這幾年誠然盡了很大的力量，惟經過我們所批評的問題，實極有限得很。所謂有限，半由於我們的能力有限，見聞不周；半由於顧慮大局而未能做到「知無不言，言無不盡」的地步。今日檢討至此，我們唯有感到萬分慚愧罷了。

我們認為政治上的意見，公開評論出來，總比背後竊竊私議來得好。偶語耳傳和街談巷議都是政治不進步的現象。對於某一問題，如能公開批評出來，是非大家可見，曲直一目了然，評論如有謬誤，大家也可駁斥糾正，而不致以訛傳訛，由直淆亂。是非與真理是愈辯而愈明，謠言與訛傳則愈傳而愈甚。今日社會上，悲憤填膺而在背後發牢騷者正不知有多少人，如果言論尺度儘量放寬，讓大家把要說的話儘量說出來，我想，不僅可以化乖戾為祥和，使人與人之間的距離接近一些，且可肅清腐化，促成政治的進步。有人說：大陸的淪陷，乃是由於在大陸的時候，輿論批評時政過火所致。這簡直是睜開眼睛說瞎話。論者不要以為共黨世界的報紙，滿篇盡是歌頌之詞，大陸上就很平靜，俄帝區域就很安泰。其實，共產世界人民之怨氣沖天，比那一個民主國家還要厲害百倍，不過敢怒而不敢言罷了。不然，他們用不着罩下鐵幕來防範的。我們可以斷言的，共產世界如沒有鐵幕遮蔽，他們一天也不能生存下去。

民主政治乃是「全民政治」，人人有權，人人亦有責；「不在其位，也謀其政」，乃是民主政治的真諦，等等，上文已經說過，國家不幸亡掉了，大家必會同歸於盡，大家惟恐遭遇這種同歸於盡的結果，大家纔肯出來講話，這是盡其國民一分子的責任。主政者要了解這一起碼的道理，不要以為愛說話的人是心存搗亂，是別有所圖；不說話的人是安分守己；歌功頌德的人是忠貞不貳。

四　兩點願望

以上謹將我們五年來工作重點，擇其大者要者向讀者先生報告。於此，有人或以為我們為甚麼不以反共為重點來詢問呢！我們認為反共抗俄乃是我們工作的總目標，以上所舉不過是在總目標下的幾個重點耳。此外尚有左列二點，多年來屢經研討設計而終未能辦到的：

一、有很多讀者，尤其是海外讀者常常來信告訴我們，說我們水準太高，文字艱深，希望今後把水準降低，文字要通俗化，俾可給大衆和華僑閱讀。我們在編輯會議席上，對於這個問題，時常加以討論，很想遵照讀者意見，把水準降低一些，文字力求深入淺出。惟經過檢討和試驗之後，我們發覺：此非僅關文字的深淺，實與討論的問題的內容有關。例如討論民主政治或自由選舉等等問題，讀者如對許多政治學的基本觀念沒有相當認識，即文字再寫得淺近些，也不能使其完全了解。儘管如此，我們仍是儘量朝着這一方向努力——內容力求通俗，文字力求淺顯，以副讀者的雅望。

二、還有一個問題，我們天天希望解決而未克達到的。因為本刊是半個月出版一次，許多有時間性的問題來不及論列；還有許多外國的好文章，我們譯好正在排印之中，而他報已捷足先登，我們不得不臨時中止。如前發行人現任編輯委員胡適之先生的文章，我們有時竟無法先登，任由他報割裂登載。因此，本刊同人屢欲改辦週刊，祇以經濟能力所限，未能成為事實，我們是感到非常遺憾的。惟此念無時忘懷，一有機會仍擬改辦週刊，對於時事問題可以多登一些，以求適合社會的需要。

我們已工作了五個年頭，我們的工作方向，除上述諸點外，我們要說的話太多，當非本文所能盡述。最後我願向讀者說明的，我們過去無論在編輯、排印和校對各方面，我們都是非常認眞工作的，五年之中只有一期因印刷廠誤事而脫期了半天，其他均係按期出版。我們的物質條件太差，我們只有以認眞工作來彌補此缺陷。我們希望讀者先生時時予以指教，賜稿先生多多惠予佳稿，俾我們可以多獲一些進步，我們則感激不盡了。中華民國四十三年十一月五日

立法院的試金石

蔣勻田

行憲六年有半，行政院對立法院若干重大決議案，從未行使覆議權。如三十八年立法院第二會期曾修改行政院組織法，將行政院原有部會如農林、水利、地政、社會、僑務、蒙藏、衛生等部會一律裁併。這些部會內率多國家多年所培養的技術人才，因其機關被裁併，多留在大陸，未隨政府撤出。至今論者仍病當時立法院之所為。照憲政常例，法案分為兩種。一為政府法案 (Government bill)，一為私人法案 (Private bill)。政府法案，向由政府提請立法機關通過，公佈實行。立法機關甚鮮越俎代庖之例。關於政府組織的法案，自應列在政府法案內；而當時的立法院，不待政府提出修改行政院組織法，竟以私人提案方式，將行政院原有部會大加裁併；不但有違憲政常例，抑更搖動當時公務人員對政府倚恃之心理。當時行政院應堅定領導危局的決心，將該案移請立法院覆議。不幸出人意料之外，當時行政院竟默然接受，使吾儕局外人莫測高深，惶惑不便贊一詞。因此歷屆行政院對憲法所賦予的覆議權，都不願輕率嘗試。最多不過運用黨派關係，事前為之彌縫，以折衷行政院與立法院不同的意見。

為什麼行政院不肯輕用覆議權呢？可能有三個原因。一是立法院成立伊始，即是政局動盪不安之時。政府當局對法案意見不同的爭執，凡足引起內部紛擾者，不免抱有戒心。二是立法院中國民黨佔絕大多數，而政府中的大權，又為國民黨一黨獨攬，自可暗中運用，改變不能同意的法案於機先，不必待其成議，再用正式覆議方式。三是憲法上所賦予行政院的覆議權，使行政院祇有消極的牽制辦法，而無積極的制衡武器。茲為便於說明第三個因由計，摘錄憲法條文如下：

憲法第五十七條第二款　立法院對於行政院之重要政策不贊同時，得以決議移請行政院變更之。行政院對於立法院之決議，得經總統之核可，移請立法院覆議。覆議時，如經出席立法委員三分之二維持原決議，行政院院長應即接受該決議或辭職。

同條第三款　行政院對於立法院決議之法律案，預算案，條約案，如認為有窒礙難行時，得經總統之核可，於該決議案送達行政院十日內，移請立法院覆議。覆議時，如經出席立法委員三分之二維持原案，行政院院長應即接受該決議或辭職。

照以上所引憲法五十七條兩款規定的覆議權，予立法院不便之處，祇是由過半數之通過，增為三分之二維持原決議之規定。若是，立法院能有三分之二委員，因保持立法院在政治史上尊嚴的心理，因而堅强的聯合起來，維持原決議，則行政院長乃束手無策，毫無對抗的有效辦法，除俯首接受外，祇有辭職之一途。從這一方面看，憲法上所規定行政院的覆議權，使立法院有倒閣的能力，行政院則無解散立法院的武器，以求制衡。行政院是居於不利的地位。但從另一面看，行政院長的任命，既須先得立法院的同意，則在政黨政治完全實現的狀況下，經過立法院同意的院長，必是多數黨的領袖，則保持三分之一的制衡額，應不成問題。即在今日的立法院內，國民黨一黨委員佔絕大多數，行政院院長及全體閣員，又盡係國民黨的黨員，則行政院可以控制立法委員三分之一的數目，亦應不成問題。假使以一黨佔絕大多數的立法院，又以純一黨的行政院，在行政院行使覆議權時，並三分之一的牽制數，尚無法把握，則必有以下兩個因素使然：㈠行政院院長及全體閣員，軟弱無能，絲毫無影響立法委員之力；㈡行政院的政績，太不滿人民的願望，立法院偵知民意，故為倒閣之舉，逼之辭職。假使所假設的兩個原因，有一於此，則該行政院之應去職，衡諸國家與人民的利益，亦為當然之事。所以憲法上兩欵對於行政院覆議權的規定，實有安定政局之優點，並無減少強有力閣揆行政能力之缺憾。

以上所引憲法兩欵，提高覆議票數為三分之二的規定，乃採自美國憲法所規定的覆議辦法。內閣制國家的慣例與憲法，並無此種規定。按美國憲法規定總統的否決權，使國會須以三分之二通過總統拒簽的法案，原來目的即在限制國會的權力。吾人採用為行政院限制立法院的立法權，以代替解散立法院，目的在使强有力的行政院長，用以牽制立法院的立法權，陷人民疲於選舉，政局頻於不安之弊。因强有力的行政院長，必係意志堅强的人物，有充沛吸引議員向心的力量，祇要握有三分之一以上的票數，即能影響議會立法權，用不着解散議會的武器，以為制衡之道。倘授予意志堅强的閣揆以解散議會之權，則甚難禁之不用。所以憲法上採取美國覆議方式，實為活用各種制度的優點。說者指我現行憲法既非總統制，又非內閣制，等於非牛非馬，實不了解政治制度須與國情相配合的道理。

然採總統制憲法的條文，配合於內閣制精神的憲法中，業經行之六年有餘，尚無實驗其是否可通之機會。我在陳辭修先生所領導的行政院內，曾勸陳先生出席立法院，運用憲法上所賦予的覆議權，以為中國政治史上創立規模。陳先生雖云意志堅强，然以關心危局，對於覆議權之行使，始終不願嘗試。

今閱報紙，欣悉行政院院長俞鴻鈞先生已以立法院所通過的兵役法施行法第十四條，對於高中以上畢業學生受軍事訓練的程序，與行政院的原案抵觸，認為窒碍難行，經總統核可，移請立法院覆議。按行政院送請立法院審議的原案，並未設欵規定高中以上畢業學生通過留學生考試，或其他升學考試後，應准其離營就學。更未規定出國就學者，應於回國時補受軍事訓練。而立法院所增列的第十四條則規定留學生考試及格後，可先出國就學，學成歸國，然後補受軍事訓練。同時更規定高中以上畢業學生，雖依志願考選或應征召受預備軍官教育或預備士官教育時，仍應准其參加升學深造云云，與行政院送議之案，實有不同。茲錄立法院所增列之第十四條原文如下：

第十四條　公立或已立案之私立高級中學及其同等以上學校畢業學生，依志願考選或應徵召受預備軍官教育，或預備士官教育時，仍應准其參加升學深造。各項考試已錄取者，應准其準時離營就學。其已修完之軍職專長及服役，比照本法第十一條第二欵規定辦理。但出國就學者，應於回國時，補受預備士官或預備軍官教育。

對照以上所增條文的內容，並非對學生接受軍訓有何實質上差別，僅係程序的先後不同。而行政院遽然對此細節，破例移請覆議，未免小題大作。我個人雖嘗鼓勵行政院遇機使用覆議權，以抑制立法院對行政院所送議之法案，每爲條文字句之修改，損壞法案所涵政策完整性的作風。但我所意謂的政策完整性，絕不包括如此細節的程序問題。所以對於行政院破題第一遭的覆議案，亦祇有莫測高深，引爲怪事。

但憲法第五十七條二三欵的條文，並未規定何者可以移請立法院覆議，何者不可以移請立法院覆議。則行政院自有全權決定其移請覆議的法案。所以行政院此次對兵役施行法第十四條，以窒碍難行的理由移請覆議，從政治觀點論，固有輕於去留之嫌；然揆諸憲法，則爲應有之權。在覆議案未決以前，不便臆斷，若維持原決議後，行政院當局將採何種態度。接受原決議乎？抑辭職乎？按該覆議案內容，確係程序細節，無關宏旨，似不應影響內閣去留。英國內閣的普通法案，無關大政方針者，雖遭下院否決，並不引起內閣的總辭。然英國的覆議權屬於英皇，不屬於內閣。國會可投不信任票，內閣可解散國會，英皇的否決權，向無使用的機會。與我們覆議權屬於行政院，性質不同，自然無法借鏡。法國亦係完全責任內閣制，憲法所規定於總統的延宕否決權（Suspensive veto），亦無使用機會。與我們的覆議權性質亦異。我們的行政院覆議權，採之於美國。美國係總統制，總統不對國會負責。他的否決案能否成立，以憲法上無『或辭職』的規定，故不影響其去留。我們也不能借鏡。換句話說，假使立法院能以足够多數，維持原案，保持立法院尊嚴，則行政院雖有兩條路可資選擇，結果恐祇有辭職之一途。

爲什麼行政院不能接受原決議，而必須辭職呢？理由有二：一，照憲法五十三條規定：『行政院爲國家最高行政機關』。所謂最高行政機關，應解釋爲執行政策的意志體。它的進退應根據政策之能否執行。不能執行其政策，應卽辭辭，表現其有決定政策的自由意志，以無負於最高的意義。

二，照憲法五十七條規定意義，行政院應以政策對立法院負責。就是行政院的政策，向立法院提出報告，必得立法院多數的支持，然後行政院長始能安於其位，執行政策。若其所認爲窒碍難行的覆議案，都不能得立法院中三分之一以上的支持，則其失去民意代表的多數，事至顯然。既失多數，何必戀棧，以造成行政與立法兩部門的死結呢？所以依照憲法的精神，行政院所請求的覆議案，不問其內容如何，既經政策意志體運用覆議權以抗爭，應視爲有關政策的問題。不然，不宜使用覆議權。行政院現既第一次使用覆議權，不論他們當時是否掉以輕心，則愛護憲政的人民，應待之以嚴正的態度，對於覆議權之行使，應認爲行政院操必去之心，以爭政策之遂行。不然，行政院事無巨細，隨便向立法院行使覆議權，祇要能操縱立法委員三分之一加一的人數，卽可使立法院無法可立，變民意機關爲贅疣。譬如聯合國的安全理事會，因蘇俄隨便使用否決權，使安全理事會等於虛設。行政院既是自由意志的責任機關，不論此次的覆議案，是否出於自由意志，然其一舉一動，不應聽其脫離責任關係。

不過有點須要反覆說明者，行政院既須以政策對立法院負責，行政院長應爲立法院中多數黨的黨魁。照我們現在立法院中的實況，行政院長亦應出於多數派的領袖。如美國阿特里卽爲工黨多數派的領袖。因爲行政院所定的政策，須保持其完整的體系，不容經過立法院的立法，爲之支離割裂，使之無法貫澈執行。因此行政院長必須有統率多數議席的德望，始能有領導立法的能力，確保其政策可以實行。此係責任政治眞諦之所在，不可忽視。邱吉爾首相所以得英皇的欽命，卽因爲他是國會中多數黨的領袖。既爲多數黨領袖，當然富有領導立法的能力，確保政策的推行。現在美國艾森豪總統，所以要努力爭取國會的多數，揭穿了說，卽係爭取領導立法權。憲法上付予行政院以覆議權，卽係授予行政院以控制立法，確保貫澈政策執行的武器。明白當時制憲的原意，都可了解這點用意。但有效的武器，不能輕率濫用。所以我對行政院此次竟以有關程序的法案，使用覆議權，雖不敢責以於法無據，實難免太輕去留之譏。

惟近閱報載，立法院對此覆議案的處理，議論紛紜，莫衷一是。竟有部份立法委員視覆議案爲修正案，主張減爲過半數，以圖輕便修改或維持原決議者。不論其所持理由如何，行政院既以覆議方式，移請覆議，立法院不能片面變更。覆議案的維持原決議，照憲法的規定，必須三分之二，亦無可絲毫變更。假使立法院以已交審查爲理由，卽變更覆議案爲修正法案，而減低覆議所須的額數，乃是藉故違憲，自毀護身之符，必將無以見諒於國人。須知立法委員所以能享國家甚高的待遇，爲社會所重視，卽因有憲法的保護。自毀護符，惡乎其可？

行政院在憲法上既無解散立法院之權，惟一武器，卽爲覆議案須要三分之二維持原決議的規定。假使立法院可以以其自立的議事規則，變更憲法上所規定的額數，則行政院將爲繳械的附屬機關，而非國家最高行政機關。揆諸行政立法互相制衡的政治原理，未免太失其平。

行政院長既以政治家風度，爲保護其兵役政策之免遭割裂，剔出窒碍難行的條文，得總統核可，冒去職之險，移請立法院覆議；立法院委員諸公，應以堂堂正正的態度，面對問題，逕作可否的決定。我想立法委員諸公，定能本政治家風度，代表選民的立場，不要牽掛政治前途的亨屯，掬出個人良心的裁判，投維持原案或否決原案的一票。就立法委員個人說，無論投維持原案的票，或投否決原案的票，祇要出之於個人對選民良心的裁判，都不失為光明磊落。立法委員既有憲法上在院內言論不負責任之保護，又受選民之重托，最不應該再以私人利害的牽掛，逃避責任，不敢公開表明良心上正反的信念。

就立法院的前途說，對行政院竟提出有關程序問題的覆議案，不能不認為係立法院前途的試金石。立法委員不但不應逃避表決的責任，仍應慎重考慮立法院的前途，以決定投票的應度。不然，立法院不能使行政院當局顧慮覆議權的行使，則立法院必喪失其為國家最高立法機關的資格。亦非中國民主前途之福。

民主制度之所以求三權分立，即在求有制衡作用。究竟實際政治，能否保持平衡，徒恃憲法的保障，不足以得之。最重要的關鍵，仍賴各機關當局的偉大人格，以保持制度的靈活運用，與平衡發展。美國大法官對於保持美國憲法的功績，讀美國憲政史者，咸承認係大法官馬夏爾及賀勒姆斯等人的貢獻。英國國會制度所以稱道於全世，實由格蘭斯頓及的斯拉里等偉大人物在國會中領導之功。政治家欲創造政治上良好規模，不要畏懼政治的波瀾；更不可硜硜然顧計個人的利害。政治的波瀾，正所以洗磨偉大的政治領袖。現在動鬧全世的邱吉爾，即在政治波瀾中洗練出來的。邱氏初為保守黨黨員，以不滿於保守黨的貿易政策，乃加入自由黨。繼又不滿於自由黨對愛爾蘭自治政策，又復加入保守黨。黨員的政黨生活，當然以遵守黨紀為原則。苟其進退出入，能以個人良心上的信念為標準，不縈惑於個人的利害得失，即是政治家來淸去白，出處光明的態度。我很希望立法委員諸公對行政院的覆議案，嚴格遵循憲法的規定，表現政治家的風度。萬不可無中生有，變覆議案為交議案，照行政院的意思，予以修改，敷衍了事。當然更不可降低覆議人數為過半數，自陷於違憲的窘境。

現在立法院中無强大的反對黨，使國民黨籍的立法委員，處境極為困難。我們甚表同情。最近自由人第三七八期刊布「立法院的問題」一文，有如下的一段話：「在立法院中，有國民黨立法院黨部，此在英美國會中這個黨部是何等重要？但我們仔細調查或研究立法院國民黨黨部的領導人物，如所謂黨部委員者，究竟是何等人物？在立法院國民黨黨員心目中有何等印象？接句話說，立法院國民黨黨部的委員，能否領導國民黨黨籍的立委？有好幾個立委在好幾個場合公開講：「要實在沒有能力，沒有研究，沒有抱負，或在沒有領導作用的人，才會去當立院黨部委員。或者在上級黨部方面，正要選拔那種沒有能力，沒有研究，沒有抱負的人去當委員，然後他們可以奉命唯謹，樂於奔走驅策。所以，從黨部委員的人選不得當，而黨員大會失其作用，黨部的領導亦失其作用。」又說：「在立法院大會中，有能力，有研究，有抱負的委員，噤若寒蟬。」我曾以該文的寫實，徵諸我的立委朋友，他們都證實大致不差。然我確不明白，既稱『黨部的領導亦失其作用』，何以又說：『在立法院大會中，有能力，有研究，有抱負的委員，又噤若寒蟬』呢？據說大概是怕『樂於奔走驅策』的立院黨部委員，報告上級黨部，予以膺懲。立法委員是人民選舉的，不會遭免職的懲處，應無所怕呀？在臺灣的時日，打憲政的招牌，不能不要立法院，也無法改選，立法委員的位置，安如磐石，怕從何來呢？歸根到底，立法委員在黨內的發言權，受憲法的絕對保護，祇要立法委員能自重言責的立場，也應無所畏懼。民主政治的演進，不能完全依賴法律，尙有賴於偉大人物創造的善良風氣。我很希望立法委員，能以英美兩國的憲政人物自擬，使在多難興邦的時代，立法院中能產生出格蘭斯頓及的斯拉里一類的人物。

一九五四、十一、二

評內政部新頒出版品禁限事項

陶百川

今天(十一月六日)臺北各報載：『內政部依據出版法第三十五條規定，制定「戰時出版品禁止或限制登載事項」九項，於五日公佈施行。』內政部這個『出版品禁限事項』(卽『戰時出版品禁止或限制登載事項』，下同)，大約就是出版法第三十五條所稱的『中央政府命令』。這樣的命令，實在早該頒佈，使出版界知所戒愼，有所遵循。可是現在頒佈，猶不嫌遲，因爲內政部兩個月前方才開始整肅出版品，『此項措施，(正)乃事實所必需』(內政部王部長談話)。但以這個出版品禁限事項而論，我以爲很有商討的餘地。

一件往事證其重要

出版法第三十五條是政府管制出版品最有效的武器。因爲該條規定禁止或限制登載的事項很多，而一經違反，輕則可予以『嚴重警告，或同時禁止其出售及散佈，必要時並得予以扣押』(出版法第四十條)，重則可以『定期停止其發行』(出版法第四十條)。但第三十五條的適用，必須具備兩個先決條件：

第一、必須中央政府已頒有禁止或限制登載事項的命令。中央政府如果沒有頒佈過這樣的命令，便不能適用第三十五條去議處。

第二、中央政府必須在『戰時或遇有變亂或依憲法爲急速處分時』，方可頒發這樣的命令。

『戰時』早已開始了，可是中央直到本月五日方才頒佈這樣的命令——『戰時出版品禁止或限止登載事項』，這也許是由於疏忽，也許是由於寬大。可是現在中央政府既已有了這樣的命令，各級行政官署以後自必依據這個命令來取締出版品，所以這個禁限事項實有注意硏討的必要。

在此以前，內政部曾有一次利用該第三十五條處罰了一些刊物，但我以爲那是非法的處分。本年八月二十七日內政部對中國新聞等十刊物的處分，根據之一，就是引用該第三十五條以適用第四十一條第一欵第四項，將它們定期停止發行。當時我會對此加以這樣的批評：『照此規定……適用第三十五條時行政官署應當注意並指證：中央政府曾在何時頒發該項命令？……中央政府如無該項命令，行政官署卽無第三十五條之適用。……出版品旣不違反第三十五條的規定，……自無第四十一條第一項第四欵之適用。……內政部八月廿七日致臺灣省政府的公函和王部長的聲明中都沒有提到第三十五條所稱的那項命令，也沒有提到十刊物違反第三十五條和該項命令的情形，而乃沒頭沒腦地給套上「實係違反出版法……第三十五條……」的大帽子，似難令人甘服。』(聯合報七週年紀念特刊『民主與自由』小冊中拙作『處分十刊物的法律問題』)

但今後的情勢便不同了。因爲內政部已在本月五日頒佈了出版品禁限事項，而照內政部長的說明，這就是出版法第三十五條所稱的「中央政府命令」。中央政府既已有了這個命令，出版品如有違反，行政官署便可適用第三十五條第四十條和第四十一條的規定來議處。

最當注意的一點

現在請進而研討出版品禁限事項的本身。我們首先應當注意的乃是：出版品如果違反了該禁限事項九項中的一項，(例如第六項『描述猥褻行爲而有誨淫作用足以影響社會治安者』)，行政官署是否將照出版法第三十五條適用第四十條或第四十一條來議處？

照出版法第三十五條的規定，該條所禁止或限制的，祇有下列四項：

一、關於政治機密事項之記載；

二、關於軍事機密事項之記載；

三、關於外交機密事項之記載；

四、關於危害地方治安事項之記載。

必須出版品違反了上列禁止或限制記載事項，方有第三十五條之適用。該條所稱的『中央政府命令』，也僅能作上列禁止或限制記載事項的宣告。這所謂中央政府的命令，似乎祇能這樣寫：『茲因某種情勢(限於戰時或遇有變亂或依憲法爲急速處分)的需要，特依出版法第三十五條之所定，禁止(或限制)出版品關於政治軍事外交之機密及危害地方治安事項之記載。違者當依同法第四十條第一項第五欵或第四十一條第一項第四欵議處』。所以中央政府命令所規定的禁止或限制事項，如果多於或超出第三十五條所禁止或限制的四項，而有如內政部這次頒佈的九項，則其多出或超出的部份，就第三十五條而論，似屬違法。

此外，中央政府也得依據國家總動員法第二十二條的規定，頒發命令，『對……報紙通訊稿及其他印刷物之記載加以限制停止』。(這項命令且不僅以中央政府爲限，地方政府亦得爲之)。這所謂限制停止事項，範圍較寬於出版法第三十五條規定的禁止或限制事項。違反依國家總動員法第二十二條規定所發的命令者，其處罰依出版法有關條文的規定(妨害國家總動員懲罰暫行條例第十條)。這就是說，如爲誨淫，則依出版法第三十九條予以警告，或依第四十條第一項第三欵議處；必須涉及軍事機密，方可依出版法第三十五條適用第四十條第一項第五欵或第四十一條第一項第四欵議處。所以以國家總動員法第二十二條與出版法第三十五條相比較，依國家總動員法第二十二條規定所頒佈的命令，可以限制或停止政府所認爲應當限制或停止的任何記載，(但其處罰則依出版法的規定，出版法所未規定者，便不在處罰之列。)而依出版法第三十五條規定所頒佈的命令，則祇能禁止或限制關於政治軍事外交之機密或危害地方治安事項的記載，而不得禁止或限制其他事項之記載。第三十五條所以須有這樣嚴格的限制，乃是因爲違反該條規定的處罰特重。例如誨淫，行政官署可依出版法第三十九條予以警告，這是很輕的處分，至多也祇能依第四十條將該項出版品扣押(如爲刊物，當然以該一期爲限)，但依出版法第三十五條規定所頒佈的命令，假使可以擴充第三十五條規定的禁止或限制登載事項，而把誨淫也包括在內，則違反的(誨淫的)出版品，便可依出版法第四十一條第一項第四欵定期停止其發行—這是以命令變更法律，天下那有這種法理呢！所以出版法第三十五條所規定禁止或限制的事項，是不准中央政府命令加以擴充的。

可是這次內政部頒佈的出版品禁限事項九項，其中㈢至㈨項都不在出版法第三十五禁止或限制事項之列。但照中央社所發表的王部長的談話，這九項却都是依照出版法第三十五條所制定的。中央社訊說：『內政部部長王德溥，五日發表談話，指出該部此次依照出版法第三十五條規定，制頒「戰時出版品禁止或限制登載事項」九項，最重要的目的：……。此卽出版法第三十五條立法精神的所在，亦卽本部依據該條規定制頒這一禁止或限制事項的最大原因。』(十一月六日各報)但依我上面冗長的說明，出版法第三十五條的文字和精神，都不是出版品禁限事項所規定和王部長所說明的那副樣子！

以上是我認爲關於出版品禁限事項最當注意的一點。因爲在那九項之中，有的是依法應當輕罰的，有的是出版法沒有明文規定處罰的，有的甚至是根本不應處罰的，但經內政部把它們列在出版法第三十五條禁止和限制記載事項之內，則依法輕罰的也可重罰，不罰或不應罰的，也當處罰，而且應當重罰。內政部這種認識是否正確？這種擴張是否違法？這種措施是否適當？我以爲王部長有公開說明的必要。

如果內政部以爲這九項雖係依據出版法第三十五條規定所制頒，但違反的出版品仍依出版法有關法條議處，而不須全依第三十五條適用第四十條和第四十一條議處，至出版法和其他法律沒有處罰規定的，也不因此禁限事項的規定而處罰——這在理論上雖不可通，但未始不可減少這個新措施的流弊，那麼就請內政部再頒佈一道命令，加以聲明。

請再逐項加以剖析

以上是就出版品禁限事項整體方面加以研討，此外在個別事項方面有幾項也有問題，茲再逐項加以剖析：

項㈠：在『涉及政治軍事外交之機密』下加以『而有損國家利益者』的限制，這對言論自由頗有好處。因爲這樣一限制，不是一切政治軍事外交機密都在禁止和限制之列，祇要無損於國家的利益，卽使是機密事項，出版品也可以登載。但出版法中却沒有這個限制，將來適用上有無流弊，似可考慮。把它改爲『而有損於國家利益之虞者』或『足以生損害於國家利益者』，或較穩妥。

項㈡：關於禁限誨盜者，本甚妥適，但最好參照刑法第一百五十三條酌加補充(按：該條規定：『……一、煽惑他人犯罪者，二、煽惑他人違背法令或抗拒合法命令者』)。

項㈢禁限描述自殺行爲：用意很好，但不在出版法第三十五條範圍之內，卽依出版法他條規定，也不在禁限之列。

項㈣禁限描述少年犯罪行爲：犯罪行爲不當描述，不以少年的爲限。豈中年老年的犯罪行爲就可描述麼？似應删去，或參照上述項㈡意見酌改。

項㈤禁限描述賭博或吸食烟毒情景：請參閱上述項㈢意見。

項㈥『描述猥褻行爲而有誨淫作用足以影響社會治安者』：僅是『描述猥褻行爲』已足，『而』下文字應删。『影響社會治安』當係『影響社會風化』之誤。但此不在出版法第三十五條範圍之內。

項㈦：所謂『荒謬怪誕邪說』有何界說？封神榜和西遊記甚至入山修道的劍俠小說，是否都在禁限之列？『猫哥哥對鴨妹妹說』的兒童讀物，是否也在『荒謬怪誕』之列？此項應删。

項㈧『記載不實之消息意圖譭謗或侮辱元首或政府機關名譽』：然則記載實在的消息則雖意圖譭謗或侮辱元首，就在許可登載之列麼？關於譭謗和侮辱，法有專條，此項可删。

項㈨『對於法院刑事訴訟進行中案件之批評，足以淆亂社會視聽者』：此項應删。查出版法第三十五條規定：『出版品不得登載禁止公開訴訟事件之辯論』，但出版法並不禁止公開訴訟事件的辯論，也不禁止對於公開訴訟事件的批評。而依刑法第三百十一條：『以善意發表言論而有左列情形之一者，不罰：……二、對於可受公評之事而爲適當之評論者：……』，祇要案件本身『可受公評』，而其批評又是適當的和善意的，則雖對於法院訴訟進行中的案件，依法也可加以批評。若如內政部項㈨的禁限，對於未經最高法院判決確定的案件，卽所謂訴訟進行中的案件，出版品不獨不得撰文加以批評，也不得在報導中稍發議論，或引述他人的批評，甚至檢察官的起訴書或不起訴處分書，推事的判決書，當事人的上訴狀和辯護狀，更甚而至於法庭上公開辯論的言詞，也都在禁止登載之列，因爲它們對於該項訴訟進行中的案件一定有所批評，一定有爲攻擊和防禦所必要的批評呀！而且照出版法第三十六條的規定，經內政部這樣禁限之後，出版品且不得接受刊登當事人涉及案件批評的啓事廣告！(按該條規定：『以更正辯駁書廣告等方式登載於出版品者，應受第三十三條至第三十五條所規定之限制。』)所以項㈨不獨不合理，不合法，而且行不通。

如所剖析，這九項中，有的不宜以命令來規定(因爲是道德問題)，有的不必以命令來規定(因爲法律已有規定)，有的不應以命令來規定(因爲違法)；依法有以命令規定的必要的，祇有項㈠，勉強湊數，也僅項㈡。所以對於這個有關人民自由政府威信和法治前途的文獻，內政部殊有加以檢討和修正的必要。

四十三年十一月六日下午

第十一卷　第十期　民主眞詮(上)

民主眞詮(上)

A. Powell Davies 著
何欣 譯

序言

關於對「民主」應做如何解釋的問題，在我們與俄國人之間曾經掀起論辯。一九一七年列寧曾提出質問：「一個人旣反對無產階級專政，他怎能同時又是民主的呢？」

列寧的態度是眞誠而嚴肅的。在他看來，他——一位眞正的獨裁者——在管理着一個眞正屬於人民的政府，凡不承認這一事實的都不是民主。我們知道，所有共產黨人都爲他的主張辯護。

共產黨人不承認獨裁專制——不論牠有甚麼樣的藉口——是同民主相牴觸的。他們相信一個獨裁者是在爲人民的利益服務，這一信仰使他們有權利把專制政體稱爲「民主的」。但是我們必須注意，我們所說的專制只有在符合蘇維埃制度的利益時，才爲他們所承認，才被視爲合理。希特勒說他爲人民利益而服務時，沒有人相信他的鬼話，自然，他也不該獲得別人的相信。納粹的專制政體是法西斯的。一位信仰馬克斯主義的共產黨獨裁者和克里姆宮決裂之後，也被指斥爲是法西斯的。但有奴工營，恐怖威脅，思想統治以及其他暴君特質的蘇維埃制度却永遠被歌誦爲「民主的」。

然而在西方國家，竟有很多人被這種荒誕的主張所蒙騙，這眞是一件令人不解的怪事。由於這種紊亂不清，曖昧不明，關於民主的定義實在有排除萬難再予澄清的必要。這是一件極端重要的事，但却不是新的問題了。對於民主的認識，當前流行的意見已經誤入歧途。給民主立一個定義並不容易。從古雅典人開始用這個字的時候，對於牠的意義就一直引起許多爭辯。

在柏拉圖攻擊民主，亞里斯多德卑視民主時，他們並非抱怨波芮克利茲的殯葬演說(註一)中所描述的生活方式。他們是在自己給民主尋找定義。許多世紀後，傑弗遜與約翰．亞當斯兩人的意見衝突，也是同樣情形。大多數美國建國元勳們都害怕民主，都希望他們的新共和國能够擺脫民主原則的束縛。當他們發現眞正的意向並非是這樣時，他們採用了民主原則，但稱之爲「共和的原則」。他們認爲民主是暴民的原則，並把民主和法國大革命中那種無法無天的暴民行動連繫在一起。

漢密爾頓相信，就是像雅典和早期羅馬的那種循規蹈矩井然有序的民主也是壞的。他說：「在古代民主國家裏，人民自由熟思考慮良好政府，但却永遠沒有產生具有良好形式的政府。這些民主政治的性質是專制暴政的；其形式也是畸形殘廢的。」一敏銳精明、有忍耐心、且富詼諧的詹姆斯．麥廸遜曾給新共和國尋找一個有民主之實而無民主之名的公式。他强辯說：「在一個民主政體中，人民親自參與政府，直接行使治權。民主政體只能限於很小的區域內；在一個共和政體裏，人民必須集會，經由代表和代理者管理政府。共和政體可以擴展到很大的區域。」這種解釋有幾分强詞奪理，因爲在當時需要類似的解釋以改變那種過於狹窄的流行的定義之基礎。

湯姆斯．庫波耳 (Thomas Cooper) 在一七九五年所提出的民主的定義是最扼要最簡潔的一個：「民有、民享的政府」。但根據這一定義，一個專制暴君也能宣稱他的政府是民主的，這種事實也屢見不鮮。韋勃斯特 (Daniel Webster) 顯然注意到這一可能性，一八三〇年他在參院發表演說時，把這定義加以修正。「人民的政府，爲人民而產生，由人民而產生，向人民負責任。」在稍前，一八一九年，最高法院院長馬歇爾 (Chief Justice John Marshall) 宣稱，美國政府是「千眞萬確不容置疑的屬於人民的政府。無論在形式上或實質上，美國政府確是從人民產生，人民承認政府的權力，這些權力直接行使在他們身上，而且是爲了他們的利益。」一八五〇年時，唯一神教牧師帕克爾 (Theodore Parker) 相信以前的定義還能修改得更好一點。他說民主是「政府屬於全體人民，由全民所治理，爲全民而服務。」一八六三年，林肯又簡化爲「民有、民治、民享的政府。」無疑，這一定義是完美無瑕的。

然而，這並不是一個包羅一切的完備的定義，林肯當時很可能是第一個堅持這種看法的人。民主絕非僅僅限於政府。正如自由與平等一樣，民主有更廣泛的意義，決非一個簡單的定義所能包括。這應該是我們的起點。凡屬很難下定義的字大半都是含義豐富的字，像自由、正義、智慧、善、精神、美、生活、愛情——許多企圖給牠們下定義的人都失敗了。

我們不必因爲民主的意義難形諸文字而感自愧。這種困難不是由於曖昧不清而是因爲含義過廣。民主的意義永遠不是靜止的，時代進步，它的意義也隨之擴增。爲了這一理由，早期的定義便成爲狹窄不足了。因爲突然之間，我們在民主的發展中遭逢到新的危機。這種危機的產生使我們對民主必須有新的觀念，新的理解。我們要使民主有更明確更清晰的定義，就是要包括這種危機，因此對於早期的定義不能不加以修正與擴大。我們在後邊所討論的也就以這種認識爲根據。

民主在實際生活裏必須有明確範圍，在用文字寫出的定義中也必須重畫其內涵的意義。即是說，必須以我們目前從事的鬥爭中的術語來解釋它。作者所持的意見是：做爲一種信仰及自動的社會目標，共產主義已經在走下坡路，因此，它不得不採用軍事侵略的手段。譬如在捷克，除了憑藉暴力竊奪政權一途之外，共產主義已不能贏得人們的信仰。甚至在遠東，共產主義之能獲勝利，只是因爲民主未能以有效地手段阻止它。共產主義假民主之名獲得勝利，這是我們不能不審愼估價並澈底了解的。對於一個囊空如洗的人，日漸貶值的貨幣也比手無分文好。他們並非因信仰共產主義而選擇它，他們接受了它，實在是因爲他們發現無法獲得別的途徑。以前絕望的歐洲人如此，——現在許多人還是如此。遠東的情形也一樣。凡在民主有發展機會的地方，共產主義便無法插足。克里姆宮深知這一層，所以它必須依賴武力。

雖然民主面臨這種軍事强奪的危機——也部份由於這種危機，它有一個前所未有的較廣大的發展機會。做爲一種信仰、一種生活方式、一種普遍的目標，民主具有更大的說服力。但是我們必須根據現實的情勢再給民主一個恰切的定義。我們必須盡筆墨之所能，確實寫一個現代人能澈底明白其意義的定義。

我並不以爲這本薄薄的小書能夠達到這個目的。如果通過這一嘗試而能對這問題有較以前更淸晰的認識，即使不能達到這目標，我也心甘情願來做這一工作。這是我們大家必須做的事，在抗拒共產黨的鬪爭中，我們決心完成些甚麼呢？我們對這問題必須有更淸晰的理解。在我們的心靈深處，我們已經知道；因爲我們知道自己被擊敗時的慘痛是多麼不能忍受。但是我們的信心與目標必須很淸楚。我們必須不厭其煩地確定它們的意義。如果我們本諸良心老老實實說出來，最後我們一定能說得很淸楚；如果我們能說得明明白白，非常透澈，世界上的人就會洗耳靜聽了。

民主是一種信仰

有人告訴我們說，在目前同共產主義的鬪爭裏，我們所遭遇的一個障礙是：共產黨知道他們所信仰的是甚麼，我們却不知道。這話看來好像有理，但實際却不然。在根本上，共產主義不是一種信仰 (belief) 而是一種不信 (disbelief)。共產主義認爲生命毫無意義。在歷史發展的過程中，沒有任何東西具有永久不變的價值。一切都爲力 (force) 所支配，先沿這個方向發展，隨後又改變了道路，忽東忽西，皆聽命於力的操縱。除了在一個集體化的整體中做爲一個單位外，個人便毫無價值。因此，共產主義認爲最有價值的不是個體生命的富有創造性的交互作用——每個人均富有自由的冒險精神，力爭上游，謀求更好的收穫，而是個體生命適應於社會的規範。爲了達到這一目的，所有的人必須思想劃一，毫無偏差，一切行動必須遵循事先安排的秩序，在一個安定、乾燥無味、死氣沉沉、完全凝固的社會中去做爲他們選擇好的事情。

信仰民主的人至少承認個人的價值。無論面對怎樣的混亂，他們決不接受這一思想：在處理一個人的生活時，只有在螞蟻窩裏給他準備生活，此外沒有甚麼好辦法。他也許確然不知歷史將走向何處，但他要盡自己一份力量幫忙決定歷史的方向。他相信生命是有創造性的；所以他需要自由，他知道自由爲創造之本。

認爲共產黨的信仰比民主信仰更明確，那是騙人的話。更明確的是共產黨的懷疑不信。這種不信一切的態度，並非由解決人在一切事物之組織中的地位一問題而產生，正相反，是產生自放棄解決這一問題的嘗試。共產黨人比我們了解得更淸楚的只有一件事，即是共產黨的目標對民主社會的關係——盡量摧毀民主社會。

我們認爲民主是一種信仰，就以此爲起點。人生在世的大部份時間，都是生活在恐懼與懷疑中，他對自己的認識主要地是馬克斯主義者的見解。他所遇到的一切都是不重要的，也不是他的力量所能影響的。他盡其所能來撫慰神鬼(或以馬克斯的名詞來說，與「辯證發展」合起步伐)，但最後還是退往命運的窩巢中(「歷史決定論」)。他必須盡其力量馴服其他生物以供衣食；他的同類都是敵對者：在生存競爭中，他必須把他們打倒——他同親戚朋友團結一起，從事這種鬪爭。因爲文明來臨——早期的文明——這種態度獲得部份的修正。有了文明，它的制度必須是專制的。人類文明就這樣獲得了形式與秩序，並打擊外來的敵人與內在的紊亂無序以保衞自身存在。(這就是共產黨專政的權利的根據。)異敎對於公共利益是威脅，統治階級的正統派是爲民造福的(「無產階級專制」)。反叛是徒勞無益的。這就是世界發展的道路，這一道路是不可避免，不能改變，由命運規定好的。

後來，在每個地方，在每個世紀，有少數非常勇敢的人開始提出詢問：人是否非做命運的奴隸不可？逐漸增加的知識使人從命運的枷鎖中解放出來。「自然」對於智慧不懷敵意，也非改革 (change) 的敵人。至於人爲的障礙，建立起這種障礙的力量也能回過頭來把牠們推倒。暴君可以由法律制服。一個人也能夠想像自由。

於是，希望開始吐出嫩芽。但只不過是一絲忽閃忽滅的暫時的希望而已。任何東西都沒有改變。大多數的人仍屈膝於主人的淫威之下。奴隸們建起了做爲君主墳墓的金字塔。多少宗敎產生又消逝——有時候宗敎中閃出高貴希望的輝光，但結果總是屈服：這是棄絕的宗敎 (religions of resignation)，戴着絕望的憔悴的面具。

最後在猶太產生了一種宗敎，它以無比的勇敢和說服力向宿命論挑戰。這一宗敎說服人們：如果他們承認生命與歷史的法則，他們便能夠獲得力量控制自己的命運。這些法則是道德律，人與人之間必須有公平與正義，社會的目的是平等與仁慈。壓榨他人，剝削窮人，應受嚴厲處罰。所有的人對於公平的權利都是平等的；這種公平是歷史的上帝所需要的。沒有祭祀供奉，沒有宗教儀式——只有「善」。就從這個始自公元前八世紀的預言運動裏產生了今日所謂猶太——基督教傳統（Judeo-Christian tradition）的宗教。當然，它在其他地方也有敵人；但是只有這個宗教充滿着活力，在創造歷史上有莫大的影響，其他宗教在它的光輝下顯得黯然失色。它破題兒第一遭地給人們帶來一個信仰：人們可以自由地選擇以提高自己的生活水準，世界能够改善，進步是可能的，通過公平與正義，同情與愛，社會秩序能够成爲相親相助的。

同時，在另外一個小國內，許多有同樣重要性的事情在發生着。這裏的人們以一種以前認爲絕無可能的力量和冒險精神學習着如何思想，他們發現了心律（laws of the mind）。如果人類勤於思想、鍛鍊思想，迷信與偏見便會被排除，如果心靈能够獲得自由去發現，去考驗它自己的發現，生命與自然的秘密便會宣露出來。這樣，在雅典，人們發現了理性（reason）。理性的一個最迫在目前的結果便是反抗暴君。自由思想需要自由人；奴隸制度減低了道德標準，因而束限了發展（growth）的可能性，這是與思想相矛盾的——這便是無理性（irrational）。所以他們宣佈說，人必須由自己制定的法律來管轄。伴隨着理性，自由降臨人間，還携帶着民主。這只是個爲時甚短的試驗，但其影響却是很大的。立刻，在猶太生長起來的宗教和在雅典蓬勃發展的自由，在基督教的世紀中，携手並進，兩者都有豐富博大的信仰與目標，雖然遭遇到無數的干涉與限制，最後終於在文藝復興與十八世紀的許多革命裏迸發出燦麗奪目的火花。

這一個偉大轉變的眞正意義尚未加以評價。它的意義實在太偉大了，所以十九世紀對它感到驚訝，立刻決定不要使它像脫韁之馬奔馳太快。這一決定就給共產主義一個最初的機會。以前曾被接受的罪惡以民主準則衡量之，已經成爲不能容忍的了。馬克斯與恩格斯看到這些罪惡，建議以一種激烈的補救方法來治療社會之罪惡。他們太缺乏忍耐心，過於激烈，所以未能看到他們所建議的辦法，不但不能挽救民主反而會把民主絞殺。正如一個世紀後的列寧一樣，他們堅決主張以自由傷害自由，以理性剝奪理性，所以當他們自信是在進行民主革命之時，他們眞正是在創造反革命。

馬克斯從來沒有想到共產主義會在俄國實現，並且會同一個暴虐無道的專制傳統結合在一起。他所想到的共產主義是同一個在工業與政治上都有高度發展的社會結合在一起，根本不是應用於一個並未參加民主革命行列的落伍地區。事實上，在克里米亞戰爭（註二）中做通訊記者的馬克斯對於俄國只有卑視，自然，這也是一種偏見的證明。蘇維埃政府方面不使他對俄國的看法出現在眞理報或消息報上，也許是一種慷慨罷。

我們必須注意，在民主信仰正面臨進退兩難的時候，馬克斯也在寫他的文章。爲民主所鼓舞在文化自由中邁步前進的科學，那時已是教條的唯物論了，達爾文主義被解釋成資本主義的法典——資本主義所採用的弱肉强食的「莽林法則」。這種進退維谷是暫時的，科學的結論後來又被加以修正；唯物主義、決定論、達爾文主義都被重新評價。但在馬克斯從事著作的時候，崇信理性的民主信仰結果在產生正被理性所絞殺的民主；好像決定論、唯物論、無神論又把民主所曾挑戰的宿命論從墳墓裏挖掘出來。如果民主信仰——無論做爲一種信仰或其實施——不曾踟躕不前，馬克斯與恩格斯早就成爲被遺忘的人物了。

如果民主信仰未曾逡巡不前，就不會有世界第一次大戰撼動歐洲的安定，也不會產生馬克斯主義的俄國革命。也就是說，影響遍及全球的西方文明會被俄國所吸收，創造像美國和十八世紀的歐洲所產生的同樣的信仰，同樣的希望，同樣的目標。總之，俄國絕不會像一潭死水似的靜止不動。早在列寧之前，托爾斯泰是全球聞名的人物。

相反的，俄國把臉背向西方，苦痛地獨自摸索着走向民主的途徑，因此就被馬克斯主義者所俘虜。馬克斯主義者也假藉民主之名，所以才能在俄國成功。他們不能不揹着民主的招牌，正同蘇維埃政府所做的其他事情一樣，因爲俄國人民所渴望所需要的是民主。俄國人雖需要民主，但他們所習慣的却是專制暴政，所以在古代的不安與恐懼、屈服於命運、拋棄民主運命的面前，新點燃起來的希望屈膝了。正如在納粹德國的情況一樣，舊日的罪惡戴着新的面具重返人間。舊日的罪惡雖在能力表現或外觀上不能原封不動地再現於工業化的社會中，但在精神上它確是往昔那個冰冷冷地掌握人類命運達數世紀之久的宿命論、暴君主義與奴役。

供給較好的物質生活標準，並沒有影響與遏制了舊日罪惡的復蘇。揚棄了民主信仰的現代社會又重返民主信仰產生以前的世界裏面。不論有多麼高度的工業化與社會組織，它並未能超越驅使奴隸建築金字塔的埃及的水準。只有民主信仰——別無他途——能給世界獲得眞正解放的希望；沒有民主信仰；就絕對不能從殘暴、壓迫中獲得解放，也不能打破奴役與恐怖的鎖枷。

民主信仰所依賴的是甚麼？共產主義所憑藉的又是甚麼？我們要注意它們之間的鮮明對比。第一、民主信仰堅持公開的意見衝突，永遠牢記古希臘人所發現的眞理：只有通過自由，人類的思想才能够生長、發展。在自由討論與辯論之中，千眞萬確的眞理能擊潰虛僞，因爲民主信仰相信理性。但共產主義認爲，思想必須予以「教導（indoctrinated）」；理性可以用，但必須達到事先安排好的結論。共產主義不許有「偏差」。科學家所發現的必須就是希望他發現的東西；哲學家必須像隻鸚鵡，只是喋喋不休地重述給他安排好的東西，甚至音樂家與藝術家也不能才華橫溢地「冒險」，他們的靈感必須在共產主義正教所開掘的運河裏流。共產主義雖揚言它是理性的、科學的，它實際是反科學的、反理性的。牠絕對不相信理性。民主使思想獲得自由；共產主義却威脅自由、束縛自由。這是第一個對比。

第二個對比是善與惡的搏鬥。民主信仰要這搏鬥是公開的衝突。在民主社會中的「善」必須隨時同所能見到的「惡」作殊死戰，在觀察這場戰鬥中，惡自然就在善的面前消逝。另一邊，共產主義決心保守秘密。這樣，專制獨裁者的決定才能强加人民頭上。凡是仇視或懷疑這種決定的便是「惡」。

因此，共產主義治下的公民不只喪失了思想自由的權利；他的道德感也被剝奪。如果他表現自己的良知，便被指斥爲不服從命令，被送往牢獄或奴工營去接受勞工改造。直到他自己或他的良心被迫屈服時，他才能獲釋。如果他自己屈服，他就被迫「招認」自己良知所認爲的「善」並不是「善」，因此他對國家負罪。到後來，政府便成了他的良知。他變成了一種不敢爲自己選擇的人：成爲一種無是非感 (non-moral) 的行屍走肉。新約曾告訴我們，「不要怕那些只殺身體不殺靈魂的人。」很明顯地，共產主義在扼殺人的靈魂。

民主信仰要求人發展他的靈魂：每個人必須諮詢自己的良心，以理智判斷是非；他獲得的決定是他自己認爲對的決定；每個人都做爲自由社會中的一份子，而協助「善」同「惡」作鬪爭。

現在我們再論動機之激發 (motivation)，特別是想到從事宣傳與陰謀的「同志」。他的動機是怎樣激發起來的？讓我們從好的一方面着想。他曾細心觀察這個世界，生存在這個世界裏面，了解世界上的一部份人，他獲得一個結論：世界上許多事情是錯的，必須加以改正。他曾以說服的方法以求矯正錯誤，但人們不按他需要的方式行動，於是他失掉了忍耐心。他要迫使他們依照他所需要的方式而行。他們必須被迫來做有利於自身的事。如果他們沒有聰明智慧使自己了解，就必須由一些有智慧的人來支配。

在他做這種決定的時候，共產主義的理想主義者就已經變成了暴君——即令是個較好的暴君。他現在運用着策略、意圖、陰謀——而不知道自己正在爲一個由暴君與陰謀家所控制的世界在賣力氣。激發他的動機的是無忍心。他已不再相信理性與說服力，他在準備用暴力。

再稍後，他的動機就不需要有這麼高尚了。他可能發現另一批人走在他的前面——有時候，他落在別人後邊，實在是不公平的。民主的經驗是常常令人失望，奪人銳氣的。他因而深感痛苦、憤怒。他要一個他能統治別人的社會，因爲他深信他自己應該是個高高在上的人。他的動機變成了純然的恨。在一個不能使他直登靑雲的社會裏，他覺得這世界沒有甚麼用處了。他拒絕這一社會，自願挺身而出來反對它。

這就是共產主義所依附的基石：無忍耐心與憤怒。激發它的動機的是恨而非同情與愛。譬如說，一個與種族關係發生連繫的共產黨員並非愛黑人，他只是痛恨白人。共產黨竊獲政權後之所做所爲也同樣證明，它們對於窮人並沒有愛，只是對富人的恨。正如列寧親自向羅素 (Bertrand Russell) 承認，他很高興能煽動較窮的農民反抗較富的農民。「哈哈！」他笑着，「他們就在身邊的樹上把富農吊死。」較次一等的共產黨員比爲他們所崇奉的「救世主」更殘酷，則是意料中事，不會使我們深爲驚訝了。實在說來，共產主義正在動員所有的暴燥的憤怒、挫敗與恨，以爲自己的生力軍。共產主義的眞實意義是：由恨率領着世界上未能及時改正的「惡」浩浩蕩蕩地將世界引向毀滅。

共產主義本身沒有良知，所以它發現打擊西方的良知是件輕而易舉的事。因爲它所動員的惡是眞實的，雖然這些惡中沒有一種——甚至統統算在一起——能像共產黨的意向那麼毒惡。我們必須把共產主義的假面具撕破，我們須讓全世界的人們認淸共產主義的眞相。

爲了戳穿共產主義的假面具，我們必須更淸醒地知道，如果我們對於自己的民主信仰有更眞實的熱誠，世界上就根本不會產生共產主義。在發展民主信仰的時候，在以民主信仰來打擊嘲弄它的罪惡時，如果我們當初能够大膽而迅速地採取行動，共產主義又怎能產生呢？現在，我們必須再重新認識一下民主信仰的本質。

民主信仰堅決不移地相信：如果人們能够決心信仰它、依賴它，就能提高生活的水準，使世界不停地走進幸福的樂園，人類能更幸福、更公正、更好；命運也不能使人成爲環境的奴隸；自然的缺點也不會使人受暴君的統治。人本來是該自由的。經由理性的力量，他能形成聰明的見解；這些意見再由討論、辯論予以考驗。了解眞理是最可寶貴的東西，是目標與目的之唯一保衞者，因此，追求眞理的權利就不容受到侵犯。

民主信仰明白宣稱：人權在其性質上就是普遍的 (universal)：自由也是這樣的權利；沒有自由，就絕不會有公正；爲了確保公正，人們必須制定法律，在法律保護下生活；除了公正之外，還應該有仁慈與同情；懇請人們遵行博愛的宗教理論是對的；愛驅逐了恨，善意代替了惡意；必須有熱誠，也必須有忍耐心和忍受的德性，說服力比威迫更好；任何人都不能蔑視他人；不能侮辱良知的神聖，不能否定人生的價值。最後，上帝與歷史是站在自由與公正、愛與正直一邊；所以人類遲早會獲得一個和平幸福的世界，在這個世界裏面，所有的人都是自由的，沒有一個人再懷恐懼。

（未完）

註一：波芮克利茲 (Pericles) 是雅典有名的政治家，生於公元前四九八年，逝於公元前四二九年，那時正是希臘藝術科學的黃金時代。他雖出身世家，但自公元前四六九年開始其政治生涯後，便領導民主派攻擊他的朋友貴族領袖西蒙 (Cimon)，並放逐之，完成了雅典的民主化。公元前四三一年斯巴達與雅典發生戰爭時，他被選爲總司令。戰爭結束後，在陣亡將士安葬時，他發表有名的演說，表現了對雅典民主前途的信心。

註二：克里米亞戰爭，即一八五三——五六年間英、法、土、沙丁尼亞 (Sardinia) 聯盟與俄國之戰，一八五三年時馬克斯三十五歲。

美國國會選舉勝負因素的綜析

陳恩成

美國本屆國會改選，連同選舉各州州長，適值艾森豪總統任職二年的「中間期」，共和黨似未能善盡其宣傳的任務，或即因曾在初期誤採粗疏的宣傳策略，遂致連同其他因素，失去了參衆兩院的優勢。州長改選的結果，共和黨也失去紐約、科羅拉多、緬因、等八州；祇在密歇根爭得民主黨的一席。

（1）第一、二兩種因素

對於本屆選舉，各方檢討民主黨致勝的因素，從各種觀點出發，似乎不易相同；比較意見一致的大概有兩點：第一是所謂「心理的因素」，這是說選民在共和黨執政兩年間，不免有不滿現狀的心理，於批評之外，希望政府改進其政策或措施，因而在中間期的選舉，執政黨減少國會議席在美國幾成慣例；在近卅年（自一九二二至一九五四）的九次中間選舉中，只有一次（一九三四）例外。該年執政的民主黨反增加了九個議席。

其次是所謂「內政政績的因素」，如工人的失業數量，農民收入的增減，直接影響廣大羣衆的利益，與一般生活情況，而工農兩界又佔選民的主要部份，所以他們的選票常爲兩黨競爭的主要對象。工人因塔虎脫·哈特萊法案之未能修改，對共和黨已表不滿，擁有會員約七百萬名的產業勞工組織（CIO）近且有公開支持民主黨的表示；擁有會員約八百五十萬名的美國勞工聯盟（AFL）亦不明確的擁護共和黨。（最近兩大工會的主席路沙爾與明尼並曾在紐約會談，謀使兩會重行聯合爲一龐大組織）。共和黨的農業部長班森，兩年來厲行改造杜魯門時代的過份寬柔而硬性規定的農產品保證價格，及其他優待政策，以期減少國庫的開支，而使農業經濟轉入眞正健全與繁榮的途徑；但此比較完善的農業政策，亦常遭一部份農人的攻擊；民主黨更藉此以誣攻共和黨，謂爲苛待農人以增益大工業家，又謂在艾森豪政府的減稅方面，受益最多者實爲工業資本家和金融界。因此，由於一部份農人聽信民主黨的宣傳，尤其在南部素爲民主黨基地的農業諸州，在這次選舉中就多數回復到擁護民主黨的本位。但就中西部素爲擁護共和黨的農業區，如猶塔與肯薩斯、依阿華等州而言，多數選民則仍贊助班森的所謂「彈性的農產品保證價格」，並仍選出共和黨的衆院議員。民主黨的選票比較的仍以得自工業區的工人者爲最多。

（2）第三種因素

第三、是所謂「黨內團結的因素」。美國民衆對於政黨的隸屬觀念原不嚴格，所謂政黨內部的團結，在全國性方面，任何政黨是否精誠合作，問題在中樞幾個要員；在各州與各大城市，問題在各單位組織中的主要分子。一九五二年大選前，蓋洛普民意測驗會發表一項統計，略稱美國選民中有二千二百萬屬民主黨，一千八百萬屬共和黨，其餘一千九百萬屬於中立派；又據此次選舉前的測驗，民主黨選民竟佔全數百分之六十一，而共和黨祇有百分之三十九。此類測驗雖假「科學方法」爲招牌，實際上則方法或不免偏頗，而動機或不離乎誇張的宣傳。任何政黨企求選舉獲勝，主觀的重要條件之一即爲本身團結，而共和黨這次競選，就全國性的大勢而言就犯了不團結的錯誤：艾森豪的外交大政兩年來並沒有切實遵守一九五二年夏秋間競選時所作的諾言，如最初標榜的「解放政策」與「光榮的結束韓戰」，以至「不讓共黨繼續擴侵」等等，均未能嚴格兌現，這種作風又與國會中的共和黨領袖如諾蘭，以至主張反共最力的麥加錫等，意見均有出入。所以這次選舉中，副總統尼克遜僕僕風塵。奔走三十一州，歷程二萬五千哩以上，發表正式演詞二百餘次之多，以協助各州共和黨候選人；但麥加錫即因參院既有檢舉的懸案，諾蘭等氏對麥加錫素表同情，對於協助上項競選活動似均採緘默態度。這種情況多少影響全國性的競選。

（3）第四種因素

第四、所謂「地方問題」造成的個別因素，此即各黨候選人在當地是否賢能無過，而素孚人望；與當地黨部人物是否能堅密合作；其本人是否工於競選活動，而能體察當地多數民衆的好惡，在發表政見時善爲解答或辯難。因爲各州各區常有特殊的經濟、社會、或文化建設等問題，未必都和該黨全國性的政綱政策相切合，因此國會議員或州長候選人自不能不針對地方性的重要問題，發表適合當地情況的政見。凡曾任衆議員而競選連任者，更不能不提出有利於當地情況的政績報告，以證明其才能。科羅拉多的共和黨衆議員程諾威綏，即因未能在上屆共和黨佔優勢的衆院中獲准撥款在當地阿肯色斯河的疏濬與墾荒的法案，所以失去了多數選民的擁護。（因爲衆院是主持撥款以協助各州經濟建設的重要機構，各州衆議員多以能提出法案，贏得國庫撥款，爲重要政績之一。）其他有關民衆衣食住行育樂的改善，直接和人民的幸福與其好惡的情緒密切聯繫，都是議員們應該策動政府興辦，藉以表現政績與證實其才能，所應注意的競選因素。

（4）與宣傳最有關係的第五種因素

第五個因素是屬於全國性的政績的總宣傳。這一點，共和與民主兩黨都似乎沒有做到很使人滿意。在形勢上，民主黨以在野黨的地位，極力批評政府的過失，不惜吹毛求疵，原本是採取「攻勢」的宣傳。共和黨執政將近兩年，除了應付民主黨的批評之外，更要主動的提出鮮明的政績，以吸引或加強選民的擁護。大多數民衆所易領略的不是玄妙的政綱，或遙遠而尙未實現的目標，卻是具體易見的功效，或已切身感覺到的利害禍福。在這方面，民主黨的攻勢宣傳，雖無可取，如對於共和黨的農業政策與工人失業的批評，且多近於主觀或抽象的言論；然而共和黨的守勢宣傳與其積極性的宣傳，則多患「主題紛雜」，並且患了一個重要的錯誤，因此在宣傳技術上也就形成一個重要缺憾。

所謂「主題紛雜」是什麼呢？共和黨最初是標榜內政方面的成就，如穩定了美鈔的幣值，逐漸減少了失業工人，減輕了賦稅，並使財政踏上了健全的途徑，同時充實了軍備，足以應付國際的危機等等。這些還似偏重於守勢的宣傳，並似尙未能完全廓清民主黨的攻勢。如言失業工人的數量共和黨稱已減少到三百萬名左右；而民主黨卻力言當在五百萬人以上。如言減輕納稅人的負擔，調整了人民所得稅的比率；然而民主黨卻說「受益的祇是大資本家」，又因爲一般民衆「收入減少」，所以並沒有沾到減稅的實惠。這類主題都似辯論不淸，不易使多數選民確信共和黨的政績是具體而有利的。至於財政的健全，軍備的充實，也不是普通人所易欣賞的遠景。反之，南部諸州農民所更易擁護的卻是杜魯門時代硬性規定的農產品保證價格，並在物產品傾銷中由政府大量照保證價收購，或補足津貼的優厚規定。這是民主黨利用國庫以拉攏農民的政策，一方面養成農人的依賴性與農業品生產的狂濫，又一方面加重國庫的負擔，亦即加重多數納稅人的負擔。然而受益的農民祇圖目前的利益，未必能遠見到國家財政必須健全的大計。

(5) 宣傳主題的改進

因爲上述主題的紛雜，與其所含意義的深遠，而非普通選民所易領略，所以共和黨除了應付民主黨的攻勢而作糾纏不淸的辯解之外，轉謀採取一個選民易懂的綜合主題。這就是利用艾森豪總統的威望和總政績的表現，而呼籲民衆選擧足以協助艾森豪達成其大政目標的國會。

上述的一個主題，就共和黨的全國性的競選宣傳而論，似是明朗而正確，而爲多數人所易瞭解；但在各州就地方性的個別競選而言，則或不免造成一個嚴重的錯誤。在全國性方面的辯論上，民主黨的議員候選人們，與該黨的主要發言人如史蒂文生和參議員史巴克曼等，很輕便的就加以反駁。他們說，民主黨的國會也許更能協助艾森豪的大政。因爲國會議員的職責是代表民衆的意志和利益的，執政黨的政策如果正確，民主黨議員自將同情擁護，這是美國政黨政治的通則，不是共和黨議員的「專利」。因此，「艾克需要共和黨的國會」一詞，在全國性的宣傳方面起不了什麼重大作用；在地方性的宣傳方面，反引起一般民衆的誤會，形成一種不利於共和黨候選人的暗流。這所謂「誤會」是說，各州共和黨的候選人似乎缺乏足夠當選的才能或政績，因此不能不憑藉艾森豪總統的威望以資號召。因此，强調了艾克的威望與他的要求，反足以減低了當地共和黨候選人個別的聲望與其才能的估價。民主黨乘機發出嘲笑的抨擊，譏稱共和黨候選人要靠艾克的「禮服尾巴的牽引」(running on Ike's coat-tails 似可意譯爲「要靠艾克的政治裙帶關係」)。這種譏笑對於各地共和黨候選人可能是不利的。因此，依利諾州的衆議員候選人瓦爾 (Richard Vail) 表示不願隨聲附和，而華盛頓州的共和黨衆議員托利夫生 (Thor Tollefson) 反稱「不願艾克攀附他的禮服尾巴」。這類言談縱未必盡屬信而可徵，但亦足反映所謂「艾克需要共和黨的國會」這種政治宣傳，至少是局部產生了不利於各地共和黨候選人的因素。

(6) 宣傳主題的再改

在共和黨的宣傳主題，由初期的紛雜，進到中期的錯誤；待到十月中旬，距離十一月二日的投票期祇約兩週，尼克遜等始再加以修改，而强調共和黨的反共政策與維護和平的決心，連帶表示企求經濟繁榮的願望。因此在這兩週間，宣傳的主題轉到外交的成就上。共和黨在這方面，能夠標榜的又多是比較遙遠的或與美國民衆缺少直接關係的條約或事例。比方艾森豪政府最近調解了英、伊的石油糾紛，促進了英、埃的蘇彝士運河懸案的解決，與義、南兩國的特里雅斯德爭端的平息；加以倫敦巴黎兩個會議，解決西德獨立與整軍，增强西歐聯防組織的實力；在太平洋方面，更由美、澳、紐聯防，美日、美菲、與美韓等雙邊協定，進而簽訂東南亞聯防公約。這些都是共和黨外交的卓越成就。

然而過去兩年中，美國外交的最大缺憾卻在消極方面：①未能實踐艾克競選時「光榮結束韓戰，和平統一韓國」之諾言；②未能制止共黨的繼續擴侵東南亞。又在積極方面：①未能實施競選初期標榜的「解放政策」，隨後並不顧重提此項政策；②未能實施本年內標榜的「大規模報復政策」。

上述種種國際問題的解決，固有利於民主陣線的團結，各種聯防協定或公約的簽訂，亦有利於民主陣營的保衛戰；然而照美國民衆看來，這些準備似和他們的日常生活還少直接的關係，而所謂有利的目標也似遙遠而未易保證。他們所能眞切感覺到的，而爲民主黨所强調以批評艾森豪政府的，卻有更具體的兩點：①韓戰祇是暫時停火，而非光榮結束，——史第文生等甚至强調：韓戰原爲杜魯門政府領導盟邦發動的反侵略的義戰，更不應在尙未打敗敵人之前草率妥協求和，以致美國的國際威望大受損害。②韓戰既已草率停火，敵人移師南侵，遂以侵佔了越南半部，而泰、緬諸邦亦因之岌岌可危。東南亞聯防公約尙待各國批准，共黨的滲透與其顚覆泰、緬，以至腐蝕印尼的奸謀卻已加緊進行。這些都是更具體的事例，爲一般選民所易瞭解。因此共和黨在外交方面的宣傳主題，遲遲直到競選末期總提出來，而史第文生等氏避開了中國大陸淪陷的舊事不談，反謂自從中國大陸淪陷後，由於共和黨的外交失策，竟致在韓境作了不光榮的停火，在東南亞又喪失了越南的北部。共和黨外交方面有利的因素未能强調宣傳，而不利的卻因比較具體易見，反被民主黨加强揭發。

(下轉第28頁)

印尼通訊

注視章動義案的發展

林剛

印尼華僑章勳義被逐案已引起世界人士的注目。我們現在還不知道這事的結果，但是章已於十月廿四日被押由椰嘉達解往孟加錫去了。此間中立的安尼打通訊社於十一月二十四日對此有如下報導：

『據獲自可靠方面消息，被判令出境而因簽證手續尙未辦好迄今尙未離境之章勳義氏，已於週日被用飛機送至錫江。章氏將被迫乘二十七日由錫江開行之芝利華輪往香港。……據悉，關於章氏之被逐事，曾在國會司法小組提出討論，該小組建議將該驅逐令暫緩執行，惟政府未允照辦。章氏被准許選擇泰國、香港、菲律賓及中國爲前往目的地。司法部長佐第曾表示可准許氏回臺灣，因臺灣亦屬「中國」領土，章氏已拒絕被配遣至中共，因此尋等於被處死刑云。』

馬斯友美黨（回教黨）機關報——南針報則有如下報導：

『章勳義氏已於昨晨由其丹絨不錄原拘留所被載至瑪嘅蘭機場，八時即由飛機載往錫江，直至登機時，彼無機會與其妻告別。如所週知，據司法部長佐第之裁決書，章氏應於本月十七日已離開印尼境，因被認爲彼有危害國家安全之擧。但該驅逐令之遲遲執行者，乃因將被逐至何處之一問題已成爲難決之問題。昨晨顯有兩位移民廳官員護送章氏前往。但政府送章氏至錫江之目的爲何？外面則不詳。據章氏辯護人陳寳源律師（按：陳爲印尼國會議員，屬社會黨。）談稱：彼將向政府提出强烈抗議。尤其是章氏之被驅逐出境，已爲國會所注意。……章妻僅可由瑪嘅蘭餐館目送其丈夫，而不被准許接近其丈夫，章妻祇能遠遠地雙目涔涔揮手向其丈夫示別。』

爲什麼筆者要引述上面兩件報導呢？㈠從這兩篇新聞稿可以看出章氏處境的淒慘，㈡此間親共的華文報紙，如新報（註一）及印尼文人民日報（註二），最近對於章案曾盡力推波助瀾，落井下石。現我引述上面兩段文字，可使國內人士知道印尼除有不少共產黨的傳聲筒外，亦有許多能够主持正義的報章和通訊社。

查章氏自九月十四日被押，迄今無人能知道他犯的是什麼罪狀，因爲當局始終未有宣佈。據報載：司法部長佐第說：『要等章氏離境後，方予宣佈』。親共報章則說：『章氏的罪狀是和某外國勾結，要推翻印尼現政府。』並謂其準備動用的資金爲一百五十萬盾。用一百五十萬盾的資金，必不是以推翻一個國家像印尼的政府，是什麼人都曉得的。所以，任何人都會明白，這罪狀是「莫須有」的虛構。前天佐第在日惹演說，謂有外國的安那琪，不獨要推翻印尼現政府，而且要謀害印尼國家。或者佐第眞有像那些親共報章記者們所有的想頭，亦說不定。但如果眞的這樣，佐第爲什麼到今天仍不要宣佈章氏的罪狀呢？而且，據報載總檢察長曾說，他不要執行章氏的驅逐令，因爲他說這會對不起自己的良心。這又怎麼說呢？我們不因爲章氏是國民黨員而袒護他。我們很願以極客觀的態度，注視本案的發展。假使章氏以華僑的身份，在東道主的地方，要參加推翻東道主的政府的陰謀，我們也贊成將他驅逐出境。但是在當地政府明白的公佈他的罪狀以前，無論我們要怎樣客觀，也不能够硬說章氏爲有罪。

華僑主辦的天聲日報，於十月廿六日對於此案的法律問題，有如下的評論：

『章案已達到判定執行時期，根據當局宣佈之罪狀爲危害國家治安，但犯罪之事實證據迄未見公佈。據辯護律師稱當事人簽署之供詞亦未獲見。是項審判根據及手續上之欠缺，使當事人實難甘折服。此其一。

根據外僑監督條例第五章第三欵應予當事人以辯護之機會。蓋現代法治國家對被告之權益均盡力維護，其無力聘請律師者，法院且特指定律師爲之辯護，此實基於公道主義之原則。惟此次章勳義案竟以偵查期間之訊問作供，指爲已給予辯護機會，此項解釋於立法之原旨，似有未符。此其二。

章案審訊月餘，尙無當事人親自簽署之供詞，審判程序上手續自屬欠缺。至謂供詞可無須當事人之簽署，在審判史上似無前例。本報曾爲文論述。且章案進行期間，若干共黨報紙特推波助瀾，極盡中傷誣蔑之能事，如誣稱章勳義已認供一切罪狀，又將軍警當局另案破獲之無線電機强指係于逮捕朱昌東君同時搜獲者。按朱君係于接獲外僑監督局通知後，自行應傳到案者，當局既未執行逮捕，亦未搜獲任何物證。赤報之揑造事實，顯係意圖擾亂審判，欲陷當事人于罪。此種惡意誹謗，當局實應依法予以制裁。至共黨報紙製造謊言，搆陷反共領袖，固爲共黨特務優爲之手法，乃若干巫文報紙居然撫拾此項無恥謊言，對當事人肆意攻擊，其立場爲何？實令人難以索解。故如謂供詞無須當事人簽署，則一凡虛搆中傷之詞，均可列爲當事人之認供，其實當事人絕無所知，以此視爲信讞，毋乃法治史上絕大笑話？此其三。

按現代法治國家判案之根據，或根據法律條文，或根據判例。外僑監督局成立於九月十三日，十四日章勳義即被傳訊，故章案實爲該局處理之第一案。依上述，章案之審判，已有如許之缺點，今後如將章案列爲判例，則將來無數善良之外僑固將在此不健全之判例下，遭受無辜犧牲，而法院處理其他類似之案件，亦可援以爲例。惡例一開，伊於胡底？此其四。……』

我們始終不明白何以司法部長佐第這樣深惡痛絕章勳義，又何以不爽爽快快的宣佈其罪狀？

始則當驅章氏步驟被決定時，佐第要將章氏驅往中共。這麼一來，人道和人權問題便發生了。因爲一個在海外熱烈反共的國民黨員，如果被驅往中共，何異送羊與虎？這和聯合國處理韓戰遣俘的精神，根本上有極大的衝突。後來這問題在聯合國被提出，世界各地自由人士交相指摘。佐第在國際正義的壓力下，不得不表示要稍爲修正他的決定。然而迄至本文起草時，我們仍不能確實知道章氏究竟要被驅到那裏去？

此次印尼政府之無理驅逐章勳義，本是一件摧殘人權，違反國際正義的舉措。就記者所接觸的正直的印尼人民，無不對此引以爲印尼國家的莫大的恥辱。作爲一個新興的民主國家，竟這樣的倒行逆施，直使我們痛心惋惜不已！我們這僑居印尼的華僑親眼看見這些事實，眞是氣憤填膺，無限悲痛！我們清清楚楚地看到，章案的發生完全是共產黨在後面操縱。共產黨人處心積慮地要迫害海外反共華僑，印尼政府可以乘火打刧，何樂而不爲呢？章案如此，後者可鑒。凡是僑居印尼的自由華僑，從此將多事矣！他們面臨着雙重迫害的煎熬，前途恐怖暗淡。這一切無不是由於我們祖國多難的後果，言之痛心，夫復何言！

最後說到我們政府對於章案的處理，這次在外交運用上，有些方面做得還算不錯。不過還有很多要點，仍然值得我們注意的：

㈠第一要求友邦居間調停的工作，做得不見起勁。我國和印尼現無外交關係，所以這途徑是應當採取的，而且工作上，應當較爲積極。但是我們看政府這幾天很像已經冷下去了。

㈡我們大部份華僑是屬於自由中國的，但得不到祖國的保護。我政府爲什麼不要和可能發生關係的友邦，按法請求代爲處理自由中國的華僑事務呢？現在印尼正要和中共商談華僑國籍問題，如果我政府及時有所行動，當能促起印尼政府的注意，使其更爲理解應當怎樣和中共交涉。

㈢自由中國雖然和印尼沒有邦交，但兩方代表同坐在聯合國的席次。在那兒，我們和印尼不是可以找外交的線索嗎？

四十三年十月廿六日于椰京

(註一)新報主人洪淵源曾高呼戡亂，現在靠攏共黨，比較共黨自己更要面目猙獰。

(註二)人民日報爲印尼籍華僑蕭玉燦主辦的，蕭爲親共議員。

勘誤

本刊上期(十一卷九期)書評欄所載成舍我先生的「黨報社論是否不值一讀」一文，係評介程滄波先生所著之「時論集」者，標題下原有「評程滄波著時論集」之子題一行，未經排出，特此更正，並向作者致歉。

巴黎通訊

的里雅斯德港問題的解決

齊萬森

一、解決的港問題的辦法

經過了八年爭執的里雅斯德港問題(註一)，終於獲得了解決。這個解決辦法，雖與義大利人的理想距離很遠——義人希望的港及整個自由區歸還義大利。但是在另一方面看來，這次該是義大利外交的勝利：義國總算保持了的港及自由區主要的一部份。這次的港問題的解決，不僅減輕東南歐的緊張局勢，重啓義、南兩國邦交和好之門，就東南歐洲的防禦來看，也消除了一個不大不小的障礙。

十月五日義大利駐英大使栢洛休(Manlio Brosio)，南斯拉夫駐英大使威勒皮(Dr. Vladimir Velebit)，英助理外次哈里森(Geoffrey Harrison)及美駐維也納高專湯姆遜(Llewellyn Thomson)在倫敦簽訂了劃分的港自由區的協定。這個協定的簽字，主要是英國居間斡旋所致，所以艾登自驕的認爲這也是英國外交上的傑作。

協定包括一份一頁半的議定書，及兩份有關調整國界及少數民族問題的附屬議定書。內容大致爲：①現由美英軍管治的自由區北部及的港市區，包括約二十五萬七千人口歸還義大利。②的港自由區南部，約包括七萬六千人口繼續由南斯拉夫管理。③重建的里雅斯德港爲自由港口。④義大利及南斯拉夫兩國承認附屬議定書中規定有關國界局部的調整。⑤美英在自由區的駐軍於短期內撤退。⑥在自由區北部的少數南斯拉夫人及南部居民中佔少數的義大利人，在一年內能自由選擇其應居留的區域。

關於國界調整問題，美英南三國組織的工作組，於十月十日已開始工作，其主要工作係移交現由美英軍管治下的二十七個市鎮給南斯拉夫。該組工作已於十六日大致完成，只待義大利的軍隊及行政人員進入自由區北部，義南兩國合成的工作組成立來完成義南雙方永久國界的劃分。同時義大利政府已照會南斯拉夫、奧大利及瑞士，邀請三國出席研討今後有關的里雅斯德自由港口的利用諸問題。

二、事後義南兩國的態度

事後義大利的反應比較平淡。雖然內閣總理賽樂巴(Scelba)在發表這項消息時稱：因的港問題解決協定的簽字，使①義南兩國邦交好轉；②歐洲緊張空氣的比較緩和。且稱如果我們認爲時間對我們不利，則現在我們應慶幸這個協定。一般看來，只能說是義大利接受了這個尚可接受的協定。義國國會以二九五票對二六五票接受了的港問題解決協定，同時對賽樂巴內閣表示繼續信任。但是托里阿提(Togliati)及艾尼(Nenni)分別領導的極左派的共產黨及社會黨的極左派却在此時對賽爾巴內閣大加攻擊：因爲這個協定的簽字未曾諮商蘇俄，他們說蘇俄也是對義和約簽字國之一。

在南斯拉夫方面，狄托聲稱這協定的簽字可使義南兩國建立正常的邦交，減輕整個歐洲的和平威脅。狄托甚至於十月六日在沙阿澤屋(Sarajevo)演說時，贊揚義政府及賽爾巴內閣。

南外部參贊巴湜立克(Stane Pavlic)同時聲稱今後義南兩國在經濟建設方面得合作，如義國協助南斯拉夫建築水電廠，而南國可將剩餘電力輸送到義大利。

三、國際間的反應

美英兩國這次的態度可稱一致，除表示對問題處理的滿意及義南兩國邦交前途樂觀外；同時借機表示今後如義南兩國中某者要討還自由區土地時決不給予支持。法國方面亦贊揚這次的港問題處理的成就，及雙方政府的誠心。

在國際間的反應中，要以蘇俄表現的最出乎意外，其程度竟使法國共產黨不能預測。維辛斯基於事後致書聯合國安全理事會十月份主席薄貝格(William Borberg，丹麥籍)，一反往昔態度，接受的港問題解決協定，同時指出義南兩國自今日始可建立正常的關係，且減輕歐洲一部份的緊張局面。然而巴黎十月六日的人道報(l'H-umanité，法國共產黨機關報)却還按照蘇俄以前的方式叫囂着，說這次協定有破壞對義和約，並主張聯合國應立派一總督管治的港呢！蘇俄可謂能屈能伸，但其這次的反應是值得注意的，一般人認爲蘇俄在目前情況下是沒有理由拒絕這個協定的，然而馬林可夫自然不會放棄其拉攏狄托重返鐵幕的念頭。

一九五四、十、廿三。

(註一)見本刊四十二年十二月一日第九卷第十一期

訪畫記

彭歌

一

黃昏，隨着脚下的炊煙浮起，山谷間被抹上了一層淡淡的魅人顏色。

遠處峯巒，被暮靄籠罩，由蒼翠而淡藍，越顯得古怪，孤僻而高。蓊鬱的林間，綠蔭的手攀住了斷續悠揚的山歌的尾音。揉合着牛皮鼓上敲起的沉濁音符，織成一種悲涼的調子，彷彿是從遙遠世界的彼岸傳來。

斜陽褪盡，一切景物都有一種蒼蒼茫茫的憂鬱美；我已深入東臺灣的山地，世界上神秘的一角。

「還有多少路，秋田，」我警告我的嚮導，「天快黑下來了。」他是個快樂的山地人，悠然的笑容常掛在那刺了綠色斑紋的頰上，令人覺得滑稽而森嚴。他常出山到我所住的T城去，喝我的太白酒。

「就到了，」他指着面前的山坳，「轉個彎，再過一道橋。」

又是橋！我暗暗詛咒。我恨透山地裏這些橋：兩條鋼索繫着一塊塊窄窄的木板，橋身上容不得兩個人併肩而行。你必得小心翼翼的看着脚底下，可是，從木板的間隙間，又不能不看到幾十丈深的澗底，亂石巉岈，濁水奔騰。一踏上這種橋，我的心便止不住和腿一樣隨着橋索的搖曳而震顫。這種生與死之間微妙的擺盪，使我總有一種彷彿是被全世界遺棄了的感覺；同時嗟嘆着不幸而做了一個新聞記者的噩運。

「你認識方醫生住的地方？」我問秋田。聽說那個奇怪的醫生原來是個軍人，光復的時候來到臺灣，跟他同來的人現在都混起來了，可是他却不知爲甚麼跑進山地，默默無聞的過了好多年。這次是爲了一點特別的事，臺北報社裏命令我這駐T縣記者就近來訪他。

「先生，你看見那座木屋嗎？他就住在那裏。」

「只有他一個？」

「嗯，在這裏只有他自己。前年他收養了一個孤兒，十三四歲的姑娘，他待她像自己的女兒。可是不知怎麼今年春間失踪了；有人估計她是在河邊洗衣服的時候遇到了狼；可也有人說後來在臺北看見過她，老頭子因此很傷心。」

「方醫生有錢嗎？他怎麼生活？」

「誰知道？反正他餓不死。他剛來時算是我們這山地鄉的衛生所所長，後來那個衛生所擴大範圍，搬到山那邊去了。他沒走，——前年鬧瘟疫的時候，他救了我們這一方不少的人，大家都願意像供菩薩一樣的孝敬他。」

一陣風吹來，使秋田像獵狗似的聳着鼻子嗅着，「我們趕幾步吧，有雨來了。」

狗吠着，我們走進了這小小山村。

二

「對不起，勞你跑這麼遠的路，」主人握着我的手：「我就是方雨笙。」他打量着我的臉，笑着說：「你的信我是昨天收到的，本想下來迎你一程的，因爲……」

他的口音像那些過慣了飄泊生涯的人一樣，混和着南腔北調；他有着一張久歷風塵的嚴肅的臉。由於面容瘦削，顯得他的嘴太大，老是半張着，像有甚麼話要問你。「我很歡迎外面有人來談談，」他淡然一笑，「不過，希望你不要再提那幅畫。」他下垂的嘴角阻止了笑容，反變了一個鄙夷不屑的表情。

我很窘，因爲在我給他的信中早已說明，我是專爲那幅畫來的。

謝謝天，一陣疾雨驚了我的忙，山地的天氣是跟山裏的人一樣難於捉摸。我只好踏進他那間整潔而樸素的診療室。

他親切的招呼我洗臉用飯，又烹了一壺濃茶來。我們上下古今的談着。他似乎很健談，而且是一個安詳冷靜，能够置身事外的說故事的人，無論是興奮或悲哀，他都不大動聲色。不過，我很奇怪，他對於山下的時事，竟是這樣的無知；我想他大概從不看報，而且他好像還頗以這種無知爲自滿。漸漸的，我從他平淡的面容後面，隱約看到一顆痛苦而孤獨的心靈，雖然我無從猜想是爲了甚麼。

我們的話題，有好幾次都非常接近那幅畫；可是我稍一猶豫，就被他岔開。他比我更警覺。我的處境很像是饑餓的孩子面對着一碗美味的濃湯，既想喝又怕燙，只好耐心的等待着。

雨下得更大了，我百無聊賴的玩着帶來的攝影機，想不出一個「進攻」的機會。

「明天早晨，若天晴了，我帶你去登峯，拍一張日出的奇景好不好？」他興冲冲的問我：「那樣的雄偉瑰麗，氣象萬千，眞是自然的大手筆寫下的傑作。你們平地人看不到的。」

我遲疑了一下說：「我很高興有這麼一個機會，我是很喜歡欣賞名畫的。」我把名畫兩個字說得很重，他不會聽不出來我的眞意。

他「唔」了一聲，神不守舍的霎然而起，繞室徬徨。

「能不能讓我看一看？」

「甚麼？」

「你珍藏的那幅名畫——趙子昂的『八駿圖』」？

他眼睛望着外邊；好像在盤算着如何拒絕我，我明白，成敗就要在這一剎那間決定了，連忙接下去說：「承你不棄，把我當個朋友，我決不想强求你做內心不願意做的事。我只希望你能告訴我，爲甚麼它會使你這樣煩惱？」

他仍是默然無語，搖頭太息。

「有一位名叫史巴克曼的美國人，從東京到了臺北，他是芝加哥大學東方學院的教授，你可認識他？」

他冷冷的搖搖頭。

「不過，我們聽說他曾經輾轉的跟你洽商過要買那幅『八駿圖』的事，而且他發回去的電報說，這項交易已經成交了。」我把臺北總社供給我的線索渲染了一下：「我就是看到他那封電報才來的。」說着，我偷覷他臉上的反應。

「我並沒有別的意思，」我低聲下氣的解釋，「假使你不願意別人知道，我當然要保守秘密。可是，聽說那幅畫不久就要運走了，所以我想來拍一張照片，並且和你談談。」

他只是不置可否的聽着，緊咬着下唇，慢慢地搖着頭，兩隻大手用力的攥着，把骨節揑得發出很難聽的響聲。

最後，他悄悄走進裏面的那間房，那大概是他的臥室。可是，當他撩起門簾的時候，我瞥見迎門的墻上掛着幾件花花綠綠的女人衣裳。

「請進來看吧！」他隔着門叫我。我懷着又驚又喜的心情跟了進去。

三

他看出了我的疑惑，便裝做不經意地解釋道：「這是丹鳳的房間，我的女兒。」

「我聽秋田告訴過我的。」

「她走了，」黯淡的油燈光焰閃動，增加了他臉上的悲感。「也難怪她，年輕的女孩子，那個不想到外面去玩玩。」也許是爲了排遣內心的重負，他不等我再問，便講出了丹鳳的故事。

她是這山裏一個獵戶人家的女兒，她的父親是在某一個晚上喝醉了酒後，失足掉到山崖下，那是山地男人們若干種最普通的死法之一。她的母親是個勤勞的女人，可是她敵不住貧窮。一場傷寒症奪去了她營養不良的生命。方醫生自愧沒有能救活她。這是幾年來他在此地惟一沒有挽救過來的病人。後來他就收養了這個沒有親人的女孩。

「也許你還不懂，」他無限感慨的說：「一個人年紀大起來，反而會比中年時更不甘寂寞。我需要這世界上有一個人，那怕只有一個也好，懂得我，信任我，依靠我。我可以從她身上回憶起我自己青春的影子，我要教導她、養育她、把我的許多想法漸漸的去灌溉她的心田。我以前走錯了的路，希望她不要再走；我自覺沒享受到或享受得不够的，我希望她能早點注意。人要伸手去摘取人生中眞正的樂趣的果實。」

「我懂得，」我禁不住笑了，「天下做父母的心情，都是如此的。」

「是嗎？」他彷彿還不信，「我自己沒有過兒女，想不到老來要受這一番折磨。」

我勸他想開一點，『兒孫自有兒孫福』，何況是別人的孩子。我心裏暗自祈禱，希望他最好別忘了那幅畫。

「她實在太天眞，這也要怪我這兩年的教養不好，我總覺得一個人應該越簡單越好；可是，外面的世界太複雜了。」他又踱到窗前，眺望着雨中的山野。疾雨敲在窗上，激起一種繁密而激越的聲音。

「總之是人心太壞，我想一定是有人引誘她。」我大膽的假設；我聽說過有許多不逞之徒，混進山來，用酒肉財帛爲餌，來獵取一些意志薄弱，見聞不廣而又充滿了好奇心的年輕人。

「那孩子長的樣兒多乖巧，逗人愛，又年輕，」方醫生搔着頦下的花白的短鬚自言自語，「她現在在做甚麼呢？我不敢想。她膽子那麼小，連一條小毛蟲都怕……。」

墻上掛着的衣裳，隨着一陣風而飄盪。我忽然有一陣奇怪的幻覺，以爲那個孩子正在近旁偷聽我們的談話。

這景象，是說不出來的凄涼。

四

「丹鳳的出走，使我感到了從來沒有過的空虛。她是我的小伴兒，她一走，簡直使我着了魔。」說着他才像被一種不可抗拒的力量催迫着，從小床上的枕頭底下取出一個檀木盒子來，又輕又穩的打開那個盒子，取出一個用黃絹裹着的包。像一個小女孩捧着一個美麗而易碎的肥皂泡一樣的小心。

然後，才是那幅畫。他把它一寸一寸的展開來，放在床上。大約一尺寬四尺長的畫幅呈現在我眼前時，使得我這藝苑的門外漢也不禁肅然起敬了——這是由於它的古色古香的色調？還是由於它的聲名？抑或只是由於方醫生眼中流露出來的那種宗教徒似的神聖情緒？我也說不出來。我只能屛息凝神的瀏覽，想從這幅歷經幾百年人世滄桑之後仍能保存無闕的珍品中，尋覓出一些其所以能超越時間的海洋而至今仍被人這樣敬仰的原因。

蒼茫的原野上，聚集着八匹駿馬。有五匹是在休憩，低下頭吃草，或者安閒的舐着前蹄。長長的馬尾飄拂着，使人想像到曠野的淸風，很舒適的掠過牠們的身上。圖中間有一個長鬍子的人牽着一匹馬。在大鬍子的背後，也就是圖的左邊，有兩匹馬正奔馳而來，有一匹上面騎着人，他神態怡然，倒像個騎士。使我聯想到『春風得意馬蹄疾』那句詩，依稀聽得到駿馬疾奔，咻咻喘息的聲音。

方醫生很高興的爲我講解這幅畫中的好處。他講到意境、風格、筆法和色調；講到作者的身世和畫的時代背景；講到它流傳的經過。他引證了許多書裏的話，來評定這幅畫在藝術史上不朽的聲價。他那麼得意，好像這畫就是他自己的作品。

好容易他講完了，我的潦草紀錄也寫了許多頁。可是這時候我却一點兒也不再敬服他的淵雅，而只是說不出來的對他抱着反感。無論他懂得多少，這幅畫眼看就不是他的了。

五

「丹鳳逼着我幾乎做了一件錯事。」他喟然長嘆。當他的眼光從他的是尖抬起來時，恰碰上我疑問的眼光。

「我待丹鳳猶如骨肉，凡我認爲她需要的，我都盡力使她滿足，只除了金錢和金錢所能買到的一切。我從前也有過幾文錢的，可是我上了它的當，我希望她長大起來時不要再因爲物欲而失去了人生中另外一些更寶貴的東西。我以爲這個自幼生長在大自然懷抱中的孩子，再加上我的薰陶，應該可以保持她的純潔與清明了，可是結果呢，」他有點兒憤慨的說：「不僅使我要對於人類的良知和靈性表示懷疑，甚至對我自己的人生觀也感到幻滅了。」

我靜聽着，等他的下文。

「她走了以後，我忽然覺得我應該有錢，應該在最短的時間內有很多很多的錢。我要用錢去校正人們的偏見。至少我也要有一大筆錢大大揮霍一番，表示我對這個世界的嘲弄和抗議。」

「於是，你就想到賣這幅畫？」

「以前我從來沒有這樣想過，眞奇怪，好像我簡直就不知道它會值那麼多的錢。」墻上映着他瘦而長的影子，走來走去。「可是，當我一有了要發財的念頭，却立刻就想到了它。還有甚麼辦法能使我這樣容易的在一夕之間變成鉅富呢？」

「値多少？」我指指床上的畫；我很厭惡我自己說這句話時像個路邊小掮客似的口吻。

他輕輕伸出一個指頭，好像他很羞於出口，又怕有第三者聽了去似的，「一百萬，就是那位史巴克曼先生出的。」

「那不就是五個愛國獎券的第一特獎？」

「還不止，他們講的是美金。」

「哦，」我止不住叫出聲來，薄薄的那麼一張紙，一百萬？美金？眞有人錢多得沒處用了。花這麼多錢買八匹畫得已經褪了色的馬，要是買活馬，豈不可以裝備一個騎兵師？我心裏想，無論怎麼說，這個史巴克曼準又是那種很淵博的傻瓜。

可是，方醫生仍是一臉的不在乎的樣子，好像他口袋裏就裝着不少的百萬美金。

「一百萬美元，那眞可以做不少的事呵，」我的眼前展開一些輝煌的景象，我問他：「方醫生，有了那麼多的錢，你可以在這兒辦個很好的醫院和學校，來救治這一方人的身體和心靈了。」

他笑着搖搖頭：「那是我以前的想法。」他的嘴仍張成一個O字，好像一個頑皮的孩子隱藏不住心裏一個惡作劇的計劃似的。「『爲補眼前瘡，剜却心頭肉』，這是詩人對愚蠢的嘲諷。辦學校，開醫院，當然都是好事，但不値得這樣去弄錢。假如沒有靈魂，醫好了身體有甚麼用？假如要教育出堅强的靈魂來，那末，賣掉了國粹去向外國人換錢，便是一個最違反教育本旨的舉動。」

他完全陷入沉思之中，似根本忘了我的存在，我知道他的話還沒說完，我靜待着，我奇怪這位老醫生所需要的到底是什麼。除去微風吹着窗子，發出沙沙的音響，屋中再沒有別的聲音。突然，他拉住我的手大聲說：「我已經想明白了，我決不能賣！」

「甚麼，一百萬美金，不賣？」我覺得這個人怕是瘋了。

「對於一種無價之寶來說，百萬金元跟一分錢是同樣的毫無意義。」他無限依戀的捲起了那幅畫，那不善於表情的臉上泛出了激動的紅暈，驕傲的、孤獨的，但却令我感到一種飄渺的溫暖。

六

「我不是個收藏家，更不是藝術家，」方醫生又點燃了他那雕刻着花紋的竹煙斗，彷彿做完了一件大事似的那麼心滿意足，「可也並不是個財迷。我保存這幅畫，並不只是因爲它的名氣和它能値多少錢，我是爲了紀念一位朋友，報答他對我的信任。」

「是誰呢？」

「一個沒有人曉得的小人物。」他眼望着燈光照不見的墻角，像個沉思的哲人，對着過去與未來在傾談。

「這幅『八駿圖』，以前也出過國的，那是在三百多年之前，不知甚麼機緣，從中國流落到日本。日本有個叫做松井長發的名士，鑑定這是趙子昂生平所繪的三幅『八駿圖』眞蹟之一。到了明治十七年，被一個叫做林長三藏的人收藏着。他把它送到臺灣來參加一次盛大的美術博覽會。會後有一個本省姓林的商人，傾家產之大半把它買到手中。他也是個根本不懂畫的人，但他身經亡國之痛，不願意看到一件中華國寶落在新來的統治者手中。

「這幅畫給他招來不少麻煩，這個姓林的千方百計收留着它，直到他臨死時，便打發他的侄子把這幅畫送回大陸。這個年青人就是我的那個朋友，名叫林炳星。

「炳星到了上海，正巧中日戰爭爆發。他便從了軍。這幅畫一直帶在他身邊。因爲他剛從臺灣來，認識的人極少。他找不到一個他可以信託的人，也沒有人相信他這樣一個異鄉人會藏有松雪道人的名貴眞蹟。這幅畫就隨着他奔走了許多地方。

「一年冬天，我的部隊駐防在魯南，有一支部隊從津浦線上撤下來整編，就在那時我認識了炳星。我覺得他人很誠懇，又聽說他是從臺灣回來的，彼此談得很親切。

「不久，我們突然被包圍了。打了兩天兩夜，炳星受了重傷。幸好援軍及時到達，接我們突圍。可是，他因爲流血過多，支持不住了。剛好只有我跟他的血型一樣，雖然我也很衰弱，還是勉强給他輸了兩次血。可惜戰地醫療的條件太差，輸血也只延長了他四十八小時的生命。

「他臨危之前才把這幅畫交給我。他只說了一句話：要我好好的保存這國家的寶貝。關於這畫的來歷，還是以後我整理他日記中才發現的。

「黃昏時，我們就在郊外把這個異鄉的子弟草草掩埋。我還依着他生前的意思，好不容易找到一個雲游和尚為他唸經超度。那天正下着鵝毛樣的大雪，那情景，現在想起來還跟昨天的事一樣。」

方醫生無聲的嘆着氣，垂下頭來說：「戰爭毀滅了那些年輕人，命運却饒過了我這樣的老朽。大概是為了看看我是不是能實踐我對於他的諾言。」

七

我打着呵欠，對於這個出爾反爾的老人，我不知道該向他表示一點敬意呢，還是抱怨。——使我辛苦趕了這麼遠的山路之後，還得追逐着他的感情兜圈子。

「也許你將來會後悔。」我說。

「不，我已經想明白了，」他鄭重的說：「我自已跟自己也曾辯論了好久。我以為，無論是一個國家，一個民族，乃至於一個渺小的人，總得要有一點眞正屬於他自己的東西。這是別人所不能幫忙而他自己應該不計一切代價保全下去的。」

「你的意思是說——」

「若定要給它一個籠統的名字，那就是『靈魂』，靈魂應該是生命的原動力，應該是——」

「我不懂，」我覺得他說得離題太遠，「你那『八駿圖』與靈魂有甚麼關係？」

「我總以為人類心靈活動的結晶，是藝術，只有這才是能够超越時空限制而萬古常存的東西。你不要笑我，『八駿圖』當然不能代表我們全部的文化與藝術，但它至少是其中一個很重要的一部分，保存它，不只是保存了一張值錢的古畫，而是保全了我們大家所共有的。不管你懂不懂畫，也不管你喜不喜歡它，它總是我們祖先的心靈創造中的一張證券。」

「可是，你怎麼能保證你能把它保藏得很好呢？」我提醒他。

「當然，我保藏的設備決比不上人家的博物館，他們會把它陳列在考究的玻璃櫥裏，會有許多懂行的人來欣賞它，鑑定它；但是，他們不會具有像我這樣熱烈而虔誠的愛心。我已為它又受了一度煎熬，當我想到要把它拿去換錢的時候，我的心靈做了一次痛苦而嚴正的判斷。我假想我擁有一百萬美元，但失去了這幅畫，我覺得我還是愚蠢的，貧窮的。因為金錢只不過是小溪的流水，從我手邊流過而已。一種經過那麼長久時間考驗的藝術品，却像是天上的星辰，高懸碧空，璀燦放光。它眼看着我們的祖先出生，又看着我們的子孫衰老，而它的光芒永遠照耀在每一代人的心裏。」

他推開窗，雨已止了。我從他的肩上望出去，四山環抱中露出來的一片藍天上，似乎又看到有星星眨眼了。

八

第二天，我向他告辭的時候，他叮嚀我最好不要再使他為這幅畫而受到別的麻煩。我遵守約定，沒有寫稿。白受了一趟辛苦回到T城。不久又接到總社裏申斥我工作不力的通知。我不想抗辯甚麼。只有當秋田來時，請他和我一齊喝點兒太白酒，紀念這一次失敗的訪問。

在喝得醺然薄醉的時候，秋田忽然告訴我：「方醫生這人眞奇怪，他前幾天竟悄悄的離開我們那裏，不知到甚麼地方去了。」

「是嗎？」我淡淡的說。我知道我不必再問到他。——不會有人再知道他了。

我懷念着這個矜持而固執的人的影像，「他現在在做甚麼呢？」必是在更幽僻的山谷裏踽踽獨行吧，少不得要背着他那幅珍藏的畫。漸漸的，我覺得我有點兒懂得他那高傲而寂寞的心了。

舉起杯來，我暗暗的為他祝福。

九月、閉月樓

(上接第21頁)

至於共和黨最後强調的和平外交，以「既已强化了民主國家的實力，以利與共黨談判」為題材，同樣的過嫌空洞。

(7) 爭取「心理的因素」之宣傳技術

綜觀上述五大因素，在內政方面，共和黨的政府既已改善農業政策，減輕了人民租稅的負擔，穩定了金元幣值，充實了國防軍備；在外交方面，加强團結反共陣線，積極建立西歐聯防，與中東各國的互助協定，而强化太平洋西部的防禦態勢。這些都是很穩健的政策造成的卓越績效。除了上述第三項所謂「黨內團結的因素」，與第二項關於一部份工農不滿的情緒之外，主要的有待努力爭取的因素就是第一項所謂「心理的因素」。這一個因素的由不利而轉為有利，主要的工作就在通盤籌劃，訂立比較有彈性而兼能適應各州地方性的宣傳主題，兼用比較高明的宣傳技術來標揚各主題的眞實性，最好應能避免隱含流弊的主題(如上述「艾克需要共和黨的國會」)。

至於在宣傳的技術上，據「時代週刊」(Time)十一月一日版的報導，共和黨似未能運用最生動的詞態以標示其內政外交等方面的成就。時代週刊引用廣告專家惠勒的名言，「不要推銷冷硬的豬排或牛排，——推銷正在煎炒中的(熱辣辣，香噴噴的)肉類。」隨卽批評共和黨並未遵行這個勸告。國防部長威爾森所作不幸的「捕鳥犬」的比喻，固似一時的失言，引起產業職工組織(CIO)的誤會，以致減少了勞工的選票，後來在洛杉磯的「世界情勢研究會」等場合，威爾森的演講也似資料雖佳，而詞態沉悶，不易激動選民的情緒。怎樣纔能改變選民的「心理因素」，這一大部份工作就靠正確而生動的宣傳。冷硬的牛排品質雖或上乘，但在實用的場合可能就比不上煎炒中的熱辣香噴的粗糙的肉餅，更能引起人們的羨慕並刺激其食慾。這也是民主黨在這次競選中比較成功的一個關鍵。

參議院的共和黨領袖諾蘭先生，在十一月三日選舉將近完全揭曉之際，發表宣言，呼籲該黨的議員們「加强團結，並繼續推進建設性的國會議程，準備在一九五六年的大選前發動盛大的競選運動」。這似是根據本屆選舉的觀察，而作改進的建議。

我和老周

張君藍

我來這城不久便認識老周。老周除了為人驕傲，頭髮稍爲有點禿外，其餘我們不但高矮相像，性情也很彷彿。我常想介紹一個很好的女孩子給他。

不過那時我也沒有太太。我們常在一起賫掛麵。有時忍不住奇怪別人怎麼會找到他們的太太的，到現在認識多久了，我們好像要整理出一個公式，再照它做去。有人是上火車的時候第一次看見他的太太，有人是下火車的時候，可是我到這城來以前，坐了三千里的公共汽車，從沒遇到我的女孩子。我們聽到的故事愈多，這些故事愈美麗，我和老周便也愈覺得困難。有時我們幾乎不敢想像，我們會和一個自己喜歡的女孩在一起。

無論到那裏，碰來碰去，都是碰到和我情形一樣的人。我上街轉彎時碰到的是他們，在店裏坐下來吃飯看見的也是他們，偶然到人多的場合，不知不覺，四週靠攏來和我說話的，也一定都是單身的人。我不是說我已有點不想再和他們在一起了，仔細想來，我和他們在一起的這二三十年，實在是快樂而值得記憶的。

相反的，我和老周倒不喜歡和有家的朋友來往，如果多去他們家幾次，他們一定追問：怎麼你們自己沒有家？如果我們連着幾次不去，他們又以爲我們就要結婚了。有一次老周幾乎要當面告訴他們，他對這事十分鄭重，決不是與買斤蘿蔔、蘋果可比。

老周之外，我只有一個朋友，是沒有因爲結了婚便失去了謙虛和禮貌的。我看見他時，他反而好像連話都講不出來，他的衣服更舊一點，頭髮沒有搽一點油。

我立刻問道：「怎麼！你不是想 去別的 地方找事？」

「你想我敢到別的地方去找事？我敢搬家？」他笑着對我說：「你知道我們家一個月只是火柴就要用多少錢？」

我一時楞住，想不出火柴有什麼關係。

有一次我遇到一個女孩子，她穿一件淡紫的衣服；第二次我們面對面從街上走過去；第三次，不知怎的，我們認識了。

那時的天空像夢一樣藍，我們常在一起，我有件藍羊毛衣，每天都穿着它。我每天一早起來，有一天洗兩次臉。我從來沒見過這麼安靜，聽話，而溫和的女孩，她和我說話時像輕輕的溪水，低低打在兩邊的沙岸上。我送她回去時，她回頭在淡金色的燈光裏微笑，我從沒有這麼快樂。

這應該是最幸福的一段時候了，我只跟人爭吵過兩次：第一次房東要我立刻搬家，她恨人結婚。第二次我在店裏買花時，站在各種花中和夥計大吵一頓，不肯付較多的錢。自從我知道別人都把結婚看成十分平淡，並不對我有任何客氣後，我也漸漸冷靜下來，絕不因我幸福而肯被人敲竹槓了。

有天晚上聽見敲門，我走到門口看見一個二十歲左右，挺神氣的小伙子，手中拿着手套，提着皮箱，在那裏東張西望。他是那女孩子的弟弟。我立刻請他跟我進來，從未相逢，我一時不知說什麼才好。他不時從眼角打量我，漸漸看我雖像買不起房子，大概也不至於使他姐姐挨餓，才放心的坐下，從口袋裏掏出幾個銅板擺在桌上說：「我剛在火車上看到的，看看你排得出幾個花樣」。我們玩了幾次，他聳肩道：「老兄果然不錯」。茶飯過後，我們已很親熱了，他走到箱前對我說：「這箱子不錯吧？我剛借來的」。他打開來時，裏面都是綢成一團的衣服。

到了那天，太陽好極了，我衣襟上插着朶白花，一直走到禮堂裏面去，忽然看見兩個很久以前的同學，也穿得整整齊齊，像兩顆新鈕扣一樣，容光煥發，遠遠的坐在座位上。我心裏立刻明白，他們不過是好奇，想知道我太太是什麼樣子，我們倆人怎麼認識的，認識了多久。……我忽然覺得心裏充滿了感情，就像他們是我的兄弟一樣，我覺得有很多話要說。

我想告訴他們，這像開門一樣容易。

我想告訴他們不要擔心，並不一定要經過幾次離婚的風險，才能碰到合適的太太。

我想告訴他們不必再去四處打聽，不論長得高一點，矮一點，肥或者瘦，誰遲早都會碰到他的太太的。

待他們興高采烈從客人中擠到我們面前，問我們認識了多久時，我忽然想起；以前他們之中一個借過我兩塊錢，至今未還；餘怒猶在，我立刻回答道：「三年！」

隨即我們坐上公共汽車出城，路兩邊的枝椏不停打着車身，身後的城市，已漸漸後退，在紫紅如酒深深的暮色裏，遠遠聳立着城中一座座的黑影，成了我一生中最美麗的傍晚。

我們回來後，便找到一間房子。有一天，她做飯時忽然停下來說：「我有點不相信，我們已經結婚了」。

「怎麼？」我馬上問道：「你是什麼意思！」

「你還沒寫過一封信給我呢！」

我眞的沒給她寫過一封信，我們好像同一切聽到過的美麗的故事都不一樣。我們沒吵過架，我們沒在雨裏散過步，海水如鏡時我們也不會去游水。也沒有動人的戰爭在我們結婚的前幾天忽然發生，使我們不能在一起。除了城中演習原子彈、氫氣彈的警報時，我們聽着那鬼叫一般，愈來愈高的汽笛，而短時間的呆住了。

「我們最初認識時是我先講第一句話的，」她回過頭來，冷靜的問道：「爲什麼你不先說？」

「你以爲輕輕淡淡，我們便認識了？」她咬着牙說。

（下轉第34頁）

長篇連載

幾番風雨（十）

孟瑤

二十五

自從這隻煮熟了的鴨子從手裏飛去了以後，貫一對於小薇有着比往日更積極的專注與鍾情，雖然無可表白，卻難免處處流露。

有一天，貫一被一位美國朋友作着公務上的拜訪，小薇擔任翻譯，不知是否貫一別有懷抱，或者小薇果眞如此，總之，這天貫一眼裏的小薇，表情之伶俐，風度之高雅，應對之聰明……一切遠非自己所及，這使他發現幾年來，小薇一直是他的「賢內助」，除了沒有婚嫁的要求而外。

他和小薇把客人送到門口，客人走後，貫一依然痴立着。

「客人已經走了！」小薇笑着提醒他。

「是的……」貫一驚醒才立刻回身。

「您在想什麼？」小薇無意地一問。

「沒什麼……沒什麼！」他有一點慚愧得臉紅，於是又作掩飾道：「我在想方才我們所談的，是不是應該直接對美國去一封信？」

「這樣當然就更妥當了！」

「那麼你就擬個稿，打好了就寄去吧！」

「好的！」

回到辦公室以後，小薇歸座擬稿，貫一亦忙碌着自己的公務。

兩人似乎都安靜地沒有說話。

奇怪的是貫一，他覺得被一種內在稀有的力量衝擊着，竟使他無法安定，但，他是慣於克制自己的，於是，他努力地克制着，他費了最大的力量把激蕩的情緒歸於靜止，卻不能再克制住眼神中不安的表露，他常不自覺地停下了工作，把目光凝注在小薇身上。

小薇一心一意地擬着稿，但偶然在想不起來時一抬頭，卻發現貫一在看着她，那眼神在平靜中起着燃燒，不似往日輕巧，它隱約中似乎蘊藏着一種暴力，一種野性，它們雖未奔出，卻已使小薇驚懼地低下了頭。

她埋頭迅疾地寫了下去，當她第二次不經意抬起頭來的時候，那對猛獸似的眼睛，依然對着自己，小薇開始發慌，胡亂草成，略加修改，便對着打字機謄正起來。他倆的桌子很近，她發現貫一走了過來，她有點感受壓迫，沒有敢動，她直覺得他靜靜地站在身後，於是她努力克制，努力打完了這一封信。

「好了！」小薇故意輕鬆地站了起來，抽出信紙，笑着向貫一遞了過去。

貫一接過信紙，卻緊緊握住小薇雙手，半天，放了開來，又輕輕地拍着說：「玉手纖纖……眞能幹！」

小薇感到有一股電流通了過來！他倆促膝握手之親不是沒有，譬如交際場合的跳舞，上下汽車的攙扶，並不稀有，卻少有如這一次似的予小薇以特殊的感受。她立刻抬起了頭，但，這時貫一卻已經鬆開手拍拍信紙說：「這就行了，有你的這套本領，我還有什麼不放心的嗎？」

小薇竭力地搜索他的笑意，但這笑意又似乎只能代表長輩的慈愛與溫靜了……小薇有點爲自己的激動感到慚愧。

貫一走了回去，小薇也坐了下來，就因爲這點微妙的感覺，使小薇不時地注視起貫一來，她因而發現許多往日在他身上沒有發現的東西：兩鬢微霜，頭髮永遠那麼整齊地分梳着，上額隱約中有三道橫紋，在笑着、或瞪目直視的時候，會很淸楚地表現出來，眉毛雖不甚濃，末端卻有幾股長長地挺立着，眉毛覆蓋下的眼睛，被長輩的仁慈，與創業者的英爽，兩種神采交佔着。嘴角除了掛着一點輕度的幽默笑意而外，便被一種抿持着的嚴肅和强毅所佔據……這個人似乎被兩種極端相反的氣質所組成，年老與年靑，文靜與粗獷，幽默與嚴肅，熱情與冷淡，瀟洒與拘謹，高雅與傖俗，超越與沉淪……小薇被這些矛盾形象，弄得凌亂極了。一直到下班的時候，她都被這些形象痛苦着。

「今天晚上的應酬，是不是要我派車來接你？」貫一一面穿大衣，一面走到小薇的面前。

「哦？」小薇吃驚地站起來，才慌忙地說：「今天我恐怕不能來了，方才，我忽然頭痛得很厲害。」

「那麼，現在我送你回去吧！」

「不了，我再待一會，我自己僱車回去！」小薇不敢抬頭，臉卻無法控制地紅了起來。

貫一看了她一下，才說：「那我先走了！」

貫一出去以後，小薇立刻感到這辦公室有無比空曠，無比荒涼，她看看四周，看看一切，都似乎板着那冷冷的臉……她披上大衣，衝了出去。

跳上一輛街車，她回了家。

她的回來，出乎丹楓的意料之外。他正和蓓蓓在吃晚餐，蓓蓓看見她，把頭低得更下了，丹楓卻顯出意外地喜悅說：「怎麼又回來了？換衣服嗎？」

「不出去了！」小薇不動地看着丹楓。

「還沒有吃飯嗎？」丹楓把自己的座位讓出：「你先在這裏坐，今天有你愛吃的鯽魚湯，方才我還正想到你！」

看到丈夫，看到孩子，小薇昏熱的心，立刻冷靜下來，終於漫應着說：「我不吃飯，我頭痛！」

「是嗎？」丹楓放下手中的筷子：「那麼我陪你上樓去！」

「沒有什麼厲害！」小薇淡淡地：「你先吃飯吧！」

小薇獨自上了樓，和衣躺在床上，拖開一條被子就蒙住了頭。似乎，她覺得這樣，那秘密就不會外洩了。

沒有兩分鐘，丹楓追了上來，他看見小薇蒙住頭，以爲病勢不輕，於是，他伸手進去，摸摸小薇的頭說：「怎麼了，小薇？」

她沒有作聲。

「哭了嗎？」丹楓又問。

「你不要吵我！」小薇忽然伸出頭來狂叫一聲。

丹楓毫無防備地吃了一驚，臉被羞得緋紅，半响說不出一句話來。

此時的小薇，似已感到方才的態度十分失禮，於是又用手拉住呆立着的丹楓說：「對不起，生我的氣了嗎？」

「沒有！」丹楓難過得不知該說什麼好。

「我不舒服，我想先睡一會！」

「你睡吧，我不吵你了！」丹楓伸了一伸手，又覺無事可作，於是，轉個身，就離開了床前。

小薇知道自已已經傷了丹楓的心，本想把他拖住解釋，却又不肯這樣作，她閉上眼睛，心靈上不覺又加上了一份新的重擔。她深深地有着對不起丹楓的感覺，始則因好奇而想捕獲他，終則結褵以後竟然移情他戀，琵琶別抱了。

「可恥！」她罵着自己。

從此她腦筋裏便浮顯着兩個影子：丹楓與貫一。怯懦與强悍，雅純與世故，靜止與勇進，恬適與爽朗……這相反的趣味，在她心靈上交浸着。這矛盾的痛苦，忽然使她自憐起來。自從失去了母親的羽翼，她不得不振起那幼弱的翎翮，作奮翅的翺翔時，這其間，她遇見了丹楓，他們結了婚，但丹楓除了那隻聰明的筆外，什麼都沒有，那隻筆不能換錢，他也不屑以它去換錢。於是，婚後，他與蓓蓓就像兩塊拴在她腿上的石子，大大地阻碍了她的淩空騰擧。但貫一呢？處處無聲地保護着她，像一個牧羊人保護他的羔羊不致迷途一樣，他給她職業，他教她經商，他使她發了偌大一筆財……這樣，她越想丹楓越單調，越想貫一越豐富，貫一所伸出來的那隻力腕，自已正好需要他的保護。

這一夜，她很晚都沒有睡着，她發現丹楓也一直沒有上床，但，她沒有理他。

天剛拂曉，她睜開了眼睛，她發現丹楓那對小兎子似的，羞怯眼睛，正灼灼地望着她，等到她看見了，他又立刻怯懦地移了開去。她又一次地被這眼睛所感動，她想喊他，找他說句話，但她沒有這樣做，她怕又像醉酒的那天晚上似的，那麻煩就多了！她還要趕去上班，趕去看那急於想看見的人。

她這天去的時間很晚，貫一早已先在，爲了心境特殊，小薇的態度沒有往日自然，低着頭，靜靜地坐在位上。

「怎麼，頭痛好了嗎？」貫一倒極安閑地踱來。

「好了！」

「我還以爲你今天不來了呢！」

小薇望他笑笑，沒有作聲。

「今天國泰大戲院有票友大會串，假若你有興緻的話，我請你吃晚飯，咱們一塊兒看戲去？」

小薇猶豫一會，終於點頭說：「好！」

中午回家吃飯，睡了一個午覺，出門時順便告訴丹楓說晚飯不回來吃了。

下午辦公的時候，小薇腦筋裏所廻旋的盡是關於貫一的奇妙感印：她覺得好像是自己突然愛上了他，她又覺得似乎貫一對她有意得更早；她覺得他無一處不是隱約間表示着對自己的愛慕，她又覺得他的談笑生風只不過是一種無所謂的小幽默而已；她覺得在不注意中，他處處對自己流露着異性的熱情，她又覺得在一注意之間，這一切又似有若無了……她着實被這種難解的情緒困惑着。

晚飯以後，他倆雙雙跑到戲院，做孩子的時候，小薇曾經一度熱愛過戲，如今則久已無暇及此了，現在隨伴貫一同往，她一切都有新鮮的感覺。

前面一齣是長坂坡，長靠武生戲，小薇很有興緻，於是注意力漸漸地被吸引了去，她看見劉備的妻子臨死前把阿斗那麼再三叮嚀地托給了趙雲，爲了保住戎馬半生的丈夫的一點骨血……小薇心裏立有所觸，眼睛幾乎潮溼了，她忽然感到身旁的貫一，眞有一點像劉備，那麼辛辛苦苦地換得一份家業！但，他似乎比劉備更不如，因爲他到現在還沒有家，沒有孩子，一個人零零仃仃地活在這個世界上……想到這裏，小薇幾乎哭了出來。

正當她沉緬在這種思慮裏的時候，她覺得貫一用身子碰了她一下，她驚覺地抬頭望着他。

「我方才說的話，你聽見了沒有？」

「什麼？」

「你在想什麼？」

「沒想什麼，我有點被這戲感動，劉備眞可憐！」

「男兒的事業都是這樣闖出來的！」貫一笑笑說。

「不過家庭也很重要！」

「這也許是男女的分別，男人事業第一，女人愛情第一！」貫一故意望着小薇說。

「不過劉備在愛情一方面也很幸福，你看，甘露寺裏面的孫尚香，對他多麼痴情。在當時，劉備也許只要獲取一筆政治資本，但，孫尚香死心場地的愛上他，最後，連性命都賠了進去。」

「對了，劉備是很幸福，魚與熊掌，他都有了！」

「假若二者不可得兼呢？」小薇似乎在試探什麼地問。

貫一甚有所覺，他回頭看了一看小薇，才說：「五十歲左右的男人，似乎很少能有閑情逸緻去談情說愛了！」

「我倒覺得人越老，家庭幸福越重要。」

「你瞧我們倒像在開辯論會了！」貫一笑了一笑，又把眼睛四下看下一下，便只顧看戲。

小薇也不得不笑着把話題收住。

壓軸戲天雷報是一個麒派老生唱的，倒很能抓住戲中的神韻，唱至青風亭趕子的一場，小薇莫名其妙地被感動着，先只是偷偷地抹去眼淚，只是情緒却繼續隨着劇情而增高，至認子一場小薇幾乎哭不可仰，最後，她無法忍受，站起來就要走。

「怎麼還有一齣生死恨，不聽了嗎？」

「不成，我實在受不了！」小薇一面往外擠，一面擦着眼淚說。

貫一只得跟了出來。

「坐車走呀！」貫一看她一直往前，便一把拉住她。

「不成，你陪我散散步！」小薇幾乎是懇求地。

於是，貫一就陪着小薇在深夜的衙頭走着，他看見小薇還在傷心，於是就說：「青風亭這個戲確實是編得好，能動人，不過戲只是戲，我看你也不必過於聽評書落淚，替古人擔憂！」

小薇感觸頗深，低頭走着，沒有說話。

「還是長坂坡好，看來痛快！」貫一又找話來替小薇解悶：「從前我看過楊小樓的，他這一齣戲最好，武戲文唱，完全是一個儒將，不過後來他也老了，出臺精神抖擻，一進後臺就得兩個人扶着。」說完他看見小薇沒有說話，依然很傷感，於是靠近她一些說：「小薇，你怎麼了，今天這樣難過？」

小薇依然沒有說話，却把身子靠着貫一更緊一些。這舉動是第一次，他倆表現得這樣親熱；雖然他倆相處有這許多年了。

「你爲什麼還不結婚？」小薇終於忍不住了問。

「沒有遇見一個比你還好的人！」貫一也終於說，而且非常激動地：「連一個根本應該屬於我的，都沒有能抓住，還結個甚麼婚？」

「你能娶一個比我更好的太太！」

「那除非等着有一天你愛上我！」

小薇沉默了許久，終於拉住貫一的手，握得緊緊地說：「你等我，你等我，我去想辦法。」

「不要，小薇！」貫一故意冷靜了一下：「假若我愛你，我不應該叫你爲我做這麼大的犧牲，弄得驚天動地的！」

「這是什麼犧牲，這是我愛你呀！」小薇說：「別說是現在這個家，連這條命都能給你，你看，我是孫尚香，你是劉備，我就這麼痴心地愛你，你應該有個家，有個孩子，你看那青風亭裏面的張元秀，沒有孩子多可憐……貫一，我們相處這些年了，我懂得你，只有我懂得用什麼方法愛你，幫助你，我們都活不了太久了，你是楊小樓，你出臺的時候精神抖擻，上後臺的時候我扶住你，你，需要一個溫暖的家，懂得愛你的太太……」說完一大堆，小薇始終是激動的。

「你別這樣急，事情要慢慢地來！」貫一却越來越顯得矜持。他揑緊小薇的手，小薇因此安靜了一些。

這可怕的愛的漩渦，不容情地，把小薇漩，漩，漩了下去。

二十六

丹楓有着藝術家的敏感，小薇的移情，立刻被他感覺到，他實在經受不起這變化。

除蜜月外，丹楓沒有在小薇身上獲得什麼特殊情戀，戀愛階段那麼短，蜜月回重慶後，她就忙於那刺激而熱閙的生活。但，那時她雖然支用了太多屬於他倆共居獨處的時間，畢竟還奉給他一份摯戀。就只這麼微弱的一點，使丹楓視若拱璧。他爲它枯守，爲它受屈，爲它放棄一切，輕視一切。他認爲，只要那份摯戀還是屬於自己的，他便已獲最高代價。現在，他却在小薇的眼角眉梢發現了她對自己的厭倦，敷衍，和勉强。這轉變使丹楓無法解釋目前的生活，往日他解釋爲沒有小薇的愛情滋潤，他的生命就將枯渴而死！如今呢，小薇已經沒有了愛情。那麼依靠太太忙碌的收入，飽食終日，無所用心，太太嫌惡得連一句話都不肯對自己說，這算什麼？多可恥啊！每一個驕傲的男人都會這樣想的。然而怎麼辦呢？愛既不可能，走嗎？他又捨不下。

這苦惱日夜煎熬着他。

他以健康作祭禮，在愛神的禮壇前，依依不肯離去。

丹楓一直體質不佳，從小和父親過着並非富有的流浪生活。習慣於追求精神上的眞、善、美、而忽視了物質生活的保健。靠着他的年青，和靜如止水的情緒，使他一直硬朗朗地，沒有被窮困所擊倒。與小薇結褵後，雖然在物質上過着豐腴的生活，而精神上深宵不寐的痛苦，却是他最窮的時候也不會有的事。

應該在一起爲同一個歡樂而歡樂，同一個憂傷而憂傷的夫婦，經常是一個獨自追求着酒食徵逐，一個孤零地啃食着香衾明月，誰能忍受這件事？何況被欺凌的是應該屬於欺凌者的男人？這痛苦將是加倍的。

丹楓逐漸由憤怒中變成疲倦，一種渴望不能滿足以後的疲倦；原先，他以爲只是一種心理上的厭恨，漸漸地，他感到並不如此，他不能畫一張畫，走一段路，作一件事，假若勉强的話，他難受，難受到不能再欺騙自己的地步。

「我病了嗎？」他想。起始很淡漠：「這也沒有什麼！」繼而，他有點惶恐：「我將更牽累她，她要更不耐煩了！」

想到這裏，他難過了。

經常，當小薇不能陪他的時候，他的活動只侷限於室內，畫幾張畫，看兩頁書。隨後他與蓓蓓有了感情，便又化一部份時間爲蓓蓓補課，習畫，聊天。

如今，他不能作其中任何一件事，他只覺得躺下比什麼都好。

這一天，他覺得比平常更難過，早上就有點頭暈暈地，還有着輕微的熱度，胸部脹膈，有一點咳嗽。

小薇頭一天回得很晚，所以夜間睡得極沉酣，早上一起來，梳洗後即出門去了。丹楓坐在屋裏的沙發上靜靜地看着她。她走了，像是上班去，所以沒有與他說什麼。

丹楓也沒有表示出他的感情。

近日他倆常常是這樣的，小薇沉溺於一種新的歡樂中，無暇旁及；丹楓則被複雜的情緒弄得極其自卑，自卑到連佔取小薇歸來的那一點時間都不敢。像一個剛犯過的孩子似的，看着生氣的母親，只敢遙遠地依戀着她。

小薇沉默得像一道光似的從室內移去，丹楓感到一點黑暗，一點孤淒。混身的難受，使他連在室內踱步的力量都沒有，摸摸小薇離去不久微溫的被窩，他靜靜地又鑽了進去。中午他沒有吃飯，直到下午三點，阿梅爲他煮了一碗鷄湯麵，無論如何要他吃下去，於是，晚飯也就懶得去吃了。

小薇一天都沒有回來。

正當丹楓躺在床上百無聊賴的時候，忽然蓓蓓輕輕地走了進來，靠近床邊，用那對大眼睛沉默地望着丹楓，丹楓從被裏伸出手，握住孩子的小手，也沒有作聲。

「今天爲什麼不起來吃飯？」蓓蓓問。

「好像不大舒服！」丹楓笑了一笑。

蓓蓓看出他那份落寞的情形，心裏有點難過，她抬起頭來，看看四周，終於問：「阿姨呢？」

「沒有回來！」

「爲什麼你有病，她也不回來陪你？」

丹楓被刺傷了痛處，難堪得說不出話來，但，終於笑了一笑說：「也許是太忙了！」

「忙什麼？」蓓蓓把心裏蹩得太久了的話，終於一次說了出來：「喝酒，打牌，看戲，做投機生意，發國難財，却不要自己的家，丈夫，孩子……」

丹楓立刻蒙住蓓蓓的嘴，在匆忙中起來，這過快的動作使他有點咳嗽，一串串地，不停。

蓓蓓沉默了起來，沒有說話，却輕輕地捶着丹楓的背，丹楓咳完了，又拉起蓓蓓的手，靜靜地看她，這孩子的表情太早熟了一些，又過份頑强，像是討厭着四周的情緒而厭惡懷恨，這心理且日益加深。

「你太不像個小孩子了，而且這不應該是小孩子說的話！」丹楓輕輕地拍着她的手。

「她並沒有像愛一個小孩子似的愛過我！」

「誰敎你說這些話？」

「我會看報，報上成天罵着像她這樣的人，而且，前天我參加了演講比賽，得第一名，演講稿裏就有這些話！」

「不要這樣，蓓蓓，」丹楓立刻攔阻她：「她是你的媽媽！」

「她從來都沒想到我是她的女兒！」

「那麼，她爲什麼要把你從西安接來？」

「那是沒辦法，我是從她肚子裏出來的。」

「對了，」丹楓立刻解釋着：「這就是所謂天性，她不會忘掉你，你應該孝順她，懂嗎？孝順，中國人最講究的道德就是孝順！」

蓓蓓沒有說什麼，像是在想丹楓所告訴她的話，她坐到丹楓的床沿，半天才又說：「她這個人好像沒有感情！」

「不，」丹楓立刻否認：「就是因爲她太多情了，才使她一生浸蝕於憂患。」

「你說什麼？」

「你不懂，你太小了，不過，我希望你不要恨她，沒有一個孩子可以恨她媽媽的，她一定會愛你，當她年紀大了以後，當她的感情與思想都歸於平靜的時候。」

「會有那一天嗎？」

「當然會有那一天，天下任何畸形現象都不會持久的，將來環境會逼迫她回來做一個好媽媽。」

「好媽媽是什麼樣？」

「照顧你的衣食，注意你的功課，指導你的前途……她將來會的，你不要罵她，答應我！」丹楓說到這裏，扶起蓓蓓的頭，注視着她，等待着她的回答。

蓓蓓看着丹楓那張憔悴的臉，却充沛着那樣多的感情，她不覺連連點着頭說：「好，我聽你的話。」

蓓蓓閙了一陣出去後，留給丹楓的，是更深刻的悲哀，從此，他對於小薇不僅思念，而且憐惜，想到蓓蓓這樣小的年紀就如此頑强，恐怕將來會給小薇許多磨折，這或者是一向嬌縱慣了的小薇所不能忍受的。

「她這樣聰明，却做着最愚蠢的事！」丹楓想：「她輕棄了最珍貴的東西，丈夫的愛，孩子的孝，却去追求那鏡花水月的富貴，和一切不可能永遠把握的飄渺東西。」

思想鑽到這一個角落，他反而忘了自己的病痛，却對小薇的遲遲不歸關懷起來。由關懷而思慕，由思慕而產生一種極强烈的愛情，這强烈的愛情，變成一個思想痛苦着他：「她在哪兒？她現在又在幹什麼？」

他不知道，作爲一個丈夫的他，竟然會不知道！

這個傷害對於他是太厲害了，不是他這個支離的身體所能忍受的。

他覺得自己在發着高燒，這高燒在殘忍地燒燬他的一切。這樣，一直到午夜以後，他還沒有睡着。忽然，他聽見輕輕推門的聲音，他知道是小薇回來了，一種奇怪的情緒，使他立刻閉上眼睛，他沒有勇氣看小薇對他的冷淡。他要等小薇靜靜地睡去以後，再睜開眼睛，等待天曉。每次倦遊歸來，她總是很快就入夢的。但，他等了很久，沒有小薇上床的聲音，睜開眼縫偷看，發現小薇竟然倒在沙發上睡着了。

「她醉了，這樣會凍着的！」丹楓想，他不得不披衣起來，拖上鞋，感到有一點踉蹌，他困難地走到小薇面前，輕輕地喊着：「小薇，到床上去，這樣會凍着！」

小薇揮了一揮手說：「討厭！」

「我叫你上床去！」丹楓說着，又輕搖着她。

小薇沒有理睬，丹楓知道她是太醉了，便想試試是否可以抱起她，但不能，因爲他病着。

「但是，怎麼辦呢？」丹楓着急地想，但他告訴自己：「她必須上床去！」

他咬着牙鼓起最大的勁，把她抱了起來，像奔命似的，走到床前，把小薇放了下來，脫鞋，解衣服，蓋被窩，他早已疲累欲死，連連不停地咳嗽着。

「我完了！」他絕望地想。

小薇酣然大睡，丹楓却難受得呻吟起來，他忽然想到不久前小薇醉酒的一夜，那時，他倆的感情還很好，她曾向他訴出輕輕的懺悔，他曾在這裏享受過最旖旎的一夜；如今，她又醉了，情形却完全不一樣，一種無法形容的異樣之感。

「好渴，我要喝水！」小薇像作夢一樣地喊。

丹楓立刻倒了一杯水遞給她，小薇睜開眼睛喝了，看了丹楓一眼，沒有說一句話，翻過身去，又睡了。

「那一次，她拉着我的手說我太冷！」丹楓這樣告訴自己：「接着我們有一個熱情的依偎，今天，她一句話都沒有說，就睡着了！」

往事依稀，丹楓拿着杯子凝立着，一直到一陣咳嗽痛苦着他，他才立刻放下杯子，跑到小薇剛睡的那張沙發上，用手巾蒙住嘴。身上一陣陣出着冷汗，咳嗽停止後，他吐了一口痰，他看了一看，那不是痰，是血。

「眞完了！」他太息起來，空虛和絕望像夜寒似的陣陣襲來，他哭了，像一個小孩子，嚶嚶而泣。

其實，小薇並沒有很快入夢，因爲正當她朦朧要睡去的時候，被丹楓的一串咳嗽吵醒了，她不肯睜開眼睛，爲了她不想與丹楓多所接觸。她只在半睡中等待着事情的發展。接着她聽見丹楓被一串咳嗽痛苦而外，似乎還在傷心。這微微的啜泣聲像一把利刃似的，劃破長空，向她心上刺來，殘忍地割碎那表層的貪欲與私情，顯出內在的良知來——這人性中不易泯滅的至善天性。

她從被裏偷偷地伸出頭來看他，那披散的頭髮，那被微汗浸濕着的臘黃的臉，那瘦長的身材……他竟然這樣憔悴了！小薇大受感動，她想起他們在那一次宴會上的初遇，他穿着件藏青西服，打着大紅領帶，微微飄拂着的頭髮，白裏透紅的漂亮臉型，還有那謙沖不羣的豐姿……事隔不久，他竟然這樣憔悴了。

「我對不起他，我給了他太多的精神虐待！」小薇這樣自責着，她冷靜了下來，她公正無私的對於自己的行爲加以痛斥，因而發現，丹楓最近待在家裏，是過着怎樣的暗無天日的地獄生活。她不忍使丹楓繼續難過，她立刻從床上躍起，披上衣服，跑到丹楓的面前，和從前親熱的時候一樣，她跪下去，抬起頭，用雙手環住丹楓的頸項，用一種由衷的仁慈和溫馴的態度，她問：「你怎麼了？」

「沒有什麼！」他慢慢地拿下小薇的手。

小薇又用手摸着他的前額，才又說：「你有一點發燒，快上床躺着吧！」

丹楓現在唯一的力量，都用在如何阻止淚水的下洩，他無法說一句話，做任何一個動作。他鑽進了被窩以後，受冷的身體，被熱氣一溫，嗓子裏又有點發癢，便又咳嗽起來，接着吐了一口血。

小薇把一切看到眼裏，她發現丹楓的病決不簡單，這一切的病象，或者皆因她的冷淡而起，她的良心受着責備，她在懺悔，她想對他表白這些情緒，但她沒有這樣作，因爲她覺得他倆中間的距離，已不像那天似的，那麼容易拉攏了，她有一堆話，却不知從何說起。

她把丹楓安置着睡下，才像安慰似的說：「別着急，明天我陪你上醫院去。」

第二天，小薇果然哪兒也沒有去，先給貫一通了一個電話，說明今天不能上班的原因，然後就陪丹楓上了醫院，檢查結果，是最不幸的肺病，沒有嚴重到絕望的地步，却需要最好的營養與休息。

丹楓對於這一切沒有特殊的反應，因爲這一連串的不幸，已使他失去了如何生存下去的智慧了；小薇却被這一個消息帶來了懊惱、厭煩、懺悔、以及無由善其後的複雜情緒。

一直從醫院到家，兩人誰也沒有找誰說話。進臥室以後，丹楓有點疲倦地往床上一躺，小薇才望着他問：「怎麼辦呢？住醫院？還是在家裏？」她說這話的神態已顯得極冷淡了，昨夜那一會的熱情，只若一股泉水似的，偶然從心靈中冒了一下，便又無踪了。

丹楓望望她，依然沒有作聲。

「我看，這裏沒有一個醫院能比家裏舒服，你就在家裏養吧！該吃藥打針的地方，咱們還是照章辦理！」小薇說完，望了一望他，才又問：「怎麼樣？」

丹楓點了一點頭。

看了一看丹楓提不起勁來的神態，小薇的良知退位，自私立刻抬頭，她輕輕地嘆了一口氣，她覺得一整天這樣糟糟的過去，實在是太不值得了。

(未完)

(上接第29頁)

「你不要叫好不好！明明是我先說的，我沒想到你會跟我爭這一點。」

「你以爲每個女孩子一直都安安靜靜的忍受嗎？我要把以前沒講的話都補說出來。我很高興，我現在想到那裏，就可以講到那裏了。」

她繫着圍裙站在那裏，頭髮垂在額上。她話說得比我還快。吃得和我差不多一樣多。但我現在眞正愛她，像一個生命懂一個生命。

有時我也去看兩次戲劇，也許是我生性實際的原故，劇情每至悱惻綺麗，一往情深，我感動之餘，不覺感到兩分好笑。我每天下班便趕快回來，好像任何船都拖着一只錨。有一天，忽然一個人從斜街裏跑出來，他夾着一盒掛麵，劈頭責問，好像被出賣了一樣。

「好，老張！你結婚怎麼不告訴我！」

我們兩人面對面站着，他好像覺得我有點不順眼，我也覺得他有點不順眼。我一時不知道怎麼回答他，這三個月來，我簡直忘記有老周這個朋友。路旁的街燈，照着老周的頭髮，好像更禿了。

讀者投書

(一)颱風警報中的記者羣

余錚

前幾天，當「白美拉」這位潑悍的小姐從臺灣東南海面走近本省的那幾天，臺北天氣怪難受。黑雲一堆一堆，雖不那麼陰霾密佈；碧空偶爾現出一角，但不是豁然開朗的象徵；一陣雨、雨是横的；一陣風、風像悶棍樣、從高空突然打下來；太陽出現了，太陽是灰色的怪臉孔。這樣風、雨、太陽，太陽、風、雨，弄得大家悶氣、脹腦、叫頭痛。

好容易到了六日那一天，氣象臺報告「白美拉」走遠了，大家都想過幾天氣爽天高小陽春的日子，偏偏就在六日這一天，報紙登出了內政部公佈的「戰時出版品禁止或限制事項」這道命令；第二天(七日)中央社又發出立法委員文藝作家陳紀瀅特爲此事向記者發表的談話！看到這道命令和談話，我們記者羣又像回到前幾天的颱風警報中，横的雨、悶棍樣的風、灰色怪面孔的太陽，弄得我們又是氣悶、腦脹、頭痛！

精神治療，有病可不用藥。這該不是無據的瞎說吧！陳琳的檄文會經診好過曹孟德的頭痛症，這故事是古人手筆寫下來的(這算不算「傳佈荒謬怪誕邪說淆亂社會視聽」？)。文章可診頭痛，在這一假定下，我不免寫就一首打油詩，不妨請正害頭痛的記者同仁讀讀一試。

颱風警報中，横雨悶棍風；

灰色怪面孔，休道太陽紅。

怎樣？頭痛好了一些吧！

在大家笑聲逐開顰眉以後，讓我再談我所要談的幾個要點。

內政部公佈的「戰時出版品禁止或限制事項」這一命令，已經這兩天的報刊(民族晚報、英文中國日報、聯合報、公論報、自力晚報等)分析、指責、和抗議。我在這裏除亦表示抗議外，可不必重複地逐項論列。概括地說，這道命令是一張漫無邊際的大網，有良心的新聞記者和寫作家，除非丟掉手中的筆，隨時都有觸及這張網而被處分的可能。至於政府方面呢？妙得很！在這道命令下，它可以閉着眼睛不管事，不算失職；它也可以今日封這個報館，明天停那個刊物，也不算濫用職權。何以故呢？這道命令中所用的詞句——「涉及」、「誇大」、「助長……之虞」、「足以」等等之妙用也。

舉例來說，現在立法院審查中的國防組織法草案，據說是蓋有「秘密」戳記的。(我國軍政方面的所謂「機密」，是憑文件上一個戳子，與案件本身的性質沒大多關係。一個機關的組織法草案，可以當作機密文件，也就可以想見了！)如果某刊物登載了關於國防組織法草案的文字，政府可以置之不理，但也可以給你嚴重的處分。因爲這道禁制命令的第一項是規定：「涉及政治、軍事、外交之機密而有損國家利益者」。國防組織法草案既蓋上「秘密」二字的戳記，自然是視作機密文件；但是洩漏這項「機密」是不是有損國家利益，這就全憑官方自由認定。如說有標準的話，標準就是主管者一時的情緒。

再舉一個例來說，李慕白案件現已進入刑事訴訟程序，他的罪嫌明明白白涉及僞造文書及套滙兩大項，但司法機關則「僅以詐財僞造文書，交保候審處理之」(見十一月七日民族晚報日日談)，而未提及套滙。如果有人以文字嚴厲地追問套滙這件事，而套滙事實又牽涉到不可以公開的方面，那末有關方面就可以示意主管出版品的機關，適用這道命令的第九項，說是這種追問，「足以」淆亂社會視聽而加以懲處了。「足以」「不足以」的認定，其權操在官方！在任何情形下，官方是不會錯的。

我們想想，這樣的法令，記者們和寫作家其何以堪!?

這道命令的惡劣還不止此。有一條簡直是暴露草擬這道命令的人，太缺乏法律知識。我們看該命令的第八項「記載不實之消息，意圖毀謗或侮辱元首或政府機關名譽，足以淆亂社會視聽者」。查毀謗罪在刑法上設有專章(即妨害名譽及信用罪)，對於一個普通人加以毀謗或侮辱尚須課罪，對於國家元首加以毀謗或侮辱，當然罪無可逭。戰時如此，平時也是如此。現在內政部把這一犯罪事項，列在「戰時」出版品禁止或限制事項之中。實在令人啼笑皆非。再看這一項條文的文字，也大有毛病，毛病就在那條尾巴——「足以淆亂社會視聽者」——上。記載不實之消息，意圖毀謗或侮辱元首，照普通刑法已足够課其罪刑了。還有甚麼足以不足以淆亂社會視聽呢？

關於這道命令的本身，各報刊講的話很多，免重複、我只說這些。現在我們再談立法委員文藝作家陳紀瀅先生的談話。

陳先生是立法委員，他的話應該是站在「法」的觀點；陳先生是文藝作家，他親手寫給中央社的談話稿子，自記者和作家看來，應該是大快人心的。但是，我們失望了，大大失望！

關頭一句，「內政部根據出版法第三十五條，制定九項禁止及限制登載事項，顯然是因文化清潔運動處分十個不良刊物後的主要措施。」陳先生寫這句話時，活神活現地大有「知我者其惟文清運動乎！」之槪。是的，內政部這道命令，很明顯是來自文清運動。內政部長說是根據出版法第三十五條而制定的，這是官話。由於該命令所列事項九分之八超出了出版法第三十五條之範圍，即可看出官話之不實。

接着，我們讀完這篇談話的全文，讀一遍、再讀一遍。我們不禁感歎，陳先生的筆勢太靈活！不僅搖曳生姿，而且是婆娑起舞，左一轉、右一轉，轉得那麼飄忽，叫人看不清陳先生的眞面目。立法委員乎？文藝作家乎？抑內政部的發言人乎？登載這篇談話的本月七日的報紙具在，讀者如有興趣的話，不妨再到那字裏行間去找找陳先生，看他是在那裏：中山堂？寧波西街？還是在公館站？

話說回來，我們何必這樣認眞呢？陳先生在這篇談話中有這樣一句話：「一切都要自動檢點，固不必對法律條文斤斤計較。」陳先生確確實實是經常坐在立法院會議席中的立法委員，我敢以生命打賭，他「是」立法委員。但立法委員可以說對法律條文不必斤斤計較，那末，我們還談甚麼呢？據報載，又一位颱風小姐叫做羅碧的要走近臺灣了。爲治療頭痛，我們再來笑笑唱唱吧！

颱風警報中，橫雨悶棍風；
灰色怪面孔，休道太陽紅。

余　錚

民四十三年十一月八日於臺北

（二）這個樣子的訓導主任！

魯　愚

編輯先生：

鄙人是一個在學的中等學校學生，因常拜讀貴刊，素仰貴刊立場公正，言論正確，爲讀者喉舌，而伸張正義。故鄙人亦欲借貴刊一角之地，爲今日自由中國學生呼籲，聲討教育界的敗類份子，糾正教育界的不良現象。

事情是這樣的，緣上月底某日，省立高雄工業職業學校降旗典禮，因校長出國，代校長赴臺北，而由訓導主任蔣再三氏主持。典禮完畢後，蔣氏上臺訓話，因學生們爲慶祝總統華誕及卅一日的高市救國團的檢閱，整個下午停課，就在操場上操練及練習歌唱，精神體力俱疲勞已極，而蔣氏講話不使學生們稍息，就在此時，有一高年級陳姓學生(姑隱其名)因吃不消而使一腿稍彎曲以減少疲勞。此立正不夠正確的姿勢，立爲蔣氏看見(因該生位於頭排末尾，是一不算大的學生)，立即令其到升旗臺前跪下。該生初不跪，蔣氏繼令其上講臺，復令其面對一千餘師生雙膝跪下。該生申述理由，蔣氏說「沒有理由可述」，一再堅持必須雙膝跪下，該生心思：一、未犯任何過錯，二、廳方一再申令禁止體罰學生，三、身着佩有青天白日符號的制服，頭戴青天白日帽徽的制帽。故始終不願跪下。該訓導主任睹此學生如此「頑劣」，使其尊嚴盡失，於是惱羞成怒，聲言『該生「有意破壞團體，攪亂秩序，違抗師命，不聽訓誨」，着記大過兩次小過兩次留校察看』。當時該氏面色與氣勢眞是不可一世。旋即散學，事情至此暫告一段落。

第二天，該蔣氏主任派訓育與管理兩組組長對該學生說項，要該陳生於「留校察看」與「寫悔過書並再當衆跪一次」兩者任擇其一。該生鑑於記過處分是隨着畢業文憑走出校門而再進入社會的，於自己以後非常不利，更何況是「留校察看」的處分呢！同時由於兩組長的從中說項，結果選擇了後者。寫了悔過書，在蔣氏親自監視下，於中午在太陽下跪了十五分鐘。降旗後蔣氏面露得意之色，再當衆宣佈此事結果情形，並揚言他說到做到，要學生怎樣不怕不依從。似此負責訓導工作與爲人師表的訓導主任之如此行爲，如此作風？誠屬駭人聽聞！事後調查，在此事前已有一高年級與三個低年級學生有例在先，同時此事的第二天又有二低年級學生罰跪在升旗臺旁，統計已有七個學生在蔣氏的傑作下做了矮人。似這樣的事情居然發現在堂堂的中等職業學校裏，而且由曾受高等教育且負訓導責任的人手裏造成，難道今日的訓導工作就應如此？沒有一點改進嗎？不知今日自由中國的其他各學校裏是否亦有同樣事情發生？是否是作威作福隨意處罰學生的呢？做訓導主任的人以這樣的作風來「訓導」學生，這樣的教育還有什麼希望嗎？此外，我對此事尙有疑問數點，願一併就教：

㈠責令學生雙膝(或單腿)跪下是否算是體罰呢？如果不是，怎樣才是體罰呢？

㈡如果罰跪是一種體罰，爲何教育廳一再申令禁止體罰，而學校方面仍然施行體罰？

㈢如果罰跪不是體罰，而穿着制服佩戴青天白日帽徽是否可罰跪呢？如果被罰跪下是否須服從呢？在怎樣情形下接受罰跪？

以上文字如有不妥的地方，請賜予修改後刊登出來。耑此並祝

撰安

讀者　魯　愚敬上

四三、十一、一

編者按：魯愚同學這篇投書裏所揭發的事，眞是「駭人聽聞」。「這個樣子的訓導主任」，怎能讓他混跡教育界中。我們現在將魯同學的投書原文照登出來，希望教廳當局對此澈查一番。至於他所提出的幾點問題，我們也只有一併轉請教廳予以答覆了。

給讀者的報告

最近十天內，自由中國發生了一件大事，即內政部頒佈的「戰時出版品禁限辦法」。這一辦法的內容嚴重地侵害了人民的新聞自由，違反憲法的基本精神。是以自本月五日公佈以後，輿論爲之譁然，若干立委且在立院提出質詢案。卒使行政院於十一日令覆內政部暫緩施行。行政當局能應順輿情，而毅然糾正錯誤，使未再發生嚴重後果，這的確是難能可貴的。本刊係半月刊，當本期發行之時，事件發展已暫告一段落。對於該辦法的非法與不當之處，周來各報多所申論，已無庸我們一一再予駁斥。我們此時所重視的，乃「禁限取消後的責任問題」，這正是本期社論㈠裏所要指出的。民主政治是責任政治，行政當局應該發揮高度的責任感。這次事件，內政部長實犯有嚴重的錯誤，在政治上、在法律上，均有不可卸却的責任。現在這項禁限是取消了，可是進一步行政院當局應對此事的責任問題作一番明確的交代。照民主國家的慣例，內閣閣員犯有嚴重政治錯誤，或對政策有歧見時，即應引咎或自動辭職。我們希望內政部長拿出政治家的風度，爲責任政治留下一個可資示範的楷模。此外，尚有兩篇與此有關的文字：一是陶百川先生的專論，一是余錚先生的投書。陶先生屬稿時於該辦法頒佈的當日，他的大文是從法理的觀點，指出禁限辦法之不當，其中論據多爲他人之所未見及的。余先生的投書雖不免諷世之辭，要亦無傷其憂時之衷誠。他希望社會領袖們對國事發表意見時，也要有高度的責任感，不可阿諛取悅，巧言炫人。否則，將何以言振社會之風氣？看來這已似題外的話了，但却是十分重要的。

最近美國國會選擧，民主黨擊敗共和黨，獲得在參衆兩院的控制。這是國際間的一件大事。尤其對改選後美國政府的外交政策，更爲世人所關切。本期我們除登載了陳恩成先生的一篇對「選擧勝負因素綜析」的文字外，並在社論㈢裏，對艾森豪總統所領導的共和黨政府，再寄鼓勵與期望之忱。沒有正義就沒有和平。我們希望美國外交政策能嚴守正義的原則，保持其立國以來的光榮傳統。

本刊發行至今，已經屆滿五年。本期是第六年的開始。在過去五年之中，多承各方給予我們鼓勵與支持。而我們自己也無時不在兢兢業業，期有供獻於國家。對於五年來我們一貫的立場，態度以及努力的方向與目標，讀者諸君本可在每期的文字中，洞悉無遺。但我們仍願乘此機會，作一整體的敍述。本期雷震先生的「我們五年來工作的重點」一文，正是代表本社向讀者們所提出的總報告，仍盼讀者們今後不斷賜教。

另一篇要特爲推薦的政治論文是蔣勻田先生的大作。蔣先生就兵役法十四條覆議一事，申論覆議權在政治上的運用。「民主政治的演進不能全賴法律，尚有賴於偉大人物創造的良善風氣。」此一覆議之如何處理，正是「立法院的試金石」。於此，我們更希望政府今後對於覆議權要慎重運用，以期我們的民主政制能根據憲法第五十七條建立起來。對此問題本刊原擬寫一篇社論申論的，現蔣先生文中已闡述得很明白了，故不再贅。

自由中國 半月刊 第十一卷第十期
總第一二一號
中華民國四十三年十一月十六日出版

發行人兼主編　『自由中國』編輯委員會
出版者　自由中國社
航空版
香港　友聯書報發行公司
菲律賓　岷市怡干洛街五〇二號
總經銷
臺灣　自由中國社發行部
美國　中國書報發行所
美國　國民日報社
加拿大　醒華日報報社
印刷者　精華印書館

本刊經中華郵政登記認爲第一類新聞紙類　臺灣郵政管理局新聞紙類登記執照第五九七號　臺灣郵政劃撥儲金帳戶第八一三九號（每份臺幣四元，美金三角）

第十一卷　第十期　內政部雜誌登記證內警臺誌字第三八一號　臺灣省雜誌事業協會會員

自由中國

FREE CHINA

第十一卷 第十一期

要目

中華民國四十三年十二月一日出版

社址:臺北市和平東路二段十八巷一號

半月大事記

十一月十日（星期三）

葉外長在西班牙訪晤佛朗哥，並與我駐歐使節舉行會議。

艾森豪總統在記者招待會上否認美政府約束中國國軍進攻大陸之說。

美總統咨請參院外委會研商東南亞公約，俾新國會召開時及早批准。

十一月十一日（星期四）

美軍事援華顧問團長蔡斯在扶輪社演說，闡明該團任務，澄清外間誤解，說明該團無指揮權力，祇是協助並提建議。

南韓國會通過決議，反對由聯合國發動全韓選舉，謂有損南韓主權。

美國務卿杜勒斯表示，將與東南亞公約國籌開會議。

歐洲聯軍副統帥蒙哥馬利稱，西歐如遭攻擊，即以原子彈還擊。

十一月十二日（星期五）

日外相岡崎勝男抵華訪問。

我海軍在大陳以北海面擊沉共軍砲艦一艘。

我外交部指斥來自倫敦之傳說，謂英美之間正考慮將使臺灣成為一獨立國而加以中立化的謬說。

十一月十三日（星期六）

葉外長結束訪西之行，兩國發表聯合公報。

蘇俄再發動和平攻勢，建議召開歐洲安全會議，企圖破壞西方國家之團結。

聯合國前任秘書長賴伊發表談話，反對中共進入聯合國。

教育部公佈政治大學校長及各研究所所長人選。

十一月十四日（星期日）

我太平艦遭匪魚雷艦偷襲擊沉，卅八人失踪，一人被救後因重傷死亡。

埃及革命委員會決議免除納吉布總統職務，暫由納塞兼代。

法總理孟德斯法朗士赴美訪問。

十一月十五日（星期一）

葉外長由西飛美，發表聲明，謂中共擊沉我軍艦事是自由國家考驗。

臺灣紙業公司完成轉移手續，召開股東大會選舉董監事。

英美法三國代表在倫敦集會，緊急磋商蘇俄所提歐洲會議之建議。

美總統艾森豪咨文參院，要求批准恢復西德主權的倫敦及巴黎協定。

紐約郵報報導稱：中美聯防協定將於明年元旦簽字。

十一月十六日（星期二）

美衆院外委會訪華代表團抵臺訪問。

美國務卿杜勒斯告記者，美將拒絕蘇俄所提召開歐洲會議之建議。

杜勒斯表示，中共如犯臺灣，美決不惜一戰。

美政府宣佈撥大量分裂物質供國際原子機構使用，俾推動原子能和平用途。

十一月十七日（星期三）

大法官會議解釋，全國各級民意代表均為公職人員。

法總理孟德斯法朗士在加談話，拒絕蘇俄召開歐洲會議之建議。

美對韓七億元軍經援助協定，正式在漢城簽字。

美國務院宣佈，美駐蘇大使包倫將於明春返美述職。

十一月十八日（星期四）

教育部學術審議會通過專科以上學校教授休假進修辦法。

法總理孟德斯法朗士飛抵華府與美商談世界重要問題。

菲一衆議員提議修改零售商菲化案。

漢城民衆示威，反對全韓選舉計劃。

諾蘭發表談話，再促美國與俄絕交。

十一月十九日（星期五）

立法院院會決議請政府確定具體辦法，對四公司轉移民營後予以切實輔導。

英下院通過武裝西德的巴黎協定。

法總理孟德斯法朗士在美演說，保證法國批准巴黎協定。

美海軍部宣佈卅六艘軍艦將自大西洋調至太平洋。

十一月二十日（星期六）

芬蘭通知蘇俄，婉拒歐洲會議。

西德政府宣佈美將以租借辦法協助西德建軍。

蘇丹派代表至開羅，呼籲營救前總統納吉布。

韓國公佈美韓援助協定全文。

臺灣各界展開復仇建艦運動。

十一月廿一日（星期日）

美參議員諾蘭促以後勤支援我外海島嶼。

美法西德迅即拒絕蘇俄所提延緩批准巴黎協定的建議。

美法發表聯合公報同意提早批准巴黎協定。

十一月廿二日（星期一）

美參議員諾蘭預料一年內共軍將發動新侵略，並信國軍能在大陸發動有效襲擊。

美英法三國在倫敦完成拒絕蘇俄照會的覆文。

北大西洋公約十四國參謀長在華府會議，草擬明年戰略計劃。

法總理在聯大演說建議召開四強會議。

十一月廿三日（星期二）

蘇俄駐聯合國代表維辛斯基暴卒。

立法院通過刪除修正兵役法第十四條條文案。

赫爾在漢城宣佈，美將助韓建十個後備師。

艾森豪表示美將參加四強會議，但附有三項條件。

『自由中國的宗旨』

第一、我們要向全國國民宣傳自由與民主的真實價值，並且要督促政府(各級的政府)，切實改革政治經濟，努力建立自由民主的社會。

第二、我們要支持並督促政府用種種力量抵抗共產黨鐵幕之下剝奪一切自由的極權政治，不讓他擴張他的勢力範圍。

第三、我們要盡我們的努力，援助淪陷區域的同胞，幫助他們早日恢復自由。

第四、我們的最後目標是要使整個中華民國成為自由的中國。

社論

(一) 一份祝壽的心儀

——為中國國民黨六十周年紀念作

歷史的光榮，不能掩飾後來的羞辱。同一道理，已往的羞辱，也不能玷汚今後的光榮。歷史只供借鑑。要緊的是今天，今天的實際作爲！

上週三(十一月廿四日)是中國國民黨建黨六十周年紀念日。這天早晨我們展開報紙一看，觸動了我們難以名狀的心情：六十年來的中國！六十年來的中國國民黨！

事實告訴我們，四千年來的專制政體，是由國民黨發動推翻的；四分五裂的割據局面，是由國民黨完成統一的；百年來國際不平等條約給我們國家的枷鎖，是由國民黨當政，經過八年抗戰而解除的。這是光榮，但這是歷史。我們希望國民黨人在宣揚這些歷史光榮時，切勿陶醉得忘了今日的處境。抗戰後期及復員期間，若干國民黨員在軍、政、以及公營事業各方面的腐化貪汚，以及黨內的人事傾軋等等，以致丟掉了整個大陸，這是羞辱，但這也是歷史。我們希望國民黨以外的人士，在指摘這些歷史羞辱時，也不要認定國民黨永無希望。我們再說一句，歷史只是供人借鑑的。這一代四億五千萬活生生的中華民國人民，今天眼巴巴望着的，是「現在」的國民黨；國民黨「現在」怎樣？

國民黨現在怎麼呢？有的方面確確實實比抗戰後期和復員時期好得多。因此，才有臺灣今日之安定。安定是可貴的。安定是進步的條件。今日臺灣的安定，仍然是國民黨執政的政府安定下來的。有了這樣安定的臺灣，中華民國才保有復國的基地；有了這樣安定的臺灣，我們才可以努力民主憲政的實施，以對抗大陸的極權暴政。國民黨在現階段的這一功績，任何人不能否認。這一功績的造成，正表明執政的國民黨某些方面的大革新。

不錯，安定是進步的條件，但我們決不能滿足於安定之止於安定。我們要復國！我們要爲復國而建立起現代化的政治宏規！作爲一個安定臺灣的力量，今日的國民黨可以勝任；如要復國，尤其爲復國而建立起現代化的政治宏規，國民黨尙待檢討改進之處正多。關於這方面，本刊曾先後發表過三篇社論，向國民黨進逆耳之言。今天，我們還覺得這三篇社論的要點，尙有簡單的地予以引述的必要。除此以外，我們還有一番久鯁在喉的話，在這裏一併嘔心吐出，作爲祝賀中國國民黨六十周年紀念的賀儀。

在第一篇社論「對國民黨七全大會的期望」(第七卷第七期四十一年十月一日出版)中，我們曾提出五點：㈠國民黨應該運用政權以導行比現在更民主的政治。因爲我們鑒於國民黨是一個民主主義的政黨，如果主義與施政不是兩回事的話，我們沒有理由可以想像國民黨的政權是趨向反民主的。我們要倒蘇，但不能同情南斯拉夫；我們要反共，但不能效法西班牙。㈡政府要嚴格守法。近數年政府常常强調「守法」，但我們仔細觀察，政府所强調的守法，責之於人民者多，責之於自己者少。㈢以「天下爲公」爲職志的國民黨應以恕道對待友黨。凡我黨可以做的事，也得許他黨做；如認爲他黨不應做的事，我黨也不應該做。㈣黨內要民主，也要法治。因爲我們很難想像，一個內部不講民主，不講法治的政黨，可以把國家的政治導向民主之路。㈤聯合一切反共力量。反共倒蘇的大業，不是一黨一派所可獨力完成的。只要是志同反共，執政的國民黨應該有此容量，不計過去的恩怨從違，請大家來，聯合一起。

第二篇「再期望於國民黨者」(第七卷第九期，四十一年十一月一日出版)，是讀了該黨七全大會宣言以後寫的。我們依據宣言所揭櫫的「法治的軌道」、「防止專制」、「保障自由」、「擴大民主基礎」各點，提出幾點具體的期望：㈠尊重司法權的獨立。行政權力不應該影響它，軍方權力不應該影響它，黨的力量更不應該影響它。㈡行政部門應尊重立監兩院在憲法上的獨立地位和職權。㈢尊重輿論，改善漫無標準而事權又不統一的書刊審查辦法。㈣成立聯合戰線，以聯合國內外的反共力量。最後我們引喻墨子「瞽者不知黑白」那段話，希望國民黨對於這次宣言中所說到的各點，「非以其名之美而名之，而是實實在在將有所取焉」。

最近一篇「這是國民黨反省的時候」(第十卷第十期，四十三年五月十六日出版)，是爲臺北市長競選結果，國民黨候選人落選而寫的。在這篇文字中，我們指出國民黨歷史上的光榮成就，是得力於優良的傳統性格——「包容性」，以及由於這種性格，黨員們才有一股內發的活力。國民黨這一「包容性」的傳統性格，在思想上表現於中山先生的論著；在實踐上也表現於過去的政治作風。所以多年來一黨專政之局而未達到不堪忍受的程度者，就是國民黨這一「包容性」的傳統性發生了「中和作用」所致。但近幾年來，國民黨的思想性格之發展方向，日漸與傳統性格相反，而趨於小圈子主義。因之，黨員們內發的活力也就爲之窒息。馴至部勒黨員必須乞靈於毛細之命令，必須責以形式的紀律，甚至必須仰仗特種方式。至此，黨的生命奄奄如也。於是我們再度忠告國民黨要在黨內實行實質的而非形式的民主。

以上是那三篇社論的要點。有的是半年前寫的，有的是兩年前寫的。爲什麼到今天我們還有重述的必要呢？國民黨爲什麼不能盡量接受輿論呢？我們在今天要指出這個癥結所在：

國民黨是於二十七年由常務委員制改爲總裁制的。總裁制的本身並不必然有何壞處，只要全黨的聰明智慧滙合成總裁的聰明智慧。但是，近年來的國民黨，則是以總裁一人的聰明爲黨的聰明；以總裁一人的智慧爲黨的智慧。一人的聰明智慧是有限的。以一人有限的聰明智慧作爲一個政黨的聰明智慧，則這個政黨的作爲也就可以想見了。

最近一個事例，表明國民黨不僅以總裁一人的智慧爲智慧，而且黨的行動也由總裁個人的喜怒哀樂來發動。事情是這樣：國民黨六十週年紀念日的前一週間，蔣總裁在國民黨中央常會（十一月十七日）上，痛責幹部們輕視這個紀念日而未發動擴大的宣傳。並且責罵他們只知爲他個人祝壽，而不熱烈爲黨祝壽。這一罵，罵得中央黨部的秘書長引咎自責，同時臺北的報紙也就接着刋滿了名流要人祝賀國民黨六十週年的言論，五天後(十一月廿二日)蔣總裁在陽明山革命實踐研究院又同樣地責罵了一次，於是臺北街頭到處出現了琳瑯滿目的宣傳標語，穿梭地有化裝汽車作廣播宣傳，一直延續到這個紀念日——十一月廿四日爲止。

從這件事上，我們敬佩蔣先生之忠於國民黨，我們敬佩蔣先生以總裁身份痛斥黨的幹部之知有總裁而不知有黨。但對於國民黨，我們則不禁代爲憂慮。一個政黨到了幹部們只知有領袖而不知有黨的時候，這一政黨的危機也就够嚴重了。這種危機的形成，決不是一朝一夕之故。種因何在？關鍵何在？我們要籲請蔣總裁自己對此深思其故。同時我們還要指出，這個危機的消長不僅關係國民黨一黨的盛衰存亡，而且關係我國政治前途之趨向。因爲國民黨之爲執政黨，在可預見的將來是不會改變的。如果國民黨的現狀繼續下去，則我國政治實質的演變，將不知「伊於胡底」！很可能，因爲在黨只有總裁，在政就只有總統了。到那時有氣節有政治抱負的人，一個個都望望然而去，而左右羣僚盡屬善承意旨、伺察顏色的人。

我們決不故作危言以聳聽。「履霜堅冰至」，其趨勢實在可慮。「君子見幾而作」，蔣先生已於這次祝壽事看出國民黨的危機，同時也是我國政治前途的危機所在。我們應當乘此機會，以盡我們輿論界的言責。形成這個危機的原因很多，我們在過去三篇社論裏已闡述甚詳，要而言之則有兩點：其一爲年來黨的發展失去了傳統性格的「包容性」，而趨於小圈子主義；其二爲黨內之未能實行民主，以建立分層負責的制度。僅僅責罵是無用的；責罵如有效果，效果也是一時的。因此我們切望蔣先生能針對病症的根源，着力從根本上消除這些積弊，挽救黨的危機。

我們相信，爲祝中國國民黨萬歲，我們這一份刺目而又苦辣的心儀，要比千萬篇歌頌的諛詞有意義得多。我們竚候國民黨、尤其蔣總裁笑納。

社論

(二) 期待於國立政治大學

恢復國立政治大學的建議，已經由傳說而到實現。從行政院核定恢復的計劃，經過教育部聘定復校籌備委員會，以迄登報招生，揭曉錄取研究生名單。本月十四日，教育部正式發表該校校長及四個研究所所長，本月二十三日教育部發表教授名單及開學日期。半年的籌備，現在已到完成的階段。

自由中國今天的國是，爲反共抗俄，亦爲反攻復國。復國的工作，大家都認清不單是軍事的問題。軍事的反攻以外，我們復國的重要綱領，正是經緯萬端，而文化教育的重要，關繫我們整個復國的成敗。近幾年來友邦人士來寶島遊訪的，一天一天增加。他們遊訪自由中國的行程，大半是看我們的軍隊演習，再看我們的農村。遊訪以後他們所發表的觀感，不是說我們的士氣高昂，訓練純熟；便說我們的土地改革，或農村繁榮。這許多讚揚之辭，我們聽了當然感奮，但是一想到我們的文化教育，外賓既少有人去訪問參觀，而在社會內部，幾乎只聽見親友子弟終年爲讀書而奔走。一個暑假以後，自由中國青年考不進學校的，不知有多少人！其中進不得大學者，至少有數千人，進不得中學者，至少有數萬人。這許多問題，不能說就是文化教育問題，但一個社會中，若有成千成萬青年，想讀書而沒有學校可進，這豈不是文化教育上的大問題？並且還是基本人權的一個大問題。

基於這一個前提，我們對於自由中國的教育消息，實應給予極大的注意。在自由中國國疆以內，任何一個新學校之設立，不論其爲何種性質與程度，我們同樣寄以熱烈之期待。國立政治大學在中國高等教育方面有其特殊與光榮之歷史。大陸淪陷，政治大學和國內其他大學，沒有隨着政府遷移臺灣，這是我們教育文化史上最慘痛的一頁。今年春夏間，我們開始聽到恢復政治大學的提議。這一個消息經過半年而逐漸實現，這是反共抗俄進程中一件大事。現在該校研究所招收新生已經揭曉，學校重要負責人員亦已發表，我們以興奮愉快的心情，歡迎這一個好消息以外，願再貢抒一點意見。

今天自由中國教育上的需要，如果權衡輕重緩急，我們認為辦大學比較辦研究院更為重要。因為今天自由中國的青年，有志升大學而進不得大學之門者，數字實在驚人。單就每年臺灣大學的招考而論，一場入學考試，落第的學生，每年總在數千人以上，其他各專門學校尚不在內。所以今天為着救急，為着滿足有志青年的願望，辦大學比辦大學研究所還要重要。其次講教育，今天的教育，正如其他一切事業，要整個從頭做起。今日創鉅痛深之餘，我們的大學教育，當然也應從頭辦起。然後我們反攻復國的基礎，才能格外穩固。

國立政治大學的前身是中央政治學校，政校前身是中央黨務學校，過去有人批評這一學府黨氣太重。現在政府在臺灣恢復大陸的大學，偏偏又揀這個黨氣太重的大學來恢復，確也給人指責。其實這是無關宏旨的。只要今後這個中央政治大學，尊重學術自由思想獨立，過去的實質並不必然地連同名稱而承續下來。所以我們也不必反對恢復這一座與國民黨關係極深的學府。惟恢復的第一步，仍應該恢復大學部，先恢復大學部，然後我們的高等教育，可由此從頭做起。

如果教育當局對大學上面的研究院，實在有興趣而必欲興辦。我們也勸告他們先辦一個研究所。因為研究所與訓練班不同。大學研究所儘管注重在實用，但是純學術的研究終不能置之不顧。此次政治大學四研究所招生廣告所揭示，這四個研究所的任務，好像是為造就當前應用的人才起見。如果為着實用的目標，那末，過去中央政校在戰時曾經舉辦過多次專修班和訓練班，如邊政、統計及新聞學等，成績都有可觀。所以政治大學若為應用與實務，儘可多辦幾個專修班或訓練班，而不必好高騖遠，一口氣便辦四個研究所。我們主張對研究所的辦理，特別要慎重。一半因為學術尊嚴，不必憑空去損害它；一半因為好好兒辦一個研究所，實在不是容易的，師資與設備，都是極大的問題。大學研究所雖然無一定的規程，但是國際學術界自有其共同的標準。今天政治大學研究所的設備如何，怕沒有人能代為答覆。如果課本只靠講義，參考書籍殘闕不全，要想在此研究什麼問題，恐是極難達成的。再講師資，政治大學的恢復，四研究所的設立，既經宣傳如許其久，應該有多數的專任教授。照本月二十三日中央社所發表，四研究所所聘教授，專任的只有兩人；而且四個研究所所長也全是兼任的。關於課程方面，報紙上所發表的既不完全，而且在學術上的研究，同一個問題，可作各種不同的研究，所以今天外間對研究課程的批評，此時還嫌過早。不過像報上已經發表者而言，兩年內共同必修課程，似乎太多，共同必修課太多，把研究所的意義完全取消了。譬如必修課中的「總統學說研究」，語意不清，尤易招滋誤解。有人疑問，這門「總統學說研究」究竟研究那一國總統的學說，就在中華民國，四十三年來也不止一位總統，如果指當今總統而言，何妨冠以姓氏。最後關於大學研究所的行政，我們實在有點躭憂。譬如校長與所長同時發表，所長尚未就職，各教授也已同時發表；其所以如此者，據說是由於校長、所長、乃至教授之聘定，都是經過總統核定的（教育部張部長答覆人家的信也如此說），這又是教育行政的一個變例，我們希望不要因此種下人事糾紛的種子。這許多方面，雖性質僅屬於行政，然於將來整個大學的精神與設施，大有關係。西方人做事，講「好的開端」，政治大學恢復後，我們盼望全國敦品勵行，好學深思之士，望風薈萃，不可使潔身自好之人，瀟然遠行。這與「開端」的關係，實在重大。教育當局不可不注意及之。

社論

（三）有感於水泥紙業兩公司的股東大會

我國在臺實施耕者有其田案，將公營事業水泥、紙業、工礦、農林四公司移轉民營，其中水泥紙業兩公司已先後於十月廿三日及十一月十五日召開移轉民營後之第一次股東大會，修改公司章程，選舉董事及監察人，在和諧的情況下，很順利的完成了。事前坊間對於這兩個股東大會，頗多揣測和疑慮，一則曰股東人數太多，兩公司的股東，各近十萬戶，如以十分之一出席，亦逾萬人，一時實找不着那大的場所可以容納得下，開會時的秩序必致大亂。再則曰水泥公司有高雄、霧峯、鹿港、板橋等大戶互相爭衡，紙業公司有某某兩大集團相持不下，開會時恐將鬧到不歡而散。此外尚有其他問題，困難重重，不一而足。所幸關於股東人數太多的困難，由當局採用了委託書及入場證等辦法予以消除。大戶及集團相爭的問題，也由於名流調停及大家守法等因素獲得解決。兩個股東大會均能平安度過，總算不失為一件「差强人意」的大事。

這兩個股東大會，我們來賓記者的身份，以得以「躬逢其盛」，見聞所及，不禁頗有所感。

股東大會的議程，除了公司當局報告及政府長官致詞外，接着便是修改公司章程和選舉董監。當時頗呈現一個動人的場面，即小股東們深深感到遭受了少數大股的壓迫，爲其本身的權利而掙扎奮鬬，要求依照公司法第一百七十四條之規定，來限制大股東的表決權。公司法的這一條原是爲保護小股東而設的，其法意本甚良美；可惜它的規定是要公司以章程來限制，而公司章程却先須以每一股有一權來表決。只要大股東不願自動限制自己的表決權，那限制大股東表決權的章程就無法通過。所以公司法的這一條的規定，實在是不大澈底。可是這天許多小股東們明知「與虎謀皮」這一案不易通過，但仍然要求提付表決。表決的結果自然是予以否決，惟既經表決，大家對於表決的結果也就不再有異議，其堅定奮勇，嚴正守法，「知其不可爲而爲之」的態度，大有「運動員的精神」(Sportsmanship)，殊足令人感動。

看了上面動人的一幕，具有正義感的人士，僉以節制資本及保護多數小股東的權益乃是我國的國策，對於大股東的表決權，不應以公司章程來限制，應當在公司法中明文規定，故有人熱烈主張將公司法予以修改。

用公司章程來限制大股東的表決權固然不易辦到，在公司法中明文限制，也是不切實際的。假定公司法硬性規定一股東而有十一股以上者，其超過部份之股份，每若干股始有一表決權；或用累減計算法，規定股份超過定額愈多者，其表決權應打之折扣亦愈大；甚至援用合作社之原則，不問股份多少，概爲一人一票，但這也是徒勞的。因爲大股東會採用「化整爲零」的手法來避免其表決權之受限制。過去在本省曾有實例。某某金融機關，係股份有限公司組織，其章程中早有限制大股東表決權之規定。在某一次股東大會召開之際，有兩個大股東的集團，展開了董監爭奪戰，雙方勢均力敵，正未知鹿死誰手。其中一集團發動閃電戰術，在股東開會前股票停止過戶之前夕，突然提出大量大戶股票申請過入多數小戶，以期出奇制勝。另一集團亦聞風而起，「如法炮製」。害得辦理股務的人員，露夜趕工，忙亂不堪。結果仍是較大的股東獲佔優勢。所以用法條作紙上的限制，仍然是「徒法不能以自行」的。

大股東的表決權用公司章程來限制既「辦不到」，用公司法來限制又「沒有效」，然則許多的小股東只有甘受少數大股東的壓迫而任人宰割麼？國民小有積蓄，即用以投資於事業，乃發展經濟之一種原動力，故小股東人數衆多。凡現代進步的國家，都有同樣的情形。各外國的許多小股東應亦有其自衞之方與自處之道。

談到外國的情影，却與我國略有不同。外國人投資於事業是很靈活而自由的。他們對於某一事業因其經營不善，感到不滿意或不中意時，就把那一事業的股票賣出或不買那一事業的股票，那一事業的股價必致下跌。反之，他們發覺另一事業經營得法較有盈餘時，則轉而購進那一事業的股票，那一事業的股價卽因以上漲。又因有公開的證券市場，其下跌與上漲，均以達到公平合理的價格爲度。至於各事業的大股東們所最注重的，不在爭奪董事或監察人的位置，而在於力謀該事業業務之改進。事業業務之能否改進，又在經營者之是否得人。大股東本身之具有才能者自可爲其事業服務，通常均須爲事擇人，凡是對於生產管理具有特長及經驗或聲望者，多在聘請物色之列。蓋近代的事業不特在國內有競爭，並須在國際市場上足以與他國的同業對抗，如經營者不得其人，董事多濫竽充數，則其事業必歸失敗，大股東們勢須將其持有的股票脫售，成爲小股東或非股東轉而投資於其他較有利的事業去了。所以在外國儘管有衆多的小股東，但不大會發生爭奪董監及以大股東壓迫小股東情事。我國的情形則不然，依照耕者有其田案地主們以其地價之一部換得的股票，因種種原由，其價格曾由每股面值十元落到每股二元數角。其後因政府設法維護，略見提高，但仍與面值相差尙遠。迨至股東大會行將召開，爭奪董監的集團爲增加其表決權數計，不惜出較高價格收買股票，股價始得上漲。因爲沒有公開的證券市場，其漲跌均不甚公平合理。地主們爲了珍惜其以土地換來的股票，不願輕易的以低價賣出，如因緊急需要而忍痛賣出，俟有餘力時欲買回股票時又不知將來要付出什麼代價。故買賣股票以投資於事業，在目前的狀況下，乃是滯澀難安的一件事。至於大股東們如欲放棄已持有的股票而另行創辦或轉投資於其他事業，因我國缺乏資本市場，那又「談何容易」呢。況且我國現行的經濟政策對內雖屬自由競爭，對外仍是保護；而水泥與紙業二者係整售整營，在國內亦無與之抗衡者。所以大股東們對此視爲奇貨，無怪乎他們要悉索做賦以背城借一了。而小股東們則惟有「望洋興歎」而已！

綜上所述，可見問題癥結之所在，全在於我國缺乏資本市場和證券市場。我國國民所得尙甚微薄，外資僑資已另定辦法，資本市場殊難建立。公開的證券市場大家都知道有必要，但因有種種關係，一時尙不易實現。關於此點，在第八卷第六期的本刊上曾有專文論列，茲不贅述。總之，我們切盼全國上下努力克復當前困難，早日建立自由公開的資本市場與證券市場，使我國經濟得遂正常的發展。有識之士，當亦與我們有同感吧！

我是一個「人」！

——美軍生活之一——

辛之魯

我在美軍中工作已有三年的時光，我和他們朝夕相處，不僅工作在一起，日常飲食起居也在一起。下面的幾篇報導，是我三年來的一些觀感和生活體驗。我覺得，民主是一種生活方式，我們要認識美國的民主，必須從他們一件件小事和一些生活的細節上去認識。我在這裏所報導的，雖僅屬於美軍這一方面的情形，但由此也可想見一般。從生活上所瞭解的美國民主精神，才是最真切的！

在一個「拿人不當人」的社會裏，人的適當名稱莫過於「兩脚動物」。人的價值和貓、狗、馬、牛這些四脚動物的一樣，不，甚至於還不如牠們！記得我曾在一本什麼書上，讀到一段關於史達林的故事：那時的史達林正在西伯利亞與沙皇的軍隊作戰。有一天，史達林率領他的騎兵渡河，過河之後，一個副官報告說：「有一個士兵被急流冲去了！」史達林聽了這話，臉上立刻現出不快之色。接着那個副官又報告說：「不過，馬是安全的！」史達林又立刻現出笑容。由此觀之，在一個極權國家裏，人，連馬都不如！

但在民主國家中則不然，每個人享有「人」的待遇、「人」的價值和尊嚴。他們不折不扣的是個「人」！在韓戰中，常常爲了救助一個美國傷兵，美軍派直昇飛機，冒着敵人的砲火，拼命搶救一個垂死的小兵，然後由韓國派專機護送到東京的陸軍醫院療養。這便是拿人當「人」的實例！

在這兒，還有一件觸目的事實：美國太平洋星條報上的頭條新聞，決不是某某大員的送往迎來，也不永遠是什麼世界軍政大事，却常常刊載水災、火災、飛機失事、船舶遇難等意外事件，記載有多少人死亡、受傷或失蹤以及救助的情形。這一點說明了民主國家所重視的是「人」！一般的「人」！

去年聖誕節前，東京發生了美國航空史上空前的一件慘劇，就是美軍由東京飛往韓國的飛行車廂 (Globemaster) 失事了，飛機上的乘客一百餘人全部喪命。這些人都是休假期滿回韓國前線的官兵。這意外事件騷動了整個遠東美軍。美國遠東空軍司令部立即下令所有飛行車廂停航，華盛頓國防部立即派遣高級官員和專家到遠東調查失事原因，並研究飛行車廂的設計是否有毛病。專家研究、調查了一個多月，結果證明飛行車廂的失事是偶然的，與設計無關。美軍當局遂又下令復航。而在停航期間，爲了不影響官兵的情緒，海軍特派遣運輸艦從韓國接運到日本休假的官兵。我們常抱怨說：「洋人值錢，東方人不值錢。」「洋人」並不是天生就高我們一等，而是在他們那個社會裏，他們都被尊重爲「人」。

美軍的伙食——就我們只有幾顆兒飯吃的東方人看來，的確是夠豐盛，夠營養的了。在營養方面，都是根據科學方法加以研究統計的。普通早餐有鮮桔汁、咖啡、牛奶、火腿蛋、吐司；午餐和晚餐有湯、沙拉、以及牛排、炸鷄、猪排、魚排等五六樣正菜，在這些正菜之中，你可依你所好任選一種；此外還有甜食和飲料，飲料有熱咖啡、冷咖啡、熱可可、冷可可、熱茶、冷茶等，有時還有鮮牛奶。在這些飲料之中，你也可以任選你所好的一種。美軍中的餐廳，是由軍需處辦理的，美軍所住旅館中都有軍需處辦的餐廳。記得去年夏天，有一次，在軍需處菜單上飲料這一項下，只有咖啡。那天我在餐廳中，便聽到一片怨聲，大罵伙食不好，有人說非向軍需處提出抗議不可；有人說像這樣的蹩脚伙食，他們不要吃，提議軍需處的餐廳關門大吉，讓自己的俱樂部接辦。當時我這個東方人便對一位憤懣的美國朋友說：「這已經夠好了，只有咖啡，沒有可可或茶，還不是一樣!?」他大不以爲然，高聲向我反駁：「辛！軍需處太獨斷獨行了，不尊重個人的嗜好！我們不是狗，給我們吃什麼就吃什麼！我們是『人』呀！」我當時感到十分狼狽，只有默然。

第二天，我在軍需處菜單上的飲料一項下，看到將咖啡、可可、茶、牛奶又全塡上了。據說，當天美遠東陸軍的一位將官曾去一美軍旅館山王旅館 (Sano Hotel) 吃午餐，看到菜單上飲料一項下只有咖啡，不能任人選擇自己愛好的飲料，他表示：「這不尊重個人嗜好！」他下午上班後，便立刻用電話通知軍需處加以改善，於是第二天菜單上又出現了咖啡、可可、茶、牛奶……當你還在抱怨抗議的時候，將軍已替你着想而解決了！

我的辦公室離遠東空軍司令部很近，中午我總喜歡去空軍司令部 P.X. 的小吃部 (Snack Bar) 吃午餐。今年春天，有一次，我在空軍司令部 P.X. 看到遠東空軍司令魏蘭上將 (Gen. Weyland)〔註：魏蘭將軍現已他調，美遠東空軍司令現爲派楚奇將軍 (Gen. Patridge)〕站在一個小兵背後，那個小兵正在選購留聲機唱片，一張張的試聽着。看樣子，魏蘭將軍也是想買唱片，正耐心的等待着。小兵回頭看了看這位四星上將，滿不介意，仍舊試聽着他的唱片，嘴裏還哼哼卿卿的唱着什麽，好像是表示：「將軍，你雖身爲四星上將，指揮鐵翼千架，我則爲一等小兵，無權無勢，但我們之爲『人』，則一也！將軍，請你等一等！」

我遠遠的佇立着觀看，那小兵選好了唱片，付了錢，轉身揚步而去，魏蘭將軍還望着那小兵的背影一笑，然後才拿起唱片端詳。

我不禁頷首讚嘆：這個小兵眞够得上是個「人」！而魏蘭將軍更表現了「人」的風度！

我有一個美國朋友——曾是東京總 P.X. 飲食供應部的監督人，他告訴我說，在麥克阿瑟任內，麥帥夫人常愛帶着小阿瑟和照顧小阿瑟的阿媽去他那個供應部用餐。堂堂統帥夫人駕到，爲表示一番敬意，供應部的人要爲她另設一桌，與那些大兵分開，但麥帥夫人却加以婉拒，她說她喜歡和他們在一塊兒用餐。這說明麥帥夫人並不以爲她自己是「超人」，她是一個眞正的「人」！提起小阿瑟的阿媽，我又想起了一件事。據說：小阿瑟的阿媽是一個中國人，當初麥帥夫人和小阿瑟來東京時，這位阿媽仍留在菲律賓，後來小阿瑟十分想念他的阿媽，她才乘機由菲來東京。她抵達東京的那一天，麥帥夫人帶着小阿瑟去羽田機場接她，站崗的憲兵看見統帥夫人駕到，必定是迎接什麽「大人先生」，誰知飛機的艙門一開，走出來的原來是一位中國老太婆！都不禁爲之一愣！只有在「人」的社會裏，才有這樣親切的人情味！

我在美軍中工作三年，幾易單位，辦公室中一直是充滿着自由輕鬆的氣氛。三年來，我沒有看見任何一位主管擺出官架子「訓人」的現象。早晨上班見面時，主管常先你說一聲：「早！」下班以前，他常替你清掃煙灰缸，關辦公室的門窗，好像他就是我們的公僕！下班時總是彼此互道一聲：「再見！」

我一向不修邊幅，懶散成性，然而自來東京後，環境迫使我不得不「裝璜」一下「門面」了，我必須忍耐着「西裝革履」的束縛，但我對於打領帶這一道仍十分笨拙，經心經意打好的領帶，常常是歪斜不正的。有幾次，我們的副主管看見我歪斜的領帶，便走過來替我整理，然後拍拍我的肩，微笑着離去。

我吸煙之多是全辦公室聞名的，我每日要抽六十枝香煙。最近經過醫學界的研究，認爲吸煙的人容易患癌症，辦公室因之一片騷動。有一天，我吃過下午茶回辦公室時，在我的辦公桌上突然發現一本「如何戒煙」(How to Stop Smoking) 的書，我莫明其妙，不一會，我們的副主管笑嘻嘻的走來對我說：「辛！我希望這本書能對你有幫助！」

我們在辦公室裏，主管並不比我們多點什麽，他指導的是我的工作，而不是我這個「人」！在工作之外，我們還有一份友誼。在美軍機構中，我沒有看到階級壓人的情形，也沒有看到「只知有己，不知有人」的現象。我們處處可以享到「人」的溫情，「人」的尊嚴。

我們辦公室有一位下士，是從韓國到東京來出差的。他結婚後不久便被徵調入伍來遠東。他在美國的新婚太太聽說他來到東京，並有一段時間的逗留，立刻辦妥護照，搭機趕來東京與她的丈夫暫時團聚。她住在東京最豪華的帝國旅館，與我們的辦公室遙遙相望。這位下士每天上班時隨身帶着一套西裝，下班後便馬上脫下制服換上西裝，奔向帝國旅館，我們看見他在辦公室裏焦灼不安的神情，時常和他開玩笑。像他這種情形是不能向上級請假的。但是，當主管從旁聽到他太太不遠千里而來的消息，却自動爲這位下士費很多力氣安排了一星期的假期，讓他和他久別重逢的太太去京都、奈良、名古屋重渡蜜月。

一個美國戰俘（他的姓名我已忘記。）在戰俘解釋期間，曾拒絕遣返，據說主要的原因是當他在中共戰俘營期間，曾壓迫自己人以討好共黨，怕回來後遭受法律懲處。他在東京的日籍妻子不斷的去信催他歸來重聚。他因此決定遣返，而且是拒絕遣返後又志願遣返的唯一戰俘。到東京後他被送到築地的陸軍總醫院檢查身體，然後等待送回美國受軍法審判。（因他有壓迫同伴戰俘之嫌，現在正在美受軍法審判。）他在東京陸軍醫院滯留的短短期間，上級不僅允許他和他的妻子見面，還特別讓他倆「單獨」相處三小時！

這就是美國軍隊裏的人情味！

美國在韓戰停戰談判中，委屈求全，達成協議，據說這個態度的背後有一個最大的原因，就是爲了遣回被俘的三千多美國官兵，這是否因小而失大，我們在這裏不加評論，但是，這種重視「人」的態度却是美國的傳統精神，這是我們不能加以否認的。

記得去年聯軍與共軍交換傷病戰俘時，當時的聯軍統帥兼美國遠東軍司令克拉克將軍曾親自去汶山里歡迎美軍戰俘。當第一批美國傷病戰俘乘直昇飛機降落的時候，克拉克將軍上前慇勤的攙扶第一個戰俘下機。克拉克問這個小兵說：「你好不好？」(How do you feel?) 這個小兵回答說：「他媽的！還好！」(God damn, pretty good!) 克拉克將軍碰了一鼻子灰，漠漠地退在一旁。這個小兵在共軍戰俘營裏一定受了許多委屈，一肚子怨氣，沒處發洩，對克拉克將軍迸出了這句話，這也是人之常情。這件事若發生在極權國家中，豈不被認爲冒犯長官，而琅璫入獄！但這個小兵不僅不因爲身受遠東軍司令之迎而受寵若驚，居然還在這位鼎鼎大名，轉戰歐亞的四星上將面前冒出了這句有傷大雅的話，這正表示他從骨子裏意識到他自己是個「人」！作爲一個「人」而言，他並不低於一位將軍。而克拉克將軍尊重小兵之爲「人」和尊重他自己一樣，這正表示偉「人」的襟懷！

吉田和反吉田大決戰的前夜

徐逸樵

一、五次政權面臨末期？

日本現在的政權是自由黨政權，也是吉田茂第五次內閣的政權。這個政權是去年五月間成立的，離現在恰好一年有半。

可是時間雖然有一年半了，然而究其實，實無日不在度日如年，日坐危城中；因爲國會一開幕，他便常常有被不信任的危險。這主要的原因，倒不在於所謂革新黨派的「拆臺」，更不在於左翼或共產黨人的「搗蛋」，而是在於保守黨派的不合作，特別在於自由黨本身的吵架。半年來，這個吵架吵得更兇了，以「同室操戈」爲中心的反吉田運動鬧得更兇了，於是正在發展中的「革新勢力」自然也更有機會可乘了。看情形，如果弄不好，不僅吉田政權有失脚的可能，甚至整個保守勢力也不是沒有失脚的可能(縱使是一時的)，讓那些革新勢力來試試。

主政五度是史乏前例的政權。溯日本的近代史，伊藤博文主政四度，桂太郎和近衞文麿各三度，其餘最多者不過二度而已，可是吉田已經五度了，遠破前人的紀錄。他於月前在倫敦答朝日新聞社吉武特派員的問——「有沒有息手的意思呢？」，率直而悲壯地這樣說：

「不息手！退路斷了，縱使想息手也沒有路了。做得順手而又想息得順手，豈不是太利己了嗎？」[註一]

貌似背水的口氣，心寓破敵的氣慨，是顯而易見的。

他能突破危局而延長現有的五次政權嗎？他想解散國會舉行再選而續長第六次政權嗎？他是否還有往日左右逢源的實力呢？

二、保守家屬大吵架

我們剛纔說，一年半來的吉田政權常常有被不信任的危險，也就是常常有垮臺的危險，而那些危險的主因實在由於保守黨派的吵架。目前的吵架既然吵得更兇了，那末我們對於其過去的吵法自然有回顧一下的必要。

說到保守黨派的吵架，不能不提到保守黨派的特質。那些特質中的最突然者有二點：就組織說，日本的保守黨派是人情義理的結合，也就是日本人所愛稱的「父分子分」的結合[註二]；就政策說，日本的保守黨派在政策上並沒有根本的出入，他們無非想走走慣了的老路而已。因之我們不妨這樣說，保守黨派的吵架實質上並不是政策上的吵，而是人事上的吵。政策上的吵是好聽話，人事上的吵是實在話。

人事上的吵當然是爭正統，爭領導，或爭地盤的別名，因之離合集散必然成爲影之隨形了。

這樣的吵的最大種子是什麼呢？是戰敗以後的大「追放」，而就自由黨本身說，是九年前吉田茂和鳩山一郎之間意外的一榮一辱。九年前，鳩山以第一黨總裁(自由黨)的資格，行將袍笏登場了，突然被盟總指名追放。鳩山不得已，乃讓總裁和首相於吉田，雌伏待機。據鳩山和其同系人說，自由黨是鳩山手㓈的家當，讓給吉田無異於權宜的託管，一俟追放解除，便須物歸原主，此常理也。何況吉田在當時是答應有據的呢？如此云云。於是前年鳩山的追放一解除，自由黨的架乃吵得不亦樂乎了。

前年(一九四二)是被追放者大量出籠的年頭。鳩山和其同系人既然恢復自由了，第一齣戲當然是「索荊州」。前年八月到去年三月，吉田解散了國會而重選者二次：第一次是前年八月廿八日，日本人稱爲「拔打解散」[註三]，第二次是去年三月十四日，日本人稱爲「馬鹿野郎解散」[註四]。兩次相去不過六個月多而已。那兩次的解散，說得眞一點，都無非是「索荊州」意識在作怪，而其他反對黨派的興風作浪尙其餘事耳。那些說來太多了，在此只好從略。

可是我們應該特別指出的是，所謂「馬鹿野郎解散」之後而重選，自由黨雖然還是第一黨，吉田還是做了首相而五次主政，可是自由黨的聲勢大跌了。他所以大跌，由於：㈠在那次解散重選舉之間，鳩山率其同系和一部份共鳴者分家了，分家以後的組織時人稱之爲鳩山自由黨(以示有別於「吉田自由黨」)，於是自由黨的金甌殘缺了；㈡重選以後自由黨的衆院議席變成一九九席了(選舉跟前爲二二二席——此時鳩山派已走)，離開衆院總議席四六六之半數以上太遠了；㈢社會黨左右二派急速進展了(右派從五九進到六六，左派從五六進到七二)。從那時候起一直到現在，吉田首相所碰到的全是無窮的難題；在國內，他要通過許多所謂「糾正過分」的法案[註五]，在國外，他要應付以軍援爲中心的許多的問題。這些是犖犖大者，其餘不必多說。對於這些難題的應付，只靠一九九名何濟於事呢？唯一的辦法，只好向那擁有議席七十六的改進黨和三十六的鳩山自由黨去下工夫了(以上議席均係選舉跟後的數目)。

可是要下工夫，照政黨政治的常軌，應該從政策上去下，不該從人事上去下，這是日本國民一般的希望。然則自由黨一年多來的下法究竟如何呢？

吉田首相於第十六屆特別國會閉幕後(選舉和組閣完後跟着的國會)，就首先親訪改進黨的總裁重光葵於其鎌倉的私邸(去年九月廿七日)，接着又親訪鳩山一郎於其音羽的私邸(去年十一月十七)。這二次訪問憑其三寸不爛之舌，換得了輝煌的成果。他從改進黨方面所得到的，是關於防衞問題意見的一致，防衞廳和防衞隊的成立(保安廳進爲防衞廳，保安隊進爲防衞隊)，和池田勇人放膽地到美國去接洽軍援和其他，從鳩山自由黨方面所得到的，是鳩山一郎回到自由黨——帶了二十四名回老家。於是這一來，那個鳩山自由黨縮小了，縮成只有八名了，愁眉苦顏地掛上了一塊叫做「日本自由黨」的小照牌。改進黨呢？只好用所謂「是是非非主義」做幌子，勉强和自由黨做朋友了。原夫所謂「是是非非」者，本係「是則是之非則非之」之簡稱，而究其實，則「論件成交」之別名也。改進黨所以如此爲難，實緣其中有親吉田的蘆田均系，反吉田的三木武夫革新系，且看風色的中間系，追隨重光的主流系等等，人雜而系多，亂動最患忌。蓋動而不得其道，轉有被人支解的危險。因之「是是非非」云云，原不過那時重光苦悶的象徵而已。

剛纔說，吉田和重光鳩山分別的會談，總算取得了輝煌的成果。可是那些成果是已經到了吉田可能獲得的頂點了的，實在再無法往前伸展了。再無法伸展就是窮。窮則變，此今日新黨運動所以發生也。而那個變的楔子，就是今年初頭以後的一大串「疑獄」。

談到那一大串的疑獄應該是讀者們所知道的。在那裏面，有造船的疑獄，有保全經濟會的疑獄，有日本殖產金庫的疑獄，有陸上運輸機關的疑獄。那些疑獄牽涉到保守政黨的全體(右派社會黨中一部份人也有嫌疑)，牽涉到自由黨和其政府中的許多要人。而那些疑獄的由來又無非起源於金錢和權力的勾結以收買法律和政治，使日本政界財界相互腐化，至於不可究詰。據許多報紙的記載，那些疑獄的深和廣，實爲六年前那個和蘆田均有關的昭和電工疑獄所不能望其項背，爲日本貪汚史上開新紀錄。那些疑獄從今年初頭起，接二連三地擧發出來了，從自由黨及其政府的下層逐漸擴到上層了，連緒方竹虎，池田勇人，佐藤榮作等要人都將牽連到了，於是自由黨乃狼狽不可言狀。到了四月間，自由黨一方面要對付野黨的不信任案，一方面又要對付那個燃眉之急的大疑獄，正在那樣狼狽不堪捉襟見肘的時候，檢察總長請示可否逮捕佐藤榮作(自由黨的幹事長)的公事到了。這是催命的請示，怎麼辦呢？只有靠那神聖而不應誤用的最後的法寶了。那法寶的使用就是吉田首相不顧一切地指示犬養法相發動了對於檢察總長的所謂指揮權——要他從緩逮捕。這個指揮權的發動，據許多權威法學家的指責，乃是指揮權的誤用，是行政干涉司法的大惡例。然而這一指揮權的發動，就吉田內閣說，不僅悠然渡過了最大的疑獄關門，而且利用其餘勢和術數，一氣否決了野黨所提出的不信任案(今年四月廿四日)。

大疑獄一筆抹煞了，不信任案一氣否決了，野黨方面大憤了，於是拼命妨害吉田內閣想通過的法案，弄得國會延長到五次。在第五次可否延長的大論爭中，演出了日本國會史上最大的打案，發生了百餘警察彈壓議場的奇聞。那第五次的延長國會是在社會黨和日本自由黨不承認和不出席中擧行的，因之那些不易通過的議案當然非常順利地通過了。然而吉田五次內閣在那樣苦幹硬幹的過程中，只會增大了野黨和國民對他的反感，那是毋待說明的。

自由黨在疑獄和倒閣運動如火如荼的時候，知道政權寶座實在危險到萬分了，曾經二次向改進黨伸手求援。第一次伸手出於副總裁緒方竹虎的談話，提議「自改兩黨同時解散，合組新黨，總裁公選」；第二次由佐藤榮作往訪改進黨松村幹事長，提議和緒方所發表者同。二次都遭改進黨拒絕了。改進黨所以拒絕，無非認爲合組新黨是名，而順手拆家是實。改進黨這樣想，自由黨大而改進黨小，如果總裁公選的話，吉田不是穩做總裁嗎？於是他們公開地提出讓吉田先走開再說，不然便無從談起。

改進黨既然公開拆穿了，自由黨只好暫時縮手了。然而在那暫縮手的時候，由於緒方新黨運動的提議，自由黨中不滿意於吉田者居然搞起新黨運動起來了。這一運動的主角，就是鳩山的大將石橋湛三和不滿意吉田的岸信介和金光庸夫，而以鳩山爲其幕後的主帥。這運動後來又加上了改進黨的蘆田均。這位蘆田均，據其後種種活動的透示，實在是吉田預置於敵陣中的伏兵。這支伏兵的作用，消極方面是牽制改進黨，使他不敢輕擧妄動，積極方面是相機拉進了自由黨的精銳，隨時操縱這個運動。這支陰險的伏兵，照理說，如果吉田能愼於運用，不驕不餒，本來是大有牽制作用的。可是事有出於意外者，吉田一出國，好像呼吸自由而緊張大鬆了，在巴黎和倫敦大放厥詞了。他大罵鳩山和重光，言詞之間好像一回國就要收拾他們。他在倫敦答吉武特派員時所謂「做得順手」，無非認爲羣醜何足畏而已。他那樣的示威，也許是一種外交上巧妙的姿態，示美英以今天的日本非我莫屬。然而這樣的姿態，所期於美英者爲未可知，而大大刺激了鳩山和重光，迫使他們大敵當前的合作，却已成爲事實了。這事實，就是一個月來所謂反吉田新黨的加速現實化。

三、吉田和反吉田勢力概觀

這個加速現實化的反吉田新黨，在作者執筆的時候，雖然不但還沒有成立，而且還沒有一個假定的名稱，可是我們基於次述的理由，可信其必將於本文付印之時必然成立，那是沒有疑問餘地的：㈠具體會談已經多次，現實進展正在加速；㈡準備委員長已經推定鳩山，重光鳩山之間已經一致；㈢鳩山固無面子再和吉田同居，重光也無理由再事逡巡；㈣鳩山的大將石橋湛三已被自由黨二次開除，反吉田的岸信介也被剛纔開除。他們都是自由黨中反吉田之健者，當再無被拉回之理；㈤「日本自由黨」雖小，反吉田的感情最强，聞有反吉田的大組織，無不欣然追隨；㈥問題是改進黨中的蘆田系，然而縱使中途脫走，也無大影響於新黨的結成。總之說，這個以自由黨中的反吉田系和改進黨與日本自由黨揉合而成的反吉田新黨之必然出現，論理乃是極無疑問餘地的。(編者按：果如作者所料，反吉田的新黨(日本民主黨)已於十一月廿四日正式在東京成立。)因之在這裏，我們不妨將決戰前夜的吉田和反吉田勢力的分野，先來作一個概略的估計。

甲、吉田勢力——自由黨主流（總計一八八名）

吉田及其側近系計六名

吉田　茂　麻生太賀吉　池田勇人　坪川信三　福永健司
保利　茂

執行部系（計四十五名）

佐藤榮作　益谷秀次　岡崎勝男　林　讓治　橋本龍五
小笠原九三郎　荒船淸十郎　靑柳一郎　小澤佐重喜　天野公義
今井忠助　小川平二　尾崎末吉　尾關義一　大橋武夫
大上　司　大平正芳　加藤鐐五郎　鍛冶良作　岸田正記
小坂善太郎　高橋英吉　黑金泰美　小金義照　小平久雄
小林　錡　小峯柳多　田島好文　田中榮角　竹尾　弌
丹羽喬四郎　野田卯一　增田甲七子　山口喜久一郎　水田三喜男
平井義一　福井　勇　本多市郎　松野賴三　三和精一
宮原幸三郎　渡邊良夫　山中貞則　保岡武久　三池　信

緒方竹虎系（計二十三名）

緒方竹虎　田子一民　石井光次郎　戶塚九一郎　河原田稼吉
相川勝六　馬場元治　植木庚子郎　菅家喜六　林　信雄
田中伊三郎　山崎岩男　押谷富三　篠田弘作　高橋圓三郎
津雲利國　灘尾弘吉　長谷川　峻　犬養　健　堀川恭平
熊谷憲一　長野長廣　逢澤　寬

大野伴睦系（計十八名）

大野伴睦　辻　寬一　有田二郎　中村　淸　村上　勇
安井大吉　佐佐木盛雄　平野三郎　靑木　正　內海安吉
關內正一　江藤夏雄　塚田十一郎　網島正興　德安實藏
福田篤泰　福田　一　山口六郎次

中間系（計九十名）

加藤宗平　宇都宮德馬　世耕宏一　田淵光一　○菊地義郎
倉石忠雄　小林絹治　永田良吉　山崎　岩　吉武惠市
迫水久常　高橋　等　秋山利恭　生田廣一　內田信也
池田　淸　前田正男　松永佛骨　高田彌一　鈴木善幸
塚原俊郎　富田健治　中山マサ　西村直巳　濱田幸雄
船越　弘　大西禎夫　小西寅村　土倉宗明　中村幸八
西村久之　坂田道太　大久保武雄　淺香忠雄　岩川與助
上塚　司　足立篤郎　伊藤鄉一　飯塚定輔　越　智越
松山義雄　山田彌一　○森　淸　山崎　猛　岡野淸豪
岡田五郎　岡村利右衞門　加藤精三　川村善八郎　木村俊夫
久野忠治　佐藤善一郎　坂田英一　鹽原時三郎　庄司一郎
佐藤洋之助　助川良平　鈴木正文　瀨戶山三男　關谷勝利
田口長治郎　田中萬逸　玉置信一　武田信之助　寺島隆太郎
苫米地英俊　中井一夫　中川源一郎　仲川房次郎　西村直巳
羽田武嗣郎　葉利新五郎　原健三郎　橋本登美三郎　原田　憲
福田喜東　降旗彌德　本間俊一　松岡俊三　前尾繁三郎
松井豐吉　松崎朝治　牧野寬素　南　好雄　三浦寅之助
持永義夫　八木一郎　山本友一　吉田重延　夏川源三郎

無所屬（計二名）

只野直三郎　堤　康次郎

新黨同志俱樂部（計四名）

小山倉之助　橋本淸吉　山下春江　中島茂喜

乙、反吉田勢力——以鳩山爲首之現新黨勢力（總計一二七名）

新黨準備會派（共計八十九名）

①自由黨中的鳩山一郎系（計二十二名）

○鳩山一郎　○石橋湛三　○北　聆吉　○根本龍太郎　○花村四郎
○星島二郎　○石田博英　○鈴木仙八　森幸太郎　○山本正一
山口好一　○松村鐵藏　亘　四郎　高木松吉　○小高熹郎
○木村武雄　○始關伊平　○首藤新八　○加藤常太郎　○佐藤虎四郎
安藤正純　○島村一郎

②自由黨中的岸信介系（計十七名）

○岸　信介　船田　中　○田中　好　○武知勇記　○南條德男
○遠藤三郎　○岡本忠雄　○川島正次郎　○小笠公韶　佐藤親弘
田中龍夫　永田亮一　○藤枝泉介　○坊　秀男　○赤城宗德
佐瀨昌三　○福田糾夫

③自由黨中其他（計五名）

○大村淸一　坂田英一　○小枝一雄　木村文男　金光庸夫

④改進黨中的蘆田系（計六名）

○蘆田　均　○荒木萬壽夫　○有田喜一　○小島徹三　床次德二
志賀健次郎

⑤改進黨中的中間系計（二十五名）

○五十嵐吉藏　○齋藤憲三　○佐藤芳男　○椎熊三郎　千葉三郎
○栗田英男　○笹本一雄　長谷川四郎　○池田淸志　○神戶　眞
○楠美省吾　○小泉純也　問本敏夫　○鈴木幹雄　○高瀨　傳
高橋禎一　田中久雄　福田繁芳　○古屋菊男　廣瀨正雄
岡部得三　○中野四郎　町田金五　館林三喜男　○早稻田柳右衞門

⑥日本自由黨（計八名）
○三木武吉　○河野一郎　○池田正之輔　○山村新治郎　○松永東
○中村梅吉　○安藤覺　○松村竹千代
⑦無所屬——半年來被自由黨開除或自動脫黨者（計五名）
○大橋忠一　○田中彰治　○中川俊思　濱地文平　○山本勝市
⑧小會派（計一名）
○辻政信
改進黨（共計三十八名）
①主流系（計十八名）
○重光葵　○松村謙三　○大麻唯男　○伊東岩男　○今井耕
○臼井莊一　○須磨彌吉郎　○大高康　岡田勢一　○加藤高藏
佐伯宗義　○中村三之丞　栗山博　○吉田安　○三浦一雄
○中村庸一郎　○竹山祐一郎　喜多壯一郎
②革新系（計二十名）
○三木武夫　○川崎秀二　○櫻內義雄　○中曾根康弘　田園直
稻葉修　並木芳雄　○井出一太郎　赤澤正道　吉川久衛
白濱仁吉　內藤友明　○中島太郎　○本名武　○松浦周太郎
○村瀨宣親　山手滿男　○柳原三郎　○藤田義光　○河野金昇

以上數字和分野，乃係作者根據「星期每日」（十月卅一日號）及月來種種實際演變而作成，其中附有○者，係本月十五日出席新黨㭗立會之現衆議員。茲有數事特須指明者：㈠出席㭗立會者不應視爲參加新黨可能之唯一數字，因當日未能出席者人數尚多；㈡保守黨派中之參議員未列入，本月十五日出席新黨㭗立會之參議員也未列入；㈢在本文航寄前，新黨尚未正式成形。在正式成立前（正式成立當不出本月下旬），分野固難保不有變動，即在正式成立後，因吉田和反吉田勢力勢必相互拼命拉拆，也難保不有變動；㈣以上分數和數字，係基於吉田決不妥協之一前提下作成，萬一吉田歸國後而作揖讓勇退之圖，則分野恐有大紊亂可能；㈤作者所以如斯大膽估計，無非欲使關心日情者在分野縱有變動，甚至紊亂，亦可藉此而追索其來龍去脈而已，非敢弄拙也。

四、吉田政權的最大難題

吾人關於日本保守黨派的內鬨及其繞吉田政權而囂擾紛糾的情形已略述於前。此一勢力之發展蓋已足使吉田寢饋不安而有餘矣，然而事實上，年來日本國內國外情勢之發展，尚有一問題焉，其對吉田政權威脅之嚴重性，尤遠勝於日本保守黨派之內鬨，而爲吾人所不能不提及者。此一嚴重的問題爲何？即吉田政權下所發展的目前日本經濟處境的嚴重性是。前幾天，倫敦泰晤士爲文評日本的政局，其中有言曰：「目前日本的政界，確似十八世紀當時的英國，而吉田首相之强，亦一如其時的首相華爾普（Sir Robert Wolpole），其强在於具有巧妙操縱有力諸黨派的權術，斯則今日日本人物中無人可與匹敵者。然而事實上，吉田首相目前最大的煩惱，如其說是對於反對勢力的應付，毋寧說是對於日本困難的經濟處境沒有打開的辦法……」（註六）。這看法，對於目前反對勢力的發展也許失之過輕了一些，然而對於吉田政權的最大患——日本經濟困難之不易打開，可謂至極深刻的看法。然則今天吉田政權下的日本經濟處境果眞是怎樣呢？

大家都知道，日本年來是在勵行所謂「緊縮政策」（deflation），這裏所謂 deflation 是指廣義的「緊縮」。這政策所以實施，是由於國際收支的不平衡，即外滙的收入少而支出多。而所以不平衡，第一由於朝鮮和越南戰爭相繼停火，第二由於平和空氣日益濃厚，第三由於美國禁運政策的實施而失去大陸市場，第四由於東南亞資源之不易如心獲得和其市場之不易順手打開，第五由於主要食糧和工業原料須從遙遠的海外高價購來，第六由於國內的製造成本過高，而所以過高，當然由於受到以上各種原因或多或少的影響。此其犖犖大者。這個政策實施已經一年多了，據說還要繼續的實施。要繼續實施的最大原因在於日本製品的國際價格還是平均高人二成光景，非要把他壓下去不可。這樣繼續實施是否能够壓下這個困難的二成呢？這是另一問題，然而由於實施了年餘的結果，現在失業的人數已經到了戰後最高了，中小企業和一般民衆生活的困難已經到了最大限度了。據日本總理府本年七月的統計，完全失業已經到了七十一萬人，潛在失業已經到了三百六十九萬人（指每週平均只有十九時間的工作者），人數還在逐月的增加。至於中小工廠或其他企業的破產，至少每天平均在一家以上，而老百姓的個人自殺、全家自殺和鬻兒售女者且踵相接。緊縮的目的是奬勵輸出以爭取外滙。奬勵輸出必然要勵行「合理化」，勵行「合理化」的過程，直接是裁減員工，釘住工資，節約成本，間接是連銷性地影響於中小企業的生存，國內市場的狹化，大衆生活的苦惱。這些明明是大企業“big business”優先主義的結果。然而到現在，這一蠻幹的辦法，不僅勤勞大衆和一般老百姓受不住了，連大資本家都覺得不是辦法了，這是有事實可以作證的。

這些事實的證明，第一可以舉出的是「經濟同友會」，「經濟團體連合會」，「日本經營者團體連盟」以及「日本商工會議所」等的大經營團體的反吉田傾向的急速抬頭。他們認爲現在的辦法如果不修正，日本終有整個破產之一日，而欲避免這個可能的破產，不僅社會保障制有加强的必要，而且連整個經濟制度也有修正的必要。同時認爲要這樣做，他們幾乎一致地認爲吉田應該先走開。第二可以舉出的是「日本商工會議所」的會長藤山愛一郎和左右二派社會黨的會談。該會所以要和那個不願意打交情的黨會談，無非認爲現政權不無沒落的可能，而革新勢力也殊不無掌握政權的可能。他們會談的目的，無非談談「左傾政策」可能「轉圜」一些的程度究竟有多少(註七)。第三可以擧出的是最近和蘇聯中共方面來往的頻繁，以及名爲民間代表而實卽政府「使節」的村田省藏的行將赴大陸。我們擧出這一些已經足够了，其餘可以不必說。

吉田政權呢？他深深知道那樣的經濟處境大可以短送政權的可怕，所以不顧野黨和多數民衆的反對，非要把那位老首相請出國外去走一趟不可。吉田首相的外遊，日本國民都說他是出去籌商隆重的「回禮」的。這樣的巡禮可比於三山五嶽的採藥行，採來去醫那個政權的痼疾。然而他此行的收穫究竟有什麼呢？

吉田首相於外遊的途中——未到美國以前的途中，發表了二次注目的談話。一次是說他要走美國和英國中間的路線，認爲「日本向國民政府一條鞭走的政策不是沒有生硬的地方」。這明明是要把身體的重心移到另一脚上去和大陸打交情。一次是說他希望在亞洲有一個「馬歇爾計劃」規模的經濟復與機構，言下之意無非是日本應該作爲這一計劃的中心對象，以此來復與亞洲。這些打算如果實現的話，亞洲將會變成怎樣的局面是另一問題，可是吉田政權可以藉此而暫時救活，倒是沒有問題的。又何況他還有其他向美要求的打算呢？

吉田首相現在回來了(在本文寄出的時候，他尙在太平洋的雲上)，他究竟帶回了些什麼呢？據許多權威通訊社的報道，除掉增進了一些所謂「友情」以外，實惠是空洞之至。重要打算並沒有積極建議，美國也好像裝痴作聾。到現在爲止可以看到的，似乎只有「美國剩餘農產物的貸與」一項是具體的。那是價值美圓一億的農業物，其中可用日圓購取的是等於價值美圓八千五百萬的東西，而這個數目之中，可以用日圓使用於經濟開發者只有百分之七十，其餘均須由美駐日機關自己直接支配。這實在離開日本當初所希望的一億五千八百萬美圓的數目(連想被贈送的二千五百萬美圓的東西在內)太遠了。

綜合各方面客觀的報道，吉田首相這次的外遊，除掉增進了「友情」以外，似乎只有一句話——「空洞」。大而至於對付共產集團的問題，小而至於特需維持的問題，防衞分攤金的問題，GARIOA (Goverment Appropriation for Relief in Occupied Area——佔領地救濟基金) 二十餘億美圓如何償還的問題，去年剩餘農產物的日圓資金如何使用的問題，琉球小笠原諸島索還的問題等等，不是沒有提出，也就沒有結果。關於這樣空手回來的原因，日本每日新聞社駐華盛頓特派員鈴川，曾和艾德諾的訪美兩兩相比，寫了這樣一段富有意義的報道：

「美國報紙評西德首相爲『畢士麥』以後德國最大的政治家。美國國民對於艾德諾所感的有似於長敬——卽不然也是尊敬，而同一美國的報紙對於吉田首相的形容詞却是傑出的 "diminutive" 的政治家 "diminutive" 是『嬌小』的意思，裏面大概含有『可疼』一類的味道。如果說，對於艾德諾是具有『尊敬』之念而接待了的話，那末對於吉田首相大概是『疼愛』了的。如果說『尊敬』是一對一的感情，或者是站在平等立場上的感情的話，那末『疼愛』那是站在父子主從的不平等立場的關係上的。」(註八)

美國中間選擧以後的外交，又從亞洲中心轉到歐洲中心了嗎？美國鑑於吉田政權可資利用的界限已屆而另有所待嗎？美國的對日政策已從自衞力中心扶植政策轉到經濟前進基地中心政策了嗎？吉田近於空手的回國，是由於美國外交政策的轉變或混亂呢？還是由於吉田對於國際動向的感覺不靈呢？

日本的燃眉之急是「自立」，自立的基本問題是「經濟自立」。「經濟自立」只有二條路：一條是自求自立之道，一條是美國扶助他上自立之道。此外只有自倒。照目前的情形，美國於政策混亂中並沒有積極扶助他得以趕快自立的表現，那末剩下來的道路，若不是讓他自己尋出路，還不是讓他自己倒下去嗎？

吉田首相肚子裏的自立計劃是什麼呢？其餘野黨肚子裏的自立計劃又是什麼呢？吉田首相五度掌握政權了，要想另求出路而自立，實在也有些轉彎不過來了。此其所以日卽於困難而面臨末期也。

五、決戰前途的種種可能

我們分析了吉田政權目前的情勢，日本政局的大變化大概是無法避免了。無法避免了怎樣辦呢？從政局有關的各方面看，無非作如此希望而已：

㈠財界方面的期待：是吉田下野以促成保守政黨的大連合。然而這希望是極難實現的，原因是，吉田並不想下野，縱使下野了，也無人可做大連合之主，於是結果反而愈混亂，愈糟糕，會變成日本歷史上的「戰國」。

㈡國民方面的期待有二種：保守方面的期待和財界方面大致相同，不過他們認爲萬一大合同不成，不如趕快解散國會而重選，這是可以從民意方面來證明的(註九)；其他方面呢(青年、學生、智識界、勞工層、中年以下婦女)？希望變，希望公公平平地再來一次選擧。

㈢野黨方面的期待也有二種：保守方面最希望吉田下野，讓他們自己來登臺。屬於這方面的當然是目前以鳩山重光爲中心的那個保守新黨。可是這希望等於幻想，因之他們也在作解散國會而重選的準備。革新政黨方面呢？他們老早已經向解散路上在作準備了。他們所以有那樣有自信地在準備，第一，認爲非弄到解散是不成的，第二，認爲重選的結果必然會對於他們極有利。他們說，保守政黨搞選擧要化大錢而我們不必自己掏腰包(註十)，保守政黨重選後必然走下坡而我們必然走上坡。這到不是無據的空言。

㈣吉田自由黨的打算，是依舊能够拆散反吉田集團(現在的反吉田新黨)而拉走其中的一部份或大部份，卽不然，依舊相信能够否決可能提出的不信任案；萬一解散之舉而無法避免，依舊認爲在重選中可以取得勝利。吉田首相不是說過了嗎？「卽使在最尷尬的場合還不是第一黨嗎？」(註十一)

可是各黨派各階層的希望究竟是主觀的，而事實的推演究竟是客觀的。那樣推演過程中可能會發生的是什麼呢？簡言之，如果吉田不下野，不信任案的提出和通過大概是無大問題的。通過以後怎樣呢？現存國會之被解散大概也是無大問題的。因爲吉田政權那肯輕易辭職而息手呢？

日本不二年而將三度大選嗎？這眞是自由黨的不幸了。如果眞大選（如果實現，當不出一、二個月之間），那末：㈠革新政黨方面(特別是社會黨左右二派）的大量進出是不會有問題的；㈡無所屬候補者被當選之將更多於上一屆也是沒有問題的(註十二)；㈢那一黨之將無法佔衆院二百席以上也是沒有問題的；㈣第一黨之誰屬恐將取決於社會黨(左右二派合併或合計）和吉田自由黨之間的爭奪。我們只能粗枝大葉地說這一些而已(註十三)。至於那個以鳩山爲中心的反吉田新黨呢？聲勢頗大而分子過雜，其複雜之程度固已遠過以雜牌聞名的改進黨之上。靑出於藍而勝於藍乎？吾人只能望其好自爲之精誠團結有加而已。在目前，吾人所能言者，只爲其作用很可以制吉田第五次政權之死命而已，此外非吾人所能言也。

那末萬一解散而重選以後的政權究竟會鹿死誰手呢？那要看此後情勢的發展和讀者明智的判斷了。

一九五四、十一、十六於東京西鄉山之麓

（註一）　見朝日新聞本年十月廿九日朝刊第一面。

（註二）　類似中國幫會中主從上下的稱呼。

（註三）　「拔打」就是乘人不意拔出就打之意。那一次解散之前，只有一部份吉田的親信知道，連其時衆院議長大野伴睦都莫名其妙。

（註四）　去年三月初第十五次特別國會中，吉田首相斥社會黨右派議員西村榮一爲「馬鹿野郎」，於是以此一紛糾的發展爲主因，弄到國會解散。

（註五）　自由黨認爲被管時代的法令太過分，太左傾，太不適於國情，應澈底糾正，而革新黨派則不全作如此觀。國會中糾紛之所以多，此爲主因之一。

（註六）　見朝日新聞本年十一月九日朝刊第二面。

（註七）　分別見讀賣新聞本年十月廿四及十一月二日朝刊的記載。

（註八）　見每日新聞本年十月十一日第一面。

（註九）　見讀賣新聞本年六月廿一日朝刊所載的輿論調查。

（註十）　社會黨黨員大多是窮光蛋，選舉費用多半出於組織的工會會員。他們的候補者一被公認，就可以向黨拿取三十萬日圓光景，此外自籌二三十萬圓就可以應付。此二三十萬圓大多都是按月拔還的借欵。保守政黨則不然；他們的候補資格一被公認，不但黨無津貼，而且還要向黨獻欵四五十萬圓，連此外自己化費的，至少非幾百萬圓甚至千把萬圓不等，因爲他們的運動例以金錢爲主力。

（註十一）　見朝日新聞本年十月廿九日朝刊第一面。

（註十二）　此次若解散重選，觀風色而暫不進那一黨者其數必更多，因有許多人看不穩或暫不願捲入於是非之場也。動盪糾紛之極，往往有此現象。此一現象當然以保守方面的分子爲多。

（註十三）　爲參考便利，玆將目前日本衆院各黨派議席錄之如下（十一月十六日前）：

自由黨	二二三	小會派	一〇
左社會	七二	無所屬	一三
改進黨	六八	新黨同志俱樂部	四
右社黨	六一	缺員	八
日本自由黨	八		

臺電不需再加價

陳式銳

一、案子提出來由

臺灣電力公司電價調整——加價——案，經行政院九月廿二日通過，九月三十日函送立法院請予審議；立院十月五日提出報告，自此又經說明、質詢、答覆，歷時一月有奇，現在進入研究階段。行政院的咨文開端說：「本年六月據經濟部呈，略以臺灣電力公司五年開發計劃所需資金，連同美金部份折合，需新臺幣十六億元，內依賴美援借欵者達十一億四千萬元。美安全分署近認電價偏低，使該公司有無力償債之虞，因而暫停撥欵；如此勢將影響該公司開發計劃。」經濟部長尹仲容答覆立法委員謝建華的質詢稱：「本年三月十五日卜蘭德Joseph L. Brent（美安全分署署長）有一封信給美援會，他說電力財務如無適當之措施，美援撥發將不可能；三月十八日卜蘭德在安全分署開會決定：㈠霧社欵停止，㈡在進行中之六項小工程可繼續撥欵。」（立院本案發言紀錄）

卜蘭德氏在三月間底信中只說：「電力財務如無適當之措施，美援欵項之撥發將不可能」，所謂「適當措施」，並不一定是「加價」，蓋財務之不健全，或爲收入不足，或爲支出浪費，或爲兩者兼備。卜蘭德氏的停止撥欵，以促使當局改進財務，若只到此爲止，我們無話可說。惟據經濟部六月間呈行政院所謂「美安全分署近認電價偏低，使該公司有無力償債之虞」云云，則明確地指出電費收入不足；再讀卜蘭德氏九月二日致尹仲容氏函：「臺灣電力不僅應有合理的利潤，且須有充足的折舊準備，以配合健全的營運。……在電價未能充分調整以前，除已興工的工程外，其他工程的借欵，皆當暫予延擱……。」（十月九日中央社訊）那末本案的內容就不簡單了。電價不但要「調整」（增加），而且調整要「充分」；美方所根據爲希爾氏 Daniel A. Hill 的建議，照他的公式計算，「應平均增加百分之一百」，今當局提出「百分之三十六」，就算立院通過，美方是否認爲「充分」，就行文看尙屬問題。

這裏有個先決問題，美安全分署的意見屬建議性質，抑係兩造借貸的成立條件？如屬於前者，臺電的財務，只要我們另有健全方法足以償債，不一定增加電價，那我們就好好地研究，找出一個適當底道路。如屬於後者，那末只有接受希爾氏的建議，「充分」地增加電價百分之一百；否則——就是增加百分之三十六也不「充分」——惟有中止「五年開發計劃」。美援的運用，要在有效，這是美國朝野的願望，也是執行的最高原則；在這一原則之下，美安全分署不至於——也不應該——硬性地干涉我們的措施；在我們一方面，我們僅能在我們償債能力之下實施擴電計劃，超過這一能力，我們也只有割愛。況且，那個「五年開發計劃」——增加電源三十萬方瓩——是否屬整個經濟發展需要上底精確估計，在說明、質詢、答覆的文獻中，尙看不出所以然。

二、健全財務的內容

這一個方案，在本質上就患着一個嚴重底混淆；就行政院的咨文看，「五年開發計劃」所需資金新臺幣十六億元，其中美援借欵達十一億元，「美安全分署近認電價偏低，使該公司有無力償債之虞」，可知當局乃至美專家皆打算在臺電自給之基礎上以加價作開發之支應；因此，就把「建設」與「加價」混在一起。儘管當局一再解釋：「調整電價並不是爲了電源開發計劃，與他並沒有直接關係，但却有極重要的間接關係。」（臺電總經理黃煇的調整電價說明）整個底問題，就在這一極重要的間接關係。所謂「間接關係」，也就是「能够表現强固可靠的還本付息能力」——「健全的財務」（同上）。而所謂健全的財務，分析起來不外：㈠足額之折舊準備金，㈡最低的股息收入，用以「加强系統改善設備及配合推進五年開發電源計劃」；它預算加價之後，折舊準備可達新臺幣一億元，股息（及所得稅）的重投資可達五千萬元，其用途：①重置設備，②零星工程，③配合美援計劃，④付息，⑤歸還美援借欵（同上）。

由此觀之，臺電的財務，已被課以雙重底任務：㈠重置設備（換新），㈡擴充建設（五年開發計劃）；現有最高用電量二十九萬瓩，五年開發計劃增加三十萬瓩，它無疑地要挑起加倍的重擔。這是加價的眞實緣由，無可爭辯了。因爲如此，所以資產由七〇二、三四〇、〇〇〇元，重估升值至四、一二四、八九九、〇五三元；前者扣除折舊一一二、〇五〇、〇〇〇元，淨値五九〇、二九〇、〇〇〇元，後者應扣折舊一、一三五、八四三、〇九五，淨値二、八八九、〇五五、九五八元。再由這一升值底四十一億元强之資產，以二·五%提取折舊準備金，正符新臺幣一億元；股息（資本另案調整爲一、四一五、〇〇〇、〇〇〇元）四%，可得五千萬元强。爲達到折舊及股息等一億五千萬元，應增加電價百分之三十六。而這一資產及資本之升值，暨折舊股息之計算，正可以達到財務的任務；算盤打來之技巧，正如尹仲容氏答稱：「這並非湊巧，而是人爲的。」（立院本案發言紀錄）

三、重估資產的因應

在立法院的質詢中，以臺電資產重估底爭議最爲激烈；它是折舊提存的標準，所以成爲問題的中心。當局的說明，此次重估開始於本年一月，動員五七〇人，以希爾氏為總顧問，歷一八、四二六工作日，至六月底才把全部資產重新估定：㈠水力發電所設備總值新臺幣二、三二九、一三五、〇四七元，發電容量卅二萬瓩，每瓩新臺幣七、二八九元，合美金四六六元（僅發電廠本身費用）；㈡火力發電所設備總值新臺幣二〇一、二九六、八二九元，發電容量六萬一千瓩，每瓩新臺幣三、三〇〇元，合美金二一一元；㈢內燃機發電設備總值新臺幣九、三〇〇、三九一元，發電容量一、五八四瓩，每瓩新臺幣五、八八〇元，合美金三七六元。發電設備總和二、五三九、七三二、二六七元，合輸電、變電、配電及其他設備一、五八五、一六六、七八六元，合計四、一二四、八九九、〇五三元。在這一重估之前，希爾氏曾於四十一年底粗略地估計臺電固定資產為新臺幣十七億元（美金一億零九百萬元）。此二個估計，時間相距甚暫，而彼此差數均甚大，且兩次均以專家希爾氏為主，其間當局曾加以說明，惟殊難令人去疑。

立法委員袁其烱質詢時指出：「若依照電力指南（一九四五年）書中所載，水力發電建築及輸電配電設備（計包括廠房、送電線路、電桿、變壓器及配電直至用戶電燈為止設備）等費用，每瓩約計美金三〇五元。本席質詢時認為臺電百分之九十四為水力發電，一切從高估計，以每瓩美金四百元計算，標準不為不高；尹部長和黃總經理對四十一億餘新臺幣數字，始終未說出所以然，實在令人不解。」（袁氏的電費加價案再請釋疑）

照臺電的估計，水力每瓩四六六美元，火力每瓩二一一美元，內燃機三七六美元，僅屬發電設備，再加輸電、變電、配電等費用，則當高過美國標準一倍以上，試就新臺幣四、一二四、八九九、〇五三元折成美金二六三、五七一、八二四元，再以三種電力設備三八二、五八四瓩除之，平均每瓩六八九美元，以之與美國標準價每瓩三〇五美元比較，前者為後者的二・二六倍。況且「五年開發計劃」開發電源三十萬瓩，預算新臺幣十六億元，折美金一〇二、一〇八、六二六元，每瓩三四〇美元，比美國標準價三〇五美元多三十五美元。就數字加以研究，我以為四十一年底亦以希爾氏為主所估定之新臺幣十七億元（美金一億零九百萬元）為合理；因為這一數字，衡以「財務的任務」——換新加擴充——也就是要把兩個三十萬瓩（取整數）的負擔，由這一次電價調整予以解決，所以資產重估的結果，正為高過兩倍之數字；「五年開發計劃」預算每瓩三四〇美元，加倍為六八〇美元，與此次重估之平均每瓩六八九美元，不是正相近嗎？

四、虛盈、虛虧、折舊與利潤

我研究立法院有關本案底文字，就說明、質詢、答覆細加閱讀，除「迷信」外對重估現有資產到四十一億二千五百萬元（專家希爾氏所主持）實無法信服；就多方面加以觀察，我仍以新臺幣十七億元（美金一億零九百萬元）一個數字為可靠。我們如果以此數字為基礎，進而加以討論。先說折舊，資產十七億元，折舊率照二・五%計算，年提取四千二百五十萬元；立法院原核定折舊準備金三千萬元，另在維護費項下多給予一千五百萬元（資本支出性質），兩者相加為四千五百萬元（立院本案發言記錄），可知折舊準備仍在現有財務能力之內。

臺電四十三年度上期營業結算報告，照原帳面資產七四九、〇一二、二五一・七一元，原折舊率六%計算，提取折舊一七、三二七、一四三・七六元，盈餘達三三、三三五、九七一・二五元；但照重估價值四、一二四、八九九、〇五三元，折舊率二・五%計算，應提折舊四九、五七八、〇〇四・三二元，是虛盈達三二、二五〇、八六〇・五六元，全年則達六四、五〇一、七二一・〇六元。當局據此，乃有「虛盈實虧」之說，但照該公司重估資產之計算，全年尚有盈餘二、一七〇、二二一・三六元，是「虛盈」則有之，「實虧」未有其事；如照資產十七億元計算，只要折舊與維護費加以調整，就連「虛盈」也不存在了。

次言利潤，臺電總經理黃煇謂調整電價的兩個理由：①要能保本，即為折舊，上面已加討論。②要求最低利潤。他指出照「國營事業管理法」，國營事業應該企業化，以達到以事業發展事業。「電業法」規定資本股息可達二五%；美國民營利潤六%，國營 TVA 也曾達五・八%。他說上次立法院核准增加電價時亦容許股息為六%，現在所要求者為最低額——四%。

我的看法，「國營事業管理法」的以事業發展事業之精神，並無可厚非，它就是要有企業的獲利效率，藉其利以擴展本身事業；但盈餘不一定由增價收入獲致，尚有節省開支之一途。就行政院咨文附件所假定之資本新臺幣一、四一五、〇〇〇、〇〇〇元，照利潤率四%計算，年需新臺帶五六、六〇〇、〇〇〇元，由現有財務加以整頓，自不難達到。況且，在工業化的推進上臺電負了主要底責任，電費低廉可以刺激生產，何可一增再增以增加成本而阻碍發展。我們不希望政府補貼臺電以維持低電費，惟憑現行電價，則照臺電重估資產結算，尚有盈餘二百萬元以上，如再節省開支，增加盈餘自無問題了。而且公用事業與一般國營事業不同，所以雖然電業法規定股息一〇——二五%，立法院規定臺電股息為六%，此次政府亦降低為四%；可見如情勢不許可，則股息降低至零，也無不可。

五、不加價亦兼可開發

退一步言，假定臺灣電力公司既要重置設備（換新），又須擴充建設（五年開發計劃），而在財務的支應恰需新臺幣一億五千萬元。那末，我們再看看是否必走加價之路？換言之，可否在電費增加以外增加收入，一方面由節省減少開支，共同在財務上造成一億五千萬元之數？郭委員登敖在書面質詢中，提出一個四十三——四十七年逐年收支表，以表示不加電費臺電仍可支應一億五千萬元而有餘（立院本案發言記錄三二頁，表中折舊及利潤列支一億四千萬元，我爲一致計改爲一億五千萬元。數字錯誤並爲校正）：

臺電四三—四七年逐年收支表　單位：新臺幣百萬元

年度	四三	四四	四五	四六	四七
營業及營業外收入	二八四	三一〇	三六〇	三九三	四一〇
減去現行預算支出	八九	一一五	一六五	一九八	二一五
加現行預算折舊及維護費內資本支出	一二〇	一四六	一九六	二二九	二四六
支付二億五千萬元	(－)三〇	(－)四	(＋)四六	(＋)七九	(＋)九六

郭委員加以說明，四十三年度立院通過之現行支出爲新臺幣一億九千五百萬元，內包括折舊一千九百萬元及維護費內資本支出至少一千一百五十萬元，共三千零五十萬元。上表係照現行電價計算，而支出固定在一億九千五百萬元，蓋意味着臺電支出有節省之餘地，雖逐年業務增加，在節省進度之下可以保持相近之數字；況且在此一收支表內，四三—四四年不足三千四百萬元，自四五至四七之三年間則餘二億二千一百萬元，對抵尙餘一億八千七百萬元。

至於節省開支，亦則屬於整頓一方面。臺電遵照行政院令頒整頓該公司九項辦法，四十二年度整頓之後，據其列表列舉項目報告，四一年節省開支一〇、〇八二、八九三元，四十三年上期爲一四、〇一一、八三〇元（臺電整頓經過說明）。不可謂沒有收穫。但立法委員謝建華指出：「我們想到，電力公司整頓，就這幾項用以告訴社會還不够。因此本席正式建議，希望尹部長令飭電力公司就加緊整頓，以及如何裁員，提出一個正式計劃，以供參考。」（立院本案發言記錄）立委商文立亦指出：「……購料方面是馬虎從事，如何簽購，如何審查，如何採辦，如何驗收，如何保管，如何監督使用，全由一人一手包辦，不是由多人分層負責，互相牽制，互相監督，會計方面連成本與消費都弄不清楚。……我今天要請問尹部長是不是有決心要整頓電力公司？如決心整頓，便應該提出整頓辦法來。」（同上）尹部長對此答稱：「電力公司因爲是國營事業，所以太注意手續而不注想業務；因爲是公用事業，有獨佔性，所以太注意價格而不注意成本；因爲是在擴充中，花錢多，不免多注意於資本支出之節省而少注意於費用支出之節省。」所以他進而主張：「最好能有一個用戶委員會類似的組織，蒐集電力公司浪費的證據，提供改進意見。」（同上）

六、採取整頓一途

我研究了全部電價調整有關文件，牽涉底問題很多，其間不少經辯論之後歸於消失；上面所述，乃在整理出一個面貌。由這一問題，可以看出當局對本案的處置，理念不清，缺乏主動。問題爲美安全分署提出，在要求「適當措施」時，就應當在財務收支上速作檢討與調節；第一步先要劃清「保本」與「開發」，保本勢在必行，開發則「陳力就列，不能者止」。今當局把兩者混而爲一，乃因雙重底負擔而又把資產估到兩倍以上之價值；經指責之後，猶復强作解釋，以致爭辯不休，徒增紛擾，實何苦來！其實，在現行電價之下，保本與開發雙管齊下，新臺幣一億五千萬元之財務，只要收支加以調整，仍可支應裕如；現在自己未作深切底研究，僅由美安全分署的要求充分調整電價，就據以提出三六%底加價案，這不是缺乏主動嗎？

美方人員對臺電的收支內幕，應該是相當隔膜，或者當局未曾叫他們加以研究，所以他們單憑收支數字加以觀察，便認爲電價應該「充分調整」，否則無以達成「健全的財務」。實際上，我們的措施，無寧採取「整頓」一途；反正美方所要求者爲「償債能力」，這一點做到，想不至於硬性地干涉我們的措施，而堅持以加價爲借貸的條件罷？當茲立法院正在研究本案之際，特草擬本文以供參考，並以質諸當局及美安全分署，兼將眞象揭露於國人。

西德參加歐洲防禦及恢復主權問題

龍平甫

一、歐洲軍「被活」埋以後

本年八月三十日法國國會以三一九票對二六四票通過奧美蘭 (Aumeran) 及赫里歐 (Herriot) 所提出的「先決問題」，無限期的延擱歐洲軍條約批准的討論，歐洲軍便在這樣的情形下被人「活埋」。這事在當時引起西方各國輿論的震驚，而共產黨却大寡慶祝其勝利。

歐洲聯防組織雖被摒棄，然而德國參加西方防禦問題仍絲毫未得解決，這個問題仍爲法國內政外交的主題。它在法國內部政爭上所反映的難以盡述，這裏祇說明幾件重要的事象：㊀八月三十一日國會開會，擁護歐洲軍及反對孟德斯法郎士的議員如雷諾，哈勒干 (Hallequen 前戴高樂派脫黨份子)，莫來 (Guy Mollet 社會黨秘書長)，畢奈 (Pinay 前內閣總理) 紛紛向孟氏提出質詢。其指責要點爲：㊀孟氏說他的對外政策是保障歐洲的，結果反將歐洲統一運動破壞。㊁他組閣時聲明不接受共產黨的票，但這次在歐洲軍問題上的投票却接受了極左派的九十九票，違反他自己所宣佈的原則。因此他們要求國會辯論法國的對外政策。而孟氏却說他的對外政策仍是維繫北大西洋聯盟及建設歐洲的。他要求國會將國會質詢案延至十一月三日討論，他並聲明在未來的談判中不事先獲得國會同意不簽訂任何協定。於是孟氏的要求在國會中以四〇七票對一五一票通過。反對者以人民共和黨等中間黨派爲主。㊁歐洲軍被「絞殺」後，法國內閣中擁護歐洲防禦集團的三位部長 (Claudius-Petit，Bourgès-Maunoury，Emile Hugues) 辭職，經過多日的商議，孟氏將內閣局部改組，以擁護歐洲軍的穆士潔 (Roand de Mousties) 入閣充任外交政務委員，茹勒 (Gilbert Jules) 任財政政務委員。反對歐洲軍而於過去辭職表示抗議的三部長祇有夏邦、德爾馬士 (Chaban-Delmas) 再度入閣。結果孟氏內閣中擁護歐洲軍的閣員多一人。㊂法國政黨多數沒有甚麼嚴格紀律，除共產黨以外，祇有社會黨及人民共和黨規定在國會投票時根據事先決議採取一致行動。這次投票時社會黨一〇五名議員中、有五十三名違反社會黨大會的決議投反對歐洲軍的票。而八十六名人民共和黨議員中、也有兩名投反對票。社會黨中央指導委員會以違犯黨紀先後開除反對派要員Daniel Mayes-Jules Moch-max Lejeune 及 Lapie。不過後來社會黨中央指導委員會聲明如被開除者能悔改並在今後數月內對類似問題不違犯黨紀而投一致票，則可赦免，恢復黨籍。繼社會黨之後，人民共和黨也開除了兩名議員 (Mouteil-Bourret) 及一名參議員 (Lés Hamon) 的黨籍。

就國際外交上說，歐洲軍的流產對有關國家是一個嚴重的打擊：㊀就美國而言，可說是它外交上的重大失利。艾森豪雖然發表安慰人心的宣言，杜勒斯却不能不說，法國的態度將迫美國修改其政策。但是美國爲了避免刺激法國輿論，並沒有作過什麼太明顯的表示，祇希望法國能提出新辦法。不過九月中旬杜勒斯專程到波恩去會晤艾德諾，以沒有時間爲理由不來巴黎。杜氏此擧自有其弦外之意。㊁西德艾德諾政府是美國以外受打擊最大的。因爲歐洲統一運動是艾德諾外交政策的中心，現在他的對內對外的聲望均受威脅，素來持重的艾德諾也忍不住向太晤士報記者發表談話說：「我很抱歉的要指明這是孟德斯法郎士破壞歐洲防禦集團，請看他這次在法國國會辯論時的態度！」波恩當局並發表宣言，要求已批准及行將批准歐洲軍條約的國家(卽德荷比盧意五國)會商歐洲防務。這顯然是威脅法國使其孤立，不過這種由失望而發生的怨言祇止於此，而孟氏又强調德法言歸於好的重要，所以德法關係並沒有惡化。㊂意大利也是對法國國會投票感到震驚的。意大利政府黨派支持北大西洋聯盟，擁護歐洲軍。同時和法國有約定：在對外政策方面協同步調，所以對歐洲軍條約的批准遲遲而行，現在法國國會的投票使意大利政府感到幾年來的外交政策，受到難以繼續的威脅，使現政府黨派的聯盟有難以維持的危險，何況基督教民主黨的勢力已不如前，黨魁加斯培理又新近逝世。無怪乎法國國會中有人說「歐洲軍如不成立，意大利有赤化的危險」，因爲意大利共產黨是鐵幕以外勢力最大的。㊃荷蘭和比利時當然也是失望的。尤其是荷蘭，它對歐洲的統一運動抱着很大的希望。

法國人說歐洲軍條約被無限期擱淺的原因之一，便是英國沒有加入這個組織，行動素來緩慢的英國人，在法國國會投票之後也忙起來了。九月一日英國內閣開會，決定召集八國會議（參加歐防的六國及英美）以尋求德國參加西歐防禦的新辦法。後來加拿大要求參加，於是會議變成九國。英國本希望會議在九月十四日擧行，但以德國猶豫而延期，因爲這時各國尙不明瞭法國對德國整軍的政策。關於法國對德整軍的政策，據九月九日「世界報」(Le Monde) 發表消息，是以下列原則爲依據：㊀德國不能中立化，㊁和東方「和平共存」，需要强固的西方與德法的和解，㊂德國參加西方防禦是必要的，㊃德國之參加應以不歧視原則予以管制，並附以擔保，㊄此問題應從速解決。

艾登爲了佈置未來的九國會議於九月十一日到布魯塞爾，和荷比盧三國外交部長會談，十二十三兩日在波恩和艾德諾會商。接着他到羅馬和意大利政府首長會晤。他和五國政府獲得德國整軍辦法的協議後，於是和此行的主要對象(法國政府)談判。十五日和十六日他和孟德斯法郎士討論他的「錦囊妙計」(也就是他和五國的協議)：㈠西德加入北大西洋公約組織，㈡修改布魯塞爾公約使德意加入，㈢在北大西洋公約組織範圍內，限制德國軍備及對德要求擔保。艾孟會談後的公報也和其他外交公報一樣的含混：㈠加强北大西洋聯盟，㈡實現英國參加歐洲團結，㈢研究德國充分參加自由世界，㈣德法應密切合作。換言之，孟氏對艾登的提案在原則上是接受的。

孟氏對艾登的提案，在九月二十日史他斯堡(Strasbourg)的歐洲會議發表演說，予以部分的公開接受。他說，過去歐洲軍組織，因：㈠過度的超國家性(Supranational)，使不少的法國人猶豫，及㈡英國未參加而失敗。法方認為今後的歐洲防禦，應如此計劃：㈠英國充分參加新組織，擴大不魯塞爾公約組織，使德國參加；㈡不差別待遇；㈢布魯塞爾公約組織缺少執行機構，應產生一中央權威，每年規定軍備和兵員的最高限額及美援的分配；㈣對參加國一律實施軍備及兵力的管制；㈤未來協定條文，不能如歐洲軍條約那樣多至一百餘條，非「吾等凡人」所能瞭解，而應簡單扼要，二十餘條即足；㈥協定成立後，法政府希望在年內批准實施；㈦增强「歐洲會議」的效率。此外法國政府對德國建軍問題向各有關國家提出備忘錄，陳述其計劃，內容雖未發表，但應該是根據上述原則演繹而來的。

在德國方面則九月二十三日西德政府提出西德參加歐洲防禦的備忘錄，其要點為：㈠德國加入北大西洋及布魯塞爾公約組織，根據不岐視原則參加西方防禦；㈡德軍限制為十二師；㈢在「戰略上暴露地帶」內得停止製造若干武器，但此地帶應不限於德國；㈣在軍事上接受歐洲統一性的指揮；㈤恢復西德主權(大體依據波恩協定)，㈥取消盟國在「緊急狀態」(Etat d' urgence)停止德國主權的規定。

此外英美也各有其計劃或提案。

二、倫敦會議及其協議

由於艾登的奔走及各方計劃的提出，為倫敦九國會議作了充分的準備，於是九國會議於九月二十八日開幕。一般而論，會議經過很良好，其間值得注意的是：㈠杜勒斯和艾德諾對孟德斯法郎士的合作，在若干點方面艾德諾更支持孟氏，並自動放棄德國對軍火製造方面的若干權利。這種情形應歸之於孟氏在開會前對「美國新聞與世界報導」(U. S. News and World Report)記者的「談話」(九月二十七日公佈)，他這一個長篇的反共談話使別人對他的疑慮改變。㈡九月二十九日艾登在會議中發表英國繼續在歐陸駐四師兵力(共十二萬人)，不經布魯塞爾公約組織同意不得撤退。艾登說：以英國民族的島國氣質而論，這是「了不得的步驟」(Formidable Step)。

會議的進行雖很順利，但不是沒有困難：㈠積極擁護歐洲統一運動的荷蘭，在過去寄希望於歐洲共同市場的開闢，現在則希望渺茫，對新的歐洲組織表示難以接受。㈡關於恢復德國主權問題，法國主張一切問題全盤解決，並稱不得國會同意不對此事採取決定。因此英美法三國外長決定發表恢復德國主權意向的宣言。㈢法國提出成立歐洲軍備管制機構(Agence de Contrôle des armements)，對參加公約組織國家的軍備生產及分配予以計劃及管制。此種計劃頗受反對，因為：㈠荷比恐怕法德在其中佔有壓倒優勢；㈡美國不願假手該機構分配美援；㈢英國不願參加這個超國家性的機構；㈣因「戰略上暴露地帶」的規定使法國軍需工業佔優勢；㈣薩爾(Sarre)問題的解決，在法國看來是一切協議獲得法國政府簽字的最後條件，但也是最難解決的。

十月三日九國會議結束，九國外長發表「最後議定書」(Acte final)，公佈九國的協議，決定後列各項：

甲、恢復德國主權：美英法三國宣言儘速終止德國佔領局面，取消管制委員會。但因國際局勢，三國對德仍有若干責任。在主權恢復之過渡時期，三國政府訓令其駐德高專依協議精神行事，除有關軍事者外，不得行使任何行將放棄的權力(最後議定書第一章)。

乙、擴大布魯塞爾公約，加强組織的職權，並使德意二國加入：將布魯塞爾公約擴大成為統一歐洲的工具，並決定：㈠修改公約使德意加入；㈡加强公約的「諮詢會議」(Conseil Consultatif)權力，使之成為具有決定權力的會議；㈢加强公約組織的活動，使其能負擔其他重大責任。各參加國的防禦貢獻非經一致同意不能提高，德軍部分等於在歐洲軍中所規定的(十二師)，各國內部防禦力及警察勢力將由公約組織協議規定，布魯塞爾公約組織儘可能和北大西洋公約組織發生聯繫合作，其防禦力由駐歐盟軍最統帥(SACEUR)控制(第二章)。

丙、成立軍備管制機構：在布魯塞爾公約組織內成立軍備管制機構，其責任為執行檢視若干武器製造的禁止。對歐洲軍條約第一〇七條附件二第一、二、三欵所列的武器(原子、細菌、化學武器)及附件二所列的其他武器(長射程的砲彈及投擲武器，磁性雷，大型軍艦之類)，與同條附件一的大部分武器製造的禁止施行檢視及管制；對未放棄其製造國家之此類武器的生產與存儲及輸入量實行管制。管制機構對布魯塞爾公約組織負責，並向其報告。關於法國提出的軍火生產計劃及標準化問題未得協議，留待以後討論(第二章)。

丁、德國承允不製造若干指定軍器軍火：即㈠原子化學細菌等武器；㈡長射程武器(歐洲軍條約第一〇七條附件第二、三、四欵規定)；大型戰艦(三千噸以上)及三百五十噸以上的潛水艦；㈢戰略轟炸機。關於第二類武器禁止的修改或取消，得因德國的請求並經公約組織三分之二的多數國家同意行之(第二章)。

戊、美國承允繼續支持歐洲的統一運動：若歐洲防禦集團條約所產生的希望能在倫敦會議的協議下，獲得實現的機會，則美國將以本年春季給予歐洲軍的支援轉給新組織：即北大西洋區威脅存在一日，美國繼續在歐洲(包括德國)駐軍(第三章)。

己、英國承允繼續在歐洲維持其現有軍隊（四師及一隊戰術空軍）：不得布魯塞爾公約會議多數同意不予撤退。但在英國海外領土發生重大危機時不受此限制。如英國因此項駐軍發生財政困難，則可請求北大西洋公約組織予以考慮（第三章）。

庚、推薦德意志聯邦加入北大西洋公約，並加强公約組織：北大西洋公約國家在歐陸武力，除認可由其國家政府控制者外，由駐歐盟軍最高統帥管制，此項由駐歐盟軍最高統帥控制的部隊之佈署，由統帥會商有關國家同意後規定，不得統帥同意不得變更佈署。統帥得根據軍事效率，將其所轄各國部隊予以統鑿化。參加會議各國同意北大西洋公約效期無限制（第四章）。

辛、德國宣言不以武力進行統一或變更其疆界（第五章）。

壬、美英法共同宣言：㈠一般原則：維護聯合國憲章，支持聯合國行動，以和平手段解決國際糾紛，並維護國際和平、安全、與正義。重申北大西洋公約組織的純粹自衞性；㈡對德問題，認爲德意志聯邦政府爲唯一合法的德國政府。三强不變更其解決德國問題的基本原則（第五章）。

癸、規定在十月二十二日前後召開四國、九國、及北大西洋公約會議（第六章）。

三、西歐聯盟與歐洲防禦集團的比較

擴大的布魯塞爾公約組織，不久改名爲「西歐聯盟」(L'union de l'Europe Occidentale)。在我們比較西歐聯盟與歐洲防禦集團之先，應將布魯塞爾公約及其組織略加敘述。布魯塞爾公約於一九四八年三月十八日由英法荷比盧五國簽訂，名義上防止德國侵略的再起，實際上對付蘇俄的威脅。它爲北大西洋公約開路。公約共十條，其主要規定爲：㈠簽字國間的經濟、社會、文化合作；㈡簽字國互助抵抗侵略；㈢成立諮詢會議。一九四九年四月十七日諮詢會議第一次開會，決定：㈠會議每三月舉行一次，由外交部長出席；㈡在倫敦成立常設諮詢會議機構，由英外交部代表及四國駐英大使參加；㈢安全問題由各負責部長出席會商，並在倫敦成立常設軍事委員會，附屬於諮詢會議。一九四八年九月二十八日公佈成立軍事計劃及生產供應兩組。並由各國國防部長及參謀總長組織共同防禦，從事此項防禦的武力名爲「聯合武力」(uniforce)，由蒙哥馬利元帥統帥，設總部於巴黎東南的封騰布羅 (Fontainebleau)，時爲一九五〇年十二月十九日，後來和北大西洋公約組織的機構合併。

現在我們將根據倫敦協議行將擴大充實的西歐聯盟和未能成立的歐洲防禦集團略作比較：

①原則方面：A、歐洲防禦集團具有强烈的「超國家性」，它具有議會（即全體代表大會Assemblée），管制委員會，部長會議及法院，組織完鑿，而倫敦協議所成立的部長會議及軍備管制機構是具有若干超國家性能的機構。部長會議可以依簡單多數或三分之二多數表決採取若干決定。B、「不差別待遇」在歐洲軍條約中標明，而在倫敦協議中却未提出。但德國自動放棄製造原子、化學、細菌等武器，荷比盧三國亦將同樣放棄。

②條文方面：歐洲軍條文繁複（共有一三八條，各種附件如議定書協定之類達三十三件）（波恩條約尚不在內）。西歐聯盟正約祇有十一條（現增一條），其附件雖未完備，但較歐洲軍的爲少。

③和北大西洋集團的關係：歐洲防禦集團爲一超國家性機構，在軍事上受北大西洋公約組織管制，但因德國未加入北大西洋聯盟，在政治上遂彼此分離，但兩個組織的部長會議可以舉行聯席會議。西歐聯盟的超國家性能很有限，它成立於北大西洋公約組織之內。

④英國和其他參加國的關係：英國沒有參加歐洲防禦集團，但訂立條約，和它聯繫合作，並以一師武力參加歐洲軍。在西歐聯盟，則英國和其他六國地位相等，並允以四師兵力在歐洲駐紮至一九九八年爲止。

⑤互助保障：布魯塞爾條約第四條等於歐洲軍條約第二條，即任何一簽字國被攻擊，其他簽字國均應協助，抵抗侵略。

⑥有效期間：各爲五十年。

⑦機構：歐洲防禦集團具有立法、行政、司法機構，並有共同預算。而西歐聯盟則僅有：㈠部長會議（由諮詢會議擴大），其決議依情況而爲一致，多數，絕對多數的表決方式行之；㈡軍備管制機構；㈢將成立一種議會 (Assemblée)，實施民主的控制。

⑧軍事規定：A、關於軍事貢獻方面，倫敦會議規定的較歐洲軍條約爲嚴格，駐歐盟軍統帥的權威更爲加强；B、德國兵力未變；C、軍官的晉級與任命，在歐洲軍條約中規定，師以上指揮官由管制委員會根據部長會議一致同意任命，西歐聯盟方面則無此規定，由各國自行辦理；D、歐洲軍條約規定各參加國軍校的「歐洲化」，倫敦協議則無此項規定（現在法國希望軍校歐洲化，使訓練水準一致）。

⑨軍備：A、在軍備管制方面，歐洲軍條約未提出若何特別規定。在倫敦協議中則規定嚴密，惟將禁止範圍放寬。B、軍火的生產與分配，在歐洲防禦集團方面則由管制委員會負責，但在倫敦會議中對此事未獲得協議。

⑩美國的擔保：一九五四年四月十五日艾森豪對歐洲軍的擔保宣言仍對西歐聯盟有效。

⑪德國主權：倫敦協議對波恩條約的規定予以放寬或修改；A、德國加入北大西洋公約集團後，對外軍駐紮的保留權利（此點係對蘇俄而言）；B、危機狀態，由德意志聯邦政府根據波恩條約制定法律，自行宣佈；C、取消條約第七條第三欵（該欵規定統一後的德國若不接受波恩與巴黎條約的義務，也不能享有其權利）。

四、巴黎國會的信任投票

孟氏回法後，即於十月六日向國會外交委員會報告倫敦會議經過。說明德國建軍的必要，他說：「在會議之前，德國整軍不問法國贊成與否，已頗有實現的可能。新的協議即在減少過去的超國家性，而仍保留歐洲理想，並獲得英國參加。但協定簽訂之前應解決薩爾問題。」

此時國會尚在假期中，由孟氏召集。他於十月七日出席國會下院，說明德國建軍既不能避免，則法國應在德國無限制整軍及由法國參加予整軍以限制之間有所選擇。因此他要求國會接受倫敦協議。

接着各議員發言：㊀積極擁護歐洲軍的雷諾對德國參謀本部及國防軍 (Wehrmacht) 的再起表示憂慮；㊁萬德路(Vendroux 前戴高樂派)要求政府對薩爾問題不能放鬆；㊂畢爾堡 (Pierrebourg 激進社會黨) 對德國整軍表示不安，要求努力和平工作；㊃奧美蘭將軍 (即前次絞殺歐洲軍議案起草人之一)說：「接受德國整軍即接受在法國本土進行戰爭」。㊄加沙諾(Cassanova 共產黨)及香布安(「進步份子」)自然是反對倫敦協議的；㊅布爾熱斯毛魯理(Bourgès-Maunoury 激進社會黨)說：「倫敦協議雖不甚令人滿意，但已是所能得的最好結果。」他希望：甲、薩爾歐洲化，乙、軍備管制機構不但有管制權，並且有決定權；㊆蘇士太勒 (Soustelle 前戴高樂派) 不反對合理的超國家性，但反對歐洲防禦集團的過度超國家性。他主張和東方談判，如不成功，也可表明不是法國的過錯。

次日國會繼續開會，先後有：許曼，路士道勞拉高 (Loustaunau-Lacau)，特眞 (Teitgen)，西蒙奈 (Simonet)，莫來發言。㊀許曼的說演大意是；A、對取消波恩條約第七條第三欵表示意見，即使德國統一也不能違反其對歐洲統一政策所許諾的一切；B、認爲倫敦協議的特色是管制，但管制是猜忌；C、要求擴大倫敦協議，建設統一的歐洲。如此始可使德法的宿怨冰釋。否則，時機一去，不可挽回。㊁路士道勞拉高(農民黨，親左，强烈反德)認爲倫敦協議是悲劇的第一幕。德國人爲求統一可能引起戰爭。此種情勢應在今後設法防範。㊂特眞(人民共和黨)認爲倫敦協議使德軍實際自主，並受德國參謀本部的控制，此種情形對德國的民主及和平均有威脅。㊃西蒙來(人民共和黨)要求政府將力量集中於成立軍備管制機構。㊄莫來也對德軍的自主及參謀本部的恢復表示不安，要求繼續在布魯塞爾公約組織內進行統整化，並實現民主的管制。一面整軍，一面和東方談判。

孟氏對各議員的意見一一予以答覆：㊀英國的參加歐洲較過去爲大；㊁在任何情形下必有德國參謀本部，但今後危險性較小，德軍無獨立的後勤補給，不能單獨作戰；㊂各國相互管制可以產生建設性的效果；㊃不放鬆薩爾問題；㊄實行倫敦協定與東方談判並行不悖；㊅要求實現兩黨外交 (意爲反對與贊成歐洲軍者謀求妥協以求獲得共同的外交政策)；㊆繼續歐洲統一政策。

爲了結束關於倫敦協議的辯論，若干國會議員提出六、七件議決案提案，除一件外，其餘都對政府的行動加以限制。於是孟氏祇接受歐布利 (Aubry 激進社會黨)的提案：「國民大會重申其對北大西洋聯盟的忠誠，並賡續建設歐洲的決心，於獲知倫敦會議的經過及結果後，決定信任政府，俾其繼續談判，實施其在國會所宣佈的政策。」

孟氏就這個提案向國會提出信任投票案，當時國會的情形是：㊀任何建軍辦法在國會中找不出一個擁護的多數，但許多議員在嚴重考慮，繼拒絕歐洲軍條約之後，再來一個否決的投票會引起國際上惡劣的反響及不利的結果；㊁社會黨因歐洲軍問題而內部分裂，倫敦協議正是反對與贊成歐洲軍的妥協，社會黨可因此妥協而重建黨內的團結，結果社會黨會議通過接受倫敦協議，支持孟氏內閣；㊂人民共和黨對倫敦協議採取相當的保留態度 (因爲它們缺乏歐洲軍條約那樣强烈的超國家性色彩)。主張以倫敦協議爲出發點，而不以其爲終點。於是對投票採取棄權態度。

十月十二日法國國會舉行信任投票，結果以三五〇票對一一三票(一五二票棄權)通過對政府的信任(投票結果見附表)。

黨派	贊成	反對	棄權	未參加投票
共產黨	—	九五	—	—
進步份子	—	四	—	—
社會黨	一〇三	—	—	二
激進社會黨	六八	—	五	三
民主社會抗敵同盟	一八	一	五	—
人民共和黨	八	一	七六	一
海外獨立派	九	一	五	—
獨立共和派	二五	一	二七	一
獨立農民黨	二〇	—	八	—
農民黨	一三	三	六	—
社會共和行動派	一六	五	一二	—
前戴高樂派	六四	—	六	一
無黨派	六	二	二	四
合計	三五〇	一一三	一五二	一二

五、巴黎談判與協定的簽字

依倫敦會議的決定，十月下旬將在巴黎舉行：㊀二國會議；②四國會議；㊂九國會議；㊃北大西洋十四國會議。其中以德法二國會議所談的問題最複雜而最不易解決，其他會議祇不過是一種形式，各國在德法會議成功後，始能正式簽字於各種協定上。

十月十九日起艾德諾和孟氏在巴黎進行法德談判，解決懸案，孟氏希望以德法共同發展經濟爲範圍解決一切德法爭端。孟氏向艾德諾提出許多問題，其中有：㊀在歐洲、法蘭西聯邦、及經濟發展落後地區 (如撒哈拉及北非) 的德法投資與技術合作

（如在北非建立航空工業）；㈡長期的貿易協定（如德國購買法國過剩的小麥與糖），㈢商標；㈣莫塞爾 (Moselle) 河「運河化」；㈤在法國的德僑法律地位等問題。這許多問題或法國早有計劃，或已向德國提出。但孟氏以發展法國經濟爲主要課題，故特別重視，希望提早解決。其中若干問題的解決既不是最困難，也不是最迫切的。最困難而最迫切解決的是薩爾問題，自去年梅葉 (Roné Mayer) 內閣以來，薩爾問題的解決成爲法國批准歐洲軍條約的先決條件之一。孟氏也繼承了這個先決條件，以此問題的解決爲簽訂一切協定的條件。十月二十一日艾德諾召集西德各政黨領袖來巴黎會商，俾對薩爾問題採取決定以免事後受責難。次日法內閣議決：「薩爾問題的解決是各協定簽字的條件」，二十三日雙方卒成立協議。在形式上雙方都讓步，但在事實上是德國接受重大犧牲。德國可以說以薩爾問題的解決交換法國對整軍的允許。

德法就薩爾問題成立如下的協議：㈠薩爾在西歐聯盟內予以歐洲化。由西歐聯盟部長會議以包括德法的多數同意任命一非德法薩籍的薩爾高級專員，並負責薩爾的外交與務防（至今仍爲法國負責），薩爾得參加各種歐洲組織；㈡此辦法有效期至德國和約締結之時爲止；㈢協定一經批准，並由薩爾政府訂定有關法律後，親德政黨可在公民對薩爾歐洲化投票複決前三個月內自由活動，但歐洲地位一經證實，則不許任何親德政黨實行改變狀態的宣傳；㈣法德將邀請煤鐵集團國家以薩爾的 Sarrebruck 城爲集團中樞所在地；㈤除國防與外交外薩爾自治；㈥經濟方面維持法薩經濟貨幣聯盟，但在發展德法經濟關係範圍內，行將逐步實現與法薩相似的德薩經濟關係。

薩爾問題既告解決，各國在二十三日午後分別簽訂協定：A、德法之間所簽訂的協定，重要的是：㈠薩爾協定；㈡文化協定；㈢經濟協定。B、美英法德之間所簽訂的文書有：㈠停止佔領局面恢復德國主權議定書；㈡修正波恩條約議定書（除第三條外，其餘皆有修改，尤以第五條所修改的最重要。附屬的三個專約：外國武裝勢力及其官兵在德境權利義務專約，德國參加西方防禦之財政經濟專約，戰爭及佔領所產生問題之解決專約）；㈢關於若干問題的交換照會；㈣關於外軍進入德境的專約；㈤三强關於柏林的宣言。C、九國間所簽訂的文書：㈠布魯塞爾公約五簽字國邀請德意加入公約宣言；㈡附加於布魯塞爾公約的各種議定書（a修改公約，b關於西歐聯盟武力，c關於軍備管制，d關於軍備管制機構）；㈢德意致布魯塞爾公約五簽字國關於國際法庭管轄權的照會；㈣一九五五年一月十七日召集專家研討軍備生產及標準化問題的文件。D、北大西洋公約十四國間所簽訂的文書：㈠加强北大西洋統帥職權的決議；㈡未出席倫敦會議的其他北大西洋公約的國家參與證實德國聲明不以武力實現其民族願望之決議；㈢容許德國加入北大西洋公約組織的宣言；㈣關於九國會議結果的決議。

六、結論

法國國會拒絕歐洲軍條約後，曾一度引起國際間悲觀的論調、與不安的看法。現在總算英美法德四國當局能迅速行動很快的找出補救之道，簽訂了巴黎協定。眞是所謂「山窮水盡疑無路，柳暗花明又一村」。自由世界的防禦呈現出樂觀的氣象。

今日的西歐同盟可說是歐洲防禦集團的「借屍還魂」。因爲布魯塞爾公約組織是西方組織防禦的一個過程，它是敦刻爾克 (Dun-Kergne) 英法協定的擴大，後來發展成爲北大西洋公約組織，此後布魯塞爾公約組織因完成歷史使命，雖未「壽終正寢」，已成爲失去靈魂的「行屍走肉」。這次艾登利用它以爲歐洲軍「招魂」，總算富有想像力。正因其「借屍還魂」，所以今日的西歐聯盟在精神上雖本着歐洲統一之途做去，但在組織和外表上仍與歐洲防禦集團有相當差異。沒有它的嚴密，有體系，也沒有它的高度超國家性質。

這次德國雖然在薩爾問題上有重大犧牲（而且這是不得不有的犧牲），但在其他方面却有很大的收穫：㈠實現整軍的法律根據；㈡恢復主權，並修改波恩條約，放鬆對德的限制；㈢加入北大西洋公約組織（這是歐洲軍條約系統中所無的）；㈣在武器製造方面，德國受到較少的限制。㈤修改布魯塞爾公約，將序文中的「遇有德國再事侵略，採取必要措施」，改爲「採取必要措施以促進歐洲統一並鼓勵其逐漸統整化」。

就法國言它也是滿意的，因爲：㈠把英國拖入一種歐洲防禦組織，達成過去對此方面的願望；㈡薩爾問題解決使德法關係正常化；㈢德國整軍問題解決，少去一個在外交與內政上最頭痛的問題；㈣西歐聯盟下的德國建軍方式採取了大部分歐洲防禦集團的內容與形式，使不少的擁護歐洲軍的法國議員滿意，同時也使共產黨以外的大部分反歐洲軍的議員接受，因爲他們總算勝利了——打倒了歐洲軍。改頭換面後的組織使反對者和贊同者都滿意，這便是政治的妙用。

孟德斯法郎士將於國會十一月三日復會時要求國會規定十二月十日至十四日從事此次巴黎協定批准的辯論，他將對確定此日期提出信任投票案，並將在辯論批准時對條約的本身提出信任投票案，如此可以使巴黎協定在年內爲法國國會批准。孟氏希望及早解決社會黨入閣的問題，以便利協定的批准，但是社會黨入閣須待至十一月中旬始能解決。就現在情形看來，孟氏頗有決心使國會及早批准巴黎協定，有少數議員主張和蘇俄就德國問題再度談判，以拖延協定的批准與實施。不過法國外交部已對蘇俄關於德國問題的照會發表意見，認爲仍彈老調，沒有任何具體新成分，使西方能重開談判。孟氏是以決斷自豪的，自然不願拖延巴黎協定的批准，不過因批准的技術問題，批准的程序不一定能在年內完成。

一九五四年十月卅一日于巴黎

東京通訊・十一月十日

秋在東京

孟清流

四年前，我剛來東京時，東京街頭，還遺留着戰爭破壞的痕跡，殘垣破瓦，一片淒涼。一九五四年的今天，東京已恢復到戰前的規模，但這種表面的繁榮，仍掩飾不了它裏面所隱藏的苦情！

一、銀座

我們常聽人說：『巴黎的梧桐，銀座的楊柳。』銀座的楊柳是東京的特色之一。我常愛在這充分代表日本情調的地方散步。道路兩旁的垂柳，隨風飄舞。偶而，一對奇裝異服的男女，擧着廣告牌，緩緩地走着，但沒有一個人理會他們。在三越百貨商店的附近，有街頭畫家，蓬亂着頭髮，常爲坐在欄杆上，或是呆立着的美國大兵畫着他們風塵僕僕的神情。商店的陳列窗也充滿了秋意，陳列着秋天的用品。許多小商店門口圍滿了人，裏面傳出拍賣的叫聲：『一千五百元……一千元……五百元……』，雖喊的聲嘶力竭，滿頭大汗，但人們多半是望望後轉頭而去。這正象徵着日本的經濟不景氣——生產過剩，貿易無出路。

從黃昏到深夜，是銀座最活躍的時候。霓紅燈中，瀰漫着舞廳的爵士音樂。在夜間俱樂部門口，常有些穿露胸舞衣的女郎親熱的送她們的客人。穿着紅綠小褂的賣花小姑娘拿着一束束的鮮花在舞廳門口徘徊，如果她認爲你是外國客的話，她會走向前來，把花擧在你面前：『Flower, please!』她的聲音和表情裏充滿了淒涼！

東京的酒吧和舞廳，據說有一千三百多家，在銀座的都是最豪華富麗的。西洋風味十足的，有影星白光經營的頂好夜總會，金馬車，玖安夜總會等。這些舞廳有西洋風的樂隊，燈光暗暗的，舞女穿着各式各樣的晚服，五光十色，圍坐在舞池的四週，等待客人的遴選。穿着白上裝黑褲子，打黑領結的侍者，操着流利的英語侍候着客人。一杯洋酒索價七八百日圓（約合美金二元），如果你想狂舞半夜，囊中非有二、三十元美金不可。舞女都能說流利英語，她會告訴你她那一段傷心往事，以求博得你的同情。舞廳裏還有地板舞(Floor show)，由三五舞女表演各種舞姿，或是表演脫衣舞，或是唱幾支流行歌曲，在這兒，你可以常常聽到「中國之夜」、「玫瑰、玫瑰、我愛你」這類中國流行歌曲。

夜沉了，爵士音樂也停了，街頭一片冷清。忽而傳來一陣女人的笑聲，夾雜着舞客的醉語，接着是汽車嗚的一聲駛去了。只剩下寂寞的秋夜和寂寞的楊柳。有時，你也可以看到日本醉漢，踉蹌的顚躓在街頭，嘴裏哼着日本歌曲。說不定還要向巡夜的警察打趣，警察只有無可奈何的苦笑一下走開。

入夜，在三越百貨店的屋簷下、電通大樓、日本劇場、數寄屋橋上、日活大樓的兩旁，站着三五成羣，濃裝艷服的夜鶯，哼着 Oh, my darling 的曲子，向過路的外國客問道：Darling, where are you going?（親愛的，你到那兒去）？常有些從韓國來東京休假的聯合國軍官兵，或是穿着花花綠綠秋衫的美軍軍屬，走過去與她們搭訕，一陣笑聲，相携而去。

夜銀座，表面是紙醉金迷，但在它內心却是充滿了辛酸的淚！

二、新橋

新橋可以說是東京的縮影。無論在政治上、社會上、從新橋可以窺知戰後的東京的一般。

如果你坐在新橋車站前廣場的長櫈上，從早晨到晚上觀望東京這個都市的變移，那是十分有趣的。

一清早，薪水階層的日本人從新橋車站，匆匆忙忙地向田村町和日本放送局方面走去。他們代表着戰後日本的辛勞而收入微薄的人們。中午，新橋廣場便暫充賽馬場外賣馬票的地方，那兒閒盪着買馬票的賭徒，長櫈上，躺着或坐着沐浴秋陽的游閒的人們。有時候，廣場上的高臺上各黨發表演說或政見。今天你也許聽到左翼社會黨激烈的高呼：『打倒吉田內閣！反對再軍備！』明天也許是右翼政黨在臺上高呼：『贊成再軍備！』擴音機裡發出的聲音，震耳欲聾！

這是戰後的新『玩意』，也許是盟軍管制帶給日本的一點民主氣氛。

傍晚，新橋車站西側的横町游蕩着三流薪水階層，他們臉上沒有表情，穿着破舊的衣服，使人覺得生活的重擔壓得好苦！入夜，車站的南口，有佇立在秋風裏的碰碰女郎(Pan pan girl)。雪白的脂粉飾不了她們內心的痛苦。她們望着從酒吧出來喝得酩酊大醉的日本薪水階層，拉住他們的衣袖不肯放手，好一副人生悲慘繪圖！

車站地下鐵入口，擺着一排排的書攤，在這裏你可以看到日本共產黨發行的『赤旗』日報，也可以看到莫斯科或北平的宣傳小冊和畫報，有英文的、中文的、日文的和俄文的。

新橋周圍的小酒館，晚上老是擠滿了人，那兒有穿着西裝的薪水階層，穿着破舊制服的工人，蓬着頭髮戴着四角帽的大學生。一串『燒鳥』(yakitori)賣十五元日金，一壺日本酒七十元日金。酒館的侍女會把酒一壺壺的端上，把『燒鳥』一串串的遞給客人，她有時還坐在客人身旁，陪他談笑，如果他不苟言笑，不說一聲

『貴女ハ奇麗デスネ』(妳眞漂亮！)，她會怨此人自視太高，沒有風趣！

新橋附近的許多小舞廳，以『純情』來招攬客人，門口都裝飾着紅葉，舞女們站在門口，對過路的人招手微笑：『喝一瓶啤酒也可以呀！請進來吧！』

三、淺草

淺草可說是東京的平民娛樂地。無數水果攤羅列在街頭，那兒你可挑選任何你所愛好的水果：葡萄、梨、柿子、蘋果……。偶田川汚穢的河水靜靜的流去，汽船在河上砰砰的航行。傍晚，夕陽西下，秋涼襲人，河上泛起了一層薄霧，眺望河的對岸，煙囪林立，一個旅居異國的孤客，會有無限的感慨！

淺草六區的映畫街有電影院二十幾家，當你走過時，會有人向你喊：『現在開始了，請進，請進！』國際劇場前的巨大廣告最引人注目，現在正上演着歌劇『秋的舞蹈』(秋の踊り)。

戰後興起的脫衣舞，以淺草最有名。有歷史最久的洛克座，還有法蘭西座、美人座、百萬弗、淺草座……。它們會以各種怪誕的脫衣舞劇號召，什麼『好色艷婦傳』『裸女與强盜』『裸體五十三次』，但是，這種玩意像一陣狂風暴雨一樣，已經再也引不起人們的興趣。這，使我想起一個脫衣女郎給吉田首相的一封諷刺信。信大概是這樣的：『吉田首相閣下：閣下在舊金山和約簽訂時，爲衆望所歸，受全國人民的愛戴。那和脫衣舞剛從美國傳來，我們大受一般人歡迎一樣，但是，曾幾何時，閣下的好時光已成過去，正像我們今日一樣，已不受人歡迎……』

我們由這封短扎，可以體會到近一、二年來日本在變！

淺草的吉原，是日本的著名藝妓區。外國的觀光客認爲日本的表徵是：富士山、櫻花和吉原。據說，這裏有妓院二百來家，藝妓兩千多人。

日本人時常說：吉原是日本經濟的寒暑表。日本經濟繁榮的時候，吉原也繁盛起來，當日本經濟不景氣的時候，吉原便呈現一片冷落。

據說，現在吉原蕭條冷淡，遊客稀少，這或可說明現在日本經濟的情形吧！

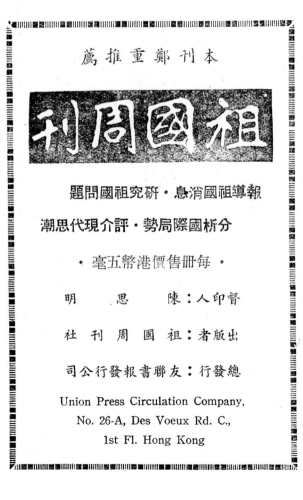

四、秋郊

東京的秋天，令人想起北平的秋天。日本人喜歡旅行，尤其是在秋天。東京七百七十萬人口，在星期假日便有一百幾十萬人到郊外去旅行，這幾乎是每五個人之中要佔一個人。

日本的秋天，最引誘人的是紅葉和菊花。新宿御苑以前是日皇的私人花園，戰後天皇由『神』降爲『人』後才開放，現在菊花正盛開，黃的、紅的、紫的……一對一對的情侶，或是全家携老扶幼在那兒賞菊，他們坐在半枯黃的草坪上，飲酒、談笑，在秋風裏自我陶醉！

假日，東京站、上野站、新宿站，擠滿了人羣，他們帶着『便當』，登車到郊外去。中央線上的高尾山，相模湖，紅葉燃成一片。最使人嚮往的，是日光、鬼怒川和川治。從上野搭上羅曼史車 (Romance Car)，聆聽着音樂，一路向北駛去，富士山頂泛着純潔的白光，車漸漸駛進溪谷，紅葉如火。看罷紅葉，兩杯清酒，一浴溫泉，可以洗盡你在東京的灰塵！

現在夏天的海水浴場冷落了，海水寂寞的衝擊着海邊的岩石。但是，濱海的熱海溫泉，伊東溫泉又熱鬧起來了。如果你的車子駛過熱海市區，穿着奇麗和服，梳着日本式高髻的藝妓會向你微笑招手。日本到處是女人的誘惑。

秋天的東京，夾雜着歡樂、苦悶、沉醉和警醒。這正象徵着今日的日本！

被猛烈踢過的狗

郭衣洞

時代在變，現在是「尊師重道」的時代了。報紙上出特刊，學生們開會，大人物們演講，連公賣局也把香烟打九折，每個教員准許備文趨購十包。官恩如此浩蕩，使得身爲師表的人，除了感激涕零，不知所云外，簡直還有點坐不住馬鞍橋的局勢。所以當我發現報紙上登有徵求家庭教師的廣告時，不由怦然心動，立刻寫了一封應徵信去。

五天之後，回信來了。信上是這樣寫的——

「查臺端資格，尙無不合，希於本月八日，在家等候面洽，切勿外出，致干自誤，爲盼。即祝，敎安。李啓。」

八日這一天，我沐浴更衣，嚴坐以待。下午五點鐘光景，隨着一陣劇烈的敲門聲，一個彪形大漢跨了進來。

「我是李公館派來的。」他說。

我連忙介紹自己。

「老錢，」他上下打量了一番，親切的拍我的肩膀，「你現在可以跟我去到差了。」

這簡直是喜從天降，我說：「我得收拾一下行李。」

「用不着，」他搖頭，「公館裏什麼都有。」

等到我提着洗臉用具的小包跟他鑽進汽車，我被這最最流線型的傢伙弄的飄飄欲仙。

「請問，」我說，「您貴姓？」

「孫威。」

「主人呢？」

「我們的老爺，叫——李義守。」

天！李義老！太偉大了，太偉大了！教師節那一天的記念會上，他講演講到師道陵夷的時候，止不住痛心疾首，聲淚俱下，後來講到應該如何遵師重道的時候，更是慷慨激昂，義氣塡膺。把聽衆感動的，當場就有好幾個聰明過度的人，宣誓永遠獻身教育工作。我眞幸運，能碰到這麼一個好家長。

車子忽然在一家醫院門前停住，我正要發問，孫威已把我推下來。

「幹什麼？」我叫。

「檢查身體。」

于是，整整的兩個鐘頭，像一個中國電影明星似的，我表演了各式各樣，却盡都是些叫人直起雞皮疙瘩的醜態。

「他有肺病嗎？」末了，孫威盤問。

「沒有。」醫生翻動記錄。

「扁桃腺怎麼樣？」

「正常。」

「頭上生沒生蝨子？」

「還乾淨。」

「牙呢？」

「結實。」

「多重？」

「六十二公斤。」

我忽然覺得我已是一個被什麼魔法師變成的驢子，現在是牽到市場上拍賣了，我不由的大喊一聲，跳了起來。

「哎呀，」孫威趕緊嚷，「他的神經？」

「請放心，都是第一等貨色。」

孫威把我抓進汽車，我掙扎，聲明我不幹這份差事了，可是沒有用，汽車已在風馳前進。

穿過繁華的大街，穿過寂靜的郊區，最後，穿過森嚴的別墅大門。

我被領進客廳，這客廳豪華的照眼，連窗帘都閃閃發光，一個妙齡少婦正歪在沙發上織毛衣，孫威搶前幾步，把我的身體檢查表遞上，她看了一下，滿意的點點頭，然後，她臉上故意的露出使我安心的笑容，一面低聲吩咐了孫威幾句，孫威退出去了，我手足失措的站在那裏。

一位六十多歲的老頭子搖搖擺擺的走了進來，我一眼就認出他正是主張遵師重道最力的李義老。

「好極，迷死脫錢，」他沒有讓我坐下，也沒有和我握手，他只用優美的姿態摸自己肚皮，兩隻眼睛盯着我，彷彿我現在正是他的聽衆，「你願意從事于世界上最神聖的教育工作，我十二萬萬分的佩服和崇敬。致于你的月薪，暫定爲一百元……」他大概從我臉上看出失望，「你不要嫌少，」他把語氣加重，「一百元雖不够買一雙皮鞋，可是我這裏還供膳宿，況且，這不過是試用，三個月後，假使你表現的不錯，我會給你加錢的。你敎的是我的第九個孩子，今年六歲。」

一個手拿彈弓的孩子跑了進來。

「媽咪，」他奔向那妙齡少婦。

我這可憐的腦子裏開始畫問號了，爸爸六十多歲，媽媽二十多歲，第九個孩子六歲，我不懂。

「你就住在孩子的房間裏，」李義老吩咐，「晚上，還得請你特別照顧。哎喲，孩子，來見老師。」

「我考你，老師，」孩子仰起臉，「你什麼大學畢業？」

「啊！我，我，是師範學校。」

「嘻，嘻！」

孩子扭頭就跑掉了。我感到十分尷尬的立也不是，坐也不是，正在滿臉通紅，不提防，我的後腦勺突然挨了猛烈的一擊，一塊石子落下，發出清脆的響聲，我立刻覺得頭骨已碎，腦漿已被砸出來了，一步沒有把穩，就栽倒在地，耳邊還聽見我的學生——小少爺的拍掌大笑。

「爸爸，」他喊，「看我的彈弓準不準？」

好久，好久，我才悠然還魂。電燈已亮了，客廳裏只剩下我和李義老兩個人。

「我不幹了。」我爬起來叫。

「迷死脫錢，」李義老表示抱歉，「我加你一百二十元一個月。」

孫威跑進來把我抓了出去，晚飯的時間到了。在另外一個房子裏，五個西裝畢挺的人早已團團坐好，氣派高雅的彷彿是祀孔大典時的嘉賓，我暗暗的向孫威打聽這些都是誰。

「我來介紹，」他嚷，「這位是周司機，這位是武管家，這位是鄭賬房，這位是王衞士，這位是馮衞士，」他拍拍自己的胸脯，「在下，孫衞士，一等一級的衞士，」然後，輪到我，「這位是新請來的老師，迷死脫錢，醫生批准的好貨色。」

「妙，」他們嘩然喊出由衷的歡迎，「又多了一個打沙蟹的伙計。」

一面吃飯，孫威告訴我：「老錢，你這個老師是當定了，剛才小少爺打你一彈弓你沒發脾氣，我們夫人就看出你是一個道德高尚，學問深奧的老師。你別嫌錢少，連我們剛來的時候，也是一百起碼哩？你只要伺候得小少爺歡喜，怕趕不上我們弟兄！」

飯罷，孫威領我到小少爺的寢室，也就是我的寢室，一進門，就看見小少爺正蹲在牆角，在櫃子下面摸東西。

「你來的正好，老師，」他說，「快給我掏皮球。」

我猶豫了一下，想不出抗命的理由，只好也蹲下來，把手伸進去，猛可里，拍的一聲，大概是毒蛇的巨牙噬進骨髓，我痛的渾身發抖，急忙把手縮回，手上却帶出一個預先佈置妥當的老鼠夾，小少爺在旁邊露齒而笑，我呢，我不由得殺猪般的吼起來。

吼了一會之後，我努力的忍住疼痛，摸出香烟，打算藉尼古丁麻醉一下。

「爸爸，爸爸！」誰知道小少爺却忽然驚恐的大叫大喊，好像剛才被夾的不是我而是他，「快來呀，快來呀！」

我的吼聲雖沒有人理，可是小少爺的叫聲，反應却十分迅速。霎時間，李義老撞進來，妙齡少婦也跟着撞進來，摟住小少爺只叫心肝。

「爸爸，」小少爺委屈萬狀的指我，「你看，他在這裏吸香烟。」

妙齡少婦得救似的吐了口氣，我偷偷的把香烟熄掉，握在手裏。

「迷死脫錢，」李義老瞟了我一眼，我犯罪似的低下頭，「我不希望一個爲人師表的人染有這一類不良的嗜好，不過，你一定不能改正的話，我也不堅決反對。只是請你到吸烟室去吸，吸烟室就在隔壁，孫威同志會告訴你的。」

我狼狽的連連點頭。

「哦，」李義老忽然想起，「你剛才吼的什麽？」

我哭喪着臉把小少爺的惡作劇說出來，並伸出我那紅腫瘀血的手指，我想會聽到幾句安慰的話。

「這個，」李義老把眉頭皺了半天，有點不耐煩，「迷死脫錢，」他說，「你已經鬧了好久，而我並沒有干涉你，已經很够民主了。什麽事情，都要適可而止，不必老是追究。明白嗎，年輕人！」

我手指痛的無法回答。

「老師呀，」少婦開口了，嬌滴滴的，「我把孩子交給你了，臨睡時記着替他洗澡，脚趾縫裏要擦乾淨。」

小少爺隨等爸媽，蹦蹦跳跳走了。我覺出我的臉色鐵青的難看。

可是，更可怕的事情却發生在夜間。

小少爺睡的像一具小殭屍，窗上時隱時現的月光，像孔丘先生的幽靈在眨眼。

我怎麽也睡不着，正在輾轉反側，陡地，輕微的脚步聲從門口響進來，一個龐大的人影投到牆壁上，我的熱汗馬上變成冷汗，尤其是當那個龐大人影的魔掌伸向小少爺的床上時，我簡直要癱瘓了，我本能的口中唸唸有詞，唸的是「四書五經」，因爲，現在是「讀經」的時代，「經」的力量很大。對人，可以升官發財；對鬼，當然可以避凶趨吉。果然，唸不上兩句，龐大的人影就被唸跑，房中靜悄悄的，一點沒有異樣，我爬起來到小少爺的床前一看，他睡的正香甜。

然而，當我再躺下不久，那個輕微的脚步聲又響了，分明是一個人在揑脚揑手，我鼓起勇氣瞟了一下眼角，只看見孫威掛着白朗林手鎗，正一臉獰笑的瞅着我，我嚇的手指也不痛了，只覺得眼前一黑……

呼喚的聲音把我驚醒。

「迷死脫錢，」我發現，李義老不知道什麽時候已站在我的床頭，他穿的華貴睡衣，更把他襯的像油畫上的人物，「我剛才忘記吩咐你，你應該每隔十分鐘起來替孩子擦汗。」

說罷，他等我表示過驚訝之後，才昂首而去，那昂首的姿勢是屬於不同凡品之類的。

「這是怎麽回事呀！」我呻吟。

「老兄，」孫威解釋，「今天輪到我值班查夜，知道吧，連老爺夫人的房子都不關門，都要查的。查到你這裏，看見小少爺頭上有汗珠，第一次，我替你擦了，第二次，我不得不報告給老爺。你睡的眞死，叫了半天你才醒。」

這眞是名副其實的，最可怕的一夜，我這個當老師的，一共起來三十六次，來服侍我的學生，除了擦汗外，我還附帶的替他拿了兩次尿盆。

好容易熬到天亮，替小少爺穿上衣服，被女僕領進去洗臉吃飯了。我剛拿起牙刷。

「老錢，老爺請！」孫威叫。

李義老還在床上躺着，妙齡少婦的嬌紅臉蛋正偎着他那肌肉鬆懈的腋窩。孫威把報紙遞給我。

「先讀國際新聞吧！」李義老說。

我只得服從。

「本省新聞！」李義老朦朦朧朧。

我的嗓子逐漸冒火。

「唸廣告！」

一個小時之後，李義老終於像死狗一樣的哼也不哼了，可是我站在那裏的兩條腿，却麻木的成了兩根鐵棍，孫威悄悄的把我拖出去。

「老錢，」他誇獎，「你的口齒眞清楚，有你的。上個月請的那個女老師，架子又大，唸的又結結巴巴，沒等到吃早飯，老爺就開革了她。走吧，上午陪小少爺上學，記住，在校門口等着，一下課就去擦汗。下午幫老周洗汽車，這是美國最新式的，海關硬不准進口，說是違法，違他媽的屁法，有權就是法，我們老爺一個電話就要了出來。還有……」

一股無法自制的窮酸之氣通過我血管。

「我不幹了。」我喊。

孫威吃驚的望着我。

「我幹不了。」

「別小孩脾氣。」

「眞的。」

我衝進寢室收拾我的洗臉用具小包。

「老爺要見你。」等我出來，孫威攔住我。

我只好又回去站到我讀報時站的地方。

「你要辭職？」李義老睜開 他那尊師 重道的慧眼。

我承認。

「你在我這裏當教師，比在公立學校當教師，好的多啦，」李義老說，似乎我現在已不是聽衆，而是自己家裏的人了，「在公立學校當教師，名義上清高，其實還不是騙死人不抵命，樂歲終身苦，解聘則不免死亡，有什麼出息呢？你在我這裏，三五年後，我一張名片就可以給你介紹一個不算小的差事，你怎麼如此糊塗？」

我堅持非走不可。

「我再加你二十塊錢，」李義老瞪大眼，「我不希望你這是用辭職的手段來爭薪水，你總應該知道現在的教員是什麼價錢。」

我幾乎是用歇斯底里的聲調，告訴他我已找到更高尚的職業。

「什麼職業？」

「掏厠所。」我脫口而出。

李義老勃然大怒了，顯然的，他不屑再理會我這個孔丘先生的叛徒，他翻身朝裏，于是，他懷裏的嬌妻咯咯的笑起來。

在衞士們眈眈的虎視下，我終於離開了這個稱我「臺端」，「希」我等候，怕我「自誤」，「祝」我敎「安」的公館。和昨天來的時恰恰相反，我搗住住後腦勺，吹着手指，垂頭喪氣的向我那沒落之途踉蹌，好像一條剛被猛烈踢過的狗。

四十三、十、臺北、莒屋。

徵稿簡則

一、本刊歡迎：

(1) 凡能給人以早日恢復自由中國的希望，和鼓勵人以反共勇氣的文章。

(2) 介紹鐵幕後各國和中國鐵幕區極權專制的殘酷事實的通訊和特寫。

(3) 介紹世界各國反共的言論、書籍與事實的文字。

(4) 研究打擊極權主義有效對策的文章。

(5) 提出擊敗共黨後，建立政治民主、經濟平等的理想社會輪廓的文章。

(6) 其他反極權的論文、純文藝的小說、雋永小品、木刻、照片等。

二、翻譯稿件務請寄附原文。

三、投稿字數，每篇請勿超過四千字。

四、來稿請用稿紙繕寫清楚，並加標點。

五、凡附足郵票的稿件，不刋載卽退回。

六、稿件發表後，每千字致稿酬新臺幣四十元至五十元。

七、來稿本刋有刪改權，若不願受此限制，請先說明。

八、惠稿一經登載，版權便爲本刋所有，非經同意不得轉載。

九、來稿請寄臺北市和平東路二段十八卷一號本社編輯部。

長篇連載

幾番風雨（十一）

孟瑤

二十七

丹楓病倒了。

假若小薇沒有被良心擊中的話，她的行動將因此而更自由。

事實上，她目前的行動是比較自由些，她爲她不安的良心，作着這樣的解釋：「他需要安靜，我不打攪他，這是對的。」

對貫一，她的熱情，却作着直線的上升。

這天，差不多和多數的情形一樣，晚飯有一個應酬，如今，交際塲中，小薇和貫一的形影不離，已是司空見慣的事了，一些人認爲這是事業上合作時的必然趨勢，一些人又以西洋禮俗來判斷爲不足爲怪，當然又一些人在切切私議着這種不正常的關係……無論別人怎樣解釋，他倆還是如常地在一起，只是在大衆面前，貫一始終爲自己留下地步，他總是以一個極有修養的長者態度對待小薇，並且一再强調小薇的能幹，實在是他事業上不可少的助手。雖然，當獨處時，他們是日益親熱的。

這天晚上，因爲鬧了很久的酒，所以結束時，已是常人入夢的時候了，一些客人把握住酒後豪興，還要聚賭，小薇因爲衷心忐忑，比較沒有興緻，她輕輕地對貫一說：「咱們出去走走！」

趁着一陣亂，他倆從客廳裏溜了出來。

他倆向着成渝公路上的郊區走去，月色迎人，四境闃寂，宿鳥在巢裏翻着身，微風向大地親着吻，這沉默似在詠嘆着宇宙的永恆，這沉默也似在嘲諷着人生的短暫。

他倆肩併肩，手握着手，緊緊地依偎着漫步，小薇抬頭仰觀，靜靜地說：「今天的月色眞美！」

「你又想月下尋詩嗎？」貫一攔住她的腰。

這句話忽然使她聯想到與又飛的那段往事，這是以死亡爲鋤犂，因而埋根最深的一株愛苗，它似乎永遠在心扉裏的最後一室被寶愛着，她不願意被任何有形無形的東西來觸摸它，哪怕是自已的思想。如今貫一無意中的一句話觸動了它，她驀然中看見這靜植在心園中的這株愛苗，竟然那樣的孤零……只要一想到又飛，她就有說不出的難受，這難受使她的感情軟弱得像團海綿，多少年來一切精神上的欠負，像水一樣地淋了上來，壓得她的心靈沉甸甸的。她能不因此想到正躺在床上的丹楓嗎？那個曾經被她當作又飛的影子而眷愛過的丹楓。

這使她的情緒低沉到深淵。

「怎麽？爲什麽這樣久不說話？」貫一望着她，萬分溫存地問。

「沒有，」小薇排除一切思想說：「我在看月亮，這確是詩境！」

「你倒眞是雅人深緻！」

「不是嗎？」小薇說：「當我們從熱哄哄的環境裏走出來的時候，總會覺得這一切是無聊的追求，倒不如二三知己，促膝聊天，飲酒品茗，更富於雋永的趣味。」

這恬靜的思想，使貫一也沉默起來。接着，小薇又按抑不住地嘆了一口氣。

「今天你的情緒怎麽這樣壞？」貫一望着她。

「人生既然如此，我覺得不如把算盤打近些，能和心愛的人長相厮守，就很够了！」

長相厮守！這句話又使她忽然想起丹楓，這個曾被她熱愛過的小白兎，如今病體支離，瘦骨嶙峋地站到她的面前，那滿佈愁雲的臉上，勉强洒下一點笑意，他沒有說話，但這一付尷尬的面孔已經够諷刺她的了！他似乎在說：「你會與人長相厮守嗎？你懂得愛嗎？」

多詭譎的感情，多凌雜的思想啊！小薇不覺噤若寒蟬。

「愛情在人間的地位，不過是大地上的花紅柳綠而已，沒有它，不過是枯燥一點，却並不能影響大地的存在。一個人要混不出一份財勢來，就是有花紅柳綠，沒有這肥料，也是長不大的。」貫一這樣說。

「那麽沒有花柳，又要肥料幹什麽？」小薇幾乎有點生氣。

「有花柳，沒有好的陪襯也是不行呀！」

「我就是愛你這個好陪襯？」小薇驀然回身，她第一次對貫一這樣不禮貌：「我看你開口尋詩，閉口吟詩，你根本就不是詩人，簡直有點俗不可耐！」

「小姐，詩也得飽着肚子，才能尋才能吟的！」貫一一把拖住小薇，又說：「你別生氣，反正多大英雄，也逃不過美人關，我早就向你俯首稱臣了！」

小薇淩亂的情緒，並沒有因此整理好，但，她不願與貫一之間劃下裂痕，於是，在歸途中，她就沒有說話。

回家以後，小薇的心上並沒有拂去那層陰影，貫一的能幹使她傾心，但她覺得他的道路走得並不正確，該追求的，他忽略了，不必用全力的，他却犧牲一切以赴。看來他似不老，除了兩鬢華髮而外，他的朝氣，他的情緻，他的積極，他的進取，似都不弱於一個年青人。但，這年青是被他雅潔的衣飾，强健的體質，快樂的心情所支持住的，實際上都成强弩之末，不堪久試了！小薇善於觀察人的眼睛，她看出貫一的雙眸在休息時常會起一層乾澀的薄霧，還有那下眼皮的鬆弛，更是無法掩飾的。

「他老了！」小薇萬分憐惜地想：「他自已不知

道，他犯着嚴重的遠視病，放棄家庭溫情，却拼命往那冷冰冰的所謂事業裏鑽！我應該隨時提醒他！但是，我不應該向他發脾氣！」

這些淩雜的思想，使小薇無法入睡。

自從丹楓病倒以後，小薇在屋裏另搭了一張小床，她所持的理由是不想驚動他，因此她也於每夜歸來時，減除躡手躡脚的麻煩。

丹楓病後，情緒反較平日爲冷靜，原來他對於自己戀愛上的失敗，家庭幸福之條焉幻滅，每耿耿不能去懷；如今呢？健康都沒有了，還談得上這些？因此他對前途不作任何幻想，不抱任何欲望，心平氣和，病象反而沒有嚴重下去。

這夜小薇歸來，他又裝睡地閉好眼睛，小薇習慣地走到他床前，掀開帳子看了一看，又無聲地離去。

丹楓聽見她脫衣上床。

丹楓在床上靜靜地觀察着，他發現小薇這天情緒似很煩躁，輾轉反側，未能入睡。

第二天，小薇一早就爬起來，爲了昨天與貫一弄得有點不歡而散，因此更想早一點看到他。她獨自無言地收拾着，丹楓遠遠地看着她，當她一切停當，拿起手提包準備出門的時候，丹楓忍不住問了一聲：「這樣早就出去嗎？」

丹楓完全是體憐她的意思，因爲他知道她昨夜沒有睡好，早上應該多休息一會。但，小薇有點作賊心虛，她以爲丹楓是看準了她去找貫一，所以拿這話諷刺她。爲了連日以來，丹楓生病的影子常常會在她高興時突然冒一下，因而打斷了她的豪興，所以她對丹楓，不止是不關切，而且漸生惡感。她猶豫了半晌，終於板起那冰點以下的面孔說：「你的醫藥費我得想辦法呀！抗戰物資這麼困難，問題簡單嗎？我能有福氣像你似的，成天躺着？不奔走也得行呀！」這語氣中包括多少一家之主的傲岸，和對丹楓依她而生的輕蔑啊！這一種盛氣凌人的威勢，這種壓倒人的矜驕，誰也忍受不了，丹楓也不例外。這幾句話使他刹那間趨於死亡，他混身發着抖，嘴唇抽搐着，眼光一片迷茫，臉色汗涔灰敗：：頃俄間，生命竟然這樣空虛。

小薇還想再說什麼，但，她看了一看他，拿起皮包，才鞋聲得得地離去。

沒有一分鐘，蓓蓓悄悄地進來，這孩子近來常是如此的，一有空便來陪伴丹楓，不知爲丹楓解除了多少病中寂寞，今天又這樣早進來，因爲是星期日。

「今天要不要出去晒太陽？」蓓蓓走到床前問。

「嗯？」丹楓突然驚醒，混身一發抖，他茫然無知的問蓓蓓：「你在說什麼？」

「怎麼，今天又不大好嗎？」蓓蓓看見丹楓可怕的臉色着急地問。

「好歹都一樣！」丹楓所答非所問地。

「我扶你上花園散步去？」

「不了！」丹楓木然地。

「那麼，我唸段報給你聽？」

「也不要！」丹楓此時不願蓓蓓打攪他，因而說：「我昨天沒睡好，現在還想睡個早覺！」

「一會我可沒有空陪你啊！我要約同學去看早場電影！」

「對的，應該各自追求各自的快樂！」

蓓蓓太小了，她沒有發現丹楓的異狀，她只是說：「那你睡吧！我叫他們別吵你，午飯等我回來一起陪你吃，哦？」說完，這孩子高高興興地出去了。

丹楓心裏算是清醒起來，所找回的，不僅是方才的思想，還有那潛伏已久的委屈，更有那避不見面的男性驕傲。

「是可忍，孰不可忍？」他激動地從床上起來，不安地在室內踱步。

「她變了！」丹楓混身出着冷汗：「今天星期，忙些什麼？」

他恨小薇以籌措醫藥費爲藉口去尋歡作樂，以她目前財產相較，這點醫藥費豈足掛齒？這完全是對自己的極端嫌惡。男兒四海爲家，何必作脂粉奴？別再以愛情作幌子了，如今彼此之間哪裏還有什麼愛情？即或有，也是自己諂媚地，曲意奉承地向她兜售，她嫌貨不好，不要了！只是她也欺人太甚，一對正式結褵的夫妻就這樣完了嗎？鵲巢就如此容易地讓鳩佔去嗎？應該找出那個人來去拼命呀？應該拖住小薇去對簿公堂，接受法律制裁呀……只是一對夫妻愛情沒有了，去乞求這個冷冰冰的制度來保護也就太可憐了！

這一切的思想，無論屬於那一類，却都如鋒鏑似的，叢聚於他心上，他負傷了，無論是感情，驕傲，與健康。

事情一想多了，他真不知如何應付，更不知道如何自處？看看這間華麗的居室，竟然像地獄似的囚禁着他，眞覺得帶着病軀費力地活下去都太多餘，他他不覺踱到妝臺前，拿出那瓶醫生開給他的安眠藥，這新購回的一瓶，足够他結束自己的了！他捧起它，兩手有點發抖，他慢慢地抬起了頭，無意中正對着小薇梳妝的那面鏡子，他才看清楚了自己的臉，如此瘦黃灰敗，眼睛像看到世界末日似的絕望着，那蓬鬆得可怕的頭髮，那多少天來都沒有剃去的鬍髭……這生命似乎在人間不會貪戀得太久了，丹楓放下藥瓶，用手輕撫着下頷，他爽然若失地痴立着。

二十八

小薇一出家門，立刻便有輕鬆的感覺。她早已不覺得家有什麼可愛了，一個安安靜靜只會生病的丈夫，一個冷冷淡淡對自己一點也不發生興趣的孩子，她只想離開他們遠遠的，何況更有別的地方在引誘着她呢？

星期日是大家休假的日子，小薇却因爲腦海裏有昨天不歡而散的陰影橫亘着，使她一直擔心貫一是不是還在生她昨天發脾氣的氣？因此她直接向貫一哪裏走了去。

貫一才起來，正獨自坐在沙發上喝牛奶，並且看着早上的報，小雪花坐在他的懷裏，不時被他的手撫弄着。看見小薇進來，他有點感到意外。

「這樣早來，有什麼事嗎？」貫一立刻放下報，笑着問。

「非要有事才能來嗎？」小薇跑了過去，依在他的膝上，就勢去撫弄那隻小貓。

「不，我是有點意外的高興！」貫一低頭，輕輕地吻着她的秀髮。

看來，貫一是心無芥蒂，小薇白擔了許久的心，她忽然覺得愛情實在是件奇怪的事，當它找到你的時候，你仁慈，你謙卑，你像傻子似的活着。小薇不懂為什麼曾經愛過的丹楓，在不愛的時候會處處不順眼？小薇也不懂為什麼曾經以長輩視之的貫一，在愛上了的時候，會連每一分鐘都放不下他？她一直有着美麗女人的驕傲，但，如今在貫一的面前，却總有卑躬屈節之感。不過，這份對貫一的熱戀，她覺得有點可羞。於是，她低下頭，雙手抱起那隻雪花貓說：「這貓眞幸福！」

「怎麼？」

「她有資格在家裏陪着你！」小薇把貓親到臉上，然後笑望貫一。

「將來你也有資格！」貫一說時，把她從腿上扶起來，送到自己剛坐的位子上，然後自己坐到沙發的扶手上，靠近小薇，一隻手環過她的肩，握住她柔荑的手說：「你說是不是？」

「我以為你一直在生我昨天的氣！」

「笑話！宰相肚裏好撐船！何況小姐們要耍小脾氣？」

「我可是一晚上都沒有睡好！」

「而且今天這樣早又起了床？」貫一說完，縱聲大笑起來。

小薇立刻臉紅過耳，推開貓，用力搥着貫一說：「不許你笑我，都是為你，你還好意思笑我啦？」

「不笑，不笑！」貫一拉住她搥人的手說：「陪我吃早飯去，你一定還沒吃東西吧？」

「我是沒吃，你不是已經吃了牛奶嗎？」

「牛奶？」貫一又笑了一笑：「那只夠我暖暖胃的，來，陪我吃早飯，再計劃計劃如何消遣！」

「你的官癮眞不小，這也需要計劃？我倒要請教，你這位經世之大才，有什麼了不起的計劃！」

「第一，」貫一伸伸手說：「告訴門房今天不見客，第二，咱們決定不出門，你得好好地燒兩樣菜請我吃！……這，不也是計劃嗎？」

「眞不愧是首腦人物！」

說着，他倆已經走到餐室，不久，用人送來兩碗餛飩，還有一大盤小籠包子。

「你一早上吃這樣多？」小薇吃驚地。

「招待你貴賓呀！來，坐，吃！」

「早上吃這油膩，我可受不了！」

「一碗餛飩總可以吃咯！」他指了一指小薇的碗，然後便獨自吞食起來，風捲殘月，一會便吃去許多，小薇對於他的健康深深羨慕，想起丹楓，不覺嘆了一口氣，便放下了湯匙。

「怎麼樣？」貫一望着她問。

「我羨慕你的食量！」

「大丈夫日理萬幾，這機器不加足了油，行嗎？」貫一輕輕地拍着肚子說。

「走，還是上客廳裏坐！」小薇拖着他，一手抱着那不肯離去的貓說。

他倆又回到客廳，貫一親自動手泡了兩杯好茶，於是兩人便相對而飲。

「你平常回來的時候，是不是只和小雪花說話？」小薇喝了一口茶，向貫一問。

「她非常了解我的感情！」

「那你太寂寞了！」小薇忽然又動起情來：「這麼漂亮一所房子，這麼動人的一番事業，這樣大的一把年紀……唉，我眞着急！」小薇說完，急躁地跌着脚。

貫一又把她拖着坐下，說：「你別急，人生最大的趣味就在可即與不可即之間，太具體了反而沒有什麼意思，譬如喝茶吧！這是我朋友送給我的最好杭州龍井，味兒是眞好，却得慢慢去品，若像妙玉說的驢飲，一口嚥下去，又有什麼意思？」

小薇正要再接下去，用人走了進來，正要開口。

「不是告訴你說不會客嗎？」貫一不等開口，即加申斥。

「不是……」用人惶恐地：「是何小姐家裏的電話，說家裏出了點事，要您親自去接！」

「哦？」小薇立刻有不幸的預感，從椅上跳起，沒有來得及說話，就跑向電話機去。

「你是阿梅嗎？」小薇拿起電話問：「家裏有什麼事呀？」

「先生一早上不見了，我們找了半天，還是找不到，你是不是要回來一趟？」阿梅在電話裏十分着急。

「我就回來！」小薇直覺事態嚴重，放下耳機，就跑到客廳對貫一說：「我回去了，家裏有事！」拿起大衣，就往外走。

「什麼事，你得告訴我呀！」

「長得很，以後慢慢談吧！」

小薇連看貫一的工夫都沒有，便一步一踉蹌地走了出來，跳上街車就直奔回家。

阿梅已經在門口等候了，小薇下車就問：「你怎麼發現的，到底是怎麼回事？」

「是蓓蓓發現的！」阿梅說：「她要去看早場電影，臨走以前去找先生說話，却沒有看見他在床上，我們各處都找了也沒有，後來又發現衣櫥裏沒有了先生一套西裝和一件大衣，其他什麼也沒變樣！」

「有信嗎？」想到早上臨行前的倨傲，小薇沒有輕估這件事的嚴重性，她有點心慌，更有點不忍，想到近日的冷淡，再想到丹楓的病體，便忍不住哭了，她又衷心的後悔着，她眞希望丹楓忽然又站到她的面前，她眞想不惜任何犧牲地挽回這件事。

「還沒有發現！」阿梅說話時的表情很傷痛，她明白近日的一切，她同情丹楓。

小薇看了她一眼，更覺慚愧，便低頭進了大門，看見蓓蓓坐在客廳裏哭。小薇也沒有來得及理會，兩步搶回自己的屋裏，那一張被丹楓躺了許久的床，如今空在那裏，被褥已被阿梅整理好，因此更顯冷寂。小薇已經許久沒有考慮丹楓的存在了，如今他驟然離去，却加倍地給她以孤淒之感，她覺得已從此失去他，而且不會再得到了，她痴立了許久，才悵然地走去打開衣櫥，她發現丹楓的一件大衣與一套西服是沒有了！於是，她開始搜尋，原來很慢，逐漸地，一種必須搜得些什麼的心情更熱切起來，她的速度增加着，她翻丹楓每一件衣服的每一個口袋。這裏面，或者找到染有小薇口紅的手帕，或者找到小薇的一雙手套，這都是在他倆親熱的時候，一同參加宴會時放了進去的。這一切引起了小薇太多的回憶，丹楓的溫存體貼，丹楓的秀美飄逸，丹楓的聰明善良……這一切值得小薇眷顧的影象，又一樣樣地呈現出來！小薇幾次停住了手，不斷地落下了淚，但是，丹楓依然沒有，連片紙隻字也沒有找到。

「他恨透我了！」小薇這樣想。

室內無所尋獲，小薇又踱到室外，在客廳裏，她看見蓓蓓依然在那裏哭。這倒使她有些感到意外，多麼冷淡的蓓蓓啊！她居然會與丹楓有了深厚的感情。

「蓓蓓，」小薇喊了一聲：「早上他曾和你說了些什麼話嗎？」

蓓蓓聽見小薇喊她，才止住哭聲，擦乾眼淚，睜着已經哭腫，也是小薇最怕看的那對鬼眼睛，冷峻地望了小薇半天，才決然地說：「我恨你！」

驀地，她站了起來，一跌脚，頭也不回，就奔向自己屋裏去了。房門用力地被關上，發出一下冷硬的叫聲，揉和上剛才的咒語，變成一隻毒箭，立刻把小薇射倒了。

小薇的心碎了！就爲了蓓蓓這句無情的咒駡。

這句咒駡，證明蓓蓓是同情被欺凌的，於是丹楓的影子跳到小薇的面前，那是他倆一見傾心時的樣子，藏青西藏，大紅領帶，秀髮柔軟而飄拂，神態瀟洒而俊逸；這影子忽然又變成早上那個樣子，兩眼含着淚，滿臉病容，嘴角抽搐得幾乎要哭了出來的一付尷尬面孔……小薇的心眞碎了，她又三步兩步跑回屋裏，伏到床上，傷心地，大聲地痛哭起來，一些對不起丹楓的傷心往事，都一幕幕地呈現出來，自己曾如何自私，如何殘忍地對待丹楓，讓他病榻獨臥，讓他香衾自擁，而最後還殘忍地拿起那把恣肆的斧鉞折除淨盡他所有屬於自己一點僅能自欺的驕傲。如今他走了，一無所携，除了那不肯輕離的病痛。

不過，蓓蓓也夠不孝的，因爲不孝，又使小薇想起了母親，她才想到自己也曾如何忤逆，在自己母親的面前，一句孺慕承歡的話都沒有說過，却讓她爲自己半生蹭蹬的遭遇，蹂躪盡了那顆仁慈的心，她走了，她也一無所携，除了一份無法排遣，牽腸掛肚，對她孩子坎坷前途的擔憂而外……這情形，自己曾一無所睹，直到自己的孩子也對自己這樣叫駡着，才想到悔恨自己過去的任性與驕縱，曾在母親心靈上劃上多少血痕斑斑。

小薇哭了，她只能喊：「媽呀，媽呀！快來吧！你看蓓蓓……」

小薇哭了，她只能喊：「丹楓，丹楓，你回來！我完全懂了！」

這悲哀無休止地打擊着她，她哭了很久，阿梅不放心地在室外逡巡着，這是她童年時就侍奉慣了的小姐，她知道她的脾氣，她不敢在她最傷心的時候去觸怒她，她在外面靜候着，直到哭聲漸小，並且逐漸入睡，阿梅才敢悄悄地進去，爲她蓋上被，出來闔嚴房門，才又不放心地走到蓓蓓處來。蓓蓓沒有哭，却呆若木鷄地坐在那裏，阿梅走到她的背後，靜默了半晌，才說：「你今天把阿姨惹傷心了！」

「我是恨她！」

「怎麼？你說了這句話，到現在還不後悔嗎？」

阿梅板着臉說：「她是你的母親！」

「她沒有盡到母親的責任！」

「她養你，教你，化這樣多的錢……」

「這不是錢的問題！」蓓蓓跳了起來：「她根本是個壞女人，自己的孩子不管，不是你，我病死了，她也不會知道的；而且，那麼好一個人都被她逼跑了，難道你不傷心……」蓓蓓流着眼淚吵起來。

阿梅是覺得小薇不好，但却不願意別人批評她，於是對蓓蓓加以阻止說：「你也大了，別這樣孩子氣地任性。她就是不對，也是你的母親，你不應該批評她，你的書比我念得多，你比我更明白這個道理。」

這樣，蓓蓓才算沒有往下辯，於是阿梅又說：

「我看你也累了，要不先睡一會覺，或者去看場電影去？」

「不要！」

「你不是原來要去的嗎？」

「現在我還有心思去嗎？」

「好吧，那就躺一會吧！可千萬別再和阿姨生氣。」

阿梅念叨着出來，又去小薇處看看，見小薇已經坐了起來，望着前面發呆，看見阿梅，才像淸醒了似的說：「你打個電話給胡處長，叫他把車開來，我要用！」

阿梅照着小薇吩咐作了，不到五分鐘，車子已經停在門口，阿梅才又進來說：「車來了，小姐要出去嗎？」

「我必得把他找回來！」小薇流着淚說，從床上起來，連梳洗的工夫都沒有，披上大衣就走了。

她想在親友處探取丹楓的消息，她一家挨一家地問，終至失望歸來，她不但沒有找到他，反而因此把丹楓憤而出走的消息傳了開去。

時已夜半，她才倦怠而失望地回來，她流着眼淚思索更進一步的辦法，她想，她應該登一個報，措辭愷切，丹楓是個軟心腸的人，只要能看到，他必歸來。於是小薇拿起了筆，但心亂如麻，不知怎樣落筆才好，最後，她這樣寫着。

丹楓：

一切我錯了，希望你給我一個贖罪的機會，否則，我將受良心的譴責而死，你會愛我，你會慨然地搭救我這待罪之身！

小薇

小薇像熱鍋上的螞蟻，來回疾走，但，三天了，依然沒有丹楓的消息。

（未完）

讀者投書

(一) 行政與司法似未配合

虞經華

編者先生！

轟動一時的李慕白案，本月廿日臺北地方法院宣判了：「被告李慕白連續行使僞造私文書，處有期徒刑一年，又連續行使僞造私文書，處有期徒刑一年，應執行徒刑一年六月，褫奪公權三年。」

這一判決，許多人都認爲避重就輕。前幾天聯合報、自力晚報都對此有所論述。就我個人來看，判刑的輕重，在一定範圍以內，法官是有裁量權的。李慕白如僅以連續行使僞造私文書論罪，一年半的徒刑，是輕是重，我不敢說。但我深感奇怪的，李慕白行使僞造文書，其目的在套取國家外滙。而且事實上已經套滙了一百多萬港幣，在目前金融管制下的臺灣，套滙不也是犯法的嗎？爲什麼臺北地方法院的檢察官對於李慕白的起訴不提及套滙，而推事的判刑也不管套滙這一事實呢？這一疑問，我個人以及我所接觸的許多人都莫明其妙。於是我們左想右想，想出三個假定的原因來：

第一、法院推檢的疏忽；

第二、李慕白套滙的案情，牽涉很廣，不便追究；

第三、法院對於套滙一節，無法律條文可以適用。

我們再經思索，第一原因應該不會有。因爲李慕白案發生後，臺北的報紙雜誌紛紛記載。法院的推檢不會疏忽到如此程度，以致把套取巨額外滙這一事實也疏忽掉了。第二原因，確有其傳說。但這一傳說是實是虛，我個人却無法證明。如果傳說不虛的話，我不得不爲司法之不獨立而太息、憤慨，乃至於悲痛。第三原因，我認爲是比較最可靠的。但我不是法律專家，也不是現任推檢，更不是執行律師業務的人，對於現行的多如牛毛的法令，不能一一知道，更不能詳知每一法令的制定程序。所以我只能說「比較最可靠」，而仍不能確定地說即是這第三個原因。至於我爲什麼可以說「比較最可靠」呢？這是基於過去的經驗及當前的事實。

過去的經驗是這樣：

臺灣省實行三七五減租的初期，其依據只是臺灣省政府自己所創制的命令，並沒有甚麼經過立法程序而制定的法律。因之在減租初期，地主與佃農間或其他方面發生的爭執和糾紛，法院一概不理。那時法院會因此挨過行政當局的痛罵。殊不知法院所能遵守適用的，只限於國家立法機關依法定程序通過的法律或行政部門依法頒佈的命令。至於行政部門自己創制的法令，法院當然不能採用。當時法院之挨罵，是寃枉；行政部門之罵，是糊塗。這件寃枉糊塗的事，到了民國四十年六月才算終止，因爲到了那個時候才有一件經過立法程序的「耕地三七五減租條例」的公佈。這件事說明兩點：

一、我們的行政部門，未能嚴格地尊重司法獨立；

二、我們的行政部門在影響人民權利義務的行政措施上，其頒佈命令，有時是不管立法程序的。

因此，以致司法與行政不能配合，而有此三七五減租的初期現象。

當前的事實是這樣：

套滙是犯法的，早成爲大家的常識。過去幾年，因套滙案甚至套滙嫌疑而吃軍法苦頭的有的是。現在軍法審判範圍，已一再縮小，縮小到只限於軍人犯罪及匪諜、叛亂罪。金融管制下的一切案件，已不在軍法受理的範圍。也許就是因爲這個原故，李慕白這件套滙案就僥倖過去而不被科刑。這就是說以前軍法對套滙案的科刑是沒有法律根據的。所依據的只是行政部門所創制的法令。現在，軍法方面既不能受理套滙案件，而法院在其所應適用的法律條文中，又找不出套滙的罪刑，於是就便宜了李慕白。我個人不認識李慕白其人，對他無恩無怨，便宜不便宜他，其事小；但我要特別指出，如果上述的假定不錯，這又是行政與司法不能配合的一個事例。

金融管制應不應當，是另一問題；管制的程度應該如何，也是另一個問題。但在現行管制下，套滙是應當受處罰的。既然如此，行政當局爲什麼不早注意到金融管制下之一切科刑，必須依法定程序制定法律呢？過去軍法審判範圍漫無邊際的時候，可以濫來一氣，不管甚麼立法程序不程序。但在今天，軍法管不着金融管制下案件之時，行政當局也應想到法院將適用甚麼法律來受理金融管制下的案件。如果沒有這項法律，只有行政部門創制的法令，那末，就應該趕快向立法院提案，請其依法通過法律，以便法院採用。如果一方面行政部門有管制金融的規定，一方面法院又無法受理這類案件，這又形成三七五減租初期的現象了。這個現象要不得！

虞經華拜啓

四十三年十一月廿三日

(二) 刑事案件可以和解了事嗎？

陳光夏

自由中國社編輯先生：

本人頃上國防部俞部長一書，略云：「敬啓者，本年十月十七日上午三時，貴部第一廳少校參謀劉中厂因賭博虧空，私携軍用手槍闖入臨沂街五一號卓頤來私宅，意圖搶刼財物，被覺傷人一案，該犯因手槍失落，知無可逃，即日向憲兵隊投案自首，供認携械潛入民宅，竊盜傷人不諱。兩造口供紀錄在卷。被害人卓頤來在美國新聞處辦事，此消息立刻傳遍各外國記者。十九日本市英文報首先記載，二十一日中央日報亦據實照登。一切眞相中外周知，無可掩飾。所引領而望者，靜候我軍政當局如何處理而已。不謂此案竟以調解了事（十月二十四日中央日報及新生報均登有劉中厂道歉廣告）。嗣聞該犯之兄服務於某機關，出面斡旋，被害人因有所顧忌，乃承認調解。無論如何，本案是否依法嚴辦，影響國譽軍譽，均甚重大。幸鈞座有以善處之。國家幸甚。」

等語。素仰貴刊持論公正，熱愛國家，一本至誠，為國內極難得之民衆喉舌。本案關係國家前途甚鉅，既有中央日報十月二十一日眞實記載，又有憲兵隊口供記錄可憑。敬祈發揮讜論，藉作南針，無任馨香禱祝之至。專肅祗頌
撰祺

陳光夏敬啓　四三、一一、一五

編者按：刑事案件一經發生，代表國家的檢察官即有偵察起訴的職責，不能讓當事人和解了事。本案主犯係現役軍人，既經向憲兵隊自首，應已進入軍法審判程序。實際情形如何，我們未及査悉。但希望有關當局無論對何種案件，都要尊重「法律之前人人平等」的原則。

陳紀瀅先生來函

編者先生：貴刊上一期讀者投書欄內，刊載了余錚先生包括著打油詩的妙文，讀後不勝欽佩！余先生除對內政部所頒九條禁例有所論列外，對本人十一月七日所發表談話，多所指摘。善意部份，敬謹接受。惡意攻擊及諷刺部份，媿不敢當。因為本人自始至終，對內政部所頒法令也沒有完全贊同。第一次談話，曾引證第六條不妥文字，予以批評。第二次，我又說：

「任何根據法令足以防止不良刊物的再出現的原則，確為本人所贊同；惟內政部所頒九條禁例，不但文字欠妥，且事先未與立法機關磋商，尤其未取得新聞與出版界的同意，即遽行發表，亦未敢苟同。本人雖非新聞界的一員，但現在仍濫竽寫作，對於爭取寫作上的自由，絕不後人！」(見十一月十日自立晚報)

余先生不察，竟斷章取義，以諷刺的口吻，懷疑本人的立場，寧非咄咄怪事？我現在仍然可以重複一次：「任何根據法令足以防止不良刊物再出現的原則，本人仍然贊同！不但現在贊同，將來也贊同！」但我對於內政部所頒九條禁例，認為不但文字欠妥，方式尤其欠缺。因此我沒資格被稱為內政部的「發言人」！

貴刊素以「自由」「民主」為號召，過去領教已多。但本人淺見，拋開這次內政部九項禁例不談，我以為任何方面提出一種主張或是學說，既有反對的自由，自然也應有贊同的自由；假如只許贊同，或只許反對，那和極權國家的政治還有什麼分別？再假如政府提出一個甚麼方案，贊成的便成了政府的「發言人」，那麼，發言人豈不太多乎？同時，雖然民主國家也培植反對黨，但我並不以為今天反對政府的，一定都是反對黨。因為一件事，看站在甚麼角度，有贊成的當然也會有反對的，基於此義，任何一種主張，甚至於一種法令，人人似乎都應有表示意見的機會。儘管不意見一致，何妨以民主風度，互相辯論？因為理愈辯愈明，否則，順我者自由，逆我者法西斯，豈不越來越退步乎？

本人雖學疏才淺，但尚敢自詡潔身自愛。來臺後靠筆耕渡日，激於義憤與良知做些社會服務工作。一言一行，都出自一個愛國的中國人的立場中。是是非非，在一個從事寫作的心目中，絕不會含混。今後國家應如何發揚民主憲政精神，新聞自由應如何爭取，以及如何可達成反攻復國的目的？希望貴刊發揮積極的輿論領導作用，本人不敏，當追隨前進！專叩
道安

陳紀瀅拜　上十一月廿二日

編者按：陳先生在這封信中說，「任何方面提出一種主張或是學說，既有反對的自由，自然也應有贊同的自由。」正因如此，所以本刊登出余錚先生的投書以後，又登出陳先生這封信。我們敬告陳先生，作為文化工作者，對於政府之非法限制新聞自由、言論自由，我們是要正正堂堂明明白白出來反對，而絕不含糊作態的。否則，我們就不配厠身文化工作界，同時也有負陳先生對我們的厚望了。幸陳先生諒督！

代郵

滌塵先生：大函收到，多承嘉獎，感愧交併，敬此申謝。

自由中國社謹啓

第十一卷 第十一期 內政部雜誌登記證內警臺誌字第三八一號 臺灣省雜誌事業協會會員

給讀者的報告

本期我們有三篇社論都是評論當前時政的。第一篇是爲國民黨建黨六十周年紀念而作。過去我們曾經寫過三篇社論，痛下針砭地向國民黨進獻諍言，這些話在今天仍有重複的必要。我們覺得國民黨過去的成就與光榮毋庸我們去歌頌。眞正的諍友乃是勇於責善的人。在社論(二)裏我們所說的話有些人聽來也許會感到逆耳，但基於忠愛國家的立場，我們寧願冒此不韙。我們衷心地期望領導國家的國民黨能保持其充沛的生機，自內而外的實踐民主，以擔負起反共倒蘇的使命，完成反攻建國的大業。第二篇社論則是闡述我們對最近恢復的國立政治大學的期望。在今天的臺灣，我們確有增辦大學，以加強高等教育發展的必要。但是我們萬不可以辦訓練班的態度去辦大學，這樣反是在斲喪教育了。作爲一個大學必須保持其應有的學術尊嚴。人們對國立政治大學正寄以無窮希望呢！第三篇社論是緣於我們對最近轉移民營的水泥與紙業兩公司所召開的股東大會有感而作。此次政府配合耕者有其田政策的實施，將四大公司轉讓民營，這是經濟上一件重大的事件。在此轉移過渡期間，各種困難問題均所不免。各方對此已多所申論。我們這裏僅就業已召開首次股東大會的兩公司，所發生的「大戶」爭奪與把持的現象，加以論列。我們要發展民營事業首先遭遇的困難就是缺乏資本與證券市場，我們必須從這方面着手，才能走向自由經濟的正路。

從這一期起，我們將連續登載辛之魯先生的「美軍生活」。「美軍生活」是描寫辛先生在美軍中工作三年來的觀感與體驗。每篇均能獨立成篇，寫來親切動人。更重要的是這些文字將爲我們描繪出活生生的民主生活的方式，較之一般硬性說理的文字，當更能引人入勝。辛先生說得好：「要認識美國的民主，必須從他們一件件小事和一些生活的細節上去認識。」我們學步民主，就得自這些地方去實踐。這正是我們爲什麼把辛先生的文字刋在專論欄裏，而不把它看成普通報導的緣故。辛先生的第一篇從「人」說起，更是涵義深刻。須知個人的尊嚴與價值，正是民主精神的精髓。一個抹殺個人自由的社會，是不可能實現民主的。

最近日本政潮日趨激烈，反吉田派現已團結組織日本民主黨，對吉田派積極展開攻勢。好戲方在開鑼，未來日本政局的演變，正未可知。凡關心世界局勢的人對這問題不能不密切注意。因之我們要特爲推介徐逸樵先生的大文，讀後當能了然於日本政局的底裏。

臺電加價一案現正在立法院研究中，不久即將付諸表決。此案之如何處置，深爲各方所關切。本刋前於十一卷七期登載陶百川先生的一篇大文，討論此一問題。本期陳式銳先生再爲文力陳電力不需加價之理由，藉供立法院處理此案之參考。

再者，本期兩篇通訊也都是不可多得的佳作。龍平甫先生報導西德整軍與恢復主權的曲折經過，有條不紊，瞭若指掌。而「秋在東京」一文則描繪日本社會的眞象。其文字之優良宛如一篇散文。至於本期的文藝則是一篇鋒利諷刺的文字。「被猛烈踢過的狗」，單是這個題目就夠使人莞爾了。

本期由於時間性的長稿太多，不得已將連載之譯文「民主眞詮」的下篇抽出，致須延至下期才能續完，除請讀者鑒諒外，並向譯者致歉。此外還有排好甚久的劉世超、龍一諤、孟浩、劉國增、王魯、嚴賜賀、李經、等先生的大文，俱以稿擠而未能及時發表，謹向作者致歉。

自由中國 半月刊 第十一卷第十一期 總第一二二號

中華民國四十三年十二月一日出版

發行人兼主編 『自由中國』編輯委員會

出版者 自由中國社

社址：臺北市和平東路二段十八巷一號

電話：二 八 五 七 〇

航空版

香港辦事處 友聯書報發行公司 Union Press Circulation Company, No. 26-A, Des Voeux Rd. C., 1st Fl. Hong Kong

菲律賓辦事處 岷市怡干洛街五〇二號三樓 3rd Floor, 502 Elcano St. Manila, Philippines

總經銷

臺灣 自由中國社發行部

美國 中國書報發行所 Chinese Daily Post 809 Sacramento St., San Francisco, Calif. U.S.A.

加拿大 醒華日報 Shing Wah Daily News 12 Hageeman St., Toronto, Canada

經售者

日本 韓國 馬尼剌 印尼 越南 緬甸 印度 澳洲 北婆羅洲 新加坡

東京僑豐企業公司
漢城裕昌德號
大中華日報社
新疆書店
椰嘉達天聲日報
棉蘭新中華報
西貢中原文化印刷公司
仰光振成書報店
加爾各答塔梅學校
雪梨瑞田公司
西利亞坡青年書店
檳榔嶼、吉打邦均有出售

印刷者 精華印書館

廠址：臺北市長沙街二段六〇號

電話：二三四二九號

本刊經中華郵政登記認爲第一類新聞紙類 臺灣郵政管理局新聞紙類登記執照第五九七號 臺灣郵政劃撥儲金帳戶第八一三九號 (每份臺幣四元，美金三角)

自由中國

FREE CHINA

第十一卷 第十二期

要目

中華民國四十三年十二月十六日出版
社址：臺北市和平東路二段十八巷一號

半月大事記

十一月廿四日　(星期三)

國民黨建黨六十周年紀念。

國防部長俞大維在立院國防委員會報告，謂共軍近向南移，行動殊堪注意。

紐約時報刊載蔣總統談話，謂美應協防金門大陳，並成立東北亞公約。

美政府爲中共非法判刑十三名美人，對中共提强硬抗議。

政治大學「研究部」舉行開學典禮。

十一月廿五日　(星期四)

光復大陸設計研究委員會正式成立。

赴歐美訪問之五義士代表返臺。

蘇俄拒絕美國所提俟巴黎協定批准後卽召開四國會議之建議。

英政府指斥中共揑造罪供判刑美人。

日政府決定召回芳澤大使，據悉此舉係因芳澤年老退休之故。

李承晚聲明聯合國有關韓國的決議，如未經韓國同意決不接受。

十一月廿六日　(星期五)

閩海游擊報捷，共軍進犯烏坵島，遭擊退。

立院通過政府追加預算案，並批准國際電訊公約。

日駐華大使芳澤接獲日政府正式訓令，定下月中間返日，館務交由宮崎章公使暫代。

美駐聯合國代表洛奇發表聲明，痛詆中共判刑十三名美俘爲野蠻行爲。

西德總理艾德諾發表演說，强調薩爾問題重要性，並認法德間諒解爲歐洲團結之基礎。

十一月廿七日　(星期六)

美參議員諾蘭主張封鎖大陸，迫使中共釋放美俘。

美政府透過英國駐匪代辦，爲美俘事提出抗議。

十一月廿八日　(星期日)

中共拒絕釋放美俘，將美政府抗議退回英駐匪代辦。

美英法三國覆照蘇俄，拒絕舉行全歐會議之建議。

十一月廿九日　(星期一)

首批軍刀式噴射機，由美方移交我國。

由蘇俄策動的所謂「歐洲安全會議」在莫斯科上演。

韓總統李承晚簽署修憲案，該案之通過將使李氏可終身「競選」總統。

日本民主黨拒與自由黨合作，議會醞釀推翻吉田運動。

十一月三十日　(星期二)

蔣總統對美記者表示，我能單獨反攻大陸，只須美國後勤支援。

蔡斯發表談話，指大陳、馬祖、金門等島對臺灣防禦至關重要，並謂國軍力量足以確保此等海岸島嶼。

杜勒斯發表外交政策演說，指斥中共橫暴行爲，對中共挑釁行動，將予有力反應。

美駐日內瓦總領事與中共人員接觸，再提對中共判刑美俘之抗議。

十二月一日　(星期三)

美第七艦隊改隸太平洋艦隊，仍巡防臺灣海峽。

美海軍助理部長浦萊特訪華。

美政府請求國會撥欵，擴大經援亞洲國家，對抗共黨威脅。

聯大政委會辯論韓國問題，美國强烈反對中共北韓列會參加討論。

日首相吉田在國會表示，反對與中共貿易，警告日人認識共黨威脅。

十二月二日　(星期四)

中美共同防禦條約談判完成，兩國發表共同聲明。

葉外長談話，謂中美共同防禦條約無礙我國光復大陸。

杜勒斯說明中美締約意義，謂如中共犯臺，美將對之作戰，必要時並將對大陸發動反擊。

聯大政委會通過邀請韓國參與韓國問題辯論。

「自由中國的宗旨」

第一、我們要向全國國民宣傳自由與民主的真實價值，並且要督促政府(各級的政府)，切實改革政治經濟，努力建立自由民主的社會。

第二、我們要支持並督促政府用種種力量抵抗共產黨鐵幕之下剝奪一切自由的極權政治，不讓他擴張他的勢力範圍。

第三、我們要盡我們的努力，援助淪陷區域的同胞，幫助他們早日恢復自由。

第四、我們的最後目標是要使整個中華民國成為自由的中國。

十二月三日　(星期五)

中美共同防禦條約在華府簽字。全文在華府與臺北同時發表。

沈昌煥在記者招待會表示，共機如犯臺灣卽構成攻擊行動。

美要求聯合國採取行動，促匪釋放美俘。

菲總統下令遣返三千五百名旅菲逾期之華僑。

十二月四日　(星期六)

參加韓戰之盟國一致同意，建議聯合國採取行動，促匪釋放美俘。

聯大通過艾森豪的原子能和平用途計劃。

十二月五日　(星期日)

美海軍部長湯麥斯表示，美海軍力足封鎖大陸，惟此事須由艾森豪總統決定。

聯合國決議，敦促各國從速通過人權草約。

十二月六日　(星期一)

日本民主黨與左右兩翼社會黨在國會提不信任案，要求吉田內閣辭職。

英外相艾登在下院怒斥中共暴行，責其破壞韓境停戰協定。

義大利內閣同意清除政府機關內的共黨份子。

十二月七日　(星期日)

日政局急轉直下，吉田內閣總辭。

立法院三讀通過請願法。

十二月八日　(星期三)

我閩海游擊隊突擊大伯島奏捷。

美飛行員另有四人爲中共拘禁，美向聯合國再提控告。

十二月九日　(星期四)

我與薩爾瓦多共和國簽訂友好條約。

聯合國大會以緊急行動辯論美控匪案，英法加等國全力支持美國，斥責中共違反停戰協定。

日本衆議院選舉鳩山一郎爲首相。

社論

（一）論中美共同防禦條約

——防守外島與反攻大陸是我們自身的責任——

醞釀了一年的中美共同防禦條約，已於本月二日在美京華盛頓簽字。這一條約的簽訂，就世界大勢言，爲遠東防線最後一環的完成；就中美關係言，是將兩國現有的合作措施，置之於條約基礎之上。無論從那一方面看，我們都歡迎這一條約之簽訂。

在簽約的頭一天（十二月一日），美國國務卿杜勒斯在記者招待會的談話，大都是從美國的立場，說明這一條約的意義；條約公佈後（十二月三日），我國外交部代理部務政次沈昌煥在新聞局記者招待會中的發言及書面答詢十一點，是給我國人士對本約的若干疑慮加以解釋。我們對於中美兩國外交當局關於本約的這些言論，大體上也認爲滿意。現在我們再述我們對此約的觀感以及我們自己應有的努力。

大陸淪陷後，我們的政府遷來臺灣，不是消極地爲避難，而是積極地爲反攻、爲復國。現在我們所簽訂的中美條約，却是一紙「共同防禦條約」，並不能滿足我們積極的要求，有的人或不免因此感覺失望。另一方面，也許有些人又會這樣想：現在正是共黨高喊「解放」臺灣的時候，有了這個中美共同防禦條約以後，料他不敢見諸行動，因而我們可以高枕無憂。還有些人以臺灣澎湖以外的那些島嶼——如金門、大陳、馬祖等——爲慮，以爲中美條約儘管有第六條「……並將適用於經共同協議所決定之其他領土」云云，究竟是一項太富彈性的規定；這些島嶼如果不在共同防禦之列，一旦失守，不僅在軍事上增加了對臺灣的威脅，而且也給共黨政治宣傳之資。

以上的失望、安全感、或憂慮，其實都可不必。在當前客觀的國際形勢下，這件條約的內容，能够磋商到這個樣子，已經不錯了。作爲聯合國的會員國，在其憲章下，是不許再有所謂「攻守同盟」的。反攻復國，是我們的內政問題；只要我們自己有力量（軍事的和政治的），我們隨時可以反攻。中美條約並無任何條文對此加以約束或限制。至於臺灣澎湖以外的島嶼之防守，我們認爲：現在正是我們自己表現力量的機會。

防衞臺灣與澎湖，必要防守其外圍島嶼，尤其是金門、大陳與馬祖。這些島嶼是否協防，自本年九月三日金門砲戰以來，她一直未作明確的表示。中美聯防條約公佈了，關於這個問點，還是在「讓共黨猜測」。讓敵方猜測，在作戰心理上或屬必要。但我們自己則不應顧及美方是否協防，而要抱定自己防守的決心，尤其在簽訂了中美條約而臺澎已在中美共同防禦的今日，更應如此。五六十萬的陸海空軍，經過了五年的訓練與裝備，士氣又如此高昂，對於外圍蕞爾兩三小島的防衞，應已具備了過多的作戰能力。有美軍協防，固然更好；沒有美軍協防，我們正好讓世人看看我們自己的力量。而且戰爭一經觸發，攻與守是難以嚴格區分的。如果我們的戰略戰術運用得好，說不定由於敵人的攻我外圍島嶼，反而造成了利於我們反攻的形勢。本刊同人一向不存僥倖之心而輕言反攻，但我們決不能忘掉反攻的意圖而放棄任何反攻的機會。

美方協防也好，不協防也好，臺澎外圍的島嶼，我們自己應拿出決心和力量來防守！這是我們在中美條約簽訂後軍事上應有的努力。這一努力也是滿足該約第二條的要求。第二條規定「締約國將個別並聯合以自助及互助之方式，……」云云，我們愈是加强我們個別的自動的努力，我們愈有權利要求美方加强聯合的互助的措施。老實說，美國給自由國家的軍援經援，我們自由中國所得到的遠不及我們所應得的程度。我們希望中美條約簽訂以後，兩國間聯合的互助的措施，將隨我們個別的自助的努力而加强、加緊、更加有力，使我們的陸海空軍，數量比今日更多，質重比今日更好；同時使我們經濟繁榮，人民生活水準提高。這樣不僅是使我們抵抗武裝攻擊的力量更加强，同時也使共黨任何顚覆活動都不能得逞。

政治方面，該約第三條有所謂「締約國承允加强其自由制度……」云云，我們覺得，這一點倒不因條約關係而我們應當努力，我國的憲法本來就是自由制度的。極權的反自由的色彩，與我國憲法精神根本不能相容。如果我們的政治確定地走上了反自由制度的方向，這不僅是國際間的違約問題，而且是我們內政上的違憲問題。所以我們在本文裏不擬申論。

最後，我們要鄭重向美國政府說幾句話：

目前由於「和平共存」這個幻想在作祟，「臺灣獨立國」的謬論也出現了。這次中美共同防禦條約的簽訂，誠如杜勒斯所說，「顯示美國不將在任何國際密議中用臺灣做買賣」，但該約本身並不排除所謂「臺灣獨立國」這個運動的可能發生；有這種排除作用的，倒是杜勒斯答覆記者的另外兩句話。他說：「這並非意指美國承認兩個中國的存在。」又說：「美國並無意向改變承認中華民國政府爲唯一合法的中國政府的現行政策。」這兩句話我們特別重視。我們是把這兩句話當作中美條約的附言來看的，美國政府自當對此諸言絕對尊重，絕對遵守。

社論

(二)

吉田內閣總辭與日本政局展望

日本的吉田內閣業經提出總辭職，由鳩山一郎出來組織內閣了。查在吉田領導下的自由黨，這幾年來在下議院所佔的席位，由二百八十餘席一降而爲二百四十餘席，再降而爲一百九十九席，目前則僅有一百八十席，其每下愈況已可概見。如果此次再行解散議會，一般觀察家相信，此一百八十席的相對多數亦恐難於保持，勢非再降不可。果然則第一大黨的地位也怕保不住，更無力以應付反對的三黨之聯合進攻了，於是只有出於總辭職之一途。這個戰後多年執政的內閣一旦下臺，今後日本政局的演變如何，自然是各方矚目的問題。我們站在東亞反共的大局上，瞻望日本民主政治的前途，惟望保守派的政黨有所改革以完成任務而已。

此次鳩山統率着自由黨中不滿意吉田的分子，與改進黨合併而組成民主黨，再與社會主義的左右兩黨聯合，提出不信任案以打倒吉田，果然，吉田應聲而倒，達成了鳩山多年的宿望。本來日本保守派政黨的性格，戰後也和戰前差不多，猶未脫封建的餘習，所謂「親分」與「子分」的關係，即是一個政黨中有多數巨頭(親分)，每一巨頭統率若干分子(子分)，實際上便是小派系的聯合，很不穩固的。其離合無常，聚散不定，皆由於此。自由黨中吉田與鳩山的對立，也就是這些小派系的鬪爭之一，故此次鳩山之反對吉田，不但個人情感的成分甚濃，小派系的利害也是一個因素。即新成立的民主黨也還是一樣的性格，其中也還有幾個派系的。如此的派系對立，各自欲參與政權，乃運用權謀術數以達成其目的。當鬪爭劇烈之際，往往只顧小派系的利害，談不到國家的大計以及世界的大局了。這一種根本的弊病若不澈底剷除，則日本的保守派政黨，實不能領導其國家走上民主自由的大道。自由與民主兩黨人士均非深切反省，勇猛革新不可。

這麼說來，鳩山乘吉田外游沒有結果，財界巨頭表示離心的時候，抓住弱點進攻，以傾覆吉田內閣，猶是日本政客的常套，或許不必予以苛責。但是他和社會主義左右兩黨的聯合，則惟求一時的成功，不顧政綱政策的異同，實與民主政治背道而馳了。說者謂，在野三黨的聯合，除反對吉田一點而外，其餘再沒有一致的地方。信如所言，眞是爲目的不擇手段了。查鳩山與吉田的主張之不同，只有一點：即吉田堅持不與蘇俄、中共建立外交關係，以及維持戰略物資之禁運，而鳩山則主張與蘇俄、中共談判恢復邦交，而且擴大貿易。其實鳩山標明反共與對美政策不變，既已蹈襲吉田的路線，而又主張對共黨國家恢復邦交及擴大貿易，不是兩相衝突嗎？他已作如此的主張，又與社會主義兩黨聯合，則乾脆放棄反共與親美政策，完全走上與吉田相反的道路，尚不失其爲政治家的風度。惟恐其多數黨員不能贊同，又要失却財界的支持，故不敢作極端的主張，而提出首鼠兩端的政策來，欲以此獲得社會主義兩黨的支持，在議會中可以逼吉田下臺，同時他方又不會失却財界的信心，爲議會改選時留着餘地，似乎是一擧兩得，左右逢源，其實是兩方都不能討好的。

本來民主國家的政黨應以政綱政策爲號召，不應有小派系利害的鬪爭。戰前日本各黨派所標擧的政綱政策並沒有多大的分別，其離合無常，聚散不定，所關尙小；然而國民對此所得的壞印像已是相當深刻，結果爲軍閥所乘，被它一脚踢開而無力抵抗。今天，自由與極權兩世界的對立日趨尖銳，日本又站在前哨的地位，而民主黨人士乃爲打倒吉田之故，竟與立場不同的社會主義兩黨聯合，完全是一時的利用，謂爲投機取巧，其將何辭以自解？須知你利用他人，他人也會利用你，而民主黨本身立場不穩，在此互相利用之中，決占不着便宜，除了爲共黨造成機會以外，還有甚麼結果？我們希望日本的保守黨派能够大同團結，以奠立民主政治的根基，而完成反共的大業。今後的民主黨仍應以政策爲首要，與自由黨謀合作，才可以造福於國家，而有助於自由世界。

至於自由黨過去在吉田領導下，因爲他剛愎自用，以致再三分裂，故統率無方，吉田實難辭其咎，即此次鳩山之組黨，亦未必不由於被迫而成。然其堅持反共與親美始終不渝，使日本在敗戰後的艱苦環境之中日趨改善經濟，欣欣向榮，國力漸次恢復，其功績已爲有目所共見。此次不得已而出於總辭職，暫時居於在野黨的地位，雖略遭挫折，而元氣未見太傷，若能堅持一貫的立場，改正黨內的弱點，以配合國內外的情形，則其捲土重來，再行執政，將爲期不遠，一時的挫折何足爲憂？總覽今日的形勢，就國外而論，東亞反共的大局有賴於日本的支持，而自由黨過去的成績實爲盟邦所信任，就國內而論，日本社會的基層組織，站在保守陣營者實居多數，即民主黨中也多半是反對左傾的，眞正的自由份子更不待論。爲今日的自由黨計，宜以國計民生爲首要，發出堂堂正正的主張，對於鳩山及其一黨切勿感情用事，激成意氣之爭，尤其要顧到反共的大局，不斤斤於小派系的利害，而與民主黨尋求合作的途徑。果若此，我們以爲自由黨的前途依然是光明的。

心理戰與客觀道德

劉世超

一

今天自由世界與俄共集團的戰鬪與以往的戰爭有一重要的區別，就是今天大規模和有計劃地施行心理戰。錢穆先生曾在民主評論上論過共產黨拆除萬里長城的事，他說明共產黨之拆除萬里長城在經濟上並無何重要價值，其取意乃在斷絕中國人民與中國歷史文化在情感上的連繫；又以此象徵中國與俄國之界域的消除。錢先生由之提醒大家：共產黨在理論上是主張唯物的，但在實踐上却是唯心的，因爲共產黨做拆除長城這樣巨大的工程其着眼點却在影響人民的心理。我們拋開唯心唯物的名詞不談，只就事實來了解，這就是共產黨在其規模宏大的心理戰中的一個驚人的行動。韓戰的遺俘問題是另一個心理戰的典型例子。韓戰中雙方戰俘不過十數萬人（較之第二次世界大戰中數以百萬計的數目是微不足道了）。但是爲了處理這些戰俘，雙方動員人力物力之多，指揮計劃者以及行動人員工作態度之嚴肅與緊張實不亞於另一個戰場的開闢，顯然這樣多的努力不是專爲爭取少數戰鬪員的人力而做的，其更大的目的是要在敵方的區城與自己的區域內產生具有深遠意義的影響——增强己方作戰的心理基礎而削弱敵方者。這次戰爭的做法亦出之特殊設計，其大略一如在報端所見，就中遺俘問題的一連串措施如志願遣俘、中立國的監視、說服、解釋等，都是心理戰達到尖銳化的表示，實爲歷史上少見的現象，這不僅告訴我們近代戰爭已起革命性的改變，我們甚至可把這些現象視爲本時代的一個特徵。本文的目的在討論心理戰的性質及範圍，並對自由世界施行心理戰的方法作一些建議。

心理戰發展到今天已不止於在戰場上製造出一些怪聲來使敵兵神經錯亂因而失去作戰能力，或在敵後方散佈些無稽謠言引起人心一時的騷亂。今天的心理戰所要達成的目標要遠大多了，那就是要使己方人的士氣旺盛，能用最大的努力來從事生產與戰鬪，而相反地要讓敵方人的士氣敗壞，不愛惜自己的國家與制度而提不起精神來爲它工作與打仗。今天共產黨集團與民主集團的鬪爭，顯然是兩種生活方式，兩種統治方式，兩種制度的鬪爭，因此今天心理戰實施的着眼點，主要是讓人們認識一種制度的優點並能眞心喜愛它，同時認識另一制度的壞處，而且從情感上厭惡它。這種戰鬪的進行，許多人亦稱之爲思想戰。那麼心理戰與思想戰之間究竟有沒有什麼區別呢，又有沒有什麼關係呢？這自然我們要加以認識。本文主要在討論心理戰，然而希望在我們討論的過程中亦能把這些觀念的區別與關係淸楚的顯露出來。在此我們只簡略地說，思想的戰鬪是要辨白眞理，使人了解眞象，它的任務亦僅限於此。於是我們立刻發現光從事思想戰是不濟事的。因爲，打仗乃是行動，而眞理是比較抽象的東西，要從眞理之認識走到行動還頗有一段距離。再者光把眞理顯露給人亦不能完全左右他的行動方向。因爲人要做什麼須視他的目的，而他的目的又決定於他的喜好、氣質、習慣等。兩個所知完全相等的人，由於他們所中意的事物不同，他們的行爲仍可以完全相反。譬如我們可以假定今天的人們對民主與極權兩個制度在人生活的一切感受中所具的影響都已知道得很淸楚了，筆者相信，固然許多曾擁護過共產主義的人會因此轉變到民主的陣營裏來，但有一部份人却仍會堅持立於共產主義的營壘，因爲他們覺得共產黨的制度給他們生活上的滿足更大。這些被假定的人之仍會作上述的選擇，是由於其個性、氣質等因素所決定。要影響人的行爲，除了把事理說明白外，還需從其他方面設法觸及他行爲動機的深處。我們常見到一些人想用言詞說服別人，他們自覺把道理說得很明白了而聽者還是不理他的話，仍舊自行其是，這些勸告人的人，除了自己激怒和失望而外，亦徒喚奈何而已。共產黨人爲文特別强調一點，就是要知與情並重，要把文章寫得有血有肉。那就是要在讀者的情感上、心理上發生影響。因此他們的文章是常能收到很高效果的。但在此我們要知道，作文章如果多在影響人心理的技巧上花工夫，固然可以對影響人的行爲、改變人的偏好、變化人的氣質各方面有所幫助，但這並不是光靠文字之功可以辦到的。這需從多方面着手，這是一個很大的工程，在今天共產黨集團與民主集團進行激烈鬪爭的當兒，承這個工程就是心理戰的主要任務。

二

人的喜好與嫌惡究竟那些出於遺傳的天性，那些是受外在影響而後形成的，這其間的界限頗難劃分，但現代所發現的許多事實却已告訴我們屬於前一個範圍的是比傳統上相信的少得多，而屬於後一個範圍的又比傳統上相信的廣泛得多。譬如纏小脚，這在中國是一個流行很多代的風俗。在這個風俗流行的時候，男人與女人都眞心認爲女子的小脚是美的，而大脚是醜的。脚大的女人在衆人面前眞的感到難堪，不敢把脚露給人看，男人也眞心喜愛小脚，而不願娶大脚的女人爲妻。那些騷人墨客對小脚的女人還要用最美麗的詞藻去讚頌。在中西往來頻繁以前，很少有出類拔萃的人能想像文明人竟可以覺得女人的大脚比小脚好看。但到現在情形又反過來了，現在出生的中國人又很難想像小脚比大脚好看。由於見到了這個轉變，衆多人才能超過民國以前的人，而能够知道喜好小脚厭惡大脚並不是一個高等民族的本性。另外再舉一個嚴肅一點的例子，中國人的講孝道是一直被西洋人稱頌的。西洋人之爲人子者對父母的某一些行爲常是中國人所不能忍的。我們如果做了同樣的事就會感到良心不安。但這些行爲却在西洋社會中被允許，爲人子者這樣做了心裏也很坦然。這是否表示中國人的本性高出西洋人一等呢？事實上這並不如此。我們可以假想把一個中國小孩從生下來就送到西洋的社會中去撫養，並且不讓他聽到中國小孩在家庭中所能聽到的那些關於孝道的故事與教訓。我們敢斷言這小孩長大以後，其對孝道的感覺一定和西洋人相等。小脚與孝道兩例可以告訴我們在人心中植根很深，甚至像似屬於本性中的某些東西都是可以由人與環境來造成的，因此它們也可以由適當的設計加以改變。從這兩例，我們更可以想到還有許多其他的例子，是比這兩例所舉的更易遭受改變，在人心中植根更淺的東西，例如國家民族的意識，對勞動者輕視與尊重，對愛情的看法，對許多特定行爲規律的眞心接受與否，或對許多事物與秩序的估價。這些項目正是決定人行爲的重要因子。因而也就與政治有密切的關係。甚至像小脚之被人視爲美或醜的問題都不是可以忽視的。因爲小脚在一旦之間之被視爲美或醜可以使一些女子嫁得出去或嫁不出去。這就關係人的終身大事，像這種關係人終身大事的問題自然要使搞政治的人見而心喜，要設法加以利用。而從事心理戰的人也正是要在這類的問題上留心與動手。

二

我們已看出心理戰要處理的問題的範圍是這樣廣了，我們應再進而研究一下心理戰在這些地方的工作是何以可能的，並且是怎樣進行的。事實上當我們把心理戰的原理了解以後，我們還可以認識心理戰應用的範圍之廣，及其影響之大是超乎一般人想像的。人的每一活動都是有其前因後果的。換言之，人要做某件事時總先要作些前奏的活動，而既做過某件事以後也不能就算完事，還得承當種種後果。因此選擇一件事來做實際就等於要選擇一組事來做，一個人何以會做或不做某一件事呢？如果把一件件的事孤立起來考慮，我們做或不做一件事是因爲我們心中對這事有一特定的傾向 (disposition)。此傾向或强或弱，或爲正或爲負。正的傾向使我們迎接這件事，並使我們心中伴隨着在日常語言中稱爲快樂、興奮等一類的感情。這樣的事是會引誘我們去做的。反之，如果我們對一件事具有負的傾向，這件事就會使我們心中發生日常語言中所謂恐懼、厭惡、苦痛一類的感覺。我們自然要規避它。以上是單把一件件的事孤立起來考慮的。但我們前面已經談到一個人要決定做不做一件事A時，他需要決定接不接受屬於A之前因後果的那一組事。我們的心對這組事中的每一件是有其特定傾向的，而這些各別的傾向有爲正者，有爲負者，其間亦有强弱之分，但這些各別的傾向是有個總合的，這個總合構成一個高一級的傾向，它是個大雜會，亦如由酸甜苦辣配成的一種特殊的食物的味道。這高一級傾向對於人亦有正負强弱之分，其爲强爲弱與爲正爲負在實際行動中即決定一個人要不要做這個事件A。爲了表示這個傾向總合有別於個別的傾向，我們稱這高一級的傾向爲事件A的快樂情調 (pleasure tone)。我們應注意「快樂情調」在此是一個術語，它是一個許多傾向的大雜會，而並非指單純的快樂。我們可以看出，一個人對一件事的傾向與此事給與此人的快樂情調其區別在於前者並不能決定人的實際行動，而後者則能決定他的實際行動。譬如吃藥，藥本是苦的，誰都不願吃它，那麼人對吃藥這件事的傾向是負的。但在實際行爲中人還是把藥吃了。因爲他吃藥時想到了得到健康以後的快樂。那麼吃藥這件事給人的快樂情調是正的。這例證快樂情調是直接決定人行動的因素。在日常生活中，當一個人必需在AB兩件事間作一選擇時，他就是去比較AB二者快樂情調的强弱正負。快樂情調之强者若爲正可以爲狂歡(ecstacy)，爲靈魂之震動，若爲負則可以爲至深之悲慟；至於快樂情調之弱者則不過如肌膚之痛癢而已。若遇AB兩事之快樂情調皆爲負，即二者皆屬痛苦之事，則人必選其痛苦較輕者。譬如自殺的人，多數仍以死爲苦，但他必定覺得活着還要更苦，他才選擇了死。

一件事的快樂情調對人的行爲既有如上所說的重要性，我們就應特別詳細的加以討論。我們要强調說明一件特定事件並沒有一個固定的快樂情調，相反地，它給人的快樂情調可以變成這樣也可以變成那樣。快樂情調改變的可能性我們可以從三方面來說：

（甲）：因爲人對某一部份特定事件之具有某種傾向顯然是後天獲得的，這些傾向，因此也就是可以改變的。譬如有些人可以見到猪肉就惡心，但同一個人可以後來變得非常喜歡吃猪肉。那麼由許多個別傾向合成的快樂情調也就有改變的可能了。比方信奉回教是要包括不吃猪肉在內的。那麼人之喜不喜歡吃猪肉對信奉回教這件事的快樂情調是一個不可忽略的因素。如果有某個集團想以回教征服世界，則這集團中從事心理作戰的人一定得先知道人之喜不喜歡吃猪肉可以人爲地加以改變，於是他們在世界各地造成一種環境使人漸漸變爲不喜歡吃猪肉，使信奉回教這件事的快樂情調提高，這樣就可使此回教集團征服世界的美夢較易實現了。

（乙）A：現在再考慮另一種能使快樂情調遭受改變的方式。我們已說過，一件事總有其先在條件與其後繼的結果。在此我們要作一重要區別：一件事的前在條件與後繼結果其中有一部份固然是自然律所規定的前因後果，有較大的客觀性與確定性，但其中有一部份却是可以多少由人隨意加添或減去。譬如一個女人纏小脚，她的身體就會變弱，這是自然律所規定的。但在中國古時，女人脚纏得小就會受到稱頌，受稱頌簡直成了纏小脚一定的後果，然而這樣的後果是人爲加添的。這些加添或減去的工作，多半由旁人或一個組織甚至整個社會爲之。當一件事的前在條件與後繼結果有所增減以後，它給人的快樂情調自然就改變了。一件事之前在條件與後繼結果的增減最顯見的例是以獎賞與懲罰的形式出之。一個人由小孩到成人，他的衆多特殊行爲習慣都是在特定的獎懲制度下養成的。以貞操觀念爲例來說，在某個時代某個地域的制度下，確有些婦女重視貞操，如果她有不貞的行爲她會眞心覺得自己有罪。甚至相信死後到另一世界還要受到懲罰。但今天我們知道在某一些特殊的種族中，又確有衆多婦女沒有類似的感覺。羅素曾解釋像婦女間這種心理上的區別的形成與保持，主要在於兩種社會不同的獎懲制度。

(乙)B：還有另一類人爲加添的事物與獎懲的功用相同，但在習慣用語上並不稱之爲獎懲。我們或可稱爲暗示。譬如有些事本是很平淡無味的，但某個集團爲了要鼓勵這樣的事，便故意使一些令人高興、使人有莊嚴神聖感的事物與這事物相伴而出現。反之，如果一件事本身對人有極大的引誘，但社會不希望這樣的事出現，它也可以故意讓一些令人感到恐懼、厭惡、痛苦的事件永遠與這件事相伴隨。行之日久，這也可以與獎懲一樣的改變一件事給與人的快樂情調。因而這件事的出現可以受到鼓勵或受到阻礙。作買賣的，永遠把他的貨物與美麗的圖畫、文字、音樂連在一起，講佛經的人永遠在香煙繚繞、幡帶飄揚的莊嚴會場中行之。希特勒的講演沒有一次不在佈置神秘的會場中進行的。其原理都是一樣，都是要藉一些人爲的加添來改變一件事的快樂情調。事實上許多被社會重視的行爲都是靠這種辦法來維持的。

在歷史上人類在這方面已做出驚人的成就。譬如在今天的文明社會中兄弟姊妹間與父母子女間確實沒有色情的感覺，自然更不敢有亂倫的行爲了。但這是在原始雜交的初民社會中人們所不能想像的。死本是人要避免的，但在文明社會裏竟有人能爲某些事而視死如歸，並以此爲極大的快樂。這些顯然不是原始人的本性，而且在當今文明社會中有許多人這樣做了亦並未懂得其所以要這樣做的道理。其所以作這樣的事只是那些事對他們有特定的快樂情調，而這些事件之對他們形成那類特殊的快樂情調，實在是文明人的文物制度教化等造成的。我們見到此二例以後，可知人爲的加添因素對一件事的快樂情調的影響是多麼澈底了。同時我們亦可由此想到一個在文明傳統中已有了確定快樂情調的事件，又是如何容易遭受破壞。以仁慈心來說，這是今天文明人都多多少少具有的。誰做殘暴的事都會覺得心裏不忍不安。然而這只是人的本性之一面。且看非洲土人的生活以及我們原始祖先的生活，就會知道以殘暴爲快樂也正是人性之他一面。由於一些人爲的因素才使仁慈心漸漸發達，變到具有今日心理狀態的文明人。只要有人知道社會用了些什麼人爲的因素把可以殘暴的人變成仁慈的人，他就可以把仁慈的人變到殘暴的人，只在人爲的因素，此增而彼滅。共產黨人就知道這個道理。我們不知共產黨人是爲了要利用某些社會動力以加速其暴亂的成功呢，還是爲了重新塑造人的性情使其合於共產黨制度的統治，總之共產黨是在培養人的殘暴性，而且在技術上頗爲成功。共產黨恢復了人類有史以來一切最殘酷的刑法，並且加以更新。他們可以使爲人子者手刄其父，並且能使衆多人覺得這類事是很平常的，做起來也覺得心裏很坦然。有人批評共產黨這種行爲是違反人性。這種批評實在並不中肯，其實仁慈對所愛而施，殘暴則對所恨而發，兩方都是人性 (human nature)。共產黨確知道一些支配人行爲的自然律，並且能加以利用。我們要批評它的是它不道德，他們不應該以科學知識來作不應該的事。這一點本文後面還要詳加討論。

(丙)：還有能影響人對一件事的快樂情調的重要因子，是人自己的信仰 (belief) 亦即他自己信以爲眞的知識。知識主要的功用在告訴世界中各種事件間的因果關係。對一件事的前因後果如果有些人知道得很清楚，而有些人全然不知，或者有些人相信這件事的前因後果是這樣，而另一些人却相信這件事的前因後果是那樣。那麼這些有不同信仰的人對這件事的快樂情調一定不一樣。成年人談虎而色變，小孩聽到「老虎」兩字只覺得這兩字發聲淸脆悅耳，其不同的原因正是這個道理。這說明信仰對一件事之快樂情調的決定是最直接的因素。

關於人的知識我們又要作一重要區別。有一類事我們只是口頭上知道，我們是從口頭定義 (verbal definition) 學來的，如紅色之於盲童，而另一類事是我們從實際體驗中習來的。這個區別對於知識之決定快樂情調的討論頗關重要。今假定人們對一件事的前因後果在口頭上都已知道得很清楚了。不過有些人對這些前因後果的單獨事件從沒有類似的經驗或在生理上已失去了感受的能力，他們在心理上因而不能對這些事採取一個迎或拒的確定態度。反之，另外一些人對這些事有過類似的經驗或即使沒有經驗過却能以豐富的想像力去想像它們，如親身感受的一樣，(大詩人文豪類能辦到此點)那麼這兩種人在頭上雖然有完全相同的知識，而這件事給他們的快樂情調却一定很不相同。以上已說明了知識與快樂情調的密切關係。

但不幸得很，人類所遭遇的一個最大困難就是無法確定什麼樣的知識是確定的眞理。到目前爲止人只能去相信一個理論，但無法完全斷定它的正確與否，就是今天最進步的科學理論也只能說是人的一個信仰。因此古往今來對一件事的前因後果曾作過極多不同、甚至互相牴觸的假定。例如歷史上那許多學說，主義，哲學體系即是。當一個人相信一種主義或哲學體系時，這主義或哲學體系對一件事前因後果所作的斷述即替這人帶來一種關於這件事的特殊快樂情調，使這人對這件事取一種重視或輕蔑，喜愛或厭惡，歡迎或趨避的態度。這可以解釋流行的一句話：一種主義或思想可以影響人的意識型態。

我們在討論知識與快樂韻調的關係時應特別注意一件事，就是一個學說可以眞也可以假，然而不管一個學說是眞是假，如果它想對一件事的快樂情調有所影響，它首先得取得人的信仰。因此最直接影響快樂情調的還不是眞理，而是人的信仰。錯誤的信仰照樣能有力地改變事情的快樂情調。這個缺口就是宣傳戰進場的地方。那麼什麼樣的學說最易取得人的信仰呢！我們可以作如下的回答：一個人在求知方面總是有所蔽的，蔽於他的情慾。人在有所蔽時就不理性。不理性這個範圍是佛洛衣德等人研究得很透澈的。一個最能迎合人之不理性的心理狀態的學說與報導就最易取信於人。其次如果人們是有理性的，則人們接不接受一個學說或報導就要依藉特定的標準——即是一個人自己最信服的知識論上的標準，這可能就是此人所處時代中最盛行的。昔日在中國論知識常要能符合陰陽五行之說。近代學說則需提出實驗的證據。而最近美國普及一種態度，即人在陳述一種知識時總需提出統計的資料，並加以統計學上的解釋，別人才能承認他的議論是有意義的 (significant)。概括的說，在今天人們最信服的知識論的標準就是科學方法。而一個利用科學方法或擬似科學方法得來的理論就最易取信於人。許許多舊的理論因爲建造方法不是科學的，因此這些理論在人羣中逐漸失去信仰，由這些理論形成的意識形態亦隨之而消逝。因爲今天科學方法在人心中樹立的威信是太高了，這些不合科學考驗的理論所形成的意識形態之消退乃勢所不免的。但我們得認清有些古老的而且正在消逝中的意識形態特別一些宗教情緒本是很可珍惜的。但如有人想要保持他們就必需把形成這些意識形態所憑藉的理論加以更新。如仍墨守成規，則不僅徒勞無功，還要不討好。

以上已對一件事的快樂情調、以及可以影響這件事快樂情調的諸因素加以論列。並在最後引進了一個與快樂情調很接近的名詞，就是意識型態(ideology)。現在我們可以對這一部份的討論作個總結：把任何一件事孤立起來看，人們對它皆有一種傾向，這傾向或出之遺傳的天性或由後天獲得。但這種傾向並不能完全決定人在實際行動中做不做這件事，而能做這種決定的是此事給與此人的快樂情調，亦卽人們對這事之前因後果諸般事件的傾向的總和。一件事的快樂情調是可以變動的。形成或可以影響快樂情調之改變的有如下幾個因素：㈠使人對一件事前因後果中的某些事件從未曾經驗過，變到曾經驗過，或用生理方法使人對這些事件的傾向加以改變。㈡一件事出現的先在條件和其後來發生的影響可由人隨意予以增減。㈢一件事給以某人的快樂情調決定於此人到底相信什麼是這件事的前因後果。人所相信的可以對也可以錯，各人所知亦有多與少的區別。只要能影響一個人的信仰就能影響他對一件事的快樂情調。人們如果把握了影響快樂情調的上述三種因子，並能技巧地加以運用，則人們可以相當隨意地給種種事件加以特定的快樂情調了，又因爲人的行爲是直接受快樂情調決定的，藉此也就能把一羣人的行爲納入特定的軌道。

在此我們還要對「意識型態」一詞略贅數言加以解釋。因爲意識型態一詞很流行，本文不得不用到它。這一詞原爲 (Destutt de Tracy) 首創，在馬克斯的學說中它更獲得特殊的意義。羅素認爲照馬克斯了解的「意識型態」卽指一組特殊的道德規律。但在一般的用法中，這一詞亦指人們對各事件的價值觀，或指人們覺得有義務有責任以及做了某些事或未做某些事就感到羞恥有罪的那些心理。如果「意識型態」兼指後面這類意思，則我們發現「快樂情調」與「意識型態」兩詞有極重要的相同之處：兩者皆決定人類行爲的特殊軌道，兩者皆受上述三種因素的影響而改變。於是從事心理戰的人都要用同樣的方法來處理此二者：改變事件的快樂情調與改變人的意識型態。在一個集權的國家裏，政府可以讓人民體驗到某些事，又可以不讓人民體驗到另外一些事。政府可以隨意制定獎懲或提供暗示，又配給人民以眞假的知識，於是也就替人民配給了意識型態。因此在集權國家裏從事心理作戰者幫助國家動員是比較容易辦到的，他們容易達到意志集中的境地。這是自由世界必需面對的事實。

四

爲了把以上討論的結果與心理作戰之間最要緊的關係表露出來，我們還要考慮一個心理的事實，巴夫洛夫所作過的一套有名的實驗。他使一條狗經常在聞到並看到食物時亦聽到鈴聲。狗每遇到這種情形時就流口涎。起初狗之流口涎原是因爲聞到並看到食物，光聽到鈴聲它是並不流口涎的。但當一個狗遇到食物與鈴聲一起出現的次數太多了以後，它光聽到鈴聲也會流口涎。這個心理的事實可以替我們解釋許多重要的現象。我們可以想像一個初次見到婦女小脚的人一定不覺得小脚有什麼特別的可愛，但在中國舊社會裏把合成美感的種種因素拿來不斷與小脚連屬在一起，久之人們光看到小脚也會得到同樣的美感，而騷人墨客也眞心地用美麗的詞句讚頌小脚了。(由此可見「美」是多麼含糊和複雜的名詞！) 那末小脚這種文明的產物也是合於巴夫洛夫的原理而形成的。利用同樣的原理文明可以把喜歡與許多男人結婚的女性 (在初民社會中的婦女原是這樣的)變到當與合法丈夫以外的男人發生關係時就眞心感到有罪。(人之有罪的意識又是一個含義多麼複雜的名詞呀！) 文明使表兄妹間可以有色情的感覺，而在堂兄妹間就全然沒有這種感覺甚至想都不敢那樣想，因爲那樣想了就覺得犯了不知多大的罪。

由此，我們被引進一類更重要的現象的討論，就是人之具有特殊的道德感。人們差不多都有過如下的經驗，有些事我們覺得非做不可，好像心裏有一種動力在逼迫我們，如果我們未做這些事心裏就非常難受。又有些事我們覺得是絕不能做的，也是好像我們心裏有種力量在約束我們，如果把這事做了就覺得太痛苦了。哲學家康德曾深受這種現象的感動。他深夜想到這種道德力的偉大不禁感嘆唏噓。他的道德玄學卽企圖解說這種道德感的根源。然而我們以上的例證與討論，事實上却已對道德感的性質作了一番解說，不過在方式上適然不同罷了。簡略的說：道德感乃是一種由文明造成的複雜的心理現象，人之能產生這種道德感或許是人類有異於禽獸並高於一切禽獸的地方。但要知人們可以利用巴夫洛夫的原理把人的這種道德感相當隨意地加屬到任何事件上去。上面所舉的例說：一個男人與他父親的兄弟的女兒結婚就覺得有罪，而與他父親的姊妹的女兒結婚就覺得無罪，這例頗足說明其隨意的程度之大，其隨意的程度亦好像我們能使某些人(甚至科學家)在荒涼的夜晚感到懼怕，而使另外的人對此毫無懼怕的感覺。這一切實在都是文明所產生的心理效果。我們在此對道德感所作解說或具有如下的優點：㈠能解說更多的現象，㈡其爲眞爲假可藉實驗與史實來驗證，㈢可以實用。

巴夫洛夫的實驗還告訴我們另一個重要的事實，就是人之遭受心理的影響並不需要多少時間，華特遜可以很快使小孩懼怕兎子，而且使它終身不變。我們亦可想像一個牧師把野蠻人的小孩帶到文明社會中去，不數月就可使他一見到教堂就有肅然起敬的感覺。人們或許認爲歷史上任何一種特殊心理狀態的形成都是很費時間的，但眞正費時間的並不是那些心理變移的過程，而是人們如何能認識出形成某種心理狀態的必要性，這常需從人的幾千年痛苦經驗中才能認識出來。又如何得到有效的塑造人心理狀態的環境與方法也是頗費時間的，這亦常需要幾千年的演進。但今天科學昌明，技術的進步使人們對控制環境很有辦法。人們可以有意地把以前幾千年完成的工作在幾十年或幾年幾月內完成。這就帶來大規模實施心理戰的可能性。而前文所說改變意識型態的三種方式可以爲心理戰提供無數有驚人的效果的可能方法。

共產黨集團之善於心理戰是有其歷史淵源的，共產黨由於老早認識經濟制度之可以影響人的意識型態，並對巴夫洛夫原理加以特別注意，他們已懂得意識型態形成的一部份原理，由之更繼續向這方面鑽研，而愈鑽愈精。反之自由世界的人們則多取保守的態度。一些老成持重的人爲了固守舊有的那些道德意識，常不願想象意識型態改變的衆多可能性。於是更不願面對事實地向這方面去研究。這自然會落伍了。我們今天眼看共產黨行爲的猖獗，它能使人手刄其父而無動於中。使一個受惠者反到痛恨其恩人，又能使人高唱國際主義，眞心把國家民族看得一文不值，而轉眼間又能使同一羣人看到一國與十六國打仗便對國家種族感到最大的驕傲。這種翻雲覆雨的手段使人看着太生氣了。然而光生氣有什麼用呢？現在已是心理戰進入高級的階段並在激烈進行的時候。我們自由世界爲了生存唯有想辦法對付這個戰爭。

五

到底我們要怎樣打這個仗呢？是以共產黨爲榜樣，向共產黨學習呢，抑或出之另外的方法？本文主要的目的就是要回答這個問題。好在我們在前面已把心理戰性質加以解說，下文所要說的就容易表達了。由前文的討論我們已知道人的意識型態甚至極多被人覺得是屬於本性的東西都可以人爲地加以變動。由於心理學研究的進展，我們發現能算入人本性的東西是愈來愈少了。甚至有人會覺得人沒有什麼是不能改變的。共產黨之所作所爲亦正暗示此點。於是我們立刻會很惶惑的提出下面的問題：如果讓共產黨那樣肆無忌憚地從事心理戰，同時我們也變本加厲地襲用它們的方法，這樣下去是否還有個止境呢？這樣將把人類引向怎樣一個結局？這確是一個嚴重的問題。幸好如下面我們將加以解說的，人的自然環境與人自身的心理狀態還要受一些客觀的自然律的支配。這些自然律將爲我們提供一些行爲的準則，我們在歷史上見到的那些維持長久的道德律即有一部份是屬於這類的準則。有了這些準則以後我們打心理戰也便可以找到必需遵守的原則了。我們可以發現共產黨那種肆無忌憚的打法，在長時期中將與支配自然與人心理的定律相牴觸，那種打法是維持不下去的，換言之它終行不通。

爲了說明此點，我們先從一個簡單的例開始。我們已知道同胞兄妹不婚已成了維持相當長久的道德規律，而且各民族都逐漸地願意接受這個規律，爲什麼不同的民族都逐漸願意接受這個共同的規律呢？爲什麼這個規律可以長久維持呢？這必有其客觀的基礎。我們爲了方便計只能對此作一個最粗淺簡化的解說：同胞兄妹結婚本是最方便的，兄妹通姦的心理障礙並非本性而是從傳統習俗中習得的反應。蓋夏威夷與古埃及等富有的社會皆曾實行兄妹結婚毫無障礙。但古人在實行兄妹結婚以後亦發現種種不良後果，譬如所生子女遺傳不良，使其種族衰退。這就是很嚴重的事。人們知道了這類事實後，將其前因後果加以衡量，乃決定寧願限制人結婚的機會，使血統相隔較遠的人才能結婚，而不願見到遺傳不良的子女。因爲衆多人都願作這種決擇，同胞兄妹不婚的制度才得長久維持。但我們要申明同胞兄妹不婚的制度之形成，絕非出於如此簡單的原因。但這已能表明這制度之具有其客觀基礎了。一個道德規律的客觀基礎可以從兩方面來分析。㈠心理的：人的心理究竟還有些是屬於人的本性，如在上例中的希望增加結婚機會與不願遺傳不良的子女，而且這些本性間還保持一定的關係，如人不願見到遺傳不良的子女而寧願減少一些結婚的機會。這就是支配人心理的自然律，也就是形成道德律的客觀基礎之一。㈡物理的：同姓結婚其子女是否優良即爲這類物理的定律所範定。這自然亦是形成特殊道德規律的客觀基礎。根據對這些自然律的正確知識而制訂的道德規律便有客觀性，也一定能維持長久，而且人們也願意設計種種習俗制度來產生能保障這些規律的心理效果。至於懂得形成道德規律的那些客觀原理的人，如古往今來的聖人們，他們無需靠習俗制度的幫忙就能遵守那些規律。反之，他們是創制習俗制度的人。然而這並不等於說有客觀性的道德規律是不能暫時遭受破壞的。反之，它們一旦遭到破壞還要需相當長的時期才能恢復回來，我們所堅持的是在長時期中客觀的道德規律是不能違背的。

為什麼從長期來看，人不能違背客觀的道德規律呢？因為這些道德規律是依據統馭人類心理及統馭自然現象的自然律形成的，人的行為能背着心理的定律而行，那在心理上就不可能（psychologically impossible）。譬如在上面所舉的同胞兄妹不婚的例中，我們見到一個心理定律決定人在逃避遺傳不良子女與儘速求得婚姻幸福兩種慾望間要求得一個如何的妥協。如果社會上一心一意要求子女遺傳的優良而規定人們必須在五十親等以外的才能結婚，則在現有環境下結婚成了一件太困難的事，衆多人一定受不了。反之，如果人們一意在求結婚的方便而實行亂婚，其結果也是人們受不了的。這例證在心理上人們就不能違背客觀的道德的規律。

然而有衆多道德規律是特別複雜的。它們要牽涉極多自然的與心理的現象，換言之那些道德規律要涉及極複雜的前因後果。由於這些前因後果的複雜性，一般人常不能預先認識它們，因而一般人也就無法在心理上做衡量，以決定是否要承當這套前因後果。因而這些人常會做出違背道德規律的事來。但如果時間久了，那些違背道德律的人以及其他的人嚐遍了違背那些道德律的一切苦果，他們以後從心理上再也不會違背那些道德規律了。因此我們說人們是不可能長久背着客觀道德律而行的。

社會為了使人們儘少違背那些由前人長期痛苦經驗得來的道德規律，自然亦會想出種種辦法，如增加人的知識，使人多知道一些事情前因後果。還有就是從人的心理方面着手。社會把特定的獎懲制度及其他足以產生道德感的事件拿來與那些特定道德規律所範定的行為連屬在一起，時間久了，人們一想到這些道德規律便自然有一種道德感隨之而生——用巴夫洛夫的話來說，使這種道德感變成了制約反應。這樣，這些道德規律才在人心理上生了根。特別地有些道德規律，如康德所舉的道德規律之例：愛你的敵人。想自殺的人應保全自己生命。不因利而作假許諾等都是些對人誘惑大而後果惡劣，或本身平淡或苦痛而有重大良好後果的行為。這些行為規律特別需要社會用制度習俗等加以保障，使之在人心理上生根。這些規律一旦在人心理上生了根，與人的道德感連屬在一起，使人一想到這些規律便在心中感到一種必需遵守它們的力量，這時這些規律便成為我們慣於以「道德規律」呼之的東西了。這樣我們或者已解說了一切客觀道德的根源，特別我們講清道德律與道德感的區別與關係似乎已消除了了歷史上那些功利的與先驗的道德學說的主要困難。但在此我們還要作個注解：有人也許會批評說，我們的道德學說是落入決定論的泥沼了。但這種批評實在沒有關係。因為，我們說人的心理狀態是按照心理的定律形成的，這與康德所說人的意志要按着意志給自己所加的定律而行是相似的。如果康德能把自律的意志稱為自由意志，我們把合於心理自己之定律而形成的意志稱為自由意志又有何不可呢。哲學上的決定論與自由意志論之爭辯，在人的實際行動上其影響是很小的。我們在這裏沒有篇幅來解決西方二千年間未能解決的爭論，只是假定人能了解自己的心理及自然環境，而且照着所了解的去做就能得到較大的幸福，那就夠了。我們的結論是道德規律乃遵循客觀的支配人心理及自然環境的自然律而形成，在長時期裏人的行為終不能違背這些客觀的道德律，而且人的知識愈增加這段期間縮得愈短。換言之，在人類歷史的進程中，人類終必走到完全合於道德的境界。這也正是哲學家施利克在其「道德問題」一書中所得到的結論。有了這個結論，我們可以對共產黨從事心理戰的態度加以批評了。共產黨培養人的仇恨心理來作為推動政治運動的源動力，發明人海戰術又設法使人慣於活埋一類的野蠻行為，用物質或精神的方法破壞戰俘及政治犯的神經，用另外許多方法使鐵幕以內人民的性情降低到痲痺與馴服的狀態以便適於一個極權制的成立（欲見較詳的討論可參閱紐約時報一九五四年五月九日增刊中巴夫洛夫的狗與洗腦一文）。這一切都是不道德的，都是與人類走向道德的總趨勢違反，換言之就是反動。他們除了在歷史進程中生些波瀾，造些不幸外，終必行不通而遭失敗。

現在我們已可以替自由世界之從事心理戰找到了一個必需遵守的原則了，就是我們必需符合眞正的道德規律。我們甚至可以說我們從事戰爭的目的就是要保衞那些已為人確知的有價值的道德規律。因為，那些道德規律是人類幸福的保障。不容共產黨加以破壞。然而要保衞這些道德規律我們又非仰仗心理戰的方法不可。蓋如前所述，道德規律，特別道德規律的心理基礎卽特殊的意識型態，是可以由心理戰的方法加以破壞的，而能用心理戰的方法加以破壞的也就需要訴諸心理戰的方法來保衞。

把握了上述的原則，我們從事心理戰就可以放手做去而無害於根本了。共產黨翻雲覆雨的手段我們也就可以應付裕如了。如果共產黨能造成反美的心理我們就能取消這種心理，如果他們使人無理的痛恨一件事，我們就能使人們對它變為滿意，共產黨能使人卑視自由，我們就能使人覺得自由神聖無比。用心理學的名詞來說，凡共產黨能造成一種約制反應的條件(condition)，我們也能取消它 (decondition)，反之，凡共產黨能取消的條件，我們又能再造它 (recondition)。總之，只要我們確知一種心理狀態或一種意識型態確有助於眞正道德規律的存在，我們就可根據前述幾種支配意識型態的原則來維護它們。同時我們還可以利用近代科學技術把心理戰的效果傳到鐵幕以內去。

但現在自由世界的人還多半蔽於一種偏見，而不願正視心理戰的原理，亦不敢訴諸心理戰的種種手段。特別那些傳統的道德家。他們因為珍視一些固有的道德，便盡力去維護它們。這種行為固然是值得稱道的。但他們用以維護這些道德的方法主要依賴於宣稱這些道德乃出於人之本性。他們非常堅持這種見解，好像覺得一旦人們認為某些道德不是出諸人本性時，這些道德就要整個垮臺一樣。殊不知這種見解是非常有害的偏見：其害處有二：㈠使人昧於道德規律形成的原理，使道德規律成了僵化的東西，不易根據人知識的增加而有所修正。反之，一個被視為如此僵化的道德規律如果一旦有破綻發現，就會整個崩解無法維持。㈡由於使自由世界昧於道德規律形成的原理，於是也就使自由世界在保衞這些道德規律的心理戰上吃虧。我們宣揚某個道德規律是出諸人的本性，這自然能影響人的意識型態，使人覺得這個道德規律是神聖無比。但這種說法只是影響人意識型態的一種方法。要知其他可用的方法還多着呢。我們前面所述改變意識型態的三種方式就可以提供無數的方法。然而以爲道德乃出諸人本性的那些道德家影響所及使人們都昧於其他那些可用的方法，反倒讓共產黨變本加厲的來使用，因此，在這次與共產黨的心理戰中我們頗有以鷄卵碰堅石的感覺。我們現在建議，硬把一個不是直接出諸人本性的道德規律說成出諸人本性的辦法是不必再堅持了。因爲第一，這樣做也沒有用，譬如你說人皆生而有愛國之心，共產黨馬上可以想法在你的國家中培養許多沒有這種愛國心的人。其次，我們如果不堅持這種說法，一切道德規律照樣能夠維持。譬如現在的人們已知直系親屬不婚的規律並非直接出諸人的本性，但這個規律並未因而動搖。因爲今天的習俗制度仍能保持這個規律的心理基礎。在中國社會中，一個無法無天的知識份子仍不敢犯亂倫的事，因爲他內心邊覺得這是罪大惡極的。我們要保衛自由世界的，特別中國自己的那些珍貴的道德，現在不能再墨守成規了，而應訴諸最現代的武器。然而這些新武器的認識與使用的純熟還有待自由世界的人們急起直追呢。

六

以上我們根據意識型態以及客觀道德規律形成的原理已對心理戰的性質及自由世界從事心理戰所應抱持的原則作了一個大概的說明。由此我們得知心理戰是一個包括各部門的總體戰。於是在民主制度下如何籌劃和實施這個整體戰就成一個非常實際而又複雜的問題，而這還有待自由世界的人們作更仔細和精確的研究。本文的討論只着重一點，就是在這個總體戰中，每個成年人都有其應盡的責任，我們意識到在這個爭鬥中是沒有所謂非戰鬥員的。每個人都隨時可以碰到心理戰而要準備進行戰鬥。譬如一個美國人在今天就可以發現消除黑人與白人間之歧見在這個戰鬥中是一件很重要的事。他們就應該想盡方法去消除白人與人間的隔閡，以增進他們的感情，並且把這當作一件非常嚴肅的事來做。又譬如在韓戰中義士們的反正是這次戰爭中一件最有意義的事，這些義士的行動也是最值得人敬佩的。那麼在社會中有聲望以及有領導地位的人就應毫無顧忌地向這些戰士致敬，因此我們見到大學校長亦遠道跑到韓國去歡迎他們，這實在是盡着他們神聖的職責。我們再考慮一些從事重要工作的人，他們常成爲共產黨心理戰的對象。譬如從事保密工作的人常被共產黨稱爲「特務」，而「特務」一詞是被共產黨詆毀到極點的，一提到「特務」兩字，人們就有最壞的聯想，因此「特務」一詞常能打擊保密工作人員的士氣。然而這不過是共產黨心理戰所造成的效果。如果保密人員能認破共產黨這種心理戰的技倆，而堅立自己的崗位屹然不動，那他們便是已從事一個心理戰鬥了。至於用以維持自由世界之基本道德的那些制度習俗更是共產黨心理戰打擊的對象。共產黨這樣做正是要拆毀自由世界的堤防，這個堤防一旦垮了，自由世界即將全部遭洪水淹沒。現在我們既了解心理戰的性質，便已知道凡這堤防有被共產黨破壞的地方我們沒有不能設法堵住的，而在防護這個堤防的艱巨工程中，個別的人民的努力亦是不可或缺的。特別那些在社會中佔有領導地位的人，如家長，如有信譽聲望的人，因爲他們在社會中影響力特別大，他們的責任也就更重。如果他們知道在維持某些習俗制度時需要他們有所犧牲，以身作則或堅持是非，他們就應毫不含糊地做出來。這樣就是名符其實的保衛名教，而在今天這種危急存亡之秋也就是盡了一個戰鬥兵的天職。

在這些個別的戰鬥員中有些是特別能發揮高度效能的，筆者在此要舉出文學家，特別是寫小說劇本與散文的人。因爲文學要運用文字，它可以藉文字表明複雜的思想與事理。因此它可把眞實的價值顯示給人，這是音樂等其他藝術所辦不到的。同時因爲文學最講究使用那些直接與人感覺關聯的字句，它能訴諸人的感情，因而它能使人眞正體驗到那些價值。由於文學家兼備上述兩種功能，他們能影響事情的快樂情調和人的意識型態，而這正是從事心理戰起碼的要求。也許多數文學家並不懂得什麼是心理戰，或者認爲文學不是爲心理戰而存在的。但是我們今天需才孔急，而我們又知道由一個文學家轉變爲一個心理戰鬥員是比較容易的，因此我們對文學家寄以更大的希望。文學家之易於變爲心理戰鬥員，尤如人造絲工廠之易於改成炸藥工廠一樣。我們如能使一個注意力局限在很小範圍的文學家放眼到同時代中那些遭遇不幸的父老兄弟姊妹身上去，設身處地體會他的遭遇，並設法透過習俗，傳統的學說，長期的宣傳來了解這些不幸的根源，則他們不僅已具備心理戰鬥員的資格，而且他們也會衷心地願做一個心理戰鬥員了。然而，這種轉變並非輕而易舉的，這還需要一番勤苦的學習與理智上的爭扎與奮鬥。

我們既已強調心理戰主要的目的是保衛自由世界那些珍貴的道德規律，最後我們自然要問一個要緊的問題，就是自由世界所要保衛的那些道德規律以及那些道德規律據以建立的習俗制度是否眞正有客觀的價值，眞能爲人類保證幸福呢？關於這個重要問題的辨白是思想戰的工作。而且幸運得很，自由世界在思想戰這方面已不斷佔着上風，因爲自由世界的思想家以及社會科學家們已經作了很多有價值的工作，近年來他們對極權主義以及民主制度的優劣已剖析得很清楚。因而在理智上認識民主制度優於共產極權制度的人是愈來愈多了。然而不幸地，人們因爲受了共產黨心理戰的影響，自己的氣質、觀念、意識還多少受着共產黨的支配，在行動上很易不自覺地落入他們的圈套，這就是我們總不斷感到共產黨有頑強力量的原因。然而這不能說是自由世界的思想戰失敗了，而只能說自由世界的心理戰失敗了。

後記：本文的許多觀念得自與殷海光先生與易正平先生的談話。又本文寫成以前，承陳雪屏先生講解巴夫洛夫與華特生實驗的詳細內容，並承借閱紐約時報增刊所載「巴夫洛夫的狗與洗腦」一文，特此致謝。又本文曾借用施利克「道德問題」中之 Pleasure tone 一詞。但本文對此一詞的用法與施利克先生略有不同，本文對此詞曾有明確之定義，希讀者辨之。本文寫成後更承羅鴻詔先生斧正，在此一併致謝。

我們爲什麼要大學

李經

中國大學有五十年的歷史了。在我們的社會裏大學已經成爲一種重要的制度；它已失去了新奇性，同時也失去了刺激性。偶然，大學也成爲新聞題材，但那往往是因爲某些事件發生在那個被稱爲大學的圈子裏，並不是人們對大學這一制度發生了新的興趣。前些日子林語堂被任命爲南洋大學校長。這一新任務顯然引起他探究大學教育的目的與制度的興趣。可是當他發表了一些關於大學的意見以後，一位「教育博士」立刻自告奮勇，勸他多讀「法令」，少談理想。「否則，」我們的博士說，「準要鬧笑話」。在這時候追究我們爲什麼要大學，有人也許會和那位「博士」一樣覺得齒冷。可是，只要略略留心近年來朝野之間對半個世紀以來大學成就的估量，我們不難覺察到這個問題實在有重新提出的必要。譬如說，大學果然和社會脫節了嗎？爲什麼大學會和社會脫節？什麼是大學和社會的銜接點？要回答這些問題，我們勢必要先解答我們要的是那一類大學，我們爲什麼要大學。我們的大學已經有半個世紀的歷史。在這半個世紀中，它所遭遇的困難，它所懷抱的希望，與它在實際上的成功失敗，無一不足以供給我們寶貴的資料，在過去的經驗指引下，我們也許可以比以前更清楚地分辨大學教育最基本的功能。

中國大學誕生時也正是本土文化在西洋文化壓力下開始自覺的時候。大學本身就是這種自覺運動的一部份。這一歷史事實，顯然地決定了中國大學的特殊任務。我們的社會在飽受西方國家大砲兵艦的滋味之後，痛定思痛，不由自主地意識到自己機械技術的落後，而想在這方面有所補救。在大敵當前，社會存亡絕續的關頭，要大砲，要工廠，要訓練設計操縱機器的人材，這是極其自然的事。這種尋求彌補缺陷的勇氣和努力正足以證明我們社會生存意志的堅强和潛在生命力的充沛。所可惋惜的是，我們的努力始終膠着在某種方式上，沒有更進一步地追究機械技術在整個西洋文明中相對的重要性，沒有更進一步地追究機械技術與科學的關係，沒有更進一步地追究什麼是科學和科學精神！數十年來急切求效的心理或强或弱地支配了社會。這種心理反映在政府舉措上的是「船堅砲利」政策，反映在大學教育上遂成爲所謂「理工教育」。我們的大學造就了不少技術專家，甚至「科學家」，可是，大學裏却反缺少蓬勃的科學的批判精神。「理工教育」似乎沒有教育人對自然或人文現象作理性的觀照，相反地，由於機械技術急速進步，教者往往着重熟讀一二本最新的權威著作，學者也就跟着養成一種錯覺，以爲教科書的定律已經包容宇宙一切問題的答案，因之產生依賴權威的惰性和機械的服從的習慣。這種教育方式固然供給了不少資料(information)，可是却使我們失去追求知識 (knowledge) 的能力。幾年前一位工程博士忽然宣揚起大陸上的「土改」。驚詫之餘，追究原因，博士充滿自信地承認是「根據一本英國書說的」。問他看過別的書嗎？回答說是：沒有。再追究那本書的作者與內容，他眯着眼睛彷彿在說「只要英國人寫的便够高明了」。博士的論辯方式是典型的「一本書教育」的結果。

筆者並非在反對科學。正因爲我們要科學，要眞正的科學與科學精神，要謙虛地追求知識，要嚴肅地觀照人類知識的極限與功能，我們才沉痛地感覺到機械教育帶來的不健康的影響。科學不僅是克服「自然」利用「自然」的技術，而且也是一種追求知識追求價值的方法和態度。丟開思想的紀律，專門着眼於結論的灌輸傳播，無疑地會引起對科學的錯覺，認爲科學只是一大串權威們頒訂下的符咒式的定律！

心靈機械化簡陋化，對事物失去冷靜辨認的能力，人的行爲自然而然地爲情感衝動所操縱支配。三十七年春天，國內若干大學發動「全」公費運動。所謂「全」公費運動當然是說「全」體學生不論貧富不論成績一律領公費。撇開成績問題不談，單就經濟能力而論：成千成萬的大學生中間難道沒有幾個負擔得起自己教育費用的？如果有少數人是不需要公費的，那麼「全」公費運動便是不合「理」的運動了。奇怪的是在大學裏面竟沒有人從這一角度去觀察一下；好多自命爲「青年導師」的人紛紛在失去理性的羣衆前撤退下來，或者是唯唯諾諾，或者竟說：青年的要求「總」是對的。筆者無意提倡「橫眉怒對千夫指」那種優越的態度；但在追求知識、追求價值的大學裏，理性淹沒，情感泛濫，一至於出，如果有幾個人能够挺挺腰，站起來冷靜地說幾句話，也是够令人興奮的！可是，沒有；卽便有，那聲音也微弱得可憐。

理工教育片面地强調征服「自然」。對自然現象的興趣片面的擴展勢必限制了對人文現象的興趣，或甚至引起漠視人文現象，鄙視人文價值。（自以爲在任何社會都同樣地「有用」，自以爲可以超越任何人文價值而存在，則大大可以不必關心社會的變化。）漠視人文現象，鄙視人文價值是「理工教育」所引起的最可怕的危機。它非但消滅了「善惡」「是非」之分，而且根本地摧毀了「明是非」「別善惡」的興趣。在這樣的空氣裏，要學者抱着上十字架的悲壯的精神去爭取人的尊嚴與自由，豈不是緣木求魚？目前在臺灣的人也許不難回憶，片面强調技術教育是老式帝國主義控制殖民地的工具之一。

許多人在說過去大學教育的失敗在大學與社會脫了節。上文分析的結果恰巧和這一結論相反。大學教育中有一些不甚健康的因素，實在因爲大學和社會拉得太緊，大學始終沒有超越本土文化自覺運動初期所賦與的特殊任務的限制。

（下轉第14頁）

我可以幫助你嗎？

——美軍生活之二——

辛之魯

大約是今年三四月間，太平洋星條報 (Pacific Stars and Stripes 太平洋星條報是美國遠東軍報) 刊載了一條小消息：美國憲兵司令部 (MilitaryPolice Command) 通令全美國憲兵，今後對於士兵，開口時一律不得說：「你要做什麼？」(What do you want?) 而要說：「我可以幫助你嗎？」(May I help you?)

這條消息，在我們東方人看來，未免有點小題大做。但「我可以幫助你嗎」這一句簡單的話，正確切的代表了美國軍中執法人員的精神。這表示在民主國家中所尊重的是「人」這個個體，一切的考慮都是以「人」爲指歸。

記得在一九五二年我剛剛到達東京美軍軍中工作的時候，我看到東京盟軍總部所在地的第一大廈門前站着憲兵，在遠東空軍司令部所在地的明治大厦前也有空軍憲兵 (Air Police) 守衛，他們頭戴白色鋼盔，身穿筆挺的制服，魁偉的體格，雄糾糾，氣昂昂。對於權勢一向退避的我，看到這種情形，總不免存有一種戒備之心。心裏想，離鄉背井，來到異邦，天天生活在這種森嚴的環境裏，眞是自討苦吃，悔不當初。在我這窮酸書生的眼中，憲兵好像總是威風凜凜，高高在上的，如果一言不愼，有損其「威嚴」，可能捉將官裏去「嚴予申斥」。因此，剛來這兒，我總是盡量避免和他們接觸，凡是有憲兵站崗的美軍軍事設施，我總是「敬鬼神而遠之」。

我第一次和憲兵正式接觸是領美軍身份證明書 (AGO Card)。那時的憲兵司令部是在日比谷帝國大厦，我走了進去，用最表敬意的口吻，向一位憲兵上士說明我要領一張美軍身份證明書。他首先請我填了一份登記卡片，然後，他一面替我捺指紋，一面和我談笑。捺完指紋之後，我的十指烏黑，他親切的帶我去盥洗室洗手，給我肥皂和紙巾。最後他還聳了聳肩說：「謝謝」。

後來有一天，我在銀座散步，發覺我的錢包不翼而飛，錢包裏有我的美軍身份證明書和幾角零錢，我當時頗爲懊惱，我以爲失去了美軍身份證明書便等於失去了我的護身符；而且那證明書上曾註明爲「美國政府的財產」，我恐怕除了要遭受繁瑣手續的折磨之外，還得看看「憲兵大爺」的臉色。我硬着頭皮去到憲兵司令部報告說我遺失了錢包，內有身份證明書，請他們再補發給我一張。誰知出我意外，那個憲兵上士不顧我的身份證明書，却關心我錢包中有多少錢，我說只有幾角錢，他拍着我的肩笑了笑說：「還好！還好！」接着說：「明天請你再來領一張新的身份證明書，現在先發給你一張臨時身份證明書！」

在我們日常生活中要避免「憲兵大爺」是不可能的，幾乎到處可碰着他們。凡是軍事設施——聯合國軍司令部、遠東空軍司令部、中央軍區司令部、橫須賀海軍基地——都有憲兵站崗，凡出入這些地方，都必須向憲兵出示身份證明書，他們照例的總是漫不經心的用眼睛一掃，頭一點，客氣的說一聲：「謝謝！」

經過無數次的接觸後，我對美國憲兵的觀感起了本質上的變化，我對他們緊張的感覺一變而爲親切、輕鬆！

韓國的戰亂，使美國的年青子弟，成千成萬的漂洋過海，從新大陸來到遠東。他們離開了甜蜜的家園和愛妻嬌兒，在槍林彈雨中爲了保衛自由，抵禦共產主義的侵略而戰。在異國裏，他們自然感到孤單、寂寞和苦悶。他們需要一時的沉醉，暫時忘記一切。在銀座、淺草或新宿的舞廳和酒吧裏，常有這些官兵的踪影，他們多半是從韓國到東京休假的。他們時常喝得酩酊大醉，在深夜寂靜的街頭，踉蹌地徜徉。在這種情形下，你便可以看到漆有「Military Police」兩個白色大字的憲兵巡邏車停下來，親切地問他們的營舍，然後扶他們上車，送他們回去安息。

去年秋天，我爲了接一個朋友，曾到立川空軍基地。我從晚上九點鐘一直等到最後一班飛機降落，還不見我那朋友的影子。於是我失望地搭上一輛軍用巴士 (Army bus) 回東京去。但是，在半途中我發覺這輛巴士走的方向有點不對。後來，巴士在進另一機場的門首停下，我問站在門口守衛的空軍憲兵，才知道已到橫田空軍基地。這時已是淸晨一時，秋風蕭瑟，人生地疏，心中有一種莫名的茫然之感。我問那位憲兵附近有沒有的士，他說：「你想坐的士嗎？唔，那太貴了，從這裏到東京市區要一小時半，的士也許要索價十塊錢，你不嫌貴嗎!?……我們可能有車子到東京市區，請你坐在這裏稍等一等！」過了一會，一輛吉普開來，他問那個駕車的軍士是否到東京市區，那軍士點了點頭，於是他回過頭來對我說：「你可以搭這輛吉普回東京。」我說了一聲「謝謝，下士！」乃登車而去，耳邊仍廻響着那位憲兵的親切語聲！

在美軍中隨時隨地可以聽見「我可以幫助你嗎」的聲音，也可以在各處看到這種精神的表現。

在民主軍隊裏，憲兵不是「軍旅之師」，他們既不以「師」自居，也沒有人以「師」事之。因爲憲兵只是執「法」的，而不是管「人」的。他了解這一點，所以不會有「一朝權在手，便把令來行」的作威作福的意識了。我國有句老話：「大丈夫不可一日無權」。這是教人愛權，追求權。殊不知權力是有一種虐待慾的，必須騎在人頭上使人痛苦，自身才感到滿足。因此，權力的愛好(love of power) 實是民主的一大威脅！

三年來，我從未看到美國憲兵因爲別人的態度傲慢或言語粗魯而以「侮辱憲兵」的罪名加以刁難或拘留的。態度傲慢或言語粗魯，在法律上並不能構成什麼罪名，這只是個人的修養問題。

相反地，我却時常在美軍軍事設施內，看到軍人們有一股傲然之氣，他們從沒有低聲下氣，必恭必敬的對待憲兵或其他任何執法人員。憲兵常常巡視軍事設施，偶爾也索閱士兵身份證明書，第一句話總是有禮貌的問道：「我可以看你的身份證明書嗎？」(May I see your I.D. Card, please?) 而士兵總是滿不在乎的回答說：「當然！」(Sure!) 他們坐着的坐着，談笑的談笑，若無其事，現出一種高傲的神情。(於其說是高傲，無寧說是表現出個人的尊嚴。)憲兵看完證明書後，照例說一聲：「謝謝！」

這說明了憲兵是執「法」的，只要你尊重法律，法律就尊重你，你無須對執「法」的人另眼看待。相反地，在士兵眼中，我所尊重的是「法」，我不違「法」，你豈能奈我何？

但是，你如果違了「法」，憲兵或其他任何執法人員也決不會寬容你的。在東京街上，有時可看到3A(A代表 Army)牌照的汽車停留在不許駐車的地方或是超速行車，在這種情形下，憲兵便會過來，告訴開車的人違反了交通規則，並根據規章，給他一個疏忽報告 (D. R.)，無論官階高低，一律無例外。得到三個 D.R. 就要被送回美國，決無通融的餘地。我已知道有熟人得到三個 D.R. 被遣送回美了！

在法治的國家中，執法機關判人罪狀，必須有充分的證據，如果沒有充分證據，任何執法人員或有權威的人也不能陷人於罪。

我有一個美國朋友，他負責美軍東京 P.X. 的一部份責任，他是個好人，辦事認眞，所以開罪了一部份日籍雇員，他們向隸屬於憲兵司令部的刑事調查科 (CID) 密告他許多罪狀。CID 人員偵察了兩個多月，最後決定請他到 CID 辦公室談話。他對調查人員說：「根據美國憲法，我有權拒絕答覆你提出的任何問題，甚至於，我有權拒絕說出我姓什名啥。旣然，有人控告我違法，那麼，請你們證實好了 (You prove that!)……」僅僅「prove」這個字充分代表了法治精神，你不能「證明」，你就對我無可奈何！

結果，CID 調查人員只有恭恭敬敬地派汽車將他送回。一月以後，因無確實物證，這件調查案子就煙消雲散了！

但是，你如果不尊重法律，違反了法律，而有充分的合法證據（凡用非法手段獲得的證據都視爲非法證據），卽便是「皇親國戚」，也難逃法律的制裁的。最近遠東空軍司令部基地司令派瑞希 (Parrish) 因爲收受 P.X. Concessionaire 的佣金，而證據確鑿，立卽被革除軍職，輭禁於華盛頓山莊的私邸，聽候軍事法庭審判，這就是一個實例。

在美國軍隊裏，法治高於一切，一切都以法律爲依據，在法律背後，沒有更高的權威可以變更法律，沒有個人意志可以左右法律。譬如歷屆的聯軍統帥兼美國遠東軍司令，無論是麥克阿瑟、李奇威，克拉克或赫爾都沒有「極爲震怒」，手諭執法機關「澈查嚴辦」的事情。一切法有明文，執法機關依法辦理就是了，勿須您將軍「震怒」，更勿須勞駕您大人手諭「嚴辦」了！

在美國軍隊裏，人是有恃無恐的。你所恃的，不是你認識某某司令或某某軍長，而是至高無上的「法」。你尊重法律，你便無須懼怕任何權勢。但是你不尊重法律，任何權勢也不能保障你，袒護你。「法律之前，人人平等」。憲兵旣然是執「法」的，而不是管「人」的，那麼，他說一聲「我可以幫助你嗎？」又何足爲奇呢!?

(上接第12頁)

這些年來，我們的大學或多或少地將精力集中於「理工教育」而沒有使「理工教育」成熟爲「科學教育」，使「科學教育」成熟爲批判的、理性的、追求人生全面價值的大學精神！只有失去大學精神的大學才會和社會脫節。如果能夠保持追求知識的熱誠，大學決不會和社會脫節的——因爲社會現象正是它的研究對象的一部份——同時大學也不會因爲社會某種特殊需要而蒙蔽了它對全面人生價值的認識。大學和社會之間經常地保持適度的和諧 (harmony) 和矛盾 (tension)，大學才能夠發揮最大的功用，成爲社會新陳代謝作用中最有力一環；才能夠同時應付社會迫切的需要，追求永恆的價值；才能夠維繫文化傳統，又不斷地創造吸收新因素，擴大充實傳統。

目前也許仍有人懷疑這種看法，他們擔心，這樣一來，大學豈不是成爲清談的中心？我們豈不是又要蹈「朝議未終而金兵渡河」的覆轍呢？爲了避免這一類混淆，我們似乎必須澄清一下「淸談」「朝議」等字的意義。上文曾經指出，大學嚴肅地關切全面人生的價值，它對知識的追求與運用是負責的；負責的探究和流行觀念中的「淸談」有本質上的差異。其次，大學是教育學術機構，不是行政機構，大學對知識的追究不等於「朝議」。本文無意否認目前我們需要機械技術這一事實，本文的目的僅僅嘗試指出偏向技術教育可能發生及已經發生的種種不健康的影響，希望我們的大學不再「理工化」，而使理工「大學化」。政府需要技術上的合作，不妨「委託」大學設立專門委員會主持。上次大戰以來，這種「委託制」在美國大學施行得很順利，結果也良好，頗值得我們倣效。如果爲了幾個專門委員會的工作而妨碍大學的成熟，阻止了大學的「大學化」，這是值得惋惜的。

民主眞詮（下）

A. Powell Davies 著
何欣 譯

民主是一種生活方式

我們說民主是一種生活方式時，時常遭受別人的反對，他們指責說，我們所用的這個名詞的意義含混而不够明確。生活方式究竟是甚麼呢？你們能够正確地描繪一下嗎？你們的定義的基礎是甚麼——是希望還是實際的應用？是言詞上的公式還是日常行爲？譬如說，如果民主的生活方式包括着遵從平等與公正的原則，違背這一原則的行爲是否也包括在內呢？例如種族間與階級間的不平等與不公正。如果不包括這些，對於拒絕生活於民主的生活方式中的人們，民主生活方式的成效又能達到怎樣的程度？

我們或是說，民主生活方式是根據大多數抉擇的原則。那麼，大多數所獲得的消息是錯的，他們的意見被竄改，因而做了錯誤的抉擇，其情勢將如何？他們的眞正意向不是受阻撓而挫敗了嗎？

而且，多數原則本身可能因破壞民主原則而同民主生活方式相衝突。譬如，大多數很不民主地決定剝奪少數人的選舉權，像美國的黑人在許多地方所遭遇的情形。在另一些實例中，大多數反對理性的民主信仰——一個立法的大多數以投票方式決定：進化的科學理論裏並沒有眞理，它確是違反了民主信仰。這同樣的大多數也決定限制討論與知識的民主的自由。

這樣的實例不勝枚舉。那麼，究竟甚麼是民主的生活方式：實際呢？還是原則？我們曾聽見別人忠告說，不要把民主認爲是一種生活方式而只把它看做是一種希望，不是比較更好嗎？當然，除非我們願意採取這種民主的折衷論，並且能把它包括在一個有效的制度的定義中。

這是一個似可相信的解決之道——但却引向錯誤的道路。首先，民主的確部份地是一種希望，但部份地也是可表明的成就。民主原則沒有徹底實施，並不指明它們根本不能實施。在許多民主國家中，這些民主原則的充分實施會產生了有史以來更多的公正、更多的機會均等、更多的自由、更多的社會福利，雖然面臨着舊有的嫌忌與新增的複雜困難，因爲它們正日在增長，所以我們有理由相信民主信仰有更遠大的前途。

在民主的期望與民主的成就之間，永遠存在着一種有建設性的高度緊張情勢。更明白地說，當我們不能依民主原則而生活時，就深覺不安，爲一種罪惡感所侵擾，爲良心所驅策。這是一種不斷的動力，迫使我們走向民主的進步。由此，我們漸漸地增加我們的正義，補救我們的罪惡，擴充我們的機會均等，而仍保持着我們的自由——在排斥民主的國家內，這些都未曾做到。顯而易見地，民主不只是一種希望，即在其不澈底的成就中，也是眞實的存在。

第二、民主沒有被囚限在其妥協折衷之內，我們無須把民主視爲一種制度。卽令民主是一種制度，它也是一種開明的制度 (open system)，而非幽閉的制度 (closed system)。這一制度的主要構成因素，如議會制的政府、司法獨立、君主立憲或聯邦共和主義，都是職務上的，其目標都是要實現全民的意志。如果以封建制度是一種制度或印度的階級制度是一種制度的意義而言，民主不是一種制度；如以蘇維埃共產主義是一種制度，或是法西斯、希特勒的制度是一種制度的意義而言，民主不是一種制度。相反地，民主是這些制度的敵人。它反對並拒絕把人放置在一個定型的社會秩序中。民主的社會不是凝固而是流動的社會，民主制度也是開明的，接受一切的。它能够容納由和平方式介紹的新事物，逐漸代替舊的事物。在閉關自守的制度下，重要的改變只能以暴烈手段强行注入，藉革命的手段以摧毀這一制度。

認識這一點是非常重要的，因爲我們認識它之後，在了解民主社會中的矛盾時，便不會有其他的困難了。所有這些矛盾都是暫時的，中間過渡的，因爲一個民主社會永遠是一個流動的社會：在這樣的社會中，任何一瞬間都有東西在改變、代替、剝除、廢止。所以，有這些矛盾是必需的、不可避免的：卽將死滅的舊東西一定同正在產生的新東西互相衝突，互相矛盾；正在發展中的目的一定要擠開正在改變的現存事實，爲自己開闢道路。

由某些人介紹的目的一定會遭受到另外一些人的抵抗。被說服的人與未被說服的人之間一定有對立，但這種對立是一種最後將由投票方式解決的政治衝突，所採用的手段是雄辯。

我們也必須注意：在一個民主社會中的人，並非都是步調一致完全平等地遵守民主；不但在他們的實際行動上，卽是在忠於民主原則的程度上，都是如此。民主不是齊一均等 (uniformity)，甚至在其說服力上也如此。永遠有辯論。正如湯姆斯・馬薩利克 (Thomas G. Masaryk) 有一次說：「民主卽是討論」。因而民主也是一種互相教育的事業。

民主如非生活方式，我們又能稱它是甚麼呢？民主的確是生活方式。我們不能稱它是一種制度，因爲按照普通對制度的理解而言，民主不是一種制度。它那有系統的情勢成爲能够服務於其內在目標的形式。目的在增長，形式隨之變化。因爲人民不服從於這些形式；這些形式要服務於人。

有許多人抱怨這種變動性，因爲他們看不見變動性有甚麼意義。他們說，民主是沒有效率的，紊亂無序的。獨裁者們能以較大的決心與速度行動。在極權制度下的人民是有秩序的、受約束的。他們的確是這樣的，但他們付出了怎樣的代價呢？很不幸，這昂貴的代價不是理論上的了：我們不僅目睹他人所付出的代價，我們自己也必須付出一部份代價來推翻納粹德國的獨裁者的統治效率。現在，我們又看見對蘇維埃獨裁所付出的代價了——奴役與恐佈，墮落與退化！我們又要再度以鮮血與財富來限制它了。

民主的生活方式縱然有動盪不寧、社會衝突、內在的緊張，但這些都是蓬勃朝氣的活力的徵兆、發展的證據。在人生價值中生長、發展、奮起的機會就是民主生活方式所帶來的結果。無論對個人或社會，生長發展才是生活的法則。也就是基於這種理由，我們知道，民主不是一種政治的方法，不是社會可能形成的一種形式。民主的意義更深刻。正如華爾特・惠特曼(註三)所淸晰見到的，民主是一種培育並促進文化進步的不可缺少的社會情況；人類的走向精神成熟，必須依賴於民主。我們必須特別强調這一事實，沒有民主，精神方面的發展便不可能。

民主的生活方式是不屈不撓的，是困難的。就是爲了這種原因，曾經有很多人自願放棄民主的生活方式；不等着被別人剝奪去，他們自動地捨棄了民主。讓我們回想一下那些——或者一部份困難的方式罷。

第一、民主的生活方式所以感到困難的是，因爲它使我們成爲自由的人，要求我們形成獨立不羈的判斷力，接受我們自己的生活上的義務。這就是說，我們必須更自信，更成熟。但是，我們發現這並不容易。因爲幾千年來，人類社會植根在權威支配之上。在原始時代，個人的所做所爲都聽命於酋長、牧師、族長，他的行爲則依循風俗成規。歷史踏上文明階段後，這種生活型態以不同的程度被採用、被精心經營，仍繼續存在。此外，心理分析學家告訴我們說，由父親統治家庭所產生的深刻印象紮根在人類的潛意識中，獨立受到阻撓，不被鼓勵。個人該相信甚麼、說甚麼、做甚麼，都受命他人——自己也願意如此。父親意象(father-image)(註四)以不同形態成爲控制的力量。在人世間，它佔有神壇與皇帝寶座；在天國之中，它的意象也是突出的。

自由的意思就是要擺脫這種「意象」的束縛並拒斥它的無上權威。個人必須保持獨立，依賴自己的判斷與自己的良知，學習獨立而行。心理分析學家已經再三再四地向我們說明，這是一件困難的事。爭取自由的困難不是政治的而是精神的。許多比常人更聰敏的人容易受到共產主義的誘惑，主要地是爲了這種原因。他們不容易打破這種自古傳襲而來的形態。自己該想甚麼、該做甚麼，他們要聽別人吩咐。他們又一度需要「父親意象」，而且在克里姆宮中發現這形象。在斯達林權力控制下的國家裏，有無數大獨裁者。斯達林的巨幅畫像懸掛展覽，就是基於這種原因。它的目的是情緒的、精神的，其結果卽是靈魂的投降。共產黨已經發現一個「父親」做他們的權威，使他們免於自由的困難，告訴他們想甚麼、說甚麼、做甚麼。對於這些人，民主生活方式太困難了；他在精神上屈服了。他不願意享受自由。

第二、民主的生活方式基於平等，所以它是困難的。它並不主張每個人在能力上、在其特長上、在人格的純厚上都要平等——雖然許多膚淺的批評家認爲平等的意義卽在此。這是重要之點。民主所要求的是：任何人不能因其天賦才能較低，或因之而在財富、境遇等不如人，便受到歧視或不公平的待遇。相反，對於較不幸的人們，應該給他們更多的體恤同情。至少，在公民權利上他應該跟別人一樣，得到平等的對待；此外，他的人格必須受到尊敬；他必須獲得機會以克服其障礙，並能發展其內在的才能；他絕不能受到鄙夷，不能被棄一旁；他的自然權利(natural rights)是同別人的權利平等的。

這是一個最難實行的原則。有些人比別人聰明，比別人勤勉，有更大的抱負，更有用於社會，任何方面都比其他的人好，很自然地，他應該得到更多的榮譽與上進的機會，這是很明顯的事。當然，在民主進步的現階段，這是不可避免的情況。但是民主的生活方式堅持平等的目的與目標——凡缺乏平等的任何東西，都要受到輕視。一位精確的觀察家會指出，蘇維埃社會正向相反的方向發展。當民主社會力謀打破階級門第的界限時，克里姆宮則正樹立新的界限。在蘇俄，甚至食物分配也以他在政府的位置、他的社會地位、經濟情狀爲根據。以前的社會階級被取消了，但又產生了新的階級。所有貴族回到爭權奪利上，憑藉這種權力剝奪了另外一羣較早的貴族。

我們再回頭討論民主社會中的平等問題：當然，所有的人在所負的責任上是不能平等的。管理一隻航海的船時，不能全體水手都做船長。建造房屋的時候，也不能每個工人都堅持做建築師。但船長坐火車的時候，他的責任便移給司機了；建築師在割盲腸時，主要負責人是外科醫生。如果美國總統到廚房去幫忙，他的地位低於他的廚師，他必須聽廚師的吩咐。.

然而，我們有所謂「領導權」這一東西的確存在着。在目前尙未臻於完善階段的民主，不能認識所謂領袖的含義是甚麼。杜魯門總統在一次卽席演說中(一九五一年一月)說：選擧了領導者，之後又凌辱他們，這是十分正當的。也許這是正當的。在任何情況下，對於一個曾受凌辱之苦的總統，找機會將這苦痛宣佈出來，是件很圓滑的事。然而，民主國家必須做到的一個最重要的適應就是建立起領導。平等絕不能轉變成對良好政府的妨害，也不能變成凡庸之人的護身符，或對傑出之人的誹謗。只有最好最能幹的人才應該被選爲領袖，在執行任務的時候，他們應該獲得爲謀公衆利益的一切特權。他們的功勳偉業必須受到崇敬。是不是沒有一個人尊敬林肯就會使民主格外平等了呢？如果傑佛遜在美國沒有這樣崇高的聲譽，民主就能更平等嗎？

然而這並不是說，民主生活方式能夠扼殺平等的目標與終極目的。平等培育了個人的發展，使每個人都知道自己的意見受到重視，沒有一個人是微末不足道的，或者只是「機器中的一個小齒輪」，使每個人知道在社會的生活中他有人之尊嚴與人之價值。

很多人發現，所謂平等，除了把智愚賢不肖都拉到一個低的平面之外，簡直是十分困難的，他們不敢嘗試，或是嘗試之後又放棄。並非所有這樣做的人都是共產黨，但這是共產黨的一個特質。這是激發共產黨的動機——無忍耐心與憤怒——的主要因素，使平等原則屈服於統治的慾望，促成統治的野心。以平等這個字做爲奴役他人的工具，秘密而陰謀地達成統治的目的。陰謀代替了辯論，威迫代替了說服，平等的奴隸制代替了平等的自由，平等的退化代替了平等的權利。這並不是因爲民主是墮落的，而是因爲民主是困難的，所以許多人轉向共產主義。

民主生活方式所以困難的第三個理由是，因爲民主是合理性的。成爲合理性的並非易事。所謂合理性，不僅包括着克制情緒與摒除偏見，而且要求自己的目的必須從屬於大衆的利益，要求高度的忍耐心。我們將會面臨着失望、失敗、妥協——在溫和的精神與理性之光照下，這些都能够克服。

變成煩燥不耐、尋找更快的方法是比較容易的，然而不幸較迅速的方法把方向弄顚倒了，所預見的目的被所運用的方法毀掉了。這是共產主義的理想者所必須學習理解的——他們之中許多人從痛苦辛酸中已經理解了。他們認爲這是通往他們所渴望的較好世界的途徑，但這條路把他們帶到一個深爲他們所痛恨的所不恥的世界。他們以爲陰謀是跨向民主的近路，最後發現這條路引向永久的陰謀。他們以爲仇恨可以用來剷除罪惡，建立善。但他們最後發現仇恨只是使罪惡更可恨，而且徹底摧毀了善的希望。他們原以爲共產黨的權威是科學的姻親，而且一定是合理性的：牠一定能够鼓舞理性——一定把理性帶往最高的希望。但他們發現共產黨權威的主要興趣只是一已的安全；鼓舞理性是太大的冒險。他們本希望獨裁政治能够有仁慈心；但他們一覺醒來時，發現獨裁政治永遠由獨夫暴君所統治。所以他們之中有一部份人又迷途知返，重回他們以前所背棄的困難的生活方式中，最後發現民主生活方式的困難也就是它的迫切希望。容易的道路永遠是撤退的道路。要向前進，一個人必須選擇最艱苦的道路。

民主就是一條困難的而非一條乘手可得的道路。獲得並享受自由、自恃而不依賴他人、相信平等的權利與機會、信仰理性與說服，是需要些勇氣的。因此，民主的道路是艱難的。

如果人類將要有一個光明前途，民主是唯一的一條路。任何其他的生活方式都是引着人類開倒車向後轉——近代社會中的任何逆行倒退就只能是毀滅。只有思想成熟的男女們的社會才能解決現階段所面臨的那些問題。除了民主之外，這樣一個發展的社會又有甚麼途徑可循呢？因此，代替民主的任何途徑都是瓦解與毀滅，即令我們對共產黨的要求都讓步，人類也必走向滅亡。只有民主社會中能够開闢一條通向未來的光明大道。困難的道路才是唯一可能的道路——除非我們願意不要未來。

如果實情是這樣，我們就不必恐懼民主的困難了。這困難應該使我們興奮，鼓舞我們。這是我們的命運——如果我們選擇牠——民主將領導世界走向自由、公正、和平、最後的安全。這是世界的一個希望，即在黑暗重重之中，希望之光還閃閃照耀着；當我們把這希望轉變成信心與目的的時候，我們就能再度發現一個日漸生長的信心與日漸擴大的機會。

民主是一個普遍的目標

思想永遠不能靜止不動。不是影響力不停地發展便是趨向死亡。大法官霍姆茲(Justice Holmes)曾經解釋說：「每一種思想都是一種激勵(incitement)，它求取別人信仰，一旦獲得信仰後，便被堅守不渝，除非另一信仰超越了它，或是其內在活力失敗而令其發展停滯窒息。」

自由的觀念就是如此：牠是激勵自由的思想。不只在歐洲和美國，每個地方都爲這一思想而激盪，都深感它的衝擊力。平等的觀念也是這樣的，雖然我們不能給平等一個明確清晰的定義，但它給東方與西方數百萬的人民點燃起均等機會的希望的火炬。這兩種觀念携手而鼓舞了第三個，民主。我們在前邊已經討論過，民主並不僅指民有民治民享的政府，而是每個人都有無限的價值(worth)，自由的個人共同合作，便能組成有無限希望的社會。極權社會不只把政治與經濟的奴役強加人民頭上，而且也堵塞了通向未來的道路。只有民主能激勵起「人能爲自己命運的主人」的新信仰，只有民主能使人們從「神註定人無力面對環境，只能由專制暴君而不能以任何其他方式統治」的荒膠絕倫的錯誤信仰中解放出來。

在西方國家裏(她們有從猶太與雅典產生的文化)，民主信仰在十八世紀便成爲確定不移的信仰了。這一信仰鼓舞了美國和法國的革命，也給其他國家帶來改革。之後，民主信仰的發展速度開始遲緩下來。尤其在經濟範圍中，它表現得那麼緩慢，那麼無力。它費了很長的時間才剷除了奴隸制度。它未能建立起種族平等。它允許帝國主義存在。它那「人皆平等」的原則未能完全實現，「適者生存」的理論排擠了它。做爲一種「激勵」，它遭受了霍姆茲大法官所指的「內在活力失敗」的苦痛；當它在東方激盪起革命的火花時，它在西方却放慢了脚步。它沒有被認爲是普及全宇宙的信仰與目標。因此，「另一信仰」能够「超越了它」便成爲可能的了，而這另一信仰一直在威脅着它，那就是共產主義。

如果民主世界當初能够了解不能使一個在變化中的思想靜止不動，它必須勇往直前，否則即會後退；它必須擴展領域，否則即會敗於更有活力的勁敵，世界上哪還會有共產主義發生的機會呢？自從其誕生之時起，民主開始即是使全世界的人民走向新生活方式的誘導力：一個革命性的影響，一種刺激與鼓舞。在一個地方所會做的事在另一些地方也能做。民主所帶來的不只是希望，而且是有信心的期待(expectation)。期待不能實現時，私加利用的時機便成熟了。共產黨人明瞭這一點，並且乘機而入，竊取其利。民主向後退的地方，共產主義便挺身前進。我們更要注意，共產主義是假藉民主之名；提出民主所曾忽略的建議，佔取民主所曾忽略的地區。

毫無疑問的，共產黨的目的是普遍的。凡是民主國家未能注意到的一切，立刻爲共產黨所洞察，並且根據它而制定計劃，譬如說，在二十世紀之初，由於工業革命與後來技術方面的不斷改革，整個世界聯合成了一個單一的大社會，世界必須聯合在一起，這是自然的趨勢，共產黨把握住這一點，建議以獨裁的方式使之聯合，他們稱之爲無產階級專政。在美國，歷經兩次世界大戰，才朦朧不清地認識。必須以民主的國際主義來勝過共產黨的國際主義。

我們的確全力支持聯合國，並努力使其一部份目標成爲民主的；我們的確在制定普遍人權宣言中獲得成功；我們也的確從事救濟計劃，也設立了經濟重建的機構。這些措施都是對的。如果我們當時沒有這樣做，現在我們的目標早已喪失殆盡，除了全部亞洲外，歐洲大部份地區早已淪爲共產黨的奴隸。

我們能够完成這些事業，就是給我們信心的理由，自有史以來，這樣大規模的事情還是首次的嘗試。但是，我們的需要並不止於此。我們需要一個能像共產黨所有的那樣大、那樣明確、那樣現實、那樣充滿活力的目標。譬如，我們必須說明，我們所謂的「免於匱乏的自由」究竟是何所指。它不僅是美國把一部份生產品送給別人，而是根據實際可行的計劃來增加危機區域的生產力，這計劃要像共產黨的計劃一樣實際，但又同他們的計畫有重要的區別，同「免於匱乏的自由」一起，還有所有其他的自由。凡在生活水準提高的地方，共產主義便撤退。如果人們能够享受自由，又能豐衣足食，誰還願意受治於共產主義呢？如果我們能澈底了解這一點，我們就會發展一種比原子彈更有效，而是克里姆宮不敢仿造的武器。我們幫助人們「免於饑餓」，也幫助他們「免於暴政」——這是恢復他們對民主之信心與促使共產主義失敗的最需要的「激勵」。

至於其他的自由，很顯然地，只有民主才能供給他們。免於戰爭恐怖的自由也是如此。有很多人以爲共產主義統治如不受阻遏，至少會帶來和平。這種希望只是迷夢，只是幻覺。當年使斯達林反對托洛斯基而今又使他反對狄托，且造成無數整肅淸算與政治暗殺的原因會繼續有效的。克里姆宮不可能像統治俄國及其目前的附庸國那樣有效地緊緊控制着全世界的人，因此就會有個滿是無情競爭的時代，每個國家都有自己的獨裁者及無休止的陰謀，到必要的時候，彼此間發生戰爭。所有的有效武器都被利用，如神經毒氣、細菌、原子武器。克里姆宮的任何制度不可能帶來和平。只有民主——國際的民主，開明而非幽閉的制度，以討論爭辯而非以陰謀爲基礎，有交換知識的自由而不垂掛鐵幕——才能得到可信賴的協議、解除武裝與眞正的和平。民主能爲普遍的目的是必然的。

還有另一個理由使我們得到這一結論——一個苛刻嚴格而不允許有任何改變的結論。讓我們自問：克里姆宮對美國的企圖是甚麼？美國絕對沒有成爲共產國家的可能。當然，如果眞有這種可能，克里姆宮定會大爲驚訝。一個共產主義的美國力量太强了，克里姆宮不能與之爲敵，它可能從俄國的手中奪過領導權來。當然，如我所說，絕沒有這種可能，克里姆宮也知道。我們沒有一羣羣貧無立錐之地的農民，他們終日饑寒交迫，愛背叛作亂；我們沒有不安的好反抗的無產階級。總之，不論我們有甚麼缺點，它們都不能爲共產黨所利用以爆發革命。它們至多能被利用來爲克里姆宮製造些間諜、罷工者、宣傳家、和陰謀顚覆政府者。

這就使我們處於一種很有趣的情勢。我們不能置於蘇維埃制度的統治內，如果我們永遠在它的外邊，我們的存在便是蘇維埃統治的威脅。只要美國保持着生產力和力量，克里姆宮裏的人們就永遠坐臥不安，使他們不能確保其勝利。如果蘇維埃帝國內的一部份叛離了它，美國立刻去幫助那叛離者，如在南斯拉夫的情形。我們能發明一些非常確實非常有效的武器，這些武器使克里姆宮愕然吃驚。無論如何，對於被蘇俄壓迫奴役的人們，我們永遠保持着做爲一個希望的象徵。

因爲我們不能被拖進蘇維埃的制度中去，而留在外邊又是不能容忍的危險。克里姆宮對於美國只能有一個企圖：澈底摧毁。對於任何既不能吸取又不能共產主義化的國家，蘇俄只有採用這一手段。只有强力的民主國家都被摧毁之後，世界其餘部份才能共產主義化。因此，只要共產主義一天抱有控制全世界的目標，民主國家——尤其是美國——就要一天遭受毁滅的威脅。

蘇俄政府也許現在就帶着一絲勉强而沉思這一問題，正如一九二〇年左右的餓死幾百萬烏克蘭人，與目前使幾百萬人在奴工營裏工作到死。爲目的不擇手段，一切手段均被認爲是正當的。凡是認爲能有利於共產主義發展的任何手段都會被採用。屠殺無數人民與破壞工業以摧毁民主國家的手段，當然也會被視爲正當。既經破壞之後，幸免於死的人們被送往別的國家，被囚於奴工營中做苦工，他們的祖國便合併在蘇維埃歐亞聯邦中，由克里姆宮（牠希望）來發號施令。很明顯地，除非克里姆宮解體外，美國將不將會嚐到安全自由的滋味；其他任何民主國家也不能再獲得安全。克里姆宮怎麽會能解體呢？答案是：世界上——東方與西方——有足够的國家都成爲民主國家的時候。

除非克里姆宮瓦解，美國必須是執戈待戰的國家，必須面臨着一個一個的危機。如果這危機拖延得時間太久，我們就會發生問題：對於我們自己的民主，能够保持多少？沒有別的辦法，爲了美國及其民主盟友的生存，民主生活的方式必須擴大——不能再拖延。這並不是說西方國家的意見必須一致，或是東方必須仿效西方。民主是開明而非幽閉的制度，民主的類型能够花樣繁多。最重要的是民主原則打敗獨裁，不僅是以辯論或以戰爭，而是民主原則的應用與具體表現。除非民主在世界其他區域內獲有優勢，在目前的民主國家內便不會獲致安全。

我們必須了解這一情勢，並且開始行動，這是刻不容緩的。美國人知道，正如林肯一樣，民主是一個普及全人類的目的。林肯曾說，他必須拯救聯邦，並不僅是拯救聯邦自己，而是使「聯邦所賴以存在的原則」能够不死，他爲「人類未來的遠大前途」而拯救聯邦。那時的未來即是今天。時間已遲，許多機會早已錯過。但如我們不再拖延，立刻開始行動，則亡羊補牢，仍不爲晚。讓我們制定計劃以面對現實，使民主成爲自己的命運的主人。

註三：惠特曼爲美國民主詩人，「草葉集」作者。

註四：父親意象 (father-image) 係心理學上的名詞，其意義在文中解釋甚詳。

今日法國的激進社會黨

齊佑之

一

激進社會黨(Radical Socialiste)顧名思義一般人會把它看成左派政黨之一，正如它在法國國會中的席次被排列在左派中一樣，其實激進社會黨不但不像其名稱所標榜的那麼激進，而且甚缺少社會主義的色彩；它祇不過是一個擁護民主自由及共和政體的中間性政黨而已，它時而右傾，忽而又向左轉。例如該黨執行主席馬提諾得普拉 (Martinaud-Deplat) 及兪格(Emile Hugues) 等氏是難以和左派政治人士相提並論的，同時也更找不出理由把赫里歐 (Edouard Herriot) 列入右派人士中，或認爲達拉第(Edouard Daladier)是中間派人士。

激進社會黨創於一九〇一年，是法國目前政黨中年齡最老的一個。在組織方面該黨迄今還保持着十九世紀政黨的典型；黨內最高中樞由一些較有社會地位的人士組成，該黨不像社會黨及共產黨保有黨的主義及思想，亦非那種以領袖爲中心的法國戴高樂派。該黨黨員向無統計，這當然因爲黨中缺少組織的緣故，而該黨中並無黨員登記之類的手續；黨員入黨只須依照原則按期購買黨票就夠了。然而事實上黨員除在年會召開時爲了要出席大會抵制彼此間黨內的反對派而爭購黨票外，平時是很少有人按期購買黨票的。由此可見該黨組織的散漫及黨內派系的存在；激進社會黨遇事多生異見，行動難能一致。這種情形在每次黨的大會上及法國國會中均可看到，尤以法國最近國防秘密洩漏案表現的更爲眞確。諸如此類而生成黨內的離心力，這也就是目前該黨的特性。

激進社會黨並非一羣衆的政黨，初時尚自認代表中等產業階級，自社會黨出現後該黨發展範圍轉狹而成爲一保守派政黨，同時亦更較脫離羣衆而成一幹部組合的黨派；故而對黨員的個人事業及社會地位看得比較重要，這也正是該黨選擧時的資本。該黨實力於第二次世界大戰後會一度慘跌，今日在國會中僅維持有七六名議席，列於第六位(註一)。然而該黨在法國政治上的勢力並不因之低減，而往往發生擧足輕重的作用，且竟被稱之爲「內閣總理黨」。其理由因爲國會中的左右各派旗幟明顯，敵我分明，彼此間爭執過深，且於執政時又難能自行湊足法定多數(三一四票)來抵制敵派，所以時常須要激進社會黨出面爲之仲裁；又當激進社會黨出馬時，因其與左右各派都還拉得攏來，左右逢源，故而組閣的機會較他黨爲多。如葛儀 (Henri Queuille)、馬耶 (René Mayer)、佛爾(Edgar Faure)、馬利 (André Marie) 及目前內閣總理孟德斯法朗士 (Pierre Mendès-France) 都是第四共和激進社會黨組閣的風雲人物。

二

如果我們注意一下它的歷史及它在法國第二次世界大戰前的政治上的重要性，那麼今日的激進社會黨正值它的衰退期。筆者謹將一九三六年，一九四五——四六年及一九五一年三次選擧中激進社會黨選區的分佈，繪圖如下，以資參考。一九三六年該黨在法國境內四十一省中獲得百分之十五以上的選票，其主要實力分佈於西南部，Les Charentes，La Champagne 及巴黎盆地西部四區，每區中的選票平均超過百分之二十以上，如在 Landes 省的四名中選的議員中三名爲該黨黨員，Aude 省五名中佔四名，Charente 省五名中佔四名，Charente inférieure 省六名中佔四名，Aube 省四名中佔三名，Marne 省五名中佔三名，Eure 省六名中佔四名，Oise 省六名中佔四名，Loiret 省五名中佔三名，而在 Haute-Marne 省三名中選者皆爲激進社會黨黨籍。

一九四五——四六年大選時的激進社會黨僅把握住二十個選區(註二)，除法國西南部及巴黎盆地西部仍由該黨保持外；在 La Champagne 和 Les Charentes 兩區中僅獲得三名議席。一般說來是因爲選擧法改變的緣故。在一九三六年時，依舊的選擧區 (Scrutind'arrondissement) 方式，選民直接選擧其所擁護的人物，當選者以選票的絕對多數(過半數)而中選。戰後法國的選擧方法變更，依新的比例選擧法 (Scrutin à la Proportionnelle) 規定：①選民只投參加選擧的政黨的票，而各政黨候選人名單由各政黨決定之；②選擧結束後，按照各黨所得票數的比例分配各該黨應得的議員名額。這樣當然可以減除一些選擧的弊病，但也減低了選民對選擧的興趣。例如選民擁護的對象某氏，但在他所屬政黨的候選人名單上被列在最後一名，就是這政黨中選，其所能出任議員的數目當依名單上排列的次序來分配。假如這政黨分列兩名議席，而某氏名單中恰被排列於第三名時，某氏當不能中選，而這在選民看來該是不滿意的事。

然而這不能算是正確的理由。主要還是因爲激進社會黨在戰後已失去工業區的選民，它的擁護者在目前僅剩下一些小型工業、手工業、農商業及公務人員而已。

另一方面根據一九四五——四六年及一九五一年幾次選擧的結果，我們可以清晰的看出今日激進社會黨的實力完全依賴該黨有限的候選人的個人在各該選區的地方潛勢力的社會地位。例如：白勒 (Baylet) (Tarn-et-Garonne省)、達拉第(Edouard Daladier) (Vaucluse 省)、戴勒保 (Yves Delbos) (Dordogne省)、赫里歐 (Edouard Herriot) (Lyon 市)、馬松 (Masson) (Haute-Marne 省)、孟德斯法朗士 (Pierre Mendés-France) (Eure 省)、葛儀 (Henri Queuille) (Corrèze 省) 等。

三

在一九五一年六月的大選中激進社會黨贏得三十一省的選區，在國會中獲得七十六席議員(註三)。在三十一省中，僅二十一省是該黨一九三六年時的老選區；並且在 Rhon 地區雖，有該黨元老赫里歐氏的支持，其實力還是不斷的減縮中。其餘十省中如 Seine省、Alpes-Maritimes省等多爲黨中新起人士爭得的選區，這象徵着新勢力在黨中的膨脹，正如布爾諾斯姆努里(Bourgès-Maunoury)在西南部的 Haute-Garonne省中取代老派人士而得該區的熱烈支持。

近年來在激進社會黨中却有兩派，一是新派 (Néo-radical)，另一派是正統派 (Radical orthodoxe)。新派中爲首者有黨中執行主席馬提諾得普拉。毛利斯 (André Morice)、奧石 (Emile Roche)、馬利 (André Marie) 及北非黨員馬耶 (René Mayer)、布諾 (Henri Borgeaud) 和一些半途出家的如巴黎市長拉飛 (Bernard Lafay)、達威 (Jean-Paul David—Seine et Oise 省議員)、拉法格 (Laffague—Seine 省議員)、兪格 (Emile Hugues—Alpes-Maritimes 省議員) 等，其政治較溫和，主張與人民共和黨 (M. R. P.) 及溫和派 (Modérés)(註四) 等右派及中間偏右的政黨合作，在外交方面接近美國的觀點，該派人士均爲前歐洲聯防條約的支持者；在內政方面馬提諾得普拉久任內政部長，兩派意見出入較小。另一方面新派人士也就是目前反對政府派的中堅份子。

正統派以達拉第、白勒等爲首，其選區雖較新派爲廣，但在黨中的勢力却讓新派人士爭先。正統派的政治主張較爲激進，故以「獨立政治」自相標榜；兩派人士雖同時反對法國共產黨的擴張，但在外交方面正統派是反對德國建軍的。達拉第一直大聲疾呼阻止西德的重整軍備，他主張與蘇俄及東方國家直接談判來解決今日懸而未決的國際問題。

黨內兩派政見的異同，使雙方的摩擦很甚，這事在本年十月馬賽召開的激進社會黨第四十九屆大會中雙方爲了爭奪執行主席的位置表現的非常激烈。結果馬提諾得普拉以七四六票對六八九票擊敗了達拉第氏，得連任黨的執行主席，但達氏並未因此而灰心。相反的達氏因有將近七百票的勢力而更不甘示弱。這位戰前的內閣總理時稱今日法國的不振，實因國內政黨的散漫而給予共產黨一個發展的良機。那麼今天我們要看達氏的表現，如何使激進社會黨內部團結起來。

一九三六年選区分佈

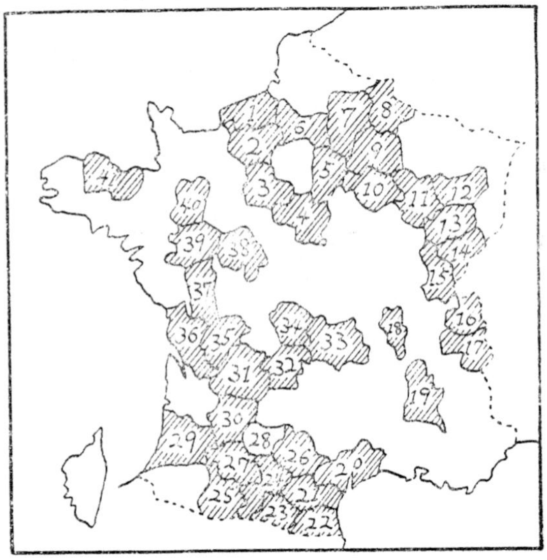

一九四五～一四六年選区分佈

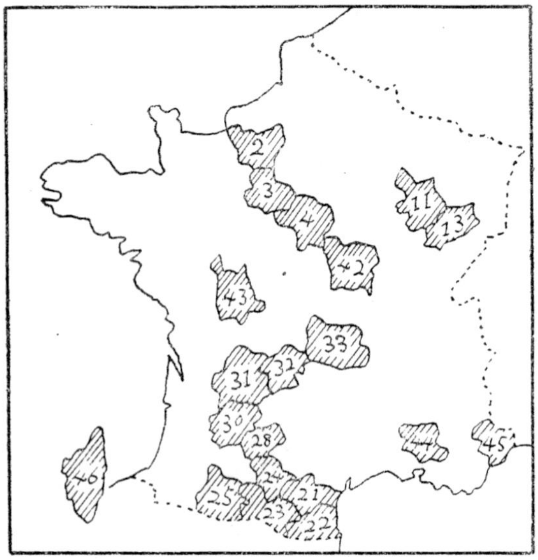

一九五一年選区分佈

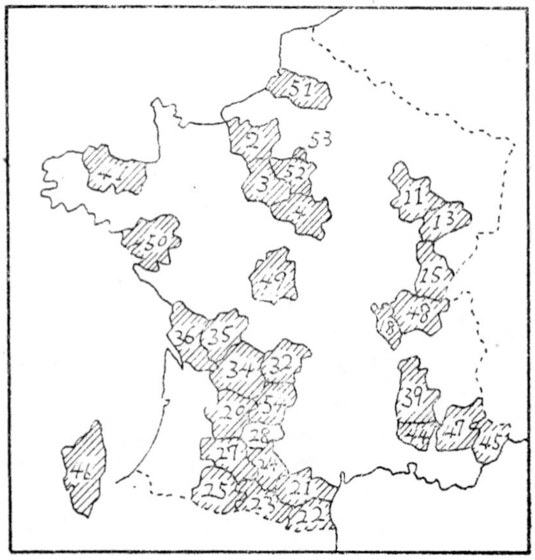

1. Seine inférieure
2. Eure
3. Eure et Loire
4. Loiret
5. Scine et Marne
6. Oise
7. Aisne
8. Ardénne
9. Marne
10. Aube
11. Haute Marne
12. Vosges
13. Haute Saône
14. Doubs
15. Jura
16. Haute Savoie
17. Savoie
18. Rhône
19. Drôme
20. Hérault
21. Aude
22. Pyrenées Orientales
23. Ariége
24. Haute Garonne
25. Hautes Pyrénnées
26. Tarn
27. Gers
28. Tarn et Gàronne
29. Landes
30. Lot et Garonne
31. Dordogne
32. Corréze
33. Puy de Dôme
34. Creuse
35. Charente
36. Charente inféricur
37. Deuy Sévres
38. Indre et Loire
39. Maine et Loire
40. Mayenne
41. Côtes du Nord
42. Niévre
43. Viehne
44. Vaucluse
45. Alpes Maritimes
46, Corse
47. Basses Alpes
48. Ain
49. Indre
50. Loire inférieure
51. Somme
52. Seine et Oise
53. Raris (Seine)
54. Lot

馬來通訊

邁進中的南洋大學

嚴賜賀

幾百年來，在有近千萬華人的南洋，一切教育的設施，都由各地政府自行其是。惟對於華僑教育，向由華僑自身，慘淡經營，雖横遭各種歧視與壓迫，但華僑們爲保存中華民族數千年來傳統的優秀文化，仍竭力不懈，與各種惡勢力相對抗，遂有今日華僑仍能屹然保持其固有的德性與精神底光輝成果。

但過去，因僑生回國升學的利便，及祖國政府對高等教育機關的重視與認眞，雖不免間有不盡妥善處，然終究是造就專門人才的專門機構，足饜學子求知之慾，所以南洋華僑教育，也只辦到中等教育爲止。然而自從紅禍蔓延整個我神州大陸後，一切完全改觀，盡棄我固有文化於不顧。於是陳六使先生在去年，爲了保存中華文化的要旨，亦爲便利僑生升學計，同時也爲當地造就人才，繁榮當地市場，促進當地進步等目的，創議由我華僑自力倡辦大學一所。由於陳六使先生的資望與財力，登高一呼，萬山響應。南洋各地，不論上下貧富，無不竭盡力量，予以支持，其中尤以三輪車夫之義踏，出租汽車車夫之義駛，各種商店之義賣，最爲動人。這些人中，不僅華人，連印人、馬來人也都有參加。他們這種犧牲一己之維生薄利而參加興學的大義，正足以表示我中華文化之優越。然而據陳六使先生稱：現在已捐得之數目，若以華人人口爲比例，在新加坡者，每人不過七八角，而在馬來聯邦者有的不過二三角，有的不過一二角，更有的不過幾分。尤其是一些擁有祖上巨大遺產之華僑，竟一毛不拔者頗多，與林語堂博士計劃之二千萬元，相距尚遠。這話也是實情。

根據南大執委會之報告，迄今爲止，認捐者固已約達千萬元，但實收到者僅二百四十八萬九千零四元八角六分。除掉行政費一萬零六百八十七元，搬家津貼（指林博士等由美來星等津貼）一千九百零八元四角一分，及其旅費津貼六百五十元三角九分，及其他開支共十一萬五千七百零一元六角六分外，尚存二百三十七萬三千三百零三元二角正。這筆實收欵項中，陳六使捐出五十萬零二百元，似乎已不少，但這與他從前所說獨捐總數之半的諾言，又似乎不符，當然，他往後還要繼續捐出的啦。

南大執委會的主席當然如所週知是陳六使先生，而財政就是現任商會會長的高德根先生，建築主任是柯進來先生，這些先生與陳六使先生素有深厚的友誼，是志同道合的老友。

南大的校址在離市區十餘哩的裕廊。這塊荒地將矗起南洋華人惟一大學的輝煌雄偉的校舍。據陳先生宣稱：「南大建校工程目前已大規模興建，預料明年底即可全部落成，建築中之圖書館，文學院，校門，校長寓邸，院長敎授住宅，男女學生宿舍，共佔地數十萬方呎，足容三五千名學生之用，連運動場、校道、水火等設備之建築費將不超過叻幣（即星馬法幣）三百萬元。……相信南大三百萬元之建築物，可與他校一千萬元之建築物互相媲美。」又稱：「南大文理商三學院之圖書儀器，目前已進行購置，購置之標準，具以現代化爲原則，對於圖書則盡量充實。……故預算圖書和儀器二項之購置費將不超過叻幣一百萬元。」但這預算似乎與校長林語堂博士所稱第一期建校費爲一千萬元，第一年經費及基金一千萬元之計劃，相差又很遠。若此，則林博士在倫敦對馬留學生所作「有關南洋大學之敎授至學校設備等之一切事物，將爲最優者」之保證，不知又將如何實現。

南大校長人選，經過了相當時日，碰了一兩次壁，最後，才決定派連瀛洲氏親往美國禮聘林語堂博士擔任。消息傳來，大家都頗感興奮。但自林博士第一封信製版在報章上發表後，因爲末後署着中華民國某年某月字樣，即爲一般奉行所謂「公曆」的維護中華文化分子所不滿。於是左傾報紙不時就刊載着對林博士冷諷熱嘲的文字。孰知在林博士離美來星前夕，八月十一日在紐約敎育記者與書評家爲他餞別的午餐會上，發表一篇談話。大意說：他主持的南大將成爲亞洲非共人士之自由思想前哨。並對反共

四

除了正統派與新派外，黨中還有一些中間人士。他們正似該黨在法國政治上一樣、時左時右的調劑着兩派的勢力。自孟德斯法朗士出任內閣迄今，使黨內中間份子聲勢大振，同時孟氏在黨內的地位也大大抬高，竟與名譽主席赫里歐齊名，成爲激進社會黨的第二個偶像。甚至一般人稱這次馬賽大會爲「孟德斯」大會，並將該黨的前途寄托於孟氏身上。戰後激進社會黨一再不振，爲該黨着想，我們也希望孟氏能完成黨內的新陳代謝。然而孟氏六月登臺內閣總理，即以大刀濶斧，蠻殺蠻幹；但今日爲了北非問題及國內的財經及社會諸問題亦弄得焦頭爛額。他一向想爭取社會黨入閣來加强政府的穩固性，然而所得的回答是社會黨非正式的拒絕。爲了這些，恐怕孟氏自美國返巴黎後還得提出一次信任投票案來推行他的政策。

一九五四年十一月十九日

（註一） 在國會中六二六席議員中，前戴高爾派與戴高爾脫黨派共佔一〇六席，位居第一；社會黨擁有一〇五席，名列第二；獨立共和，農民獨立及農民三黨合組的溫和派(Modérés)佔一〇三席，名列第三；共產黨九十五席，再加入其附着份子進步黨四席共九十九席，名列第四；人民共和黨有八十六席，名列第五。

（註二） 此次選舉，激進社會黨以與民主社會抗敵同盟 (U. D. S. R.) 合組的左翼共和同盟 (Rassemblement des Gauches Républicains) 出名競選。

（註三） 一九四六年選舉後激進社會黨與民主社會抗敵同盟一幷共有六十席議員。

（註四） 包括獨立共和黨 (Républicains Indépendants)、農民獨立黨 (Indépendants paysans) 及農民黨(Paysans)三黨。

抗俄之戰略有所闡述。這談話，由合衆社傳來，經八月十三日此間各華文報予以顯著地位刊載後，於是一般自命前進之徒，羣起嘩然。接着八月十七日陳六使特別招待記者，發表談話謂：

「余信該消息之內容（指十三日刊載之談話），未甚確切。頃接林校長十四日由紐約發來電報所述，渠於紐約閱悉報章所載之談話內容，甚多乃屬錯誤及不正確者。林校長對此將有長函詳告。余希望關心南大之人士，幸勿多所議論，蓋南大之立場及宗旨，吾人早經決定矣。」

在詳細閱讀上段談話及以後至今之情形，吾人不禁有幾點懷疑：

一、談話之開端就自稱：「余深信……未甚確切。」在沒有接到林氏之電報前，怎麼可以說：「余深信」云云？

二、該消息爲十三日發表，而該談話說林氏「於紐約閱悉報章所載：：」而在十四日來電云云。不知此報章如何傳去？竟如此之迅速？

三、該談話說：「林校長對此將有長函詳告」。但迄今林氏已抵星州，仍未見對此之長函發表。

因此有人說：這談話根本是揑造的，壓根兒就沒有來電這回事。而且證於路透社八月三十日自倫敦來電，記林氏該晚在馬來亞大廈學生會議中致詞稱：渠乃因欲保存中國學術思想之光輝，而接收此職。中國學術思想之光輝現正在其發源地——中國大陸——被消滅中」一語，更知林氏在紐約之談話爲不謬。

於是，接着來的是對林氏的更多抨擊！

八月二十九日星洲各報也就刊載出以所謂「一九五三年度全星華文中學畢業班爲南大籌募基金遊藝會籌委會」的名義發表底「我們重申對南大的希望」一文，强辨林氏之談話爲非是。內容且不管它。但最奇怪的是發表這篇文字的名義，因爲一九五三年度全星華文中學畢業班爲南大籌募基金遊藝會開過已數月了，怎麼還有「籌委會」的存在？其中蹊蹺，可想而知。

由此，更有一種傳說，說陳嘉庚曾給一封信與陳六使，申斥他請林博士來當南大校長，等於不辦南洋大學！

現在林博士，林夫人，二女公子，快壻，外甥一羣人已於十月二日抵星了。林博士抵星後，眞是忙碌異常，拜會總督，招待記者，發表談話。甚至忙得連雙十國慶紀念日也無法分身參加，因爲那天正參加龍溪會館的歡迎會哩！林氏抵星後第一篇書面談話在第二天發表出來。他說他之所以接受校長一是緣分，一是興趣。所謂緣分就是：「鄙人籍隸華南，誼關桑梓。」「至於辦南大之主旨方針及制度組織問題甚多，弟認爲須與當地情形配合，且須與各位僑領商討請教。」林博士到星洲不到二十四小時，所發表的談話，就已經好像是老南洋的了。够「幽默」！林博士現寓在星洲高等住宅區一所洋樓內，南大臨時辦公處離寓所也很近。

再說到南大院長教授人選，據正式公佈的有文學院院長熊式一，已於十月十八日抵星。理工學院院長胡博淵，商學院院長伍啓元，秘書林國榮，教授黎明（林氏之壻），女教授劉英舜，韓素英等。這些人士多是美國留學生。又據說中國文學系主任爲徐訏。其他未公佈者尙多。據林氏說在他經歐來星時，沿途也聘請了些洋教授，不過都還沒有來。

關於南大興辦與施政大計，須待至十一月八日召開之三院長會議來商討決定。我們且拭目以待吧！這重任確加在林博士的肩上，看他能否排除萬難，以實現其抱負？

對於南洋大學的創辦，無可懷疑的是凡屬華人都應支持擁護。但這其中許多複雜而微妙的關係，確有許多難題擺在面前。這次克難隊不遠千里而來爲南大籌欵，正表示自由中國對南大的愛護與關懷，給僑胞們一種極好的認識。但願這種關係應更加緊，更密切，以促使南大能成爲近千萬的華人在南洋的一所眞正的保存兼發揚中華固有文化的最高學府，自由思想的前哨，民族精神的堡壘！

編者按：本文於十一月初卽已寄到，排印以後，因稿件擁擠，連續延擱兩期，至本期始克登出，應向作者致歉。

代郵

余直先生：來示拜悉。覆函寄何處？乞示。

自由中國編輯部啓

長篇連載

幾番風雨（續完）

孟瑤

二十九

小薇有半個月沒有來上班了。丹楓出走的消息，貫一當天已經知道，開始，他有一點得意，他想，丹楓從他手裏把小薇搶了去，結果還是不得不讓出來；繼而一想，如今的小薇應該是屬於自己的了，他的情緒反而無端地複雜起來。譬如一個渴望多年的東西一樣，現在居然重價購得，摩挲把玩，便能看出它的缺點太多，不如自己羨慕的時候那樣精美了。她老了，雖然美麗，經過化裝，也只能夠保持一個徐娘風韻，哪裏有十幾年前，她中學畢業在臺上表演「宇宙鋒」時的艷麗？自己所愛的似乎是那個時候的小薇哩！而且她似乎不能再生孩子了，不僅不能生，而且再嫁的時候還得「順帶公文一角」來一個拖油瓶！再說，她父親的那點政治關係，幾經變化早已蕩然無存，而且如今自己混得不坏，就是有那麼一點，又何足道哉？何況她更一再地强調愛情至上，主張三五良朋，促膝聊天，就能放棄轟轟烈烈的事業去尋詩吟咏嗎？……想到這裏，貫一獨自大笑起來。

當然，小薇的長處，一樣地在打擾他，她的聰明伶俐，她的大家風範，她的能幹有才，還有那一份對自己的癡情熱戀，也着實的引誘着他，但是天涯何處無芳草？以自己現在的地位再找一個比她强十倍的女人，也不是辦不到呀！貫一他是太自滿於自己的這一份成就了，洋房，汽車，錢財，這一切可以招致美麗女人的東西，他都不缺少。

「既然這樣，我今後該怎麼辦呢？」他在室內獨自碟躞地問着自己。

「克制，克制！」他又這樣驕傲地回答着：「我的意志向來能夠支配我的生活，忘掉過去的一切，靜待她的表示如何！」

於是，他每天安靜的上班，安靜得就好像從來沒有認識過小薇一樣，於是，這半月來當小薇浸蝕於憂患幾乎沉溺不起的時候，他竟連一份慰問的工作都吝惜去做。雖然小薇的一顰一笑，還不時地在打攪着他，但他却努力地克制着。

這天，他下班回來不久，却被一個人做了一個意外的拜訪，那個人便是由前線歸來的胡令德。

他非常高興而熱情地來迎接這位賢侄。他由臥室到客廳，見面第一句話就是：「你又回來了？眞是閒雲野鶴般的生活，怎麼，這次前線歸來，所見必多？」

「湘桂撤退，我和一部份軍隊退下來的！」令德這樣說。

他從前線歸來，戰爭使得他更沉默，更蒼老，也更深刻，他看見了人類中最尖銳的矛盾，有獸性的粗獷，有神性的仁慈；有破壞的欲念，有救世的襟懷；用最殘酷的戰爭來追求崇高和平的遠景！他看見多少勇敢的朋友一個個倒了下去，也看見多少年費盡心血的建設毫不容情地毀於一旦……他靜靜地觀察，這使他在文學方面的趣味逐漸轉向於哲學。他更愛思索，更顯沉默，他的襟懷也更顯悲憫！他對於那些在炮火中受盡創傷的人，具有深厚的同情，他把所有的時間都交出來爲傷兵服務，替他們寫家信，寫情書，他的生活圈子更擴大，他忘掉自身憂樂，而以他所接觸的朋友們的憂樂爲憂樂了。湘桂撤退，他又輾轉回到這畸形繁榮的陪都，一方面一同撤回需要他幫助慰問的官兵很多；另一方面，不知爲什麼，他有一種直覺，他認爲小薇魔障重重，有機會他不應該不去加以引援！但小薇近況如何，他無法知道，於是他放下行李，就到貫一處來。

「你從前線回來，依你的看法，這回戰爭會拖好久？」貫一比較關切地。

「很難說！」令德這樣回答：「不過，有一點是絕對可以擔保的，那就是決不會中途妥協，哪怕戰至一兵一卒！」

「那當然，」貫一說：「所以我們也可以說，戰爭在短期內是不會停止的！」

「也許是！」

「那麼，你現在回來，個人有什麼打算呢？」

「依然爲報社編個副刊，以謀升斗之資。」

「還寫小說嗎？」

「沒有，我覺得在小我的圈子裏兜來兜去，有點無聊！」

「哦？」貫一看了看他：「那你很淸閒了？」

「我現在把整個剩餘的時間，都送到傷兵醫院了！」

「你眞了不起，完全由一位小說家，變成一位摩頂放踵的墨家了！」說完，貫一又縱聲大笑。

「恐怕高攀不上！」令德赧顏而沉思地。半晌，他才又望了一望他的叔父問：「何小薇還在您這兒工作嗎？」

「還在，」提起小薇，貫一顯得有點不自然，他捧起桌邊的茶，喝了一口，才又說：「她最近遭了一點小的不如意，沒有來上班！」

「是什麼事？」令德關切地。

「她那結婚未及一年的丈夫，忽然不辭而行了！」貫一淡淡地一笑說。

「她結了婚？」令德有點意外，又問：「丈夫爲什麼會走？」

「也許是憤而出走吧？」貫一像一點也不知其詳地說，停了一會，又望望令德：「何小姐這個人，聰明是極聰明，能幹也是極能幹，就是……在私生活方面任性一點！」

令德似乎在想什麼，沒有開口。

「我最近特別忙，」貫一的態度逐漸自然，才像十分關切似地說：「所以沒有空去看她，你要得閒，不防多去安慰安慰她，休息幾天，也該來上班了！」

從貫一處得到小薇的近址，令德當晚便直奔小薇處來。

這拜訪對小薇說也是意外的，兩人客廳相見，彼此都大爲一驚，小薇看見令德兩鬢微斑，竟然那樣蒼老了，令德也覺得小薇滿臉遍佈着中年婦人的淡淡哀愁。大家相視一怔，半天都說不出話來，還是令德看看屋子的陳設說：「幾年不見，你眞的賺回了比你失去的還多！」

「你怎麼突然回來了呀？」

「湘桂撤退的事，你不知道嗎？」

「好像聽說！」小薇淡淡地。

「這樣大的事，你只是聽說？」

「唉，別提這些了！」小薇坐下來，用手摸着頭，皺了一皺眉說：「我自己闖的禍，已經收拾不了了！你看，丈夫跑了，孩子不齒我！」

「孩子？」令德覺得奇怪地。

「就是廬山的那一位！」小薇解釋着：「如今人大心大，小學快畢業了，居然學會了駡我！」

「不過，小薇，」令德愷切地說：「現在正是孩子接受家庭 教育的時候，你不應放棄機會 教育她！」

「用不着我，她永遠在學校裏考第一！」

「考第一沒有用，她還需要家庭教育，小薇，發財的夢你可不必作了，你應該趁這個時候退出來，否則必會自食其果。到頭來一場空，你受不了這打擊。」

「笑話！」小薇冷冷地說：「你以爲我沒有見過市面呢，別說在錢方面我不再患得患失，如今的小薇，多大的風浪也有本事挺過去。」

「怎麼，你方才說還有丈夫……？」

「現在也不辭而行了！」

「那是爲什麼？」

「說來話長，當然錯誤在我，總之，我這個人一生算是受盡了感情的愚弄。」

「到底是怎麼回事？」

小薇聽見令德這樣關心地問，不覺凝注他半晌才說：「我本來不打算告訴你這件事，不過我從來沒有對你隱瞞甚麼，再說，這件事你遲早總會知道的……」終於，她猶豫一會便把近日與貫一感情親蜜的事，整個說了出來。

令德聽完了這段敍述，心臟突然收縮，混身冒出冷汗，倒並不是因爲小薇與貫一發生的這份愛情使他難堪，而是他在奇怪，爲什麼方才貫一談到小薇的時候，會是完全置身事外，裝出一份聖人的臉嘴？假若他對小薇眞心，又不願意外人知道，也不必那麼無情地批評小薇私生活任性呀！因此，他斷定貫一那一方面將有問題。果然，則小薇未來所要受的一個打擊，將不是飽經憂患的她，所能忍受的了。

「你看，」小薇又接下去說：「我很矛盾，本來丹楓一走，這些複雜的關係立刻簡化，我與貫一的問題就好解決得多，但是，我却希望他回來。其實，他回來了，我一樣還多嫌他，這就是一個罪犯的矛盾心理，反正無論怎樣也減輕不了心靈的沉重。今後我永遠不會過輕鬆的日子，不管是丹楓忽然又回來了，或者是永遠失踪！」

令德看小薇對貫一那一方面的希望抱得太大，幾乎想點醒她，却又眞覺不忍，終於說：「這件事，你也不必着急，且等待它的自然變化吧，倒是上班的事，不能拖得太久，休息兩天去走走，心裏也許可以痛快些。」

對於這件事，令德可幫忙處太少，他只有靜待變化，到需要他的時候再來盡力；不過，因此他非常後悔，不應該把小薇介紹給他叔父，因而使她在感情上或將再受一次打擊；同時，他對貫一的爲人，至此而鄙夷至極，好不容易混到這個地位，不去爲國爲民，却專心渾水摸魚，富貴榮華，醇酒美人……令德衷心地腹誹其人。

他的情緒很亂，聊天不久，即告辭出來。

令德走後，小薇忽然被提醒一件事，那就是胡貫一。爲什麼這半月中他一點表示都沒有呢？那怕是長官對於僚屬必須有的形式上的慰問？又在「計劃」更好的步驟嗎？還是事到臨頭想端一端？他沉默得好厲害呀！想到這些，小薇非常焦躁地說：「明天該去了，看個究竟！」

第二天，她起得很早，淡施脂粉，便向辦公地點而來。

她推開門，貫一已經坐在那裏，見面以後，四目相視，久久無言，彼此都有着久別重逢的感覺。

她靜靜地在自己位子上坐了下來，起始，兩人都沉默地辦着公，許久許久，貫一連公事上的商討機會都沒有給她，這倒使小薇大大地感到意外。一直到中午下班的時候，貫一穿好外衣從她身前走過，於是她立刻抓住機會說：「我想到你家說句話。」

「頂好不要來！」貫一說完便出去了。

小薇眞差一點沒有氣昏過去，她立刻敏感到兩個人的關係將有新轉變，不過，無論怎樣變化總是要弄一個水落石出的，不來你家也可以，反正晚上有一個應酬，怕你還擺出那付處長的面孔？

小薇等待着，切盼晚上的來臨。

他倆各自向邀宴的地址走去，席間，貫一不但沒有與小薇多說話，而且不待終席，即以另有約會而告辭先行。小薇這一次算眞正明白他的態度了。她確知他晚上沒有應酬，現在的提前先行，完全是規避自己！小薇會被別人厭棄嗎？這對她倒又是一份新經驗，新感情。她的驕傲受傷了，混身受着無法容忍的侮辱。但，她是驕傲的，爲了掩飾內心淒惻，她不得不裝出比平常更多的高興，她周旋於賓友之間，飲酒，取樂，像一切淺薄女人樣，追求着眼前狂歡。席散以後，許多人又忙於豪賭，在醺醉中，小薇沒法再壓抑那快泛濫的悲哀，而欲告辭離去時，忽然一個瘦高的，打大紅領帶，穿藏青西服的人從她面前掠過，她一把拉住他說：「丹楓，你在這裏？」

「誰，哦，是何小姐！」那個人奇怪地望着她。

「對不起，我看錯了！」她向那人道歉地一鞠躬。

「何小姐醉了嗎？要不要我送你回家？」

「沒有，我沒有醉！」小薇向那人揮揮手說：「你去忙賭博發財吧！」

她向主人告辭出來，心裏更加難堪，她又想起了丹楓，爲了貫一，她曾給丹楓無數次的難堪，於今，丹楓走了，該輪到她來接受貫一的難堪了。

「公平，公平，公平之至！」她這樣告訴自己，却忍不住哭了起來，她獨自徜徉在街頭，不願回家，情緒上大有「心怯空房不忍歸」的滋味，丹楓走了，那所大房子空得多可怕啊！她忘不了每次醉酒回家的時候，丹楓有耐心地爲她解衣脫鞋，送茶遞水，如今呢，一切都是冷清清地。她深深地嘆了一口氣，感情奇怪地複雜起來，對於丹楓由嫌惡變成追戀；對於貫一則是愛，是恨，是想趕走他，也眞想把他抓回將心剖開來看一看。

想到這裏，她的踉蹌步伐，不覺移向貫一的寓所來，在這個家庭，她的地位足可穿堂入室，當她走了進去的時候，貫一正在書房的桌前看一本書，懷裏抱着那隻小雪花，環境安靜極了，滴達的鐘聲一下下地送了過來，貫一正輕輕地翻過一頁書。

「貫一！」小薇忍不住喊了一聲。

「誰？」貫一感到意外地放下貓，看見是小薇就說：「怎麼這樣晚還不回家？」

「你爲什麼這樣早就回來？」

「買不好，想休息休息！」

「連陪陪我都是多餘的嗎？」小薇走到貫一面前，相當嚴厲地問：「你今天爲什麼不許我上你這兒來？」

「人言可畏啊！」貫一伸了一伸手。

「怕什麼？」

「人家還不會說，是我把你們那位逼跑了的嗎？現在已經鬧得滿城風雨了。」

「你是覺得你對這件事一點責任都沒有嗎？」

「當然有，當然有，」貫一看見小薇的醉態，小薇的憤怒，不得不用綏撫政策，便笑着說：「我負完全責任，但是，你知道小不忍則亂大謀，而且幸福的大廈，不能建築在鬆濕的沙灘上呀！」他又拿起小薇的手，輕輕地吻着說：「紅袖添香，素手濃墨的艷福誰不想要？不過，目前時機並未成熟，你有許多問題，並未解決呀！」

「我的問題？」小薇奇怪地：「什麼問題？」

「你看，第一！」貫一伸出一個手指，慢條斯理地：「你的孩子怎麼處置？第二，趙丹楓至今只是失踪，你與他的婚姻關係依然存在，你與他之間的問題都沒有解決，怎麼反而覺得我有什麼不對的地方呢？……」

這就够了，貫一這些看似平和而實寡情的話，像毒針似的，一一刺中了她，她怔了半天，看見座鐘也在對她嘲諷，小雪花在脚下冷笑着，她氣得用力踢開小貓，便飛也似的跑出去了。

貫一有點不忍地想拉她一把，但小雪花被踢得尖銳地叫着，於是他便蹲下身去，把貓抱到懷裏輕輕地撫摸着，室內靜靜的，夜很沉默，小雪花抬頭對他慢慢的叫着，似在爲小薇抗議着他的殘酷。

「這種女人沒有什麼意思，難對付，又老了，又太驕傲，你看吧，就這幾句話，她就再也不會來麻煩我了！」

他深深地嘆了一口氣，貓不由得對他喵唔了一聲，於是，他輕拍着牠，又把桌旁杯子裏的牛奶倒了一點在碟子裏，讓牠去靜靜地舐着，他一面摩挲着牠的毛，一面又親切地對牠說：「能築金屋，就能藏嬌，這是沒有什麼稀奇的，是不是？」

小雪花抬起頭，雙目灼灼地望着他。

三十

小薇從貫一處出來，在昏天黑地中，她回了家，本來，她已有醉意，再加上這可以粉碎她的打擊，使她完全喪失了理智，倒在床上，便縱聲大哭起來，阿梅見她神色不對，又不敢勸慰，逡巡半天，爲她放下帳子，便出去了。

最近的一串日子，實在詭譎變化如秋雲，丹楓的影子始終遮蔽掉她心靈上的陽光，使她從此失去生命的春天；如今，貫一又無情地以一片語言所編成的棘杖，更鞭笞得她無一處不是血痕斑斕。

午夜過後，環境岑寂得可怕，月色偷偷地爬過窗櫺，一片清輝，洒到小薇的床上，使她不自覺地從床上起來，走到窗前，對月長吁，這情調使她更覺寂寞，她立刻開開室內的燈，把月光驅逐出去，獨自依然百無聊賴，她不自覺走到小几前拿起一隻香煙點燃來抽，吸一口又把它吐出來，煙圈冉冉上升，那凌雜的思想，也跟着它逐漸飛騰，這使她想起在荒煙蔓草中孤塚長眠的又飛，又想起生死莫卜、不知寄跡何處的丹楓，更想起一生爲她憂慮、臨終不得慰藉的慈母……小薇心中更覺不得寧靜，於是，她捻滅煙蒂，從沙發上急躁地跳了起來，跑到梳妝臺的鏡子前，仔細地端詳起自己來，那醉後蒼白的臉，那哭後浮腫的眼皮，那失眠後充血的眸子，那蓬鬆的頭髮，那皺摺的衣衫……

「我這樣難看嗎？」她難堪地再向前一步，把臉更對鏡子靠近了一些，她却又看見那皮膚上粗大的毛孔，眼後明顯的皺紋，她忽然驚叫一聲說：「老了！眞老了！」

這對她眞是一個新思想，她曾覺悲哀，感傷，難堪，厭恨，寂寞，疲倦……却從來沒有想到老，如今一顧之間，才發現自己竟然這樣蒼老了。

「無怪貫一要打退堂鼓呢！」小薇說：「誰願意和老太婆在一起？不過，我起碼比他年青二十歲，他比我更老得太多了，我發現他老，我憐惜他，我希望他有一個溫暖的家，我把他比做楊小樓唱完了打武戲上後臺，由我來小心翼翼地扶住他，我想到他老了以後步履艱難，我來替他照顧衣食……他呢？他對於我這一點無可挽回的悲哀，恐怕早想在別個年青女孩子身上去求得補償了……與這樣一個人在一起又有什麼意思？只是我恨他，這樣快地破壞了我美的意象。」

想着想着，小薇眞有點心灰意冷。在生活中，她最傾慕愛情，但是，幾番接觸它竟是如此虛幻，短暫，而且不可把握的東西，這使她悵然若失。也因此能逐漸安靜下來。於是，又和衣倒在床上睡了。

第二天她有點禁受不住這兩個連得太近的大打擊（丹楓的失踪與貫一的變情）而病倒了，病是不重，只覺頭疼心膈，四肢疲乏而已，因此她便趁此臥床不起，足足地休息了三天，連房門都懶得出一步。

阿梅一直小心地侍候着她。

第四天的中午，阿梅又悄悄地走進來，到小薇的床前笑着問：「午飯好了，今天可以出去吃吧？」

「又吃午飯？」對於時間的流逝，她更感到怵目驚心，想了一會，終於說：「就在床上吃吧！你跟我拿點酒來。」

「早上你什麼也沒吃，却空着肚皮喝酒？」阿梅溫和地提醒她。

「怕什麼？」小薇望了她一眼說：「你以爲小姐還是十幾年前的小姐呢！禁不起風吹雨打？」

阿梅還想說什麼，但却覺得不會拗得過她，便只好默然退出，一會她把飯菜端來，並送來一瓶法國葡萄酒。

「爲什麼拿葡萄酒？」小薇說，却同時舉起那酒瓶，這鮮紅的顏色，引起了她的興緻，於是又接着說：「好，留下吧！難得它這麼鮮紅透明，我沒有看見過一個人的心是這樣美麗的！」

她似乎爲自己嘆了一口氣，然後，拿起筷子夾了一塊滷肝放到嘴裏，嚼起來像木渣似的難於下嚥，她知道是因爲病與失眠的關係。她只好放下筷子端起酒杯，把那新斟滿的酒喝個罄盡。她覺得酒很甜，比方才的菜要好吃得多，於是，她又接二連三地把那瓶酒都喝乾了。這酒力很溫和，但對於一個不會喝酒的人也很有力量，她醺醺然地覺得很舒服，便倒在床上睡了，按了床頭的電鈴，一會阿梅進來，她便叫把這小桌端走。

「小姐沒有吃飯？」

小薇只淡淡地笑笑。

「也沒吃菜？」

「就是喝了酒！」小薇笑着說：「這酒眞好！」

阿梅看見一瓶酒都沒有了，眞萬分後悔不該拿來這樣多，於是又問：「小姐又睡嗎？」

「當然睡呀！不睡幹麼？」

借着酒的力量，小薇泰然睡去。

就在小薇愁醉不醒的時候，中日戰局，却發生了大的新變化，美國的原子彈投向長崎、廣島，將近黃昏，日本正式無條件投降的消息已經傳遍陪都。山城幾乎被這一個消息興奮得爆炸了！大家都爲未來的和平遠景而狂歡，大家都爲這一戰能變成四强之一而發瘋。這一個沉靜，憂鬱的民族，幾曾像孩子似的叫嘯過？但，如今却眞的這樣叫嘯了！大家都笑得流下了眼淚，但，抹去了眼淚以後再笑。

這一切的狂歡，沒有驚醒醉夢中的小薇，她依然酣睡沉沉。

入夜很久了，小薇還沒有起來，阿梅進來喊她幾次，小薇只答應一下，翻個身，便又睡了，這使阿梅不知該怎麼辦好。正在爲難，忽然令德來訪，於是阿梅才又進去對小薇的耳邊說：「胡先生來了，找你有要緊的事！」

「誰？胡先生？」小薇立刻驚醒得坐起來。淸楚了神志，才又說：「叫他等着，我就來！」

小薇從床上起來，因爲酒後睡得太久，顯得腦筋昏昏的，先去洗臉室，洗了一個冷水臉，才走出來。

「你怎麼白天睡覺？」

「喝了酒，醉了！」小薇坐下來，扶着頭說。

「小薇，」令德關切地：「我告訴你一個消息，你別着急。」

「什麼呀？」

「日本投降了！」

「這豈不是大喜事嗎？我急什麼？」

「是的，是大喜事，今天所有的人都瘋了！不過，小薇，你們的投機生意恐怕完了！」

小薇果然一楞，半天，却終於笑着說：「也好，一切還我本來面目，我以赤貧來，再以赤貧去！不過，我這倒眞成了神話裏面所謂的洞中一小眠，世上三千年的笑話了！這短短的一會，變化可眞不小呀！」

「不過，小薇！」令德說：「你今天的態度太奇怪了，是不是因爲你早知今天的消息，才使你借酒澆愁呢？」

「消息倒是從你這兒才知道的，我不是爲這件事難過，作投機生意，發國難財的人，連這點懲戒都不受，那天下還有公理嗎？過去，我是先天下之樂而樂，今天我倒至少要與人同樂了！」說着，小薇反而笑了起來。

「那麼你是爲什麼難過呢？」

「令叔胡貫一！」小薇望着他說：「咱們吹了！這豈不更好，投機生意一垮，我與他的關係，倒眞是一了百了！」

小薇站起來，又點了一根煙抽着，悠閑地仰望眼前雲霧說：「富貴如浮雲，完了，現在眞完了，這才眞是事如春夢了無痕吧？」

「小薇！」

小薇望望令德，才又在他的面前坐下來說：「不過，你們這些小說家眞誤盡天下蒼生！」

「何以言之？」

「你們今日一篇寫天長地久，明天一篇寫海枯石爛，成天胡寫亂吹，其實呢？愛情不過是一個美麗的大騙局！」

「你要說寫小說無利於民生，我有同感，而且我也將從此擱筆不寫；不過，你對於人生與愛情作如此看法，我則期期以爲不可！」

「反正你可也好，不可也好，我的遭遇，你一點點都看在心裏，那麼你再分析一下，愛情是永恒的呢？還只是一個騙局？愛情永恆，是你們文人筆下的事，讓那些沒嚐過這滋味的人，傾心欲死，這豈不是誤盡蒼生？早先，我還歌頌過愛情至上呢！到頭還是撲了一個空。」小薇看着發呆的令德說：「你別看着我，我也不能再往下說了，你心裏準在笑我吃不着葡萄又嫌葡萄酸了！不過，你放心，我現在拍手無塵，照樣還是得堅强地活下去。」

三十一

戰爭結束了，物價猛瀉，把那些奸商們囤積居奇時所增加的財富，又因此一洩而光。

貫一失去了小薇，也失去了那用之於投機生意的財富，小薇從那天一怒而走，就沒有再見他了！緊接着這件事而來的又是停戰，這一事實，竟使他有點招架不住，小薇的走，固然是他的主動；但，這只是一個意念，至於採取什麼步驟，他還沒有考慮得太周詳，而小薇竟然從此絕裾而去！這反而使他覺得悵悵然若有所失。至於日本投降的消息，是件舉世震驚的事，而他更因爲財產的失去，而感到難以承受；但，他是慣於在困難躓踣中求生路的，他逐漸地鎭定了他自己，他反而因此忘掉小薇而專心致志於他的事業前途了！奔走結果，他變成了接收東北的一員大將，即刻啓程，他爲了不方便，連那一隻最心愛的小雪花都沒有能帶走。當他踏上飛機時，心裏已甚泰然，他告訴自己說：「我可以弄得比現在更好，無論家庭，事業，或財富！」

他相當得意地離開了重慶。

臨行時，令德沒有去送他，令德不僅腹誹其人，而且因爲小薇與他的關係正是自己介紹的，致使小薇更多一次顚沛而感到悔恨莫及！就因爲這點歉仄，使令德不得不勻出一部忙碌的時間來做看護與慰問小薇的工作。

這天，他正坐在小薇處閑聊，忽然西安有電報來，是小吳給阿梅的，說是老吳因經商失敗而憂死，叫她回家奔喪並料理家務。

阿梅得到消息，便哭着回後屋去了，此時蓓蓓正忙着溫習功課，看見阿梅哭着回來，便立刻過來問：「阿梅，你怎麼了？」

「我要去西安一趟！」阿梅擦乾眼淚，拉起蓓蓓的手說：「蓓蓓，我走了以後，就是不放心你，可千萬別再和阿姨吵架了！她近來心緒不好，你是晚輩，遇事得忍着點，你沒瞧見她最近瘦成什麼樣子了？」

「不成，我跟你一塊去西安，上五婆那裏去住！」蓓蓓拉着阿梅說。

「那怎麼成？」

「怎麼不成？我畢業與升學考試都考完了，反正沒事，我去西安玩一趟算什麼？」

「你姨做生意賠了，別胡化錢了！」

「她賠與我什麼相干？一張車票也買不起？沒關係，我存的錢，够買票的！」

「我走了，你再一走，剩下她一個人了！」

「更好，兗得碍她的眼！」

「你這孩子，」阿梅埋怨着說：「你姨不會答應你的！」

「準答應，你不信去試試！」

阿梅沒有理她，低頭收拾着東西。

「你去問呀！反正我得跟你走，她不答應，我偷跑掉！」

「你這孩子，這份拗性子，活脫你阿姨的樣子，好吧，我去商量着試試。」

於是，阿梅放下一切，又趦趦趄趄地到客廳來，喊了一聲：「小姐！」

「什麼事？」小薇終止與令德的談話問。

「您問問胡先生明早車票的事有辦法沒有？」

「有辦法嗎？」小薇望着令德。

「大概沒問題吧？」令德說：「現在往那邊去的人不多！」

「還有……」阿梅望望小薇：「蓓蓓也想跟我去跑一趟！」

小薇聽見這句話，意外地半天開不得口，許久才望着令德說：「你就爲她們弄兩張票吧！反正我們這份母女關係用鐵索也捆不到一塊。」

「你就這樣不加考慮嗎？」

「考慮什麼？反正要回來的，而且要攔也未必攔得住呀！」小薇說完才又望着阿梅說：「回去跟五姨商量一下，叫小吳跟着你一塊回來，幫忙我這兒照料一下，將來復員上海，我淸收那份財產時，少不得需要一個能幹跑腿的！」

「是！」

「還有！」小薇又說：「回去叫小吳別着急，一個人千萬別爲錢急死，瞧我，如今還不是兩袖淸風，照樣又吃又睡，活得更新鮮。」

阿梅對於小薇這微帶諷刺的僞裝平靜，感到非常難過與不放心，於是望着令德說：「胡先生，我走了以後，小姐這兒您得常來着點！」

「得了，阿梅，你放心吧！這兒的事情，非得你拜託我了，我才肯管嗎？」

「去吧！」小薇向阿梅揮揮手說：「該睡去，別再叨叨了，讓別人笑咱們更像老太婆似的！」

阿梅被說得不好意思，臉紅紅地退出去了。她走了半天，令德才望望小薇說：「你別看，阿梅眞够交情。」

「可不是！」小薇喟然而嘆：「有心栽花花不發，無意插柳柳成蔭！上帝造人，本來是把人的一切需要安排好了的。祂賦予人們以聰明，健康，與壽命，祂要人們在屬於自己的歲月中，過一種平靜的，享受的，充滿着聰明與健康的生活，但人們却以這些無價之寶去換取那些虛幻的富貴與愛情。結果呢？身外之物，得之易，失之更易，它們在你面前徘徊一下，走了！而應該屬於你的聰明，健康，壽命，却也折損了一大半！你想想，人該有多愚蠢！但，誰也不肯認輸，反而自欺欺人地作着一些可笑的解釋：譬如說毫無所得吧，他會說這個葡萄是酸的；或者，因此而摔了一交，於是他又說，還好，沒摔痛；摔痛了呢？他又說我總算爬起來了；要是爬不起來呢？他於是又安慰自己說，你看我好歹還活着呢！」

「小薇」！令德立刻喊着阻止住她說：「爲什麼

你近來老這麼胡發牢騷？」

「誰叫我最近失敗得這麼慘呢？」小薇還是冷冷地笑着說：「我現在眞的應了我方才所說的拿來解嘲的話：我好歹還活着呢！你看我除了生命以外，還剩下什麼？」

「人生就是這麼囘事！」令德搖手勸阻着：「別一層層往下剝了，越剝越難看！」

「對了，越剝越難看，那麼，咱們就別剝了吧！」

「今晚好好休息一天，明天一清早，咱們送阿梅上車站去！」

「票有辦法嗎？」

「我看決無問題！我也不打攪了，明天我一早來！」

從小薇處出來，令德有一份特殊的惆悵，他漫步低吟地踱了囘去。

囘到報館，上了樓，推門進屋，地下正躺着一張名片，正面的名字是李嘉謨，反面是這樣寫的：

專訪未遇，悵甚，悵甚！明晨請撥冗稍候爲盼！

看完了字，令德被驚得呆住了。

三十二

十餘年來浪踪海外的嘉謨終於囘來了。

他到美國念書，學成時正抗戰爆發，爲了避開這個戰亂，他沒有囘來，在美國，與一個中美混血兒結了婚，也許因爲他的個性太强，也許因爲他良心上有一個拂拭不去的陰影，總之，他的婚姻生活並不使他滿意。他們生過一個孩子，但出世不久就夭折了。這是使他倆的感情尤其無法維持的原因，終於，他們離了婚。離婚以後的嘉謨，變成了一個游擊戰英雄，在情場上，他四出獵狩，隨獲隨棄，沒有誰能够提起他終身相守的興趣。他覺得，去重建婚姻幸福並不難，但怎樣消除小薇的顚沛在他良心上所投下的陰影，却是他努力十餘年，而依然一無所成的。

是的，小薇的顚沛！

他離家萬里，但祖國的消息依然可以不斷地獲得，他知道小薇有一個找不到父親的孩子，他知道小薇愛過一個空軍，但空軍爲國犧牲了，接着，她因國難而窮，而富，而結婚，而丈夫失踪，如今她帶着孩子流落無依，這是他得到關於小薇的最後消息。

小薇，孩子，從此頑强地侵佔了他的思想，心靈，與感情。他沒有辦法忘懷她們。小薇，這初戀中的女主角，那嫵媚多姿，那輕顰淺笑，那明眸善睞，那比別人儲藏得更多的感情……這是他十幾年並沒有忘記的呀！還有呢？還有那個孩子，他似乎更感興趣。

抗戰結束，使得他歸心似箭，終於，他囘國了，由上海下船，他知道小薇尚未還鄉，於是他又趕到重慶，首先打聽到令德的地址，但一訪未遇，他留下了那張名片。

這一晚，他幾乎沒有能睡，因爲他對於自己將來的生活，有着一份太多的憧憬。

第二天一早他就起來了，在室內徘徊甚久，依然很早，但他終於忍耐不住，出門踱到令德門口，還只有七點半，而令德的屋子竟然鎖着，問了報館的朋友，知道他去車站送朋友去了，嘉謨只好靜坐等候。

一小時後，令德匆匆歸來。

「老兄，好久不見了！」嘉謨搶前就與令德握手。

令德在思慮中被驚得一抬頭，這就是嘉謨，十餘年來，他除了比先時胖了一些而外，依然是衣冠楚楚。令德發怔多時，才一面開門，一面往裏面指着說：「眞想不到在這裏又見着了，進來坐，進來坐！」

「老兄現在眞是功成名就了，我一來重慶，就耳聞大名！」嘉謨進屋來說。

「誇獎！」令德感到臉紅，便搓搓手說：「你看，我這屋子還是一几一榻，招待貴賓，實在太不合式了！」

「好得很呀！屋子這麼寬大，推窗可見綠野平疇，眞是一個美麗的寫作環境！」

嘉謨悠閑地在令德床上坐了下來，做主人的令德，反而有點侷促，想了半天，才說：「李先生現在是學成歸國了！」

「唉！蹉跎半生，一事無成，不但事業談不上，連家庭幸福到現在還毫無着落呢！老兄，你……？」

「你看，」令德把手向四圍一指：「它爲我解答一切。」

「我們這倒眞是同病相憐，物以類聚了！」接着，嘉謨嘴角充斥了笑意。

令德尷尬地跟着笑起來。

「老兄是忙人，」嘉謨收斂笑容，非常正經地望着令德說：「咱們有事還是開門見山地談，我兩次專訪，要向老兄拜託一件大事！」

「只要辦得到！」令德說時，却止不住內心的狂躍。

「這在老兄並不費吹灰之力！」嘉謨說完，却先用眼睛掃射了令德半晌，才比較輕緩的地問：「小薇的近況你總知道很淸楚吧？」

「這……」令德有點失措，却終於靜靜地說：「當然！」

「爲了尊重她，我拜託你去徵求她的同意，我想去拜訪她！」

「我想這件事還是稍微等一個時期，最近，她的心情很壞！」

「那麼，老兄的意思，認爲我只有增加她的麻煩嗎？」

「不過你也應該承認，因爲你的自私，曾爲她的一生增加了多少不幸！」令德憤激地仗義執言。

「當然，當然，我非常承認！」嘉謨抽出一隻煙慢慢地燃着，用力把打火機一關，才又說：「不過咱們這一生頂多過了一半，今後我也有這意思給她比不幸更多的幸福！」

「你以爲她會泰然接受？」

「爲什麽不接受呢？」嘉謨吐了一口煙霧說：「她對於這一種顚沛的生活難道還不感到厭倦嗎？」

「厭倦是當然的，不過……」

「不過像她這樣的年紀，帶着一個孩子，要想找到合式的歸宿，恐怕也不是件頂容易的事呢！」

「李先生，有你這幾句話就够了！」令德非常生氣地說：「小薇最近連遭不幸，脾氣變得很壞，希望你不要再刺激她了！」

「這些話是刺激她？」

「假若你這次來，是眞爲了贖罪的話，我希望你先把態度改變了再說！」激越的情緒使令德臉紅：「不要說小薇一向驕傲慣了，就是一個最有修養的人，也忍受不了你方才那一份盛氣凌人的嗟來之食。我相信你的誠意，因爲你已第二次來找我；我更相信解鈴還須繫鈴人，如今小薇的顚沛與不幸，也許只有你有辦法去善其後！但是，你必須要認識清楚，這件事不是你對她的恩惠，而是你才開始負擔起你早就應該負擔起的責任。你應該悔罪，你應該溫和，在態度上要絕對溫和，她的情緒已經不能接受任何輕微的不禮貌了！」說完，令德目不轉睛地望着嘉謨，他似乎想在這個倨傲人的臉上，找出能够撫慰小薇落寞情懷的溫存來。

聽了令德的話，嘉謨半天開不得口，他看看令德期待而正直的臉色，反而有所趣避似的轉身過去，丟了手裏的煙蒂，才又問：「她現在住在哪裏？」

「目前我還不想奉告！」

「爲什麽？」

「因爲你曾說過要尊重她的同意！」

嘉謨沉默了，不自覺地又燃起另一隻煙。無所事事，他環顧室內簡單的陳設，他發現窗戶依然緊閉着，於是，他推開了它，看見朝陽漸漸升起，這金黃色的耀眼光芒，遍撒到這城郊的綠野上，給人以少有的淸新之感，他用手理了一理頭髮，深深地吸了一口氣，顯得胸襟寬舒了些，然後再回轉身來，靜靜地踱着步，靜靜地吸着煙。

令德也沉默着，因爲他說了想象範圍以外的話，因而敏感到空氣有些異樣。

就在這死寂的片刻，室外樓梯上傳來緩慢的脚步聲，令德聽出是小薇來了，他直覺到這兩個人不應該驟然見面，因而搶前一步想去阻止，但小薇已經呈現在門口。

她是一早起來和令德同去送阿梅蓓蓓上車站的，因爲起得早，所以回來的時候，令德先送她到家休息；但是，躺到床上以後，她才發現自己是如此的孤零！偌大一張床，只剩她一人去躺臥；偌大一所房子，只剩她一人去徘徊；偌大一個世界，只剩她一人去流連；偌大一份激越的感情，也只剩她一人去承擔……她獨自蒙上被，哭了很久很久，但阿梅走了，連一個最後關心她的人也沒有留在身邊！她終於跳了起來，這個家實在凌逼得她沒法待下去，她於是想到令德，她想令德或者能够找個地方供她排遣。

一進門，她看見了嘉謨，雖是十餘年的濶別，她依然認識他。這不僅因爲他變得少，而且他是印在她心靈上的一個最早也最深的影子。如今，雖然他的頭髮沒有往日濃黑，那代表生命活躍的飛舞雙眉也已倦臥在那裏，那嘴角與眼神中所放射出來的嘲諷與不屑的氣氛更減少了許多……總之，他的一切都比往日表現得和易近人些；但，他還是嘉謨！

小薇怎麽會不認識他？

小薇最近因爲有病，失眠，與憂傷，使她顯得特別的蒼老和憔悴，和十餘年前在上海時，那種含苞待放的姿態相比，無論從哪一方面說，都是相差懸殊了！她又早已無心打扮，使她臉上似遍佈着灰塵，一種薄薄的，非具體的，屬於象徵歲月顚頓的灰塵，掩蓋盡了她的豐姿……嘉謨看見這一切，內心充滿了憐惜，一種揉和着自身的懺悔和對方的不幸的憐惜。這是他第一個愛上的女孩子，自己曾以男孩子的獷野來愛過她，也欺凌過她。如今，彼此都歷盡滄桑，終又有緣相聚了。他不能忘記她，必須得到她，而且定然要她俯首就範。

他倆彼此怔視了很久。

「小薇！」嘉謨不自覺沉重地叫了一聲。

小薇半天獃獃地站在門口，實則內心震盪極了。追念那過去的歡樂，嚮往那失去的青春，感傷這半生的顚沛，更懷恨這眼前薄倖人的不辭而行，和十餘年來的音訊杳然。

「是你？」小薇的兩唇發着抖。

「我專誠來看你的！」嘉謨有着悔罪者的愷誠。

「想在這淡淡的一晤中，輕輕移去你良心上的負擔嗎？」小薇不能支持地用手扶住門框。

令德在一旁看得非常着急，小薇臉色的陰沉，驚嚇了他。雖然小薇近日一直表現着自嘲的冷靜，但令德却恐懼於這正是暴風雨前的沉鬱。如今，眼看這場風暴似將於一刹那間降臨了！他着急地想緩和倆人間的壓人空氣，於是，走了過來，扶了小薇一把說：「進來吧！你怎麽又跑出來了？」

小薇被引入室內，當她走近嘉謨身邊的時候，嘉謨忽然激動而粗暴地拖住她說：「你跟我一塊兒走！」

小薇用力想摔開他，用一種可怕的眼光逼着他說：「把我推下危巖，如今又想救我嗎？我早已粉身碎骨了！」

「喂！老兄！」嘉謨相當生氣地望着令德說：「請你來評個理，今天可沒我的錯！」

「你過去錯得太多了，我恨你，我恨你！」小薇暴怒地跌着脚。

嘉謨開始感到意興索然，他看到小薇，失去了青春，却沒有失去驕傲；失去了美麗，却沒有失去個性，他忽然感到沒有太多的趣味去降伏她了，於是，他鬆開手，斜睨了小薇一眼，淡淡地說：「也行！那麽你把孩子還給我！」

「什麽？」小薇大吃一驚，她本無所愛於蓓蓓，却也不能被別人如此輕易地搶走；她說：「我辛辛苦苦地養了她十幾年，你憑什麽要坐享其成？」

「憑什麽？」嘉謨開始諷刺地笑了：「憑我是她的爸爸！」

「什麽？」小薇受辱似的衝了過來。

「你能證明她不是我的孩子嗎？」嘉謨鎭靜地反擊一句。

「你……你簡直欺人太甚！」小薇已至嘉謨身邊，舉手要打嘉謨，但，嘉謨輕輕地就把小薇的手握住，接着毫不留情地往前一推說：「你這是幹什麽？別撒嬌，別想着你還只有十八歲呢！」

醉

汪度

「醉了，」他想。「醉了也好！」

他從來沒有醉過；他四十五歲了，已經有老婆與兩個孩子。二十歲從商業專科學校畢業，在二十五年之中，他一直安心的作着會計員。煙，酒從不沾唇，每個月底，他拿一小筆錢回家，養活他的痳臉的老婆與面黃肌瘦的孩子。

「醉了！」他想；他感到心加速的跳着，雙頰滾燙，眼前的一切變得模糊。他忽然覺得醉的滋味並不是想像中那樣難忍，而後悔在過去的廿五年，他未曾有過醉的經驗。於是，他一口飲盡瓶中剩餘的酒，那一股熱辣的液體，冲進他的體腔，他感到他的心都快跳出喉嚨了。

這次，他眞醉了。他緊握在掌心的一捲鈔票，就在半昏迷中，被推出酒店的大門。門外是一個暴風雨夜。

暴風雨夜！紫荆樹像一個瘋婆般在狂風中搖擺。他踉蹌的走着，一隻手仍緊握着鈔票，他就像一片枯葉，沿着深夜寂靜的街道飄滾下去了。

他往那裏去呢？疾勁的細雨不久便淋濕了他的衣衫，他往那裏去呢？他無目的地任風吹着他前行，但他的思想已飛到故鄉的小溪旁去了！

「五歲！」他想。他伸出一個手掌，張開手指。

他恍惚看到自己赤身裸體，站在淺水的小溪中。倒垂的柳枝不時拂着他的頭髮，他的肩。他在捕小蝦。彎曲着身子，他能清楚的看見狡猾的小蝦怎樣從他的指縫中溜逃過去。但他一隻也捕捉不到。一次，他捉住蝦的長長的觸鬚，但它弓身一彈，掀起一片黃泥水，逃走了。他失望的哭泣起來。陪伴他的八歲的姐姐，連忙將她捕到的蝦遞給他。他笑了。

他笑了。有人也在笑。他睜開醉眼預備斥責嘲笑他的人，但那人是一個女人，使他微微驚訝。他醉了，但他的心中仍舊很明白。他立刻知道對方的身份了。在這樣深沉的夜裏——一個女人！「笑！」他想，「笑吧！女人，我也需要。」這個思想一湧現在他的腦中，便像電流般流入那女人的身內。她又凄涼的笑了一聲，緊緊的挽住他的手臂。

「海邊！」他說。她順從的挽着他往海邊走去。

樹在他們頭上瘋狂的嘩着，風在他們身後瘋狂的嘯着，褐紫色的雲，在他們頭上，瘋狂的奔騰着，呵！瘋狂的夜！

慾望被酒精點燃了，他呼吸着女人身上散發的廉價脂粉的香氣，感到陶醉。他情慾的摟住女人的腰肢，口中咿咿唔唔的哼唱着。

遠遠的，海聲傳過來了。海在以一種低沉憤怒的聲音吼着。是饑餓的吼聲。是寂寞的吼聲。他起了一陣莫名的戰慄。他轉過頭，藉靑紫色煤氣燈的照明，他的視線第一次停在他身旁女人的臉上。他立刻驚慌低語：「不，不可能！這不是我的老婆！」

女人爲他的醉態逗引得又笑了。他看見她嘴中的金牙，他安心了：他的老婆是沒有金牙的！但這娼妓與他老婆的面貌太肖似了。眼角擠滿了深深的皺紋，眉毛掉光了，細瘦的鼻子，大嘴。隱隱約約，她的臉上像也有一粒粒痳子。

女人又在對他撒嬌，更緊的偎倚着他。「這樣醜的女人，也出來作生意！」他想。「甚麼樣子的女人，又不可以作生意呢？只有男人才是最無用的，譬如我，」他想到他自己了，「我有甚麼用？廿五年，一張條子便將我撤了職，骨頭都鐵硬了，我又到甚麼地方找錢去養活我的家！」

「廿五年！」他想。「人生又是甚麼？賺錢吃飯！賺錢吃飯！廿五年過去了，一張條子，是啊！那一張薄薄的紙，我就被從那辦公室的角隅裏趕出來

他拉了一拉衣襟，心裏有點難堪，但是越難堪那嘴角的諷刺笑意越濃。他還不忘記對着踉蹌仆跌的小薇，再送去一串冷嘲的笑聲。

小薇被嘉謨的猛力一推，幾乎仆倒在地下，顚頓幾步，靠在窗臺站住了！只是她內心的傾跌却沒有終止。自己的命運，被損害到如此地步，他不僅沒有衷心憐憫，而且還要加意損害。這一推，與十幾年前的那一走，又有什麼不同？想到這些，小薇捶胸跳足地哭起來。

「你不該說這樣的話！」令德走到嘉謨面前，忍無可忍地狂喊起來：「小薇心裏够難過的了！」

「難過什麼？」嘉謨皺了一皺眉，然後極度輕蔑地指了一指小薇，向令德諷刺地一笑說：「我要呀！我打算娶她，我沒有什麼挑揀！」

這狂傲的神態凌辱得小薇無地自容，她凄厲地狂叫一聲，從窗口奔向嘉謨，她雙手抓了過去，幾乎想把嘉謨撕裂了似的詛咒着：「你羞辱我，羞辱我……」

應付對方的來襲，嘉謨毫不容情地反擊過去，猛力一推，小薇驟失重心，幾乎倒了下去，她即刻抓住窗檽，疲弱使她喘息不定，她閉了一會眼睛，睜開以後，便用那失散的眼神望望四周，這朝陽，這綠野，比起室內的汚濁來，外面的淨潔，無言地冷諷着她，驟然間，她失去了活下去的勇氣，這蒼茫寂寞，坎坷蹭蹬的世途，何日才能走完？這一份沉重的負擔，她實在失去了再支持它的興意！就在這一瞬間，她心灰意冷，毫不猶豫地縱身而起，向那窗口跳了下去。

令德一直緊張地旁觀這一切，看到這裏，他拼命地拉住小薇說：「不要胡鬧，小薇！」

但是小薇用脚把令德踢開，身子依然落了下去。

這郊野，太陽又偷偷地探出了頭，那柔和的光彩，再度親吻在小薇血淚縱橫的臉上。（全文完）

了！」他嘰咕着。恍惚中，他被解聘時的情景又浮現在他眼前了。

一個僕役將一封信放在他桌上。他急忙撕開信封，「……請另尋高就，……」一封解聘書！

他衝到經理室，「不，不，您不能辭退我，廿五年……我廿五年，……」他眼中含滿了淚水。

「不是我能不能辭退你，」經理在眼鏡下眏着狡猾的眼睛，用一種作做的，文雅的聲音說。「公司快倒閉了，我卅年的心血也就白費了，你才廿五年啊！」他又狡猾的笑了。

「謊話！這是謊話！」一個憤怒的思想在他腦中盤旋。就在昨天他還眼見經理挽着一個交際花的腰肢走下大飯店的臺階。於是，他睜大了眼睛，（淚水便淌滿他的面頰了，）狠狠的在經理的圓臉上唾了一口，便頭也不回的奔出去了。

「有一天我會殺了你的！」他大聲喝喊。

「看你醉成這個樣子！」女人說。

「醉！醉！我還沒有喝够人生這一大杯苦酒！」

「我們到那裏去呢？」女人問。

他們已走到海邊了。洶湧的墨黑的浪頭，狠狠的撞擊在水門汀的堤岸上，便翻出曳着瑩光的浪花。那女人有些畏懼，在距堤岸的邊際約五尺的地方站定了。

那一條長長的堤岸，在暴風雨的深夜，再沒有其他的行人。似幽靈的巨眼的煤氣燈，仍不放鬆的追視着他們的背影。

「我們回去吧，」女人哀求他。「我那裏有地方！」又以更低的聲音說。

「地方？……」他應着。「我們先走，」他指着前面，「這樣走一趟。」

雨，還是那樣的疾勁，細密；風更大了，樹聲與海聲亂成一片。沿海的瀝青路，光亮得像銀子。

海在召喚他！海在召喚他！

海饑餓了！人的慾望也饑餓了！

海瘋狂了，瘋狂的人類的原始野性復活了！

「不，」他想，「我沒有醉，我非常清醒。但這是不能忍受的，人不能這樣活下去！妳應當死！妳這卑賤的女人！妳生育子女，奴隸一般的操作家務，妳出賣肉體，腐爛肉體來維持妳的呼吸，妳應當死去，生命對妳又有甚麼可留戀的？」他越想越怒，簡直是義憤塡膺了，他轉過頭瞪視了女人一下，她這條被生活鞭子抽打得遍體鱗傷的不幸的狗，立刻機警的嗅到他沉默的目光中的秘密了。於是，惶惑的乞憐的表情，又顯現在她的臉上，但她用一個凄涼的微笑掩飾着。

那一小捲鈔票，揑握在他的手中，都已揑成一團了。「她應當去死！死是解脫！死是安慰！她應當去死！」這個思想每一秒鐘都更激烈的在他的腦中飛旋，撞激。但他仍未能決定他應當怎樣去作。有一點是淸楚的！如果他動手去作，便是立刻將女人推下海去，看她怎樣掀起一個更大的浪花！

在他思索的時候，女人不停的在用顫抖的聲音乞求他。她知道他心中懷着秘密，但她不確悉那秘密將引起些甚麼。生活雖已盡可能的凌侮了她，但她仍眷戀着這個世界，幽暗的散發着霉腐氣味的小屋，肺癆病的丈夫……。當一個人對「生」還有所眷戀的時候，他就有恐懼、有憧憬，如果他能抓握住一線的希望，即在他死前的一分鐘，他也不會放棄那機會的。

出現在她眼中的他，不再是酒醉的嫖客，他像是現形了的撒旦，踽踽獨行，渴望着狂飲犧牲者的黑血。她仍挽着他的手臂，她的手臂也還感覺着他脈膊的躍跳，但在極度的畏懼中，她竟想像着自己倚靠在墓地的石碑上……

夜更深了，沉默也更深了，畏懼却高高飛起，像一隻夜遊的鳥，凄厲的預告着人們的惡運。在死神的黑袍中掙扎着的她，現在幾乎是咽泣着請求着要回去了。她訴說着她出賣肉體謀生的苦衷，最近，一連數夜，她怎樣拖着疲憊的步子在破曉時回家，而因爲拉不到客人，袋中沒有買米的錢……

風與海都不聽她的咽泣，仍在咆哮着，吼着……

他却聽得煩厭了。「誰還願聽這些牢騷呢！」他想。「既然這樣，妳爲甚麼還不去自殺呢？」他也走得倦了。但，一刹那間，新的決定帶給了他新的勇氣。他的呼吸急促了，手臂更緊的挽着她的腰肢。

「我們回去吧！」

「是的，我們回去！」他說。

他們轉過身，現在是她靠近堤岸了。「她應該離開這世界了，去到海水中掀起一個更大的浪花吧！」他頭上的血管都漲了出來，他能淸楚的感到一股熱，像火迅速的燃燒着他的四肢。

忽然有脚步聲！他太緊張了，女人在他手臂用力的推撞下，已尖叫着，（尖叫聲召喚着風！）跌倒在瀝青路上了。她的頭伸探在堤岸的外面，瘋狂的踢動着雙腿，兩隻鞋都抖落了。他想去拉住她，風將他的衣衫吹得鼓鼓的，他的手急劇的抖顫着。他拉不住她，海比他力量還大，海將她拉下去了。濺在他臉上的，是掀起的更大的浪花，那些水點熱辣辣的刺痛他的面頰，像血。

「一個女人跳海了！」他大聲的叫喊。

沒有人答應。煤氣燈照着長長的堤岸。沒有人走過來！他聽到的脚步聲本是他自己的心跳。

他拔足狂奔了。沿着堤岸，他全速的衝跑着。滑倒了，再爬起來，這樣，當他跑到堤岸盡頭，轉到一條小街上時，他已是滿臉通紅，淌滿了汗水，一條褲子已經跌得破爛了。

酒已經醒了，他不知道他究竟作了些甚麼。他的面前站着一個警察。

「一個女人跳海了，」他說。

「她跳海了，她是妓女，我將她推下去的！」他又說。「那海！那海！」他忽然瘋狂了，他揮一隻手臂去打警察的頸項，又將另一隻手中緊握着的紙幣擲在警察的臉上。

「那海！那海！」他充滿了恐怖的喊着。

但那健壯的山東籍的警察，很快的便將一付手銬套在他手腕上了。這却給了他某種程度的安全感。

「那海！那海！」當他再這樣喊時，已不再是那種絕望的，連呼吸都困難的嚎喊了。

警察伴着他沿着街道走下去了，海聲遠遠的遺在後面，它還在饑餓的，寂寞的吼着。

八月十七日寫於香港

讀者投書

(一) 搶救教育危機

余燕人等

編輯先生：

夙仰貴刊立論公正，故願借一角之地，以表達我們這幾個做家長的人眼看自己子女所受教育感到的沉痛與憂慮，如蒙刊載，感激之至。

查教育廳自本年暑假以來，即曾三令五申，命令各校要減輕學生課業擔負。但眞像如何呢？那似乎只有天知道了！何也？今天小學升初中，初中升高中，高中升大學的考取比數是相當少的。考取的比數既是相當少，升學考試時就必需有激烈的競爭。升學考試時要有激烈的競爭，則平日減輕課業根本做不到。因爲任何學生平日要減輕課業就等於將來自己考不上學校。試問在這種情形下減輕課業怎麼能實行的通!?所以如果教育當局不把學生升學的問題做一個根本解決，「減輕課業」這條命令就形同具文。

其實，以現在中學生的課業來說(我們有子女在本市某有名的省立中學)，憑心說並不十分繁重。課本遠比我們上中學時所用的課本爲淺，主要課目的鐘點也不比我們上學時爲多。所以單就課業來說，學生擔負的並不能算十分繁重。但是今天的中學生擔負的繁重則又確是事實。這個重繁不是課業的繁重，而是規定學生來念的課外東西太多了：三民主義、總理遺教、總統訓辭、青年救國團發下來的必讀小冊子……等等，連篇累牘，念之不盡，讀之不竭。教育當局、學校當局、救國團並經常舉行考試，以察看學生們是否背念得如家譜一樣的爛熟。所以很多的時間都被這些「政治大課」佔去了。每到政治測驗的前兩天，我們眼看着我們的子女「帶月披星」、「三更眠、五更起」的愁眉苦臉的抱着這些書來啃。眞正的課業，反而不得不丟在一旁。所以我們說學生的課業並不繁重，繁重的是這些「課外的課業」。「課外的課業」再加上正常的課業都放在學生的肩上，當然太繁重了。

此外，學生課外活動的繁多，也是躭擱學生時間，浪費學生精力，增加學生負擔的一大原因。自青年救國團成立以來，這種課外活動可謂貪求不厭，有增無已。一個學生除了要參與校內正常的課外活動之外，還要開分隊會議、小組討論、幹部會議，要上愛國課程，要練習大合唱，有時要去三軍球場維持秩序，有時要去中山堂開戰鬪晚會，有時要展開各種募捐，有時要去勞軍，有時要去遊行；……「名目繁多」、「不及備載」。最近報端載有教育廳擬具「減少學生課外活動」辦法，但是實際上學生的課外活動是一點也沒有減少。不但沒有減少，更令人奇怪的是國民黨六十週年紀念，竟也發動學生去郊區做宣傳，要恭讀黨部發下來的國民黨六十週年專刊，要作「我對中國國民黨的認識」等類的論文。試問國民黨黨慶和學生有甚麼關係？是教育廳抑是救國團對學校發下來這種反不合理的命令？如果國民黨黨慶可以發動學生來宣傳，請問以後民社黨、青年黨黨慶也來發動學生宣傳怎麼辦？這樣學校還成個甚麼樣子？如果不許民社黨、青年黨這樣做，只許國民黨「我自爲之」，又何能自圓其說呢？我們現在不是在實行憲政嗎？我們的教育應該是自由的教育，而不是任何一黨包辦的黨化教育。我們平日罵共匪怎樣專制，怎樣反民主反自由，怎樣組織「新民主主義青年團」毒害青年，統制思想。我們怎能反而步伍其後塵呢？總統近幾年來曾三番五次的，不斷的向全世界和全國人民宣示我們要建立良好的民主制度，可見總統祈求中國能走上民主政治心情之誠切。然而，我們今天教育界的這種種措施正是背道而馳，正是違反了蔣總統實踐民主的意志。這那是一個眞正擁護總統、效忠總統的人所應有的作爲呢？

我們要明白地指出：全省的公立學校，都是用納稅人的錢來辦的。全國納稅人，也就是全國公民，有資格有權利要他們的子女去學校接受正常教育而不去接受宣傳教育。教育當局和救國團不可以假教育之名而行黨化之實。我們是民主國家，我們不能自欺欺人。

教育對於青年的影響太重要了，我們不能讓青年在受教育的階段就使他們對於民主制度有了全然歪曲的認識。教育爲國家的百年大計，這樣的教育將會造成怎樣嚴重的後果呢？凡對國家有責任感的人對此能不憂戚？我們不能不大聲疾呼地籲請當局注意這種可怕的趨勢，搶救教育危機！

編輯先生，你不要以爲我們說的太過火，今天教育的實際情形就是這樣，而且並不是我們幾個人的子女在接受這種教育。這種危機該多可怕！我們這幾個做家長的眼看着自己子女所受的教育，眼看着自己子女在正常課業、「課外課業」、課外活動的數重重壓下，受着苦刑，實不勝痛切憂慮之情，因是披露己見，願當局注意及之。此祝撰安。

余燕人　黃松風　廣長白　同上

（二）如此官樣文書

李良棟

編輯先生：

日前我到大安區公所去要求發給一項證明書，辦事的人要我先塡印好的『證明申請書』。由這個申請書的內容中，我發現臺北的戶政機關不僅在無能方面領先，而且在官僚作風上也不後人。『證明申請書』的文句是：『竊民今爲某某需要，前記申請事由，確係實情，絕無虛僞情事，今請里鄰長連署證明，懇請鈞長察核，俯予査實發給，實感恩便，謹呈臺北市大安區區長』。

區長是民選的，也是一個普通公民，但他一上了臺之後，就要別的公民稱他作『鈞長』，別人有事時要請他『俯予査實』。(大概是他已經『上』了臺，已經高高在上。)發了證明書，還要感謝他的恩惠。

眞想不到英 美的 官吏 早就 自稱 Public Servant，而我們由民選產生的區長，到今日還要以『淸天大老爺』的身份自居。寧不怪哉！茲事雖小，但可見我們一般做官的(無論官之巨細)，是怎樣看待人民的。

讀者李良棟敬上　十一月卅日

教育部高教司來函

編者先生：貴刊第十一卷第十一期社論「期待於國立政治大學」一文，甚易引起讀者不必要之誤會。查上月臺北各報所載本部張部長「國立政治大學研究部之性質與任務」一文，對於外間類似之批評，重要各點，已加以澄淸，陳校長在開學典禮中致辭，對研究所之方針，亦有所闡釋，茲不再重複。按行政院於七月九日令准設立政治大學復校籌備委員會，本人主管高等敎育司，兼任該會秘書，以貴刊所論，甚多不顧事實，敬就所知，奉告一二。

一、我國高等敎育學制，尚待完成，因大學畢業生在國內無深造之機會，設立研究所之需要，爲識者所公認。且自抗戰時期，已經成爲重要政策之一。至卅六年由本部核准設大學研究所者共三四校，合計一五八所，自卅二年五月至卅七年四月前後授予碩士共二三二人。卽以政治大學而論，研究部之成立尚爲抗戰以前之事，並分設四個研究所。(當時尚稱爲學部)此次恢復了四個研究所，貴刊遽認爲「學術尊嚴，不必憑空去損害他」，是不是不顧史實，憑空立論呢？有何損害呢？

二、研究部之課程，係經本部學術審議委員會第二次常會之審議而決定，其要點爲：「研究所研究生修習學程分爲三類：甲基本必修學程，乙專門必修學程，丙選修學程，每週講述時間三者總數以不超過十二小時爲原則」。政大研究部之課程與時間完全遵照上項決議，學生上課時間，平均每天僅佔二小時，其中基本必修課平均每天僅佔半小時，何至於如貴刊所稱謂「共同必修課太多，把研究所的意義完全取消了呢」？不知何所據而云然。

三、各國立大學設校之初，均設置籌備委員會，此次政治大學各項人事，均經該會作初步之決定。校長由部先派，候呈請總統任命。所長敎授由校長聘任。一切皆依常規，無所謂「變例」。

四、貴刊稱爲政大爲「黨氣太重的大學」。是的，政大前身爲黨務學校，自十六年五月起，爲時二年餘，十八年七月卽改稱中央政治學校，卅六年二月，正式改稱國立政治大學。此次復校，關於該校之聘任，絕無黨籍的界限，新聘敎授中錢穆、王雲五、成舍我等都無黨籍，可爲證明。中國國民黨誠如蔣延黻代表所說「是一個光榮的名詞」。我們正以該校能繼承革命傳統，負起光復大陸重建中華的時代使命爲努力的目標呢！

以上各點，爲使貴刊讀者明瞭眞象起見，敬希惠予刊登，實爲公感。

敎育部高等敎育司司長　孫宕越　敬啓

十二月五日

編者按：來函認爲本刊上期第二篇社評「甚多不顧事實」。所謂「事實」，究竟指些什麼，來函並未一一告訴我們；而且函中所列的四點，對於本刊那篇社論的論點，大都是不相干的。試看：

來函第一點是對我們這一段話而發的：我們說，要恢復政治大學，應該先恢復大學部。「政治大學若爲應用與實務，儘可多辦幾個專修班或訓練班，而不必好高騖遠，一口氣便辦四個研究所。我們主張對研究所的辦理，特別要愼重。一半因爲學術尊嚴，不必憑空去損害它；一半因爲好好兒辦一個研究所，實在不是容易的，師資與設備，都是極大的問題。」政大四個研究所，籌備已久，到了開學的今天，專任敎授只有兩位，其餘的都是兼任。就師資條件說，顯然是不夠的。這不是好高騖遠，這不是損害學術尊嚴嗎？來函第一點僅僅舉出抗戰時期設研究所的大學有多少校，合計多少所，授予碩士多少人，而不比較師資和設備。這與我們的論點有什麼相干呢？

第二點、我們說「兩年內共同必修課程似乎太多」，這是有根據的。根據十一月二十四日中央日報的本報訊，那則通訊告訴我們，兩年內的共同必修課程有七門，而第一年有五門，這不能不說「似乎」太多。

第三點、關於人事聘任方面，我們說：「又是敎育行政的一個變例」，這也是有根據的。根據什麼？大家可翻閱我們那篇社論再看一看。至於來函所云「校長由部長先派，候呈請總統任命。所長敎授由校長聘任。」云云，這是官文書方面的手續；與我們所指責的實際情形，也不相干。

第四點、我們很爲來函人孫司長惋惜。因爲他沒有把我們那篇社論的第五段全文看淸。也許他太性急了，只看了那段文字的二三行就急忙着手寫這封來函，因而在這第四點最後一句的文字結構上也弄得那麼彆扭！關於這一點，我們似可不必答覆，只好請孫司長及其他關心此事的讀者，不妨把我們那段文字再看一遍。

第十一卷　第十二期　內政部雜誌登記證內警臺誌字第三八一號　臺灣省雜誌事業協會會員　四〇四

給讀者的報告

歲月不居，本年的日曆就要揭完了。本刊第十一卷的發行至此亦告屆滿。自明年元旦起，我們即將開始出第十二卷了。在此行將「除舊更新」之際，我們要檢討過去一年來工作的得失，以爲今後改進的南針。讀者們無論對本刊的編輯與發行等方面，有所批評與指教的話，我們都是萬分歡迎的。

中美共同防禦條約經長期磋商之後，終於本月三日在華府正式簽字。無論從那一方面講，這個條約都是值得歡迎的。在亞洲反共事業的過程中這是一項甚關重要的步驟。但是隨着這個條約的簽定，我們要提醒國人的是：自今以後，我們更應激勵其反攻復國的信念，萬不可因此稍存偏安之心。我們必須力事振作，「自助」而後「人助」。在軍事方面，我們要養精蓄銳；在政治方面，我們更要力行自由民主，造成「萬方來歸」的局面。能如此，我們自然有力量反攻，無慮他人之不助我也。這是我們在社論（一）裏所要申論的。

日本政局由於人事上的紛爭而致動盪不安，至反吉田的民主黨之成立，與議會之提出不信任案，使日本政潮發展達於極點。鳩山所領導的反吉田運動這次爲反對吉田不惜與左右兩翼社會黨相連絡，其舉動似已至於不擇手段的地步，對日本今後政局的安定而言，這是一件甚爲嚴重的錯誤，其影響亦必甚爲惡劣也。剛愎自用的吉田在最後關頭，時人料其勢必解散議會的，但終幸而在其黨人的壓力下，實行內閣總辭，得免日本政局之更趨混亂，已云大幸。現鳩山既已被提名組閣，我們甚望日本保守黨派從此相容息爭，共謀日本政局之安定，免爲左派勢力之所乘。此外我們更盼新內閣能認識共黨之眞象，勿妄想做「兩面人」，而自誤誤人。這則是我們社論（二）的期望。

本期專論首篇「心理戰與客觀道德」一文是一篇甚有份量的論著，給人以很多思想上的啓示。作者劉世超先生在文中强調心理戰主要的目的在保衛自由世界那些珍貴的道德規律。近年來世人對極權主義已有了較深的認識，但是在心理戰上仍不免讓共黨佔了上風，使人們的氣質觀念多少還受到共黨的影響。這方面是尙待我們努力的。

李經先生的大作在闡述大學在學術上的功能大學的精神在「追求人生的全面價值」，培養批評的、理性的求知方法和態度。明乎此，我們才知道如何方可以辦好一個大學。最近國人因政大之復校正掀起對大學教育之討論，李先生的大作並非爲此而寫，但很能澄清時下一些人對大學教育所存的錯誤看法。

「我能幫助你嗎？」一文是辛之魯先生「美軍生活」的第二篇，本文描寫出美軍生活之多麼富有人情味。以後各文仍將繼續在下卷連載。

何欣先生翻譯的「民主眞詮」一文，其上篇係在第十期登載，因上期稿擁，延至本期續完。又文藝欄長篇連載的孟瑤先生的「幾番風雨」，自在本卷第一期開始登載以來，極受讀者歡迎，至本期止，全文連載完畢。茲應許多讀者之請，擬將該文發行單行本，下月內當可出書，歡迎讀者預約。

自由中國　半月刊　第十一卷第十二期　總第一二三號

中華民國四十三年十二月十六日出版

發行人兼主編　「自由中國」編輯委員會

出版者　自由中國社

社址：臺北市和平東路二段十八巷一號

電話：二八五七〇

航空版

香港辦事處　友聯書報發行公司

菲律賓辦事處　岷市怡干洛街五〇二號三樓

總經銷

臺灣　自由中國社發行部

　　　中國書報發行所

美國　國民日報社

加拿大　醒華日報

本刊經中華郵政登記認爲第一類新聞紙類　臺灣郵政管理局新聞紙類登記執照第五九七號　臺灣郵政劃撥儲金帳戶第八一三九號
（每份臺幣四元，美金三角）

自由中國
第十集

第十一卷第一期至第十一卷第十二期
1954.07-1954.12

數位重製・印刷　秀威資訊科技股份有限公司
http://www.showwe.com.tw
114 台北市內湖區瑞光路 76 巷 65 號 1 樓
電話：+886-2-2796-3638
傳真：+886-2-2796-1377
劃　撥　帳　號　19563868　戶名：秀威資訊科技股份有限公司
讀者服務信箱：service@showwe.com.tw
網　路　訂　購　秀威網路書店：https://store.showwe.tw
網路訂購：order@showwe.com.tw

2013 年 9 月
全套精裝印製工本費：新台幣 50,000 元（不分售）

Printed in Taiwan